近現代日本
人物史料情報辞典

伊藤 隆・季武嘉也［編］

吉川弘文館

序

歴史研究・探究にとって、公文書と並んで、場合によっては個人文書はそれ以上に重要なデータである。しかし、近現代日本の個人史料は発掘途上であり、しかもそれについての情報の流通も極めて悪い状態に置かれている。個人史料は単にその人物についての情報を与えるだけではない。多くの人々からその人物に送付された公的な書類や書簡という形で情報が含まれているのみならず、その人物自身の記録（日記等）や関わった仕事に関連した書類（しばしば公文書やその下書きである）が含まれ、その情報は極めて豊富である。文書館・歴史館・博物館・大学等の公的な機関に寄贈されたり、寄託されたりしている個人史料もかなりあるが（それらはしばしば個人の尽力・労働によって支えられており、場合によっては整理が出来ていないため、非公開になっている）、世代交代と住宅事情の変化によって、遺族によって処分されたりするなど、急速に散逸しつつあるのが実状である。

われわれは数年前から、科学研究費の交付を受け、そうした個人史料の情報収集、その保存や整理、公開の問題について研究を進めてきた（平成九～十年度・基盤研究(B)(1)「日本近代史料に関する情報機関についての予備的研究」、平成十一～十二年度・基盤研究(B)(1)「日本近代史料情報機関設立の具体化に関する研究」、平成十三～十四年度・基盤研究(B)(1)「日本近代史料情報機関設立の総括的かつ細目に関する研究」、平成十五〜十六年度・基盤研究(B)(1)「近現代日本の政策史料収集と情報公開調査を踏まえた政策史研究の再構築」、代表者はいずれも伊藤隆)。その成果の一部として、多くの人々に呼びかけ、個人史料の状況に関する情報を集めた辞典の編纂を企画した。構想を相談し始めたのは平成十三年四月で、最初に呼びかけを行ったのは同年七月であった。呼びかけに応じて下さったのは最終的に二〇〇名を越え、多くの方々から、さらに取り上げるべき人物とその史料情報に関する執筆者の紹介を受けることも多かった。こうして平成十五年九月までに五三九項目の原稿が集まり、出版は吉川弘文館が快く引き受けて下さったのであった。

日本近現代史研究において、かつて本書のような人物を中心に史料情報をまとめた辞典は存在しなかった。それは、たった一人の人物情報を追跡するだけでも大仕事であることを知っている方なら、この企画がどれほど無謀であるかということをご理解いただけよう。確かに、本書においては、内容や表記が必ずしも一定しておらず、この点から不満を覚える方がいるかも知れない。しかし、そもそも史料のあり方は多様であり、むしろ多様な記述からその息吹を堪能いただけるものと確信している。

また、依頼しながらも、さまざまな理由で締切までの執筆が叶わない場合も少なくなかったが、史料情報の不流通の解消・史料散逸の防止が急務となっている現状に鑑み、われわれは現段階でこれらの貴重な情報を取り敢えず刊行して公開しようと考えた。そのため、本書を利用される際に、何故あの人物についての情報がないのかといぶかることが少なくないと思われる。近現代日本で重要な役割を果たした人物が五三九などという数で収まるものではないからである。しかし、上述のような編纂の経緯から、またおそらく多くの人物の重要な史料が遺族の手許に知られることなく所蔵されているだろうという事情から、その理由を了解いただけるのではないかと推察する。

本書の刊行を機に、さらなる個人史料に関する情報が発掘されることが予想され、現状では追補版の刊行も必要だろうと考えている。そのためにも、取り上げる人物とその史料情報を断片的にでもご存知の方は是非われわれに知らせていただきたい。場合によっては原稿をお書きいただくか、あるいは執筆可能な方をご教示いただきたいのである。

この本の編者は私と季武嘉也氏であるが、実際に武田知己氏も同じ役割を果たしてくれた。三人目の編者である。そして、事務局を担当した高橋初恵さんの役割は極めて大きく、その存在がなければ、この辞典の刊行はもう少し遅延することになったであろう。さらに山崎裕美さん、鹿島晶子さん、および原稿の整理を担当した大久保洋子さんが随時手伝って下さった。また、原稿執筆者の皆さん、特に史料情報とその執筆者を紹介して下さった皆さんに本書は多くを負っている。その全ての方々に深い感謝の意を表するものである。

平成十六年五月十四日

伊藤　隆

凡例

一 収録人物の範囲

基本的には、明治元年以降から今日に至るまでの日本の形成に関わった各分野の主要な人物を対象とした。したがって、その社会的活動がほぼ幕末期で終了している人物は原則として除外した。

対象分野に関しては、国家や社会の活動に関わるあらゆる分野、すなわち政治・外交・軍事・行政・経済・社会・教育・学術・ジャーナリズムなどを対象にすべく心掛けた。また「主要な人物」として、各分野で重要な役割を果たし、顕著な事績を残した人物を選定した。

ただし、実際に収録された人物には偏りがある。分野は政治・外交・行政・軍事関係が多く、「主要な人物」という点でも、後世に史料を残した人物に重点が置かれている。この点は、追補版の刊行によって改善していきたい。

二 記載順序

各項目は、その人物の「ふりがな」の五十音順(国語辞典)に従って配列し、以下の順序でそれぞれの内容を記述した。

1 人物名と「ふりがな」

2 生没年　年号と西暦で表記した

3 人物紹介　本書は人物史料情報に関する辞典であり、一般の人名辞典とは異なるため、最低限に止めた

4 人物史料情報　後述

5　担当執筆者名　末尾の（　）内に記載した

三　人物史料情報の内容

各人物の史料情報として、つぎのような点を基準として記載した。

1　一般に個人の生涯にわたる活動の結果残される史料は、その遺族の手許に残されることが多い。したがって、まず第一に着目したのはそのような個人史料が、その後どのようになったのかを追跡することであった。遺族の手許にいまだ残っている場合、史料所蔵機関に移管されている場合、分散して所蔵されている場合、散逸し所在不明の場合などさまざまであるが、なるべく遺族や関係機関に照会して記載した。また、旧蔵書にも留意した。

2　個人史料が残されるのは、旧宅だけではない。職場、事務所、学校などにも当然残される。特に公務員の場合などは、公文書として公的な機関に保存されることもある。この方面にもなるべく照会し追跡した。

3　その人物が作成し、他の人物に宛てた意見書・書簡などは、その宛名人のところに残ることが多くなる。それらのうち、数量的にも内容的にも重要と思われるものも記載した。

4　このようにして判明した史料が、既に刊行されているものなのか、どのような形で整理されているのか、あるいは非公開となっているのか、などにも留意して記載した。

5　その人物自身による自伝や著作、その人物についての伝記・評論・研究など、人物や、その人物の事績を理解する上で有用な刊行物をなるべく詳しく記載した。

四　省略した表記

とくに頻出する以下の所蔵機関は、その名称を左のとおり略記した。

外務省外交史料館→外交史料館

国立国会図書館憲政資料室→憲政資料室
東京大学法学部附属近代日本法政史料センター→東京大学法政史料センター
宮内庁書陵部→書陵部

＊個人史料に関する新情報は、左記までお知らせ願います。
政策研究大学院大学　伊藤研究室
〒一六二-八六七七　東京都新宿区若松町二―二
Tel　〇三―三三四一―〇三六六
Fax　〇三―三三四一―〇二二〇
E-mail kins@grips. ac. jp

函・写真＝旧内閣文庫庁舎
（博物館明治村所在）

あ

青山　貞〈小三郎〉（あおやま・ただす）

文政九―明治三十一年（一八二六―一八九八）　初代秋田県知事

旧蔵の史料は、「青山貞文書」として憲政資料室に所蔵されている。同史料は、遺族（曾孫青山敏貞氏）から昭和六十三年（一九八八）に同資料室に寄託されたものである。同文書は、日記、覚書、書簡など約三〇〇点からなる。そのうち、半数が書簡である。

青山の甥にあたる岡田啓介が自ら記した「青山貞略歴」が残されているが、それによると岡田は昭和十五年頃、彼の伝記を編纂する目的で史料を博捜したと思われる。その時に収集した史料が同文書の基となっていると考えられる。当時岡田は景岳会の会長であり、前年『橋本景岳全集』を刊行している関係上、青山の記録類も同時に収集していたようである。同文書の大半が幕末期に集中していることも、それを物語っている。

なお、同文書中に日記類が多いのも、他文書に見られない特色である。とくに幕末関係だけで十冊を数え、「西遊日誌」（文久元年〈一八六一〉）、「上京中日記」（文久三年）、「甲子謾筆」（元治元年〈一八六四〉）、「京阪日誌」（慶応二年〈一八六六〉）などは貴重である。また初期県政を知る上で、「群馬県庁日誌」全三冊、「秋田在城日記」全二冊なども見逃し難い。

青山の伝記はないが、「自叙草稿『履歴詳伝』（履歴表）」、並びに岡田の伝記草稿「青山貞略歴」が残されている。近年の研究では史料紹介も兼ねた犬塚孝明「青山小三郎と越前藩―新史料青山貞文書の一考察―」（『日本歴史』四八三、昭和六十三年）、同「青山小三郎文書再論―書翰及び日記を中心に―」（同五〇八、平成二年）がある。　（犬塚　孝明）

明石元二郎（あかし・もとじろう）

元治元―大正八年（一八六四―一九一九）　台湾総督・参謀次長

旧蔵の文書・記録は現在、憲政資料室に「明石元二郎文書」として寄託保管されている。この文書については、同室への寄託以前に遺族から閲覧を許された研究者たちが、日本政治外交史研究会「『明石元二郎文書』及び解題―主要書簡を中心に」（『法学研究』〈慶応義塾大学法学研究会〉五十八―九、昭和六十年）を成果として残しており、上原勇作、田中義一ら陸軍関係者を中心に十九点が翻刻紹介されている。なお、このほかに書簡・文書類は、同室所蔵の「寺内正毅関係文書」（明治二十七年〈一八九四〉から大正八年〈一九一九〉にかけての明石の書簡八十八通を所収）、「岡市之助関係文書」、「田中家文書」、「長岡外史関係文書」（日露戦争期の書簡を所収、長岡外史文書研究会編『長岡外史関係文書　書簡・書類篇』吉川弘文館、平成元年所載）等にも収録されている。また刊本としては、上原勇作関係文書研究会編『上原勇作関係文書』（東京大学出版会、昭和五十一年）、時事新報政治部編『手紙を通じて』（時事新報社、昭和四年）にも、若干の書簡が収められている。なお、徳富蘇峰記念塩崎財団に明石の書簡・葉書が四十一通あり、酒田正敏・坂野潤治他編『徳富蘇峰関係文書』二（山川出版社、昭和六十年）に四十通が収録されている。

手記「落花流水」は、日露戦争当時の軍の情報活動を記録したものとして有名であるが、その原本もしくは草稿と思われる文書も、前記「明石元二郎文書」に収録されている。なお「落花流水」はのちに外務省調査部第一課が、日本外交記録編纂の参考史料として昭和十三年（一九三八）五月に遺族の許しを得て複製を作成しているが（外交史料館所蔵、国立国会図書館でも所蔵）、それはさらに、広瀬順晧監修・編集『近代未刊行史料叢書5　近代外交回顧録』二（ゆまに書房、平成十二年）に影印収録されている。また本書はAkashi Motojiro, translated by Inaba Chiharu and edited by Olavi K. Falt and Antti Kujala, *Rakka ryusui: colonel Akashi's report on his secret cooperation with the Russian Revolutionary Parties during the Russo-Japanese War: selected chaptersHelsinki,* /SHS, 1988として英語に抄訳されている。

明石の史料としてはほかに、村田保定編『明石大将越南日記』（日光書院、昭和十九年）がある。これは、明治二十九年（一八九六）から翌年にかけておこなわれた参謀次長川上操六の台湾、仏領インドシナ、シャム等への出張に随行した際の日記を収録したものである。

伝記としては、小森徳治『明石元二郎』上・下（台湾日日新報社、昭和三年、のち原書房復刻として昭和四十三年、五十五年、のちに大空社の伝記叢書五十一、五十二としても復刻）が、最も詳細で基本的なものである。他には、五〇〇頁余りの杉山茂丸（其日庵）による伝記『明石大将伝』（博文館、大正十年）、台湾で出版された六十余頁の小冊子の田澤震五『明石大将』（ただしこれは、日露戦時の欧州における活動は省略している）、著者自身の直接見聞したもののほか、主として小森の前掲伝記を摘載した約一〇〇頁余りの西川虎次郎『明石将軍』（大道学館出版部、昭和九年）などがある。

明石を題材にした小説・伝記の類は以上のほかにも数多くあり、戦前に出版された小山勝清『煽動　大煽動』（実業之日本社、昭和五年）、綿貫六助『探偵将軍明石元二郎―日露戦争諜報秘史―』〈記録文学叢書四〉（河出書房、昭和十二年）をはじめとして、司馬遼太郎『坂の上の雲』五（『司馬遼太郎全集』二十六、文芸春秋、昭和四十八年）、杉森久英『錆びたサーベル―明石元二郎伝』（集英社文庫、昭和五十五年）、豊田穣『情報将軍明石元二郎―ロシアを倒したスパイ大将の生涯』（光人社、昭和六十二年、光人社NF文庫、平成六年）、水木楊『動乱はわが掌中にあり―情報将校明石元二郎の日露戦争』（新潮文庫、平成六年）、江宮隆之『明石元二郎』（PHP研究所、平成十二年）などがある。

明石の日露戦争時の活動に関連する主な研究書としては、黒羽茂『日露戦争と明石工作』（南窓社、昭和五十一年）、稲葉千晴『明石工作　謀略の日露戦争』（丸善ライブラリー、平成七年）のほか、D・B・パヴロフ、S・A・ペトロフ著、I・V・デェレヴャンコ史料編纂、左近毅訳『日露戦争の秘密―ロシア側史料で明るみに出た諜報戦の内幕』（成文社、平成六年）もある。

さらに、朝鮮憲兵隊司令官時代から参謀次長期までの明石を分析した研究として、北岡伸一『日本陸軍と大陸政策』（東京大学出版会、昭和五十三年）がある。これは、前記「寺内正毅関係文書」中の明石書簡等を本格的に用いたものである。なお、朝鮮憲兵隊司令官時代については、増田知子「海軍拡張問題の政治過程」（『年報・近代日本研究4　太平洋戦争』山川出版社、昭和五十七年）にも言及がある。また、参謀次長期については、山本四郎「参戦・二一ヵ条要求と陸軍」（『史林』五十七―三、昭和四十九年）が、「寺内正毅関係文書」、「岡市之助関係文書」を用いて明石の動きを紹介しているほか、その二十一ヵ条要求に関係する「古海朝鮮軍参謀長宛明石参謀次長電報」（大正四年二月十日付）が、同じく山本四郎編『寺内正毅関係文書　首相以前』（京都女子大学、昭和五十九年）に収録されている。

（黒沢　文貴）

赤松克麿（あかまつ・かつまろ）

明治二十七―昭和三十年（一八九四―一九五五）

大政翼賛会企画部長

総同盟、社会民衆党、日本国家社会党などの指導者であり、衆議院議員ともなった赤松は、その時々の政治的な主張を数多くの著作に書き残している。

著作は国立国会図書館の他に、法政大学大原社会問題研究所にもまとまって所蔵されている。その大原社会問題研究所にある「赤松文庫」は、社会主義運動・労働運動関係を中心とした彼の旧蔵書・文書類である。これら同研究所が所蔵する史料のうち、赤松にかかわるものをホームページ(**http://oohara.mt.tama.hosei.ac.jp**)上で検索すると、各種演説会のポスターや昭和十四年(一九三九)に高瀬清に翻訳の依頼をした葉書などの画像が見られる。

活動経歴は、東京帝国大学生時代の新人会創設に始まるが、この時期の研究としては中村勝範編『帝大新人会研究』(慶應義塾大学出版会、平成九年)がある。また、一九二〇年代の赤松については、松沢哲成「社会運動の変容と分極化」(『史論』〈東京女子大学〉四十二、平成元年)、満洲事変をきっかけに国家社会主義運動へ転身する過程については、高橋彦博「日本における「現実主義」の一典型」(『大阪経大論集』六十九、昭和四十四年)、伊藤隆「『挙国一致』内閣期の政界再編成問題(三)」(『社会科学研究』二十七―二、昭和五十年)、ジョージ・トッテン(堀真清訳)「赤松克麿の国家社会主義」(『西南学院大学法学論集』二十一―三・四、昭和六十三年)などが詳しい。

（山室　建德）

赤松則良（あかまつ・のりよし）

天保十二―大正九年(一八四一―一九二〇)　海軍中将

旧蔵の文書の第一は、憲政資料室蔵の「赤松則良関係文書」である。幕末から明治初期にかけての書翰と書類からなり仮目録がある。書翰は本人の出翰を含めて一四〇点が収められている。本人の書翰は親類宛のものがほとんどであり、政治家・軍人・官僚からの書翰は少ない。書類は主としてオランダ留学中や万延元年(一八六〇)の渡米時の日記やオランダ語・仏語・英語の造船・海軍関係図書などからなる。日記類は幕末期のものと明治以降のものが残されているが、この内の一部は「亜墨利加航海日記」として日米修好通商百年記念事業運営会編『万延元年遣米使節史料集』四(風間書房、昭和三十六年)に収められている。明治期の日記は明治元年(一八六八)から十四年までが残されているが、分量は決して多くはない。

旧蔵の文書の第二は、磐田市立図書館蔵「赤松文庫」である。江戸初期から明治・大正にかけての旧蔵図書が、遺族から同図書館に寄贈を受けて所蔵されている。これらの資料については『赤松文庫目録』(磐田市立図書館、昭和四十六年)がある。

海軍軍人としては、海軍主船局長時代の公文書が海軍省編『海軍制度沿革』八(原書房、昭和四十六年)にいくつか収められている。また、海軍大臣官房編「川村伯爵より還納書類」第五巻(防衛研究所図書館蔵)を中心に一八八〇年代の海軍拡張計画に関する公文書が比較的まとまって収められている。

自伝としては、赤松範一編注『赤松則良半生談』(平凡社、昭和五十二年)がある。

赤松を対象とした研究では、専論はないが、幕末維新期に関しては大野虎雄『沼津兵学校と其人材』(昭和十四年)、宮永孝『幕末オランダ留学生』(東京書籍、昭和五十七年)があり、明治十年代の海軍拡張と赤松の海軍構想に詳細に言及したものとして大澤博明『近代日本の東アジア政策と軍事』(成文堂、平成十三年)がある。

（大澤　博明）

秋田　清（あきた・きよし）

明治十四―昭和十九年(一八八一―一九四四)　大正・昭和政党政治家

憲政資料室に文書がある。これは平成十二年(二〇〇〇)に書店から購入したものなので出所は判然としないが、その中には彼の正伝『秋田清』(秋田清伝記刊行会、昭和四十四年)に引用されているものもある。同文書は五十四点で量はあまり多くはなく、内容的には国民党・革新倶楽部・政友会など彼が所属した政党に関わる書類が多い。

前述の『秋田清』には多くの史料が引用され、かつ秋田自身の特異な政治活動のためもあって興味深い伝記となっている。また彼と子息秋田大助を対象とした写真集である『蛙の子は蛙』(秋田大助先生顕彰会、平成七年)があり、その中には秋田清宛清瀬一郎書簡、秋田英二(父)宛秋田清書簡など若干の史料が写真で紹介されている。

（季武　嘉也）

秋山定輔（あきやま・ていすけ〈さだすけ〉）

明治元―昭和二十五年（一八六八―一九五〇）　二六新報創設者・政治家

関係史料は、息子の一が理事長をつとめた桜田倶楽部編『秋山定輔伝』全三巻（同倶楽部、昭和五十二・五十四・五十七年）が、もっとも詳しい。第一巻は明治時代の伝記と『二六新報』記事抜粋・関係記事および書簡を含む関係史料、第二巻は大正期を中心とする伝記および伝記資料で、孫文との関わり、および桂太郎の立憲同志会創設との関係について詳しく記されている。第三巻は昭和時代の伝記と伝記資料である。田中義一の政界入り工作や、近衛新党運動などの政界の黒幕としてかかわった記述が多い。第三巻に収められた日露戦時に露探（スパイ）容疑で代議士を辞職したときの衆議院秘密会の議事録や日中和平工作関係書簡は興味深いが、全体的に散漫である。

なお自伝として『秋山定輔は語る』（大日本雄弁会講談社、昭和十三年）、『秋山定輔は語る　金・恋・仏』（関書院、昭和二十三年）があり、前記伝記の第三巻にも『騒人』誌に掲載された自叙伝が入っている。また秋山を主人公にした伝記小説として村松梢風『風と波と』（新潮社、昭和二十八年）、長島隆二『陰謀は輝く』（平凡社、昭和四年）がある。なお明治三十五年（一九〇二）に衆議院議員選挙に立候補したときの『秋山定輔君の演説』が東京大学法政史料センター（明治新聞雑誌文庫）所蔵資料中にある。

秋山に関する研究としては、広瀬玲子「日清・日露戦争期の国家意識―『二六新報』の主張を中心に―」（鹿野政直・由井正臣編『近代日本の統合と抵抗2』日本評論社、昭和五十七年）、櫻井良樹「日露戦後における挙国一致論の一端」（原題は「秋山定輔と桂新党（立憲同志会）」。『大正政治史の出発』山川出版社、平成九年に所収）などがある。

（櫻井　良樹）

朝河貫一（あさかわ・かんいち）

明治六―昭和二十一年（一八七三―一九四八）　米国在住日本研究者のさきがけ

学者であったために、残されている資料としては、日記・書簡・メモ以外に、多量の著書・論文がある。それぞれ、詳細な文献目録が朝河貫一研究会等の手により作成されている。

まず、日記と英文書簡のかなりの部分、そしてノートは、イェール大学図書館に所蔵されており、閲覧が可能である。イェール図書館資料の目録は外部に公開されていないが作成されている。資料は約六十箱程度あり、内部用の目録でおおよその中身はわかる。この中の書簡の部分、約四分の一がマイクロフィルム化されており、同志社大学に一セット所蔵され、その紙焼きは、「エール大学所蔵朝河貫一文書」として早稲田大学アジア太平洋研究センター（社会科学研究所が他研究所と統合して発足）の図書館に収められている。また、イェール大から直接そのマイクロを購入することも可能である。

書簡の残りは、遺族にイェール大学から寄贈され、現在、出身地である福島県立図書館に収蔵されている。目録としては、『福島県立図書館所蔵朝河貫一資料目録』（平成四年）が作成されている。収蔵されているのは、著作八点、写真一八四点、父の手記や掛け軸等の遺品と見なされたもの六十九点、発信・受信を含めた、和文書簡五九五点と英文書簡一九三四点である。和文書簡の中には、高木八尺、徳富蘇峰、大隈重信、阪谷芳郎、瀧川政次郎、鳩山一郎、吉野作造との来受信書簡が数点と、計量経済学で有名なアービン・フィッシャー、ハーバードの美術館長のラングドン・ウォーナーとの書簡も含まれている。

「発信」書簡については重要な部分が復刻されている。イェール大学と福島県立図書館に分散した書簡の中で、特に発信書簡の草稿・控え・原本の四分の一が、朝河貫一書簡編集委員会（早稲田大学社会科学研究所）編『朝河貫一書簡集』(早稲田大学出版部、平成二年)として刊行された。これは東京大学史料編纂所の阿部善雄氏が生前収集した書簡を核として、金井圓氏と朝河の出身大学であった早稲田大学関係者、特にその社会科学研究所を中心とする書簡編集委員会によってまとめられたものである。しかし、受信書簡はごく一部で復刻は今後の課題となっている。この書簡編集委員会は、後に朝河貫一研究会と名前を変えて、現在に至るまでニュースレターを発行している。

　著書目録、および関係記事の掲載された新聞の目録に関する最新の目録は、朝河貫一研究会が編集した二番目の著作で、死後五十周年を機に顕彰事業として出版された『甦る朝河貫一』(国際文献印刷、平成十年)の中に「朝河貫一関係文献目録(平成九年五月末現在)」としてまとめられている。また、研究会会員である矢吹晋氏のホームページに、文献目録が随時更新されるとともに、代表的な著作のいくつかが電子化されて閲覧できる。この中には、ほとんど知られていない日露戦争前後の英文評論や、それを日本語に試訳したものも含まれている。

　朝河の著書は、日本中世封建社会についての学術研究と東アジア国際政治評論という、二つの分野にまたがっている。前者としては、『入来文書』、『荘園研究』が有名で、後者としては、『日本の禍機』(原著=実業之日本社、明治四十二年、のち講談社学術文庫、昭和六十二年)、『The Russo-Japanese conflict(日露の衝突)』(一九〇四年、英文)が代表的である。

　朝河に関する伝記としては、阿部善雄『最後の「日本人」』(岩波書店、昭和五十八年)と、朝河貫一研究会による二部作、『朝河貫一の世界』(早稲田大学出版部、平成五年)および『甦る朝河貫一』(前述)が代表的である。他に、最新の研究として、矢吹晋『ポーツマスから消された男』(東信堂、平成十四年)、および松村正義『日露戦争一〇〇年』(成文社、平成十五年)がある。

(浅野　豊美)

朝倉毎人(あさくら・つねと)

　明治十五―昭和四十六年(一八八二―一九七一)

　日産自動車販売代表取締役

　財界人の史料は政治家に比べると少ないが、朝倉については比較的よく残されている。朝倉は現在では財界人としての知名度は高くはないが、紡績から電力、自動車といった大正・昭和期の日本の基幹産業の重役を歴任し、衆議院議員にも当選、財界(和田豊治など)、政界(松岡洋右など)、軍部(南次郎など)にも知己が多い人物として同時代的には著名人のひとりであった。また従兄弟に彫刻家の朝倉文夫と渡辺長男がおり、とくに朝倉文夫とは親交を結んでおり、詳しい交遊関係が日記に記されている。

　日記、来簡などの史料は東京大学法学部近代立法過程研究会によって整理されマイクロ化されて、同大学法政史料センターで公開されている。また、憲政資料室でもマイクロ版を所蔵・公開している。日記は中学生時代からつけているが、その中心は四十歳台半ばの大正十五年(一九二六)六月から記されたものであり、昭和三十六年(一九六一)七月まで継続され、晩年にも再び記されている。この他に自伝草稿と来簡があるが、これらの関係史料のうち、日誌(大正十五年七月―昭和二十一年十二月三十一日)と自伝草稿および主要来簡は、阿部武司・大豆生田稔・小風秀雅編『朝倉毎人日記』全六巻(山川出版社、昭和五十八―平成三年)に復刻されている。

　日記は比較的プライベート情報が中心とはいえ財界活動に関するものも多く、昭和十一年二月から翌年三月まで民政党選出の代議士として自動車製造事業法の制定など戦時統制経済政策に係わる情報も多く記されている。昭和初期から戦時期にかけての財界の動向を知る上では一級の史料であるということができる。

(小風　秀雅)

安里積千代(あさと・つみちよ)

　明治三十六―昭和六十一年(一九〇三―一九八六)

琉球政府立法院議長・衆議院議員旧蔵の文書・記録は、その大半が東京大学法政史料センター原資料部に「安里積千代関係文書」として所蔵されている。同文書は、遺族から近代立法過程研究会の手を経て同センターに昭和六十二年(一九八七)から六十三年にかけて寄贈されたものである。同センターには近代立法過程研究会によって作成された詳細な目録がある。同文書は、書簡、書類、原稿、覚書、会議録、書籍等からなり、目録に従えば、「安里積千代著作・論説」が十三点、「安里積千代関係未公刊資料」が約一八〇点、「琉球政府関係資料」が約一〇〇点、「沖縄県法例・議会関係資料」が約一〇〇点、「沖縄県開発・統計・市町村関係資料」が約一二〇点、「衆議院関係資料」が約八十点、「政党関係資料」が約八十点、「新聞・雑誌・年鑑・スクラップブック」が約一七〇点、「一般刊行図書」が約三三〇点、合計約一一七〇点ある。なかでも「安里積千代関係未公刊資料」には、弁護士として係わった軍裁判関係史料(書簡、請願書等)や、八重山群島政府知事として係わった西表島国有林関係史料(申請書、陳情書等)、そして琉球政府立法院議長として係わった軍用地関係史料(覚書、原稿、書簡、書類、会議録、決議書等)および集成刑法関係史料(書簡、書類等)が含まれており、またその他にも沖縄社会大衆党関係史料(原稿、書類等)や沖縄返還関係史料(原稿、書類等)などが含まれている。

平成十五年には、新たに遺族から同センターに対して史料の寄贈があり、現在同センターにおいて史料の整理が進められている。寄贈された史料は、八重山群島政府関係史料(書簡等)、軍用地関係史料(覚書等)、国政参加関係史料(覚書、書簡、日記等)、そして友利裁判関係史料(書簡、書類、決議書等)などである。

同センター以外では、沖縄県公文書館や沖縄県議会図書室で関連した史料を散見することができる。沖縄県公文書館所蔵の史料については、同館ホームページ(http://www.archives.pref.okinawa.jp)を通じて検索することができ、沖縄県議会図書室所蔵の史料については、昭和五十七年に沖縄県議会事務局調査課が作成した「沖縄県議会史関係資料目録」で検索することができる。

自伝としては、『一粒の麦　米軍施政下の四半世紀』(民主党沖縄県連合会、昭和五十八年)がある。同書は、昭和五十七年六月十日から同年八月三日まで地元紙『琉球新報』に連載された「一粒の麦として―わが闘いの足あと―」を底本とし、これに『祖父母・父母を語る』(非売品、安里積千代後援会、昭和四十九年)や、出自から弁護士時代までの回想、そして本人執筆の論文、建言書、紀行文等の資料を加えたものである。この他にも、出自から大学卒業時までを叙述したものに、「安里積千代―大洋のように―」(大城辰雄編刊『わが半生の記―闘魂の記録―』昭和四十二年所収)があり、これは前出『祖父母・父母を語る』と昭和四十五年に刊行された『安里積千代の歩んだ道』(非売品、安里積千代後援会)に転載されている。また軍用地問題についての回想として、「沖縄米軍用地料闘争小史―一括払い反対・対米折衝をめぐって―」(『革新　民主党中央理論誌』昭和五十三年初夏〈特別号〉)がある。

なお、上述した「安里積千代関係文書」や自伝等を利用した安里に関する研究は管見の限り見当たらないが、アメリカ国務省史料を用いて安里の軍用地問題への対応について言及したものに、宮里政玄『日米関係と沖縄』(岩波書店、平成十二年)がある。また政治家としての側面を知る上では、当山正喜『沖縄戦後史　政治の舞台裏』(あき書房、昭和五十七年)が参考になる。

(平良　好利)

芦田　均(あしだ・ひとし)

明治二十一―昭和三十四年(一八八七―一九五九)

元外交官・内閣総理大臣

芦田の個人文書は、二六四八点余りが「芦田均関係文書」として憲政資料室に寄託されている。日記、自筆原稿、憲法改正、再軍備関係、書翰など、質量ともに充実したものであるが、戦前の書簡や書類など一部が非公開となっている。この内、戦後の日記(一部戦中)と幾つかの書類が進藤栄一・下河辺元春編『芦田均日記』全七巻(岩波書店、昭和六十―六十一年)に復刻されている。また、芦田の書簡は、安藤正純、阪谷芳郎、関屋貞三郎、鶴見祐輔の各文書(以上、憲政資料室)に散見されるし、重光葵関係文書(憲政記念館)にも存在している。

また、平成十四年(二〇〇二)に開館した芦田均記念館では、京都府福知山市にある芦田関係の資料収集を開始しており、展示品には地元の後援者への挨拶状などもある。また、福知山市郷土資料館は、記念館収集になる資料の一部を保管しているが、未整理の資料の中には、昭和十七年の翼賛選挙関連の事務書類や、福知山の庄屋であった芦田家の資料、父鹿之助の資料など貴重なものもある。さらに柏原高等学校(旧制中学校。芦田の母校)にも記念品が保管されているが、文書類は少ない。

また、戦後の総理大臣時代の資料としては、「森戸辰男関係文書」の閣議関係資料(森戸辰男の項参照)が必読である。芦田政権の政策立案については、この資料によって、今後急速に解明が進むであろう。また、法政大学大原社会問題研究所「産別会議資料」「鈴木茂三郎資料」、信州大学経済学部「高野実文書」、東京大学経済学部図書館「石川一郎文書」、大阪社会運動協会「中江平次郎文書」、ひょうご労働図書館「今津菊松資料」などを中心として片山・芦田内閣の経済復興・労働運動に関する資料を集大成した、中北浩爾・吉田健二編『片山・芦田内閣期経済復興運動資料』(日本経済評論社、平成十二年)も、同時期の経済、労働問題を考察する上で必須の資料である。

また、昭電疑獄後の芦田の考えを追うには、日記とともに『東京だより』(東京だより社)の執筆記事が役に立つ。また、自ら「文筆家」と称していた芦田は、戦前からかなり沢山の著作を残しているし、雑誌への執筆も多い。ジャーナリストとの交流もある。これらの文献の詳細な一覧を作成することも今後の芦田研究の課題である。そのような試みの一つとして、松田義男氏のホームページの「芦田均著作目録」(URLはhttp://www1.cts.ne.jp/~ymatsuda/)を挙げておく。

芦田についてのまとまった伝記研究は少ない。岩本博民『孤高の人・芦田均』(青谷商店出版部、昭和五十七年)、宮崎澄『最後のリベラリスト・芦田均』(文芸春秋、昭和六十二年)がある程度である。特に戦前の足跡は不明の所が多い。戦後については、進藤栄一の「解説」(前掲、芦田日記にある)、御厨貴「『芦田均日記』に見る〝首相〟の心理的葛藤のドラマ」(『通産ジャーナル』昭和六十二年二月号)、同「昭和二〇年代における『第二保守党』の軌跡―『芦田日記』『重光日記』にみる芦田・重光・三木―」(『年報・近代日本研究9　戦時経済』山川出版社、昭和六十二年)などが概観を提供してくれる。また、社会党に焦点を当てたものであるが、中北浩爾『経済復興と戦後政治・日本社会党　一九四五―一九五一年』(東京大学出版会、平成十年)も芦田政権時の政治過程を見る上で役にたつ。また、武田知己『重光葵と戦後政治』(吉川弘文館、平成十四年)も、外務省入省が同期であった重光に焦点を当てているものの、参考になる。外相期、首相期についてはいくつかの優れた個別研究がある。ここでは、進藤栄一『分割された領土―もう一つの戦後史』(岩波現代文庫)(岩波書店、平成十四年)、五百旗頭真『占領期―首相たちの新日本』(読売新聞社、平成九年)のみを挙げておく。

（武田　知己）

麻生太吉（あそう・たきち）

安政四―昭和八年(一八五七―一九三三)　初代石炭鉱業聯合会会長

麻生に関係する文書、記録は「麻生家文書」として九州大学石炭資料センターにまとまって保存されている。この史料は麻生家に保存されていたものと、旧麻生セメント株式会社の本社に所蔵されていたものからなる。日記は明治三十九年(一九〇六)から昭和八年(一九三三)までであり、現在刊行準備中である。もっとも他行することが多かったためか、情報量は必ずしも多いとはいえない。現在、麻生宛の全生涯にわたる書簡数万点が整理中であり、この他に麻生発信の書簡が下書き原稿で残っている。書簡については、「明治二十五年麻生太吉、荘田平五郎の往復書簡」、「麻生文書資料紹介(一)明治三十七年五月麻生太吉より三井銀行三井物産両社長宛書簡」(『エネルギー史研究ノート』〈西日本文化協会〉四―五、昭和四十九―昭和五十年)が紹介されている。「麻生家文書」の目録の一部は『九州石炭礦業史資料目録』(『西日本文化協会』一―十二、昭和五十三―六十一年)に掲載されている。

伝記は『麻生太吉伝』(第一書房、昭和九年)と『麻生太吉翁伝』(昭和十年)がある。前者は麻生太吉が逝去時に社長と取締役をしていた九州水力電気株式会社および九州電気軌道株式会社内に置かれた刊行会が編纂刊行したものであり、後者は株式会社麻生商店が編纂刊行したものである。このほかに生前の小伝として宮川五郎三郎による『県下出身礦業家六傑伝麻生太吉君』(福陵新報、明治二十九年)がある。

麻生太吉に関する研究は、地方財閥の形成者、経営者として論じたものに森川英正『地方財閥』(日本経済新聞社、昭和六十年)が、戦前のものとして松下伝吉『九州財閥の新研究』(中外産業調査会、昭和十三年)がある。新鞍拓生が「麻生太吉の炭業統制指向とその論理」(『エネルギー史研究』〈九州大学石炭研究資料センター〉十六、平成十三年)をはじめとして麻生の経営思想を中心とする研究を試みている。麻生の周辺を明らかにしたものに、秀村選三「麻生家の古文書」(『麻生百年史』創思社出版、昭和五十年)、今野孝「明治初期における麻生家の二つの炭坑経営にみる土着石炭鉱業家の特質について」(『エネルギー史研究』〈西日本文化協会〉十、昭和五十四年)、畠山秀樹「筑豊麻生家の家法」(『大分大学経済論集』三十六―六、昭和六十年)をはじめ、麻生家の石炭鉱業経営に関する多くの研究がある。

(東定　宣昌)

安達謙蔵　(あだち・けんぞう)

元治元―昭和二十三年(一八六四―一九四八)　政党政治家

安達家に残された関係文書―ほとんどが来翰であった―を、筆者(伊藤)は、『昭和初期政治史研究』(東京大学出版会、昭和四十四年)執筆の過程で、薫治氏から昭和三十九年(一九六四)以降少しずつ拝借して目録を作成し、マイクロ化した。そのマイクロフィルムは東京大学社会科学研究所が所有し、憲政資料室が複写して閲覧に供している。その後、現物について、昭和五十年代に憲政資料室への寄贈を依頼し、快諾を得たが、某氏が見たいと言っているので、某氏を経由して渡すという話になった。以後一回数十通を筆者が受け取ったが、その後某氏との連絡が取れなくなった。そうしている内に、昭和五十七年に現物の一部が古書市場に出たため、憲政資料室が買得した。筆者は某氏から受け取った分を薫治長男謙太郎氏の寄贈ということで憲政資料室に渡した。この二つが現在憲政資料室が現物で所蔵しているものである(目録が『憲政資料目録』十五〈『有馬頼寧関係文書目録　付　安達謙蔵関係文書目録』〉として平成元年に刊行されている)。しかし、それはかつてマイクロ化したもののすべてではない。

書翰は明治期の品川弥二郎、佐々友房、古荘嘉門、山田信道他国民協会、国権党関係者からのもの、浜口雄幸、井上準之助、若槻礼次郎、加藤高明他、憲政会・民政党の幹部からのものが主である(品川弥二郎・佐々友房・安部井磐根・荒川五郎の関係文書〈いずれも憲政資料室所蔵〉には多くの安達書翰が含まれている)。

著書としては『北進図南』(春潮社、昭和十五年)がある。また『憲政』『憲政公論』『民政』に屢々執筆し、関係記事が掲載されている。

安達には『安達謙蔵自叙伝』(新樹社、昭和三十五年)がある。伊豆富人(安達逓信大臣秘書官)の「叙にかえて」によれば、これは「先生が閑地につかれてから、折に触れて執筆された遺稿を、編纂したものである」ということである。残念ながら、その遺稿は残されていない。しかし、他に刀禰館正雄編『その頃を語る』(朝日新聞社、昭和三年)に「閔妃事件で投獄の憂目」、『文藝春秋』昭和八年七月号に「予が広島獄中生活の一挿話」などの回想を書いており、『文藝春秋』昭和七年二月号には「安達さんに心境を訊く座談会」が掲載されている。また、憲政史編纂会が昭和十四年から十五年にかけて四回にわたって行った談話聴取の速記録が憲政資料室蔵の「憲政史編纂会収集文書」中に残されており、広瀬順晧編『憲政史編纂会旧蔵政治談話速記録』第一巻(平成十年、ゆまに書房)に復刻されている。

先に触れた伊豆富人の『安達さんの心境を語る』(千倉書房、昭和六年)は協力内閣問題で、第二次若槻内閣が倒壊した際の安達の立場を表明したものである。大正末期から昭和戦前期にかけて多くの安達謙蔵論(馬場恒吾や山浦貫一他)が新聞雑誌に掲載されているし(『文藝春秋』昭和七年一月号には安藤正純らの安達論が特集されている)、木村武雄など関係者の回想もある。

研究で、その後この史料が利用された最初は、北岡伸一氏の「政党政治確立過程における立憲同志会・憲政会(下)」(『立教法学』二十五、昭和六十年)で、安達の談話速記とともにマイクロフィルム中の大正五年(一九二六)安達宛加藤高明書翰を引用している。近年では、小宮一夫『条約改正と国内政治』(吉川弘文館、平成十三年)が、安達の談話速記を史料として用い、また、奈良岡聰智「加藤高明の政治指導と憲政会の創立(一)(二)—一九一五〜一九一九—」(『法学論叢』一五一—一、一五二—一、平成十四年)が大正五年の安達宛加藤高明書翰を用いている。

なお、筆者(伊藤)は「国民同盟の結成—安達謙蔵」(「新熊本の歴史」編集委員会編『新熊本の歴史』8近代下〈熊本日日新聞社、昭和五十六年〉)を書いている。その他、安達に関する最新の研究としては、原田伸一「安達謙蔵研究序説」(『政経論集』五、平成十四年)がある。

(伊藤　隆・小宮　一夫)

安達峰一郎（あだち・みねいちろう）

明治二—昭和九年(一八六九—一九三四)　外交官・常設国際司法裁判所所長

現在、関係資料を保管・所蔵する機関として、財団法人安達峰一郎記念館、憲政資料室、外交史料館、そして山辺町北部公民館・安達峰一郎博士生家などが挙げられる。

安達峰一郎記念館(以下、記念館と略)は、安達の死後、その遺品を保管していた妻鏡子が呼びかけ、昭和三十五年(一九六〇)に設立されたものである。当時同館に委ねられた資料の多くは、現在は以下に記す他の機関への移管が果たされている。同館には、展示室に陳列されるもの以外に、愛用の品々、愛聴のレコード、それに彼が寄贈を受けた内外の法律書や文学書、さらに海外での晩餐会等の招待状・社交的な内容の書簡等の一部が今も保管されている。

憲政資料室に収蔵される「安達文書」は、平成四年(一九九二)に右記念館から移管されたものであり、平成十年に資料整理が完了したものである。安達に直接関わる書簡等文献資料を探すのであれば、まず同資料室に足を運ぶべきであろう。ちなみにこの資料室架蔵の「安達峰一郎関係文書目録」は、「書類」と「書翰」の部に分けられる。前者には、常設国際司法裁判所や国際連盟関係の裁判資料や会議録、それに外交資料や国際法関係の研究雑誌や抜き刷りなど一二四八点が、後者には、日本人や外国人からの書簡等、一八〇三点がそれぞれ含まれ、全体として膨大な資料群を形成している。

同じく記念館から平成四年末に外交史料館に移管された資料群がある。これは安達が旧蔵していた法学関係の和洋書計二七六冊であるが、現在は、「安達峰一郎記念館よりの寄贈図書リスト」(窓口で請求)のみが公開されている。また同史料館には、外交官時代の「個人関係資料」が所蔵されるが、これは一般には公開されていない。

　右に掲げた資(史)料の他、生地である現在の山形県東村山郡山辺町の安達峰一郎博士生家には、峰一郎や鏡子の下等・上等小学校卒業証書や使用教科書といった修学関係の資料、肖像写真・家族写真や書簡など、生家から寄贈された資料を中心に保管が為されており、安達尚宏館長の下、所蔵資料のリスト化が進められる。

　伝記的な紹介については、安達峰一郎記念館発行の『世界の良心　安達峰一郎博士』(光和出版社、昭和四十四年)や、安達省三発行『〜追憶〜　世界の良心・安達峰一郎博士—安達峰一郎博士永眠の地整備記念—』(藤庄印刷、平成十一年)などがある。それらに収録される関係諸氏による追憶文や座談会記事などは、安達の人物像を知るに有益である。また、安達鏡子著/安達峰一郎記念館編集『歌集　夫安達峰一郎』(光和出版社、昭和三十五年)もあり、これは歌集形式ながら、峰一郎の生涯を語る貴重な回想録としての資料的性質を持ち合わせている。また、現国際司法裁判所裁判官である小田滋氏による「国際平和に貢献した世界的な法律家　安達峰一郎」(財団法人・山形県生涯学習人材育成機構編集・発行『新アルカディア叢書第八集—「人物記」シリーズ—山形の人1』平成八年)が講演録ながら、実務家としての安達の半生を要領良く物語る。

　上京以前の安達については、後藤禮三「資料　安達峰一郎博士(一)(二)」(『研究山邊郷』〈山辺町郷土史研究会〉二・三、平成九・十三年)に関連諸資料が挙げられている。また、明治二十二年(一八八九)九月に帝国大学法科大学法律学科に入学し、三年後に同学科を卒業するに至るまでの、安達の東京での修学状況を記す資料は、前述の憲政資料室所蔵「安達文書」の中に数点見ることができるが、帝大における彼の講義筆記は、『法律講義案集』和装本全十六冊として、現在、慶應義塾図書館に架蔵されている。こうした資料から法学徒としての安達を描いたものとして、森征一・岩谷十郎監修/法文化研究会「帝大生・安達峰一郎の『法学』ノート—『法律講義案集』の伝える明治中期法学教育—」(『法学研究』〈慶應義塾大学法学研究会〉七十三—十、平成十二年)がある。また外交官としての安達については、一又正雄『日本の国際法学を築いた人々』(日本国際問題研究所、昭和四十八年)に簡潔だが要を得た説明が為される。公職上の略歴については各年次の『外務省年鑑』で追跡できよう。そして国際司法裁判所との関わりでは、関野昭一『国際司法制度形成史論序説—我が国の外交文書から見たハーグ国際司法裁判所の創設と日本の投影—』(国際書院、平成十二年)が、同裁判所成立に向けて活動する安達の姿を細かく追跡している。

　安達に関わる論説・資料などは、森征一・豊島二三夫監修/法文化研究会「安達峰一郎関係資料目録および略年譜」(『法学研究』七十二—七、平成十一年)に網羅されるが、近時、安達尚宏『故里からみた安達峰一郎博士略年譜』(非売品、平成十五年)が発刊され、現時点での最も詳細な安達の年譜を載せる。

(岩谷　十郎)

阿南惟幾　(あなみ・これちか)

　明治二十—昭和二十年(一八八七—一九四五)　陸軍大将・陸軍大臣

　かつて文芸春秋が「阿南惟幾日記」(昭和十三—二十年)の刊行を企画し、ワープロに打ち込んだが、その後企画が中止となった。筆者は遺族惟正氏から将来の刊行の許可を得て、現在そのワープロ化された日記を読んでいるところである。将来、軍事史学会の史料刊行計画の一環として出版を検討しているが、現在のところ非公開である。一部のコピーが東京大学法政史料センター原史料部の所蔵になっている。

　伝記として、沖修二『阿南惟幾伝』(講談社、昭和四十五年)がある。この巻頭グラビアには日記や遺書の写真が掲載されており、日記は本文中にしばしば引用されている。また、関係者の回想・手記が使用されている。その他、甲斐克彦『武人の大義―最後の陸軍大臣阿南惟幾の自決』(光人社、平成十年)や惟正氏の「父惟幾の追想」(『文芸春秋』平成十二年二月号)などがある。

(伊藤　隆)

安部磯雄(あべ・いそお)

慶応元―昭和二十四年(一八六五―一九四九)　社会主義者・政治家・経済学者

旧蔵の史資料の大半は、長く在職(明治三十二―昭和三年(一八九九―一九二八))していた早稲田大学の大学史資料センターに「安部磯雄文庫」として所蔵されている。これらは、昭和三十九年に安部が育成した野球部の合宿所「安部寮」からと、翌年に六女丸山夏(医学博士丸山千里夫人)から寄贈されたものである。内容は、自筆・著作(目録、日記・日誌・自伝・家庭関係、原稿、講義ノート、覚書・研究ノート、演説原稿・演説概要、新聞掲載切抜、雑誌掲載切抜、書簡、墨蹟の三七七点)と資料(政党関係、選挙関係、早稲田大学野球部関係、書簡、新聞・雑誌切抜、写真、安部磯雄生誕百年記念行事関係、その他の一五九点)の五三六点で、佐藤能丸編「早稲田大学大学史編集所所蔵　安部磯雄文庫目録」(『早稲田大学史記要』二十三、平成三年)として整理のうえ目録化されている。特に、政治関係では、自筆の日記類、「社会民衆党記録」、「覚書帳」や理想選挙を実行したことを裏づける選挙関係資料と貴重な原版写真(五十点)が注目される。なお、早稲田大学野球部合宿所「安部寮」にも関係の資料が若干ある。

安部研究の前提として、松田義男編「安部磯雄著作目録」(Ⅰ)(Ⅱ)(『早稲田大学史記要』十七・十八、昭和六十・六十一年)があり、生涯を小冊子にまとめた早稲田大学校史資料室編『安部磯雄　その生涯と著作』(生誕百年記念)(早稲田大学教務部、昭和三十九年)と写真・著作・評伝の高野善一編著『日本社会主義の父　安部磯雄』(『安部磯雄』刊行会〈代表三宅正一〉、昭和四十五年)は有用である。

安部研究はその知名度に比べて、密度の濃い本格的な研究は著しく立ち遅れている。それは、戦後長く日本近代の社会思想史の研究は突出した急進的な「革命思想家」に軸足を置き過ぎていたために、「社会民主主義思想家」をあまりにも等閑に付していたからである。社会主義を、安部のように実生活者として倫理的に誠実に自分の生き方とリンクさせて捉え、ひた向きに実現しようとした「社会主義を精神方面から見て居た」思想家を省みなかったからでもある。その意味で、宮本盛太郎『宗教的人間の政治思想　軌跡編―安部磯雄と鹿子木員信の場合―』(木鐸社、昭和五十九年)、初期社会主義・大正デモクラシー・無産政党運動等との関係から論じた共同研究の早稲田大学社会科学研究所安部磯雄研究部会の『安部磯雄の研究』(早稲田大学社会科学研究所、平成二年。前掲の松田義男編「安部磯雄著作目録」を再録)は安部研究に新しい光を当てて再評価を迫っている。

(佐藤　能丸)

安倍源基(あべ・げんき)

明治二十七―平成元年(一八九四―一九八九)　内務官僚・内務大臣

長男基雄氏の筆者に対する話によると、戦前の関係文書は空襲で一切失われたとのこと。戦後のものは同氏が現在調査中である(基雄氏は平成十六年急逝された)。

戦後のものの中で、A級戦犯容疑者として巣鴨拘置所に拘留された時の日記は、基雄氏の「解説」を付して『巣鴨日記』として平成四年(一九九二)に展転社から刊行された。また同じく巣鴨獄中で書かれた「思い出の記」(生い立ちから再度の警視総監就任までの回想)も、基雄氏の手で、後述の『昭和動乱の真相』中の「最後の御前会議」、これも後述の『安倍源基先生追悼集』の中の夫人安倍藤子「思い出の記」、安倍夫妻の和歌・俳句・漢詩集「志やぼん玉」に基雄氏の文章を加えて、『思い出の記』として平成十二年に安倍基雄後援会から刊行された(発売静岡新聞社)。

『安倍源基先生追悼集』は戦後の最大の仕事であった新日本協議会の出版部から平成二年に刊行されている。伝記としては、基雄氏による『歴史の流れの中に』(山口出版社、昭和五十四年、のち原書房、平成二年)、『最後の内務大臣安倍源基の半生』上・下(サンケイ出版、昭和五十八年)、大村立三『安倍源基伝』(非売品、平成五年)がある。

安倍自身の著書に『国民党と支那革命』(人格社、昭和五年)、『憲法改正の主張』(報国新聞社、昭和三十二年)、自叙伝的な『昭和動乱の真相』(原書房、昭和五十二年)、『憂国直言』(原書房、昭和五十七年)、『ひとすじの道』(新日本協議会、昭和五十九年)がある。また口述記録に内政史研究会で昭和四十二年(一九六七)に四回にわたって行った談話速記録『安倍源基氏談話速記録』がある。東京12チャンネル報道部『証言私の昭和史』二(学芸書林、昭和四十四年)にも談話が掲載されている。

安倍を対象にした研究はまだ存在しない。

(伊藤　隆)

阿部信行（あべ・のぶゆき）

明治八―昭和二十八年(一八七五―一九五三)　内閣総理大臣・陸軍大将

文書・記録としては、東京大学法政史料センター原資料部所蔵のものがある。分量は、マイクロフィルム八巻分で、仮目録として「近代立法過程研究会蒐集文書No.21　阿部信行関係文書目録」が作成されている。文書は、I内閣総理大臣関係書類(四十八点)、II日華基本条約関係書類(三十九点)、III企画院関係書類(十三点)、IV大東亜建設審議会関係書類(十一点)、V朝鮮総督府関係書類(八点)、VIその他(十九点)に分類され、各省から総理大臣に上げられた文書中に見るべきものがある。憲政資料室においてもマイクロフィルムによる複製の閲覧ができる。

阿部に関する本格的な伝記はいまだ書かれていないが、本史料を利用した研究に、古川隆久『昭和戦中期の総合国策機関』(吉川弘文館、平成四年)、加藤陽子『模索する一九三〇年代』(山川出版社、平成五年)がある。

(加藤　陽子)

阿部充家（あべ・みついえ）

文久二―昭和十一年(一八六二―一九三六)　国民新聞副社長

遺族のもとに残された関係史料のうち、盟友徳富蘇峰の書翰は一括して本人へ返され、現在徳富蘇峰記念館が所蔵している。ここで、阿部と徳富との間でかわされた書翰がまとまってみられるわけである。また、阿部が参禅し、墓もある東慶寺(鎌倉市)の住職であった釈宗演の阿部宛書翰は、東慶寺に寄贈されている。なお、墓前に立つ蘇峰の碑文は、蘇峰書翰が返還された際に、蘇峰の秘書塩崎彦市によって建てられたものである。

これ以外の書翰・書類は、憲政資料室に「阿部充家関係文書」として所蔵されている。同室の「憲政資料書翰発信者別索引(仮)」をみると、この他に井上敬次郎、大塚常三郎、樺山資英、河野広中、斎藤実、関屋貞三郎、寺内正毅、西原亀三、牧野伸顕の九つの関係文書に阿部書翰が残されている。その中では、都合二二六通に及ぶ「斎藤実関係文書」が最も充実している。朝鮮総督であった斎藤に東京の情勢を書き送ったのが、その主な内容である。

以上の史料のうち、徳富宛阿部書翰は『徳富蘇峰関係文書』三(山川出版社、昭和六十三年)に収められ公刊されている。

新聞記者として長い経歴を持ちながら、蘇峰とは対照的にほとんど新聞記事を書かなかったといわれる阿部の著書は、漢詩をあつめた『無佛存稿』(私家版、昭和十一年)があるだけである。他に、古稀を迎えた祝賀会での関係者の挨拶などをまとめた『古稀之無佛翁』(私家版、昭和六年)が参考になる。

国民新聞や徳富蘇峰、あるいは斎藤実の朝鮮統治などの関係で言及される外に、阿部自身に関するまとまった研究はない。彼の来歴は、清水三郎「憲政擁護と国民新聞襲撃事件―徳富父子を感動させた阿部無仏」(『武蔵野ペン』二)中に、簡単にまとめられている。

（山室　建徳）

安倍能成（あべ・よししげ）　明治十六―昭和四十一年（一八八三―一九六六）　学習院院長

旧蔵の文書・記録は、東京大学社会科学研究所所蔵の文書類が中心である。この史料群は、昭和二十一年（一九四六）一月から二十二年にかけて、安倍が文部大臣、憲法改正案特別委員会委員長および教育刷新委員会委員長を務めた時期の閣議史料、帝国議会議事録、憲法改正草案、教育刷新委員会関係資料が含まれている。これらの史料については、東京大学社会科学研究所によると思われる「安倍文書索引」(奥付等の記載はない)と題した手書きの仮目録がある。また、安倍宛の書簡類七〇七点、手書き原稿類二四四点、講義用ノートなど一〇〇〇点余りが安倍の遺族から愛媛県生涯学習センターに寄贈され、同センターによって「寄託資料一覧」と題する簡略な目録が作成されている。文部大臣当時の記録については、嘱託として通訳を務めた神谷美恵子が、安倍と連合国軍民間情報教育局(CIE)や第一次教育使節団との交渉の様子を「文部省日記一九四五年―四六年」(神谷美恵子『エッセイ集Ⅰ―教育・人物篇』ムガール社、昭和五十二年。のちに『遍歴』(神谷美恵子著作集第九巻)』みすず書房、昭和五十五年に収載)の中で一部伝えている。

著作としては、昭和二十四年に『安倍能成選集』全五巻(小山書店)が刊行されている(平成五年〈一九九三〉に日本図書センターから助川徳是の執筆による「『安倍能成選集』解説」を付して復刻された)。自伝としては、雑誌『心』に昭和三十五年六月号から昭和四十年十二月号まで連載したものを底本としてまとめた『我が生ひ立ち』(岩波書店、昭和四十一年)と『戦後の自叙伝』(新潮社、昭和三十四年)がある。前者が講和条約までの時期について書かれ、後者は、一高校長時代からの叙述となっている。一部の重複があるが両者によって安倍の生涯を辿ることができる。

評伝、研究書はほとんどないが、米谷匡史「『世界史の哲学』の帰結―戦中から戦後へ―」(『現代思想』二十三―一、平成七年)、唐沢富太郎編『図説教育人物事典―日本教育史のなかの教育者群像』下巻(ぎょうせい、昭和五十九年)と『理想』三九九(昭和四十一年)における特集「安倍能成先生を偲ぶ」での麻生磯次、日高第四郎、金子武蔵らの論稿が参考となる。また、前掲の助川による「『安倍能成選集』解説」は、久野収・鶴見俊輔・藤田省三『戦後日本の思想』(中央公論社、昭和三十四年)、唐木順三『現代史の試み』(筑摩書房、昭和三十八年)とともに、「教養派」としての安倍の思想的特質を考察する上でも示唆的である。

（貝塚　茂樹）

安部井磐根（あべい・いわね）　天保三―大正五年（一八三二―一九一六）　衆議院議員・副議長

安部井は、大日本協会・国民同盟会などに参加し、対外硬運動に熱心に取り組んだ政治家である。旧蔵史料は、同家の係累にあたる佐藤弓葛氏に受け継がれた。同史料の存在は、西尾陽太郎氏が「安部井磐根宛の名士書翰」(『九州史学』十一、昭和三十四年)で、安部井宛の谷干城・新島襄・安達謙蔵・神鞭知常・近衛篤麿書翰の一部を史料紹介したことにより、その存在が知られることとなった。その後、同史料は、酒田正敏氏とジョージ・アキタ氏によって、長年解読が行われた(ジョージ・アキタ「私の日本近代史修行」(『日本歴史』五四九、平成六年))。そして、同史料は、憲政資料室に移管され、平成十一年(一九九九)九月二日より同室で「安部井磐根関係文書」(以下、「安部井文書」)として公開された。

「安部井文書」にある書翰では、神鞭知常、陸実をはじめとする対外硬運動関係者のものが多い。書類は、「郡・県会時代」、「国政時代」のものに大別される。前者には、安部井が関った士族結社明八会や、安達郡役所、福島県会などに関する史料が含まれている。後者では、安部井が強い関心を持った条約改正問題や、大日本協会・国民同盟会・講和問題聯合同志会などの対外硬団体に関するものの他、山林・治水、鉄道など多岐にわたる史料が含まれている。また、安部井は、明治十五年(一八八二)から大正五年(一九一六)まで日記を残している。日記には、書翰の差出人や発送先、会合等が記され、備忘録としての性格が強い。

　伝記としては、佐倉孫三『国之磐根　安部井磐根翁之伝』(博文堂、明治二十七年)がある。これは三十六頁の小伝である。なお、二本松藩士として戊辰戦争に参加した時期については、自身による「慶応元年戊辰奥羽連合白石会盟に係る前後の事実」(『史談会速記録』一、明治二十五年、のち原書房、昭和四十六年復刻)がある。これは、明治二十五年七月十一日、史談会において、本人が話したものである。

　「安部井文書」の整理に携わった酒田正敏氏は、整理の途上で、「士族の『市民化』—啓蒙結社明八会と安部井磐根—」(『明治学院論叢』三九六、昭和五十六年)を発表した。この論文では、同文書とともに、二本松市歴史資料館が所蔵する「明八会関係資料」を用いている。その後、酒田氏とジョージ・アキタ氏は、共著で *The Samurai Disestablished: Abei Iwane and his Stipend*, **Monumenta Nipponica, Autumn 1986.** を発表した。「安部井文書」が公開されて以後では、小宮一夫が『条約改正と国内政治』(吉川弘文館、平成十三年)において、同文書所収の大日本協会関係の書類や同会参加者の書翰を用いている。また、旧蔵史料を受け継いだ佐藤弓葛氏の妻幸子氏は、安部井が作った短歌、施頭歌、長歌、今様、文章、祝辞を集めた「真清水舎集」の註釈に取り組まれた。そして、その成果は、『安部井磐根翁の「真清水舎集」の序文として』(佐藤弓葛、平成五年)『安部井磐根翁の真清水舎集』一—三(佐藤弓葛、平成五—六年)としてまとめられた。

(小宮　一夫)

安保清種(あぼ・きよかず)

明治三—昭和二十三年(一八七〇—一九四八)　海軍大将・海軍大臣

海軍兵学校十八期、加藤寛治と同期である。関係する資料は少なく、わずかに自伝的な著作として『明日の海』(東水社、昭和十八年)がある。経歴に関しては、終戦後に極東裁判資料として聴取された尋問調書が『国際検察局(IPS)尋問調書』四十八(日本図書センター、平成五年)として公刊されている。ただし、この調書は、すべてが当人の証言ではない。自身の手になるものとしては、大正六年(一九一七)ころ、海軍大学校戦術教官の時にまとめた「戦術、一・二」(大学ノート、ペン書き。一、二合本)が残されている(財団法人史料調査会所蔵)。内容は、秋山真之の海軍基本戦術を自身の経験で敷衍したようなもので、ノート自体には署名はないが、遺族の安保清史氏から筆跡による確認を得た。

　安保は、明治三十八年(一九〇五)、日本海海戦時における連合艦隊旗艦三笠砲術長であったために、「旗艦三笠艦橋より見たる日本海海戦」(『水交社記事』三十五—二、昭和十二年)をはじめとして、日本海海戦に関する談話記録などは多数あるが、いずれも断片的である。まとまったものとしては、大正十五年十一月二十六日呉鎮守府において行われた講演「海戦の勝敗と主将」の講演録が呉鎮守府より部内に配布された。これは、後に海軍の退役士官の親睦団体である有終会の機関紙『有終』十四—八(昭和二年)に転載された。

　昭和四、五年(一九二九、三〇)のロンドン海軍軍縮会議には、全権顧問として列席したが、まとまった記録を見ない。遺族の許にも資料は残されていない。

(戸高　一成)

天野貞祐(あまの・ていゆう)

明治十七—昭和五十五年(一八八四—一九八〇)　文部大臣

旧蔵の文書・記録は、文相時代から中央教

育審議会会長を務めた時期の教育関係のものが主である。そのほとんどは、国立教育政策研究所教育研究情報センター教育図書館と獨協学園百年史編纂室および獨協大学内にある天野貞祐記念室に所蔵されている。前者は、国立教育研究所（現在の国立教育政策研究所）が、昭和三十五年（一九六〇）度から三十八年度までの四年間にわたって行った「戦後教育資料の収集に関する研究」によって収集されたものである。「天野貞祐文書」として整理されたわけではないが、天野から寄贈された資料が、「戦後教育資料」としてまとめられた資料群の一部となっている。この研究は、文部省関係者を中心に約四〇〇〇点の資料を収集したもので、昭和四十年に戦後教育資料収集委員会編『戦後教育資料総合目録』として公刊される一方、全資料が五十五巻のマイクロフィルムに収められて公開されている。「戦後教育資料」の各資料の表紙部分には寄贈者の明記があるが、目録にはその記載がないために、目録のみではどれが天野の旧蔵文書・記録かは判断できない。しかし、この中には文相時代に占領軍と交渉した記録メモなど重要なものが含まれており、中央教育審議会当時の関連史料が数多く所蔵されている。獨協学園関係の旧蔵文書・記録としては、旧制一高校長時代の日記をはじめ、文相時代の「天野文相備忘録」（これは、平成十二年〈二〇〇〇〉刊行された獨協学園百年史編纂委員会編『獨協学園史　資料集成』において、編纂室の注記を付した上で収載された）などの史料が所蔵されている。また、同天野貞祐記念室は、天野の書簡の一部が展示されているとともに、旧宅の書斎がそのまま再現されている。

著作については、『天野貞祐著作集』全五巻が昭和二十五年（一九五〇）に細川書店より刊行され（昭和三十五年に塙書房より復刻）、昭和四十五年から四十七年にかけて『天野貞祐全集』全九巻が栗田出版会より刊行された（平成十一年に日本図書センターより復刻）。また、伝記・評伝としては、志賀太郎『教育者天野貞祐先生の生涯と思想』上・下（非売品、昭和六十一年）、蝦名賢造『天野貞祐伝』（西田書店、昭和六十二年）、松崎貞良編著『天野貞祐先生とヒューマニズム―先生と信州』（非売品、昭和六十二年）などがある。これらの多くは、天野の回想的自伝である『教育学五十年』（南窓社、昭和四十九年）や『わが人生』（自由学園出版局、昭和五十四年）などの記述に依ったものといえる。これらに加えて、獨協大学学長時代の回想については、獨協学園百年史編纂委員会が昭和五十四年から五十六年にかけて刊行した『獨協百年』第一号から第五号までの記述や、これを土台として編纂された前掲の獨協学園百年史編纂委員会編『獨協学園史　資料集成』および同編『獨協学園史1881～2000』が参考となる。また、同じ獨協学園百年史編纂委員会が昭和六十一年に編集した『回想　天野貞祐』は、前掲の『天野貞祐著作集』全五巻の『月報』および雑誌『心』収載の天野への追悼文を転載し、これに年譜、著作一覧などを加えて掲載したものであり、生涯の足跡と人間関係を整理する上で有益である。これまで天野を対象とした研究は多くないが、天野の大学論を扱ったものとしては、鈴木志乃恵「天野貞祐における大学論」（『獨協大学教養諸学研究』二十八―一、平成五年）、道徳教育史の観点からは、貝塚茂樹『戦後教育改革と道徳教育問題』（日本図書センター、平成十三年）、同『戦後教育のなかの道徳・宗教』（文化書房博文社、平成十五年）がある。　（貝塚　茂樹）

天羽英二（あもう・えいじ）

明治二十―昭和四十三年（一八八七―一九六八）

外交官

膨大な日記・資料が残されているが、このうち明治三十九年（一九〇六）から昭和二十三年（一九四八）までのものが、『天羽英二日記・資料集』全六巻（天羽英二日記・資料集刊行会、昭和五十七―平成四年）として遺族の手によって編纂・刊行された。日記は、人の往来など比較的簡潔な記述であるが、貴重な情報が含まれている。また、収録されている関係資料には他に見いだせないものも多い。『日記・資料集』刊行後、これに収録された文書、未収録の文書すべてを合わせて憲政資料室に「天羽英二関係文書」として寄託され、公開されている。例えば、日記は、『日記・資料集』には昭和二十三年までであるが、憲政資料室には昭和三十七年までが所蔵されている。

（有山　輝雄）

鮎川義介（あゆかわ・よしすけ）

明治十三—昭和四十二年（一八八〇—一九六七）

日産コンツェルン創始者

旧蔵の文書・記録の内、まず憲政資料室に鮎川家が寄託した「鮎川義介関係文書」とその目録がある。これは、鮎川家が撮影してマイクロフィッシュにしたものであり、一七一八枚あるマイクロフィッシュは、彼の生涯にわたるさまざまな活動（戸畑鋳物時代、日産コンツェルン時代、満州重工業時代、日米和平工作関係、戦犯容疑関係、戦後復興期関係、中小企業政治連盟時代など）の書簡、書類、雑誌・新聞記事などを多数含む。

このほか、戸畑鋳物の創立準備に入った前後に渡米した際、訪問先の工場で見聞したものの詳細なスケッチとメモや、書簡の草稿などが記された日記帳三冊（第一巻と第二巻は、創立準備前の明治三十八年（一九〇五）から三十九年の第一回目の渡米、第三巻は、創立準備開始後にあたる明治四十一年の渡米）が、鮎川家より日立金属株式会社に寄託され、同社の九州工場内にある鋳物記念館に陳列されている。

自伝は、『日本経済新聞』に掲載された「私の履歴書」があり、同社から昭和四十一年（一九六六）に刊行されている『私の履歴書』第二十四巻に収められている。また、本人の回顧談は、本人の代表的著作である『百味簞笥—鮎川義介随筆集』（愛蔵本刊行会、昭和三十九年）のほか、「満州経済支配のキーポイント」（『別冊知性』、昭和三十一年）、『物の見方考え方』（実業之日本社、昭和十二年）、『私の人生設計』（大倉出版、昭和三十年）、『私の考え方』（ダイヤモンド社、昭和二十九年）、『随筆五目めし』（ダイヤモンド社、昭和三十七年）に記載されている。このほか、鮎川の秘書であった友田寿一郎氏が編集した『鮎川義介縦横談』（創元社、昭和二十八年）がある。また、昭和四十二年に日本工業倶楽部が刊行した日本工業倶楽部五十年史編纂の『財界回想録』に鮎川の回顧談が掲載されている。なお、鮎川の死後、彼の人生と関わりのあった多くの人々による回顧談には、昭和四十三年に鮎川義介先生追想録編纂刊行会から『鮎川義介先生追想録』（非売品、編纂者・発行人は佐々木義彦）として発行されたものがある。

鮎川に関する研究であるが、日産コンツェルン時代から満州重工業時代を取り扱っている代表的なものとして、宇田川勝氏の「日産財閥の自動車産業進出について」（『経営志林』十三—四、十四—一、昭和五十二年）、「日産財閥の満州進出」（『経営史学』十一—一、昭和五十一年）、原朗氏の「満州における経済統制政策の展開—満鉄改組と満業設立を巡って—」（安藤良雄編『日本経済政策論』東京大学出版会、昭和五十一年）、「一九三〇年代の満州経済統制政策」（満州史研究会編『日本帝国主義下の満州』御茶ノ水書房、昭和四十七年）、小島直記氏の『鮎川義介伝—赤い夕陽の昭和史—』（日本経営出版会、昭和四十二年）、四宮正親氏の「戦前自動車産業と『満州』—戦前の自動車産業政策に占める『満州』の位置を巡って」（『経営史学』二十九—三、平成四年）、鈴木隆史氏の「満州経済開発と満州重工業の成立」（『徳島大学学芸紀要　社会科学』十三、昭和四十二年）がある。

日米関係の文脈で、鮎川の戦前から戦後の経営活動、政治活動、経済外交を、上記の鮎川文書などを利用しながら論ずる研究としては、井口治夫「占領期日本の経済政策と日米関係—鮎川義介の戦後復興構想を中心に」（川田稔・伊藤之雄編『二〇世紀日米関係と東アジア』風媒社、平成十四年）、「鮎川義介の戦後電源開発構想と米国—一九五〇年—一九五二年」（『同志社アメリカ研究』三十七、平成十三年)、"A Quest for Peace: Ayukawa Yoshisuke and U.S.-Japan Relations, 1940," (*Journal of American-East Asian Relations* 5, no. 1 〈Spring 1996〉), "An Unfinished Dream: Yoshisuke Ayukawa's Economic Diplomacy Toward the U.S., 1937-1940," (*Journal of American and Canadian Studies*, no. 16 〈Spring 1998〉)があり、これらを踏まえたものとして井口の著書*Unfinished Business: Yoshisuke Ayukawa and U.S.-Japan Relations, 1937-1953* (Harvard University Asia Center, 2003)がある。

このほか、山崎和義氏の『風雲児鮎川義介』(東海出版会、昭和十二年)、『日産自動車30年史』(日産自動車株式会社、昭和四十年)が参考になろう。

（井口　治夫）

新居善太郎（あらい・ぜんたろう）

明治二十九―昭和五十九年(一八九六―一九八四)

内務省地方局長・大阪府知事

旧蔵の文書・記録は、憲政資料室に所蔵され、「新居善太郎文書目録(仮)」が作成されている。目録のうち、経歴に即してまとめられた「I戦前・戦中」には広島県佐伯郡、内務省土木局・地方局、厚生省社会局などの書類があり、「II戦後」には新居が関係した公務員制度調査会や地方制度調査会、国土総合開発審議会といった各種審議会の書類がある。「III日記・手帳」には、大正四年(一九一五)の懐中日記と昭和九年(一九三四)の日記帳、大正七年から昭和十五年までの手帳が断続的に残されているほか、昭和十七年から昭和二十年にかけてのノートが含まれている。同目録の「補追加」には東京府知事時代から昭和五十八年にかけての手帳がある。なお、国土局関係および国土計画関係の資料は、建設省建築研究所(現独立行政法人建築研究所)で所蔵され、『戦前の住宅政策の変遷に関する調査(VII)』(日本住宅総合センター、昭和六十一年)の中に目録があるとの注記が同目録に付されている。また、広島県佐伯郡長時代の文書の一部は『新居善太郎氏談話資料集(一)広島県佐伯郡長時代』(内政史研究会、昭和五十年)として冊子化されている。

「新居善太郎文書」を用いた研究には、赤木須留喜『翼賛・翼壮・翼政』(岩波書店、平成二年)、中静未知『医療保険の行政と政治一八九五～一九五四』(吉川弘文館、平成十年)がある。資料紹介としては、鈴木栄樹「新体制運動と全国水平社『新居善太郎文書より』」が『部落問題研究』一〇八(部落問題研究所、平成二年)に掲載されている。

伝記や回顧録は残されていないが、内政史研究会が三十回にわたって行なった『新居善太郎氏談話速記録』(昭和四十九年五月―昭和五十二年十一月)があり、タイプ印刷化されなかった原稿は憲政資料室の「内政史研究会旧蔵資料」にある。このほか、『建設月報』三十一―七(建設広報協議会、昭和五十三年)に新居の「建設省三〇周年を迎えて」という文章が残されている。

（黒澤　良）

荒木貞夫（あらき・さだお）

明治十―昭和四十一年(一八七七―一九六六)　陸軍大臣・皇道派・軍事参議官

文書・記録は、現在四ヵ所に分かれて収蔵されている。①東京大学法学部、②東京大学法政史料センター原資料部、③スタンフォード大学フーバー研究所東アジアコレクション、そして④憲政資料室(二二〇六点)である。②は、荒木の側近であった人物の女婿にあたる成蹊大学教授谷川久氏から昭和六十三年(一九八八)、同センター原資料部に寄贈されたもの、④は、遺族の許可を得て、荒木家に残されていた史料を収蔵したもの、①③への収蔵経緯は判然としない。

②については「近代立法過程研究会蒐集文書No.82　荒木貞夫関係文書目録」(平成六年)が、③についても筆者が依頼を受けて作成した仮目録「荒木貞夫関係文書目録」(昭和六十四年)、④についても同様に「荒木貞夫関係文書目録(仮)」がある。②の文書群の中には、ホルワット政府支援一件、参謀本部第一部長時代の対中国政策、陸軍大臣時代の書類、重

要書翰が含まれ、最も内容が充実している。③は、日露戦後のロシア駐在時代のメモ、ロシア革命後のソヴィエト＝ロシアの内情についての諜報、上海事件関係電報などにみるべきものがある。なかでも、参謀本部作戦課長時代から同第一部長時代にかけて(大正十年―昭和三年)の史料の情報量が多い。④は、国際思想研究所資料、東京裁判関係資料、意見書等、青年将校運動関係などからなる。

④の中で注目される史料の一つに、二・二六事件後、荒木が真崎甚三郎の無罪を勝ち取るための裏面工作に奔走する様態を示した日記がある。その部分についての翻刻としては、伊藤隆校・解説「荒木貞夫日記(未公開史料)」、加藤陽子校・解説「続・荒木貞夫日記」(『中央公論』一〇六―三・四、平成三年)がある。

伝記には、橘川学『秘録陸軍裏面史―将軍荒木の七十年』上(大和書房、昭和二十九年)、同『嵐と闘う哲将荒木』(荒木貞夫将軍伝記刊行会、昭和三十年。『秘録陸軍裏面史―将軍荒木の七十年』下にあたる)、有竹修二編『荒木貞夫　風雲三十年』(芙蓉書房、昭和五十年)がある。

荒木の一次史料を全面的に用いた研究は今のところないが、陸軍皇道派については、『年報・近代日本研究1　昭和期の軍部』(山川出版社、昭和五十四年)が最も詳細な分析を加えている。荒木を理解するためには、「鈴木貞一日記　昭和八年」「同　昭和九年」(『史学雑誌』八十七―一・四、昭和五十三年)、『真崎甚三郎日記』一―六(山川出版社、昭和五十六年―昭和六十三年)なども合わせて参照されたい。

（加藤　陽子）

荒木萬壽夫（あらき・ますお）

明治三十四―昭和四十八年(一九〇一―一九七三)

文部大臣

旧蔵の文書・記録はほとんど残されていない。著作としては、『私は教育をこう考える』(洋々社、昭和三十六年)を唯一あげることができる。ただし、これは荒木の秘書官を務めた中野一郎が編集責任者となってまとめたものであり、その内容も文部大臣時代の国会答弁や、文部省予算案と関係法律案に関する説明などを収載したものである。したがって、著作というよりは、文部大臣時代に限定した資料集というべきものである。

この他、荒木に関する研究史料としては、荒木萬壽夫先生顕彰会編『評傳　荒木萬壽夫』(非売品、昭和四十九年)をあげることができる。同じく秘書官であった中野一郎が中心となって編纂されたものであり、昭和四十九年(一九七四)十月十三日に予定されていた荒木の銅像の除幕式に合わせて刊行された。本書は、荒木の青少年時代から逓信省時代、政治家時代をめぐる座談会と荒木に関わりの深かった人物の回想から構成され、巻末には荒木の略歴が掲載されている。本書の企画した座談会の参加者と本書へ回想文を寄せた人数は延べ八十人を超えており、荒木の官僚・政治家としての足跡とともに、その人的つながりを知る上でも貴重な資料といえる。

荒木を対象とした研究書はないが、鈴木英一『教育行政』(東京大学出版会、昭和四十五年)、市川昭午「教育基本法の評価の変遷」(『季刊　教職課程』協同出版、昭和五十年秋季号、のち杉原誠四郎『教育基本法―その制定過程と解釈―(増補版)』文化書房博文社、平成十四年に収載)、八木淳『文部大臣列伝』(学陽書房、昭和五十三年)、『文部大臣の戦後史』(ビジネス社、昭和五十九年)、槙枝元文『文部大臣は何をしたか』(毎日新聞社、昭和五十九年)などが、文部大臣としての荒木の位置と役割に言及している。

（貝塚　茂樹）

有賀長雄（ありが・ながお）

万延元―大正十年(一八六〇―一九二一)　法学博士・文学博士・中華民国政府法制顧問

旧蔵の文書・記録はまとまった形で保存されていないようである。有賀を知るためには次のいくつかの手がかりがある。

まず、生い立ちについては、本人の肉筆による『履歴書』(明治三十二年五月執筆、二枚、早稲田大学中央図書館所蔵）、「青年時代の法学博士・文学博士有賀長雄氏」（『奮闘立志伝』実業之日本社、大正三年）、「（資料）法学博士・文学博士有賀長辰（長の間違い）雄年譜」（埼玉県立杉戸農高定時制杉星会編集『杉星』五、昭和四十四年）と「有賀家系図、著作目録」（同六。ただし、同誌は公開刊行されたものではなく、第五号は氏の孫である長靖氏からコピーを入手したが、第六号の実物を見たことがない。埼玉県立杉戸農高に問い合わせたところ、定時制農高が昭和四十八年〈一九七三〉に終了し、校舎も移転したため、それまでの図書資料は所在不明となったという）が挙げられる。また、近年のものとしては熊達雲の整理による「付録　有賀長雄の年表とその主な業績」（『法学論集』〈山梨学院大学〉三十、平成六年）が参考になる。この他、高田早苗や上原勇作など友人や縁の深かった元同僚らによる有賀の七回忌にあたっての偲びや回想録が出された。これらは『外交時報』（四十五・四十六、昭和二年、六十七、昭和八年）に収められている。

　次に、関係文書は筆者が長靖氏（平成六年逝去）に問い合わせたところ、氏の家庭事情により全部紛失された模様である。現在、有賀と中国との関係については、「大隈重信関係文書」（早稲田大学中央図書館蔵）や「伊東巳代治関係文書」「井上馨関係文書」「山県有朋関係文書」（いずれも憲政資料室蔵）、山本四郎編『第二次大隈内閣関係資料』（京都女子大学、昭和五十四年）、「井上侯爵家より交付書類の内書簡」（三井文庫蔵）、外務省編集『日本外交文書　大正四年第二―四冊』（昭和四十一年）には断片的にしか見られない。また、親交のあるイギリス人の政治記者モリソン文書 "The Correspondence of G. E. Morrison 1912～1920" (Edited by Lo hui-min Cambridge University Press 1978) からもすこし「有賀関係文書」が読まれる。なお、曹汝霖回想録刊行会編『曹汝霖・一生之回憶』（鹿島研究所出版会、昭和四十二年）も有賀に触れている。

　第三に、有賀研究については、清水幾太郎が有賀を社会学者として紹介したもの（『日本文化形態論』東西文庫、昭和二十二年）、筒井清忠が有賀とシュタインとの国家観について論じるもの（「ローレンツ・フォン・シュタインの社会思想」『無名鬼』十五、昭和四十六年）、一又正雄が有賀を国際法学者として紹介したもの（『日本の国際法学を築いた人々』日本国際問題研究所、昭和四十八年）などがある。近年、熊達雲「清末における中国憲政導入の試みに対する有賀長雄の影響と役割について」（『早稲田政治公法研究』四十六、平成六年）、「有賀長雄と民国初期の北洋政権との関係について」（『法学論集』二十九、平成六年）、「有賀長雄と民国初期の北洋政権における憲法制定との関係について」（同三十、平成六年）、川田敬一「明治皇室制度の形成と有賀長雄」（比較法史学会編『比較法史研究』五、平成八年、のち川田敬一『近代日本の国家形成と皇室財産』原書房、平成十三年に収められている）、李廷江「民国初期の日本人顧問」（『日本文化研究所紀要』二、平成八年）、「民国初期の日本人顧問―袁世凱と法律顧問有賀長雄」（『国際政治』一一五、平成九年）、松下佐知子「清末民国初期の日本人法律顧問―有賀長雄と副島義一の憲法構想と政治行動を中心として」（『史学雑誌』一一〇―九、平成十三年）、同「中国における「国家」の形成―有賀長雄の構想―」（『日本歴史』六六五、平成十五年）、張学継「有賀長雄、古徳諾与民国初年憲政体制的演変」（『檔案与史学』一九七七年第四期）、「有賀長雄与中国憲政」（『世界日報』平成七年一月十日―十二日）などが発表された。また、熊達雲『近代中国官民の日本視察』（成文堂、平成十年）も有賀を論じている。これらの研究論文の中で、川田氏のもの以外はすべて有賀と中国との関係に視点を絞っていることに特徴があるといえる。

　最後に、著述について、有賀は生前、厖大な数の著述を残し、出版年月不詳の十五部を入れれば一〇九部にも及んだ。その中で、『帝室制度稿本』（渡辺八太郎印刷、大正四年）

が杉村章三郎ほか監修『日本立法資料全集』別巻二一四(信山社、平成十三年)として復刻された以外に、復刻されたことがないようである。最近、インターネットで公開されている「有賀長雄著作目録」(最終更新日平成十一年八月十二日)が非常に便利であり(http://www.lian.com/SAKO/)、全著作のリストが直ちに出てくる。何より便利なのは、その著書の所蔵する図書館名も詳細に記されていることである。また、未刊稿として「有賀長雄博士講述憲政講義」(「伊東巳代治文書」憲政資料室所蔵)があり、有賀の近代中国憲政に関するビジョンを知るための良い手がかりになるであろう。

(熊　達雲)

有澤廣巳(ありさわ・ひろみ)

明治二十九―昭和六十三年(一八九六―一九八八)

日本学士院院長

有澤廣巳の収集した書籍のうち、ワイマール共和国関係の書籍を除くすべては中国社会科学院日本研究所に寄付され、同研究所付属有澤廣巳記念文庫となっている。また、彼が関係した各種の政府委員会・民間団体等に関する資料の一部分は、東京大学経済学部図書館に保存されている。後者は、その点数においてさほど大きくはないが、外務省調査局・昭和二十一―二十二年度物資動員計画・賠償関係・企業実態調査・経済復興計画・経済九原則・統計委員会・学術会議・資源委員会・臨時税制調査会・原子力・雇用審議会など各種の機関別・問題別に七十四の紙袋に入れて整理され、手書きの目録「故有沢廣巳名誉教授所蔵資料」が作られている。これらの資料のうち、重要なものは有澤廣巳監修・中村隆英編『資料・戦後日本の経済再建構想』全三巻(東京大学出版会、一九九〇年)に大来佐武郎文書・稲葉秀三文書などと合わせて編集・公刊された(第一巻は大来文書を中心とする「日本経済再建の基本問題」、第二巻は有澤文書を中心とする「傾斜生産方式と石炭小委員会」、第三巻は稲葉文書を中心とする「経済復興計画」)。中国に寄贈されず手元に残されたワイマール共和国関係の図書資料は、晩年の名作『ワイマール共和国物語』上・下(私家版、一九七八年)および『ワイマール物語余話』(同、一九八四年、没後東京大学出版会より再刊)の執筆に際して活用された。また、戦前戦時の自伝にあたる『学問と思想と人間と』(毎日新聞社、一九五七年)は、戦後の歩みを綴った「歴史の中に生きる」および知友・親族の「回想」とあわせて、『有澤廣巳の昭和史』(同編纂委員会編刊、東京大学出版会製作、一九八九年)に収められており、また『経友』〈東京大学経友会〉一一二号(一九八八年十二月)が有澤教授追悼号にあてられている。

(原　朗)

有栖川宮熾仁親王(ありすがわのみや・たるひとしんのう)

天保六―明治二十八年(一八三五―一八九五)　左大臣・参謀総長

日記が戦前に、高松宮家より『熾仁親王日記』全六冊(昭和十―十一年)として刊行され、昭和五十一年(一九七六)に続日本史籍協会叢書の一冊として、藤井貞文の解説を付して東京大学出版会から復刊されている。日記刊行以前に、宮内省は『熾仁親王行実』全十五冊(三十巻、明治三十一年、和装本)を編纂しているが、これも高松宮家が改編の上、昭和四年に上下巻として刊行している。

文書は、書陵部に、臨時帝室編修局作成の写本が存在する。『参考史料雑纂』(明四二六)の第十二、十三冊がそれにあたり、第十二冊には一一〇通余の書簡と十点余の文書が、第十三冊には二十点余の文書が収められている。書簡では徳大寺実則の書簡が八十通余あり、参謀総長時代のものが多い。編修局系統以外にも文書があり、伝記稿本・懐紙・「熾仁親王欧米巡回報告書」などがある(書陵部『和漢図書目録』参照)。他にも文書を書陵部は保管しているようで、詠草が六十点余順次公開されている(「有栖川宮家本」と分類されている、『書陵部紀要』各号「新収本目録」参照)。

歌集に『熾仁親王御集』があるようだが、

確認できない(日本歴史学会編『明治維新人名辞典』吉川弘文館、昭和四十六年掲載)。

熾仁親王の近年の研究としては、参謀総長時代の動向については、大沢博明『近代日本の東アジア政策と軍事』(成文堂、平成十三年)が、元老院議長時代の憲法編纂については、島善高編『元老院国憲編纂史料』(国書刊行会、平成十二年)の解題(島執筆)が、挙げられる。

(西川　誠)

有田八郎(ありた・はちろう)　明治十七―昭和四十年(一八八四―一九六五)　外交官・外務大臣

外務省職員や外交官時代の履歴に関しては、外交史料館所蔵の「個人履歴」を参照することができる。公文書としては、例えば有田が関わった日独防共協定をめぐる「日独防共協定一件」、「帝国ノ対外政策関係一件」といった具合に項目別に分類された外務省記録のなかに有田の時局に対する見解や政策、その基底にある外交思想を見ることができる。無論、外交史料館編纂による『日本外交文書』の大正から昭和にかけての既刊部分も有用である。さらには、『極東国際軍事裁判法廷証』(*Exhibit of the International Military Tribunal for the Far East*)も参考になる。なお、憲政資料室の「憲政資料室収集文書」には「有田八郎意見書草稿」「有田八郎上奏」など数点の文書があり、上田仙太郎文書、牧野伸顕文書にも書簡が数点残されている。

回想録としては、『人の目の塵を見る―外交問題回顧録』(大日本雄弁会講談社、昭和二十三年)、『馬鹿八と人は言う―外交官の一生』(光和堂、昭和三十四年)がある。これらは、いずれも『日本外交史人物叢書』十六(ゆまに書房、平成十四年)に復刻された。それらに加えて、伝記として山本悌二郎編著『信念に生きた人　有田八郎の生涯』(考古堂書店、昭和六十三年)がある。本書の特色としては、後半部分に従来研究の対象として取り上げられることがあまりない戦後の活動、例えば引き揚げ促進運動、護憲運動、再軍備反対運動、革新系候補者としての都知事選出馬、三島由紀夫の『宴のあと』をめぐるプライバシー訴訟までを含んでいることが挙げられる。荒木武行『昭和外交片鱗録―有田外相の場合』(新小説社、昭和十八年)は、学問的性格のものではないが、有田自身からも情報を得て執筆されているという意味がある。最後の元老西園寺公望の秘書原田熊雄述『西園寺公と政局』(岩波書店、昭和六十二年)も有田に関する資料的価値の高いものである。

その他、有田をめぐる考察は少なくない。その理由は、大正八年(一九一九)のパリ講和会議における日本全権団のふがいなさを慨嘆し外務省革新同志会の結成に参加したことを手始めとして、昭和の幕開けとともに最初の主要なポストであるアジア局長に任命され、以来「田中外交」、第二次「幣原外交」の一翼を担うことをはじめとして、その後広田弘毅、第一次近衛文麿、平沼騏一郎、米内光政の四内閣の外相として任じ、日中国交調整、日独防共協定締結、南方進出等の課題に立ち向かい、日本外交の舵取りに従事したからに他ならない。代表的なものとしては、外務省百年史編纂委員会編『外務省の百年』上・下巻(原書房、昭和四十四年)、日本国際政治学会編『太平洋戦争への道』第四―六巻(朝日新聞社、昭和三十八年)、『昭和史の天皇』第二十巻(読売新聞社、昭和四十七年)、ゲイロード窪田「有田八郎―日独防共協定における薄墨色外交の展開」、井上勇一「有田の『広域経済圏』構想と対英交渉」(共に日本国際政治学会編『国際政治五十六号　一九三〇年代の日本外交―四人の外相を中心として―』有斐閣、昭和五十一年に所収)等がある。

その他、『世界』に一度掲載されたものを吉野源三郎が編集した復初文庫六『日本の運命』(評論社、昭和四十四年)のように、有田自身の執筆による雑誌記事や座談会での発言記事なども多数ある。それらも、日本外交が第一次世界大戦以降国際的孤立に向かうなかで英米協調、日中関係の打開、経済外交の推進に尽力した有田の激しく変動した節々にお

ける外交姿勢や政策を知る上で貴重である。（片桐　庸夫）

有馬頼寧（ありま・よりやす）

明治十七―昭和三十二年（一八八四―一九五七）

華族政治家

筆者は昭和四十四年（一九六九）に三男頼義氏から史料の閲覧を許され研究に使っていたが、頼義氏没後、昭和五十七年に千代子夫人にお願いして憲政資料室に寄贈していただいた。整理の後公開され、国立国会図書館専門資料部編『有馬頼寧関係文書目録』（平成元年）が刊行された。

広範な活躍の割には遺された史料はそう多くない。獄中からの書簡を含めて、書簡が約二〇〇点、若干の書類、講演要旨・覚書、著作原稿・覚書、日記、著作類など全体で約八〇〇余点である。その中の日記は別に長女斎藤静氏から提供された巣鴨獄中時代のもの（これは現在所在不明）も含めて尚友倶楽部・伊藤隆編『有馬頼寧日記』全五巻（**1**巣鴨獄中時代、**2**大正八年―昭和三年、**3**昭和十年―十二年、**4**昭和十三年―昭和十六年、**5**昭和十七年―二十年）として翻刻刊行された（山川出版社、平成九年―十四年）。また書類等のいくつかは今井清一・伊藤隆編『現代史資料**44**　国家総動員**2**』（みすず書房、昭和四十九年）に収録された。

自伝としては『政界道中記』（日本共同出版、昭和二十六年）、『七十年の回想』（創元社、昭和二十八年）がある。まとまった伝記はないが、同時代の評伝等は少なくない。著書はかなり多い。『議政壇上の叫び』（十七日会本部、昭和三年）、『農村問題の知識』（非凡閣、昭和九年）、『銃後の農村青年に愬ふ』（河出書房、昭和十二年）、『事変と農村』（橘書店、昭和十三年）、『農村問題の知識』（荻原星文館、昭和十三年）、『農人形』（岡倉書房、昭和十三年）、『土を語る』（砂子屋書房、昭和十四年）、『無雷庵雑記』（改造社、昭和十五年）、『有声録』（多摩書房、昭和十八年）、『見聞録』（農山漁村出版所、昭和十九年）、『友人近衛』〈アテネ文庫〉（弘文堂、昭和二十四年）、『花売爺』（全国農業出版株式会社、昭和二十八年）などである。

有馬についての研究としては、安田武「有馬頼寧」（思想の科学研究会編『転向』中、平凡社、昭和三十五年）があるが、その後まとまった研究はない。藤野豊「有馬頼寧と水平運動」（『部落問題研究』〈部落問題研究所〉一〇九、平成三年）、筆者の「昭和初期の有馬頼寧と新政治組織計画」（『憲政記念館の二十年』衆議院憲政記念館、平成四年）、後藤致人「大正期華族の危機意識と会合―有馬頼寧の社会事業と政治活動」（『歴史』〈東北史学会〉八十八、平成九年）の他、筆者の『近衛新体制―大政翼賛会への道』〈中公新書〉（中央公論社、昭和五十八年）や「有馬頼寧日記―昭和二十年　新党への動き」（『中央公論』平成四年九月号）での「解説」や『有馬頼寧日記・巣鴨獄中時代』の「解題」などで有馬の動きを追っている。（伊藤　隆）

有松英義（ありまつ・ひでよし）

文久三―昭和二年（一八六三―一九二七）　警察・法制官僚・法制局長官

旧蔵史料は、東京大学法政史料センター所蔵の「有松英義関係文書」がその大半であると考えられる。同史料には自身の手になる「有松英義略歴」のほか、各種法案関係書類、来翰などが納められている。とりわけ法案関係書類は多彩な経歴を反映して様々なものが収められているが、中でも目を引くのは、消防法、治安警察法、行政執行法、新聞紙条例関係の書類であろう。書翰も点数が多く、井上毅、小松原英太郎、後藤新平、平田東助からの来翰が多い。また、「有松英義略歴」（『国家学会雑誌』八十六―五・六、七・八、昭和四十八年）、「治安警察法制定関係資料」（同八十六―九・十、十一・十二、八十七―一・二、三・四、九・十、昭和四十九年）、「行政執行法関係資料」（同八十七―十一・十二、八十八―七・八、昭和四十九―五十年）、「有松英義諸家書翰（計一〇六通）」（同八十八―九・十）

がそれぞれ復刻され、研究の便に付されている。なお、同史料は憲政資料室でもそのマイクロフィルムの閲覧が可能である。

著作としては『行政執行法治安警察法講義』(明治四十四年)、『陪審法案ヲ論ズ』(大正十年)、『陪審法案ト帝国憲法ノ関係』(大正十年)、『行政執行法治安警察法講義』(警眼社、昭和二年)があり、雑誌論文に「警察官ノ抜剣ヲ論ス」(『警察法律時論』一―十一、明治三十六年)、「発売禁止について」(『趣味』四―十一、明治四十四年)、「新平民ノ改善ト犯罪」(『刑事法評林』一―三、明治四十四年)などがある。

伝記としては、坂井雄吉「解題　有松英義の政治的生涯」(『国家学会雑誌』八十六―三・四)がある。これは前掲の「有松英義略歴」を中心にまとめられたものである。他に、高橋雄豺『明治警察史研究』四(令文社、昭和四十七年)にも若干の記述がある。

有松の史料を用いた研究には、治安立法関係のものが目立つ。また、治安警察法十七条問題に焦点を当てた伊藤孝夫『大正デモクラシー期の法と社会』(京都大学学術出版会、平成十二年)、治安警察法成立を労働団体との関係からまとめた高橋道枝「治安警察法の成立―二・完―」(『経済学論纂』十七―四、昭和五十一年)、他の史料との補完を行った新井勉「治安警察法関係資料―一―」(『金沢大学教養部論集人文科学編』二十二―一、昭和五十九年)などがある。ほかに政治史においては、季武嘉也『大正期の政治構造』(吉川弘文館、平成十年)、村井良太「転換期における首相選定」(『六甲台論集』四十五―一、平成十年)、清水唯一朗「清浦内閣の一考察―貴族院の政治対立」(『政治学研究』二十九、平成十一年)などがある。

(清水　唯一朗)

有光次郎　(ありみつ・じろう)

明治三十六―平成七年(一九〇三―一九九五)　文部事務次官・日本芸術院院長

旧蔵の文書・記録としては、憲政資料室が所蔵する「有光次郎関係文書」がある。この史料群には一万二九一〇点の史料が収められており、「有光次郎関係文書目録」で検索が可能である。これらは「書簡の部」と「書類の部」に分類されており、「書類の部」はさらに「文部省時代」と「文部省関係(退官後)」とに分けられている。「文部省時代」には、会計課時代の「備忘録」と昭和十三年(一九三八)ごろの帝国大学関係の史料などが収められている。「文部省関係(退官後)」には各種審議会・委員会の文書や自筆原稿・履歴などが収められている。

インタビュー記録としては、『有光次郎氏談話速記録』(「内政史研究資料」六十四・六十五、昭和四十三年)と浜田陽太郎他編『戦後教育と私』(日本放送出版協会、昭和五十四年)、木田宏監修『証言　戦後の文教政策』(第一法規出版、昭和六十二年)がある。『談話速記録』は、昭和四十三年に内政史研究会によって行われた聞き取りの記録である。有光が文部省に入省した昭和二年から退官する四十八年まで、すなわち、太平洋戦争期と敗戦直後における文部行政の動向を中心的な内容としている。『戦後教育と私』は、昭和五十二年から翌年にかけてＮＨＫラジオで放送された「教師の時間」において、「戦後教育と私」というテーマで行われた対談の記録である。『証言　戦後の文教政策』には、米国教育使節団や教育基本法に関する「証言」とともに、昭和二十年八月から四十六年二月にかけての文部省省議に関するメモも収められている。

このメモを含む日記は、『有光次郎日記』(第一法規出版、平成元年)として刊行された。ここには、『談話速記録』と同じ時期、すなわち文部省に入省した昭和二年から退官する四十八年までの文部省内の動向が克明に記録されている。行政文書では知りえない内容を含んだ貴重な史料である。なお、『有光次郎日記』復刻前に、有光日記を用いたものとして、読売新聞戦後史班『教育のあゆみ』(読売新聞社、昭和五十七年)がある。

(大島　宏)

い

井川忠雄（いかわ・ただお）

明治二十五―昭和二十二年（一八九二―一九四七）
日本協同党書記長

日米交渉に関わる旧蔵の文書・記録は、「井川忠雄関係文書」として整理され、現在憲政資料室に所蔵されている。その内容は、昭和十五年（一九四〇）十一月から対米英開戦直前の翌十六年十一月に至る日米交渉裏面工作に関わる史・資料（書簡、電報、諸案、覚書、回想、論評等）と、敗戦直後のＧＨＱとの交渉および日本協同党に関する断片的な史・資料などである。なお、これら史・資料の大半は、伊藤隆・塩崎弘明編『井川忠雄日米交渉史料』（山川出版社、昭和五十七年）に収められている。ただし、日米交渉に関わる「井川文書」は、他にもあって、『井川忠雄日米交渉史料』に同じく収められている若干の史・資料を含めて、部分的にではあるが「ウォルシュ文書（**James Walsh Papers**）」（メリノール会本部文書室所蔵）と、「ウォーカー文書（**F. C. Walker Papers**）」（ノートルダム大学文書室所蔵）の中にも入っている。

ところで著作（訳書）については、『極東西伯利に於ける自治機関』（日露協会、大正十四年）、ハーバート・フーバー（井川訳）『アメリカ個人主義論』（有朋堂、大正十四年）、『日本予算論（英文）』（ペンシルベニア大学出版部、大正十二年）、パーカー・ウイルス（共著）『日本銀行制度論（英文）』（コロンビア大学出版部、昭和四年）、「経済の動き」（通俗大学編『今日の問題』昭和十一年）、『祖国再建唯一の指針たる協同主義の理念と実践』（友愛出版社、昭和二十二年）などがある。

さらに井川が関わった日米交渉裏面工作を扱ったものに、井川忠雄「第二次大戦対米英交渉秘録・三人の愛国者・井川忠雄（遺稿）」（『政界ジープ』五十三―四、昭和二十五年）、「日米交渉秘話・法衣の密使（一―二）・故井川忠雄（遺稿）」（『経済批判』昭和二十七年一―四月）、「悲劇の日米交渉秘話・井川メモの全貌」（『日本週報』三三七、昭和三十年）などがある。しかし、いずれも筆者が特定できず、「井川文書」の使用についても杜撰で、伊藤隆「新資料・井川メモが語る日米交渉」（『諸君』昭和五十二年一・二月号）が公になるまで、井川および彼の文書について正確に紹介されることはなかった。

また伝記・人物論については、これというまとまったものがなく、あえて挙げるとすれば彼が社長を務めた共栄火災海上保険相互会社の社史『三十年史』（昭和四十八年）や、『共栄火災とその活動・創立四十年の歩み』（昭和五十八年）、それに『五十年史』（平成五年）などがある。さらに井川に関する研究については、**R. J. C. Butow, *The John Does Associates* (Stanford, 1974)** や須藤眞志『日米開戦外交の研究』第一章、附章二（慶応通信株式会社、昭和六十一年）などのように、日米交渉研究の一環として扱われるのが一般的である。が、塩崎弘明『日英米戦争の岐路』第二部（山川出版社、昭和五十九年）、同『国内新体制を求めて』（九州大学出版会、平成十年）などのように、少数とは言え、革新派の井川と昭和研究会や国策研究会、さらには戦後誕生した協同党との関係にも留意した「井川研究」がある。

（塩崎　弘明）

池田勇人（いけだ・はやと）

明治三十二―昭和四十年（一八九九―一九六五）
第五十八―六十代内閣総理大臣

関係の文書と記録は、現在までのところ存在は確認されていない。

ただ憲政記念館の特別展に数回池田宛吉田書簡が出陳されており、吉田茂記念事業財団編『吉田茂書簡』（中央公論社、平成六年）にも、数通の吉田書簡が掲載されている。故郷、広島県竹原市たけはら美術館に「池田コレクション」があるが、文書・記録類は所蔵していない。また、著書も、『財産税・法人戦時利得税・個人財産増加税の解説』(日本産業経済新聞社、昭和二十一年)および『均衡財政』(実業之日本社、昭和二十七年、のち中公文庫、平成十一年)の二冊のみである(後者には「附・占領下三年のおもいで」がある)。

　とはいえ、経済大国日本の礎を築いた池田に対する関心は高く、なかでも、その人となりを明らかにするものとしては、首席秘書官であった伊藤昌哉による『池田勇人その生と死』(至誠堂、昭和四十一年、のちに『池田勇人とその時代』朝日文庫、昭和六十年)と、側近であった宮澤喜一の『戦後政治の証言』(読売新聞社、平成三年)および塩口喜乙『聞書池田勇人』(朝日新聞社、昭和五十年)があげられる。

　池田とその政策に関する研究としては、「吉田ドクトリン」(経済復興重視、再軍備の先送り)を実体化させた路線として分析した樋渡由美『戦後政治と日米関係』(東京大学出版会、平成二年)が水準を形成している。政策を個別的に見れば、彼の経済政策・所得倍増政策に対する評価は、経済大国への道を開くものとして高く評価されている(『昭和財政史』第一巻〈大蔵省財政史室編、東洋経済新報社、平成十二年〉、『通商産業政策史』第五巻、第八巻〈通商産業調査会、平成元年、同三年〉等参照)。一方、外交政策では、「吉田ドクトリン」の評価をめぐって論争があり、池田に関しては吉田政権末期・昭和二十八年(一九五三)十月の池田＝ロバートソン会談に対する再評価が試みられている。背景には、これまで宮澤喜一『東京―ワシントンの密談』(実業之日本社、昭和三十一年)に依存していた研究が、日米両国の公文書公開により促進されたことによる。反面、公開速度と日米間の公開範囲の不均衡は、その解釈を歪めることともなっている。それだけに一次史料としての池田関係文書の存在は重要であるといえよう。なお、本問題については、植村秀樹『再軍備と五五年体制』(木鐸社、平成七年)、坂元一哉『日米同盟の絆』(有斐閣、平成十二年)の他、吉次公介「池田＝ロバートソン会談と独立後の吉田外交」(『年報日本現代史』四、現代史料出版、平成十年)等がある。

（小池　聖一）

伊沢修二（いさわ・しゅうじ）

　嘉永四―大正六年(一八五一―一九一七)　東京師範学校長・東京音楽学校長・貴族院議員・東京高等師範学校長

　関係史(資)料の第一は、現在、上伊那図書館から委託された上伊那郷土館が公開・閲覧に供している「伊沢修二資料」である。そもそも関係史(資)料は、昭和十七年(一九四二)、信濃教育会が『伊沢修二選集』の編集を計画した際、編集主任高橋慎一郎が資料蒐集のため関係機関および関係者を調査したが、この調査の結果、同段階における関係史(資)料の所在を知る貴重な情報となった。その後、選集編集を契機に多くの資料が上伊那図書館に寄贈されたことにより、現在まで関係史(資)料が伝存しているのである(詳しくは『伊沢修二選集』の「編集経過」参照)。その後、昭和三十三年に信濃教育会編集・発行『伊沢修二選集』が刊行されたことにより、上伊那図書館に寄贈された史(資)料については、それに収載されている「資料目録」(「伊沢修二先生資料目録」「著作関係目録」から構成される)により知れることになった(ただし、現在、「資料目録」に記載されているものが全てあるという訳ではないという)。一方、上伊那図書館に寄贈されなかった史(資)料の内、小石川の楽石社が所蔵していた書翰・写真類は戦災にあい焼失したという。なお、詳しくはわからないが、現在、伊沢家には日記や書翰等の未公開の関係史料が所蔵されていることが伝えられている(『伝記叢書23　楽石自伝教界周遊前記／楽石伊沢修二先生』〈大空社、昭和六十三年〉所収の上沼八郎「解説―伊沢修二の『検証』素材―」参照)。

　第二は台湾総督府文書で、これは現在台湾省文献委員会が所蔵し、台湾領有の明治二十八年(一八九五)から昭和期までの公文書類纂等で構成されている(詳しくは左の『台湾総督府文書目録』一の檜山幸夫「台湾総督府文書と目録編纂について」参照)。台湾総督府文書中、公文類纂は明治二十八年から四十年まで(二一巻の内、上巻まで)の期間の目録が中京大学社会科学研究所・台湾省文献委員会監修／中京大学社会科学研究所台湾総督府文書目録編纂委員会編纂『台湾総督府文書目録』(ゆまに書房、平成五―十五年)として刊行されているので、台湾総督府民政部学務部長に就いていた時期(明治二十九―三十年)の教育行政について調査するには便利であるが、文書自体は現地で調査するしかない。

第三は憲政資料室の三条実美・柳原前光・樺山資紀・野村靖・河野広中・安部井磐根・龍野周一郎・立花小一郎・小川平吉・牧野伸顕・憲政資料室収集文書(以上、所蔵)、辻新次(寄託)等の関係文書、東京都立大学付属図書館「花房義質関係文書」、早稲田大学図書館所蔵「大隈文書」、沖縄県教育委員会所蔵「鍋島直彬沖縄関係文書」(閲覧は沖縄県立公文書館)、立教大学図書館所蔵「谷干城関係文書」、尚友倶楽部品川弥二郎関係文書編纂委員会編『品川弥二郎関係文書』一(山川出版社、平成五年)、伊沢多喜男文書研究会編『伊沢多喜男関係文書』(芙蓉書房、平成十二年)、社団法人尚友倶楽部／季武嘉也編『三島弥太郎関係文書』(芙蓉書房出版、平成十三年)等にある伊沢の政府内外の要人宛書翰等である。関係する一次史料があまり豊富でない状況において、これらの史(資)料は重要な史料である。

第四は政府公文書で、国立公文書館に所蔵されている「公文録」、「記録材料」、「叙位裁可書」、「叙勲裁可書」、「任免裁可書」、「官吏進退」等である。これらの公文書は、彼の官吏としての業績等を知る上で正確、かつ重要な史料である。

第五は著作物で、学校管理学・教育学・教授法等に関する多くの著書を残している。主なものとして『学校管理法』(白梅書屋、明治十五年)、『教育学』(丸善商社、明治十六年)、伊沢修二編『小学唱歌』一(大日本図書、明治二十五年)、『清国官話韻鏡音字解説書 視話応用』(楽石社、明治三十四年)、『視話読法』(楽石社、明治四十二年)、伊沢修二編『吃音矯正の原理及実際』(大日本図書、大正元年)、伊沢修二編著／山住正己校注『洋楽事始 音楽取調成績申報書』(東洋文庫、平凡社、昭和四十六年)等、多数ある。また全集・選集として『楽石全集』一・二(楽石全集刊行会、大正十年)、前出『伊沢修二選集』等があり、さらに上沼八郎編『伊沢修二全集』(文泉堂)が刊行予定という。

自伝・伝記・評伝類としては、伊沢修二君還暦祝賀会編『楽石自伝 教界周遊前記』(伊沢修二君還暦祝賀会、大正元年)、故伊沢先生記念事業会編纂委員編纂『楽石伊沢修二先生』(故伊沢先生記念事業会、大正八年)、吉田昇「伊沢修二」(海後宗臣他『近代日本教育の開拓者』野間教育研究所、昭和二十五年)、上沼八郎『伊沢修二』〈人物叢書〉(吉川弘文館、昭和三十七年)、同「伊沢修二の人と思想」(東洋館出版社編集部編『近代日本の教育を育てた人びと』東洋館出版社、昭和四十年)、高遠町図書館編著『伊沢修二―その生涯と業績―』(高遠町、昭和六十二年)、原平夫『伊沢修二・伊沢多喜男』(伊那毎日新聞、昭和六十二年)、宮坂勝彦編『伊沢修二 見果てぬ夢を』(「信州人物風土記・近代を拓く」十五、銀河書房、平成元年)等がある。また履歴・家系については、ここにあげたものの他、『伊沢修二選集』所収の「年譜」等が役に立つ。

関連資料としては、教育関係に伊沢修二述『伊沢修二教育演説集』(明治館、明治二十四―二十七年)、伊沢修二述『国家教育社設立ノ要旨』(国家教育社、明治二十三年)、帝国教育会『帝国教育会五十年史』(帝国教育会、昭和八年)、『東京師範学校沿革一覧 第一―六学年』(東京師範学校、明治十三年)、『東京高等師範学校沿革略志』(東京高等師範学校、明治四十四年)、『創立六十年 東京文理科大

学・東京高等師範学校』(東京文理科大学、昭和六年)、芸術研究振興財団・東京芸術大学百年史刊行委員会編『東京芸術大学百年史　東京音楽学校編』一(音楽之友社、昭和六十二年)、『東京盲唖学校沿革略　創業二十五年紀念　明治三十三年末調』(東京盲唖学校、明治三十四年)、文部省編『学制百年史』全二冊(帝国地方行政学会、昭和四十七年)等、議会関係に『帝国議会議事速記録』、『貴族院議事速記録』・『帝国議会貴族院委員会速記録』、衆議院参議院編集・発行『議会制度百年史』(平成二年)がある。また近衛篤麿日記刊行会編『近衛篤麿日記』全六巻(鹿島研究所出版会、昭和四十三—四十四年)は、近衛と伊沢の交流を知る史料として貴重である。またその他に芳賀登他編『日本人物情報大系』二十二・三十(皓星社、平成十二年)収載の資料等がある。なお弟の伊沢多喜男(別項)関係には『伊沢多喜男関係文書』がある。

研究書・論文としては、橋本美保『明治初期におけるアメリカ教育情報受容の研究』(風間書房、平成十年)、平田宗史『欧米派遣小学師範学科取調員の研究』(風間書房、平成十一年)、埋橋徳良『日中言語文化交流の先駆者・太宰春台、阪本天山、伊沢修二の華音研究』(白帝社、平成十一年)、奥中康人「唱歌と規律—近代日本の統治技術としての音楽—」(大阪大学大学院学位〈博士〉論文、平成十四年)、林淑姫監修/中村洪介『近代日本洋楽史序説』(東京書籍、平成十五年)、上沼八郎『国家教育と伊沢修二』(上沼八郎監修『国家教育』別巻〈ゆまに書房、昭和六十一年〉)、上沼八郎「『大日本教育会雑誌』解説—大日本教育会の活動と機関雑誌—」(帝国教育復刻版刊行委員会編『帝国教育「総目次・解説」』上〈雄松堂出版、平成元年〉)、多賀宗隼「伊沢修二書翰五通—附　福島安正書翰—」(『日本歴史』四五七、昭和六十一年)、岩本祐生子「伊沢修二と日本語教育(含　資料)」(『日本語教育』六十、昭和六十一年)、奥崎進「音楽教育の変遷—学校音楽と伊沢修二—」(『中京女子大学紀要』二十二、昭和六十三年)、長谷恭男「音楽取調掛、伊沢修二の英断」(『日本歴史』五一二、平成三年)、杉田政夫「伊沢修二の音楽教材観に関する一考察—『小学唱歌集』から『小学唱歌』への変遷を通して—」(『広島大学教育学部紀要』第二部四十七、平成十年)、同「我が国における学校音楽教材の史的研究(一)伊沢修二の音楽教材観の検討」(『日本教材学会年報』九、平成十年)、近藤純子「伊沢修二と『対訳法』—植民地期台湾における初期日本語教育の場合—」(『日本語教育』九十八、平成十年)、奥中康人「伊沢修二のもくろみ—国民教化のための音楽—」(『音楽学』四十五—一、平成十一年)、同「唱歌による身体の国民化—伊沢修二の教育思想の一側面—」(『懐徳』六十八、平成十二年)、竹中亨「伊沢修二における洋楽受容の論理—明治日本における『国学』と洋楽—」(『大阪大学大学院文学研究科紀要』四十、平成十二年)、橋本美保「伊沢修二の初等教育カリキュラム論とその普及過程—近代日本における初等教育カリキュラム概念の形成—」(『カリキュラム研究』九、平成十二年)、朱鵬「伊沢修二の漢語研究(上)(下)」(『天理大学学報』五十二—二・五十三—一、平成十三年)等、また台湾総督府民政局学務部長時代に起きた芝山巌事件に関しては近藤純子「芝山巌事件」(『日本語教育』六十、昭和六十一年)、上沼八郎「台湾における植民地教育行政史の一考察—「芝山巌事件」について(戦前日本のアジアへの教育関与—日本の朝鮮・台湾における植民地教育政策とその対応)—」(『国立教育研究所紀要』一二一、平成四年)、篠原正巳『芝山巌事件の真相　日台を結ぶ師弟の絆』(和鳴会、平成十三年)等があり、伊沢の日本語・音楽・植民地教育の各分野での役割等について活発な研究・議論が展開されている。

(堀口　修)

伊沢多喜男(いざわ・たきお)

明治二—昭和二十四年(一八六九—一九四九)　枢密顧問官

旧蔵文書「伊沢多喜男文書」は、没後女婿

黒河内透家（終戦時農林省山林局長）に保管されていたが、これを最初に調査したのは、伊藤隆氏である。これによって第一次の整理が行われ、文書の一部は同氏著『昭和初期政治史研究』（東京大学出版会、昭和四十四年）に引用され、また昭和五十五年（一九八〇）十二月に国会図書館が主催した「議会開設九十年記念議会政治展示会」において書翰資料が出陳された。その後、平成八年（一九九六）に発足した伊沢多喜男文書研究会（代表大西比呂志・吉良芳恵）は、黒河内氏より保管を託された伊沢の孫河井公二氏より同文書を預かり、目録の整理、マイクロフィルムによる撮影を行った。「伊沢多喜男文書」は、現在国立国会図書館に遺族より寄贈され整理の後公開が予定されているが、横浜開港資料館および郷里高遠町立歴史博物館において複製によって閲覧できる。

「伊沢多喜男文書」は、同文書研究会の整理の結果、書翰一〇二八点（伊沢発信書翰一〇七点、伊沢宛来翰八九八点、その他二十三点）、書類（日記類を含む）は二三六件である。来信者としては幣原喜重郎、浜口雄幸、近衛文麿、吉田茂（吉田茂記念事業財団編『吉田茂書翰』〈中央公論社、平成六年〉にも六通が収録されている）、宇垣一成などの首相、重臣クラスをはじめ、官僚、政治家として大浦兼武、後藤文夫、湯浅倉平、河井弥八、町田忠治、斎藤隆夫、永井柳太郎、丸山鶴吉、川崎卓吉、次田大三郎、唐沢俊樹、柴田善三郎、増田甲子七、経済界の山下亀三郎、藤原銀次郎、同郷人の岩波茂雄ほかがある。総督経験のある台湾関係には中川健蔵など日本人以外に、林献堂、蔡培火、呉三連、羅万俥、楊肇嘉など、台湾文化協会、台湾新民報社に拠って台湾議会設置請願運動を指導した台湾人からの書翰を多数含む。このほか発信した書簡の控え、あるいはその後回収されたと思われる発翰が残されており、宛先として上山満之進、賀屋興宣、近衛文麿、河井弥八、幣原喜重郎などがあり、河田烈、添田敬一郎、永井柳太郎、山本達雄宛の各書翰の草稿は、「書柬原稿」として一括されている。

書類としては、主に小型手帳に記された「日記」類が、明治二十六年（一八九三）、大正四年（一九一五）、大正十四年、昭和三―五年、昭和七―二十四年分がある。これらはほとんど簡単なメモとして記されているが、当用日記を用いた昭和十八年と昭和二十年のものは記述にある程度のボリュームがある。昭和十六年に貴族院五十年史編纂事業の一つとして尾佐竹猛と深谷博治を聞き手として行われた「伊沢多喜男氏談話速記」（和綴七十九頁、タイプ）や昭和四年七月、浜口首相から朝鮮総督への就任要請を受け、結局軍部の反対でこれを断念した顛末を記した「朝鮮総督問題に就て」（便箋十六枚、ペン書、封筒付）など、当時の政局の裏面をうかがうことができるものである。ほかに和歌山県、愛媛県、警視総監、貴族院、枢密院時代に関わった事案や、郷里長野県、伊沢家に関わる資料が含まれている。

伊沢文書研究会の編集による『伊沢多喜男関係文書』（芙蓉書房出版、平成十二年）は、「伊沢文書」から重要な書簡として六〇七点の来簡、「昭和二〇年日記」、各種意見書などのほか、憲政資料室所蔵の伊沢の発信書簡も含めて復刻し、四女藤浪みや子氏の「父伊沢多喜男の想い出」を収録している。

伝記には伊沢多喜男伝記編纂委員会編『伊沢多喜男』（羽田書店、昭和二十六年）がある。同書は昭和二十六年の三回忌を期して、幣原喜重郎を編纂委員長として後藤文夫ら旧内務官僚を主とする五十九名の編纂委員を網羅して、関係資料の収集にもつとめ、右の伊沢文書中の「日記」などを引用しながら実証的に叙述されている。執筆者阿子島俊治は新聞記者出身の衆議院議員である。ただし、原資料と厳密に照合すると一部書き換え、省略の跡がある。また伝記でしばしば引用されている「丸山幹治氏（毎日新聞記者）手記」「黒河内透氏手記・龍水翁断片」などは、「伊沢文書」には含まれていない。小伝としては、原早男『上伊那近代人物叢書一　伊沢修二・伊沢多喜男』（伊那毎日新聞社、昭和六十三年）、『高

遠町誌　人物篇』(同編纂委員会、昭和六十一年)に「伊沢多喜男」がある。

伊沢に関する論文、評論などの文献としては、前述の『伊沢多喜男関係文書』に収録してある「伊沢多喜男関係文献目録」(加藤聖文作成)が最も詳細に網羅している。さらに近年のまとまった研究として、大西比呂志編『伊沢多喜男と近代日本』(芙蓉書房出版、平成十五年)は「伊沢文書」に依拠して、吉良芳恵「県知事時代の伊沢多喜男　和歌山・愛媛・新潟」、季武嘉也「大浦兼武と伊沢多喜男　内務官僚として」、櫻井良樹「伊沢多喜男と東京市政」、加藤聖文「植民地統治における官僚人事　伊沢多喜男と植民地」、黒川徳男「中間内閣期の伊沢多喜男」、中島康比古「国家総動員法案と伊沢多喜男」、大西比呂志「戦中戦後の伊沢多喜男　内務官僚支配の終焉」の七本の論文を収め、伊沢の公的生涯全体について論究している。

（大西　比呂志）

石井菊次郎（いしい・きくじろう）
慶応二―昭和二十年（一八六六―一九四五）　外務大臣

旧蔵の文書・記録は、第二次大戦中疎開先に保管されていた手記、日記の一部、および女婿の久保田貫一郎元大使が石井の談話を個人的に書きとめたノートが存在する。これらは久保田の手によって、手記が鹿島平和研究所編『石井菊次郎遺稿　外交随想』(鹿島出版会、昭和四十二年)として出版され、日記が「石井子爵日記」(『国際問題』六十七―七十七、昭和四十―四十一年)、談話ノートが「石井子爵閑談録」(同六十三・六十五―六十六、昭和四十年)として活字化されている。平成十四年(二〇〇二)九月坂本健蔵が遺族に問い合わせたところ、これらの資料は、現在も遺族によって保管されていることが確認された。これら以外の私文書は存在しないようである。

著作としては、『外交余録』(岩波書店、昭和五年)がある。同書は外交官生活の回顧と自身の外交思想について書かれている。これは英語に抄訳され、*Diplomatic Commentaries*, trans. and ed. by William R. Langdon, (Baltimore, The Johns Hopkins Press, 1936)として米国で出版された。また、平成十四年に吉村道男監修『日本外交史人物叢書』六(ゆまに書房)として復刻された。他には、『外交回想断片』(金星堂、昭和十四年)、海外に配布することを目的として作成された英文パンフレット"Manchoukuo and the Manchurian Question,"(Tokyo, 1932)がある。後者は国際聯盟協会機関誌『国際知識』十二―十二(昭和七年)に「満州国及満州問題」と題され翻訳掲載されている。また、国際聯盟協会会長であったことから、『国際知識』等の聯盟協会関連の雑誌に多数の執筆論文、関連記事がみつけられる。

公文書としては、外交史料館所蔵の外務省記録のなかに外務官僚として発信した電文が数多くみつかる。同記録は『日本外交文書』(外務省編纂・発行)として順次発行され、石井の活動期はほぼカバーしている。同記録の一部が広瀬順晧監修『近代外交回顧録』(ゆまに書房、平成十二年)として復刻され、同書第一巻には石井の記録した「日英同盟談判中二六新報事件」が収められている。また、国立公文書館には枢密院会議の記録が所蔵されており、顧問官としての発言がみられる。同会議の議事録は『枢密院会議議事録』(東京大学出版会)として刊行されている。

伝記・評伝として『世界の外交家石井菊次郎翁』(長生郡郷賢顕彰会、昭和二十八年〈茂原図書館所蔵〉)がある。また、「近代日本を創った一〇〇人―外交家一〇人―」(『中央公論』八十―五、昭和四十年)、加瀬俊一「石井さんのこと」(『文藝春秋』二十八―十六、昭和二十五年)では、石井が追想されている。

既存研究としては、本人を対象としたものとして、河村一夫「国際連盟と石井菊次郎(Ⅰ・Ⅱ)」(『政治経済史学』一六二・三、昭和五十四年)、坂本健蔵「満州事変期における国際協調外交の模索―石井菊次郎を中心に―」(中村勝範編『満州事変の衝撃』勁草書房、平成八年)、三宅正樹「石井菊次郎とオットー・ベッカー」(『ユーラシア外交史研究』河出書房新社、平成十二年)等がある。また、全権大使として締結に深くかかわった石井・ランシング協定について、重光蔵「石井・ランシング協定」(日本国際政治学会編『日本外交史研究　大正時代』昭和三十三年)、長岡新次郎「石井ランシング協定の成立」(日本国際政治学会編『日本外交史の諸問題Ⅲ』昭和四十三年)、池田十吾『石井・ランシング協定をめぐる日米交渉』(近代文芸社、平成六年)等の研究が存在する。

(坂本　健蔵)

石井光次郎（いしい・みつじろう）　明治二十二―昭和五十六年(一八八九―一九八一)
朝日新聞社重役・政治家

関係文書は長男の公一郎氏が所蔵している。中心は四十三冊の日記である(アルバムなどはかなり多く残されているが、その他の文書記録は残されていない)。その内戦後のもの(戦前のものは日を追って書いているが、戦後のものは飛び飛びに記述している)の抄録を、筆者は『This is 読売』平成十年(一九九八)七月号に「吉田と鳩山を取り持つ立場の機微―『石井光次郎日記』が語るもの」という一文を付して紹介した(この一文はのち拙著『昭和史の史料を探る』〈青史出版、平成十二年〉に「戦後政治史料と『石井光次郎日記』のことなど」と改題して収録)。なお同誌に「スケールの大きな凡人でした」という公一郎氏の談話が掲載されている。戦前期の日記は現在少しずつ拝借してデジタル化を進めている。

自伝として『思い出の記』全三冊(非売品、昭和五十一年)、『回想八十八年』(カルチャー出版社、昭和五十一年)がある。また病没の翌年、久子未亡人の名でまとめられた『追悼石井光次郎』があり、そこに、「石井光次郎日記抄」として大正七―昭和五十六年(一九一八―一九八一)の極々一部が活字化されたが、この本自体が関係者に配布されたもので、本書を見付けるのは困難である。

石井に関する研究は今のところない。

(伊藤　隆)

石川一郎（いしかわ・いちろう）　明治十八―昭和四十五年(一八八五―一九七〇)
初代経済団体連合会会長

初代の経団連会長として戦後復興期の財界をリードした人物の一人であるが、その財界活動の記録が東京大学経済学部図書館に所蔵され、「石川一郎文書」として公開されている。所蔵目録は、詳細な内容目録「東京大学経済学部石川一郎文書目録」が同図書館ホームページ(http://www.lib.e.u-tokyo.ac.jp/)で画像ファイルとして公開されており、また、マイクロフィルムが雄松堂出版から市販されている。マイクロフィルム版は、35ミリポジティヴロールで二七八リールに、「リール別収録概要目録」が付けられており、化学工業統制会・化学工業連盟関係七十八リール、政府機関七十リール、関係機関・団体・企業五十六リール、経済団体連合会・日本産業協議会七十四リールで構成されている。関係文書としては、このほかは知られていない。

「石川文書」は、石川が化学工業統制会に関わり始める昭和十五年(一九四〇)ころから、戦後経団連会長を辞任する昭和三十一年までに彼の下に集まった関係機関・組織の文書類である。

石川は、東京帝国大学工科大学を卒業後、同大学助教授を経て関東酸曹(後の日産化学)に入社、昭和十六年に日産化学社長、翌年化学工業統制会会長に就任し、化学工業の戦時統制に中心的な役割を果たした。さらに、戦後、二十年に経団連の前身となる経済団体連合委員会の有力メンバーとして参加し、翌二十一年の経団連結成と同時に代表理事、二十三年から初代の経団連会長に就任し、戦後復興期の〝財界総理〟として財界をリードした。

「石川文書」はこれらの財界活動を通して集積された文書類を、その作成主体別にファイリングしたもので、ファイルの原型はほとんどがB5判型で、作成主体別にすると約一七〇〇タイトルに上る。活動が財界のトップとしての役割に基づくものであっただけに、文書として収録されている諸機関、各種の審議会などの幅が広く、戦時期から戦後復興期にかけての経済政策の立案に関わる民間側の記録文書としては、最も重要かつ有用な資料ということができる。したがって、文書の性格から言えば、個人の記録と言うよりは公的な機関の記録類であり、それがたまたま個人の文書として残されたというものである。

マイクロフィルムの構成からも分かるように、内容を大別すると三グループがあり、第一が化学工業統制会と化学工業連盟のファイル、第二が関係した政府審議会、民間諸団体、会社のファイル、第三が戦後十年間の活動の主たる舞台だった経団連と日産協のファイルであるが、そのいずれもが、産業史、経済政策史の研究にとって第一級の資料である。

このほか、文献資料としては、昭和四十六年に経済団体連合会が編纂した『石川一郎追想録』があり、『日本政経人評伝』(都新聞社、昭和二十五年)、『財界の顔』(池田さぶろ著、講談社、昭和二十七年)、『現代財界家系譜』一(現代名士家系譜刊行会、昭和四十三年)、『財界―日本の人脈』(読売新聞社、昭和四十七年)にも関連した記述がある。

(武田　晴人)

石川信吾（いしかわ・しんご）

明治二十七―昭和三十九年(一八九四―一九六四)

海軍少将・海兵四十二期

日米開戦の決定過程において、開戦決定に影響を与えたとされる、海軍きっての強硬論者である。日米開戦直前に軍務局で国防政策を担当する二課長の要職にあり、各方面(陸軍・政界など)とのパイプを持つ異色の海軍軍人として活躍した。著書に『真珠湾までの経緯』(時事通信社、昭和三十五年)がある。

また、満蒙権益と海軍軍備(対米七割)の重要性を主張した大谷隼人『日本之危機』(森山書店、昭和七年)は石川の著作といわれている。この時期の史料として、伊藤隆解説「加藤寛治関係文書―昭和八・九年を中心に―」(『法学会雑誌』〈東京都立大学〉十―二、昭和四十五年)に軍縮対策についての、『昭和社会経済資料集成』に一般政策に関しての石川の意見書がある。また、山浦貫一『森恪』(昭和十五年)にも当時を回顧する一文を寄せている。

まとまった評伝としては秦郁彦『昭和史の軍人たち』(文芸春秋、昭和五十八年)に石川の項目があり、戦後の聞き取りとしては「政戦両略より見たる日米開戦の経緯」(陸上自衛隊幹部学校、昭和三十三年)、水交会『元海軍少将石川信吾談』(昭和三十三年)がある。

本人の日記は昭和六十年(一九八五)に発見され、『中央公論』(平成五年一月号)で一部を筆者が解説を付して復刻した。日記は革装の『第一書房自由日記』にペンで記されている。継続して記述された主要な期間は、青島特務部時代の一部(昭和十三年一月二十九日―二月九日、四月十九日―二五日)、軍務二課長時代の一部(昭和十五年十一月九日―十六年十二月十二日)、昭和十七年末―十八年八月(主に第二十三航空戦隊司令官時代)の三つの時期である。最初の時期は対中国関係史のなかで興味を引く記述が散見されるものの(自身、その著作を執筆した際に参考にしたと思われる)、断片的なため使用には制約があるだろう。最後の時期は航空隊の作戦状況が主であり、軍事史的な観点からの価値が存在するものと思われる。政治史的立場から最も興味を引くのは、二番目の軍務二課長時代の記述である(『中央公論』に復刻されたのは、この時期の一部である)。日記は書かれた時期により、記述の内容にばらつきがある。就任直後は海軍上層部や二課の動向に関する記述が主だったが、昭和十六年五月頃から石川が得た種々の情報の摘記が中心となる。そのなかには情報源としてアメリカ・ソ連・オランダの暗号電報を解読したと推測できるものが含まれているので、インテリジェンス研究の側面からの研究材料としても注目される。また、独ソ開戦直前に松岡外相に宛てて出された書翰の下書きもあり、石川の位置や松岡イメージを究明する手がかりとして重要である。日記の原本は奉職履歴とともに子息の信道氏が保管されていたが、残念ながら現在は氏と共に行方がわからなくなっている。

研究史のなかで石川が注目を浴びることとなったのは、角田順「日本の対米開戦」(日本国際政治学会編『太平洋戦争への道』七、朝日新聞社、昭和三十八年)が、海軍内での対米強硬論を指摘したことに端を発する。加えて、海軍内部の派閥とからめて分析したのが、麻田貞雄「日本海軍と対米政策および戦略」(細谷千博他編『日米関係史』二、東京大学出版会、昭和四十六年、のち改訂の上、麻田『両大戦間の日米関係』東大出版会、平成五年に収録)であった。防衛庁の『戦史叢書』(朝雲新聞社)では、石川の役割について、旧海軍関係者が執筆した巻(九十一巻『大本営海軍部・聯合艦隊〈1〉』昭和五十年、一〇一巻『大本営海軍部大東亜戦争開戦経緯〈2〉』昭和五十四年)が慎重であり、陸軍関係者の手になる巻(七十巻『大本営陸軍部・大東亜戦争開戦経緯〈4〉』昭和四十九年)では、より大きく評価している。工藤美知尋『日本海軍と太平洋戦争』(南窓社、昭和五十七年)や秦前掲書は、対米開戦の推進役としての役割を旧海軍関係者よりも重く考える立場である。

このように評価は分れたものの、証言の他に依拠すべき当該期の一次史料は、国防政策第一委員会が第二委員会と共同で作成した昭和十六年六月五日付の「現情勢下ニ於テ帝国海軍ノ執ルベキ態度」しか存在しなかった。このため八十年代初頭の研究は専ら「艦隊派」時代の石川に向けられた。秦郁彦「艦隊派と条約派」(三宅正樹他編『昭和史の軍部と政治』第一法規、昭和五十八年)は『加藤寛治日記』に残された海軍軍人の動向から当時の艦隊派を分析した。そして、外務省革新派や陸軍との連携を「川村茂久日記」から浮かび上がらせようとしたのが塩崎弘明「軍部と南方進出」(同。のち塩崎『日英米戦争の岐路』山川出版社、昭和五十九年に収録)である。

日記の発見により、研究は新たな段階に入った。日記を利用した研究は、**SUMIO HATANO and SADAO ASADA**, *The Japanese Decision to Move South (1939–1941)*, (**Robert Boyce and Esmonde M. Robertson (eds) Path to War; London, 1989**) が最初であり、「南方進出」を主張する上記の松岡宛書翰を引用した。森山優「海軍中堅層と日米交渉―軍務二課の構想を中心に―」(『九州史学』九十九、平成三年、のち同『日米開戦の政治過程』吉川弘文館、平成十年に収録)は、本史料と共に「藤井茂日記」(「藤井茂」の項目参照)を利用して、政治過程論の立場から従来の海軍中堅層論に修正を迫った。

(森山　優)

石黒忠篤（いしぐろ・ただあつ）

明治十七―昭和三十五年(一八八四―一九六〇)

農林大臣

旧蔵の史料は、戦前期のものについては、第二次大戦末期の空襲によりほとんどが焼失したといわれる。遺族のもとにある、主に戦後の史料については、一般には公開されていない。しかし、戦後早い時期に、農業関係者のインタビューに答えた談話速記録が二種類存在し、日本農業研究所に所蔵されている。一つは、昭和二十二―二十三年(一九四七―一九四八)、農業総合研究所において、和田博雄・東畑精一等を聞き手とし、五回にわたり行われたもので、「日本の蚕糸業について語る」と題された速記録である。これは、近年、日本農業研究所の書庫で再発見され、大鎌邦雄編・解題『日本の蚕糸業について語る』(農業総合研究所、平成九年)として公刊された。他の一つは、昭和二十五年(一九五〇)、日本農業研究所で、石井英之助・土屋喬雄等を聞き手として、七回にわたり行われたもので、「石黒忠篤氏談」とのみ題されている。この中で、農商務省入省から鈴木貫太郎終戦内閣の農商務大臣まで、彼のかかわった農政全体について、詳細に回顧している。同速記録の全体は未公刊だが、一部(第二回)が大竹啓介編著『石黒忠篤の農政思想』(農文協、昭和五十九年)に収録されている。

関係史料について、まず参照されるべきは、大竹啓介の上記編著書である。同書は、著作物をはじめ、前記遺族所蔵の非公開史料から草稿や書簡を、また受信者側に残された石黒書簡、さらには関係者の証言などを広く渉猟し、人物像と思想を浮き彫りにすべく、編集・刊行されたものである。人物像については、没後に編まれた関係者の証言集として、石黒忠篤先生追憶集刊行会編『石黒忠篤先生追憶集』(非売品、昭和三十七年)が有益である。また、伝記としては、直近の部下であった小平権一による『石黒忠篤』(時事通信社、昭和三十七年)、上記談話速記録を一部利用した日本農業研究所編著『石黒忠篤伝』(岩波書店、昭和四十四年)、さらに前掲大竹編著書所収の「石黒忠篤小伝」を挙げることができる。

著書には、『米国の穀物取引と穀倉』(日進舎、大正七年)、口述による『農林行政』(日本評論社、昭和九年)、および『農政落葉籠』(岡書院、昭和三十一年)がある。その他、関係史料としては、農林水産省図書館が所蔵する、「小作制度調査委員会」(大正九年〈一九二〇〉設置)に始まる一連の小作立法・自作農創設維持関係の諸審議会の議事録や、「米穀調査会」(昭和四年〈一九二九〉設置)などの米価・米穀関係の諸審議会のそれ、その他農政関係の諸審議会の速記録がある。石黒は、それら審議会に農林省側の幹事・委員として参加し、原案の説明や審議においてしばしば重要な発言を行っている。なお、小作立法・自作農創設維持関係は、農地制度資料集成編纂委員会編『農地制度資料集成』全十巻・補二巻(御茶の水書房、昭和四十二―四十五年)の一部として、細貝大次郎の解題とともに、編集・刊行されている。

しばしば「石黒農政」と総称されながらも、その全体像については、必ずしも明らかにされているわけではない。まとまったものとしては、一九二〇年代の農政思想を分析した、竹村民郎「地主制の動揺と農林官僚」(長幸男・住谷一彦編『近代日本経済思想史Ⅰ』有斐閣、昭和四十四年)を挙げることができるにすぎない。これに対して、彼の手がけた小作立法については、小倉武一『土地立法の史的考察』(農業総合研究所、昭和二十六年)に始まる分厚い研究史がある。主要なものとして、広中俊雄『農地立法史研究』上(創文社、昭和五十二年)、大竹啓介「農地改革と和田博雄(一)～(三)」(『農業総合研究』三十二―二～四、昭和五十三年)、森邊成一「一九二〇年代における自作農創設維持規則と小作立法の展開過程(一)―(五)」(『法政論集』〈名古屋大学〉一一一・一一三・一一五―一一七、昭和六十一―六十二年)、川口由彦『近代日本の土地法観念』(東京大学出版会、平成二年)を挙げることができる。

（森邊　成一）

伊地知正治（いじち・まさはる）　文政十一―明治十九年(一八二八―八六)　左院議長

関係する一次史料は、まとまった形では残されていないようである。日記は維新期の「伊地知正治日記」(二〇一―二一一頁)が橋本博編『維新日誌』第二期第二巻(原本は昭和九年刊。のち名著刊行会『改訂維新日誌』全十巻、昭和四十一年復刻、「伊地知正治日記」は第六巻所収)に収録され、書翰の比較的まとまったものとしては立教大学日本史研究室編『大久保利通関係文書』一(吉川弘文館、昭和四十年)に九十一通が残っている。また、左院時代およびその後の一等侍講・修史館時代については、伊地知の下で秘書的な役割を果たした宮島誠一郎の日記にその姿がうかがえ、伊地知の国憲(憲法)構想や皇室制度に関する構想の概略を知ることができる。宮島の日記を含む「宮島誠一郎文書」は、現在早稲田大学図書館に所蔵され、その目録が早稲田大学図書館から『文書目録　第五集「宮島誠一郎文書目録」』(平成九年)として刊行されている。

評伝としては、野村綱吉『伊地知正治小伝』(鹿児島県教育会編、昭和十一年)と福本日南『石臼のへそ―伊地知正治翁』(東亜堂、大正三年)が主なもので、渡辺幾治郎『明治天皇と補弼の人々』(千倉書房、昭和十三年)の中にも「明治天皇と伊地知正治」と題した一節がある。明治前期の政治史における伊地知については、左院時代の憲法編纂の事情をかたる宮島誠一郎編「国憲編纂起源」(明治文化研究会編『明治文化全集・憲政編第一巻』昭和三年。のち日本評論社より復刻)との関連で言及されることが多いが、最近伊地知の勧農構想を扱った、友田清彦「伊地知正治の勧農構想と内務省」(『日本歴史』六五〇、平成十四年)が発表された。　(坂本　一登)

石橋湛山　(いしばし・たんざん)

明治十七―昭和四十八年(一八八四―一九七三)

政治家・評論家

残された一次史料のほとんどは、西尾林太郎氏の尽力もあり、遺族の石橋湛一氏から憲政資料室に平成五年(一九九三)に寄贈されている。多くの書翰(ただし、ある程度整理された気配がある)と、主として戦時期以降の書類(大蔵大臣時代、公職追放関係、通産大臣時代、総理時代、日中・日ソ関係など)、自筆草稿などが含まれている。遺族の手許に残されたものに日記その他があるが、日記の内昭和二十年(一九四五)一月一日から病気で総理を辞職する直前の昭和三十二年一月二十三日までの分(ただし、昭和二十四年が欠けている)は、石橋湛一・伊藤隆編『石橋湛山日記』上・下(みすず書房、平成十三年)として、ほぼ原文に忠実に翻刻刊行されている。巻末に増田弘氏による丁寧な「解説」がある。

石橋には多くの著書・論文等があるが、その多くは石橋湛山全集編纂委員会編『石橋湛山全集』全十五巻(東洋経済新報社、昭和四十五―四十七年)に収録されている。また別に松尾尊兊編『石橋湛山評論集』(岩波書店、昭和五十九年)、増田弘編『小日本主義・石橋湛山外交論集』(草思社、昭和五十九年)、長幸男他編『石橋湛山著作集』全四巻(東洋経済新報社、平成七年)などが刊行されている。

昭和三十二年の首相退陣の年に湛山会編『名峰湛山・石橋書簡のあとさき』が一二三書房から刊行されている。これは石橋内閣の七十一日を中心に石橋自身の文章・対談をはじめ、各方面からの評論・随想を採録ないし執筆を求めて編集したものである。首相時代については、側近であった石田博英『石橋政権・七十一日』(行政問題研究所、昭和六十年)がある。

伝記・評伝および石橋研究は多い。『全集』にも収録されている自伝『湛山回想』(毎日新聞社、昭和二十六年、のち岩波書店、昭和六十年復刻)をはじめ、志村秀太郎『石橋湛山』(東明社、昭和四十二年)、長幸男編『石橋湛山・人と思想』(東洋経済新報社、昭和四十九年)、小島直記『異端の言説・石橋湛山』上・下(新潮社、昭和五十三年)、筒井清忠『石橋湛山・自由主義政治家の軌跡』(中央公論社、昭和六十一年)、増田弘『石橋湛山・占領政策への抵抗』(草思社、昭和六十三年)、増田弘『石橋湛山研究・「小日本主義者」の国際認識』(東洋経済新報社、平成二年)、増田弘『石橋湛山・リベラリストの神髄』(中央公論社、平成七年)、姜克実『石橋湛山の思想史的研究』(早稲田大学出版会、平成四年)、佐高信『良日本主義の政治家・いま、なぜ石橋湛山か』(東洋経済新報社、平成六年、のち『孤高を恐れず―石橋湛山の志』と改題して、講談社文庫、平成十年)、半藤一利『戦う石橋湛山』(東洋経済新報社、平成七年)をはじめ、ながく石橋が主宰した『東洋経済新報』についての研究、井上清・渡部徹編『大正期の急進的自由主義・「東洋経済新報」を中心として』(東洋経済新報社、昭和四十七年)や松尾尊兊『民本主義と帝国主義』(みすず書房、平成十年)などがあり、『東洋経済新報社百年史』(同、平成八年)も関連のものである。論文も少なくない。　(伊藤　隆)

石原莞爾　(いしはら・かんじ)

明治二十二―昭和二十四年(一八八九―一九四九)

陸軍中将・関東軍参謀副長・東亜聯盟運動主宰者

石原に関する著作は自著も含めれば、まさ

しく汗牛充棟をなすと言っても過言ではないほどに夥しい。その全容については、石原莞爾生誕百年祭実行委員会編の『永久平和への道』(原書房、昭和六十三年)の第四部に詳しく掲示されているし、また自らの手になる著作は、その翻訳を監修したものも含め、あらかたは石原莞爾全集刊行会の編になる『石原莞爾全集』全七巻・別巻(昭和五十一―五十二年)および玉井禮一郎編『石原莞爾選集』全十巻(たまいらぼ、昭和六十―平成五年)に採録されているため、ここではこれらにつき再説することはせず、関係する一次史料の残存情況について記すことにしたい。

　史料は、大きく三ヵ所の機関に所蔵されている。憲政資料室に収蔵されている「石原莞爾文書」は、無論、石原関連史料を含むとは言え、その内実においてはむしろ、「満州国・協和会」関係文書と呼ぶのが相応しい内容の文書からなる。マイクロフィルムも存在するが、これらは後述する鶴岡市郷土資料館が所蔵する史料のあくまでも一部を撮影したものに過ぎない。

　関係史料並びに遺品を主に収蔵する機関は、山形県の酒田市立光丘文庫と鶴岡市立図書館郷土資料室の二ヶ所である。光丘文庫は、以前酒田市立図書館の一部であったが、その後独立し、市立図書館は市立中央図書館と改称された。当文庫が所蔵する関連史料の大半は蔵書であり、その全容については、昭和六十三年(一九八八)三月に酒田市立図書館名義で刊行された『酒田市立図書館所蔵石原莞爾旧蔵書目録』(昭和六十三年)に詳しい。目録に掲載された書籍・雑誌等の合計は一四八四部・二二二五点、補遺として追加された点数は約五十二部、合計で約二三〇〇点にも上る。半数以上を洋行中に買い求めた洋書が占め、その中には、フリードリヒ大王やナポレオン一世、モルトケ、シュリーフェンといった欧州の名だたる武将に係わる貴重な初版本も少なくない。こと、西洋軍事史に関しては、我が国有数のコレクションであろうと目録のあとがきに述べられている通り、石原が収集したコレクションには書籍のみならず絵画も含まれていたが、戦中戦後の混乱の中で、多くは盗難や焼失の憂き目を見た。この過程で、日清戦争・日露戦争・第一次大戦など日本が参加した戦役に関する蔵書もまた、空襲等により焼失してしまったため、日本の軍事史に関する蔵書は量的にも貧弱であり、内容的にも他に見られぬような貴重なものはほとんどない。ただ、この目録が網羅的か否かに関しては一部、判断しかねる。

　本文庫には蔵書以外に、海外の赴任先から夫人宛に認めた書翰類が保存されており、合計十九冊のファイルからなる。複製物ではなく自筆のものであり、これらがクリアファイルに一通一通収められている。小さな字でびっしりと書き込まれ、かつ内容的にも事細かな指示に満ちており、石原のひととなりを知る上で非常に興味深い。これらの書翰群は大きく二つに分かれる。**T9-10/11-1〜10**と分類された十冊は、中国漢口に赴任していた頃の書翰から構成され、これらは昭和六十年から翌六十一年にかけて刊行された『石原莞爾選集』全十巻の内、第一巻『石原莞爾選集I　漢口から妻へ』で翻刻されており、残る**D1―D9**と題された九冊のファイルには欧州留学を命ぜられドイツに滞在した当時の書翰であって、同じく『石原莞爾選集II　ベルリンから妻へ』に翻刻されている。なお、これら十九冊にはファイルごとの詳細目次は付属していない。

　光丘文庫が蔵書中心であったのに比較して、鶴岡市立図書館郷土資料室(旧鶴岡市郷土資料館)には、石原の弟・六埌氏が生涯を賭けて収集した書類・書翰を中心とした数多くの史料・遺品が収蔵されている。ちなみに、これらは六埌氏が昭和五十一年に没するや、親族の手に依って、翌五十二年に寄託されたものである。

　これらは、昭和四十年代に相次いで発刊された角田順の手になる『石原莞爾資料』(戦争史論・国防論策編)の原史料を含む膨大なもので、その概要は鶴岡市郷土資料館より昭和五十七年に刊行された『諸家文書目録III　石原莞爾資料』と題された目録に詳しいが、当資料室には、公刊目録に収録されていない多数の資料が、書翰や書類を中心に存在している点に注意を要する。

石原宛来翰の内、差出人別に五十音順で一〜八五九までナンバリングされている一〇〇〇通を超える書翰群についてはすでにカード目録が作成されているため、番号を指定すれば閲覧可能である。他方、鶴岡市立郷土資料館名義で別途作成された「石原莞爾資料目録　書翰II」と題する未刊の目録には、カード目録に続けて八六〇から一二〇〇番台までの約一二〇〇通が別途リストアップされている（この手書きの目録は、ナンバリングの方針が一部理解し難い。一三〇〇番台が認められないにもかかわらず、二〇〇〇番台が一部存在する）。これらの二〇〇〇通をはるかに超える膨大な書翰群に認められる顕著な特徴は、著しい年代的な偏りが認められることであり、昭和十六年に師団長を最後として予備役に編入された時期以降のものが圧倒的多数を占めている。全国津々浦々から送られた、研究者には必ずしもその名に馴染みがあるとは言い難い人々からの来翰が多数を占め、また、石原現役当時の軍人からの来翰が極端に少ないこと、存在していたとしても、大多数が石原の師団長退任を労う内容に終始している点に鑑みれば、この年以降、自ら提唱した東亜聯盟運動に邁進していった事実に照らしても、これらが専ら東亜聯盟に関わる人々からの来翰から構成されたものであると推測できよう。

一方、石原が発した書翰やその写しは充分に整理されておらず、一定のまとまりのまま、それぞれがカードに記入されているだけで、目録は整備されていない。この点は上記の一〜八五九番台の来翰と同様であるが、公刊目録に登録済みのカード同様にボックスに収納され、実際は書翰ばかりでなく他の形態の資料と混在したまま、一括として未収録分とされているために、検索には注意が必要である。目録未収分に関しては、鶴岡市郷土資料館名義で作成された「石原莞爾資料の内　目録未収分一覧」と題する未刊リストを参照する必要があるが、これに記載されている分より、カード目録の方が若干多くなっている。また、「「石原莞爾資料目録」要訂正個所の例」、「「石原莞爾資料目録」に未所収分」なるリストも存在するが、これらの内、「未所収分」リストのすべては自らの手になる書状あるいはその写しであり、三十六通に上る。なお、これら未所収分の内、二十四通が夫人宛書翰であるが、前記光丘文庫所蔵の書翰が大正期のものであるのに対して、二通を除き、残るすべては昭和期のものである。

書翰のみならず、数多の書類も存在するが、ここでは、既述の『石原莞爾資料　国防論策編』に掲載されている目録番号**K31**「満州事変〔意見書幷講演原稿〕」を参考例として、書類の特徴について見てみたい。この**K31**はこの資料集の基礎とでも言うべき存在であるが、これの「第一部　関東軍参謀時代」の目次を一瞥するだけで直ちに理解できるように、この資料集は史料の現存状態、就中、諸史料の順番をまったく留めておらず、他の史料をも交えて、編者の手で恣意的な配列がなされてしまっている。しかし実際には、この史料を構成する三十三件の書類は三部に整然と分類され、石原の書き込みもあり、その古めかしい装丁から見ても、石原自らの手によって編綴されている可能性が極めて高い。同一の事態は、公刊目録の「3　原稿・備忘録」に掲載された他の史料にあっても同じく認められるところである。したがって、これら密に結合された史料群を理由もなく解体し、他の史料とシャッフルした上で配列し直すことには何ら合理性はなく、石原自身の考えを取り逃がす恐れすら考えられる。故に、どの史料群が密な結合を示しているか目録だけでは、判読し難い面もあるとは言え、この資料集を用いる場合には目録の記述を踏まえて、一度、順番を再構成する必要がある。

また、書翰に比較して石原の現役時代の書類は多いものの、何らかの形で石原自身による取捨選択の結果、編綴されている場合が多い。手を加えられることなく現存している史料では、おおむね昭和十六年以降、東亜聯盟運動に邁進し始めて以降のものが大多数を占めている。

郷土資料室にはまた、趣味としていた写真と八ミリフィルムが残されている。写真の多くは現像されており、ネガケースに自筆で題が記されているトーキーフィルム二十三本には、かつてNHKが『ドキュメント昭和』を作成する際VHSにコンバートした映像が収録されている。

山形県に存在する多くの関連史料に、満州事変や参謀本部部長時代の史料を求めるならば、期待外れに終わる可能性が大である反面、石原の東亜聯盟運動を研究する者にとっては宝庫と言えるのではなかろうか。

（大久保　文彦）

石丸志都磨（いしまる・しずま）

明治十一―昭和三十五年（一八七八―一九六〇）
陸軍少将

筆者は昭和五十八年（一九八三）偶然の機会に次男の志都夫氏と知り合い、石丸の残された史料があるという話を聞き、お宅に伺って見せていただいた。憲政資料室への寄贈を依頼していたが、平成三年（一九九一）に石丸武順・志都夫兄弟から寄託された。

内容は日露戦争、シベリア出兵関係、昭和三年から六年にかけての旅団長、師団司令部付時代の日記、満州国侍従武官関係のもの、戦後の若干の日記などが主であるが、その他に注目すべきものが、二点ある。第一は、「『最後の内乱』一―五」と題する四百字詰め原稿用紙六三〇枚に書かれたもので、表紙に「昭和二十五年二月稿」とあり、目次には副題として「裏より見たる二・二六事件」と記されている。石丸が二・二六事件関係者の手記・遺書の類を中心に、それにこの事件との関連での自己の経歴・見聞を記録したものである。遺族の話によると、石丸は仏心会の中心人物として河野司らとともに二・二六事件関係者の援護や遺書等の収集に当たっていたが、後に河野とは別れたという。河野司編『二・二六事件―獄中手記・遺書』（日本週報社、昭和三十二年、のち増補して河出書房、昭和四十七年）と重複するものもあるが、河野のものになくて本稿にあるものが少なくない。石丸の文章以外のものは、戦前に筆写されたものであると思われ、いずれも原本は存在しないが、河野の本と共に二・二六事件についての貴重な文献といわねばならない。

もう一つは前者にも含まれているが「所謂十月事件に関する手記」の田中清少佐に書かせて石丸が三部複写を作ったものの一部である（田中自筆のものはない）。これは石丸から憲兵隊に参考として渡され、それが一種の怪文書として流布され、さらに二・二六事件関係者の村中・磯部が陸軍大臣に提出した「粛軍に関する意見書」に付され、二・二六事件将校の決起に大きな刺激を与えたというものである。田中自身が昭和三十八年に「『所謂十月事件に関する手記』について」という文章を書いて（『現代史資料5　国家主義運動2』みすず書房、昭和三十九年）、流布したものはかなり改竄されたものだとしているが、石丸文書のものによって、そう大きく改変されていないことが明らかになった。

遺著に『蘭花の凋落』があるとのことであるが、少部数複製されたものとのことで、筆者も未だ手にしていない。石丸についての研究は、二・二六事件関係の研究で多少触れられている程度である。

（伊藤　隆）

伊集院彦吉（いじゅういん・ひこきち）

元治元―大正十二年（一八六四―一九二三）　外交官・外務大臣

「伊集院彦吉文書」として憲政資料室に収められている（仮目録が作成されている）。書簡・書類・日記等があるが、重要史料は左記のように出版されている。

伊集院宛書簡と辛亥革命期の日記（明治四十四年〈一九一一〉十月―四十五年三月、当時駐北京公使）は、尚友倶楽部・広瀬順晧・櫻井

良樹編『伊集院彦吉関係文書　第一巻〈辛亥革命期〉』(芙蓉書房出版、平成八年)に、駐ローマ大使期の日記のうち大正七年(一九一八)一月から翌年一月にパリ講和会議全権団随員として出発するまでの分は同『伊集院彦吉関係文書　第二巻〈駐伊大使期〉』(同、平成九年)に収められている(大正六年分は未刊行)。前者に収められている日記と牧野伸顕書簡は特に重要な情報を含んでいる(同様に憲政資料室所蔵「牧野伸顕関係文書」には伊集院書簡が多く含まれている)。後者に筆写されている外務省電報の中には、現在外交史料館に残されていないものもあり、当時の欧州諸在外使臣間および本省との情報伝達情況を知ることができる。内容は第一次世界大戦末期のイタリアに関するものが含まれるのはもちろんであるが、ロシアの情況およびシベリア出兵関係の記事が重要である。

　伝記としてまとまったものはないが、追悼録発起人会編「故伊集院男十周年忌追悼録」(『伊集院彦吉男青木宣純将軍追悼録』昭和九年)が関係者の思い出を掲載している。なお、同文書を用いた研究として馬場明「書翰にみる駐清公使伊集院彦吉」(『日露戦争後の日中関係』原書房、平成五年)、松村正義「外務省情報部の創設と伊集院初代部長」(『国際法外交雑誌』七十―二、昭和四十六年)、野村乙二朗「伊集院彦吉論」(『政治経済史学』一〇一、昭和四十九年)、飯森明子「辛亥革命と駐清公使伊集院彦吉」(『法学政治学論究』〈慶応大学大学院法学研究科〉三十一、平成八年)がある。

（櫻井　良樹）

板垣退助　(いたがき・たいすけ)

天保八―大正八年(一八三七―一九一九)　自由民権家・政治家

　旧蔵史料はほとんど残されていない。高知市の財団法人板垣会が、林有造・大石正巳・星亨・松田正久・伊東巳代治・大町桂月などの板垣宛書簡十三通を巻子で所蔵している程度である(筒井秀一「板垣会所蔵資料紹介」、高知市立自由民権記念館編・刊『高知市立自由民権記念館紀要』四、平成七年)。その足跡の大きさに比べ、「板垣自身に直接かかわる資料は大変少ないのが現状」(同前)なのである。

　その他関係史料は、郷里の高知県をはじめ広く全国各地に点在している。第一に文書では、土佐藩関係史料があり、幕末期の免奉行としての板垣署名捺印入り土地台帳が高知県土佐町教育委員会所蔵になり、明治初年の藩政改革での諭告として名高い「人民平均ノ理」が高知県立図書館所蔵「坂崎文庫」中にある。初期自由民権運動関係では、運動の開幕を告げた「民撰議院設立建白書」が国立公文書館、古沢滋による同建白書や「加藤弘之ニ答フル書草稿」など民撰議院論争に関わるもの、および愛国公党本誓と副誓の草案、「大阪会議申合セ草案」・「板垣上書案」などが憲政資料室所蔵「古沢滋関係文書」、立志社設立趣意書・創立条例・規則が高知市立市民図書館所蔵「近森文庫」・国立公文書館所蔵「太政類典」・東京経済大学図書館所蔵「深沢家文書」などにある。自由党関係では、板垣を発起人委員とする「自由新聞発行規則」が新潟県立文書館寄託「越後国蒲原郡木場村・山際家文書」に収められている。同じく板垣を頭取とする「自由銀行創立規約」は神奈川県伊勢原市の民権家山口左七郎の関係文書を集めた「雨岳文庫」所蔵であり、大畑哲他編『雨岳文庫第一集　山口左七郎と湘南社　相州自由民権運動資料集』(まほろば書房、平成十年)に収められた。なお、民撰議院建白から自由党結成にいたる板垣関係の自由民権運動基本史料は、板垣監修『自由党史』上・中・下〈岩波文庫〉(岩波書店、昭和三十二―三十三年)、外崎光広編『土佐自由民権資料集』(高知市文化振興事業団、昭和六十二年)などに収録されている。またそれらを含む関係民権史料の所在については、「土佐自由民権資料目録」(前掲『土佐自由民権資料集』巻末)が参考になる。

　岐阜遭難・受爵・賜位などでの宮内省関係では、早稲田大学図書館所蔵「宮島誠一郎文書」中に「板垣退助一件書類」があり、板垣発宮島宛書簡など三十九点をまとめている(早稲田大学図書館編・刊『宮島誠一郎文書目録―早稲田大学図書館文書目録第五集―』平成九年)。なお遭難事件の参考史料として、明治天皇による勅使差遣を記した宮内省の公文書「進退録」「恩賜録」「当番日録」などが書陵部の所蔵になる。内閣参議分離問題や大同団結運動に関わっての明治天皇への奏上書写しなどは憲政資料室所蔵「三条家文書」、隈板内閣関係では、伊藤博文と板垣・大隈との「会見記要」が同じく憲政資料室所蔵「伊東巳代治関係文書」に収められている。葬儀関係では、憲政資料室所蔵「竜野周一郎関係文書」に「板垣退助葬儀関係資料」があり、葬儀書類・遺言書謄本など約八十五点をまとめている。

第二に書簡では、前掲の板垣会所蔵資料や「宮島誠一郎文書」の他、高知市立自由民権記念館所蔵史料に馬場辰猪宛、同館寄託「片岡家資料」に片岡健吉宛、同じく同館寄託「細川家資料」に細川義昌宛、高知市立市民図書館所蔵「平尾文庫」に片岡健吉・深尾真澄宛ほか、高知県立歴史民俗資料館に伊藤博文宛が収められているのをはじめ、憲政資料室の「河野広中文書」、「古沢滋関係文書」、「井上馨関係文書」、「伊藤博文関係文書」、「憲政史編纂会収集文書」、「憲政資料室収集文書」、「石塚重平文書」、「宮島誠一郎関係文書」、「吉井友実文書」や、水沢市立後藤新平記念館所蔵「後藤新平文書」、早稲田大学図書館所蔵「大隈文書」、町田市立自由民権資料館所蔵「浦安市小野太起子家寄贈文書」、「三鷹吉野泰平家文書」(三鷹市教育委員会編・刊『三鷹吉野泰平家文書目録　二』平成十年)、神奈川県立公文書館所蔵「山口コレクション」(神奈川県立文化資料館編・刊『文化資料館資料目録　古文書の部　第三集(山口コレクション)』昭和五十四年)、知立市歴史民俗資料館寄託「内藤魯一関係文書」(同館編『内藤魯一関係文書目録』知立市教育委員会、平成八年)、大阪経済大学図書館所蔵「杉田定一文書」、天理大学附属天理図書館所蔵「土倉家文書」などに所蔵がみられ、枚挙にいとまがないほどである。

第三に政治家・社会運動家としての著書、新聞・雑誌論説、演説・講演筆記があるが、板垣自身の手になるとは言い難いものも含まれており、全体像は明確ではない。著書としては、華族制度を批判した『一代華族論』(忠誠堂、大正八年)や遺著『立国の大本』(同前)などがあり、新聞・雑誌論説は、『自由新聞』、『友愛』、『社会政策』などに掲載されている。演説・講演筆記は、平井市造編『自由主義各党政談演説神髄』(興文社、明治十五年)・阪田哲太郎編『日本演説大家集』初篇(漸進堂、明治十四年)など、町田市立自由民権資料館・東京大学法政史料センター(明治新聞雑誌文庫)・国立国会図書館などに所蔵される演説・講演筆記書や、『自由党党報』、諸新聞、新聞号外・附録、演説筆記雑誌などに収められている。これらの著作から政治・外交・殖民・社会政策論など広く「思想家」としての業績を選定し、昭和六年に遭難事件五十周年記念として板垣守正編『板垣退助全集』全一巻(春秋社。再版を「明治百年史叢書」で復刻。原書房、昭和四十四年)が編まれている。

伝記では、近年一定の批判を受けつつあるが古典としての評価が高い前掲『自由党史』上・中・下の記述・所収史料を措いては、やはり板垣の経歴を語ることは出来ない。近年の伝記では、平尾道雄『無形板垣退助』(高知新聞社、昭和四十九年)が実証的な記述で信頼性が高い。次いで絲屋寿雄『史伝板垣退助』(清水書院、昭和四十九年)が参考になる。高知市立自由民権記念館編・刊『高知市立自由民権記念館開館五周年記念特別展　板垣退助展―板垣死すとも自由は死せず―解説図録』(平成六年)も、伝記・研究としての性格が強い。また宮内庁『明治天皇紀』全十二巻・索引一巻(吉川弘文館、昭和四十三―五十二年)・東京大学史料編纂所編『保古飛呂比　佐佐木高行日記』全十二巻(東京大学出版会、昭和四十五―五十四年)は戊辰期以降の諸事項・

活動を記しており、伝記に利用できる。土佐自由民権研究会編『土佐自由民権運動日録』(高知市文化振興事業団、平成六年)も参考になる。

近年の研究は、板垣の評価の低さを反映し、本格的なものは意外に蓄積に乏しい。まず史料研究では前掲筒井秀一「板垣会所蔵資料紹介」が参考になる。幕末維新期では、下村公彦追悼集刊行委員会編・刊『農民と自由民権―下村公彦追悼集―』(平成十二年)、宮地正人『幕末維新期の社会的政治史研究』(岩波書店、平成十一年)、松尾正人『廃藩置県の研究』(吉川弘文館、平成十三年)、民権運動全般では、外崎光広『土佐自由民権運動史』(財団法人高知市文化振興事業団、平成四年)、運動思想全般では、松尾章一『増補・改訂自由民権思想の研究』(日本経済評論社、平成二年)、立志社では、外崎光広「板垣退助と西南戦争」(前掲『高知市立自由民権記念館紀要』四)、福地惇「立志社の挙兵計画について」(『日本歴史』五三二、平成四年)、福井淳「立志社像の再検討―基礎研究の視点から―」(高知市立自由民権記念館編・刊『平成十年度特別展　立志社―その活動と憲法草案―図録』平成十年)、運動の初期思想では、遠山茂樹『自由民権と現代』(筑摩書房、昭和六十年)、政党結成前夜では、森山誠一「国会期成同盟第二回大会前後における板垣退助の言動―自由党結成過程における土佐派の役割再検討の一端―」(『歴史科学』〈大阪歴史科学協議会〉一一二、昭和六十三年)、北崎豊二『近代大阪の社会史的研究』(法律文化社、平成六年)、自由党では、佐久間耕治『底点の自由民権運動―新史料の発見とパラダイム―』(岩田書院、平成十四年)、遭難事件では、福井淳「板垣退助岐阜遭難事件に対する諸政治勢力の対応―自由党と明治天皇・政府とを主軸として―」(『書陵部紀要』四十九、平成十年)、北根豊・小西四郎らの論稿を集めた『土佐史談』一六一〈板垣退助遭難一〇〇年特集〉(土佐史談会、昭和五十七年)、外遊問題では、彭澤周「板垣退助の外遊費の出所について」(『日本史研究』七十五、昭和三十九年)、平井良明「板垣退助欧遊費の出資者に就いて」(『日本歴史』二三八、昭和四十三年)などが詳しい。なお自由党関係では、江村栄一『自由民権革命の研究』(法政大学出版局、昭和五十九年)、寺崎修『明治自由党の研究』上(慶応通信、昭和六十二年)、大日方純夫『自由民権運動と立憲改進党』(早稲田大学出版部、平成三年)・同「政党の創立」(江村栄一編『近代日本の軌跡二　自由民権と明治憲法』吉川弘文館、平成七年)も参考になる。議会開設以後は、坂野潤治『明治憲法体制の確立―富国強兵と民力休養―』(東京大学出版会、昭和四十六年)、村瀬信一「第一議会と自由党―『土佐派の裏切り』考」(『史学雑誌』九十五―二、昭和六十一年)、社会政策では、保谷六郎『日本社会政策の源流―社会問題のパイオニアたち―』(聖学院大学出版会、平成七年)、廣江清「覚え書　板垣と社会改良会一・二」(『海南史学』〈高知海南史学会〉十・十一、昭和四十八年)、田村安興「日露戦後経営と初期社会政策―第二次桂内閣による地方改良運動と板垣派社会改良運動の役割―」(『高知論叢　社会科学』〈高知大学経済学会〉三十四、昭和六十四〈平成元〉年)などが詳しい。

図録では、前掲『高知市立自由民権記念館開館五周年記念特別展　板垣退助展―板垣死すとも自由は死せず―解説図録』が詳しく、前掲『平成十年度特別展　立志社―その活動と憲法草案―図録』も参考になる。その他、遭難事件については岐阜県博物館編・刊『飛騨美濃合併一二〇周年記念展　岐阜県の明治維新』(平成八年)、京都府立丹後郷土資料館編・刊『京都の自由民権運動―自由と民権を希求したひとびと―』(平成三年)がある。

(福井　淳)

市川房枝　(いちかわ・ふさえ)

明治二十六―昭和五十六年(一八九三―一九八一)

婦選運動家・参議院議員

関係する文書・記録類は、ほとんど散逸することなく現在の市川房枝記念会で所蔵している。その史料群の中心となっているのは戦前期、婦選運動の中心であった婦選獲得同盟・婦人問題研究所(大正十三年—昭和二十年〈一九二四-一九四五〉)が所有していたもので、戦火を防ぎ、東京都郊外八王子に疎開させていた約八万点に及ぶ膨大な原史料である。一部展示用や出版物で、すでに公開されているものもあるが、多くの史料は未整理状態であったが、平成十二年(二〇〇〇)「婦人参政関係史資料」として戦前分の整理を完了した。内容は、婦選獲得同盟の事務文書、日記、委員会記録等のほか、婦人団体組織、東京市政浄化問題、選挙粛正、国民精神総動員関係、海外婦人団体の交流記録、原稿、メモ類、ちらし、手書きポスターなどが含まれている。書簡類の量も多く、市川の幅広い交友関係を物語る当時活躍していた女性群や政界人、ことに第一回普選時(昭和三年)から立候補者に「婦選に関するアンケート」で回答を求めたその返信はがきには、各候補者からの自筆による意見が寄せられている貴重な生資料もある。文書類がかなり劣化していることもあって、マイクロ化され、その目録データは『婦人参政関係史資料内容細目一覧I　CD—ROM版』で検索することができる。

戦後の文書類は新日本婦人同盟、日本婦人有権者同盟の事務文書類、昭和二十八年以降は理想選挙で立候補した六度の参議院議員選挙関係文書、衆参婦人議員団を軸とする国会活動、発言原稿などのほか、公私を一体化させて、活動の拠点としてきた婦選会館建設、運営に関する資料も揃っているがまだ目録化されていない。図書室には婦人参政権獲得運動、各種選挙に関する資料、戦前戦後の女性団体の機関誌や内外の一般女性関係図書など約二万点を所蔵している。『財団法人市川房枝記念会図書室蔵書目録』(昭和五十八年)がある。

伝記書として、市川房枝『市川房枝自伝　戦前編』(新宿書房、昭和四十九年)、児玉勝子『覚書・戦後の市川房枝』(新宿書房、昭和六十年)は前記史資料に基づき叙述。菅原和子『市川房枝と婦人参政権獲得運動—模索と葛藤の政治史—』(世織書房、平成十四年)六〇〇頁は、従来の伝記書を越えた研究書として集大成されている。著作には、市川房枝記念会監修『市川房枝集』全八巻、別巻一(日本図書センター、平成六年)、『市川房枝の国会全発言集—参議院会議録より採録—』(市川房枝記念会出版部、平成四年)がある。

(山口　美代子)

市島謙吉(いちしま・けんきち)

万延元—昭和十九年(一八六〇-一九四四)　政治家・言論人・図書館人・早稲田大学理事・文人

関係する史資料の大半は図書館長・理事として発展に尽力した早稲田大学図書館の特別資料室に所蔵されている。筆まめで、大隈重信・小野梓など親炙した関係者や明治という時代の語りべでもある市島はおびただしい随筆原稿・記録・控類を残しており、同室では、これら約九〇〇冊を「市島謙吉資料」として整理して公開している。多様な分野からアプローチして、その二、三冊を活用して一つの論文を作成することが可能であるほど利用価値が高い。中でも「雙魚堂日載」全六十巻(明治四十二—大正六年)は第二次大隈内閣の研究に関する第一級の史料で、内閣成立、第十二回総選挙、大浦内相事件、内閣留任・倒閣、憲政会の成立事情を解明する必須の史料である。この「市島謙吉資料」とともに同室所蔵の「春城日誌」全三十巻(明治二十八—四十二年)・「雙魚堂日誌」全三十五巻(明治四十二—大正十二年)・「小精廬日誌」全三十五巻(明治四十二—大正十二年)は市島の日記で、明治中期から大正期にかけての大隈重信、政治、早稲田大学、近代日本の図書館等の研究には欠かせない有力な傍証史料である。これらの「資料」と「日誌」などにより、立憲改進党系の政党、早稲田大学経営、国書刊行会、日本図書館協会、大日本文明協会、大隈伯後援会などの推移と裏事情がわかるとともに、市島がことを為すに際していかに計画性と段取りに周密さを備えかつ組織力に長けていたかを窺い知ることができよう。右の日誌は春城日誌研究会(代表金子宏二)により明治三十五年(一九〇二)分より大正元年(一九一二)分までが「翻刻『春城日誌』」として『早稲田大学図書館紀要』(二十六―四十九、昭和六十三―平成十四年)に活字化されており、以降も連載中である。これらを含む市島関係史資料の詳細については「早稲田大学図書館和漢図書分類目録」の「教育の部1」の抜刷「早稲田大学関係図書目録」(昭和五十三年)と春城日誌研究会「『春城日誌』余滴　付・市島栄治氏寄贈資料リスト」(『早稲田大学図書館紀要』三十六、平成三年)を参照されたい。なお、新潟県立図書館にも関係資料が所蔵されている。

他の目録・年譜類としては、『早稲田学報』(七〇一、昭和三十五年)の「高田・市島両先生生誕百年記念号」、早稲田大学図書館編刊『市島春城先生生誕百年記念祭のしおり　記念展概要・春城略年譜・著作目録』(昭和三十五年)、同編刊(高野善一校訂・注)『春城八十年の覚書―付・平民論―』(昭和三十五年)が必須の文献である。また、金子宏二「春城・市島謙吉―その生涯と大隈重信―」(『早稲田フォーラム』五十七・五十八合併号、平成元年)と、名著『随筆頼山陽』はじめ文人市島が発表した多分野にわたるおびただしい随筆類を集成した『市島春城随筆集』全十一巻(クレス出版、平成八年)および同第十一巻に付された藤原秀之「解説と解題」は、市島研究案内として有用である。　(佐藤　能丸)

伊藤圭介（いとう・けいすけ）

享和三―明治三十四年(一八〇三―一九〇一)　植物学者・東京帝国大学名誉教授

旧蔵の図書のうち本草・博物関係書のおもなものは、その学問の後継者である孫伊藤篤太郎に引き継がれた。遺稿の多くは篤太郎によって整理され、「錦窠」を冠した表題が与えられ、篤太郎による新たな収集文書を含めて、約二〇〇〇冊が昭和十九年(一九四四)国立国会図書館支部上野図書館に寄贈された。現在国立国会図書館古典籍資料室に「伊藤文庫」として所蔵されている。「伊藤文庫図書目録」は『国立国会図書館支部上野図書館所蔵本草関係図書目録』(昭和二十七年刊)の中に収録されている。伊藤文庫には圭介をはじめ幕末・明治初期の著名本草家の手稿本類が多く収蔵されているが、主著『泰西本草名疏』のシーボルト書入れの手稿本やその執筆の際にシーボルトから贈られたツュンベリの『日本植物誌』(**K. P. Thunberg, Flora Japonica, 1784**)など洋書も含まれている。書簡類では家族宛の圭介書簡が三冊あり、飯沼慾斎・江馬春齢・乾純水らからの来簡十四通が二軸にまとめられている。日記類では蕃書調所に出役していた文久二年(一八六二)のものが三冊あり、これは圭介文書研究会の編集により『伊藤圭介日記』第八集として平成十三年(二〇〇一)名古屋市東山植物園から出版されている。

旧蔵の図書・遺品のうち次にまとまっているのは、曽孫伊藤宏によって昭和二十六年名古屋市東山植物園に寄贈された史料である。これらの図書・遺品は昭和四十九年より補修・整理され、昭和五十五年から同園に設けられた伊藤圭介記念室において所蔵・展示されている。目録は『伊藤圭介記念室蔵書・蔵品目録』として平成四年に同館から刊行されている。図書七四七点は医学・本草・博物・園芸・考古・地誌・絵図などのほか日記公私文書からなるが、「錦窠翁日記」など日記類が多いのが特色で二四〇冊を数える。日記類は圭介文書研究会によって逐次解読・編集されて同園から継続刊行中で、既刊は第一集、文政十年(一八二七)の「瓊浦游紀」から、第七集、明治七年(一八七四)の「錦窠翁日記」まで、その後第九集として明治六年の「錦窠日記」が復刻された。伊藤圭介記念室には、平成十二年、伊藤宏から圭介の遺品三〇〇点が寄贈された。内訳は書画・証文・書簡・拓本・肖像写真などでこれまで未公開の新史料が含まれている。仮目録が作成されている。また、平成十五年、玄孫伊藤昭から圭介の遺品三五一点が新たに寄贈され、目録が刊行されている。

　生涯の事業として「植物図説」の編纂をめざしたが未完に終わった。そのための準備稿が『植物図説雑纂』、『錦窠植物図説』として残されており、幕末から明治中期にいたる事績を知る貴重な資料となっている。『植物図説雑纂』は国会図書館古典籍資料室に二七一冊、名古屋市東山植物園に四冊の合計二七五冊が確認されている。その目録(索引)が河村典久によって作成され『伊藤圭介日記』第八集に収められている。『錦窠植物図説』は名古屋大学付属図書館に一四四冊、国会図書館古典籍資料室に十一冊の合計一五五冊が知られている。名古屋大学附属図書館所蔵『錦窠植物図説』は全冊がデジタル化されホームページで閲覧可能である。

　シーボルトに贈った日本の植物の押し葉標本がライデンの国立植物標本館に多数収蔵されている。幕末における植物学の国際交流を示す貴重な資料であり、大森實・石山禎一・山口隆男・加藤僖重らによってオランダにおける調査・研究が進められている。とくに山口隆男「シーボルトと日本の植物学」(『CALANUS』特別号一、熊本大学理学部附属合津臨海実験所、平成九年)に精しい。

　書簡としては江馬活堂宛二十二通が江馬家文書の中に含まれており、岐阜県歴史資料館に寄託されている。全簡が江馬文書研究会編『江馬家来簡集』(思文閣出版、昭和五十九年)に収載されている。その他東京都立中央図書館・武田科学振興財団杏雨書屋・高知県立牧野植物園などに収蔵されている。

　伝記としては岸上操「明治十二傑理学博士伊藤圭介君」(『太陽』臨時増刊、明治三十二年)にはじまり、梅村甚太郎『伊藤圭介先生ノ伝』(私家版、昭和二年)、杉本勲『伊藤圭介』〈人物叢書〉(吉川弘文館、昭和三十五年)などがある。このほか吉川芳秋による研究もあり『医学・洋学・本草学者の研究　吉川芳秋著作集』(八坂書房、平成五年)参照。

　圭介に関する研究動向については、『伊藤圭介日記』各集の解説論文、伊藤圭介没後百年記念シンポジウムの要旨集『江戸から明治の自然科学を拓いた人』(名古屋大学附属図書館、平成十三年)および『生誕二百年記念伊藤圭介の生涯とその業績』(名古屋市東山植物園、平成十五年)が参考になろう。

（遠藤　正治）

伊藤大八（いとう・だいはち）

　安政五―昭和二年(一八五八―一九二七)　明治・大正時代の政治家・実業家

　長野県飯田市立飯田図書館に、昭和六十一年(一九八六)に遺族から寄贈された文書がある。その後、東京大学法政史料センター原資料部がマイクロフィルムで撮影すると共に目録を作成した。現在では同センターと共に、憲政資料室でも閲覧できる。内容的には伊藤宛中江兆民書簡九十通が白眉であり(これは松永昌三編『中江兆民全集』十六、岩波書店、昭和六十一年に所収)、その他長谷場純孝・杉田定一書簡など全国的に自由民権運動、民党で活躍した人物が多く、明治憲政史研究には欠かせない史料である。また、山本四郎「岡崎邦輔」(『神戸女子大学紀要』二十四L、平成二年)には、岡崎邦輔書簡十八通が紹介されており、併せて政治家としての伊藤について解説が加えられている。この他とびとびながら日記もあり、明治二十五年(一八九二)選挙についても「選挙実録」という興味深い史料がある。

　伊藤の伝記としては、明治二十三年頃作成の『伊藤大八君小伝』がある。

（季武　嘉也）

伊藤直純（いとう・なおずみ）

　文久二―昭和八年(一八六二―一九三三)　秋田県政党政治家

　昭和四十三年(一九六八)、孫の直清氏より秋田県横手市立図書館に寄贈され、同館ではそれを整理して「伊藤耕余文庫」(耕余は雅号)二〇二点として公開している。同館では「伊藤耕余文庫目録」として目録を作成している。その概要を紹介すれば、明治期の新聞(朝野新聞、自由新聞、秋田日報）・書類などもあるが、その多くは自身が和罫紙に手書きで書き込み、袋綴じ製本した「耕余叢語」、「奥州人傑伝稿本」、「金沢史叢」などである。このうち、「耕余叢語」は彼が明治三十一年(一八九八)に代議士に当選して以来、大正初期までの政治活動を点描風に自ら書き記したもので、文中には書簡の引用などもあり、貴重な情報を与えてくれている。「奥州人傑伝稿本」は明治期の東北の政治家・名士に関する簡単な紹介であるが、かなり細かく拾っているので便利である。大正期に入って政界を引退した後は郷土史研究に没頭し、地元である横手市金沢の史料をまとめたのが「金沢史叢」である。これら以外にも「耕余文庫」には、「京游日誌」(明治二十年の日記)、「鉄道事件書類」(明治十八年)、「政界波瀾」などの政治関係史料や、戊辰戦争など郷土史関係史料がある。また、同文庫には入っていないが、伊藤には『後三年戦績誌』(保古会、大正六年)などの郷土史の著書がある。なお、同文庫の一部は、東京大学法政史料センター原資料部にマイクロフィルムとして入っている。

伊藤に関するまとまった研究は見当たらないが、柴崎力栄「伊藤直純『京游日誌』」(『大阪工業大学紀要』四十一―四、平成八年)は前述の『京游日誌』を翻刻したものであり、同「伊藤直純『京游日誌』の描く明治二十年の東京と秋田」(福地惇・佐々木隆編『明治日本の政治家群像』〈吉川弘文館、平成五年〉所収)はその史料を元に府県の枠を越えた地域性を論じている。

(季武　嘉也)

伊藤博文（いとう・ひろぶみ）

天保十二―明治四十二年(一八四一―一九〇九)

初代内閣総理大臣

旧蔵の文書・記録の内、第一は憲政資料室が、昭和二十五年(一九五〇)に取得し所蔵する「伊藤博文文書」である。仮目録で公開されているがいまだに印刷目録はない。政治外交関係の覚書・意見書・日記断片若干などの各種手稿と政治家等からの来翰、その他雑書類からなる。前者は平塚篤編『伊藤博文秘録』(各文書について金子堅太郎や中田敬義らの関係談話と平塚の解説を付している)、『続伊藤博文秘録』(付録として伊藤博文演説集がある。なお、この二冊は昭和四・五年に春秋社から刊行されたが、昭和五十七年に原書房によって明治百年史叢書として復刻されている)および伊藤博精編『滄浪閣残筆』(八洲書房、昭和十三年)などにほぼ収録されている。日記は「西巡日記」、「己亥西巡日記」など僅かである。書翰は、皇族・岩倉具視・木戸孝允・大久保利通ら重要人物のものは巻子仕立てになっている。昭和十八年頃平塚篤が『伊藤家文書』と題して、発信者別に編集し、邦文タイプライター版で、和装全九十一冊として少部数配布した。伊藤博文関係文書研究会が、この『伊藤家文書』とそれから洩れている「伊藤博文文書」中の書翰(現在の「伊藤博文文書」には原本のないものがかなりある)、さらにそれ以前に散逸したと思われる書翰(長野県上田市別所温泉の斎藤氏所蔵、三十通)を発信者別に五十音順に配列し、年代を推定して年代順に編纂して『伊藤博文関係文書』全九巻(塙書房)として、昭和四十八年から昭和五十六年にかけて刊行した。その最終巻には全書翰の人名索引が付されている。なお平成十一年(一九九九)に、上記のいずれにも重ならない「伊藤博文関係文書」の一部で、かなり古い時代に散逸したものと思われる、書翰一一四点と、日記、手記を含む書類十八点(その中には書簡類の巻子本も含まれている)が憲政資料室によって、購入、公開された。

第二は、明治憲法制定関係その他公文書、記録類である。自身で生前に類別し、「秘書類纂」と題して保存していたが、のちに宮内省に献納されて現在書陵部の所蔵となっている。これの全てではないが、平塚篤・金子堅太郎・尾佐竹猛らの編で『秘書類纂』全二十四巻(秘書類纂刊行会)として昭和八年から十一年に刊行された。この時同時に憲法制定関係の書類が金子堅太郎他校『憲法資料』全三巻(憲法資料刊行会)と題して出版された。機密日清戦争、法制関係資料(二巻)、外交編(三巻)、帝国議会資料(二巻)、官制関係資料、兵政関係資料、実業・工業資料、財政資料(三巻)、台湾資料(三巻)、帝室制度資料(二巻)、朝鮮交渉資料(三巻)、雑纂(四巻)に類別されているが、編纂されているわけではなく、筆者、年代等が活字本からでは推定できないものが少なくない。昭和四十四年から四十五年に『秘書類纂』、『憲法資料』を併せて、伊藤博文編『秘書類纂』全二十七巻として復刻刊行された(明治百年史叢書、原書房)。『読売新聞』神奈川版(平成十一年五月十一日付)の記事が、伊藤家の当主博雅氏のもとから、「秘書類纂・大津事件」が発見され、それがきっかけになって、書陵部がすでに活字化されたものの原本を所蔵していることが確認されたと伝えた。その後、伊藤博雅・伊藤博文文書研究会により『伊藤博文文書』刊行が計画され第一期として書陵部所蔵のもの(前記、大津事件を加えて)を四十巻で北泉社から復刻しはじめたが、第一回配本第十七巻「日清事件1、日清事件2、日清事件3」の配本(平成十四年)後、中断している。

以上の他、伊藤博雅家に若干の史料等が存在し、また山口県熊毛郡大和町に伊藤公資料館があり、遺品など若干の史料を所蔵している(平成十三年に憲政記念館の行なった「伊藤博文と大日本帝国憲法特別展示」に出陳されている)。

さらにWeb上のものとして「伊藤博文と明治前期政治史に関する基礎的書誌―伊藤博文文書解説の前提として―」(http://1868.fc2web.com/)が、大変親切な史料等についてのガイドになっている。

他に文集、書翰(この中には現存しないものも含まれている)、詩歌、筆跡(このなかにも書簡が含まれている。以上第一巻)、政治演説・学術演説(第二巻)、正伝・直話・逸話・随筆(第三巻)を収集し編纂した小松緑編『伊藤公全集』(伊藤公全集刊行会、昭和二年)がある。

また、伝記としては、昭和十五年に刊行された『伊藤博文伝』三巻が最も浩瀚なものである。本書は昭和七年に小松緑が提唱して、小松を編纂主任とする金子堅太郎、中田敬義、尾佐竹猛、村田峯次郎、平塚篤、深谷博治の伊藤博文伝編纂委員が編纂にあたり、金子を代表者とする春畝公追頌会が著作者となり、統正社が発行者となっている(昭和四十五年に原書房から明治百年史叢書として復刻されている)。伊藤家に残された文書記録をはじめ広く史料を博捜して記述し、今日でも価値の高いものである。その他古谷久綱『藤公余影』(民友社、明治四十三年)、末松謙澄『孝子伊藤公』(博文館、明治四十四年)、小松緑『伊藤公直話』(千倉書房、昭和十一年)、金子堅太郎『伊藤公を語る』(興文社、昭和十四年)など近親者の追想、春畝公追頌会『伊藤博文公年譜』(同会、昭和十七年)などがある。

なお、上述のような一次史料を克明に読み込んだ研究は少なくないが、比較的最近の代表的なものとして、佐々木隆『藩閥政府と立憲政治』(吉川弘文館、平成四年)、坂本一登『伊藤博文と明治国家形成』(吉川弘文館、平成三年)を挙げることができよう。また一次史料を多く使ってはいないが優れた研究としてジョージ・アキタ『明治立憲政と伊藤博文』(東京大学出版会、昭和四十六年)を逸することはできない。

(伊藤　隆)

伊東祐亨(いとう・ゆうこう)　天保十四―大正三年(一八四三―一九一四)　日清戦争時の連合艦隊司令長官

本格的伝記は、小笠原長生(ながなり)が編纂し、昭和十七年(一九四二)七月に刊行された『元帥伊東祐亨』(南方出版社)ぐらいのものである。明治時代には伝記出版の習慣がなく、彼が没した大正三年(一九一四)頃も変わりなかった。伝記の編纂が流行してくるのは軍人の顕彰がはじまる昭和以降といわれ、大正時代半ば以前に世を去った顕官は、この意味で割を食ったといえる。

伝記を編纂する計画が持ち上がったのは、紙の統制がはじまり、軍事物が出版しやすくなった昭和十三年頃のことと思われる。伊東の元帥副官を務めた今村信次郎、佐佐木高志、木村甚三郎、市川節太郎らが伊東元帥伝記編纂発起人会を組織し、海軍省の了解を得ながら、関係者から得た言行、逸話等、伊東家から提供された所蔵資料を小笠原に提供し、執筆を依頼した。これらの資料は、残念ながら現存しない。該書の四分の一は「対露戦局経過日誌」が占め、資料不足のために頁を埋めることに苦心した跡がうかがえる。本文の記述からみて聞き書きを資料源とし、伊東の日記やメモは利用できなかったものと思われる。この他、軍令部長だった時代、軍令部参謀として直接の部下であった小笠原には、伊東の人間性をもとに描いた『偉人天才を語る―書簡点描―』(実業之日本社、昭和八年)があり、剛毅あるいは勇猛提督のイメージがある彼の温厚でユーモア溢れた性格を紹介している。

　小笠原以外の作品では、岩崎勝三郎『陸海軍十四大将』(大学館、明治三十五年)、菊池寛『明治海将伝』(万里閣、昭和十五年)、志摩不二雄『日本海軍名将伝』(洛東書院、昭和十八年)等があるが、いずれも当時流布していた伊東の人物像を再構成したにすぎない。

　連合艦隊司令長官時代の行動や判断については、秘密版の『明治二十七八年海戦史』にしばしば散見される。また福島県立図書館の佐藤文庫に所蔵される『日清戦誌』は部分的にしか残っていないが、それにも彼の行動が記述されている。また軍令部長として臨んだ日露戦争では、次長伊集院五郎の助けを受けて、軍令部の権能を固めながら連合艦隊を含む全海軍を指揮したが、極秘版『明治三十七八年海戦史』の戦紀部門のほか、備考文書に収録された戦局日誌、戦時日誌の中にその行動を見て取ることができる。ただし、該海戦史は全一五〇冊のうち三十一冊が清書されただけで印刷されず、清書本も不明になっているため事実上欠本になっているが、その部分については、編纂の元資料となった戦時日誌、戦闘詳報、戦闘報告、その他各種文書が防衛研究所史料閲覧室に残されているので、これらを参照して補うことができる。

（田中　宏巳）

稲葉秀三（いなば・ひでぞう）

明治四十一―平成八年(一九〇七―一九九六)　(財)国民経済研究協会創立者・会長

戦後の日本経済に果たした業績は大きいが、個人名の著作・業績はそれほど多くはない。著作としては、『激動三〇年の日本経済―私の経済体験記』(実業之日本社、昭和四十年)、『警告! 政治後進国日本』(コンピュータ・エイジ社、昭和五十八年)があるが、数としては、財団法人国民経済研究協会の機関誌『国民経済』『景気観測』に定期的に執筆していたものが圧倒的に多い。彼の人生記録としては、蝦名賢造『稲葉秀三―激動の日本経済とともに六〇年』(西田書店、平成四年)がある。稲葉は、東京帝国大学在学当時から高橋亀吉の影響を受け、「講壇経済学者」ではなく「街の経済学者」として活躍することを心に決めていた。また昭和十六年(一九四一)の、いわゆる「企画院事件」に連座したことで、経済の実証研究の重要性を強く認識するようになる。そして、第二次大戦の敗戦から一〇〇日しか経っていない昭和二十年十二月、いかなる組織や機関からも独立した、完全に中立の民間経済研究機関「国民経済研究協会」の設立に参加する。その後約一年、経済安定本部官房次長に就任するが、それ以降の公的活動はすべて「民間のエコノミスト」という立場での参加であった。

　委員として参加した政府の審議会、調査会の数は極めて多いが、そのうちの主なものは、石炭鉱業審議会、石油審議会、総合エネルギー調査会、航空審議会、経済審議会、原子力委員会、情報処理振興審議会、米価審議会、税制調査会、原子力委員会など、通産省、大蔵省、農林水産省、運輸省、労働省、経済企画庁、科学技術庁などほとんどの官庁と関係を持っている。また特殊法人関係でも、日本国有鉄道、石油開発公団、中小企業振興事業団などの委員にもなっていた。また全国総合開発計画と併行して進行した地域開発との関連で、多くの地方自治体との関連も深く、とくに東京都とは東京都財政再建計画、東京都長期計画の策定に参加しており、関係は深い。さらに日本生産性本部、日本消費者協会、経済調査会、経済企画協会、運輸経済研究センター、日本科学技術振興財団、経済社会国民会議、エネルギー経済研究所などの公益法人の会長、役員に就任しており、その活動範囲はきわめて広い。当然彼の意見や考え方は、これらの機関や組織が公表した「報告書」、「答申書」、「調査書」、「意見書」などに反映されているが、それはあくまでも機関や組織の「見解・意見」であり、稲葉個人のものとはいえない。研究論文・著作の作成に精力を注ぐ大学教授とは明らかに異なった研究生活を送った「街の経済学者」の生き方である。

（伊木　誠）

犬養　毅（いぬかい・つよし）

安政二―昭和七年（一八五五―一九三二）　第二十九代内閣総理大臣

関係の文書・記録については、まとめて編集されたものは残されていない。しかし、書翰のみであれば二冊が刊行されており、第一は、犬養木堂会の機関誌の記者をしていた鷲尾義直が編集した『犬養木堂書簡集』（人文閣、昭和十五年、のち平成四年、岡山県郷土文化財団より復刻）である。これには、憲政資料室所蔵の各文書に収録されている書翰は含まれていない。第二は、早稲田大学図書館や慶応義塾図書館、それに地元岡山県を含む全国で保管されている政治的に重要な犬養の書翰を収録した『新犬養木堂書簡集』（岡山県郷土文化財団、平成四年）である。これには憲政資料室所蔵の各文書に収録されている書翰が含まれており、たとえば阿部繁太郎（十二通）、伊東巳代治（十一通）、大隈重信（早稲田大学図書館所蔵の六十通余りのうちの三十八通）、寺内正毅（三通）、田中義一（三通）、樺山資英（四通）、河野広中（五通）、斎藤実（五通）、豊川良平（六通）らの重要人物に宛てたものがある。しかし、後藤新平（十九通）、小川平吉（十九通）、三浦梧楼（二十六通）、平岡浩太郎（十通）ら各関係文書に収録されている書翰は含まれていない。

以上のほかに、憲政記念館は十四通の犬養の書翰を所蔵している。また、犬養木堂記念館は犬養関係の文書・記録を所蔵している。主なものとしては記念館が全国で独自に収集したものと、先述した『新犬養木堂書簡集』に掲載された書翰をはじめとするコピーで収集したものとで、多数に及んでいる。次に犬養家より寄贈された「犬養家文書」（書翰を含む文書二〇三五点）と、母方に保管されていた「小川家文書」（書翰八十五通）があるが、この二つの文書は岡山県総合文化センターが所蔵しており、現在犬養木堂記念館に貸し出されているものである。犬養木堂記念館は現在でも精力的に犬養関係の史料を収集して、その整理作業を続けているため、今後犬養関係の文書や書翰を閲覧する場合には、大変便利になろう。

著書や演説集として、犬養毅『政海之燈台』（集成社書店、明治二十年）、犬養毅・大石正巳『最近政界の真相』（二松堂、明治四十三年）、川崎克編『木堂政論集』（文会堂書店、大正二年）、犬養木堂『国防及外交』（大日本青年協会、大正三年）、菊池暁汀編『木堂清話』（弘学館、大正五年）、岸田友治編『木堂政論集』（隆文館、大正十一年）、犬養毅『木堂談叢』（博文堂合資会社、大正十一年）、大日本雄弁会編『犬養木堂氏大演説集』（同会、昭和二年）、犬養毅『箭は弦を離れたり』（万里閣書房、昭和四年）などがある。犬養自身の文章、談話、記事などは片山景雄編『木堂犬養毅』（日米評論社、昭和七年）に収録されている。

伝記としては、内海信之『高人犬養木堂』（文正堂、大正十三年）、鵜崎熊吉『犬養毅伝』（東京誠文堂、昭和七年）、鷲尾義直編『犬養木堂伝』上・中・下（東洋経済新報社、昭和十三年、原書房より昭和四十三年復刻）などがある。これらのなかで内海による伝記は、最初に書かれた本格的なものであり、鵜崎による伝記は、犬養自身が暗殺される以前に原稿の間違いを訂正したというだけあって犬養の行動の事実経過については定評がある。また鷲尾が編集した伝記は犬養の伝記類のなかではもっとも浩瀚なものであり、主な史料が収録されているという点で便利でもある。

　研究文献はいくつかあり、政治家としての側面を論じたものとして岡義武「犬養毅」(『近代日本の政治家』岩波書店、昭和三十五年)、小山博也「政党政治家の思考様式―犬養毅の場合―」(篠原一・三谷太一郎編『近代日本の政治指導』東京大学出版会、昭和四十年)、木坂順一郎「政党政治家の思想と行動(一)―犬養毅の場合―」(『龍谷大学経済学論集』五―四、昭和四十一年)、また憲政本党内紛期の犬養について論じたものとして、竹山護夫「憲政本党内訌時代の犬養毅と乙黒直方―犬養の乙黒宛書簡と『峡中日報』の記事から―」(『甲府市史研究』三、昭和六十一年)がある。また中国問題に関わる犬養を論じたものとして、児野道子「孫文を繞る日本人―犬養毅の対中国認識」(平野健一郎編『近代日本とアジア―文化の交流と摩擦』〈国際関係のフロンティア　二〉』東京大学出版会、昭和五十八年)、梅渓昇「孫文に関する数点の犬養毅陸実宛書翰について」(『日華月報』一〇一、昭和五十年三月一日)、黄自進「犬養毅と中国―辛亥革命を中心に―」(『慶応義塾大学大学院法学研究科論文集』二十五、昭和六十二年)、黄自進「犬養毅の中国における日本の権益論」(中村勝範編『近代日本政治の諸相』慶応通信、平成元年)などがある。最後に政治家犬養毅をその生涯にわたって論じたものとして、時任英人『犬養毅―リベラリズムとナショナリズムの相剋』(論創社、平成三年)、同『明治期の犬養毅』(芙蓉書房、平成八年)があり、人間関係から犬養の実像を検討しようとしたものとして、同『犬養毅―その魅力と実像』(山陽新聞社、平成十四年)がある。

（時任　英人）

井上円了　(いのうえ・えんりょう)

　安政五―大正八年(一八五八―一九一九)　仏教思想家・東洋大学創始者

　関係する史料は、東洋大学井上円了記念学術センターに保存されている。同センターは、平成二年(一九九〇)に開設された。ここに保存されている諸史料は、井上家、東洋大学図書館、東洋大学井上円了研究会、東洋大学創立一〇〇周年事業委員会、同百年史編纂委員会等で保存・収集されてきたものである。しかし、井上が講演に赴いた中国の大連で急逝していることもあって、体系的な残存状況にはない。この間に刊行された『東洋大学史紀要』、『井上円了関係文献年表』、『井上円了センター年報』ほかには、関連史料その他が掲載されている。一方、高木宏夫を中心に始まった『井上円了選集』の刊行は、同センターの事業に引き継がれ、著作物の翻刻を収めてすでに全十五巻を数えている(東洋大学、昭和六十二―平成十年)。井上が発信した書簡は、たとえば憲政資料室の品川弥二郎関係文書の中などにも散見されるが、数は多くないようである。

　井上に関する研究は枚挙にいとまないものの、まとまった研究となると今のところ見られない。伝記も正伝と称するものはなく、既存のものも簡略な紹介にとどまっている。

　なお、東洋大学の沿革史には、同大学編刊『東洋大学創立五十年史』(昭和十二年)以下、各十年ごとの年史のほか、「通史編Ⅰ・Ⅱ」、「部局史編」、「資料編Ⅰ上下・Ⅱ上下」、「年表・索引編」からなる『東洋大学百年史』全八巻(昭和六十三―平成七年)があり、「資料編Ⅰ上」には井上関係の史料がまとめて掲載されている。

（中野目　徹）

井上　馨　(いのうえ・かおる)

　天保六―大正四年(一八三五―一九一五)　外務大臣・大蔵大臣

　私文書としては、第一に憲政資料室が、昭和二十七年(一九五二)に井上家より譲渡され所蔵する「井上馨関係文書」がある。昭和五十年には、『井上馨関係文書目録』(「憲政資料目録第十」)が公刊され、冊子複製版で閲覧が可能である。書翰の部は発信者別に分類されている。日本史籍協会『木戸孝允文書』(東京大学出版会、昭和四十六年)や渋沢青淵記念財団竜門社編纂『渋沢栄一伝記資料』本巻五十八巻・別巻十巻(昭和三十一―四十六年)、村井益男「山田顕義の書簡井上馨宛」(『日本大学精神文化研究所紀要』二十七、平成八年)などに書簡の一部が翻刻されている。書類の部は、財政・外交の一般問題から、藤田組贋札事件、協同会社・先収会社、大津事件、漢冶萍問題など多岐にわたっている。書翰・書類双方で約四八〇〇点あり、研究で利用される頻度も高い。

第二には、財団法人三井文庫が旧三井文庫当時の昭和二年に井上家より譲渡された「井上侯爵家ヨリ交附書類」、井上馨伝記編纂のために収集された「井上侯伝記編纂関係史料」がある。前者については、公開時期の違いから目録が二つに分かれている。まず昭和五十五年十一月一日より書簡を除いた「井上侯爵家ヨリ交附書類」が公開され、カード目録になっている。本資料は、井上馨が収集した資料の一部であり、三井関係の資料が約五〇〇点にのぼる。井上と三井の関係は周知のごとくであるが、明治三十三年(一九〇〇)に三井家顧問を委嘱されて以来、三井家の重要な課題に絶大な影響力を与えていた。したがって、本資料は三井側から提出された報告書類が中心であり、三井の組織変更に関する史料や傘下事業の動向に関する史料で占められている。また、井上の訓話の他、「在上海森恪書翰」や「対支事業ニ関スル意見摘要」、「南清ニ於ケル各紡績工場ノ視察」など三井の対中資本輸出に関する資料も含まれている。なお、僅かではあるが本資料中の一部が『三井事業史資料篇三』(昭和四十九年刊)に翻刻・紹介されている。次に昭和五十九年六月一日より「井上侯爵家ヨリ交附書類」のうち「書簡」が公開され、冊子体目録になっている。伊東巳代治や都筑馨六など井上宛の書簡が三〇〇通ほどあるが、とりわけ益田孝と有賀長文といった井上馨と三井を結びつけた人物の書簡が多い。これらの書簡は、上述した憲政資料室所蔵「井上馨関係文書」と搬入経路が異なるため、双方で重複する書簡は現在のところ確認できていない。なお、井上宛益田孝書簡は『三井文庫論叢』十六(昭和五十七年)に翻刻されている。

次に後者の「井上侯伝記編纂関係史料」は、「大蔵省旧蔵史料」、「井上侯爵伝記編纂第一期編成資料」、「伝記編纂会引継書類」に大別され、カード目録から検索することになる。第一に「大蔵省旧蔵史料」は井上の伝記編纂のために謄写・収集した史料である。井上自身に関するものとしては、明治初年の外債関係の史料である「在欧吉田少輔往復書類」(後に大内兵衛・土屋喬雄編『明治前期経済財政史料集成』十〈改造社、昭和六―十一年〉に所収)の他、井上の明治初年の建議を窺うことのできる「井上侯建議要項」などがある。第二に「井上侯爵伝記編纂第一期編成資料」は、井上の死去により未完となった「井上侯ト明治初年ノ財政」(沢田章編述)や年譜、井上宛の書簡などがある。その他に談話速記録が多数あり、井上をはじめ渋沢栄一、芳川顕正、佐伯惟馨、山本復一、中井三郎兵衛、松尾臣善などのものがある。これらの速記録を材料として編纂されたものが、沢田章編『世外侯事歴維新財政談』(大正十年、のちに原書房、昭和五十三年復刻)である。第三に「伝記編纂会引継書類」は、井上馨侯伝記編纂会が収集した史料を昭和十一年から三井文庫が引き継いだものである。「井上侯意見談話演説集」や「井上馨侯関係雑史料」の他、新聞・雑誌からの井上の切抜、多数の書簡からなっている。これらの史料を基にしたものが、同編纂会『世外井上公伝』一―五(内外書籍、昭和八―九年、のちに原書房、昭和四十三年復刻)である。東京大学経済学部図書館には、『世外井上公伝』の原稿が所蔵されている。

なお、現在憲政資料室に所蔵されている「憲政史編纂会収集文書」には、三井文庫所蔵史料のうち「井上馨関係文書」(書簡)、「大隈内閣関係史料」、「三田尻雑記（黒田内閣崩壊前後ノ機密資料）」、「井上侯意見談話演説集」として、ペン書きで筆写されている。このうち「井上侯意見談話演説集」は、広瀬順晧監修・編集『政治談話速記録　憲政史編纂会旧蔵』九・十（ゆまに書房、平成十一年）で公刊されているが、上述の三井文庫に所蔵されている談話演説集の方が完全なものである。

井上発信の書簡については、「宍戸璣関係文書」、「品川弥二郎関係文書」、「都筑馨六関係文書」、「野村靖関係文書」「望月小太郎文書」（以上、憲政資料室）の他、立教大学日本史研究会編纂『大久保利通関係文書』全五巻（吉川弘文館、昭和四十一―四十六年）、伊藤博文関係文書研究会編『伊藤博文関係文書』全九巻（塙書房、昭和四十八―五十六年）などに多数残されている。

郷里の山口県文書館には、上述以外で井上に関する史料は特にはないようである。

関係する公文書は、国立公文書館所蔵「公文録」、「公文別録」等に散見されるが、「憲政史編纂会収集文書」中の「井上（馨）特派全権大使復命書附属書類」や、外務大臣として条約改正交渉時の、日本学術振興会編『条約改正関係日本外交文書』二（日本外交文書頒布会、昭和三十四年）などがまとまっているものといえる。

談話・著書については、外務大臣時代に『北海道漁業ニ関スル意見并ニ開墾及ヒ運輸等ノ事』（外務省、明治十九年）、『羅馬字会総会演説筆記』（井上・プランケット述、深谷新次郎編、羅馬字会、明治十九年）が、農商務大臣時代に『井上農商務大臣談話―ワグネル氏の工業ノ方針・フェスカ氏の農業改良按―』（農商務省、明治二十一年）、『第三回内国勧業博覧会井上副総裁並ニ九鬼審査官長演述』（内国勧業博覧会事務局、明治二十三年）などがある。

伝記は、上述の『世外井上公伝』、『世外侯事歴維新財政談』が最も利用頻度が高く、史料的価値も高い。その他にも枚挙にいとまがないが、主なものに伊藤仁太郎『血気時代の井上侯』（東亜堂書房、大正元年）、同『井上侯全伝』（忠文堂、大正七年）、別府市役所『別府潜伏時代及其前後の井上侯』（同市、昭和八年）、郷里山口県においても内田伸『井上馨小伝』（井上馨公五十年祭実行委員会、昭和四十年）などがある。また、井上の前半生を同時代的に追ったものに、中原邦平『井上伯伝』全九冊（中原邦平、明治四十年、のちにマツノ書店、平成六年復刻〈全三冊〉）がある。

井上に関するその他の著作、児玉愛二郎の井上襲撃に関する談話速記として、井上馨侯伝記編纂会『井上馨侯元治の難』（同会、昭和三年）や、末松謙澄編『維新風雲録―伊藤・井上二元老直話―』（哲学書院、明治三十三年）などは興味深いものである。

上述のような史料を利用した研究は数多いが、井上についてまとまった研究となると意外と少ない。坂野潤治『明治憲法体制の確立』（東京大学出版会、昭和四十六年）、伊藤之雄『明治国家の確立と伊藤博文』（吉川弘文館、平成十一年）などは上述の史料を多数利用した研究と言える。井上馨の動向に焦点を当てたものでは、外交面から考察したものが多く、安岡昭男「明治前半期における井上馨の東亜外交政略」（『法政史学』十七、昭和三十年、のち同『明治前期大陸政策史の研究』法政大学出版局、平成十年に再録）、犬塚孝明「井上馨の外交思想―『泰西主義』の論理とその展開―（Ⅰ）（Ⅱ）」（『政治経済史学』三六六・三六七、平成八年）、津田多賀子「井上条約改正の再検討」（『歴史学研究』五七五、昭和六十二年）など外交政策論・外交思想・条約改正論といった様々な視点から研究がなされている。また、大蔵大輔時代（留守政府期）に関しては関口栄一氏の一連の研究「留守政府と大蔵省　一～八」（『法学』四十三―三・四、四十四―一・四、五十―一、五十五―三、五十九―三、六十五―四、昭和五十四―平成十三年）、井上の立憲構想を分析した坂野潤治『近代日本の国家構想』（岩波書店、平成八年）、財政面では梅村又次「創業期財政政策の発展―井上・大隈・松方」（梅村又次・中村隆英編

『松方財政と殖産興業政策』東京大学出版会、昭和五十八年)、内政・財政両側面から政治史的分析を試みたものに御厨貴『明治国家形成と地方経営―一八八一―一八九〇―』(東京大学出版会、昭和五十五年)、「大久保没後体制」(近代日本研究会編『年報・近代日本研究3 幕末維新の日本』(山川出版社、昭和五十六年)、『首都計画の政治』(山川出版社、昭和五十九年)等がある。

(神崎　勝一郎)

井上敬次郎(いのうえ・けいじろう)　文久元―昭和二十二年(一八六一―一九四七)　自由民権運動家・東京市理事

「井上敬次郎関係文書」は憲政資料室に収められている。書簡・書類で四一四点。書簡は、岡崎邦輔・小久保喜七をはじめとする自由党(政友会)、特に星亨派のものと、東京市関係、郷里の熊本関係者のものが多い。書類は、東京鉄道取締役から東京市電気局理事時代の電車・電灯経営関係のもの、および南洋開拓事業関係のものに価値がある。また書類には「井上氏実歴談」と「自叙伝波瀾重畳の七十年」が含まれている。なお「憲政史編纂会収集文書」に収められている「井上敬次郎氏談話速記」は、広瀬順晧監修・編集『近代未刊史料叢書1　政治談話速記録　憲政史編纂会旧蔵　第二巻』(ゆまに書房、平成十年)として公刊された。

(櫻井　良樹)

井上　毅(いのうえ・こわし)　弘化元―明治二十八年(一八四四―一八九五)　文部大臣

旧蔵の文書・記録・図書は国学院大学図書館所蔵の「梧陰文庫」にすべて収められている。梧陰文庫は熊本藩黌時習館時代の学習書に始まり、明治国家形成のグランドデザインを跡付ける政治機構から外交にわたる史料と御雇外国人の答議資料等の六〇〇〇点、加えるに旧蔵書(和書・漢籍)七七〇部より構成されている。同図書館では『梧陰文庫目録』を昭和三十八年(一九六三)に編纂刊行し、学内外の研究者に公開している。本目録に従ったマイクロフィルム版『井上毅文書』が雄松堂フィルム出版より公刊されている。なお、国学院大学日本文化研究所では創立百二十年を記念して、井上家よりその後寄贈された文書記録類を合纂した総目録を平成十六年(二〇〇四)中に刊行予定している。本総目録には同大学が巷間より収集した文書・記録・書簡・筆跡等を収録する予定である。

国学院大学では井上の伝記編纂を企画し、『井上毅傳　史料篇』全七巻を平成六年までに出版した。その第一巻は明治四年(一八七一)より二十年までの井上毅の意見書集、第二巻は明治二十七年までの意見書集、第三巻は著作集、第四巻は井上書簡集、第五巻は第一部が井上宛来信、第二部は日記類、第三部は講演・祝辞・序文等、第四部は雑載、第六巻は第一部が詩文、第二部は明治政府枢要者の代草、第七巻は補遺篇とした。なお、梧陰文庫所収の御雇外国人の答議集を『近代日本法制史料集』と題して、国学院大学日本文化研究所より全二十巻を平成十一年までに公刊した。本史料集は『井上毅傳　史料篇』の外篇を構成するもので、第一巻―第七巻はロエスレル答議、第八巻―第十巻はボアソナード答議、以下パテルノストロ、ルードルフ、マイエット、ピゴット、スタイン等の答議を収録している。また、第二十巻には全二十巻分の「御雇外国人答議編年目録」を掲載しているので研究者には本文献の索引として活用できる。

伝記には、国学院大学にあって「梧陰文庫」を整理し、『井上毅傳　史料篇』と『近代日本法制史料集』の編纂を担当した木野主計が著した『井上毅研究』(続群書類従完成会、平成七年)がある。本書の巻末には五十頁にわたる詳細なる「井上毅年譜」が付されていて、井上研究には欠く事のできない参考文献である。

自伝類としては、熊本藩の東征軍に従軍した「北征日記」、明治五年九月より十月までの岩倉遣外使節団司法省随員としての「渡欧日記」、明治七年の弁理大臣大久保利通に随っての日清交渉に係わる「弁理始末日表」、明治十三年八月の「日清交渉文書一宗」・明治十五年の壬午京城事件に関する「朝鮮事件弁理日記」等がある。これら自伝類は『井上毅傳　史料篇』第五に収録されている。他に一切存しない。

研究書については比較的最近の代表的な単行書のみを掲記する。海後宗臣編『井上毅の教育政策』(東京大学出版会、昭和四十三年)、坂井雄吉『井上毅と明治国家』(東京大学出版会、昭和五十八年)、野口伐名『井上毅の教育思想』(風間書房、平成六年)、梧陰文庫研究会編『明治国家形成と井上毅』(木鐸社、平成六年)、梧陰文庫研究会編『古城貞吉稿　井上毅先生傳』(木鐸社、平成十年)、梧陰文庫研究会編『井上毅とその周辺』(木鐸社、平成十二年)等を挙げることができる。なお、最後の『井上毅とその周辺』の巻末には、国学院大学法学部の井上毅研究会である「梧陰文庫研究会」の昭和五十五年より平成十一年までの一六〇回に及ぶ報告者と報告題目の「研究会のあゆみ」が記載されているので、最近の井上毅の研究動向を把握することが可能である。

(木野　主計)

井上成美　(いのうえ・しげよし)

明治二十二—昭和五十年(一八八九—一九七五)

海軍大将・海軍次官

昭和五十八年(一九八三)に関係者が組織した井上成美伝記刊行会が、広く関係者・関係機関から史料を収集して伝記『井上成美』を刊行した。この際に収集された史料の内、重要なものは同書の資料篇に収録されており、その中に自伝が含まれている。収録されなかった関係者の手記を含む諸史料は現在刊行会を引き継いでいる深田秀明氏が保存しておられる。なお井上の住居を買い取った同氏によると、そこには残された史料は書籍以外にはなかったとのことである。

伝記刊行会所蔵の史料を中心に多くの文献・史料(未公開のものを含む)、それに関係者からの聴き取りをもとに、阿川弘之氏が小説風の伝記『井上成美』(新潮社、昭和六十一年)を出版し、大きな反響を呼んだ。

それ以前から井上については多くの著書が出版されている。宮野澄『最後の海軍大将・井上成美』(文芸春秋、昭和五十七年、後文春文庫)、生出寿『反戦大将・井上成美』(現代史出版会、昭和五十九年、後徳間文庫)、丸田研一『わが祖父井上成美』(徳間書店、昭和六十二年)、篠田英之介『わが師父井上成美—残照の海の提督』(マネジメント社、昭和六十三年)、生出寿他『井上成美のすべて』(新人物往来社、昭和六十三年)、工藤美知尋『残照—劇物語　井上成美』(光人社、平成二年)、加野厚志『井上成美—反骨の海軍大将』(ＰＨＰ研究所、平成十一年)、岡文正『愚将・井上成美—日本の敗因を探る』(サクセス・マルチミディア・インク、平成十四年)などであり、さまざまな評価が交錯している。また研究論文等として寺谷武明「井上成美の『新軍備計画論』」(『日本資本主義・展開と論理』東京大学出版会、昭和五十三年)、工藤美知尋「井上成美『新軍備計画論』の歴史的意義」(『軍事史学』十四—四、昭和五十四年)、森嶋通夫「新『新軍備計画論』—故海軍大将井上成美氏にささぐ」(『文芸春秋』昭和五十四年七月号)、野村実「海軍首脳の終戦意見の対立—米内光政と井上成美」(『政治経済史学』二〇〇、昭和五十八年)、一柳高明「人と思想研究—井上成美と聖書」(『群馬大学教養部紀要』十九、昭和六十年)、野村実「井上成美」(『日本歴史』四八三、昭和六十三年)、大津真作「井上成美と海軍—軍務局第一課長時代を中心に」(『甲南大学紀要文学編』七十五、平成元年)、西牟田哲哉「世界と日本の関連を重視した近現代史の教材開発—一九三八年段階における『三国同盟』の議論に焦点を当てて」(『愛知教育大学教育実践総合センター紀要』三、平成十二年)などがあり、『月刊歴史と旅』二十六—十三(平成十一年)には、波多野澄雄・平間洋一・高田万亀子・池田清の諸氏の他、深田秀明・妹尾作太郎・丸田研一の諸氏が井上について書いている。

(伊藤　隆)

井上準之助 (いのうえ・じゅんのすけ)
明治二―昭和七年(一八六九―一九三二) 大蔵官僚

死後、彼に関する史料は『井上準之助論叢』一―四(井上準之助論叢編纂会、昭和十年、のち原書房、昭和五十七年復刻)としてまとめられ刊行された。このうち、一―三巻は主に演説であり、四巻には明治三十年(一八九七)・四十二年・四十四年・昭和三年(一九二八)の外国滞在中の日記および一〇〇頁以上にわたる井上差出書簡などが収められている。遺族の井上四郎氏の手元に残された史料は、東京大学法政史料センター原資料部がマイクロフィルム撮影した。それは前述の『井上準之助論叢』に収められたものを含め全部で八リール分あり、内容的には金解禁関係を中心とした金融政策関係書類・滞在日誌・ノート草稿・書簡などである。さらに同センターでは、日本銀行などが所蔵している史料もマイクロ撮影して補っている。

井上に関しては『井上準之助論叢』第五巻(同前)が伝記となっており、網羅的でまとまった記述となっている。また補遺として『清蹊おち穂』(井上準之助論叢編纂会、昭和十三年)がある。最近では、嗣子四郎氏や出身地である大分県日田市の井上家当主である高明氏にも史料提供や聞き取りをして書かれた秋田博『凛の人井上準之助』(講談社、平成五年)、井上文書を利用した学術研究として小林道彦「高橋是清「東亜経済力樹立ニ関スル八意見」と井上準之助」(『北九州市立大学 法政論集』二十九―一・二、平成十三年)がある。この他、井上は金解禁の必要性を国民に訴えるべく、多くの著書を残している。

(季武 嘉也)

井上匡四郎 (いのうえ・ただしろう)
明治九―昭和三十四年(一八七六―一九五九) 初代技術院総裁

旧蔵の文書・記録の大半は国学院大学図書館に所蔵されている。大正十五年(昭和元年・一九二六)の若槻内閣の鉄道大臣を務めた故を以て、鉄道関係の文書・記録は「故井上匡四郎氏寄贈文書目録」と称し、日本国有鉄道総裁室修史課が編纂したものが同室に存している。前者については、国学院大学図書館が平成四年(一九九二)に『井上匡四郎文書目録』と題して公刊し、研究者に広く公開している。なお、旧蔵の図書の部は『井上匡四郎文庫目録』として平成七年に同図書館より刊行された。本目録には先に出版された『井上匡四郎文書目録』の「井上匡四郎文書索引」が付録として合刻され、当該文書の検索の便に供されていることを本文書の利用者に告知して置きたい。欧文図書については井上作成の昭和五年(一九三〇)三月現在の「蔵書目録」が本文書の中に用意されている。本文書(八六一九点)は雄松堂フィルム出版よりマイクロフィルム版で公刊されている。

大正八年に南満州鉄道株式会社が経営する撫順炭鉱と鞍山製鉄所の所長に井上匡四郎が就任したことから同炭鉱・製鉄所の近代化に関する史料が本文書群の大半を占めている。

伝記は『汎交通』五十九―三(昭和三十四年)が〈井上匡四郎追悼特集〉となっている。自伝には「生い立ち 出産より母死去迄の幼児の自叙伝」(昭和三十三年)があり、昭和五年には井上が国際連盟総会第十一回会議の日本代表となって「第十一回国際連盟総会覚書」を認め、昭和三十三年には「撫順炭鉱・鞍山製鉄所に関する自叙伝」を記し、同年「満鉄(撫順・鞍山)に架けた日米共存の夢」を書いている。本書は嘉治隆一編『第一人者の言葉』(亜東倶楽部、昭和三十六年)に所収されている。日記は稀有なことであるが、明治二十九年(一八九六)の東京帝国大学工科大学入学の年より薨去する前年の昭和三十三年まで一年も欠けることなく保存されている。著書には『撫順・鞍山改良計画』(大正十二年)、『列強の鉱産』(昭和五年英文)、『支那事変の意義』(昭和十二年)、『独逸工業の趨勢』(経済研究会、昭和十三年)、『国家と資源について』(昭和十五年)がある。以上の史料はいずれも本文書中に架蔵されている。

井上を対象とした研究は数少ないが、最近のものとしては木野主計「昭和史未公開史料発掘　日本原爆製造秘録　井上匡四郎文書」（『中央公論』平成四年十二月号）があり、冨塚一彦「『井上匡四郎文書』にみる政治家井上匡四郎」（『国学院大学図書館紀要』四、平成四年）があるのみである。　（木野　主計）

伊庭貞剛（いば・ていごう〈さだたけ〉）
弘化四―大正十五年（一八四七―一九二六）　実業家・住友家二代総理事

近代住友の基礎を築き、別子銅山の環境問題に挑んだ伊庭の関係史料は、住友史料館で保管されている。住友家文書には、明治二十八年（一八九五）住友銀行の設立を決議した尾道会議議事録、別子銅山の煙害・植林関係史料などの基本史料がある。そのほか、伊庭家文書も一部があり、司法官時代の書類や、住友時代の書類・書簡などが残っているが、いずれも未整理である。ただし、『住友史料館報』、『住友銀行八十年史』（住友銀行、昭和五十四年）、『住友別子鉱山史』上（住友金属鉱山株式会社、平成三年）、『住友林業社史』上（住友林業株式会社、平成十一年）などで一部史料紹介されたものもある。

外部文書では、大阪商工会議所商工図書館所蔵の「五代友厚文書」と、憲政資料室所蔵の「品川弥二郎文書」に関係文書が最もよく残っている。前者の『五代友厚関係文書目録』（大阪商工会議所、昭和四十八年）には、伊庭書状が散見されるし、後者の『品川弥二郎関係文書』二（山川出版社、平成二年）には、十五通の伊庭書状が翻刻されている。なかでも、明治二十九年一月の品川弥二郎宛書状によって、別子鉱山赴任時の心境が明らかになった。国立公文書館所蔵「公文録」の「粟田口止刑始末」には、明治三年弾正台少巡察であった伊庭の糺問口書が収録されている。『函館市史　史料編第二巻』には、明治七年函館裁判所の検事として、「ドイツ人ハーバー殺害事件」の裁判に携わった記録が掲載されている。そのほか、「広瀬宰平家文書」（広瀬宰平の項参照）に多数の書状が残っており、整理が進めばその人物像がさらに明らかになるであろう。

伊庭に関する基本文献は、昭和六年（一九三一）に文政社から刊行された伝記『幽翁』である。同書は、毎日新聞の記者であった西川正治郎が執筆し、貞剛の子息六郎がその一次史料や談話資料を提供・協力した。本文全五章のうち、二章「出生」と三章「行路」は、貞剛の生前、栃原孫蔵が執筆した「伊庭貞剛翁」（未定稿）を引用している。『幽翁』は創刊以来、数度版を重ねたが、入手困難となったため、昭和五十六年に住友修史室（現、住友史料館）で復刻し、平成二年（一九九〇）には経済人叢書として現代語訳（図書出版社）も出た。伝記に使われた史料は、所在不明となっているものも少なくないので、本書の史料的価値は高い。この伝記に触発されて、神山誠『伊庭貞剛』（日月社、昭和三十五年）、木本正次『四阪島』上下（講談社、昭和四十六―四十七年）、同『伊庭貞剛物語』（朝日ソノラマ、昭和六十一年、のち愛媛新聞社復刻、平成十一年）、『死中に活路を拓く』（月刊『ＭＯＫＵ』別冊、平成九年）、渡辺一雄『住友の大番頭　伊庭貞剛』（廣済堂出版、平成十四年）などの評伝・小説が出たが、史実的には『幽翁』の域を出ていない。これを補完する文献として、住友十五代当主の伝記『住友春翠』（昭和三十年）がある。そのほか、経営者の視点から捉えた研究に、瀬岡誠『近代住友の経営理念』（有斐閣、平成十年）、末岡照啓「伊庭貞剛」（『関西起業家デジタルアーカイブ（６）』大阪商工会議所大阪企業家ミュージアム、平成十四年）などがある。

二十一世紀を迎え、近年は環境対策の先駆者として再評価されようとしている。末岡照啓の「十九世紀末、別子鉱山の環境対策に挑戦した伊庭貞剛」（『住友史料館報』三十一、平成十二年。『日本史学年次別論文集　近現代（平成十二年版）』所収）は、田中正造の帝国議会演説や、「品川弥二郎文書」、「住友家文書」を豊富に用いた実証的な論文である。

（末岡　照啓）

今村力三郎（いまむら・りきさぶろう）　慶応二―昭和二十九年（一八六六―一九五四）　弁護士

専修学校（現専修大学）卒業後、弁護士として活躍し、戦後には専修大学の第五代総長に就任した。したがって、その資史料の多くは、母校である専修大学が所蔵している。それらは①専修大学図書館所蔵「今村力三郎文庫」、②専修大学大学史資料室所蔵資料、③専修大学今村法律研究室刊行資料の三点に大別できる。ここでは、この三つの資料群について、それぞれ論じることとする。

①専修大学図書館所蔵「今村力三郎文庫」を利用する際には、まず平成七年（一九九五）に作成されている『今村力三郎文庫目録』に当たる必要がある。この目録によれば、今村が担当した訴訟事件全三七九点に関する訴訟記録、その訴訟記録に関係する備忘録などの付属資料三十点、今村所蔵の図書二九三点、書簡や葉書、その他の資料が、「今村力三郎文庫」所蔵の資料の全容となっている。

②専修大学大学史資料室が所蔵する資料は、硯・盃・長着などの彼の遺品、アルバム、絵葉書・葉書、書簡などを所蔵している。文献史料に関して言えば、書簡の場合はほとんどが戦後のものであり、戦前は四点のみである。逆に葉書の場合はほとんどが戦前のものであり、戦後は一点のみである。ただし同資料室所蔵の資史料は、前述の「今村力三郎文庫」のものとはリンクしておらず、この両者を組み合わせて使用すれば、より豊かな実証研究が可能になろう。

③専修大学今村法律研究室刊行資料は、前述した「今村力三郎文庫」中の訴訟記録の内、日本近代史上において重要な事件のそれを、復刻しているものである。現時点では、『大逆事件』全三巻（平成十三―十五年）、『金剛事件』全三巻（昭和五十―五十二年）、『五・一五事件』全四巻（昭和五十五―五十八年）、『血盟団事件』全七巻（昭和六十一―平成四年）、『神兵隊事件』全二巻（昭和五十九―六十年）、『帝人事件』全十三巻（平成五―十二年）が専修大学出版局から刊行されている。これ以外にも、同研究室は彼の遺言とも言うべき『法廷五十年』（専修大学、昭和二十三年）を、平成五年に復刻している。復刻版は単なるその復刻に留まらず、『今村力三郎翁追想録』（専修大学、昭和三十年）や『専修大学今村法律研究室報』などから、その人間像を窺わせる文章を採録している。それに加えて、日本近世史研究者で今村の親類に当たる辻達也の論考（「反骨―今村力三郎の背景―」）、日本近代政治史の大谷正の論考（「今村力三郎先生の生涯とその関連史料について」）が収められている。

以上の三点が、今村を研究する際の基本資史料となろう。至便なことに、これらはすべて一般公開されており、申請すれば誰でも閲覧可能である。しかしながら今村に関する研究は、非常に乏しい。その要因としては、現時点において日記が発見されていないことにある。したがって先行研究としては、前述の辻および大谷論文の他、日高義博「特別寄稿　血盟団事件、五・一五事件、神兵隊事件の経緯と争点（一）―今村力三郎訴訟記録をてがかりとして―」（『現代刑事法』五―一、平成十三年）、庭山英雄「書評　今村力三郎『法廷五十年』」（『専修史学』二十六、平成六年）が挙げられる程度である。なお伝記的研究としては、森下澄男「今村力三郎」（潮見俊隆編『日本の弁護士』日本評論社、昭和四十七年）、小林俊三『私の会った明治の名法曹物語』（日本評論社、昭和四十八年）が挙げられる。また専修大学の校史（『専修大学百年史』・『百五年史』・『百十年史』・『百二十年史』）にも分散しているが彼に関する記述がある。

いずれにせよ今後の課題としては、まずは前述の資史料に基づき、担当した訴訟の事例研究の深化を積み重ねることであろう。そして、それらを日本近代司法史の中に位置づけることで、今村力三郎という人物の思想と行動の全容が明らかになるのではなかろうか。

（車田　忠継）

入江貫一（いりえ・かんいち）

明治十二—昭和三十年(一八七九—一九五五)　宮内官

筆者は昭和四十年(一九六五)四男の明氏に依頼して「入江貫一関係文書」を閲覧させていただいた。それは別項「二上兵治関係文書」中の「山県有朋談話筆記」の作成者が入江ではないかということからであった。そしてこの関係文書中に「山県有朋談話筆記」の一部と思われるものが存在したのみならず、長年の山県との関係で貴重な史料が含まれていたので、マイクロフィルム化させていただいた。内容は、まず山県宛の書簡・電報類(山県の書翰草稿も)、意見書類、前述の山県談話筆記やその前の時期の「大正政変記」の草稿、入江宛書簡(平田東助からのものが多い)や平田宛書簡、「西園寺公と政権推移の鍵」(「政変思出草」とも)と題する入江が内海透という筆名で書いた高橋内閣の成立から護憲三派内閣の成立に至る裏面の事情を記した原稿(結局出版はされなかった)などである。その他に「入江九一関係文書」も含まれている。このマイクロフィルムは東京大学社会科学研究所が所蔵しているが、そのコピーを憲政資料室で見ることができる。

山県有朋枢密院議長秘書官、平田東助内大臣秘書官長などを勤めた入江の関係文書は大正政治史研究の貴重な史料である。前掲の「山県有朋談話筆記」「政変思出草」は昭和五十六年に『大正初期山県有朋談話筆記・政変思出草』として、筆者が「解説」を付して山川出版社から刊行した。

著書に『山県公のおもかげ』(博聞館、大正十一年、のち関係の深かった人々の追想を付して『山県公の面影　附追憶百話』として昭和五年に偕行社から刊行された)がある。その他に『露領樺太覗記』(東邦時論社、大正九年)がある。

（伊藤　隆）

岩倉具視（いわくら・ともみ）

文政八—明治十六年(一八二五—一八八三)　右大臣

関係文書の主要部分は、現在憲政資料室、岩倉公旧蹟保存会対岳文庫、独立行政法人国立公文書館内閣文庫に収蔵されている。いずれも、『岩倉公実記』編纂に当たり岩倉家から提供された史料、収集された史料(謄写本も含む)が中心となっている。『岩倉公実記』は、皇后宮大夫香川敬三が編修委員長となり、多田好問を編修主任として上下二巻が完成、明治三十九年(一九〇六)皇后宮職蔵版として宮内省より刊行された。後に昭和二年(一九二七)、岩倉公旧蹟保存会より改訂新版三冊が刊行されている(同版は後に原書房より「明治百年史叢書」として、昭和四十三年に復刻された)。

『岩倉公実記』完成後、編纂のために収集された史料は、散逸を恐れた多田好問らの希望にもかかわらず、いくつかに分割されることとなったが、その経緯など具体的なことはわからない。前記三機関のそれぞれの文書の収集経緯などによって若干の推測ができるのみである。

憲政資料室所蔵の「岩倉具視関係文書」は、川崎造船社長川崎武之助旧蔵本(川崎本、三一四部、七六六冊)、西川甚五郎(滋賀県近江八幡の豪商)旧蔵史料(西川本、約三〇〇点余)、および岩倉家から寄贈された岩倉家旧蔵史料約一五〇点からなる。川崎本は「岩倉公伝記資料」の印が捺された写本で、関係諸家の所蔵史料、各種書類、岩倉家の往復書翰などからなる。西川本も「岩倉公伝記資料」の写本が中心であるが、『岩倉公実記』の稿本、若干の原本も含まれ、時期的には明治維新以降が大部分である。

岩倉公旧蹟保存会は、多田好問の晩年の知遇を受けた雨森厳之進の提唱によって設立され、雨森の所有に帰していた実記編修史料が同会に寄贈された。対岳文庫は岩倉旧邸(隣雲軒)の敷地内に建てられた文書保管のための文庫である。「岩倉公関係文書」三十巻・「岩倉公伝記資料」十一類が中心で、その他同会が収集した文書も若干含まれる。目録としては昭和十四年に『岩倉公旧蹟保存会所蔵文書目録』が刊行されており、また日本史籍協会から刊行された『岩倉具視関係文書』全八巻(昭和二―十年。のち東京大学出版会、昭和四十三―四十四年復刊)は、同会所蔵史料の大部分を収めたものである。なお、平成十二年(二〇〇〇)、岩倉公旧蹟保存会の所蔵資料一括は「岩倉具視関係資料」として重要文化財に指定された。

国立公文書館内閣文庫所蔵の「岩倉具視関係文書」は一一五冊に編綴された史料で、一部に「岩倉公伝記資料」の印が捺されている。多田好問が、明治二十八年から三十七年まで内閣書記官室記録課長の任にあり、内閣記録の編纂保存、内閣文庫の管理をおこなうかたわら、一方で『岩倉公実記』の編修主任として編修をおこなっていたため、そのまま内閣文庫に残されたものである。内容的には、前記二機関の史料を補うものといってよいが、皇室・華族関係の史料の比重が高いことが特徴となっている。目録としては『内閣文庫所蔵岩倉具視関係文書目録』(内閣文庫、昭和四十三年)が発行されている。

以上の三機関の岩倉具視関係文書については、北泉社よりマイクロフィルム版が刊行されている。それぞれの目録、および所収の解説を掲げると以下の通りである。

『岩倉具視関係文書〈岩倉公旧蹟保存会対岳文庫所蔵〔Ⅰ〕～〔Ⅲ〕〉』(平成四～六年)。木村幸比古「対岳文庫の沿革と現状」(〔Ⅰ〕に所収)、佐々木克「明治政府と岩倉具視の位置」、広瀬順晧「岩倉公旧蹟保存会対岳文庫所蔵『岩倉具視関係文書』をめぐって」、上野秀治「『岩倉公実記』編纂に関する新史料」(以上〔Ⅲ〕に所収)。

『岩倉具視関係文書〈国立公文書館内閣文庫所蔵〉』(平成二年)。広瀬順晧「内閣文庫所蔵『岩倉具視関係文書』の編修にあたって」。

『岩倉具視関係文書〈国立国会図書館憲政資料室所蔵〔Ⅰ〕～〔Ⅲ〕〉』(平成九―十三年)。広瀬順晧「西川本『岩倉具視関係文書』について」(〔Ⅰ〕に所収)。

以上のほか、憲政資料室には、岩倉具視関係史料を中心としたコレクションとして川上直之助関係文書(書翰七十通〈三十一巻・一冊〉、書類四冊二点)があり、内容は岩倉宛諸家(三条実美、木戸孝允、大久保利通等)書翰、岩倉具視発信書翰、および岩倉の日記・覚書などとなっている。その他同室の憲政史編纂会収集文書、憲政資料室収集文書などに岩倉関係史料が散見される。

書陵部所蔵の文書群にも関係史料が少なからず存在するが、その多くは臨時帝室編修局が『明治天皇紀』編修のため史料を借用して謄写した写本である。借用先の大部分が岩倉公爵家で、最初に紹介した三機関に保存されるものとほぼ重複すると思われるが、大正九年(一九二〇)に大阪市在住の市来正哉より借用した岩倉具視関係書類十八通については、前記三機関の来歴情報にはなく不明である。

その他、岩倉発信書翰については、三条実美・大久保利通・木戸孝允といった維新期の諸家の文書を視野に入れなければならないが、ここでは省略する。また、岩倉使節団については、国立公文書館に「単行書　大使書類」として関係文書があり、そのうち「原稿」と「原本」をマイクロ化したものが『岩倉使節団文書』(ゆまに書房、平成六年)として刊行されている。

伝記・評伝としては、『岩倉公実記』のほか、徳富猪一郎『岩倉具視公』(岩倉公旧蹟保存会/民友社、昭和七年)、大久保利謙『岩倉具視』〈中公新書〉(中央公論社、昭和四十八年)、同増補版(平成二年)などがあり、また、関係史料に関わる論考として、これまでに紹介したもの以外には、三浦周行「岩倉具視文書」(明治文化研究会編『明治文化研究論叢』一元社、昭和九年)、大久保利謙「岩倉公実記解題」(『岩倉公実記』下、原書房、昭和四十三年)、広瀬順晧「岩倉具視関係文書」(『日本近代思想大系別巻　近代史料解説・総目次・索引』岩波書店、平成四年)、上野秀治「史料紹介　香川敬三宛岩倉具視書翰」(『皇学館大学紀要』二十九、平成三年)、同「『岩倉公実記』編纂関係書簡(1)—香川敬三関係文書所収—」(同四十、平成十三年)などが挙げられる。

(梶田　明宏)

岩畔豪雄（いわくろ・ひでお）

明治三十一—昭和四十五年（一八九七—一九七〇）

陸軍少将・陸軍省調査部長

旧蔵の文書・記録は、ほとんど残っていないとしか現時点では言えない。ただ敗戦後の昭和二十一年(一九四六)五月十日付で、「日米外交に関する資料(其の二)」として認めたと思われる「アメリカに於ける日米交渉の経過」が、現在京都の陽明文庫(「近衛文麿関係文書」所蔵)に所蔵されており、既刊の伊藤隆・塩崎弘明編『井川忠雄日米交渉史料』(山川出版社、昭和五十七年)にも付録として収められている。なお、これに関連して岩畔は、『岩畔豪雄氏談話速記録』(木戸日記研究会・日本近代史料研究会、昭和五十二年)の中で日米交渉に関する経緯を回想すると同時に、自ら履歴を語ることで、この「談話」は、所謂「自伝」を兼ねるものになっている。それにこの「談話」以外にこれといったまとまった伝記や人物論はないが、著作は数点残っている。『シンガポール総攻撃・近衛歩兵第五連隊電撃戦記』(潮書房、昭和三十一年)、『戦争史論』(恒星社厚生閣、昭和四十二年)、『科学時代から人間の時代』(理想社、昭和四十五年)などが代表的なものである。

また岩畔の研究については、須藤眞志『日米開戦外交の研究』(慶応通信株式会社、昭和六十一年)で、「岩畔豪雄と日米交渉」(第二章)の関係で取り上げられている。が、日米交渉との関係だけでなく陸軍統制派との関わりに着目して岩畔を論じた研究に、塩崎弘明『日英米戦争の岐路』第二部(山川出版社、昭和五十九年)がある。

(塩崎　弘明)

岩崎小彌太（いわさき・こやた）

明治十二—昭和二十年（一八七九—一九四五）　三菱財閥第四代社長

三菱財閥の社長は初代岩崎彌太郎、二代彌之助(彌太郎弟)、三代久彌(彌太郎長男)、四代小彌太(彌之助長男)で、敗戦の昭和二十年(一九四五)十二月二日小彌太死去、翌二十一年九月三十日、三菱本社解体となる。伝記編纂委員会『岩崎小彌太傳』(昭和三十二年、のち東京大学出版会、昭和五十四年復刻)は四人の伝記中、最初に出された。

小彌太の特徴は、(一)財閥解体を他財閥が受入れたのに対し、国家から生産を委託され、「国利民福」に奉仕しただけで軍国主義や利潤のためではない、と拒否した点と、(二)両大戦間に重化学工業体制確立と財閥を株式公開へ移行させた点にある。死ぬ一月前の「告辞」で右に触れているが遺稿で、『岩崎小彌太傳』で初めて公にされた。四十年後、三菱総合研究所の宮川隆泰『岩崎小彌太』〈中公新書〉(中央公論社、平成八年)は、(一)の考えの起点として英ケンブリッジ大学でバチュラー・オブ・アーツを取得した経過を、(二)についても〝三菱を育てた経営理念〟(同書副題)として述べた。帰国直後の二十六歳で副社長を三菱合資社長久彌(米ペンシュルヴァニア大学でバチュラー・オブ・サイエンス取得、『岩崎久彌傳』、昭和三十六年、復刻版前掲、同)から依頼、三十六歳で大正五年(一九一六)社長となる。小彌太は大正六—八年、合資から独立化・分系化・株式会社化を進める。同書はこの動きへの関わりは、まだ深くないとするのに対し、法政大学産業情報センター・宇田川勝編『日本の企業家史』(文眞堂、平成十四年)で、宇田川「岩崎小彌太」は、すでに深いとする。

もちろん、両大戦間期、重化学工業化・コンツェルン化に果たす小彌太の役割は大で、三菱重工業、三菱化成、自動車のふそう(扶桑)の命名者として知られ、弟俊彌(『岩崎俊彌』伝記編纂会、昭和七年)創立の旭硝子への支援、米資本と対等合弁の三菱石油などの設立者として、戦時下の企業内競合を押え、軍部の干渉から独立して統合を果たした。『三菱重工業株式会社史』(昭和三十一年)、『三菱化成社史』(昭和五十六年)、『三菱自動車工業株式会社史』(平成五年)、『社史』(旭硝子、昭和四十二年)、『三菱石油五十年史』(昭和五十六年)、『三菱電機社史』(昭和五十七年)など社史、小林正彬「三菱の重化学工業化と岩崎小彌太」(『経済系』〈関東学院大学〉二一三、平成十四年)、Y. Mishima, *The Mitsubishi: Its Challenge & Strategy*, **Jai Press, 1989**、麻島昭一『三菱財閥の金融構造』(御茶の水書房、昭和六十一年)、畠山秀樹『近代日本の巨大鉱業経営』(多賀出版、平成十二年)、戦時戦後までは、法政大学産業情報センター・橋本寿朗・武田晴人編『日本経済の発展と企業集団』(東京大学出版会、平成四年)などが参考になる。なお、三菱史料館(東京湯島)に昭和九年、小彌太揮毫「綱領　所期奉公　處事光明　立業貿易」(額は三菱商事所蔵)が展示され、各社史料はあるが、小彌太個人の史料はない。

　文化面では、設立に尽くした『成蹊学園六十年史』(昭和四十八年)、俳句をたしなむので『巨陶集』(大正十一年)があり、自ら日本画も描いた。父彌之助が明治二十五年(一八九二)設立した文庫は二十万冊、古文書にも詳しく、中国陶磁収集家で国宝七点をふくむ美術品収納の静嘉堂文庫、同美術館(東京、田園都市線「二子玉川」)が公開されている。

(小林　正彬)

岩崎彌太郎　(いわさき・やたろう)　天保五―明治十八年(一八三四―八五)　三菱財閥創設者

　土佐安芸の地下(ちげ)浪人出身(生家は現存する)、江戸遊学中、父の不祥事で帰郷、官を批判し入牢、後藤象二郎の長崎土佐開成館奉行の下役で下級武士へ、維新後、同大阪商会トップ、九十九(つくも)商会を委され、三川商会―三菱商会、明治八・九(一八七五・七六)年「第一、二命令書」で政府の補助を取付け、郵便汽船三菱会社となるが、後藤が払下げた高島炭坑を明治十四年に買収すると、政府は明治十五年「第三命令書」で高島以外の兼業を禁じ、共同運輸を設立、彌太郎は三菱の将来を弟彌之助と川田小一郎に委ねて海商戦最中の二月七日に病死する。

　彌太郎の生涯を同郷松村巌『岩崎彌太郎』(内外出版協会、明治三十七年)は部下の使い方がうまく、出納も商人でなく武士出身に委せたと記した。山路愛山も『現代金権史』(服部書店、明治四十一年)は「政商」を政府の殖産興業の一時期に出現した教養ある武士出身階級として、日本独特のものとした。山路も『岩崎彌太郎』(東亜堂書房、大正三年)を出すが、この「政商論」は研究者にも影響を与えた。「特殊的寄生地主的政商」と山田盛太郎『日本資本主義分析』(岩波書店、昭和九年)で固定化される一方、戦後、土屋喬雄『日本資本主義の経営史的研究』(みすず書房、昭和二十九年)では「岩崎彌太郎の事歴」を「自主・独立の政商的事業家」とした。後掲『三菱社誌』さえ部外秘の時代で、社史類で成稿している。同郷、入交好脩『岩崎弥太郎』〈人物叢書〉(吉川弘文館、昭和三十五年)は本格的研究といえる。彌太郎遊学時、江戸まで同行させた土佐の致道館教授奥宮正路編「岩崎東山先生傳記」を初めて使い、彌太郎獄中書簡、一新聞が報じた「遺言」、戦前伝記のコメントもある。楫西光速「岩崎弥太郎」(岡倉古志郎編『世界の富の支配者9』講談社、昭和三十七年)は入交、山路、白柳秀湖、飯田忠夫などの伝記も検討、九十九商会がいつ彌太郎個人の所有となったか、を廃藩まで藩吏の二重性をすでに指摘、読物に徹するが、掲載文献写真から原史料を見たと思われる。そして、土佐研究者平尾道雄氏の助言と三菱各社支援で、岩崎彌太郎岩崎彌之助傳記編纂会『岩崎彌太郎傳』上・下(昭和四十二年、『岩崎彌之助傳』上・下は四十六年。いずれも五十四年に東京大学出版会より復刻)が出された。『彌之助傳』で、九十九商会を藩と関係なく引き受けた「余同意」とした明治四年九月十五日を『岩崎彌太郎日記』(傳記編纂会、昭和五十年)から見出した。商会が民営となった日で、二日後、藩船二隻買収申入れ、海運業に乗り出す。翌年一月、藩船返上を「岩崎彌太郎事土佐屋善兵衛」名で出す（拒否される）点を、土佐に帰って樟脳・生糸生産をやるためと誤解していた。執筆者は三菱内部の人であるが、個人執筆による功罪はある（小林正彬「三菱財閥、岩崎彌太郎―彌之助―久彌の多角化理念」『経済系』〈関東学院大学〉二一二、平成十四年、参照）。

森川英正「政商論」（歴史学研究会編『明治維新史研究講座』第五巻〈平凡社、昭和三十三年〉）は政商の産業資本家化・官業払下げの重要性を指摘。楫西『政商』（筑摩書房、昭和三十八年）も援用、政商の誕生地・終焉の地を十一人調査した結果、城下町で武士と町人の「限界領域の人」で、特権商人三井・住友と維新後の岩崎ら七人は違う、渋沢・五代は「天下り」官僚としたのが、小林正彬『政商の誕生』（東洋経済新報社、昭和六十二年）、同『日本の工業化と官業払下げ』（同社、昭和五十二年）。そして、宮本又郎「岩崎弥太郎」（同編『日本をつくった企業家』〈新書館、平成十四年〉）を経て、「政商」とは「特殊的」ではなく、「日本経済を担った企業家」と認識されつつある。

彌太郎が初期、外商と接触した環境は、石井寛治『近代日本とイギリス資本』（東京大学出版会、昭和五十九年）、杉山伸也『明治維新とイギリス商人』〈岩波新書〉（岩波書店、平成四年）、海運は、『日本郵船株式会社百年史』（昭和六十三年）、小風秀雅『帝国主義下の日本海運』（山川出版社、平成七年）、小林正彬「明治政府『第一～第三命令書』と三菱」（『経済系』二〇六、平成十三年）、鉱業は『三菱鉱業社史』（昭和五十一年）、『高島炭礦史』（平成元年）、通史は、旗手勲『日本の財閥と三菱』（楽游書房、昭和五十三年）、三島康雄編『三菱財閥』（日本経済新聞社、昭和五十六年）、『三菱社誌』全三十六巻（明治三―昭和二十七年、昭和二十九―三十一年）のほか、平成七年（一九九五）設立の三菱史料館（東京、千代田線「湯島」、『三菱史料館論集』発刊）では初期からの史料が見られる。三菱の内部史料公開は、始まったばかりである。

（小林　正彬）

岩永裕吉（いわなが・ゆうきち）

明治十六―昭和十四年（一八八三―一九三九）　同盟通信社初代社長

伝記としては、岩永裕吉君伝記編纂委員会編『岩永裕吉君』（同会、昭和十六年）がある。この後半は、知人・友人等の追悼集となっており、岩永の人となりなどを知ることができる。

また、彼が関係した新聞連合社、同盟通信社に関する資料は、長く財団法人新聞通信調査会に保存されてきたが、有山輝雄・西山武典編で『国際通信社新聞連合社関係資料』全五巻（平成十二年）、『同盟通信社関係資料』全十巻（平成十一年）、『情報局関係資料』全七巻（平成十二年）として柏書房から刊行された。これには、岩永の宿願であった「ナショナル・ニュース・エイジェンシー」設立のための文書が多数収められている。

なお、当時の日本の通信社がおかれていた状況、日本の通信社の歴史などについては、財団法人通信社史刊行会編『通信社史』（同会、昭和三十三年）を参照すべきである。

（有山　輝雄）

岩村通俊（いわむら・みちとし）

天保十一―大正四年（一八四〇―一九一五）　官僚政治家

昭和四十二年（一九六七）に筆者が末子一木氏（長男八作氏の嗣子）に依頼して、岩村家に残された関係文書を数回に分けて拝借し、マイクロフィルム化を行ったものが、東京大学社会科学研究所に保存されている。これを坂野潤治氏と書き起こしたもののうち、書簡類のすべてと書類の若干を、一木氏の諒解を得て、『史学雑誌』七十八―十一・十二および七十九―一（昭和四十四―四十五年）に翻刻連載した。明治二年（一八六九）から六年の北海道開拓使勤務時代の多数の書翰、西南戦争の時期、御料局長就任前後の書翰および書類などが政治史的には貴重である。

書翰は伊藤博文七通、伊東巳代治四通、井上毅六通、岩倉具視四通、岩崎弥太郎三十四通、岩村高俊五通、川村純義六通、黒田清隆五通、品川弥二郎十一通、杉浦誠十一通、関口隆吉六通、中村正直三十五通、西村貞陽十四通、東久世通禧十六通、土方久元十二通、福岡孝弟十一通、細川潤次郎五通、松方正義三十一通、三浦安十二通、三好退蔵五通、山田顕義十九通、吉井友実四通などがある。

著作として岩村八作編刊『貫堂存稿』和装二冊(大正四年)がある。上には土佐殉節七士伝および文、下には詩、俳諧および八作氏作成の「先考年譜略」が収められている。特に上の文は伝記的記録を含んでいる。

伝記的なものとしては片山敬次『岩村通俊伝』(同刊行会、昭和八年)がある。これは主として開拓使判官及び後に北海道庁長官として北海道に関して活躍した時代についての記述である。また江崎政忠『岩村通俊男の片鱗』(昭和八年)は、御料局長時代の下僚であった江崎が、大阪大江ビルで開かれた大阪談話会の席上で行った談話の筆記である。その他、鹿児島県令時代について回想録を編纂した『南洲翁と岩村県令』(昭和十七年)および岩村一木氏が昭和十八年千葉地方裁判所検事局における司法保護委員並に教育関係者に対して行った講演筆記『大西郷の最後と岩村県令』なる小冊子がある。

(伊藤　隆)

う

植木枝盛(うえき・えもり)

安政四―明治二十五年(一八五七―一八九二)　衆議院議員

残された文書(日記、自筆書、未刊稿本、演説筆記原稿など)は、昭和二十年(一九四五)七月四日の高知空襲にて殆ど焼失したとされている。現在閲覧可能なものは、それ以前に作成された写本である。そのうち最も内容が豊富なのは鈴木安蔵、林茂らによるものであり、現在は憲政資料室にて憲政史編纂会収集文書・植木枝盛関係文書として公開されている。日記については田中貢太郎の作成させた写本もあり(『植木枝盛日記』高知新聞社、昭和三十年の底本)、これも現在は憲政資料室の憲政資料室収集文書に収められている。両者の間には語句上かなりの異同があり、一方にのみ依拠するのは難しい。また未刊稿本は高知県立図書館などにも数点写本がある。

近年には家永三郎他編『植木枝盛集』全十巻(岩波書店、平成二―三年)が刊行され、これに日記(憲政史編纂会写本)、著作の大半(未刊含む)、新聞・雑誌論説の一部、植木作成の書翰が収められている。また同書には未収録分を含む網羅的な著作目録があり、特に新聞・雑誌論説の検索に有用だが、一部新聞については無署名論説をもすべて取り上げているので使用上注意を要する。

また伝来の経緯は不明だが、同志社大学図書館には手沢本を含む旧蔵書が「植木文庫」として所蔵されている。

植木に関する研究は多数存在するが、代表的なものとしては家永三郎『植木枝盛研究』(岩波書店、昭和三十五年)、外崎光弘『植木枝盛と女たち』(ドメス出版、昭和五十一年)、米原謙『植木枝盛』(中央公論社、平成五年)が挙げられる。

(塩出　浩之)

上杉慎吉(うえすぎ・しんきち)

明治九―昭和四年(一八七六―一九二九)　憲法学者・国家主義運動家

上杉家に受信した書簡があり、コピーは伊藤隆氏が所蔵している。

師穂積八束との関係を中心とする自伝的回想に上杉編『故法学博士穂積八束先生遺稿憲政大意』(大正六年)巻頭の「小引」、伝記資料に七生社編『上杉先生を憶ふ』(昭和五年)所収の諸家の回想がある。伝記は長尾龍一「上杉慎吉伝」(『日本法思想史研究』創文社、昭和五十六年、のち『日本憲法思想史』講談社学術文庫、平成八年に再録）。

　憲法学者としては、『国民教育帝国憲法講義』（有斐閣、明治四十四年）、『新稿帝国憲法』（同、大正十一年）、『新稿憲法述義』（同、大正十四年）などの教科書の他、論文集『国体憲法及憲政』『議会政党及政府』（いずれも有斐閣書房、大正四年）の他、『国家新論』（敬文館、大正十年）、『国家論』『国体論』（いずれも有斐閣、昭和元年）などがある。

　政治活動の状況は、『婦人問題』（三書楼、明治四十三年）、『暴風来』（洛陽堂、大正八年）、『憂国の叫び』（東亜堂、大正十年）、『日本人の大使命と新気運』（敬文館、大正十年）、『日米衝突の必至と国民の覚悟』（大日本雄弁会、大正十三年）、『普通選挙の精神』（敬文館、大正十四年）、『億兆一心の普通選挙』（中央報徳会、昭和元年）、『政治上の国民総動員』（日本学術普及会、昭和二年）、『日の本』（昭和五年）などから窺われる。

　美濃部達吉との「国体論争」については、星島二郎編『上杉博士対美濃部博士最近憲法論』（実業之日本社、大正二年、後みすず書房、平成元年）が関連の論文を収録している。

（長尾　龍一）

上田貞次郎（うえだ・ていじろう）

明治十二―昭和十五年（一八七九―一九四〇）　経済学者・東京商科大学学長

旧蔵の文書は、①一橋大学附属図書館、②一橋大学学園史資料館、③長男・上田正一氏宅の三ヵ所に所蔵されている。

　①一橋大学附属図書館には、貴重資料室に「上田貞次郎氏資料」として一三八冊のノート、講演草稿、未刊訳稿、三通の上田宛書簡などが保存されている。ノートは五種に大別され、日記類三十一冊（公刊済み）、講義・著書原文ノート三十七冊（貨幣論・財政学など、著書として刊行されていないものも含む）、研究ノート十六冊（ミル経済学原理、鐘淵紡績委嘱のクルップ社労働者設備調査、京都織物業研究など）、英独留学中ノート十五冊（バーミンガム大学アシュレー教授の英国経済史、ボン大学シューマッハー教授の経済政策など）、学生時代筆記ノート三十九冊（和田垣謙三教授の商業史、山崎覚次郎教授の経済学など）である。現在同図書館において、上記史料の電子化作業が進められている。一方、同図書館には旧蔵書が「上田文庫」として整理されており、経済史・経営学・経済政策関連を中心に和書一六九一冊、洋書一三三四冊が保存されている。カード目録のほか、和書については同図書館ホームページにも目録が掲載されている。なお、嘉永三年（一八五〇）以前に刊行された貴重図書は、一橋大学社会科学古典資料センターに分置されている。

　②一橋大学学園史資料室には「上田貞次郎宛書簡」として二四二通が保存されている。内容は、学界（関一・福田徳三・根岸佶・三浦新七・吉野作造・左右田喜一郎・穂積重遠・高田保馬・小泉信三・那須皓・谷口吉彦・上田辰之助・大塚金之助・蠟山政道・猪谷善一ほか）、実業界（渋沢栄一・正田貞一郎・村田省蔵ほか）、紀州関係（岡崎邦輔・松島剛・鎌田栄吉・有馬良橘・下村宏・徳川頼貞ほか）、外国人（**Sidney Webb**との往復書簡、**Goldsworthy Lowes Dickinson, Hugh Owen Meredith**ほか）などである。

　③長男・上田正一氏宅には、以下のものが残されている（原則として非公開）。手帳（明治三十三年〈一九〇〇〉から没年までの各年）、各種公職の辞令、妻テイや息子たちに宛てた書簡多数、門下生からの書簡、アルバム・肖像写真多数、新聞切り抜き（自著論文と自らに関する記事。逝去時の記事もあり）、ほかに上田正一氏が伝記執筆のために収集した資料の綴りが十数冊ある。

　主な著書・論文は、『上田貞次郎全集』全七巻（上田貞次郎全集刊行会、昭和五十―五十一年）に収録されている。第七巻の巻末には、完備された著作目録と年譜が掲載されている。また、随筆は上田貞次郎『白雲去来』（中央公論社、昭和十五年）として、日記は上田貞次郎『上田貞次郎日記』全三巻（第三巻の巻末に全集とは別の年譜あり。上田貞次郎日記刊行会、昭和三十八―四十年)として、それぞれ公刊されている。上田が発刊し「新自由主義」提唱の舞台となった雑誌『企業と社会』(同文館、昭和元―三年)も重要な資料である。なお、著書のうち『英国産業革命史論』(大正十二年)は中国語に抄訳され、熊懐若編訳『英国産業革命史略』(昭和十二年)として上海商務印書館より刊行された。また、昭和十三年(一九三八)に太平洋問題調査会より刊行された英文の中小工業論は、**Teijiro Uyeda, 2000,** ***The Small Industries of Japan: Their Growth and Development*** **(Japanese Economic History 1930-1960, Volume X, Routledge)** として復刻されている。

評伝としては、小泉信三「上田貞次郎」(『現代人物論―現代史に生きる人々』〈角川新書〉角川書店、昭和三十年)、上田辰之助「新自由主義の企業者職分論―士族的職分思想家としての上田貞次郎博士」(『経済人の西・東』みすず書房、昭和六十三年)、山中篤太郎「上田貞次郎先生―一つの評伝」(『一橋論叢』五十三―四、昭和四十年)などのほか、上田正一氏による『上田貞次郎伝』(泰文館、昭和五十五年)がある。研究者としての上田については、全集の各巻末に門下の研究者による解説が付されている。上田の「新自由主義」に対する発表当時の批評としては、『改造』大正十五年十月号および『新政』大正十六年新年号の新自由主義特集などがある。

その政治史上の位置づけについては、伊藤隆『昭和初期政治史研究』(東京大学出版会、昭和四十四年)、石田雄『日本の政治と言葉・上―「自由」と「福祉」』(東京大学出版会、平成元年)がある。経済思想史からの再評価としては、西沢保「上田貞次郎の経済思想―社会改造と企業者を中心に」(杉原四郎編『近代日本とイギリス思想』日本経済評論社、平成三年)、同「上田貞次郎の新自由主義・日本経済論」(都築忠七ほか編『日英交流史1600-2000・五・社会・文化』東京大学出版会、平成十三年)がある。一方、経営学の先駆者としての側面については、裴富吉「日本経営学の創生―上田貞次郎の経営学説」(『日本経営学史―規範学説の研究』白桃書房、昭和五十七年)などがある。上田の研究がその後いかに継承発展されたかについては、一橋大学学園史刊行委員会編『一橋大学学問史』(一橋大学、昭和六十一年)の各章が参考になる。また、追悼論文集として『上田貞次郎博士記念論文集』全四巻(科学主義工業社、昭和十七―十八年)が刊行されている。さらに、『自由通商』十三―七および『一橋論叢』七―一が上田追悼号と銘打たれている。最後に、教育者としての側面については、上田会編刊『上田貞次郎先生の想い出』(昭和五十八年)によって偲ぶことができる。

(上村　泰裕)

上野景範 (うえの・かげのり)

弘化二―明治二十一年(一八四五―一八八八)　英国駐在公使・元老院議官

憲政資料室に「上野景範関係文書」が上野家より寄託されている(目録は未発行)。書簡は上野宛が約二〇〇余通、上野差出し二十二通、第三者間十通、家族関係その他を含めて合計約三〇〇通。書類は辞令類、日記(「出崎中日記」、「布哇国渡海日記」など)、旅券、覚書、雑書類など五十余点。「上野景範履歴」は『鹿児島県立短期大学地域研究所研究年報』十一(昭和四十七年)に翻刻(犬塚孝明編)。同年報に「上野景範布哇国渡海日記」(同号)、「出崎中日記」(同十二、昭和四十八年)、「上野景範渡米日記」(同十四、昭和五十年)も翻刻。

監督正、特例弁務使、外務少輔・大輔、外務卿代理、駐英・駐墺公使など、派遣・外交関係の公文書は外交史料館所蔵記録が基本的であり、公刊の『日本外交文書』では明治元年(一八六八)から同十七年までの分が該当する。

伝記は出ていないが、上野景福東大教授(景範令孫)が景範の一〇〇年祭記念に『資料(上野景範・幾子)』(非売品、昭和六十三年)として、諸書・雑誌などから景範に関する記録・回想・記述を収め、家族写真も加え七十頁の冊子を編集、幕末文久期の上海行は『幕末維新外交史料集成』(六)から関係史料を収録している。同人には「明治政府外交事始ハワイ王朝に派遣の談判特使」(『明治村通信』に断続連載、昭和五十九—六十年)などがある。ハワイ派遣には同行者による『史談会速記録』(二三四)「明治二年布哇談判事歴」(三輪甫一)もある。スペイン・ポルトガル派遣に関し、「西葡奉使報告書」(外交史料館蔵)の付録は『日本外交文書』には不収録。

論考では大久保利謙「幕末の長崎と上野景範」(『大久保利謙歴史著作集5 幕末維新の洋学』吉川弘文館、昭和六十一年)、安岡昭男「上野景範駐英公使の西葡両国聘問」(同『幕末維新の領土と外交』清文堂出版、平成十四年)がある。　(安岡　昭男)

上野理一　(うえの・りいち)　嘉永元—大正九年(一八四八—一九二〇)　朝日新聞社長

伝記としては、朝日新聞社史編修室編『上野理一伝』(朝日新聞社、昭和三十四年)がある。上野のパートナーであった村山龍平の伝記には朝日新聞大阪本社社史編修室編『村山龍平伝』(朝日新聞社、昭和二十七年)があり、合わせて参照するとよい。朝日新聞の社史としては、朝日新聞社史編修室『朝日新聞の九十年』(朝日新聞社、昭和四十四年)があったが、朝日新聞社史編修室『朝日新聞社史』全四巻(朝日新聞社、平成二—七年)が刊行された。ただし、朝日新聞社の歴史や村山龍平・上野の関係は、これら伝記や社史が記述するほど単純ではなく、政府との複雑な極秘関係をもっていた。この点については、有山輝雄「『中立』新聞の形成—明治中期における政府と朝日新聞」(『成城文藝』一一七、昭和六十一年)を参照。　(有山　輝雄)

植原悦二郎　(うえはら・えつじろう)　明治十—昭和三十七年(一八七七—一九六二)　政治家・政治思想家

文書資料としてまとまったものはない。私宅および明治大学の戦災で戦前期資料の多くは焼失した。

自伝は『八十路の憶出』(植原悦二郎回顧録刊行会、昭和三十八年)、伝記資料に追悼集『植原悦二郎と日本国憲法』(植原悦二郎十三回忌記念出版刊行会、昭和四十九年)、伝記に高坂邦彦『清沢洌と植原悦二郎』(銀河書房新社、平成十三年)、長尾龍一編『植原悦二郎集』(信山社、平成十六年)所収の解説などがある。

言論活動の資料としては、*The Political Development of Japan* (**London, Constable and Co., 1910**)、『通俗立憲代議政体論』(博文館、大正元年)、『日本民権発達史』(政教社、大正五年、のち日本民主協会、昭和三十三年再版)、『日本民権発達史』二—四(日本民主協会、昭和三十三—三十四年)、『現行憲法と改正憲法』(大正二十一年)などの著書の他、大正期に雑誌『国家及国家学』『第三帝国』『東洋時論』『新公論』『新小説』などに掲載した諸論文がある。

研究書に松尾尊兊『大正デモクラシー』(岩波書店、昭和四十九年)、宮本盛太郎「植原悦二郎における国民主権論の形成」(『日本人のイギリス観』御茶の水書房、昭和六十一年)、高坂邦彦『清沢洌と植原悦二郎』(銀河書房新社、平成十三年)などがある。　(長尾　龍一)

上原勇作　(うえはら・ゆうさく)　安政三—昭和八年(一八五六—一九三三)　陸軍大臣・陸軍大将・元帥

旧蔵史料の第一は東京都立大学付属図書館蔵の「上原勇作関係文書」である。同史料は上原家と関係のあった阿部行蔵元東京都立大学教授により同館に納められたもので、来翰、発翰、メモ、書類など約二七〇〇点に上る膨大な史料群である。このうち約三〇〇点を抜粋、復刻をしたものが上原勇作関係文書研究会編『上原勇作関係文書』(東京大学出版会、昭和五十一年)である。原史料のうち、刊本に収録されていないものでは「日露戦争従軍日誌」などが注目される。なお、原史料の利用に当っては同館作成の「上原勇作関係文書目録」が有用である。

第二に現在も上原家が所有している史料群がある。これらは主として遺品、位記、日記から構成されており、現在、遺族の手によって整理が進められている。また、日記については同様に、復刻刊行に向けて作業が進められている。

第三に、故郷である宮崎県都城市にも関係資料が現存する。このうち遺品関係は上原家から寄託を受けた形で都城歴史資料館が保存している。また、旧蔵書を中心としたコレクションが「上原文庫」として都城市立図書館に所蔵されている。ただし、同文庫はすべてが上原の旧蔵書ではなく、徳富蘇峰、博文館などの寄贈図書も多く含まれているので利用には注意を要する。なお、上原の旧蔵書、寄贈書には「上原蔵」の印が捺されており、判断の材料となろう。また、防衛研究所戦史資料室、靖国偕行文庫にも関係資料があるが、特に上原を軸としてまとめられたコレクションはない。他に鹿児島県歴史資料センター黎明館に上原の発翰の所蔵が確認される。

著作としては婦人論を述べた『国と女』(上原述、芹沢登一編、日本家政社、大正十年)があり、銃後問題を扱い興味深い。他に「平和会議における有賀博士」(『外交時報』、昭和四年)、「日露戦役間の挿話片々」(『偕行社記事』七〇二、昭和七年)などがある。

伝記のうち代表的なものは元帥上原勇作刊行会編刊『元帥　上原勇作伝』上・下(昭和十二年)であり、前出の「上原勇作関係文書」所収の史料を中心に豊富な原史料が引用されている。詳細な年譜も付されており、有用である。この他に、南木生『時の人永遠の人』(博文館、大正九年)、松下芳男『日本の軍閥像』(原書房、昭和四十四年)にも比較的詳細な上原伝が収められている。

上原の史料を用いた研究は枚挙にいとまがないが、代表的なものとして北岡伸一『日本陸軍と大陸政策一九〇六—一九一八年』(東京大学出版会、昭和五十三年)、季武嘉也『大正期の政治構造』(吉川弘文館、平成十年)、照沼康孝「鈴木荘六参謀総長後任を繞って—宇垣一成と上原勇作」(『日本歴史』四二一、昭和五十八年)、永井和「内閣官制と帷幄上奏—初期内閣における軍事勅令制定の実態」(『富山大学教養部紀要　人文・社会科学篇』二十一—二、昭和六十三年)などが挙げられる。

(清水　唯一朗)

上村耕作(うえむら・こうさく)

明治十一—昭和十一年(一八七七—一九三六)　衆議院議員

奈良県生駒郡に生まれ、東京帝国大学法科大学を卒業後、実業界に入った。大正六年(一九一七)、四十歳で政界を志し、同年の第十三回衆議院議員総選挙に憲政会系無所属で、奈良県市部から立候補した。対立候補磯田粂三郎(政友会)を破り当選し憲政会入りするが、次の総選挙(大正九年)に出なかったので、議員歴はこの一期だけである。

政治関係文書は、平成元年(一九八九)憲政記念館に寄贈され、同館が分類整理した。内訳は、議院配付物十八、選挙関係書類二十、政党配付物六、官公庁・公共団体配付物二十八、建議類六、パンフレット等三十四、書状二十三である。政歴が浅く、党の機務に係わることがなかったので、政治的に重要な文書は見当たらない。書状の中には、江木翼・大隈重信・片岡直温・加藤高明・浜口雄幸・若槻礼次郎らの名が見えるが、ほとんどが選挙がらみの定形的な挨拶状である。

この文書の価値は、第十三回総選挙関連のもので、普選(昭和三年)以前の制限選挙時代における選挙戦の実際が、資料を通じて見られることにある。選挙人名簿、同情有権者(支持者)名簿、挨拶状、推薦状、運動員名簿、運動員報告(戸別訪問のメモ)、選挙運動用名刺、演説メモ、選挙運動中諸領収書、選挙事務所清算書等々、大量の書類が原形を保ち残されていて、選挙運動の全容が示されている。この時期の選挙関係書類は、官側のものはあっても、候補者側のものは散佚していて、本文書のようにまとまったものはなく、貴重な資料といえよう。他に、上村の在任中配付されたと思われる三十四点のパンフレットがあり、『政党の善悪と国民の裁判』(大正四年・小泉又次郎)、『西伯利亜出兵問題』(大正七年・小寺謙吉)、『政界革新私見』(大正八年・杉田定一)、『亡び行く国』(大正八年・山道襄一)、『米価問題と鈴木商店』(大正八年・鈴木商店)などが目をひく。官公庁配付物の中にある『議院建築意匠設計懸賞募集規程』は、当時話題を呼んだ国会議事堂建築の公募書類で、一式九点が揃っているのは珍しい。

この関係文書の目録は、衆議院憲政記念館編の『憲政記念館の二十年』(平成四年)および『憲政記念館所蔵資料目録』(平成十四年、いずれも非売品)に掲載されている。

（伊藤　光一）

宇垣一成（うがき・かずしげ）

明治元―昭和三十一年（一八六八―一九五六）　陸軍大臣

関係文書は、三箇所に分かれている。

第一は、宇垣家から寄贈されて憲政資料室に所蔵・公開されている「宇垣一成関係文書」である。総数は六六二点で、書簡、書類からなるが、その特徴は宇垣の時局に際しての抱負や考えを示した意見書、覚書、講演原稿などで、「憂国私議　昭和十二年八月」、「対時局対策私議　昭和十三年四月」、「己卯講演(講演筆記)昭和十四年」、「陸軍大臣選考方法に関するメモ」(年代不明)などがある。

第二は、前者と本来一体のもので、やはり宇垣家(長男一雄氏)より寄贈を受けた憲政記念館所蔵の「宇垣一成関係文書」である。総計四〇〇点で、日記四十一点、書簡一二九点、書類八十二点、辞令など一〇五点を含む。その主なものはなんといっても角田順校訂『宇垣一成日記』全三巻(みすず書房、昭和四十三―四十六年)として公刊されている日記原本の『一如庵随想録』三十三冊である。ただし、この「日記」が日々の記録というより、時局への自らの抱負・意見を記したものであることは、よく知られたとおりである。このほか陸軍大臣就任(大正十三年〈一九二四〉)から、朝鮮総督(昭和六年〈一九三一〉)をへて大命拝辞(昭和十二年)にいたる各時代の談話、覚書などがある。

第三は、早稲田大学中央図書館特別資料室に所蔵されている「宇垣一成関係文書」である。これは宇垣の女婿矢野義男氏より寄贈されたもので、総数一八九五点、前二者とは、来歴の異なるものといえる。同文書は、「宇垣一成宛諸家書簡目録」が作成され閲覧に供されているように、その大部分は大正期から昭和戦前期に宇垣に宛てた書簡一四七七通で、ほかに葉書・絵葉書三〇九点、地図・写真ほか十七点、講演草稿ほか四十三冊、印刷物ほか四十九点からなる。

書簡は目立ったものを挙げると、陸軍では上原勇作・田中義一・白川義則・南次郎、海軍では斎藤実・米内光政、官界では関屋貞三郎・今井田清徳・松本学・伊沢多喜男・吉田茂、貴族院議員の青木信光・有馬頼寧、政治家に民政党の浜口雄幸・斎藤隆夫・永井柳太郎・鶴見祐輔、政友会の小川平吉・竹越与三郎・古島一雄らがある。

この資料群のもう一つの特徴は、こうした著名人のほか昭和十二年一月の宇垣内閣流産事件や五月に持ち上がった東京市長問題で、宇垣を激励し期待する多数の市民からの書簡、葉書類があることである。宇垣待望論にあらわれる当時の国民意識を知る上で貴重な素材である。

伝記としては、宇垣一成述『身辺雑話』(今日の問題社、昭和十三年)、渡辺茂雄『宇垣一成の歩んだ道』(新太陽社、昭和二十三年)、宇垣一成述・鎌田沢一郎著『松籟清談』(文芸春秋新社、昭和二十六年)、額田坦『秘録・宇垣一成』(芙蓉書房、昭和四十八年)がある。

宇垣研究の資料としては、前述の『宇垣一成日記』のほか、主に上記三機関に所蔵される宇垣宛書簡九〇九点を復刻収録した宇垣一成文書研究会(代表兼近輝雄)編『宇垣一成関係文書』(芙蓉書房出版、平成七年)がある。同書収録の「宇垣一成関係書翰総目録」はそれまでに所在が確認できた宇垣をめぐる来往翰一二七九点に関し内容の摘記が付されており、書簡を用いる研究に有用である。また、同書解説の広瀬順晧「宇垣一成文書」の概要」、大西比呂志「宇垣一成の人脈―宇垣一成あて書翰差出人の分析」は、「宇垣一成関係文書」の概要を知る上で便利である。

宇垣にふれた研究は数多いが、彼自身を対象にすえたものとしては、井上清『宇垣一成』(朝日新聞社、昭和五十年)、松下芳男『昭和の軍閥像』(土屋書店、昭和五十五年)、富田信男ほか『政治に干与した軍人たち』(有斐閣、昭和五十七年)、渡邊行男『宇垣一成』(中公新書)(中央公論社、平成五年)がまとまったものである。

宇垣の個別研究には、関寛治「大陸外交の危機と三月事件―宇垣一成とその背景」(篠原一ほか『近代日本の政治指導―政治家研究2』東京大学出版会、昭和四十年)、馬場明「興亜院設置問題と宇垣一成」(『日中関係と外政機構の研究　大正・昭和期』原書房、昭和五十八年)、大西比呂志・李圭倍「宇垣朝鮮総督期の研究」(『青丘学術論集』十一、平成九年)、右の『宇垣一成関係文書』を編集したメンバーによる堀真清編『宇垣一成とその時代　大正・昭和戦前期の軍部・政党・官僚』(新評論、平成十一年)が、宇垣に関する十二篇の論文を収める。同書には宇垣の著述や雑誌などに掲載された評論記事の目録も掲載されている。

（大西　比呂志）

浮田和民（うきた・かずたみ）

万延元―昭和二十一年(一八六〇―一九四六)　政治学者・歴史家・早稲田大学教授

旧蔵の著作・自筆原稿・蔵書の大半は、長く在職(明治三十一―昭和十六年〈一八九七―一九四一〉)していた早稲田大学に所蔵されている。死去の翌年(昭和二十二年)に浮田家より欧文の旧蔵書が早稲田大学に寄贈された。これらは現在、文学部図書館に〝浮田文庫〟として一七〇点余、政治経済学部教員図書室に二一〇点余が分れて所蔵されている。この後、昭和三十九年に、浮田の史資料の保管に努めていた女婿原安三郎から早稲田大学図書館校史資料室(後、独立して大学史編集所を経て、現在の大学史資料センターとなる)にこれらが寄贈されて「浮田文庫」となり、同室嘱託で門下生中西敬二郎により整理された。その成果は、没後二十年を記念した早稲田大学校史資料室編刊『浮田和民博士年譜と著作目録』(中西敬二郎編、昭和四十一年)に反映され、同時に開催された展示会で一部が公表されてその目録「浮田和民博士追憶展々示品目録」(昭和四十一年)が会場で配付された。その後、「浮田文庫」の論説切抜を含む新聞・雑誌・冊子等に発表された約四〇〇点の著作を網羅した中西敬二郎編「浮田和民博士著述目録」(『早稲田大学史記要』二―二、昭和四十二年)・「浮田和民博士著述目録補遺」(同十一、昭和五十三年)が発表された。

「浮田文庫」の全貌を明らかにしたのは松田義男編「浮田文庫仮目録」(『早稲田大学史記要』十五、昭和五十七年)である。これは、著作類(訳著・講義録、論説〈切抜〉、論説等切抜帳、草稿・講演筆記、論説・講演等要旨控、英文抜粋控・英文ノート、講義案、各種控)、蔵書・関係資料(単行書、雑誌、冊子等各種印刷物、新聞、論説〈切抜〉)、伝記資料(浮田宛書簡、浮田書簡草案、同志社関係資料、エール大学留学時関係資料、日記類)、原稿雑篇他と旧蔵図書(図書館所蔵の細目書、文学部図書館〝浮田文庫〟の細目書、政治経済学部教員図書室所蔵の細目書)に分類されている。中でも、約四〇〇通の同志社関係者・キリスト教関係者・言論人からの浮田宛書簡は今後の研究課題である。

明治四十二年二月から大正六年(一九一七)六月まで総合雑誌『太陽』の主幹として自由主義の論調を展開して大正デモクラシー期前半の論壇で重きをなしていた浮田の研究は少なからずあるが、これらを集大成したのが松田義男である。「浮田文庫」の全貌を紹介した松田は「浮田和民著作目録」(『早稲田大学史記要』十六、昭和五十八年)・「浮田和民著作目録補遺(1)」(同十七、昭和六十年)を発表した後、『浮田和民研究—自由主義政治思想の展開—』（A4判・三〇〇頁の松田義男発行の非売品の私家版で数部のみ作成。第一版平成八年、第二版平成九年、第三版平成十年。いずれも筆者所持）を作成した。本書は、極めて克明な浮田研究の労作で、巻末の膨大な研究文献・参考文献・史料と詳細な年譜・著作目録は極めて有用で、今後の研究には必須の文献である。

なお、徳富蘇峰記念塩崎財団に明治から昭和に至る時期の徳富宛書簡・葉書七十五通が所蔵・公開されている。（佐藤　能丸）

潮恵之輔（うしお・しげのすけ）

明治十四—昭和三十年（一八八一—一九五五）　最後の枢密院副議長

関係する史料はほとんど残されていない。文書類は戦災で消失しており、親族でもある筆者が確認し得た範囲では、演説を録音したレコード盤を、夫人（潮実根・男爵益田親祥息女）が保管していた一例があるに過ぎない。

自伝を残していないが、著作物として、『南隣録』（守岡功、大正六年）と『選挙粛正と婦人の力』（新政社、昭和十一年）の二冊が国立国会図書館に所蔵されている。

『南隣録』は、内務省地方局府県課長当時に刊行された非売品である。「南隣」すなわち上海や香港、広東などを訪問した随想であり、彼の地の治安や教育、宗教や産業を紹介しつつ、随所で所論を述べている。「海を措いては国民の大発展を期待することは（中略）到底不可能」と海洋国家論を唱えているほか、「日支親交」を説き「動もすれば彼我互いに侮蔑を以て迎へんとするかの観すらある」と憂えている。内務官僚当時の政治思想を知る上での有益な一次資料である。

『選挙粛正と婦人の力』は、内務大臣（兼文部大臣）に就任する直前に発売されたもので、昭和十年（一九三五）九月十七日に東京中央放送局で放送されたラジオ講演の要旨録である。「一人の切なる祈りは万人を動かす」などと語り、「選挙粛正運動」に寄与すべき「婦人の貢献」を説いている。普通選挙法制定に尽力した潮の立場を確認できる資料である。

以上二冊の他には、関係する資料はほとんど存在しない。まとまった伝記はなく、古い資料として「潮・島田両大臣号」（『島根評論』十三—四、昭和十一年）があるに留まる。同様に、潮個人に焦点を当てた研究も見当たらない。

潮に関する記述は、秦郁彦編『日本近現代人物履歴事典』（東京大学出版会、平成十四年）をはじめとする人物辞典類に略歴が記載されているほか、まとまったものはない。ただ、枢密院副議長時代、新憲法草案の審査委員長を務めていた関係上、佐藤達夫『日本国憲法誕生記』（大蔵省印刷局、昭和三十二年、のち中公文庫、中央公論社、平成十一年）をはじめ、憲法成立過程を扱った文献類に関連記述が見られる。また、広田弘毅内閣の閣僚を務めた関係上、広田首相を対象とした研究や文書に若干の関連記述がある。その他、拙稿「祖父と私」（拙著『最後の理性』四谷ラウンド、平成十二年）の中にも若干の関連記述があり、http://www.glocomnet.or.jp/okazaki-inst/ushio.gpandi.htmlで公開されている。

以上の他、重要な資料として、当時の国会記録を挙げることができる。特に閣僚時代には頻繁に答弁席に立っており、大臣としての所見を確認し得る有益な一次資料となっている。同様に、国立公文書館に保存されている「枢密院委員会録」（『枢密院会議議事録』昭和編全九十六巻、東京大学出版会、平成四—八年）も、枢密顧問官としての足跡を確認できる重要な一次資料である。（潮　匡人）

内田嘉吉（うちだ・かきち）

元治元—昭和八年（一八六四—一九三三）　台湾総督

関係史料としては、蔵書類が有名である。蔵書は、没後に東京市立駿河台図書館に寄託され、「内田文庫」として広く知られていた。この「内田文庫」は現在、千代田区立千代田図書館に引き継がれ現在約一万七〇〇〇冊を数えている。内容は一般書から専門書まで幅広いが、逓信官僚として特に海運政策に関わっていたことから運輸関係の書籍に特徴がある。さらに、台湾総督府民政長官（明治四十三年〈一九一〇〉八月―大正四年〈一九一五〉十月）および台湾総督（大正十二年九月―十三年九月）であったこともあり、台湾関係の書籍も多く、また満洲など台湾以外の植民地に関する書籍も少なくない。これらは、基本的には刊行物主体であるが、僅かながら「大連取引所金建問題関係資料」などの文書類も含まれている。

戦前の「内田文庫」は、故内田嘉吉氏記念事業実行委員会編『内田嘉吉文庫図書目録』第一編（和漢図書目録）・第二編上（欧文図書目録）・第二編下（欧文図書目録）・第三編（和漢洋書索引）（東京市立駿河台図書館、昭和十二年、のち龍溪書舎、平成十年復刻）、および故内田嘉吉氏記念事業会著・発行『内田嘉吉文庫稀覯書集覧』（昭和十二年、のち龍溪書舎、平成十年復刻）からその内容を窺うことは可能であるが、そのすべてが現在、千代田図書館が所蔵するものと一致するわけではない。また、文書類のなかにも「台湾議会設置関係書類」など紛失したものもある。

このように、内田に関しては、文書ではなく蔵書類しか残されていない。しかし、関係する史料としては、憲政資料室所蔵の「鈴木三郎関係文書」（閲覧用仮目録あり）が、台湾総督府民政長官時代を知るうえで重要であり、内田宛電報など直接関係する史料も含まれている。この他、台湾総督も含めた台湾総督府時代の一次史料としては、台湾の南投県中興新村にある国史館台湾文献館が所蔵する「台湾総督府公文類纂」が重要である。また、『台湾総督府事務成績提要』（復刻版は『中国方志叢書・台湾地区・第一九二号』全九十五巻、台北・成文出版社、一九八五年に収録）、および井出季和太『台湾治績志』（台湾日日新報社、一九三七年、のち青史社、昭和六十三年復刻）、台湾救済団編・発行『佐久間左馬太』（一九三三年）も台湾総督府時代を知る背景として参考になる。

なお、憲政資料室所蔵史料のなかには、書簡が少量ながらも存在する。内訳は平田東助宛二通・樺山資英宛一通・寺内正毅宛一通・尾崎三良宛一通・斎藤実宛三通・野村靖宛一通・大隈重信宛一通（マイクロ：現物は早稲田大学所蔵）・三島弥太郎宛一通・下村宏宛二通・安達峰一郎宛二通である。

著作については、『国民海外発展策』（拓殖新報社、大正三年）、『列国禁酒の趨勢』（日本国民禁酒同盟本部、大正十年）の他、『逓信事務と安全第一』（逓信協会編・発行、大正六年）、『海商法』（二冊、東京法学院、明治三十六年）、『商法海商』（和仏法律学校、明治三十五―三十六年）といった講述・講義録、『国民保険論』（アーウィング・フィッシャー著、台湾日日新報社、一九一四年）や『南洋』（A・R・ワーレス著、柳生南洋記念財団・南洋協会、昭和六年、のち『馬来半島』として昭和十七年改訂再版）といった翻訳もある。

また、伝記は編纂されなかったが、内田誠『父』（双雅房、昭和十年）が唯一の追想録となっている。

（加藤　聖文）

内田康哉（うちだ・やすや）

慶応元―昭和十一年（一八六五―一九三六）　外務大臣

関係資料は、昭和十七年（一九四二）一月の空襲による外務省庁舎の火災で自筆日記はじめ、すべてのものが失われた。しかしそうした一次資料を利用して青木新元スペイン公使が執筆した「内田伝記草稿」は、青木氏の自宅にあって無事であった。草稿は昭和十八年に外務省に提出されたが、戦時中の印刷事情の悪化から公刊に至らなかった。

草稿はザラ紙等を使用した大部のもので、現在外交史料館に保存されている。しかし、自身の活動に関係のない一般的外交の記述もあり、整理の上公刊されることが望まれていた。要望に応え、内田康哉伝記編纂委員会と鹿島平和研究所の編により、草稿を四分の一に圧縮する作業を行い、『内田康哉―近代日本の内田外交』(鹿島研究所出版会、昭和四十四年)として刊行された。個人の伝記編纂より内田外交の記述に重点を置いて整理されたが、二十代から時折記した彼自身の「国策」についての意見書など主要な部分はすべて収録されている。

内田を扱った研究書はないが、論文に河村一夫「内田康哉伝記草稿を読みて—特に宣統帝との親交について」(『日本歴史』三三九、昭和五十六年)、三輪公忠「満州事変と内田康哉—日本人の地方主義第三回」(『時の課題』昭和四十七年三月号)、池井優「内田康哉—焦土外交への軌跡」(『国際政治』五十六、昭和五十二年)がある。（池井　優）

内田祥三（うちだ・よしかず）

明治十八—昭和四十七年(一八八五—一九七二)

東京帝国大学総長

旧蔵の文書・記録には、東京大学史史料室と東京都公文書館に所蔵されている史料群がある。

東京大学史史料室所蔵の「内田祥三史料」は、『東京大学百年史』の編集にあたって内田家から百年史編集室(現・東京大学史史料室)に寄託された史料群である。全五一四点の資料は、『内田祥三史料目録』(東京大学史史料目録**4**、東京大学百年史編集室、昭和五十三年)として目録化されている。「大学本部関係」、「大学部局関係」、「その他大学関係」、「学外各種委員会関係」、「その他」に分類されているが、その中心をなすのは「大学本部関係」である。ここには、総長時代の大学財政に関する文書や評議会記録、大学院特別研究生候補者名簿、大学制度(臨時)審査委員会、戦時体制などの学内文書のほか、東京大学における関東大震災関係資料、大講堂(安田講堂)建築関係資料、農学部・第一高等学校移転関係資料などキャンパス計画に関する史料が収められている。また、「学外各種委員会関係」には日本学術振興会や学術研究会議などの史料が収められている。

関東大震災後、内務省復興院震災補償審査委員会委員や同潤会の理事、都市計画関係の委員や建築学会会長をつとめたが、これらの委員会等での文書や図面を収めているのが東京都公文書館によって所蔵・公開されている「内田祥三資料」である。この史料群の目録は『内田祥三資料目録(I)』(平成元年)および『内田祥三資料目録(II)』(平成七年)として刊行されている。このほか、館内で使用できる目録として、「内田祥三資料雑誌目録」、「内田祥三資料マイクロ目録」がある。

建築家としての作品は、内田祥三先生眉寿祝賀記念作品集刊行会編『内田祥三先生作品集』(鹿島研究所出版会、昭和四十四年)としてまとめられている。なお、この作品集のために企画され、昭和四十三年(一九六八)五月から十一月にかけて全十六回にわたって行われたインタビューの記録が「内田祥三談話速記録」として、『東京大学史紀要』十九(平成十三年)から連載されている。（大島　宏）

内田良平（うちだ・りょうへい）

明治七—昭和十二年(一八七四—一九三七)　黒龍会創立者

関係文書は、戦後まもなくGHQ関係者と、また戦前から出入りしていた右翼関係者が持ち出したこともあって体系的に残っているわけではない。文書は福岡、東京を点々とし、一部史料は亜細亜大学図書館にも存在する。最終的に内田家に残っていた文書は、黒龍会第二代主幹葛生修亮が持ち出したボストンバッグ一個分の史料である。現在常磐大学で保管されている。

内田史料は、電報、書簡、書類、パンフレット、メモおよび日記に大別される。なかでも日韓併合のときの現地との電報は極めて資料的価値も高く、併合運動の一側面を知ることができる。書簡は、杉山茂丸、寺内正毅、李容九などの書簡や内田自身の書簡草案がその多くを占めている。なお、このときの電報などを紹介した書としては、西尾陽太郎「辛亥革命関係資料」(福岡ユネスコ協会編『日本近代と九州』九州文化論集四、平凡社、昭和四十七年)がある。

義和団の乱前後の内田研究には、「井手三郎日記」、「井上雅二日記」(いずれも東京大学法政史料センター所蔵)や近衛篤麿日記刊行会『近衛篤麿日記』全五巻(鹿島平和出版会、昭和四十三年)や酒田正敏『近代日本における対外硬運動の研究』(東京大学出版会、昭和五十三年)や波多野勝「北清事変以後の対外硬運動の展開(1)(2)」(『法学研究』五十四―九・十、昭和五十六年)を参照されたい。

多くの伝記、研究業績がある。未完であるが自伝『硬石五拾年譜　内田良平自伝』(葦書房、昭和六十三年)、黒龍会倶楽部『国士内田良平伝』(原書房、昭和四十二年)、滝沢誠『評伝内田良平』(大和書房、昭和五十一年)、研究書としては初瀬龍平『伝統的右翼内田良平の研究』(九州大学出版会、昭和五十五年)、韓相一『日韓近代史の空間』(日本経済評論社、昭和五十九年)などがある。また内田の盟友でもあった武田範之についても、内田の書簡が多数存在する。これは「武田範之文書」として憲政資料室で、また内田の縁戚関係では、やはり同資料室所蔵で国権主義者の「平岡浩太郎文書」に、また同資料室所蔵マイクロフィルムの「梅屋庄吉文書」にも確認することができる。梅屋は孫文を助け多くの大陸浪人や右翼関係者との交流があったことで知られている。内務省が内田の中国革命家との関係でその動向を探ったものとしては外交史料館に所蔵されている「各国内政関係雑纂・支那の部、革命家関係」(第三十九巻)、同「革命党関係」(第二十巻)が参考となる。

自身の書や黒龍会関係のものとしては、『会報』や『東亜日報』、『内外時事月函』、『亜細亜時論』などが存在する。その他に内田宛書簡が利用されている(必ずしも正確とはいえないが)葛生修亮編『日韓合邦秘史』(原書房、昭和四十一年)、以下黒龍会編の書として『露国当方経営部面全図』(黒龍会、明治三十五年)、『支那観』(黒龍会、大正二年)、『国難論集』(黒龍会出版部、大正十四年)、『満蒙の独立と世界紅十字会の活動』(先進社、昭和六年)、『日本之亜細亜・皇国史談』(黒龍会出版部、昭和七年)、『黒龍澗人歌集』(黒龍会本部、昭和九年)、『満韓開務鄙見』(内田良平、明治三十九年)、『武道極意』(黒龍会出版部、大正十四年)があげられる。また内田史料を公刊したものとして内田良平文書研究会『黒龍会関係資料集』全十巻(柏書房、平成四年)、同会編『内田良平関係文書』全十二巻(芙蓉書房、平成六年)がある。最後の者は内田文書の重要史料を取り上げたもので、前述した電報や書簡も含まれている。

(波多野　勝)

内村鑑三(うちむら・かんぞう)　文久元―昭和五年(一八六一―一九三〇)　キリスト教思想家・無教会キリスト教指導者

①自身が論文、書物として執筆した伝道文書、聖書の注解などが無教会信徒たちなどの手によって整理され、のちに叢書、選書、全集などとしてまとめられたものなどが比較的多く残されていることが特徴である。②彼が信仰的な指導をしていた無教会集会におけるメンバーによる回想録や伝記などその他、③史料が整理された後に、さまざまな立場から執筆された評伝、研究書・論文の類もかなりあるので、関係資料は豊富である。また、おおむね内村が活動していた時期のキリスト教をめぐる事情を語る同時代資料をひろく集めたものに、佐波亘『植村正久と其の時代』全九巻(補遺、新補遺まで含めて、教文館、平成十二年)がある。

①には『内村鑑三著作集』全二十一巻(岩波書店、昭和二十八―三十年)、『内村鑑三日記書簡全集』全八巻(教文館、昭和三十九―四十年)、内村美代子編『内村鑑三思想選書』全六巻(羽田書店、昭和二十四―二十五年)、『内村鑑三信仰著作全集』全二十五巻(教文館、昭和三十七―四十六年)、山本泰次郎編『内村鑑三聖書注解全集』全十六巻(教文館、昭和三十五―三十六年)、『内村鑑三文明評論集』全四巻(講談社、昭和五十二年)、『内村鑑三

全集』全四十巻(岩波書店、昭和五十六―五十七年)、鈴木範久編『内村鑑三選集』全九巻(岩波書店、平成二年)、『内村鑑三日録』全十二巻(教文館、平成七年)、『内村鑑三随想集』(岩波書店、昭和二十三年)などがある。なお、北海道大学附属図書館に「内村鑑三文庫」があり、内村自身の蔵書が収蔵されており、内村による書き込みなども確認できる。その内容はキリスト教関係のものは当然として、札幌農学校の出身者(第二期生)らしく、学問的に専門領域とした水産学をはじめとした自然科学関係の書物も多い。また、国際基督教大学図書館には「内村鑑三記念文庫」が設置されており、ここには、自筆資料や写真、著作、伝道雑誌および内村関係の諸資料が収められている。『内村鑑三記念文庫目録』(同大学、平成九年)がある。

②には、早いものに鈴木俊郎編『内村鑑三先生追想集』(岩波書店、昭和九年)、石原兵永『内村鑑三の思想と信仰』(木水社、昭和二十三年)、同「内村鑑三」(『石原兵永著作集』六、山本書店、昭和四十七年所収)、鈴木俊郎『回想の内村鑑三』(岩波書店、昭和三十一年)があり、山本泰次郎『内村鑑三』(角川書店、昭和三十二年)、塚本虎二『内村鑑三先生と私』(伊藤節書房、昭和三十六年)、関根正雄『内村鑑三』(清水書院、昭和四十二年)、中沢治樹『内村鑑三』(キリスト教夜間講座出版部、昭和四十六年)、また、矢内原忠雄「余の尊敬する人物」(『矢内原忠雄全集』二十四、岩波書店、昭和四十年)、黒崎幸吉「内村鑑三記念」(『内村鑑三著作集』五、新教出版社、昭和四十八年)などの門弟の著作集のなかに含まれているものもある。また、前掲『内村鑑三選集』の別巻が『内村鑑三を語る』となっており、宮部金吾、新渡戸稲造、海老名弾正、松村介石、山路愛山、徳富蘇峰、暁烏敏など内村と同じ時代を生きた、キリスト教界の内外の人々による回想録が集録されている。

③には阿部行蔵『若き内村鑑三』(中央公論社、昭和二十四年)、森有正『内村鑑三』(弘文堂、昭和二十八年、のち講談社、昭和五十一年)、小原信『評伝内村鑑三』(中央公論社、昭和五十一年)、政池仁『内村鑑三伝』(教文館、昭和五十二年)などがある。内村没後の無教会の信仰の後継者たちの群像に関しては、鈴木俊郎『内村鑑三以後四十年』(岩波書店、昭和四十六年)、稲垣真美『内村鑑三の末裔たち』(朝日新聞社、昭和五十一年)、藤田若雄『内村鑑三を継承した人々』上・下(木鐸社、昭和五十二年)、太田雄三『内村鑑三　その世界主義と日本主義をめぐって』(研究社出版、昭和五十二年)などがある。以下、個別の論点についての文献であるが、多岐にわたるので、摘要。非戦論については、岩井忠熊「内村鑑三小論　そのナショナリズムと非戦論」(『立命館文学』九十二、昭和二十八年)、稲田雅洋「日露非戦論―内村鑑三と深沢利重」(『愛知教育大学研究報告　社会科学』三十五、昭和六十一年)、千葉真「内村鑑三―非戦の論理とその特質」(『日本政治学会年報　一九九二』岩波書店、平成四年)。宗教的論理については、鹿野政直「内村鑑三小論―日本におけるプロテスタントの歴史的運命」(『思想』三九一、昭和三十二年)、鈴木範久「内村鑑三の無教会主義と『自然』」(『立教大学研究報告　人文科学』三十四、昭和五十二年)、小泉仰「エレミヤと内村鑑三」(『社会科学討究』二十六―一、昭和五十五年)、原島正「内村鑑三の終末思想―『再臨論』批判を中心に」(『季刊日本思想史』四十、平成五年)、田中収「内村鑑三と儒教」(『名古屋大学法政論集』一五四、平成六年)、小泉仰「預言者エレミヤと内村鑑三―召命から非戦論までの軌跡」(『社会科学ジャーナル』四十二、平成十一年)、**Sonntag Mira**「内村鑑三と大正期の再臨運動」(『キリスト教学』四十三、平成十三年)、川端伸典「内村鑑三の回心をめぐって―『二つのJ』の意味したもの」(『日本の哲学』二、平成十三年)など。社会思想に関しては、高崎宗司「内村鑑三と朝鮮」(『思想』六三九、昭和五十二年)、大内三郎「日本キリスト教史における進化論の問題―内村鑑三を中心にして」(『日本文化研究所研究報告』十四、東

北大学文学部、昭和五十三年）、山田洸「内村鑑三と社会批判」（『山口大学文学会誌』三十一、昭和五十五年）、堀孝彦「国民道徳論」と内村鑑三―日本における近代倫理学の屈折―1」（『名古屋学院大学論集　社会科学篇』二十九―三、平成五年）、伊東正悟「内村鑑三と国家神道」（『龍谷史壇』一〇六、平成八年）などがある。

（市川　浩史）

内海忠勝（うつみ・ただかつ）

天保十四―明治三十八年（一八四三―一九〇五）

内務大臣

関係する史料は、ほとんど残されていないようである。地方官として赴任した地のうち、『長崎県会事蹟』、『兵庫県会史』、『神奈川県会史』などに県会に宛てた達令などがあるが、断片的である。内海発信の書簡が、「井上馨関係文書」、「都筑馨六関係文書」、「野村靖関係文書」、「品川弥二郎関係文書」、「桂太郎関係文書」（以上、憲政資料室所蔵）などの長州関係者の他、公刊されている各関係文書に残されている程度である。

自筆による「内海忠勝自伝」、「内海忠勝履歴之概略」、「辞令書控」などがあったようだが、邸宅が太平洋戦争のために全焼し焼失してしまった。ただ、山口県文書館には「内海忠勝履歴　忠勝自伝草稿」（明治三十六年）が所蔵されている。

伝記としては、高橋文雄『内海忠勝伝』（内海忠勝顕彰会、昭和四十一年）が、周辺史料を丹念に調査してまとめたもので、現在人物像を窺うことのできる唯一で最も浩瀚なものといえる。付録に「忠勝自伝草稿」と「内海忠勝年譜」がある。人物評としては、大岡力『地方長官人物評』（長島書店、明治二十五年）や長田偶得『逸事奇談　明治六十大臣』（大学館、明治三十五年）など、同時代の書物に地方官や内務大臣としての内海が紹介されているものの、断片的で史料的価値は高いとはいえない。

上述のような史料状況のためであろうか、内海に関する学術研究は管見の限りないようである。わずかに、服部敬『近代地方政治と水利土木』（思文閣出版、平成七年）が、大阪府知事として大阪築港問題に携わった内海を扱っているが、上述の史料は用いていない。したがって、内海の研究にあたっては、上述の『内海忠勝伝』や内海発信の書簡から周辺史料を調査し、全体像をつかんでいく以外に方法がないといえる。

（神崎　勝一郎）

梅謙次郎（うめ・けんじろう）

万延元―明治四十三年（一八六〇―一九一〇）　法学者・法制局長官

「梅謙次郎文書」は、死後、東京大学法学部と法政大学に二分された。東京大学に寄贈された分は、穂積陳重等によって九十八冊二十七帙からなる『梅博士執筆法令原案』等に整理されたが関東大震災により消失した。その一方、法政大学に寄贈された分は、近年マイクロフィッシュによってすべてが一般に公開され、電話による予約のみで閲覧と複写が完全に自由にできるようになった。

法政大学所蔵の「梅文書」には、詳細な目録（梅文書研究会『法政大学図書館所蔵　梅謙次郎文書目録』法政大学ボアソナード記念現代法研究所、平成十二年）が作成されており、目録作成の経緯などの解説も附されている。この梅文書は、商法・民法・破産法・法例についての「立法関係資料」、「著作原稿・意見書・講義備忘録」、「韓国立法起案関係文書」、「その他」として四分されている。この梅文書を整備する際の詳細な経緯と梅文書と蔵書の散逸の過程に関する分析その他は、梅文書研究会の一人岡孝の論文「日本民法典の編纂―梅謙次郎文書の紹介を兼ねて」（『法曹時報』五十一―四、平成十一年）に詳しく紹介されている。また、この論文は民法典編纂の視角から、関連する文書を整理し梅の活動を評価している。民法以外にも活動は多岐にわたったが、商法の成立と梅の貢献についてまとめたものとして、高田春仁「商法学者・梅謙次郎―日本商法学の出発点」（後掲『法律時報　特集　民法１００年と梅謙次郎』）がある。しかし、それに匹敵すると考えられる法例の成立過程との関係については、資料不足も相まって十分な研究が行われていないようである。民法二条の外国人の私権享有についての主張については、大河純夫「外国人の私権と梅謙次郎(一)(二)」(『立命館法学』二五三・二五五、平成九年)が参考となる。この論文は、もう一つの代表的業績である韓国法典整備についても最後に言及している。

韓国法制整備について梅文書を使った研究としては、鄭鍾休『韓国民法典の比較法的研究』(創文社、平成元年)、李英美「朝鮮統監府における法務補佐官制度と慣習調査事業(一)~(五)—梅謙次郎と小田幹治郎を中心に—」(『法学志林』〈法政大学法学志林協会〉九十八—一・四、九十九—二~四、平成十三—十四年)がある。

梅文書は、法政大学所蔵分以外にも、憲政資料室の「憲政史編纂会収集文書」(五八二「条約締結権ニ関スル諸外国ノ例」、「陸奥宗光関係文書」(七十一—四「外国ノ皇太子ニ対スル罪ニ付諸外国ノ例」)、「後藤新平関係文書」(「台湾に関する鄙見」法政大学に原文所蔵、「カークード氏台湾ニ関スル覚書説明筆記」)などにも若干含まれている。これは、法学者であるのみならず、第二次松方内閣の途中から法制局長官に就任し、明治三十年(一八九七)から条約改正実施準備が完了する直前に第三次伊藤内閣が辞任するまで、二つの内閣にまたがってその職務を務めているからである。政治家としての側面については今後の研究の進展が期待される。短期間で民法の修正に成功し条約改正に成功したことにより構築された伊藤博文との関係についての考察、後藤新平の台湾行きの直前に第三次伊藤内閣において行われた台湾統治再編に対する法制局長官としてのリーダーシップ、韓国法典整備事業に対する梅の動機など、植民地の法的枠組みについての関与も問題である。

著書・論文の総合目録は、没後の翌年明治四十四年に、総長を務めた法政大学でまとめられているが、それを元にして、近年、主要な論文の内容紹介を付け加え、さらに講演速記、法律以外の論説と講演も含めて編集したものとして、岡孝・江戸恵子「梅謙次郎著書及び論文目録」(『法学志林』八十二—三・四、昭和六十年)がある。また、近年の地方の町おこしに伴い、故郷の松江でも、松江市図書館が顕彰事業を行うようになり、その一環として、『わが民法の父　梅謙次郎博士顕彰碑建立の記録』(梅謙次郎博士顕彰記念誌編集委員会編・発行、平成四年)が発行されている。

学者の思想を論じる際には蔵書も重要な手がかりとなるが、梅の蔵書は、草稿や意見書等の文書が寄贈されたと同じ東大と法政大学、および故郷の島根県立図書館(旧松江図書館)に三分されて寄贈された。唯一、現在の島根県立図書館では受け入れ原簿が特別に閲覧でき、行政学・財政学・移民と植民政策学など法学以外の図書、それから警察、戸籍、地方自治、国際私法、国際法、保険や不動産登記など商法関係の当時の代表的文献も散見される。前掲の岡によれば、東京大学と法政大学でも若干の図書が蔵書印等から蔵書と確認できるというが、寄贈リストは保管されていない。

伝記としては、東川徳治『博士梅謙次郎』(法政大学、大正六年)、大内兵衛「梅謙次郎伝　その一~九」(『法政』〈法政大学〉三—五~四—三、昭和二十九—三十年)が代表的で、その他の短い短編の伝記については、昭和六十年(一九八五)までのものが、前述の岡孝・江戸恵子「梅謙次郎著書及び論文目録」の冒頭で紹介されている。重要なエピソードを多く含むものとしては、ボアソナード関係資料調査委員会「梅博士著書及び論文目録の編集を終えて」(岡孝・江戸恵子執筆、『法政』法政大学、昭和五十九年)、および牧野英一(梅の助手)「民法学の権威梅謙次郎先生」・梅徳「父を語る」(高久茂『切手になった日本文化人』一二三書房、昭和三十三年)がある。また、条約改正の土台を築いた民法典編纂から百周年を記念して、最近、『法律時報』(七十—七、日本評論社、平成十年)が〈特集　民法百年と梅謙次郎〉を発行している。この中で生い立ちや留学の過程、業績についての評価が個別テーマ毎にまとめられており、有益である。日本法制史研究と日本政治史研究の壁を越えて、法学者の政治との関わりはますます重要なテーマとなっていくであろう。

（浅野　豊美）

え

江木千之（えぎ・かずゆき）

嘉永六—昭和七年（一八五三—一九三二）　長州閥文部内務官僚・貴族院議員

嗣子翼の長男江木芳郎氏の手元に残った史料を発掘、整理したのは伊藤隆で、その概要は伊藤隆「「江木千之・翼関係文書」、「小泉策太郎関係文書」」（『社会科学研究』〈東京大学社会科学研究所〉二十六—二、昭和五十年）として紹介されている。内訳は井上馨・白根専一・山県有朋などの江木宛書簡六十四通（伊藤論文には内容摘記が施されている）、日記十二冊で明治四十二年（一九〇九）四月二十一日から死去する昭和七年（一九三二）八月二十日（ただし、明治四十四年六月から大正二年〈一九一三〉九月までは欠）まで存在する。日記はほぼ毎日書かれているが、記述は出席した会合や会った人物の名前のみの場合が多く、内容的に乏しい。これらはマイクロフィルム化され、東京大学社会科学研究所で公開されたが、日記だけならば憲政資料室でも複製マイクロフィルムで閲覧できる（ただし、明治四十二—四十四年分は「大岡直嘉文書」に入っている）。

まとまった伝記はないが、死後自伝『江木千之翁経歴談』（江木千之翁経歴談刊行会、昭和八年、のち大空社、昭和六十二年復刻）が出版されている。江木に関する研究としては、明治末大正前期の貴族院をリードした「十金会」メンバーとして高橋秀直が「山県閥貴族院支配の構造」（『史学雑誌』九十四—二、昭和六十年）など一連の研究で明らかにしており、また三井須美子は『都留文科大学研究紀要』四十二以降連載で、大正期の教育調査会・臨時教育会議における江木の言動に触れている。ちなみに、中野実「水野直教育関係文書・教育調査会関係史料（一）」（『東京大学史紀要』三、昭和六十年）に紹介された水野直関係文書中からも、江木の動向をかなり窺い知ることができる。

（季武　嘉也）

江藤新作（えとう・しんさく）

文久三—明治四十三年（一八六三—一九一〇）　衆議院議員

江藤新平の二男・新作の関係文書は、東京大学法学部の近代立法過程研究会が収集し、現在東京大学法政史料センター原資料部に所蔵されている。同研究会による目録「近代立法過程研究会収集文書No.25　江藤新作関係文書」（昭和四十八年）がある。

同文書は自筆草稿五十四点、書類二十一点、

書翰三十通と新聞・スクラップ十点からなる。自筆草稿には議会および選挙における演説草稿や「国人主権論」、「総理大臣論」、「憲法論」等の草稿の他、旧除族者の復禄請願に関するもの、「略履歴書」等があり、書類には「明治二十七年十月広島臨時議会書類」、「地租増徴反対同盟会書類」等が見られる。また書翰は犬養毅・尾崎行雄・小村寿太郎・水町袈裟六からの来翰を含んでいる。

なお、早稲田大学所蔵の「大隈文書」中に江藤の書翰が残されている。（岸本　昌也）

江藤新平（えとう・しんぺい）

天保五―明治七年（一八三四―一八七四）　初代司法卿

旧蔵の文書・記録の大部分は佐賀県立図書館郷土資料室に所蔵され、同館作成の目録「江藤家資料」がある。残余は曾孫江藤茂國氏（佐賀市在住）が所蔵している。これら史料のうち主なものは、嗣子江藤新作らによってまず幕末期分が『南白遺稿』（博文館、明治二十五年）として編纂され、さらに明治期分などを増補して『南白江藤新平遺稿　前集・後集』（吉川半七、明治三十三年）にまとめられたが、いまでは稀覯本となって入手困難である。そこで、佐賀県立図書館所蔵分と江藤茂國氏所蔵分とを合体してマイクロフィルム十七リールに収めた広瀬順晧編修／杉谷昭・毛利敏彦監修『江藤新平関係文書』（「明治初期政治史料集成」一、北泉社、平成元年）が作成された。同書には詳細な目録に加えて、幕末期分については杉谷昭による解説、明治期分については毛利敏彦による解説が付されている。なお後者は「明治初期政治・法制史における江藤新平―『江藤新平関係文書』解説―」と改題加筆されて毛利敏彦『明治維新政治外交史研究』（吉川弘文館、平成十四年）に収載されている。

公文書としては、法務省法務図書館に「司法職務定制」など司法卿時代の関係史料が所蔵されている。

伝記には、江藤新作『南白先生小伝』（前記『南白江藤新平遺稿　前集』附録、明治三十三年）、鹿島桜巷『江藤新平』（実業之日本社、明治四十四年）などに続く本格的労作として、的野半介『江藤南白』上・下（南白顕彰会、大正三年、のち「明治百年史叢書」、原書房、昭和四十三年復刻）がある。著者の的野半介は福岡玄洋社系の人物で明治後期には憲政本党所属の代議士だったが、友人で同じく憲政本党所属代議士の江藤新作から亡父新平の事績を聞かされて感銘を受け、名誉回復の一環として本書を著した。江藤家所蔵史料を駆使した上下二巻一五八〇ページにもおよぶ大著であり、以後の江藤新平にたいする理解や評価に大きな影響をおよぼした。ただし、当然のことながら時代的制約は避けがたく、その描きだした人物像に偏りがあるのも否めないから、利用にあたっては慎重な配慮を要する。その後、杉谷昭『江藤新平』〈人物叢書〉（吉川弘文館、昭和三十七年）、園田日吉『江藤新平伝』（大光社、昭和四十三年）、園田日吉『江藤新平と佐賀の乱』（新人物往来社、昭和四十九年）、毛利敏彦『江藤新平―急進的改革者の悲劇―』〈中公新書〉（中央公論社、昭和六十二年、増訂版平成九年）、鈴木鶴子『江藤新平と明治維新』（朝日新聞社、平成元年）、江藤冬雄著／毛利敏彦監修『南白江藤新平実伝』（佐賀新聞社、平成十二年）などがある。

前記『江藤新平関係文書』を用いた最近の研究論文としては、狐塚裕子「教部省の設立と江藤新平」（福地惇・佐々木隆編『明治日本の政治家群像』吉川弘文館、平成五年）、毛利敏彦「近代日本国家文教体制における西洋学立脚原則の選択―初代文部大輔江藤新平の歴史的決断―」（『法学雑誌』〈大阪市立大学法学会〉四十八―一、平成十三年）などがある。後者は「学校教育は〈西洋ノ丸写シ〉で―初代文部大輔江藤新平の歴史的決断―」と改題加筆されて前記毛利敏彦『明治維新政治外交史研究』に収載されている。（毛利　敏彦）

榎本重治（えのもと・じゅうじ）

明治二十三―昭和五十四年（一八九〇―一九七九）

海軍教授兼海軍書記官

旧蔵の図書および記録などは、榎本史料として防衛研究所図書館史料室および海上自衛隊幹部学校に分割所蔵されている。防衛研究所所蔵のものは、本人が厚生省援護局業務第二課に寄託したものを防衛研修所戦史室に移管寄託したもの(寄託史料)およびその後本人が戦史室に寄贈したもの(寄贈史料)の二種類に区分保存されている。前者の寄託史料は、軍縮会議関係史料・国際法関係図書など約六〇〇冊(内約一三〇冊が洋書など)であり、後者の寄贈史料は、東京裁判関係の速記録・供述書などと国際法関係の雑誌類で約四〇〇冊あり、その内大半が雑誌類(約三三〇冊)である。

一方海上自衛隊幹部学校(以下海幹校と記す)所蔵のものは、遺族が昭和五十八年(一九八三)に同校へ寄贈したもので、国際法関係図書・資料、軍縮会議関係資料、戦後外務省や陸海空自衛隊へ提出した資料など約三五〇〇余冊である。これらの内一七七冊は図書として海幹校資料課に登録し保存されているが、その他は未整理である。未整理のなかで特に重要な軍縮関係史料は複製して防衛研究所図書館史料室に所蔵されている。

防衛研究所所蔵のものは、一般に公開されているが、ごく一部の軍縮関係研究者に利用されているに過ぎない。榎本が戦争法規、特に海戦法規の権威者であったということが余り知られていないこと、および戦後の戦争アレルギーや憲法の制約から戦争法規について研究する人がほとんどいなかったことの影響であろう。

榎本は東京帝大英法律科を卒業後海軍省に入り、国際法特に戦争法規専門家としての道を歩み、大正十年(一九二一)ワシントン軍縮会議、昭和二年ジュネーブ軍縮会議、昭和四年ロンドン軍縮会議、昭和六年ジュネーブ軍縮会議および昭和十年ロンドン軍縮会議などすべての軍縮会議の全権委員随員として参加し専門家として全権委員を補佐した。

榎本史料で最も重要な史料は、海軍軍縮関係史料である。各軍縮会議に参加した関係で、これらに関する記録史料の多くを自分の手元に保存していた。海軍省が所蔵していた機密書類が終戦時焼却され残っていない現在において、これら軍縮関係史料は、軍縮研究者にとっては極めて貴重な史料である。その主なものは、海軍がこれらの軍縮会議およびその条約にいかに対応すべきかを検討するため部内に軍備制限研究委員会を設置して研究した「軍備制限対策研究」である。榎本はこの軍備制限研究委員会の委員に任命され研究に参画した。その研究報告書として昭和三年と昭和十年のものが(一部欠けているが)残されている(寄託史料)。その他軍縮会議に関する電報・回訓綴などは海幹校のものを複製して防衛研究所図書館史料室に所蔵している(榎本史料としてではなく軍備軍縮の分類で所蔵)。

雑誌などに発表した論文としては、「法的防空」(『外交時報』昭和六年四月号)、「国際法より見たる海軍航空隊の行動」(同昭和十三年九月号)、「海戦に関する国際法規慣例の適用」(同昭和十四年十二月号)、「海戦法規の修正規定」(『国際法外交雑誌』昭和十七年四月号)、「海牙空戦法規案の議定に就いて」(『外交評論』昭和十七年七月号)などがあり、他に「山本元帥と国際法」(同昭和十八年七月号)がある。

戦後、第二復員省書記官、復員庁第二復員局嘱託、厚生省渉外事務連絡員、外務省調査員などを務め、この間戦時国際法などについて答申・意見などを出している。また海幹校において国際法の講義をも担当していた。

(原　剛)

江原素六(えばら・そろく)

天保十三―大正十一年(一八四二―一九二二)　衆議院議員・貴族院議員

旧蔵の文書・記録はその大半が沼津市明治史料館に所蔵されている「江原素六関係史料」である。同史料は、遺族から江原素六先生顕彰会の手を経て昭和五十九年(一九八四)に同館に寄贈されたもの、沼津から東京の江原邸に移されたのちにやはり昭和五十九年に遺族から同館に寄贈されたもの、沼津市の風間伊作氏より昭和五十八年に寄贈されたものの三つからなるが、その大半を顕彰会寄贈の史料が占めている。その量は文書七〇〇〇点余、遺品七〇〇点余、書籍約二〇〇点、計約八〇〇〇点にのぼり、静岡県の政況に関する書翰から貴族院時代の書類、家計関係にいたるまで、その内容は多岐にわたる。同史料については明治史料館による『江原素六関係史料目録』(昭和六十二年)、書翰のうち四十点を抜粋した『江原素六旧蔵明治大正名士書簡集』(沼津市明治史料館、昭和六十一年)がある。また、同史料のうちとりわけ目に付くのは修身、基督教関係の書類、書籍、論稿であるが、教育者としての面を伝えるものとしては、麻布学園学園史料室と青山学院大学大学資料センターに若干の史料が所蔵されている。

　自伝としては江戸肇編『現代名流自伝』一(新公論社、明治三十六年)がある。同書は『新公論』に連載された記事を収録したもので、出自から鳥羽伏見の戦い、静岡藩小参事、沼津兵学校時代までを描いたものである。伝記としては大正十一年(一九二二)の没後すぐに江原素六先生紀念会委員編『基督教者としての江原素六先生』(宮腰新次郎、大正十一年)、江原先生伝編纂委員編『江原素六先生伝』(三圭社、大正十二年。のち大空社、平成八年復刊)が刊行された。いずれも門下生を中心として編纂されたものであるが、前者はメスジスト派としての江原の生活を中心とし、後者には現在、明治史料館に所蔵されている史料を用いながら政治、教育面に重点を置いた記述がなされている。また、両者に新史料を用いて補足修正を加えた村田勤『江原素六先生伝』(三省堂、昭和十年。村田は麻布学園修身担当)がある。

　著作も数多く存在する。『青年と国家』(金港堂、明治三十六年)、『浮世の重荷』(磯部甲陽堂、大正四年)、『急がば廻れ』(大京堂書店、大正十四年)などがその主たるものである。また、『麻布中学校校友会雑誌』(明治三十二―昭和十六年。翌十七年より『報国』と改題。麻布学園図書館蔵)には論稿が数多く掲載されている。

　近年の研究としては、辻真澄『江原素六』(英文堂書店、昭和六十年)のほか、教育勅語事件を扱った樋口雄彦「江原素六の教育勅語変更発言事件」(『静岡県近代史研究会会報』八十二、昭和六十年)、久木幸男「江原素六教育勅語変更演説事件」(『教育学部論集』〈仏教大学学会〉四、平成四年)、前半生を追った内田宜人『「遺聞」市川・船橋戊辰戦争：若き日の江原素六：江戸・船橋・沼津』(崙書房出版、平成十一年)、川又一英『麻布中学と江原素六』(新潮社、平成十五年)がある。

（清水　唯一朗）

遠藤三郎（えんどう・さぶろう）

　明治二十六―昭和五十九年(一八九三―一九八四)

　陸軍中将

　旧蔵の文書・記録・蔵書は、狭山市立博物館に所蔵されている。これらは昭和六十年(一九八五)に遺族から狭山市に寄贈されたもので、平成三年(一九九一)に同館が開館した際に移された。目録は現在までのところ未整備であるが、日記、パンフレット、アルバム、書簡など数百点が確認されている。幼少期から晩年にかけて記された日記は九十冊以上にのぼり、随所に新聞の切り抜き、軍事書類、手紙、意見書などが貼りつけられている。また日記以外にも、満州事変関係の日誌や史料、遠藤が起案した文書や意見書など数十点の軍事関係書類が残されている。一部の史料の複製は防衛研究所で公開されている。巣鴨時代の史料としては、米国国立公文書館所蔵*SUGAMO PRISON SECTION*(RG497)があり、獄中でマッカーサーにあてて書いた意見書などが残されている。

　自伝としては『日中十五年戦争と私』(日中書林、昭和四十九年)、『思出乃人々』(中統教育図書、昭和五十九年)がある。伝記としては、宮武剛『将軍の遺言』(毎日新聞社、昭和六十一年)がある。これは昭和六十年に毎日新聞紙上に掲載されたものを加筆したもので、遠藤日記を綿密に読み込んだものである。

遠藤を直接取り扱った研究としては、吉田曠二『ドキュメント日中戦争—エドガー・スノウと将軍遠藤三郎の文書を中心に』(三恵社、平成十二年)、東中野多聞「遠藤三郎と終戦(附)遠藤三郎関係史料目録」(『東京大学日本史学研究室紀要』七、平成十五年)がある。

(東中野　多聞)

お

大麻唯男（おおあさ・ただお）　明治二十二—昭和三十二年(一八六九—一九五七)　国務大臣

旧蔵の文書・記録はほとんど残されていない。政界の寝業師といわれ、政局の節目で活動した大麻には、著作がほとんどなく、議会での演説もない。紙誌上で自己の見解を披瀝することも乏しかった。わずかに「私の履歴書」(『日本経済新聞社』昭和三十一年十月六日—二十三日連載)と少壮代議士時代に出身地熊本県の『九州新聞』掲載の論稿で、大正十三年(一九二四)十二月「世界大勢の変化—加藤内閣の無能—」と同十四年一月「日本の国際的地位と国民の覚悟」をそれぞれ発表している程度であるが、これらは当時の世界情勢を踏まえた青年政治家の所感としては興味深い。伝記としては坂田大『人間大麻唯男』(坂田情報社、昭和三十五年)がある。

研究史料としては、大麻唯男伝記研究会編『大麻唯男』(財団法人櫻田会、平成八年)が実質的には唯一のものと考えられる。『大麻唯男』は、財団法人櫻田会の委託を受け、中村勝範を代表とする同研究会が、史料の質的量的な制約のなかでも、長期にわたる史料収集をおこない、「伝記編」、「論文編」、「談話編」の三部構成としてまとめたものである。「伝記編」は、文字通りの伝記であり、掘り起こされた政界の裏事情もつづられている。「論文編」は、伝記制作過程で収集された史料を用いての大麻とその時代の政治に関する学術論文集であり、主として大正期から昭和戦前、戦中、戦後期の研究論文が大麻中心の本編十三本とその周辺を取り扱った補編七本からなる。「談話編」は、伝記作成の過程で史料補充のため取材した関係者とのインタビューを十五本選び編纂した記録であり、特に戦中期や戦後の混乱期の政界裏事情を知る関係者の貴重な証言も掲載されている。大麻に関する研究は、現在のところ、前出の「論文編」掲載の所論が主である。

(酒井　正文)

大井憲太郎（おおい・けんたろう）　天保十四—大正十一年(一八四三—一九二二)　自由民権家・衆議院議員

旧蔵史料はほとんど残されていない。すべて散逸したとされてきたが、旧蔵史料が含まれていると推測されるものとして、憲政資料室所蔵「憲政資料室収集文書」の「大井憲太郎関係史料　全十点」がある。大井宛書簡、大井による弔文、大井宛の立憲自由党関係通知、大井名義の株券などが収められており、昭和五十六年(一九八一)の購入になる。なお同史料には、大井発書簡・大井「国民議会設立の趣意」演説筆記などもみられる。

その他関係史料は、活動地盤であった関東地方をはじめ広く全国各地に点在しており、整理と一層の発掘が待たれる。第一に文書では、上記史料の他、まず政治運動関係史料があり、『大阪日報附録』の「大阪事件公判傍聴筆記」中の大井関係の「事実審問」「補遺審問」「検察官論告・補遺審問」「弁護人弁論」「検察官論告」「検察官法律弁論」「弁護人法律弁論」が、松尾章一・松尾貞子編『大阪事件関係史料集』上(日本経済評論社、昭和六十年)にすべて収録された。国民議会設立関係では、「国民議会趣旨書」「会則」などが知立市歴史民俗資料館寄託「内藤魯一関係文書」中にある(知立市歴史民俗資料館編『内藤魯一関係文書目録』知立市教育委員会、平成八年)。次いで、法学専門教育関係史料として、講法学社・明法学社の開業願書類が東京都公文書館に所蔵されている。

第二に書簡では、前掲「内藤魯一関係文書」に魯一宛書簡五通が収められており、国民議会関係などを内容とする。憲政資料室所蔵「憲政資料室収集文書」の「大井憲太郎書翰」全十一通は良く知られているもので、家永三郎編『明治文学全集十二　大井憲太郎・植木枝盛・馬場辰猪・小野梓集』(筑摩書房、昭和四十八年)にすべて収録された。明治初年に義兄弟に宛てたもので、青年期が窺える内容である。その他、「千葉県富山町平久里中加藤昭夫家文書」に加藤淳造宛(千葉県企画部県民課編『千葉県史料調査報告書一　千葉県古文書目録安房国一』千葉県、昭和五十二年)、「茨城県稲敷郡東村　高城鎮家文書」に高城啓次郎宛、町田市立自由民権資料館所蔵「浦安市小野太起子家寄贈文書」中「石阪昌孝書簡二十八通貼継一巻」に石阪昌孝宛、岐阜県歴史資料館所蔵「堀一郎家文書」に堀部松太郎宛(岐阜県歴史資料館編・刊『岐阜県所在史料目録　第三十八集　堀一郎家文書目録』上、平成八年)が収められているのをはじめ、「千葉県茂原市　斎藤嘉治家文書」、憲政資料室所蔵の「河野広中文書」「大江卓関係文書」「石塚重平文書」「龍野周一郎関係文書」「安部井磐根関係文書」「憲政史編纂会収集文書」や、早稲田大学図書館所蔵「大隈文書」、東京都立中央図書館所蔵「渡辺刀水旧蔵諸家書簡文庫」、徳富蘇峰記念塩崎財団、熊本県立図書館所蔵「佐々友房関係文書」などにも所蔵されている。

第三に民権思想家・社会思想家としての著書、新聞・雑誌論説などがあるが、現存する史料としてはこれらが情報の宝庫である。民権運動への登場を告げた民撰議院論争の論説は、明治文化研究会編「民撰議院集説」(『明治文化全集第四巻　憲政篇』日本評論社、昭和三年)や前掲『明治文学全集十二』などに収録された。「貧民社会」救治経済策の『時事要論』(板倉中、明治十九年)、社会改良論の『自由略論』(中村芳松、明治二十二年)の両書は社会思想書として世評が高い。また見落とせないのが翻訳書であり、フランス法学普及に貢献した『仏国政典』(司法省、明治六年)・『仏国商工法鑑』(同、明治十年)などがある。その他『あずま新聞』、『自由平等経綸』、『自由党党報』など各紙誌に論説がみられる。

史料集としては、前掲『明治文学全集十二』は前掲書簡・論考の他、『時事要論』、『自由略論』全文や『仏国政典』『仏国商工法鑑』抄録など、絲屋寿雄・岸本英太郎編『史料日本社会運動思想史　明治期第二巻　大井憲太郎と初期社会問題・明治社会主義史論』(青木書店、昭和四十三年)は『時事要論』全文や社会問題の論説などを収めている。なお後掲『馬城大井憲太郎伝』の覆刻版(風媒社、昭和四十三年)別冊の平野義太郎・福島新吾編著『大井憲太郎の研究』中には、福島編「大井憲太郎論稿・書簡補遺」がある。

伝記では、戦前期の平野義太郎編著『馬城大井憲太郎伝』(大井馬城伝編纂部、昭和十三

年)が実証的な記述で今なお信頼性が高く、価値を失っていない。書簡や『時事要論』、『自由略論』全文なども収録している。戦後では同じく平野義太郎『大井憲太郎』〈人物叢書〉(吉川弘文館、昭和四十年)の他、絲屋寿雄「大井憲太郎の生涯と思想」(前掲『史料日本社会運動思想史　明治期第二巻』)、松永昌三「中江兆民と大井憲太郎—民権思想家のゆくえ—」(遠山茂樹編『人物・日本の歴史第十一巻　明治のにない手　上』読売新聞社、昭和四十年)、高島千代「ある民権家の軌跡—大井憲太郎伝—」第一回—十一回(東京自治問題研究所編・刊『東京』一八〇—一九〇、平成十—十一年)がいずれも概観に適している。『自由党史』上・中・下〈岩波文庫〉(岩波書店、昭和三十二—三十三年)も各時期の参考になる。法学教育者・代言人・弁護士としての側面は、奥平昌洪『日本弁護士史』(復刻版、巌南堂書店、昭和四十六年)が詳しく、東京弁護士会百年史編纂刊行特別委員会編・執筆『東京弁護士会百年史』(東京弁護士会、昭和五十五年)も参考になる。図録としては、日本弁護士連合会編・発行『弁護士百年』(昭和五十一年)がある。なお講法学社については、明治大学百年史編纂委員会編『明治大学百年史　第三巻・通史編I』(明治大学、平成四年)が参考になる。

研究では、前掲『大井憲太郎の研究』、福島新吾「大井憲太郎の性格と思想」(前掲『明治文学全集十二』)などが包括的で詳しい。近年再検討が進んでいる大阪事件関係では、牧原憲夫「大井憲太郎の思想構造と大阪事件の論理」(大阪事件研究会編『大阪事件の研究』柏書房、昭和五十七年)、鶴巻孝雄「大阪事件とは何だったのか—自由民権運動とアジア—」(町田市立自由民権資料館編『民権ブックス十三号　大阪事件—民権と国権のはざまで—』町田市教育委員会、平成十二年)などが参考になる。

その他、対外問題では、酒田正敏『近代日本における対外硬運動の研究』(東京大学出版会、昭和五十三年)、遠山茂樹「自由民権運動と大陸問題」(『自由民権運動と現代』筑摩書房、昭和六十年)、河西英通「東洋自由党論—『新東洋』の分析を通して—」(『歴史評論』四一〇、昭和五十九年)などが詳しい。初期議会期の政党運動他では、河西英通「大井憲太郎と初期議会自由党—組織改革をめぐって—」(『歴史評論』四四三、昭和六十二年)、塩出浩之「帝国議会開設前後の諸政党と大井憲太郎—議会制の運用をめぐって—」(『史学雑誌』一〇七—九、平成十年)、谷里佐「明治二三年岐阜県自由党系政治運動と大井憲太郎—大阪『自由』新聞発行計画を通じて—(『岐阜県歴史資料館報』二十、平成九年)などが詳しい。労働問題では、前掲「東洋自由党論」などが詳しい。

(福井　淳)

大石正巳(おおいし・まさみ)　安政二—昭和十年(一八五五—一九三五)　明治・大正期政党政治家

伊藤隆らは遺族から史料の提供を受け、マイクロフィルム化して東京大学社会科学研究所で閲覧できるようにし、現在では憲政資料室でも閲覧できる。概要は、日記(明治三十八—大正二年〈一九〇五—一九一三〉)と若干の新聞・雑誌・写真などである。この内、日記の明治三十八〜四十年分に関しては遺族の大石正氏が『大石正巳日記』(私家版、平成五年)として刊行した。

大石についてはまとまった研究はなく、自由民権運動期では山本大編『土佐の自由民権家列伝　異色の民権運動家群像』(土佐出版社、昭和六十二年)、明治末・大正初期にかけては北岡伸一「政党政治確立過程における立憲同志会・憲政会　上・下」(『立教法学』二十一・二十五、昭和五十八・六十年)、坂野潤治『大正政変』(ミネルヴァ書房、昭和五十七年)、櫻井良樹『大正政治史の出発』(山川出版社、平成九年)、大正期については季武嘉也『大正期の政治構造』(吉川弘文館、平成十年)などがある。

(季武　嘉也)

大江　卓〈天也〉（おおえ・たく）

弘化四—大正十年（一八四七—一九二一）　衆議院議員・東京株式取引所理事長

まず東京大学近代立法過程研究会が収集した「大江卓関係文書」がある。現在は東京大学法政史料センター原資料部が、マイクロフィルム化して所蔵している。同センターが作成した目録によると、「草稿」「意見書類」「帝国公道関係書類」、「新聞雑誌類」「その他書類」「書簡」に大別される。「草稿」には、明治十一年（一八七八）に投獄された際にまとめた「投獄剳記」、「意見書類」には、明治初年の大蔵省宛の意見書や大隈重信に宛てた意見書草稿などがある。「帝国公道関係書類」には、やはり部落問題の史料が多く含まれ、その他には京釜鉄道関係のものがある。

第二には、憲政資料室が上述の法政史料センターから昭和五十三年（一九七八）に一度借り受け、その後改めて昭和五十七年に遺族から寄託された「大江卓関係文書」である。仮目録が公開されているが、いまだ印刷目録はない。史料は法政史料センターと同一のものが多いが、筆者が調べた範囲では、例えば「会社ニ関スル法律」や「大江天也伝原稿」などは同センターの関係文書には含まれていない。また逆に憲政資料室にないものもある。

また、郷里である高知県立図書館には、「憲政党刷新意見書」（竹内綱との共同意見）と「歳出予算修正意見　明治廿四年度」などの史料や、「土佐関係新聞切抜帳—（7）土陽講談大江卓（1）〜（27）—」などが所蔵されている。

著書としては、衆議院議員時代に書かれたと思われる『関税法案』（出版者不明、明治二十四年）や、東京株式取引所時代における『取引所法案制定理由書』（伊藤幹と共著、羽陽館、明治二十五年）と『民法商法中取引所ニ関スル規定調査書』（高根義人と共著、出版者不明、明治二十八年）の他、『東亜平和策』（上村才六、明治三十五年）、「穢多非人の称号廃止の顚末を述べて其起源に及ぶ」（『民族と歴史』〈口述〉二—一、大正八年）などがある。また『史談会速記録』にも、「大江君高野山挙兵実歴談」（二一五、明治四十四年）、「大江君維新前後国事鞅掌談」（二二七、明治四十五年）、「可憐民族の来歴及現状」（二五二、二五三、二五六、大正三年）がある。上記の著書の他には詩集も残しており、『檽鉄詩存』（上村才六、明治三十六年）、『揚鶴詩稿』（同、明治三十九年）、『明星山房詩鈔』（大江卓、明治四十一年）などがある。自伝としては、聞き取りによる「人の世の浮き沈み—大江天也今昔譚（一）（二）」（『日本及日本人』七六一—七六二、大正八年）、続編として「大江天也今昔譚（一）〜（九）」（『日本及日本人』八〇八—八一四・八一七・八一九、大正十年）があり、山内容堂や板垣退助の人物評、陸奥宗光が後藤象二郎の夫婦喧嘩を仲裁した話、大江と陸奥・鳥尾小弥太との同居時代の話など、興味深いものといえる。

伝記としては、雑賀博愛『大江天也伝記』（大空社、昭和六十二年）が最も浩瀚である。同書は、上述した近代立法過程研究会収集の「大江卓関係文書」中の史料をかなりの部分紹介したもので、史料的価値は高いといえる。他にも、角田九郎『大江卓君之略伝』（角田九郎、明治二十三年）は、マリア・ルス号事件に関する記事が多い。人物論としては、晩年部落解放に取り組んだ経緯から、明治・大正期における大江の人権意識の高さを評価するものが多い。例えば武田八洲満『マリア・ルス事件—大江卓と奴隷解放—』（有隣堂、昭和五十六年）、三好徹『大江卓—叛骨の人—』（学陽書房、平成十年）、鹿嶋海馬『大江卓』（大空社、平成十一年）などがある。また、大江が育った高知県宿毛市から、宿毛市史編纂委員会編『宿毛市史』（宿毛市教育委員会、昭和五十二年）や、宿毛明治一〇〇年史（人物篇）編集部『宿毛人物史』（宿毛明治一〇〇祭施行協賛会、昭和四十三年）が公刊され、比較的詳しく紹介している。

上記の史料を用いた研究としては、「芸娼妓解放令」との関連について、阿部保志「明治五年横浜における貸座敷制の成立—近代公娼制の成立—」（『史流』三十七、平成九年）、明治初年中央の地方行政と神奈川県政との関連を分析したものに、神崎勝一郎「廃藩置県後の中央政府と地方官―神奈川県権令大江卓の事例を中心として―」(『法学政治学論究』四十七、平成十二年)や、田中祥夫「明治六年制定『家作建方条目』(神奈川県布達)の成立事情に関する研究―大江卓権令とD・B・シモンズ医師による都市衛生の推進―」(『日本建築学会計画系論文報告集』四五〇、平成五年)などがある。帝国公道会における大江の活動について、藤野豊「一九一〇年代の融和運動―帝国公道会を中心にして―」(『歴史評論』三十三、昭和五十五年)があり、今後さらに総合的な研究が望まれる。

(神崎　勝一郎)

大川周明（おおかわ・しゅうめい）

明治十九―昭和三十二年(一八八六―一九五七)
財団法人東亜経済調査局理事長

著作や基本的文書は、没後に友人、同志、門下生、および大川周明顕彰会(山形県酒田市に事務局がある)等によって収集・編纂され、逐次、公刊されてきた。

『大川周明全集』は、徳川義親を会長、狩野敏を理事長とする全集刊行会によって昭和三十六年(一九六一)に第一巻が出版され、以後、昭和四十九年までに全七巻(約七千頁)が刊行された(大川周明刊行会発行、岩崎書店〈岩崎学術出版社〉発売)。本全集は、第五高等学校生時代から晩年までの主要な著作を収録しており、単行本として出された著作のほとんど、講演と雑誌掲載論文の大部分、および未発表原稿等を収めている。

この全集を補う日記集として企画・刊行されたのが、大川周明顕彰会編『大川周明日記　明治三十六年―昭和二十四年』(岩崎学術出版社、昭和六十一年)である。本書に収録された日記の年代は断続しており、「明治三十六年(一九〇三)―三十七年」「大正十年(一九二一)十月―十一年一月(南洋紀行)」「大正十一年七―八月(満州紀行)」「昭和十一年―十七年」「昭和十八年―十九年」「昭和二十年―二十四年」などである。なお、巻末に中村孝志「大川周明と満鉄東亜経済調査局」等も付されている。

大川周明関係文書刊行会編『大川周明関係文書』(芙蓉書房、平成十年)は、顕彰会が全集を補完するために企画した書簡集であるが、全集に未掲載の論文等をも収録している。本書中の「大川周明書簡」は少年期から晩年までの合計七二四通(受信者合計一一二名)であり、また「大川周明あて来簡」は、三三九通(発信者一三五名)である。この来簡の大部分は、昭和時代のものであり、その中には五・一五事件で押収された書簡三十通余りも含まれている。

この間の研究者の手になる先駆的な資料集として、橋川文三編『近代日本思想大系21　大川周明集』(筑摩書房、昭和五十年)がある。本書は、大川の著作等とともに「大川周明書簡」四十通をも収録し、巻末に竹内好「大川周明のアジア研究」(昭和四十四年の講演)や編者による伝記・思想両面からの「解説」を付している。

裁判関連記録として、五・一五事件については、「訊問調書」(高橋正衛編『現代史資料』五、みすず書房、昭和三十九年)や「五・一五事件」(一)～(四)(専修大学今村法律研究室代表菱木昭八朗編・刊『今村力三郎訴訟記録』四―七、非売品、昭和五十五―五十八年)、また東京裁判については「尋問調書」(粟屋憲太郎・吉田裕編『国際検察局尋問調書』二十三、日本図書センター、平成五年)などがある。

関係者による回想等を収録した雑誌に『新勢力(大川周明特集号)』三―十二(毛呂清輝編集、新勢力社、昭和三十三年)があり、同誌は大川遺稿や追悼文等をも掲載している。回想等は、『大川周明顕彰会会報』(昭和六十一年創刊、平成十三年現在第三十三号発行)にも載せられることがある。

旧蔵書は、顕彰会から平成十二年(二〇〇〇)に寄贈された書簡・日記・ノート等と同様に、酒田市立光丘(こうきゅう)文庫に所蔵され閲覧に供されている。酒田市立図書館編・刊

『酒田市立光丘文庫所蔵　大川周明蔵書目録』(平成六年)によれば、蔵書数は、和書・漢書、洋書、常州有板経など二二九六冊であり、この中には大川が五高生時代に寄稿した『龍南会雑誌』等も含まれている。なお、光丘文庫所蔵の書簡中、『大川周明関係文書』に収録されていない書簡の数は、大川周明書簡五通、大川周明あて書簡二九八通である。

伝記としては、自己の生涯を宗教生活を中心に回顧した大川周明『安楽の門』(出雲書房、昭和二十六年、後に『大川周明全集』一や橋川編『大川周明集』等に再録、大川周明顕彰会、昭和六十三年復刻)があり、原田幸吉『大川周明博士の生涯』(発行者著者《酒田市在住》、昭和五十七年、改訂版平成十一年)もある。

大川に関する研究はかなり多く、一九八〇年代頃までの論題や書名等については、『大川周明日記』および『大川周明集』の両巻末「参考文献」を参照されたい。以後の研究成果として、主に思想史面では、一次史料による基礎的研究書の大塚健洋『大川周明と近代日本』(木鐸社、平成二年)をはじめ、最近の論文に昆野伸幸「大川周明の日本歴史観」(『日本思想史学』三十二、平成十二年)、同「昭和期における大川周明のアジア観」(文学・思想懇話会編『近代の夢と知性』翰林書房、平成十二年)等があり、また政治史面への関心に根差した研究書に、刈田徹『大川周明と国家改造運動』(人間の科学新社、平成十三年)がある。

（刈田　徹）

大木喬任（おおき・たかとう）

天保三—明治三十二年(一八三二—一八九九)　参議

関係文書は、憲政資料室が所蔵する「大木喬任文書」五〇一四点がもっとも大部である。ほかには、明治大学刑事博物館に四六〇点の文書があり、『明治大学刑事博物館目録』二・四(昭和二十七・二十八年)に目録が掲載されている。明治初年の日記が、大木遠吉編『紀念』(大正十一年)として出版され、佐賀県立図書館に所蔵されているが確認はしていない。その他点数の少ない文書については『旧華族家史料所在調査報告書　本編1』(学習院大学史料館、平成五年)を参照されたい。

伝記では近年島内嘉市『年譜考　大木喬任』(アピアランス工房、平成十四年)が刊行された。憲政資料室所蔵文書の大木宛書簡をかなり翻刻して掲載し、前述の日記も引用しているとともに、参考文献も充実しており、有益である。

大木を取り上げた研究としては、杉谷昭「明治教育体制の成立と大木喬任」(『日本歴史』二五一、昭和四十四年)が挙げられる。

（西川　誠）

大来佐武郎（おおきた・さぶろう）

大正三—平成五年(一九一四—一九九三)　外務大臣

総合研究開発機構(NIRA)大来記念政策研究情報館が関連の文献の収集・整理・保存を行っている。同館は平成六年(一九九四)にNIRA設立二十周年を記念して設置された(昭和五十九年〈一九八四〉以降、大来は同機構の研究評議会議長を勤めた)。大来記念政策研究情報館については**http://www.nira.go.jp/icj/libj/index/html**で概要を知ることができる。「大来佐武郎文献目録」は、新聞記事、雑誌記事、図書、レポート、大来レポート/内外政策研究会に大別され、それぞれが著作物、口頭発表、その他に細分されている。なお、大来レポートと称するものは、そのときどきのテーマについて執筆・印刷されたシリーズものをさしている。同館に収蔵の文書だけでも膨大な量になるが、他になお散在している関係文書がある可能性は残っている。

本格的伝記はまだないが、大来佐武郎追悼文集刊行会編『志在千里—大来佐武郎追悼文集』(中央公論事業出版、平成六年)に年譜、経歴(関係した審議会・団体および国際機関の一覧)、主要な著作目録、主要海外活動記録が収録されており、将来の研究のための基礎的情報が得られる。とくに経歴(関係した審議会・団体および国際機関の一覧)と主要海外活動記録（昭和二十五年の世界経済視察以来の海外出張と出席した国際会議・セミナーなどの一覧）はきわめて詳細で、大来の内外での多岐にわたる活動の足跡をたどる上で貴重な手がかりとなる。

大来氏その他の秘蔵資料を基に書かれた研究書としては、有澤廣巳監修・中村隆英編『資料・戦後日本の経済政策構想』全三巻（東京大学出版会、平成二年）がある。第一巻「日本経済再建の基本問題」、第二巻「傾斜生産方式と石炭小委員会」、および第三巻「経済復興計画」からなっていて、戦後初期の経済政策立案の過程を知る上で欠くことができない。

自伝としては、『東奔西走』（日本経済新聞社、昭和五十六年）がある。これははじめ『日本経済新聞』に連載され、後に単行本となった『私の履歴書』（日本経済新聞社、昭和五十二年）を増補・改題したものである。なお、その英語版もある。

（渡辺　昭夫）

大久保　利武（おおくぼ・としたけ）

慶応元―昭和十八年（一八六五―一九四三）　内務官僚・貴族院議員

関係史料のうち、原史料は大きく三つに分類される。第一は大久保家に所蔵されている書翰・手帳などの史料であり、現在調査・整理作業が行われている。第二は憲政資料室所蔵の「牧野伸顕関係文書」を中心とした一五〇通近くの発翰であり、閲覧に供されている。第三に知事として赴任した一府三県（鳥取・大分・埼玉・大阪）の文書館が公文書などを所蔵しており、大分県公文書館には『報徳講演集』（大分県農会、明治四十三年）、同県立図書館郷土資料室には共立教育会機関誌『大分県教育雑誌』などの史料が保存されている。

また、立教大学新座保存書庫の「大久保利謙文庫」に利武の旧蔵物が多く収められており和書及びアメリカ・ドイツ留学時代の教科書・受講ノート・専門書、講演集・雑誌論文などがある。ハレ大学での博士論文 "DIE ENTWICKELUNGSGESCHICHTE DER TERRITORIALVERFASSUNG UND DER SELBSTVERWALTUNG JAPANS IN POLITISCHER UND INSBESONDERE WIRTSCHAFTLICHER BEZIEHUNG"（邦題『日本地方行政幷自治政沿革』）も含まれ、これは東京大学経済学部図書館でも閲覧可能である。この文庫の概要は立教大学図書館刊『大久保利謙文庫目録　附　大久保利武コレクション』（平成二年）、『大久保利謙文庫目録第二集』（平成八年）から知ることができる。

利武自身の手による著作は数多いが、おおよそ日本赤十字社などの社会福祉事業に関する内容と回顧談に分けられる。前者については『県地学事視察談』（鹿児島造士会、大正十二年）、『社会事業国際事業に対する同志社の貢献』（同志社大学写、昭和九年）などが、後者は、次兄牧野伸顕とともに父利通の書簡などの史料収集に努め、重要な近代史研究に役立てることを目的として出版した『大久保利通日記』上・下および『大久保利通文書』全十巻（日本史籍協会、昭和二―四年、のち東京大学出版会、昭和四十二―四十四年復刻）、『大久保利通』（新潮社、大正元年）、『岩倉公と叢裡鳴蟲』（岩倉公旧蹟保存会、昭和十年）、『有待庵を繞る維新史談　大久保侯爵講演』（同志社、昭和十九年）などがある。さらに『日本に於けるベリー翁』（東京保護会、昭和四年）、『日本文化図録』（エール大学会、昭和十年）、『大久保利武述　不二道孝心講』（小谷三志翁顕彰会、平成四年）などは大久保の視野の広さを物語っている。雑誌論文も枚挙にいとまがないが、とりわけ『博愛』『斯民』『社会事業』『産業組合』『農業世界』などにその著作が掲載されており、それについては清水唯一朗氏のWebページにある「大久保利武著作目録」が有用である。

利武自身に関する本格的な研究は管見の限り現れていないが、会長を務めた日独協会の機関誌『Die Brucke（かけ橋）』平成十二年九月号所収の「日独協会を背負った人々―第一四回」に略歴と当時の活動などが掲載されている。小山博也「連載　歴代知事―人と業績

—その二一」(『埼玉県史研究』三十五、平成十一年)や「故大久保利武侯追悼」(『厚生問題』〈中央社会事業協会〉二十七—九、昭和十八年)も大久保の経歴を知る上において参考となる。また、長男利謙が晩年に書き上げた『日本近代史学事始め』〈岩波新書〉(岩波書店、平成八年)からは、父親としての利武像を窺うことができる。

(大久保　洋子)

大久保利通（おおくぼ・としみち）

天保元—明治十一年(一八三〇—一八七八)　明治維新の指導的政治家

基礎史料集として、①『大久保利通文書』(全十冊、日本史籍協会、昭和二—四年。昭和四十二—四十四年、東京大学出版会再刊)、②『大久保利通日記』(全二冊、日本史籍協会、昭和二年刊。昭和四十四年、東京大学出版会再刊)、③立教大学日本史研究室編『大久保利通関係文書』(全五冊、吉川弘文館、昭和四十—四十六年)がある。

①『大久保利通文書』は、大久保侯爵家(当時)が所蔵した巻子本四十八巻を柱に同家が永年にわたり収集した諸家所蔵本を底本とし没後四十周年を記念して②の日記とともに編纂・刊行された。内容は、嘉永四年(一八五一)より明治十一年(一八七八)に至るもの、書簡・建白・意見書・覚書等であり、載録史料点数一八二一点で、編年で構成され大部分は書簡である。しかし、利通書簡や意見書に関係する書簡や他者日記の抜粋などが「参考」として適宜掲載、また複雑な背景を持つ史料については編者の「解説」が付されており便利である。なお、第九巻の後半から十巻には、「甲東詩歌集」および附録として明治十一年五月、紀尾井坂で遭難後の関係情報(以上第九巻後半)、「大久保家系図」「大久保利通年譜」「明治十一年地方制度改正案」「使清弁理始末」「処蕃趣旨書」、最後に宛先別文書索引となっている。

②『大久保利通日記』は、緒言に日記の由来が紹介されている。「先考の日記は安政六年に始まり、明治十年に終わる。其間十九年、而して原本は元と全部当家に保存せしに、図らずも明治二十二年火災に罹り其半は烏有に帰したり。幸い太政官修史局に於て原本より謄写し編して十巻と為せるものありしも、同局廃止後、散逸して其所在を失い複写本数部書家に蔵せられたるも、孰れも誤脱少なからず、甚だしきは他人の日記の竄入せるものあり。(中略)大正七年其整理を企て、当家以外宮内省図書寮、維新史料編纂局、島津家編輯所及岩倉公爵家所蔵本を借り、彼此対照厳密なる校合を行うこと数ヶ月、漸くにして正確なる台本を作成し多年の宿望を達するを得たり」とある。一旦散逸の危機にあったものが大久保家の熱心な努力により復元されたのである。日記の記述は、短文・簡明であるが、第一級の政治史史料である。

③『大久保利通関係文書』は、大久保が受信した諸家書簡を発信者別に編纂されたもので、大久保家所蔵史料を底本にして、約四〇〇〇通を載録する。本史料集は、孫利謙が立教大学教授を勤めた関係から同大学日本史研究室が編纂刊行した。①②と合わせて大久保に関わる政治情報の宝庫になるのである。憲政資料室には、同関係文書のマイクロフィルム(三十一巻)が所蔵される。

伝記は大変多いが、その中で代表的なものは、勝田孫弥『大久保利通伝』全三巻(同文館、明治四十三—四十四年。昭和四十五年、臨川書店復刻)である。勝田は、維新史料編纂官で鹿児島関係の維新・明治史に精通し、早く明治二十七年に『西郷隆盛伝』を上梓し、また①②の編纂に携わった。本伝記は、大久保公爵家所蔵の「甲東叢子」など①や②にまとまる前の基礎史料を土台に、岩倉家、島津家、伊藤家、吉井家や『三条公年譜』等や生存者の聞き書き等を縦横に駆使してその政治的生涯を骨太に活写した良質な伝記である。利通の清談・逸話を集録した『甲東逸話』(冨山房、昭和三年)も勝田の労作である。また、鹿児島県教育家編著『甲東先生逸話』(鹿児島県教育会、昭和十三年)も大久保研究にとり有益な文献である。

伝記で有益なのは、寺岡弥三郎『大久保利通公伝』(寺岡著刊、明治二十三年)、川崎紫山『大久保甲東』(春陽堂、明治三十一年)、徳富蘇峰『大久保甲東先生』(民友社、昭和二年)、大久保甲東先生銅像建設会『皇国精神を代表したる西郷南洲と大久保甲東』(同会、昭和十年)、清沢洌『外政家としての大久保利通』(中央公論社、昭和十七年。平成五年、中公文庫)、白柳秀湖『大久保利通』(潮文閣、昭和十八年)、戦後のものでは、論文だが佐藤誠三郎「大久保利通」(神島二郎編『権力の思想』筑摩書房、昭和四十年)、小伝で毛利敏彦『大久保利通』〈中公新書〉(中央公論社、昭和四十四年)がある。

(福地　惇)

大隈重信　(おおくま・しげのぶ)

天保九—大正十一年(一八三八—一九二二)　内閣総理大臣・早稲田大学創立者

旧蔵の文書・記録のほとんど全ては、創立した早稲田大学に所蔵されている。これらは、没後の大正十一年(一九二二)と昭和二十四年(一九四九)に二回にわたって大隈家から寄贈され、図書館特別資料室所蔵の「大隈文書」として学界に広く知られている。内容は、明治の前半期に政府の高官として管掌・参画した諸官庁の大小の文書類や政界・官界・経済界の著名な人々からの書簡類で、官庁関係文書約五一〇〇部、和文書簡約五五〇〇通、欧文書簡・報告等約一〇〇〇通、総計約一万二〇〇〇点である。官庁関係は、維新政府の官僚となり「明治十四年の政変」で下野するまでの明治前半期のものが極めて多く、これ以外に立憲改進党、外務大臣、第一次大隈内閣、第二次大隈内閣関係のものが加わっており、政治外交・財政経済・法制・運輸交通・教育宗教・軍事等々多方面にわたる明治史研究の第一級の史料群である。和文書簡は、岩倉具視・西郷隆盛・木戸孝允・大久保利通・伊藤博文・井上馨・島田三郎・小野梓・加藤高明等々、政治・外交上の重要な問題や課題に関するものが多く、大隈が関与した「政策決定」の過程を知る第一級の史料群である。欧文書簡等は駐日外交官・外国商人等からの書簡や覚書等で、明治初年のものが大半である。この「大隈文書」の内容細目は、①早稲田大学大隈研究室編『大隈文書目録』(早稲田大学図書館、昭和二十七年)と②柴田光彦・柴辻俊六編『大隈文書目録補遺』(早稲田大学図書館、昭和五十年)で窺い知ることができる。これら「大隈文書」の内、重要書簡約一六〇点が写真版で大隈侯八十五年史編纂会編刊『風雲偉観』(同会編『大隈侯八十五年史』別冊、昭和元年)で公表され、やはり書簡一二八七通(全体の約五分の一)が渡辺幾治郎編『大隈重信関係文書』〈日本史籍協会叢書〉全六巻(日本史籍協会、昭和七—十年、東京大学出版会、昭和四十五年復刻)に収録されており、官庁関係文書の一部(全体の約三%)も早稲田大学社会科学研究所編解説刊『大隈文書』全五巻(昭和三十三—三十七年)に収録されている。これらを活用する際には、中村尚美「大隈重信文書」(『日本近代思想大系』別巻〈近代史料解説　総目次・索引〉、岩波書店、平成四年)を併看することを勧めたい。

学界に知られている「大隈文書」は以上の①②の目録に記されているものであるが、実は大隈家から早稲田大学に寄贈された「大隈文書」は他にも少なからずある。これは、戦後の昭和三十九年と五十一年の二回にわたって寄贈されたものである。前者は大学史資料室で整理されて、③中西敬二郎編「大隈信幸氏寄贈品ニ就イテ」(『早稲田大学史記要』一—一、昭和四十年)として目録化されて、現在図書館特別資料室に所蔵されている。内容は、大隈自身の勲章及記念章、勲記並関係文書、重要文書(全権信任状・遭難時の診断書・即位式寿詞他)、極秘文書(外務大臣・枢密顧問官・外務兼農商務大臣の各辞任表明や辞任の草案他)、御召状、辞令(任官・叙勲・出張・雑)、通達、通知、願書、書簡委嘱並推薦状、写真・拓本・印刷物、雑、寄贈品、褒状並下賜品目録、大隈夫人(綾子)関係文書で、約二二〇点である。後者は、大学史編集所で整理されて、④佐藤能丸編「『大隈信幸氏寄贈文書』目録」(『早稲田大学史記要』十二、昭和五十四年)として目録化されて、現在大学史資料センターに所蔵されている。内容は、受爵・勲記・記念章関係(大隈重信・信常)、宮中関係招待状、大隈家家系関係、書簡(他見無用・大隈重信宛書簡・綾子宛書簡)、大隈重信遭難関係、大隈重信銅像(東京芝公園内衣冠束帯像)関係、大隈家家計財政関係、大隈重信会員証関係、大隈重信著作関係、講演関係、政治政党関係、大隈伯後援会関係、葬儀関係(重信・綾子)、鍋島直正・直大関係、華族令関係、早稲田大学関係、日本女子大学校関係、武生宝円寺入仏関係、南極探検隊関係、単行本、書幅その他、目録関係、その他雑書類で、約七〇〇点であるが、全体的に大隈および大隈家の私的な史料が多い。しかし、関係者の在世中は篋底に秘されていた門外不出のものも含まれており、伝記関係史料として価値の高いものが多い。大隈家旧蔵の文書・記録類は以上の四点の目録で全貌を知ることができる。なお、生誕地の佐賀市大隈記念館にも若干の関係史料が所蔵されているが、その調査整理が早稲田大学大学史資料センターに委託されて目録化が進められている模様である。

他の大隈関係史料集では山本四郎編『第二次大隈内閣関係史料』(京都女子大学、昭和五十四年)、伝記・研究書で逸し得ないのは大隈侯八十五年史編纂会編刊『大隈侯八十五年史』(全三巻、昭和元年)、渡辺幾治郎『文書より観たる大隈重信侯』(故大隈侯国民敬慕会・早稲田大学出版部、昭和七年)・『大隈重信』(大隈重信刊行会、昭和二十七年)、渡辺の後継者中村尚美『大隈重信』〈人物叢書〉(吉川弘文館、昭和三十六年)・『大隈財政の研究』(校倉書房、昭和四十三年)、碩学の柳田泉『明治文明史における大隈重信』(早稲田大学出版部、昭和三十七年)で、近年では、早稲田大学大学史編集所編『大隈重信とその時代—議会・文明を中心として—』(早稲田大学出版部、平成元年)、早稲田大学大学史編集所編『早稲田大学百年史』全八冊(早稲田大学出版部、昭和五十三—平成九年)、佐藤能丸『近代日本と早稲田大学』(早稲田大学出版部、平成三年)、五百旗頭薫『大隈重信と政党政治』(東京大学出版会、平成十五年)がある。年譜は早稲田大学大学史編集所編「大隈重信年表」(『早稲田フォーラム』五十六、昭和六十三年)が最詳で、大隈研究書誌として佐藤能丸「大隈重信研究の過去・現在・未来」(『早稲田大学史記要』二十七、平成七年)が有用である。

(佐藤　能丸)

大倉喜八郎(おおくら・きはちろう)

天保八—昭和三年(一八三七—一九二八)　大倉財閥の創設者

大倉が一代で創設した大倉財閥に関するまとまった企業史料は、東京経済大学図書館に所蔵されている。これは、大倉財閥に関する共同研究をおこなった東京経済大学の研究者を中心とする大倉財閥研究グループが昭和五十年(一九七五)に旧大倉財閥系企業を調査した際に発掘された経営内部史料が、大倉により創設された大倉商業学校(のちの大倉高等商業学校)の後身である東京経済大学に移管されたものである。明治期の大倉組商会以来の大倉財閥発展の基礎となった商事貿易部門を継承した大倉商事株式会社、旧大倉財閥の本社と傘下の大倉鉱業株式会社を継承した中央建物株式会社の両社から移管された六〇〇〇点に及ぶ史料群は、会社とその内部職能組織別に整理・分類され、昭和五十六年に冊子体の『東京経済大学所蔵大倉財閥資料目録』が刊行された。ただし、目録作成後に移管された史料などもあって、目録に収録されていない史料もかなりある。

この企業史料群の第一の特徴は、大正末から戦後の財閥解体までの時期に集中していることであり、大倉財閥の本社資料が大正十二年(一九二三)の関東大震災で焼失したことがその主たる理由である。震災以前の時期の史料は、震災被害を免れた大倉商事史料の中に含まれるが、その点数は少ない。したがって、明治から大正中期にかけての大倉財閥の成長過程を示す史料は欠けており、幕末から明治前期にかけての大倉の鉄砲商売などの活動に関する史料も残されていない。第二の特徴は、中国大陸投資に積極的であった大倉財閥の事業的性格を反映して、旧満州の本溪湖煤鉄公司をはじめとする中国大陸での経営活動に関する史料の比重が高いことである。

また、大倉によって創設されたわが国最初の私立美術館である大倉集古館には、彼とその長男喜七郎の二代によって集められた多数の美術品が収蔵されている。

伝記では、晩年に編纂された鶴友会編『大倉鶴彦翁』（民友社、大正十三年）が正伝といえるが、ほかに没後に多くの関係者の寄稿を収録した鶴友会編刊『鶴翁余影』（昭和四年）や、大倉高等商業学校編刊『鶴彦翁回顧録』（昭和十五年）がある。加えて、ジャーナリスト等の手による伝記がかなりあり、政商や実業家列伝の中に取り上げられることも非常に多いが、記述の史料的裏付けはあまり確かとはいえない。なお、大倉述・菊池暁汀編『致富の鍵』（丸山舎書籍部、明治四十四年）と大倉述『努力』（実業之日本社、大正五年）は、回顧談などを口述筆記させたといわれるものである。近年の刊行としては、大倉雄二『鯰―元祖成り金大倉喜八郎の混沌たる一生―』（文芸春秋、平成二年）や砂川幸雄『大倉喜八郎の豪快なる生涯』（草思社、平成八年）がある。

大倉および大倉財閥に関する研究は、東京経済大学が所蔵する史料に基づいて大倉財閥研究グループ（渡辺渡・村上勝彦・中村青志・池上和夫・奈倉文二・窪田広・金子文夫・森久男・須田喜俊）によりなされ、その成果は「大倉財閥の研究（1）～（7）」（『東京経大学会誌』九十四・九十五・一〇一・一〇二・一〇五・一〇七・一一四、昭和五十一―五十四年）として発表されている。この研究のうち、大倉財閥の海外活動は、大倉財閥研究会編『大倉財閥の研究―大陸と大倉―』（近藤出版社、昭和五十七年）にまとめられ、国内の事業活動に関しては、中村青志「大正・昭和初期の大倉財閥」（『経営史学』十五―三、昭和五十五年）などがある。

なお、徳富蘇峰記念塩崎財団には徳富宛書簡四十一通が所蔵・公開されており、他の文書群中にも書簡等が収められている。

（中村　青志）

大蔵公望（おおくら・きんもち）

明治十五―昭和四十三年（一八八二―一九六八）

鉄道官僚・満鉄理事・東亜研究所副総裁

遺族の隆雄氏のもとに残された昭和七年（一九三二）から昭和二十年に至る日記（それ以外のものは残されなかったとのこと）を、筆者と有馬学・吉見義明・佐々木隆・成田賢太郎の共編で、昭和四十八―五十年にタイプ印刷四巻で内政史研究会・日本近代史料研究会から出版した。これは詳細な日記で、貴重な情報が含まれている。

自伝に『大蔵公望之一生』（大蔵公望先生喜寿祝賀委員会、昭和三十四年）がある。著書に『ソヴェート聯邦の実相』（南満洲鉄道、昭和四年）、『満州国への邦人農業移民』（創建社、昭和七年）、『日満統制経済論』（「日本統制経済叢書」五、日本評論社、昭和八年）、『大阪地方交通統制に関する報告書』（大蔵公望、昭和十一年）、『満洲農業移民と農村青年』（満洲移住協会、昭和十一年）、『ソ聯邦の長所及び弱点』（皐月会、昭和十三年）、『国際情勢と満蒙開拓の重要性』（満洲移住協会、昭和十八年）、『興亜教育の要諦』（永井柳太郎と共著、大政翼賛会興亜総本部宣伝部、昭和十九年）などがある。

なお大蔵が力を入れていた東亜研究所については、柘植秀臣『東亜研究所と私―戦中知識人の証言―』（勁草書房、昭和五十四年）、江副敏生「二〇世紀日本人の中国認識と中国研究（一一）幻の研究所―東亜研究所について」（『中国研究月報』五十三―十、平成十一年）、並木頼寿「中研書庫を覗く・東亜研究所関係の蔵書について」（『中国研究月報』五七九、平成八年）、原覚天『現代アジア研究成立史論』（勁草書房、昭和五十九年）の第一編「東亜研究所の歴史と研究業績」などがある。またその中心人物の一人であった国策研究会については、矢次一夫『昭和動乱私史』上・中・下(経済往来社、昭和四十六—四十八年)、伊藤隆「『挙国一致』内閣期の政界再編成問題二」(『社会科学研究』二十五—四、昭和四十九年)中の「国策研究会」などがある。

(伊藤　隆)

大角岑生（おおすみ・みねお）

明治九—昭和十六年(一八七六—一九四一)　海軍大将・海兵二十四期

海相時代に、いわゆる「大角人事」(ロンドン軍縮条約に関係した「条約派」の海軍軍人を予備役に編入した)をおこなったことで名を知られる海軍軍人である。伝記として『男爵大角岑生伝』(海軍有終会、昭和十八年)があるが、まとまった一次史料が残されているかどうかは不明である。伝記執筆に際しては、家族宛の私信や同郷の友人宛の書翰等が利用されている。

海相時代の評価については、野村実『歴史の中の日本海軍』(原書房、昭和五十五年)の第五章「海軍軍令部権限拡大の歴史と穏健派海軍首脳の離現役」(初出は『寺島健伝』同伝記刊行会、昭和四十八年)が支配的なイメージを提示した。伏見宮博恭王や東郷平八郎元帥の圧力により「条約派」と目された海軍の逸材を予備役に編入し、軍令部の権限強化をはかって海軍省の統制力を減退させた、とする。ともに太平洋戦争の開戦を導いた重大な誤りという捉えられ方をしてきた。高木惣吉『自伝的日本海軍始末記』(光人社、昭和五十四年)等、一部の旧海軍関係者に連なる方向の見方である。近年に至り、大角の背後にいた東郷平八郎らの動向に関して田中宏巳「昭和七年前後における東郷グループの活動」(『防衛大学校紀要』五十一—五十三、昭和六十一年)が一次史料を用いて検討を加えている。また省部互渉規程の改訂を第一次上海事変の影響から考える研究も現れた(影山好一郎「海軍軍令部権限強化問題」『海軍史研究』四、平成九年)。このような視角からの再検討も必要であろう。また、在任期間が合計三年七ヵ月を超えたにもかかわらず(昭和の海軍大臣としては最長である)、全般的な問題に関する研究が乏しい。当該期の海軍の全体像を評価する本格的な研究がまたれる。

(森山　優)

太田宇之助（おおた・うのすけ）

明治二十四—昭和六十一年(一八九一—一九八六)　朝日新聞社中国特派員記者・支那派遣軍総司令部嘱託・汪兆銘政府経済顧問

平成十三年度(二〇〇一)に「太田宇之助文書」(全七九五件)が、息女縫田曄子氏から横浜開港資料館に寄贈されたが、現在非公開である。

文書は長らく、東京都太田記念館(前身は、昭和五十八年〈一九八三〉、杉並区久我山の自宅敷地を東京都に寄付して建てられた中国人留学生宿舎)に保管され、主に、日記、書簡類、原稿類、新聞記事切り抜き帳(多くは戦後)、総選挙(昭和二十二年)関係文書、戦前中国刊行の政治関係雑誌・図書類、写真帳、戦前中国発行の絵葉書や地図、演劇・コンサートのパンフレット類等が収められている(縫田曄子氏関係の文書も若干含まれる)。戦災の被害には遭っていない等により、文書はかなりよく保存されている。文書全体の概要については「〈史料紹介〉『太田宇之助日記　一』(昭和十五年)」(解説・中武香奈美、『横浜開港資料館紀要』二十、平成十四年)に詳しい。

日記は、大阪朝日新聞社(大正六年〈一九一七〉、早稲田大学専門部政治経済科卒業後入社)北京特派員となった大正十四年から、亡くなる昭和六十一年までつけられている。昭和十一年までは博文館の当用日記が使われているが、年頭で中断されているものが多い。昭和三年から四年にかけての欧州出張時には、イギリスで購入した*Charles Letts's Self-Opening Diary for* **1929**が使われ、昭和十二年以降は博文館のポケット日記帳が使用されて、記述も詳細になっている。このうち、昭和十五年分については、上記〈史料紹介〉『太田宇之

助日記　一』(昭和十五年)」に全文が収録され、昭和十六年分の日記全文および昭和十五―十六年の太田についての動向をまとめた解説文(翻刻・解説、望月雅士)は同『紀要』二十一(平成十五年)に掲載されている。朝日新聞社東京本社論説委員の一方で、昭和十五年七月から十六年七月まで支那派遣軍総司令部嘱託として出向、その後、朝日新聞中支特派員として現地に留まり、東亜連盟中国総会嘱託として、汪兆銘政府と関係を持つこの時期の日記は、支那派遣軍の動向や汪兆銘政府の動向についても、好個な史料として読むことができる。

昭和四年九月から七年八月まで、朝日新聞上海支局長として上海在勤中の日記のうち、「事務用」としてつけられたものは、受信・見聞する情報が箇条書きで年間にわたり記され、当時の新聞人の視点を知る上からも貴重な記録と言える。

書簡類は家族との書簡・葉書が大半を占めるが、板垣征四郎(五通)、重光葵(六通)、福田赳夫(一通)の太田あて書簡、その他に影佐禎昭、石橋湛山、内山完造のものも含まれている。なお、「重光葵関係文書」(憲政記念館に寄託)には、太田からの書簡が数通残されている。

著書として『新支那を説く』(第百書房、昭和十一年)、『新支那の誕生』(日本評論社、昭和十二年)、『中国と共に五十年』(世界情勢研究会出版局、昭和五十二年)、『生涯―一新聞人の歩んだ道』(行政問題研究所、昭和五十六年)が出版され、新聞、雑誌等に掲載された記事、評論、論文等の一部が収録されているが、全体としてまとまったものは集められていない(文書中にもそれに類する私的なスクラップ類は含まれていない)。このうち、昭和戦前期の『東京朝日新聞』掲載記事や新聞人としての足跡については、『朝日新聞戦前紙面データベース』(朝日新聞社、「昭和元年―九年編」、平成十三年発行「昭和十年―二十年編」、平成十四年発行)から検索が可能となっている。

太田に関するまとまった研究はほとんどない。将来の文書の公開とともに今後の研究の進展が期待される。

（田中　悦子）

太田耕造（おおた・こうぞう）

明治二十二―昭和五十六年(一八八九―一九八一)

政治家・弁護士・亜細亜大学学長

関係文書は亜細亜大学太田耕造記念館が所蔵しているが(ただし戦前期のものは戦災でほとんどが失われた)、現在未整理、未公開である。旧蔵書および『国本』『国本新聞』は公開されており、また遺品および一部の史料は展示されてもいる。

関係文書中のものを含めて『太田耕造全集』が全五巻で、亜細亜大学・日本経済短期大学から昭和五十七年(一九八二)から平成五年(一九九三)に刊行されている。第一巻は『国本新聞』の論説や「巣鴨日記」(昭和二十年十二月十二日から二十二年八月三十日)などを、第二巻は亜細亜大学創設から亡くなるまでの文章を、第三巻は昭和二十二年から昭和四十二年の日記抄、「写真で綴る太田耕造先生の生涯」「想い出で綴る太田耕造先生のご生涯」などを、第四巻は補遺として『国本』掲載論文、手稿、座談会・対談・インタビューの記録、書簡、それに「太田記念文庫図書目録」(この中に内田良平「存稿」二―四が含まれている)を、第五巻はそれ以前に主として関係者二十一人の論文集として刊行した『自助協力―亜細亜学園学生に与う』(亜細亜大学・日本経済短期大学、昭和五十六年。また、この中に数人で分担執筆した「伝記篇」もある)を、さらに以後に発見されたものの総索引、巣鴨日記索引、年譜、執筆・論述目録を収録している。

太田について書かれたものに、『太田耕造の思想と教育』がある。主として関係者二十一人の論文集としてまとめられ、平成三年に亜細亜大学から刊行されている。また室伏武「太田耕造と自助協力の精神」一―三(『亜細亜大学教養部紀要』三十六―三十八、昭和六十二―六十三年)、夜久正雄「太田耕造先生と興国同志会の人々」(『亜細亜大学教養部紀要』二十九、昭和五十九年)、勝岡寛次「巣鴨プリズンにおける太田耕造―極東国際軍事裁判・国際検察局(IPS)尋問調書の分析から」(『大倉山論集』四十八、平成十四年)などがある。

(伊藤　隆)

大竹貫一　(おおたけ・かんいち)

万延元―昭和十九年(一八六〇―一九四四)　明治から昭和期の政治家

新潟県中之島町の大竹邸記念館に、史料類が残されている。書類は、展示ケース内に約五十の袋に分類されているが分類は正確なものではない。またこれとは別に書類棚に納められた文書がある。地域に関わるものとして、明治十年代の中之島村会や南蒲原郡関係、信濃川支流の河川改修関係書類があるが、重要なものは対外硬運動に関係するビラや意見書類で、高野事件・日比谷焼打事件・韓国併合や第一次大戦講和関係・軍縮関係・日中戦争関係など幅広く、ついで憲政会から革新倶楽部を経て、昭和期の革新党や国民同盟などの政党関係書類、選挙運動関係文書がある。清瀬一郎・川崎克らの書簡も所蔵されている。

伝記として笹岡平祐『大竹貫一小伝』(大竹貫一翁遺徳顕彰会、昭和二十八年)がある。まとまった研究は見当たらないが、黒沢良『清瀬一郎』(駿河台出版社、平成六年)、櫻井良樹他「又新会の成立と崩壊―付、第二六帝国議会又新会代議士会会議録―」(『紀尾井史学』六、昭和六十一年)が大竹邸記念館の史料を利用している。大竹に言及しているものとして柴田紳一「昭和十五年大竹貫一怪文書事件」(『国学院大学日本文化研究所紀要』七十七、平成八年)がある。

(櫻井　良樹)

大達茂雄　(おおだち・しげお)

明治二十五―昭和三十年(一八九二―一九五五)　初代東京都長官

旧蔵の文書・記録はほとんど残されていない。著作も『私の見た日教組』(新世紀社、昭和三十年)の他には、昭和十八年(一九四三)に東京都長官時代に行った講演記録である『決戦の都民生活』(非売品、決戦生活実践強化会、昭和十九年)があるのみである。したがって、現在のところ、大達についての研究史料としては、大達茂雄伝記刊行会編『大達茂雄』(非売品、昭和三十一年)が実質的には唯一のものと考えられる。これは、昭和三十年九月の初七日法要を契機として、大達に縁の深かった二一一人によって結成された伝記刊行会(委員長は緒方竹虎、のち緒方の死去に伴い戸塚九一郎が就任)の編纂事業の成果である。これは、高宮太平の執筆による伝記『大達茂雄』と追悼文である別巻『回想の大達茂雄』の二巻からなり、伝記の執筆には、委員から提供された資料が参考にされたとされる。伝記には、大達が戦犯として巣鴨に収容されていた時期の「獄中日記」が掲載されているが、後に、この伝記では掲載されなかった箇所が補われて、昭和六十二年九月の三十三回忌の際に遺族によって『獄中日記』(非売品、国立国会図書館所蔵)が冊子にされ、関係者に配布された。

大達に関する研究はほとんどないが、特に昭和二十九年の教育二法をめぐる政治過程に言及した高宮太平『大達文政と日教組の対決』(日本文政研究会、昭和二十九年)、安嶋彌『戦後教育立法覚書』(第一法規、昭和六十一年)、木田宏監修『証言　戦後の文教政策』(第一法規、昭和六十二年)収載の斎藤正の証言「中確法」は、大達の前掲書とも関わる文部大臣時代の重要な資料である。

(貝塚　茂樹)

大野緑一郎　(おおの・ろくいちろう)

明治二十―昭和六十年(一八八七―一九八五)　朝鮮総督府政務総監

関係する史料の第一は、憲政資料室が所蔵する旧蔵の「大野緑一郎関係文書」である。大正元年(一九一二)、東京帝国大学法学部を卒業した大野は、内務省に入省し、地方官(秋田県属)として東北農民の窮状に接する。災害救済事業に目覚め、徳島県・岐阜県知事、内務省社会局を経る過程で救貧事業、児童保護事業、失業問題に尽力する。「関係文書」中には彼が携わった数多くの社会行政関係史料が収録されている。昭和七年(一九三二)、警視総監に就任するも、李奉昌による桜田門事件や五・一五事件に遭遇して辞任を余儀なくされた。しかし昭和九年、南次郎の関東軍司令官就任にともない、関東軍顧問・関東局総長に就任している。さらに昭和十一年、南が関東軍司令官から朝鮮総督に転任すると、朝鮮総督府政務総監として随行し、植民地朝鮮の「皇民化」政策を推進することになる。「関係文書」中には朝鮮人徴兵制や創氏改名など戦時体制下の植民地朝鮮の支配政策に関する史料・書簡も多数収録されている。

重要な記録の第二は、戦後に行われたヒアリング記録である。その一つは内務省時代の回顧を中心とする内政史研究会『大野緑一郎氏談話速記録』(内政史研究資料第六十一—六十三、昭和四十三年)であり、もう一つは朝鮮総督府政務総監時代の回顧を中心とする「南総督時代の行政　大野緑一郎政務総監に聞く」(宮田節子解説・監修「未公開資料朝鮮総督府関係者録音記録　十五年戦争下の朝鮮統治」学習院大学東洋文化研究所『東洋文化研究』二、平成十二年)である。後者はかつて朝鮮近代史料研究会における研究活動の一環として収録されたもので、他の関連史料とともに注釈を付して公刊されたものである。

なお、朝鮮近代史料研究会の活動記録の一部は、かつて部分的には財団法人友邦協会編『友邦シリーズ　朝鮮近代史料研究集成』(平成十二・十三年、クレス出版より復刻)に収録されている。また学習院大学東洋文化研究所では本史料のもとになった録音テープにより肉声を聴取することができ、興味深い。

第三に自ら執筆した原稿・論文としては「失業に関する保険制度と基金制度」(『自治研究』五—十、昭和四年)、「失業問題と其の観方」(『地方行政』三十七—九、昭和四年)、「日満支都市の文化的連携に就て」(『都市問題』二十八—一、昭和十三年)などがあげられる。

その他、関係する史料としては『満洲日報』や『京城日報』、『朝鮮』といった植民地において発行されていた新聞・雑誌に掲載された断片的な記事がある。また植民地朝鮮で戦時動員体制を担った国民精神総動員朝鮮連盟・国民総力朝鮮連盟などの機関誌である『総動員』(宮田節子解題、緑蔭書房、平成八年復刻版)や『国民総力』を復刻した『戦時体制下朝鮮総督府外郭団体資料集』(辛珠柏解題、高麗書林〈ソウル〉、一九九七年)、また水野直樹編『朝鮮総督諭告・訓示集成』(緑蔭書房、平成十三年)の中にも政務総監としての年頭辞、統治関連の訓示・談話がみられる。

こうした史料を利用した代表的な研究としては、「関係文書」を駆使した韓国の崔由利『日帝末期植民地支配政策研究』(国学資料院〈ソウル〉、一九九九年)や、宮田節子・金英達・梁泰昊『創氏改名』(明石書店、平成四年)をはじめとする戦時体制下植民地朝鮮に関する個別研究論文において政務総監時代の大野の役割について言及されている。

(田中　隆一)

大橋武夫（おおはし・たけお）

明治三十七—昭和五十六年(一九〇四—一九八一)

戦災復興院次長・運輸大臣

旧蔵の文書・記録の存在は知られていない。まとまった伝記や回顧録も作成されていないが、内政史研究会が昭和四十七年(一九七二)の二月から三月にかけて四回にわたって行なった聞き取りをまとめた『大橋武夫氏談話速記録』がある。同じくインタビュー記録である大本圭野「対談住宅政策史　戦災復興院の創設と戦後改革　上下」が、住宅産業開発協会土地住宅問題研究センター発行の『土地住宅問題』九十六・九十七(昭和五十七年)に掲載されている(のちに、後掲の『大橋武夫追悼録』、また大本圭野『「証言」日本の住宅政策』〈日本評論社、平成三年〉に再録)。

また、政財界や島根県関係者から寄せられた追想文をまとめた大橋武夫追想録刊行会編『大橋武夫追想録』(二十一世紀社、昭和六十二年)があり、同書には略歴に加え、長男への書簡二通など若干の遺稿も収められている。このほか、阿部真之助『現代人物論』(河出書房、昭和二十七年)、名取義一『政財界人の命運』(北辰堂、昭和二十七年)、『警察時事年鑑一九七九年版(歴代法務大臣)』(警察文化協会、昭和五十三年)に小伝が掲載されている。

(黒澤　良)

大平正芳（おおひら・まさよし）

明治四十四―昭和五十五年(一九一〇―一九八〇)

第六十八代内閣総理大臣

関係する文書・記録は、基本的に香川県観音寺市の大平正芳記念館に所蔵され、一部、展示に供されている。現在、大平正芳記念財団と大平正芳記念館の好意で整理途中である。

所蔵されている文書・記録は、自宅の焼失で多くの資料が失われたなか、①日記、②大平事務所旧蔵の日誌・陳情関係書類・選挙関係書類・ファイル、書簡、映像資料、③大平正芳伝記関係資料(このなかには、大平の秘書官であった元通産事務次官福川伸次氏から寄贈された書類が多く含まれている)、書類(本四架橋関係、外務大臣期報道関係記録)、録音テープ(インタビュー)、④大平志げ子夫人日記および同夫人旧蔵大平正芳宛書簡・書類である。①は、娘婿森田一元通産相によるもので一部は、森田一『最後の旅』(行政問題研究所出版局、昭和五十六年)として刊行されている。②は、香川県観音寺市の大平事務所に保管されていた事務所関係の資料群であるが、ファイル中には、大平起案の昭和三十九年(一九六四)十月二十五日付「池田内閣総理大臣の辞任決意表明」等も含まれている。③は、伝記編纂のため収集された資料群で、④は、最後まで夫人が保管していた資料群である。

「文人宰相」とも呼ばれる大平の著書は多く、昭和二十八年刊行の『財政つれづれ草』(如水書房)から『私の履歴書』(日本経済新聞社、昭和五十三年)まで六冊を数える。伝記としては、大平正芳回想録刊行会編『大平正芳回想録　伝記編』(鹿島出版会、昭和五十八年)、新井俊三・森田一『文人宰相大平正芳』(春秋社、昭和五十七年)、首相期を中心とする著作としては、政局史として田中六助『大平正芳の人と政治』(朝日ソノラマ、昭和五十六年)、川内一誠『大平政権・五五四日』(行政問題研究所出版局、昭和五十七年)等が、政策的には、長富祐一郎『近代を超えて』(大蔵財務協会、昭和五十八年)がある。また、資料集としては、大平正芳記念財団編『在素知贅　大平正芳発言集』(平成八年)、大平正芳回想録刊行会編『大平正芳回想録　資料編』(鹿島出版会、昭和五十七年)、大平正芳記念財団編『去華就實　聞き書き・大平正芳』(平成十二年)等がある。また、『大平正芳　全著作及び研究書』(CD―ROM)が生誕九十周年を記念して大平正芳記念財団から出されている。首相期に検討された政策課題については、『大平総理の政策研究会報告書』(自由民主党広報委員会出版局、昭和五十五年)があり、本報告は墓前に捧げられた。

大平に関する研究としては、その人と思想について公文俊平・香山健一・佐藤誠三郎監修、大平正芳記念財団編『大平正芳　人と思想』(平成二年)が、政策面では同『大平正芳　政治的遺産』(平成六年)がある。

(小池　聖一)

大三輪長兵衛（おおみわ・ちょうべえ）

天保六―明治四十一年(一八三五―一九〇八)　五十八銀行頭取

関係する一次史料として、まず憲政資料室所蔵「大三輪長兵衛関係文書」が挙げられる。「関係文書」は、とりわけ日清・日露戦間期に京釜鉄道株式会社発起委員をはじめ、韓国の公職だった鉄道院監督や蔘政検察大員を歴任し、日韓両国の非正式接触に関わった一連の業績について多くを明らかにする。彼自身による「朝鮮談」(『近衛篤麿日記　付属文書』鹿島研究所出版会、昭和四十四年)、そして渋沢青淵記念財団竜門社編『渋沢栄一伝記史料』十六(昭和三十二年)や、伊藤隆・尾崎春盛編『尾崎三良日記』中・下(中央公論社、平成三・四年)もあわせて参照されたい。なお「関係文書」の一部で、自身作成の「諸事抄録」、「渡韓始末録」は『朝鮮学報』六十一（昭和四十六年）に収められ、藤村道生が史料紹介に当たった（「韓国併合の前提―日韓議定書の成立過程―」『日清戦争前後のアジア政策』岩波書店、平成七年）がある。

外交史料館所蔵の外務省記録中にも、大三輪関連のファイルが存在する。すなわち、「韓国政府貨幣鋳造ノ為メ大三輪長兵衛聘傭一件」（目録番号3.8.4.10）、「大三輪長兵衛ノ挙動取調一件」（4.3.1.4）、「日清戦役後韓国保護権確定間ノ功労ニ対シ大三輪長兵衛叙勲一件」（6.2.1.24）である。「関連文書」とつき合わせることで、日韓関係史上の大三輪の位置はより精確に定まるだろう。海野福寿『韓国併合史の研究』（岩波書店、平成十二年）は、日露戦争開戦前後の動向を適確に位置付けている。

彼が経営に携わった第五十八国立銀行および後身の五十八銀行について、みずほ銀行金融資料課が「第五十八国立銀行創立証書及認可書の写」、「（五十八銀行）株主総会議事録」などを所蔵している。これら史料や前掲外務省記録を駆使し、高嶋雅明『朝鮮における植民地金融史の研究』（大原新生社、昭和五十三年）は、金融家としての人物像を明らかにした。

その生涯に触れた文献として、広田三郎編『実業人傑伝』三（明治三十年）や、岳淵「大三輪長兵衛を論ず」（『当代の実業家　人物の解剖』実業之日本社、明治三十七年）がある。また「竹内綱自叙伝」（吉野作造編『明治文化全集二十二　雑史編』日本評論社、昭和四年）が多く言及している。他に、宮本又次編『上方の研究』五（清文堂、昭和五十二年）もある。生家の筥崎宮との関係について、葦牙会編『あし牙　葦津耕次郎翁還暦出版記念』（昭和十四年）が触れている。なお澤田修二『大三輪長兵衛の生涯』（私家版、昭和六十三年。国立国会図書館古典籍資料室所蔵）は、これまでに挙げた史料・文献群について充分に調査していない。一時期女子教育に関心を持った大三輪は、『婦女必読女学課程略解』（私立大阪女学校、明治十七年）を著した。同書は国立国会図書館で閲覧できる。他に関連の参照すべき研究として、姜徳相「大三輪貨幣条例の制定」（『朝鮮近代史料研究集成』一、友邦協会、昭和三十四年）、河村一夫「韓国に於ける日露両国の争覇とこれに対する国王のご宸慮」（『朝鮮学報』六十、昭和四十六年）、森山茂徳「日清・日露戦間期における日韓関係の一側面―在日朝鮮人亡命者の処遇問題―」（『東洋文化研究所（東京大学）紀要』八十八、昭和五十七年）、Peter Duus, *The Abacus and the Sword* (California University Press, 1995) がある。

今後、大阪府議会議長などを歴任した大阪政財界要人としての側面を明らかにするため、阪神地域において精密な史料所在調査がなされるべきだろう。

（菅野　直樹）

大村襄治（おおむら・じょうじ）

大正八―平成九年（一九一九―一九九七）　自治省財政局長・防衛庁長官

旧蔵の記録・文書は、東京大学法政史料センター原資料部に所蔵されている。同センターにより「近代立法過程研究会収集文書No.96大村襄治関係文書目録」（平成十二年）が作成されている。同関係文書には、日記（昭和三十九―平成八年〈一九六四―一九九六〉）や手帳（昭和四十三―平成七年）、田中内閣での内閣官房副長官時の閣議・政務次官会議メモ（昭和四十八年十一月―四十九年十一月）、原稿等の各種手稿、若干の来翰が含まれている。政治・行政にかかわる書類には、長官当時にアメリカ関係者とおこなった会談の記録など防衛（庁）関係、創政会や第十五次日韓議員連盟総会など政治関係、内務省・自治省関係の資料がある。

著作としては、第一に『回想と展望』（コスモ出版、平成五年）があげられる。日記を多用した回顧録「回想と展望」のほか、「日米軍事科学技術交流秘話」、「日中平和友好条約締結秘話」を収録し、「略歴」と「図書出版目録」が付されている。ネービーセンター編『未来永劫の群像　ザ海軍』(政策問題調査会、昭和六十一年)には、大村の「海軍の体験とわが国の防衛」がある。加えて、自作の和歌をおさめた『歌集こころの鉦』・『歌集続こころの鉦』(非売品、ともに永田書房、昭和五十・五十七年)があり、戦前から戦後にわたる軌跡に即して、その時々の心情をうかがう材料となろう。また、視察報告である「欧州地方制度調査報告書」(昭和三十一年十二月、未定稿)や、昭和五十年に衆議院中米・カリブ視察議員団の一員として、政治経済事情調査のためメキシコ・キューバほか九ヵ国を視察した旅の印象記である『中米・カリブ海の旅』(大村襄治、昭和五十年)がある。

　このほか、地方自治・地方財政に関して、『地方自治と予算』(後藤瑛との共著、「地方自治叢書Ⅷ」、港出版合作社、昭和二十五年)、『地方公営企業』(立田清士との共著、良書普及会、昭和三十一年)、『改正地方税徴収制度の解説』(帝国地方行政学会、昭和三十四年)といった著作がある。防衛問題関係では、大村・原徹(述)『防衛問題について』(「講演シリーズ三九八」内外情勢調査会、昭和五十五年)、国会論議をまとめた資料集『GNP1%論の軌跡』(永田書房、昭和六十二年)がある。

(黒澤　良)

大村清一（おおむら・せいいち）

明治二十五—昭和四十三年(一八九二—一九六八)

内務大臣・防衛庁長官

関係文書は、東京大学法政史料センター原資料部に所蔵されている。書簡を主とした二十数点であるため、同センターによって作成された「近代立法過程研究会収集文書No.96大村襄治関係文書目録」(平成十二年)の「Ⅳ個人資料」に、「大村清一(父君)資料」として併せて収録されている。

　大村は、『自治研究』や『都市公論』、『斯民』など地方自治関係の雑誌に小論を掲載しているほか、「地方税制の改革に就て」と題した口述を『新日本同盟会報』(山田竜雄口述「増税案に就て」共、新日本同盟、昭和十二年)に寄せている。

　まとまった伝記や回顧録は存在しないが、友人や知人、遺族が追悼文を寄せた『大村清一を偲ぶ』(大村清一追悼録刊行会、昭和四十五年)でパーソナルヒストリーについての一定の情報が得られる。同追悼録には「故大村清一略歴」があり参考になる。このほか、『昭和岡山　政治と人と』中(山陽新聞社、昭和五十四年)、『警察時事年鑑一九七五年版(歴代内務大臣)』(警察文化協会、昭和五十年)に小伝が掲載されている。

(黒澤　良)

大村益次郎（おおむら・ますじろう）

文政七—明治二年(一八二四—一八六九)　兵部大輔

第一に挙げられるのは、遺族が寄託した山口県文書館の「大村益次郎関係文書」で、目録がある。憲政資料室でもマイクロで公開されている。

　次に、旧宅の襖の下張りから発掘された文書があり、山口市歴史民俗資料館に寄贈され(一部、別館鋳銭司郷土館で展示)、目録が作成されている。この史料のうち完全な書簡類を翻刻したのが内田伸編『大村益次郎文書』(マツノ書店、昭和五十二年)である。巻末に年譜と参考文献一覧があり、その点でも有益である。さらに断簡を整理するという多大な労苦を払って翻刻したものが内田伸編『大村益次郎史料』(マツノ書店、平成十二年)である。

　そのほか維新期の書簡と履歴の写本が東京大学史料編纂所にある。

　伝記は、遺族が所持した「大村益次郎関係文書」を使って編まれた大村益次郎先生伝記刊行会編『大村益次郎』全二巻(肇書房、昭和十九年、のちマツノ書店、平成十一年復刻)を逸することはできない。村田峰次郎著刊『大村益次郎先生事蹟』(大正八年、のちマツノ書店、平成十三年復刻)は、村田による伝記と関係者の談話からなる。後半の談話部分は村田峰次郎編『大村先生逸事談話』(マツノ書店、昭和五十二年)としても、復刻されている。近年のものとしては、絲屋寿雄『大村益次郎』〈中公新書〉(中央公論社、昭和四十六年)がある。伝記は多数あるが、昭和五十二年(一九七七)までのものは前掲『大村益次郎文書』を参照されたい。

　大村の研究のうち、近年のものを挙げる。洋学史からの研究としては、小川亜弥子「大村益次郎と洋学」(『幕末期長州藩洋学史の研究』思文閣出版、平成十年)がある。維新後の大村の軍制改革論と襲撃については、宮地正人「廃藩置県の政治過程」(宮地・坂野潤治編『日本近代史における転換期の研究』〈山川出版社、昭和六十年〉、のち、宮地『幕末維新期の社会的政治史研究』〈岩波書店、平成十一年〉所収)がある。　（西川　誠）

大森鍾一　(おおもり・しょういち)

明治二十―昭和二年(一八八七―一九二七)　内務総務長官

　旧蔵の史料は、第一は財団法人東京市政調査会市政専門図書館が昭和十五年(一九四〇)に取得し所蔵する「大森文書」である。史料閲覧の際には、当館内にあるカード目録から検索することになる。公開されている史料は、全一四九点で、地方制度関係の史料が中心である。また、憲政資料室には、市政専門図書館からマイクロフィルム化して受け入れた「大森鍾一関係文書」があり、同資料室内にある「大森鍾一関係文書目録」で検索することになる。しかし、憲政資料室が取得した昭和四十六年当時、「大森文書」は番号「大森一二〇」までが整理・公開され、それ以外は封筒に入ったままの未整理の状態だったため、平成十五年(二〇〇三)十一月現在、「大森鍾一関係文書」は一二〇点までの公開である。

　第二には、遺族から東京大学近代立法過程研究会に提供された「大森鍾一関係文書」であり、現在東京大学法政史料センター原資料部に所蔵されている。同史料については、整理目録が東京大学法学部近代立法過程研究会「近代立法過程研究会収集資料紹介(四)　大森鍾一関係文書」(『国家学会雑誌』八十四―五・六、昭和四十六年)に紹介されている。同目録の分類に従えば、「日記・紀行類」の史料が約四十点、「著訳書・草稿・書類」が約六十点、「大森鍾一自筆書簡」が約四五〇通、「諸名家書簡」が約一四〇通ある。これらの史料のうち「博士グナイスト氏講義」(抜粋)、「モッセ氏講義」(全四十二回)、「シュルツェンスタィン氏講義」(全二十一回)、「外遊日記」(自明治十八年(一八八五)八月九日　至明治二十年四月三十日)、「自筆意見草稿」(「士族を宮内省に統括するの議」「建国法制定の否なるを論ず」「郡制廃止問題答申再案」)、「諸家宛自筆書簡」(九通)、「大森鍾一宛諸家書簡」(四十七通)が、『国家学会雑誌』八十四―五・六から八十五―十一・十二(昭和四十六―四十八年)に翻刻されている。原資料部にはさらに、前述の市政専門図書館が所蔵している「大森文書」と中山寛六郎旧蔵の「中山文書」を合せ綴りにしたものがマイクロフィルムで保存されている。「大森文書」については、昭和五十八年頃法政史料センターがマイクロフィルム化したものである。当時市政専門図書館には未整理の状態のものもあったため、双方が作成した目録には、整理番号と標題に若干の違いがあることを付記しておく。したがって現在関係する史料は、原資料部に最も豊富に残されているものと考えられる。

　また、京都府立総合資料館にも「大森鍾一関係資料」が保存されている。これは『妙録』という表題がつけられた八冊からなるものである。その内容は、読書メモの他、地方制度・皇室関係・維新の功臣・神社仏閣・幕末の外交などの記録で、約三〇〇〇枚程に達したものを没後遺族が八冊にまとめたものである。この資料の中には、現在伝わっていないものも含まれているようである。

　著書については、一木喜徳郎との共編『市町村制史稿』(元元堂書房、明治四十一年、のち明治史料研究連絡会、福島正夫解題『市制町村制史稿・維新以来町村沿革』、昭和三十二年復刻)、『自治制制定之顛末』(中央報徳会、大正四年)など地方自治制に関するものがある。また訳書も多く、例えば『仏国法説訳』上・下(メイゾンヌーブ著、法制局、明治九年)、『仏国地方分権法』(著者不明、博聞社、明治十一年)、『仏国県会纂法』(ワレット著、井上毅校閲、博聞社、明治十二年)、『経済学講義』(ボアソナード述、山崎直胤校閲、村上勘兵衛他、明治九年)などがある。他に「静岡の藩校と余の幼少時代」(静岡県立葵文庫〈現静岡県立中央図書館葵文庫〉『駿州学友会雑誌』二、大正十一年)がある。

伝記としては、故大森男爵事歴編纂会『大森鍾一』(故大森男爵事歴編纂会、昭和五年)が最も浩瀚なものである。大森の死後、故大森男爵事歴編纂会が発足し、娘婿であり編纂会代表の池田宏、かつての部下で編纂委員会総代の有吉忠一らが中心となって編纂された。大森の公生涯の回顧録にあたる「杖履痕」や「大森鍾一略年譜」の他、清浦奎吾や渋沢栄一など多数が大森を偲んで寄稿した「追憶録」等がまとめられている。

最後に大森に関する研究については、小林孝雄『大森鍾一と山県有朋—自由民権対策と地方自治観の研究—』(出版文化社、平成元年)が上述のような史料を克明に読み込んだ必読の書である。なお、一般表記として「大森鍾一」が使われることがあるが、正しくは「大森鍾一」である。

(神崎　勝一郎)

大山郁夫 (おおやま・いくお)

明治十三—昭和三十年(一八八〇—一九五五)　労農党中央執行委員長

大山研究の第一次資料は、昭和六十三年(一九八八)三月、遺族から早稲田大学現代政治経済研究所に寄贈された「大山郁夫関係資料」約一四八〇点である。この資料群はⅠ「幼少年期から亡命以前(明治十三年〈一八八〇〉—昭和七年)」、Ⅱ「東京日記(明治四十年二月六日—四月一日)」、Ⅲ「アメリカ・ドイツ留学時代(明治四十四年—大正三年〈一九一四〉)」、Ⅳ「亡命時代(昭和七年—二十二年)」、Ⅴ「帰国から死亡まで(昭和二十二年—三十年)」、Ⅵ「書簡」、Ⅶ「写真」、Ⅷ「蔵書・雑誌」、Ⅸ「大山郁夫評・研究」の九項目に分類されている。また同研究所にはアメリカ亡命中の庇護者であったケネス・W・コールグローヴ(ノースウエスタン大学政治学部長)の文書中の大山関係資料のコピーも所蔵されており、まさに研究資料の宝庫となっている。

同研究所では「大山郁夫関係資料」の「Ⅰ」から「Ⅷ」まで、およびコールグローヴ文書大山関係資料の両者を併せてマイクロフィルム化し(雄松堂、全四十リール)、その詳細な目録『早稲田大学現代政治経済研究所所蔵大山郁夫関係資料目録』(早稲田大学現代政治経済研究所、平成十二年)を作成している。同目録には黒川みどり氏による「評伝」と「資料の概要」が掲載されており、大山研究の格好の手引きとなっている。

ちなみに早稲田大学に寄贈された蔵書はわずかであって、大半は法政大学大原社会問題研究所(ほとんどが洋書)と原水爆禁止日本協議会に寄贈されている。

ところで、著作をまとめたものには『大山郁夫全集』全五巻(中央公論社、昭和二十二—二十四年)と『大山郁夫著作集』全七巻(岩波書店、昭和六十二—六十三年)があり、大山の研究書としては大山郁夫記念事業会編『大山郁夫伝』(中央公論社、昭和三十一年)、堀真清「大山郁夫—民衆政治家の栄光と悲惨—」(『現代日本の思想』三〈有斐閣新書〉、有斐閣、昭和五十三年)、『大山郁夫〈評伝と回想〉』(新評論、昭和五十五年)、藤原保信『大山郁夫と大正デモクラシー』(みすず書房、平成元年)、黒川みどり『共同性の復権—大山郁夫研究—』(信山社、平成十二年)などが刊行されている。

なお、従来の大山研究であまり注目されていないのが、アジテーターとしての側面である。大衆を魅了し、リードする政治家には当然ながらそれ相応の演説能力が要求されるのであって、今後はその観点からの研究も必要とされるであろう。肉声は早稲田大学大学史編集所編『早稲田関係政治家の弁舌』(カセットテープ)に収録されており、早稲田大学における弁論の系譜をあつかったものに島善高「日本の弁論―早稲田雄弁術の系譜―」(『議会政治研究』四十二、平成九年)がある。

(島 善高)

大和田悌二(おおわだ・ていじ)

明治二十二―昭和六十二年(一八八九―一九八七)

逓信省官僚

大和田は、大分県に生まれ、旧制三高を経て、京都帝国大学法科大学法律学科を卒業後、逓信省に入り、同省の海運畑を歩んだ。大和田の名が政官界に知れわたったのは、昭和十年代、持ち前の鋭い理論性と豊かな政治性によって、当時の電力国家管理案を推進する一人となってからのことである。

関係文書は、東京大学法政史料センター原資料部が、遺族宅から史料を借り出してマイクロ化し(後返却)、「近代立法過程研究会収集文書№7 大和田悌二関係文書目録」(平成元年)を作製して公開している。その圧巻は、何と言っても、明治四十一年(一九〇八)から昭和二十年(一九四五)までつけられた日記である(昭和八年から九年にかけて一部欠落)。特に、昭和十年代の電力国家管理問題についての情報量は、他の電力問題に関する史料を抜きん出て多い。また、昭和十二年から十四年までの電力関係の委員会議事録や調書類の充実振りなども他に類を見ない。他に、戦前戦後の海運関係の史料や、大正末期から昭和初期にかけての中国政治に関する史料も含まれており、逓信行政、政治への関心の一面を窺うことができる。

しかし、これで「大和田関係文書」が全てであるとは断言できない。例えば、同機関がマイクロ化した中には、昭和十六年から三十九年まで、公職追放の時期を除いて社長を務めた日本曹達の関連史料や、戦後に、同郷の重光葵が総裁となった改進党に党友として関係した時の史料などが収録されていないからである。戦後の改進党に関係した頃については、重光葵の日記(『続重光葵手記』中央公論社、昭和六十三年)や「重光葵関係文書」(憲政記念館寄託)中の大和田発・重光宛書簡、さらには「村川一郎文書」(同館所蔵)中の改進党関係の冊子などで断片的には追えるものの、全足跡を明らかにするには不充分である。また、社長時代の日本曹達関連の個人史料などがあれば、経済史の分野においても貴重な材料になるだろう。

大和田個人についての研究は、管見の限り存在しない。彼の著作や非売品の冊子類には、やはり戦前の電力関係が多い。『電力国営の急務』(逓信省電気局、昭和十一年)、『電力国営の目標』(電界新報社、昭和十一年)、『電力国家管理案に就て(大和田悌二述)』(全国産業団体連合会、昭和十二年)、『電力国管の解説(大和田悌二述)』(里見元秋、昭和十三年)、『準備を急ぐ電力国家管理の顚末』(逓信協会、昭和十三年)、『電力国家管理論集』(交通経済社出版部、昭和十五年)、『電力国管の裏話し』(電力新報社、昭和三十八年)などである。また、大和田は、雑誌などに多くの論考を掲載しているし、逓信省関連の機関誌や座談会での発言、講演なども多い。戦後には、エネルギー問題、通信分野などにおける発言もある。

最後に、戦前の電力問題一般についての参考文献を挙げておきたい。まず、大和田も少なからず関係した日本発送電株式会社については、「憲政資料室収集文書」一二五四・一―八「日本発送電関係資料」全八巻(高宮太平の執筆と推測される社史の草稿である)があり、日本発送電株式会社の設立経緯やその概要について、詳しい情報を教えてくれる。研究書や論文もいくつか挙げられるが、大谷健『興亡―電力をめぐる政治と経済―』(産業能率短期大学出版会、昭和五十三年)は、現在でもこの問題についての最も優れた本である。また、経済史の側から、電力国家管理案に対抗する松永安左ェ門を視点に据え、戦後の九分割までを視野に入れた、橘川武郎『日本電力業の発展と松永安左ェ門』(名古屋大学出版会、平成七年)も優れた研究である。

(武田　知己)

岡市之助（おか・いちのすけ）

万延元―大正五年(一八六〇―一九一六)　陸軍中将

遺族の岡一郎氏より、昭和四十五年(一九七〇)に憲政資料室に寄贈された。書簡約九十通、書類三点で、寺内正毅・山県有朋・桂太郎・田中義一など陸軍中枢との往復書簡がその中心となっており、量は少ないものの明治末・大正初期の陸軍(当時、陸軍次官・陸軍大臣などの職についている)を知る上で非常に貴重な史料となっている。おそらく、重要な資料のみを選択して残した結果であろう。その内容摘記を含めた目録は昭和四十六年に国立国会図書館から『憲政資料目録第八　寺内正毅関係文書(付)岡市之助文書』として発行された。なお、山本四郎「岡市之助文書について」(『神女大史学』九、平成四年)、同「岡市之助文書について(続)」(同十、平成五年)がこの内容を紹介している。

北岡伸一『日本陸軍と大陸政策』(東京大学出版会、昭和五十三年)、小林道彦『日本の大陸政策』(南窓社、平成八年)は、陸軍の中での岡の位置を明らかにしている。

(季武　嘉也)

岡　実（おか・みのる）

明治六―昭和十四年(一八七三―一九三九)　農商務省商工局長・東京日日新聞会長

岡は明治三十一年(一八九八)に内務属、のち商務省参事官に転じ、大正二年(一九一三)同省商工局長。同七年辞職後、パリ平和会議の労働条約及び通商改正に関する日本代表委員。同八年国際労働会議日本政府代表。昭和八年(一九三三)東京日日新聞会長。

旧蔵資料は、平成四年(一九九二)に一括して憲政資料室へ収められ、「岡実関係文書」として同室で公開されている。来信・発信書翰のほか、明治四十年から昭和十三年にかけての日記・手記類があり、その中には、パリ平和会議や国際労働会議参加時の日記帳も含まれている。また、写真資料も数多い。その他、大正十四年以前の自筆原稿類や、農商務省、パリ会議、国際労働会議、大阪毎日新聞(東京日日新聞)の各時期の資料が多少含まれており、資料総数は一〇〇〇点余りになる。検索手段として、仮目録「岡実関係文書目録」がある。

その他、憲政資料室で公開している平田東助・牧野伸顕・関屋貞三郎・河野広中・阪谷芳郎・下村宏・都筑馨六・寺内正毅・斎藤実・有松英義・安達峰一郎・伊東巳代治・西原亀三等の各関係文書の中に、岡発信の書翰が含まれている。

著作には、『工場法論』(有斐閣書房、大正二年)をはじめ、『行政法講義』(明治大学出版部、明治三十八年)、『経済学概論』(教育研究会、大正十五年)、『社会経済批判』(日本評論社、昭和四年)などがある。また、講演者として名を連ねた講演会の翻刻も刊行されている。『商工補習教育講演集』(国定教科書共同販売所、大正三年)、『時局講演集』第一回(仏教聯合会、大正七年)、『時局講演集』第三回(仏教聯合会、大正九年)、『成田山講演集』(国産奨励会、大正九年)、『神戸経済会講演集』第五号(神戸経済会、大正十二年)には、岡が商工業や国際連盟、戦後問題、欧米経済界と日本などのテーマで行った講演が収録されている。

(山本　真生子)

岡崎邦輔（おかざき・くにすけ）

嘉永六―昭和十一年(一八五三―一九三六)　政党政治家

筆者は昭和四十年(一九六五)に長男の端夫氏に依頼して関係文書の一部を閲覧させていただいたことがあった。その後、昭和五十年代の後半に嫡孫の久彦氏からの依頼で、酒田正敏氏と、すでに憲政資料室所蔵になっていた分と、久彦氏所蔵の関係文書を編纂して『岡崎邦輔関係文書・解説と小伝』として昭和六十年に自由民主党和歌山県支部連合会から刊行した。

関係文書として残されたものは伊藤博文、西園寺公望、原敬、陸奥宗光、伊東巳代治からの岡崎宛書簡（一部岡崎書簡を含む）二二四通のみである。そのうち伊藤書簡四通、西園寺書簡十六通、原書簡三十八通、伊東書簡六十二通、中島男爵宛岡崎書簡は現在も久彦氏の所蔵である。それ以外は戦後憲政資料室が岡崎家から購入して所蔵している。陸奥書簡一〇二通は同室編『陸奥宗光関係文書目録』に「岡崎邦輔宛陸奥宗光書翰（岡崎家旧蔵分）」として掲げられている。なお、岡崎宛陸奥書翰一通が「石塚重平関係文書」に入っている。また「憲政史編纂会収集文書」中に「岡崎家文書」として収録されているものは上記の原本の写しである。

また岡崎書簡は、伊藤博文、陸奥宗光、原敬、小川平吉、竹越與三郎、後藤新平他の関係文書中に多数含まれている。

伝記として小池龍佶『晩香岡崎邦輔』（松雲荘文庫、昭和十二年）および平野嶺夫『岡崎邦輔伝』（晩香会、昭和十三年）、『普選の功労者岡崎邦翁』（紀州評論社出版部、昭和二年）などがあり、回顧録として『憲政回顧録』（福岡日日新聞社東京聯絡部、昭和十年）がある。

研究として、原奎一郎・山本四郎編『続原敬をめぐる人びと』（日本放送出版協会、昭和五十七年）の中の「岡崎邦輔―巧知多策の政友会長老―」、山本四郎「岡崎邦輔―伊藤大八文書より」（『神戸女子大学紀要』二十四L、平成二年）があり、また岡崎久彦「鸞鳥は群れず（評伝・陸奥宗光［13］）」（『Voice』一〇五、昭和六十一年）が陸奥との関係で岡崎について書いている。

（伊藤　隆）

小笠原長生（おがさわら・ながなり）

慶応三―昭和三十三年（一八六七―一九五八）『東郷元帥詳伝』作者

海軍中将から連想される功績は、海戦での艦隊の指揮や海軍省での新しい組織や制度の設置等だが、彼の場合は日清・日露戦争の海戦史編纂、東郷平八郎に関する多数の伝記編纂等の執筆活動である。小笠原以外の海軍軍人では、佐藤鉄太郎・水野広徳らが多作で知られるが、点数において彼の右に出るものはいない。日清海戦を題材にした『海戦日録』で認められた小笠原は、日清・日露戦争の海戦史編纂において中心的役割を果した。両海戦史とも、一般に公刊された普通版、部内研究用の秘密・極秘版、天皇や一部皇族、首相、海軍大臣等にのみ配布された極秘版の三種が編纂された。部内研究用である『明治二十七八年海戦史』（二十三冊）は防衛研究所史料閲覧室、昭和館、米議会図書館に、『明治三十七八年海戦史』（一一九冊）は防衛研究所史料閲覧室、米議会図書館に所蔵されている。天皇、首相等に配布された『征清海戦史』は二〇〇巻、『征露海戦史』は三〇〇巻程度にはなると推測されるが、前者が昭和館と海上自衛隊第二術科学校に一巻ずつあるのみである。『征露海戦史』は、現在のところ一冊も発見されていない。『征清海戦史』『征露海戦史』の存在が知られたのは、防衛研究所史料閲覧室に稿本の一部が残り、小笠原が日記に執筆の進捗度を記してあったためである。日露海戦史の編纂を終えた小笠原は、大正三年（一九一四）から東宮御学問所幹事となり、同総裁となった東郷平八郎と毎日接触するようになった。根拠不明の東郷伝の流行を恐れる海軍の協力を得て、東郷伝の編纂に取りかかり、七年を費やして完成した（詳細は別項「東郷平八郎」参照）。『東郷元帥詳伝』と題された本書は、はじめての本格的東郷伝であり、東郷の伝記の標準となっただけでなく、東郷に関する資料の源流になった。

日清・日露海戦史、ついで大正時代に刊行された東郷に関する最初の本格的伝記の編纂過程を明らかにした小笠原の日記は、一冊を除き小笠原家の経営した学生寮に保存されてきた。ただし明治三十七年（一九〇四）から昭和十年（一九三五）までの日記には数年分の欠本があり、歴史上重要な意味を持つ昭和五年や九年の日記がない。昭和期の日記は、東郷の全幅の信頼を得て行われた彼の政治的活動を詳細に記述し、とくに昭和初期の軍部上層部の動きを克明に記している点で貴重である。なお小笠原宛の書簡は、近年、佐賀県唐津の小笠原記念館に収蔵され、閲覧できるようになった。

伝記には、原清がまとめた『小笠原長生と其随筆』(私家版、昭和三十一年)があるが、小笠原の作品の中からも生い立ちを知ることができる。

(田中　宏巳)

岡田宇之助（おかだ・うのすけ）

明治五―昭和二十四年(一八七二―一九四九)　内務官僚

「岡田宇之助関係文書」は東京大学法政史料センター原資料部が所蔵している。同大学法学部の近代立法過程研究会が収集したもので、同会による目録「近代立法過程研究会収集文書No.24　岡田宇之助関係文書」(昭和四十八年)がある。

本文書の中心は明治二十七年(一八九四)から大正十五年(一九二六)に至る日記三十三冊である。その他に「随感録」、「民事訴訟法原論」等の遺稿十二点と、養子岡田文秀の筆になる「添書・岡田宇之助の生涯について」がある。

なお、岡田文秀の自叙伝『怒濤の中の孤舟』(岡田文秀自叙伝刊行会、昭和四十九年)中に養父宇之助に関する記述が若干見られる。

(岸本　昌也)

岡田啓介（おかだ・けいすけ）

明治元―昭和二十七年(一八六八―一九五二)　海軍大臣・第三十一代内閣総理大臣

関係する記録・文書中、克明につけていたとされる日記は、東京大空襲で灰燼に帰し、「ロンドン軍縮問題日記」のみが残っている。これは『現代史資料7　満州事変』(みすず書房、昭和三十九年)に収録されている。また岡田貞寛編『岡田啓介回顧録』(毎日新聞社、昭和二十五年)の再刊岡田貞寛編『岡田啓介回顧録　付ロンドン軍縮問題日記』(毎日新聞社、昭和五十二年、のち中公文庫で再刊)にも収録された。海軍時代については、防衛研究所図書館所蔵の「公文備考」等および憲政資料室「斎藤実関係文書」等を用いることで、ある程度、再現可能である。このうち、公刊されているものの一例としては、海相期のエポックであり、岡田が抵抗をしめす逆押印を行った海軍軍令部条例改正と海軍省海軍軍令部互渉規程の改正が『井上成美』(井上成美伝記刊行会、昭和五十七年)に所載されている。

関係する文書・記録の中心は、昭和期以降である。代表的なものとしては、原田熊雄『西園寺公と政局』全九巻(岩波書店、昭和二十五―三十一年)、『木戸幸一日記』(東京大学出版会、昭和四十一年)および、伊藤隆編『高木惣吉　日記と情報』(みすず書房、平成十二年)等があり、海軍大臣、首相、重臣としての発言等が確認できる。

以上の史料状況もあり、岡田に関する研究は、松沢哲成氏のものにとどまり、岡田を直接的に扱うのではなく、岡田内閣期(挙国一致内閣期)以降の、宮中勢力研究、政界再編問題、重臣論等が中心となっている。政界再編問題を中心とする当該期の研究としては、伊藤隆、坂野潤治、酒井哲哉各氏の研究があり、宮中勢力については、藤原彰および増田知子氏の研究がある。最近のものとしては、堀田慎一郎氏の論文および財政を扱った大前信也氏、国体明徴問題を扱った滝口剛氏の論文がある。

なお、伝記としては、『岡田啓介』(岡田大将記録編纂会編、昭和三十一年)が、近親者によるものとしては、岡田貞寛『父と私の二・二六事件』(講談社、平成元年)、迫水久常(女婿)『機関銃下の首相官邸』(恒文社、昭和三十九年)等がある。

(小池　聖一)

岡田良平（おかだ・りょうへい）

元治元―昭和九年(一八六四―一九三四)　文部大臣・京都帝国大学総長・東洋大学学長

旧蔵の文書・記録類ならびに蔵書類は、大きく三つのまとまりとして、保存されている。もともと岡田家は先祖が加藤清正に繋がるという静岡・掛川倉真村の大庄屋で、近世以来の家文書が多数残されている。これらの文書・

蔵書類は、関屋龍吉・下村寿一両氏(ともに文部官僚)の斡旋によって日本大学精神文化研究所の所蔵となっている。これは昭和三十七年(一九六二)整理され、その目録は『日本大学精神文化研究所・日本大学教育制度研究所紀要』第二集(昭和三十七年)に掲載されている。

次に岡田には大日本報徳社社長としての顔があり、それに関係する文書類が残されている。祖父佐平治清忠は、報徳思想を学び、長男良一郎を二宮尊徳に学ばせるとともに、自ら遠江国報徳社(後の大日本報徳社)を起し、その初代社長となった。これは第二代社長が良一郎、その長男である良平が第三代社長と引き継がれていくが、良一郎、良平の大日本報徳社社長としての文書類・蔵書類が、現在も大日本報徳社に残されている。これは膨大に残されている書簡類を除き、木村礎を代表とするグループにより整理され、『静岡県掛川市大日本報徳社所蔵　岡田家文書目録』(『近代地方体制の研究』静岡県掛川地方研究班、文部省科学研究「総合研究A」(昭和四十五年度報告書、昭和四十五年)にまとめられている。ここには報徳社関係の文書類以外にも、岡田家に代々伝えられた文書で、日本大学に収蔵されなかった資料も数多いことがわかる。なお、これらは大日本報徳社・報徳図書館に納められているが、これ以外に、未整理の書簡類、約一〇〇〇通がある。これはほとんどが良一郎、良平宛の書簡であり、大日本報徳社社長あるいは静岡・掛川の地域に関係するものに限定され、大半が地元関係者からのものである。現在、整理作業が進められている。

これらはいずれも岡田個人というより、岡田家に残された文書・記録類というべきものであるが、その他、京都大学総長や文部大臣などとして活躍するなかで集められた関連資料については、現在も、孫に当たる岡田譲三郎氏の所蔵になる。これはほとんどが書簡で、約三〇〇通ほどのものである。これについては伊藤隆・坂野潤治・竹山護夫「岡田良平関係文書」(『社会科学研究』二十一―五・六、昭和四十五年)で紹介されている。また本史料は伊藤隆氏によりマイクロ撮影され、その複製物が憲政資料室に架蔵され、平成十五年(二〇〇三)四月より公開されている。なお同家にはわずかながら、教育関係の文書も残されており、これは文部省『資料臨時教育会議』(佐藤秀夫編集、昭和五十九年)で知ることができる。

(植山　淳)

緒方竹虎(おがた・たけとら)

明治二十一―昭和三十一年(一八八八―一九五六)

第四次・第五次吉田茂内閣副総理

関係する一次史料はあまり多いとはいえず、所々に点在しているというのが現状である。憲政資料室には、後見人的な政治家であった古島一雄に宛てられた書簡、および長年勤務した朝日新聞社の副社長であった下村宏に宛てられた書簡が、それぞれ「古島一雄関係文書」、「下村宏関係文書」に収められている。また、朝日新聞社在社中の部下であった河野恒吉に宛てられた書簡が、「憲政資料室収集文書」のなかに収められている。一方、徳富蘇峰記念館には、言論人としての先輩にあたる徳富蘇峰に宛てられた書簡が所蔵されている。この他、御子息の下に、昭和十八年(一九四三)、二十七年、二十九年の三冊の日記が遺されていることが確認されている。

伝記として最も重要なものは、緒方竹虎伝記刊行会『緒方竹虎』(朝日新聞社、昭和三十八年)と高宮太平『人間緒方竹虎』(四季社、昭和三十三年)である。この両者が執筆された際に利用されたと思われる史料が、「緒方竹虎伝記編纂資料」として憲政資料室の「憲政資料室収集文書」のなかに収められている。しかし、その内容は、一次史料というよりも、関係者に対する聞き取り調査の記録や様々な記事ないし書籍からの書き取りが中心である。伝記には、他にジャーナリストや作家によって書かれたものとして、嘉治隆一『緒方竹虎』(時事通信社、昭和三十七年)、三好徹『評伝緒方竹虎　激動の昭和を生きた保守政治家』(岩波書店、昭和六十三年)、鹿嶋海馬『心外無刀　危機時代の指針を示した議会政治家緒方竹虎』(みき書房、平成六年)が、また研究者の手によるものとして、栗田直樹『緒方竹虎　情報組織の主宰者』(吉川弘文館、平成八年)、同『緒方竹虎』〈人物叢書〉(吉川弘文館、平成十三年)がある。

　生前新聞や雑誌にかなり多くの文章を自ら掲載したが、単行本として遺したのは、『議会の話』(朝日新聞社、昭和四年)、『人間中野正剛』(鱒書房、昭和二十六年)、『一軍人の生涯』(文芸春秋新社、昭和三十年)の三冊である。また、戦後朝日新聞東京本社において内輪で行われた聞き取りの記録として、緒方竹虎氏述『明治末期から太平洋戦争まで』(朝日新聞東京本社社史編修室、昭和二十六年)が、肉声をよく伝えているという意味で非常に貴重である。死後、多くの関係者が追想を書いたが、まとめられたものとしては、修猷通信編『緒方竹虎』(昭和三十一年)、桜井清編『回想の緒方竹虎』(東京と福岡社、昭和三十一年)がある。

　なお、早稲田大学大学史資料センターで、平成十五年(二〇〇三)九月から十月にかけて「秋季展中野正剛と緒方竹虎―政治とジャーナリズムの間―」が開催され、いくつかの史料が展示され、同名の小冊子が刊行された。

（栗田　直樹）

岡部直三郎（おかべ・なおさぶろう）　明治十一―昭和二十一年(一八七八―一九四六)　陸軍大将

関係する文書のうち、刊行されているものは『岡部直三郎大将の日記』(芙蓉書房、昭和五十七年)がある。これには、昭和七年(一九三二)二月より六月二日までの上海派遣軍高級参謀時代のもの、昭和十二年八月二十四日より昭和十三年七月二十三日までの北支那方面軍参謀長時代のもの、および昭和十四年九月十九日より昭和十五年十月二十六日までの駐蒙軍司令官時代のものが収録されている。

　防衛研究所には公文書および公務に関係する書類として「演習改善ニ関スル意見」「上海派遣軍の作戦に就いて」「上海事変回顧」「統帥機関と統帥業務の梗概」、「陸軍技術本部兵器行政関係資料」「『戦時における帝国の戦争指導特に其の指導機関の組織及び国民指導に関する事項の研究』の概要」などがある。また、刊行された日記のうち駐蒙軍司令官時代のものが公開されている。そのほかに、防衛研究所および外交史料館に公務に関連する関連資料がある。

　評伝の類は『岡部直三郎大将の日記』刊行以前に書かれたものはこれに載せられている。そのほかに第六方面軍司令官時代のものが『丸別冊　不敗の戦場　中国大陸戦記』(潮書房、平成元年)に掲載されている。

　また、研究としては刊行された日記を使ったものとして劉傑『日中戦争下の外交』(吉川弘文館、平成七年)などが、研究論文としては岡部直晃「支那事変初期の方面軍に関する考察」(『軍事史学』三十八―一、平成十四年)などがある。

（岡部　直晃）

岡松参太郎（おかまつ・さんたろう）　明治四―大正十年(一八七一―一九二一)　京都帝国大学法科大学教授

旧蔵の文書・記録・図書等の資料は、没後七十八年間、岡松家に保管されていたが、平成十一年(一九九九)に一括して早稲田大学図書館に寄贈された。引越用の段ボール箱で二七八箱に及ぶ膨大な資料は、平成十五年秋現在、同図書館において浅古弘氏(早稲田大学法学部)を中心に、図書は「岡松文庫」として、文書資料は「岡松関係文書」として整理が進められ、平成十六年度に順次マイクロフィルムにより、その公開利用が予定されている。

　岡松は草創期の京都帝国大学法科大学教授として民法学の研究・教育に携わる傍ら、台湾総督府臨時台湾旧慣調査会の調査・立法事業を主導し、また、後藤新平のいわば政策ブレーンとして台湾植民地統治、初期の満鉄経営、東京市政等にも関与した。その資料は生涯の活動領域にわたるとともに、自身による資料の収集と組織的な整理・保存がなされており、図書館学・文書学上も興味深い。

旧蔵資料は、約七〇〇〇冊の蔵書のほか、法律学者や台湾旧慣調査・満鉄関係者からの書簡、欧州留学関係、台湾旧慣調査事業関係、法律取調委員会関係、満鉄創立期の政策立案関係等の資料、裁判鑑定、京都帝大・学士院関係、著作原稿、講義ノート、演習・試験問題等に大別される。資料中には出版社・料亭等の請求書・領収書、商品カタログまでが残されており、近代日本法制史・民法学研究のみならず、政治史、経済史、出版史の研究資料ともなりうるものである。なかでも台湾旧慣調査事業関係の資料はその量・質ともに極めて充実しており、日本の植民地統治政策および十九世紀後半の台湾社会史研究にとって重要資料である。さらに、幕末明治期の漢学者である父甕谷の著作や関係文書(弟の井上匡四郎〈井上毅の養子〉との共同編集になる遺稿集、日記等)の一群が含まれ、幕末明治期の漢学・洋学史の研究に資すると思われる。

研究は、春山明哲「台湾旧慣調査と立法構想—岡松参太郎による調査と立案を中心に—」、「法学博士・岡松参太郎と台湾(「台湾ノ制度ニ関スル意見書」解題及び岡松参太郎略伝)」(『台湾近現代史研究』六、昭和六十三年)以後、民法学史からの再評価である和仁陽「日本民法学者のプロフィール、岡松参太郎」(『法学教室』一八三、平成七年)、詳細綿密な福井純子「岡松参太郎年譜・著作目録」(『立命館百年史紀要』八、平成十二年)、浅古弘ほか「岡松参太郎の学問と政策提言に関する研究」(科研費報告書、平成十五年)などにより近年進展をみた。

(春山　明哲)

岡本愛祐（おかもと・あいすけ）

明治二十七—昭和六十三年(一八九四—一九八八)

侍従・参議院議員

旧蔵の文書・記録の大部分は、戦前の宮内官時代、戦後の参議院議員時代とも、東京大学法政史料センター原資料部が所蔵する。目録が作成され、公開されている。内務省を経て宮内省入りし、昭和十年代に宮内大臣官房の中心部局である参事官室に勤務したことから、その文書には、大正十年代から敗戦にかけての、宮内省事務方の主要文書が含まれている。特に審議会関係の物が多い。

研究には、宮内省時代の文書を利用して、宮中の財政制度を検討した川田敬一『近代日本の国家形成と皇室財産』(原書房、平成十三年)と、大正後期の皇室制度整備を検討した西川誠「大正後期皇室制度整備と宮内省」(『年報・近代日本研究20　宮中・皇室と政治』山川出版社、平成十年)がある。

(西川　誠)

尾崎三良（おざき・さぶろう）

天保十三—大正七年(一八四二—一九一八)　官僚政治家

孫春盛氏に残された関係文書は我部政男氏が沖縄史料の収集の過程で閲覧を許され、その後昭和五十八年(一九八三)頃、我部氏に紹介されてジョージ・アキタ氏と筆者が春盛氏に面会して日記を中心に翻刻することの許可を得た。春盛氏を含めて編纂の計画を進め、当初本邦書籍という出版社から出す予定であった。そして多くの仲間で作業を進めていたところ、本邦書籍の社長が癌で倒れて出版が不可能となった。結局中央公論社がこれを引き取って、日記のみを出版することにして、主として春盛氏が筆写した日記(明治二十五年(一八九二)八月二十一日の退官までの時期の全部と、以後明治三十六年十二月二十九日京釜鉄道建設事業が政府の手に移されて尾崎等の手を離れるまでの期間の公的な記述の部分)の校訂と人名註を付け、人名索引を付けるという作業を行って、『尾崎三良日記』全三巻を平成三年(一九九一)から四年にかけて出版した。この間、昭和五十九年に春盛氏から日記を除く関係文書が憲政資料室に寄託された。

この関係文書には後述の自叙伝の草稿や意見書・報告書の控、手許に集まったさまざまな書類、多くの人から受け取った書簡などが含まれている。書簡の中には、尾崎の旧主であり、維新後も政治的に密接な関係を保った三条実美からのものをはじめ、柳原前光・岩倉具視などの公家華族や、藩閥の首領であった木戸孝允・伊藤博文・松方正義などや、法制官僚として親友であった井上毅からの大量のものなどがある。

晩年に自叙伝の執筆を志し、長男の洵盛に口述筆記をさせた。その初編を大正五年(一九一六)に印刷して極近親のものに配布した。自叙伝は洵盛が多忙になってからは自ら執筆し、いずれ印刷して知人に配布するように遺言が残された。洵盛は自己の手でこれを刊行せず、孫の春盛氏に遺嘱した。そして昭和五十一・二年にその全文が『尾崎三良自叙略伝』全三巻として中央公論社から刊行された(のち昭和五十五年に中公文庫にも収録された)。

著書・訳書としては『英国成文憲法纂要』(明治八年)、『仏帝三世那波烈翁伝』(訳、明治八年)、『学生必携文学自在』(桜井能監と、明治十二年)、『瑞典政治概略』(明治十六年)、『鉄道国有論』(明治二十四年)、『内地雑居と治外法権』(明治二十六年)、『財政意見』(明治三十一年)などがあり、また維新史料編纂会の講演速記録の中に講演の速記がある。

(伊藤　隆)

尾崎秀実 (おざき・ほつみ)

明治三十四—昭和十九年(一九〇一—一九四四)

朝日新聞社中国特派員記者・第一次近衛内閣嘱託・満鉄調査部嘱託

『尾崎秀実著作集』全五巻(勁草書房、昭和五十二—五十三年)刊行以降、まとまった全集の刊行や個人文書の公開は行われていない。

『著作集』一—三・五巻には、新聞、雑誌等に掲載された記事、評論、書評、対談および座談会記録、『嵐に立つ支那』(亜里書房、昭和十一年)、『現代支那論』(岩波書店、昭和十四年)、『支那社会経済論』(生活社、昭和十五年)等の著書、四巻には、獄中書簡集『愛情は降る星のごとく(全)』(世界評論社、昭和二十一年、のち三笠文庫(上・下)、昭和二十六年、青木文庫(上・下)、昭和二十八年、青木書店、平成十年)および「上申書(一)(二)」(『現代史資料2　ゾルゲ事件(二)』みすず書房、昭和三十七年所収)、その他書簡の大部と翻訳の一部が収録され、年譜およびその時点までに明らかとなった執筆目録が付けられている(一—三・五巻解題は今井清一氏、四巻解題は柘植秀臣氏による)。

その後、満鉄調査部時代(昭和十四年〈一九三九〉六月以降、東京支社調査室勤務)については、宮西義雄編著『満鉄調査部と尾崎秀実』(亜紀書房、昭和五十八年)、今井清一編著『開戦前夜の近衛内閣—満鉄東京時事資料月報の尾崎秀実政治経済情勢報告』(青木書店、平成七年)に、また、尾崎・ゾルゲ事件研究会発行『ゾルゲ事件研究』二・四・六(平成九・十・十二年、月報の約半数は東京都立大学法政研究室所蔵)に著作集未収録の著作の一部が収録。第六号には今井清一氏による著作集収録分も含めた著作分類目録が付けられ、その所在はほぼ分かるようになっている。

その他、昭和三年十一月から昭和七年二月にかけての上海通信局時代については、大阪朝日新聞掲載の上海特電記事(尾崎署名記事あり)や局長・太田宇之助の日記の記載とあわせて、通信局員としての動向が推測できる。東京朝日新聞関係の足跡については、『朝日新聞戦前紙面データベース』(朝日新聞社、「昭和元年—九年編」、平成十三年発行、「昭和十年—二十年編」、平成十四年発行)で検索可能。また、昭和研究会関係(昭和十二年春、支那問題研究部会入会)についての動向および第一次近衛内閣嘱託(昭和十三年七月—昭和十四年一月)関係の動向(和平工作関係を含む)については、「昭和研究会関係資料」(国立国会図書館および明治大学図書館蔵、前者はゼロックスコピー、後者はマイクロフィルム、目録あり)および「犬養健関係文書」(京都大学人文科学研究所図書室蔵、未公開)が資料として挙げられる。

尾崎は、戦後、主としてゾルゲ事件との関係から、遺族とその周辺を中心にとりあげられてきた。伝記としては、風間道太郎『ある反逆』(至誠堂、昭和三十四年)、同『尾崎秀実伝』(法政大学出版局、昭和四十三年、補訂版が昭和五十一年、平成八年に刊行)があるが、尾崎秀樹『ゾルゲ事件』(中央公論社、昭和三十八年)における尾崎伝等も含めてそうした枠組みの中で書かれたものであることが指摘される(識者の回想録としては、尾崎秀樹編『回想の尾崎秀実』〈勁草書房、昭和五十四年〉、笹本駿二『人間・尾崎秀実の回想』〈岩波書店、平成元年〉がある)。

一方で、今井清一・藤井昇三編『尾崎秀実の中国研究』(アジア経済研究所、昭和五十八年)、宮西義雄編著『満鉄調査部と尾崎秀実』(前掲)、井村哲郎編『満鉄調査部―関係者の証言―』(アジア経済研究所、平成八年)等、中国問題の専門家としての側面をとりあげている研究はあるが、和平工作に関与する緒方竹虎や神尾茂、汪兆銘政権に関係する太田宇之助等とともに、昭和期における中国通の新聞人の一人として全体的にとりあげた研究はまだ十分ではないと言えよう。なお、筆者の論考に「尾崎秀実の中国分析」(『日本歴史』五五七、平成六年)、「尾崎秀実の汪兆銘工作観」(同五九二、平成九年)、「上海時代の尾崎秀実」(同六〇五、平成十年)がある。

（田中　悦子）

尾崎行雄（おざき・ゆきお）

安政五―昭和二十九年(一八五八―一九五四)　政党政治家

残された史料はかなり散逸したようである。それでも尾崎行雄記念財団がある程度の史料を所蔵している。主として相馬雪香、尾崎節子、尾崎行輝その他の人々から寄贈されたものである。その中には昭和十六(一九四一)、十八、二十一、二十四、二十六年の日記、来簡、原稿、尾崎が出した手紙、演説速記などがあり、多数の写真、遺品が含まれている。

その他に筆者は尾崎行信氏から昭和十七年の日記を借用して、杉村静子氏とその抄録を『中央公論』平成三年六月号・十一月号に紹介した。行信氏はその他にも若干の史料・遺品を所持されているという。また、他の遺族の許にも史料が残されている由である。

また『現代史資料42　思想統制』(掛川トミ子解説、みすず書房、昭和五十一年)には昭和十七年のいわゆる「不敬事件」関係の史料が収録されているが(「東条首相に与へたる公開状」以下十三点)、これは海野普吉から提供されたものというが、現在所在不明である。憲政記念館も少しだが関係の史料を所蔵している。伊勢市の尾崎咢堂(がくどう)記念館も昭和二十七年から二十九年にかけて健康管理に当たっていた服部フミの「病床日誌」、尾崎が父に送った書簡他の史料や遺品を所蔵している。出身地である神奈川県津久井町にも町立尾崎咢堂記念館が存在し、若干の遺品を所蔵している。憲政資料室には、平田東助他に宛てた書簡、早稲田大学所蔵の大隈文書にも大隈重信宛の多数の書簡が含まれており、徳富蘇峰記念塩崎財団には四十一通の書簡・葉書が所蔵・公開されている。

自伝に『咢堂自伝』(『尾崎咢堂全集』十一、大阪時事新報社、昭和二十二年)がある他、伝記に沢田謙『尾崎行雄伝』上・下(尾崎行雄記念財団、昭和三十六年)、伊佐秀雄『尾崎行雄伝』(尾崎行雄伝刊行会、昭和二十六年)、同『尾崎行雄』〈人物叢書〉(吉川弘文館、昭和三十六年)等がある。読み物的であるが、最近も竹田友三『憲政の人・尾崎行雄』(同時代社、平成十年)、大塚喜一『咢堂尾崎行雄ものがたり』(つくい書房、平成十四年)などが出版されている。さらに末娘の相馬雪香他執筆の『咢堂尾崎行雄』(慶応義塾大学出版会、平成十二年)には、相馬やその娘である原不二子の文章や、伊佐を含む近親者の想い出が収録されている。また憲政資料室所蔵「憲政史編纂会収集文書」中に、昭和十三年五月から十一月にかけて渡辺幾治郎・林茂両氏が聞き手となって行われた談話速記があり、復刻されている(『憲政史編纂会旧蔵政治談話速記録』二、ゆまに書房、平成十年)。内容は明治期を主として、大正期に及んでいる。また長岡祥三「尾崎行雄夫人セオドーラの半生」(『英学史研究』二十八、平成七年)も参考になろう。

全集として、生前に作られた『尾崎行雄全集』全十巻(平凡社、昭和元—二年)、没後尾崎咢堂全集編纂委員会(委員長金森徳次郎)によって編纂された『尾崎咢堂全集』全十二巻(公論社、昭和三十—三十一年、のち尾崎行雄記念財団、昭和三十三年第二版、さらに尾崎咢堂全集刊行会、昭和三十五年復刻のうえ、尾崎行雄記念財団、昭和三十七年改訂版刊行)があり、ほとんどの著作が収録されている。なお、第九巻には「不敬事件」関係の書類も収録されている。また第十二巻に「愛娘通信」、各方面に差し出した書簡が収められており、「咢堂年譜」「議会関係記録」「各地講演記録」「咢堂著書目録」「翁に関する著書」、それに「総索引」が付されている。

研究も、阪上順夫『尾崎行雄の選挙—世界に誇れる咢堂選挙を支えた人々』(和泉書店、平成十三年)、小股憲明「尾崎行雄文相の共和演説事件—明治期不敬事件の一事例として」(『人文学報』七十三、平成六年)、加地直紀「尾崎行雄の国際協調論」(『法学研究』六十八、平成七年)、同「尾崎行雄の軍備縮小論」(『平成法政研究』六—一、平成十三年)などがある。

(伊藤　隆)

小田為綱(おだ・ためつな)　天保十—明治三十四年(一八三九—一九〇一)　維新期の経世家

小田家所蔵文書は、為綱曾孫の小田清綱氏(東京都葛飾区金町)の所蔵となっている。

この文書目録は、昭和五十九年(一九八四)十月「近代立法過程研究会収集文書No.53　小田為綱関係文書目録」として、東京大学法政史料センター原資料部によって印刷された。その内容は、(1)家系関係書類、(2)日記・紀行文、(3)意見書・他草稿、(4)勉学ノート、(5)為綱・文行関係書類、(6)南部藩及代官所関係書類、(7)書簡・証文・その他、(8)参考文献、等の八項目からなっている。なおこの「目録」内容は、同センター原資料部によって、昭和五十九年マイクロフィルム、リール十四巻約六六〇〇コマに収録されている。

この文書によって、南部藩出身の経世家為綱が、その生涯を反国家権力で貫き、激しく明治政府へ抵抗した精神を見ることができる。とくに三陸総合開発の視点に立つ政府への建言書「三陸開拓上言」(明治六年)、維新政府転覆事件(未遂)でその「檄文」を書いて指導した「眞田事件」(明治十年)、また明治十三年(一八八〇)の元老院「国憲」第三次草案を批判した「憲法草稿評林」中の朱書きの「廃帝の法則」を主張した「上段評論」、そして政治の地方分権を考え、原敬と鋭く対立した建言書「勧華族就国書」(明治二十二年)等に、反権力的姿勢を見ることができる。

「憲法草稿評林」の「上段評論」の研究書として次のものがある。安藤陽子「史料紹介、憲法草稿評林」(『歴史公論』七十六、昭和五十七年)、稲田正次「小田為綱関係文書『憲法草稿評林』について」(憲政記念館『憲政記念館の十年』昭和五十七年)、小西豊治『もう一つの天皇制構想』(御茶の水書房、平成元年)、大島英介「『憲法草稿評林』と小田為綱」(町田市立自由民権資料館『自由民権』五、平成三年)、沢大洋「『憲法草稿評林』の上段評論者とは誰か」(『歴史評論』五一二、平成四年)、江村栄一「『憲政草稿評林一』の『上段評論』について」(『経済志林』六十六—三・四、平成十一年)。

その他に小田清綱「小田為綱研究の文献一覧」がある。これは上記「小田為綱関係文書目録」の内容とともに、『小田為綱資料集』(岩手県久慈市「小田為綱資料集刊行委員会」、平成四年)に収められ出版されている。

(大島　英介)

小野梓(おの・あずさ)　嘉永五—明治十九年(一八五二—一八八六)　法学者・自由民権思想家

関係する貴重史料の大半は冨山房会長坂本起一が所蔵して、憲政資料室に寄託されている。これは同室「寄託　小野梓　資料目録」(小野梓文書)に七十四件(約一二〇点)として整理されている。内容は大半が自筆原稿で、主著『国憲汎論』の草稿、「民法の骨」や立憲改進党・東京専門学校(早稲田大学の前身)の設立経緯や活動を知る第一級の史料「留客斎日記」や「伝記」に必要な史料が多い。他に、自筆原稿・書幅類は早稲田大学図書館の特別資料室に若干所蔵されているが、特にまとまった形で目録化されてはいない。

小野研究の基本的資料は早稲田大学大学史編集所編『小野梓全集』全五巻・別冊(昭和五十三―五十七年、早稲田大学出版部)で、全集編纂の過程で収集された資料が同所の後身の大学史資料センターに「小野梓文庫」として所蔵されている。同文庫は、小野梓関係資料(留学・共存同衆・立憲改進党等十七に分類)と小野梓研究文献(研究・準研究等)を網羅しており、小野研究の資料的メッカである。

伝記・評伝に永田新之允『小野梓』(冨山房、明治三十年)、西村真次『小野梓伝』(冨山房、昭和十年)、中村尚美『小野梓』(早稲田大学出版部、平成元年)、著作選集に吉井蒼生夫編『小野梓―自主独立の精神』(冨山房、平成十五年)があり、早稲田大学大学史編集所編『小野梓の研究』(早稲田大学出版部、昭和六十一年)は多方面から検討した全集編集関係者による論文集で、特に巻末の年譜・著作目録・全集目次と阿部恒久・大日方純夫編「小野梓関係資料・研究文献目録」(前掲「小野梓文庫」の資料細目)は必須の文献である。

小野研究の史資料の所在を知るためには早稲田大学編刊『小野梓先生七十年祭　記念展示会目録』(昭和三十年)、早稲田大学大学史編集所編刊の目録『小野梓先生没後百年　記念講演会・展示会』(昭和六十一年)が欠かせず、早稲田大学編刊『生誕一五〇周年記念図録小野梓　立憲政治の先駆・大学創設の功労者』(編集担当佐藤能丸、平成十四年)は研究入門書として有用である。　(佐藤　能丸)

小野田元熈（おのだ・もとひろ）　嘉永元―大正八年(一八四八―一九一九)　明治期の内務官僚・地方官

関係文書のうち、辞令、勲記、本人の筆になる「小野田家記録」、「家範」、「遺言」、また監獄に関する翻訳文書および「泰西見聞誌」は、旧蔵書八冊とともに館林市立図書館に「小野田文書」として収蔵されている。このうち「泰西見聞誌」は川路利良が洋行した際の見聞録の筆写本で高橋雄豺『明治年代の警察部長』(良書普及会、昭和五十一年)が全文を翻刻している。小野田は旧館林藩士であり、これらの文書は戦後上海から引き揚げて市内に居住していた小野田元華氏の家から同図書館に納められた。元華は元熈の長男元辰の次男にあたる。この元華家は未亡人のかづ江氏がつぎ、約九十点の書簡と昭和七年(一九三二)に岩尾貞和がまとめた「小野田元熈大人事蹟綴」を所蔵していたが、平成十四年(二〇〇二)に憲政資料室に寄贈され、翌年から公開された。この書簡群のうち家族への私信以外については、谷口裕信・鈴木淳らによって『東京大学日本史学研究室紀要』六(平成十四年)に翻刻されている。差出人一人について一通ずつを留めた書簡群である。

次男元良の孫にあたる小野田元一氏は昭和四十四年に伝記『小野田元熈』(藤商事)を刊行している。「小野田元熈大人事蹟綴」や館林市立図書館所蔵の文書からは、元熈が生前から多くの職務関係文書を整理、製本して「小野田文庫」として保存していたことが窺える。小野田元華家は戦後火災に遭い、この際「小野田文庫」の一部を焼失したことは間違いないが、かづ江氏は上海で結婚して戦後館林に引き揚げたため、没後四半世紀あまりの間の文書の伝存状況については情報がない。将来、残存部分が発見される可能性もある。　(鈴木　淳)

小幡篤次郎（おばた・とくじろう）　天保十三―明治三十八年(一八四二―一九〇五)　慶應義塾塾長

関係資料は、まだ全くまとまっていないに等しい。出身地である大分県中津市の福沢記念館(財団法人福沢旧邸保存会)および市立小幡記念図書館には、遺墨を中心に小幡の資料が展示された一角が設けられているが、特に所蔵資料の目録などは作成されていない。また慶應義塾福沢研究センターや慶應義塾図書館も書簡を中心に関係資料を所蔵しているが、やはり目録はない。ただし、福沢諭吉に関係するものと慶應義塾に関するものの一部は、マイクロフィルム版『福沢関係文書』(雄松堂フィルム出版、平成元―十年、福沢諭吉の項参照)に収録されている。

遺墨や書簡、原稿類は、相当数残されていることが予想されるが、多くは福沢諭吉のものに付随して書簡の名宛人の子孫や、一般の収集家の手元に所蔵されているようである。活字で読むことができるものは、非常に少ない。蔵書は、故郷中津に図書館のないことを憂い提供した経緯から、中津市立小幡記念図書館に所蔵されている。

著作および雑誌等に掲載した論文については、富田正文『福沢諭吉襍攷』(三田文学出版部、昭和十七年)と丸山信編『福沢諭吉と門下生書誌』(慶応通信、昭和四十五年)が手引きとなる。特に後者は『民間雑誌』や『交詢雑誌』に寄せた論説の書誌事項が記載されており便利であるが、網羅的とは言えない。

伝記も、大正十五年(一九二六)十一月読書週間記念で財団法人小幡記念図書館(当時)が刊行した『小幡篤次郎先生小伝　並小幡記念図書館沿革概要』はあるが、A5判弱の大きさで、わずか九頁にすぎない。他には歿後すぐ、明治三十八年(一九〇五)五月十四日から二十九日まで『時事新報』に掲載された「小幡先生逸話」(全十回)がある程度で、今後の研究が待たれる。

近年では『近代日本研究』(慶應義塾福沢研究センター紀要)で、書簡・原稿類が少しずつ翻刻されている。

(西澤　直子)

小畑敏四郎 (おばた・としじろう)

明治十八―昭和二十二年(一八八五―一九四七)　参謀本部第三部長・東久邇宮内閣国務大臣

関係する文献としては、須山幸雄『作戦の鬼　小畑敏四郎』(芙蓉書房、昭和五十八年)が、まず参照されるべきものである。これは、戦後遺族のもとに残された史料や遺族の談話、さらに関係者からのインタビュー記録などをもとに執筆されたものである。ただしそれによれば、敗戦直後に軍関係の書類や記録を焼却しており、自身の履歴に関する書類や辞令、手紙、勲記の類は一切残されていない。

しかし焼却を免れたものが若干ある。それは、ロシア駐在中の大正四年(一九一五)四月七日から十月二日まで断続的に続く日記と大正七年一月十一日にペトログラードを発ち欧米各国を経て八月四日に帰朝するまでの日記(東京で購入したポケット型日記と一九一八年版のロシア・ギリシャ正教会出版部発行の小型日記)、大正六年のロシア暦の五月から十二月までロシアのモギリョフから駐在武官高柳保太郎少将の名前で小畑が陸軍大臣や参謀総長、ロシア各地に駐在している従軍武官、さらにロシア軍将校などに宛てた電報をまとめた記録「高柳少将(小畑大尉)発信露軍軍用電報要目表」、その電文草稿三部、本国に送ったとみられる報告書の草稿四部、ロシア滞在中の見聞をまとめ、帰国後参謀本部での講演か報告の資料に用いたらしい「東欧間感想雑記」と題した大型ノート一冊(「一、邦人常識の欠乏」から「三一、社会主義発生の動機と対社会主義政策」までの三十一項目にまとめたもの)、昭和四年から十一年までの日記風のメモ帳、憲兵隊で述べた陳述要旨、昭和十一年の予備役編入後に口述した記録「(二)新しき派閥の発生」などである。須山前掲書には「小畑家文書」として、それらのうちの一部が紹介されている。

なお小畑の伝記としては、岡田益吉『日本陸軍英傑伝』(光人社、昭和四十七年、文庫版は平成六年)もある。

(黒沢　文貴)

小原　直 (おはら・なおし)

明治十―昭和四十一年(一八七七―一九六六)　司法大臣

関係する史料としては、昭和三十五年(一九六〇)に長岡商工会議所内に置かれた「小原直君記録編纂会」(会長岩村通世、のち岩村の死去により馬場義続が就任)が編纂した『小原直回顧録』(小原直回顧録編纂委員会、非売品、昭和四十一年)が挙げられる。同書は自身による回顧と、関係者二十六名の寄稿、年譜等からなっているが、岩村の序文によると、回顧については朝日新聞社客員の有竹修二が収集整理した史料を小原に提供し、自身で加筆した上で有竹が文飾を加えるという形で執筆された。彼は手控えやメモを残す習慣がなく、回顧執筆時にその手許にはほとんど史料がなかったという。また、法務省の石原一彦・岡田亥之三朗、法曹会の伊藤正夫等が史料収集に協力した旨が記されているが、関係者の話では、回顧録出版後にこれらの収集史料がまとめて保管されることはなかったようである。なお、同書は昭和六十一年に中公文庫に収められたが、野村二郎の解説が付される反面、岩村・馬場の序文、寄稿、年譜、編纂会関係記事等の掲載を欠く。

回顧としては他に「先輩法曹座談会」(『法曹』三十四、昭和二十七年)、「あの人この人訪問記—第五回小原直さん」(『法曹』八十四、昭和三十二年)および「あの人この人訪問記—第五九回小原直さん」(『法曹』一六五、昭和三十九年、この両者は後に野村正男『法曹風雲録』上、朝日新聞社、昭和四十一年に所収)、「内務次官時代」(大達茂雄伝記刊行会編『大達茂雄』非売品、昭和三十一年)、「大逆事件を聞く—小原直、和田良平、両氏をかこんで—」「シーメンス事件を聞く—小原氏をかこんで—」(『法の支配』三、昭和三十五年)などが残されている。

評伝としては、馬場義続校閲「小原直」(法曹百年史編集委員会編『法曹百年史』法曹公論社、昭和四十四年)、小林俊三『私が会った明治の名法曹物語』(日本評論社、昭和四十九年)、「小原直」(警察文化協会編刊『警察時事年鑑　一九七五年版　歴代内務大臣』昭和五十年)、「小原直」(警察文化協会編刊『警察時事年鑑　一九七九年版　歴代法務大臣』昭和五十三年)、有竹修二「小原直」(新潟日報社編刊『越佐が生んだ日本的人物[復刻版]』平成六年)、田中啓二「小原直　シーメンス事件の検察官」(長岡市編刊『知られざる先覚者　ふるさと長岡の人びと』平成十年)などがあり、回想した文章としては、松坂広政「小原直を語る」(『人物往来』三—八、昭和二十九年)、西島芳二「戦前一〇年　政治記者の回想」(『諸君!』十八—八、昭和六十一年)、石毛乙治郎「知遇二〇年　小原直の剛直と人間味」(政治記者OB会『政治記者の目と耳　昭和の激動期を取材して』一、非売品、昭和六十二年)などが挙げられる。特に岡田内閣における司法大臣時代に関しては、木内曾益『検察官生活の回顧』[再改訂版](非売品、昭和四十三年)や、岸本義広追想座談会(岸本義広追想録刊行会編『岸本義広追想録』非売品、昭和四十六年)などに詳しい。また、小原が天皇機関説事件で美濃部達吉を不起訴処分とした際の逸話が、美濃部亮吉「父美濃部達吉の思い出」(『別冊ジュリスト　法学教室』三、昭和三十七年)に引かれている。

著作としては『金銭債務臨時調停法義解』(厳松堂書店、昭和七年)が挙げられるに過ぎないが、同郷の弁護士山田武雄の著作(『犯罪と弁護』酒井書店、昭和二年など)に寄せられた懇切な序文には、彼の司法に対する考え方が看取されて興味深い。また、内務兼厚生大臣としての講演「茲に興亜奉公日を迎へて」(内閣情報部『精勤資料』一、昭和十六年)も残されている。

小原に関する研究としてまとまったものは管見の限りないようだが、検事として関与した日糖事件、大逆事件、シーメンス事件、大浦事件、司法大臣として関与した帝人事件、天皇機関説事件、二・二六事件などについて、森長英三郎『史談裁判』全四巻(日本評論社、昭和四十一—五十年)、我妻栄他編『日本政治裁判史録』全五巻(第一法規出版、昭和四十三—四十五年)、「事件で見る裁判一〇〇年」(『月刊法学教室』一二一、平成二年)所収の諸論考、およびこれらに掲げられた参考文献の中にその働きを見出すことができる。戦前の我が国における検察および司法部のあり方との関係からは、山本祐司『東京地検特捜部 日本最強の捜査機関・その光と影』(現代評論社、昭和五十五年)、澤田東洋男『検察を斬る』(図書出版社、昭和六十三年)、清水誠「日本法律家論―戦前の法律家」(『時代に挑む法律学 市民法学の試み』日本評論社、平成四年)、駄場裕司「帝人事件から天皇機関説事件へ―美濃部達吉と「検察ファッショ」―」(『政治経済史学』三八九、平成十一年)、三谷太一郎『政治制度としての陪審制 近代日本の司法権と政党』(東京大学出版会、平成十三年)などの分析が示唆的である。特に我が国における起訴裁量主義の展開の立場からは、三井誠「検察官の起訴猶予裁量(一)~(五)」(『法学協会雑誌』八十七―九・十~九十四―六、昭和四十五―五十二年)および「『大浦事件』の投げかけた波紋」(『神戸法学雑誌』二十―三・四、昭和四十六年)が興味深い分析を行っている。また、戦前・戦後にわたる司法制度改革への関与については、小田中聰樹『刑事訴訟法の史的構造』(有斐閣、昭和六十一年)、内藤頼博『終戦後の司法制度改革の経過 第二分冊(日本立法資料全集別巻九二)』(信山社、平成九年)などがある。なお、平成十年(一九九八)に開催された梧陰文庫研究会学術シンポジウム「明治国家と北越の思想家たち」において、小林宏「長岡藩における法学の系譜―渡辺廉吉・小原直に寄せて―」と題する報告が行われている(『国学院法学』三十六―三、平成十年)。

(高山 京子・出口 雄一)

か

海江田信義(かいえだ・のぶよし) 天保三―明治三十九年(一八三二―一九〇六) 枢密顧問官

自伝に『維新前夜 実歴史伝』全三巻がある。本人の談話を編者西河称が執筆したもので、明治二十五年(一八九二)刊であるが、のち日本史籍協会が日本史籍協会叢書として複製、昭和五十五年(一九八〇)に東京大学出版会から刊行されている。

このほか彼の考え方が窺える資料として、自身が立案し、編集した『日本政綱論』がある。同書は、『実歴史伝』が刊行されたあと引き続きまとめられたもので、明治二十六年に哲学書院から出版されている。また、著作の範疇からははずれるかもしれないが、明治十四年、自ら筆をとり政府に対して「『国体新論』排斥の建言書」を提出しているので挙げておく。この建言書は、昭和六十二年に筑摩書房から刊行された『明治建白書集成』六(五二八―五三〇頁)に所収されている。なお、建言書のいきさつについて言及している資料に、加藤弘之『弘之自伝』(長陵書房、昭和五十四年)、昭和女子大学近代文学研究室編『近代文学研究叢書』十六(昭和女子大光葉会、昭和三十六年)がある。このほか自ら筆をとったものとして、明治三十二年の雑誌『太陽』があり、『実歴史伝』について記述している。

次に、直接筆をとったものではないが、彼の考えの一端が窺えるものとして、『須田因氏講義筆記』がある。明治二十年に渡欧し、オーストリアの政治学者シュタイン(Stein)に六ヵ月にわたり講義を受けたが、この講義録と当時の質疑等をまとめたものが『講義筆記』である。宮内庁原版となっており、昭和八年に偕行社から発行されている。

また、彼の談話をとりあげた文献として次の二点があげられる。明治三十四年に、大久保湖州が『家康と直弼』を春陽堂から刊行しているが、この中に「遺老の実歴談に就きて」の章があり、「海江田子爵の実歴談」の節を設けて、事実誤認の箇所のあることを指摘している。明治四十年の『史談会速記録』(一七六)の中に「島津家事績訪問録」と題した聞き書きがあるが、この訪問録に「故子爵海江田信義翁の談話」として一連の談話が載せられている。人物書誌としては、法政大学文学部史学研究室編の『日本人物文献目録』がある。昭和四十九年に平凡社から刊行されたものであるが、「海江田信義」の項に、さきの『実歴史伝』のほか、「遺老の実歴談に就きて」、「島津家事績訪問録」等、四点の文献が採録されている。

戦後も、数多くの著作・作品の中で海江田はとりあげられている。主なものを列挙すれば、海音寺潮五郎『西郷と大久保』(新潮社、昭和四十八年)、海音寺潮五郎『江戸開城』(新潮社、昭和六十二年)、司馬遼太郎『花神』(新潮社、昭和四十九年)、司馬遼太郎『幕末―桜田門外の変―』(文芸春秋、昭和五十二年)、毛利敏彦『大久保利通』(中央公論社、昭和四十四年)、糸屋寿雄『大村益次郎』(中央公論社、昭和四十六年)、子母沢寛『勝海舟五江戸開城』(新潮社、昭和四十四年)等々である。ただし、これらの著作は、いずれも海江田を主軸に書かれたものではなかったため、曾孫にあたる東郷尚武が、平成十一年(一九九九)、幕末から維新にかけての事績を中心に『海江田信義の幕末維新』としてまとめ、文芸春秋から刊行している。

最後に、海江田(有村)家と東郷家は何重にも姻戚関係(海江田の長女鉄子が東郷平八郎の妻等)にあり、東郷吉太郎(三女春子の夫)が昭和十三年に著述した『東郷元帥家一族記伝』には、海江田の事績を中心に、一族の記述があることを付記しておく。

(東郷　尚武)

貝島太助（かいじま・たすけ）　弘化二―大正五年(一八四五―一九一六)　貝島鉱業株式会社社長

貝島は明治四十二年(一九〇九)に井上馨の全面的後援の下に「三井家憲」を下敷きにして「貝島家家憲」を制定するとともに、貝島鉱業合名会社を改組して貝島鉱業株式会社を組織した。

貝島鉱業の史料は「七十年誌」史料を中心とする多数の史料が宮田町石炭記念館(福岡県鞍手郡)に所蔵されている。「七十年誌」史料に関しては手書きの仮目録がある。長子栄三郎が継いだ宗家の史料は多くが散逸し、一部だけ九州大学石炭研究資料センターに保存されているが、未整理である。四弟嘉蔵家の史料は福岡市総合図書館に寄贈され、同図書館が整理しておよそ四二〇〇点の「高宮貝島本家資料」となっている。目録は『平成十一年度古文書資料目録』五(福岡市総合図書館、平成十二年)、『同』六(同、平成十三年)に収められている。

貝島は無筆であったため著作はない。しかし代筆された書簡は「七十年誌」の中の社長往復書類、「麻生家文書」(九州大学石炭研究資料センター)、「永江文書」(福岡県地域史研究所)、本松文書(宮田町)などに見ることができる。貝島宛の書簡は団琢磨などの著名人の書簡を巻本にしたものが九州大学石炭研究資料センターに残されている。

伝記は高橋光威『貝島太助翁の成功談　炭鉱王』(博文社、明治三十六年)と辰巳豊吉「貝島太助伝(稿本)」(『石炭研究資料叢書』二十、九州大学石炭研究資料センター、平成十一年)がある。辰巳による伝記は生存中の明治四十三年に脱稿したもので、訂正推敲の跡が残る原稿本は九州大学附属図書館が所蔵し、清書稿本は貝島家の所蔵である。これとは別に貝島炭礦株式会社が昭和二十八・九年(一九五三・五四)頃伝記刊行委員会を設け、九州大学所蔵の原稿本を基に加筆削除、修正して「貝島太助翁伝」を作成したが、刊行されなかった。この稿本は宮田町石炭記念館の「七十年誌」史料の中にある。新聞連載の略伝として「県下出身礦業家六傑伝貝島太助君」(『福陵新報』明治二十九年)、「鉱業界の偉人貝島太助翁略伝」(『九州日報』大正五年)などがある。これらの中では、安川敬一郎氏所見談「偉人貝島翁」(『九州日報』大正五年)が貝島の人物を語ってもっとも興味深い。

一次史料をよく利用して貝島とその炭鉱経営を明らかにしたのは『宮田町誌』下(福岡県宮田町、平成二年)である。永江真夫「明治期貝島石炭業の経営構造」(『福岡大学経済学論叢』三十六―二・三、昭和五十九年)は資金調達の面からこれに接近している。このほか貝島と貝島同族集団による事業経営については、宇田川勝「貝島家の事業経営と鮎川義介の関係について」(『エネルギー史研究ノート』〈西日本文化協会〉七、昭和五十一年)、森川英正『地方財閥』(日本経済新聞社、昭和六十年)がある。同族集団間の関係については畠山秀樹「貝島家の家憲」(『大分大学経済論集』三十七―一、昭和六十年)が参考になる。また戦前のものとして松下伝吉『九州財閥の新研究』(中外産業調査会、昭和十三年)も挙げることができる。

（東定　宣昌）

賀川豊彦　(かがわ・とよひこ)

明治二十一―昭和三十五年(一八八八―一九六〇)

社会運動家

旧蔵の文書・記録は、賀川豊彦記念・松沢資料館(以下、松沢資料館と略)、本所賀川記念館、神戸記念館に所蔵されている史料が中心である。この他、外国文献を含む史料は、元松沢資料館研究員の米沢和一郎氏が個人的に所蔵されており、また、鳴門市賀川豊彦記念館にも直筆の原稿類の所蔵がある。

松沢資料館には、刊本類のほか、ノート、日記、書簡、写真類のほか、関係者が残した個人史料など約五万五〇〇〇点が所蔵されている。特に、神戸時代の労働組合運動、無産政党樹立運動、セツルメント活動関係資料、『神戸労働新聞』、『印刷工新聞』などの貴重なものが含まれている。また、松沢資料館所蔵の刊本類は、没後に明治学院大学に寄贈された和漢書、洋書など一万一〇〇〇点以上に及ぶものが大部分である。これは、明治学院大学に一度寄贈されたものが、平成七年(一九九五)に松沢資料館に移管されて現在に至っているものである。明治学院大学に寄贈された分については、昭和三十八年(一九六三)に明治学院大学図書館によって「賀川豊彦文庫仮目録」が作成されている。

なお、松沢資料館所蔵の史料の概要とその整理の現況については、米沢和一郎「賀川豊彦資料案内　番外編―私見　パーソナル・ミュージアム黒書」(『賀川豊彦研究』〈本所賀川記念館〉四十四、平成十四年)が参考になる。松沢資料館では、所蔵史料の総目録化が進められているが現在のところ完成していない。

著作に関しては、賀川豊彦全集刊行会編『賀川豊彦全集』全二十四巻(キリスト新聞社、昭和三十七―三十九年)が刊行されている。しかしこれは、著作をすべて網羅したものではなく、不完全なものであった。これを補うものとして、松沢資料館を中心に『雲の柱』(平成元―二年)、『火の柱』(平成二年)、『神の国新聞』(平成二年)、『世界国家』(平成三―四年)が緑蔭書房から「賀川豊彦関係史料双書」として復刻刊行された。また、日記類については、同じく「賀川豊彦関係史料双書5」として、米沢和一郎・布川弘編『賀川豊彦初期史料集一九〇五～一九一四』(緑蔭書房、平成三年)が刊行され、その大半が公開された。関係する文書、記録については、詳細な年表を付した米沢和一郎編『人物書誌体系25　賀川豊彦』(日外アソシエーツ、平成四年)および『賀川豊彦書誌―続編―参考文献解題』(『賀川豊彦研究』三十、平成八年)が資料情報の詳しい手引きとなっている(なお、米沢氏はこれらの書誌で抜け落ちた新聞、雑誌の執筆リストおよび座談会・対談などの史料、さらには氏が賀川豊彦の外国語書誌を加えて集大成された書誌の刊行を準備されている)。

『賀川豊彦全集』をめぐっては、第八巻所収の「貧民心理の研究」および「精神運動と社会運動」での差別表現が初版刊行時から指摘された。版元のキリスト新聞社は、昭和五十六年の第三版刊行に際して、問題部分を削除し、巻末解説も一部書き直おすなどの措置を行なう一方、この経緯などをまとめた『資料集「賀川豊彦全集」と部落差別』を平成三年に出版した。

賀川の自伝・伝記類は数多い。米沢氏の調査によれば、自伝的小説『死線を越えて』(改造社、大正九年)、『太陽を射るもの』(改造社、大正十年)、『壁の声きく時』(改造社、大正十三年)の三部作以外にも、賀川を対象とした伝記は六十二点にのぼるとされる(平成十年一月現在)。横山春一『賀川豊彦伝』(新約書房、昭和二十五年)、隅谷三喜男『賀川豊彦―人と思想シリーズ』(日本基督教団出版部、昭和四十一年)、黒田四郎『人間賀川豊彦』(キリスト新聞社、昭和四十五年)、武藤富男『評伝賀川豊彦』(キリスト新聞社、昭和五十六年)をはじめとして、武藤富男編『百三人の賀川伝』上・下(キリスト新聞社、昭和三十五年)、鳥飼慶陽『賀川豊彦と現在』(兵庫部落問題研究所、昭和六十三年)などが代表的なものであり、最近では、賀川の妻ハルの評伝『わが妻恋し賀川豊彦の妻ハルの生涯』(晩聲社、平成十一年)も刊行された。米沢氏の調査では、諸外国における賀川の伝記・評伝類は、二三三〇点に及ぶとされる。

賀川研究は、一九六〇年代以降、労働運動史の池田信『日本労働運動史論―大正十年の川崎・三菱神戸造船所争議の研究―』(日本評論社、昭和四十一年)、文学史の辻橋三郎『近代文学者とキリスト教思想』(桜楓社、昭和四十四年)、武田清子『土着と背教―伝統的エトスとプロテスタンティズム』(信教出版社、昭和四十二年)などを嚆矢として、間接的に言及したものを含めると膨大な数にのぼる。本所賀川記念館編集の『賀川豊彦研究』や昭和六十年に創刊された賀川豊彦学会編集『賀川豊彦学会論叢』(現在は休刊中)など、賀川を直接の対象とする研究誌が刊行される一方、資料の掘り起こしが継続的に進められている。また、生誕百周年を契機とした賀川豊彦記念講座委員会編『賀川豊彦から見た現代』(教文館、平成十一年)も刊行されるなど、賀川研究の関心は、社会福祉史、教育史、女性史の分野へと拡大している。

(貝塚　茂樹)

鹿島秀麿(かしま・ひでまろ)

嘉永五―昭和七年(一八五二―一九三二)　衆議院議員

平成六年(一九九四)に神戸市に寄託された「鹿島秀麿文書」は、神戸市文書館で公開されている。神戸は鹿島の選挙区であった。文書は、全部で三七四八点あり、マイクロフィルムから紙焼きされ冊子体に綴じられたもので閲覧に供されている。文書は、履歴等・褒状・結社・選挙・活動・政党・議会・社会・写真・図絵・名刺・筆記・日記等・編著作・諸覚・招待・書状・蠖堂・株券に分類されており、その大部分を書簡類と選挙関係書類が占める。

内容的には、九回当選した衆議院選挙をはじめとする各種選挙関係(明治・大正期)のものが多いが、民権運動期の改進党から憲政会までの政党関係書類、演説筆記、明治十年代・二十年代の日記および備忘録も重要である。来簡には、神戸商業会議所会頭や阪神電鉄・山陽電鉄重役を務めたことから神戸関係者・関西財界人のほかに、阿部興人・犬養毅・尾崎行雄・加藤政之助・肥塚竜・小寺謙吉・斎藤隆夫・島田三郎・中島錫胤・箕浦勝人・本山彦一・矢野文雄などのものが含まれる。

鹿島について、まとまった研究は見あたらない。『神戸市文献史料』二十(神戸市教育委員会、平成十三年)に日記(明治十四〈一八八一〉—二十四年)が、同二十一(同、平成十四年)には書簡四十通余と日記(明治二十四—二十八年)が翻刻されている。文書目録は同二十一に収められている。（櫻井　良樹）

柏木義圓（かしわぎ・ぎえん）

万延元—昭和十三年(一八六〇—一九三八)　キリスト教伝道者・思想家

四十歳以降生涯のほとんどにわたって群馬県安中の組合教会(現在は日本キリスト教団)所属の安中教会牧師として在住し、とくに思想家としての顕著な著作活動をしたわけではないので、史料の残存状況はあまりよくない。

著作は①『上毛教界月報』(以下、『月報』)の毎号の巻頭論文およびその他の無署名の論文、②単行の著作、③その他の論文、④日記、書簡類、そして⑤伝記類、研究文献に分かれる。柏木が活動した時期のキリスト教をめぐる全体的状況を語る同時代資料をひろく収めたものに、佐波亘『植村正久とその時代』全九巻(補遺、新補遺も含めて、教文館、平成十二年)があり、群馬県関係の諸情勢を記す史料群は『群馬県史』通史編九・近代現代3(群馬県、平成二年)、同資料編二二・近代現代6(同、昭和五十八年)に収められている。また、彼が約四十年間牧した安中教会の百年の歴史を叙述した新島学園女子短期大学新島文化研究所編『安中教会史—創立から一〇〇年まで—』(新教出版社、昭和六十三年)がある。

①彼の論考の発表のおもな場であった『月報』は複製されているので(不二出版、昭和五十九—六十年)、掲載された論文を参照するには便利である。このジャーナルは、その名のとおり上毛地方のプロテスタント・キリスト教界の伝道・情報誌であるが事実上柏木の個人伝道誌といってもよい性格のものなので、その思想を時系列でたどるのに必須の史料である。ここに執筆された論文には説教のような宗教的文書だけでなく、広く世に与える警世のことばもある。日露戦争に対する非戦論もこのなかで説かれた。また伊谷隆一の編により『柏木義円集』(未来社、昭和四十五—四十七年)が計画されたが、『月報』所載の論文を中心に集めた第一、第二巻のみ出版されて現在に至るまで中断されている。

②には『霊魂不滅論』(警醒社書店、明治四十一年)、『希伯来書略解』(警醒社書店、大正九年)である。これらは現在、東京神学大学等の図書館に所蔵されている。

③には井上哲次郎とのあいだに交されたいわゆるキリスト教と教育勅語との衝突といわれる論争に関わる論文が『同志社文学』五十九・六十(明治二十五年)に収められている。それらは上記『柏木義円集』一、『明治文学全集』八十八(筑摩書房、昭和六十三年)、『日本近代思想大系6　教育の体系』(岩波書店、平成二年)に再録されている。また組合教会の朝鮮伝道批判に関する資料は『基督教世界』、『基督教新聞』に載せられている(小川圭治・池明観編『日韓キリスト教関係史資料　一八七六—一九二二』新教出版社、昭和五十九年、および『キリスト教新聞記事総覧』二、日本図書センター、平成八年再録)。またとくに柏木の論について言及してはいないが、この問題に関する基本的な事実関係を研究したものとして西原基一郎「日本組合教会海外伝道の光と影(1)—組合教会朝鮮伝道部と呂運亨事件—」(『基督教研究』五十一—一、昭和六十三年)がある。

④の日記、書簡類は同志社大学人文科学研究所に寄託されている「柏木清子文書」および「湯浅与三文書」中に収められている。これらはマイクロフィルム化もされている。また日記を抄出した飯沼二郎・片野真佐子編『柏木義円日記』(行路社、平成十年)、同補遺(同、平成十三年)も出版され、日記の閲読もたいへん便利になった。

⑤のうち伝記的研究は、片野真佐子『孤憤

のひと柏木義円　天皇制とキリスト教』(新教出版社、平成五年)に尽きるであろう。初代隼人から九代義圓にいたる柏木家の歴史的考察をはじめ、義圓の歿直後から著わされてきた伝記類を俯瞰した上での丁寧な伝記的な叙述がなされており、巻末に付せられた参考文献のリストもたいへん重宝である。本項もこの書に多くを負っていることを記さなければならない。伝記の早い試みとして堀川寛一『顕信録―平和の使徒柏木義円―』(柏木義円先生伝刊行会、昭和二十九年)、伊谷隆一『非戦の思想―土着のキリスト者柏木義円』(紀伊国屋書店、昭和四十二年)、菅井吉郎『柏木義円伝』(春秋社、昭和四十七年、のち大空社、平成八年再版)など、概説的叙述として武田清子『人間観の相克』(弘文堂、昭和三十四年)、鈴木範久『明治宗教思潮の研究』(東京大学出版会、昭和五十四年)、片野「柏木義円の時代批判精神」(『福音と世界』四十五―十二～十四、四十六―一、平成二―三年)、萩原俊彦『近代日本のキリスト者研究』(耕文社、平成十二年)などがある。安中教会内部での姿を伝えるものに江川栄『安中基督教会八十年の歩み―明治十一年―昭和三三年―』(湯浅正次、昭和三十三年)がある。ただしこれは私家版なので閲覧には不便かもしれない。また、伝記的考察を中心とした久保千一『柏木義円研究序説　上毛のキリスト教精神史』(日本経済評論社、平成十年)がある。柏木の非戦論をテーマとしたものに林達夫「柏木義円の非戦論」(『季刊日本思想史』十八、昭和五十七年)、同「柏木義円研究の現状と課題」(『歴史評論』四〇二、昭和五十八年)、同「戦時下の『上毛教界月報』―とくに柏木義円の非戦・平和の言論を中心に―」(『キリスト教社会問題研究』三十七、平成元年)、組合教会の朝鮮伝道批判に関する研究として松尾尊兊「日本組合基督教会の朝鮮伝道―日本プロテスタントと朝鮮」(『思想』五二九、昭和四十三年)、同「三・一運動と日本プロテスタント―日本プロテスタントと朝鮮(二)―」(同五三三、昭和四十三年)、飯沼二郎「三・一事件と日本組合教会―特に渡瀬・柏木論争について―」(同志社大学人文科学研究所キリスト教社会問題研究会編『日本の近代化とキリスト教』新教出版社、昭和四十八年所収)、また柏木の思想と天皇制との関わりについては、片野前掲書、同「日常のなかの儀式への抵抗―柏木義円の天皇制批判―」(『大嘗祭とキリスト教』新教出版社、昭和六十二年)、廃娼論との関わりについては、萩原俊彦「群馬県下の廃娼運動―明治末期の高崎と柏木義円を中心に―」(『福音と世界』三十七―十二、昭和五十七年)、柏木における伝統的思想とキリスト教思想との交渉に焦点を当てた研究に、市川浩史「柏木義円における二つの〈普遍〉」(玉懸博之編『日本思想史　その普遍と特殊』ぺりかん社、平成九年)、同「柏木義円の明治―「福音」と明治天皇―」(『文芸研究』一五〇、平成十二年)などがある。

(市川　浩史)

柏原兵太郎　(かしわばら・ひょうたろう)

明治二十九―昭和二十七年(一八九六―一九五二)

企画院第二部長

遺族のもとに残された史料八三二点(目録の枝番を数えず)は「柏原兵太郎関係文書」として憲政資料室に寄託されており、過半はマイクロフィルムでの閲覧となる。史料の大半は企画院第二部長時代(昭和十六年〈一九四一〉五月―十八年十月)の職務上の書類で、生産力拡充、南方開発、物資動員計画、軍需産業、物資輸送、大東亜建設審議会に関するものであり、戦時経済や企画院の実態を知る上で貴重な史料である。そのほか、日中戦争初期に華北に出張した際の華北の鉄道関係の史料、昭和十五年までの鉄道省時代、昭和十八年十月から翌年九月までの運輸通信省時代の運輸政策関係の史料、昭和十九年九月から翌年九月まで産業報国会理事長時代の機関誌用論文の草稿類、戦後食糧流通業に携わった時期の史料、死後、伝記編纂のために作られた知人、関係者の座談会史料などがある。本関係文書の一部は、原朗・山崎志郎編『開戦期物資動員計画資料』全十二巻(現代史料出版、平成十一―十二年)、同編『後期物資動員計画資料』全八巻(同、平成十三年)に収録されている。

本人の著書としては、主に既発表の論考を集めた『時局と貨物輸送』(鉄道時報社、昭和十四年)、『生産決戦への活路』(柏葉書院、昭和十九年)がある。

伝記的文献としては、伊東兵次(柏原の次男)『柏原兵太郎略伝』(私家版、昭和四十九年)、この文献も活用した古川隆久「『革新派』としての柏原兵太郎」(『日本歴史』四九六、平成元年)があり、「柏原兵太郎関係文書」を用いた研究としては、渡邉恵一「戦時輸送体制下における地方鉄道買収」(『市史研究「よこはま」』七、平成六年)、安達宏昭『戦前期日本と東南アジア』(吉川弘文館、平成十四年)がある。

(古川　隆久)

粕谷義三（かすや・ぎぞう）

慶応二―昭和五年(一八六六―一九三〇)　明治・大正期の政治家

旧蔵史料は、「橋本(粕谷)義三関係史料」として、埼玉県入間市博物館が所蔵している。この「関係史料」は、かつて生家である橋本久雄家、粕谷義一家、入間市立郷土民芸館、入間市立図書館に分散所蔵されてきたものが、入間市博物館の設立に伴い、同館に寄託・移管されたものである。橋本家旧蔵の史料には、江戸時代末期からの藤沢村村政関係史料、修学時代および在米時代の史料、その後の書翰類が含まれている。粕谷家文書は、大正・昭和期の議員時代の史料(大正十年〈一九二一〉から十三年の懐中日記も含む)が中心である。また、郷土民芸館・市立図書館旧蔵の文書には、在米時代の史料や諸政治団体、選挙関係の史料がある。このうち、粕谷家文書については、入間市博物館により、平成十一年(一九九九)、『入間市博物館第二集　粕谷義一家文書目録』として、詳細な目録が作成されている。この目録には、略伝および略年譜が掲載されており有用である。

粕谷に関する研究は、戦前の『竹堂粕谷義三伝』(竹堂粕谷義三頌徳記念会、昭和九年)、戦後の埼玉県立文化会館編『粕谷義三』(昭和三十六年)がある。さらに、自由民権運動研究の一環として研究された新井勝紘・田村紀雄「在米日系新聞の発達史研究五　自由民権期における桑港湾岸地区の活動」(『東京経済大学人文自然科学論集』六十五、昭和五十八年)、田村紀雄『アメリカの日本語新聞』〈新潮選書〉(新潮社、平成三年)がある。しかし、議会開設後の活動は、立憲政友会での活動や大正末から昭和初期の衆議院議長時代を含め、充分には研究は進んでいないようである。なお、「関係史料」については、工藤宏「橋本(粕谷)義三関係史料の概要と米国留学書簡」(『民権ブックス十　アメリカからの便り』町田市立自由民権資料館、平成九年)が詳細である。

(小林　和幸)

片岡健吉（かたおか・けんきち）

天保十四―明治三十六年(一八四三―一九〇三)

立志社社長・衆議院議長

片岡の旧蔵資料としては、片岡家から高知市民図書館に寄託され、平成二年(一九九〇)に開館した高知市立自由民権記念館に移管された「片岡家資料」がある。この史料は片岡家が所蔵していた片岡関係の日記・書簡・立志社および自由党に関する資料を中心に藩政期から戊辰戦争、選挙大干渉、衆議院議員時代の資料も含まれている。目録は刊行されていないが、カード形式の目録で検索できるようになっている。

現段階の整理上の分類項目として「日記類」(四十四点)、「書簡類」(一七二点)、「家事、家計」(三点)、「藩政下の勤務関係(戊辰戦争を除くそれ以前)」(四十四点)、戊辰戦争や洋行関係資料を含む「維新政府下勤務関係」(三十点)、「宗教・教育関係」(十八点)、「事業関係」(四点)、自由民権運動期や衆議院議員時代の資料を含む「政治関係」(一〇四点)、「世界情勢・国際・軍事関係」(二十七点)、「写真・絵葉書」(五点)、「書籍類」(五十八点)、「その他」(六点)に分類されており総点数五一五点である。

今日までに単行本として発行された伝記は、松永文雄編『片岡健吉』(中庸堂書店、明治三十六年)、川田瑞穂『片岡健吉先生伝』(立命館出版部、昭和十五年)、青山一浪『片岡健吉』(創元社、昭和二十九年)、平尾道雄『片岡健吉先生の生涯』(片岡健吉先生銅像再建期成会、昭和三十八年)の四種である。

なお、憲政資料室には、片岡宛書簡四巻と「片岡健吉氏略伝」と題するペン書きの写本がある。また昭和四十九年(一九七四)に高知市民図書館から『片岡健吉日記』(絶版)が発行されており、片岡家の「家内年鑑」(慶応二―明治二十二年)と自筆の日記(明治四―三十六年)が収録されている。

(篠田　充男)

片倉　衷(かたくら・ただし)

明治三十一―平成三年(一八九八―一九九一)　陸軍少将

一次史料が公になったのは、緒方貞子氏に対してで、のち同氏の著書『満州事変と政策の形成過程』(原書房、昭和四十一年)で、満洲事変関係の史料が多く引用された。また小林龍夫・島田俊彦解説『現代史資料7　満州事変』(みすず書房、昭和三十九年)以下の『現代史資料』に多く復刻された。昭和六十年(一九八五)頃それらを含む関係文書は東京大学教養学部に寄贈され、中村隆英氏を中心に筆者も参加して研究会が行われ、昭和六十四年(平成元年(一九八九))に「片倉衷文書目録」が作成された。この中にある「参本執務秘録」と題する、昭和八年八月十二日から十一月末頃まで書き綴られた日記(この時期の陸軍青年将校運動に関する記事や彼自身の国家改造についての言動の記録が多く含まれている)を筆者と服部江里子氏で抄録翻刻し、『中央公論』平成四年三・四月号に紹介した。同年没後に残された史料を吉田弘氏の紹介で筆者は遺族と交渉して憲政資料室に寄贈して頂いた。

この二つの史料群が一次史料のほとんどすべてと言って良い。全体として厖大な文書群で、満洲事変を中心に、満洲開発、二・二六事件、林内閣組閣、東京裁判、戦後安全保障関係のものが含まれている。この両者の内戦前期の主要なものの目録が、軍事史学会編『再考・満州事変』(錦正社、平成十三年)に掲載されている。

伝記、自伝(後述の著書の多くは回想を含んでいる)はないが、筆者が主たる質問者となった木戸日記研究会の長期にわたる聴き取りが、『片倉衷氏談話速記録』上・下(木戸日記研究会・近代日本史料研究会、昭和五十七―五十八年)として、タイプ印刷で刊行されている。また朝日カルチャーセンターでの回想談「暗殺とクーデター」が『語りつぐ昭和史』1(朝日新聞社、昭和五十年、のち朝日文庫、平成二年)に収録されている。

著書に『満州国経済政策の現在と将来に就て』(日満実業協会、昭和十年)、『挫折した理想国―満州国興亡の真相』(古海忠之と共著、現代ブック社、昭和四十二年)、『戦陣随録』(経済往来社、昭和四十七年)、『インパール作戦秘史―陸軍崩壊の内側』(経済往来社、昭和五十年)、『回想の満州国』(経済往来社、昭和五十三年)、『片倉参謀の証言・叛乱と鎮圧』(芙蓉書房、昭和五十六年)などがある。

片倉研究はないが、満洲事変、二・二六事件研究では、ほとんどのものが片倉に触れている。

(伊藤　隆)

勝　海舟(かつ・かいしゅう)

文政六―明治三十二年(一八二三―一八九九)　軍艦奉行

旧蔵の文書・記録は、広範囲に分散して所蔵されている。これは、勝家および旧海舟記念館所蔵の文書・資料が戦後の混乱期に古書店等に大量に出たためである。現在の主な所蔵先は、憲政資料室、東京大学史料編纂所、京都大学附属図書館、江戸東京博物館、名古屋市立博物館、早稲田大学図書館、講談社などであり、これに個人による所蔵が加わる。

このうち、憲政資料室の「勝海舟関係文書」

は史料総数三三八点で、勝海舟稿本および書翰類、蔵書、蘭文写本等などが中心である。「勝海舟文書仮目録」(『参考書誌研究』十、昭和四十九年)として公開されているが、また、印刷目録はない。その他、憲政資料室の資料では、「大久保一翁関係文書」「榎本武揚関係文書」「岩倉具視関係文書」「伊藤博文関係文書」などに、勝の書翰類がある。東京大学史料編纂所では、山岡鉄太郎(鉄舟)から勝宛の書翰などが収められた「勝海舟関係資料」のほか、維新史料引継本の中に、「勝海舟米渡航録」などの資料があり、京大附属図書館には、「勝海舟宛幕末明治初期書簡集」(謄写本四冊)が所蔵されている。また、江戸東京博物館所蔵の史料は、マイクロフィルムでの閲覧によって公開されているが、このうち、四十点の史料が、平成十三年(二〇〇一)に江戸東京博物館所蔵「勝海舟関係資料マイクロフィルム版目録」を付して、江戸東京博物館都市歴史研究室編『勝海舟関係資料　文書の部』として刊行されている。江戸東京博物館では、平成六年に勝自筆の日記二十五冊を収集し、そのうち三冊については、江戸東京博物館都市歴史研究室編『勝海舟関係資料　海舟日記(一)』(平成十四年)として編集刊行し、以下日記すべてについての刊行が予定されている。

　こうした著作、書翰、日記類のほとんどは、すでに編まれた三つの全集に収載されている。第一は、昭和二年(一九二七)から四年にかけて出版された海舟全集刊行会編『海舟全集』全十巻(改造社)である(これは、原書房によって、明治百年史叢書として昭和四十二年から四十三年にかけて復刻された)。特に、ここに収載された「海舟年譜」は、後述する滝村鶴雄編『海舟伝稿』をもとに明治三十八年(一九〇五)に冨田鉄之助が私家版として作成した「海舟年譜」が基本となっており、これはその後数多く作成された「海舟年譜」の土台となっている。戦後に入ると、二つの全集の刊行が同時期に進められた。一つは、勝部真長・松本三之介・大口勇次郎編『勝海舟全集』全二十一巻・別巻二(勁草書房、昭和四十七―五十七年)であり、もう一つは、勝海舟全集刊行会編(代表は江藤淳)『勝海舟全集』全二十二巻(講談社、昭和四十七―五十八年)である。後者の講談社版はしばらく未完であったが、平成六年に「年譜」、「文書・著述・文献一覧」を付した別巻『来翰と資料』を刊行して完結した。

　自伝としては、『氷川清話』『海舟座談』がある。前者は、吉本襄が明治三十一年に出版したものであり(鉄華書院。なお、鉄華は吉本の号であり、自費出版と思われる)、後者は巌本善治による聞き書きで、昭和五年に岩波文庫から出版された(これの元になったのは、明治三十二年に女学雑誌社から刊行された『海舟余波』である)。これらは、岩波文庫、講談社文庫、角川文庫など複数の出版社から刊行されている。いずれも、上述の三つの全集にも収められているが、講談社版のものには、詳しい「解題」と丁寧な補正、補注が加えられている。また、勁草書房版の『海舟座談』には、海舟の側近者や旧友の回想録が付されていて参考になる。

　評伝は数多く、明治期から刊行されている。田村維則『勝海舟伝』(明治二十三年)が最初であるが、これは私家版であり非売品であった。その他、滝村鶴雄編『海舟伝稿』(成稿は明治三十二年。その浄書稿本二十五冊を全五巻に縮刷影印して昭和五十年に有限会社海舟会から刊行)、戸川残花『海舟先生』(成功雑誌社、明治四十年)などがある。戦前では、民友社編纂『勝海舟』(民友社、明治三十二年)、山路愛山『勝海舟』(東亜堂書房、明治四十四年、平成十年に日本図書センターより復刻)、徳富猪一郎(蘇峰)『勝海舟伝』(改造社、昭和七年)、田中惣五郎『勝海舟』(千倉書房、昭和十五年、のち昭和四十九年、新人物往来社より表記を改め補正復刻)が代表的である。戦後では、子母沢寛の歴史小説『勝海舟』(新潮社、昭和三十九―四十年)をはじめ、松浦玲『勝海舟』(中央公論社、昭和四十三年)、石井孝『勝海舟』〈人物叢書〉(吉川弘文館、昭和六十一年)、勝部真長『勝海舟』上・下

(PHP研究所、平成四年)、土居良三『幕臣勝麟太郎』(文藝春秋、平成七年)が精彩を放っている。なかでも、勝部の著作は、多くの評伝が江戸城明け渡しまでを対象としているのに対して、晩年の活動にも焦点を当てた点に特色がある。

　勝についての研究も夥しい数にのぼるが、第一次資料を読み込んだ研究としては、松浦玲『勝海舟と幕末明治』(講談社、昭和四十八年)、江藤淳『海舟余波』(文藝春秋、昭和四十九年)、松浦玲『明治の海舟とアジア』(岩波書店、昭和六十二年)を挙げることができる。また、その他に勝に関係するものとしては、カッテンディーケ(水田信利訳)『長崎海軍伝習所の日々』(平凡社、昭和三十九年)、勝小吉『夢酔独言』(平凡社、昭和四十四年、のち前掲の講談社版『勝海舟全集』別巻にも収載)、三男梅太郎の妻であるクララ・ホイットニー(一又民子訳)『クララの明治日記』上・下(講談社、昭和五十一年、のち、平成八年に中公文庫で復刊)などがある。なお、勝研究については、「勝海舟関連人名辞典」、「勝海舟関係文書、海舟関係文献」などを付した小西四郎編『勝海舟のすべて』(新人物往来社、昭和六十年)が、少し古いが簡にして要を得た手引書となっている。

(貝塚　茂樹)

桂　皋(かつら・たかし)

明治二十六―昭和五十九年(一八九三―一九八四)　労務担当者・中央労働学園理事長・中央労働委員会公益委員

　筆者は昭和四十八年(一九七三)に内政史研究会で桂氏のインタビューを四回にわたって行った。その縁で遺族の雅子氏から残された史料を政策研究大学院大学に寄贈を受け、整理の上、平成十四年(二〇〇二)『桂皋関係文書目録』を刊行した。史料は大量のものではないが、経歴にそった内容で、著書やその時々に執筆した論文等収載の雑誌を多く含み、多くの興味深い回想録原稿が含まれている。特に戦前の東京瓦斯での労務管理、戦後の中央労働委員会時代の回想録(GHQの労働担当者、労働運動の指導者の思い出なども)は貴重である。発表された回想に「佐藤栄作と伊井弥四郎―戦後労働運動秘聞」(『中央公論・歴史と人物』昭和四十八年四月号)がある。また前述の内政史研究会での談話速記録はタイプ印刷で刊行されたが、校訂し、人名索引・「解説」(筆者執筆)を付して、『現代史を語る』三として現代史料出版から平成十五年に復刻された。

　著書には、『タフト・ハートレー法の話』(労働文化社、昭和二十二年)、『退職手当と調停制度―理論と実際』(中央労働学園、昭和二十五年)、『労働争議と調停』(同、昭和二十五年)などがある。

(伊藤　隆)

桂　太郎(かつら・たろう)

弘化四―大正二年(一八四七―一九一三)　内閣総理大臣

　一次史料としては、憲政資料室に「桂太郎関係文書」が所蔵されている。同史料群(八五一点)は書翰の部と書類の部から構成されている。書翰は、政治家からの書翰がほとんどである。書類は、桂太郎自伝稿本、桂太郎伝記参考書、大正元年(一九一二)の外遊関係書類や立憲同志会関係書類など手元に残されたと推測される諸書類、桂の葬儀関係書類、そして桂家累代文書からなる。このうち、書類の部にある伝記参考書八冊は昭和三十九年(一九六四)三月、憲政資料室の由井正臣氏が古書展に出ていたのを購入したものであるが、それ以外は昭和三十六年、憲政資料室の大久保利謙氏の尽力で嫡孫桂広太郎氏から所蔵史料すべてを購入したものである。ただし、「桂太郎関係文書」は、特に桂宛の書翰が総理在任期に集中しているなど、後述の徳富蘇峰による伝記編纂過程で整理され、一部が散逸したと推測される。この、『公爵桂太郎伝』編纂と「桂太郎関係文書」との関係については、千葉功「『公爵桂太郎伝』と「桂太郎関係文書」」(『日本歴史』五九一、平成九年)を参照のこと。

　また、戦前、『明治天皇紀』と『貴族院五

十年史』編纂の過程で、桂家へ史料探訪が行なわれ、同家所蔵の書翰が筆写された。前者が「桂家文書」(五冊が二組、明治三十三―四十五年、和文タイプ)・「桂公爵家文書」(一冊が二組、明治二十四―三十一年、和文タイプ)として書陵部に、後者が「桂公爵家文書」(十二冊、明治三十四―大正元年、ペン書き)として憲政資料室(「旧貴族院五十年史編纂収集文書」)に、それぞれ所蔵されている。これらはすべて、「桂太郎関係文書」書翰の部にある書翰の一部を起こしたものである。

近年、「桂太郎関係文書」のうち桂家累代文書の一部を除いたものと、桂宛書翰とは対になる桂発書翰を合わせたものがマイクロ化され、宇野俊一氏の解説を付して、発売されるようになった(宇野俊一解説『桂太郎関係文書』クレス出版、平成七年)。また、「桂太郎関係文書」書類の部のうち桂太郎自伝稿本が、宇野氏の校注のもと、『桂太郎自伝』(平凡社、平成五年)として刊行された。

次に、伝記に移る。死去の翌大正三年から故桂公爵記念事業会(常務委員長　渋沢栄一)は記念事業の一環として伝記編纂を計画し、徳富蘇峰に依頼した。蘇峰は国民新聞社員四名に分担執筆させ、原稿を閲覧して訂正する形式を採用した。こうして出来上がったのが、徳富猪一郎編『公爵桂太郎伝』乾・坤(故桂公爵記念事業会、大正六年)である。これは、桂家所蔵史料だけでなく、桂が出した書翰までも閲覧・筆写し、特に書翰などはそのまま掲載したために、伝記本文の論旨はさておき、いまだ重要な基本文献として位置付けられるものである。その他桂伝以外でも、戦前において桂を扱った文献は散見されるが、ほとんど人物評論の類である。戦後、川原次吉郎『桂太郎』(時事通信社、昭和三十四年)が出版されるが、これは桂伝のダイジェスト版に当たる。このように、全体的に扱った伝記的研究はいまだほとんどない状態にある。

近年、小林道彦『日本の大陸政策　一八九五―一九一四　―桂太郎と後藤新平―』(南窓社、平成八年)が大陸政策の側面に焦点を当てて、山県有朋とは異なる大陸政策を追求する桂像を明らかにした。また、Stewart Lone, *Army, Empire and Politics in Meiji Japan, The Three Careers of General Katsura Taro* (London: MacMillan Press Ltd, 2000)は、明治陸軍・帝国・立憲政治の結節点として桂を取り上げることで、戦前期の日本を考えようとするものである。

(千葉　功)

加藤新次郎 (かとう・しんじろう)

安政元―昭和八年(一八五四―一九三三)　福岡県会議員・衆議院議員

明治十五年(一八八二)に初当選して以降十七年間福岡県会議員を務め、明治四十五年五月の第十一回総選挙に当選して衆議院議員(政友会)となった加藤新次郎の関係文書は、甘木歴史資料館が現在収蔵している「加藤家文書」のなかに多数残されている。「加藤家文書」については、まず、福岡県文化会館(現福岡県立図書館)が調査の先鞭をつけ、次に福岡県地域史研究所が調査を行い、地元の近世史研究会が継続的に整理した後、福岡県立図書館が再調査を行った(未了)。文書目録は公刊されていないが、福岡県地域史研究所が調査した文書群をA群、近世史研究会が整理した文書群をB群、典籍類をC群とすると、A群は日記や上座・下座郡聯合会、福岡県会に関する史料など三六六点、B郡はほとんどが書簡(新次郎関係はほとんどない)で七九七点(ただし、親番号であって実際の点数はそれよりかなり多い)、C群は六九八点、全体で一八六一点を数える(実際には二〇〇〇点を超えることが予想される)。このほかにも未整理の史料群がある。

「加藤家文書」の中で、「加藤新次郎関係文書」はA群に多く含まれている。日記は明治後期―大正初期のもので、特に衆議院議員として活動した明治末期―大正初期の分がまとまって残されている。また、明治時代の上座・下座郡聯合会や福岡県会(常置委員会)の記録が豊富に残されており、明治時代の福岡県や筑後川右岸地域(旧朝倉郡)について研究するうえで好個の史料である。しかし、加藤については自伝や伝記の類がなく、「加藤家文書」を使用した研究も皆無に等しい。今後の研究が待たれる。

なお、本稿の執筆に際しては、「加藤家文書」(江島香氏執筆『筑後川流域利水関係史料調査』福岡県古文書等調査報告書第十五集出所解題、平成十三年)を参照した。

（日比野　利信）

加藤宗平（かとう・そうへい）

明治三十一―昭和三十二年（一八九七―一九五七）
福島県議・自由党代議士

日本大学を卒業後、横浜市役所勤務を経て、故郷・梁川町の町長や福島県議を歴任、昭和十八年(一九四三)の翼賛選挙で、非推薦で当選し、代議士となった。この間、東亜連盟に関与したが、戦後は自由党に所属し、芦田均が委員長となった憲法改正小委員会委員や、自由党の農業問題や農民運動対策の委員などを務め、追放解除後は通産政務次官も務めた。遺族によれば、通産政務次官就任は佐藤栄作の推薦によるものだというから、戦後のある時期までは、政界でかなりの重きをなした政治家であったといえる。

その加藤の史料は、現在、昭和十八年、二十年、二十一年、三十年の日記が発掘されている。いずれもポケット版の『衆議院手帖』に書かれたものであり、備忘録程度の記述が主であるが、戦時下の政界の動きに加え、敗戦直後の自由党の動きを垣間見られる史料として貴重である。原本は遺族が所蔵しているが、現在、筆者が翻刻を進めている。

（武田　知己）

加藤友三郎（かとう・ともさぶろう）

文久元―大正十二年（一八六一―一九二三）　内閣総理大臣・海軍大臣

一次史料は若干を除いてほとんど残されていないようである。このためか、本格的な研究はいまだにない。

まず伝記としては、古いものから加藤元帥伝記編纂委員『元帥　加藤友三郎伝』(宮田光雄、昭和四年)、新井達夫『加藤友三郎』(時事通信社、昭和三十三年、昭和六十年新装版として再刊)程度である。加藤内閣の書記官長だった宮田の手になる前者だが、貴族院の議事速記録や委員会議録、そして新聞報道をまとめたもので、内容に乏しい。また、後者も前者に多くを依拠しており、評伝としてはまとまってはいるが、オリジナルな情報としては魅力的とは言えない。

他に三浦梧楼『観樹将軍回顧録』(政教社、大正十四年)や『小笠原長生全集』(平凡社、昭和十一年)に若干の記述が散見される。住井本治編『無敵海軍の父』(東宝書店、昭和十九年)には山県武夫(元海相秘書官)の懐旧談が掲載されている。また、『日本国政事典』(同刊行会、昭和三十一年)は、加藤内閣期の官報と『東京朝日新聞』を編集したものである。加藤内閣の施政を検討する最初の手がかりとしては有効であろう。

そして、意外に充実しているのが、戦後に出されたパンフレットである。昭和四十二年(一九六七)六月に「加藤友三郎元帥を偲ぶ会」が開催されたが、このとき配付されたのが山梨勝之進『加藤友三郎元帥を偲ぶ』(水交会、昭和四十二年)である。そして、これに参会者の追憶談を加えて、「加藤友三郎元帥を偲ぶ会実行委員会」による『加藤友三郎元帥』(七十五頁、昭和四十三年)が出された。山梨に加え、賀屋興宣、長谷川清らが親しく接した加藤の人となりをいきいきと伝えている。その後の人物像の源泉とも推測される内容である。

書翰としては、憲政資料室の諸文書中に若干のものが収蔵されている。最もまとまっているものは「斎藤実文書」で二十通。内訳は明治期十三通、大正期五通、不明が二通とされる。その多くがなにがしかの内容を含んでおり、海軍史研究の観点からは検討を要する。ただし、八八艦隊・ワシントン軍縮・首相期の施策といったビッグ・イシューについては、ほとんど期待できない。他に約十通ほど憲政資料室が収集している書翰があるが、情報的にはさらに断片的となる。

海相時代に関しては、防衛研究所戦史部の史料を探索する必要もある。意外な所に発言が記録されている場合がある(例えば海軍の『官房秘書官雑綴』など)。一部は筆者が『日本海軍史』第二巻・通史第三編(海軍歴史保存会、平成七年)で使用した。

最後に研究史としては、一九七〇年代から八〇年代にかけての麻田貞雄氏の業績(いずれも『両大戦間の日米関係』東京大学出版会、平成五年所収)が海相期の加藤研究の一つの画期を示すものである。また、首相としての加藤は、従来その内閣の性格を「中間内閣」として軽視されがちであった。しかし、松尾尊兊「加藤友三郎内閣期の選挙法改正問題」(『史林』六十五—六、昭和五十七年)が普選成立史の観点から再評価を試みている。

(森山　優)

加藤寛治　(かとう・ひろはる)

明治三—昭和十四年(一八七〇—一九三九)　海軍大将・海軍軍令部長

文書・記録としては、伊藤隆氏が『昭和初期政治史研究』(東京大学出版会、昭和四十四年)を執筆した折に、遺族で長男の寛一氏から許可を得て使用した文書のうち書翰を除いたものが、東京大学社会科学研究所に寄贈されている。

上述の史料に加えて、近年、寛一氏から提供された新たな日記部分を含めて翻刻された刊本が『続・現代史資料　5　海軍』(みすず書房、平成六年)である。本書は、日記(大正七年〈一九一八〉、大正九—十一年、震災日記、昭和四〈一九二九〉—十四年)、文書、書翰から構成されている。収録された日記と文書の中心をなすのは、海軍軍令部長としてかかわったロンドン海軍軍縮条約問題関係であろう。批准推進に動く財部彪・岡田啓介・山梨勝之進・斎藤実などの海軍首脳の言動や、鈴木貫太郎らの宮中の動き、批准に反対する東郷平八郎・小笠原長生・末次信正らの動きが詳細にわかる。

文書の中では「東郷元帥之御答え」(昭和四年十一月十三日)、「覚」(昭和五年三月十六日)、末次信正「軍縮対策私見」(昭和九年六月八日)などが注目すべき内容を伝えている。そのほか史料からは、艦隊派の陸軍皇道派との良好な関係や、アメリカの海軍政策についての見方、ソ連との良好な関係がうかがえる。書翰の中では、十八通に達する金子堅太郎のものが情報に富む。

本書が刊行されるまでは「加藤寛治関係文書—昭和八・九年を中心に」(『東京都立大学法学会雑誌』十—二、昭和四十五年)や伝記類によって一次史料の欠如が補われてきた。伝記には、決定版として加藤寛治伝記編纂会編刊『加藤寛治大将伝』(昭和十六年)があり、日記、文書なども引用されている。加藤の秘書のような役割を務めていた人物、坂井景南による伝記が『英傑加藤寛治』(ノーベル書房、昭和五十四年)であり、昭和七年から十一年までの「日記」の抜粋が載せられている。本人の書いたものとしては、昭和十四年一月九日から執筆開始された遺稿「倫敦条約経緯日記」が、寛一氏の整理によって『昭和四年五年倫敦海軍条約秘録／遺稿』(昭和三十一年)として刊行されている。本資料については、池田清による紹介が『法学雑誌』十六—一(昭和三十九年)にある。また「『ワシントン』会議の追憶」は、広瀬順晧監修『近代未刊行史料叢書5　近代外交回顧録3』(ゆまに書房、平成十二年)として、現在、入手しやすくなった。

海軍部内における加藤の動きを理解するためには、『西園寺公と政局』二(岩波書店、昭和二十五年)、『現代史資料　7　満州事変』(みすず書房、昭和三十九年)なども合わせて参照されたい。

加藤史料を用いた研究としては、小林竜夫「海軍軍縮条約」(日本国際政治学会太平洋戦争原因研究部編『太平洋戦争への道』一〈朝日新聞社、昭和三十八年〉)、前掲伊藤『昭和初期政治史研究』、秦郁彦「艦隊派と条約派

—海軍の派閥系譜」(三宅正樹編『昭和期の軍部と政治』一、第一法規出版、昭和五十八年)、瀬川善信「ワシントン会議と七割海軍問題」(『法学新報』九十一—一・二、昭和五十九年)、田中宏巳「昭和七年前後における東郷グループの活動—小笠原長生日記を通して(一)—(三)」(『防衛大学校紀要』五十一—五十三、昭和六十—六十一年)、麻田貞雄『両大戦間期の日米関係』(東京大学出版会、平成五年)がある。第一次世界大戦中、ウラジオストック派遣の第五戦隊司令官に任ぜられてからの活動については、小池聖一「第五戦隊ウラジオストック派遣」(海軍歴史保存会編『日本海軍史』通史二、第一法規出版、平成八年)がある。ソ連大使館、日ソ協会との密接な関係については、酒井哲哉『大正デモクラシー体制の崩壊』(東京大学出版会、平成四年)が早くから注目していたところであった。

(加藤　陽子)

加藤弘之(かとう・ひろゆき)

天保七—大正五年(一八三六—一九一六)　東京大学初代総理・帝国学士院院長

関係文書・記録の大多数は東京大学附属図書館および東京大学史史料室に収蔵されている。前者は昭和八年(一九三三)に寄贈され、後者は昭和五十年に寄贈または寄託され(辞令は昭和五十三年に寄託、学位記は五十年に寄託)、いずれも整理・公開されている。「東京大学史史料目録」三および七として『加藤弘之史料目録』および『加藤弘之史料目録(2)』が東京大学百年史編集室から昭和五十二年および五十五年に刊行され、またそれらに続く刊行されていない目録が東京大学史史料室に一点あり、両機関のほとんど全ての所蔵資料が記載されている。

それらのうち、附属図書館所蔵資料は、著訳書の草稿(五十冊八十二部)であり、貴重書庫に保管されている。東京大学史史料室所蔵資料の方は、慶応三年(一八六七)から大正五年(一九一六)までの日記(一部欠)、著訳書等の草稿、刊行された著訳書の校正刷、所有物並歳入出出納、学位記、辞令、肖像画、写真、式辞、出版契約書、書翰、来翰、履歴書案などである。ただし、来翰は自身がほとんど焼却していたと伝えられ、あまり残っていない。後者所蔵史料には加藤家に伝来の父祖関係の文書が含まれており、明正十七年(一六四〇)頃からの知行関係の公文、甲陽軍鑑関係の文書、証文、天保年間の出石騒動関係の記録などもある。

他機関にも関係する史料が若干保存されている。憲政資料室の「憲政史編纂会収集文書」の「民選議院建設纂議巻一、巻三」(細川広世編)中に加藤のものがある。立教大学図書館「大久保利謙文庫」に自身による書込みのある手沢本(John Lubbock, *The Origin of Civilisation*の独語訳)がある。書翰は、憲政資料室所蔵「牧野伸顕関係文書」中に牧野宛六通が、都立中央図書館所蔵「渡辺刀水旧蔵諸家書簡」中に重野安繹宛一通が、立教大学図書館所蔵「谷干城関係文書」中に谷宛四通(『明治初期政治史料集成』四、マイクロフィルム版、北泉社)が、東京都立大学附属図書館所蔵「花房義質関係文書」中に花房宛のもの(『明治初期政治史料集成』六、同上)、徳富蘇峰記念塩崎財団所蔵徳富宛書翰七通が確認できる。

関係史料の内、手稿本、草稿および日記は印刷刊行されたものがある。手稿本(写本)で流布した「鄰艸」(文久元年)は『太陽臨時増刊明治十二傑』(博文館、明治三十二年)、『明治文化全集』政治七・政治篇(日本評論社、昭和四年)、『現代日本思想大系一』(筑摩書房、昭和四十一年)、『日本の名著』三十四(中央公論社、昭和四十七年)等に翻刻収録され、その初稿である「最新論」も昭和五十年に発見されて東京大学史史料室に収蔵され、江村栄一編『憲法構想』〈日本近代思想大系九〉(岩波書店、平成元年)に翻刻収録された。また、草稿のうち、「真政大意草稿」(後半欠)が松本三之介編『近代思想の萌芽』〈現代日本思想大系一〉(筑摩書房、昭和四十一年)に翻刻収録され、「天賦人権ナキノ説幷善悪ノ別天然ニアラサルノ説」が吉田曠二『加藤弘之の研究』(大原新生社、昭和五十一年)に影印収録された。さらに、それらを含む草稿二十七篇が平成二年(一九九〇)に上田勝美・福嶋寛隆・吉田曠二編『加藤弘之文書』一・二(全三巻、同朋舎)に翻刻収録された。日記については、明治六年(一八七三)から明治十一年(十年は欠本)の内、明六社関係部分が大久保利謙氏によって翻刻されており、『大久保利謙歴史著作集』六(吉川弘文館、昭和六十三年)および『新修森有礼全集』四(文泉堂書店、平成十一年。ただし、明治八年まで)に収録されている。また、明治十一年から十六年、および十八年の部分が中野実氏らによって『東京大学史紀要』十―十三(平成四―七年)に翻刻された。その他、大学関係の辞令十二点および学位記二点が『東京大学史紀要』二(昭和五十四年)に写真版で掲載された。

自ら生涯をまとめた刊行物に、『弘之自伝』(著者刊、大正二年)があり、その後『増補弘之自伝』、『増訂　弘之自伝』が作られ、さらにそれらを改訂して『加藤弘之自叙伝　附金婚式記事概略　追遠碑建設始末』(加藤弘之先生八十歳祝賀会、大正四年)が作られた。また評伝・研究書として刊行されたものに、田畑忍『加藤弘之の国家思想』(河出書房、昭和十四年)、田畑忍『加藤弘之』〈人物叢書〉(吉川弘文館、昭和三十四年)、吉田曠二『加藤弘之の研究』(大原新生社、昭和五十一年)、および武田良彦『明治の啓蒙思想家加藤弘之とその時代』(斎藤隆夫顕彰会「静思塾」、平成十一年)がある。

（所澤　潤）

金森徳次郎（かなもり・とくじろう）

明治十九―昭和三十四年(一八八六―一九五九)

第一次吉田内閣の国務大臣(憲法問題担当)

旧蔵の文書・記録は憲政資料室に所蔵されている史料が中心である。第一に、「金森徳次郎関係文書」(以下、「関係文書」)がある。「関係文書」の内容は、「憲法改正関係資料」(四綴)、「覚書」(一括)、「新憲法一年の回顧」(一綴)等で、主に憲法改正に関するものである。なお、収められている資料数が少ないため、「関係文書」のみの目録は作成されておらず、「関係文書」の目録は、他の複数の資料群とともに、憲政資料室が作成した「憲政資料室収集文書目録(仮)」に収載されている(番号一一九六)。第二に、「日本国憲法制定に関する談話録音」(カセットテープ)がある。これは、日本国憲法の制定事情に詳しい複数の関係者の談話録音であり、当時、国立国会図書館館長であった金森が、昭和二十九年(一九五四)から昭和三十二年にかけて収集し、同図書館の調査及び立法考査局法律政治図書館第二課に保存されていたものである。楢橋渡や佐々木惣一、吉田茂などの談話とともに本人の談話(昭和三十二年十二月)が含まれ、現在、同資料室において「談話要旨」とともに公開されている(この談話はテープ六本に録音されており、録音時間は六・五時間である)。なお、同資料については、「日本国憲法制定に関する談話録音目録」と題する目録が作成されている。

著作は、憲法関係のものが中心であり、国立国会図書館調査及び立法考査局法律政治図書館第一課がまとめた「金森徳次郎憲法関係主要文献目録」(レファレンス別冊『憲法上の諸問題』国立国会図書館調査及び立法考査局、昭和三十四年に掲載)が参考になる。また、金森徳次郎『憲法遺言』(学陽書房、昭和三十六年)は、日本国憲法制定に関わる口述記録(口述は、昭和二十七年二月から計十二回実施された)をもとに編纂されたもので、金森の憲法観を考察する上で欠かせない。なお、同書には、前述の「金森徳次郎憲法関係重要文献目録」も収載されている。また、憲法に関する論考とともに、編者の解説を収載した金森徳次郎著・鈴木正編『憲法を愛していますか―金森徳次郎憲法論集―』(農山漁村文化協会、平成九年)がある。さらに、著作としては、憲法に関する学術書以外に、『書物と人間』(慶友社、昭和二十六年)、『混沌堂雑記』(萬里閣、昭和二十八年)、『書物の眼』(慶友社、昭和二十八年)、『ひなた弁慶』(聯合出版社、昭和二十八年)、『修徳雑記「芽は萌え出でる」』(昭和二十八年、警察新報社)、『人を愛し国を愛する心』(学陽書房、昭和三十五年)がある。いずれも、教養・修養に関する、あるいは時事問題を扱ったエッセイや小論をまとめた随筆集であり、金森の思想や教養観を理解する上で有益である。

　自伝・回想としては、『私の履歴書・第八集』四十五―九十六頁(日本経済新聞社、昭和三十四年)に収載された「金森徳次郎」(のちに、『私の履歴書・文化人十五』日本経済新聞社、昭和五十九年に再録)、少年時代の回想を綴った「かえらぬ若き日」(全日本社会教育連合会編『青年双書十二集・わが青年時代』二十一―三十三頁、大蔵省印刷局、昭和二十八年)や『若き日の思い出』八十六―九十四頁(旺文社、昭和三十年)がある。評伝としては、妻であった金森佐喜氏編の『金森徳次郎遺稿・春風接人』(天地出版社、昭和三十五年)や文芸春秋編『昭和巨人伝　血族が語る』(文芸春秋、平成二年)がある。前者は、故人を偲んで編集されたもので、金森がしためた寸言、短歌、俳句等が収載されている。同書に収められている佐藤達夫(元内閣法制局長官)執筆の回想記「金森さんのこと」(一〇一―一一五頁)は、金森の人となりや活動の様子を如実に伝えてくれるものとして興味深い(この回想記は、『時の法令』三二一および三二二、昭和三十四年に掲載されている)。後者は、『文芸春秋』平成元年(一九八九)九月特別号での特集「『輝ける巨人』血族の証言五十五」の全篇と、同平成元年二月号に掲載された「五十人の昭和史」の一部を再編集したもので、長男の金森久雄氏による証言が収められている。

(藤田　祐介)

金子堅太郎（かねこ・けんたろう）

嘉永六―昭和十七年(一八五三―一九四二)　枢密顧問官

最も期待される史料は、貴族院令をはじめ、帝国憲法とその付属法令起草関係のものであろう。自身が語ったように、この関係資料は、大正十二年(一九二三)九月の関東大震災の折、三番町の自宅とともに消失したとされている。しかし、自分の業績について丹念に語った林田亀太郎の『明治大正政界側面史』上(大日本雄弁会講談社、大正十五年)の序文では、憲政に関するものは楠の箱七箱に分け、大田峰三郎に保管方を命じておいたとしているが、大田も死亡し、その自宅も消失したから「是も多分灰になったらう」としている。ただし、金子が貴重に思っていたはずのT・ルーズベルト書簡などが、後日、憲政資料室の「金子関係文書」に収集されているのであるから、探索の余地を否定することはできない。

　晩年、修史家として『明治天皇紀』や『維新史』の編纂に携わり、自分の業績を含めた史料の収拾に当たり、これを素材として記憶談を記録し(「金子子爵謹話・金子堅太郎談話・金子総裁談話」堀口修編『臨時帝室編修局史料「明治天皇紀」談話記録集成』四、ゆまに書房、平成十五年)、記述に織り込み、自らの「自叙伝綱要」を執筆した。この「自叙伝」やアメリカ留学についての「懐旧録」は、いずれも、この晩年の著述であって、『明治天皇紀』記述の史料性の高さに比べてみても、強記の金子にとって、思わぬ齟齬を否定できない。

　先の憲政資料室の収集史料のほかに、まとまった関係資料は、初代校長を勤めた日本大学の学術情報センターの金子文庫に寄贈されている。著書、原稿、自叙伝綱要、日記、書簡等が収集されているが、日本大学の精神文化研究所の研究叢書や紀要で活字化が進んでいる。いずれも、晩年修史家として活躍した時期に収集・執筆されたもので、その多様な活動を反映して、『憲法制定と欧米人の評論』(日本青年館、昭和十二年)にまとめるまでの史料、憲法発布五十年記念関係、北海道開拓七十年関係、日露戦役回顧談関係、アジアモンロー主義関係、教育勅語関係、日米問題関係、国体明徴・天皇機関説問題、維新史編纂関係、ロンドン会議・軍縮問題などが目立つ。書簡には、講演や放送に対する民間の聴講者のものも含まれ、整理に及んでいない。

　信憑性の高い伝記はない。先の林田の『側面史』は、金子を「我輩」で表記した貴重な史料で、晩年のものに比べて、信憑性は高いと考えられる。憲法学者藤井新一の『帝国憲法と金子伯』(講談社、昭和十七年)は、貴重な史料は含んでいるものの、時局を反映して、金子を語ってはいない。「自叙伝」は、死の直前、雑誌『改造』に二回連載して中断したが、明治二十二年(一八八九)七月議院制度調査のために欧米に出発するまでの分が、憲政資料室「金子関係文書」に筆写されて残っている。日本大学の金子文庫には、一部欠落はあるが、明治末までの手稿があり、これに編註を付して翻刻した(高瀬暢彦編『金子堅太郎自叙伝』一・二集(日本大学精神文化研究所、平成十四・十五年)。アメリカ留学中の「懐旧録」は、憲政資料室と国際文化会館図書室に写本(翻刻・村形明子編「金子堅太郎・懐旧録」『人文』三十九、平成五年)があるが、日本大学金子文庫の原本を翻刻した(高瀬暢彦編「金子堅太郎・懐旧録」前掲『金子堅太郎自叙伝』一集に収載)。しかし、なお、大正期・昭和期の日記、「言志録」、「随感録」、「詩稿」の翻刻は進んでいない。

　主要著作は、『政治論略』(元老院、明治十四年)、『経済政策』(大倉書店、明治三十五年)、『日露戦役秘録』(博文館、昭和四年)、『憲法制定と欧米人の評論』(日本青年館、昭和十二年)、『伊藤公を語る』(興文堂、昭和十四年)など、編著に『黒田如水伝』(博文館、大正五年)、『伊藤博文伝』上・中・下(統正社、昭和十六年)などがある。また金子に特徴的であるが、各種の講演や雑誌論文を単行冊子にしたものがかなりある。国立国会図書館所蔵の明治期刊行物のマイクロ資料にも二十点が収録されている。これらの単行著書を除き、雑誌掲載の論文や講演記録等は、一部未公刊の関連資料を加えて、高瀬暢彦編で『金子堅太郎著作集』として、英文著作を含めて、日本大学精神文化研究叢書(平成七―十一年)として、現在四集が刊行されている。これには、年譜や著作表を含んでいる。

　政府に提出した報告書のうち、「北海道三県巡視復命書」「北海道開拓建議七箇条」は憲政資料室、「欧米議院制度取調巡回記」は書陵部、「日露戦役米国滞留記」「米国大統領ルーズベルト氏会見始末」は外交史料館、「日露講和ニ関シ米国ニ於ケル余ノ活躍ニ就テ」は外交史料館と憲政資料室に所蔵している。また、伊藤博文の『秘書類纂』の中にも、金子報告書を確認することができる。これらのうち、『著作集』に復刻したもののほか、「欧米議院制度取調巡回記」は、前田英昭編(社団法人尚友倶楽部、平成十年)と大淵和憲校注(信山社、平成十三年)によって復刻され、日露戦役中の米国における活動の報告書のうち、「米国大統領会見始末記」は、外務省編『日本外交文書　日露戦争Ｖ』(日本国際連合協会、昭和三十五年)で復刻・公刊され、昭和十三年(一九三八)神川彦松によって採録された金子談話「日露講和ニ関シ米国ニ於ケル余ノ活動ニ就テ」(外務省調査第一課特輯第五号秘、昭和十四年)が、広瀬順晧監修『近代外交回顧録』二〈近代未刊史料叢書五〉(ゆまに書房、平成十二年)で復刻公刊された。

　業績研究については、総合的なものは、高瀬暢彦『金子堅太郎研究』一・二〈日本大学精神文化研究所研究叢書九―十〉(日本大学精神文化研究所、平成十三―十四年)がある。個別のものとしては、日本初のバーク理論の紹介としての『政治論略』についての尾佐竹猛(『日本憲政史の研究』一元社、昭和十八年)・山下重一(『近代イギリス政治思想史』木鐸社、昭和六十三年)の研究のほか、高瀬暢彦による復刻と研究(『金子堅太郎政治論略研究』〈日本大学精神文化研究所研究叢書八〉、平成十二年)があり、近くは中川八洋『正統の憲法・バークの哲学』(中央公論新社、平成十四年)がこれに関心を向け、また、八木秀次の『明治憲法の思想』(PHP研究所、平成十四年)は、「明治のバーク・金子堅太郎」の一章を設けてその歴史主義を明らかにしている。憲法起草に関しては、「語り」は多いものの、史料不足から学術的研究は進んでいないが、貴族院令や貴族院制度に関しては、小林和幸の『明治立憲政治と貴族院』(吉川弘文館、平成十四年)が貴重な史料を発掘している。日露戦役に際するアメリカでの情宣活動を中心として、金子の報告書を丹念に検証した松村正義の『日露戦争と金子堅太郎』(新有堂、昭和五十五年)があり、広くその国際的位置に分析の目を向けた伊藤隆『日本の近代十六　日本の内と外』(中央公論新社、平成十三年)がある。

(高瀬　暢彦)

樺山愛輔(かばやま・あいすけ)

慶応元—昭和二十八年(一八六五—一九五三)　実業家・日米協会会長・枢密顧問官

旧蔵の文書・記録は、筆者(伊藤)が文藝春秋の白川浩司氏の紹介で樺山典和氏に面会した際に、「樺山資紀関係文書」とともに社団法人尚友倶楽部への寄託を依頼した。同倶楽部で仮整理のあと、政策研究大学院大学に移管し、ここで「樺山愛輔関係文書仮目録」を作成し、平成十四年(二〇〇二)に正式に寄託を受けた。

「樺山愛輔関係文書」は、書類約九〇〇点、書簡約三〇〇点、その他冊子類からなる。文書の多くは設立に関与した事業の内部史料である。大正四年(一九一五)前後の史料が豊富であり、国際通信社、日英水電、蓬萊生命の事業報告書がある。特に対外通信社の草分けである国際通信社関連史料は書簡、書類を合わせて三〇〇点余りあり、同社の初期経営実態を知ることができる。一方、昭和戦前期の文書は多くない。日米協会、島津家関係書簡類のほか、政治的なものでは、ロンドン海軍軍縮会議主要行事摘録、満州事変関連の演説草稿がわずかにあるのみである。吉田茂とともにグルー駐日大使との交流を示す史料や、近衛上奏文問題で憲兵隊から家宅捜索、尋問を受けた際の史料は含まれていない。昭和二十年(一九四五)憲兵隊に押収されたままになったという。戦後は、グルー基金、国際文化会館設立等、日米文化事業に関する史料が約一二〇点ある。

著書には『父、樺山資紀』(昭和二十九年、三十部のみ関係者に配布されたが、昭和六十三年に大空社によって伝記叢書として、原版を八十四パーセントに縮小し復刻されている)や、「現今に於ける米国の教育」(『紀要啓明会』二十二、昭和十二年)がある。伝記としては、財団法人グルー基金、財団法人バンクロフト奨学金、財団法人国際文化会館の資金により編纂された『樺山愛輔翁』(財団法人国際文化会館、昭和三十年)がある。同書には、「現今に於ける米国の教育」と、『父、樺山資紀』のうち樺山の口述である「父の思い出」が一部省略して採録されている。

樺山個人を対象にした研究は管見の限りない。

(佐藤　純子・伊藤　隆)

樺山資紀(かばやま・すけのり)

天保八—大正十一年(一八三七—一九二二)　海軍大将・台湾総督・内相・文相

関係文書は現在二ヵ所に存在する。一つは国立国会図書館が遺族から昭和二十八年(一九五三)に購入したもので、「樺山資紀文書」として目録が作成されている。その中には二〇〇点前後の書簡(山田顕義八通、谷豊五郎七通、小川又次七通、岩倉具視七通、川上操六十六通などの他、差出人はばらけている)、書類には明治十四年政変関係の他、各種意見書等、また陸海軍関係、台湾関係のものなどが比較的まとまったものである。その他に明治五年(一八七二)七月から二十八年に至る日記(手帳、途中抜けもある)、その一部の筆写やタイプ版もある。

もう一つは、筆者が文藝春秋の白川浩司氏の紹介により、樺山典和氏の蔵に残されていた史料を調査した時のもので、現在尚友倶楽部に預けられ、仮目録を作成中である。およその内容は、三〇〇点余の書簡、日清戦争関係の書類電報、「海軍公信」、その他の書類、それに家政的なものが含まれている。

伝記としては樺山愛輔『父樺山資紀』(樺山丑二、昭和二十九年)がある。また藤崎済之助『台湾史と樺山大将』(国史刊行会、昭和元年)、西郷都督樺山都督記念事業出版委員会編刊『西郷都督と樺山都督』(昭和十一年)などがある。新しいものでは、白洲正子「白洲正子自伝—1—祖父・樺山資紀」(『芸術新潮』平成三年一月号)がある。

史料紹介として、安在邦夫「樺山資紀文書(書類)政党の衰退」(『民衆史研究』三十四、昭和六十二年)がある。

(伊藤　隆)

樺山資英（かばやま・すけひで）

明治元—昭和十六年(一八六八—一九四一)　満鉄理事

高島鞆之助女婿である樺山の文書は、昭和四十六年(一九七一)に孫に当たる樺山明憲氏より憲政資料室が購入した。文書の概要は、書類約五十点、書簡約八〇〇通、日記(明治二十年〈一八八七〉・大正八〈一九一九〉—十二年・昭和二年・五—七年、十一—十六年)などであり、父樺山資雄の史料も含まれている。日記には、様々な人物との接触が書き込まれ、その多様な活動には興味深いものがある。彼の正伝『樺山資英伝』(樺山資英伝刊行会、昭和十七年)には、同文書中から明治期の日記や父母宛書簡、若干の資英意見書が掲載されているが、文書にはない資英意見書やその他多方面から集めた関係資料が載っており、史料的には豊かなものとなっている。

研究としてはまとまったものは見当たらないが、鳥海靖「原内閣崩壊後における『挙国一致内閣』路線の展開と挫折」(『東京大学教養学部人文科学科紀要』五十四、昭和四十七年)、季武嘉也『大正期の政治構造』(吉川弘文館、平成十年)などが大正末、昭和初期の樺山の政治的な動きを追っている。

(季武　嘉也)

上山満之進（かみやま・みつのしん）

明治二—昭和十三年(一八六九—一九三八)　台湾総督・貴族院議員・枢密顧問官

関係史(資)料の第一は、防府市立防府図書館所蔵「上山満之進関係資料」である。この資料の全体については「故上山満之進翁遺品遺稿類目録」その他から知られる。本資料は日記(明治十七年〈一八八四〉から昭和十年〈一九三五〉。ただし欠年あり)、米穀政策・山林行政・政治・産業・思想・社会問題等に関する論文・意見書(後述の上山の伝記である『上山満之進』下に収載されているものもある)、台湾総督時代の関係書類(植民地行政・台湾銀行問題・皇族奉迎・台中事件・台湾高砂族研究等)、米穀政策関係書類、その他遺品類等からなり、いずれも貴重、かつ重要なものであるが、特に台湾関係のものは日記も含めて植民地研究において裨益するところ大である。

これらの史料の一部は、伝記である上山君記念事業会編『上山満之進』上・下(成武堂、昭和十六年)で既に用いられている。なお同図書館において昭和六十二年十一月「上山満之進翁五十回忌展」が開催され、一部史料が展示されるとともに、「上山満之進翁五十回忌展　展示品一覧表」が刊行されている。

第二は東京大学法政史料センターが所蔵している「上山満之進関係文書」(マイクロフィルム)である。これは右の「上山満之進関係資料」のうち、文書史(資)料のほとんどを撮影したものであり、その目録が東大法学部近代立法過程研究会から「近代立法過程研究会収集文書No.34　上山満之進関係文書目録」(昭和四十九年)と題して刊行されている。

第三は「台湾総督府文書」で、これは現在、台湾省文献委員会が所蔵し台湾領有の明治二十八年(一八九五)から昭和期までの公文類纂等で構成されている(詳しくは後述の『台湾総督府文書目録』一〈平成五年〉所収の檜山幸夫「台湾総督府文書と目録編纂について」、同「台湾植民地統治関係史料—台湾総督府文書を中心として—」〈井村哲郎編『一九四〇年代の東アジア：文献解題』アジア経済研究所、平成九年〉、高橋益代「『旧外地』行政文書についての調査報告」〈『記録と史料』七、平成八年〉、加藤聖文「敗戦と公文書廃棄—植民地・占領地における実態—」〈『史料館研究紀要』三十三、平成十四年〉等参照)。「台湾総督府文書」中、公文類纂は明治二十八年から同四十年まで(「二巻」の内、「上巻」まで)の期間の目録が中京大学社会科学研究所・台湾省文献委員会監修／中京大学社会科学研究所台湾総督府文書目録編纂委員会編纂『台湾総督府文書目録』(ゆまに書房、平成五―十五年)として刊行されているが、台湾総督に就任していた期間(昭和元―三年)のものは未刊行なので、彼の就任期間中の関係公文書については現地で調査するしかない。

第四は憲政資料室の①野村靖・河野広中・平田東助・安達峰一郎・下村宏・荒川五郎・小川平吉・都筑馨六・寺内正毅・牧野伸顕・憲政資料室収集文書(以上、所蔵)、②関屋貞三郎・原保太郎(以上、寄託)、③西原亀三・長岡外史(以上、個人所蔵。マイクロフィルム)等の各関係文書、山口県文書館所蔵「田中義一文書」、尚友倶楽部品川弥二郎関係文書編纂委員会編『品川弥二郎関係文書』三(山川出版社、平成七年)、伊沢多喜男文書研究会編『伊沢多喜男関係文書』(芙蓉書房出版、平成十二年)、社団法人尚友倶楽部／季武嘉也編『三島弥太郎関係文書』(芙蓉書房出版、平成十三年)に収載されている上山の政府内外の要人宛書翰等である。第一にあげた関係資料には書翰類があまりないことを考えると、これらの書翰は貴重である。

第五は政府公文書で、国立公文書館に所蔵されている「公文雑纂」、「叙位裁可書」、「公文別録」、「任免裁可書」、「採余公文」等である。これらの公文書は、彼の官吏としての業績等を知る上で正確、かつ貴重な書類である。

第六は彼が枢密顧問官(昭和十―十三年)に就任したことによる国立公文書館所蔵「枢密院文書」である。なお本文書中の「枢密院会議議事録」は、東京大学出版会から刊行されている。

第七は著作で、『地方制度通』(金港堂、明治三十二年)、『立木不動産法通解』(大日本山林会、明治四十四年)、『綱紀弛廃の原因と善後策　補正』(上山満之進、大正十年)、『国民生活の安危』(文化生活研究会出版部、大正十一年)、「米穀問題」(『農村問題体系』八、日本評論社、昭和元年)、『戦争と硬貨』(日本評論社、昭和四年)等がある。

伝記・評伝類としては、既に触れた上山君記念事業会『上山満之進』がある。これは上下二巻からなり、上巻が伝記、下巻が論集という構成になっているかなり大部なものである。特に下巻に収録された各論稿は、林政・治水、米穀、政治・社会問題等についての見解・見識を知る上で貴重な文献である。また履歴・家系については、右の『上山満之進』の他、『国立公文書館所蔵　枢密院高等官履歴』六(東京大学出版会、平成九年)、『故枢密顧問官上山満之進略歴三哲遺芳来由記』(防府市立三哲文庫、昭和十六年)等が役に立つ。

関連資料としては『帝国議会貴族院委員会速記録』・『帝国議会貴族院議事速記録』をはじめ、衆議院参議院編集・発行『議会制度百年史』(平成二年)等の議会関係資料や、台湾銀行編『台湾銀行四十年誌』(台湾銀行、昭和十四年)、大蔵省管理局編『日本人の海外活動に関する歴史的調査』(高麗書林、昭和六十年)、芳賀登他編『日本人物情報大系』第二十六・二十七・三十巻(皓星社、平成十二年)収載の資料等がある。

研究書・論文としては川上寿代「台湾銀行救済緊急勅令問題と枢密院」(『日本歴史』六四一、平成十三年)の台湾銀行問題に関連するもの、復興事務局編集・発行『帝都復興事業誌』(昭和六―七年)、その他上山元台湾総督記念事業の成果である台北帝国大学土俗人類学研修室編『台湾高砂族系統所属の研究』(刀江書院、昭和十年)、台北帝国大学言語学研究室編『原語による台湾高砂族伝説集』(刀江書院、昭和十年)、山路勝彦『台湾の植民地統治―〈無主の野蛮人〉という言説の展開―』(日本図書センター、平成十六年)等がある。

(堀口　修)

亀井貫一郎（かめい・かんいちろう）

明治二十五―昭和六十二年（一八九二―一九八七）

社会運動家・政治家

筆者は昭和四十三年（一九六八）に竹山護夫氏と四回にわたってインタビューを行い、翌年『亀井貫一郎氏談話速記録』として日本近代史料研究会からタイプ印刷で刊行した。これは「近衛文麿関係文書」中の昭和十三年の近衛宛の二通の長文の亀井書翰をもとに質問を行ったものであって、その書翰自体も収録した。そのまえがきに書いたように「亀井氏所蔵の関係文書の中から主要なものを選択して」刊行する予定でいたものの、それを果たすことができなかったが、昭和四十九年に今井清一氏と共編で刊行した『現代史資料44　国家総動員2』（みすず書房）に亀井氏から提供された文書を収録した。没後、長男の一綱氏に依頼したところ、残された史料は憲政資料室に寄贈され、現在そこで公開されている。日鉄関係、近衛新体制関係、大政翼賛会関係、大東亜共栄圏建設国民運動関係の書類、若干の来翰など三〇〇点以上のものである。

亀井には産業経済研究会事務局編『五十年「ゴム風船」を追って―亀井貫一郎備忘録より―』（昭和四十三年）という小冊子の回想がある。これは『亀井貫一郎氏談話速記録』にも収録した。この他に昭和二十二年いわゆる「軍服事件」に連座して起訴された際に東京地検、地裁に提出した「上申書」がある。これは事件についての弁明であると同時に回想にもなっている。著書に、『貴族・資本家・労働者』（忠誠社、昭和六年）、『ナチス国防経済論』（東洋経済出版部、昭和十四年）、『日本民族の形成1・ユーラシアの中の日本』（原書房、昭和四十七年）などがある。その他雑誌に多くの文章を書き、また座談会にも出席している。

評伝に高橋正則『回想の亀井貫一郎・激動の昭和史を陰で支えた英傑』（産業経済研究協会、平成十二年）がある。　（伊藤　隆）

茅原廉太郎〈華山〉（かやはら・れんたろう）
明治三―昭和二十七年（一八七〇―一九五二）　新聞記者・評論家

関係する基本資料を蒐集保管している機関はない。主宰した雑誌のうち、『第三帝國』（解説・松尾尊兊）、『洪水以後』（解題・福田久賀男）、『日本評論』（解説・茅原健）が復刻刊行（不二出版）されている。その他、『向上主義』、『内観』、『自己批判』等の雑誌および五十余冊の著書等は、茅原健の個人家蔵以外、まとまって架蔵している所はない。なお、「後藤新平関係文書目録」には、後藤新平宛書簡が三十数翰ある。また、著書で復刻されているものは、『新動中静観』（「大正デモクラシー叢書①」解説・山岡桂二、明治文献、昭和四十四年）と『地人論』（監修・南博「叢書日本人論7」大空社、平成元年）とがある。

伝記資料としては、『萬朝報』記者以前の自伝的著述である『半生の懺悔』（実業之日本社、大正五年）があり、茅原健編『茅原華山年譜・著作目録稿』（不二出版、昭和五十九年）が基礎資料としてある。その他、周辺資料を取り入れて、生涯を描いたものに、いずれも茅原健の『茅原華山と同時代人』（不二出版、昭和六十年）、『華山追尋―茅原廉太郎とその周辺―』（朝日書林、平成元年）とがあり、「茅原華山」（田中浩編『近代日本のジャーナリスト』御茶の水書房、昭和六十二年）もある。「民本主義」関連としては、太田雅夫編集・解説『資料　大正デモクラシー論争史』全二巻（新泉社、昭和四十六年）が貴重である。さらに、華山が中国の思想家李大釗に及ぼした思想的影響について言及した、石川禎浩の「李大釗のマルクス主義受容」（『思想』八〇三、平成三年）と「東西文明論と日中の論壇」（古屋哲夫編『近代日本のアジア認識』京都大学人文科学研究所、平成六年）とが注目される。

研究書で華山が取り上げられている主なものは、戦後、最も早い時期に華山の発言を取り上げた、神島二郎『近代日本の政治構造』（岩波書店、昭和三十六年）があり、松尾尊兊『大正デモクラシー』（岩波書店、昭和四十九年）、伊藤隆『大正期「革新」派の成立』〈塙選書〉（塙書房、昭和六十二年）、南博『日本人論　明治から今日まで』（岩波書店、平成六年）、茅原健『民本主義の論客茅原華山伝』

(不二出版、平成十四年)などがある。

（茅原　健）

苅宿仲衛（かりやど・なかえ）

安政元―明治四十年(一八五四―一九〇七)　民権家・県会議員

関係の資・史料は、福島県歴史資料館に「苅宿仲衛関係資料」として保存されている。この資・史料は双葉郡浪江町苅宿の旧宅(母屋のみ現存)に保管されていたものを、曾孫である俊幸氏により、二回に分けて同館に寄託されたものである。第一回分は、昭和五十六年(一九八一)に寄託され、福島県歴史資料館「自由民権運動一〇〇年記念資料展～福島県の自由民権運動を中心に～」に合わせて整理・目録化された。第二回分は、浪江町教育委員会の調査を経て平成十年(一九九八)に寄託されたもので、その内容は書翰・標葉神社関係史料・書籍など多岐にわたり、その点数は数千点を超える。平成十五年現在、整理中である。

第一回分はすでに整理・公開されており、その概要は、誉田宏・曾根弓子「自由民権家苅宿仲衛関係資料について」(『福島史学研究』〈福島県史学会〉復刊三十二・三十三、昭和五十六年)で紹介されている。同論文には、民権家として活動した時期を中心に、北辰社の組織ならびに諸地域における活動状況などに関する全二二九点の「苅宿仲衛関係資料目録」が記されている。北辰社は、明治十年(一八七七)八月に相馬中村藩士族によって創設された、親睦と相互扶助を目的とした結社であった。その構成はおよそ二十名を一団とし、第一団から第九団(第九団は東京在住者により運営)まで編成されており、社長・副社長各一名と主計兼書記二名を公選すること、さらに団中の投票によって団長一名を置くことが定められていた。仲衛は明治十三年一月二十八日に入社し、北辰社第六団の有力な社員となり、明治十三年から十五年にかけて「北辰社ニ関スル書類」(史料番号十九)、「北辰社第六団会議資料」(史料番号二十)、「北辰社第六団会計資料」(史料番号二十一)、「諸規則綴」(史料番号二十五)など北辰社関係史料を残している。「祭紺野谷五郎之霊文」(史料番号十六)は、明治十五年の福島・喜多方事件に際して紺野が福島警察署から会津若松への護送中に落命したことを聞き、祭文を記し霊を弔ったものである。仲衛は、福島・喜多方事件、加波山事件、大阪事件で容疑者として三度捕縛され、釈放後に「鍛冶橋在監往復書類」(史料番号五)や「大阪事件雑録」(史料番号九)など獄中の民権家への救援活動を表す史料を残している。明治二十年「条約改正関係書類」(史料番号二十八)は、三大事件建白運動における活動に関する内容である。なお、同建白運動に関連する史料が、福島県歴史資料館「庄司家寄託文書Ⅱ」にある(史料番号二二二五、明治二十年十一月に佐藤忠望・苅宿仲衛ほか五十四名が元老院議長伯爵大木喬任へ宛てた「條約改正ノ儀ニ付建白」)。半谷真雄編『立憲政友会福島県史』(立憲政友会福島県史編纂会、昭和四年)は、自由党福島部創設前から、明治三十一年に進歩党系「憲政本党」に入党した河野広中と決別し、自由党福島部の再興を目指し憲政党福島支部常任幹事に至る仲衛の諸活動を記述している(「第七編　第六章　相馬双葉の政界」)。憲政資料室「河野広中文書」には、この時、河野に宛てた仲衛の書翰がある(史料番号五十三)。

参考文献・論文には以下のようなものがある。孫である苅宿俊風『自由民権家乃記録―祖父苅宿仲衛と同志にささぐ―』(大盛堂印刷出版部、昭和五十一年)は、自由民権運動期の諸活動を伝える。安在邦夫「福島自由民権運動組織化の一動向―北辰社の活動を中心として―」(『歴史評論』三九〇、昭和五十七年)は、仲衛が活躍した北辰社第六団を中心に、北辰社の諸活動を紹介している。佐藤実「福島の民権結社―北辰社―」(『福大史学』〈福島大学史学会〉四十二・四十三合併号、昭和六十二年)は北辰社を民権結社として位置付け、熊田智恵子「福島の自由民権家像―苅宿仲衛を中心として―」(『福大史学』四十五、昭和六十三年)はその生涯と思想を明らかにしている。苅宿文書研究会「自由民権期に於ける地域民衆結社の動向—相馬北辰社を例に—」（『人民の歴史学』〈東京歴史科学研究会〉一一八、平成六年）は、従来の北辰社研究を「自由党系の政治結社」として一面的に位置付けていることを批判し、地域民衆結社の内部構造ならびに民権運動との関わりを検討している。史料を紹介したものには、苅宿文書研究会「相馬北辰社国会開設運動関係史料」（『民衆史研究』〈民衆史研究会〉四十八、平成六年）がある。このほか、安在邦夫「三大事件建白運動と大同団結運動」（江村栄一編『近代日本の軌跡2　自由民権と明治憲法』吉川弘文館、平成七年）は、三大事件建白運動期の諸活動を検討し、松本美笙『志士　苅宿仲衛の生涯—自由民権家の軌跡—』（阿武隈史談会、平成十三年）は、書翰群によって仲衛の生涯を丹念に追い、明らかにしている。

なお、仲衛を含む福島県内の民権家とその活動については高橋哲夫『福島民権家列伝』（福島民報社、昭和四十二年）が、民権家関係史料については誉田宏「福島県内の自由民権運動史料について」（『福大史学』三十五、昭和五十八年）がある。

（大内　雅人）

河上丈太郎（かわかみ・じょうたろう）

明治二十二—昭和四十年（一八八九—一九六五）

日本社会党委員長

自らを語った記録は『私の履歴書』（日本経済新聞社、昭和三十六年）以外にほとんどないが、死没の翌年に家族が刊行した河上民雄編集『河上丈太郎演説集』（私家版、昭和四十一年）は、一高時代、戦前無産党時代、戦後の日本社会党時代の代表的演説をほぼ洩れなく収め、編者がそれぞれにつき解説を付してある。同じ年に日本社会党本部が刊行した河上前委員長記念出版委員会編『河上丈太郎—十字架委員長の人と生涯—』（昭和四十一年）は、前半は松岡英夫執筆による伝記、後半は党内外の関係者による回想からなる。日記は十冊、没後十数年後に存在が判明したが、まだ公開に至っていない。戦後、昭和二十四年（一九四九）四月から病気で倒れる直前の昭和四十年一月まで忠実に記述されているが、ほとんどその日の行動を記録した淡々たる記述に終始し、休息なしに東奔西走の全国遊説に徹した姿が浮かんでくる。ただし昭和三十四年の日記が欠けている。それとは別に昭和二十年の夏、息子の出征を見送る二日間、父親の心情を吐露した記述がある。

著書らしきものが少なく、生涯、演説によって政治信条を語っているため、大日本雄弁会編『青年雄弁集』（大正二年）、近藤栄蔵『プロレタリア演説集』（平凡社、昭和五年）、田所輝明『無産党十字街』（先進社、昭和七年）、田村祐造『戦後社会党の担い手たち』（日本評論社、昭和五十九年）、井上縫三郎『現代政治家列伝』（要書房、昭和二十八年）、俵孝太郎『政治家の風景』（学習研究社、平成六年）、若宮啓文『忘れられない国会論戦』〈中公新書〉（中央公論社、平成六年）、読売新聞政治部編『時代を動かす政治のことば』（東信堂、平成十三年）、中正雄『不滅の演説』（東潮新書、昭和三十九年）、芳賀綏『日本人はこう話した』（実業之日本社、昭和五十一年）、同『失語の時代』（教育出版、昭和五十二年）等が基礎資料となる。それらには代表的演説の全文、または一部が収められ、あるいは政治姿勢の一端がとらえられている。議会における演説は、衆議院議事録にすべてである。社会大衆党出版部発行の河上丈太郎述『事変処理と国内改革断行』（昭和十五年）は河上の議会演説が出版された珍しい例である。

同時代の政治家の回想、または記録として、鈴木茂三郎『折り折りの人（III）』（朝日新聞社、昭和四十二年）、松井政吉『裏方政治家の人生』（自由社、明治三十三年）、松沢兼人『私の現代縦走』（昭和三十九年）、中村高一『三多摩社会運動史　付わが師・わが友・わが道』（都政研究会、昭和四十一年）、「松前重義　その政治活動」編纂委員会編『松前重義　その政治活動I』（昭和六十二年）、三宅正一追悼刊行会編『三宅正一の生涯』（昭和五十八年）、入交好保編著『嗚呼！安芸盛』（昭和五十九年）、戸叶武『政治は足跡をもって描く芸術である』(戸叶武遺稿集刊行会、昭和六十三年)、雑誌『民主社会主義』三輪寿壮追悼特別号(昭和三十二年十・十一月号)、日本社会党『故三輪寿壮君党葬追悼録』(昭和三十一年)、三輪寿壮伝記刊行会編『三輪寿壮の生涯』(昭和四十一年)、麻生久伝刊行委員会編『麻生久伝』(昭和三十三年)、河野密『革新の黎明　河野密論文集』(毎日新聞社、昭和五十四年)、加藤勘十「闘争五十年」(『毎日新聞』連載インタビュー、きき手・松岡英夫、昭和四十四年)、河野密「現代史を創る人びと」⑥(『エコノミスト』インタビュー、きき手・中村隆英、伊藤隆、昭和四十五年)などがある。昭和三十四年から翌三十五年にかけて起こった日本社会党の西尾グループが日本社会党を離党し民主社会党(のちに民社党に党名変更)を結成するに至る事件で、分裂回避に奔走した河上グループの派閥の会合のメモをまとめた高橋勉『資料　社会党河上派の軌跡』(河上民雄解説、三一書房、平成八年)は貴重である。この間、原彬久『戦後史のなかの日本社会党』(中公新書)(中央公論新社、平成十二年)によれば、太田薫総評議長は河上派の離党を食い止めるため次期総選挙で河上派を最大限に支持すると申し入れ、河上らは分ったと述べた、と証言している(太田薫インタビュー)が、そのときに陪席した瀬尾忠博は、河上が「われわれは選挙が心配で出処進退を決めているのではない、信念に従って行動している」と激怒し、河上があれほど怒った顔を見せたことはなかった、とつねづね語っていた。活字になっていない証言を適切に位置付けることが一つの課題である。雑誌『同人』一―二十六(昭和三十五―四十一年)は、この時期の河上派の若い世代の評論情報誌であった。

党外の人々との交友を物語るものとして、岡田多可子『平安堂日記』(平安堂、昭和三十九年)、小島利雄遺稿・追悼刊行会『小島利雄遺稿・追悼』(昭和五十年)、十河巌『あの花　この花―朝日会館に迎えた世界の芸術家百人―』(中外書房、昭和五十二年)、久山康『人間を見る経験』(創文社、昭和五十九年)、知切光歳『よし町よしや』(「よし町よしや」刊行会、昭和四十六年)、関西学院文学会編輯部編『文学部回顧』(関西学院文学会、昭和六年)、外岡松五郎『文集　道の小草』(千代田書店、昭和四十六年)などがある。

伝記は「百万人の福音」編集部編『十字架委員長』(いのちのことば社、昭和六十二年)、日本社会党前議員会編『日本社会党歴代委員長の思い出』(昭和六十年)、四竈揚・関田寛雄編『キリストの証人たち―抵抗にいきる3―』(日本基督教団出版局、昭和四十九年)所収の河上民雄「河上丈太郎」がある。なお、この「河上丈太郎」には、浅沼稲次郎委員長の追悼集、日本社会党刊『驀進』には収録されていない党葬における河上の弔辞が紹介されている。妻の河上末子には神戸新聞学芸部編『わが心の自叙伝』(のじぎく文庫、昭和四十三年)がある。また、小論文であるが、河上民雄「河上丈太郎の政治思想」(『神戸と聖書』神戸新聞総合出版センター、平成十三年)が生涯を要約している。大逆事件を背景に一高で「謀叛論」と題する講演を行い世に衝撃を与えた徳冨蘆花に、一高弁論部委員として講演依頼に出かけた経緯と講演の意義を論じた「徳冨蘆花と社会思想」は、昭和十一年十月二十五日、丸の内の明治生命講堂で行われた「徳冨蘆花十周年忌記念講演会」の席上なされた。しかし、その日の六人の講師の講演記録がその翌年八月に出版されるに際し、河上の講演のみは盧溝橋事件の直後で時局柄割愛を余儀なくされ、昭和四十一年、没後の『河上丈太郎演説集』にはじめて発表された。なお、蘆花夫人の日記に「一高生二名演説をこひに来る」とあるのが河上と鈴木憲三であることもこの講演で明らかにされている。なお、昭和三十二年、日本社会党第一回訪米団団長として訪米した記録『アメリカに使して―一九五七年訪米使節団報告書―』(日本社会党、昭和三十二年)、昭和五年、河野密と二人で全国大衆党から派遣され、台湾の霧社事件の現地調査に当った報告、河野密「霧社事件を発く」(『中央公論』昭和六年三月号)があるが、前者には「荒地にくわを入れてきた」という当時反響を呼んだ文章も収められ、後者は河野密『革新の黎明』に入っている。

河上は死の病に倒れる直前まで政治活動とともに弁護士活動を止めなかった。そのなかで、西尾末広、永江一夫、戸田勝巳、中田吉雄などの政治家の裁判の弁護活動にも尽力した。ただ河上・美村法律事務所の方針で裁判記録は一切公表されていない。西尾末広の「昭電事件」裁判の主任弁護人は、当初は三輪寿壮で、その没後は河上が引き継ぎ、無罪判決をかちとっている(昭和三十三年)。中田吉雄の当選訴訟裁判の記録は中田家から憲政資料室に寄託されている。　(河上　民雄)

川上操六（かわかみ・そうろく）

嘉永元―明治三十二年(一八四八―一八九九)　陸軍大将・参謀次長・参謀総長

有栖川宮参謀総長の下、参謀本部次長として日清戦争を実質的に指揮し、博くその名を知られているにもかかわらず、その生涯や人となりについてあまり知られていないのは、関係する史料が極めて乏しいことに由来する。

彼の名を留める史料の多くは、参謀本部次長ないし参謀総長としての公文書であり、私信と思しいもので大山巌や井上馨といった人々の関係文書に散在している書翰類も分量的に決して多い訳ではない。

憲政資料室には、「川上操六関係文書」が存在するが、川上宛の来翰が主であり、その数も一〇〇点余りである。また書陵部には、昭和七年(一九三二)に作成された写ではあるが、約五十点ほどの「川上子爵家文書」が所蔵されており、他には神奈川県立公文書館の山口コレクションが十数点の川上関係史料を有する。他には東京都立中央図書館と早稲田大学の旧社会科学研究所がそれぞれ一通を所有しているはずであるが、早稲田大学の組織変更後については定かでない。また、徳富蘇峰記念塩崎財団にも五通の書簡が所蔵・公開され、酒田正敏・坂野潤治他編『徳富蘇峰関係文書』二(山川出版社、昭和六十年)に翻刻されている。

また、国立国会図書館では『印度支那視察大要』(全国書誌番号53014038／マイクロフィッシュYDM26757　近代デジタルライブラリーでも閲覧可能)を川上自らが著した著作としているが、一瞥すれば明らかな通り、明治二十九年(一八九六)に参謀本部次長として、参謀本部部員三名と共に、台湾・印度支那方面を視察した結果を、陸軍部内に知らしめるために発行した報告書であることは、序文からも明らかである。

ドイツ留学中の様子については、森鷗外の「独逸日記」(ちくま文庫版『森鷗外全集』十三巻、平成八年)等が役立つ。また、参謀本部が鉄道の軍事利用に積極的であった関係で、川上は鉄道会議の初代議長に就任した。そのため、日本経済評論社から刊行された『明治期鉄道史資料(第II期)』に収録されている鉄道会議議事録・議事速記録も参考になる。

伝記はわずかに二冊で、うち一冊は明治三十七年に刊行された鈴木栄治郎の『川上将軍』(金港堂)である。没後間もない頃から、川上の謦咳に接した東條英教や同郷の川村景明ら陸軍関係者を訪ね歩くとともに、実弟川上親義から幼少期の事跡を学び、その人となりについてまとめたもので、国立国会図書館で閲覧することができる(全国書誌番号40018261／マイクロフィッシュYDM6660)。残る一冊は、昭和十七年に刊行された『陸軍大将川上操六』(大空社から伝記叢書の一冊として昭和六十三年復刊)で、大久保利武を会長とする薩藩史研究会の委託を受け徳富蘇峰が編集を担った。伊東二郎丸から提供された川上の日記類(手帳程度のものと推測される)が引用され貴重であるが、同じ蘇峰の手になる山県有朋や桂太郎の伝記とは比ぶべくもない。同じ人物の生涯を描いている以上、内容的に似通ってくるのは避けがたいが、上記の二冊の構成が極めて類似しているにもかかわらず、前者に対する後者の言及が全くない点は奇妙ではある。　(大久保　文彦)

川崎堅雄（かわさき・けんお）　明治三十六―平成六年（一九〇三―一九九四）　日本共産党員・新体制運動家・民主的労働運動家

筆者は昭和五十七年（一九八二）に二回にわたってインタビューを行った（最近憲政資料室で公開）。その縁で、平成十四年（二〇〇二）に夫人の鈴江氏から残された史料が政策研究大学院大学に寄託され、現在仮目録を作成中である。ほとんどが戦後の民主的労働運動関係のものである。

著書に『階級主義運動の建設的克服』（日本国体研究所、昭和十四年）、『労働組合のこころといのち』（富士社会教育センター、昭和四十八年）、『川崎堅雄著作選集―民主的労働運動発展の道しるべ』（同刊行委員会、昭和五十三年）などがある。後者には戦後民主的労働運動に関連して雑誌等に執筆した論文の多くが収録されており、また「著者の略歴」もある。

自伝として「労働運動と私」を『同盟』二九九号から三〇九号（昭和五十八―五十九年）まで連載したものがある。これは戦前の労働運動やそれ以外の運動をも含めた昭和五十年代に至る生涯をカバーするものになっている。

川崎に触れたものとしては、筆者の「旧左翼人の『新体制』運動」（『年報・日本近代研究5　昭和期の社会運動』山川出版社、昭和五十九年、のち『昭和期の政治［続］』山川出版社、平成五年収録）がある。

（伊藤　隆）

川崎卓吉（かわさき・たくきち）　明治四―昭和十一年（一八七一―一九三六）　官僚政治家

昭和三十九年（一九六四）に筆者が長男弘氏に依頼して川崎家に残された史料を拝借してマイクロ化したものが、東京大学社会科学研究所に所蔵されており、後にその複写が憲政資料室に所蔵されている。残念ながら残された史料は、三十点足らずである。多くは大正十四年（一九二五）八月の内務省警保局長時代の高等警察、特高警察の報告書で、その他に民政党幹部としての足跡を示す数点の書類、例えば総裁辞任問題に関する若槻礼次郎宛書簡草稿や昭和九年頃のものと思われる「国策の基本」と題する文案その他が含まれている。時期は不明だが「第一期機密費精算書」と題するものもある。

伝記としては、川崎卓吉伝記編纂会『川崎卓吉』（石崎書店、昭和三十六年）がほとんど唯一のものであり、川崎についての研究は管見の限りではこれまでのところ存在しない。

（伊藤　隆）

河田　烈（かわだ・いさお）　明治十六―昭和三十八年（一八八三―一九六三）　貴族院議員・大蔵大臣

書簡はほとんど残されていない。憲政資料室に所蔵されている「阪谷芳郎文書」の中に、阪谷宛書簡が計三点おさめられている。内容は、昭和二年（一九二七）の鼎軒の孫娘誕生に際して、その命名に関する書簡二通、昭和七年に拓務次官に就任したときの書簡一通である。

戦時中の日米交渉関係では、「井川忠雄関係文書」中に、井川宛の電報（写し）が三点おさめられている。そのなかには、西川勉財務官宛河田烈電報（写し）も二点含まれる。なお、これらの文書は『井川忠雄日米交渉史料』（「近代日本史料選書」五、山川出版社、昭和五十七年）に所載されている。

全権として交渉した昭和二十七年二月十七日から同年五月七日の日華平和条約関係については、外交史料館所蔵の「日華平和条約関係一件」（全五巻）に、河田烈電報（写し）が多数含まれる。交渉開始の二月十七日から三月十四日までは、吉田茂外務大臣宛電報（写し）がほとんどであるが、それ以降は倭島英二アジア局長宛電報（写し）が多数含まれる。内容は、同条約締結の交渉をおこなうにあたり、中国側の日本不信が強く、交渉が難航している旨、および条約内容の調整についての報告である。本資料は現在、マイクロリール（全一巻)で閲覧が可能である。

　東京都立中央図書館が「河田文庫」を所蔵している。これは戦時中の昭和十九年に、都立日比谷図書館が戦時特別買上図書として収集したものであり、曾祖父佐藤一齋、祖父迪齋、父貫堂の書籍類などが収められている。これら旧蔵文書は彼の文化的背景を知る上で非常に重要である。また、公開にあたって作られた『河田文庫目録』(都立日比谷図書館、昭和三十七年)で、河田は寄贈するに至った経緯をあきらかにしている。

　著作については、死後、青木得三ら大蔵省関係者によって刊行された『河田烈自叙伝』(「河田烈自叙伝」刊行会、昭和四十年)がある。同書は貫堂の思い出や、大蔵官僚時代の予算や人事などを、随筆風にまとめたものである。執筆は、台湾拓殖株式会社社長として渡台した昭和十九年の十月に始められ、翌年の終戦とともに終えている。なお、同書には青木得三ら元大蔵官僚による追悼座談会、賀屋興宣や川越丈雄らの追悼文が収められている。そのほかの著作は、主計局長であった大正十五年(一九二六)五月に、陸軍大学校でおこなった講演をまとめた『帝国歳計豫算の話』(河田烈述、朝陽会、昭和二年)がある。また、寛政年間に出版された高昶の『和漢年契』を、河田が編集して出版した『自三國至清初 支那南北興亡略表』(東亜研究会、昭和十三年)がある。さらに、座談会による記録となるが、昭和四年の金解禁から昭和十三年の企画院事件までの金融政策、予算編成などを回顧した「財政史談会記録 第四回」(『ファイナンス』昭和五十三年)がある。

　河田についての研究論文は、管見の限りでは見あたらない。しかし大蔵省が編纂した大蔵省史シリーズのうち、『昭和大蔵省外史』上・中(昭和四十二・四十四年)では、『河田烈自叙伝』が参考にされている。

（河原　円）

川村茂久（かわむら・しげひさ）

明治三十四—昭和五十五年(一九〇一—一九八〇)

革新外交官

　旧蔵の文書・記録は、現在その大半が川村家に、そして残る一部分が外交史料館にそれぞれ所蔵されている。まず後者の外交史料館に所蔵されている文書・記録は、川村家から「満洲事変」関係の史・資料として寄贈されたもので、昭和七年(一九三二)度分の「日記」と、「満洲事変」前後の各種調査、意見書、メモ、それに外務省機構改正委員会関係資料などからなっている。

　次に現在もなお川村家で保管されている関係の文書・記録の中には、昭和八年度分の断片的な「備忘録」と、翌昭和九年度分の「日記」(一—六月欠)から昭和十六年度分までの「日記」および「手記」、さらに昭和七年十二月に発足した「僚友会」(外務省革新派グループ)関係史・資料、および、その他数多くの意見書、覚書、回想などに加えてカトリック関係の資料がある。

　これら「川村関係文書」の中で、今のところ昭和十一年度分の「日記」(二月—五月)と、昭和十四年度分の「日記」(一月—三月)が、塩崎弘明校訂・解説による「川村茂久日記(抄)」として、すでに『中央公論』誌上で二回(平成三年八月号・十二月号)に分けて紹介されている。なお伝記・人物論の類がまとまった形ではない現状を考えると、それに代わるものが、この「川村茂久日記(抄)」に付せられた解説であり、「川村関係文書」在中の「自叙伝・半生回顧録(昭和十八年起筆)」であろう。

　また研究は、これまで「川村関係文書」によって川村ら外務省革新派の動向を跡づける塩崎弘明『日英米戦争の岐路』第四章(山川出版社、昭和五十九年)、同『国内新体制を求めて』第二章(九州大学出版会、平成十年)に止まっていた。が、最近、小池聖一「『宥和』の変容—満州事変時の外務省—」(軍事史学会編『再考・満州事変』錦正社、平成十三年)が、外交史料館所蔵の関係史料を利用して取りまとめられたことを考えると、今後の川村に関する研究にも期待を抱かせるものがある。

（塩崎　弘明）

川村純義（かわむら・すみよし）　天保七―明治三十七年（一八三六―一九〇四）　明治海軍建設の第一功労者

明治海軍の創始者であり薩摩海軍形成の立役者であった川村に関する伝記は、田村榮太郎の『明治海軍の創始者　川村純義・中牟田倉之助伝』（日本軍事図書、昭和十九年）、東京新聞社の『無敵艦隊の父』（東宝書店、昭和十九年）がある。昭和十二年（一九三七）から厳しくなる紙の統制下で、比較的多めの紙の割当を受けていた海軍は、毎年の割当を消化するため著名な海軍軍人の伝記出版を奨励した。しかし原稿がすでに完成し、内容が海軍にとって有益であることを最低条件に、信頼に足る資料を根拠とし、しっかりした内容でなければ海軍の認可を得られなかった。急な資料の蒐集と執筆は困難であり、主人公の死去後に資料蒐集に着手し、執筆も進んでいたものだけが認可を得られた。資料蒐集後、執筆中に関東大震災や空襲によって資料が灰になり、中止になった伝記も多い。『明治海軍の創始者　川村純義・中牟田倉之助伝』の場合、明治三十七年（一九〇四）に死去後、蒐集した資料が運よく残り、執筆者の田村に依頼して間に合わせたものらしい。渡辺幾治郎『明治天皇と輔弼の人々』（千倉書房、昭和十三年）と邦枝完二『日本海軍建設の人々』（潮文閣、昭和十八年）にも若干描かれているが、田村の川村伝に事項、内容の点でおよばない。

彼の足跡を知る最も重要な手掛かりは、防衛研究所史料閲覧室が所蔵する「川村伯爵ヨリ還納書類」十六冊である。表紙に墨書された番号に従うと、一、二、十五の簿冊が欠本となっている。この簿冊の特徴は決済文書ではなく、創成期の海軍が取り組んだ制度や組織の調査報告、造船所や船渠の建設計画、船具や兵器の調査やその扱い方に関する各国の思想研究、暗号・刑罰・海上裁判に関する調査研究、船渠や兵器等の見取り図、御雇外国人の提案書、列国制度翻訳、黒岡帯刀少佐の調査報告書、朝鮮の調査報告書、陸軍の進級規則や給与制度に関する調査報告、狩猟警察規則や乗馬倶楽部制度の調査報告書等々を編綴した調査研究報告書類であるという点である。

海軍大輔および海軍卿として彼は、何もかもゼロから出発しなければならなかった海軍に、日本の実情に即した制度や組織を立て、造船所や兵器製造所を建設し、教育や訓練の方針を定め、海軍の将来図を描かねばならなかった。本簿冊は、初期の海軍あるいはその長たる川村が、調査研究を繰り返しながら海軍の諸制度や組織、教育や技術の方向付け、諸外国の動向に対する海軍政策の立案等に取り組んだ事情を明らかにしてくれる。

（田中　宏巳）

河原林義雄（かわらばやし・よしお）　嘉永四―明治四十三年（一八五一―一九一〇）　衆議院議員

河原林家の史料はその大部分が同志社大学人文科学研究所に寄託され、『丹波国桑田郡大野村河原林孟夫氏所蔵文書目録』（同研究所、昭和四十二年）が編まれている。東京大学法学部近代立法過程研究会はこれらの中から明治以降のもの、すなわち河原林本人に関係する史料をピックアップし、また嫡孫河原林孟夫氏の手許に残されていた史料を併せてマイクロ化し、「近代立法過程研究会収集文書No.17　河原林義雄関係文書目録」（昭和四十八年）を作成した。現在「河原林義雄関係文書」として東京大学法政史料センター原資料部に所蔵されている。

この「関係文書」は約四六〇〇通の書翰と七点の書類からなる。書翰は厖大であるがゆえに、同目録では差出人を五十音順に並べ、それぞれの点数のみの記載に留めている（ただし、約九〇〇通が差出人不明または断簡となっている）。また研究上の便宜のため、京都府会議員の経歴を持つ差出人には※印が付されている。書類には日記、草稿、備忘録、履歴書草稿等がある。

なお、河原林義雄研究の論文として、高久嶺之介「明治期地方名望家層の政治行動―河原林義雄小伝―」(『社会科学』〈同志社大学人文科学研究所〉二十一、昭和五十二年)が挙げられる。

(岸本　昌也)

神田孝平（かんだ・たかひら）

天保元―明治三十一年(一八三〇―一八九八)　洋学者・元老院議官・貴族院議員

関係する史料は、今日まとまった形では残存していない。大正十二年(一九二三)に養子の乃武が死去しているが、吉野作造の日記の昭和二年(一九二七)九月十九日条には、神田家から孝平自筆の稿本を借用したとあるから(『吉野作造選集』十五、四十二頁、岩波書店、平成八年)、その当時は同家で史料を蔵していたのであろう。その後、蔵書の一部は古書市場に流れた(京都美術倶楽部『男爵神田家及某大家所蔵品入札目録』昭和三年)。一方、旧蔵史料のうち中世寺社関係文書は、鎌倉国宝館に保存されている(高橋秀樹「『相模文書』及び『神田孝平氏旧蔵文書』について」『古文書研究』三十三、平成二年参照)。県令を勤めた兵庫県では、現在兵庫県公館県政資料館に「事務引継演説」一点が所蔵されているだけである。生まれ故郷の岐阜県垂井町にあるタルイピアセンター(歴史民俗資料館・歴史文献センター)にも、原史料は所蔵されていない。

著作のうち主なものは、神田乃武編刊『淡崖遺稿』(明治四十三年)に収録され、第一門が政治経済論、第二門が学問論、第三門は考古学関係という三部構成になっている。伝記には、同じく神田乃武編刊の『神田孝平略伝』(明治四十三年)があるが、ごく簡略なものである。本庄栄治郎編『神田孝平―研究と史料―』(経済史研究会、昭和四十八年)もやはり短簡なものであり、その後もまとまった研究は見られない。

(中野目　徹)

き

菊池謙二郎（きくち・けんじろう）

明治三―昭和二十年(一八七〇―一九四五)　水戸学者・デモクラット

旧蔵の史資料・蔵書・原稿は、昭和十一年(一九三六)朱鞘の大刀一振りだけで水戸の家を出て、鎌倉に向かったため、長男呉一(ごいち)が保管していたが、のち呉一没後に友人らが固定資産とともに処理した。

一次史料は残されていない。ただ森田美比『菊池謙二郎』(耕人社、昭和五十一年)に引用するため、昭和五十年に菊池の教え子にインタビューした菊池揚二(ようじ)(次男)、塙義幹、榊勤、山崎国寿、森元治郎(もとじろう)、久保田平一郎の録音テープは残されている。菊池が授受した古い書簡も残されていない。わずかに第二回衆議院議員選挙に立候補するときの後援団体仙湖会が結成されたとき、その機関誌編集員前田徳之介(号は香径、教え子)との交換書簡が若干見られるだけである。

これらに対して、著作は非常に多い。年号順に掲げよう。『新体皇国史綱』上・下(成美

堂、明治三十一年)、『藤田東湖伝』(金港堂書籍株式会社、明治三十二年)、東湖五十五年祭に『東湖全集』、『東湖先生之半面』を刊行・配布(明治四十二年)、講演「東湖先生と教育」(明治四十二年十月)がある。

『訳註弘道館記述義』(川又書店、大正七年)、「頭は古くない」(『茨城民友』大正九年九月号)、「海外通信」(同大正九年三・五・六月号)、『危険視せられし道徳論と辞職顛末』(私家版、大正十年)と、大正期は少ない。

昭和期は、水戸史学に集中し、『義公略伝』(義公三百年記念会、昭和三年)、昭和八年には、農人形銅像除幕式に頒布した『みかけあふき』(復刻版)に「付記瑣言(さげん)」を付論。『幽谷全集』(吉田彌平の援助、非売品、昭和十年)、『正気歌と回天詩』(章華社、昭和十年)、『新定東湖全集』(博文館、昭和十五年)、『増補・正気歌と回天詩』(小川書房、昭和十七年)に続いて『水戸学論藪』(誠文堂新光社、昭和十八年)に集大成する。

また、雑誌・新聞寄稿文について、年代順に挙げれば、次のとおりである。「奈良朝の墾田出挙稲を論ず」(『史学雑誌』三―三十四・三十五、明治二十五年)、「琉球が本邦及び支那に対せし関係を論ず」(同七―九・十、明治二十九年)、「伊達行朝の降参に就いて」(同十一―十一、明治三十三年)、「大日本史の特筆に関する重野博士の説を疑ふ」(同十一―十二、明治三十三年)、「伊達行朝の降参に就いて(再び)」(同十二―二、明治三十四年)、「和漢乱詩」(樋口竜峡編『寄る波』日高有倫堂、明治四十二年、大町桂月)、「南北朝対等論を駁す」(『日本及日本人』政教社、明治四十四年三月号)、「義公と朱舜水」(『読売新聞』大正元年九月)。「松平定信入閣事情」(『史学雑誌』二十六―一、大正四年)、大正四年十二月の講演筆記「水戸学に就て」(茨城県師範学校『水戸の光』大正六年再版)、「青年と革新」(『茨城青年』大正七年一月号)、「個人的常識と国民的常識」(同大正七年八月号)、連載「水府人物論　第四回」(同大正七年十二月号)、「欧米青年の長所」(同大正九年九月号)、「試験廃止の主眼」(『知道月報』一三〇、大正九年)、「教育勅語と現代」(講演、大正九年)、「国民道徳と個人道徳」(同上、大正九年)、「秒は大切なり」(『茨城青年』大正十年二月号)、「果して危険性を包含する乎」(『日本及日本人』大正十年二月号)、「東湖と小楠との交際」(『茨城民友』大正十年九月号)、「水戸藩と明治維新(続)」の連載始まる(同大正十年十月号)、「新水戸学提唱」(『帝国民』大正十一年十二月号、翌年一月『茨城民友』に転載)、「序文」(名越(なごや)漠然〈時孝〉『史蹟名勝水戸弘道館』修史閣、大正十一年)、「勝敗の価値」(『茨城青年』大正十二年二月号)、「団体の威力」(『仙湖』創刊号、大正十五年)、「反立憲思想を排す」(『仙湖』一―四、昭和二年)、「教育冷語」(同一―五、昭和二年)、「義公の修史に関する三上・三浦両博士の説について」(『史学雑誌』四十―二、昭和四年)、「京大教授三浦博士の駁論を読んで」(同四十―六、昭和四年)がある。

伝記としては、前掲の森田美比『菊池謙二郎』、『菊池揚二』(「菊池揚二」刊行会編刊、昭和五十八年)、前田香径「菊池謙二郎―仙湖先生(小)略伝―」(昭和四十一年ごろ、未刊)のほかは見当たらない。

次に伝記資料として、生い立ちから生涯について事項順に掲げよう。父慎七郎と一族は「水府系纂」(水戸藩士の系譜、彰考館所蔵)に記載。三島良太郎『水戸中学』(私家版、明治四十一年)、講談社版『子規全集』十・十一(ともに昭和五十年)、服部鉄石『茨城人物評伝』(書肆川又銀蔵、明治三十五年)、『母校のあゆみ』(津山高校編刊、昭和五十年)、田岡嶺雲『数奇(さっき)伝』(玄黄社、明治四十五年)、藤本実「田岡嶺雲と岡山」(『岡山春秋』五十三、昭和三十二年)、「菊地(ママ)尋常中学校長の休職」(『千葉教育雑誌』〈千葉教育会事務所〉七十三、明治三十一年)、江藤淳『漱石とその時代』二(新潮社、昭和四十五年)、斎藤隆三『自叙伝』(志富靱負、昭和三十六年)、猪狩史山『杉浦重剛先生』(政教社、大正十三年)、『近衛篤麿日記』五(鹿島研究会出版部、昭和四十四年)、鈴木兎園『茨城教育家評伝』(茨城教成社、大正三年)、『水戸一高史』(水戸第一高等学校、昭和四十五年)、伊藤金次郎『地方官生活と党人気質』(大阪毎日新聞社・東京日日新聞社、大正十一年)、下中彌三郎「水中事件と菊池謙次(ママ)郎」(『解放』〈大鐙閣〉大正十年五月号)、茨城県「前水戸中学校長菊池謙二郎氏辞職顚末」(『常総新聞』大正十年五月六日)、英字新聞『ジャパン・アドバータイザー』(大正十年二月十六日)、森田美比「幻のロンドン・タイムス」(『水中一高会会報』〈水中一高会〉六、昭和五十年)、長谷川善治『小説発売禁止』(非売品、忠誠館書店、大正十五年)、森田美比「水戸中のストライキ　一―十」(『常陽新聞』昭和五十一年十二月一日―十日)、吉野作造「憲政の本義を説いて其有終の美を済すの道を論ず」(『中央公論』大正五年一月号)、鰕原(えびはら)幸作『茨城県政夜話』(朝日新聞水戸通信部、昭和三年)、森田美比「『なぞ』の菊池謙二郎」(『わが茨城』〈茨城県人会連合会〉三十、昭和五十一年)、『大日本帝国議会誌』十五(大日本帝国議会誌刊行会、昭和五年)、歴史家としての晩年については、名越時正「歴史家としての菊池謙二郎先生」(『紀要』〈水戸第一高校〉三、昭和三十五年)。

前掲『菊池謙二郎』刊行後の森田美比の雑誌論文「菊池謙二郎―水戸学とデモクラシー―」(『日本歴史』三四四、昭和五十二年)、「水戸の菊池謙二郎」(『教友いはらき』〈茨城県教育友の会〉二十一、昭和五十五年)、「菊池謙二郎校長の交友」(『水戸史学』〈水戸史学会〉十八、昭和五十八年)、「大正期茨城県の社会問題―風雲児長谷川善治を中心に―」(『日本歴史』四六三、昭和六十年)も今後の研究史料の一端となるであろう。　（森田　美比）

菊池武夫（きくち・たけお）

明治八―昭和三十年(一八七五―一九五五)　貴族院議員

関係する史料は、宮崎県児湯郡西米良村(菊池家の旧領)の西米良村歴史民俗資料館に遺品類が展示されており、菊池記念館(菊池武夫の旧宅)には遺品の他に書籍と文書類が所蔵されている。史料は遺品類と書籍が中心であり、文書類はわずかであるが、なかには戦犯として巣鴨プリズンに収監されていた時代に記した日記(昭和二十年〈一九四五〉十二月七日―二十一年十一月二十三日)も含まれており、西米良村史編さん委員会編『西米良村史』(西米良村役場、昭和四十八年)に翻刻されている(ただし、そのうちの一冊は現在行方不明)。その他、出生から第二次満蒙独立運動までの自叙伝(おそらく巣鴨収監時代に書かれたもの)が残されている。また、西米良村役場文書のなかには、菊池と西米良村に関する史料があり、その一部は『西米良村史』に収録されている。

伝記としては、西米良村役場編刊『菊池武夫伝』(昭和五十一年、『宮崎日日新聞』に昭和三十九年九月一日から十二月十一日まで連載)がある。なお、一部に菊池日記からの引用とする箇所があるが、これは日記ではなく前述した自叙伝のことである。

また、米国立公文書館が所蔵する国際検察局文書のなかに菊池に対する尋問調書がある(この尋問調書は『国際検察局(IPS)尋問調書』全五十二巻〈日本図書センター、平成五年〉として影印復刻されており、第二十七巻に菊池の調書が収録されている)。

なお、直接関係する史料ではないが、国本社会員として平沼騏一郎と深い繋がりがあったことから、憲政資料室およびスタンフォード大学フーバー研究所が所蔵する「平沼騏一郎関係文書」中の国本社関係史料が参考になる。また、興亜専門学校(亜細亜大学の前身)にも設立時から関わっていたため、太田耕造との関係も深かった。太田耕造全集編集委員会編『太田耕造全集』全五巻(亜細亜大学、昭和五十七―平成五年)に収録されている太田の「巣鴨日記」(第一巻に収録)には、巣鴨プリズン収監時代の菊池に関する記述が散見され、史料として重要である。

この他、菊池が大きく関わった天皇機関説

事件に関しては、玉沢光三郎『思想研究資料特輯七十二　所謂「天皇機関説」を契機とする国体明徴運動』(司法省刑事局、昭和十五年、のち東洋文化社、昭和五十年復刻)、宮沢俊義『天皇機関説事件　史料は語る』上・下(有斐閣、昭和四十五年、のち平成九年復刊)に貴族院での菊池の演説などが掲載されている。また、松本清張「天皇機関説」(『昭和史発掘』六、文芸春秋、昭和四十三年)は事件の背景を知るうえで参考になる。

著作に関しては、『日本精神パンフレット一　詔勅と日本精神』(日本精神協会、昭和九年)、『日本の北門経営』(『日本精神講座』十、新潮社、昭和十年)がある。　(加藤　聖文)

岸　信介(きし・のぶすけ)

明治二十九—昭和六十二年(一八九六—一九八七)
商工大臣・内閣総理大臣

関係文書は、出身地である山口県田布施町の田布施町郷土館、および憲政資料室に分けて、岸家より寄託されている。

田布施町郷土館所蔵分は、『山口県内所在資料目録』二十六(山口県文書館、平成十一年)に「田布施町郷土館収集文書〈岸信介関係〉」として、約五〇〇件が掲載されている。内容は、書翰としては吉田茂書翰十一通をはじめとして石井光次郎、中曽根康弘など国内政治家、蔣介石、ニクソンなど外国要人のものが目立つ。また日記類は、昭和五十年(一九七五)から六十一年の日記、昭和四十六年から六十一年の手帳などがある。その他皇室会議資料などの書類、辞令書・感謝状など、写真・アルバム・テープ、記念品、新聞・雑誌記事など、岸の経歴に関わるさまざまな資料が含まれている。

憲政資料室の「岸文書」の目録は「岸信介関係文書(仮)」で、外国人書翰八十一点。蔣介石、蔣経国、張群等中国国民党関係者、およびアイゼンハワー、D・マッカーサー・ジュニア、などアメリカ人が中心である。

刊本としては、岸信介・矢次一夫・伊藤隆『岸信介の回想』(文藝春秋、昭和五十六年)には、木戸幸一宛書翰五通、国策研究会での講演等演説の要旨、巣鴨獄中での断想録、獄中日記等の史料が収録されている。その他『岸信介回顧録』(廣済堂出版、昭和五十八年)があり、原彬久編『岸信介証言録』(毎日新聞社、平成十五年)などの資料が刊行されている。

自身の著作、あるいは講演・座談としては『新経済体制の確立を語る』(世界経済情報社、昭和十五年)、『産業再編成の中心問題』(大日本翼賛壮年団、昭和十七年)、『最近の国際情勢』(国際善隣倶楽部、昭和四十二年)、『青年学徒に告ぐ』(皇学館大学出版部、昭和四十四年)などがあり、また、『工業組合経営講義』(工業組合中央会、昭和十年)、『日本商業・経済講演集』二(日本商経研究所、昭和十一年)、『東亜経済講義録』(東京商科大学東亜経済研究所、昭和十六年)、日本産業経済政経部編『生産戦』(伊藤書店、昭和十八年)、山口高等商業学校東亜経済研究会編『大東亜建設論集』(生活社、昭和十八年)などにも岸の論文・講演などが収録されている。著作としては他に『耐雪　岸信介幽窗の詩歌集』(田布施町郷土館、平成十三年)がある。

伝記評伝類としては、岸の獄中日記やその後の手帳・日記などの史料を用いた原彬久『岸信介—権勢の政治家—』〈岩波新書〉(岩波書店、平成七年)の他、永田耀『商工次官岸信介論』(世界経済情報社、昭和十五年)、吉本重義『岸信介伝』(東洋書館、昭和三十二年)、岩川隆『巨魁　岸信介研究』(ダイヤモンド社、昭和五十二年。後に徳間文庫)、岸信介伝記編纂委員会編『人間岸信介波瀾の九十年』(岸信介遺徳顕彰会、平成元年)、岩見隆夫『昭和の妖怪/岸信介』(朝日ソノラマ、平成六年)、塩田潮『岸信介』(講談社、平成八年)、岩見隆夫『岸信介　昭和の革命家』(学陽書房、平成十一年)などがあり、その他研究書として高橋正則『昭和の巨魁岸信介と日米関係通史』(三笠書房、平成十二年)、中村隆英・宮崎正康編『岸信介政権と高度成長』(東洋経済新報社、平成十五年)などが挙げられる。

(梶田　明宏)

岸田俊子（きしだ・としこ）　文久元―明治三十四年（一八六一―一九〇一）　フェミニスト

一次史料としては、論説・小説・漢詩・日記・書簡があり、その多くが活字化されている。民権運動期に刊行した『函入娘・婚姻之不完全』、『自由燈』に連載した「同胞姉妹に告ぐ」、中島信行と結婚後に『女学雑誌』に寄稿した諸論説はいずれも鈴木裕子編『湘煙選集1　岸田俊子評論集』（不二出版、昭和六十年）に収められている。同書刊行後に見出された論説「世ノ婦女子ニ諭ス」は『高知短期大学社会科学論集』七十七（平成十二年）に紹介されている。植木枝盛『東洋之婦女』に寄せた「『東洋之婦女』序文」は家永三郎編『植木枝盛集』二（岩波書店、平成二年）にも収録されている。

また漢詩の多くと結婚後に書き始めた小説は鈴木裕子編『湘煙選集2　岸田俊子文学集』（不二出版、昭和六十年）に収められている。小説『善悪の岐』は明治二十年（一八八七）に女学雑誌社から刊行されている。

晩年の日記は漢詩等も含めて、石川栄司・藤生てい編『湘煙日記』（育生会）として明治三十六年に刊行された。この晩年の日記や女弟子の富井於菟が筆写した「獄ノ奇談」も含め現存し所在のわかっている日記全部が西川祐子・大木基子編『湘煙選集3　湘煙日記』（不二出版、昭和六十一年）に収められている。

書簡のうち夫信行の任地イタリアからのものだけが、西川祐子・大木基子編「岸田俊子に関する新資料（四）」として『高知短期大学社会科学論集』五十三（昭和六十二年）で紹介されている。また伊藤博文宛の書簡三通が伊藤博文関係文書研究会編『伊藤博文関係文書』六（塙書房、昭和五十六年）に収録されている。書簡の所在調査がなされていないので全体としてどのくらいあるのか不明であるが、前記「岸田俊子に関する新資料（四）」ではその時点までに判明した書簡目録を所蔵者別に作成して紹介してある。なお憲政資料室所蔵「尾崎三良文書」に一通、「石川安次郎関係文書」に一通あり、高知市立自由民権記念館にイタリアへの赴任途中京都と長崎から出した書簡各一通が所蔵されている。さらに女官として宮中に出仕した時の自筆履歴書および辞職願が書陵部に所蔵されている。

二次史料としての同時代の新聞や雑誌の記事は、民権期のものが前記『湘煙選集1　岸田俊子評論集』と鈴木裕子編『日本女性運動資料集成1　思想政治I』（不二出版、平成八年）に収録されている。また結婚後晩年に至るまでの動静は『女学雑誌』に散見する。さらに岸田俊子関係の文献目録としては、鈴木裕子編『湘煙選集4　岸田俊子研究文献目録』（ドメス出版、昭和六十一年）が著作目録・参考文献目録・参考記事目録別に編集してあって詳しい。

（大木　基子）

北里柴三郎（きたざと・しばさぶろう）　嘉永六―昭和六年（一八五三―一九三一）　初代伝染病研究所長・貴族院議員

旧蔵の関係史料は、社団法人北里研究所の北里柴三郎記念室に所蔵されており、その一部が同室に展示されている。史料の多くは、内務省衛生局および同省所管の伝染病研究所長ならびに北里研究所時代の文書・記録であって、没後、遺族および関係者から寄贈されたものを含む。これらは内部資料として目録が作成され、ディスクに保存されている。

現在、「北里柴三郎関係文書」のうち、自筆履歴書、系譜など個人ないし北里家関係が二十一点、自筆の欧文・邦文論文原稿類が六十三点、「医道論」（明治十一年〈一八七八〉）ほか演説原稿、手帳、日記など個人関係の自筆文書類が三十三点ほどある。内務省衛生局、中央衛生会、大日本私立衛生会などにおける伝染病予防法、海港検疫法、種痘法をはじめ医事衛生活動に関して、「行政整理に於ける伝染病研究所の在り方」（明治三十六年）、「ペスト予防調査委員会設置」（明治四十年）、「ペスト対策」（明治四十四年）、「伝染病研究所が内務省所管であるべき理由」（明治四十五年）、「伝染病研究所特別会計設置」（大正二年〈一九一三〉）、

「伝染病研究所は帝国大学に合併すべからざる理由」(大正三年)ほか、政府に対する建議書、意見書類が三十一点ほどある。また、帝国議会議員や貴族院議員に宛てた挨拶状、感謝状、追悼文などが二十四点、著書、別冊類が三十七点、国際ペスト会議関係書類(明治四十四年、奉天)が三十七点、社団法人設立申請書など「北里研究所関係文書」が二十六点ほどある。貴族院議員であり交友倶楽部幹事として最も活躍した大正七年、原内閣成立から大正十三年清浦内閣解散までの文書・記録類はほとんど残されていない。

北里に宛てた公文書(明治二十三―大正二年)には、中央衛生会長白根専一・衛生局長長与専斎ほか二十二点、辞令(明治十六―昭和五年)には、内閣、内務省、宮内省、東京府発令など一〇七点、給与、手当などの通達書が二一七点(明治十六―大正十三年)、学位記、爵位記、表彰状などが七十四点ほど(明治十六―昭和六年)保管されている。

自筆の書簡には、家族や知友に宛てたものが六十二点(慶応二(一八六六)―大正十四年)、一方、北里へ宛てた書簡には、福沢諭吉(明治二十六―二十九年)、長与専斎(明治二十三―二十六年)、近衛篤麿、清浦奎吾ほか内外の先師知友からのものが四〇〇点ほど保存されている。

なお、北里が福沢諭吉の援助によって設立した本邦初の結核療養所「土筆ヶ岡　養生園」の事務長として北里を補佐した福沢の直弟子、田端重晟が北里の動静を記した「田端日記」三十冊(明治二十一―昭和十七年)がある。

そのほか、新聞記事を収録したスクラップブック二十三冊(明治三十二―大正十五年)が保存されている。また、熊本医学校時代(明治六、七年頃)以来の写真数百点、ドイツ留学時代の写真アルバム数冊、東京大学医学部時代に始まる北里個人の蔵書数百冊があり、その目録が作成されている。これ以外に多数の未整理の関係史料がある。

伝記は、昭和七年(一九三二)以来、数篇出版されているが、基本的なものは宮島幹之助編『北里柴三郎伝』(北里研究所発行、岩波書店、昭和七年)である。同書は北里逝去後間もなく、門下の宮島幹之助と高野六郎が、北里の在世中に企画された伝記の草稿を基に編纂し、一部は生前に査閲を経ており、最後に近親者の校閲を受けたものである。その後段には北里の社会的、政治的活動を語る清浦奎吾、石黒忠悳、鎌田栄吉、小橋一太ほかの追悼文が付されている。

また、北里研究所・北里大学編刊『北里柴三郎論説集』(昭和五十三年)には、明治十六年から昭和五年の間、内務省、大日本私立衛生会、日本医師会等で行った演説、論説、挨拶、祝辞、弔辞など二六五件が年度別に収録されている。ほかに、『北里柴三郎欧文論文集』(北里研究所・北里大学編、昭和五十二年)には、公表した独・英文の学術論文四十篇(一八八七―一九〇九年)が収録されている。

（中瀬　安清）

北村徳太郎(きたむら・とくたろう)

明治十九―昭和四十三年(一八八六―一九六八)

大蔵大臣

関係する一次史料は現在のところ十分あるとはいえない。日記に関しても、没後五年に文章と写真のみで編纂された峯泰編『落椿―ありし日の北村さん―』(親和銀行、昭和四十八年、九頁)で「北村日記」として大正十年(一九二一)六月一日と六月十四日から十九日までの文章が掲載され、日記が存在したことを示しているが、近親者からは存在を否定する証言しか得られていない。書簡類は、最近になって八十通余りが纏まって発見された。そこで、この書簡を中心に、これまで手元にある一次史料をまとめて西住徹編著『北村徳太郎資料編』と題して、平成十五年に刊行した。

次に北村関係史料としては、三つに大別される。まず、自伝的回想であるが、『安定への道』(財)大蔵財務協会、昭和二十三年)は、昭和二十一年(一九四六)の政界入りから昭和二十三年の芦田内閣の大蔵大臣までを回顧したもの。『北村徳太郎随想集』(現代社、昭和三十四年)は、現役の代議士として、これまでの人生過程を回顧したもの。「言」刊行委員会編『言』(教文館、昭和三十八年)は、北村の喜寿を祝うとともに、政界引退を記念して、稲葉修・中曽根康弘ら「北村学校」の代議士たちによって出版され、議会演説を中心に公私にわたる言論活動を集大成したもの。また、子息北村一也の遺稿集である北村徳太郎編『永遠の序曲』(非売品、昭和二十六年)における一也の「日記」に徳太郎に関する記述が散見される。さらに戦前期「鶏肋(けいろく)集」(昭和十八年から敗戦までの期間を中心とした備忘録)や戦後期「手帳」(昭和二十一年五月から翌年三月にかけて、初当選から一年間のメモ)が貴重な史料としてある。その他、時どきの著述としては、『日本経済の顔』(教文館、昭和二十九年)、『日本政治の顔』(経済懇話会、昭和三十一年)、『新中国をみる』(佐世保商工会議所・講演、昭和三十九年)等、入手し得たものだけで六冊。中でも『私と聖書』(キリスト新聞社、昭和三十三年)は、昭和三十二年八月二十六日から二十八日まで「NHK人生読本」として三回にわたりラジオ放送されたものを小冊子にまとめたもので、自身がキリスト者となるまでの思想遍歴や戦後政界での政治理念を語ったもので、北村の思想を理解する上で重要な史料であり、以後の北村について書かれた著述はこの時の証言に拠るものが多い。録音記録『シュバイツァーと私』(平成十四年二月十三日、提供者・北村恵子〈徳太郎令孫〉)は昭和三十七年に伝道用に作成されたものであるが、内容とともに「肉声」を知る上で有益な史料である。

回顧録・伝記では、北村徳太郎『思恩山房記—北村徳太郎と佐世保—』(「思恩山房記」刊行委員会、昭和四十一年)が、主に大正十年から敗戦までについて、自身の口述を、森英輔(秘書)がまとめたものである。なお、この時点で刊行委員会は、これを第一部とし、第二部として戦後から当時(昭和四十年代)に至る北村を記録しようと、脱稿を米寿の年に予定したが、未刊に終わっている。森英輔『野火』全三十五巻は、地元佐世保の地方誌『虹』(九州公論社)に昭和四十四年九月号(第二〇六号)から四十七年九月号(第二四二号)の三年間にわたって三十五回連載されたものを同じく『野火』と題して、小冊子三十五巻に別刷りされたものである。北村の全生涯について記述されたもので、特に晩年の数年間は、森の日記や北村のスケジュールメモが記されている。他に鈴木伝助『一書の人北村徳太郎』(教文館、昭和四十五年)、熊谷清一『日本海の夜明け—政治秘書の体験から—』(非売品、昭和四十六年)がある。

遺稿集・その他としては、峯泰編『凱風』(親和銀行、昭和四十四年)、前記『落椿—ありし日の北村さん—』、関西大学百年史編纂委員会編『関西大学百年史　人物編』(関西大学、平成元年)や、頭取・会長を務めた親和銀行の社史峯泰編『親和銀行二十年—その走路をかえりみる—』(親和銀行、昭和三十四年)、峯泰編『親和銀行三十年』(親和銀行、昭和四十七年)、深潟久『親和銀行人物百年史』(親和銀行、昭和五十九年)、深潟久『創業百十年・創立五十年　親和銀行史』(親和銀行、平成三年)は、いずれも北村について一章を設けているが、遺稿集『凱風』と峯泰の一部既述を除いては、すべて前述の「自伝的回想」と「回顧録・伝記」を底本として記述されたものである。北村の共産圏における民間貿易については、当時秘書であった熊谷清一の『珠江からネヴァ河へ—20代のみたソ連と中国—』(南方書店、昭和三十二年)、神代喜雄「北村会長モスクワ報告」(『日ソ東欧貿易会報・第四十四号』日ソ東欧貿易会、昭和三十六年)、林寧寿編の写真集『第二次訪ソ経済使節団記念写真集』(日ソ東欧貿易会、昭和三十九年)が貴重な史料である。

北村を対象とした研究としては、戦後政治史における行動を中心に記述した西住徹『戦後日本政治史における北村徳太郎』(非売品、平成四年)と、中曽根康弘や稲葉修等、主な北村関係者へのインタビューをまとめた証言集、西住徹編著『北村徳太郎　談論編』(親和銀行、非売品、平成十四年)があるのみである。また、生前北村が佐世保市立図書館に寄贈した蔵書三二八七冊(「北村文庫」)を対象として北村の「政治と思想」を明らかにしようとする西住の試みが、「北村徳太郎研究(その一)—「北村文庫」の紹介を中心として—」(『法政論叢』〈日本法政学会〉三十四、平成十年)、「「北村文庫」の調査とその成果—主に戦前期の『贈呈本』を中心に—」(『研究紀要』〈兵庫県社会科研究会〉四十七、平成十二年)、「北村徳太郎の思想と政治(1)—北村文庫を通して—」(『研究紀要』〈同〉四十八、平成十三年)、「北村徳太郎の思想と政治(2)—北村文庫を通して—」(『学校教育研究』〈学校教育学会〉十二、平成十三年)、「北村徳太郎の思想と政治(3)—北村文庫を通して—」(『史学研究』〈兵庫県歴史学会〉四十八、平成十四年)の一連の論稿・研究ノートである。また、北村の共産圏諸国との経済外交についても、「北村徳太郎と日ソ民間貿易—訪ソ第1次日本経済使節団を中心として—」(『学校教育研究』〈同〉十三、平成十四年)、「北村徳太郎と日ソ民間貿易—第2次日本経済使節団を中心として—」(『研究紀要』〈同〉五十、平成十五年)がある。

（西住　徹）

木戸幸一（きど・こういち）

明治二十二—昭和五十二年(一八八九—一九七七)　内大臣

関係文書は、国立歴史民俗博物館が所蔵し、仮目録が存在する。主要な部分は、憲政資料室で、マイクロフィルムとして閲覧可能である。目録はあるが、追加撮影分については目録はない。歴博所蔵文書のすべてが撮影されているかは不明である。

これらの文書の内、日記は、昭和五年(一九三〇)から二十年までが、木戸日記研究会編『木戸幸一日記』全二巻(東京大学出版会、昭和四十一年)、昭和二十三年までが同会編『木戸幸一日記　東京裁判期』(東京大学出版会、昭和五十五年)として刊行されている。後者には、「宣誓供述書草稿」、アメリカ戦略爆撃調査班とG2歴史科と法務省官房司法法制調査部に対する談話、次に述べる『木戸幸一関係文書』の補遺も収録されている。

そして、手記・文書・書簡のうち、重要なもので他の史料集で活字化されていなかった史料が、木戸日記研究会編『木戸幸一関係文書』(東京大学出版会、昭和四十一年)として刊行されている。以上の史料の刊行の経緯については、各巻解題の他に、伊藤隆「木戸日記研究会の解散」(『日本歴史』五三六、平成五年)、伊藤隆『日本近代史—研究と教育』(私家版、平成五年)が参考になる。

東京裁判期の木戸の証言などに関しては、刊行されたものとしては『極東軍事裁判速記録』(雄松堂、昭和四十三年復刻)、東京裁判資料刊行会編『東京裁判却下未提出弁護側資料』六(国書刊行会、平成七年)がある。後者は木戸弁護のための木戸以外の宣誓供述書が収められる。すべて『木戸幸一日記　東京裁判期』所収文書と重複するが、表記の些少の差がある文書もある。なお極東国際軍事裁判研究会編『木戸日記—木戸被告人宣誓供述書全文—』(平和書房、昭和二十二年)は、副題が正しく、「宣誓供述書」である。

国際検事局の尋問調書は、粟屋憲太郎ほか編『東京裁判資料・木戸幸一尋問調書』(大月書店、昭和六十二年)として翻訳・刊行されている。この出版については、著作権に関し遺族との間で問題を生じたが、談話筆記を扱うものにとって銘記すべき問題であろう。

木戸は釈放後は原則的にはインタビュー等に応じていない。しかしまずG2歴史科のインタビューに応じており、『木戸幸一日記　東京裁判期』に収められている。同じインタビュー記録が、佐藤元英・黒沢文貴編『GHQ歴史課陳述録』(原書房、平成十四年)に収められている。表記・言い回しに些少の違いがあり、後者は前者を訂正したものであろうか。ただし、前者で第三回談話の補足として記された木戸の書き取りが、後者ではインタビューの中に組み込まれている点は、異なる。また後者の(四)文書は前者に含まれていない。

つぎに国立国会図書館の政治資料課の聴取が重要である。平成九年から、憲政資料室で、「木戸幸一政治談話録音速記録」として公開されている。また、読売新聞社の「昭和史の天皇」連載の際数回にわたってインタビューに応じて、引用もされている。その際のテープは政策研究大学院大学が読売新聞社から寄託されている。

断片的なインタビューとしては、商工省時代からつきあいのある記者大平進一の「木戸幸一、天皇を語る」（『文藝春秋』五十三―十、昭和五十年）、勝田龍夫の「木戸幸一・秘められた証言」（『諸君』九―六、昭和五十二年）などがある。大平はのちに伝記『最後の内大臣木戸幸一』（恒文社、昭和五十九年）を、勝田は『重臣たちの昭和史』（文藝春秋、昭和五十六年、のち文春文庫）を執筆し、それぞれのインタビューに基づく木戸の発言を引用している。

伝記には、最近のものとして多田井喜生『決断した男　木戸幸一の昭和』（文藝春秋、平成十二年）がある。木戸へのインタビューも素材とし、参考文献表もあり、有益である。

木戸のみを扱った研究は多くない。『木戸幸一日記』上に収められた岡義武の解題をまず参看すべきであろう（岡義武『近衛文麿』〈岩波書店、昭和四十七年〉も近衛との関係で木戸に多く触れている）。そして、三谷太一郎「宮廷政治家の論理と行動」（『世界』二五一、昭和四十一年、のち加筆し補注を付けて『近代日本の戦争と政治』岩波書店、平成九年に所収）も逸することができない。また、次男で東京裁判で弁護人であった木戸孝彦氏の『東京裁判と木戸日記』（非売品、平成五年）も参考になる。

他に研究としては、大正後期の未刊の木戸日記を使った後藤致人「大正期華族の危機意識と会合」（『歴史』八十八、平成九年）、木戸の「革新」華族としての側面を示す、近衛文麿・有馬頼寧らとの新党構想を扱った伊藤隆「昭和一三年近衛新党問題研究覚書」（『年報政治学一九七二　近衛新体制の研究』岩波書店、昭和四十八年、のち伊藤『昭和期の政治』山川出版社、昭和五十八年所収）、木戸日記を読み込んで開戦から終戦を描いた升味準之輔『日本政党史論』七（東京大学出版会、昭和五十五年）、野村実「開戦時の昭和天皇と木戸幸一」（『軍事史学』二十五―三・四合併号〈第二次世界大戦―発生と拡大―〉、平成二年）がある。なお岡義武が規定した木戸を中心とする「宮中グループ」についての再検討も進められつつある。

（西川　誠）

木戸孝允（きど・たかよし）

天保四―明治十年（一八三三―七七）　参議

関係文書は大別して三つの機関が所蔵している。最も多数かつ重要な部分である書簡・日記・意見書・公文書類は、書陵部が所蔵しており（「木戸家文書」）、その目録である『和漢図書分類目録』に掲載されている。さらに近年未整理部分が公開されつつある（『書陵部紀要』各年「新収本目録」参照）。「木戸家文書」には、伝記編纂時に来簡については写本を作成し年月日順に編纂した謄本が存在する。原本部分の書簡・日記・意見書は憲政資料室でもマイクロフィルムにて公開されている。

ついで多いのが、国立歴史民俗博物館所蔵史料である。仮目録があり、若干の書簡と伝記史料、岩倉使節団・佐賀の乱・西南戦争の書類が存在する。同館には養嗣子孝正、孫幸一といった木戸家の史料が一括して寄贈されており（什器を含む）、孝正実父来原良蔵、木戸正次郎の文書も存在する。これも主な部分は、孝正と来原良蔵の文書を含めて、憲政資料室でマイクロにて公開されている。ただし「木戸孝允関係文書」五十八件を含め未撮影分がある。孝允関係はほとんどが伝記史料や二次史料で重要度が低いが、孝正関係では、明治後期の宮内省の状況を伝える日記が未撮影である。なお孝正の日記の一部は、『書陵部紀要』五十三・五十四号（平成十四・十五年）に翻刻されている。

最後に木戸家に残った史料が、什器写真を含め八十一点、山口県立山口博物館に寄贈されている。展覧会の図録に目録が付されている。なお山口大学附属図書館に、十二点書簡がある。

東京大学史料編纂所は、かなりの写本を所蔵しているが、その詳細とその他点数の少ない文書については、『旧華族家史料所在調査報告書　本編**2**』(学習院大学史料館、平成五年)を参照されたい。

伝記は、木戸公伝記編纂所『松菊木戸公伝』全二巻(明治書院、昭和二年)が存在し、昭和四十五年(一九七〇)に臨川書店が、平成八年(一九九六)にマツノ書店が復刻している。

この伝記編纂時に、それ以前の遺族の整理に、妻木忠太を中心にさらに整理が加えられたと考えられる。この整理を基に、日本史籍協会編刊『木戸孝允文書』全八巻(昭和四—六年)と『木戸孝允日記』全三巻(昭和七—八年)が刊行され、両者とも東京大学出版会から藤井貞文の解説を付して復刻され(それぞれ昭和四十六年、昭和四十二年)、『木戸孝允日記』はさらにマツノ書店より復刻されている(平成八年)。書陵部所蔵史料の日記、意見書、木戸の書簡はほぼこれらの刊本に収められている。ただし来簡は一括して刊行されてはおらず、『松菊木戸公伝』、以下に述べる妻木の著作、末松謙澄『防長回天史』(末松春彦、大正九年)での翻刻を参照する必要があったが、現在刊行計画中である。また書陵部所蔵史料のうち地方官会議関係書類は、我部政男・広瀬順晧・西川誠編『明治前期・地方官会議史料集成』第二期(柏書房、平成九年)として刊行されている。

伝記編纂での知識を基に、妻木忠太は、①『木戸松菊略伝』(非売品、大正十五年、のち村田書店復刻、昭和六十年)、②『史実考証木戸松菊公逸事』(有朋堂書店、昭和七年、のち村田書店復刻、昭和五十九年)、③『史実参照　木戸松菊公逸話』(有朋堂書店、昭和十年、のち村田書店復刻、昭和六十年)、④『木戸孝允遺文集』(泰山房、昭和十七年、のち続日本史籍協会叢書として小西四郎の解説を付して東京大学出版会復刻、昭和五十七年)を刊行している。①は『松菊木戸公伝』上梓中に、五十年祭に配布のため急にまとめられたもので、『松菊木戸公伝』ダイジェスト版といったものである。②は文書を多数引用した主題別の妻木の著作、③は、木戸を知る人の談話集に妻木が解説を付したものである。④には『木戸孝允文書』と『木戸孝允日記』の補遺にあたり、刊行後妻木が収集した木戸の書簡と日記断簡が、妻木の解説を付して収められている。他に文書の刊本としては、木戸孝正編『松菊遺稿』(明治二十八年、和装本)がある。

伝記・研究は枚挙にいとまないが、伝記的研究として大江志乃夫『木戸孝允』〈中公新書〉(中央公論社、昭和四十三年)を、評伝として村松剛『醒めた炎』(中央公論社、昭和六十二年)を挙げておく。近年の研究では、坂野潤治「征韓論争後の「内治派」と「外征派」」(『年報・近代日本研究3　幕末・維新の日本』山川出版社、昭和五十六年、のち坂野『近代日本の外交と政治』研文出版、昭和六十年所収)、福地惇『明治新政権の権力構造』(吉川弘文館、平成八年)と高橋秀直の一連の研究(二例挙げる、「維新政府の朝鮮政策と木戸孝允」〈『人文論集』神戸商科大学、二十六—一・二、平成二年〉・「廃藩政府論」〈『日本史研究』三五六、平成四年〉)が重要である。ほかに、森川潤『木戸孝允をめぐるドイツ・コネクションの形成』(広島修道大学総合研究所、平成七年)、富田仁『岩倉使節団のパリ』(翰林書房、平成九年)が参考になる。

(西川　誠)

城戸元亮(きど・もとすけ)

明治十四—昭和四十一年(一八八一—一九六六)

大阪毎日新聞編集主幹

関係文書・資料は、現在熊本市の新聞博物館に収められている。これは昭和六十二年(一九八七)、平成三年(一九九一)の二度にわたり、子息元彦氏より寄贈されたものである。現在同館ではその一部を展示しているが、一般の閲覧に供する体制はとられていない。また目録は元彦氏が作成した寄贈目録があるものの、博物館として独自の目録は作られていない。寄贈目録によってその概要を紹介すると以下のようになる。

昭和六十二年に寄贈されたものは、自伝（後述）、原稿、写真類、宮中某重大事件関係文書（いわゆる怪文書二冊）、徳富蘇峰毎日新聞入社に関する西村東日副主幹の報告書、城戸宛書翰（八五三通）などである。書翰の発信者は約二七〇名、本山彦一（三十二通）・矢野文雄（九通）・子母澤寛（十七通）をはじめ、新聞界の重鎮であっただけに、政官界・財界・言論界・文壇その他多岐の分野にわたっている。

平成三年寄贈分は三部に分かれており、第一部は徳富蘇峰翁関係、蘇峰書翰一二四通および蘇峰自筆原稿、遺墨、著書等となっている。なお城戸は蘇峰書翰をもとに「手紙を通じて見た蘇峰翁」（『日本談義』昭和三十三年十一月号）を書いている。第二部は城戸元亮関係。伝記資料として関係文献、写真・肖像画、学校関係、新聞関係、栄典その他、愛蔵品、執筆原稿および遺墨などに分類されている。新聞関係には、光文事件（城戸が責任をとって編集主幹を辞することとなった）に関する城戸の本山社長宛上申案など、大毎・東日の社務に関する書信案、内部資料などが含まれる。第三部は参考記録とされ、「大東亜戦争ノ決戦段階ニオケル対外宣伝大綱」（昭和十八年）など、戦争遂行と言論に関わる資料五件、おそらく陸軍の報道顧問を務めた関係の資料であろう。

自伝としては、城戸元彦編『碧山人　自叙城戸元亮小伝』（昭和四十二年十一月一日、東京日比谷山水楼で行われた、城戸元亮を偲ぶ会にて配布されたもの）がある。また『日本談義』（昭和四十二年一月号）に、年譜、関係者の追想が収められている。（梶田　明宏）

君島一郎（きみしま・いちろう）

明治二十—昭和五十年（一八八七—一九七五）

朝鮮銀行副総裁

「君島一郎関係文書」は東京大学法学部の近代立法過程研究会が収集し、現在東京大学法政史料センター原資料部に所蔵されている。目録「近代立法過程研究会収集文書No.63　君島一郎関係文書」（昭和六十一年）がある。この「関係文書」の中心をなすものは、日記類と朝鮮関係図書（パンフレット類を含む）および厖大な書翰である。

日記類としては大正八年（一九一九）から昭和五十年（一九七五）まで（大正十—十三、昭和元—七、同十—十四年欠）の日記四十三冊、昭和十五年から同四十五年まで（昭和二十、二十一、二十四—二十七年欠）の手帳が二十九冊ある。

朝鮮関係図書は朝鮮銀行時代（昭和十五—二十年）のものと戦後のものに大別できるが、前者には朝鮮総督府や朝鮮銀行発行のパンフレット、朝鮮経済に関する年鑑類があり、後者には「朝鮮銀行回顧録」、「朝鮮総督府終政の記録（一）」の他、戦前の朝鮮統治に関する友邦協会（後述）のパンフレットがある。

書翰は五七九名、一七三二通に上るため、目録では主な差出人三十名（三枝茂智・津島寿一・沢田廉三等）とそれぞれの書翰数を掲げるに留めている。したがって詳細は法政史料センター原資料部保管のカード目録にて検索する必要がある。

ところで、友邦協会は中央日韓協会（旧朝鮮関係者団体を一本化した同和協会〈昭和二十二年設立〉の後身）副会長穂積真六郎により、朝鮮統治に携わった者達の正確な記録を残し日韓親善のための韓国研究に資するべく設立（昭和五十二年）された財団であり、その史料は現在学習院大学に寄託されている（『友邦協会・中央日韓協会文庫資料目録』〈昭和六十年〉がある）。その中には関係者による四一八本の録音テープがあり、一部がCD化されて公開され、また『東洋文化研究』〈同大学東洋文化研究所〉誌上で順次活字化されつつある（宮田節子「穂積真六郎先生と『録音記録』」〈『東洋文化研究』二、平成十二年〉）。活字化されたものの中に君島と藤本修三（朝鮮殖産銀行理事）の対談「朴重陽について」

がある(『東洋文化研究』四、平成十四年)。なお、君島の著書に『私の銀行ライフ—金融史回顧—』(日本銀行調査局、昭和四十九年)がある。　　　　（岸本　昌也）

清浦奎吾（きようら・けいご）　嘉永三—昭和十七年(一八五〇—一九四二)　内閣総理大臣

憲政資料室の「憲政資料室収集文書」中に九通の清浦宛書簡があるが、これは昭和四十七年(一九七二)に書店から購入したもので、遺族の元にまとまった形で残された史料は、現在のところ発見されていない。蔵書は、明治四十一年(一九〇八)に生家がある熊本県鹿本郡鹿本町に清浦文庫が創設されたのに伴って寄贈され、現在では熊本県立鹿本商工高校(旧鹿本中学校)内に奎堂文庫として続いている。奎堂文庫の設立については『清浦文庫沿革誌』(大正十五年)、蔵書については『奎堂文庫和漢書目録』が同文庫にある。内容的には、各国警察関係の書籍が多数あり、これを参考にして警察制度の創設にあたったのであろう。この中には、徳富蘇峰が寄贈した図書も含まれている。また、平成四年(一九九二)に生家である鹿本の明照寺の横に清浦記念館が設立された。家族宛書簡など若干あるが、ほとんどは遺品である。

自身が執筆したものとしては小橋一太編『清浦子爵演説』(大正十一年)、『清浦男爵産業論集』(博文館、明治三十九年)、『於警察練習所清浦奎吾演述講談筆記』(明治二十二年)や、回顧録として『清浦伯爵警察回顧録』(警察協会、昭和四年)、『奎堂夜話』(今日の問題社、昭和十三年)がある。伝記には後藤武夫『子爵清浦奎吾伝』(日本魂社、大正十三年)、井上正明編『伯爵清浦奎吾伝』(伯爵清浦奎吾伝刊行会、昭和十年)、最近では『清浦奎吾小伝』(清浦奎吾顕彰会、昭和六十一年)がある。　　　　（季武　嘉也）

清沢満之（きよざわ・まんし）　文久三—明治三十六年(一八六三—一九〇三)　真宗大谷派の僧侶

旧尾張藩士徳永永則の長男として生まれ、長じて真宗大谷派の僧侶となり、東京大学で宗教哲学を学ぶ。日本ではじめて本格的な哲学者となるべき道を歩み始めたが、宗門の要請で京都府尋常中学校の校長となる。この頃より親鸞の教えと身を以て格闘し、肺患の身となるが他力の信心を生きるものとなって、宗門改革運動や真宗大学(現大谷大学)の設立に身を挺した。また彼の思想は、浩々洞という私塾から『精神界』という雑誌で公表され、当時の思想界に大きな影響を与えた。さらに浩々洞からは、暁烏敏・佐々木月樵・多田鼎らの高弟を多く輩出した。

全集は、既刊のものが四回ある。まず初回は、三巻本といわれる『清沢全集』で、浩々洞が編集し無我山房から大正二年(一九一三)に刊行された。次は六巻本の『清沢満之全集』で、同じく浩々洞が編集し有光社から昭和九年(一九三四)に刊行されている。その次は八巻本『清沢満之全集』で、暁烏敏・西村見暁が編集し法蔵館から昭和三十年に刊行された。さらに九巻本『清沢満之全集』が大谷大学の編集で、岩波書店から平成十五年に刊行されている。このように何度も全集が刊行されているためもあり、いくつか散逸した資料もある。現在残っている資料のほとんどが清沢が入寺した愛知県碧南市の西方寺に保存されている。その事情は岩波書店から刊行中の全集の解題に詳しく書かれているが、主なものを紹介しておきたい。

在世中に唯一出版された著書は、明治二十五年(一八九二)に法蔵館から発刊された『宗教哲学骸骨』である。同書の原稿は、西方寺に残されている。また『宗教哲学骸骨』は、野口善四郎によって英訳され清沢の校閲をへて『THE SKELETON OF A PHILOSOPHY OF RELIGION』と題されて、明治二十六年にKawai Bunkodoより発刊された。その折の推敲を記したノートが西方寺に残されている。また岩波書店版の全集は、日本で最初の本格的な哲学者としての側面と、他力の信念を身体全体で生きた優れた仏者としての側面に、焦点を当てて編集されている。特に、優れた哲学者としての清沢については、現在に至るまで見過ごされてきていたため、『宗教哲学骸骨』に至るまでの哲学的な思索がよく分かる編集がなされている。例えば、東京大学勉学時代のノート類や、哲学館(現東洋大学)での講義録である哲学や心理学、また論理学、倫理学、宗教学や西洋哲学試稿等の自筆原稿、さらに真宗大学寮での「西洋哲学史講義」(聞き書き)等も収録されている。

　明治二十七年に肺患の身となる。その療養中に書いたものが、「在床懺悔録」である。明治二十八年には、「他力門哲学骸骨試稿」を書く。この原稿は『宗教哲学骸骨』を踏まえながら「在床懺悔録」で追求していった他力の仏教を、哲学的に解明しようとしたものである。明治三十二年に「有限無限録」を書く。さらにその年の秋より、「転迷開悟録」という手記を書く。これらの自筆原稿は、すべて西方寺に保存されている。

　またこれらの原稿の外に信念の開発に至るまでの思索を知る上で、極めて重要な資料に各種日記類がある。「東京大学予備門日記」、「漫録」、これらの初期のものは自筆原稿が散逸している。京都の修道生活の中で書かれた「随筆偶録」、「随手日記」、「骸骨雑記」は自筆原稿が残されている。また、結核療養中に書かれた「病床日誌」、「病床左録」、「保養雑記」等は自筆原稿が散逸している。宗門の革新運動中に書かれた「六花翩々」、「病床雑誌」、「徒然雑誌」は自筆原稿が保存されている。また信念の獲得にとって最も大切な思索が記されている「臘扇記」は自筆原稿が残されている。その後の「当用日記」は、原稿が散逸している。

　これまで挙げた資料で分かるように、宗教哲学を踏まえながら求道的な思索を経て、他力の信念を得、世間を超えた智慧で人間とその世界を見ることとなる。その思想の精華を雑誌『精神界』に発表したが、論文が四十三編ある。また当時の雑誌や機関誌である『無尽灯』、『仏教』、『勝友叢誌』、『家庭』等に掲載された論文や講話が二十八編ある。また教団改革関係の論文は、明治二十九年発刊の雑誌『教界時言』の所収論文が、二十七編ある。さらに教育改革、特に真宗大学への願いを雑誌『無尽灯』に記したものが、七十七編ある。その他に、友人、同志、先輩に宛てた書簡類が三〇〇通余りあるが、もとになった資料は散逸している。しかし書簡類に関してはまだ未整理のものが大谷大学に残されており、これからも出てくることが予想される。また彼の絶唱といわれる「他力の救済」の自筆原稿は残されている。さらに絶筆となった「我は此の如く如来を信ず」は大谷大学に、自筆原稿が残されている。

　資料は以上であるが、清沢を紹介したものとして、橋本峰雄『清沢満之・鈴木大拙』〈日本の名著〉(中央公論社、昭和六十一年)、吉田久一『清沢満之』〈人物叢書〉(吉川弘文館、昭和三十六年)、脇本平也・河波昌『清沢満之・山崎弁栄』(「浄土仏教の思想」、講談社、平成四年)などがある。また研究書としては、寺川俊昭『清沢満之論』(文栄堂、昭和四十八年)、『清沢満之の研究』(真宗大谷派教化研究所、昭和三十二年)、安冨信哉『清沢満之と個の思想』(法蔵館、平成十一年)などがある。また伝記や思想を分かりやすく紹介したものとして脇本平也『評伝　清沢満之』(法蔵館、昭和五十七年)、延塚知道『他力を生きる―清沢満之の求道と福沢諭吉の実学精神―』(筑摩書房、平成十三年)、さらに今村仁司『清沢満之語録』(岩波書店、平成十三年)、藤田正勝訳『宗教哲学骸骨』(現代語訳、法蔵館、平成十四年)などが主たるものである。

（延塚　知道）

清瀬一郎（きよせ・いちろう）

明治十七―昭和四十二年(一八八四―一九六七)

弁護士・文部大臣

兵庫県飾磨郡夢前町の生家に残されていた文書・記録について、姫路市教育委員会により「清瀬一郎家文書目録」が作成されている。

この目録は、平成三年(一九九一)九月に姫路市教育委員会事務局市史編集室が編集・発行した『姫路市史編集資料目録集』四十一に収録されている。目録には一二一七点の資料が掲載され、清瀬家が庄屋をつとめていた近世と明治期の文書類が過半をしめている。政治関係は点数が多くないものの、若干の書類に加え、昭和三年(一九二八)総選挙に際して支持者から届いた激励のはがきなど清瀬宛の書簡、清瀬が著した『革新倶楽部の主張』や『革新倶楽部一〇年の回顧』、台湾議会期成同盟会による『台湾議会設置請願理由書』といった冊子が含まれている。

戦前の活動に関しては、大正から昭和初頭にかけて行動を共にし、ながく衆議院議員をつとめた大竹貫一の個人文書によって補うことができる。「大竹貫一関係文書」は、新潟県中之島町の大竹邸記念館に所蔵され、清瀬の書簡に加え、革新倶楽部や革新党の時期の書類や冊子を見いだすことができる。

戦後に関しては、清瀬の「憲法改正条項私見」が、昭和二十一年四月に法制局が作成した「新聞等に表れた各政党その他の憲法改正案」に収められている。この冊子は、憲政資料室所蔵の「佐藤達夫関係文書」にも残されている(資料番号二十八)。清瀬が日本人弁護団副団長と、東條英機被告の主任弁護人をつとめた極東国際軍事裁判、いわゆる東京裁判に関する資料は、法務省に提出されて以後、ながく同省に保管されていたが、他の東京裁判関係の資料とともに国立公文書館に移管された。しかしながら本項執筆時点では未公開であり、詳細については確認できない。

著作としては、『清瀬一郎政論集』、『普選法大意』(ともに人文会出版部、大正十五年)、『第五二議会における余の機密費演説』(新使命社、昭和二年)、『時代を搏つ』(金星堂、昭和十三年)、「保守哲学の素描」(清瀬編著『政治は生きている』潮文社、昭和三十四年)などがある。回顧的な著作としては、先の「革新倶楽部一〇年の回顧」が貴重である。また、東京裁判に関しては、読売新聞に連載された文章をまとめた『秘録東京裁判』があり、昭和四十二年に読売新聞社から刊行され、昭和五十年の改訂を経て、昭和六十一年に中央公論社により文庫化されている。

自身が生前に禁じたことから伝記類は編まれていない。評伝的なものには、政治家としての活動に焦点をあてた黒澤良『清瀬一郎　ある法曹政治家の生涯』(駿河台出版社、平成六年)があり、その第二部資料篇には、先述の「革新倶楽部一〇年の回顧」といったパンフレットが収録され、著作・関係文献など参考文献リストと略年譜が付されている。また、潮見俊隆編『日本の弁護士』(日本評論社、昭和四十七年)所収の家永三郎「清瀬一郎」、思想の科学研究会編『共同研究　日本占領軍　その光と影』(現代史出版会、昭和五十三年)所収の丸山睦男「清瀬一郎論」、中公文庫版『秘録東京裁判』の長尾龍一による解説が参考になる。

（黒澤　良）

く

楠瀬喜多（くすのせ・きた）　天保七—大正九年（一八三六—一九二〇）　日本で最初の婦人参政権要求者

喜多は、明治十一年（一八七八）九月十六日付で、高知県小区会議員選挙に際し、女戸主として婦人の選挙権を要求する抗議文（「税納ノ儀ニ付御指令願ノ事」）を県庁に提出したことで有名である。その抗議文（同）は、明治十二年一月二十六日付『大坂日報』に、高知城下大膳様町居住森田時之助の寄稿として掲載された。そして同年一月三十一日付『東京日日新聞』、『朝野新聞』に転載され、また『明治文化全集　第十巻』第二号掲載の絲屋寿雄「民権婆さんの手紙」にも引用されている。県の同年九月二十一日付指令に承服できなかった楠瀬は、内務省に再願書を提出したと記事に書かれているが、再願書の提出については、事情があって取りやめたという記録（小池洋次郎『民権家列伝』初篇「楠瀬喜多」明治十三年三月）がある。その後の喜多の動向は、『土陽新聞』にわずかだが出ている。

喜多を戦前に紹介した書物には、藤本尚則『巨人頭山満翁』（文雅堂書店、大正十一年）、寺石正路『続土佐偉人伝』（歴史図書社、大正九年）があるが、この著作本にそって山本実彦氏が『民権婆さん』を著し、これが通説をかたちづくっていった。大正九年（一九二〇）十月十八日に八十七歳で死亡したが、『土陽新聞』十月二十日にその死亡記事がある。高知市筆山には「河野広中書　頭山満建之」と彫られた墓が現存しており、福岡玄洋社の頭山満や福島の河野広中らとの親交関係が終生続いていたことは、これらの事実からも明らかである。しかし、藤木猶太著『凡か非凡か』（偉大会・文化之日本社、大正十四年）や住谷悦治『自由民権女性先駆者』（昭和二十三年）などに書かれている、片岡健吉や植木枝盛など立志社の論客とともに、県内だけでなく、阿波や讃岐にまで遊説したという「民権ばあさん」、「演説ばあさん」としての通説については、外崎光広『高知県婦人解放運動史』（ドメス出版、昭和五十年）が、後世に作られた「つくり話にすぎない」と指摘している。なお関連の外崎光広氏の著作には、右書のほかに『植木枝盛と女たち』（ドメス出版、昭和五十一年）、『土佐自由民権運動史』（高知市文化振興事業団、平成四年）、『日本婦人論史』上（ドメス出版、昭和六十一年）など多数がある。その他、新聞・雑誌類の関連記事には、関みな子「楠瀬喜多（一）—（五）」（『高知新聞』昭和三十六年八月十三日—十七日）、井手文子「女権拡張運動の先駆—楠瀬喜多」（『日本及日本人』昭和四十五年七月一日）、住谷悦治「女性解放の先駆者」（『女性改造』一—一、昭和二十一年）などがある。

関係の一次史料については、ほとんど残されていないが、しいてあげるならば肖像写真と書簡がある。肖像写真は、これまで昭和十六年（一九四一）、高知県女教員会編『土佐名婦千代の鑑』所収のもの（頭山満蔵）しか確認されていなかった。しかし、平成十四年（二〇〇二）一月十二日、甥である宮崎晴瀾（宣政）の孫宮崎晴子氏から、この写真の元となると思われる肖像写真が、高知市立自由民権記念館に寄贈された。

憲政資料室の「河野広中文書」には、喜多の書簡が残されており、内容は明治三十六年十二月五日衆議院議長に当選した河野に送った形式的な祝詞である。筆跡は、男性的で力強く書かれているが、残念ながら直筆か代筆であるかを判断する資料は残されていない。

（氏原　和彦）

久原房之助（くはら・ふさのすけ）　明治二—昭和四十年（一八六九—一九六五）　立憲政友会総裁

旧蔵の史料は、茨城県日立市の日鉱記念館

に所蔵されている。平成十三年(二〇〇一)十二月現在同館は、「久原関係史料」について冊子体の目録は作成していないが、部内用に史料情報を館内のコンピュータに入力している。したがって、史料閲覧の際には、このデータをプリントアウトしたものを目録として利用することになる。

同館所蔵の久原関係史料の多くは、実業家としての久原に関するものである。同館の分類に従えば、「書籍・雑誌・新聞等」の史料が約八十点、「書簡」が三〇〇点、「一般文書史料」が約一二〇点、所蔵されている。書簡のうち、二二二通の書簡は、同館がワープロ原稿におこし、これを『(日鉱記念館資料)久原翁宛書簡集―創業期の部下と関係者からの手紙』と題して製本したが、公刊はされていない。

同館所蔵史料のうち、政治活動に関する史料は、必ずしも多くない。まとまったものでは、久原関係の新聞記事を収録したスクラップブック(昭和六年(一九三一)―昭和十五年)が三十三冊ある。また、久原の世界観、政策提言等を示したパンフレット類が数点所蔵されている。この他、二・二六事件により収監された間に記した獄中日記も所蔵されているが、その他の時期の日記は所蔵されていない。なお、前記の目録には存在しない史料として、久原宛の孫文の書簡が数点あり、この他写真史料が未整理のまま多数所蔵されている。

伝記としては、久原房之助翁伝記編纂会編『久原房之助』(日本鉱業株式会社、昭和四十五年)がある。同書は日本鉱業によって編纂された伝記であり、その際に収集されたと思われる史料が、現在日鉱記念館所蔵の関係史料の中核をなしている。また、『久原房之助』の編纂に携わった米本二郎氏が、平成三年に『久原房之助翁を語る』(リーブル)を出版した。同書は『久原房之助』以上に浩瀚な伝記で、『久原房之助』には収録されていない史料が豊富に用いられている。このほか『久原房之助』を基にした要略版の伝記に『久原房之助小伝』(日本鉱業株式会社、平成三年)もある。なお、戦前期に出版された文献として、山崎一芳『久原房之助』(東海出版社、昭和十四年)がある。同書は評伝と久原への聞き書きから構成されている。

著書には、『皇道経済論』(千倉書房、昭和八年)、『前進の綱領』(大地社、昭和十四年)、『世界維新と皇国の使命』(芳武昌治発行、昭和十七年)があり、『久原一家言』(佐々木第吉発行、昭和六年)、『国民を基礎とする政治機構改革に関する私見　国民協議会趣旨及要綱』(中野豊治発行、昭和十四年)等のパンフレット類も多く発行している。また昭和戦前期の雑誌の中にも、久原執筆の論文や久原へのインタビュー記事が多く見られる。この他、久原房之助述「田中義一内閣(昭和二年四月―四年六月)と政友会」(『社会科学討究』四十一―二、平成七年)は、興味深い内容を含んだインタビュー記録である。

久原に関する研究では、実業家時代について、宇田川勝「久原房之助―『大正財閥』の形成者の企業経営活動」(由井常彦ら編『日本の企業家(二)大正編』有斐閣、昭和五十三年)が詳しい。また、戦前戦後を通じた久原と中国との関係を扱った研究として、趙軍「中国関係における久原房之助」(『アジア文化』十六、平成三年)がある。政治家時代の研究としては、奥健太郎「久原房之助の一国一党論―斎藤内閣期を中心に―」(『法学政治学論究』四十六、平成十二年)、柴田紳一「『重臣ブロック排撃論者』としての久原房之助」(『国学院大学日本文化研究所紀要』八十三、平成十一年)、奥健太郎「近衛新体制運動と政党人―久原房之助を中心に―」(『法学政治学論究』四十三、平成十一年)がある。また、柴田紳一「昭和一九年久原房之助対ソ特使派遣問題」(『国学院大学日本文化研究所紀要』八十四、平成十一年)もある。

(奥　健太郎)

久布白落實（くぶしろ・おちみ）

明治十五―昭和四十七年(一八八二―一九七二)

矯風会会頭・廃娼運動家

自伝として『廃娼ひとすじ』(中央公論社)

がある。これは日本キリスト教婦人矯風会機関誌『婦人新報』の、「自伝」「売春防止法の出来るまで」と題する執筆文章を中心にまとめられ、死去の翌年に中央公論社から出版され、文庫本にもなった。

追悼文集としては、『婦人新報』が昭和四十七年(一九七二)十二月に臨時増刊として「久布白落實追悼号」を出し、没後一周年に「久布白先生召天一周年を迎えて」を特集している。十周年には『真実とユーモア―久布白落實十周年記念文集』が刊行され、久布白と出会った人々が寄稿している。

執筆文章は、『婦人新報』には矯風会入り前年の大正四年(一九一五)から最晩年に至るまで、売買春問題、婦人参政権運動、外国の状況など多岐にわたって執筆した。「久布白落實」「おちみ」「オチミ」名のほか、「N・O・K」も久布白の文章である(Nは夫直勝のイニシャル)。『婦人之友』誌に昭和八年五月から九月まで半生物語をのせている。著作としては『父』(大正九年)、『女は歩く』(昭和三年)、『父と良人』(昭和十一年)は東京市民教会出版部から、『湯浅初子』(昭和十二年)は私家版、『矢嶋楫子伝』(昭和十年)、『五十年の歩みと五十日の旅』(昭和三十一年)は矯風会から刊行された。林歌子の半生を聞き書きしてまとめた『貴女は誰れ?』(昭和七年)は大阪の牧口五明書店から刊行。『公娼を廃止したあとの行政』(昭和八年)は廃娼連盟の発行である。翻訳本としてスウェーデンの性教育本であるトシュテン・ヴィックボム著の『個人・社会・性生活―学生の性知識』を小野すみと共訳。またカール・G・ハートマン著『人間誕生の基礎知識―受胎安全期とは何か―』(昭和四十五年)を出版。個人雑誌『婦人と日本』発行は、三回の国政選挙落選後、三男三郎のすすめをうけて世話になった人々への通信として昭和二十五年から始めた。発行元としてのジャパンウイメン社は昭和十年に設立。『Japan Through Women』をときどき発行した。ほかに英文刊行物は昭和九年に河井道と共同して出した『Japanese Women Speak』がある。これはアメリカの女性へ日本の女性を紹介する目的で作られた。最晩年に『日々の食物』を自費出版。聖書の一節を掲げ自分の感想を記したもの。若き日に叔父徳冨蘆花に相談したら若過ぎるとたしなめられ、爾来あたためていたが改めて書き直して刊行すると発刊の辞にある。

伝記としては高橋喜久江『久布白落實―福祉に生きるシリーズ39』(大空社、平成十三年)がある。紹介文書に池末美穂子「久布白落實」(五味百合子編『社会事業に生きた女性たち』ドメス出版、昭和四十八年)、高橋喜久江「二十世紀に生きた女たち(二)　久布白落實廃娼をめざして」(婦人通信、平成十一年)、高橋喜久江「歴史を生きた女性たち、廃娼ひとすじ久布白落實」(月刊『家庭科研究』昭和六十三年二月―四月号)などがある。そのほか憲政記念館特別展示目録『近代日本の女性と政治―婦人参政への歩み』(平成五年)に掲載あり。またカレンダー『女の暦』平成八年(一九九六)三月(ジョジョ企画)にとりあげられた。戦時中の言動が『特高月報』昭和十四年七月に記載されている。

久布白が夫直勝牧師とともに創設したといえる東京市民教会(現都民教会)には、会堂建築報告、『東京都民教会報』I～IVがあり、「久布白落實牧師追悼記念号」、「久布白落實先生召天十周年追悼号」、記念誌「東京都民教会創立六十周年」、「東京都民教会創立七十周年」、「東京都民教会創立八十周年―今日ありて」にそれぞれ関係記事がのせられている。日記は久布白家で保管されている。

このほか、『婦女新聞』、『婦人之友』、『婦人展望』などに関連記事がある。記録映画『売春』(売春禁止法制定促進委員会製作)に売春防止法獲得運動中の久布白の街頭行動が写されている。昭和三十三年九月二十五日からNHKラジオ「人生読本」で三回にわたり、『人生を楽しむ』として青年期、中年期、老年期を語った。

(高橋　喜久江)

久米邦武（くめ・くにたけ）

天保十―昭和六年（一八三九―一九三一）　歴史学者

関係史料は昭和五十七年（一九八二）に開設された久米美術館にほとんどが収蔵されている。幕末の漢学者でもあったため、旧蔵史料は多く、戦災からも免れ、保存・整理の作業は今も継続されている。

　大久保利謙らによって「久米関係文書」が整備・解読され始めると、戦前の条約改正失敗のイメージが強い外交史的岩倉使節団についての再検討が必要になった。その研究成果として加藤周一「日本人の世界像」（『近代日本思想史講座』八、筑摩書房、昭和三十六年）、比較文化論では芳賀徹「明治初期一知識人の西洋体験―久米邦武の米欧回覧実記」（『比較文学比較文化』弘文堂、昭和三十六年）が発表された。昭和五十一年には大久保利謙編『岩倉使節の研究』（宗高書房）、翌年に久米邦武編・田中彰校注『特命全権大使米欧回覧実記』全五巻が岩波文庫で刊行された。昭和五十二年には、その先駆的研究者となっていた田中彰『岩倉使節団』（講談社現代新書、のち『岩倉使節団「米欧回覧実記」』、平成六年補訂刊行）が世に出ると、岩倉使節団に随行しその公的報告書『米欧回覧実記』を編集した久米については「忘れられた歴史学者」としてにわかに注目されることになり、その業績が多くの関心を集めるようになった。昭和五十九年には久米邦武資料編集委員会が発足、以来、学界では重要視されながらも公刊に恵まれなかった関係文書が世に出されるようになった。昭和六十三年から平成三年（一九九一）にかけて大久保利謙他編『久米邦武歴史著作集』全五巻・別巻一冊が吉川弘文館から刊行された。主要著作や論考の一部ではあったが、初めて体系的に整理され注目すべき論文などが紹介されている。第一巻の『聖徳太子の研究』、次いで第二巻の『日本古代中世史の研究』、第三巻『史学・史学方法論』、第四巻『古文書の研究』、第五巻『日本文化史の研究』、別巻『久米邦武の研究』と順次公刊された。別巻は諸分野の研究論考を所収、その後の歴史家久米邦武研究の基礎となっている。

　自伝としては『九十年回顧録』上・下（昭和九年）がある。本書は昭和三年、九十歳を迎えた記念として企画され関係者によって聞き取りが行なわれ準備されたものである。昭和六年の没後、編集者によってまとめられた。上巻は、緒言の前に「文学博士易堂先生小伝」を含み、天保元年（一八三〇）より始まり慶応三年（一八六七）まで、下巻は明治元年（一八六八）から明治二十六年頃までで、岩倉使節団関係の『米欧回覧実記』に記載されていない分野の記事を多く含む。付録として墓碑などの「撰文集」、「著作目録」がある。この目録には著書として『米欧回覧実記』（明治十一年）、『国史眼』（明治二十三年）、『古文書学講義』（明治三十五年）、『上宮太子実録』（明治三十八年）、『日本古代史』（明治四十年）、『南北朝時代史』（明治四十年）、『日本古代史と神道との関係』（明治四十年）、『平安初期裏面より見たる日本歴史』（明治四十四年）、『時勢と英雄』（大正四年）、『裏日本』（大正四年）、『国史八面観　磐余朝』（大正四年）、『国史八面観　奈良朝』（大正六年）、『支那大観と細観』（大正六年）、『聖徳太子実録』（大正八年）、『鍋島直正公伝』（大正九年）が列挙されている。それに続いて多数の論文題目が記載されている（より詳しくは前掲『久米邦武歴史著作集』別巻参照）。

　昭和六十年になると、初めて久米美術館において「久米邦武と『米欧回覧実記』展」が開催された。同じ年、銅版画家菅野陽の解説を収めた久米美術館編『特命全権大使「米欧回覧実記」』という銅版画集が刊行された。その後、平成三年にはあらためて「歴史家久米邦武展」が催され、さらにその業績が広く世に紹介された。図録には各分野の研究論考・伝記が掲載されているが、平成九年には両図録が一冊にまとめられ『新訂版　歴史家久米邦武』として再編・刊行された。

　平成十一年から十三年には『久米邦武文書』全四巻が吉川弘文館から刊行された。これは『久米邦武歴史著作集』に収録できなかった手稿、史料が多く含まれているもので、第一巻「東海東山巡幸日記」と「鎮西文書採訪記録」、第二巻「科学技術史関係文書」、第三巻「岩倉使節団関係文書」、第四巻「中国古代・近代史論」ほか、となっている。また久米美術館発行の『館報』も年間のその時々の情報を伝えてくれて貴重な情報提供となっている。

一方、関係史料は東京大学史料編纂所にも一部収蔵されている。同所は平成十三年、史料集発刊一〇〇周年記念として東京国立博物館で特別展「時を超えて語るもの—史料と美術の名宝—」(図録は東京大学史料編纂所発行)を開催したが、その折にも関係史料が展示され解説された。明治十二年、太政官の修史館の重野安繹(やすつぐ)の下で久米は委員の一人として編修に従っていたからである。以来、「神道は祭天の古俗」論文事件で依願免官となる明治二十五年三月まで所属・活動した。

最近の研究は岩倉使節団への関心が高まるにつれ、国内外において活発な議論を生み、多様な切り口からの学際的検討が進んでいる。平成十四年には『米欧回覧実記』の英語翻訳本(*The Iwakura Embassy 1871-73, 1-5*, Translated by Graham Healey, Eugene Soviak, Chushichi Tsuzuki, THE JAPAN DOCUMENTS, 2002)も刊行された。古今東西に目を配り、自由闊達、科学的実証主義の久米の学風は、現在では多彩な研究的チャレンジを受けることになった。その動向の中でも戦後の久米研究の道を開いた田中彰『岩倉使節団の歴史的研究』(岩波書店、平成十四年)は、従来の研究を再検証し基本的知識を確認できる研究成果で重要な参考文献となっている。その他、主な参考文献として、田中彰・高田誠二編『『米欧回覧実記』の学際的研究』(北海道大学図書刊行会、平成五年)、西川長夫・松宮秀治編『『米欧回覧実記』を読む—一八七〇年代の世界と日本』(法律文化社、平成七年)、萩原延壽『岩倉使節団　遠い崖—アーネスト・サトウ日記抄9』(朝日新聞社、平成十二年)、イアン・ニッシュ編・麻田貞雄他訳『欧米から見た岩倉使節団』(ミネルヴァ書房、平成十四年)をあげておく。

(山崎　渾子)

蔵原惟郭　(くらはら・これひろ)

文久元—昭和二十四年(一八六一—一九四九)　明治・大正期の政治家・社会運動家

関係する文書は、昭和五十八年(一九八三)に蔵原惟人氏の了解のもとにマイクロフィルム化したものが、東京大学史料編纂所に「蔵原惟郭関係史料」として収められている。分量は一八五二点(十五リール)である。内容は書簡がほとんどであるが、同志社や選挙に関係する書類や伝記資料もある。書簡には、新島襄・内村鑑三・熊本バンド関係者などキリスト教関係、嘉納治五郎・久保田譲・辻新次・大西祝などの帝国教育会関係者、渡辺国武・尾崎行雄など初期政友会関係者、犬養毅をはじめとする憲政本党および立憲同志会関係者が多く、また親戚筋にあたる北里柴三郎も多い。以前にはカード目録があったが、現在は不明である。

日露戦争前後の政治的活動については蔵原惟昶編刊『日露開戦論纂』(明治三十六年)・蔵原惟昶『政界活機』(津越専右衛門、明治三十九年)に詳しい。日露戦争直後に創設した社会教育会の雑誌『新時代』は、大隈重信の援助があったため早稲田大学に、大正時代に発刊した『世界改造』は法政大学大原社会問題研究所に一部分残されている。

蔵原を扱った研究には、田中良一「蔵原惟郭と市原盛宏」(同志社大学人文科学研究所編『熊本バンドの研究』みすず書房、昭和四十年)、桜井純一「明治・大正デモクラシーの一系譜—蔵原惟郭とその周辺—」(『現代と思想』十八—二十五、昭和四十九—五十一年)、櫻井良樹「日露戦後の蔵原惟郭と社会教育会」(『麗沢大学論叢』二、平成三年)、同「社会政策と桂新党—明治末期における蔵原惟郭の政治軌跡を中心にして—」(『麗澤学際ジャーナル』一—二、平成五年、このうち一部は同『大正政治史の出発』山川出版社、平成九年所収)がある。

(櫻井　良樹)

黒岩周六〈涙香〉（くろいわ・しゅうろく）
文久二—大正九年（一八六二—一九二〇） ジャーナリスト

関係史料は、高知県立文学館、安芸市立歴史民俗資料館、日本新聞博物館に収められている。このうち高知県立文学館には萬朝社経営および家計関係・増屋商店関係・履歴関係史料と数通の書簡を内容とする一五二点、安芸市立歴史民俗資料館には遺品が、日本新聞博物館には写真および日記（手帳、大正三—四年〈一九一四—一五〉、同七—八年）が残されている。しかしもっとも重要な資料は、明治二十五年（一八九二）に創刊され、廉価と三面記事で低所得者層を中心に急速に読者数を増やし、日本における大衆紙の先駆けをなした『萬朝報』そのものであろう。同紙は日本図書センターから復刻されている（CD—ROM版もある）。また明治三十四年に理想団を設立した前後から、社会改良や人道主義的主張を行うようになり、その姿勢は学生・教員などの知識人に受けいれられていった。彼の評論文を集めた書物は多い。『天人論』（朝報社、明治三十六年）が、その代表であろう。

日露戦後の民衆運動のリーダー的役割を果たしたが、大正三年の第二次大隈内閣の成立にあたっては、新聞界の支持の中心となった。その様子については、メモ的な日記に詳しい。同日記の主要部分は、櫻井良樹「黒岩周六日記〈大正三年四月〜大正四年四月〉」（『紀尾井史学』四、昭和五十九年）が翻刻している。また明治文学全集の第四十七巻が木村毅編『黒岩涙香集』（筑摩書房、昭和四十六年）である。最近になって、『弊風一斑畜妾の実例』（現代教養文庫、平成四年）が出版された。

伝記は、戦前に出版された涙香会編『黒岩涙香』（扶桑社、大正十一年）のほか、翻訳探偵小説家としての側面を、伊藤秀雄『黒岩涙香伝』（国文社、昭和五十年）が明らかにしている。いいだもも『黒岩涙香』（リブロポート、平成四年）もある。伊藤には『黒岩涙香その小説のすべて』（桃源社、昭和四十六年）と『黒岩涙香研究』（幻影城、昭和五十三年）などの研究書もある。ジャーナリストの側面については、有山輝雄「萬朝報経営における『向上主義』とその限界」（『桃山学院大学社会学論集』十一—一、昭和五十二年）・同「理想団の研究」（同十三—一・二、昭和五十五年）・同「大正初期における『国民の自覚』論」（『新聞学評論』二十一、昭和四十七年）、奥武則「新聞という近代—『万朝報』研究序説」（『社会科学討究』三十九—二、平成五年）、同「『万朝報』にみる社会現象の側面」（同四十—三、平成七年）がある。昭和女子大学編『近代文学研究叢書』は第十九巻（昭和女子大学、昭和三十七年）で扱っている。また小説ではあるが、三好徹『まむしの周六』（中央公論社、昭和五十二年）も人物像をよく描いている。

（櫻井　良樹）

黒沢酉蔵（くろさわ・とりぞう）
明治二十八—昭和五十七年（一八九五—一九八二）
雪印乳業社長

旧蔵の文書・記録は、黒沢家で現在「黒沢文書（資料を含む）」として整理の上所蔵されているが、未公開のままである。ただし、同家が所蔵する「田中正造翁関係史料」（田中自筆文書や田中との往復書簡等）だけは、『田中正造全集』全十九巻・別巻一（岩波書店、昭和五十二—五十五年）に収録されている。その他の未公開「黒沢文書」は、本人の日記やメモ、あるいはその他関係資料、それに黒沢が関わった戦前・戦中の酪農組合、札幌メソジスト協会、産組北海道連、北海道農業会、農村議員同盟や、戦後の北海道開拓協会、雪印乳業、日本協同党、日本協同組合研究会、協同社会主義連盟、酪農学園、北海道開発審議会等々関係の史・資料からなっている。

伝記・人物論としては、青山永『黒沢酉蔵』（伝記刊行会、昭和三十六年）と、黒沢酉蔵『私の履歴書』（雪印乳業株式会社、昭和五十三年）、それに「黒沢文書」を使って「黒沢酉蔵むめ江追悼記念誌」として編まれた黒沢力太郎・黒沢信次郎編『希望』（北海タイムス社、昭和五十八年）がある。

著作の主なものを挙げると、『我が党の企図する協同主義社会』(日本協同党本部、昭和二十一年)、『農業国デンマーク』(河出書房、昭和二十七年)、『健士と健民』(酪農学園、昭和二十九年)、『宇都宮仙太郎』(酪農学園、昭和三十三年)、『反芻自戒』(北海タイムス社、昭和四十七年)、『北海道開発回顧録』(北海タイムス社、昭和五十年)などがある。が、黒沢の研究については、現在のところ未だまとまったものがない。未公開の「黒沢文書」が一日も早く公開され、黒沢の研究が進捗することを期待したい。

(塩崎　弘明)

こ

小泉策太郎〈三申〉(こいずみ・さくたろう)

明治五―昭和十二年(一八七二―一九三七)　政治家

関係文書の一つは、筆者が昭和四十年(一九六五)前後に数回にわたり長男未亡人の登世子氏から借用して、東京大学社会科学研究所でマイクロフィルムにしたものである。これは著書と未完に終わった『小泉策太郎全集』五(『懐往時談』〈中央公論社、昭和十年〉他)の草稿、日記・手帳類(明治四十四―昭和十二年)十三冊、草稿類(主として大正十三年の田中義一担ぎ出し・三派合同の際の総裁等挨拶草稿)、来翰・来電および書翰草稿約二二〇通(原敬、田中義一、佃信夫、白柳秀湖、今村力三郎からのものが含まれており、田中義一宛の書翰も数通含まれている)、幸徳秋水をはじめとする社会主義者関係のもの、小泉の集めた若き日の西園寺公望関係の史料(橋本実梁宛西園寺書翰写二通および「伊藤家蔵園公尺牘写」二十七点などでこの後者中の四点は原史料)、その他からなる。これについては筆者が『社会科学研究』二十六―二(昭和五十年)にやや詳しい紹介を行っている。残念なことに原史料は亡くなられた登世子氏の長男経二郎氏に問い合わせたが、現在まで所在不明である。なおこのマイクロフィルムは憲政資料室でその複写を持っている。

もう一つは、憲政資料室が昭和五十七年十一月に息子の一人伸五氏から筆者の勧めで寄贈されたものである。書翰・書類・著書原稿などでおおよそ一〇〇点であるが、前述のものとは重ならない。双方を併せると残された関係文書の大半であると思われる。

著作には、先に触れた『小泉策太郎全集』一―四巻(岩波書店、昭和十四―十七年)にかなり収められていると言って良いであろう。この全集は元来全六巻として計画されたが、戦局が激しくなって中断されたものらしい。第六巻は白柳秀湖に執筆させる伝記が予定されていたらしいが、執筆されたのかどうかも不明である。先に触れた第五巻予定分には時論と共に若干の回想が含まれている。

伝記としては、小島直記『小泉三申―政友会策士の生涯』〈中公新書〉(中央公論社、昭和五十一年)、長谷川義記『評伝小泉三申』(島津書房、昭和五十二年)、木宮榮彦『小泉三申―評論・逸話・年譜』(常葉学園、昭和五十三年)、研究として橋川文三「小泉三申」(『近代日本政治思想の諸相』未来社、昭和四

十三年）などがあるが、いずれも一次史料を利用したものではない。　（伊藤　隆）

小泉信三（こいずみ・しんぞう）
明治二十一―昭和四十一年（一八八八―一九六六）
慶應義塾塾長

多くの著作・論文が残されているが、これらをまとめたものとして第一に、富田正文を中心とした刊行委員の編集による『小泉信三全集』全二十八巻（文藝春秋、昭和四十二―四十七年、以下全集）があり、別巻には茅根英良による詳細な年譜（以下全集年譜）が掲載されている。第二に、『小泉信三選集』全五巻（文藝春秋新社、昭和三十二年、以下選集）がある。第三に、種々の小泉信三集が存在する。刊行年順に記すと、『昭和文学全集27　小泉信三集』（角川書店、昭和二十八年）、『現代知性全集11　小泉信三集』（日本書房、昭和三十四年）、『小泉信三　人生論読本11』（角川書店、昭和三十六年）、『小泉信三集　私たちはどう生きるか7』（ポプラ社、昭和三十七年）、『小泉信三集　現代人生論全集3』（雪華社、昭和四十一年）、『思索のあしあと　小泉信三』（サンケイ新聞社、昭和四十二年）、『小泉信三集』（日本書房、昭和四十三年）、『随想全集4　大内兵衛・小泉信三・矢内原忠雄集』（尚学図書、昭和四十四年）である。

次に、追悼・回想録としては全集や選集の月報の他に、『塾友』昭和四十一年六月号・七月号、『心』昭和四十一年七月号、『三田評論』昭和四十一年八・九月号「追悼・小泉信三」（昭和四十一年）、『新文明　臨時増刊　小泉信三先生追悼録』（昭和四十一年）、慶應義塾体育会庭球部庭球三田会・合同編集『偲草　小泉信三先生追悼　部報臨時号』（昭和四十一年）、『三田学会雑誌　小泉信三博士追悼特集』（昭和四十一年）、『泉』十二（昭和五十一年）・二十（昭和五十三年）・四十（昭和五十八年）がある。また遺族による追悼としては、秋山加代・小泉タエ『父小泉信三』（毎日新聞社、昭和四十三年）、秋山加代『辛夷の花　父 小泉信三の思い出』（文藝春秋、昭和五十一年、文庫版、昭和六十一年）、小泉タエ『届かなかった手紙　父小泉信三との日々』（講談社、昭和五十一年）、小泉タエ『父母の暦』（講談社、昭和五十六年）、秋山加代『叱られ手紙』（文藝春秋、昭和五十六年）、秋山加代『母と風の息子』（文藝春秋、平成五年）がある。

次に、年譜としては全集年譜が最も詳細であるが、この他に、白井厚「小泉信三博士年譜および著作目録」（前掲『三田学会雑誌　小泉信三博士追悼集』所収）、富田正文「『小泉信三全集』未収録新資料」（前掲『泉』十二）がある。なお、これらの年譜に掲載されていない論文が種々存在するが、なかでも「欧州社会運動沿革大略」（慶應義塾大学出版局編『慶應義塾大学　社会問題講演』国文堂書店、大正十年）は、後述する今村武雄の伝記では、講演筆記は残っていないとされていた。この他に近年刊行された書簡・日記として、小泉タエ『留学生小泉信三の手紙』（文藝春秋、平成六年）、小泉信三『青年小泉信三の日記』（慶應義塾大学出版会、平成十三年）がある。

最後に、研究としては、加地直紀「小泉信三の多数講和論」（中村勝範編著『近代日本政治の諸相』慶應通信、平成元年）、同「小泉信三の社会改造論」（『法学政治学論究』九、平成三年）、同「小泉信三の安保改定論」（『中部女子短期大学社会文化研究所年報』平成四年）、同「戦時期知識人の言論―小泉信三の反米論―」（『法学政治学論究』十九、平成五年）、白井厚「社会思想事始め」（同『社会思想史論集』長崎出版、昭和五十六年）、同編『大学とアジア太平洋戦争』（日本経済評論社、平成八年）、同監修『太平洋戦争と慶應義塾』（慶應義塾大学出版会、平成十一年）の他に、小松隆二「小泉信三と社会政策論―学究に踏み出した頃の小泉―」（『近代日本研究』〈慶應義塾福澤研究センター〉九、平成五年）がある。

伝記としては、全集刊行委員の今村武雄による『小泉信三伝』（小泉信三伝記編纂会、昭和五十八年、非売品）、同『小泉信三伝』（文藝春秋、昭和五十八年、文庫版、昭和六十二年)がある。

(加地　直紀)

小磯国昭（こいそ・くにあき）

明治十三―昭和二十五年（一八八〇―一九五〇）

朝鮮軍司令官・朝鮮総督・内閣総理大臣

関係史(資)料の第一は、新庄ふるさと歴史センターが所蔵している自伝「葛山鴻爪」等である。同センターが所蔵する史(資)料のうち、「葛山鴻爪」は、①「天之巻」のはしがき・郷土色礼讃・沼田城・瓢簞池と呑竜様・麻布の御屋敷趾・城見縄手・番長と砂土原町・差首野川と鶴脛の湯・千歳山と葛麓寮・愛宕山の今昔・鴨緑江から蘇牙屯迄、②「地之巻」の青山と薬王寺前・旅順の二年と水戸の一年・熱河蒙古と宗社党・国防資源・兵站と演習・陸軍の航空・聯隊長と軍縮、③「玄之巻」の大本営の編成と陸大の機構・所謂三月事件・満洲事変・鯉城・竜山・党同伐異、④「黄之巻」の拓殖と移民・麻渓庵と観音堂・景武台・永田町一丁目・郷土訪問と農村改善・聴潮山荘・鴨陵幽居・あとがき、の四つの部分からなる。「葛山鴻爪」には自筆の原本、それをガリ版刷りしたもの、刊行された小磯国昭自叙伝刊行会編集・発行『葛山鴻爪』（昭和三十八年）の三つがあるといわれている。同センターが所蔵する「葛山鴻爪」は、右『葛山鴻爪』の口絵写真に写っている「自筆原稿」と称するものと同一のものである。「葛山鴻爪」自体の書誌的研究は、あまり行われていないので今後の研究課題として注目される。また同センターには若干の小磯書翰・同葉書・勲章等も所蔵されている。なお「日記帳」は、「手箱に収めて後生大事に保存」していたが「焼けて跡形」もないと彼自身が記しており（『葛山鴻爪』あとがき）、またその他の史(資)料もその際、同様の運命を辿ったといわれている。

第二は朝鮮関係の史(資)料である。その中心となる「朝鮮総督府文書」は現在、大韓民国大田市の政府記録保存庁が管理し、原本は釜山市の同庁支所に保存されている。目録としては『政府記録保存文書目録』がある。原本は非公開であるが、政府記録保存庁でマイクロフィルム版が閲覧できる。敗戦および朝鮮戦争時に各方面の文書がかなり焼却、あるいは喪失したと言われている中、すべてではないにしても伝存している「朝鮮総督府文書」は貴重な史料であり、その活用により植民地研究の深化が期待されている。「朝鮮総督府文書」については、海野福寿「朝鮮総督府関係資料を発掘する」(『図書館雑誌』九十―八、平成八年)、高橋益代「『旧外地』行政文書についての調査報告」(『記録と史料』七、平成八年)、金才淳「韓国における記録保存制度の歴史と課題」(同八、平成九年)、「朝鮮総督府公文書管理制度と総務処政府記録保存所日帝文書」(『歴史と現実』九、平成五年)、村上勝彦「韓国所在の朝鮮総督府文書」(井村哲郎編『一九四〇年代の東アジア：文献解題』アジア経済研究所、平成九年)、加藤聖文「敗戦と公文書廃棄―植民地・占領地における実態―」(『史料館研究紀要』三十三、平成十四年)等が適切な解説を行っているので役に立つ。また『朝鮮総督府帝国議会説明資料』八(不二出版、平成六年)、水野直樹編『朝鮮総督諭告・訓示集成』六(緑蔭書房、平成十三年)等も施政内容を知る上で重要な資料である。なお朝鮮総督に就任していた時、政務総監を務めていた田中武雄の談話録として「小磯総督時代の概観―田中武雄政務総監に聞く　未公開資料　朝鮮総督府関係者　録音記録(1)」(『東洋文化研究』〈学習院大学東洋文化研究所〉二、平成十二年)がある。これなどは公文書や私文書等では窺えない政務の実際が知れ、貴重な文献といえよう。

第三は極東国際軍事裁判関係の史(資)料である。まず裁判の厖大な資料を検索するものとして朝日新聞調査研究室編・刊『極東国際軍事裁判記録　目録及び索引』(昭和二十八年)、『極東国際軍事裁判資料目録』(法務大臣官房司法法制調査部、昭和四十六年)、東京大学社会科学研究所「日本近代化」研究組織編・刊『東京大学社会科学研究所所蔵　極東国際軍事裁判記録「検察側証拠書類」目録』(昭和

四十六年)・同『東京大学社会科学研究所所蔵　極東国際軍事裁判記録「弁護側証拠書類」目録』(昭和四十七年)・同『東京大学社会科学研究所所蔵　極東国際軍事裁判記録「総記編」目録』(昭和四十八年)等がある。

　裁判自体に関する資料としては、朝日新聞社法定記者団編『東京裁判』全三巻(東京裁判刊行会、昭和三十七年)、極東国際軍事裁判所編『極東国際軍事裁判速記録』全十巻(雄松堂書店、昭和四十三年)、東京裁判資料刊行会『東京裁判却下未提出弁護側資料』全八巻(国書刊行会、平成七年)、富士信夫『極東国際軍事裁判関係諸表綴』(富士信夫、昭和六十二年)、内海愛子・永井均編集/解説『東京裁判資料―俘虜情報局関係文書』(現代史料出版、平成十一年)等がある。

　裁判官・弁護人・傍聴人の立場にいた人たちの文献として滝川政次郎『東京裁判を裁く』全二巻(東和社、昭和二十七―二十八年)、清瀬一郎『秘録東京裁判』(読売新聞社、昭和四十二年)、富士信夫『私の見た東京裁判』全二巻(講談社、昭和六十三年)、スミルノーフ・ザイツェフ著/川上洸・直野敦訳/粟屋憲太郎解説『東京裁判』(大月書店、昭和五十五年)、B・V・A・レーリンク、A・カッセーゼ著/小菅信子訳『レーリンク判事の東京裁判　歴史的証言と展望』(新曜社、平成八年)等があるが、その他については東京裁判ハンドブック編集委員会編『東京裁判ハンドブック』(青木書店、平成元年)所収の「主要参考文献目録」参照。なお、憲政資料室には極東国際軍事裁判関係の史(資)料が豊富に所蔵されており、占領期の研究と併せて必ず資料調査をしなければならないところである。所蔵資料の検索方法にはいくつかの材料があるのでそれを利用するとよい。

　第四は、憲政資料室所蔵の①大野緑一郎、真崎甚三郎、片倉衷、鶴見祐輔、安達峰一郎(以上、所蔵)、②関屋貞三郎(寄託)、木戸幸一(マイクロフィルム。原本は国立歴史民俗博物館所蔵)、山岡万之助(学習院大学所蔵)等の関係文書、宇垣一成文書研究会『宇垣一成関係文書』(芙蓉書房出版、平成七年)、木戸日記研究会『木戸幸一関係文書』(東京大学出版会、昭和四十一年)等に収蔵されている政府内外の要人宛の小磯の書翰等である。

　第五は著作・編纂物で、参謀本部(小磯国昭編)『帝国国防資源』(大正六年)、共著『航空の現状と将来』(文明協会、昭和三年)、共著『建国の精神と日本民族の覚悟』(松山房、昭和七年)等がある。

　第六は政府公文書で、国立公文書館に所蔵されている「公文雑纂」、「公文別録」、「採余公文」、「各種情報資料・陸軍省発表」、「地方長官会議に於ける内閣総理大臣訓示演説」等に関係公文書等が収載されている。

　伝記・評伝類では菅原節雄『杉山元と小磯国昭』(今日の問題社、昭和十二年)、中村晃『怒り宰相小磯国昭』(叢文社、平成三年)、岩淵辰雄「荒木貞夫と小磯国昭」(『改造』十三―十二、昭和六年)、山浦貫一「小磯国昭論」(『改造』二十二―十七、昭和十五年)、岩淵辰雄「小磯新拓相論」(『中央公論』五十四―五、昭和十四年)、大森俊三「小磯国昭と田辺治通」(『日本評論』十四―五、昭和十四年)、有竹修二「小磯国昭」(同『昭和の宰相』朝日新聞社、昭和四十二年)、「小磯国昭」(富田信男他『政治に干与した軍人たち』有斐閣、昭和五十七年)等がある。また首相時代についての「参政権施行の経緯を語る―田中武雄小磯内閣書記官長ほか」(前掲『東洋文化研究』二)や『葛山鴻爪』収載の田中武雄の「後記」は、側近者から見た小磯政治の姿を伝えていて役に立つ。また履歴・家系については、『葛山鴻爪』収載の「小磯国昭年譜」がある。

　関連資料には次のようなものがある。

〈軍事関係〉一次史料としての防衛研究所図書館所蔵の諸史料をはじめ、防衛研究所戦史室『戦史叢書』(朝雲新聞社)、軍事史学会編『大本営陸軍部戦争指導班　機密戦争日誌』上・下(錦正社、平成十年)、軍事史学会編集『大本営陸軍部作戦部長宮崎周一中将日誌』(錦正社、平成十五年)等がある。

〈満蒙独立運動・満州事変関係〉昭和十七年

（一九四二）一月二十一日実施「小磯国昭大将談」（森克己『満洲事変の裏面史』国書刊行会、昭和五十一年）は、肉声を伝える数少ない談話録である。

〈朝鮮関係〉近藤釼一編『太平洋戦下終末期朝鮮の治政』（友邦協会朝鮮史料編纂会、昭和三十六年）、同『太平洋戦下の朝鮮及び台湾』（朝鮮史料研究会、昭和三十六年）、同『財政・金融政策から見た朝鮮統治とその終局』（友邦協会朝鮮史料編纂会、昭和三十七年）、同『太平洋戦下の朝鮮』一—五（友邦協会朝鮮史料編纂会、昭和三十七—三十九年）、大蔵省管理局編『日本人の海外活動に関する歴史的調査』（高麗書林、昭和六十年）等がある。

〈小磯内閣関係〉高木惣吉『高木海軍少将覚え書』（毎日新聞社、昭和五十四年）、伊藤隆他編『高木惣吉　日記と情報』下（みすず書房、平成十二年）、細川護貞『情報天皇に達せず』下（同光社磯部書房、昭和二十八年。なお同『細川日記』〈中央公論社、昭和五十三年〉として改訂版が出版されている）、外務省編纂『終戦史録』（新聞月鑑社、昭和二十七年）、『参謀本部所蔵　敗戦の記録』（原書房、昭和四十二年）、『木戸幸一日記』下（東京大学出版会、昭和四十一年）、佐藤元英『アジア太平洋戦争期政策決定文書』（原書房、平成十三年）、佐藤元英・黒澤文貴『ＧＨＱ歴史課陳述録　終戦史資料』上（原書房、平成十四年）所収の陳述録等がある。なお右の『アジア太平洋戦争期政策決定文書』は、小磯内閣期の最高戦争指導会議・閣議決定等についての情報検索ツールとして利便である。なお、小磯内閣期の最高戦争指導会議の議事録が新たに発見され、伊藤隆・武田知己氏の下で翻刻が進められている。

〈繆斌問題関係〉中村正吾『永田町一番地　外交敗戦秘録』（ニュース社、昭和二十一年）、重光葵『昭和の動乱』下（中央公論社、昭和二十七年）、田村真作『繆斌工作』（三栄出版社、昭和二十八年）、緒方竹虎伝記刊行会『緒方竹虎』（朝日新聞社、昭和三十八年）、前掲『参謀本部所蔵　敗戦の記録』、伊藤隆・渡辺行男編『重光葵手記』（中央公論社、昭和六十一年）、同編『続重光葵手記』（中央公論社、昭和六十三年）等がある。

〈議会・枢密院関係〉『帝国議会衆議院議事速記録』、『帝国議会衆議院委員会議録』、『帝国議会貴族院議事速記録』、『帝国議会貴族院委員会速記録』等をはじめ、衆議院参議院編・刊『議会制度百年史』（平成二年）、国立公文書館所蔵「枢密院文書」（本文書中の「枢密院会議議事録」は、東京大学出版会から刊行されている）、岡野加穂留編著『内閣総理大臣就任演説にみる日本の宰相』（現代評論社、昭和六十年）等がある。

研究書・論文には、次のようなものがある。

〈三月事件関係〉刈田徹「三月事件の擬砲弾問題に関する一考察—小磯国昭の大川周明宛書簡（『大川周明関係文書』所収）を中心に—」（『政治・経済・法律研究』〈拓殖大学政治経済研究所〉一—二、平成十年）、芳井研一「三月事件と陸軍中堅幕僚層」（『人文科学研究』〈新潟大学人文学部〉六十七、昭和六十年）、粟屋憲太郎「『徳川義親日記』と三月事件」（『中央公論』九十九—七、昭和五十九年）、松本清張「『桜会』の野望」（同『昭和史発掘』四、文芸春秋、昭和四十一年）等がある。

〈繆斌問題〉横山銕三『「繆斌工作」成ラズ　蔣介石、大戦終結への秘録とその史実』（展転社、平成四年）、渡辺行男「繆斌事件—ある終戦工作」（『中央公論』一〇三—九、昭和六十三年）、野村乙二朗「東亜聯盟と繆斌工作一・二」（『政治経済史学』三〇九—三一〇、平成四年）等がある。

〈朝鮮及び小磯内閣関係〉宮田節子『朝鮮民衆と「皇民化」政策』（未来社、昭和六十年）、近藤正己『総力戦と台湾』（刀水書房、平成八年）、樋口雄一『戦時下朝鮮の民衆と徴兵』（総和社、平成十三年）、浅野豊美「日本帝国最後の再編」（『戦間期のアジア太平洋地域』早稲田大学社会科学研究所、平成八年）、岡本真希子「アジア・太平洋戦争末期における朝鮮人・台湾人参政権問題」（『日本史研究』四〇一、平成八年）、同「戦時下の朝鮮人・

台湾人参政権問題」(『早稲田大学大学院文学研究科紀要』四十二、平成九年)等がある。なお右の樋口『戦時下朝鮮の民衆と徴兵』収載の「参考文献目録」は当該問題を検討する上で役に立つ。

〈東京裁判関係〉極東国際軍事裁判研究会編『極東国際軍事裁判研究』全三巻・別巻(平和書房、昭和二十二―二十三年)、田中正明『東京裁判とは何か　六つに分かれた判決』(日本工業新聞社、昭和五十八年)、細谷千博他編『東京裁判を問う　国際シンポジウム』(講談社、昭和五十九年)、大沼保昭『東京裁判から戦後責任の思想へ』(有信堂高文社、昭和六十年)、アーノルド・C・ブラックマン著／日暮吉延訳『東京裁判　もう一つのニュルンベルク』(時事通信社、平成三年)、粟屋憲太郎・NHK取材班『東京裁判への道』(日本放送出版協会、平成六年)、五十嵐武士・北岡伸一編『「争論」東京裁判とは何だったのか』(築地書館、平成九年)、日暮吉延『東京裁判の国際関係―国際政治における権力と規模―』(木鐸社、平成十四年)等があるが、その他にも厖大な研究が蓄積されている。それらについては前掲『東京裁判ハンドブック』所収の「主要参考文献目録」を参照するとよい。

〈その他〉樋口穣「資料紹介　陸軍少将小磯国昭・武者金吾『航空の現状と将来』(文明協会ライブラリ　昭和三年刊)」(『環日本研究』資料編五、平成十二年)がある。

（堀口　修）

郡　祐一（こおり・ゆういち）

明治三十五―昭和五十八年(一九〇二―一九八三)

内務官僚・参議院議員

「郡祐一関係文書」は東京大学法学部の近代立法過程研究会が収集し、現在東京大学法政史料センター原資料部に所蔵されている。同センターによる「近代立法過程研究会収集文書No.61　郡祐一関係文書目録」(昭和六十年)がある。

本関係文書は、内閣官房次長となった昭和二十三年(一九四八)以降(同二十五年に参院初当選)の書類、自筆原稿、スクラップブックからなる。

書類には内閣官房次長(のち官房副長官)時代の「外相官邸に於ける連絡会議記録」全八冊や自身が経験した選挙の記録の他、憲法調査会のまとまった史料(総会および各委員会の議事録・報告書や関係資料など)がある。また「矢島三義君公務執行妨害事件一件書類」は、昭和三十年第二十二回特別国会の会期末に参議院議院運営委員会において「国防会議の構成等に関する法律案」や「憲法調査会設置法案」などの重要法案の継続審査要求をめぐって起った国会乱闘事件(公務執行妨害事件)に関するもので、この時郡は議院運営委員長であり、裁判記録によれば「全治約三ヶ月を要する右側第一、第二肋骨々軟骨裂創骨折」などの傷害を負い、事件の当事者(被害者)となっている。この裁判については『判例時報』二九七(昭和三十一年)に第一審判決が掲載されている(無罪判決、控訴期間の満了による自然確定)。なお、本件は国会内での議員の活動と刑事裁判権との関係について裁判所が初めての判断を下したものである。

自筆原稿は昭和二十八年から晩年の五十八年の間に新聞や雑誌などに発表したもの、種々の会合での挨拶や演説の原稿、折りに触れての随想など合計三六五点を数え、スクラップブックは昭和二十三年から五十八年までの計六十一冊と「憲法調査会記録」と題された二冊からなっている。

（岸本　昌也）

古島一雄（こじま・かずお）

慶応元―昭和二十七年(一八六五―一九五二)　第一次加藤内閣逓信政務次官

関係の文書・記録としては、憲政資料室に「古島一雄関係文書」(巻物四十三巻、ほとんどが書翰で総数二七五通)が残されているにすぎない。しかしこのなかに直筆の文書はわずか一点しかなく、ほかはすべて古島宛の書翰である。主な差出人は、平岡浩太郎・安川敬一郎・小泉策太郎・陸実(羯南)・宮崎寅蔵・杉浦重剛・都筑馨六らである。しかし、同室に所蔵されている関係者の文書には数通ではあるが古島の書翰が収録されており、たとえば「三浦梧楼文書」(二通)、「小泉策太郎文書」(二通)、「井上匡四郎文書」(二通)、「都筑馨六文書」(一通)である。

自身による回顧録は『一老政治家の回想』(中央公論社、昭和二十六年、のち中公文庫、昭和五十年)が刊行されており、新聞記者時代から始まって犬養との出会い、そして五・一五事件で暗殺されるまでの犬養の政治行動に関する証言が中心となっているが、同時代についての証言も掲載されている。

次に史料集として鷲尾義直編『古島一雄』(日本経済研究会、昭和二十四年)がある。これには主に次のような史料が収録されている。第一に大正時代の犬養をめぐる政治行動に関する回顧録、第二に古島に関する証言や新聞記者をしていた時代の記事(とくに古島が新聞社に採用した正岡子規に関する思い出や、古島を著名にした『日本及日本人』に掲載された政界批評である「雲間寸観」など)、第三に関係のあった重要人物からの書翰(たとえば主な人物として陸羯南・犬養毅・内藤湖南・都築馨六・岡崎邦輔・山本悌二郎・本庄繁ら)、第四に昭和十五年(一九四〇)から二十二年の間に政界に関する古島の考えが述べられている「憂国通信」として編集された書翰三十六通(それ以外のもの十七通)、第五にジャーナリストとして著名な人物との座談会記録(たとえば、三宅雪嶺・緒方竹虎・長谷川如是閑・馬場恒吾・杉森孝次郎・室伏高信・丸山幹治・岩淵辰雄・阿部眞之助・山浦貫一ら)、そして最後に鷲尾が史料に基づいて執筆した伝記である。この伝記には若いころ師と仰いだ杉浦重剛や、陸羯南・幸田露伴らからの書翰も使われており、犬養と本格的に交流を始めるまでの活動を知ることができる。

伝記ではないが、青春時代をテーマに描いた小島直記『斬人斬馬剣』(中央公論社、昭和六十三年、のち中公文庫、平成五年)がある。

(時任　英人)

児島惟謙　(こじま・これかた)

天保八―明治四十一年(一八三七―一九〇八)　大審院長

関係の文書・記録のうち、大津事件に関しては、児島によって事件直後に書き留められた「日記摘録」を穂積陳重が筆写した「大津事件児島大審院長日記」(児島惟謙第一手記・写本)があり、これは昭和十九年(一九四四)に『大津事件手記』(築地書店)という題名で刊行された。また、児島は晩年になって事件直後の第一手記に加筆・増補を行ったが(児島惟謙第二手記・原本)、これをさらに後に穂積が筆写したものが「大津事件日誌児島大審院長」(児島惟謙第二手記・写本)で、昭和六年に花井卓蔵の校訂によって『大津事件顛末録』(春秋社)という題名で出版されている(昭和四十六年に刊行された家永三郎編注『大津事件日誌』〈東洋文庫一八七・平凡社〉は、この第二手記を本文として収め、付録に第一手記を載せている)。第一手記は事件落着後間もない時期に書かれ、第二手記は明治三十八年(一九〇五)に書かれたというが、いずれにしてもそれは事後の記憶に頼ったものであるための錯誤や、さらには、自己の行為を正当化するための曲筆さえ認められる。このほか、自ら書いた「司法卿上進草」(明治九年)など意見書、論文、詩等を集めた「出放題」と「履歴」(いずれも児島章氏所蔵)がある。

伝記・人物論については、沼波武夫(瓊音)『護法之神児島惟謙』(修文館、大正十五年)、原田光三郎『児島惟謙伝』(内外出版印刷、昭和十四年)、同『護法の巨人児島惟謙と其時代』(文光堂、昭和十五年)、田畑忍『児島惟謙』〈人物叢書〉(吉川弘文館、昭和三十八年)、吉田繁『新編児島惟謙』(関西大学出版部、昭和四十年)、春原源太郎『児島惟謙先生と関西大学』(関西大学出版部、昭和四十年)、青野暉『児島惟謙小伝』(児島惟謙先生銅像建立委員会、昭和五十五年)、児島惟謙研究班『児島惟謙の航跡』(関西大学法学研究所研究叢書第十四冊、平成八年。第十八冊、平成十年)、楠精一郎『児島惟謙』〈中公新書〉(中央公論社、平成九年)がある。

児島を直接対象としたものではないが、彼と関係の深い大津事件について論じた主要な文献としては、安斎保『大津事件に就て』上・下(社会問題資料叢書第一輯。復刻版、東洋文化社、昭和四十九年)がある。これは、東京控訴院判事であった安斎が、司法省関係の公文書をはじめ入手しうる限りの関係資料を収録した膨大な報告書であり、昭和十四年に司法省刑事局から『思想研究資料』(特輯六十五号)として出版されたものの復刻である。ほかに、資料集としては、我部政男他編『大津事件関係史料集』上・下(山梨学院大学社会科学研究所叢書、成文堂、平成七年)があり、上巻には書陵部所蔵資料、下巻には国立公文書館所蔵資料が収録されている。また、研究書として主要なものに、家永三郎『司法権独立の歴史的考察』(日本評論社、昭和三十七年)、田岡良一『大津事件の再評価』(有斐閣、昭和五十一年)、尾佐竹猛『大津事件』〈岩波文庫〉(岩波書店、平成三年、このなかの「三谷太一郎校注」)、山川雄巳『危機としての大津事件』(関西大学法学研究所、平成四年)、新井勉『大津事件の再構成』(御茶の水書房、平成六年)、山中敬一『論考大津事件』(成文堂、平成六年)がある。 (楠 精一郎)

五代友厚 (ごだい・ともあつ) 天保六―明治十八年(一八三五―八五) 大阪商法会議所初代会頭

五代友厚旧蔵史料のうち嫡孫五代信厚氏所蔵分約六〇〇〇点は国立国会図書館への仮寄託を経て、昭和四十八年(一九七三)十二月、初代会頭をつとめた大阪商法会議所の後身である大阪商工会議所(図書館)に寄贈された。同時にマイクロフィルムが作成され、国会図書館と鹿児島県明治百年記念館に寄贈された。曾孫の高橋龍子氏、孫の五代喜代子、山中園子両氏所蔵の書簡・文書も合わせてマイクロ撮影され、目録に収録された。大阪商工会議所の調査研究員として委嘱された佐々木克・川崎勝両氏によって書簡の一通ごとの内容の概略まで紹介された詳細な目録、大阪商工会議所図書館編集発行『五代友厚関係文書目録』(昭和四十八年)が編纂された。

日本経営史研究所編『五代友厚伝記史料』は万国博覧会開催を契機に結成された五代友厚氏顕彰会の事業として、この文書群の主要なものの翻刻を中心にしながらも、関係の他の文書群からも材料を求めた。第一巻(昭和四十六年刊行)は後述の五代龍作編の伝記の原型となった片岡春卿編「贈正五位勲四等五代友厚君伝」と五代からの送簡三五三通を含む書簡九七八通を収める。編纂にあたった新谷九郎氏は関係書簡約三四〇〇点を把握したうえで、選択して翻刻し、本書の解説には当時の史料状況と掲載史料選択の基準が詳細に述べられている。第二巻(昭和四十七年刊行)は山口和雄氏の、第三巻(同前)は大久保利謙氏の編集・解説で主に五代信厚氏旧蔵の文書から選択し、第二巻は在官中の貨幣関係、大阪の米商会所・株式取引所関係、主に前田正名の執筆になる直接貿易論、大阪商法会議所関係の書類一二八点、第三巻は鉱山・工業・商社・交通関係の二三三点の文書を収める。

伝記としては五代龍作『五代友厚伝』(昭和八年)しか見るべきものがなかったが、昭和八年頃から五代の研究を行い『五代友厚伝記資料』の編纂にも参画した宮本又次氏が『五代友厚伝』(有斐閣、昭和五十六年)を刊行した。詳細な年譜のほか雑誌論文や演劇を含む文献目録が付されており、これが決定版となっている。 (鈴木 淳)

児玉源太郎 (こだま・げんたろう) 嘉永五―明治三十九年(一八五二―一九〇六) 陸軍大将・陸軍大臣・参謀総長・台湾総督

参謀次長・満州軍総参謀長として日露戦争を指導し、戦後晴れて参謀総長に就任したにもかかわらず、幾ばくもなくして急逝したその生涯は広く知られている。現在でも、彼を取り上げた作品には事欠かない情況だが、それはもっぱら伝記類の充実に由来するものであって、本人に関わる一次史料については微々たるものでしかない。

「児玉秀雄関係文書」中に若干の源太郎関係の文書が含まれており、その中のものを紹介したものに伊藤隆「桂上奏文案をめぐって」(『日本歴史』五九六、平成十年)がある。

また、源太郎の蔵書は明治三十六年(一九〇三)山口県徳山市に「児玉文庫」として収蔵された。これは私設の図書館であった。しかし、第二次世界大戦時の戦災で焼失したが、六冊のみ現存する。

伝記類は大きく二種類に分けられよう。稀覯本とでも呼ぶべき、他書からほとんど参照されていないものとしては、没した明治三十九年中に、金港堂から刊行された関口隆正による『故児玉参謀総長伝』があり、全文漢文を以て事績を顕彰したものである。国立国会図書館で閲覧できるが(全国書誌番号40018349、マイクロフィッシュYDM6752)、徳山市立中央図書館所蔵の同書では天覧に供されたことになっている。大正七年(一九一八)に拓殖新報社から刊行された吉武源五郎による『児玉藤園将軍』はやはり国立国会図書館で閲覧可能(全国書誌番号43021454、請求記号354-112)だが、九州大学付属図書館六本松分館の檜垣文庫と、徳山市立中央図書館にも所蔵されている。大正三年に台北の新高堂書店から販売された横澤次郎の『児玉藤園将軍逸事』については、国立国会図書館は所蔵しておらず、わずかに拓殖大学・北海道大学・明治大学・立教大学の四大学と徳山市立中央図書館が所蔵しているのみである。

上記の伝記とは異なり、屢々参照される伝記は三冊ある。一つは、明治四十一年に刊行された『児玉大将伝』(星野錫発行・太平洋通信社発売)。桂太郎や後藤新平等の絶大な支援を受け、児玉の知己でありかつ政界の裏を知り尽くした杉山茂丸が肝煎りとなって、森山守次と倉辻明義に執筆させたもので、巻頭に山県有朋・桂・寺内正毅の揮毫と後藤の序文が掲載された、装丁も重厚な一冊。二部構成となっており、第一編が「児玉大将伝」、第二編は「児玉大将の半面」として、その人となりを示すエピソードや台湾日日新聞掲載の「児玉大将の逸事」、さらに台湾で開催された祝辰巳民政長官邸で開かれた「故総督逸事談話会」の速記録および児玉の詩集等からなっている。

大部かつ高価な『児玉大将伝』に対し、杉山茂丸が博文館から大正七年に刊行した『児玉大将伝』は、著者曰く、前者の堅苦しい文体を読みやすい小説風に改めたものであり、杉山らしく講談調で読みやすいが、前著とはもちろん区別されるべきは論を俟たない。

児玉伝の決定版として最も広く浸透しているのは宿利重一の『児玉源太郎』であろうが、同書には複数の異本が存在する点に注意が必要である。最初に刊行されたのは昭和十三年(一九三八)、対胸舎からであるが、自ら記しているようにほとんど自費出版であり東京堂が販売を担当した。児玉自筆の書簡の複製を添付するなど贅沢な造りだが、索引等は存在しない。他方、昭和十七年に国際日本協会より刊行された『児玉源太郎』は、十三年版に「朱で判読し得ぬやうにな」る程の訂正を加え、章立ても変更して書き下ろされたものである。翌十八年には相次いで訂正再版・三版が出され、四版に至った。ちなみに四版には人名索引が附随している。平成五年(一九九三)に山口のマツノ書店が本書の訂正三版を復刻したことに鑑みても、最も人口に膾炙しているのは国際日本協会版であり、分量的にも若干異なるため、対胸舎版は別物と考えるべきであろう。児玉家の知遇を得た宿利が昭和三年以降十数年の歳月を掛け、当時未だ存命であった、児玉を知る数多くの人物を訪ね歩き話を聞くとともに史料を渉猟し、知られざる事実を掘り起こした、この『児玉源太郎』は真に決定版と呼ぶに相応しく、これ以前の伝記に比し、正確な年代推定と史料の引用によって、専門書のごとき趣を醸し出している。

要職を歴任した児玉ゆえその名を留める史料は数多いものの、多くは公文書であり、それ以外の児玉に関わるまとまった史料はほとんど存在しない。わずかに書翰類が山県有朋や桂太郎などの関係文書中に見出される程度であるが、その散在状況が確認できている訳でもない。徳富に宛てた明治三十二年の二通の書翰が、徳富蘇峰記念塩崎財団に所蔵され、酒田正敏・坂野潤治他編『徳富蘇峰関係文書』二(山川出版社、昭和六十年)に収録されている。関係する史料や遺品の残存情況を知る上で最も参考になるのは、平成十一年に徳山市立美術博物館で開催された『児玉源太郎とその時代展』の目録であろう。児玉の遺品の多くが徳山市教育委員会に寄贈されていることや、下関市立長府図書館には日露戦中の乃木希典宛書翰が存在することなどが確認でき重宝する。

ちなみに自ら執筆した「児玉陸軍少将欧洲巡廻報告書」は上記の長府図書館ばかりでなく、国立国会図書館も所蔵している(全国書誌番号**40010694**、マイクロフィッシュ**YDM26834**、近代デジタルライブラリーで閲覧可能)。なお、前述の目録によれば、熊本鎮台時代の史料が熊本市立熊本博物館に、台湾総督時代の史料が水沢市立後藤新平記念館に存在するとのことであるが、確認はとれていない。

(大久保　文彦)

児玉秀雄(こだま・ひでお)

明治九―昭和二十二年(一八七六―一九四七)　植民地官僚・政治家

関係文書は遺族から社団法人尚友倶楽部に預けられている。現在仮目録が作成され、筆者および季武嘉也氏と同倶楽部の手で、主要文書を翻刻する作業が進んでいる。関係文書は、書簡・書類を含み、日露戦争中の軍への出向に始まり、貴族院議員、韓国統監府・朝鮮総督府・寺内内閣書記官長、賞勲局総裁、朝鮮総督府政務総監、関東長官時代の貴重な史料がある。岡田内閣拓相、林内閣の逓相、米内内閣内相、小磯内閣国務相・文相、陸軍嘱託、公職追放の時代のものは極めて少ない。また寺内正毅首相や斎藤実朝鮮総督宛の書簡、書類も含まれている。

筆者は関東長官時代の「大正十四年の児玉秀雄宛吉田茂書簡」(『日本歴史』六〇八、平成十一年)を紹介した。中に父の児玉源太郎関係のものも含まれており、筆者は、その中の桂上奏文案を使って、「桂上奏文案をめぐって」(『日本歴史』五九六、平成十年)を書いている。

伝記はない。なお児玉は朝鮮総督府政務総監時代に総監であった斎藤実の伝記(『子爵斎藤実伝』斎藤子爵記念会、昭和十六年)の編纂責任者となっている。児玉についての研究はまだない。

(伊藤　隆)

後藤象二郎(ごとう・しょうじろう)

天保九―明治三十年(一八三八―一八九七)　参議・農商務大臣

関係文書の所在は不明であり、伝記的史料もほとんど知られていない。

伝記には、岩崎英重『後藤象二郎』(興雲閣、明治三十一年)と大町桂月『伯爵後藤象二郎』(冨山房、大正三年)があり、後者は平成七年(一九九五)に解題(鳥海靖執筆)を付して大空社より復刻されている。後者は後藤の女婿岩崎弥之助、その子小弥太が、最終的には大町桂月に依頼して作成されており、そうした経緯から稿本が、静嘉堂文庫に保存されている。松尾章一「静嘉堂文庫と後藤象二郎伝」(『日本近代史研究』〈法政大学近代史研究会〉五、昭和三十六年)によれば、稿本が第一稿から第六稿まで存在するとともに、後藤に関する史料として、高島炭坑関係書(大江卓の調査)、後藤宛福沢諭吉書簡、後藤宛金玉均「擬以朝鮮策略」、朴泳孝書簡等が存在するという。

東京大学史料編纂所には、幕末期の後藤宛書簡などの写本が四十一冊ある。その詳細と、その他点数の少ない文書については、『旧華族家史料所在調査報告書　本編**2**』(学習院大学史料館、平成五年)を参照されたい。

ほかに平尾道雄編『土佐維新史料　書翰編一』(高知市民図書館、平成四年)に幕末の後藤宛書翰が十通掲載されている。

回想には、『史談会速記録』一七一（原書房復刻、昭和四十八年）に、大政奉還前後の回想がある。

一次史料がこのような状況であり、後藤の研究は少ないが、大同団結運動以後の活動については、佐々木隆『藩閥政府と立憲政治』（吉川弘文館、平成四年）が大いに参考になる。

（西川　誠）

後藤新平（ごとう・しんぺい）

安政四—昭和四年（一八五七—一九二九）　初代南満州鉄道総裁

関係する文書は比較的まとまった形で整理保存されてきている。後藤家に残された関係史料は、彼の全生涯にわたっており、二百数十箱の書簡・書類・日記・原稿・雑誌切り抜き等、および数千冊の刊本と膨大であった。それらは当初、昭和五年（一九三〇）に設立された後藤新平伯伝記編纂会（事務所は東京市政会館の中に設置）に搬入され、後藤家以外からも収集された史料とともに伝記編纂に利用されることとなった。その伝記は、女婿鶴見祐輔が中心となって執筆され、後藤新平伯伝記編纂会編『後藤新平』全四巻（後藤新平伯伝記編纂会、昭和十二—十三年、のち勁草書房、昭和四十年復刻）として刊行されたが、その膨大な史料が充分に利用された訳ではなかった。

伝記編纂が終了し同編纂会が解散した昭和十三年には、やはり東京市政会館内に後藤新平伯文書処理委員会が設立されて、本格的な整理、分類がなされ、昭和十四年には『後藤新平関係文書目録』が完成した。その後も同文書は同会館内に保管されていたが、昭和五十三年、岩手県水沢市が後藤新平記念館を建設するとともに、関係史料は同館に寄贈された。同館では、後藤新平伯文書処理委員会が整理した分類に従って、昭和五十五年にマイクロフィルム版『後藤新平文書』（全八十八リール、制作販売・雄松堂フィルム出版）を刊行した。同会館では、その後若干の史料を補充している。ただし、マイクロフィルム版は文書の全てを撮影したものではない。その遺漏分の内、書簡四二二通に関しては『台湾近代史料研究』（創刊号、平成十五年）が目録を掲載している。

他方、刊本類はそのまま、市政会館に残され、同会館内の東京市政調査会市政専門図書館で閲覧に供されている。

また、後藤新平作成の書簡・書類等は、「桂太郎関係文書」、「寺内正毅関係文書」、「鶴見祐輔関係文書」（以上、国立国会図書館）、「児玉秀雄関係文書」（尚友倶楽部）等に多く残されている。

人物論・伝記は多い。前掲の『後藤新平』全四巻が最も基本的なものであるが、太平洋戦争中にも時代の先覚者として、例えば沢田謙『後藤新平伝』（講談社、昭和十八年）などが出版された。戦後の研究では、外交面では小林道彦『日本の大陸政策　一八九五～一九一四—桂太郎と後藤新平—』（南窓社、平成八年）、北岡伸一『後藤新平』〈中公新書〉（中央公論社、昭和六十三年）が代表的であり、行政面では小島聰「後藤新平と『大調査機関』構想」（法政大学大学院社会科学研究科政治学専攻委員会編『政治をめぐって』七、昭和六十三年）、政治面では季武嘉也『大正期の政治構造』（吉川弘文館、平成十年）がある。

（季武　嘉也）

近衛文麿（このえ・ふみまろ）

明治二十四—昭和二十年（一八九一—一九四五）

昭和期の内閣総理大臣

関係する文書・記録は、近衛家の陽明文庫に所蔵されている。それは大きく二種類に大別される。第一に、いわゆる「近衛文麿公関係文書」である。本史料は、防衛研究所戦史部によって整理され目録も作成されているが、自筆の手記類のほか、近衛内閣、日中戦争、日独伊関係、日米関係、近衛新体制、終戦といった政治外交に関する公文書、関係者の追憶などからなっている。したがって私的な書簡類は少ない。矢部貞治による伝記執筆の際に、その多くは利用された。防衛研究所図書館に複製、憲政資料室、早稲田大学中央図書館などでマイクロフィルムを所蔵しており、閲覧することができる。

第二に、近衛の一校時代からの友人である山本有三が、伝記執筆のために蒐集したいわゆる「山本有三蒐集近衛文麿公史料」である。山本が志半ばに死去したのち、蒐集された史料は昭和四十九年(一九七四)陽明文庫に寄贈され、伊藤隆らによって整理され目録も作成されている。二千数百点に及ぶものであるが、図書、雑誌、新聞切抜きのほか、前者と比較した場合、幼少期に出した書簡や近衛宛の来翰、関係者による座談会などを記録した録音テープや速記録がその特徴となっている。特に青年期に関する史料が多い。これら史料は、山本のほか、杉森久英による伝記執筆に利用された。

また、近衛の日記は、昭和四十二年に一部が発見された。これは、昭和十九年六月から七月にかけての約一ヵ月を口述筆記したものであるが、のちに、『近衛日記』(共同通信社、昭和四十三年)と題して刊行された。原本は現在、陽明文庫に所蔵されている。

活字となっている主な著作は、第一次世界大戦後の欧米視察記である『戦後欧米見聞録』(外交時報社、大正九年。のち中公文庫、昭和五十六年に復刊)、欧米各国の上院の組織、権限、運用などを研究した『上院と政治』(日本読書協会出版部、大正十三年)がある。主要な論文や談話を集大成した文献としては、『清談録』(千倉書房、昭和十一年)があり、内容は私的回想から貴族院論、訪米所感まで多岐にわたる。また、『国際平和の根本問題』(私家版、昭和十年)は、国際問題を対象としており、ハウス大佐関連の論文、植民地再分割問題に関する各国の論調も掲載されているが、代表論文のひとつであり、近衛研究には不可欠な「英米本位の平和主義を排す」は、『清談録』、『国際平和の根本問題』のいずれにも収録されている。中国関連の論文を収めたものに、宇治田直義編『日支両国の識者に望む　遍く東亜の同志に愬ふ』(東亜同文会、昭和十二年)があり、昭和十二年年頭に発表された近衛の二論文とともに、同論文に対する中国各方面の反響も掲載されており、参考になる。また、手記をまとめた刊行物として、『平和への努力』(日本電報通信社、昭和二十一年)、『失はれし政治』(朝日新聞社、昭和二十一年)、『最後の御前会議』(時局時報社、昭和二十一年)などがあるが、いずれも、太平洋戦争勃発直後から戦後にいたる時期に執筆・口述筆記されたものである。戦前に書かれ活字になっているものはわずかに、「元老重臣と余」(『改造』昭和二十四年十二月号)、「日支関係の歴史(明治以後)と大東亜新秩序の理念」(『軍事史学』二十九―四、平成六年三月)のみである。霞山会編『東亜同文会史・昭和編』(霞山会、平成十五年)には、「言論編」において、「英米本位の平和主義を排す」、『失はれし政治』など近衛の主要な論文や手記が、解題とともに収録されている。特に東亜同文会の『支那』に掲載された論文はほぼすべてを網羅している。

総理大臣としての演説集としては、厚地盛茂編『近衛首相演述集』全二巻(その一　昭和十二年、その二　昭和十四年)、岡十万男編『戦時下の国民におくる近衛首相演説集』(東晃社、昭和十五年)などがある。

当時刊行された近衛に関する著作は、福岡醇祐『非常時局にたつ近衛公』(東京閣、昭和十二年)、山浦貫一『近衛時代の人物』(高山書院、昭和十五年)、小田俊与『翼賛運動と近衛公』(東京書房、昭和十五年)、伊藤金次郎『裸像・近衛文麿』(新聞時代社、昭和十五年)、白柳秀湖『近衛家及び近衛公』(国民新聞社出版部、昭和十六年)などである。当時の人物論としては、清沢洌「近衛公の思想的背景―心臓は右翼に、頭は自由主義に―」(『日本評論』十二―七、昭和十二年)が、特に示唆に富んでいる。

また伝記としては、矢部貞治『近衛文麿』全二巻(弘文堂、昭和二十七年。のち読売新聞社、昭和五十一年に合本して復刊)、岡義武『近衛文麿―「運命」の政治家―』(岩波新書〉(岩波書店、昭和四十七年。のち*KONOE FUMIMARO A Political Biography*と題して、東京大学出版会より一九八三年に英語版を刊行)のほか、随筆調のものとして、毎日新聞に連載されたが作者の死去により未完に終わった山本有三『濁流　雑談=近衛文麿』(毎日新聞社、昭和四十九年)や、杉森久英『近衛文麿』(河出書房新社、昭和六十一年。河出文庫、平成二年に上下二巻で刊行)などがある。

関係者による回想としては、有馬頼寧『友人近衛』〈アテネ文庫〉(弘文堂、昭和二十三年)、風見章『近衛内閣』(日本出版協同、昭和二十六年。のち中公文庫、昭和五十七年に復刊)、木舎幾三郎『近衛公秘聞』(高野山出版社、昭和二十五年)、高村坂彦『真実の上に立ちて』(白文堂、昭和二十九年)、富田健治『敗戦日本の内側―近衛公の思い出―』(古今書院、昭和三十七年)、松本重治(蠟山芳郎編)『近衛時代』全二巻〈中公新書〉(中央公論社、昭和六十一―六十二年)などがある。

関係者による日記・回想類のなかで、近衛の動向を知る上で参考になるものは、原田熊雄述『西園寺公と政局』全九巻(岩波書店、昭和二十五―三十一年)、細川護貞『情報天皇に達せず―細川日記―』全二巻(同光社磯部書房、昭和二十八年。『細川日記』と改題し中央公論社より昭和五十三年に再版。のち中公文庫、昭和五十四年に上下二巻で刊行)、『小山完吾日記』(慶応通信、昭和三十年)、『木戸幸一日記』全二巻(東京大学出版会、昭和四十一年)、木戸幸一日記研究会編『木戸幸一関係文書』(東京大学出版会、昭和四十一年)、伊藤隆・広瀬順晧編『牧野伸顕日記』(中央公論社、平成二年)、伊藤隆編『高木惣吉　日記と情報』全二巻(みすず書房、平成十二年)などがある。

近衛について戦後書かれた著作・論稿は、戦後まもなく刊行された馬場恒吾『近衛内閣史論―戦争開始の真相―』(高山書院、昭和二十一年)以来、人物論を含め枚挙にいとまがないが、研究に限定した場合、近衛の人物に焦点をあてたものとして、前掲の岡のほか、岡田丈夫『近衛文麿―天皇と軍部と国民―』(春秋社、昭和三十四年)、岡義武「近衛文麿」(神島二郎編『現代日本思想体系　十　権力の思想』筑摩書房、昭和四十年)、栗原彬「近衛文麿のパーソナリティーと新体制」(『年報政治学　一九七二「近衛新体制」の研究』昭和四十八年。『歴史とアイデンティティ―近代日本の心理=歴史研究―』新曜社、昭和五十七年に再録)、鶴見俊輔「翼賛運動の設計者―近衛文麿」(同『転向研究』筑摩書房、昭和五十一年)、細谷千博「近衛文麿における悲劇性」(『日本外交の座標』中央公論社、昭和五十四年)、吉田裕「近衛文麿―『革新』派宮廷政治家の誤算」(同・荒敬他『敗戦前後』青木書店、平成七年)、外国人のものとしては、Gordon M. Berger, "Japan's Young Prince: Konoe Fumimaro's Early Political Career, 1916—1931," *Monumenta Nipponica*, 29—4, 1974がある。

ほかに、論文「英米本位の平和主義を排す」を扱ったものとして、中西寛「近衛文麿『英米本位の平和主義を排す』論文の背景」(『法学論叢』一三二―四・五・六、平成五年)、庄司潤一郎「近衛文麿の対米観―『英米本位の平和主義を排す』を中心として―」(長谷川雄一編著『大正期日本のアメリカ認識』慶応義塾大学出版会、平成十三年)がある。近衛新体制を扱ったものとして、伊藤隆『近衛新体制』〈中公新書〉(中央公論社、昭和五十八年)、赤木須留喜『近衛新体制と大政翼賛会』(岩波書店、昭和五十九年)がある。なお、近衛新党・近衛新体制関係の史料集として、今井清一・伊藤隆編『現代史資料44　国家総動員(二)政治』(みすず書房、昭和四十九年)がある。

(庄司　潤一郎)

小橋一太（こばし・いちた）

明治三―昭和十四年(一八七〇―一九三九)　内務官僚・文部大臣

筆者は昭和四十年(一九六五)に長男の一雄氏から関係文書の閲覧を許された。同年坂野潤治氏と協力して目録を作成し、マイクロフィルム化した。このマイクロフィルムは東京大学社会科学研究所が所蔵している。昭和六十年に至って、一雄氏に依頼して原文書が憲政資料室に寄贈されて以後、同室で閲覧が可能となった。

関係文書はかなり大量なもので、内務官僚としての履歴に沿って、特に大正五年(一九一六)の選挙法改正に関する書類、大正後期の政治団体調査、行政整理、社会主義運動関係等の書類、また小橋が失脚する原因になった越後鉄道疑獄事件の裁判関係の書類、それに二四〇余点の来翰(清浦奎吾・平田東助・大木遠吉・野田卯太郎などがそのなかでも数が多い)が含まれている。

筆者はその内、大正十一年の「最近ニ於ケル特別要視察人ノ情況」など警保局が作成した社会主義者等運動関係の書類をまとめて、『大正後期警保局刊行社会運動史料』として「解題」を付して、昭和四十三年に日本近代史料研究会からタイプ印刷で刊行した。

まとまった伝記はない。わずかに小冊子、故小橋先生記念事業会編『小橋杏城先生をおもふ』(非売品、昭和十六年)がある。また前記疑獄事件について鹿子木魁次『小橋先生の奇禍に就て』(非売品、発行年不明)という小冊子がある。

(伊藤　隆)

小橋元雄(こばし・もとお)

天保十一―大正三年(一八四〇―一九一四)　熊本の地方官・勤王党運動家

筆者は「小橋一太関係文書」を閲覧した際に、その父元雄の関係文書も存在することを知り、併せてマイクロ化を行った。そして「小橋一太関係文書」とともに、憲政資料室に寄贈されて、閲覧が可能になった。晩年の日記、藩時代の達書等や郡長時代の覚書、そして来翰(通数の多いのは、土方久元・古荘嘉門・清浦奎吾・坂口元雄・佐々友房・渋江公寧・杉浦重剛・富岡敬明・山田信道等)が含まれている。また「小橋元雄略歴」がある。

来翰の中に含まれる明治八年(一八七五)前後の数通の佐々友房書翰を取り上げて、坂野潤治氏と若干の分析を行い、『日本歴史』三二三(昭和五十年)に「明治八年前後の佐々友房と熊本―小橋元雄宛佐々書翰を中心に―」を連名で発表し、若干の史料を翻刻紹介した。

小橋について書かれたものは管見の限り見当たらない。

(伊藤　隆)

小林一三(こばやし・いちぞう)

明治六―昭和三十二年(一八七三―一九五七)　実業家

箕面有馬電気軌道(のちの阪神急行電鉄)の創業者で、沿線の住宅地開発や箕面動物園、宝塚新温泉、阪急百貨店などの経営、さらには宝塚少女歌劇団を創設するなど多角的経営を展開し、いわゆる「日本型私鉄経営」の原型を作ったことで知られる。また、東京電灯や東宝の経営者としても著名で、戦時期には商工大臣も務めた。

小林は、若き日に小説家を志したというだけあって自ら多くの著作を書き残しており、著書だけでも二十数冊にのぼっている。そのほとんどが『小林一三全集』全七巻(ダイヤモンド社、昭和三十六―三十七年)に収録されており、研究には便利である。なかでも、八十歳のときに執筆した『逸翁自叙伝』(産業経済新聞社、昭和二十八年)、小林一三言行録とでも言うべき内容の『私の行き方』(斗南書院、昭和十年)、最晩年の著書である『宝塚漫筆』(実業之日本社、昭和三十年)などは、もっとも基本的な文献と言える。また、平成三年(一九九一)には阪急電鉄株式会社から『小林一三日誌』全三巻が刊行された。『日誌』は、三井銀行時代の明治三十一年(一八九八)から亡くなる昭和三十二年(一九五七)まで、ほぼ六十年間をカバーしており、小林一三研究の貴重な資料となっている。

阪急電鉄の池田文庫には、小林一三にまつわる「逸翁文庫」や「布屋文庫」がある。前者は昭和二十七年に寄贈された蔵書約七七〇〇冊で、文学・演劇・茶道に関する書物が多い。後者は昭和五十六年に山梨県韮崎市の生家から池田文庫に移管された約三〇〇〇点に及ぶ文書で、江戸後期から明治前期の公文書と小林家の私文書からなっている。「布屋文庫」に関しては、大島真理夫『甲斐国巨摩郡川原村　小林家文書目録』（池田文庫、平成八年）が刊行されている。

小林一三の研究は、箕面有馬電軌（阪急電鉄）の経営史との関連で取り上げられ、主として企業者史の立場からなされてきた。まず、作道洋太郎の「私鉄経営の成立とその展開―箕面有馬電鉄の場合を中心として―」（『大阪経大論集』〈大阪経大学会〉十七・十八、昭和五十二年）、「阪急電鉄―その経営と沿線文化の発達」（宇田正・浅香勝輔・武知京三編『民鉄経営の歴史と文化　西日本編』古今書院、平成七年）など、一連の研究がある。作道は、小林の企業者活動を大衆消費社会の出現に対応した新しい型の「生活文化企業」の創始者として評価している（作道洋太郎『阪神地域経済史の研究』御茶の水書房、平成十年）。

そのほか小林の企業者史研究には、前田和利「小林一三（阪急グループ創設者）―消費者指向の第三次産業企業集団の創造」（森川英正・中村青志・前田和利・杉山和雄・石川健次郎編『日本の企業家3　昭和篇　新時代のパイオニア』有斐閣新書、昭和五十三年）、老川慶喜「小林一三と堤康次郎―都市型第三次産業の開拓者」（佐々木聡編『日本の企業家群像』丸善、平成十三年）などがあり、小林を「都市型第三次産業」の開拓者としている。また、宮本又郎『企業家たちの挑戦』（中央公論新社、平成十一年）も、小林を第二次大戦後の高度経済成長期に一般的となる「消費者指向のビジネス」の先駆者と位置づけている。小林一三に関する評伝も多く、代表的なものとして三宅晴輝『小林一三』（日本書房、昭和三十四年）、青地晨『実業の覇者』（筑摩書房、昭和五十三年）、小島直記『鬼才縦横：評伝・小林一三』上・下（PHP研究所、昭和五十八年）などを挙げることができる。

池田文庫発行の『館報　池田文庫』にも、大島真理夫「小林家の「三積講」金融について―共同出資による金融―」（十二、平成十年）、作道洋太郎「広告・宣伝と小林一三の経営感覚―宝塚歌劇公演ポスターの歴史的背景―」（十五、平成十一年）、津金澤聰廣「『阪神毎朝新聞』と小林一三」（同）、平岩外四「小林一三翁と電気事業」（同）などの論文が掲載されており、近年の研究は多様化しつつある。なお、東京電灯時代については、東京電灯株式会社社史編纂室編『関東地方の電気事業と東京電力』（平成十四年）が比較的詳しい。

（老川　慶喜）

小林躋造（こばやし・せいぞう）　明治十―昭和三十七年（一八七七―一九六二）　台湾総督

旧蔵の文書・記録類は、伊藤隆・野村実編『海軍大将小林躋造覚書』（山川出版社、昭和五十六年）として公刊されている。本書に収録されている記録や回想録は、小林が経験した諸事実を彼自身が昭和の戦前・戦中・戦後において執筆し、かつその所見をまとめたものである。また、憲政資料室蔵「斎藤実関係文書」中には小林発斎藤宛の書翰が五通残されているが、本書の「解説」部分にその全文が掲げられている。ちなみに、これらの書翰はすべて、駐英勤務をしていた時期（明治四十四―大正二年〈一九一一―一九一三〉および大正九―十一年。後者の時期には、駐英大使館付海軍武官として赴任）に記されたものである。このほか、憲政資料室が所蔵する文書のなかでは、「安藤正純関係文書」に一通、「原田熊雄関係文書」に二通、「井上匡四郎関係文書」（マイクロフィルム。原文書は、国学院大学が所蔵）に一通の小林書翰が残されている。

伝記としては、宗代策『小林躋造伝』（帝国軍事教育会、昭和十四年）がある。ただし、本書は小林の生前に刊行されたものであり、台湾総督離任後の動向については知ることができない。小林の政治生活全般を理解するためには、前掲『小林躋造覚書』の「解説」を併照することが望ましい。一方、この『覚書』を利用した研究には、伊藤隆「戦中期の小林躋造内閣運動をめぐって」(『昭和期の政治』山川出版社、昭和五十八年)、野村実「対英米開戦と海軍の対米七割思想」(『軍事史学』九―二、昭和四十八年)、同「軍縮問題に関する浜口首相日誌」(『軍事史学』十二―三、昭和五十一年)、「第二次大戦についての小林躋造・嶋田繁太郎手記」(『政治経済史学』一三八、昭和五十二年)などがある。また、台湾総督時代における小林の事跡を分析した研究としては、近藤正己『総力戦と台湾―日本植民地崩壊の研究―』(刀水書房、平成八年)が代表的である。さらに、小林総督時代の台湾総督府が日本の南進政策全体のなかで果たした役割については、近藤前掲書の第三章「台湾総督府の『南進』」(六十一―一三九頁)のほか、長岡新治郎「華南施策と台湾総督府―台湾拓殖、福大公司の設立を中心として」(中村孝志編『日本の南方関与と台湾』天理教道友社、昭和六十三年)も参照されたい。

(樋口　秀実)

駒井徳三（こまい・とくぞう）

明治十八―昭和三十六年(一八八五―一九六一)
満州国国務院総務長官

関係する一次史料はほとんど残されていないようである。ただし、いくつかの著作と追悼録が存在する。まず、旧東北帝国大学農科大学卒業時に著し、満鉄入社のきっかけともなった『満洲大豆論』(有斐閣、明治四十五年)がある。次に満鉄社員時代および外務省・農商務省嘱託時代に自身の研究の成果を著したものとして南満洲鉄道株式会社地方部地方課編『産業調査資料其七　南満洲農村土地及農家経済ノ研究』(大正五年)、『支那綿花改良ノ研究』(支那産業研究叢書発行所、大正八年)、『支那金融通貨事情』(外務省通商局、大正十二年)等がある。

また、満州国に関する著作として『大満洲国建設録』(中央公論社、昭和八年)、回顧録としては『大陸小志』(大日本雄弁会講談社、昭和十九年)、『大陸への悲願』(大日本雄弁会講談社、昭和二十七年)がある。他には追悼録として『麦秋　駒井徳三』(蘭交会、昭和三十九年)がある。

駒井の足跡に関しては、回顧録等と併せて外交史料館所蔵の外務省記録を参照されたい。同記録中には駒井の手掛けた事業に関する史料や、自身の手による調書が存在する。なお、憲政資料室には「片倉衷関係文書」に駒井が宛てた書簡が六点あるのみである。

関連する研究は少ないが、駒井を扱ったものとして、佐藤元英「東亜勧業株式会社設立に関する駒井徳三の二つの意見書」(『近代日本の外交と軍事』吉川弘文館、平成十二年)が挙げられる。

(北野　剛)

小村寿太郎（こむら・じゅたろう）

安政二―明治四十四年(一八五五―一九一一)　外務大臣

関係の私文書は、今のところ知られていない。長男欣一氏が没した翌昭和六年(一九三一)、次男捷治氏が侯爵家を継いだが、捷治氏(昭和四十七年没)には子供がなく、小村家は途絶えたようである。そのため、小村が残したであろう私文書の行方は不明である。ただし、もともと外交の機密保持に厳密な小村が書翰や書類をまとめて子孫に残したかどうかも疑わしく、それは憲政資料室などで小村からの書翰がほとんど見当たらないことにも表われていると思われる。なお、小村記念館(宮崎県)には、若干の遺品が展示されている。

また、蔵書は、かつては存在した。昭和十三年、満鉄は小村の記念事業として銅像を鋳造するとともに、銅像の建設地である大連の電気遊園を小村公園と改め、園内の児童図書館を小村侯記念図書館と改称した。同図書館には、昭和十四年に小村家から、生前愛読した手択本千数百冊が寄贈された。また、同館には、写真五十数点ないし記念品三十点(ポーツマス会議関係のものなど)が所蔵されていたが(小村侯記念図書館編刊『小村侯記念品目録』昭和十四年)、現在それらの行方は不明である。

他方、外交官ないし外務大臣として活動した際の公文書(外交文書)は、もちろん「外務省記録」として外交史料館に所蔵されている。これら「外務省記録」を用いて小村外交ないし小村の人生を描いたのが、信夫淳平『小村外交史』上・下(外務省、昭和二十八年)である。これは、元来、伝記編纂を委嘱された信夫が大正十一年(一九二二)に脱稿した稿本「侯爵小村寿太郎伝」(甲号)が、戦後に形を変えて陽の目をみたものである。『小村外交史』では「外務省記録」の出典が明記されていないが、戦前にできあがった伝記であり、おそらく敗戦時の焼却処分などで失われた「外務省記録」も使用していると推測される点で、貴重である。

それ以外では、親炙した者による回想録(桝本卯平『自然の人　小村寿太郎』〈洛陽堂、大正三年〉や本多熊太郎『魂の外交』〈昭和十三年〉)のほか、太平洋戦争期に多数の伝記が刊行された(例えば、黒木勇吉『小村寿太郎』〈図書研究社、昭和十六年〉や宿利重一『小村寿太郎　北京篇』〈春秋社松柏館、昭和十八年〉など)。しかし、後者はほとんど刊本のみを史料としており、一次史料は使用していない。

戦後になると、小村そのものを語ることが少なくなり、代わりに小村外交の研究が圧倒的となる。小村自身に焦点を当て、パーソナリティから小村外交を説明したものに、岡本俊平「明治日本の対中国態度の一断面」(佐藤誠三郎ほか編『近代日本の対外態度』東京大学出版会、昭和四十九年)がある。また、吉村昭『ポーツマスの旗』(新潮社、昭和五十四年)もある。

(千葉　功)

小山完吾（こやま・かんご）　明治八―昭和三十年(一八七五―一九五五)　時事新報社長

日記が『小山完吾日記』(慶応通信、昭和三十年)として公刊されている。同書は、五・一五事件が勃発した昭和七年(一九三二)五月から太平洋戦争に突入した直後の昭和十七年一月までの時局の動きを記録したものである。当該期はすでに隠居の身であったが、軍部の専横に危機感を感じ、時局収拾のために奔走した。西園寺公望・牧野伸顕・斎藤実・近衛文麿・木戸幸一・湯浅倉平・山本達雄・池田成彬らとの会見の記録が含まれている。附録として「西園寺公と私」、「近衛公と私」が収められているが、前者は書き下ろし、後者は雑誌『心』昭和二十五年九月号に「近衛公との秘話」と題して発表されたものである。また、同書には西園寺・池田・牧野からの小山宛書簡の写しも収められている。

それ以外の関連史料は、まとまった形では残されていない。遺族のもとには、『小山完吾日記』の原本も含めて史料は残されていないという。交詢社(小山は常議員副長をつとめた)にも関連の史料は存在しないとのことである。

小山の書簡は、憲政史料室所蔵の「斎藤実文書」、「木戸家文書」、「牧野伸顕文書」にそれぞれわずかであるが収められている。また、出身の慶応義塾には、福沢諭吉関係者に宛てた書簡が若干数残されている(小山は福沢諭吉の孫婿である)。福沢の小山宛書簡も二通のみ残されているが、こちらは『福沢諭吉年鑑』十(福沢諭吉協会、昭和五十八年)および慶応義塾編『福沢諭吉書簡集』八・九(岩波書店、平成十四・五年)に収められており、丸山信「小山兄弟への福沢書簡」(『福沢手帖』〈福沢諭吉協会〉三十六、昭和五十八年)が解説を行っている。さらに福沢家関連で言えば、晩年の福沢について語った「書生の観た福沢先生」(『三田評論』三五九、昭和二年)がある。また、小山五郎(小山の女婿。さくら銀行相談役名誉会長をつとめた)が壮年期に私家版として編集発行した『祖父福沢一太郎の想出』(昭和十四年)があるが、ここには小山の序文と哀悼文「至孝至誠の人」が収められている。

以上のごとく、関係する残存史料は少なく、時事新報記者時代、政友会代議士時代を窺わせるものは存在しないといえる(なお、『小山完吾日記』には、これまで記録を残さずにきたとの記述がある)。

伝記は存在しないが、中村勝美『佐久の代議士』(櫟、平成元年)が小山に一章を割いており、その生涯について比較的詳しい。

(岩村　正史)

小山松寿（こやま・しょうじゅ）

明治九―昭和三十四年(一八七六―一九五九)　民政党代議士・名古屋新聞社長

伝記としては、小山千鶴子編『小山松寿伝』(小山龍三記念基金、昭和六十一年)がある。政治活動や彼の経営した名古屋新聞などに関する膨大な文書が残されており、山田公平氏によって編纂され『名古屋新聞・小山松寿関係資料』として平成五年(一九九三)以来刊行中である。

また、小山家所蔵の資料のほとんどは、小山千鶴子氏から委託された山室建徳・松浦正孝・季武嘉也によって整理され、その縁で憲政資料室に「小山松寿関係文書」として寄託されている。ただし、寄託されたのは小山家所蔵文書のすべてではなく、『名古屋新聞・小山松寿関係資料』には未寄託の文書も収録されている。なお、遺品・書類・書簡等の一部は早稲田大学図書館に寄贈された(『早稲田学報』昭和六十二年十月号の「小山松寿氏遺品図書館へ」という文章に目録が掲載されている)。

小山の経営していた名古屋新聞の社史としては杉村乙次郎・岡成志編『名古屋新聞社史』(名古屋新聞社、昭和十一年)があり、『名古屋新聞・小山松寿関係資料』三に収録された。また、名古屋新聞記者として小山を支えた与良ヱ(よら・あいち)については、川村洋輔編『回想の与良ヱ』(中部財界社、昭和四十三年)があり、小山を知るうえでも貴重である。

(有山　輝雄)

近藤栄蔵（こんどう・えいぞう）

明治十六―昭和四十年(一八八三―一九六五)　社会運動家

彼の活動を物語る図書・雑誌・新聞・パンフレット・自伝原稿・ノート類・書簡等合計約二〇〇〇点は、没後の昭和四十一年(一九六六)に同志社大学人文科学研究所図書館に寄贈された。著作・原稿、伝記資料、書簡、社会運動・政治活動、図書・雑誌・新聞、研究資料・趣味資料・生活資料に分類・整理されて『近藤栄蔵文庫目録』(同研究所、昭和四十四年)が刊行されたが、現在は図書・雑誌類は混架されている。

著作・原稿・獄中記録類も興味深いが、関係した諸団体・諸人物に関する書簡・書類、コミンテルンおよび共産党関係者、ソ連亡命時代、全国大衆党関係、昭和六年に国家社会主義へ転向した後の活動にかかわるパンフレット・リーフレット・ビラ(愛国労働農民同志会・愛国政治同志会)などが数多く含まれている。

自伝としては、同文庫中の自伝草稿(大正篇)を公刊した同志社大学人文科学研究所編『近藤栄蔵自伝』(ひえい書房、昭和四十五年)、近藤栄蔵『コムミンテルンの密使―日本共産党創生秘話―』(文化評論社、昭和二十四年)がある

(櫻井　良樹)

近藤英明（こんどう・ひであき）

明治三十五―平成三年(一九〇二―一九九一)　参議院事務総長

昭和二年(一九二七)内務省入省。昭和六年貴族院書記官となり、昭和二十四年から二十八年まで参議院事務総長。以後日本空港リムジン社長等を歴任。昭和四十二年から中央選挙管理委員会委員、昭和五十二年から同委員長を連続三期務めた。

旧蔵の文書類は、昭和五十五年に国立国会図書館に寄贈され、仮目録「近藤英明文書目録」により、憲政資料室において公開されている。この文書群は、戦前から戦後にかけて二十年近くにわたる貴族院および参議院事務局関係の文書であり、総計四七五点にのぼる。

戦前期の貴族院関係では、貴族院令改正問

題、貴族院調査会、事務局調査課および議会制度審議会(昭和十二年)等の関係資料が含まれている。また、松平康昌等の貴族院議員有志により、昭和八年から十五年まで刊行された月刊誌『青票白票』が通巻八十七号分揃って残されている。同誌には主に、議会政治、貴族院史、西欧の議院制度等に関する論説が掲載されており、貴族院を中心とした議会政治研究を目的としていたものである。『青票白票』は、平成三年(一九九一)に、社団法人尚友倶楽部より復刻刊行されている。戦後のものとしては、憲法制定、国立国会図書館設立準備、選挙法、および国会法改正関係の他に、昭和二十五年の戦後第一回渡米議員団の関係資料がある。

著作では、『市民と議会』(コスモポリタン社、昭和二十五年)が、戦後初の議員団訪米記録として、米国の議会制度、議会運営についての率直な印象が記されており、『国会のゆくえ』(春陽堂書店、昭和三十一年)は、貴族院時代から戦後国会に至るまでの、裏方から見た議会史のエピソードを綴ったものである。また、「近藤文書」を使った論文としては、小林正「国立国会図書館法制定史稿―国会図書館法の制定から国立国会図書館法の制定まで―」(『レファレンス』四十九―一、平成十一年)がある。

(堀内　寛雄)

権藤成卿（ごんどう・せいきょう）

明治元―昭和十二年(一八六八―一九三七)　社会思想家

「権藤成卿文書」は、死後家督を継いだ末弟五七郎の長女船田茂子家に伝えられた資料で、彼の稿本類以外のものであり、書翰・葉書等を中心に構成されている。時期的には黒竜会時代から晩年に至る。同文書は第二次大戦の疎開等による数次の移転に伴う散逸はあるが、内容は生前の選択眼で歴史研究に資するよう厳選されていると見てよい。したがって、「権藤文書」と漢詩集『閒々子詩』(権藤四郎介私刊、昭和八年)の照合により、その生涯の概略を知り得る。現在「権藤成卿文書」の大部分は憲政資料室へ寄託されている。なお、その際権藤の作成にかかる権藤家の家譜稿断簡は含まれているが、山縣大貳自筆本『柳子新論』等権藤家をめぐる稿本や、自治財団、鉱山事業関係の資料が欠落していることは知られなければならない。

船田茂子家に伝えられた「権藤文書」とは別に、稿本類を主にした厖大な幻の「権藤成卿文書」が存在するといわれている。それは権藤の一番弟子といわれていた綱島正興(戦前の農民運動家・弁護士、戦後自民党代議士)に伝わるもので、稿本を主体として生前に整理されたものであることは容易に想像がつく。これには権藤家に伝わった書籍等も含まれていることは言うまでもない。生前の綱島はこれを言を左右にして絶対に公表しなかった。そのあげく綱島の死後その噂すら聞かなくなってしまった。幻の「権藤成卿文書」である。

伝記研究としては、権藤の個人雑誌を主宰した二人の門弟による次のものがある。二つとも権藤の直話を聞き書きの形で紹介したところに特色がある。一つは『制度学雑誌』(昭和九年五月～七月)を編集主宰した伊福部隆彦の「権藤先生思ひ出草」(『道統』、昭和十五年)「権藤成卿評伝ノート」(『国論』、昭和三十一―三十二年)であり、他の一つは『制度の研究』(昭和十―十二年)を編集主宰した松沢保和の「権藤成卿研究」月刊紙『静岡の考え』(静岡県農村問題研究所発行、昭和五十三年―)である。

滝沢誠『権藤成卿覚え書』(滝沢清司刊、昭和四十三年)には、「権藤成卿文書」の一部を収録してあり、同書の発展である『権藤成卿』(紀伊国屋書店、昭和四十六年、のちぺりかん社、平成八年)は、権藤の事歴に関する体系的記述である。同二著以降の研究の動向と成果について比較的良くまとめたものとして、大森美紀彦「権藤成卿の変革論」上・下(『政治文化』十―十一、昭和六十二年)、同「権藤成卿における政理」(同十二、平成四年)がある。

主要な著作は老アナキスト大島英三郎の主

宰する黒色戦線社から『権藤成卿著作集』全七巻・別巻一巻(昭和四十八―平成三年)が刊行されている。

（滝沢　誠）

さ

西郷隆盛　（さいごう・たかもり）

文政十―明治十年(一八二七―一八七七)　陸軍大将・参議

関係文書は、戦災や焼却処分などによって西郷家にはほとんど残存しておらず、一次史料は島津家や大久保家といった諸家文書に頼らざるをえない。本格的な活字史料は、没後五十年祭を機に刊行された『大西郷全集』全三巻(平凡社、昭和二年)が最初である。書翰と書類四一五通は第一巻・第二巻に収められ、第三巻には伝記と詩文と補遺が含まれる。主要な史料は写真も付されている。その後、編者である渡辺盛衛は、書翰・文章・詩文に増補校訂を加え、重要史料に解説を追加した『大西郷書翰大成』全五巻(平凡社、昭和十五―十六年)を刊行した。右は今日においても、西郷を追究する際の基礎的資料となっている。

これらとは別に、大正十二年(一九二三)に日本史籍協会叢書として『西郷隆盛文書』(東京大学出版会、昭和六十二年覆刻)も刊行されている。『大西郷全集』に未収録の文書も若干含まれるが、翻刻はやや粗雑である。戦後になると、西郷没後一〇〇年に対応して『西郷隆盛全集』全六巻(大和書房、昭和五十一―五十五年)が刊行された。書翰や詩文のほか、西郷評の抄録や関係文献目録も含まれ、決定版的な史料集に位置づけられるだろうが、候文を読み下し文に修正して編集された結果、学術文献への引用に際しては旧来の『大西郷書翰大成』、あるいは『鹿児島県史料　忠義公史料』(第一―七巻、鹿児島県、昭和四十九―五十五年)および『鹿児島県史料　玉里島津家文書』(一―十・補遺、鹿児島県、平成四―十五年)各巻、諸家文書との照合を要するなど、不便をきたしている。なお、『鹿児島県史料　玉里島津家文書』では、『西郷隆盛全集』にみられない西郷書翰も翻刻されている。西郷の漢詩については、『西郷隆盛全集』四を底本として『江戸漢詩選第四巻　志士』(岩波書店、平成七年)に収録され、懇切な解説が付されている。西郷隆盛関係の文献目録は、『西郷隆盛全集』六のほか、野中敬吾『西郷隆盛関係文献解題目録稿』(私家版、昭和四十五年)があげられ、改訂版と続編の発行が続いている。

伝記・評伝・論文は、一般書や西郷南洲顕彰会『敬天愛人』各号などを含めると膨大な数にのぼるので割愛するが、古典的類例として、井上清『西郷隆盛』上・下〈中公新書〉

（中央公論社、昭和五十五年）は今日も無視できない。近年の研究に限定して述べると、佐々木克「西南戦争における西郷隆盛と士族」（『人文学報』〈京都大学人文科学研究所〉六十八、平成三年）は、雑多な構成である薩軍のシンボルとしての西郷の役割と、過剰な護衛で一般兵士の目から秘匿された西郷の実態を対比的に述べ、猪飼隆明『西郷隆盛―西南戦争への道―』〈岩波新書〉（岩波書店、平成四年）は有司専制との対抗を軸に西郷を描いている。また、佐々木克「西郷隆盛と西郷伝説」（『岩波講座日本通史』十六、岩波書店、平成六年）は、実像のわかりにくさゆえに、改革者としての西郷イメージが増幅されていく過程を論じている。王政復古後の現実政治に西郷が違和感を抱いていく心情を、詩文を通じて分析した、M・ウィリアム・スティール「行動の型―西郷隆盛と明治維新」（同『もう一つの近代―側面からみた幕末明治―』ぺりかん社、平成十年）も注目できる。

（落合　弘樹）

西郷従道（さいごう・つぐみち〈じゅうどう〉）

天保十四―明治三十六年（一八四三―一九〇三）

元帥・海軍大臣

西郷の文書は、書簡類が、東京大学史料編纂所に「西郷従道家書翰帖」として所蔵されている。その他点数の少ない文書については、『旧華族家史料所在調査報告書　本編２』（学習院大学史料館、平成五年）を参照されたい。

伝記には、西郷都督樺山総督記念事業出版委員会著刊『西郷都督と樺山総督』（昭和十一年）と、西郷従宏『元帥西郷従道伝』（芙蓉書房、昭和五十六年）がある。後者巻末には、「西郷従道家書翰帖」より、四十三通の書簡が翻刻されている。出典が不明であるが逸話集として安田直『西郷従道』（国光書房、明治三十五年）がある。

憲政資料室所蔵の「憲政史編纂会収集文書」の「経過史料」に、深谷博治が、宮内省寄贈文書として「西郷従道家書翰帖」を引用しているが、書陵部には存在せず、何らかの理由で史料編纂所に寄贈替えになったと推測される。書陵部には、伝記史料として「西郷従道侯の海軍に於ける行実」がある。

研究としては、国民協会関係に、村瀬信一「明治二六年三月の西郷従道入閣問題」（『日本歴史』四六四、昭和六十二年）と佐々木隆『藩閥政府と立憲政治』（吉川弘文館、平成四年）がある。

（西川　誠）

斎藤宇一郎（さいとう・ういちろう）

慶応二―大将十五年（一八六六―一九二六）　秋田県政党政治家

昭和三十七年（一九六二）、斎藤宇一郎記念会が生家跡に斎藤宇一郎記念館を建設し、その後仁賀保町に寄贈されて現在は勤労青少年ホームとなっている。その一階展示室に斎藤宇一郎コーナーがあり、手帖に記された鉛筆書きの日記（明治二十八〈一八九五〉・三十七・三十八・四十三―大正十三年〈一九二四〉）が展示されている。鷲尾義直編『斎藤宇一郎君伝』（斎藤宇一郎君記念会、昭和四年）に、その一部が引用されている。同所には日記の他に「初会（ママ）立候補決心二」、「大正二年情報」、「犬養毅　大石正巳両先生書状」などの巻物、学生時代のノートなどがある。また、孫斎藤乙彦氏の手元には明治三十六年の日記および若干の書簡が遺されている。

前記の伝記の他に、武塙三山『斎藤宇一郎と農村指導』（竜星閣、昭和十三年）、『斎藤宇一郎を偲ぶ』（斎藤宇一郎記念会、昭和三十七年）、高野喜代一『斎藤宇一郎研究』（無明舎出版、平成五年）がある。

（季武　嘉也）

斎藤隆夫（さいとう・たかお）

明治三―昭和二十四年（一八七〇―一九四九）　政党政治家

関係文書である明治期以来の日記、演説草稿、来翰他は、現在斎藤義道氏が所蔵している。その内、いわゆる「反軍演説」の際に各方面から送られた書簡は、河原宏「斎藤隆夫の反軍演説とその影響」（『社会科学討究』二十七―一、昭和五十六年）、吉見義明・吉田裕・伊香俊哉編『資料日本現代史11　日中戦争期の国民動員②』(大月書店、昭和五十九年)などに、その一部が紹介されている。

日記は後述の草柳大蔵氏の本に引用されている他、筆者と渡邊行男氏が義道氏に依頼して、昭和十四年(一九三九)一月から昭和十五年三月の分の抄録を『中央公論』平成二年十二月号に、昭和二十年八月から十二月の分の抄録を同誌平成三年一月号に、「解説」を付して紹介した。

自伝に『回顧七十年』(民生書院、昭和二十三年、のち中央公論社、昭和六十二年文庫復刻、なお筆者による「解説」を付した)がある。評伝に、松本健一『評伝斎藤隆夫―孤高のパトリオット』(東洋経済新報社、平成十四年)、草柳大蔵『斎藤隆夫かく戦えり』(文芸春秋、昭和五十六年)がある。本書は斎藤義道氏から「日記」「出納帳」「覚え書き」を借用し、本文でも引用している。他に相原忠賢『ねずみの殿様―斎藤隆夫伝』(但馬文化協会、昭和四十七年)がある。

著書に『帝国憲法論』(私家版、明治三十四年)、『比較国会論』(渓南書院、明治三十九年)、『憲法及政治論集』(同、明治三十九年)、『洋行の奇禍』(私家版、明治四十年)、『政治経済読本』(憲政公論社、大正十五年)、『選挙法改正及政党政治論』(民政社、昭和八年)、『革新論及び革新運動を戒む』(日本評論社、昭和九年)、『軍部に告ぐ』(日本講演通信社、昭和十一年)などがあり、没後に戦時下で発表することなく書きためてあった論文を斎藤隆夫先生顕彰会がまとめて、『斎藤隆夫政治論集』として刊行した。本書は平成六年(一九九四)に新人物往来社から復刊された。

この復刊の記念講演会で筆者は「政治家斎藤隆夫について」という講演を行ったが、それは拙著『昭和史の史料を探る』(青史出版、平成十二年)に収録されている。関連の研究として、伊香俊哉「新体制運動前史覚書―一九四〇年斎藤隆夫除名問題前後の民政党の動向を中心に」(『立教日本史論集』三、昭和六十年)がある。

(伊藤　隆)

斎藤利行（さいとう・としゆき）

文政六―明治十四年(一八二三―八一)　参議・元老院議官

関係文書は、書陵部に明治七年(一八七四)から十四年の写本である「斎藤利行日記」がある。台本は山内侯爵家の写本となっており、『明治天皇紀』編纂時においても原本は不明であったかと考えられる。なお文久元年(一八六一)の抄録と思われるものが、平尾道雄編『土佐維新史料　日記編一』(高知市民図書館、平成二年)に収められている。

明治七年以後の宮内省出仕時代に関して「斎藤利行日記」を用いたものに、森県「西周と『宮中御談会』について」(『書陵部紀要』二十五、昭和四十八年)がある。

(西川　誠)

斎藤　実（さいとう・まこと）

安政五―昭和十一年(一八五八―一九三六)　海軍大臣・朝鮮総督・内閣総理大臣・内大臣

旧蔵史料は、現在そのほとんどが、憲政資料室に所蔵、公開されている。この史料は、かつて岩手県水沢市・四谷仲町の旧邸、杉並区関根町斎藤家などに分散保存されていたものが、昭和三十九年(一九六四)遺族から国立国会図書館に寄贈されたものである。斎藤家所蔵の史料は、死没直後、海軍大学校による調査が行われ、一部が海軍大学校に寄贈された形跡があるが、その大部分は、憲政資料室に寄贈され、由井正臣らにより整理され仮目録によって昭和四十二年より公開された。また、平成二年(一九九〇)より国会図書館、小林和幸などにより再整理がおこなわれ、『憲政資料目録　斎藤実関係文書』が、書類の部1・2として刊行され、さらに、国会図書館と早稲田大学の共同事業として平成四年から書翰が整理され、書翰の部1・2が刊行された。

憲政資料室所蔵の「斎藤実関係文書」は、草創期海軍軍人から海軍大臣、さらに朝鮮総督や首相、内大臣を歴任するというその多彩な経歴に即するように、極めて広範かつ重要な史料が万遍なく含まれており、海軍史・政治史・植民地史等々に亘る、質量共に第一級の近代日本研究に関する重要史料群と言い得るであろう。これは、斎藤の几帳面かつ史料の整理保存に熱心な性格によるものと思われるが、政治的に重要な史料ばかりではなく、在米公使館付きの武官時代のホテル領収書や新聞雑誌の切り抜きなどの類まで保存されている。したがって、ここに史料の全体像を詳しく述べることはできず、詳細は前述の目録にゆずるが、主要なものとして、海軍関係では、在米時代の交信や日清日露戦争関係、海軍拡張問題関係などがあり、朝鮮総督関係では、民族運動、経済・産業、参政権問題などがあり、昭和期では、枢密院関係、軍縮会議関係、組閣期の内政・外交の諸史料が含まれている。また、各種教化団体のパンフレットや政治意見の小冊子が多彩に含まれていることも特徴的である。日記は、明治十六年(一八八三)三月から二・二六事件で暗殺されるに至るまで継続的に、手帳様のものが残っているが、記事は、多くは面会人名など備忘的な記述に止まる。また、書翰も七五〇〇通を越え、国内ばかりでなく、朝鮮、欧米人からの来信も多く、重要な内容を含むものが多い。

　また、岩手県水沢市の斎藤実記念館には、旧蔵の三万点を越える蔵書・雑誌のほかパンフレット・写真などが保存されている。これらの蔵書については、水沢市立図書館編集、斎藤実記念館発行の『斎藤実蔵書目録』一・二(昭和四十九・五十年)がある。

　伝記としては、日記や旧蔵史料を使った斎藤子爵記念会編刊『子爵斎藤実伝』全四巻(昭和十六年、四巻は昭和十七年)が最もまとまっていて、記述も詳細かつ充実している。ほかに、広岡宇一郎編『斎藤実伝』(斎藤実伝刊行会、昭和八年)、村上貞一『巨人斎藤実』(新潮社、昭和十二年)、有竹修二『斎藤実』(時事通信社、昭和三十三年)などがある。

　また、上述のような「斎藤実関係文書」を利用した研究は多いが、特にまとまったものを挙げるとすれば、明治期海軍関係では、小林道彦『日本の大陸政策　一八九五―一九一四―　桂太郎と後藤新平』(南窓社、平成八年)、朝鮮総督関係では、姜東鎮『日本の朝鮮支配政策史研究―一九二〇年代を中心として―』(東京大学出版会、昭和五十三年)、昭和期では、伊藤隆『昭和初期政治史研究』(東京大学出版会、昭和四十四年)がある。

　なお、平成十四年十月、早稲田大学において「斎藤実展―その人と時代」がひらかれ、主要史料が展示された。　(小林　和幸)

嵯峨実愛（さが・さねなる）

　文政三―明治四十二年(一八二〇―一九〇九)　議奏、維新後、刑部卿・大納言(もと正親町三条〈おおぎまちさんじょう〉、維新後改姓)

　関係文書は、日記と文書の写本が、書陵部にある。日記は、元治元年(一八六四)から明治四年(一八七一)までが、日本史籍協会叢書『嵯峨実愛日記』全三冊(昭和四―六年、のち東京大学出版会復刻、昭和四十七年、解題吉田常吉)として刊行されている。それ以外にも、明治二十五年までの写本が存在する。原題は「続愚林記」などである。文書は「嵯峨侯爵家文書」の題の写本が存在する。ともに原本は不明。

　東京大学史料編纂所には、「嵯峨実愛家記」を含む写本を中心とした三十点弱の文書がある。その詳細と、その他点数の少ない文書については、『旧華族家史料所在調査報告書　本編2』(学習院大学史料館、平成五年)を参照されたい。

　ほかに文久三年(一八六三)九月から慶応二年(一八六六)八月までの議奏時代の「御評議箇条」が、日本史籍協会叢書『維新日乗纂輯　一』(大正十四年、のち東京大学出版会復刻、昭和四十四年、藤井貞文の解題が『維新日乗纂輯　五』にある)に収められている。原本は不明。

　嵯峨を中心にした研究は少ないが、関連する研究として松尾正人「明治初年の宮廷勢力と維新政権」(明治維新史学会編『幕藩権力と明治維新』吉川弘文館、平成四年)を挙げておく。また、浅見雅男が、未刊行部を用いて隠居後の陞爵運動を『華族誕生』(リブロポート、平成六年、のち中公論社〈中公文庫〉、平成十一年)で描いている。　　(西川　誠)

酒井三郎（さかい・さぶろう）

明治四十一―平成五年(一九〇七―一九九三)　昭和研究会事務局・日本民間放送連盟専務理事

筆者は生存中に直接話を伺う機会が多かった関係から、亡くなられた後、夫人の愛氏の許可を得て昭和研究会時代の史料を閲覧した。そのうち日記については「酒井三郎日記について」という文章を『日本歴史』五七二(平成八年)に公表した。また、少量ではあるが、この昭和研究会時代の史料は憲政資料室に寄贈され、現在公開されている。

酒井には、昭和研究会時代に『民間経済中枢機関試案』(昭和研究会、昭和十二年)、『農業団体統制試案』(昭和研究会、昭和十三年)などの著作があり、また編者となっているものに、『新日本の思想原理』(昭和研究会、昭和十四年)がある。戦後、昭和研究会について『昭和研究会―ある知識人集団の軌跡』(TBSブリタニカ、昭和五十四年、講談社文庫、昭和六十年、中央公論社、平成四年)を刊行している。戦後の史料は遺族の元にあるが、『テレビは一望の荒野か』(時事通信社、昭和三十七年)、『民放二〇年私記―放送番組向上のための提言』(兼六館出版、昭和四十八年)などの著書がある。　　(伊藤　隆)

堺　利彦（さかい・としひこ）

明治三―昭和八年(一八七〇―一九三三)　平民社の創設者

日本マルクス主義の源流に位置し、平民社の創設や、最初の合法社会主義政党・日本社会党などの運動を指導した堺は、「大逆文庫」をはじめ、草創期の日本社会主義運動に関する多数の文献・資料を残した。これらの蔵書は死後、文学書や教養書を除いて労農派の同志であった向坂逸郎の自宅書庫に移され、特高の監視下にあった戦時中も押収・散逸させることなく守られてきた。この旧蔵書は、昭和四十年(一九六五)五月、社会主義協会と向坂が遺族で堺の長女近藤真柄より正式に買い受け、現在は、法政大学大原社会問題研究所の「向坂逸郎文庫」に収められている。

この旧蔵書において、日本社会運動史上とくに注目されるのは「大逆文庫」であろう。「大逆文庫」とは、明治四十三年(一九一〇)五月の桂太郎内閣における大逆事件に抗議して命名したもので、明治三十六年十一月創刊の『週刊平民新聞』や後継紙『直言』『光』など、幸徳秋水や堺らの平民社のメンバーが編集・発行・保存してきたオリジナルな新聞を含み、ほかに堺の蔵書、たとえば『資本論』英語版などの洋書、明治四十年二月に西園寺公望内閣が片山潜・幸徳・堺らの動静を探った「社会党に関する調査」、片山が亡命中の大正十四年(一九二五)に上海で執筆した「在露三年」(生誕百年記念会編『片山潜著作集』昭和三十五年にも入っていない未発表原稿)などの文献・資料が含まれている。

これら「大逆文庫」を含む堺旧蔵書については、吉田健二「向坂文庫の堺利彦旧蔵資料」(『社会主義』四六九、平成十四年)が詳しい。なお、旧蔵書のうち文学書や教養書は、堺が郷里の福岡県豊津に創設した農民労働学校に寄贈されており、これらについては小正路淑泰「堺利彦農民労働学校の周辺」(『初期社会主義研究』八、平成七年)、同「堺利彦農民労働学校」(『部落解放史ふくおか』一〇五、平成十四年)などで一部を紹介している。また、堺利彦農民労働学校の設立経緯については、『堺利彦顕彰会通信』創刊号(昭和五十六年十一月)が子細にこれを紹介している。

著書については、死去した昭和八年に荒畑寒村ほか編で『堺利彦全集』全六巻(中央公論社)が出版され、昭和四十五年にも法律文化社から再版されている。他方で、日本社会主義運動史上、彼の思想と行動を扱った著書に、野依秀市『堺利彦を語る』(秀文閣書房、昭和五年)をはじめ、鈴木裕子『堺利彦女性論集』(三一書房、昭和五十八年)、荻野富士夫『初期社会主義思想論』(不二出版、平成五年)など和書だけでも二〇〇タイトルにも及び、この間の研究の発展を裏付けている。このうち評伝としての内容をもつ著作に、林尚男『評伝堺利彦—その人と思想』(オリジン出版センター、昭和六十二年)、川口武彦『堺利彦の生涯』上・下(社会主義協会出版局、平成四・五年)などがあげられる。また近年は、全集などに収録できなかった著作を含む目録の作成もすすめられ、初期社会主義研究会編「堺利彦目録(稿)」(『初期社会主義』十・十一、平成九・十年)などが発表されている。

(吉田健二)

榊田清兵衛 (さかきだ・せいべえ)

元治元—昭和四年(一八六四—一九二九) 衆議院議員・立憲政友会幹事

旧蔵史料については、「榊田清兵衛関係文書」がその大半を占める。同文書は、昭和六十三年(一九八八)に憲政記念館によって行われた榊田家への調査の結果まとめられたもので、その総計三十二点である。これには政友会、政友本党関係の書簡、衆議院議員当選証書、勲記、辞令などが収められており、政治生活を共にした床次竹二郎に関するものが主となっている。ほかに、これらとは趣を異にする史料に「中野正剛対露西亜共産党関係証拠書類捜査事件の報告復命書」がある。これらの文書はすでに榊田家に返却され同記念館では所蔵していないが、東京大学法政史料センターにおいて、マイクロフィルムでの閲覧が可能である。両所のいずれにも目録が整備されている。

原史料ではないが、関係史料を数多く収めているのが坂口二郎編『榊田清兵衛翁伝』(榊田記念会、昭和八年)である。同書は榊田の没後顕彰の一環として編まれたもので、発翰、関係者の談話などが豊富に収録されている。しかし、残念ながら同書編纂に用いられた史料は遺族の手元には現存しておらず、現在のところ発見されていない。

著作としては『榊田翁の上方見物日記』(榊田記念会編刊、昭和九年)がある。これは明治二十一年(一八八八)に大曲から東京、京都、奈良などを旅行した際の旅日記を復刻したものであり、同年四月一日から五月三十日までの記述がある。前書きによれば同書は東京の榊田邸から発見されたものを復刻したようであるが、これもまた原本の所在は不明である。

伝記の代表的なものは先述の『榊田清兵衛翁伝』である。同書には詳細な年譜も付されており有用である。他に、新山虎二編『犠牲の人 榊田清兵衛翁』(誠山堂、昭和五年)、渡辺賢次郎「榊田清兵衛翁伝」(大曲市教育委員会編刊『大曲市郷土資料』一〈昭和三十五年〉、同二〈昭和三十六年〉所収)がある。また、自身が深く関与した『秋田魁新報』にも数点の記事が見られる。

(清水唯一朗)

坂口仁一郎 (さかぐち・にいちろう)

安政六—大正十二年(一八五九—一九二三) 政治家

新潟県立文書館に「坂口五峰(仁一郎)・献吉関係文書」と著作「北越詩話」原稿が所蔵されている。文書は坂口宛書簡三十八通で、明治末から大正期の加藤高明・犬養毅・尾崎行雄などのものである。中には浜口雄幸首相のメモ二点が含まれる。

献吉宛書簡は、坂口献吉が編集した坂口の漢詩・漢文集『五峰遺稿』(同人刊、大正十四年)に対する礼状である。

(櫻井良樹)

阪谷芳郎 (さかたに・よしろう)

文久三—昭和十六年(一八六三—一九四一) 明治・大正期の財政家

戦災を免れた史料は、昭和二十二年(一九四七)頃に整理され、比較的重要なものが残された(漏れ聞くところによると整理されたものが古物商の手を経て、再び阪谷家へ戻ったものもあるという)。現在「阪谷文書」は、四つの機関に所蔵されている。

第一が、昭和四十五年に憲政資料室に寄託された文書(昭和五十五年に寄贈となる)で、仮目録によると二八七一点ある。時期は全般にわたり、整理されたとは言っても書類約六二三点、書簡一四五〇通、その中には一般日記(明治十七〈一八八四〉—昭和十六年)をはじめとする「洋行日記」・「東京市長日記」・「万国平和財団経済会議日記」・「日本産業協会日記」・「防空都市計画日記」などの多数の日記、「やたら覚書」などの手帳二十四冊などがある。

書簡で多いのは井上馨・松方正義・西園寺公望・公森太郎・松尾臣善・目賀田種太郎・中村雄次郎・渋沢栄一・渋沢篤二・勝田主計・添田寿一・杉村陽太郎・渡辺国武である。書類は「大蔵省在官当時書類」・「満鉄関係書類」・「支那幣制改革関係書類」・「支那招聘旅行関係書類」・「聯合国経済会議書類」・「臨時法制審議会資料」・「金融制度調査会資料」・「預金部資金運用委員会資料」・「カーネギー財団」・「東京経済学協会」・「学生時代のノート」・「成器社関係」などに分類されている。また「斎藤実関係文書」に阪谷書簡が三十三通ある(朝鮮関係が多い)。

以上の史料のうち、日本政府を代表する委員長として関わった「聯合国経済会議書類」(「聯合国経済会議御用日記」・「阪谷芳郎宛仲小路廉農商務大臣発信書翰」・「巴里経済会議承認後ノ措置ニ付テ」・「臨時産業調査会ノ施設スヘキ要項」)が原田三喜雄編『第一次大戦期通商・産業政策資料集』一(柏書房、昭和六十二年)に、「東京市長日記」が尚友倶楽部・櫻井良樹編『阪谷芳郎東京市長日記』(芙蓉書房出版、平成十二年)として出版されている。渋沢栄一書簡三十通が渋沢青淵記念財団竜門社編『渋沢栄一伝記資料』別巻三書簡一(同社、昭和四十二年)に、フェノロサ講義録が杉原四郎「フェノロサの東京大学講義」(『季刊社会思想』二—四、昭和四十八年)に掲載されている。

第二が、東京大学社会科学研究所に所蔵されているものである。これは前記昭和二十二年頃の整理にあたって、同所に寄贈された書類・書簡・図書七六八点である。書類(書簡を含む)は、「戦時体制および戦時財政調査(主として日清・日露戦争を中心に)」・「第一次大戦関係調査報告」「中国関係調査報告」「大蔵省預金部資金関係資料」・「日本経済調査会計記録」「カーネギー平和財団依嘱調査に関する交換書翰」に分類されており、最後の交換書簡は、さらに「満蒙調査その他に関する書簡」「本部への発簡」「本部よりの着信」「書簡」に分けられている。これらの検索目録として東京大学社会科学研究所資料室編「(東京大学社会科学研究所所蔵)阪谷文書総目録」(昭和四十五年)がある。

第三が、学習院大学東洋文化研究所の友邦文庫(旧称は「友邦協会・中央日韓協会文庫」)中にある「朝鮮問題雑纂」である。この史料は、長男である希一より昭和三十二年に友邦協会に寄贈された資料で、阪谷が中央朝鮮協会の会長を務めていた縁による。それが昭和五十八年に他の資料とともに友邦協会・中央日韓協会より学習院大学に寄託され、平成十二年度に寄贈となった。もともと四冊の簿冊として編綴され目次がつけられていたもので、大正八年(一九一九)から昭和十六年までの三・一事件、関東大震災における朝鮮人殺害事件、朝鮮人奨学機関自彊会などに関する各種パンフレット・ビラ・意見書・各種団体趣意書・書簡など約一八〇点(現在は再整理されて二八四点)で構成されている。「巻一」・「巻二」は三・一事件関係の官庁文書や関係する文書で、「朝鮮騒擾地踏査梗概報告」や「巡回日誌」や判決記録、新聞記事・書簡等、「巻三」・「巻四」は阪谷が関係していた朝鮮関係諸団体の書類が多く含まれている。目録としては近藤釼一編『財団法人友邦協会、社団法人中央日韓協会保管、朝鮮関係文献・資料総目録』(朝鮮史研究会、昭和三十六年)があるが、現在整理され近く「友邦文庫(東洋文化研究所所蔵)目録データベース」としてWeb上で見ることが可能になるという。このうち「巻一」所収の史料すべてと「巻二」中の三・

一事件関係史料の大半は、近藤釼一編『万歳騒擾事件(三・一運動)』(1)―(3)〈朝鮮近代史料　朝鮮総督府関係重要文書選集(9)―(11)〉(友邦協会、昭和三十九年)に翻刻されている(2)にも全史料の目録が掲載されている)。

第四が、平成十五年(二〇〇三)に古書店から売りに出されたダンボール一箱の「阪谷芳郎旧蔵文書」であり、これは渋沢史料館に収められた。現在整理中で内容を確認することができないが、古書販売目録によると、中央満蒙協会関係書類・台湾銀行資料・専修学校欧米漫遊談筆記・都市美協会関係資料・帝都復興院評議会速記録・八紘学院資料・書簡などが多数ある。

亡くなった直後に『故阪谷子爵追悼録』(「教育パンフレット」四二九、社会教育協会、昭和十六年)が発行されている。故阪谷子爵記念事業会編『阪谷芳郎伝』(同会、昭和二十六年)は、上記の史料にもとづいた手堅い伝記である。阪谷芳直『三代の系譜』(みすず書房、昭和五十四年)は、阪谷朗廬・芳郎・希一・三島通庸・渋沢家などの姻戚関係をふまえて近代金融史の一面を描いている。また妻の琴子が渋沢栄一の娘であったことにより『渋沢栄一伝記資料』中にも阪谷史料からの引用がしばしば見られる。

阪谷に言及している研究として、五十嵐卓「カーネギー国際平和基金と阪谷芳郎の日本調査会」(『年報・近代日本研究17　政府と民間』山川出版社、平成七年)がある。

(櫻井　良樹)

坂本俊篤(さかもと・としあつ)　安政五―昭和十六年(一八五八―一九四一)　海軍教育本部長

旧蔵の史料は、「坂本俊篤関係文書」として憲政資料室に寄託されている。計七九三点の史料からなる本文書は、「書翰」、「書類」、「写真」の三部に大別される。まず「書翰」の部には、計一二四の諸氏(あるいは団体)からの来翰が集められている。なかでも際だって多いのが、斎藤実発の書翰二十四通である。その他の発信者については、一人当り一～二通、多くても数通程度にとどまる。ちなみに「斎藤実関係文書」にも、坂本発の書翰が三十九通残されている。ついで「書類」の部には、講演原稿・日記・海軍関係書類・詩稿などが収められている。そのなかで中心となるのは、坂本が大正六年(一九一七)の貴族院議員勅選後に帝国議会内外で熱心に提唱するようになった、いわゆる燃料国策問題に関する講演・演説・放送用の原稿やパンフレットである。それ以前の海軍現役時代の史料では、明治二十三年(一八九〇)から二十六年の「勤務日誌」(二冊)や明治四十二年の「日記」を除くと、辞令・訓令・履歴書などの類が主となっている。なお、本文書中には、俊篤の曾祖父であり、江戸時代中期に砲術家として活躍した坂本天山(延享二―享和三年〈一七四五―一八〇三〉)の関係史料も含まれている。これについては、憲政資料室が作成した「坂本俊篤文書目録」の末尾に、「坂本天山関係文書」として所収史料の一覧が掲載されている。

伝記としては、昭和十七年(一九四二)に刊行された太田阿山編『男爵坂本俊篤伝』(東亜協会)がある。また幼少時代のエピソードを記したものとして、報知新聞社編『新人国記　名士の少年時代』中部篇(五三二―五四一頁、平凡社、昭和五年)もある。一方、坂本を正面から検討した、あるいは「坂本俊篤関係文書」を数多く利用した研究は、管見のかぎりで見当らない。それでも、教育行政に明るかった海軍時代については、原剛・安岡昭男編『日本陸海軍事典』(新人物往来社、平成九年)四五九頁の「坂本俊篤」の項(高橋秀典氏筆)が、簡潔な記述ながら、たいへん参考になる。また燃料国策問題については、伊藤武夫「満州事変後の液体燃料政策」(『立命館産業社会論集』二十六―四、平成三年)や三輪宗弘「戦時中海軍の石油確保政策と実情」(『九州共立大学経済学部紀要』七十三―七十五、平成十年)などに詳しい。

(樋口　秀実)

向坂逸郎（さきさか・いつろう）

明治三十―昭和六十年（一八九七―一九八五）　社会主義協会代表

労農派の創立メンバーで、九州大学教授でもあった向坂は、文献収集家としても知られ、日本資本主義発達史、マルクス経済学、社会主義の理論を中心に膨大な文献・資料を収集した。このうち和書は二万一三九〇冊、洋書は、マルクスが手元に置いて推敲を重ねた『資本論』初版本（一八六七年）や、世界に三冊しか現存しない『経済学批判』初版本（一八五九年）など一万冊に及ぶ。このほか、社会運動団体などの機関紙誌（日本語三三三九タイトル、外国語五九三タイトル）や、政党や労働組合に関する原資料＝第一次資料（ビラ、チラシ、声明書、議案書、書簡など）を所蔵していた。

なお、書簡は堺利彦、山川均、与謝野晶子、柳瀬正夢、それにマルクスが二人の娘（イェニーとエリナ）に宛てた手紙や、ラッサール、ベーベル、ベルンシュタインらの直筆の手紙も含む。

蔵書は、大内力の言葉を借りれば、「社会主義文献の世界的宝庫」で「永久に日本の社会主義研究の支えになりつづける」と評されている（『社会労働評論』昭和五十六年八月号）。実際、向坂が収集した文献は、昭和三年（一九二八）から十年に自ら編集委員となって刊行した世界で最初の『マルクス・エンゲルス全集』全三十二巻（改造社）の定本として使われ、著書『資本論体系』（改造社、昭和六年）や『地代論研究』（同、昭和八年）などの著作や研究に活用されていた。

これらの蔵書は昭和六十年五月、法政大学大原社会問題研究所に寄贈された。同研究所ではこれを「向坂逸郎文庫」として受け入れ、十五年の歳月をかけて整理・公開する一方、五分冊の目録、すなわち『向坂逸郎文庫目録Ⅰ（日本語図書）』（平成四年）、『向坂逸郎文庫目録Ⅱ（日本語図書索引）』（平成五年）、『向坂逸郎文庫目録Ⅲ（外国語図書）』（平成六年）、『向坂逸郎文庫目録Ⅳ（逐次刊行物）』（平成七年）、『向坂逸郎文庫目録Ⅴ（原資料）』（平成十三年）を発行し、研究の便宜をはかった。

向坂は、コミンテルン系の講座派に対する労農派系のマルクス経済学者として研究をリードした。その著作は共著、編著、分担執筆、訳書（共訳を含む）を合わせて三二〇タイトルに及ぶ。これらの著作については、現在なお調査中で、一部は、和氣誠「向坂逸郎主要著作目録」（『向坂逸郎文庫目録Ⅴ』所収）で知ることができる。また向坂の代表的な研究書として『日本資本主義の諸問題』（育成社、昭和十二年）、『経済学方法論』全三巻（河出書房、昭和三十四年）などがあげられるが、その業績・評価については、小島恒久「向坂逸郎その人と業績」（『向坂逸郎文庫目録Ⅴ』所収）が系統的、かつ総合的に分析・紹介している。

なお、「向坂逸郎文庫」については、子細な書誌研究もおこなわれている。一例として、吉田健二「向坂逸郎文庫の図書・資料」（『大原社会問題研究所雑誌』五一三、平成十三年）をあげておこう。向坂も自らの研究や蔵書について、『流れに抗して―ある社会主義者の自画像』（講談社、昭和三十九年）、『読書は喜び』（新潮社、昭和五十二年）などでこれを顧みている。

（吉田　健二）

迫水久常（さこみず・ひさつね）

明治三十五―昭和五十二年（一九〇二―一九七七）　内閣書記官長・経済企画庁長官

関係する史料について、公的な資料所蔵機関で日記・書簡・書類など第一次史料から形成されるいわゆる「関係文書」の存在を確認することはできない。いまのところ、公刊ないし公開された回顧録と談話記録が存在するのみである。

回顧録には『機関銃下の首相官邸―二・二六事件から終戦まで―』（恒文社、昭和三十九年）と『大日本帝国最後の四か月』（オリエント書房、昭和四十八年）がある。前者は、代表的な回顧録として巷間広く知られているもので、「第一部　二・二六事件とその前後」、「第二部　終戦への苦悩」から構成されている。後者は、題名のとおり内閣書記官長を務めた鈴木貫太郎内閣期の内政・外交にまつわるエピソードが記述されたものである。両書は記述内容に重複した部分もあるが、相互に補完的な面を有しているため、比較・併読することによって回顧録の内容を一層吟味することができる。

談話記録について公刊された代表的な史料は、中村隆英・伊藤隆・原朗編『現代史を創る人びと(3)』(毎日新聞社、昭和四十六年)に所収されたものと、「官界二十年の回顧」と題して大蔵省大臣官房調査企画課編『聞書戦時財政金融史〈昭和財政史史談会記録〉』(大蔵財務協会、昭和五十三年)に掲載されたものがある。前者は、迫水の大蔵省入省から池田勇人内閣で郵政大臣を務めるまでの談話記録で、オーラル・ヒストリーというに値するものである。後者は、昭和財政史編集室長の大内兵衛が中心となり、財政金融問題を中心に質問を試みた記録である。さらに、平成十一年(一九九九)十一月、「迫水久常政治談話録音速記録(第一回)」(憲政資料室所蔵『政治談話録音』6)が公開された。これは、東条内閣の退陣から終戦にいたる政治についての談話記録で、これまで公刊されてきた史料をさらに補う内容を有している。そして、平成十四年にいたり、二・二六事件に関する「政治談話録音速記録(第二回)」が公開となった。また、佐藤元英・黒沢文貴編『GHQ歴史課陳述録　終戦史資料』(原書房、平成十四年)が公刊され、上巻に迫水の「陳述録」が所収された。これは、昭和二十四年(一九四九)から翌年にかけてGHQ参謀第二部歴史課が、鈴木貫太郎内閣期の出来事を中心に聴取した記録で、終戦から近い時期の回想であるだけに史料的価値は高い。

ジャーナリスト等によるインタビュー記録として、大森実『戦後秘史2　天皇と原子爆弾』(講談社、昭和五十年)に掲載された「シビリアン・コントロールの柱は天皇だ」と題するインタビュー、テレビ東京編・きき手三國一朗『証言・私の昭和史2　戦争への道』(文芸春秋、平成元年)に掲載の「二・二六事件　岡田首相救出秘話」がある。後者のインタビューには、二・二六事件当時の迫水と同様に岡田首相秘書官であった福田耕と、同じく事件当時東京憲兵隊麴町憲兵分隊特高班長の小坂慶助も参加していて興味ぶかいものである。

（矢野　信幸）

佐々木正蔵（ささき・しょうぞう）

安政二―昭和十一年(一八五五―一九三六)　福岡県会議員・衆議院議員

福岡県会議員を九年間務めた後、第一回から第九回、第十三回総選挙に当選して衆議院議員(非自由党―非政友会)を十期務めた佐々木正蔵については自伝・伝記の類がなく、関係文書の所在も知られていなかった。しかし、出身地である筑後国御井郡東鯵坂村を市域に含む福岡県小郡市の小郡市史編さん室が旧宅(曾孫の佐々木敏文氏)の調査を行った結果、東鯵坂村の庄屋文書とともに若干の「佐々木関係文書」が残されていることが判明した。三次にわたって調査が行われ、文書目録が小郡市史編集委員会『資料総目録』三(平成九年)に掲載されている。目録によれば、第一次調査分が十一点、第二次調査分が七十九点、第三次調査分が四十点、合計一三〇点となっている。自身の関係文書は少ないが、その中では特に「備忘録」が注目される。

この「備忘録」は明治二十三年(一八九〇)十月から翌二十四年一月までの期間に、地元を中心とする関係者(多くは筑後同志会のメンバー)に宛てた書簡の草稿集である。ちょうど明治二十三年十一月に第一議会が開会しており、該議会における佐々木の動向を窺い知ることのできる好個の史料である。また、院内会派の大成会(「吏党」)に参加しており、「吏党」系の代議士の一次史料としても興味深いものである。全文翻刻・解題(日比野利信校訂・執筆)が『小郡市史　第五巻　資料編　中世・近世・近代』(小郡市、平成七年)に収録されている。

なお、『小郡市史　第二巻　通史編　中世・

近世・近代』(平成十五年)の近代編第三章「自由民権運動と地方政治」(江島香・日比野利信執筆)では、自由民権運動家—県会議員—衆議院議員としての佐々木の活動が詳しく述べられている。また、佐々木が最も力を注いだのが筑後川の治水であるが、日比野利信「明治前期治水費負担問題の成立過程—福岡県を中心として—」(『九州史学』一一七、平成九年)、同「福岡県における治水費負担問題の展開」(『福岡県地域史研究』十六、平成十年)が福岡県会の治水費負担問題について詳しく検討しており、県会における活動を知る上で参考になる。
(日比野　利信)

佐佐木高行 (ささき・たかゆき)

天保元—明治四十三年(一八三〇—一九一〇)　参議・工部卿

関係文書は、東京大学史料編纂所に伝記史料「保古飛呂比」の写本が天保元年(一八三〇)から明治十六年(一八八三)まで残っており、東京大学史料編纂所編『保古飛呂比　佐佐木高行日記』全十二冊(東京大学出版会、昭和四十五—五十四年)として刊行された。周知のように、日記というが、来簡を含んでおり、伝記史料というべき内容である。佐佐木家は戦災に遭っており、原文書はない。

史料編纂所には、ほかに、山内侯爵家所蔵本の写本一冊(明治五年分、内容は同一)と、佐佐木家で編纂の際の稿本一冊(原本、明治十二年分、大きな差異はない)がある。「保古飛呂比」のこれ以外の写本で閲覧可能なのは、現在のところ、早稲田大学図書館が所蔵する「渡辺幾治郎収集謄写明治史史料」の中にあるものである。右刊本以外では、明治二十八年五月—二十九年四月、三十年七月—十二月、三十二年、三十五年の抄録があり、安在邦夫・望月雅士編『佐佐木高行日記—かざしの桜』(北泉社、平成十五年)として刊行された。なお書陵部出納係の閲覧カードボックスには、「非公開」の印を捺した「佐々木高行日記、50冊、慶応3・1・4～明治38・1・2、一名保古飛呂比、自笑侯随筆、かさしのさくら、佐々木高行記、津田竹陽輯」のカードをはじめ、四点のカードが存在しており、公開が待たれる。

国学院大学は、旧蔵図書を「佐佐木高行文庫」として所蔵するが、その中に明治二十八年の日記が一冊ある。しかしこれは、「保古飛呂比」とは体裁をまったく異にし、一日の行動が箇条書で列挙されているものである。佐佐木の物か確認できないが(カードには「写本」と注記)、佐佐木の物とすれば、このような日記を基に、来簡と、述懐の類が合わされて、「保古飛呂比」となったと考えられる。なお、後述の『明治聖上と臣高行』によれば、遺稿として『反古拾ひ』一二〇冊、『自笑日記』八十二冊、『自笑筆記』十五冊、「宮中及御養育上の事を記せし秘録」である『かざしの桜』十冊があったという。

なお憲政資料室「飯田巌所蔵文書」に明治二十年代の佐佐木宛の書簡が含まれているが、政治的な物は少ない。その他点数の少ない文書に関しては、『旧華族家史料所在調査報告書　本編2』(学習院大学史料館、平成五年)を参照されたい。

伝記には、津田茂麿『明治聖上と臣高行』(自笑会、昭和三年、のち原書房復刻、昭和四十五年、他にも復刻版あり)がある。津田茂麿とは前述の津田竹陽のことであり、「保古飛呂比」の記載と考えられる記述が多く引用されており、貴重な史料である。巻末に、遺稿、演説・論文の一覧がある。

ほかに、伝記史料としては、国学院編刊『佐佐木伯爵時局談』(明治三十七年)、津田茂麿『勤王秘史佐佐木老侯昔日談』(国晃館、大正四年、のち続日本史籍協会叢書の中で二巻本として再刊〈東京大学出版会、昭和五十五年、小西四郎解題〉)がある。後者は幕末の回想である。

研究としては、侍補時代を中心に多くの研究があるが、古典ともいうべき渡辺昭夫「侍補制度と「天皇親政」運動」(『歴史学研究』二五二、昭和三十六年)と、侍補時代の研究をふまえた伝記的研究である笠原英彦『天皇親政』〈中公新書〉(中央公論社、平成六年)があげられる。また、工部卿時代については西川誠「佐佐木高行と工部省」(鈴木淳編『工部省とその時代』山川出版社、平成十四年)がある。

(西川　誠)

佐々友房(さっさ・ともふさ)

安政元―明治三十九年(一八五四―一九〇六)　衆議院議員

旧蔵の文書・記録の中心は、昭和四十年(一九六五)に憲政資料室が、孫信太郎氏より譲渡をうけ整理をした「佐々友房関係文書」である。昭和四十四年に、印刷目録『佐佐友房関係文書目録』が完成し、史料公開されている。なお、マイクロフィルムに収められている書翰の一部は、熊本県立図書館が所蔵している。内容は、書翰、日記などのほか、佐々らが熊本に設立した済済黌などの教育関係書類、西南戦争や紫溟会・熊本国権党、国民協会などの政党や政治運動関係の書類であり、原資料、約八〇〇点が所蔵されている。

なお、憲政資料室所蔵を含む活字史料としては、佐々克堂先生遺稿刊行会編『克堂佐佐先生遺稿』(改造社、昭和十一年)があり、近年、大空社より復刻版が刊行された。また、西南戦争従軍日誌である『戦袍日記』(明治二十四年刊行)の復刻版が、西郷軍に参加した熊本隊の同志古閑俊雄の『戦袍日記』とともに、青潮社(熊本県)より昭和六十一年に刊行された。この他、憲政資料室所蔵「品川弥二郎関係文書」、「宗方小太郎文書」、「安達謙蔵関係文書」、「小橋元雄関係文書」、「元田永孚関係文書」などには、佐々の書簡がかなり含まれている。このうち、『元田永孚関係文書』は、山川出版社より昭和六十年に刊行された。また、「品川弥二郎関係文書」の佐々友房書簡も、尚友倶楽部『品川弥二郎関係文書』四として、同社より平成十年(一九九八)に刊行された。他に佐々書簡が収められている出版物としては、国学院大学図書館発行『井上毅傳史料篇』第五(昭和五十年)がある。

憲政資料室所蔵以外の、一次史料としては、兄佐々干城の孫弘之氏が九州大学文学部附属九州文化史研究所に寄贈した「佐々家文書」(約一六〇〇点)がある。目録は、昭和四十三年に『九州文化史研究所所蔵古文書目録』八として、発行されている。この文書は、主に熊本国権党集団の関連事業に関わった兄干城の、熊本佐々家の史料が中心であるが、政治、政党、実業などの史料中に佐々友房に関係するものも散見できる。なお、「佐々家文書」の概要については、中元美智子「佐々家文書について―特に海(開)運関係会社」(『九州文化史研究所紀要』十四、昭和四十一年)が詳しい。

この他、公開されている一次史料としては、熊本県立済済黌高校内の済済黌歴史資料館に、直筆書翰が数点展示されている。この史料は、『克堂佐佐先生遺稿』の書簡の部に収録されている明治七年(一八七四)から翌年にかけての、「呈高先生書」(高見祖厚宛書)、「呈同志所見書」、「深野大兄への書簡」、「松崎、深野、友成大兄への書簡」の原史料である。また、徳富蘇峰記念塩崎財団にも佐々書簡が収蔵されている。

非公開の一次史料としては、熊本国権党関係者の子孫や、佐々干城・友房・正之兄弟一族が、それぞれ少数の書簡を所蔵している。なお、佐々兄弟に関しては、佐々一族で編纂した『佐々家覚え書』(非売品、平成元年)が詳しい。

佐々に関する一次史料を用いた研究では、伊藤隆・坂野潤治「明治八年前後の佐々友房と熊本」(『日本歴史』三三三、昭和五十年)、坂野潤治『明治憲法体制の確立』(東京大学出版会、昭和四十六年)、酒田正敏『近代日本における対外硬運動の研究』(東京大学出版会、昭和五十三年)、佐々木隆『藩閥政府と立憲政治』(吉川弘文館、平成四年)などのほか、佐々博雄「国民自由党の結成と九州国権派の動向」(『国士舘大学人文学会紀要』別冊、平成二年)などを含む一連の研究がある。

(佐々　博雄)

佐藤榮作（さとう・えいさく）

明治三十四—昭和五十年（一九〇一—一九七五）

内閣総理大臣

関係資料は、まず伊藤隆監修『佐藤榮作日記』全六巻（朝日新聞社、平成九—十一年）を挙げることができる。ここには昭和二十七年（一九五二）一月から昭和五十年五月に至るまでの日記が収録されているが、昭和三十八年までは断続的であり、昭和三十年と昭和三十二年から昭和三十五年にかけての合計五年分が欠けている。ただし、昭和三十九年十一月九日から四十七年七月七日までの合計二七九八日に及ぶ総理在任期間は、すべて含まれている。また、首席秘書官を務めた楠田實の記した和田純・五百旗頭真編『楠田實日記』（中央公論新社、平成十三年）は、秘書官を務めた昭和四十二年五月から昭和四十七年六月の期間を扱っており、首相時代の動向と考え方を知る上で非常に有用である。ここには、付属資料として、巻末にジョンソン・ニクソン両米大統領らとの首脳会談の日本側記録などが収録されており、利用価値が高い。さらに、佐藤の対米折衝における個人的密使を務めていた若泉敬の回顧録である『他策ナカリシヲ信ゼムト欲ス』（文芸春秋、平成六年）は佐藤の日記を利用したうえで書かれており、沖縄返還、日米繊維紛争について知ることができる。

著作には、首相就任前に書かれた自伝である『今日は明日の前日』（フェイス、昭和三十九年）があり、幼少期からの経緯と、当時の政治的経綸の一端を知ることができる。また、吉田内閣時代までを簡単に回顧した文章が、滝谷由亀・堀川潭編著『歴代郵政大臣回顧録』二（逓信研究会、昭和四十八年）に収録されている。昭和三十八年に発行された『繁栄への道』（周山会出版局）は当時行なった講演と対談を収録したものである。さらに郷土山口県の田布施郷土館では、書簡・写真などの史料を保存している。周辺の人物による回想として、夫人寛子による『佐藤寛子の宰相夫人秘録』（朝日新聞社、昭和六十年）があり、佐藤の人間的な側面を浮かび上がらせている。伝記としては、幼少期から晩年までを扱った山田栄三『評伝佐藤栄作』上・下（新潮社、昭和六十三年）がもっとも詳細であり、衞藤瀋吉『日本宰相列伝　二二　佐藤栄作』（時事通信社、昭和六十二年）も全生涯を扱っている。また、鉄道人佐藤榮作刊行会編『鉄道人佐藤榮作』（同刊行会、昭和五十二年）は鉄道省時代を中心に、宮崎吉政『宰相　佐藤栄作』（新産業経済研究会、昭和五十五年）は政治家人生全体を扱っている。佐藤内閣については、千田恒『佐藤内閣回想』（中央公論社、昭和六十二年）、岡本文夫『佐藤政権』（白馬出版、昭和四十七年）があるが、もっとも詳細なものは楠田實編著『佐藤政権・二七九七日』上・下（行政問題研究所、昭和五十八年）で、これは佐藤内閣期の主要政治事件を周辺の人物がまとめたものである。また、楠田には『首席秘書官』（文芸春秋、昭和五十年）もある。これ以外に、岩川隆『忍塊・佐藤栄作研究』（徳間書店、昭和五十九年）、戸川猪佐武『佐藤栄作と高度成長』（講談社、昭和五十七年）、堀越作治『戦後政治裏面史』（岩波書店、平成十年）がある。

次に、外交面での業績を知る上で、日・英・米諸国の外交史料の検討は欠かせない。第一に、日本の外交史料であるが、これまでの十七回にわたる公開のうち、佐藤内閣に関する資料は、主に第十三回以降の公開分に含まれている。これらはマイクロフィルムで外交史料館において閲覧できる。また、個別的な開示請求による開示文書の一部には、佐藤の諸外国首脳との会談記録などが含まれているが、請求者本人以外には基本的に閲覧不能である。しかし、開示文書のごく一部は外交史料館で閲覧できる。さらに日韓基本条約、沖縄返還協定に関する史料公開がほとんど行われていないなど、佐藤内閣期の主要外交政策を知るうえでの障害は残る。

第二に、イギリス公文書館（Public Record Office, Kew, England）所蔵の英国外務省の日本関係資料であるが、FO262, FO371およびFO21と分類される文書中に、マイクロフィルムとして販売されているものもあり、佐藤内閣期に該当する年代は、ほぼ*Foreign Office files for Japan and the Far East: Series Two*(Marlborough, Wiltshire, England: Adam Matthew Publications)として販売されている。ここには、佐藤本人を含む主要閣僚らとの会談録などが含まれており、佐藤内閣の外交政策のみならず、内政問題について知る上でも有用である。

第三に、アメリカ国立公文書館(National Archives, College Park, Maryland)やリンドン・ジョンソン図書館(The Lyndon B. Johnson Library, Austin, Texas)で閲覧できる米国関係の資料では、日米関係の主要な文書を収録した*Japan and the United States: Diplomatic, Security and Economic Relations, 1960-1976*(Alexandria: Chandwyck-Healey, 2000)が、アメリカの民間機関であるNational Security Archive(Washington, D.C.)の手でマイクロフィルムの形で編集されており、佐藤内閣の中国問題、安全保障政策、東南アジア政策なども知ることができる。また、小笠原返還、沖縄返還と核問題に関する資料なども収録されている。次に、国務省によって刊行される*Foreign Relations of the United States*(Washington, D.C.: United States Government Printing Office)のシリーズであるが、佐藤内閣期に当たるジョンソン、ニクソン両政権期の日本関係文書の収録巻は未公刊である。ただし、国務省資料の日本関係文書に関しては、*Confidential U.S. State Department central files and foreign affairs: Japan*(のシリーズとして、University Publications of America)がマイクロフィルムの形で順次発売されており、現在、一九六九年分までの文書が収録されている。日米関係のみならず、外交全般、内政についての貴重な情報が含まれている。さらに、石井修・我部政明・宮里政玄諸氏の編集によって、国務省の日本、沖縄関係文書を収録する『アメリカ合衆国対日政策文書集成』シリーズの第三期が柏書房から刊行中であり、現在、昭和三十九年が全十巻、昭和四十年が全九巻、昭和四十一年が全九巻、昭和四十二年が全十一巻、昭和四十三年が全十巻出ている。さらに、リンドン・ジョンソン図書館の資料の一部が、*The Lyndon B. Johnson national security files*(University Publications of America)としてマイクロフィルムの形で販売されているが、一九八七年に刊行された*Asia and the Pacific: national security files, 1963-1969*に、一九九七年に追加された*Asia and the Pacific: national security files, 1963-1969, first supplement*が、ベトナム戦争への対応や中国問題に関しての日本の外交政策についての重要な示唆を与えてくれる。

佐藤内閣期の政治・外交研究については、各種一次資料の利用により進展が見られ、日韓基本条約、沖縄返還協定、ベトナム戦争への対応、中国政策、インドネシア情勢への対応などが考察されてきている。一方、佐藤個人について、上記の日記ほかの一次資料を用いた本格的な研究はまだ現れておらず、自ずと上記に紹介した同時代人による著作に依拠することになる。最後に、佐藤個人について言及した内外の政治家・外交官ほかによる回顧録によって、断片的な情報を集めていくことが可能かつ不可欠であるが、この種の書物は枚挙にいとまがない。したがって、ここではきわめて重要と思われるもののみをあげておく。まず、アレクシス・ジョンソン駐日アメリカ大使によるU. Alexis Johnson with Jef Olivarius McAllister, *The Right Hand of Power*(Englewood Cliffs, N.J.: Prentice-Hall, 1984)があるが、日本に関する部分は、アレクシス・ジョンソン/増田弘訳『ジョンソン米大使の日本回想』(草思社、平成元年)として翻訳されている。さらに同じく駐日大使のアーミン・マイヤーには、アーミンマイヤー/浅尾道子訳『東京回想』(朝日新聞社、昭和五十一年)がある。韓国関係では、金東祚/林建彦訳『韓日の和解』(サイマル出版会、昭和六十一年)、李東元/崔雲祥監訳『韓日条約締結秘話』(PHP研究所、平成九年)があり、日本側では、東郷文彦『日米外交三十年』(中央公論社、平成元年)、岡田晃『水鳥外交秘話』(中央公論社、昭和五十八年)、牛場信彦『外交の瞬間』(日本経済新聞社、昭和五十九年)、保利茂『戦後政治の覚書』(毎日新聞社、昭和五十年)、竹下登『政治とは何か』(講談社、平成十三年)、中曽根康弘『天地有情』(文芸春秋、平成八年)、下田武三『戦後日本外交の証言』下(行政問題研究所出版局、昭和五十九年)などが挙げられる。

(佐藤　晋)

佐藤鐵太郎（さとう・てつたろう）　慶応二―昭和十七年(一八六六―一九四二)　海軍中将

旧蔵の文書、記録は遺族が所蔵しているが、戦後大半が火災で焼失し、残された書籍・原稿・書翰は少ない。残存する書籍では遺著『極秘　遺稿海軍戦理学補遺』(海軍大学校編刊)が重要で遺族によって複製版が作られ、国立国会図書館、防衛研究所戦史部図書室、鶴岡市立図書館に寄贈された。原稿では明治二十五年(一八九二)に完成した処女論文「国防私説」を昭和十二年(一九三七)に青焼きで印刷したものが貴重である。また論文、上奏文の下書きなどが数点残っている。

伝記は昭和十八年に刊行された、関係者の追憶文を集めた『藍渓佐藤将軍追憶手記』がある。本格的な伝記は石川泰志『佐藤鐵太郎海軍中将伝』(原書房、平成十二年)があり、著書一覧・年譜と書翰の内で重要と思われるもの、さらに佐藤の素顔を伝える五女岡田昭子、長男基弥太妻みつの追憶文を収録している。また次男国彦妻悦子の回顧「義父　佐藤鐵太郎の思い出」(『水交』五四九、平成十三年)も興味深い。また経済面から佐藤の海軍国防思想を論じたのが石川泰志『海軍国防思想史』(原書房、平成七年)である。

著作は代表作『帝国国防史論』上・下(明治四十三年)が原書房から昭和五十四年に復刻版として出版されている。また処女作「帝国国防論」(明治三十五年)、日蓮宗関係の著書の大半が国会図書館に、海軍関係の著書・論文が防衛研究所戦史部に所蔵されている。

佐藤に関する記事は明治・大正期から総合誌『太陽』(博文館発行)、『中央公論』、軍事誌『大日本』に論文や人物評等が散見される。また日露戦争後日蓮宗に帰依したため、日蓮宗の機関紙・宣伝誌(『日宗新報』『宗報』『法華』『統一』)などに宗教活動についての記事が見られる。その近代日蓮宗史上における全体像把握には『近代日蓮宗年表』(日蓮宗宗務院、昭和五十六年)が便利である。また親交のあった日蓮主義者妹尾義郎の日記『妹尾義郎日記』全八巻(国書刊行会、昭和四十九年)にたびたび佐藤が登場する。

著作に対する陸軍からの反応は『田中義一伝記』上(原書房、昭和五十六年)、『宇垣一成日記』上(みすず書房、昭和四十三年)、『石原莞爾資料』戦争史論篇(原書房、昭和四十二年)、また大陸進出論者で外交時報社で活躍した半沢玉城の『国防時論』(上田屋書店、大正二年)に名指しの批判が見られる。また同郷の佐藤幸徳陸軍中将の回想録(原稿、余目町立図書館蔵)に昭和期の佐藤の言動について興味深い記述がある。

戦後の著作で佐藤の外交史上の歴史的意義を最初に論じたのが入江昭『日本の外交』(中公新書)(中央公論社、昭和四十一年)である。近年では五百旗頭真編『戦後日本外交史』(有斐閣、平成十一年)がある。また財団法人日本国際フォーラムが平成十一年(一九九九)から平成十二年にかけて海洋国家セミナーを開催、その際左近允尚敏海将が「海洋空間の戦略性」と題し問題提議、佐藤の思想を日本今後の指針として積極的に評価している(『二一世紀日本の大戦略　島国から海洋国家へ』日本国際フォーラム、平成十二年)。海上自衛隊では日本海軍戦術史上に位置づけ、その影響から功罪まで徹底的に論じたのが、一等海佐の高橋弘道「忘れられた海戦要務令戦務篇」(『軍事史学』一四〇、平成十二年)である。海外では戦前イギリス、アメリカで翻訳されたようであるが内容はまだ明らかでない。また大

韓民国で張學根編『海洋帝国의侵略과近代朝鮮의海洋政策』(財団法人韓国海洋戦略研究所)に韓国近代史からみた佐藤についての記述がある。

(石川　泰志)

佐藤安之助（さとう・やすのすけ）

明治四―昭和十九年(一八七一―一九四四)　陸軍少将・衆議院議員

旧蔵の文書・記録としては、評議員を務めた拓殖大学図書館所蔵「佐藤文庫」が知られている。内容は、和漢書二〇五七冊、欧文書九一四冊、拓本一〇〇二枚、地図一〇七枚で、生前の昭和十一年(一九三六)に寄贈されたものである。中国在勤が長かったためか中国関係の文献や委員長を務めた臨時軍事調査委員の著作物などが含まれているが、詳しくは、『拓殖大学図書館蔵書目録第四輯　佐藤文庫分類目録』(拓殖大学図書館、昭和四十四年)を参照。なお東京大学法政史料センター原資料部にも、一部がマイクロフィルム化されている。

主な著作としては、「支那時局観(結局国際威力を加ふるの外無し)」(『外交時報』四四九、大正十二年)、「支那排日対策如何―政界統一の成就と二十一箇条の改訂―」(同四五二、大正十二年)、「支那に於ける日本勢力の衰退」(同四六三、大正十三年)、「江浙戦と其影響(奉直開戦と日本の立場)」(同四七六、大正十三年)、『帝国対支政策の根本義』(私家版、大正十四年)、東京市編『支那問題』(三省堂、大正十四年)、『陸軍少将佐藤安之助君講演最近支那の情勢に就て』〈貴族院定例午餐会講演集第十五〉(貴族院、大正十五年)、「満蒙問題」(立憲政友会編『政治講座(続編)』立憲政友会本部、昭和二年)、『満蒙問題を中心とする日支関係―共存共栄か?共亡共枯か?―』(日本評論社、昭和六年)などがある。

(黒沢　文貴)

真田穣一郎（さなだ・じょういちろう）

明治三十―昭和三十二年(一八九七―一九五七)　陸軍少将・参謀本部第一部長・陸軍省軍務局長

戦時中の日記と戦後の回想が残されており、これらは防衛研修所戦史室が『戦史叢書』(大東亜戦争史)を編纂するのに際し、すべて同室に寄贈され、現在は防衛研究所図書館史料室に所蔵されている。

昭和六年(一九三一)五月陸軍省副官に就任以来軍務局軍事課・整備局・陸軍大臣秘書官兼陸軍省副官を経て、昭和十四年八月大佐に進級と同時に歩兵第八十六連隊長に就任、約半年の後、支那派遣軍参謀となり、昭和十六年二月再び陸軍省に復帰し軍事課長として開戦前後の軍事行政の要の役を果たした。十七年四月に軍務課長、同年十二月に参謀本部作戦課長、翌年八月少将に進級の後、十月に作戦部長、十九年十二月に軍務局長になり、陸軍省と参謀本部の最も重要な課長・部長・局長を歴任した。このような経歴の者は陸軍の歴史上他に例がない。これは真田の人徳と才能によるものではあるが、戦時中の人事ということと上司の杉山元帥・東条大将の信任が厚かったことにもよる。

このような経歴であるが故に、その日記は極めて重要な記録史料であるといえよう。日記は連隊長時代の昭和十四年十月から終戦後の昭和二十年十二月まで、小型の手帳にメモ書きされた「真田穣一郎少将日記　昭和十四～二十年」(四十冊)である。これらのうち中心をなすのは、やはり軍事課長・軍務課長・作戦課長・作戦部長・軍務局長時代のものである。

しかしこの日記は、読むのが極めて困難である。独特の崩し字で書かれ、しかも日付がはっきりと書かれていないため、その判読が難しい。戦史編纂官として長年この「真田日記」に取り組んできた福重博氏に解読を依頼し、近くその作業が終わる予定である。

戦後の著作として「真田穣一郎少将日記摘録」一・二(二冊)、「真田穣一郎少将手記」、「元参謀本部第一部長真田穣一郎回想録」がある。日記摘録は前述の日記の主要部分を抜き書きしたものであり、手記は南東方面作戦に関することの日記からの摘記と戦争指導に関する口述の筆記である。回想録は東条首相が参謀総長を兼任した経緯と外地部隊の停戦武装解除について回想したものである。また、GHQ歴史課の要求に応じて陳述したものが『GHQ歴史課陳述録　終戦史資料(下)』(原書房、平成十四年)に収録されている。

真田について書かれたものとして、細野勉編『真田穰一郎将軍を偲ぶ』(偕行文庫蔵、昭和五十九年、有末精三・片倉衷・井本熊男・高崎正男・松田正雄・瀬島龍三その他の関係者および遺族の追悼録)および森松俊夫「空前の軍歴―真田穰一郎」(『軍人たちの昭和史』図書出版社、平成元年)がある。　(原　剛)

佐野常民　(さの・つねたみ)

文政五―明治三十五年(一八二二―一九〇二)　日本赤十字社社長

関係する記録史料としてあげられるものに、まず「博愛社報告」および雑誌『日本赤十字』に掲載された彼の演説があり、博愛社初代副総長、日本赤十字社初代社長として、日本における赤十字事業を創始し、その推進に献身的な努力をした彼の思想の一端を知ることができる。

自伝は残していないが、明治六年(一八七三)のウィーン万国博覧会に明治政府から派遣され、帰国後に刊行した『澳国博覧会報告書』(明治八年)の各部門の冒頭に「博物館創立ノ報告書」などの報告意見書を記述していて、その博識ぶりがみられる。

日本美術協会編『佐野伯演説集』(日本美術協会、明治四十四年)は、同会およびその前身の龍池会の会頭として、日本美術の振興に尽力した彼の演説を集成してあり、日本美術史の一史料ともなっている。また『大日本私立衛生会雑誌』にも初代会頭としての演説が掲載されている。さらに秀島成忠編『佐賀藩海軍史』(知新会、大正六年)には、幕末および明治初年における佐野の体験談が収録されている。佐野は伊能忠敬の顕彰に尽力した人でもあり、「故伊能忠敬翁事蹟」(『東京地学協会報告』第四年第四号、明治十五年)の講演録を残している。

書翰では、安岡昭男監修『花房義質関係文書―東京都立大学付属図書館所蔵Ⅰ』(北泉社、平成八年)に二十八通が収録されているのが代表的な例である。

伝記は、没後九年目に刊行された日本赤十字社編刊『日本赤十字社史稿』(明治四十四年)に付録として掲載した「日本赤十字社長伯爵佐野常民伝」が早く、これは翌年に、編集主任であった岩崎駒太郎が別冊にして刊行した。同時期に日本美術協会副会長の平山成信が著述し会員に頒布した小冊子『佐野伯略伝』(日本美術協会、明治四十四年)があり、ついで佐野と縁故のあった野中万太郎が刊行した北島磯舟(磯次)『日本赤十字社之創立者　佐野常民伝』(中野万太郎、昭和三年)や本間楽寛『佐野常民伝』(時代社、昭和十八年)がみられる。

さらに近年では、生誕地の佐賀県川副町が刊行した川村健太郎『佐野常民伝』(昭和四十六年)、山本光彦『よみがえれ博愛精神』(昭和六十年)や、日本赤十字社社長としての業績に重点をおいた吉川龍子『日本赤十字社の初代社長　佐野常民』(『日本の創造力―近代・現代を開花させた四七〇人』一、日本放送出版協会、平成四年)と同『日赤の創始者　佐野常民』(吉川弘文館、平成十三年)がある。

佐野が佐賀藩代表として慶応三年(一八六七)のパリ万国博覧会に赴いた事蹟の研究としてアンドリュー・コビング『幕末佐賀藩の対外関係の研究』(鍋島報效会、平成六年)があり、史料編に「佐野常民渡仏日記」「佐野常民覚書」「佐野常民明治元年在欧日記」が収録されている(原本は佐賀県立図書館蔵)。

なお、佐野が生まれた佐賀県川副町には「佐野記念館」があり、博愛社に関連した幾つかの文書が展示されている。

(吉川　龍子)

鮫島尚信　(さめしま・なおのぶ)

弘化二―明治十三年(一八四五―一八八〇)　初代駐仏公使

旧蔵の文書・記録は、「鮫島尚信文書」として、憲政資料室に所蔵されている。同史料は、遺族(弟武之助の孫にあたる鮫島武之氏)から同資料室に寄託されたもので、書簡一〇七通、政治・外交関係の意見書・草案のほか日記・新聞・短冊など雑書類約三十点からなる。ただし、武之助関係の史料も多く含まれている。中でも、『執事日記』全九冊は、身辺雑事だけでなく、明治初年の政治・外交情況を知る上で貴重である。

このほか国立国会図書館には旧蔵書約五三〇冊が「鮫島文庫」として所蔵されている。大半が英仏書を中心とした洋書で、現地で買い求めたものである。旧蔵書は明治八年(一八七五)の東京書籍館納付本と明治十四年、末弟盛氏からの寄贈本からなる。同文庫については、中林隆明「鮫島文庫目録稿」(『参考書誌研究』三十、昭和六十年)が詳しい。同書によれば、昭和六十年(一九八五)現在で、確認できたのは一二八タイトル二一六冊であったという。内容的には法律・政治ならびに歴史関係書が多くを占めている。

さらに駐仏公使時代の外交書簡控え(筆写本)が鹿児島純心女子大学図書館に所蔵されている。在仏日本公使館が明治四年から同十年にかけてヨーロッパ各国要人あてに出した公信四四二通からなる一冊本である。原本はフォリオ判の記録簿一冊で、英文書簡九十九通、仏文書簡三四三通からなる。同書は平成六年(一九九四)春にパリで発見され、鹿児島純心女子大学が同年に購入した。これをきっかけに「鮫島文書研究会」が結成され、書簡の解読と翻訳に着手、成果は同研究会編『鮫島尚信在欧外交書簡録』(思文閣出版、平成十四年)として刊行された。全原文と翻訳文に加え、註釈と解説が収められている。

研究に関しては、横山俊夫「不思議のヨーロッパ―在仏日本公使館雇マーシャル氏の西洋発見―」(吉田光邦編『一九世紀日本の情報と社会変動』京都大学人文科学研究所、昭和六十年)、同「フレデリック・マーシャルと鮫島尚信」(前掲『鮫島尚信在欧外交書簡録』)がヨーロッパ式外交知識をどのようにして会得したかを分析、また犬塚孝明「明治初期対ヨーロッパ外交の形成と在外公館実務―初代駐仏公使鮫島尚信を中心に―」(明治維新史学会編『明治維新と西洋国際社会』吉川弘文館、平成十一年)は、ヨーロッパにおける日本の外交実務の形成過程を鮫島の活動を通して分析、さらに同「黎明期日本外交と鮫島尚信」(前掲『鮫島尚信在欧外交書簡録』)が前半生を中心にその生涯を追っている。

（犬塚　孝明）

沢本頼雄（さわもと・よりお）

明治十九―昭和四十年(一八八六―一九六五)　海軍大将・海兵三十六期

日米開戦直前の昭和十六年(一九四一)四月に海軍次官となり、昭和十九年七月の東条内閣退陣までその職にあった、いわゆる軍政系の海軍軍人である。

関係史料は、平成十二年(二〇〇〇)に防衛研究所に子息の倫生氏から寄贈され、公開に向けて準備中である(山本五十六書簡は既に閲覧用の複製が公開されている)。日記・書類・書簡の順で概観したい。日記は第二遣支艦隊司令長官時代(昭和十五年十月―)に始まり、海軍次官、呉鎮守府司令長官時代(昭和二十年七月末)までの時期の部分が残されている。他に、沢本の手になる史料として、日向艦長時代(昭和八―九年)の史料(訓辞案など)、イギリス駐在時代(大正十二―十四年〈一九二三―一九二五〉)の本国宛報告案の下書き、第七戦隊司令官時代の訓練所見(昭和十三年度)、第二遣支艦隊長官から海軍次官に就任した際の上奏文、次官時代の「局部長会議摘録」と題する備忘録(昭和十六年五月―十月)などがある。加えて海大時代(昭和十―十一年)の史料(「統帥権」と題するファイル)、軍務一課長時代に執務用に作成されたと思われる「軍政参考資料」、「倫敦会議」と題するファイルなど、興味深い史料が多い。また、本人以外が書いた史料もいくつか含まれている。日米開戦直前の時期の左近司商工大臣の覚書、嶋田海相宛小林躋造書簡(コピー)など注目すべき史料があるが、なかでも井上成美(直前に次官代理を勤めた)からの次官引継関係書類は重要である。印刷された史料でも、臨時調査課の「我が国力の検討」(昭和十四年一月—三月)は当時懸案であった防共協定強化交渉との関連を窺わせるし、東京裁判関係の弁護関係の史料(嶋田・岡の手記)も検討が必要であろう。また、戦後の三笠保存会関係の史料もいくつか残されている。

書簡類は二十通を超えるが、山本の九通を除くとそれぞれ一、二通ずつで、時期的にはほとんどが日米開戦直前から戦争中のものである。差出人は、末次信正(及川海相宛)、及川古志郎(戦後)、嶋田繁太郎、豊田貞次郎、古賀峯一、平田昇、高橋伊望、井上成美、岡敬純(嶋田海相宛)、宇垣纏、福留繁、近藤泰一郎らで、内容豊富なものも含まれており、研究への寄与が期待される。

本人の証言としては、豊田隈雄氏に語ったもの(昭和三十七年)がある。また、日本国際政治学会編『太平洋戦争への道』(朝日新聞社)で描かれた海軍像が動機となってまとめられた戦前の日記の摘記(昭和三十八年)があり、証言とまとめて和文タイプで清書され『海軍大将　沢本頼雄手記』(海上自衛隊幹部学校、昭和五十五年)として印刷された。しかし、これらは本人の校閲が入っており、日記そのものの文章は伊藤隆・沢本倫生・野村実ら三氏による復刻(抜粋)を待たねばならなかった。日米開戦直前期のものが『中央公論』(一〇三—一、昭和六十三年)に、東条内閣総辞職に関する時期の部分が『軍事史学』(二十五—二、平成元年)に、それぞれ掲載された。現在、伊藤隆氏を中心に完全版の復刻作業が進められている。

手記はすでに防衛庁の『戦史叢書』で使用されていたが(陸海軍それぞれの『大東亜戦争開戦経緯』、野村実氏が執筆した第九十一巻『連合艦隊』一、昭和五十年)、日記の原本を使った本格的研究は野村実「海軍の太平洋戦争開戦決意」(『史学』五十六—四、昭和六十二年)が最初のものである。野村氏は、東条内閣組閣から開戦決定までの時期の海軍内部の状況を嶋田海相、岡軍務局長の日記も使用して、きめ細かに実証した。ついで森山優の一連の研究(石川信吾、藤井茂の項目を参照。いずれも『日米開戦の政治過程』吉川弘文館、平成十年に所収)が、次官就任から第三次近衛内閣崩壊までの開戦直前の時期をカバーしている。

（森山　優）

澤柳政太郎　(さわやなぎ・まさたろう)

慶応元—昭和二年(一八六五—一九二七)　文部次官

旧蔵の文書・記録は、没後、成城学園に寄贈されて澤柳記念図書館に保存され、戦後は成城大学図書館澤柳文庫として保管された後、現在は成城学園教育研究所が「澤柳政太郎私家文書」(以下、「私家文書」と略)として整理・保管している。「私家文書」の総数は、三四八九点に及び、その内訳は、文部官僚時代関係資料(六九〇点)、民間教育家時代関係資料(一七五三点)、澤柳政太郎自己形成史、著作・研究関係史料(四一六点)、関係参考資料(二十六点)、その他資料(六〇四点)となっている。「私家文書」の資料目録は、これまで一部が公開されるのみであったが、平成十四年(二〇〇二)三月に成城学園教育研究所編『成城学園教育研究所年報別巻　澤柳政太郎私家文書目録』が、北村和夫・小国喜弘による「澤柳政太郎私家文書解題」を付して刊行された。

この他、特に「京大澤柳事件」については、京都大学七十年史編集委員会編『京都大学七十年史』(昭和四十二年)、成城小学校での教育実践については、成城学園五十周年史編集委員会編『成城学園五十年』(昭和四十二年)および『成城学園六十年』(昭和五十二年)に詳しい記述がある。

著作は数多いが、澤柳全集刊行会編『澤柳全集』全六巻(澤柳全集刊行会)が還暦記念として大正十五年(一九二六)に出版された。これは著作を中心に編纂されたもので、ここに収載されなかった論文をまとめた三浦藤作編『澤柳政太郎遺稿』が昭和六年(一九三一)に冨山房より出版されている。また、昭和十五年には、小西重直・長田新監修『澤柳政太郎選集』全六巻が第一書房より刊行された。

戦後に入ると、昭和五十年から五十五年にかけて、成城学園澤柳政太郎全集刊行会編『澤柳政太郎全集』全十巻・別巻一が国土社から刊行された。この全集は、戦前に刊行された前述の三つの全集・選集には掲載されていない新たに発掘された三五〇点程の未発表資料をも収載しており、主要な業績を集大成したものといえるものである。各巻に「月報」と詳細な「解説」が加えられていることも特徴である。第十巻「随想・書簡・年譜・索引」には、著作目録が収載され、また別巻「澤柳政太郎研究」には、昭和五十四年までの書誌情報が「澤柳政太郎研究書誌目録」として整理されている。いずれも澤柳研究の手引として有益である。

澤柳を対象とした伝記・評伝は数多い。早い時期のものでは、三浦藤作「澤柳博士伝」(『教育問題研究』六十一、大正十四年)、山下徳治「澤柳政太郎博士」(『教育』一—八、昭和八年、後に『澤柳政太郎全集　別巻　澤柳政太郎研究』に収載)があるが、昭和十二年に次男である澤柳禮次郎が執筆した『吾父澤柳政太郎』(冨山房、のち大空社から昭和六十二年に復刻)が、質量ともに代表的である。これは、前述の「私家文書」をふんだんに活用したものであり、第一次資料によって、青少年期の澤柳や家庭人としての側面を描いている。このほか、小原国芳・小林健三『澤柳教育—その生涯と思想』(玉川大学出版部、昭和三十六年)、孫である新田貴代『澤柳政太郎　その生涯と業績』(成城学園澤柳研究会、昭和五十二年)の評価は高い。

澤柳研究については、昭和四十六年に創設された成城学園澤柳研究会(以下、澤柳研究会と略)の果たした役割を無視することはできない。澤柳研究会は、前述の国土社刊『澤柳政太郎全集』の企画推進を実質的に行う一方、昭和五十三年三月までに三十二回の研究会を開催し、その記録を『沢柳研究』(第一号—第十九号)、『沢柳政太郎研究』(第二十号—第三十八号)において公刊した(前掲の『澤柳政太郎全集　別巻　澤柳政太郎研究』の「研究篇」は同誌からの転載である)。また、澤柳研究会は、前掲の新田貴代『澤柳政太郎　その生涯と業績』をはじめとして、鈴木美南子編『澤柳政太郎の仏教・宗教論』(昭和四十九年)、庄司和晃『澤柳政太郎と成城教育』(昭和四十九年)、北村和夫『大正期成城小学校における学校改造の理念と実践』(昭和五十二年)を澤柳研究双書として刊行した。

(貝塚　茂樹)

三条実美 (さんじょう・さねとみ)

天保八—明治二十四年(一八三七—九一)　太政大臣

三条実美の没後、三条公爵家がその関係文書を所有していたが、戦後にいたり、憲政資料室と神宮文庫におおきく分かれることになった。

憲政資料室所蔵の「三条家文書」は、昭和二十五年(一九五〇)に、三条家より譲渡されたものである。幕末より明治にかけての書類・書翰等四二九九点で、実美に限らず、父実万関係の史料、および三条家としての史料も含む。目録としては、『三条家文書目録　一(書類の部)』『三条家文書目録　二(書翰の部)』があり、書類は幕末期は「幕末書類」、明治期は「政治行政関係」「外交関係」「憲法・関係法令」「諸氏意見書類」「諸報告書・歎願書類」、その他、「三条家関係」、「其他書類」(宮内省、華族、寺社関係など)に分類されている。

神宮文庫に所蔵されている「三条家文書」は、戦前より東京大学史料編纂所に寄託されていたものが、昭和二十五年六月に三条実春氏より同文庫に寄贈されたものである。近代以前も含む三条家の文書で八八五六点。日記類は江戸末期から大正期まで数百冊。意見書・探索書その他をはじめとして実美関係の文書も多数含む。目録としては、「三条家文書目録」(六冊)があり、史料編纂所でその写真版が公開されている。また現在神宮文庫において三条家文書の整理と新目録作成作業が進められており、今なお継続中である。

なお、憲政資料室では、神宮文庫の「三条家文書」のうち、三条実美関係を中心とした四〇三件分をマイクロフィルム撮影したものを公開している。目録は「三条家文書目録(マイクロ)」と題された仮目録である。内容は維新史料および建白書、請願書などである。また、史料編纂所においても、神宮文庫の「三条家文書」の一部を調査しマイクロ撮影をしている(『東京大学史料編纂所報』十二―十五、昭和五十二―五十四年)。

また、憲政資料室所蔵の「三条家文書」は、マイクロフィルムとして北泉社から刊行されており、その目録として『三条実美関係文書』(国立国会図書館憲政資料室所蔵〔Ⅰ〕―〔Ⅲ〕)(平成九―十年)が出されている。

なお、以上の「三条家文書」の解説としては、広瀬順晧「『三条実美関係文書』について」(北泉社『三条実美関係文書』〈マイクロフィルム版〉別冊)、同「三条実美関係文書」(『日本近代思想大系別巻　近代史料解説・総目次・索引』岩波書店、平成四年)がある。

その他、国立史料館所蔵の「山城国京都三条家文書」は、江戸期も含む三条家の日記を中心とした七十七点の文書群で、昭和三十三年に同館が東京の古書店から購入した。内容的には、神宮文庫の「三条家文書」の日記の欠年部分を補っており、同文書と同系統と思われるが、いつどのような事情で三条家から流出したかは不明である。目録は、『山城国諸家文書目録(その一)』(史料館所蔵資料目録・第六十三集、平成八年)所収の「山城国京都三条家文書」。

宮内省では、明治期三条実万・実美の伝記編纂事業を行い、明治三十四年(一九〇一)には『三条実美公年譜』が完成している。そのために収集した資料は、書陵部に「三条公行実編輯掛本」として所蔵されている。幕末から明治にかけての三条家関係の書類が中心で、総数一八三七点。ただし、独立した目録はなく、『和漢図書分類目録』に分類され載せられている。また、宮内省臨時帝室編修局では、大正五年(書翰四二七通、遺書摘録七冊)、大正九年(書翰・書類十五点)、大正十年(同十六点)、大正十四年(六十六件、九十四件)、大正十五年、昭和二年としばしば三条公爵家より史料を借用し、『明治天皇紀』編修に利用した。借用した史料を謄写したものが「三条公爵家文書」その他の名称で、「臨時帝室編修局本」に含まれている。「三条公行実編輯掛本」と同じくまとまった目録はなく、『和漢図書分類目録』中に分類されている。

刊行された史料としては、日本史籍協会より三条実万・実美関係の史料として『三条家文書』一が大正五年に刊行されている(のち東京大学出版会、昭和四十七年『三条家文書』として復刻)。

伝記としては、まず前記『三条実美公年譜』を挙げるべきであろう。同書は一〇〇部印刷され関係者に頒布されたのみであったが、昭和四十四年に宗高書房より復刻された。幕末の錯雑紛糾した情勢を明確に分析叙述しなければ、実美が流離艱難の末ついに大業をなしえた理由を表彰できないという考えから、実美個人の事蹟のみならず、実美とは直接関係のない、幕末維新期の重要な政治事項も非常に多く記されている。その他の伝記類としては、遠藤速太『正一位公爵大勲位三条実美公伝』(出版者戸田為次郎、明治二十四年)、戸田為次郎編『三条実美公　国家の礎』(愛智堂、明治二十九年)、遠藤速太『維新元勲三条実美公』(聚英堂ほか、明治四十二年)、三井甲之『三条実美伝』(講談社、昭和十九年)、馬場文英『七卿西竄始末　三条実美公之記』一―十五(明治二十四年、野史台、のち日本史籍協会編『野史台維新史料叢書』十七―二十二、東京大学出版会、昭和四十七―四十九年復刻)、東久世通禧詞・田中有美絵『三条実美公履歴』一―五(三条実美公履歴発行所、明治四十年、のちマツノ書店、『七卿回天史絵巻　三条実美公履歴』として平成六年復刻)、徳富蘇峰『三条実万公・三条実美公』(梨木神

社鎮座五十年記念祭奉賛会、昭和十年)などがある。　（梶田　明宏）

し

椎名悦三郎（しいな・えつさぶろう）

明治三十一―昭和五十四年（一八九八―一九七九）

自民党副総裁

旧蔵の文書・記録は、憲政資料室に「椎名悦三郎関係文書」として収蔵されている。これらの存在は没後に確認され、椎名悦三郎追悼録刊行会による『記録椎名悦三郎』上・下(同会、昭和五十七年)の執筆に供されたのち、昭和五十八年(一九八三)三月に同室に寄託された。現在はそのうち九十点が公開されており、同室による仮目録がある。

同史料は、手帖・日記・覚書・演説草稿・メモ・所感などからなる。その中でとりわけ重要と思われるものは、昭和十四年から三十七年まで断続的に続けられている手帖(昭和十四―十六、二十―二十四、二十六、二十七、二十九―三十一、三十六、三十七年)、懐中日記(昭和十四、十六、十八、十九年)、日記(昭和十五、十六年)、デスクノート(昭和三十二年)などである。多少のバラつきがあるものの、メモ書きなど総じて緻密な記述が随所に見られ、これにより商工官僚時代から自民党時代に至るまでの活動の一端をうかがい知ることができる。

椎名の一生を綴ったものとしては、政界関係・通産省関係・外務省関係・産業界関係・言論界関係・秘書らからなる椎名悦三郎追悼録刊行会幹事会によって発案され刊行に至った前記『記録椎名悦三郎』上・下(藤田義郎執筆)が最も浩瀚のものとなる。同書では、前述のように手帖・日記・草稿やメモなどが多く利用されており、引用のみならず、文中の所々にそのまま資料として掲載されている場合もある。さらに、公開の範囲外となっている昭和三十七年以降から晩年に近い時期の日記などの掲載箇所もあり、史料としても利用価値が高いと言えよう。

自伝としては、『私の履歴書』四十一(日本経済新聞社編刊、昭和四十五年)、中村隆英・伊藤隆・原朗編『現代史を創る人びと4』(毎日新聞社、昭和四十七年)、「満州開発と満州の日本人」(満州回顧集刊行会編刊『あゝ満州』昭和四十年)、新聞記者との雑談を基にした回想記である『童話と政治』(東洋政治経済研究所、昭和三十八年)がある。また、毎日新聞政治部記者であった池浦泰宏による回顧聞き書きである「椎名悦三郎秘録」(『サンデー毎日』昭和五十四年十一月四日号―昭和五十五年二月十七日号、十五回連載)は、『記録椎名悦三郎』上・下でもふんだんに利用されており、内容は充実している。この回顧聞き書きは、本人の病状悪化により佐藤内閣の外務大臣時代まで中断、結局未完となった。田中内閣以降（連載第十回目以降）の軌跡については、池浦氏の記者時代のメモや関係者の資料を基に、「証言構成」、「余聞」として描かれている。

著書には、商工官僚時代に『戦時国策体系第一巻　戦時経済と物資調整』（産業経済学会出版部、昭和十六年）、『産業団体法案に就て』（重要産業統制団体協議会、昭和十六年）などがあるが、著書と言うよりむしろ商工省行政の見解を説明、まとめたものである。

椎名個人を扱った研究は少ない。政治家時代のものは、城山三郎『賢人たちの世』（文芸春秋、平成二年）や、ジャーナリズムによるものが多い。商工官僚時代を扱ったものとしては、野島博之「椎名悦三郎と戦時統制経済」（『現代史研究』〈現代史研究会〉三十七、平成三年）が詳しい。

（村井　哲也）

塩野季彦（しおの・すえひこ）

明治十三―昭和二十四年（一八八〇―一九四九）

司法大臣

旧蔵史料は、昭和二十年（一九四五）五月に自宅が戦災に遭ったことからその多くが焼失し、ほとんど残されていない。研究史料としては、塩野の薫陶を受けた松坂広政・太田耐造らの尽力により刊行された塩野季彦回顧録刊行会編『塩野季彦回顧録』（巌翠堂書店、昭和三十三年）が挙げられよう。この回顧録には、晩年に認めた自伝「吐雲一代記　わが夢の六十年」の他、「わが趣味と思ひ出と随筆」「西欧初旅の記」、学生時代の日記類、塩野による祖父山寺常山、実父山寺信炳および養父塩野宜健の伝記に加え、「塩野季彦小伝」「司法大臣塩野季彦縦横談」（『現代』昭和十五年五月号からの再録）、「検察思ひ出話」（昭和十五年五月講話）、当時の塩野に関する新聞記事などを集めた「余影集」、関係者の追憶記などが幅広く収められている。なお、回顧録に収められたものの他には、阿部真之助「林内閣人物月旦　山崎・河原田・伍堂・塩野・児玉」（『中央公論』五十二―三、昭和十二年）、三島助治『国内防共戦線の三巨頭塩野・末次・荒木』（国民政治経済研究所、昭和十三年）などに、当時の塩野に対する評価が見られる。

自身の回想としては他に、司法省行刑局長時代を振り返った「歴代局長にものを聴く会（二）」（『月刊刑政』五十五―二、昭和十七年）などがある。また、検事として多大な影響を受けた小林芳郎の評伝のために、序文と共に当時の回顧を寄せているのが興味深い（望月茂『小林芳郎君伝』壱誠社、昭和十五年）。

評伝としては、遊田多聞「塩野季彦」（法曹百年史編集委員会編『法曹百年史』法曹公論社、昭和四十四年）、「塩野季彦」（警察文化協会編刊『警察時事年鑑　一九七九年版　歴代法務大臣』昭和五十三年）、小川太郎「塩野季彦」（小川太郎・中尾文策『行刑改革者たちの履歴書』矯正協会、昭和五十八年）、高橋善七「四三代逓信大臣　塩野季彦」（通信史研究所編『逓信大臣列伝』下、逓信研究会、昭和五十八年）、掛樋松治郎「塩野季彦」（日本刑事政策研究会編『日本刑事政策史上の人々』日本加除出版、平成元年）などがある。また、「あの人この人訪問記―第一五回松坂広政さん」（『法曹』九十五、昭和三十三年、後に野村正男『法曹風雲録』上、朝日新聞社、昭和四十一年に所収）では、東京地方裁判所検事正であった塩野の下で次席を務めた頃のことが回想されており、松坂広政伝刊行会『松坂広政伝』（非売品、昭和四十四年）にも、塩野との関係について多くの紙幅が割かれている。また、「あの人この人訪問記―第八九回佐藤祥樹さん」（『法曹』一九六、昭和四十二年、後に佐藤祥樹追想録刊行会編『佐藤祥樹追想録』非売品、昭和四十四年に所収）でも、塩野の下での検察活動が回想されている。一方藤沼庄平は、警視総監として関与した帝人事件などについて、塩野の処理を批判的に振り返っている（「私の一生」刊行会編『私の一生』非売品、昭和三十二年）。

著書には、『暴力行為等処罰法釈義』（厳翠堂書店、昭和元年）、『警察犯処罰例釈義』（同、昭和二年）、『警察法要論』（同、昭和四年〈昭和十一年改訂〉）があり、『最近行刑令釈義』（同、昭和九年）の監修も務めている。また、名古屋控訴院検事長時代に編纂した『検務要領』（昭和十年）および、司法資料第一号となった『定型アル犯罪調査　賭博編』（司法大臣官房調査課、大正十年、司法資料としての配布は昭和十年）は、前掲『塩野季彦回顧録』の巻末に掲載されている。この他にいくつか雑誌掲載論文もあるが、まとまったものとして注目すべきは、昭和五年からの司法省行刑局長時代に『刑政』に掲載された諸論文（四十四―五～）と、昭和十五年に日本法理研究会を発足させてからその機関誌となった『法律新報』の諸論文（六八〇～）であろう。昭和十二年からの司法大臣としての訓示は、『法律新聞』などに掲載されている。

塩野に関する研究は、これまでのところその活動領域に対応した形で進められていると言えよう。検事として関与したシーメンス事件、朴烈事件、共産党事件、司法大臣として関与した帝人事件などについては、森長英三郎『史談裁判』全四巻（日本評論社、昭和四十一―五十年）、我妻栄他編『日本政治裁判史録』全五巻（第一法規出版、昭和四十三―四十五年）、「事件で見る裁判一〇〇年」（『月刊法学教室』一二一、平成二年）所収の諸論考、およびその参考文献の中に塩野の働きを見出すことができる。戦前の我が国における検察および司法部のあり方との関係からは、家永三郎『司法権独立の歴史的考察［増補版］』（日本評論社、昭和四十二年）、伊藤隆『昭和初期政治史研究』（東京大学出版会、昭和四十四年）、山本祐司『東京地検特捜部　日本最強の捜査機関・その光と影』（現代評論社、昭和五十五年）、澤田東洋男『検察を斬る』（図書出版社、昭和六十三年）、駄場裕司「帝人事件から天皇機関説事件へ―美濃部達吉と「検察ファッショ」―」（『政治経済史学』三八九、平成十一年）などの分析が示唆的である。また、当時の司法部が果たした治安維持の局面に着目した業績としては、R・H・ミッチェル『戦前日本の思想統制』（日本評論社、昭和五十五年）、小田中聰樹「戦前の法律家―そのイデオロギー的操作の問題を中心に―」（『続現代司法の構造と思想』日本評論社、昭和五十六年）、同『刑事訴訟法の史的構造』（有斐閣、昭和六十一年）、荻野富士夫『思想検事』（岩波新書）（岩波書店、平成十二年）、塩野が会長を務めた日本法理研究会の活動とその評価については、白羽祐三『「日本法理研究会」の分析』（中央大学出版会、平成十年）がある。　（高山　京子・出口　雄一）

塩見俊二（しおみ・しゅんじ）　明治四十―昭和五十五年（一九〇七―一九八〇）
参議院議員

戦前は台湾総督府財務局主計課長として敗戦を迎え、敗戦後は台湾で国民政府に留用された。台湾から引揚げた後は参議院議員となり、田中角栄内閣で自治大臣と厚生大臣を務めた。

生前に「塩見文庫」を昭和三十六年（一九六一）五月に開設し、自身の蔵書類を一般に公開していたが、そのなかには戦前の台湾関係や戦後の政治活動に関係する書籍・部内資料が多く含まれている。「塩見文庫」の蔵書は約六万四〇〇〇冊に上り、塩見俊二編『塩見文庫図書総目録』（塩見文庫、昭和四十五年、『塩見文庫図書目録』全四巻〈昭和四十一―四十二年〉の改訂増補版）によってその内容を窺うことができる。また、その後、『戦史　明治以降』（昭和五十三年）、『官庁会社等沿革史』（昭和五十三年）、『政治』（昭和五十四年）、『美術』（昭和五十四年）の分野別目録も出された。なお、「塩見文庫」（途中から財団法人小津図書館「塩見文庫」）は没後に高知県へ寄贈され、県立小津青少年ふれあいセンター図書室として存続していたが、平成十四年（二〇〇二）三月末で閉館となり、蔵書類は高知県立図書館および高知県教育センター分館へ移管された。

また、塩見には敗戦の八月十五日より台湾から引揚げる翌年十月までの日記があり、これは、塩見俊二『秘録・終戦直後の台湾―私の終戦日記―』(高知新聞社、昭和五十四年)として出版され、敗戦後の台湾における社会状況と日本人留用の実態を伝える貴重な史料となっている(ただし、現物は「塩見文庫」には所蔵されておらず所在不明)。

この他、塩見は国民政府留用時代に日本統治五十年の総括となった台湾省行政長官公署統計室編刊『台湾省五十一年来統計提要』(一九四六年、台北・南天書局復刻版、一九九四年)の編纂の中心的人物でもあった。台湾総督府は、施政年報ともいえる『台湾総督府事務成績提要』(明治二十九年度〈一八九六〉―昭和十七年度分まで作成、復刻版は『中国方志叢書・台湾地区・第一九二号』全九十五巻、台北・成文出版社、一九八五年に収録)は作成していたが、『朝鮮総督府施政三十年史』や『関東局施政三十年史』といった台湾以外のすべての植民地官庁が作成した本格的な施政史を編纂しなかった。台湾総督府でも、大正十一年(一九二二)に修史事業にとりかかったが途中で頓挫し、最終的には「台湾史料稿本」と「台湾史料綱文」(翻刻版としては、中京大学社会科学研究所台湾史料研究会編・校訂『台湾史料綱文』上・下、成文堂、平成元年)が昭和七年に編纂完了したが、施政二十五年史的性格を持つものの史料集に止まっていた。また、この修史事業の延長線上として、井出季和太『台湾治績志』(台湾日日新報社、一九三七年、青史社復刻版、昭和六十三年)が刊行されたが、総督府の援助があったものの公的なものではなく、結局、敗戦直後に内部資料として作成された「台湾統治概要」が唯一の「正史」となった。なお、「台湾統治概要」(台湾総督府編『台湾統治概要』原書房、昭和四十八年復刻)は戦後になって、大蔵省管理局が作成した「日本人の海外活動に関する歴史的調査」(小林英夫監修『日本人の海外活動に関する歴史的調査』全二十三巻、ゆまに書房、平成十二年復刻)の一部として印刷製本され、部内資料として配付された。

このような意味において、敗戦後の状況では不可能であった台湾統治五十年史の代わりとして企画された『台湾省五十一年来統計提要』は、日本による台湾統治五十年を統計上から総括したものとして貴重なものとなっている。

著作としては、戦前の台湾総督府時代に『台湾相続税令解説』(盛文社、昭和十二年)、『台湾戦時財政金融論』(台湾出版文化、一九四三年)、戦後になってからは、『中華人民共和国の財政と租税制度』(私家版、昭和三十三年)、『十三年ぶりに台湾をたずねて』(塩見財政経済研究所、昭和三十四年)、『外から日本を見る』(塩見財政経済研究所、昭和三十九年)などが挙げられる。また、地元雑誌『高知県人』(高知県人社)を中心にした寄稿も多い。

没後、関係者による追想録として、塩見俊二先生追想録刊行委員会編『塩見俊二先生追想録』(小津図書館、昭和六十二年)が刊行されている。

(加藤　聖文)

志賀重昂 (しが・しげたか)

文久三―昭和二年(一八六三―一九二七)　衆議院議員・政教社の一員

志賀が遺した史料は、戦災に際して散逸してしまい、体系的には残存していない。直系の志賀家、長女鈴江が嫁いだ矢田家(外交官矢田七太郎の後嗣)には、文書類もわずかながら蔵されている。そのほか、憲政資料室所蔵の各文書や徳富蘇峰記念館などには、志賀から宛てられた書簡も散見される。遺品類は、戦前に郷里の愛知県岡崎市に寄贈され、現在では岡崎市郷土館にて一部が公開されている。札幌農学校在学中の日記は、北海道大学附属図書館北方資料室に寄贈されている。

志賀に関する文献としては、没後間もなく嗣子志賀富士男によってまとめられた『志賀重昂全集』全八巻(志賀重昂全集刊行会、昭和二―四年)がある(のちに日本図書センターから複製版)。同全集は、公刊された著作や代表的な雑誌論文を網羅するという方針で編集されており、日記や書簡などはほとんど収録されていない。第八巻に追悼文を寄せている吉野作造がこの全集刊行に関わっていたことは、吉野の日記昭和二年(一九二七)六月十一日の条に「午後志賀富士男氏宅を訪ねる　故重昂先生遺稿の始末に就て相談の為也」(『吉野作造選集』十五、三十四頁、岩波書店、平成八年)とあることからうかがえる。同日記によれば、吉野は出版社の紹介も行なっている。

なお、孫の一人である戸田博子によって、生誕百三十年記念誌『志賀重昂―回想と資料―』(私家版、平成六年)がまとめられている。一族による回想と志賀家、矢田家ほかが所蔵する文書・遺品などが紹介されていて、志賀に関する基本文献となっている。また、札幌農学校時代の日記は、亀井秀雄と松木博によって『朝天虹ヲ吐ク』(北海道大学図書刊行会、平成十年)として刊行されている。

(中野目　徹)

重野安繹（しげの・やすつぐ）

文政十―明治四十三年(一八二七―一九一〇)　初代東京帝国大学史学会会長・歴史家・漢詩文家・日本初の文学博士

関係する全資料は「重野家文書」(①②③)に求められる。①②は大久保利謙と坂口筑母が、③は坂口が整理を担当した。①は東京大学史料編纂所(平成元年)、②は静嘉堂文庫(平成元年)、③は無窮会図書館(平成十四年)にそれぞれ寄贈された。以下、略々説明する。

①は歴史関係で七群に分類し、第一群(修史館時代)「史料編纂例則」他二十五点、第二群(古文書・古記録)「満済准后日記〈永享三年十月二十八日の条〉写並に考証」他五十四点、第三群(雑・断片類)「神武帝東征より明治三十八年に至る年表」他十二点、第四群(講演・論文の原稿類)「東京学士会院雑誌第一編八冊・重野安繹『国史編纂ノ方法ヲ論ス』」他三十四点、第五群(諸稿本)『編年日本外史』第十一巻他十四点、第六群(修史館時代の断片的書付類)「中国並びに日本の考証学者名前書付」他一〇〇点、第七群(在藩時代)「成齋文集・在昌平黌時代」他二十四点となる。

②は文学関係を主軸に「詩文・碑文・論文・書状・書付類」となるが、目録は作成されていない。特に注目すべきは重野が添削した詩文の結社旧雨社同人約五十余名の小伝「旧雨社小伝」は人物研究に重要な資料となり、その試みとして坂口筑母『旧雨社小伝』全四冊(国会図書館に寄贈)がある。また「寿詩・寿文・聯句・祝辞・寄贈品附言」は、古稀にあたって寄せられた士大夫、儒者、文人、墨客、門人約二百数十人の寿詩文であって、まさに当代を代表する名士の佳文は豪華絢爛たるものがある。

③は「色紙」(詩文類)六十数点、「短冊」十一点、「葉書」十六点、「印譜」四十点、「詩文・碑文・書付他」二百十数点、「書状・詩文・碑文・書付他」百六十数点、「写真・辞令・勲記・位記」五十数点、「重野家関係書類」約十点となり、書状差出人に名流が目立ち、写真と委任状は貴重資料として重視され、簡単な目録が作成されている。

書状については、重野宛諸家書状「続古堂遺篋」九十三通(東京大学史料編纂所)の他に「題分愛同賞帖」約一〇〇通(「中島家文書」)がある。後者は上州在住の中島蓮塘が往時重野に懇請して得た書状群で、現在も子孫が保管していて、最近、東京大学史料編纂所にマイクロフィルムにして保管されたが、平成十二年(二〇〇〇)夏、両書状群を併せて約一九〇通を翻字略説した坂口筑母の稿本『重野成齋宛諸家書状』(国会図書館寄贈)がある。したがって演説原稿・雑誌記事原稿等も「重野家文書」に収蔵されているから、以上の書状群を併せて重野に関する根本資料となろう。

著書に『成齋文初集』・『成齋文二集』(いずれも冨山房、明治三十一・四十四年)、『成齋先生遺稿』(松雲堂書店、大正十五年)があり、その原稿も「重野家文書」に収蔵されている。伝記としては西村時彦の「成齋先生行状資料」(薩藩史研究会編『重野博士史学論文集』上、雄山閣、昭和十三年)がある。ところで旧版とされる『重野博士史学論文集』上・中・下（昭和十三―十四年）は、大久保利謙編『増訂・重野博士史学論文集』上・中・下、補巻「重野安繹研究資料編」（名著普及会、平成元年）を刊行して資料の紹介に便宜を図った。論文は旧版で伏せ字になっていた約六〇〇〇字を修訂、補巻は薩藩史研究会編『南国史叢』第三輯（昭和十三年）「重野安繹先生特輯号」を収め、執筆者は井上哲次郎・徳富猪一郎・木場貞長・白鳥庫吉・高田忠周・山田準・館森鴻・高於菟三・上田右馬太郎・山本邦彦・岡百世・重野紹一郎等で挿話を入れた伝記資料を提供する。また同会と三州倶楽部講演部が主催した展示会の「重野先生追頌記念展覧会出品目録」を収録する他に、久米邦武の「余が見たる重野博士」（『歴史地理』十七―三、明治四十五年）を掲載、さらに第三回萬国聯合学士院会議出席の「外遊日誌」重野紹一郎誌（明治四十年三月三日―同年九月二日）を収める。

　また、重野の人と為りを述べた辻善之助の「思ひ出づるまゝ」（辻善之助先生誕生百年記念会編『辻善之助博士自歴年譜稿』続群書類従刊行会、昭和五十二年）は回顧談としても貴重であり、重野の実証・考証史学を解説した大久保利謙の『日本近代史学史』（白揚社、昭和十五年）は必見の参考資料となる。なお、「重野家文書」と書状を資料としてまとめた坂口筑母の『稿本・重野成齋伝』（国会図書館寄贈、平成九年）と「旧官学派系明治初期の漢詩人たち―重野家文書・向山家文書―」（無窮会図書館・東洋文化研究所刊『東洋文化』（復刊七十三―八十五）がある。

（坂口　筑母）

宍戸　璣（ししど・たまき）　文政十二―明治三十四年（一八二九―一九〇一）　清国駐在公使・貴族院議員

　憲政資料室に宍戸家から譲渡を受けた「宍戸璣関係文書」五一四点があり、『広沢真臣・宍戸璣関係文書目録』（昭和四十二年）が発行されている（マイクロフィルム化中）。宍戸は元長州藩士山県半蔵であり、家老宍戸備前の末家となり備後助と称した。同関係文書の慶応元（一八六五）・二年広島応接関係書簡は幕長戦争時、幕府問罪使との応接などに関する史料である。

　書類の部は維新関係（文久期）、幕長戦争関係のほか明治新政府で刑部・司法・教部・文部各省の少輔・大輔を歴任したので、地方制度・宗教関係を含むが、清国公使時代の方が多い。清国総理衙門との琉球問題北京談判は不調に帰したが、関係記録は「辦理球案始末」五冊（明治十四年）に収める。憲政史編纂会収集文書に宍戸発信書簡が二十通、井上馨関係文書に十八通、伊藤博文関係文書に十七通ほか諸家文書に含まれる（以上、憲政資料室蔵）。

　神奈川県立公文書館山口コレクションに宍戸書簡十三通など、書陵部「木戸家本」に木戸孝允に関する談話速記、同「三条公本」に手跡草案写、東京都立中央図書館の渡辺刀水旧蔵諸家書簡に三通、東京大学史料編纂所の維新史料には吉田寅次郎ほか宛書簡写、宍戸手控写など、山口県立山口図書館に「宍戸備後之介於芸州応接之書」写一冊を所蔵する。

　宍戸璣「経歴談」一―三（『防長史談会雑誌』二十五―二十七、明治四十四―四十五年）があるが、伝記・人物研究とも乏しいように見受けられる。

（安岡　昭男）

幣原喜重郎（しではら・きじゅうろう）　明治五―昭和二十六年（一八七二―一九五一）　内閣総理大臣

　私文書としては、憲政資料室所蔵の「幣原平和文庫」がある。この文庫には、日本国憲法制定関係をはじめとして、自筆諸論文、極東軍事裁判における広田被告弁護、書翰、ロンドン軍縮会議、ワシントン会議、幣原―モリス会談、中国問題、天皇制、幣原内閣等に関するものが集められている。同文庫には仮目録があり、マイクロフィルムで閲覧することとなる。同じく憲政資料室所蔵の「牧野伸顕関係文書」や「斎藤実関係文書」にも、書翰などが収められている。

門真市立歴史資料館には、「幣原家文書」が所蔵されている。もっとも、その中心は近世であり、幣原に直接係わるような史料は多くない。それでも、幣原のルーツを知る上で、「幣原家文書」は貴重なものとなる。関連の刊行物としては、門真町史編纂委員会編『門真町史』(門真町役場、昭和三十七年)、門真市編『門真市史　第三巻　近世史料編』(門真市、平成九年)、同編『門真市史　第四巻　近世本文編』(門真市、平成十二年)がある。

　幣原を支え、外務次官や駐米大使を歴任した出淵勝次の個人文書も逸しがたい。「出淵勝次関係文書」は、盛岡市先人記念館に所蔵されている。その中から、出淵の日記などが高橋勝浩氏によって翻刻され、『国学院大学日本文化研究所紀要』八十四―九十(平成十一―十四年)に掲載された。憲政記念館所蔵の「重光葵関係文書」には、幣原の書翰が数通残されている。伊沢多喜男関係文書研究会編『伊沢多喜男関係文書』(芙蓉書房出版、平成十二年)も、幣原書翰を多数含む。

　石橋湛一・伊藤隆編『石橋湛山日記　昭和二十―三十一年』上・下(みすず書房、平成十三年)は、第一次吉田内閣に幣原とともに入閣した石橋湛山の日記として有益である。ちなみに、湛山が山梨県尋常中学校在学中に校長として来任した幣原坦は、喜重郎の兄である。湛山は幣原坦『大東亜の成育』(東洋経済新報社、昭和十六年)に、「恩師幣原先生」という序文を寄せている。

　諸外国の個人文書では、アメリカの「ヒューズ文書」(Charles Evans Hughes Papers, Manuscript Division, Library of Congress)や「ラモント文書」(Thomas William Lamont Papers, Barker Library, Harvard University)、「ルート文書」(Elihu Root Papers, Manuscript Division, Library of Congress)、「キャッスル文書」(William R. Castle, Jr. Papers, Houghton Library, Harvard University および William R. Castle, Jr. Papers, Herbert Hoover Presidential Library)、「グルー文書」(Joseph Clark Grew Papers, Houghton Library, Harvard University)等にも、幣原関係の史料を散見することができる。その他、スタンフォード大学のフーバー研究所は、「ホーンベック文書」(Stanley K. Hornbeck Papers, Hoover Institution, Stanford University)をはじめとする個人文書の宝庫となっている。ホームページ(http://www.oac.cdlib.org/dynaweb/ead/ead/hoover)を通じて検索も可能である。

　イギリスの個人文書としては、「チェンバレン文書」(Austen Chamberlain Papers, Special Collections, Main Library, University of Birmingham)が興味深い。「ランプソン文書」(Miles Wedderburn Lampson Papers, Middle East Centre, St. Antony's College, University of Oxford)では、日記が中心となる。残念ながら、ワシントン会議期のランプソン日記は残されていない。こうした史料状況に関しては、服部龍二「戦間期イギリス外交の個人文書等について」(『拓殖大学論集　政治・経済・法律研究』三―二、平成十三年)を参照されたい。

　公文書としては、当然ながら、外交史料館所蔵の外務省記録が不可欠となる。まずは既刊分として、大正後期から昭和初期の外務省編『日本外交文書』各巻を参照すべきであろう。これを補うものとして、広瀬順晧編『近代外交回顧録』(ゆまに書房、平成十二年)の第三・四巻がある。ここには、幣原喜重郎「外交文書ノ文体、起草者ノ心得並ニ諸種ノ形式」などが収録されている。

　自伝としては、幣原喜重郎『外交五十年』(読売新聞社、昭和二十六年)がある。本書は昭和六十二年(一九八七)に中公文庫として復刊されており、平成十年(一九九八)には日本図書センターからも刊行されている。伝記類の中で最も浩瀚の書となるのが、幣原平和財団編刊『幣原喜重郎』(昭和三十年)である。同書は史料的価値も高い。

　評伝的なものとしては、宇治田直義『幣原喜重郎』(時事通信社、昭和三十三年)があり、昭和六十年に同社から復刊されている。馬場伸也『満州事変への道―幣原外交と田中外交』〈中公新書〉(中央公論社、昭和四十七年)は、田中義一との比較から幣原を描いている。また、塩田潮『最後の御奉公　宰相幣原喜重郎』(文芸春秋、平成四年)は、平成十年に『日本国憲法をつくった男　宰相幣原喜重郎』と改題され文春文庫に収められている。岡崎久彦『幣原喜重郎とその時代』(PHP研究所、平成十二年)は、幣原を軸とした日本外交史論であり、大正期に重点が置かれている。

　外相期を中心とする幣原外交研究には、枚挙にいとまがない。日本外交史研究の中で最も充実した分野の一つといっても過言ではない。臼井勝美氏や小池聖一氏がその第一人者であろう。臼井氏には、『日中外交史―北伐の時代』〈塙新書〉(塙書房、昭和四十六年)、『日本と中国―大正時代』(原書房、昭和四十七年)、『満州事変―戦争と外交と』〈中公新書〉(中央公論社、昭和四十九年)、『中国をめぐる近代日本の外交』(筑摩書房、昭和五十八年)、『日中外交史―昭和前期』(吉川弘文館、平成十年)といった著作がある。

　小池氏には、『「国家」としての中国、「場」としての中国―満洲事変前、外交官の対中国認識』(『国際政治』一〇八、平成七年)をはじめ、『「提携」の成立―日中関税協定成立の条件』(曽田三郎編『近代中国と日本―提携と敵対の半世紀』御茶の水書房、平成十三年)に至る一連の研究がある。また、同氏の「『宥和』の変容―満州事変時の外務省」(『軍事史学』三十七―二・三、平成十三年)は、外交史料館所蔵の「川村茂久文書」を活用している。満州事変への対応に関しては、服部龍二編『満州事変と重光駐華公使報告書―外務省記録「支那ノ対外政策関係雑纂『革命外交』」に寄せて』(日本図書センター、平成十四年)も参考になる。

　国際政治史的研究ながら、入江昭『極東新秩序の模索』(原書房、昭和四十三年)や、服部龍二『東アジア国際環境の変動と日本外交一九一八―一九三一』(有斐閣、平成十三年)にも、幣原は頻出する。占領期の研究書でも、幣原に論及するものは多い。五百旗頭真『占領期―首相たちの新日本』(読売新聞社、平成九年)が近年の代表作であろう。

　最近の幣原研究としては、芳賀徹「古風な合理主義者　幣原喜重郎(一)」(『外交フォーラム』七十七、平成七年)、同「『国際協調』の現場　幣原喜重郎(二)」(同七十八、平成七年)、于紅「幣原外交における『経済中心主義』―一九二五年の青島労働争議と五・三〇事件の外交的対応をめぐって」(『人間文化論叢』三、平成十二年)、西田敏宏「東アジアの国際秩序と幣原外交(一)(二)―一九二四～一九二七年」(『法学論叢』一四七―二、一四九―一、平成十二、十三年)、同「ワシントン体制の変容と幣原外交(一)(二)―一九二九～一九三一年」(同一四九―三、一五〇―二、平成十三年)、服部龍二「幣原喜重郎と二〇世紀の日本」(『書斎の窓』五一七、平成十四年)、同「幣原没後」(『創文』四五四、平成十五年)がある。

　その他、関静雄『大正外交―人物に見る外交戦略論』(ミネルヴァ書房、平成十三年)や、佐古丞『未完の経済外交―幣原国際協調路線の挫折』〈PHP新書〉(PHP研究所、平成十四年)も、幣原に多くの記述を割いている。

(服部　龍二)

品川弥二郎（しながわ・やじろう）

天保十四―明治三十三年（一八四三―一九〇〇）

官僚政治家・内務大臣

　筆者が学習院大学の井上勲氏を通じて、孫の清太郎氏に依頼し、少しずつ「品川弥二郎関係文書」を閲覧し、数人で研究会を発足して解読、目録の作成を始めたのが、昭和四十年代であった。その後、遺族が同文書を手放す意向であったので、昭和五十六年(一九八一)に憲政資料室が購入することになった。それ以後も研究会は継続し、まず書簡を山川出版社の日本近代史料選書に収録する予定で準備を進めたが、出版社の都合で挫折した。それを引き受けてくれたのが社団法人尚友倶楽部で、倶楽部の上田和子氏以下数人の方の参加も得て尚友倶楽部品川弥二郎関係文書編纂委員会を作り、旧来の縁から山川出版社の協力も得て、平成四年(一九九二)から『品川弥二郎関係文書』の刊行を開始した。現在、第六巻(差出人別の編集で、「は」行まで)まで刊行している。

その後、平成九年に清太郎氏の長男芳昭氏が家に残っていた若干の書簡・書類を持参されたため、憲政資料室が購入した。書簡の内、差出人別の編集で間に合うものは『品川弥二郎関係文書』の該当箇所に収録したが、残りは補遺に回すことにした。

品川家に残された一次史料は憲政資料室が現在所蔵しているものですべてであろうと思われる。ただ、品川宛木戸孝允書簡の多くは『木戸孝允文書』一―七(日本史籍協会、昭和五年、のち昭和四十六年、東京大学出版会から復刻)に収録されているが、憲政資料室所蔵分には含まれていない。

憲政資料室には「品川弥二郎文書目録」があり、書簡三六四二通、書簡以外二〇八三点、計六七二五点がリストアップされている。その後さらに前述の追加分である「品川弥二郎文書目録(補)」が作成され、項目数で二四五がリストアップされており、さらに憲政資料室が別途購入の近藤幸止宛品川書簡四十九通が加えられている。

「品川弥二郎文書」には、日記・辞令をはじめ、彼の経歴に関連した史料が含まれているが、特に農商務省時代、御料局長時代、内務大臣時代、国民協会関係のものが多く含まれている。なお、日本史籍協会編刊『維新日乗纂輯』二(大正十二年)に「品川弥二郎日記」(慶応二年〈一八六六〉五月一日―同三年九月八日)が収録されている。この原文書は前記「関係文書」には含まれていない。

なお、他の関係文書中に多くの品川書翰が含まれている。「平田東助関係文書」には一九三通、「松方正義関係文書」には五十一通、「井上馨関係文書」には五十二通、その他「伊藤博文関係文書」、「山県有朋関係文書」他にも多く含まれている。また、「憲政史編纂会収集文書」にも多くの品川書翰が見出される。

伝記に村田峯次郎『品川子爵伝・付、時事綱要・生死録』(大日本図書、明治四十三年)、奥谷松治『品川弥二郎伝』(高陽書院、昭和十五年)がある。また追悼録に阿武信一編『品川子爵追悼録』(警眼社、明治三十三年)がある。

著書に平田東助との共著『信用組合提要』(国光社、明治二十九年、同年増補版が博文館から刊行、昭和四十五年本位田祥男他監修『協同組合の名著』第一巻に収録された)があり、また吉田松陰の『俗簡雑輯』(慶応四年)を品川の校で明治二十八年(一八九五)に尊攘堂から摺り出している。また『嘉永癸丑吉田松陰遊暦日録』も品川の校で、明治十六年、吉田庫三によって出版されている。さらに吉田松陰の『幽室文稿』を品川の編で、明治十四年、文求堂から刊行している。

政治史・農政史などの研究でしばしば取り上げられているが、品川をタイトルに冠した研究に矢部洋三「品川弥二郎と安積開墾の政策転換」(『福島県歴史資料館研究紀要』十八、平成八年)、瀬岡誠「伊庭貞剛の社会的基盤―品川弥二郎を中心にして」(『大阪学院大学国際学論集』十三―二、平成十四年)、串山まゆら「初期議会期における品川弥二郎と本願寺役僧」(『日本宗教文化史研究』七―一、平成十五年)などがある。

（伊藤　隆）

篠田治策（しのだ・じさく）

明治十二―昭和二十一年(一八七九―一九四六)

植民地官僚

日露戦争において第三軍国際法顧問として従軍、ついで明治四十年(一九〇七)に韓国統監府臨時間島派出所事務官となって以降、昭和十九年(一九四四)に京城帝国大学総長を辞任するまで、植民地官僚として日本の朝鮮支配に参画した。京城帝大総長辞職後、篠田は日本の敗戦前に東京へ引き揚げ、世田谷の広大な邸宅に居を移したが、その死後ほどなく、文書・蔵書の一部が米国スタンフォード大学フーヴァー研究所(Hoover Institution)により購入された、現在、文書は同研究所文書館、文献がスタンフォード大学図書館に所蔵されている。このフーヴァー研究所所蔵篠田文書に関して、加藤陽子氏および水野直樹氏作成の仮目録があるほか、浦塩派遣軍勤務時代の文書目録は、中見立夫「米国における東北アジア関係史料調査から」(『近現代東北アジア地域史研究会ニューズレター』九、平成九年)で公表されている。篠田文書は十一箱からなるが、間島問題、浦塩派遣軍政務部嘱託として篠田が関与した、いわゆる「シベリア出兵」関係、とくにシベリア在住朝鮮人問題などに関する文書、冊子類、さらに「高宗実録」「純宗実録」編纂のための資料などが目につく。「高宗実録」「純宗実録」は、朝鮮王朝最期の二代国王の実録であるが、李王職長官(旧朝鮮王家における宮内庁長官に相当)であった篠田が編纂責任者をつとめた。両実録は正副浄書本のほか、三十部の影印本が作成されたものの公布されずに終わったが、篠田は影印本一揃いを日本へ持ち帰り、フーヴァー研究所は、ほかの篠田蔵書とともに入手している。学習院大学版『李朝実録』影印本所収当該両実録は、このフーヴァー所蔵本からの復刻である。

著作には、『日露戦役国際公法』(法政大学、明治四十四年)、『白頭山定界碑』(楽浪書院、昭和十三年)などがあるが、前者で東京大学から法学博士号をえた。朝鮮総督府勤務における最終職が京城帝大総長であったのも、かれが単なる官僚出身者ではなく、もともと国際法学者であったことと関連する。また『白頭山定界碑』は、中国・朝鮮国境問題に関する研究書のなかの古典としても知られる。

（中見　立夫）

渋沢栄一（しぶさわ・えいいち）　天保十一—昭和六年（一八四〇—一九三一）　実業家

幕末から明治・大正・昭和初期まで九十一年の生涯を送ったその事績は、『渋沢栄一伝記資料』全六十八巻(渋沢栄一伝記資料刊行会〈本巻五十八巻〉、渋沢青淵記念財団竜門社〈別巻十巻〉、昭和三十一—四十六年)を参照することによって、その大要を知ることができる。そのうち、本巻の五十八巻には、渋沢が現在の埼玉県深谷市血洗島の農家に誕生した天保十一年(一八四〇)旧暦二月から、維新官僚として近代国家建設を担った明治六年(一八七三)五月までの「第一編　在郷及ビ仕官時代」(第一巻~第三巻)、日本初の近代的銀行である第一国立銀行(後に㈱第一銀行)の総監役(後に頭取)に就任した明治六年六月から、古稀を機に関係した多くの会社・経済団体の役職を退任した明治四十二年六月までの「第二編　実業界指導並ニ社会公共事業尽力時代」(第四巻~第二十九巻)、その後、死去する昭和六年(一九三一)十一月まで、主として社会福祉や教育事業、民間外交などの中心的担い手となって活動する「第三編　社会公共事業尽瘁並ニ実業界後援時代」(第三十巻から第五十七巻)から構成され、第一編は編年体に、第二編・第三編は事業別に分類した上で、関係した各団体ごとに編年体で資料群が編集されている。また、別巻の十巻は、日記・書簡・講演・談話・余録・遺墨・写真に分類し、掲載されている。なお、『渋沢栄一伝記資料』の刊行のために蒐集・整理された資料群は、渋沢史料館(正式名称—財団法人渋沢栄一記念財団付属渋沢史料館)に収蔵されている。

以上のように『渋沢栄一伝記資料』は、事績に関して包括的に掲載した優れた資料集であるが、単行本としての回想録には、明治二十年にそれまでの足跡を振り返った『雨夜譚』(渋沢栄一述・長幸男校注『雨夜譚』〈岩波文庫〉岩波書店、昭和五十九年)、講演・談話のなかの回想部分を編集した『青淵回顧録』(青淵回顧録刊行会、昭和二年。後に『渋沢栄一自叙伝』と改題し刊行。平成十年、大空社の〈近代日本企業家伝叢書 九〉に復刻)がある。また談話集として、たとえば、明治四十五年(一九一二)に同文舘刊の渋沢栄一『青淵百話』(平成元年、国書刊行会より復刻)、大正五年に東亜堂書房刊の渋沢栄一述『論語と算盤』(平成元年、国書刊行会より復刻)、大正十四年に二松学舎出版部刊の渋沢栄一講述『論語講義』（昭和五十年、明徳出版社より復刻）などにも回想談が多く掲載されている。

　渋沢に関する考察は、多くの業績が発表され今日にある。随意に列挙することが許されるならば、渋沢雅英『太平洋にかける橋―渋沢栄一の生涯―』（読売新聞社、昭和四十五年）、山本七平『近代の創造―渋沢栄一の思想と行動』（PHP研究所、昭和六十二年）、土屋喬雄『渋沢栄一』〈人物叢書〉（吉川弘文館、平成元年）、木村昌人『渋沢栄一―民間外交の創始者―』〈中公新書〉（中央公論社、平成三年）、大谷まこと『渋沢栄一』（一番ヶ瀬康子・津曲裕次編『シリーズ福祉に生きる』十一、大空社、平成十年）、三好信浩『産業教育人物史研究3　渋沢栄一と日本商業教育発達史』（風間書房、平成十三年）、坂本慎一『渋沢栄一の経世済民思想』（日本経済評論社、平成十四年）などを挙げることができる。また、渋沢研究会編『新時代の創造　公益の追求者・渋沢栄一』（山川出版社、平成十一年）は、多方面にわたる事績を総合的に考察した書籍であり、同書の編集・執筆にあたった渋沢研究会の研究紀要『渋沢研究』（渋沢史料館発行、平成元年より刊行）は、渋沢にアプローチする際、大いに参考となる。（五十嵐　卓）

渋沢敬三（しぶさわ・けいぞう）

明治二十九―昭和三十八年（一八九六―一九六三）

実業家

「『一個の社会人』敬三は、おおむね自己を語らぬ人であった。自分の右手にしたことを、左手に知らせずにすむ人であった。彼ほど自己顕示に遠い人を知らない」とは、自らの事績の側面を「実業家」「政治家」「学者」としながら、その総体を「一個の社会人」として無二無三に歩んだとする渋沢敬三の証言を引用しながら、民俗学者河岡武春が記述した一文がある（「敬三の人間形成―東京高師附属中学時代を中心として」後掲『渋沢敬三』上に所収）。

　明治・大正・昭和初期に実業家として活躍した渋沢栄一の嫡孫として誕生し、渋沢子爵家を渋沢栄一から継承した敬三は、まとまった自叙伝を残していないが、㈱第一銀行副頭取、日本銀行総裁、幣原喜重郎内閣の大蔵大臣、創立された国際電信電話㈱取締役社長などを歴任するとともに、戦前・戦後を通じての日本の民俗学（民族学）に対する多大な貢献をなした〈一個の社会人〉敬三の生涯と業績は、『渋沢敬三』上・下（渋沢敬三伝記編纂刊行会、昭和五十四・五十六年）および渋沢敬三著・網野善彦他編『渋沢敬三著作集』全五巻（平凡社、平成四―五年）によって、その大要を知ることができる。

　『渋沢敬三』上・下は、本人の執筆および口述からなる「手記・書簡・随想・訓示・講演・対談」、数多い著作のうち主なものを解説した「著作解題」、事績を回顧すべく五十八名の寄稿による「追懐記事」や合わせて四十九名の談話が記載された「追懐座談会記録」、事績についての論考である河岡の前掲論考、山口和雄「敬三と第一銀行」および「敬三の経済活動」、桜田勝徳「敬三とアチックミューゼアム」が「小伝」として掲載されている。

　『渋沢敬三著作集』全五巻は、題名が示すように、数多い著作の主なものを掲載するとともに、山口和雄「渋沢敬三、人と仕事―戦前を中心に」、網野善彦「被差別部落・『原始民族』への言及について」および「渋沢敬三の学問と生き方」、二野瓶徳夫「日本漁業史研究の先覚者」、渋沢雅英「旅の人生、父渋沢敬三の思い出」、山口徹「渋沢敬三を再評価するために」の各論考が「解説」として掲載されている。

　このように、〈自己を語らぬ人〉ではあったが、多く語られてきた人物像を示すものとしては、さらに、「父を知ることは日本を知ることであり、人間を知ることである」として執筆された渋沢雅英『父・渋沢敬三』（実業之日本社、昭和四十一年）をはじめ、沢田四郎作編『渋沢敬三先生』（近畿民俗学会、昭和三十九年)、『渋沢敬三先生景仰録』(東洋大学、昭和四十年)、宮本常一『日本民俗文化体系3 渋沢敬三―民俗学の組織者』(講談社、昭和五十三年)、『渋沢敬三の世界―三三記念シンポジウム』(渋沢雅英、平成八年)、佐野眞一の『旅する巨人―宮本常一と渋沢敬三』(文芸春秋、平成八年)および『渋沢家三代』〈文春新書〉(文芸春秋、平成十年)などを挙げることができよう。

近年、敬三の事績に対する関心が高まり、丹念な資料調査による展示会の開催と著書の刊行が行われた。近藤雅樹編『図説 大正昭和くらしの博物誌―民族学の父・渋沢敬三とアチック・ミューゼアム』(河出書房新社、平成十三年)、横浜市歴史博物館・神奈川大学日本常民文化研究所編『屋根裏の博物館―実業家渋沢敬三が育てた民の学問―』(横浜市歴史博物館・(財)横浜市ふるさと歴史財団、平成十四年)からは、渋沢敬三をめぐる多くの情報と識見を得ることができる。

(五十嵐 卓)

島田三郎(しまだ・さぶろう)

嘉永五―大正十二年(一八五二―一九二三) 自由民権家・衆議院議長

旧蔵史料はほとんど残されていない。筆者がかつて横浜市史編纂に携わった際に故石井光太郎氏から聞くところでは、編纂開始時に長男の島田孝一氏(早稲田大学教授・総長)に照会したものの、島田家からの史料提供はなかったという。旧蔵史料と推測されるものとしては、憲政資料室所蔵「憲政資料室収集文書」の『日本開国史要稿本』全二冊(島田自筆)など若干があるにすぎない。

その他関係史料は、活動地盤であった横浜・東京をはじめ広く全国各地に点在しており、整理が待たれる。第一に文書では政治運動関係史料があり、島田起草の「嚶鳴社社則」が横浜開港資料館所蔵「横浜市金沢区 松本ナミ家所蔵文書」、金子堅太郎らと起草した「嚶鳴社憲法草案」が東京経済大学所蔵「深沢家文書」、立憲改進党で角田真平・犬養毅らと提出した「地租軽減」建白書が国立公文書館所蔵「公文録」、同じく犬養らと提出した「内閣諸大臣ニ向テ臨時議会召集ヲ奉請センコトヲ促スノ書」が「三鷹吉野泰平家文書」(三鷹市教育委員会編・発行『三鷹吉野泰平家文書目録』二、平成十年)、進歩党の島田選挙委員名の本部指令が早稲田大学図書館所蔵「大隈文書」中にある。立憲同志会での演説筆記や文書は櫻井良樹編『立憲同志会資料集』三・四(柏書房、平成三年)に集成された。国会関係では、足尾鉱毒事件や海軍シーメンス事件に関する政府弾劾質問など衆議院本会議での質問・演説・質問書が『官報号外 衆議院議事速記録』、委員会での発言が『帝国議会衆議院委員会議録』に収録されている。

第二に書簡では、埼玉県さいたま市永田家所蔵になる改進党員永田荘作宛の大量四十二通が『大宮市史別巻二 永田荘作関係書簡集』(大宮市、平成七年)に収められており、未知の活動を伝えるものも少なくない。早稲田大学は大隈重信宛十三通(図書館所蔵「大隈文書」と大学史資料センター所蔵「大隈信幸氏寄贈文書」)、徳富蘇峰記念塩崎財団は蘇峰宛十七通を所蔵している(同財団編『徳富蘇峰宛書簡目録―財団法人徳富蘇峰記念塩崎財団所蔵―』徳富蘇峰記念館、平成七年)。その他、横浜開港資料館に代議士石原半右衛門宛、および佐久間亮弼宛(佐藤孝「自由民権の時代―島田三郎の書簡―」横浜開港資料館編『横浜・歴史の街かど』神奈川新聞社、平成十二年)が収められているのをはじめ、憲政資料室所蔵の「榎本武揚文書」、「河野広中文書」、「井上馨関係文書」、「伊藤博文関係文書」、「阪谷芳郎文書」、「豊川良平文書」、「宮島誠一郎関係文書」、「沖守固関係文書」、「石塚重平文書」、「小山松壽関係文書」、「辻新次関係文書」、「牧野伸顕関係文書」、「岡実関係文書」、「渡辺国武文書」、「渡辺千冬関係文書」、「安部井磐根関係文書」、「憲政資料室収集文書 内田貢(魯庵)宛島田三郎書翰」、「同 片岡健吉宛書翰」、「同 中島信行他書翰」や、北海道立図書館所蔵「阿部家文書」、茂原市立美術館・郷土資料館所蔵「高橋家文書」、東京都立大学図書館所蔵「花房義質関係文書」、立教大学図書館所蔵「谷干城関係文書」、東京大学法政史料センター所蔵「石川安次郎関係文書」、東京都立中央図書館所蔵「渡辺刀水旧蔵諸家書簡文庫」、「三鷹吉野泰平家文書」、陽明文庫所蔵「近衛篤麿文書」、高知市立自由民権記念館寄託「片岡家資料」などに所蔵があり、また『東京横浜毎日新聞』にも掲載があるなど、枚挙にいとまがないほどである。

第三にジャーナリスト・民権家・政治家・社会運動家としての著書、新聞・雑誌論説、演説筆記、序文・回顧などがあるが、現存する史料としてはこれらが情報の宝庫である。その数はきわめて多く、後掲『島田三郎伝』「著作目録」によれば著書二十四冊、『東京横浜毎日新聞』、『毎日新聞』掲載二一七編、『太陽』五十六編、その他新聞・雑誌論説・序文・談話など一六九編にも上るが、なお追加すべきものも少なからずある。これらの著作中から『開国始末』(島田三郎、明治二十一年)や『条約改正論』(大成館、明治二十二年)、『日本と露西亜』(増補二版、警醒社、明治三十三年)など世評の高い著書・雑誌論説などを選定して、没後間もなく吉野作造らにより島田三郎全集刊行会編刊『島田三郎全集』全五巻(大正十三—十四年)が編まれた。この全集は最近の再評価の気運のなかで、平成元年に第六・七巻を増補する編集復刻増補版である島田三郎全集編集委員会編『島田三郎全集』全七巻(龍渓書舎)として再刊された。第六巻は単行本、第七巻は序文・回顧などを収録し、各巻に解説・解題が付された。なお『明治文学全集九十一　明治新聞人文学集』(筑摩書房、昭和五十四年)、片子沢千代松「島田三郎」(『三代言論人集』四、時事通信社、昭和三十八年)など多くの利用しやすい編纂物に著作の再録がある。また全集などには採られていないものの見落とせないのが翻訳書であり、全国で広く民権理論のテキストとされたベンサム『立法論綱』全四巻(律書房、明治十一年)などがある。

近年の伝記では、高橋昌郎『島田三郎伝』(まほろば書房、昭和六十三年)が実証的な記述により信頼性が高い。前掲片子沢「島田三郎」は簡潔で概観に適している。また政治的地盤であった横浜との関係を記した『横浜市史』第四巻下、五巻上・下(横浜市、昭和四十三・四十六・五十一年)は、一面の伝記ともなっている。研究ではとくに民権運動関係の実証に蓄積がある。嚶鳴社関係は福井淳「嚶鳴社の構造的研究」(『歴史評論』四〇五、昭和五十九年)、同「嚶鳴社員官吏と『改正教育令』—島田三郎を中心として—」(『歴史学研究』五三五、昭和五十九年)、初期議会期は内田修道「島田三郎の思想と行動—第一議会を中心として—」一・二(『神奈川県史研究』二十三・三十、神奈川県、昭和四十九・五十年)が詳しく、その他嚶鳴社では山室信一『法制官僚の時代—国家の設計と知の歴程—』(木鐸社、昭和五十九年)、藤野美知子「嚶鳴社の地方遊説活動」(『民衆史研究』二十八、昭和六十年)、福井淳「横浜における自由民権運動の誕生と展開—一八七四〜七八年の民権結社を中心として—」(横浜近代史研究会・横浜開港資料館編『横浜の近代—都市の形成と展開—』日本経済評論社、平成九年)、同「都市知識人と諸憲法」(町田市立自由民権資料館編『民権ブックス一二号　東京の憲法草案』町田市教育委員会、平成十一年)、改進党では大日方純夫『自由民権運動と立憲改進党』(早稲田大学出版部、平成三年)、安在邦夫『立憲改進党の活動と思想』(校倉書房、平成三年)、神奈川県関係は『神奈川県史　通史編四　近代・現代一』(財団法人神奈川県弘済会、昭和五十五年)などが参考になる。

民権期以降の多彩な活動では、政党運動では櫻井良樹「日露戦後における島田三郎の政治軌跡」(前掲『横浜の近代』)、毎日新聞社長としては山本武利『新聞記者の誕生—日本のメディアをつくった人びと—』(新曜社、平成二年)、門奈直樹『民衆ジャーナリズムの歴史』(講談社学術文庫)(講談社、平成十三年)

が詳しく、その他鉱毒問題では中込道夫『田中正造と近代思想』(現代評論社、昭和四十七年)、社会・労働運動では宮地正人『日露戦後政治史の研究』(東京大学出版会、昭和四十八年)、江口圭一『都市小ブルジョア運動史の研究』(未来社、昭和五十一年)、水沼辰夫『明治・大正期自立的労働運動の足跡―印刷工組合を軸として―』(JCA出版、昭和五十四年)、竹村民郎『廃娼運動』(中公新書)(中央公論社、昭和五十七年)、保谷六郎『日本社会政策の源流―社会問題のパイオニアたち―』(聖学院大学出版部、平成七年)、櫻井良樹『大正政治史の出発―立憲同志会の成立とその周辺―』(山川出版社、平成九年)などが参考になる。　（福井　淳）

嶋田繁太郎　(しまだ・しげたろう)

明治十六―昭和五十一年(一八八三―一九七六)

海軍大臣

現存する文書・記録には、防衛研究所が所蔵する複製史料がある。「嶋田史料」は日記・備忘録・書簡・回想録などを中心に十数点からなり、防空壕に保管していたために焼失をまぬがれ、戦後『戦史叢書』の編纂に際し提供されたものである。なお日記・備忘録の一部は、「嶋田繁太郎大将　開戦日誌」(『文藝春秋』五十四―十二、昭和五十一年)として活字化されているほか、防衛研修所戦史室『大本営海軍部、大東亜戦争開戦経緯(一)(二)』(朝雲出版社、昭和五十四年)には、日記に基づいた嶋田自身の回想が多数引用されている。海上自衛隊幹部学校所蔵の「榎本重治史料」の中には、嶋田に関する東京国際軍事裁判関係の史料が数点存在するが、これは榎本が海軍関係の弁護に関係していたためである。検察側の史料としては、粟屋憲太郎・吉田裕編『国際検察局(IPS)尋問調書』八(日本図書センター、平成五年)がある。

伝記類は刊行されていないが、まとまった記述としては、部下であった中澤佑による「開戦時の海相、嶋田繁太郎大将は名将であった」(『歴史と人物』七十二、昭和五十二年)がある。没後、中澤を中心に「嶋田繁太郎大将追悼文集」が編纂されていたが、中澤の急逝のため未完となった。未完の文集原稿は昭和館に保管されている。

嶋田を直接取り扱った研究はないが、最近の研究としては、森山優『日米開戦の政治過程』(吉川弘文館、平成十年)や纐纈厚『日本海軍の終戦工作』(中央公論社、平成八年)が、海相時代を分析している。　（東中野　多聞）

島地黙雷　(しまぢ・もくらい)

天保九―明治四十四年(一八三八―一九一一)　浄土真宗本願寺派僧侶

関係史料で網羅的に蒐集された最初のものは島地大等らによって編集された『離言院全集』全五十一巻(岩手県盛岡市願教寺蔵)であるが、未刊である(刊行のために島地大等らによって原稿化された写本は、西本願寺伝道院を改組した現「教学伝道研究センター」に所蔵されていると言われる)。この『離言院全集』は年譜部、著述部、論叢部、詩文部の四部からなっているようだが、その内の年譜部に収録されている日記と詩文部とを除外し、その後に発見されたいくつかの史料を加えて編纂されたのが、二葉憲香・福嶋寛隆編『島地黙雷全集』全五巻・別冊(本願寺出版協会・本願寺出版部、昭和四十八―五十三年)である。この全集では、関係史料を政教関係篇(第一巻)、社会活動篇(第二巻)、仏教思想篇(第三巻)、伝道(布教)篇(第四巻)、日記・書簡篇(第五巻)に分類し、別巻一冊を若干の補遺と各巻所収史料の解題および所収著作索引に当てている。ここに収められている論文類は、主に島地が関係した雑誌『新聞雑誌』『共存雑誌』『報四叢談』『令知会雑誌』『真宗教誨』『日本人』『三宝叢誌』などに掲載されたものである。なお、第五巻末に『離言院全集』中の「年譜」(草稿)にもとづいて作成されたという「島地黙雷年譜」が収められている。

今のところ、この全集以外にまとまった史料集は刊行されていない。しかし、他の史料集の中には関係のものが散見される。一つは、彼と関係が深かった有力者たちの史料集がそれである。例えば、『木戸孝允日記』二(東京大学出版会、昭和四十二年復刻)の明治四年(一八七一)九月から十一月の部分、『木戸孝允文書』四(同、昭和四十六年復刻)の一一三「三条実美宛書翰」、『伊藤博文関係文書』五(塙書房、昭和五十二年)の一九六「島地黙雷」、『小野梓全集』五(早稲田大学出版部、昭和五十七年)の「社会活動関係史料・I共存同衆・一八(共存同衆記録一、二)」、同「書翰・七赤松連城宛書簡、一〇赤松連城宛書簡、一四赤松連城宛書簡」、同「留客斎日記」、『小野梓全集別冊』の「補遺(共存同衆の年会・講談会等に関する新聞広告)」などである。

次に、『明治建白書集成』(筑摩書房)の中にも島地の建白が収録されている。第二巻(平成二年)には、二二二「仏教興隆・妖教防止ノ義」(早稲田大学図書館蔵・大隈文書)、二一八「教法改正ノ議」(同大隈文書)、第三巻(昭和六十一年)には、一八〇「教部改正建議」(国立公文書館蔵「建白書明治七年甲戌自五月至六月四」)、一九五「教部改正ノ議ニ付再応建言」(同館蔵「建白書(参考部)明治七年甲戌自三月至五月二」)、第四巻(昭和六十三年)には、五五「真宗大教院分離等ノ議」(憲政資料室蔵・三条家文書)、八九「教制建議」(国立公文書館蔵「建白書明治八年自四月至八月元老院附録」)が、それぞれ収録されている。

また、『真宗資料集成』(同朋舎)にも、第十一巻(昭和五十年)には「三条教則批判建白」と「大教院分離建白」とが収められ、第十三巻(昭和五十二年)には高島米峰編『将来の宗教』に収められた島地の文章が集録されている。さらに、「共同研究・島地黙雷の基礎的研究」(『龍谷大学仏教文化研究所紀要』三十九、平成十二年)では、新たな史料として、渥美契縁・島地黙雷「大極殿御仏事考略並建議」(明治二十六年十一月)、島地黙雷講述「仏教の大旨」(年欠、明治三十年十月二日の講演と推定)、「島地黙雷君を訪ふ」(『太陽』四―三、明治三十一年二月五日付)が紹介されている。この他にも『島地黙雷全集』未収の史料が、在世当時に刊行された仏教関係の単行本などに見られる。例えば、『戦時仏教演説奉公篇』(明治三十八年)には、『布教叢書』に掲載されたとされる「武士道の将来」という文章が収められている。一次資料とは言いがたいが、昭和二年(一九二七)に刊行された明如上人伝記編纂所編『明如上人伝』(龍谷大学図書館蔵)と、昭和四年に刊行された三島了忠『光尊上人血涙記』(『真宗史料集成』第十二巻所収)も見逃せない。

未公刊史料では、特に重要なものとして、願教寺に所蔵されている明治十二年から晩年にかけての「日記」(「島地黙雷日策」)があり、中川洋子「島地黙雷の日記(抄)について」(『龍谷大学仏教文化研究所紀要』四十一、常設研究・島地黙雷の基礎的研究)に、その一部(明治二十二年から二十三年まで)が翻刻・紹介されている。また、憲政資料室蔵の史料の中にも関係文書が一部収録されている。例えば、『憲政史編纂会収集文書目録』の「六七三、井上侯爵家所蔵・諸名家書簡」、『三条家文書目録一・書類の部』の「六八、社寺関係」などである。その他に、未だに蒐集されていない膨大な量の書簡が全国の寺院に散在していると予想されている。

本格的な伝記は未だ刊行されていないが、研究論文は多数ある。その主要なものを網羅・整理した論文として、岡崎正興「研究ノート・島地黙雷研究の課題」(『龍谷史壇』一一五、平成十三年)がある。そこでは、先行研究が、①「信教自由論」「政教分離論」を対象とし、その近代性を問う分析、②国家神道あるいは「日本型政教関係」創出に果たした政治的・思想的役割を問う分析、③「近代仏教」を基礎づけた思想家としてとらえ、その仏教理解を問う分析、④その他、教育史・異文化交流史の中で島地を取り上げた論考、に分類されている。なお、ここで漏れている著作として、安丸良夫『神々の明治維新』〈岩波新書〉(岩波書店、昭和五十四年)、新田均『近代政教関係の基礎的研究』(大明堂、平成九年)、同『「現人神」「国家神道」という幻想』(ＰＨＰ

研究所、平成十五年）を挙げておきたい。

（新田　均）

清水慎三（しみず・しんぞう）

大正二―平成八年（一九一三―一九九六）「戦後革新」の運動家・理論家

清水は幅広い多彩な職歴を歩んできた。東京大学経済学部を昭和十一年（一九三六）卒業し、日本製鉄株式会社（旧日鉄）に入社、召集され兵役に服したのち、内閣企画院へ出向（昭和十六―十七年）した。旧日鉄を昭和二十一年退社し、国民経済研究協会研究員となり、翌年片山哲内閣では経済安定本部へ勤務したが、片山内閣倒壊を機に退官し、労働運動の実践の世界に飛び込む。

運動に参加した期間は前半と後半に分けることができよう。昭和二十三年に総同盟調査部に入り、二十六年には鉄鋼労連結成に携わって、同労連の初代書記長に就任した。この前半期を経て、後半は「社会党・総評ブロック」を中心とした運動に参加する（「社会党・総評ブロック」の名付け親は清水）。すなわち、総評結成と社会党の五一年分裂前後、「労働者同志会」の運動参加を経て、昭和二十八年からは社会党（左派）中央執行委員、三十一―三十三年に社会タイムス編集長、三十四―三十八年総評長期政策委員会事務局長として「総評組織綱領草案」をまとめた。その後、労働運動の実践活動から身を引き、昭和四十二年から信州大学人文学部（後の経済学部）、日本福祉大学経済学部で教鞭をとって研究者生活をおくった。

没後、所蔵していた文書が、労働政策研究・研修機構（寄贈当時は日本労働研究機構）に寄贈され、整理されたうえ、現在、同機構で公開されている。目録も作成され、『清水慎三所蔵・文書目録（その一）　労働組合・労働運動』（平成十四年）、『清水慎三所蔵・文書目録（その二）　政治・経済・社会』（同年）として刊行されている。

「戦後革新」の形成者の重要なひとりであると同時に、その優れた分析者でもあり、運動歴の時はもちろん、教職歴の時期も精力的に評論活動を行った。編著書に『日本の社会民主主義』（岩波書店、昭和三十六年）、『戦後革新勢力』（青木書店、昭和四十一年）、『戦後労働組合運動史論』（日本評論社、昭和五十七年）、『社会的左翼の可能性』（新地平社、昭和六十年）などがある。

実践家であるとともに、理論家だった清水は各種資料を大切に保管したうえで、丹念にコメントを付すなどの作業を続けていた。労働政策研究・研修機構に寄贈された文書・資料は段ボール五〇〇箱を超える膨大なものだが、分野ごとに区分けされ保存されている。履歴から労働運動（とくに総評系）、社会党関係のものが質量とも比重が高いのはいうまでもないが、終戦前後の鉄鋼関係、経済安定本部の原資料なども見られる。

逝去の約一年前に刊行された『戦後革新の半日陰』（日本経済評論社、平成七年）は研究者らが生い立ちから晩年までの歩みを本人に聞いており、その個性・思想などを理解するうえで貴重な記録といえよう。没後、生前を知る多様な顔ぶれが文章を寄せた『君子蘭の花陰に―清水慎三氏の思い出―』（平原社、平成九年）が刊行された。さらに、清水の各時代の代表的論文を収録し解説を付した一冊本として高木郁朗編『清水慎三著作集―戦後革新を超えて―』（日本経済評論社、平成十一年）も出版されている。

（江上　寿美雄）

下河辺淳（しもこうべ・あつし）

大正十二年（一九二三）―　元国土事務次官・第二代総合研究開発機構理事長

文書・記録等は、「下河辺淳アーカイヴ」として、総合研究開発機構（NIRA）大来記念政策情報館で所蔵している。国土庁、総合研究開発機構の生みの親であり、戦後の国土政策に大きく関与した下河辺の著作をはじめ、新聞・雑誌掲載記事、講演会等の記録、原稿、関連文献を含め現在約五〇〇〇点について整理・保存し閲覧に供するとともに、すべての書誌情報をデジタル化し、インターネットを通じて広く公開している。

　戦後の国土政策の中心的な存在であり、国土計画のプランナーとして活躍した下河辺は、「国土の上に絵を描くことはしても紙の上に文章を書くことはしない」という信念に基づき著作物を残さなかったが、周囲からの勧めもあり、また記録を残すことの必要性を感じて取りまとめたのが、『戦後国土計画への証言』(日本経済評論社、平成六年)である。日本の国土とその歴史、明治の国土政策、戦中・戦後の国土計画、そして全国総合開発計画(一全総、昭和三十七年〈一九六二〉)、新全国総合開発計画(二全総、昭和四十五年)、第三次全国総合開発計画(三全総、昭和五十二年)から第四次全国総合開発計画(四全総、昭和六十二年)、さらには二十一世紀の国土という長期的な視点をも盛り込んだ、国土政策、国土計画の歴史とその展望を見据えた貴重な一冊である。また、次代の国土行政を担う専門家向けに行ったレクチャーの集大成として『国土行政計画考』(財団法人国土技術研究センター、平成十四年)がある。

　下河辺は国土事務次官を経て、昭和五十四年より認可法人の政策研究機関である総合研究開発機構(NIRA)の第二代理事長に就任。十二年間の在職中に世界のシンクタンクとの研究交流の輪を広げ、国内のシンクタンクの協力を得て、約四五〇余の研究プロジェクトを手がけた。総合的なプロジェクトとして取りまとめたものに『事典 一九九〇年代日本の課題』(三省堂、昭和六十二年)と『事典アジア太平洋―新しい地域像と日本の役割』(中央経済社、平成二年)があるが、いずれも時代の潮流、内外の情勢の変化をとらえ、次代の方向性を示した政策研究の集大成といえる。また大都市問題も力を注いだ研究の一つであり、東京論、土地・住宅問題、首都機能、世界都市といった各テーマの研究成果についてコンパクトに取りまとめたのが、『世界都市東京に関する研究』(NIRA、平成四年)、『世界都市の研究』(NIRA、平成五年)である。

　他方、NIRAの創設に深くかかわり、日本のシンクタンクの基盤づくりとその育成に力を注いだ下河辺の足跡をたどる一冊に、小川和久氏の『「頭脳なき国家」の悲劇』(講談社、平成五年)がある。

　平成四年(一九九二)からは株式会社東京海上研究所理事長を務め(平成十三年より十五年まで研究顧問)、近年の研究テーマとして深い関心を示しているのがボランタリー経済で、下河辺淳・金子郁容・松岡正剛『ボランタリー経済の誕生』(実業之日本社、平成十年)、下河辺淳監修／香西泰編『ボランタリー経済学への招待』(実業之日本社、平成十二年)、下河辺淳監修／根本博編著『ボランタリー経済と企業―日本企業の再生はなるか?』(日本評論社、平成十四年)の三部作として発刊されている。

　また、阪神・淡路震災復興委員会委員長(平成七―八年)の立場で、政策決定者としての判断をインタビュー形式によるオーラルヒストリーとしてまとめたのが、『阪神・淡路震災復興委員会(平成七―八年)委員長　下河辺淳「同時進行」オーラルヒストリー』(政策研究大学院大学、平成十四年)である。本書は、政策決定過程における「同時進行オーラル」のモデルケースとして貴重な資料となっている。

　なお、「下河辺淳アーカイヴ」の書誌情報については、URL(http://www.nira.go.jp/icj/libj/shimokobe/index.html)にて公開している。

（島津　千登世）

下田歌子（しもだ・うたこ）　安政元―昭和十一年（一八五四―一九三六）　帝国婦人協会長・実践女学校長・華族女学校学監・学習院女学部長・愛国婦人会長

　関係資料の大半は、『下田歌子関係資料総目録』(実践女子学園創立八〇周年記念、昭和五十五年)に収められたものである。ここでは約三二〇〇点の資料を「文学著作関係文書」、「教育事業関係資料」、「父祖三代関係資料」に三大別し、これをさらに二十の領域に分類整理している。こうした諸領域の中で、一般に注目されるべきものは、歌人としての下田の詠草をはじめ随想や紀行、文学研究や講話、女子教育の実践や愛国婦人会の活動状況などであろう。残念ながら戦火に遭って貴重な資料の多くが失われたが、その後国立国会図書館や都政史料館、都立中央図書館をはじめ、各大学や研究機関、その他個人所蔵の諸資料(特に書簡や詠草)によって相当数が補われた。

明治初年に女子教育の先鞭をつけた桃夭女塾やその後身の実践女学校・女子工芸学校および女子大学についても、詳細は『実践女子学園八十年史』(昭和五十五年)や『実践女子学園一〇〇年史』(平成十三年)などからたどることができる。こうした意味でも、同学園附属図書館や香雪記念資料館の下田関係特殊資料室は、下田研究の宝庫と言ってもよい。

ところで書簡類については、来簡(約一六〇〇点)を含めて約五〇〇点が残されている。きわめて多彩であるが、宮中関係の人脈から柳原愛子、税所篤子などの女官をはじめ、高崎正風・土方久元・佐佐木高行・伊藤博文・谷干城・野村靖・三島弥太郎・牧野伸顕・吉井友実などの名が比較的多くみられるが、憲政資料室所蔵の三島通庸や品川弥二郎、三条実美や野村靖などの文書中からも補い(三島の書簡が最も多い)、いわゆる貴顕や有力な政治家の間に伍して生きぬいてきたこの「女傑」の片鱗を知ることができる。こうした書簡集は、いずれ一本にまとめて広く利用されるべきものであろう。

冒頭の『資料目録』によってみても、著作活動はきわめて活発である。欧州からの帰国直後に出された見聞録『泰西婦女風俗』(大日本女学会、明治三十二年)をはじめ、『新撰家政学』上・下(明治十九年)、『婦女家庭訓』(博文館、明治二十三年)、『婦人礼法』(実業之日本社、明治四十四年)、『日本の女性』(同、大正二年)、『女子の修養』(小川尚栄堂、大正三年)、『婦人常識の養成』(実業之日本社、大正四年)など矢つぎ早やに公刊された。この間『国文小学読本』全八巻(明治十九年)や『和文教科書』全三巻(明治十九—二十年)などの教科書にも手を染め、三島通庸に代わって『国のすがた』(明治二十年)も編んでいる。このほか著述活動は瞠目すべきほど多産で、最近刊行された板垣弘子編『下田歌子著作集』全九巻(実践女子学園、平成十—十四年)には、明治三十年以降、女性を対象とした雑誌『をんな』、『なでしこ』、『大和なでしこ』をはじめ、『日本婦人』、『愛国婦人』、『婦人世界』(これだけは昭和初年まで)などに寄稿した和歌や随筆、論説など約八〇〇点を網羅集録している。常に時局を念頭におき、日本の婦人たちの自覚を促そうというその気魄とエネルギーには、一驚せざるをえない。

伝記資料には、西尾豊作『下田歌子伝』(咬菜塾、昭和十一年)と『下田歌子先生伝』(実践女学校伝記編纂所、昭和十八年、復刊平成元年)の二冊があるが、浩瀚な後者が克明で参考になる。このほか回想録として『下田歌子回想録』(平尾寿子、昭和十七年)と『竹のゆかり』(香雪会、昭和三十八年)があげられる。短篇としては小山いと子「下田歌子」(『人物日本の女性史』集英社、昭和五十三年)と岩橋邦枝「下田歌子」(『人物近代女性史』講談社、昭和五十七年)などがその人と業績に注目している。

しかし、華やかな来歴と側面をゴシップ風に捉える傾きのあったことは否定できない。下田の一生に少なくとも三度これがある。第一回は明治十九年の東京市教科書事件で、前記『国文小学読本』の頒布をめぐるトラブルで、特に『毎日新聞』(『東京横浜毎日新聞』の改称)など改進党系の新聞の批判を受けた。これは後年(明治三十六年)の教科書疑獄事件の前兆となったもので、三島通庸や野村靖の前記文書によって真相に迫ることができる。第二回は明治末期の『平民新聞』に連載された「妖婦下田歌子」(連載四十一回、明治四十年二—四月)で、これが学習院女学部長退任の原因となった。これを小説にとりあげた林真理子『ミカドの淑女』(新潮社、平成二年)

に影響されたためか、『先駆者たちの肖像』（東京女性財団、平成六年）の一〇〇人の近代女性の中から下田は完全に無視された。この『平民新聞』に関わる論文には、資料批判の姿勢がほとんどない。

第三回は大正初年からの「隠田の行者」飯野吉三郎と下田との関係から宮中某重大事件に絡む新聞のゴシップ記事で、これには『原敬日記』全六巻（福村出版、昭和四十一―五十六年）が参考になる。「妖婦」性はもっと高所大処からみた評価が必要だとする上沼八郎「下田歌子―国家への昇華」（『文』〈公文教育研究会〉十六、平成元年）という小文もある。

こうした「事件」よりも、下田の関わった欧州留学の成果と実践女学校清国留学生部（明治三十五年）に関する研究が活発化しつつある。前者では、大関啓子「まよひなき道―下田歌子英国女子教育視察の軌跡」（『実践女子大学文学部紀要』三十六、平成六年）と、中村悦子「E・A・ゴルドンの人と思想」（『比較思想研究』二十一、平成七年）が注目される。特にゴルドン夫人と日本とのその後の関係は研究に新たな地平をもたらしている。後者については、実践女学校は清国留学生をいち早く受入れており、特に明治三十八年、中国革命の「烈女」秋瑾の入学を認めたところから注目が集っている。小野和子『中国女性史』（平凡社、昭和五十年）をはじめ、実藤恵秀『中国人日本留学史談』（第一書房、昭和五十六年）などを皮切りに、石井洋子「辛亥革命期の留日女子学生」（『史論』三十六、昭和五十八年）、上沼八郎「下田歌子と中国女子留学生」（『実践女子大学文学部紀要』二十五、昭和五十八年）などが分析を進めており、周一川『中国人女性の日本留学史研究』（図書刊行会、平成十二年）がこれらをまとめている。

なお秋瑾については『秋瑾集』（上海古籍出版、一九六〇年）が早くから刊行され、日本でも武田泰淳『秋風秋雨人を愁殺す』（筑摩書房、昭和四十三年）が紹介しているが、中国側でのこの人物に関する著述はきわめて活発である。例えば、『秋瑾史跡』（中華書局上海編輯所、一九五八年）や周素珊『秋風秋雨愁殺人―秋瑾伝』（近代中国出版社、一九七七年）など十数冊を挙げることができる。また下田の影響をうけた河原操子や木村芳子などは内蒙古のカラチン王府の教師として赴任しており、河原操子『カラチン王妃と私』（芙蓉書房、昭和四十四年）や山崎朋子『愛と鮮血―アジア女性交流史』（三省堂、昭和四十五年）などが参考になる。

以上のように、下田研究は単に女性史のみならず、日本の近代史をめぐる多様な研究課題を誘発している。実践女子学園はその一つの坩堝かもしれない。平成十二年（二〇〇〇）には、百周年特別講座として「下田歌子と実践女子学園」なるシンポジウムも開かれ、翌年には前出の一〇〇年史の刊行をみた。さらに下田の講義速記録を再生して『源氏物語講義・若紫』（実践女子学園、平成十四年）も出版されており、今後の研究の深化が期待されている。

（上沼　八郎）

下村海南〈宏〉（しもむら・かいなん）

明治八―昭和三十二年（一八七五―一九五七）　朝日新聞社副社長・情報局総裁

下村の残した文書は、憲政資料室に「下村宏関係文書」として所蔵公開されていて、書翰・日記等がある。

生前に回顧録的な随筆をいくつか出しているが、自伝はなく、また死後に刊行された伝記もない。関東大震災前後の新聞界の様子などを随筆風にまとめたものに『新聞に入りて』（日本評論社、大正十四年）、『新聞常識』（日本評論社、昭和四年）、昭和二十年（一九四五）八月に情報局総裁を務めた際の体験の回想録として『終戦記』（鎌倉文庫、昭和二十三年）、『終戦秘史』（大日本雄弁会講談社、昭和二十五年）がある。また、晩年の心境を語ったものに『私の人生観』（池田書店、昭和二十八年）などがある。

他に、GHQによってA級戦争犯罪人容疑者に指定されたので、東京裁判の国際検事局（IPS）の文書のなかに下村の検事調書がある。なお、これは粟屋憲太郎・吉田裕編『国際検察局（IPS）尋問調書』として平成五年に日本図書センターから刊行されている。

（有山　輝雄）

勝田主計（しょうだ・かずえ）　明治二―昭和二十三年（一八六九―一九四八）　大蔵大臣

旧蔵の資料の大半は、財務省財務総合政策研究所財政史室が所蔵している。関東大震災で大蔵省の資料が焼失したので、歴代大蔵大臣などに資料提供を呼び掛け、勝田も昭和八年（一九三三）九月に膨大な資料を寄贈して、「勝田家文書」全一二二巻として整理されている。マイクロフィルム六十九巻に収めたものは、憲政資料室で利用でき、株式会社ニチマイが一時市販もしていた。また近代史懇談会が昭和三十一年に作成した『勝田家文書目録』がある。

勝田家所蔵の資料には、ポケット日記（明治二十年から昭和十九年まで）、各界著名人からの来信六〇〇通、『宰州句日記』三十二冊、『各種調査収録』全三巻、講演・手記五十点などがある。「宰州」は勝田の俳号である。資料の内容は、勝田龍夫『中国借款と勝田主計』（ダイヤモンド社、昭和四十七年）の巻末に紹介されている。満州事変直後に陸軍経理学校が作成した「帝国戦時財政政策要綱」など興味深いものがあるが、いまは閲覧に供されていない。なお、このうち第一高等中学から帝国大学時代にかけて同郷の正岡子規との交遊を記した明治二十年代の日記と旅行手記、それに子規（五通）や高浜虚子、内藤明雪、河東碧梧桐などからの来信、子規の句評など五十九点が、一括して平成三年（一九九一）に松山市の子規記念博物館に寄贈されている。

著作は、『清韓漫遊余瀝』（秀英社、明治四十三年）、『遇戦閑話』（秀英社、大正四年。同年六月に『黒雲白雨』と改題して興風書院より再刊）、西原借款を論じた『菊の根分け』（非売品、大正七年、鈴木武雄監修『西原借款資料研究』東京大学出版会、昭和四十七年に収録）、随筆や紀行、俳句を収めた『ところてん』（日本通信大学出版部、昭和二年、のち中央公論事業出版から昭和四十五年再刊）がある。また句作は一万を越えたというが、昭和十年代に『宰州句日記』四冊が私家版で編まれており、昭和四十四年（一九六九）には『宰州五百句』（中央公論事業出版）が刊行されている。ほかに、刀禰館正雄編『その頃を語る』（朝日新聞社、昭和三年）に「西原借款成立の頃」と題した手記を寄せている。

伝記・評伝としては、前記『中国借款と勝田主計』のほかは比較的短いもので、青木得三口述「勝田主計蔵相」（大蔵省大臣官房調査企画課『大蔵大臣回顧録』大蔵財務協会、昭和五十二年に所収）、西野喜与作『歴代蔵相伝』第十二勝田主計の巻（東洋経済新報社、昭和五年）、広瀬豊作『勝田主計の想い出』（非売品、昭和四十一年）、『故勝田主計七回忌追悼会記念号』（非売品、昭和二十九年）、河上哲太・安倍能成ほか『勝田主計の追憶』（非売品、昭和二十七年）、川上秀正「俳人蔵相勝田主計の話」（『俳句同人誌』、昭和四十六年連載）、大森とく子「歴代大蔵大臣ものがたり―勝田主計」（『ファイナンス』昭和四十二年三月号）、木村雄次『朝鮮銀行在任中の回顧』（朝鮮銀行京城総裁席調査課、昭和十五年）などがある。

（多田井　喜生）

正力松太郎（しょうりき・まつたろう）　明治十八―昭和四十四年（一八八五―一九六九）　読売新聞社長

自伝、および正式な伝記はない。同時代の雑誌等には自分の新聞経営論などを語った記事がいくつかあるが、まとまったものは愚鱈生『読売新聞社長正力松太郎氏・新聞経営の苦心を語る』（精華書房、昭和十二年）である。評論家などが書いた人物評伝はいくつかある。大宅壮一編『悪戦苦闘・正力松太郎』（早川書房、昭和二十七年）、御手洗辰雄『伝記正力松太郎』（講談社、昭和三十年）、片柳忠男『創意の人・正力松太郎』（オリオン社、昭和三十六年）などである。比較的最近の正力松太郎論である佐野真一『巨怪伝』(文芸春秋、平成六年)は正力の事績を丹念に調査して書かれている。これは、現在は文庫本(文芸春秋、平成十二年)となっているので入手しやすい。正力は、A級戦争犯罪人容疑者に指定されたため、東京裁判の国際検事局(IPS)の文書のなかに正力の検事調書があり、憲政資料室で閲覧できる。なお、これは粟屋憲太郎・吉田裕編『国際検察局(IPS)尋問調書』として平成五年に日本図書センターから刊行されている。

また、読売新聞社の社史も基本文献である。読売新聞社史はいくつかあるが、読売新聞社史編纂室編『読売新聞八十年史』(読売新聞社、昭和二十年)が客観的な記述である。その後、読売新聞百年史編集委員会編『読売新聞百年史』全二巻(読売新聞社、昭和五十一年)、読売新聞社社史編修室編『読売新聞発展史』(読売新聞社、昭和六十二年)が刊行されている。

なお、徳富蘇峰記念塩崎財団は正力書翰三十五通を所蔵している。　（有山　輝雄）

白岩龍平（しらいわ・りゅうへい）

明治三―昭和十七年(一八七〇―一九四二)　東亜同文会理事長・東亜興業取締役

略伝は東亜同文会編『続対支回顧録』(原書房、昭和四十七年復刻)に掲載されている。

第一次史料として日記が、明治二十九年(一八九六)十一月五日からとびとびであるが明治三十九年十一月二十九日までと昭和八年(一九三三)四月二十二日から昭和十年十二月三十一日までが残されている。これは中村義『白岩龍平日記―アジア主義実業家の生涯』(研文出版社、平成十年)に全部収録されている。明治期の部分は『近衛篤麿日記　別巻　付属文書』(鹿島研究所出版会、昭和四十四年)と対応させると、東亜同文会創立のために近衛篤麿を助け、また義和団事件前後の中国情勢の情報を提供し、近衛の中国認識に役立っていたことがうかがえる。

実業家白岩は上海、長江沿岸、湖南省等を巡る航運業からスタートし、シンジケート東亜興業にまで及んだ。これに関連しては、自身が叙述した「蘇杭州の航路に就いて」(『東亜時論』二十、明治三十二年)、「湖南視察談」(『東亜同文会報告』第五回、明治三十三年)、「上海の話」(『太陽』六―九、明治三十三年)、「大東湖南両汽船会社苦心経営閲歴」(『成功』九―一、明治三十九年)、「東亜興業株式会社の設立に就いて」(『東亜同文会報告』第一一七回、明治四十二年)、「東亜興業株式会社関係雑纂」(外交史料館所蔵「外務省記録」一―七―一―〇―一七)等が第一次史料である。

その他、彼の論策は『支那調査報告書』(明治四十三年七月―四十四年十二月)、『支那』(明治四十五年一月―昭和二十年一月)などに収録、掲載されている。これらはいずれも国立国会図書館に所蔵されている。また『東亜同文会機関誌・主要刊行物総目次』(霞山会館、昭和六十年)を参照して関連事項を選出利用が望ましい。

東亜興業は中国借款が目的で創立されたが、部分的ではあるが、「江西借款付属書類及雑信」・「関係事業及諸会」(大正六年九月―大正七年十月)が残されたが、これと他の書物を併せて滬友会(東亜同文書院同窓会)を通じて愛知大学東亜同文書院センターに収められたと聞いている。借款について坂本雅子「対中国投資機関の特質―東亜興業・中国実業の活動を中心として」(国家資本輸出研究会編『日本の資本輸出―対中国借款の研究』多賀出版、昭和六十三年)を参照のこと。

著作としては、共著『湖南』(博文館、明治三十八年)、単著『揚子江沿岸―列国競争の焦点地』(冨山房、大正五年)がある。前者は湖南の自然、歴史、地理、文化、人物等や佐佐木信綱、水野梅暁、鳥居龍蔵の旅行見聞そして白岩の実踏調査を収録している。湖南研究の第一次資料といえる。後者は小冊子ではあるが、実業家の体験に基づく中国経済の現況と今後の取るべき方策を述べて貴重である。一九二〇年代になり中国民族運動の高揚による不平等条約、ボイコット等、日中関係の厳しい状況下での中国認識と動静については、

「未知の友蔣介石」(『経済往来』二―三、昭和二年)、「対支問題に慎重たれ」(『大観』十四―六、昭和三年)、「日支実業関係に就いて」(『支那』十九―十、昭和三年)等が基本資料である。この時期の彼は日華実業協会の幹事役として、日中政治経済関係の共存に腐心しているが、これについては『渋沢栄一資料』五十五に関連基本史料が収録されている。論文として中村義「アジア主義の実業家論」(『歴史評論』六一四、平成十三年)を参照のこと。

　大正十一年(一九二二)二月、東亜同文会が財団法人になる際に、彼は理事長に就任した。会の運営(東亜同文書院経営、出版、啓蒙活動等)については霞山会編『東亜同文会史』(昭和六十三年)や日記が基本的なものであるが、副会長に就任した近衛文麿には、別動隊といわれたように、近衛家の台所の相談にあずかっていた。

　彼の立憲派(改良派)との関係は深かった。文廷式を日本の有力政治家に案内している。章炳麟や孫文と面識もあった。これらの事実は彼の日記の重要な特色であり、同時期の宗方小太郎日記(馮正宝『評伝宗方小太郎―大陸浪人の歴史的役割』熊本出版文化会館、平成九年)や井上雅二日記(近藤邦康「井上雅二日記―唐才常自立軍蜂起」『国家学会雑誌』九十八―一・二、昭和六十年)等との対応が必要な作業であり、さらに『汪康年師友書札』全四冊(上海古籍出版社、一九八九年)所収の書簡が第一次史料である。白岩の交流した中国人はすべて一級の文人墨客であり、文化交流史上も注目に値する。彼が収集した漢籍は金沢大学文学部中国文学研究室に寄贈され、「子雲文庫」となっている。中には文廷式『雲起軒詞鈔』や白岩と友人の山根立庵、永井久一郎等の詩文がある。

　妻白岩艶子は佐佐木信綱門下の女流歌人で、明治三十二年(一八九九)に中国に渡り、十年余の生活をする。したがってその歌集(随筆を含む)に『采風』(心の華叢、明治四十三年)、『白楊』(同、大正五年)、『芙蓉』(私家版、昭和二十三年)、『芙蓉　第二集』(私家版、昭和二十九年)の三冊があるが、白岩龍平の人間像を浮かびあがらせる史料であるのみならず、女流歌人の中国観をめぐる希少価値というべき史料である。参考論文に中村義「近代中国を詠んだ女流歌人」(『二松学舎大学東洋学研究所集刊』三十、平成十二年)がある。

（中村　義）

す

末次信正　(すえつぐ・のぶまさ)

　明治十三―昭和十九年(一八八〇―一九四四)　海軍大将・内務大臣

　旧蔵の史料は、極めて少ない。生誕の地山口県徳山市をはじめとする図書館・文書館等においても、まとまった形での所蔵はない。また、伝記も出版されていない。その理由は、彼の死亡日が、昭和十九年(一九四四)十二月二十九日という、戦局が絶望的となった時機であり、伝記刊行の余裕もなかったこと、さらに、戦後には強硬派巨頭としての評価が、伝記出版の空気を作らせなかったと考えられる。本人の履歴は、海軍歴史保存会編『日本海軍史第九巻(将官履歴　上)』(第一法規出版株式会社、平成七年)に詳しい。

　自身が綴った文書・記録に関しては、第一次世界大戦中に観戦武官として英国戦艦(「クインメリー」と「アガメノン」)に乗り組んだ際、潜水艦、潜水艦対戦艦、対米海軍戦略に対する考え方や英国観などをまとめたメモや報告書が「外国駐在報告書巻一(大正三年から六年)」としてまとめられ、防衛研究所に所蔵されている。また、ワシントン海軍軍縮条約以来、条約反対の立場を貫き、満州事変前に書いたパンフレットに、防衛研究所が所蔵する「国防常識」(舞鶴要港部、昭和六年)がある。

　戦前に著した出版物としては、国立国会図書館に、『国防の本義と軍縮問題』(軍人会館事業部、昭和九年)、『非常時局と国防問題』(日本講演協会、昭和九年)、『非常時局と国防問題』(朝日新聞社、昭和九年)があり、ワシントン軍縮条約の有効期限が切れる昭和十二年以降の海軍の対応は、これを破棄すべきであるとの世論工作に主眼が置かれたものである。

　他方、当時、末次は海軍軍備拡大の国民的協力と精神動員の必要性を主要な部隊や部外に説いて回っており、その往年の講演内容を支持・賛美する形で、皇魂社が小冊子第一輯として編纂した。これは中村義明が『皇国国防本義に基づく軍縮対策』を著し、そのうしろに「附、末次大将講演『非常時局と国防問題』速記」(大阪皇魂社、昭和九年)を併せ編綴し、一冊にしたものである。

　末次を含む海軍要路による共同執筆の出版物の主要なものとして、昭和九年に、『非常時国民全集　海軍篇』(中央公論社、昭和九年)、関根郡平著による『皇国の危機　一九三六年に備えよ』(兵書出版社、昭和九年)があり、防衛研究所等にも所蔵されている。これらはいずれも、先の昭和八・九年という、歴史的な対米戦危機説があおられた時代の出版物である。また、艦隊派巨頭としての言動を記した坂井景南著の『英傑加藤寛治』(ノーベル書房、昭和五十四年)があり、軍縮条約に徹底して反対した末次と加藤寛治との関係の実像が窺える。

　さらに、国会図書館に、自身が著した以下の出版物が所蔵されている。その一つは、海軍軍縮条約破棄以降の軍備増強の世論作りを目した、『軍縮決裂と我らの覚悟』(楠公会誌本部、昭和十一年)である。さらに、三国同盟が締結される前後の昭和十五年に著した『新体制と国防問題』(大政翼賛会宣伝部、昭和十五年)、『世界戦と日本』(平凡社、昭和十五年)、『世界動乱の意義と皇国の使命』(東亜建設国民連盟事業部、昭和十五年)、『日本の国防的地位』(東亜建設国民連盟事業部、昭和十五年)が所蔵されている。また、『日本とナチス独逸』(アルス、昭和十五年)は、親独派の末次が、日本がドイツと同盟関係に入ることを積極的に意義づけし、むしろドイツを利用すべきであるという発想を提起している。

　その後、日中戦争が長期・泥沼化すると、『長期戦と国民の覚悟』(国民精神総動員中央連、昭和十三年)を著述した。開戦直前には、末次信正・中野正剛他『日米危機とその見透し』(新経済情報社、昭和十六年)を著した。これは、関西財界の名士との質疑応答形式で、太平洋戦略論や国際情勢の下での対米戦を考察し、国家政策への批判と提言を行っている。

　開戦後の昭和十七年に入ると、『大東亜戦の本質と戦局の前途』(大日本翼賛壮年団本部、昭和十七年)を著述して、優勢な戦果拡大の現況をもとに、楽観的な観察と強硬意見を述べ、世論をここまで引っ張ってきた誇りと気負いをにじませている。

　本人の著述ではないが、海軍軍令部編『昭和六七年事変海軍戦史(軍機)』(昭和八年版)に、末次第二艦隊司令長官が果した任務実績が記録されている。本書は、満州・上海事変の海軍の記録書であり、緑蔭書房から平成十三年(二〇〇一)に、「戦紀編」計四巻および別巻(総目録・解説)が復刻出版された。なお、「戦紀編」に加え、「通信史編」「機関史編」「衛生史編」「国際関係編」をすべて一纏めにしたマイクロフィルムが、米国議会図書館に所蔵されている。

　末次に関する戦後の近現代史研究であるが、伊藤隆氏の「艦隊派総帥末次信正」(『歴史と人物』昭和五十一年八月号)が末次研究の草分け的な役割を果たしている。伊藤氏は昭和八年から十九年に至る同時代の主要な雑誌を丹念に調査し、末次が当時の言論界、学界、政界等にどのように評価されていたかを分析している。ちなみに、『文芸春秋』(昭和八年十一月号)の南洋三「小林躋造と末次信正―倫敦条約派及び条約反対派の人々―」をはじめ、三島康夫「板垣と末次」(『改造』昭和十二年三月号)、編集部「非常時百人人物」(『文芸春秋』昭和九年一月号)、岩淵辰雄「宇垣と末次」(『中央公論』昭和十二年十二月号)、本人著「国際情勢と国民の覚悟」(『中央公論』昭和十三年一月号)、同「欧州動乱と日本」(『改造』昭和十四年十二月号)、同「日独伊三国条約について」(同昭和十五年十二月号)、同「戦局大観」(同昭和十七年一月号)、同「太平洋戦局縦横談」(同昭和十九年一月号)を、また『下中弥三郎事典』(平凡社、昭和四十年)を取り上げている。末次は平凡社の下中とはことのほか懇意にしていた。また、貴重な当時を語る史料として、「加藤寛治関係文書」(『東京都立大学法学会雑誌』十―二、昭和四十五年)、『西園寺公と政局』(岩波書店、昭和二十六年)、『木戸幸一日記』(東京大学出版会、平成十年)などを分析対象にしている。なお、『日本評論』(昭和十三年一月号)に、永田辰三が「末次信正論」を著し、近衛総理が、新政党誕生および国内体制強化のため、信念と才気煥発な末次を、新内相に起用したのではないかと推察している。

近現代史の展開に海軍大将末次の存在は大きく、彼の海軍に占める役割の理解なしには近現代史の実像を掌握することはできない。ちなみに、麻田貞雄『両大戦間の日米関係』(東京大学出版会、平成六年)、細谷千尋他『日米関係史』(東京大学出版会、平成三年)、池田清『日本の海軍』(至誠堂、昭和四十二年)、三宅正樹他『軍部支配の開幕』(第一法規出版株式会社、昭和五十八年)等、他に多くの研究著述がある。特に『現代史資料　海軍』(みすず書房、平成八年)は伊藤隆氏の編纂によるものであるが、末次の「軍縮対策私見」は、それ以前の昭和八年十月に、石川信吾海軍中佐が加藤寛治軍事参議官に提出した「次期軍縮対策私見」と趣旨的に同じであり、軍縮離脱が条約期限後の日本の取りうる最適の政策であると主張している。当時の政府、議会、国民の民意・価値観を併せ理解する一助となろう。

ワシントン会議以来、日本海軍が英米からの離脱的傾向を示す中で、親独派の末次は、潜水艦に対する軍備および用兵の両面にわたって画期的な改善を加えたが、彼はその背景作りと潜水艦技術改善に大きく影響力を発揮した、と分析した論考に、相沢淳「日本海軍の対独認識」(『国際学論集』〈上智大学国際関係研究所〉三十七、平成八年)がある。

戦後、水交会機関紙『水交』の創刊号(昭和二十七年)から最近号に至るまで、末次の名前を取り上げた記事は、座談会、回想記事、批評記事等いずれにおいても見出し得ない。

その他、憲政資料室には末次に関する私信(手紙類)が三通ある。一つは、「有馬頼寧関係文書」の一通で、臨時中央協会会議議長の末次が、「有馬事務総長閣下」に会議の所感を認め、翼賛会への発展を祈念すると結んでいる。二通目は、「福田彦助関係文書」に収録されたもので、福田に対する蒲鉾の謝意を表した名刺メモである。三通目は、「寺内寿一関係文書」の一通で、昭和十五年二月、寺内からの病気見舞状に対して認めた謝状である。

海軍関係以外の記録に関しては、昭和十三年に就任した内務大臣の時代に、全国治水砂防協会会長(昭和十九年十二月死亡まで)を勤め、内務省土木局内に砂防専門の第三技術課を設置して全国的に砂防事業の進展に寄与していたことが、砂防広報センターが刊行した『メディア砂防』(平成八年十月号)に記されている。

徳山市立中央図書館には、徳山市史編纂委員会『徳山市史』下(第一法規出版株式会社、昭和六十年)、井関九郎編『近世防長人物誌』(マツノ書店、昭和六十二年)、末弘錦江『防長人物百年史』(山口県人会、昭和四十二年)および当時の新聞記事がいくつか所蔵されている。

（影山　好一郎）

末松偕一郎（すえまつ・かいいちろう）　明治八—昭和二十二年（一八七五—一九四七）　衆議院議員

福岡県出身で、明治三十五年（一九〇二）東京帝国大学法科大学を卒業、内務省に入った。徳島・茨城・広島等各県知事を歴任、昭和三年（一九二八）、政界進出を図って第十六回衆議院議員総選挙に出馬、当選した。以後、第二十回総選挙まで連続五回当選する。民政党の中堅代議士として働き、第二次若槻内閣で、鉄道政務次官となり江木翼鉄相を補佐した。

末松は、政界諸名士三十四人、四十一通の書状を巻子五巻にまとめ『名士書翰集』と題して遺した。書状の多くは、季節の挨拶、贈答の謝礼、栄転祝賀などだが、伊沢多喜男（台湾総督の噂、根拠なし）、江木翼（高橋政友会はワシントン条約後に退陣するであろう）、大木遠吉（水平社の綱領不穏）、田健治郎（教育令改正は提出に決す）、床次竹二郎（生田和平の出馬は家内（党）不一致を来すので御注意）など、政界事情を記したものが数通ある。

書翰集に集められた書状の差出人は、［巻之一］大木遠吉・西園寺公望・桜井錠二・阪谷芳郎・蜂須賀茂韶・土方久元・穂積重遠、［巻之二］加藤高明・金子堅太郎・末松謙澄・西園寺公望・寺内正毅・浜口雄幸・後藤新平、［巻之三］江木千之・珍田捨巳・倉富勇三郎・松岡康毅・松室致・蜂須賀茂韶・奥保鞏・土方久元、［巻之四］井上準之助・犬養毅・江木翼・大石正巳・河野広中・床次竹二郎・浜口雄幸、［巻之五］井上友一・伊沢多喜男・大森鍾一・加納久宜・西園寺公望・犬養毅・勝田主計・武富時敏・田健治郎・奈良武次（順不同）となっている。この書翰集は、末松家所蔵の政治家書幅十七点とともに憲政記念館に寄贈された。

『憲政記念館所蔵資料目録』（平成十四年）の「収集文書、書状の部」の項に各書翰の作成年月日および摘要が掲載されている。

なお著書に『行政法』（明治大学出版部、明治四十五年）、『地方自治制要議』（帝国地方行政学会、大正十二年）がある。

（伊藤　光一）

末松謙澄（すえまつ・けんちょう）　安政二—大正九年（一八五五—一九二〇）　衆議院議員・貴族院議員・逓信大臣・内務大臣・枢密顧問官・帝国学士院会員・子爵

関係史（資）料の第一は、昭和五十五年（一九八〇）の年末、福岡県行橋市前田にある末松本家（当主喬房氏）の土蔵から発見されたものである。これは、明治十一年（一八七八）から十二年にかけて、留学中のロンドン・パリ等から仕事や生活振りについて父房澄・兄（長男）房泰・兄（三男）房恒・母伸子等に宛てた全十六点の書翰からなる。なおこの内の十三点が憲政資料室に寄贈され、「末松謙澄家族宛書翰他」として閲覧に供されている（詳しくは後述の『若き日の末松謙澄』参照）。こうしたこともあり、今後まだ一次史料が発見・紹介される可能性があるものと思われる。なお末松の蔵書は中央大学図書館に「末松文庫」として所蔵されている（詳しくは『大正十二年三月　末松文庫蔵書目録』を参照）。

第二は、書陵部所蔵「末松子爵家所蔵文書」全十六冊である。これは公刊明治天皇御紀編修委員会が昭和十二年に末松春彦氏（弟の子、のち末松の養嫡子）所蔵のものを書写したものである。内容は、伊藤博文・大久保利通・木戸孝允・井上馨・松方正義・陸奥宗光・板垣退助・黒田清隆・森有礼・徳大寺実則・桂太郎・西園寺公望・山本権兵衛・原敬・井上毅・伊東巳代治・金子堅太郎・福沢諭吉等、明治政府内外の要人からの来翰からなる。現在、一次史料としての関係文書の存否が確認できない状況においては、写ではあるが貴重な資料と言わざるを得ない。なお「末松子爵家所蔵文書」は、堀口修・西川誠監修／編集『末松子爵家所蔵文書』（ゆまに書房、平成十五年）として刊行され、解説として堀口修「末松謙澄について—「末松子爵家所蔵文書」の理解によせて—」が収録されている。

第三は憲政資料室の①三条実美・井上馨・伊東巳代治・牧野伸顕・三島通庸・寺内正毅・

都筑馨六・野村靖・大木喬任・安達峰一郎・安部井磐根・斎藤実・榎本武揚・小川平吉・山根正次・西徳二郎・龍野周一郎・鮫島尚信・川上操六・佐々友房・阪谷芳郎・憲政史編纂会収集文書・憲政資料室収集文書（以上、所蔵）、②原保太郎（以上、寄託）、③辻新次（以上、寄託。マイクロフィルム）等の各関係文書、早稲田大学図書館所蔵「大隈文書」、東京都立大学付属図書館「花房義質関係文書」、飯田市立中央図書館所蔵「伊藤大八関係文書」、同志社大学図書館所蔵「田中稲城文書」、山口県文書館所蔵「吉富家文書」、東京都立中央図書館所蔵「渡辺刀水旧蔵　諸家書簡」、伊藤博文関係文書研究会編『伊藤博文関係文書』五（塙書房、昭和五十二年）、原敬文書研究会編『原敬関係文書』二（日本放送出版協会、昭和五十九年）、大久保達正監修／松方峰雄他編『松方正義関係文書』八（大東文化大学東洋研究所、昭和六十二年）、尚友倶楽部・長井純市編『渡辺千秋関係文書』（山川出版社、平成六年）、尚友倶楽部品川弥二郎関係文書編纂委員会編『品川弥二郎関係文書』四（山川出版社、平成十年）等に収載されている末松の政府内外の要人宛書翰・意見書等である。既述したように関係する一次史料が充分でないこと、彼の立場が伊藤博文との関係において非常に重要であったことなどからこれらの書翰一点一点が明治政治史を解明する上で重要な史料と言わざるを得ない。なお各史料館・博物館等に所蔵されている関係文書についての情報として学習院大学史料館編集・発行『旧華族家史料所在調査報告書　本編２』（平成五年）所収の「末松謙澄」の項目が役に立つ。

　第四は政府公文書で、国立公文書館に所蔵されている「太政類典」、「公文録」、「公文類聚」、「公文雑纂」、「記録材料」、「叙位裁可書」、「公文別録」、「諸官進退」、「任免裁可書」、「官吏進退」、「採余公文」、「末松謙澄兵役免除之義ニ付伺」等である。これらの公文書は、官吏としての業績等を知る上で正確、かつ貴重な書類である。

　第五は日露戦争時、日本支援の国際的環境を作り出すべく欧州へ渡り活躍した時の史料である外交史料館所蔵「日露戦役関係各国輿論啓発ノ為メ末松金子両男爵欧米ヘ派遣一件」、THE RISEN SUN LONDON ARCHIBALD CONSTABLE & CO. LTD 1905（本書は、JAPANESE PROPAGANDA: SELECTED READINGS SERIES 1: BOOKS 1872-1943 VOLUME 3. Serise Editor PETER O'CONNOR. Edition Synapseに収載され、松村正義氏の解説が付されている）である。

　第六は枢密顧問官（明治三十九―大正九年）に就任したことによる国立公文書館所蔵「枢密院文書」である。なお本文書中の「枢密院会議議事録」は、東京大学出版会から刊行されている。

　第七は著作・編纂・翻訳物である。これは彼が歴史編纂・法学・文学・演劇等多方面で活躍したことの反映でその量はかなりなものである。リーズナブルな検索文献として昭和女子大学近代文学研究室『近代文学研究叢書』二十（昭和女子大学、昭和三十八年）所収の「末松謙澄」の項にある「著作年表」があるのでそれを参照してほしい。代表的なものとしては、歴史・伝記編纂に『防長回天史』（末松春彦、大正十年）、末松謙澄『孝子伊藤公』（末松謙澄、明治四十四年）、末松謙澄編『維新風雲録　伊藤・井上二元老直話』（哲学書院、明治三十三年）等、ローマ法研究に末松謙澄訳注『ユスチニアーヌス帝欽定羅馬法学提要』（帝国学士院、大正二年）、同『ウルピアーヌス羅馬法範』（帝国学士院、大正四年）、ガーイウス著・末松謙澄訳注『ガーイウス羅馬法解説』（帝国学士院、大正四年）等、文学研究に『支那古文学略史』（末松謙澄、明治十五年）、『青萍詩存』（文学社、明治十九年）、『日本文章論』（東京文学社、明治二十年）、『歌楽論』（「在英国」「七月二十三日」とある）、『国歌新論』（哲学書院、明治三十年）、英訳『源氏物語』（一八八二年）、翻訳『谷間の姫百合』（金港堂、明治二十一―二十三年）、演劇論に

『演劇改良意見』(文学社、明治十九年)等がある。

伝記・評伝類としては久保田辰彦編『廿一大先覚記者伝』(大阪毎日新聞社、昭和五年)、右の『近代文学研究叢書』二十(昭和女子大学、昭和三十八年)所収の「末松謙澄」、玉江彦太郎『青萍・末松謙澄の生涯』(葦書房、昭和六十年)、同『若き日の末松謙澄』(海鳥社、平成四年)等がある。

関連資料としては『帝国議会衆議院議事速記録』、『帝国議会衆議院委員会議録』、『帝国議会貴族院議事速記録』、『帝国議会貴族院委員会速記録』等をはじめ、衆議院参議院編集・発行『議会制度百年史』(平成二年)等の議会関係資料等がある。

研究書・論文としては阿部真琴「末松謙澄とZerffi: "The Science of History"」(『歴史学研究』三―四、昭和十年)、大久保利謙「ゼルフィの『史学』と岩倉具視―明治史学史の一遺聞―」(『日本歴史』一一八、昭和三十三年)、沼田次郎「明治初期における西洋史学の輸入について―重野安繹とG. G. Zerffi; The Science of History―」(伊東多三郎編『国民生活史研究3　生活と学問教育』吉川弘文館、昭和三十三年)、金子厚男『末松謙澄と「防長回天史」』(青潮社、昭和五十五年)、松村正義『ポーツマスへの道』(原書房、昭和六十二年)、田中彰「解説　末松謙澄と『防長回天史』の意義」(末松謙澄『防長回天史』一〈マツノ書店、平成三年〉所収)、西澤龍生「ゼルフィ・G・Gと末松謙澄のロンドン―公使館付一等書記官見習の英京赴任―」(『世界史説苑：木崎良平先生古稀記念論文集』立正大学文学部西洋史研究室内木崎良平先生古稀記念論文集編集委員会、平成六年)、秋山勇造「末松謙澄―生涯と履歴―」(神奈川大学人文学会『人文研究』一三〇、平成九年)、堀口修「末松謙澄の英国帝室諸礼調査について―宮内省による近代皇室制度調査によせて―」(『明治聖徳記念学会紀要』復刊二十八、平成十一年)等がある。

関連文献情報源としては右の『近代文学研究叢書』二十所収の「末松謙澄」の事項以外に、松村正義『ポーツマスへの道』所収「主要参考文献」、前掲「末松謙澄について―「末松子爵家所蔵文書」の理解によせて―」等が役に立つ。

（堀口　修）

杉孫七郎（すぎ・まごしちろう）

天保六―大正九年(一八三五―一九二〇)　枢密顧問官

旧蔵資料として、憲政資料室に杉家より昭和四十七年(一九七二)から寄託されている「杉孫七郎関係文書」三四一点があり、同室の仮目録により利用できる。そのうち五十六点ある書類は、ほぼ幕末維新期に限定され、内蔵頭や皇太后宮大夫在職時の宮中関係書類は含まれていない。山口藩関係、第二次長州征討時の石州出張関係・広島応接関係、戊辰戦争で参謀として差遣された際の松山出張関係などである。書翰は二八五通で、井上馨(六十一通)、木戸孝允(五十通)発信書翰が目立って多く、他に山田顕義、三条実美、品川弥二郎などからの書翰がある。なお、木戸書翰はその大半が木戸公伝記編纂所編『木戸孝允文書』(日本史籍協会、昭和四―六年)に収載されている。

他に、発信書翰が「伊藤博文関係文書」(八十五通)、「品川弥二郎関係文書」(六十一通)、「井上馨関係文書」(三十六通)、「原保太郎関係文書」(三十六通)などの憲政資料室所蔵文書に数多く残されており、そのうち翻刻されたものに、伊藤博文関係文書研究会編『伊藤博文関係文書』六(塙書房、昭和五十三年)、尚友倶楽部品川弥二郎関係文書編纂委員会編『品川弥二郎関係文書』四(山川出版社、平成九年)がある。また、神奈川県立公文書館所蔵「山口コレクション」に吉井友実宛書翰五通ほか二通、東京大学史料編纂所所蔵の写本「維新史料引継本」に日記二冊と関係書翰四点が見られる。

伝記は出版されていないが、『枢密院高等官履歴』三(国立公文書館蔵の複製、東京大学出版会、平成六年)に明治三年(一八七〇)山口県大参事就任後の履歴が詳細に載っている。

（竹林　晶子）

杉浦重剛（すぎうら・じゅうごう）

安政二―大正十三年（一八五五―一九二四）　東京大学予備門長・東宮御学問所御用掛

関係する史料は、初代校長を務めた日本中学校（東京英語学校の後継校）、家塾称好塾の史料とともに現在、日本学園高等学校資料室（世田谷区松原）に保存され、皇太子時代の昭和天皇に倫理学を進講した際の草案その他も含まれる。これらは、杉浦家、日本中学校の同窓会である梅窓会、称好塾の塾友会、さらに戦前から顕彰事業を行なっていた滋賀県教育会などに伝来してきたものである。日記を含む諸史料は、刊行された著作物とともに、下程勇吉を代表とする明治教育史研究会によって、『杉浦重剛全集』全六巻（思文閣出版、昭和五十七―五十八年）に収められている。

伝記類も多数著わされているが、生前に準備され、大町桂月・猪狩史山の共著になる『杉浦重剛伝』（政教社、大正十三年）は、最も信頼に足るものである。また、全集の編集に従事したメンバーを中心に、『回想杉浦重剛』（杉浦重剛先生顕彰会、昭和五十九年）も刊行され、多数の同時代人による追想と明治・大正期の『称好塾報』を翻刻し、さらに巻末には文献一覧を掲げている。杉浦に関するまとまった研究は見られないが、日本学園高等学校の教員を長く勤めた渡辺克夫による一連の論考がある。

なお、校長を務めた日本中学校の校史には、『日本中学校五十年史』（日本中学校、昭和十二年）以下、十年ごとに各年史が刊行されているほか、新しくは日本学園百年史編纂委員会編『日本学園百年史』（日本学園、平成五年）がある。明治二十五年（一八九二）の火災にもかかわらず、それ以前の東京英語学校時代の史料も残されていて、政教社との関連を示す貴重なものとなっている。

（中野目　徹）

杉田一次（すぎた・いちじ）

明治三十七―平成五年（一九〇四―一九九三）　大本営参謀・首相秘書官・陸上幕僚長

関係史料としてはまず、戦後所属していたGHQ歴史課のおこなったインタビューの記録があり、これは佐藤元英・黒沢文貴編『GHQ歴史課陳述録―終戦史資料』下（原書房、平成十四年）に収録されている。また読売新聞社編『昭和史の天皇』十二（読売新聞社、昭和四十五年）にも、レイテ決戦に関係する証言記録が収録されている。なおインターネット上の情報によれば、防衛研究所が「杉田一次関係文書」を収蔵しているということであるが、内容等詳細については不明である。

著作物や座談会記録が多くあり、主なものとして以下をあげることができる。『忘れられている安全保障』（時事通信社、昭和四十二年）、『スイスの国防と日本』（藤原岩市との共著、時事通信社、昭和四十六年）、『近代日本の政戦略―幕末から第一次大戦まで』（原書房、昭和五十三年）、『日本の政戦略と教訓―ワシントン会議から終戦まで』（同、昭和五十八年）、『情報なき戦争指導―大本営情報参謀の回想』（同、昭和六十二年）、『国家指導者のリーダーシップ―政治家と将帥たち』（同、平成五年）、「大東亜戦争開戦前後誤れる対米認識は何故生れたか」（『軍事研究』昭和六十二年十二月号）、長谷川峻・有末精三との座談会「秘話東久邇内閣」（『月刊官界』昭和六十二年九月号）、林三郎・中山定義・塚本誠との座談会「旧軍人の危険信号―日本の真空状態は危険か―」（『文芸春秋』昭和二十七年五月号）。

杉田を直接対象とする研究はみあたらないが、黒沢文貴「日本陸軍の対米認識」（『国際政治』九十一　日中戦争から日英米戦争へ』平成元年、のち同『大戦間期の日本陸軍』みすず書房、平成十二年に所収）は、杉田の前掲書等を参考にしながら、彼の属した陸軍内知米派のアメリカ認識を考察したものである。

（黒沢　文貴）

杉田定一（すぎた・ていいち）

嘉永四―昭和四年（一八五一―一九二九）　第十三

代衆議院議長
　旧蔵史料は、大阪経済大学図書館所蔵の「杉田文庫」がその大半を占める。同史料には自由民権運動、大同団結運動、自由党、議会関係資料、北海道長官関係といった政治史料、伝記史料のほか、豪農として知られた杉田家の状況を伝える近世村方文書、小作人関係資料など経済、社会史料が含まれている。このうち自由民権運動関係の一部が大阪経済大学民権運動研究会により復刻されている（『大阪経大論集』十八・二十、昭和三十二年所収）。同史料の概要は『杉田文庫所蔵目録　史料之部』と『杉田文書所蔵目録　漢籍之部』（いずれも昭和三十二年）で知ることができるが、大阪経済大学図書館ではこれとは別に、マイクロフィルム目録が整備されている。なお、同史料は憲政資料室（ただし、地主小作関係、海外視察、北海道長官関係を除く）、福井県文書館においてもマイクロフィルムによる閲覧が可能である。

　大阪経済大学に移されたほかに杉田家に残された初期の論説草稿、詩文稿など若干の文書がある。これらは現在、福井大学政治学研究室に移され池内啓が管理している。また、福井県文書館所蔵のマイクロフィルムのうち「坪田仁兵衛家文書」を中心に杉田の書翰が収められている。これらの一部は福井県編刊『福井県史・資料編十一　近現代二』（昭和六十年）に収録されている。

　著作としては『血痕集』（杉田定一、明治十二年）、『経世新論』（同、明治十三年）、『鶉山詩鈔』（高倉嘉夫、大正七年）がある。また、関与した新聞・雑誌には『采風新聞』、『中外評論』、『文明新誌』、『草莽事情』、『北陸自由新聞』などがあり、このうち『北陸自由新聞』は現存判明分が福井県文書館でマイクロフィルム化されている。他に『自由党党報』、『政友』、『東洋文化』などにも数点の論稿が収められている。なお、著作については清水唯一朗のWebページに目録があるので参照されたい。

　伝記として代表的なものは雑賀博愛『杉田鶉山翁』（鶉山会、昭和三年）である。前掲の「杉田文庫」は本書の編纂過程でまとめられたものである。本書には杉田の著書、論稿の他、杉田自身の回想なども収められている。他に、単行書では布施貞一郎『杉田定一君伝』（桜新聞社、明治三十六年）、池内啓『杉田定一翁』（杉田定一翁顕彰会、昭和四十四年）が、論文では池内啓「杉田定一の詩文集草稿」（『福井大学学芸学部紀要　第三部社会科学』十一、昭和三十七年）、佐久高士「或る国士の一面―杉田定一の場合」（同十二、昭和三十八年）、池内啓「近代日本における民権論・国権論―杉田定一の場合」（同十三、昭和三十九年）、同「『杉田定一研究ノート』―血痕集とその前史―」（同十八、昭和四十三年）、同「北陸自由新聞の私草憲法」（『日本歴史』四一九、昭和五十八年）などがある。

　杉田の史料を用いた研究は主に、自由民権運動を扱ったものが目立つ。大槻弘『越前自由民権運動の研究』（法律文化社、昭和五十五年）はその代表的なものであり、ほかに宮本又久「『集思社』性格について―初期民権思想の一性格」（『岡山史学』八、昭和三十五年）、澤大洋「集思社の小研究」（『東海大学紀要　政治経済学部』二十、昭和六十三年）などが挙げられる。また、地方政治の観点からの研究として坂野潤治・伊藤隆「杉田定一・坪田仁兵衛関係文書にみる明治二十年代の選挙と地方政治」（『社会科学研究』十七―一、昭和四十年）がある。（池内　啓・清水　唯一朗）

杉山　元（すぎやま・げん）　明治十三―昭和二十年（一八八〇―一九四五）　元帥・陸軍大将
　郷里福岡県小倉市の陸上自衛隊駐屯地内に設けられた資料室内に、遺品（啓子夫人のものを含む）、遺書、揮毫、書簡類、写真等一級史料を含め約二〇〇点余が収納保管されている。また胸像は資料室前に、市ヶ谷台上には自決跡の碑が建立されている。
　一級史料のなかには「杉山メモ」といわれる極めて重要な戦争指導関係史料があった。

これは参謀総長就任の昭和十五年(一九四〇)十月三日以来、その職を辞した昭和十九年二月二十一日までの、戦争指導の重要国策を決定した大本営政府連絡会議(御前会議を含む)の審議状況を刻明に筆記したものが主体であるが、右筆記のほか、大臣との会談筆記、軍令部総長との会談筆記、上奏の際の御下問奉答筆記などがあった。現在、「メモ」原本は存在しない。終戦後、第一総軍司令官の終戦業務をほぼ完了した昭和二十年九月十二日、夫人とともに自決する直前にすべてを処理始末されたからである。

しかし総長在職中には、前記会議のあと、部長以上を集めて、その状況を伝達するのが例となり、戦争指導班長が総長の伝達事項を清書し、総長の点検を受け、整備保管されてきた。『杉山メモ』(原書房、昭和四十四年)はこれらの筆記(メモ)を全部収録し、さらに審議を経て決定された重要国策も載録されている。これがすでに公表されている「杉山メモ」である。

日本陸軍において陸軍省・参謀本部、教育総監部、航空本部にわたる要職のすべてを歴任した人物は少ないであろう。したがって、その生涯に極めて多彩、豊富な業績があった。伝記としては、杉山元帥伝記刊行会編『杉山元帥伝』(原書房、昭和四十四年)がある。本書は「第一篇　史実」、「第二篇　思い出」からなる。第一篇の草稿は、元陸軍大学校戦史教官であった坂間訓一執筆の「杉山元帥小伝」であり、第二篇は、元秘書官、副官、部下であった指揮官、参謀、知人親戚の執筆した回想を、作家宮島健夫が経歴、業績の大要にまとめ上げたものである。なお、本書には前記小倉資料室保管の史料が紹介されている。

そのほか宇都宮泰長『元帥の自決―大東亜戦争と杉山元帥』(鵬和出版、平成七年)があり、また古い図書であるが、菅原節雄『杉山元と小磯国昭』(今日の問題社、昭和十二年)が出されている。

(森松　俊夫)

杉山元治郎（すぎやま・もとじろう）

明治十八―昭和三十九年(一八八五―一九六四)
日本農民組合の初代組合長

労働農民党の初代委員長、全日本農民組合(全農)の初代の組合長、戦後は衆議院副議長を務めた杉山の旧蔵資料は、死後、法政大学大原社会問題研究所と大阪人権博物館(リバティおおさか)の二つの機関に寄贈されている。

法政大学大原社会問題研究所に寄贈された資料は主に日農、全農に関する農民運動資料や、労働農民党、日本労農党、全国労農大衆党などの無産政党の組織・活動資料が中心で、大会議案書、報告書、立法・政策資料、選挙資料、各支部資料などを含み、一部は在任中に親交・連絡のあった無産政党や労農団体指導者の受信・来信などである。このほか、現在において冊数やそのタイトルは不明だが、杉山が収集した図書も含まれていた。

これらの文書・記録は、寄贈に際して遺族から特別の申し入れがなかったため、現在では「杉山元治郎文庫」というような名称を付しての独立した形では残されていない。その結果、大原社研に寄贈された旧蔵資料は主体別、あるいは運動のテーマ別に整理・分類され、研究所における既存の社会運動資料(戦前農民運動資料、無産政党資料)ファイルに合体された。図書についても同様である。なお、旧蔵資料ではダンボール一箱分が、現在なお未整理のまま残っている。

他方、大阪人権博物館に寄贈された資料については、私的資料を含み、分量の点でも多い。とくに「吾家之歴史」「東洋日記」「労農日記」「プロレタリア日記」と銘打つ日記群や、戦前の代議士時代における『衆議院日誌』『衆議院手帳』『備忘録』『中支皇軍慰問記』などは、無産政党各派の政治家や労農活動家との通信・交流を記していて、現代史資料としても注目されよう。このほか、第七十帝国議会に提出した「農地法案批判」や「第七拾六議会関係資料」をはじめとする文書資料、戦前・戦後における労農団体が発行した各種のパンフレット、講演草稿、各団体の名簿、機関紙誌などが多数収められている。これらの旧蔵資料については『杉山元治郎文庫仮目録』が作成されており、調査の際に参考になろう。

　代表的な著作としては、『小作争議の実際』（農村問題叢書刊行会、昭和元年）、『農民組合の理論と実際』（エルノス、昭和二年）、『農民貧窮論』（農村消費組合協会、昭和四年）などがあげられる。また昭和三年（一九二八）に普選実施へ向けての抱負、日本政治の課題について述べた演説集『各政党代表者演説集』（大阪毎日新聞社）も、杉山研究においては重要な文献であろう。

　杉山に関する研究は、キリスト教社会主義者として、あるいは帝国議会における労農代議士として、戦前における合法左翼の中心に位置した存在だったにもかかわらず、必ずしも進展していない。近年、中北浩爾が「戦前無産政党運動の再検討―杉山元治郎をめぐって」（『UP』三三〇―三三二号、平成十一年）を発表してその重要性を提起し、あわせて再評価を試みている。なお、関係する基本文献として、刊行会編『土地と自由のために―杉山元治郎伝』（昭和四十年）や、自らを顧みた証言「昭和経済史への証言（No.18―19）」（『エコノミスト』四十二巻三十六・三十七号、昭和三十九年）などがある。　（吉田　健二）

鈴木貫太郎　（すずき・かんたろう）　慶応三―昭和二十三年（一八六七―一九四八）　海軍大将・侍従長・内閣総理大臣・枢密院議長

　関係する史料として見るべきものは、まず憲政資料室の「鈴木貫太郎関係文書」がある。これは戦後枢密院議長を勤めた時代の書類、すなわち憲法改正をはじめとした枢密院での審議の案件にかかわる書類がほとんどである。

　出身地千葉県関宿町には、これまで町立の鈴木貫太郎記念館があり、遺品・遺墨などを展示するとともに、ポツダム宣言受諾の御前会議の模様を鈴木自身が筆記したメモや、天皇の御言葉の筆記などの史料を所蔵することが知られていた。平成十五年（二〇〇三）六月、関宿町は野田市と合併し、記念館は野田市立となって、従来通り展示を行う一方、所蔵史料は野田市郷土博物館に移され、整理作業中である。ただし、終戦に際し当時の私邸は襲撃によって焼失していることや、前記憲政資料室の史料が枢密院文書に限られていることなどから、重要史料が多数残存することはあまり期待できない。

　伝記資料としては、『鈴木貫太郎自伝』（桜菊会出版部）が昭和二十四年（一九四九）に出版された。同書は昭和四十三年、時事通信社より、子息の鈴木一編として、巻末に鈴木貫太郎「終戦の表情」、鈴木一「父と私」および年譜・人名索引を附して再刊されている。その他伝記・評伝としては、『鈴木貫太郎伝』（同編纂会、昭和三十五年）、小堀桂一郎『宰相鈴木貫太郎』（文芸春秋、昭和五十七年）などがある。　（梶田　明宏）

鈴木喜三郎　（すずき・きさぶろう）　慶応三―昭和十五年（一八六七―一九四〇）　司法大臣・立憲政友会総裁

　関係する一次史料はほとんど残されていないようである。伊藤隆氏が遺族に問い合わせたところによれば、鈴木家旧蔵の文書類は戦災で消失したという（『「日本近代史料情報機関設立の具体化に関する研究」成果報告書（平成十一／十二年度文部省科学研究費補助金〔基礎研究B〕研究報告書・課題番号一一四九〇〇一〇）』近代日本史料研究会、平成十二年、四七一頁）。ただし、遺族の一人が鈴木宛の二通の書簡を所有しており、そのうち一通について伊藤氏が史料紹介を行っている（伊藤隆「田中義一の鈴木喜三郎宛書簡について」『日本歴史』六三二、平成十三年）。

　伝記としては、鈴木喜三郎先生傳記編纂会『鈴木喜三郎』（非売品、昭和二十年）がある。同書は司法官僚時代に部下であった山岡萬之助が代表者となってまとめたもので、編纂当時存在した史料、関係者の談話を幅広く収録した伝記である。また在世中には、梨本祐淳

『鈴木喜三郎』(時代社、昭和七年)、飯村五郎編『鈴木総裁』(立憲政友会鈴木総裁編纂部、昭和七年)が上梓され、下山芳允『新人国記名士の少年時代　関東篇』(平凡社、昭和五年)にも、鈴木の少年時代のエピソードが掲載されている。また、松本幸輝久『近代政治の彗星II—想い出の政治家—』(三信図書、昭和五十七年)は、一章を鈴木にあて、その生涯を描いている。

　鈴木は自伝を残していないが、刀禰館正雄編『その頃を語る』(朝日新聞社、昭和三年)に、「大浦事件の真相」と題する回想を寄せている。また、「鈴木政友会総裁に物を訊く座談会」(『文芸春秋』昭和八年一月号)の中で、司法官僚時代、官僚から政治家になった動機などを語っている。また、「鈴木総裁に当面の諸問題を訊く」(『政界往来』昭和十年九月号)、室伏高信「鈴木喜三郎訪問記」(『経済往来』昭和十年七月号)も、鈴木の人物像を知るうえで参考になる。なお、「あの人この人訪問記—第一〇三回鈴木国久さん(上)」(『法曹』昭和四十三年四月号)では、鈴木国久氏(子息)が鈴木の生涯を回想している。

　鈴木に関する既存研究について述べると、管見の限り、鈴木個人に焦点をあてた研究はないが、司法官僚時代については、三谷太一郎『近代日本の司法権と政党』(塙書房、昭和五十五年)が参考になる。また、政友会領袖、総裁時代に関しては、伊藤隆『昭和初期政治史研究』(東京大学出版会、昭和四十四年)、佐々木隆「挙国一致内閣期の政党—立憲政友会と斎藤内閣」(『史学雑誌』八十六—九、昭和五十二年)、奥健太郎「犬養総裁時代における政友会の党内派閥—鈴木派を中心に—」(『法学政治学論究』三十九、平成十年)が参考になる。

(奥　健太郎)

鈴木荘六（すずき・そうろく）

　慶応元—昭和十五年（一八六五—一九四〇）　参謀総長

　個人史料は、国文学研究資料館史料館(平成十六年度より人間文化研究機構国文学研究資料館)に所蔵されている。史料の大半は家族間の書簡と写真(日露戦争従軍時のものなど)が占め、その他に若干の書類と遺品類で構成されるが、書類のなかに「荘六一代記」と題された自叙伝と日記が存在する。

　自叙伝は、昭和十二年(一九三七)五月から書き始められたもので、生い立ちから昭和十二年の在郷軍人会会長を辞めるまでが記述されており、特に第二軍参謀として従軍した日露戦争に関する記述が最も多い。その他、参謀総長時代や在郷軍人会時代の記述にも興味深い内容がある。なお、この自叙伝は、自筆で書かれたものの他に、活字化され版組までされたものが残されている(活字化の段階で削除された箇所が一部ある)。これは、おそらく死後、自叙伝を刊行する計画が進められたが何らかの理由で刊行直前に中止となり、その代わりとして伝記編纂となったと考えられる。伝記は、故鈴木荘六大将伝記編纂委員著刊『陸軍大将鈴木荘六伝』(昭和十八年)があり、自叙伝と日記からの引用もあるが、伏字となっている箇所や自叙伝の記述とまったく正反対の記述も見られ、内容の一部が著しく改竄されている。これは伝記が編纂された時期が大戦中であったことを考えればあり得ることであり、このような事情が自叙伝の刊行を中止させた要因であったと考えられる。

　日記については、備忘録をあわせて、明治四十二年(一九〇九)の欧州視察中に記した「巡欧日記(第一)」・「巡欧日記(第二)」・「巡欧日記(第三)」・「(巡欧中ニ於ケル)備考(一)」・「巡欧中ニ於ケル備考(二)」、参謀本部第一部作戦課長時代に記した「明治四十三年六月十四日ヨリ七月　日ニ至ル　北関旅行記」、騎兵第三旅団長時代に記した「日誌(I)自大正三年八月至大正四年七月」・「日誌(II)自大正四年八月至」、第五師団長時代に記した「西比利亜日記I　自大正八年八月十三日至大正九年二月五日」・「西比利亜日記II　自大正九年二月六日至大正九年七月十四日」・「西比利亜日記III　自大正九年七月十五日至同」の十一冊が現存する。自叙伝中に日記がある箇所は詳細を日記に譲るといった記述がいくつかあり、その箇所と現存する日記が一致することから、これ以外の日記はなかったと思われる。日記のなかで、特にシベリア出兵時の日記は、師団長クラスの日記として史料的に貴重なものといえよう。

個人史料以外では、宇垣一成関係文書のなかに鈴木の書簡（内訳は憲政資料室所蔵分三点、早稲田大学中央図書館所蔵分四点）があり、宇垣一成関係文書研究会編『宇垣一成関係文書』（芙蓉書房出版、平成七年）に翻刻されている。また、角田順校訂『宇垣一成日記』全三冊（みすず書房、昭和四十三―四十六年）も参考になる。その他、山口県文書館所蔵の田中家文書（『田中義一関係文書』として北泉社からマイクロフィルムが刊行されている。目録としては、岩壁義光・小林和幸・広瀬順晧編『田中義一関係文書』〈北泉社、平成十三年〉がある）は、シベリア出兵や参謀総長時代に関わる背景を知るうえで重要な史料である。

鈴木に関しては、前述した伝記の他に、阿部狂雨『陸軍大将鈴木荘六伝』（条北刊行社、昭和十五年）があり、幼年期の項は鈴木から自叙伝を借用して書かれたものとなっている。また、在郷軍人会時代については、帝国在郷軍人会本部編刊『帝国在郷軍人会三十年史』（昭和十九年）が参考になる。なお、在郷軍人会会長として出演した、映画「青年日本を語る」（昭和九年、地上映画社製作）もある。

また、史料に関しては、加藤聖文「鈴木荘六関係史料の紹介」（『史料館報』八十、平成十六年）がある。

（加藤　聖文）

鈴木隆夫（すずき・たかお）

明治三十七―昭和五十五年（一九〇四―一九八〇）

衆議院事務総長・国立国会図書館長

昭和六年（一九三一）衆議院に入り、委員部長、事務次長を経て、昭和三十年から三十五年まで事務総長、昭和三十六年から四十年まで国立国会図書館長を務めた。

旧蔵の文書類は、平成二年（一九九〇）に国立国会図書館に寄贈され、仮目録「鈴木隆夫関係文書目録」により、憲政資料室において公開されている。この文書群は、戦前から戦後にかけての三十年近くにわたる、衆議院事務局関係の文書が中心となっているが、その内容は大きく分けて、執務資料と自筆原稿類とで構成されており、総計一一六二点にのぼる。

衆議院事務局関係では、戦前期のものとして、衆議院満州慰問議員団関係および第八十一回、八十三回帝国議会関係の資料が含まれている。戦後のものは、憲法制定、国会法改正、憲法調査会（自由党、改進党）、議事運営および第三十四国会（安保国会）の関係資料等がある。また執務日記として、委員部長、事務次長を歴任した昭和二十二年から三十年にわたる「国会日誌」がある。特に、昭和三十五年二月から五月にかけて記された「総長所感日記」には、日米安全保障条約改定問題をめぐる国会の緊迫した状況が描写されている。事務総長退任後の国立国会図書館長時代のものとしては、著作権、未整理資料、ローマ字問題、納本制度等に関わる資料が残されている。一方、自筆原稿類は、戦前期の議院法研究、議会における法律問題の研究ノート等をはじめ、戦後の議会制度改革、国会法関係、国会運営に関する論文集等が主なものである。

著作としては、『国会運営の理論』（聯合出版社、昭和二十八年）が事務次長在職時に刊行されている。同書は、戦後の委員会中心の国会運営の実際について述べたもので、委員会審議のルールが国会法規をもとに体系的に説明されており、国会および地方議会の事務担当職員の執務参考資料ともなっている。また、「鈴木文書」中の国会法関係の資料を使った論文として、小林正「国立国会図書館法制定史稿―国会図書館法の制定から国立国会図書館法の制定まで」（『レファレンス』四十九―一、平成十一年）がある。

（堀内　寛雄）

鈴木九万（すずき・ただかつ）

明治二十八―昭和六十二年（一八九五―一九八七）

外交官・横浜終戦連絡事務局長

公使としてエジプト勤務中に太平洋戦争がはじまる。九ヵ月の軟禁生活の後、日英交換船で帰国。昭和十七年(一九四二)十二月六日開設された「外務省在敵国居留民関係事務室」の室長に就任した。この事務室は敵国および断交国に居住する日本人約五十六万人、敵国捕虜十六万八六六六人・敵国民間人十一万一〇六五人に関する情報交換の、外務省の窓口となった。戦後は、昭和二十七年三月に外務省を退官するまで、横浜終戦連絡事務局長として、占領軍と折衝を続けた。退官後は、日本ユネスコ国内委員会を創設、その後、再びオーストラリア大使、イタリア大使を勤めた後、国際文化振興会理事長、鹿島映画株式会社取締役会長を歴任した。

文書は、外務省在敵国居留民関係事務室長時代のものと、横浜終戦連絡事務局長時代の文書が中心である。事務室関係文書および関連資料は、外交史料館に所蔵されている「大東亜戦争関係一件／交戦国間敵国人及俘虜取扱振関係一巻」、「大東亜戦争関係一件／交戦国間敵国人及俘虜取扱振関係／一般及諸問題第二巻—五巻」、「大東亜戦争関係一件／交戦国間敵国人及俘虜取扱振関係／一般及諸問題／俘虜情報局及在敵国居留民事務室関係官制」の簿冊に納められている。なお、これらの資料は、アジア歴史資料センターによってデジタル化されており、インターネット検索も可能である。

事務室は、外務省における捕虜・抑留者の交渉の窓口であったため、戦後は、「極東国際軍事裁判」に宣誓口供書を提出(法廷証拠一四八九号)、昭和二十一年十二月十六日には、検察側証人として出廷した。検察側証拠追加提出の段階の昭和二十三年一月二十三日にも、検察側は東郷茂徳の供述への反駁として鈴木証言に言及、関連文書を提出している(「在敵国邦人及我方在住敵国人関係事務部(仮称)設置に関する件」)。さらに昭和二十三年二月九日、弁護側が鈴木公使の名前で出された文書を提出(「戦時抑留者関係事務室名称変更に関する件」)、翌十日には、鈴木本人が再度出廷し、検察側の尋問に答えている。これら鈴木証言・証拠文書は『極東国際軍事裁判速記録』全十巻に収録されている。『速記録』は雄松堂書店(昭和四十三年)から刊行されているが、判事・検察官・弁護人に配布されたタイプ、謄写版刷の日本語・英語の『速記録』や証拠書類は、早稲田大学図書館などで閲覧できる。

戦後、横浜終戦連絡事務局(昭和二十年八月二十二日、横浜地区連合軍受入設営委員会が設置され、八月三十日に、同委員会は横浜終戦連絡委員会と改称され、九月二十三日に横浜終戦連絡事務局となる)に、昭和二十年八月二十九日から、サンフランシスコ講和条約発効まで勤務、局長(特命全権公使)を勤めた。この間、GHQと折衝し、軍政施行・軍事裁判所の設置・軍票B円使用の布告を事前に入手して、その中止のために奔走した。外務省に送った電信などの記録は全四冊の簿冊に納められており、昭和五十一年、第二回外交文書公開によって一般公開された。外交史料館で閲覧できるが、平成十四年(二〇〇二)末現在、未だアジア歴史資料センターによるデジタル化はできていない。公開資料には、先の三布告問題に関する記録、第八軍司令官ロバート・アイケルバガー中将との会談記録、昭和二十三年二月十八日から二十四年十二月末までの第八軍軍政部長ビーズレー准将との毎週の定例会見八十八回の記録などがある。

鈴木個人が所有していた文書は、遺族より内海愛子に寄贈され、現在、恵泉女学園大学に保管されている。外務省の公開文書と重複するものが多いが、主な文書は、終連関係綴り十一冊、オーストラリアの大使時代の文書ファイル四冊、国際文化振興会理事長時代のファイル、日記、書簡類などである。終連関係の綴りは、横浜終連連絡関係の「第八軍々政部司令官と会談録」七冊(昭和二十三年二月—二十四年)や、「第八軍民事局長との会談録」五冊(昭和二十四年五月—十二月)、外務省連絡局による「第二十回中央連絡協議会議事要旨」(昭和二十四—二十五年)、このほか「高松宮殿下へのご報告」(手書きメモ)、「鈴木終連局長報告」、「YLO執務報告集」(第一号十一第十二号)などが含まれている。なお、「YLO執務報告集」は、荒敬『日本占領・外交関係資料集　第二期』(柏書房、平成六年)に収録されている。寄贈資料の中には、その後の職務に関連した新聞切り抜きや書籍もあり、未整理である。

外交官としての足跡は、昭和四十九年三月から五回にわたり内政史研究会が行ったインタビュー速記録がある。「内政史研究資料」一七一—一七五(昭和四十九年)に収録され、『鈴木九万氏談話速記録』としてまとめられている。著作としては、鈴木九万監修『日本外交史二十六　終戦から講和まで』(鹿島研究所出版会、昭和四十八年)がある。なお、アメリカの**Duke University** には **Robert Eichelberger** 中将の資料・日記・手紙が保存されているが、鈴木の残したメモによるとその中に鈴木との交渉記録も含まれているという。

(内海　愛子)

鈴木貞一(すずき・ていいち)

明治二十一—平成元年(一八八八—一九八九)　陸軍少将・企画院総裁

戦前の記録としては、昭和八—九年(一九三三—三四)の日記および後述の若干の記録以外には残されていない。日記についても現所有者は不明であり、戦後についても不明となっている。

日記は筆者が本人から一時拝借して、佐々木隆氏と「昭和八～九年の軍部と『鈴木貞一日記』」(『史学雑誌』八十六—十、昭和五十二年)を公表し、同誌八十七—一・四(昭和五十三年)に全文を翻刻した。

自伝はないが、林茂・安藤良雄・今井清一の諸氏が昭和三十八年に五回にわたって聞き取りを行い、さらに筆者を含む木戸日記研究会が昭和三十九年から昭和四十四年にわたって八回の聞き取りを行った。これらは昭和四十六年と四十九年に上・下二冊に分けてタイプ印刷で刊行された(木戸日記研究会・日本近代史料研究会『鈴木貞一氏談話速記録』)。その下巻末に、「木曜会記事」とそれに挟み込まれていた「愛国勤労党綱領政策大綱・規約」(鈴木氏によれば、それへの加筆訂正は石原莞爾の筆跡だということであった)を収録した。

(伊藤　隆)

鈴木茂三郎(すずき・もさぶろう)

明治二十六—昭和四十五年(一八九三—一九七〇)　日本社会党委員長

蔵書は、日本近代文学館と法政大学大原社会問題研究所の二ヵ所に分けて保存されている。前者は、生前に寄贈されたもので、明治・大正期の民権確立や戦前期の無産政党、社会主義に関する文献・資料が主で、「社会文庫」として一般閲覧に供されている。この「社会文庫」ついては、日本近代文学館編『社会文庫目録—鈴木茂三郎収集』(昭和五十六年)において全容を知ることができる。また、自身、『社会文庫』蔵書目録—明治・大正の民権並に社会主義に関する文献』全四巻(昭和三十二—三十四年)を編集・刊行している。

後者の旧蔵資料は、遺族の鈴木徹三法政大学教授より一九七〇年代以降、十数次にわたって寄贈を受けたもので、大原社研ではこれを「鈴木茂三郎文庫」として一括してまとめ、現在なお整理中である。この「鈴木茂三郎文庫」は、大きく図書(洋書も含む)、逐次刊行物、原資料=第一次資料に分けられる。分量が多く、かつ中心となっているのが原資料である。ちなみに戦前の原資料では、一部は日本近代文学館の「社会文庫」と重複するが、日本大衆党、全国大衆党、全国労農大衆党、労農無産協議会、日本無産党などの関係した政党資料や、東京俸給生活者同盟、東京市会関係資料、それに堺利彦や加藤勘十らに関する資料、橋浦時雄の『日記』(一部はコピー)などで、書簡も大庭柯公・荒畑寒村・向坂逸郎らの書簡四〇〇点がある。戦後の原資料では、日本社会党の本部資料、左派社会党資料、左・右社会党の合同関係資料、片山・芦田内閣期の経済復興運動資料などが主なもので、これらの資料群には他の学術機関に所蔵されていないものが多々あり、現代史研究者にとって注目されよう。これら大原社研の鈴木旧蔵資料の全容と特徴については、「大原社会問題研究所の過去と現在」（『大原社会問題研究所雑誌』四九四・四九五、平成十二年）で紹介されている。

著作としては、『鈴木茂三郎選集』全四巻（労働大学、昭和四十五―四十六年）が刊行されている。また著書、論稿、手記などについては、国立国会図書館がこれを子細にまとめており（参考書誌部法律政治課『鈴木茂三郎氏著作目録』昭和四十五年）、研究にさいして有益であろう。

その思想と行動に関する研究や評価については、これまで多方面から試みられてきた。例として、「鈴木茂三郎元委員長追悼号」（『月刊社会党』一六一、昭和四十五年）、向坂逸郎『戦士の碑』（労働大学、昭和四十五年）をあげておこう。また、自らを顧みた『私の履歴書（1）』（日本経済新聞社、昭和三十二年）、『ある社会主義者の半生』（文芸春秋新社、昭和三十三年）、『私の歩んだ道』（河出書房新社、昭和三十五年）などを著している。このほか、身内にあっても、より客観的な歴史評価を試みようとした伝記的著作に、鈴木徹三『鈴木茂三郎　戦前編―社会主義運動史の一断面』（日本社会党中央本部機関紙局、昭和五十七年）や、同『片山内閣と鈴木茂三郎』（柏書房、平成二年）がある。

（吉田　健二）

住友吉左衛門友純（すみとも・きちざえもんともいと）

元治元―大正十五年（一八六四―一九二六）　住友家第十五代・住友合資会社社長

伝記は、十周忌の際は十五代が「伝記というものに対し懐疑的であった」こと、伝記が「父の気持ちに副わぬ感じがされたので」着手されなかった。二十周忌を前にして、早く編纂にかからぬと史料が散逸すると考えられて、ようやく編纂に着手されたが、戦災により折角収集した史料を失い、さらに敗戦により伝記編纂事業そのものが挫折してしまった。その後数々の障害を乗り越え『住友春翠』（「住友春翠」編纂委員会、昭和三十年）が上梓されたのは、三十周忌のことであった。本伝記について脇村義太郎氏は「これこそその後住友関係の多くの社史、伝記を書く場合のほんとうの礎石となっており、これができたことによって、住友関係では社史も伝記も容易に書けるようになったといっても差し支えない」と評価されている。

したがって関係する史料は、本伝記に使用された史料に尽きるわけであるが、それは次の四つに大別される。

①元治元年（一八六四）の出生から明治二十五年（一八九二）住友家に入籍するまでの徳大寺隆麿の時代については、伝記は主として父徳大寺公純の日記「糸屯記」（公純公記）と公純の長男実則の日記「徳大寺実則日記」に依拠している。これらの史料のうち前者は東京大学史料編纂所で、後者は書陵部で所蔵されている。

②住友家の養子となってから大正十五年（一九二六）死去するまでの間の直接関係する書状（春翠宛実兄西園寺公望書簡等）・記録等の一次史料二一〇点は、伝記編纂後「春翠伝編纂資料」として住友史料館に保存されているが、他に一部住友家が所蔵している史料もある。

③②を補うものとして、この間の動静については、本家緊要書類、本家詰所および各別邸の日誌、随行日誌、園遊会・招待会等の記録、接待記事、寄付贈答記録、本邸・別邸の建築記録、末家関係記録、子弟の家庭教師の記録等が使用され、これらは住友史料館に保存されている。また関係した住友の諸事業については、住友家法、各種通達・通牒、各事業所から提出された考課状、実際報告書、処務報告書等が使用されており、これらはやはり住友史料館に保存されている。

④上記の他、戦災で史料の一部が焼失したため、それを補うものとして、伝記編纂に際し住友と面識のあった人々一四〇名（親戚知人、住友総本店・住友合資会社・各連系会社

の元幹部、元本家詰所勤務者、営繕関係者、医師、料亭女将、古美術商等)に対しヒアリングが行われた(一部高齢者・遠隔地在住者等は書簡)。この記録は「住友春翠編纂資料追憶文及談話稿」(三冊)に収められ、今やこれ自体が貴重な史料として住友史料館に保存されている。

⑤②—④はいずれも未整理非公開であるが、この他に伝記完成後に住友本家事務所土蔵から発見された住友本家関係史料がその後住友史料館へ移管されて目下整理中であり、さらに上記を補う史料が含まれていることが明らかになりつつあるところである。

なお住友についての研究書には栂井義雄『日本資本主義の群像—人物財界史』(教育社、昭和五十五年)、瀬岡誠『近代住友の経営理念』(有斐閣、平成十年)がある。

(山本　一雄)

せ

関谷延之助（せきや・えんのすけ）

明治二十一—昭和五十年（一八八八—一九七五）　内務官僚

「関谷延之助関係文書」は、子息関谷延雄氏から東京大学法学部に提供され、現在東京大学法政史料センター原資料部が所蔵している。同センターによる「関谷延之助関係文書目録」がある。

この関係文書は日記類(マイクロフィルム)と赴任した地方庁の行政書類(寄贈)に大別される。前者は全五十九冊で、第四高等学校在学中の明治四十一年(一九〇八)から昭和二十二年(一九四七)までをほぼ網羅しているが、これらの中には一つのトピックに限定された標題を持つもの(例えば「大正十二年七月十六日より全国道府県社会課長会議」、「昭和五年東北視察日記」、「昭和十三年度の新潟県予算査定メモ」等)も含まれている。他に名簿や葉書類が八点ある。

後者は勤務地別に北海道(大正十五年、拓殖部長)、山梨県(昭和七年、知事)、熊本県(同十年、知事)、新潟県(同十一年、知事)、兵庫県(同十三年、知事、翌年退官)およびその他(これら以外の任地での書類や退官後入手したもの等)に分類整理されている。

本文書は大正期および昭和戦前期の地方行政を知る上での好史料といえる。

(岸本　昌也)

関屋貞三郎（せきや・ていざぶろう）

明治八—昭和二十五年（一八七五—一九五〇）　内務官僚・宮内次官

関係文書は、国立国会図書館に寄託された「関屋貞三郎関係文書」があり、目録は「関屋貞三郎関係文書目録(仮)」が作成されている。内容は、書翰・日記・書類等二二〇九点で、書翰の発信者は約九〇〇名を数えるが、特にめだって通数が多い人物はいない。日記は、宮内次官時代の大正十五年(一九二六)から昭和二十五年(一九五〇)まで(昭和二十二—二十四年欠)のものである。その他書類等では、内務官僚として関わった朝鮮関係、宮内次官を勤めた宮中・皇室関係、救癩・結核予防事業関係のものが目立つ。

関屋差出書簡としては『伊沢多喜男関係文書』(芙蓉書房出版、平成十二年)、「牧野伸顕関係文書」(憲政資料室)などにある。

伝記としては子息である関屋友彦の著書『使命感に燃えた三人男』(紀尾井出版、平成十三年)、『私の家族の選んだ道』(同、平成十四年)のそれぞれに「関屋貞三郎の生涯」として紹介している以外、見るべきものはない。

(梶田　明宏)

千石興太郎 (せんごく・こうたろう)

明治七―昭和二十五年(一八七四―一九五〇)　農林大臣

旧蔵の文書・記録は、ほとんど残されていない。現在、旧邸跡に、社団法人家の光協会の「千石記念家の光研修所」があり、その一室が「千石記念室」となっている。そこには、蔵書や調度品などが保存、展示されているが、文書・記録類の所蔵はなく、書簡二通を所蔵するのみである。同室所蔵の『「千石興太郎」のできるまで資料展示目録』によれば、協同組合懇話会が伝記編纂のために史料の収集を行ったが、昭和二十九年(一九五四)の刊行時点で、すでに書簡二十点と断片的な草稿数点しか収集できなかったようである。

著作や演説・報告は、主に産業組合中央会の機関誌『産業組合』や『家の光』誌上に多数掲載されている。主な著書に、小冊子『産業組合経済組織の話』(産業組合中央会、昭和四年)、『産業組合の諸問題　農村更生叢書5』(日本評論社、昭和八年)、『産業組合の陣営より』(高陽書院、昭和十年)、島田日出夫との共著『日本農村産業組合の展望』(高陽書院、昭和十一年)、さらに『我が農村建設』(産業組合実務研究会、昭和十五年)などを挙げることができる。これらの著書は、共著を除いて、主に前記雑誌掲載の著作・演説等を編集したものである。伝記には、石井満『千石興太郎伝』(産業組合新聞社、昭和十四年)、大貫将編『千石興太郎』(協同組合懇話会、昭和二十九年)、竹森一男『千石興太郎』(都市問題調査会、昭和四十六年)がある。このうち、大貫将編のものは、主要論文・演説を収録し、一〇五名にわたる関係者の回想を収録する点で、資料的価値が高い。

千石個人についての研究は、主に彼の「産業組合主義」をめぐって、栗原百寿『農業団体に生きた人々』(農民教育協会、昭和二十八年)における千石への言及と、野本京子「千石興太郎の『産業組合主義』」(東京外国語大学『論集』四十四、平成三年)がある。また、千石のかかわる戦前の新体制運動から、戦後の日本協同党までの政治・政党運動については、塩崎弘明「翼賛政治から戦後民主政治へ」(『年報・近代日本研究4　太平洋戦争』〈山川出版社、昭和五十七年〉のち『国内新秩序を求めて』〈九州大学出版会、平成十年〉に収録)が詳しい。

(森邊　成一)

そ

副島種臣 (そえじま・たねおみ)

文政十一―明治三十八年(一八二八―一九〇五)　外務卿・枢密顧問官・侍講

憲政資料室に「副島種臣関係文書」があり、建議・履歴書・辞令などを含み、副島宛の書簡は約六十通(内十通は外国人書簡)で、副島の書簡は追加の一通のみである。外交関係のうち、「清帝謁見ニ関スル参考書　マルティン氏交際法訳文」(外務省用紙)の表題は自筆。「マリアルス号差押ニ関スル書類」も含む。

この他に、書簡は、書陵部(『三条公本』)に一冊(三条・岩倉宛)、神奈川県立公文書館山口コレクションに三通、東京都立中央図書館(渡辺刀水旧蔵諸家書簡)に二通、早稲田大学社会科学研究所諸家文書に一通存在する。

『東邦協会会報』(四十一・四十三・四十四、明治三十一―三十一年)に「副島伯経歴偶談」を、『国際法雑誌』(五・六、明治三十五年)に「明治初年外交実歴談」を掲載。「副島大使適清概略」は明治六年(一八七三)渡清談判の記録(『明治文化全集　外交篇』)で、晩年の談話を

筆録した『副島伯閑話』(片淵琢編、広文堂、明治三十五年)もある。『蒼海遺稿』(明治三十八年)のほか漢詩などを収めた『蒼海全集』六冊(大正六年)が出ており、書蹟を集めた『副島種臣書』(編者代表副島種経、二玄社、昭和四十二年)がある。

伝記に丸山幹治『副島種臣伯』(大日社、昭和十一年、みすず書房、昭和六十二年復刻)、大橋昭夫『副島種臣』(新人物往来社、平成二年)がある。

論文は外交で、毛利敏彦「副島種臣の対清外交」(『法学雑誌』四十一―四、平成七年)、張虎「副島対清外交の検討」(明治維新史学会編『明治維新とアジア』吉川弘文館、平成十三年)や、安岡昭男「東邦協会と副島種臣」(『政治経済史学』一六九、昭和五十五年)などがある。

外務卿時代、マリア・ルス号の清国人苦力ら解放に感謝した横浜在住の清国人たちから贈られた大旆(繻子地に金文字)は神奈川県立公文書館が所蔵している。　(安岡　昭男)

添田壽一(そえだ・じゅいち)

元治元―昭和四年(一八六四―一九二九)　大蔵次官・銀行家・経済学者

大蔵官僚として通貨・銀行制度を確立した人物であるが、明治三十一年(一八九八)に官職を辞してからは、台湾銀行頭取、日本興業銀行総裁、鉄道院総裁、貴族院勅選議員、中外新報社・報知新聞社社長、東京商業会議所特別議員といった要職にあった。そればかりでなく、早稲田大学、専修学校、学習院、高等商業学校、東京帝国大学法科大学等において経済学、歳計論等を講義し、研究書、概説書、解説書等を刊行した。彼の活動は、それらにとどまるものではなく、友愛会顧問就任にみられる労働・社会問題への取り組み、家計・女性・青年のあり方やモラルの問題についての啓蒙書の刊行、講演等の啓蒙活動をなす等、幅広い社会的活動を精力的に行った。

回想録はないが、それを補うものとして、広渡四郎『添田壽一君小傳』(大正十三年)がある。また、昭和四年(一九二九)に国家学会評議員でもあった添田の訃報に接した神川彦松が『国家学会雑誌』(四十三―八、昭和四年)に記した惜別の辞、わが国「歳計論」の先覚としての視点から添田を論じた大淵利男「日本財政史の一齣―とくに添田壽一の場合を中心として―」(井手文雄・大淵利男・石村暢五郎・中村一雄編著『財政の原理と現実』千倉書房、昭和六十一年)、大蔵省百年史編集室編『大蔵省人名録』(大蔵財務協会、昭和四十八年)、台湾銀行史編纂室編『台湾銀行史』(台湾銀行史編纂室、昭和三十九年)、日本興業銀行臨時史料室編『日本興業銀行五十年史』(日本興業銀行臨時史料室、昭和三十二年)、『渋沢栄一伝記資料』全六十八巻(渋沢栄一伝記資料刊行会「本巻五十八巻」、渋沢青淵記念財団竜門社「別巻十巻」、昭和三十一―四十六年)等がある。

添田は、かなりの数の自著を残している。その多くは、『予算論網』(博文館、明治二十四年)、『財政通論』(金港堂、明治二十五年)、『応用経済』(東京専門学校、明治二十六年)、『法制経済大意』(金港堂、明治三十二年)、『経済学原理』(早稲田大学、明治四十二年)等の経済、財政に関するものが多い。それ以外に、社会主義思想の影響、特に青年層への影響を懸念して著わした『破壊思想ト救治策』(博文館、明治四十四年)、給与生活者が増える中で、家計のあり方を簡明に著わした『一家経済法』(大学館、大正二年)、『一家の基礎』(大学館、大正三年)、米国西海岸地域に始まった日本人移民排斥の要因や対策をまとめた神谷忠雄との共著の小冊子『加州日本人問題』(大正二年)等多方面にわたるものがある。　(片桐　庸夫)

曽我祐準(そが・すけのり)

天保十四―昭和十年(一八四三―一九三五)　陸軍中将

関係する文書・記録はまとまって残されていないようであるが、自伝として坂口二郎編『曽我祐準翁自叙伝』(曽我祐準翁自叙伝刊行会、昭和五年）がある。同書は日記をはじめとする第一次資料を基にしている。

なお、徳富蘇峰記念塩崎財団が二十八通の曽我書簡を所蔵しているが、他の諸家文書中にも書簡が含まれている。

明治前期の陸軍軍人としては比較的多くの刊行物を残している。西南戦争に関するものに『征討第四旅団戦記』（明治十五年）があり、徳富蘇峰と事実上の共著とも言える「日本の国防を論ず」（『国民之友』連載）は垣田純朗編『日本国防論』（民友社、明治二十二年）として出版されている。また、華族同方会での演説が『軍備要論』（小笠原長育、明治二十三年）としてあり、軍人のモラルを論じたものに『軍人の嗜』（兵林館、明治二十三年）がある。さらに、雑誌掲載論文としては、日清戦争の講和条件を論じた小嵐子（匿名）「大東策」（『太陽』一―四、明治二十八年）の他に、「教育と兵事」（『太陽』一―二、明治二十八年）、「将来の武官」（『太陽』一―十二、明治二十八年）がある。

曽我に関する専論は、管見の限りないが、最近の研究では、明治前期の陸軍軍人としての位置づけについては大澤博明『近代日本の東アジア政策と軍事』（成文堂、平成十三年）、貴族院議員としての動向については小林和幸『明治立憲政治と貴族院』（吉川弘文館、平成十四年）が参考になる。

（大澤　博明）

十河信二（そごう・しんじ）

明治十七―昭和五十六年（一八八四―一九八一）

日本国有鉄道総裁

十河は、鉄道院経理局会計課長から復興院書記官・復興局部長を経て鉄道省経理局長となり、南満州鉄道理事として満州事変にあたり経済計画の立案を行った満鉄経済調査会の委員長をつとめ、のち興中公司社長となった。林銑十郎内閣成立に際して組閣参謀となったが中途でこれを辞し、敗戦前後には郷里の愛媛県西条市長であった。戦後は昭和二十一年（一九四六）に日本経済復興協会会長となり、三十年五月に日本国有鉄道総裁に任ぜられて三十八年五月まで在任し、この間に広軌による東海道新幹線を建設する決断を下してこれを推進した。総裁退任後は日本交通協会会長となり、昭和五十六年に九十七歳で永眠した。その伝記として十河信二傳刊行会発行の有賀宗吉『十河信二』（昭和六十三年）と、自伝『有法子』（交通協力会、昭和三十四年［二刷］）や関係者による回想などを収録した同刊行会による『十河信二　別冊』（昭和六十三年）がある。この伝記の作成には国鉄総裁公館地下室にあった段ボール約六十箱分の十河氏関係書類・書簡や四十九巻の録音テープなどが用いられており、興中公司時代については「興中の想ひで」上・下も用いられている。また、英文の伝記には Bill Hosokawa, OLD MAN THUNDER: Father of the Bullet Train, Sogo Way, Denver, Colorado, 1997　があり、関連文献に中島幸三郎『十河信二伝』（交通協同出版社、昭和三十年）、青木槐三『国鉄』（新潮ポケット・ライブラリ、昭和三十九年）、北条秀一『十河信二と大陸』（北条秀一事務所、昭和四十六年）、日本近代史料研究会『十河信二氏談話速記録』第一回―第四回（昭和四十三年）などがある。

資料としては、敗戦直後に十河邸が占領軍に接収された際に東京大学社会科学研究所に寄贈された書籍類が残されており、その点数は和書一四〇二冊、洋書十九冊、和雑誌九十四タイトル四一四冊などで、戦時経済や満州支配に関連する一般書籍のほか、日中戦争期に日本軍が華北で接収した鉱山・工場等の委託経営にあたった興中公司が、昭和十四年頃に傘下の各事業を北支那開発株式会社に引き継いだ際の引継調書など貴重な資料が含まれている。昭和四十三年に「社研所蔵十河信二氏寄贈書仮目録」が作成されたが、老朽化したため平成二年（一九九〇）にあらためて図書原簿による目録が作成されている。

第二に、十河家から西条市教育委員会（西条市こどもの国）に寄託された書籍類があり、これには一般書籍のほか日本国有鉄道総裁時代の理事会・常務会・幹線調査会・東海道線増強調査会資料、営業局・経理局・文書課・

審議室・運転局・工作局その他各局、動力近代化調査委員会、監査報告書などの書類が含まれており、少数ではあるが仮綴の口述筆記、随想なども残されている。

この他に日本国有鉄道が保有した大量の資料が十河総裁時代についてもあるはずであるが、国鉄分割後の資料の所在はなお不分明である。

（原　朗）

曾禰荒助（そね・あらすけ）

嘉永二―明治四十三年（一八四九―一九一〇）　大蔵大臣・韓国統監

旧蔵文書・記録としては、旧大蔵省（現在は財務省）所蔵の「曾禰家文書」がある。関東大震災で所蔵文書・記録を失った大蔵省は、『明治大正財政史』全二十巻（財政経済学会、昭和十一―十五年）を編纂するために、明治・大正期に大蔵大臣・次官・局長を勤めた六名（松方正義・勝田主計・松尾臣善・目賀田種太郎・曾禰荒助・水町袈裟六）の旧蔵文書・記録を収集しており、昭和六十二年（一九八七）にゆまに書房が現存するものすべてのマイクロフィルム版を、『近代諸家文書集成』第一―六集として発売した（現在はクレス出版が販売）。第五集の「曾禰家文書」は原文書で三冊、マイクロフィルムで四リールであり、六集のなかでも最も分量が少ない。実は曾禰の大蔵省勤務は第一次桂太郎内閣の蔵相（明治三十四年六月―三十九年一月）のみであり、ほとんどその時期の史料（財政・金融関係を中心とした政策文書・報告書・調書・意見書など）しか残されていないためである。したがって「曾禰家文書」は、彼の履歴から考えると内容が限定されているものの、明治三十六年（一九〇三）度予算に関する議会答弁資料など、第一次桂内閣の財政政策の分析には有用な史料が含まれている。

伝記としては、美濃部俊吉編刊『西湖曾禰子爵遺稿竝傳記資料』（大正二年）がある。六十頁程度の小冊子であるが、官歴・略伝に加え、曾禰が作った漢詩・俗謡や「多年子爵ノ部下ニ奉事シタル某法学士」の回想を収録している。また曾禰の実子で芳川顕正の養子となった芳川寛治の著書『為政者の大道』（発行所記載なし、昭和三十一年）にも、曾禰の事歴・思い出が記載されている。

（神山　恒雄）

た

高木惣吉（たかぎ・そうきち）

明治二十六―昭和五十四年（一八九三―一九七九）

海軍少将・海軍省調査課長

文書・記録としては、①歿後に子息の高木成氏によって昭和五十七年（一九八二）、防衛研究所図書館に寄贈された史料、②子息成氏の歿後高木家が断絶し、遺族代表である従弟の川越重男氏によって継承された史料、③海上自衛隊幹部学校所蔵史料がある。①については、防衛研究所図書館の史料閲覧室で公開されており、「政界諸情報」など、竪帖型に綴じられた五十五冊の書類などからなる。②については、川越氏によって憲政資料室に寄贈され、現在、閲覧が可能となっている。仮目録として「高木惣吉関係文書目録」が利用できる。日記・手帳・カード資料（自身によってまとめられたもの）・自筆原稿など一六四点からなる。

刊行された史料集としては、『高木海軍少将覚え書』（毎日新聞社、昭和五十四年）、『高木惣吉日記―日独伊三国同盟と東条内閣打倒』

(毎日新聞社、昭和六十年)、伊藤隆ほか編『高木惣吉　日記と情報』上・下(みすず書房、平成十二年)が重要である。『高木海軍少将覚え書』は、昭和十八年十二月十日から二十年九月二十六日までをカバーし、海大研究部時代、教育局長時代、小磯・米内連立内閣時代、鈴木内閣時代、終戦後の追懐、のように章立てがなされている。『高木惣吉日記』は、昭和十四年一月十六日から同年十一月十五日、昭和十八年九月二十五日から同年十二月三十一日、昭和十九年一月一日から同年八月二十九日までをカバーし、原稿用紙に高木の字で端正に清書されたものを、歿後、印刷に付したものである。これらは、先に述べた高木文書・記録の中から、自身の手によって取捨選択の加えられた日記・メモ・情報であるので注意が必要であろう。しかし、たとえば『高木惣吉日記』に収録されている、軍令部の傍受による諸外国暗号電報などの書類は、①②の文書・記録中には元本が見当たらないので、本書によってのみ読むことができる。『高木惣吉　日記と情報』は、伊藤隆氏をはじめとする高木研究会が、①~③の文書・記録の中から、昭和十二年から二十年までの日記を採録し、そこに、高木の作成した情報メモや書類を、時系列にしたがって挿入し編纂したものである。本書の刊行によって、高木文書・記録のかなりの部分が活字化されたことになる。本書を確認した上で、原史料にあたるのが効果的であろう。

　高木惣吉に関連する史料としては、『矢部貞治日記　銀杏の巻』(読売新聞社、昭和四十九年)、大東文化大学所蔵旧海軍省調査課史料がある。後者は、その一部が大久保達正編著・土井章監修『昭和社会経済史料集成』一—二十八(大東文化大学東洋研究所、御茶の水書房発売、昭和五十三年—)として活字化されている。

　戦後早い時期に著した『太平洋海戦史』(岩波書店、昭和二十四年)や『聯合艦隊始末記』(文芸春秋新社、昭和二十四年)などは、ひろく読者を獲得した。自伝に『自伝的日本海軍始末記』(光人社、昭和五十四年)があり、伝記に藤岡泰周『海軍少将高木惣吉』(光人社、昭和六十一年)がある。

　高木の文書・記録を使った研究としては、工藤美知尋「『高木惣吉資料』にみる日本海軍の終戦工作」、同「『高木惣吉資料』にみる日本海軍の終戦工作　近衛特使派遣問題(一)(二)」(すべて『日大法学』四十八—二、四十九—一・二、昭和五十八年)、同「高木惣吉の終戦研究」(『軍事史学』二十—一、昭和五十九年)、加藤陽子「昭和一四年の対米工作と平沼騏一郎」(『史学雑誌』九十四—十一、昭和六十年)、同『模索する一九三〇年代』(山川出版社、平成五年)、纐纈厚「昭和期海軍と政局(一)(二)」(『政治経済史学』三四四・三四五、平成七年)、同『日本海軍の終戦工作』(中央公論新社、平成八年)、樋口秀実「終戦史上の『戦後』」(『軍事史学』三十六—二、平成十二年)、同『日本海軍から見た日中海軍史研究』(芙蓉書房、平成十四年)がある。

(加藤　陽子)

高杉晋作　(たかすぎ・しんさく)　天保十—慶応三年(一八三九—一八六七)　長州藩士

　子孫に伝わった「高杉家史料」のうち、書翰・日記および手録・詩歌文章の多くは東行五十年祭記念会編『東行先生遺文』(民友社、大正五年、のち山口新聞社・みなと新聞社、昭和四十六年復刻)に「東京　高杉春太郎氏蔵」として収められている。春太郎は晋作の孫である。その後、この中の多くの史料が散逸したようだが、残ったものは平成十六年(二〇〇四)十一月、萩市立萩博物館開館にあたり、高杉家より寄託、公開される予定である。現存する「高杉家史料」は「東帆録」、「試撃行日譜」、「暬御日譜」、「初番手行日譜」という日記類、「奉弾正益田君書」、「東行自筆遺稿」、「学宮秋試」、「草稿」、「松陰先生年譜草稿」、「春風雑録」、「観光録」、「甲子残稿」、「回復私議」、「捫蝨処草稿」、「詠草」などの述作類、家族にあてた自筆書簡や藩政府からの沙汰、吉田松陰送序などの文書類、産着・稽古胴・直垂・甲・文机・鎧刀・木刀・道中三味線・瓢・鞭・花瓶・香呂・脇差・写真帳・奇兵隊軍旗・奇兵隊守護旗などの遺品類からなる。

他に公共施設で自筆書簡や揮毫の原本を所蔵(寄託品も含む)しているのは書陵部(木戸家文書)・憲政資料室(石田家文書・山根正次文書)・宮内庁三の丸尚蔵館(田中光顕寄贈史料)・早稲田大学中央図書館(田中光顕寄贈史料)・山県有朋記念館(山県家文書)・神奈川県立博物館、幕末と明治の博物館、仙台市立博物館(大久保コレクション)・熱田神宮(野原新太郎寄贈史料)・山口県文書館(吉田家文書・周布家文書・大村家文書・吉富家文書)・毛利博物館・萩博物館(杉家文書)・松陰神社・下関市立長府博物館(白石家文書・桜山神社寄託史料)・徳山市歴史美術博物館・京都大学附属図書館(尊攘堂史料)・霊山歴史館、高知県立坂本龍馬記念館・太宰府天満宮(伊木家寄贈史料)・福岡市立博物館(野村望東史料)などがある。また、自筆日記類では「遊清五録」(高杉家旧蔵)が東京都大久保家に、「投獄文記」が国立歴史民俗博物館蔵木戸家文書(西南戦争関係書類)に所蔵されている。

なお、山口県文書館の毛利家文庫の「年度別書簡集」、「諸家文書」などには、他筆写本ではあるが公爵毛利家編輯所が明治から戦前にかけて各地で筆写した、多くの高杉書簡が収められているが、原本が所在不明のものも多く貴重である。また同文庫の「部寄」、「高杉晋作履歴材料」の中にも、藩から高杉に発せられた沙汰書の多くが筆写されている。

詩歌書や書簡には贋作が多い。高橋角太郎『勤王志士遺墨鑑定秘録』(巌南堂書店、昭和十二年)に「今日世に伝はりつつある先生(晋作—筆者注)の書には、贋物頗る多く、市場に於ける売品中、真筆と認むべきは殆ど皆無と云っても宜い位である」と述べられているほどである。公共機関でも贋作を所蔵し、公開している所もあるので注意を要する。

刊行されたまとまった史料集としては前述の『東行先生遺文』が最も古い。これを発展的に継承したのが奈良本辰也監修・堀哲三郎編『高杉晋作全集』全二巻(新人物往来社、昭和四十九年)で、書き下し文も添えられている。さらに新史料を加え、出来るだけ原本に忠実に翻刻したのが一坂太郎編・田村哲夫校訂『高杉晋作史料』全三巻(マツノ書店、平成十四年)である。「一巻」には往復文書、「二巻」には日記・述作・揮毫および印譜、「三巻」には関係史料・参考史料が、それぞれ所蔵先または出典を明記して収められている。

伝記・研究は数多いが、小説類を除くと次のとおりである。江島茂逸『高杉晋作伝入筑始末』(団々社・陽涛館、明治二十六年、のち一坂太郎、平成二年復刻版)、渡辺修二郎『高杉晋作』(少年園、明治三十年)、村田峰次郎『高杉晋作』(民友社、大正三年、のちマツノ書店、平成十四年復刻)、横山健堂『高杉晋作』(武俠世界社、大正五年、のち東行庵、平成八年復刻)、野原秋草『維新の英傑　高杉晋作』(梅田利一、昭和八年)、香川政一『高杉晋作小伝』(昭和十一年、東行会)、品川義介『回天の風雲児　高杉晋作』(大東亜書房、昭和十七年)、和田健爾『高杉晋作　志士の精神』(京文社書店、昭和十八年)、森本覚丹『高杉晋作』(高山書店、昭和十八年、のち四季出版、昭和六十三年復刻)、島田昇平『高杉とおうの』(東行庵、昭和三十年)、中原雅夫『高杉晋作と梅処尼』(東行庵、昭和三十九年)、奈良本辰也『高杉晋作』(中公新書)(中央公論社、昭和四十年)、池田諭『高杉晋作と久坂玄瑞』(大和書房、昭和四十一年)、高杉東行先生百年祭奉賛会編刊『東行高杉晋作』(昭和四十一年)、古川薫『高杉晋作』(創元社、昭和四十六年)、古川薫編『高杉晋作のすべて』(新人物往来社、昭和五十三年)、清永唯夫『追慕の賦　高杉晋作とおうの』(東行庵、昭和五十四年)、冨成博『高杉晋作』(長周新聞社、昭和五十四年)、奈良本辰也『高杉晋作　青春と旅』(旺文社、昭和五十八年)、古川薫ほか『高杉晋作写真集』(新人物往来社、昭和五十九年)、粕谷一希『面白きこともな

き世を面白く　高杉晋作遊記』(新潮社、昭和五十九年)、田中彰『高杉晋作と奇兵隊』〈岩波新書〉(岩波書店、昭和六十年)、山口県博物館編刊『企画展　高杉晋作と奇兵隊』(平成元年、同年東行庵復刻)、冨成博ほか『写真集　高杉晋作の生涯』(新人物往来社、平成元年)、古川薫ほか『物語　奇兵隊悲話』(新人物往来社、平成元年)、冨成博『高杉晋作　詩と生涯』(三一書房、平成四年)、一坂太郎『高杉晋作の手紙』(新人物往来社、平成四年)、清永唯夫『維新を駆ける　吉田松陰と高杉晋作』(中国新聞社、平成四年)、奈良本辰也監修『高杉晋作をめぐる群像』(青人社、平成五年)、小林良彰『市民革命の先駆者　高杉晋作』(三一書房、平成六年)、一坂太郎著刊『高杉晋作覚え書』(平成六年)、一坂太郎『高杉晋作　漢詩改作の謎』(世論時報社、平成七年)、宮永孝『高杉晋作の上海報告』(新人物往来社、平成七年)、冨成博『高杉晋作の生涯』(新人物往来社、平成八年)、一坂太郎著刊『高杉晋作秘話』(平成十一年)、一坂太郎『晋作語録』(山口新聞社、平成十二年)、一坂太郎著刊『高杉晋作探究』(平成十二年)、一坂太郎『高杉晋作』〈文春新書〉(文芸春秋、平成十四年)、梅溪昇『高杉晋作』〈人物叢書〉(吉川弘文館、平成十四年)、一坂太郎『高杉晋作を歩く』(山と溪谷社、平成十四年)。

(一坂　太郎)

高瀬荘太郎（たかせ・そうたろう）

明治二十五―昭和四十一年（一八九二―一九六六）

第三次吉田内閣の文部大臣

旧蔵の文書・記録はほとんど残されていない。会計学・経営学関係の著作や論文は数多く残されており、その学説を知るには事欠かないが、自身に関する文献・資料は限られている。還暦を記念して出版された、日本会計学会編『会計の本質と職能』(森山書店、昭和三十年)はその一つであり、高瀬の学説や著作についての論考および「高瀬荘太郎先生著書論文目録」が収載されている。ただ、財団法人吉田茂記念事業財団編『吉田茂書翰』(中央公論社、平成六年)に、吉田からの書翰十一通が収録されている。

最も体系的にまとまった研究史料としては、高瀬荘太郎先生記念事業会編『高瀬荘太郎』(非売品、昭和四十五年)がある。一〇八五頁からなる浩瀚なもので、遺徳を偲び、偉績を顕彰するための事業の一環として出版された。同書は、羽間乙彦の執筆による「評伝・高瀬荘太郎」、方野一郎執筆の「高瀬荘太郎先生の人と学説」、関係者四十三名分の「回想文」、大正三年(一九一四)に東京商業学校本科を卒業した同級生十八名による追想座談会の記録である「故高瀬荘太郎君を偲ぶ級友座談会」、そして「高瀬荘太郎先生著作目録」および「年譜」から構成されている。なお、同書所収の著作目録は、前掲『会計の本質と職能』に収載されている目録とほぼ同一である。

『高瀬荘太郎』に収載されているもの以外の評伝や回想としては、人物評を叙述している荒垣秀雄『現代人物論』(河出書房、昭和二十五年、二五五―二五七頁)や、高瀬の経済安定本部長官任命に関するE・H・ノーマンの報告(E・H・ノーマン著・加藤周一監修・中野利子編訳『日本占領の記録一九四六―四八』人文書院、平成九年、一九五―一九七頁)等があるが、いずれも記述はそれほど多くない。

また、文部大臣に在任していた時の記録として、占領軍民間情報教育局(CIE)局長であったニューゼント中佐(D. R. Nugent)との会談記録がある。この記録は「ニューゼント中佐との会談要旨」と題するもので、現在、国立教育政策研究所教育研究情報センター教育図書館に所蔵されている「戦後教育資料」に収められている。文相時代の活動の一端をうかがう上で、貴重な資料といえよう。なお、「戦後教育資料」は国立教育研究所〈現・国立教育政策研究所〉が昭和三十五年度(一九六〇)から同三十八年度までの四年間にわたり実施した「戦後教育資料の収集に関する研究」において収集された約四〇〇〇点の資料であり、昭和四十年に戦後教育資料収集委員会編『戦後教育資料総合目録』が公刊されている。

（藤田　祐介）

高田早苗（たかた・さなえ）

万延元―昭和十三年（一八六〇―一九三八）　政治家・文部大臣・早稲田大学総長

旧蔵のまとまった史料群の所蔵個所はない。高田が育成した早稲田大学（図書館、大学史資料センター）や遺族（高田清雄）が遺品・著作・原稿・遺墨・関係資料等を分散所蔵しているのが現状である。

まとまった全集や著作集がなく、自伝の『半峰昔ばなし』（早稲田大学出版部、昭和二年）、評伝の薄田斬雲『高田半峰片影』（早稲田大学出版部、昭和十五年）と著作・関係資料の案内とも言うべき早稲田大学図書館編刊『高田早苗生誕百年記念展のしおり』（昭和三十五年）が研究の出発文献で、これらに依拠した京口元吉『高田早苗伝』（早稲田大学出版部、昭和三十七年）が唯一の伝記である。

だが、最近、平成九年（一九九七）から十四年まで早稲田大学大学史資料センターに高田早苗研究部会が設置され、史資料の収集と共同研究が行なわれて、その成果が「高田早苗文庫」（高田早苗研究文献・関係資料）と同センター編刊『高田早苗の総合的研究』（平成十四年）としてまとめられた。「文庫」の内容は、知り得るかぎりの著作全てを複写して一点ごとに整理した「高田早苗著作」を中心とし、他に高田を主題とする研究文献・人物評紹介・新聞関係・政治活動関係・政治学政治思想史関係・文部大臣学制改革関係・東京専門学校早稲田大学関係等に加えて、早稲田大学の図書館・大学史資料センターに所蔵されている史資料や遺族が所蔵している関係資料の原本および複写資料などを二十一種類に整理して保存しているものである。

『高田早苗の総合的研究』は、研究史概要、文学論・学問観・政治学、教育論・大学論、政治家・ジャーナリスト・起業家など多方面から論究した最新の研究論文集である。特に巻末の「高田早苗研究文献・関係資料目録」は、前掲「高田早苗文庫」の内容細目であり、「高田早苗著作目録」と「高田早苗年譜」は従来のものに比べて最も詳細なものであるため、今後の研究には欠かせない文献である。このように、早稲田大学大学史資料センターは高田研究の資料的メッカとなっている。

（佐藤　能丸）

高津仲次郎（たかつ・なかじろう）

安政四―昭和三年（一八五七―一九二八）　衆議院議員・群馬県会議員

関係する史料は、群馬県藤岡市中島の高津和子家に保存されており、国会開設請願書写や高津の覚書、自由党関連資料、彼が中心となって組織した上毛民会名簿、大同団結運動時の大隈重信の書簡、自由党、政友会に所属し、明治二十三年（一八九〇）、三十一年、大正二年（一九一三）、昭和三年（一九二八）と四回衆議院議員に当選したため、原敬、高橋是清、湯浅治郎、新井毫、木暮武太夫、武藤金吉ら政治家の書簡が多数ある。なかでも注目されるのが明治十七年から昭和二年までの日記であり、原本には「日乗」「日誌」とあり、全部で十冊ある。

この日記をはじめて翻刻したのは群馬県史編さん委員会編『群馬県史　資料編二十一』（群馬県、昭和六十二年）である。しかし、大部なため収録は部分的にとどまった。丑木幸男編『高津仲次郎日記』全三巻（群馬県文化事業振興会、平成十一―十二年）ではじめて全文が紹介された。

高津を対象とする研究として、死亡直後、新聞や「高津仲次郎氏の前半生」（『上毛及上毛人』一四七、昭和四年）などに略歴が紹介されたが、日記をはじめ高津家文書を最初に利用して研究したものとして富田薫「高津仲次郎」（『近代群馬の人々』二〈みやま文庫〉、昭和三十八年）がある。そのほか群馬県議会事務局編『群馬県議会史』一―三（群馬県議会、昭和二十六―二十九年）は、明治十七年から四十四年まで断続的に在職した県会議員活動を明らかにしている。地元の藤岡市史編さん委員会編『藤岡市史　資料編近代・現代』

（藤岡市、平成六年）が、高津が刊行した「明治四十三年中島水害誌」や「高津家文書」の一部と市内に残る高津の書簡等を紹介した。

丑木幸男『地方名望家の成長』（柏書房、平成十二年）は、地方名望家としての側面を「高津家文書」の分析・紹介にもとづいて検討した。なかでも大同団結運動に大同倶楽部に所属して「大同団結」を主張した行動を、日記を史料として解明した。さらに同『評伝高津仲次郎』（群馬県文化事業振興会、平成十四年）は、日記を全面的に利用するとともに、高津家に保存される高津宛の書簡、群馬県内外に保存される高津が発信した書簡や新聞・雑誌への投稿等を紹介しながら、彼を中心とする明治維新期から昭和初年までの地方政治史を解明した。丑木『近代政党政治家と地域社会』（臨川書店、平成十五年）は、地域社会との関わりで高津の活動を位置付けた。

また、高津の子どもで大正十二年九月に「群馬青年共産党事件」に連座した高津渡の関連資料は家宅捜索され、またそれを予測して処分したのか、高津家にはいっさい残されていないが、渡の藤岡中学校在学時代の日記が親類の高津香家に保存されており、丑木幸男「高津渡の中学生日記」（『群馬歴史民俗』二十、平成十一年）に全文が翻刻された。

（丑木　幸男）

高野房太郎（たかの・ふさたろう）

明治元―三十七年（一八六八―一九〇四）　日本労働組合運動の創始者

高野岩三郎（たかの・いわさぶろう）

明治四―昭和二十四年（一八七一―一九四九）　NHK初代会長

高野房太郎・岩三郎兄弟に関して現存する史料の多くは法政大学大原社会問題研究所に所蔵されており、利用可能である。史料の大部分は大島清『高野岩三郎伝』（岩波書店、昭和四十三年）執筆の際収集され、最終的に遺族・関係者から同研究所に寄贈されたものである。兄弟に共通する高野家関係の史料は、実家の宿屋兼回漕問屋の長崎屋の記録『要用簿』と義兄の井山憲太郎執筆の文書類などごくわずかである。

房太郎関係の史料としては日記（明治三十年のみ）、在米時代に岩三郎に宛てて出した書簡二十七通、サミュエル・ゴンパーズAFL会長はじめアメリカの労働組合関係者からの書簡、期成会創立時の文書などである。うち書簡類は、インターネット上で刊行されている「二村一夫著作集」（http://oisr.org/nk/）の別巻「高野房太郎関係資料―日記と書簡」に収録掲載作業が進行中である。房太郎が執筆した英文、日本語の論稿は、ハイマン・カブリン編著『明治労働運動の一齣』（有斐閣、昭和三十四年）、高野房太郎著／大島清・二村一夫編訳『明治日本労働通信―労働組合の誕生』（岩波文庫）（岩波書店、平成九年）の二冊に収められている。なお、前掲書に未収録の「米国桑港通信」（『読売新聞』掲載）などは、すでに「二村一夫著作集」で読むことができる。伝記としては、大島清『人に志あり』（岩波書店、昭和四十九年）のほか、『明治日本労働通信』に解説として付された二村一夫「高野房太郎小伝」がある。なお、より本格的な評伝「高野房太郎とその時代」が前掲「二村一夫著作集」で書き下ろし連載中である。

岩三郎関係文書のうち最もまとまった形で残っているのは日記である。期間は大正七―昭和十五年（一九一八―一九四〇）について四十二冊、そのほか「通信控」三冊、「第三回西遊の記」四冊がある。日記の一端は、高野岩三郎著／鈴木鴻一郎編『かっぱの屁』（法政大学出版局、昭和三十六年）で知ることができる。書簡は送受信をあわせ一二一通、その内容は大原デジタルアーカイブス（http://oisr.org/arc/）の書簡データベースで検索できる。そのほか、「日本共和国憲法私案要綱」の原稿、講義ノートなど若干がある。伝記としては大島清『高野岩三郎伝』が唯一であるが、年譜、著作目録も付されており、役に立つ。少年時代の記述は簡略だが、前記の二村一夫「高野房太郎とその時代」がこれを補っている。また、二人に関する研究論文等は前掲大原デジタルライブラリーの論文データベース、和書データベースなどで検索すれば判明する。なお、岩三郎旧蔵書の一部が「高野文庫」として法政大学大原社会問題研究所に所蔵されており、その目録は同研究所の『資料室報』二三九(昭和五十二年)、二四〇(昭和五十三年)にある。なお同文庫には房太郎旧蔵書十数冊も含まれている。

（二村　一夫）

高野　実（たかの・みのる）

明治三十四―昭和四十九年（一九〇一―一九七四）

全評組織部長・総評事務局長

関係する史料は、戦前期のものと戦後期のものに分けて考える必要がある。

戦前期においては、全学連結成(大正九年)に端を発して、第一次共産党結成(大正十一年・学生班担当)、政治研究会(大正十三年)などに関わっていくが、戦前労働組合運動の一つの系譜をなす全産(昭和五年)、全労倶楽部排撃闘争同盟(昭和六年)、全労統一全国会議(昭和八年)、全評(昭和九年)では中心的な役割を果たしており、それぞれの方針書の策定や機関紙発行等に関わっていたことが想定される。なかでも、全評の機関紙である『日本労働新聞』には、署名記事こそないが深く関与していたと思われる。また、高野の師である猪俣津南雄が出資していた『無産者新聞』(昭和三年)に何らかの関与をしていた可能性もあり、『労働雑誌』(昭和十年)の発刊にも深く関わっていた。

署名論文がほとんどない戦前期においては、これらの組織に関する原史料や機関紙が極めて重要な位置を占めることになるが、その多くは法政大学大原社会問題研究所の蔵書史料として閲覧することができる。

戦後期における史料としては、自身が保管していた史料群が第一にあげられる。これらは、終戦直後から死の直前の時期にかけて収集されていたもので、単行本、書籍を除いて段ボール箱一八〇個分に相当する厖大なものである。これらは死後、信州大学に一括貸与され、史料の整理・製本の作業が行われた。史料の全体像については、神林章夫「故高野実氏所蔵文書の整理―中間報告―」(『信州大学経済学論集』十、昭和五十一年)が概観を示しており、それによると、①総同盟(昭和二十年代前半)、②総評(昭和三十年代前半)、③全国金属(昭和三十年代)、④経済復興期の経済関係資料、⑤滞英資料(昭和二十五年)、⑥平和運動、日中友好関係資料(昭和三十年代)、⑦日教組教研集会資料(同)、⑧新左翼・反戦派労働運動関係資料(昭和四十年代)などにおおまかに区分けされる。そのうち昭和二十一―二十七年(一九四六―一九五二)の史料については目録作成が行われており、『高野実所蔵文書目録1』(信州大学労働問題研究室、昭和五十一年)、「高野実所蔵文書目録2」(『信州大学経済学論集』十四、昭和五十四年)として公刊されている。なお、高野所蔵資料の管理はその後、労働政策研究・研修機構に移管されている。

戦後期における関連史料の第二の柱は、著作である。その主だったものは、死後、高野実著作集編集委員会編『高野実著作集』全五巻(柘植書房、昭和五十一―五十二年)として発刊され、第五巻には単行本・雑誌論文等を網羅した「著作目録」が掲載されている。なお、高野がその発刊に深く関与した雑誌として、『国民』(昭和二十九年)、『労働情報通信』(昭和三十年)、『労働週報』(昭和四十二年)、『猪俣津南雄研究』(昭和四十五年)などがある。

また、高野に言及した単行本・雑誌論文は、労働運動史・社会運動史・政治史を含めて枚挙にいとまがない。とくに、終戦直後から総評事務局長を辞する昭和三十年、さらに六十年安保闘争にかけての時期は、彼の存在を抜きに語ることができず、すべての戦後労働運動史が何らかの形で触れているといっても過言ではない。とくに高野に焦点を当てたものとして、清水慎三『戦後革新の半日陰』(日本経済評論社、平成七年)、松本健二『戦後日本革命の内幕』(亜紀書房、昭和四十八年)、高島喜久男『戦後労働運動私史』全三巻(第三書館、平成三―五年)、「高野実の総評指導」

(『総評四十年史』編纂委員会編『総評四十年史』第一巻、第一書林、平成五年)などがあげられよう。

(龍井 葉二)

高橋亀吉 (たかはし・かめきち)

明治二十七―昭和五十二年(一八九四―一九七七)

経済評論家

大量の図書および一次史料の大半は、没後昭和五十二年(一九七七)に関係の深かった財団法人日本証券研究所証券図書館に寄贈された。図書に関しては昭和五十三年同館から『高橋亀吉文庫蔵書目録』が刊行された。史料については大まかな整理が行われたが、完全な整理は行われておらず、目録も作成されていない。含まれているものは大正期以来の社会運動、社会問題、協調会、政治研究会、日本経済聯盟会、全国産業団体聯合会、満州国顧問、太平洋問題調査会、国策研究会、昭和研究会、大蔵省物価統制委員会、大政翼賛会、重要産業協議会、重要産業統制団体懇話会、戦後の日本経済研究所、証券関係、経済企画庁、通産省その他の審議会等、自らの関係した諸団体関係の史料、高橋経済研究所の史料の他に、日本経済史等の著作のために収集した史料である。

その後筆者の依頼により、遺族高橋洋一氏からなお自宅に遺されていた史料が憲政資料室に寄贈された。これは「高橋亀吉文書目録」として目録化され、閲覧に供せられている。内容的には証券図書館所蔵のものと同一ではないが、カテゴリーとしては重複していて、何故証券図書館に寄贈されたときに残されたのか明らかでない。原稿や来翰も含めて、約六〇〇〇点ある。

その後、筆者は両者を統合してはどうかという提案をし、証券図書館が憲政資料室に複写を許可したので、少しずつ作業が進められ、現在までにその多くが憲政資料室でも閲覧できるようになっている(ただし、すべてではない)。

高橋には厖大な著作がある。後述の『高橋経済理論形成の六〇年』にそのリストがある。自伝として「高橋亀吉」(『私の履歴書』十三、日本経済新聞社、昭和三十六年)、『経済評論五十年』(投資経済社、昭和三十八年)もあるが、亡くなる前年の昭和五十一年に刊行された『高橋経済理論形成の六〇年』上・下(投資経済社)が最も詳細な内容になっている。伝記としては鳥羽欽一郎『生涯現役・エコノミスト高橋亀吉』(東洋経済新報社、平成四年)などがある。

高橋についての研究としては、『証券研究』八十九(平成元年)に掲載された日本証券研究所の日本資本市場発達史研究会の成果「高橋亀吉研究」(原朗「高橋亀吉の生涯と著作」、柴垣和夫「高橋亀吉・経済理論と思想の原型」、橋本寿朗「高橋亀吉の財閥論」、宮島英昭「戦時経済下の高橋亀吉―物価統制論と経済新体制論を中心にして」、小林和子「高橋亀吉の戦前・戦後日本金融論」)や、酒井哲哉「東亜新秩序の政治経済学―高橋亀吉の所論を中心に」(『季刊国際政治』九十七、平成三年)などがある。

なおその後、高橋洋一氏から政策研究大学院大学に高橋の全著作を寄贈されたが、その際若干の文書類もお預かりし、目下その目録を作成中である。

(伊藤 隆)

高橋是清 (たかはし・これきよ)

安政元―昭和十一年(一八五四―一九三六) 政友会総裁・大蔵大臣

高橋の関係文書は、現在、三つの所在地が確認されており、いずれも公開されている。だが、個別の調査で所在は確認されているものの、未公開のままの史料もあるので、「高橋是清関係文書」の全容が明らかにされているとは言いがたい。以下では、今後の調査課題を意識しつつ、高橋に関する刊本史料・文書史料についてまとめてみる。

まず、刊本史料から挙げておきたい。高橋の史料といって第一に挙げるべきなのが彼の自叙伝、高橋是清著・上塚司編『高橋是清自伝』(千倉書房、昭和十一年)である。これは、昭和初期頃から数年にわたり、秘書の上塚司に対して行った口述記録を基に加筆修正を施したものである。戦後に、高橋是清著・上塚司編『高橋是清自伝』〈中公文庫〉(中央公論社、昭和五十一年)として復刻され、容易に利用できるようになった。もっとも、本書は、東京・大阪の両朝日新聞に、昭和四年(一九二九)一月十五日から十一月二十六日まで、二〇三回にわたり連載された「是清翁一代記」を基礎としている。この一代記も、連載終了後に、高橋是清述『是清翁一代記』上・下として、大阪朝日新聞社からまとめられている(昭和四―五年)。つまり、『高橋是清自伝』は、口述に手を加えた新聞連載に、再び補筆・修正を加えたものである。特に、新聞連載では、自伝の目次でいえば、第十六章までしか掲載されなかった。『高橋是清自伝』は、二・二六事件の直前に出版されており、生前の最後の著作となったが、惜しむらくは、その記述が明治三十八年(一九〇五)で終わっていることである。しかし、高橋は朝日新聞で、昭和九年八月八日から十八日にかけて、十一回連載された「両長老に聴く」において、簡単に自己の政界での経歴を語っている。また、二・二六事件で斬殺された直後には、高橋是清述・上塚司編『高橋是清経済論』(千倉書房、昭和十一年)、同『随想録』(同、昭和十一年。戦後に『高橋是清随想録』本の森、平成十一年復刻)、高橋是清述・大久保康夫編『是清翁遺訓　日本国民への遺言』(三笠書房、昭和十一年)がまとめられている。これらを用いれば、「自伝」以後の、政治家・財政家としての人物像について、それなりの輪郭が摑める。

また、戦前に公刊された書物にも、明治三十八年以降に関する史料的性格を持つものはかなりある。評伝と演説草稿などの資料集を兼ねたようなものとして、麻生大作『高橋是清伝』(高橋是清伝刊行会、昭和四年)、『高橋是清翁八〇年史』(立憲政友会本部、昭和九年)があるし、佐伯陽堂編『高橋是清大論集』(帝国政治教育会、昭和六年)も有益である。立憲政友会総裁時代については、菊池悟郎編輯・川村竹治監修『立憲政友会史第五巻　高橋是清総裁時代』(立憲政友会史編纂部、昭和八年。山本四郎校訂により日本図書センター、平成二年復刻)も利用できる。

また、近年公開された「上塚司旧蔵文書」(憲政資料室所蔵)中に、木村荘五の手になる、主として日銀総裁、大蔵大臣として、財政・金融問題に関わった時期の評伝草稿がある。この評伝草稿は、昭和十九年、二年計画で立てられた「高橋是清翁伝記編纂事業」の一環として書かれたものである。この計画は、現在、高橋是清翁記念公園となっている旧邸宅跡地の銅像建立計画を推進した「故高橋是清翁記念事業会」(山本達雄会長)と何らかの連続性を持っていたようであり(昭和十六年五月二十六日朝日新聞朝刊に「蘇る高橋翁の笑顔」と題した同事業会の銅像建立計画の記事がある)、前述の上塚の他、大蔵省などの政府機関も関与した形跡がある。しかし、管見の限り、この計画が成就した形跡はない。

次に、高橋個人に関する原文書史料について述べる。前述の自伝に附された本人の「序」によれば、前述の連載の数年前から上塚に対し始められた口述の際に、維新前にまで遡る個人文書が利用されたことは確実である。また、戦前の経済記者であり、二・二六事件直後、高橋邸に馳せ参じた今村武雄の手になる評伝『高橋是清』(時事通信社、昭和三十三年。のち同社、昭和六十一年復刻。また、今村には、他に『評伝高橋是清』財政経済弘報社、昭和二十五年がある)でも、著者が、死の直後に相当量の文書の存在を確認したことが記されている。しかし、戦後の評伝的研究の主なものだけでも、南條範夫『高橋是清』(人物往来社、昭和四十二年)、大島清『高橋是清―財政家の数奇な生涯―』〈中公新書〉(中央公論社、昭和四十四年、のち平成十一年復刻版)、長野広生『波乱万丈：高橋是清　その時代』上・下(東京新聞出版局、昭和五十四年)、藤村欣市朗『高橋是清と国際金融』(福武書店、平成四年)などがあるものの、いずれも、その生涯の骨格については、前述の刊本史料などに依拠し、財政問題などの個別テーマの周辺史料を利用するという形での研究である。というのも、高橋の死後、文書は大部分が焼失し、残余文書も分散し、つい最近になるまで、残余史料の所在も一般には知られてこなかったからである。以下、筆者が確認できた限りで、戦後の高橋文書の追跡の足跡を纏めながら、現在の所在状況を記しておきたい。

まず、その最初期の例として、昭和四十三年一月十四日、伊藤隆・中村隆英氏が上塚氏に行ったヒアリング調査がある(憲政資料室で公開予定)。その後、昭和六十二年、当時、国立国会図書館政治資料課勤務の松村光希子氏の調査が行われ、同じ頃に、当時、東京都立大学勤務の御厨貴氏の手になる調査報告が出された(御厨貴「『高橋是清遺稿集』とその周辺―「高橋是清関連資料」を求めて―」『特許研究』五、昭和六十三年)。これらの調査によれば、死後、遺品や文書類は、二・二六事件の現場となった赤坂の旧高橋邸およびその跡地が、昭和十三年に前述の記念事業会を通じて東京市に寄付され、十六年頃に記念公園計画や邸宅の移築が進む過程で、三ヵ所に分散した。その三ヵ所とは、旧邸宅跡地の「高橋是清翁記念公園」に残された倉庫三棟、旧邸宅の移築によって出来上がった「仁翁閣」(多磨霊園。また多磨霊園は、是清の墓所でもある)、是清嫡子の是賢氏邸(東京・麻布)である。この時、前二者には、蔵書や遺品と江戸文化関係などの文書が展示・保管され膨大な高橋の文書は、是賢氏邸にほぼ一括された。是賢氏の嫡子・賢一氏の証言によれば、文書類は、麻布邸宅の十畳と八畳の和室をぶちぬいて収容されたが、部屋には人が入り込めないほどであったという。しかし、麻布に収容された書類は、二十年三月の空襲で焼失してしまう。また、赤坂に残された倉庫三棟も同様に焼失したとされる(松村氏の報告による)。

だが、生前に他所移管された文書史料と、戦災を免れた一部の文書史料が、現在、三ヵ所で所蔵、公開されている。

第一が、かつての特許庁万国工業所有権資料館(現独立行政法人工業所有権総合情報館)に所蔵されていた「高橋是清氏・特許制度に関する遺稿」第一巻~第七巻、および「高橋是清閣下講演・特許局の思い出」(特許法施行五十年記念会、昭和九年九月二十九日　華族会館に於て)である。この史料については、前述の御厨論文が手際よく概要を紹介したが、後に「史料紹介・高橋是清遺稿(一)~(六)」(『特許研究』二十七、二十八、三十一―三十三、平成十一―十四年)として復刻された。これは、前記、特許法施行五十周年を機に高橋が講演したことをきっかけに、初代特許局長時代の史料の一部を寄贈したものである。この史料は公刊を予定していたもののようで、原文書と昭和九年十二月に作製されたタイプ印刷の文書の二種類が存在しているが、その後、大蔵大臣就任、二・二六事件の余波等を受け、公刊の話は立ち消えになった模様である。なお、この史料は、現在、特許庁内の「百周年記念文庫」内の「貴重文献」コーナーに箱入りで別置されている。

第二が、東京都立大学付属図書館に収められている「高橋是清関係文書」である。この入手の経緯について、御厨氏は前述の旧高橋邸が東京市に寄付された経緯が関連していると推測されている。つまり、多磨霊園に存置された遺品類の内、文書史料の一部が、発足間もない東京都立大学付属図書館に移管されたのである。東京都の公園(所轄は公園課)が文書を管理している必然性はまったくなく、同じ都の管理下にある新設大学図書館への移管は、それほど問題なく済んだものと推測できる。もっとも、戦争の激化や昭和十八年の東京都の発足などを背景に、文書が、多磨霊園から六義園に移されたとも言われており、その経緯は推測の域を出ない(以上御厨論文)。この「高橋是清関係文書」は、東京都立大学付属図書館の他、憲政資料室において、マイクロフィルムで閲覧できる。その内容は大きく四つに分かれる。第一が明治中期を中心とした書簡類、第二が明治から二・二六事件直後に至る辞令類、第三がペルー鉱山関係書類、第四が高橋宛の嘆願書や演説草稿・内治雑居問題に関する意見書等の雑件類である。書簡類の中に、前述の特許局時代のものが一部含まれているのは偶然かもしれないが、興味をそそる事実ではある。また、高橋が特許制度創設のための欧米調査で親睦を深めたアメリカ人、Schuyler Duryeeとの往復書簡については、後述の憲政資料室所蔵の書簡類と併せて、坂本一登「高橋是清と特許行政―高橋是清・Schuyler Duryee往復書簡より」(『特許研究』八、平成元年)が詳しい紹介を行っている。

　第三が、嫡孫賢一氏宅に保管されていた「高橋是清関係文書」である。前述した麻布の是賢氏邸にあった書類の内、戦災を免れたものが、北海道の遺族の手元で保管され、昭和六十二年の松村氏の調査の結果、憲政資料室に寄贈された。その内容は、明治中期の書簡や日記に加え、中国問題や経済問題に対する意見書などもあり、充実した内容となっている。ちなみに、この文書も、東京都立大学付属図書館が原所蔵者であるマイクロ版も同名のタイトルが附されているが、別のものである。また、秘書であった上塚司旧蔵の伝記編纂史料は、前述のように「上塚司旧蔵文書」として、現在憲政資料室で公開されている。特に目を引くのは、口述記録の原本であるが、公刊されたものと比較すると、これですべてではないようだ。

　また、これらの調査とは別に、八十年代から九十年代にかけて、いくつか調査が行われた。特に、昭和四年の日記が、『別冊一億人の昭和史―一九三〇年、恐慌と軍拡のはざまで』(毎日新聞社、昭和五十八年)に一部掲載され、後に山本四郎氏が「史料紹介・高橋是清日記(昭和四年十月十三日―十二月四日)」(『日本歴史』四九三、平成元年)として全体を復刻し、「高橋是清関係文書」の残余部分がまだ存在していることを明らかにした。特に、山本論文によれば、この日記は、同氏の「原敬関係文書」の編纂過程で、原敬の遺族原利和氏を通じ、高橋の曾孫である高橋秀昌氏から借用した資料の内、「最も重要と思われる」資料であると書かれてあるが、この日記が、平成二年(一九九〇)に、議会開設百年記念展で展示された時には、日記の他に、数点の文書の存在が確認されている。その文書類は、それ以前は、原敬に関係する「大慈会」に保管されていたと推測される。

　さらに、仁翁閣旧蔵の史料が、すべて東京都立大学に移管されたわけでもないようだ。前述の松村氏が、当時の調査の前後、多磨霊園で簡単な目録を作製した中には、「日記二冊」とともに、「書簡五冊」の存在が明記されている。また、平成六年に伊藤隆氏が行った調査でも、平成五年、仁翁閣が「江戸東京たてもの園」(東京都立小金井公園)に移されるとともに、同園に高橋の日記が移管された可能性が高い。今後の調査に待ちたい。

　最後に、憲政資料室で閲覧できる他の個人文書の中にも、高橋の書簡や意見書などがかなり収められていることを付け加えておきたい。例えば、「品川弥二郎関係文書」、「阪谷芳郎関係文書」、「斎藤実関係文書」、「井上馨関係文書」、「松方正義関係文書」、「勝田家文書」などが主たるものである。また、津島寿一『芳塘随想』第九集巻一(芳塘刊行会、昭和三十七年)は、「高橋是清翁のこと」というタイトル通り、高橋についての回想録として代表的なものである。

（武田　知己）

田口卯吉（たぐち・うきち）

安政二―明治三十八年(一八五五―一九〇五)　エコノミスト・政治家・企業家・歴史家

旧蔵史料は、長男の子息である田口親氏から二度にわたって早稲田大学に寄贈された。現在は早稲田大学中央図書館特別資料室に「田口家文書」(仮称)として所蔵されている。未整理のため点数は確定できないが、約二〇〇点とみられる。過去帳写のような田口家にかかわる文書記録も含まれているが、交際があった明治の政治家・文筆家・企業家などからの来翰が多い。これらは田口の多方面にわたる活動を知るための史料として有用である。また東京女子大学比較文化研究所が所蔵する特別資料「木村文書」は姉鐙子の夫だった木村熊二の旧蔵文書であるが、この中に明治二年(一八六九)から十五年にかけての木村熊二宛田口書簡十二通と明治四年から三十三年にかけての田口宛木村熊二書簡四十五通が含まれている。自身の書簡ばかりでなく、「木村文書」に含まれる家信も青少年期の伝記史料として有用である。「木村文書」はすでに調査・整理が終了しており、昭和四十三年(一九六八)に『木村文書分類目録』が東京女子大学比較文化研究所から刊行された。そのうち木村熊二・鐙子の書簡は東京女子大学比較文化研究所編刊『木村熊二・鐙子往復書簡』(平成五年)として刊行されている。また神奈川県二宮町の徳富蘇峰記念館には蘇峰宛田口書簡が十通所蔵されており、伊藤隆他編『徳富蘇峰関係文書』一(山川出版社、昭和五十年)に収録されている。

著作は非常に多いが、その中で主要なものは昭和二年から四年にかけて刊行された鼎軒田口全集刊行会編刊『鼎軒田口卯吉全集』全八巻に収録されている。「第一巻　史論及史伝」、「第二巻　文明史及社会論」、「第三巻　理論及理論闘争」、「第四巻　事実及政策」、「第五巻　政治」、「第六巻　財政」、「第七巻　金融」、「第八巻　随想及感想」というように、研究領域ごとに巻を分けて編集されている。各巻末にはそれぞれの領域の専門家である黒板勝美・福田徳三・河上肇・櫛田民蔵・吉野作造・大内兵衛・長谷川万次郎による解説が付されており、この時代における田口研究の書としてもすぐれている。『鼎軒田口卯吉全集』は平成二年(一九九〇)に吉川弘文館によって覆刻されたが、この覆刻版には「関連著作目録」が付されている。また著作のうち特に代表的なものは大久保利謙編『明治文学全集十四　田口鼎軒全集』(筑摩書房、昭和五十二年)にも収録され、編者による解説が付されている。また、自分自身が主宰した『東京経済雑誌』と『史海』に多くの論考を発表したが、これらの雑誌はそれぞれ『復刻　東京経済雑誌』全一六八巻(日本経済評論社、昭和五十六―六十二年)、『雑誌「史海」合本』全五巻(名著普及会、昭和六十三年)として復刻されている。それらの中に『鼎軒田口卯吉全集』に収録されなかった著作を見ることができる。

伝記・評伝として主要なものは塩島仁吉編『鼎軒田口先生伝』(経済雑誌社、明治四十五年)と田口親『田口卯吉』(人物叢書)(吉川弘文館、平成十二年)がある。前者は明治四十二年七月より四十五年四月まで『東京経済雑誌』に連載した「鼎軒田口先生伝」をまとめて刊行したものであり、このため同誌の記事からの引用が多い。なお塩島仁吉は『田口鼎軒略伝』(東京経済学協会、昭和五年)という略伝も著している。後者は田口自身の著作やすでに発表されている伝記史料に加えて、「田口家文書」や「木村文書」などの調査を通じて得られた新発見の史料や明治の政治・経済・社会・文化に関する最近の研究業績を利用し、新たに書かれた伝記である。田口のエコノミストとしての活動や言論人としての活動に焦点を絞った評伝としては、それぞれ杉原四郎・岡田和喜編『田口卯吉と東京経済雑誌』(日本経済評論社、平成七年)、松野尾裕『田口卯吉と経済学協会』(日本経済評論社、平成八年)、西田長寿「田口卯吉」(向坂逸郎編『近代日本の思想家』和光社、昭和二十九年所収)、嘉治隆一「田口卯吉」(『三代言論人集』五、時事通信社、昭和三十八年所収)、御厨貴「田口卯吉」(内田健三他編『言論は日本を動かす』一、講談社、昭和六十一年)、田中浩「田口卯吉」(田中浩編『近代日本のジャーナリスト』御茶ノ水書房、昭和六十二年)などがある。この他に『東京経済雑誌』一二八二―一二八六号(明治三十八年)の「追悼記事」、同一五九一号(明治四十四年)の「七回忌記念号」、同一八三四号(大正五年)の「贈位記念号」も伝記的事実や同時代人の評価を知るうえで有用である。

（宮崎　ふみ子）

竹内寿平（たけうち・じゅへい）

明治四十一―平成元年（一九〇八―一九八九）　検事総長・プロ野球コミッショナー

「竹内寿平関係文書」は竹内家からの寄贈を受けて東京大学法政史料センター原資料部に所蔵されている。同センターによる「近代立法過程研究会収集文書No.79　竹内寿平関係文書目録」（平成五年）がある。

本関係文書は日記・メモ類、検察関係史料に大別される。前者のうち日記は、竹内が昭和四十五年（一九七〇）検事総長に就任（同四十八年退官）以来、最晩年までの二十年に及ぶものである。メモ類は昭和五十年代のものを中心とし、大量かつ内容も多彩であるが、自身が法相候補にのぼった大平内閣に関するもの、ロッキード事件に関するもの、プロ野球関係のものなどが注目される。

検察関係史料は戦前戦後に跨っている。戦前の史料では「戦時検察及戦時特例綴」（昭和十四、十六―十八年）が貴重である。「戦時刑事特別法」「戦時犯罪処罰の特例に関する法律」「裁判所構成法戦時特例」の運用に関するものや、「戦時に於ける検察運用方針に関する件」など、戦時下の検察のあり方を示すものが多い。また「日満司法事務共助法に関する件」も重要であろう。その他には「東京区裁判所検事局経済事件情勢報告綴」や「東京区検事局経済違反被疑者手記綴」といった統制経済下の経済事犯関係史料がある。戦後の検察関係史料では、日本共産党関係を含む公安関係史料、メーデー事件に関する史料が特筆される。

その他の史料として、テーマ毎に分類された新聞記事スクラップ全二五九冊や、「履歴書（東京検事長就任まで）」がある。

（岸本　昌也）

竹越與三郎〈三叉〉（たけこし・よさぶろう）

慶応元―昭和二十五年（一八六五―一九五〇）　ジャーナリスト・史論家・政治家

多くの著作を残しているにもかかわらず、定本の全集がいまだに存在していない。これは不可思議であると同時に残念というほかはない。政治的なネットワークの広がりや、メディアへの関わりなどさまざまな点を考えても、書翰および著作を網羅した全集の刊行が待たれる人物の一人であろう。

「竹越與三郎関係文書」（東京大学法政史料センター原資料部所蔵、近代立法過程研究会収集文書No.45）には、陸奥宗光・西園寺公望らの竹越宛書翰や、二男竹越熊三郎の手になる竹越の経歴・関連記事などがまとめられている。書翰については、明治二十三―明治四十三年（一八九〇―一九一〇）のものがほとんどである。このうち西園寺の書翰は、立命館大学編『西園寺公望伝』別巻一（岩波書店、平成八年）に収録されている。また、「陸奥宗光関係文書」（憲政資料室）には陸奥宛書翰が収められており、前述の「竹越與三郎関係文書」と合わせて『世界之日本』を巡る事情や陸奥晩年の竹越との関係などを知ることができる。同じく憲政資料室所蔵の『憲政史編纂会旧蔵政治談話速記録』に収められている「竹越與三郎氏談話速記」（広瀬順晧編『近代未刊史料叢書一　憲政史編纂会旧蔵政治談話速記録』六、ゆまに書房、平成十一年）は、昭和十四年（一九三九）に行われたインタヴュー記録である。

このほか、徳富蘇峰記念塩崎財団には徳富宛の明治期を中心とする四十五通という大量の書翰が所蔵されている。『伊藤博文関係文書』六（塙書房、昭和五十三年）には数が少ないものの、明治三十一年の「内外情勢に関する意見書」などの伊藤宛書翰が収録されている。また、原敬関係文書研究会編『原敬関係文書』二・三（日本放送出版協会、昭和五十九―六十年）には、原敬宛・陸奥宗光宛書翰が所収されているが、その数の少なさは原との関係の稀薄さを逆証する形となっている。

竹越は、『世界之日本』主筆時代から中国史を執筆する企図を有し、そのために資料を収集していたが、着手しないうちに関東大震災で住居が全壊、建て直し資金を得るために蔵書一切を立命館大学に寄贈した（前掲「竹越與三郎関係文書」所収の竹越熊三郎「竹越三叉『世界之日本』主筆の頃」による)。この寄贈図書の目録が「竹越文庫図書書名目録」(立命館大学図書館所蔵、電子複写)である。目録は以下の三部に分かれている。①「臨時帝室編修局」の罫紙に書かれた「番外本」(漢籍中心で「ナシ」「希有ノ書」などの書き込みがある)、②「伊東屋製」の罫紙に書かれた大部の書名目録(五十音順で下欄に「冊」「函」「号」の分類項目記号が付されている他、欄外に「×」などの書込みがみられたり、書名に抹消線などが引かれている)、③「立命館大学」の罫紙に書かれた「目録ニ記載ナキモ購入セルモノ」。しかし現在では、「竹越文庫」として目録に記載されている図書は散逸し、現物確認は困難である。

主筆を務めた雑誌『世界之日本』(明治二十九―明治三十三年)は、柏書房から復刻されている(平成四年)。『世界之日本』の刊行をめぐる陸奥との関係などの諸事情については、復刻版に収められている福井純子による解題、ならびに同「『世界之日本』とその同人」(西田毅編『近代日本のアポリア』晃洋書房、平成十三年)、佐々木隆「陸奥宗光と『世界之日本』」(『メディア史研究』七、平成十年)などが、前掲「竹越文書」や「陸奥文書」を用いて論じている。

雑誌に引き続いて明治三十年に発刊された日刊『世界之日本』は東京大学法政史料センター(明治新聞雑誌文庫)に所蔵されている。しかしながら、特に明治三十年四月以降のものについては、欠号や欠落(通常は六頁の紙面構成だが、その一部しか残っていないもの)が目立つ。

著作については、『明治文学全集七十七　明治史論集(一)』(筑摩書房、昭和四十年)、『明治文学全集三十六　民友社文学集』(筑摩書房、昭和四十五年)、西田毅編『民友社思想文学叢書四　竹越三叉集』(三一書房、昭和六十年)などにそのいくつかが収録されている。このうち、西田編『竹越三叉集』には編者による詳細な解説・年譜・参考文献が付されていて極めて有益である。

生涯を通した伝記としては、広く資料を集めて叙述された高坂盛彦『ある明治リベラリストの記録―孤高の戦闘者竹越與三郎伝』(中央公論社、平成十四年)が唯一のものといってよい。竹越の思想を論じたものとしては、「『平民主義』から『自由帝国主義』へ」(日本政治学会編『年報政治学一九八二』所収)、『人民読本』解説(慶応義塾福沢研究センター、昭和六十三年)など、西田毅の一連の業績は見逃せない。また、アジア認識を論じたものに、上野隆生「竹越與三郎のアジア認識」(黒沢文貴・斎藤聖二・櫻井良樹編『国際環境のなかの近代日本』芙蓉書房出版、平成十三年)が、陸奥の最晩年と竹越との関わりに触れたものに同「陸奥宗光の死と政界再編―日刊『世界之日本』をめぐって―」(『和光大学人間関係学部紀要・第七号第一分冊　現代社会関係研究』平成十五年)がある。

（上野　隆生）

竹下　勇（たけした・いさむ）

明治二―昭和二十四年(一八六九―一九四九)　海軍大将

文書や記録は、遺族より憲政資料室に移され、現在にいたっている。目録も同室に存在する。竹下は鹿児島県出身の海軍高官であるが、同期の岡田啓介や財部彪に知名度があり、また自身も長らく軍令部に所属していたため見過されてきた感があるが、軍政はともかく軍令の面で海軍研究に欠かせない史料である。

「竹下勇文書」は、大きく日記、メモ、書簡、関係書類、写真からなっている。なかでも明治三十四年(一九〇一)から三十九年までの駐米武官時代、明治四十四年から大正五年(一九一六)ころまでの軍令部、第四班、第一班の時代の日記とメモは海軍の辛亥革命、対独参戦、中国第三革命への対応を知るうえで興味深い史料である。

この軍令部時代の諸事件を補完する史料は防衛研究所が所蔵する膨大な「清国事変書類」や第一次大戦を扱っている「戦時書類」が参考となる。竹下が第四班長として情報の中枢にいたこともあり、中国に派遣されていた海軍嘱託の宗方小太郎の報告書もこの中に含まれている。竹下は数々の国際会議に出席したが、ポーツマス講和会議のインタヴュー記録や、パリ講和会議の経験は竹下報告として外交史料館に残っている。また同時期については坂野潤治・広瀬順晧・増田知子・渡辺恭夫編『財部彪日記・海軍次官』上・下（山川出版社、昭和五十八年）、さらに対独参戦問題では山本四郎編『第二次大隈内閣関係史料』（京都女子大学、昭和五十九年）、また部下だった八角三郎『思い出ずることども』（社陵印刷、昭和三十二年）などが参考となる。

　出版物としては、波多野勝・黒沢文貴・斎藤聖二・櫻井良樹『海軍の外交官　竹下勇』（芙蓉書房出版、平成十年）がある。同書には、明治三十八年、四十四－四十五年、大正二年から十年までの日記が入っている。また同書は軍令部時代と軍人外交官として活躍したころを中心にまとめたもので、半生を知るには「解題」を参照されたい。その際収集した史料は防衛研究所、外交史料館にある。

　竹下自身に関する研究はないが、ポーツマス講和条約の時の日本全権団の動きを扱ったものとして松村正義『日露戦争と金子堅太郎　広報外交の研究』（増補改訂版、新有堂、昭和六十二年）、軍令部時代の日本の軍事と外交をあつかったものとして、大正五年十二月、第二戦隊司令官となって、ウラジオストックからカナダに金塊を輸送した作戦が明らかになっている。現在の金額にして約一兆数千億円の金塊が合計四回輸送され、竹下は第三回目の輸送にかかわった。この件については、斎藤聖二「日本海軍によるロシア金塊の輸送一九一六・一七年」（『国際政治九十七－昭和期における外交と経済－』〈有斐閣、平成三年〉が詳細に検証している。国際聯盟の海軍代表から転任して裕仁皇太子の随員として外遊に加わったときの動向については、波多野勝『裕仁皇太子ヨーロッパ外遊記』（草思社、平成十年）、また辛亥革命から第三革命について海軍の動向を研究対象としたものでは、同『近代東アジアの政治変動と日本の外交』（慶応通信、平成七年）が参考となる。

（波多野　勝）

武田範之（たけだ・はんし）

文久三－明治四十四年（一八六三－一九一一）　禅僧・アジア主義者

「武田範之文書」すなわち武田の号を冠して名づけられた「洪疇遺績」は、俗弟子川上善兵衛によってまとめられた文書集成である。該文書を編纂した川上善兵衛は、高田在の大地主で我が国における醸造用ブドウ品種「ベリーA」を作り出したことで知られる篤農家で、日本ワインの父と呼ばれている。また中国文学者倉石武四郎の義父でもある。

　日韓合邦運動が挫折し、日韓併合がなった後、住職を勤める高田在の浦河原村にある名刹顕聖寺に還った武田は咽喉癌であることが判明、死期の近いことを知った本人とその周囲の人々は身辺整理を急いだ。その一環として川上の手により整理・集成された文書が「洪疇遺績」である。それは、放浪時代以降、越後顕聖寺を根拠にして活動した武田の書類で、その活動をめぐる忘備録（手帳）、書翰、出版物、そして建白書、草稿の類に及ぶ。

　川上はこれを表装し、製本して専用の書架を作り、自らの菩提寺である上越市（高田）北方の岩の原ブドウ園に隣接する薬師院の蔵に保管した。薬師院の「洪疇遺績」は、雪国の多湿に耐え、保存状態も良く、一紙の欠落もなく、今日に伝えられている。

　「洪疇遺績」は市井三郎・阿部浩明・滝沢誠によって、昭和五十二年（一九七七）マイクロフィルム化され、成蹊大学図書館に納められた。そのコピーはアジア経済研究所に収蔵されている。該文書の内容明細に関しては「洪疇遺績に就て」（『アジア経済　資料月報』二〇五、昭和五十年）がある。なお、マイクロフィルム撮影の際、川上の選択眼からもれた顕聖寺所蔵の「武田文書」－たとえば一進会の機関紙『国民新報』の長期間分、合邦運動をめぐる新聞切抜帳等－も撮影され同じマイクロフィルムに入っている。これらの文書は、黒竜会の『日韓合邦秘史』、『東亜先覚志士記伝』編纂の際、根幹をなす資料として使用されている。

詩文集としては、死の直後出版された『鰲海鉤玄』(顕聖寺刊、明治四十四年)がある。これには同一奥付で表紙に「秘」の朱印のある「続篇」があることを記しておきたい。「続篇」の内容は伊藤博文暗殺から日韓併合までの上奏文などで、奇妙なことにこの詩文集は「洪疇遺績」に収録されてなく、「続篇」が刊行されたという川上の記述もまったくない。それは、当時の国家的最高機密であった日本の韓国併合にかかわった武田の闇を知る関係者に布かれた箝口令があったことをうかがわせる。「続篇」に収録された上奏文等の原文が「洪疇遺績」に納められていることはもちろんである。

伝記としては川上善兵衛による『興亜前提史』(日本経済評論社、昭和六十二年)があり、郷里(久留米)を同じくする新聞人井上右による『興亜風雲譚』(平凡社、昭和十七年)がある。また前二著をふまえた形で滝沢誠『武田範之とその時代』(三嶺書房、昭和六十一年)がある。

（滝沢　誠）

武部六蔵（たけべ・ろくぞう）

明治二十六―昭和三十三年(一八九三―一九五八)

満州国国務院総務長官

遺族のもとに残された私文書は、昭和三年(一九二八)、内務省復興局在勤中の外遊時の日記、昭和十年四月から十五年二月まで、関東局、内閣嘱託、企画院在勤時代の日記、敗戦後のソ連・中国抑留時に書かれた家族への書簡二十八通、企画院退官時の履歴書である。このほか、戦後帰国した後病床で昭和二十年八月の満州国崩壊時について語ったメモ(後出の川原「秋田県知事物語」に引用)が作られたが現在所在不明である。

このうち昭和十年から十五年の日記は旧満州や日本の軍部・政官界の実態を知る上での一級史料であり、田浦雅徳・古川隆久・武部健一編『武部六蔵日記』(芙蓉書房出版、平成十一年)として刊行された。原本は遺族(武部健一氏)より憲政資料室に寄贈され、公開されている。書簡の一部は同書所収の武部健一「武部六蔵の生涯とその周辺」に引用されている。

著書としては『東京都市計画の基本問題』(復興局建築部、大正十四年)がある。

伝記的文献としては、川原衛門「秋田県知事物語　その人その時代　第三十四代　武部六蔵知事」一―二二(『秋田さきがけ』昭和四十九年二月十九日―四月二十三日に不定期連載)、前掲「武部六蔵の生涯とその周辺」があり、後者は前者の記述の誤りを訂正している。また前掲『武部六蔵日記』には、田浦と古川による書誌や日記本文に関する解説があり、「武部六蔵の生涯とその周辺」とともに関連の文献も紹介している。

『武部六蔵日記』を主に用いた研究としては、前掲の田浦・古川の解説のほか、田中隆一「満洲国治外法権撤廃問題と満鉄」(小林英夫編『近代日本と満鉄』吉川弘文館、平成十二年)、古川「張燕卿と『満洲国』に関する覚書」(『横浜市立大学紀要　人文科学系列』八、平成十三年)、山田豪一『満洲国の阿片専売』(汲古書院、平成十四年)がある。

（古川　隆久）

田島道治（たじま・みちじ）

明治十八―昭和四十三年(一八八五―一九六八)

初代宮内庁長官

異なる分野の職歴を持つ人物だが、一貫して行ったのは「明協学寮」の運営であった。私財を投じて建てた学生寮にほとんど食費の実費だけで学生たちを住まわせ、『論語』を講じ、未来の人材を育てることであった。駕籠町明協学寮(昭和十二年一月から昭和二十年四月十三日空襲による焼失まで)、麻布明協学寮(昭和三十二年九月から三十四年三月まで)、高輪明協学寮(昭和三十六年九月から昭和四十年三月まで)と三代にわたる元および当時の寮生たちが編集した『記念文集・明協』が明協学寮生一同の編集で昭和三十九年(一九六四)に発行され、田島も一文を寄せている。寮生たちとの長年の交流における田島の姿が明瞭に出てくる資料である。

昭和金融恐慌に対処するための昭和銀行の常務(頭取不在なので事実上の責任者)に就任した経緯と任務については、自身がインタビューに答えて語っている(安藤良雄『昭和経済史への証言』毎日新聞社、昭和四十年)。

東京帝国大学在学中に新渡戸稲造に私淑し、新渡戸家に書生として住み込むが、新渡戸に関してのものはまとまって残っている。当時の新渡戸は小日向台町に移る前の小石川原町に借家住まいをしており、田島の「原町時代」は、前田多門・高木八尺編『新渡戸博士追憶集』(昭和十一年)に収録されている。この「追憶集」の発行者は、「故新渡戸博士記念事業実行委員・右代表田島道治」であり、発行所は彼の自宅となっている。新渡戸の記念事業については一貫してかかわっており、『新渡戸稲造先生生誕百年記念事業報告』(新渡戸稲造博士記念碑建設世話人会、昭和三十八年)、故新渡戸博士記念事業委員会『故新渡戸博士記念事業報告』(発行年月不明)にて知ることができる。

昭和八年発足の「昭和研究会」で、蠟山政道・後藤隆之助などとともに常任委員を務めたが、一次史料はない。昭和二十一年三月から二十三年六月までの大日本育英会会長時代については、手書き原稿三部が田島家に残されている。

昭和二十三年六月から宮内府長官、翌年宮内庁と名称が変更され、昭和二十八年末まで在任。この間に関しては、「田島日記」と「田島メモ」の二つが残された。「田島日記」は昭和十九年から死去までの二十数年に及ぶ日記で、十九年以前は空襲により焼失した。「田島メモ」は宮内庁長官時代の六年間、昭和天皇に拝謁したあとに毎回記したメモである。前者の「田島日記」と他の手書き原稿は、初めての評伝となる加藤恭子『田島道治―昭和に「奉公」した生涯』(TBSブリタニカ〈現在阪急コミュニケーションズ〉、平成十四年)の出版にあたり、田島家から著者に託された。だが「田島メモ」は未公開のままである。

退官後は東京通信工業(後のソニー)の監査役、昭和三十四年六月からはソニーの会長、そして相談役として死去するが、この間については、井深大・盛田昭夫をはじめ著作や記事の中で触れたものは多い。だが一次史料としては「田島日記」が主で、ソニーの部分も前記評伝にくわしい。

一方、『論語』研究者としては、翻訳もある。H・G・クリール著／田島道治訳『孔子―その人とその伝説』(岩波書店、昭和三十六年)である。論語関係について書いた主なものは、「論語知らず論語を読む」(『斯文』十九、昭和三十二年)、「墨子と孔子」(『心』昭和三十六年十一月号、昭和三十八年七月号)、「論語の『學』について(一)―(四)」(『心』昭和四十二年六月号、昭和四十三年七月号・九月号・秋期特輯号)がある。

また、前田多門・小泉信三・安倍能成など友人たちの思い出も、それぞれの追悼集以外には『心』に書いている。「前田君の思い出」(昭和三十八年八月号)、「勝沼精蔵君の死を悼む」(昭和三十九年新年号)、「小泉君を憶う」(昭和四十一年七月号)、「安倍君と私」(昭和四十一年八月号)である。

昭和二十三年十一月十二日付で、当時は〝最高の国家機密〟とされたいわゆる「田島書簡」が田島長官から連合国最高司令官マッカーサーに送られた。東京裁判の判決が言い渡される一日前である。マッカーサーからの伝言を受け、「天皇は退位しない」という雰囲気を伝える内容であるが、その下書きは他の遺品とともに田島家が保存している。なお、平成十五年(二〇〇三)になってから、田島の手書きによる昭和天皇の国民への「謝罪詔勅草稿」が発見され、『文芸春秋』七月号に発表された。それをもとにした加藤恭子『昭和天皇「謝罪詔勅草稿」の発見』(文芸春秋、平成十五年)も出版され、田島に関する文書の内容と位置付けがより明瞭になった。

（加藤　恭子）

田尻稲次郎（たじり・いなじろう）

嘉永三―大正十二年（一八五〇―一九二三）　第五代東京市長

田尻に関する研究は、財務官僚・財政学者としての分析と、東京市長としての分析に大別される。前者には、小峰保栄「日本最初の財政学者　田尻博士」（『専修商学論集』二十一、昭和五十四年）、森田右一「田尻稲次郎の財政学」（『東洋研究』七十七、昭和六十一年）、大淵利男「田尻稲次郎と『フランス財政学』の導入」（『政経研究』二十五―三、昭和六十三年）がある。また後者には、中邨章『東京市政と都市計画―明治大正期・東京の政治と行政―』（敬文堂、平成五年）、櫻井良樹「戦前期東京市における市政執行部と市会―一八九〇～一九二〇年代―」（『日本史研究』四六九、平成十三年）、車田忠継「東京市・市長と市会の政治関係―田尻市政期における政治構造の転形―」（『日本歴史』六四九、平成十四年）がある。

しかし管見の限り、ここで列挙したものに限定されている。その最大の原因は、第一次史料の量的不足および散逸にある。したがって、他の多くの政治家や官僚のように、「田尻稲次郎関係文書」として、まとまったものは存在しない。この状況に鑑み、筆者は田尻が創立者の一人として名を連ねる専修大学の大学史資料室長内山宏氏とともに、令孫を訪ね、第一次史料について話を伺ったことがある。それによると、書簡類の存在については聞いた記憶がないという反面、日記類に関しては、大変興味深い証言をされた。つまり田尻は手帳らしきものに日記をつけていたが、その手帳は死後、伝記編纂会に貸与したものの、終了後に遺族がバラバラに持ち出してしまい、その遺族とは連絡が取れていないというのである。ゆえに日記や書簡類を収集することは、誠に困難な状況であると言わざるを得ない。

ただし日記類はともかく、まったく書簡類が存在しないという訳ではない。例えば第二次山県有朋内閣の松方正義大蔵大臣の下で大蔵次官を務めたことから、大久保達正監修『松方正義関係文書』八・十七（大東文化大学東洋研究所、昭和六十二・平成七年）に数点収録されている。また妻が大隈重信夫人の姪だったことから、早稲田大学史資料センター所蔵「大隈重信関係文書」にも収録されている（同文書の目録は、佐藤能丸編「『大隈信幸氏寄贈文書』目録」〈『早稲田大学史紀要』十二、昭和五十四年〉に掲載）。さらに専修大学大学史資料室は、友人である阪谷芳郎の第一次西園寺公望内閣の大蔵大臣就任を祝う書簡を所蔵している。

とはいえ決定的に量的な不足は否めず、田尻を研究する場合、彼の伝記や著作に依拠することが多くなる。そのほとんどは専修大学図書館が所蔵しており、すべて専修大学図書館のＷｅｂ上で検索可能である。また実際の閲覧の際も、大部分が開架図書として配置されているため、簡単に閲覧できる。彼の事蹟を知るためには、『田尻稲次郎年表』（専修大学大学史資料室編刊、平成十四年）が便利である。伝記に関しては、田尻先生遺稿及伝記編纂会編刊『北雷田尻先生伝』（昭和八年）がある（書中には前述の日記を撮影した写真が掲載されている）。

著作に関しては、大蔵省銀行局長・主税局長・大蔵次官・会計検査院長などを歴任した大蔵官僚だったこともあり、非常に数が多い。代表作としては、増補・訂正・改訂を繰り返して二十以上も版を重ねた『財政と金融』（同文館）などが挙げられよう。またフランスの財政学者ルロア＝ボリュー『財政学概論』を訳出するなどして、ヨーロッパの財政制度を積極的に日本に紹介している。なお小峰前掲論文には、田尻の著作一覧リストが掲載されている。

（車田　忠継）

多田　駿（ただ・はやお）

明治十三―昭和二十三年（一八八〇―一九四八）

陸軍大将

関係する文献は極めて少ない。唯一の本人執筆の史料は現在防衛研究所に保存されており、現在は公開となっている。この史料に関しては『軍事史学』二十四―二(通巻九十四号、昭和六十三年)で高橋久志氏が「多田駿手記」として史料紹介している。この史料は昭和二十一年(一九四六)一月五日に作成され、A級戦犯容疑者の指名を受けた際に法廷での弁護を予期して記述したものの、自宅軟禁の状態にあって結局のところは提出するには及ばなかったという文書である。

伝記は刊行されていないが、額田坦の『陸軍人事局長の回想』(芙蓉書房、昭和五十二年)、武藤章著/上法快男編『軍務局長　武藤章回想録』(芙蓉書房、昭和五十六年)、森松俊夫『軍人たちの昭和史』(図書出版社、平成元年)にはまとまった記述がある。そのほかには日本憲友会連合会編纂委員会『日本憲兵正史』(全国憲友会連合会本部、昭和五十一年)、田中隆吉の『敗因をつく～軍閥専横の実相～』(山水社、昭和二十一年)には浅原事件の記述に関連して名前が散見される。研究としては『日本歴史』四一一(昭和五十七年)にゲルハルト・クレープス氏が「参謀本部の和平工作一九三七～一九三八―トラウトマン工作はどのように生まれ、挫折して行ったか―」がある。

(五十嵐　憲)

立花小一郎（たちばな・こいちろう）

文久元―昭和四年(一八六一―一九二九)　陸軍大将

旧蔵の文書は、憲政資料室に「立花小一郎関係文書」として所蔵されており、仮目録が作成されている。その数一一二五点で、マイクロフィルム化がなされており、閲覧はマイクロフィルムで行うことになる。内容は、書簡・日記・書類で、一部に弟の立花銑三郎(慶応三―明治三十四年〈一八六七―一九〇一〉、帝国大学文科大学哲学科卒、学習院教授、教育学者)、嗣子の立花馨の関係文書も含まれている。

書簡は陸軍関係者からのものが多い。点数では、曾我祐準(二十七通、陸軍中将、立花と同じ福岡県柳川の出身で、娘が小一郎の弟・銑三郎に嫁いでいた)、明石元二郎(二十三通、陸軍大将)からのものが特に多く、その他比較的多いものに福田雅太郎・松川敏胤・長岡外史・仁田原重行・白川義則・上原勇作(以上陸軍軍人)、伊沢修二(義兄、文部官僚)などからのものがある。

「回顧日録」と題された日記は、明治四十二年一月から大正十二年(一九二三)十二月までのものがある。書類には、北清事変時の連合軍総司令部日本幕僚部の日誌や、袁世凱の軍事顧問時代に参謀総長宛に提出していた報告書の草稿である「在清報告稿」などがある。

なお、立花が発した書簡は「寺内正毅関係文書」(憲政資料室所蔵)、上原勇作関係文書研究会編『上原勇作関係文書』(東京大学出版会、昭和五十一年)などに残されている。

まとまった伝記はないが、黒竜会『東亜先覚志士記伝』、東亜同文会編『対支回顧録』(いずれも原書房から復刻されている)の列伝で取り上げられているほか、立花馨による「立花小一郎小話」(「立花小一郎関係文書」所収)、渡部求「立花大将を悼む」(『人格に触れて』三洋社、昭和五年)などがある。その詳しい軍歴については、同関係文書中の兵籍簿によって知ることができる。福岡市長時代(大正十三年八月―十四年八月)の事績については、歴代知事編纂会編刊『日本の歴代市長』三(昭和六十年)が手がかりとなる。

袁世凱の軍事顧問、ポーツマス会議全権随員、関東軍司令官、浦塩派遣軍司令官、福岡市長、貴族院男爵議員など、重要かつユニークな経歴を持つ軍人でありながら、立花自身に関する研究、あるいはその関係史料を用いた研究もほとんど見当たらない。『上原勇作関係文書』中の書簡が使用される程度であり、今後の研究が待たれる。

(土田　宏成)

橘孝三郎（たちばな・こうざぶろう）

明治二十六―昭和四十九年(一八九三―一九七四)

愛郷塾長

旧蔵の資料・蔵書・原稿は、昭和三十一年(一九五六)三月の愛郷塾舎の火災により、すべてを失った。その中には「天皇論」の原稿一万二〇〇〇枚(その後七〇〇〇枚を書く)が含まれる。また愛郷会の月刊機関誌『農村研究』(昭和六年一月創刊、塾生杉浦孝が編集担当)、病気回復しようとする大正十三年(一九二四)に書いた小説「めばえ」、翌年の続編「あらし」の原稿も罹災したものと思われる。

一次史料には、森田美比「橘孝三郎氏談話録」(『常総の歴史』十九、平成九年)のほか「ある農本主義者の回想と意見―橘孝三郎きき手竹内好」(『思想の科学』昭和三十五年六月号)、森田美比編著『ある茨城県農政史―農林技師・深作雄太郎日記―』(昌平社、昭和五十五年)、マーク・ゲイン著/井本威夫訳『ニッポン日記』(筑摩書房、昭和三十八年)、森田美比「橘孝三郎と住井すゑ」(『常総の歴史』二十三、平成十一年)、同「橘孝三郎と山口武秀の対談」(同二十五、平成十二年)がある。

橘家に現存する書簡類は、昭和三十一年の火災の難を免れたものか、それ以前のものかの由来ははっきりしない。発信を含む書簡の中から、昭和四年から十七年までの橘の人と思想と行動を知る手がかりを求めたものに森田美比「書簡に見る橘孝三郎の深慮」(『常総の歴史』二十四、平成十二年)がある。この書簡は、五・一五事件後の愛郷塾編『橘孝三郎獄中通信』(建設社、昭和九年)と重複しない。『塙五百枝獄中通信』(同)には橘あてのものもある。

著作には、建設社刊行のものに『農村学・前編』(昭和六年)、『農業本質論』(昭和七年)、『日本愛国革新本義』(同年、発禁)、『土の日本』(建設社文庫版、昭和九年)、『家族的独立小農基本案』(同年)、『皇道国家・農本建国論』(昭和十年)、『土とま心』(愛郷塾、昭和十六年)、戦後の農業書には『食糧自給論』(日本公論社、昭和二十七年)、『汎く農村青年に檄す』(戦後であるが年次不詳、愛郷会)がある。また、昭和五年末には満州国・大連市で印刷した『自営的農村勤労学校設立に際し御願申上げます』(宮本盛太郎氏所蔵)と題するパンフレットが刊行されていた。

また、ことに戦後において、執筆に専念した天皇論は、昭和三十五年に天皇論刊行会から刊行が始まり、四十三年には『神武天皇論』、『天智天皇論』、『明治天皇論』、『皇道文明優越論概説』、『皇道哲学概論』の五部作の刊行を完了した。全五巻は自ら鹿島神宮に奉納した。続いて『英文天皇論』の執筆にかかり、昭和四十九年三月完成した。この時八十一歳の生涯を閉じた。

また、さかのぼって雑誌寄稿文には、日向(宮崎県)の「新しき村」建設が橘よりも遅い武者小路実篤の文芸雑誌『大調和』(昭和二年十一月号)に「経済改造手段として観たる経済組合問題を通して新しき村運動に望む」、旧制一高先輩の倉田百三(ひゃくぞう)の文学・評論雑誌『生活者』(昭和三年十一月号)に「自殺か献身か」があり、次いで昭和七年の農本連盟の機関誌『農本社会』には「資本主義の病態化と農村の再建」、「農業本質論とマルクス主義批判」、「農本資本論とマルクス主義批判」の三編まで寄稿は終っている。

伝記としては、豊島武雄『橘孝三郎―その生涯と周辺―』(筑波書林、ふるさと文庫版、昭和五十七年)、松沢哲成『橘孝三郎―日本ファシズム原始回帰論派―』(三一書房、昭和四十七年)がある。森田美比『菊池謙二郎』(耕人社、昭和五十一年)、以下同人の「大正期の橘孝三郎」(『常総の歴史』二十一、平成十年)、「ある橘孝三郎の門弟―豊島武雄『獄中日記』を中心に―」(同二十二、平成十一年)、「水戸のウグイス」(『耕人』五、平成十一年)も伝記の一部に挙げられよう。古くは『茨城県に適切なる農村副業』(いはらき新聞社、昭和四年)によって、兄弟村の農業経営の実情を知ることができる。

回想録には橘純一編『五・一五』(私家版、昭和五十七年)、橘ゆり子編『夢想庵追憶』(同、平成四年)、栗原宰之助『於東京刑事地方裁判所、回顧五・一五事件の弁護』(同、昭

和十五年)、蓮沼捷・後藤文『後藤圀彦をしのぶ』(同、昭和四十四年)、『山田俊介追悼録』(山田俊介追悼録編集委員会、昭和四十六年、事実の叙述はあまり正確ではない)がある。

研究としては、斎藤之男『日本農本主義研究—橘孝三郎の思想—』(農山漁村文化協会、昭和五十一年)、『戦前における右翼団体の状況』(公安調査庁、昭和四十年)、松沢哲成「『昭和維新』の思想と行動」(『社会科学研究』〈東京大学社会科学研究所〉十九—三、昭和四十三年)、同「農本主義と工業管理社会—橘孝三郎における共同体—」(『朝日ジャーナル』十六—十七、昭和四十九年)、山中精一『橘孝三郎と愛郷運動について』(私家版、平成十二年)、茨城県特別高等警察課『愛郷塾と橘孝三郎の思想』(謄写刷、昭和八年)、同『愛郷会と愛郷塾について』(同、昭和十六年ころ)、森田美比「橘孝三郎と加藤完治」(『日本歴史』四九八、平成元年)、同『小さな学校—茨城県農民教育史—』(崙書房茨城営業所、平成五年)、同『昭和史のひとこま—農本主義と農政—』(筑波書林、同上年)がある。

また、参考までに、橘の活動状況を伝える雑誌記事を挙げると、一記者「常陸の新しき村に若き帰農の哲人を訪ふ」(新潮社刊の『婦人の国』大正十四年七月号)、キリスト教児童文学者の上沢(うえさわ)謙二「土と愛に生きる兄弟村」(羽仁もと子主宰の『婦人之友』昭和三年八月号)、水戸三郎「愛郷塾!?」(『文芸春秋』昭和七年七月号、筆者は匿名と思われる)、風見章・鈴木茂三郎・愛郷塾生二十名「愛郷塾生と農村問題を語る座談会」(同昭和七年九月号)、風見章「橘孝三郎氏を語る」(『改造』昭和八年十月号)がある。

(森田　美比)

立花親信（たちばな・ちかのぶ）

弘化二—大正五年(一八四五—一九一六)　福岡県選出衆議院議員

関係する一次史料は、柳川古文書館に「立花(修)家文書」として収蔵されている。この文書群は平成元年(一九八九)八月大牟田市在住の、親信の子孫である立花修氏から寄託された。史料点数は二〇〇〇点ほどで、内容は大半を近代の親信関係が占め、其の他に若干の近世史料が含まれる。平成四年に刊行された『収集諸家文書目録・II』(『柳川古文書館史料目録』第五集)のなかに「立花(収)家文書」として目録が収載され、検索・閲覧が可能となっている。

関係史料の内容をみてみると、まず明治初期から末頃までの辞令・賞状類などが眼に付き、関連史料の多くがこうしたものである。次に、親信は国会期成同盟第二回大会に筑後国代表として参加した経歴があるが、同大会に関わる日記も残されている。この日記は大会の様子だけではなく、九州地方結社の動きが記載されており、九州連合会～九州改進党へとつながる動向を見ることができる。自由民権運動における九州地方結社の動向は全体的に解明されているとは言い難く、大同団結運動や立憲自由党結党後の九州派の活動をあとづけていくためにも、十年代の実態解明は重要と思われるが、そうした意味において貴重な史料といえる。そのほかに明治二十年(一八八七)—三十年初頭を中心とした書簡が三十点ほど確認できる。数としてはそれほど多くはないが、明治二十年代のものでは、明治二十四年河野広中書簡、明治二十七年松田正久書簡などが政治動向を伝える。また、憲政党成立前後のものも、同じく福岡県選出の衆議院議員である多田作兵衛・藤金作らの書簡は、親信の知事任官に関する情報を窺うことができて興味深い。

伝記やまとまった研究は現在のところみられない。ただし、先述の国会期成同盟第二回大会の日記については『福岡県史』近代史料編自由民権運動(平成七年)に紹介されている。また、三潴県官吏時代については新藤東洋男「三潴県政事情と明治七年の風水害対策—三潴県吏員・立花親信の記録等から—」(『久留米郷土研究会誌』二十二、平成六年)がある。

(江島　香)

龍野周一郎（たつの・しゅういちろう）
元治元―昭和三年（一八六四―一九二八）　衆議院議員

旧蔵資料は、憲政資料室に「龍野周一郎関係文書」七四一点が所蔵されている。これは、平成二年（一九九〇）から寄託されていた資料が、同十二年に龍野家より寄贈されたもので、同室に仮目録がある。自由党の遊説員兼事務員を務めたことから、同文書には自由党に関わる資料が多い。遊説記録・旅行紀念帖を含めた日記類が明治二十四年（一八九一）から昭和二年（一九二七）にかけて約五十点あるが、中でも明治二十六年五月から三十一年十二月までの日記二十三点は比較的切れ目なく続いており、遊説の演題、遊説先での尽力者氏名、党内での活動、地元である長野県での活動が記されている。また、明治十四年発足時の自由党会員名簿や、明治二十五年に河野広中らとともに関西を遊説した際などの自由党員の集合写真も残されている。書翰は河野広中・渡辺国武・伊藤大八ら自由党・立憲政友会の関係者が龍野に宛てたものを中心に約三〇〇通残されている。他に履歴資料、大井憲太郎・小林樟雄ら大阪事件関係者が獄中から龍野に出した書翰などがあり、また板垣退助の秘書的な役割を務めていた関係から、板垣の葬儀関係資料も含まれる。

「龍野文書」以外では、龍野発信の書翰として伊藤博文宛一通（伊藤博文関係文書研究会編『伊藤博文関係文書』六、塙書房、昭和五十三年）、河野広中宛四通（憲政資料室所蔵「河野広中関係文書」）、栗原亮一宛一通（同室所蔵「栗原亮一関係文書」）、星津奈子宛一通（同室寄託「星亨関係文書」）がある。

龍野は明治二十二年に政論雑誌『愛民』を発行し、明治二十四年発刊の『自由党々報』の編集を主幹した。

龍野の日記や書翰を使用した研究として、伊藤之雄『立憲国家の確立と伊藤博文』（吉川弘文館、平成十一年）が挙げられる。

（竹林　晶子）

辰巳栄一（たつみ・えいいち）
明治二十八―昭和六十三年（一八九五―一九八八）　陸軍中将

旧蔵の史料は、「辰巳栄一関係文書」として東京大学法政史料センター原資料部に所蔵されている。同文書は、主に戦後期における活動に関するものであり、手帳に継続的につづられた日記・メモ、書簡、演説の草稿といった史料から構成されている。これらは、戦後日本の再軍備過程の中で辰巳が果たした役割のみならず、旧軍人の人的ネットワークの構図、さらには、軍事問題ブレーンとして仕えた吉田茂の再軍備観などを窺い知るための非常に貴重な史料となっている。吉田の辰巳宛書翰二十五通は吉田茂記念事業財団編『吉田茂書翰』（中央公論社、平成六年）に収録されている。

また、口述記録もいくつか残されている。『偕行』誌上に二回に渡って掲載された、「将軍は語る・辰巳栄一中将のお話し」（昭和五十七年十二月号、五十八年二月号）では、陸軍士官学校時代から戦後、吉田茂の軍事問題ブレーンをつとめた時代までの貴重な回想が語られている。「辰巳栄一・インタビュー記録」（大嶽秀夫編『戦後日本防衛問題資料集第一巻　非軍事化から再軍備へ』三一書房、平成三年）では、敗戦から警察予備隊時代までの回想が記されている。吉田茂『回想十年第二巻』（新潮社、昭和三十二年）に収録されている「回想余話　再軍備と吉田さんの頑固さ」では、再軍備問題をめぐるＧＨＱとのやりとりを語っている。

辰巳は自らの伝記が残されることに消極的であったが、そうした中で、元部下であった高山信武が執筆した「吉田総理の知友　辰巳栄一」（『昭和名将録』二、芙蓉書房、昭和五十五年）は貴重な存在である。同書は、辰巳への聞き取りなどの資料を基にして、英国駐在武官補佐官時代から戦後に至るまでの活動を描いた伝記である。その他に、陸軍士官学校の同期であった谷田勇が筆を執った「新しい偕行社会長　辰巳君のことども」（『偕行』

昭和五十年一月号)は、戦前・戦後を通じた活動と、その人となりを紹介している。

　辰巳に焦点を絞った研究は管見の限り存在しないが、再軍備問題との関連で触れている研究はいくつかある。波多野澄雄「『再軍備』をめぐる政治力学―防衛力『漸増』への道程―」(『年報・近代日本研究11　協調政策の限界』山川出版社、平成元年)は、警察予備隊の発足から吉田・ダレス会談に至る時期の中で、辰巳が果たした役割について触れている。中西寛「講和に向けた吉田茂の安全保障構想」(伊藤之雄・川田稔編『環太平洋の国際秩序の模索と日本―第一次世界大戦から五五年体制成立―』山川出版社、平成十一年)では、講和問題に関する辰巳ら旧軍人の安全保障観に言及している。中島信吾「戦後日本型政軍関係の形成」(『軍事史学』三十四―一、平成十年)は、戦後防衛機構の形成に辰巳ら旧軍人が与えた影響を分析している。

（中島　信吾）

伊達宗城（だて・むねなり）

　文政元―明治二十五年(一八一八―一八九二)　幕末期の伊予宇和島藩主・議定・外国官知事・民部卿・大倉卿・修史局副総裁

　財団法人伊達文化保存会(愛媛県宇和島市)には本人の日記・備忘録・手記の類が保管されている。日記は「宗城公御手留日記」で、和綴じ冊子五十二冊が残された。その内で、幕末京都の政局が月に日に緊迫を加えた文久三年(一八六三)から慶応三年(一八六七)において勅命により四度上京したが、そのときの日記は、日本史籍協会編『伊達宗城在京日記』〈日本史籍協会叢書〉(日本史籍協会、大正五年)として公刊された。幕末期の朝廷と幕府上層部の動向を知る上で有益な政治史史料である。河内八郎編『徳川斉昭・伊達宗城往復書翰集』(校倉書房、平成五年)は、弘化三年(一八四六)から安政三年(一八五六)の間の幕府上層部の思考や動向を検討するうえの貴重史料集である。また、明治六、七年(一八七三、七四)のものは福地惇「伊達宗城日記(六年八月から七年八月)及び手記「議事院端緒より密議留」(六年一一月から七年九月)」(『年報・近代日本研究3　幕末・維新の日本』山川出版社、昭和五十六年)が史料紹介しており、議会上院構想や華族会館構想に伊達ら旧公家・大名たちが何を期待し、どのように動いていたかを研究するに際して有益な史料といえる。

　伝記は、伊達家家記編輯所編著『鶴鳴余韻』全三冊(同編輯所、大正三年)、三好昌文『伊達宗城』(新人物往来社、昭和四十二年)がある。

（福地　惇）

田中耕太郎（たなか・こうたろう）

　明治二十三―昭和四十九年(一八九〇―一九七四)　第二代最高裁判所長官

　旧蔵の文書・記録は、教育関係のものは国立教育政策研究所教育研究情報センター教育図書館に、司法行政関係の旧蔵書は学習院大学法学部・経済学部図書センターに所蔵されている。

　前者は、文部省学校教育局長、文部大臣、参議院文教(文部)委員長を務めた時期の文書史料と著書を含む教育関係の刊本類からなるものであり、同研究所編『田中耕太郎旧蔵教育関係文書目録・中田俊造文庫目録』(昭和四十九年)が作成されている。また、教育関係史料は、同教育図書館の所蔵している「戦後教育資料」の中にも収められている。これは、同研究所の前身である国立教育研究所が、昭和三十五年(一九六〇)度から三十八年度までの四年間にわたって行った「戦後教育資料の収集に関する研究」によって収集されたものである。この研究は、文部省関係者を中心に約四〇〇〇点の資料を収集したものであり、昭和四十年に戦後教育資料収集委員会編『戦後教育資料総合目録』を公刊する一方、全資料が五十五巻のマイクロフィルムに収められて公開されている。特に、「戦後教育改革を主管せる文部大臣の回顧(一)」(前掲の『戦後教育資料総合目録』Ⅰ―50)として収められている一二〇分テープ二巻分の記録は、昭和三十七年八月二十四日に軽井沢万平ホテルにおけるインタビュー記録であり、戦後初期の文教政策・行政を検討する上で極めて貴重な史料である。

　後者の司法行政関係の旧蔵書は、昭和三十六年三月に学習院大学法経図書室(現在の法学部・経済学部図書センター)に寄贈されたもので、その量は、洋書一八〇三点、和書一九一四点、他に抜刷小冊子約六〇〇点からなる。これには、学習院大学図書館編『学習院大学法経図書館所蔵　田中耕太郎文庫目録』(昭和五十七年)が刊行されている。

　自伝としては、『生きてきた道』(世界の日本社、昭和二十五年、のち大空社から半澤孝麿の解説付で平成五年に復刻)や『私の履歴書』十三(日本経済新聞社、昭和三十六年)などがあるが、伝記としては、従弟にあたる松尾敬一の『田中耕太郎博士』(佐賀新聞社、昭和五十年)が詳細である。また、鈴木竹雄編『田中耕太郎　人と業績』(有斐閣、昭和五十二年)は、田中二郎、久保正幡、相良惟一ら七名を中心とした大学行政、法哲学、商法学、教育行政などの分野についての業績を整理した追悼文集である。これには、「田中耕太郎先生を偲ぶ」と題した座談会や略歴、著書・論文目録なども掲載されており、研究史料としては現在のところ最も浩瀚である。

　これまで田中を扱った研究は、教育関係のものが中心である。特に勝野尚行『教育基本法の立法思想―田中耕太郎の教育改革思想―』(法律文化社、平成元年)は、教育基本法を中心とする田中の教育改革論を詳細にまとめたものである。また、ホセ・ヨンパルト『法の歴史性』(成文堂、昭和五十二年)、三谷太一郎『二つの戦後―権力と知識人』(筑摩書房、昭和六十三年)、半澤孝麿『近代日本のカトリシズム』(みすず書房、平成五年)には、田中を扱った章がある。さらに、直接の対象としたものではないが、杉原誠四郎『教育基本法の成立―「人格の完成」をめぐって―』(日本評論社、昭和五十八年)、貝塚茂樹『戦後教育改革と道徳教育問題』(日本図書センター、平成十三年)、相良惟一「田中耕太郎博士における国家と教育観(一)(二)」(相良惟一先生遺稿集編集委員会編『国家と教育―相良惟一先生遺稿集』教育開発研究所、昭和六十三年、初出は『教職研修』昭和五十二年十二月号、同昭和五十三年一月号)なども田中の教育観に言及している。

(貝塚　茂樹)

田中正造（たなか・しょうぞう）

　天保十二―大正二年(一八四一―一九一三)　民党政治家・人道戦士

　日記・書簡その他関係資料は、佐野市郷土博物館にほぼ収蔵されている。これは遺愛の弟子であった島田宗三が、多年にわたって収集・保管してきたものや、甥の原田定助家、養子だった早瀬文造家、逸見斧吉家、菊地茂家、黒沢酉蔵家等の文書(写しを含む)が主となっている。現在は資料台帳の作成、コンピューター入力作業中である。また、特別展示室には幸徳秋水が書き、正造加筆の直訴状や、正造没時の遺品である聖書・帝国憲法・石ころ等もある。

　館林市史編さん室には、『田中正造全集』刊行のために、岩波書店が集めた全資料が寄贈されている。なかには未掲載の写真その他も含まれている。栃木県足利図書館には「田中正造、足尾鉱毒事件コーナー」がある。一般には入手困難な、明治期の関係出版物も、コピー製本されている。また、明治以降の、下野新聞や東京の各紙も、マイクロで利用できる。

　人物研究については、「義人像」を定着させた栗原彦三郎による『義人全集』(中外新論社、大正十四年)がある。対して直訴後の谷中村で苦闘する姿を、聖者と視る木下尚江の『田中正造之生涯』(田中正造之生涯刊行会、昭和三年)他がある。戦後『思想の科学』で、「田中正造歿後五十年を記念して」特集(昭和三十七年)を機に、思想家としての評価がされるようになり、岩波書店の『田中正造全集』(昭和五十五年)が刊行されるに及んで、研究も「義人」枠を超えるようになった。ことに注目すべきは、東海林吉郎による「藤川県令布達」の虚構や、石川半山日記発掘による直訴事件の真相究明がある。由井正臣の『田中正造』（岩波新書）（岩波書店、昭和五十九年）も、全集を基盤にしている。

他に遠山茂樹・林竹二・田村紀雄・鹿野政直等の研究があり、それらを網羅して、検討批判しつつ、自説を展開した小松裕『田中正造の近代』（現代企画室、平成十三年）は、二〇世紀における正造研究の状況を概観し得る労作である。

研究誌として続いているものに、渡良瀬川研究会『田中正造と足尾鉱毒事件研究』（十三）、田中正造大学『救現』等がある。

（布川　了）

田中新一（たなか・しんいち）

明治二十六―昭和三十一年（一八九三―一九七六）　陸軍中将・参謀本部第一部長・ビルマ方面軍参謀長

戦時中の日記と戦後の回想が残されている。防衛研修所戦史室が『戦史叢書』（大東亜戦争史）を編纂するに際し、日記は複写し、回想は執筆を依託した。これらは現在防衛研究所図書館史料室が所蔵している。日記原本は遺族が所蔵している。

昭和十五年（一九四〇）十月に参謀本部第一部長（作戦部長）に就任し、昭和十七年十二月にガダルカナル作戦の船舶問題で転出するまでの間、対米英戦の準備、開戦の決定、初期作戦の遂行などについて、陸軍の中心的役割を果たしてきた。剛気果断かつ抜群の実行力と説得力を備えた田中は、陸軍の牽引車的存在であった。この間における当時の記録が「田中新一中将業務日誌」（昭和十五年十月一日―十七年十月十五日、十五冊）である。戦後防衛研修所戦史室の依頼により、この業務日誌を基にして回想記を書いたのが「田中新一中将回想録」五冊、「大東亜戦争作戦記録」十冊、「大東亜戦争への道程」十一冊である。これらを一般向きの図書として刊行したのが『大戦突入の真相』（元々社、昭和三十年）である。その後、同書は、陸軍幼年学校・士官学校の同期生で軍事史研究家の松下芳男が、解説補備を加え『田中作戦部長の証言』（芙蓉書房、昭和五十三年）として出版され、さらに『田中作戦部長東条ヲ罵倒ス』と改題して昭和六十一年に再版された。

昭和十二年三月から十四年二月まで陸軍省軍事課長を務め、この間に日中戦争が勃発し、軍政面で関わっていたことから、戦後、戦史室の依頼により回想記「支那事変記録」八冊を執筆した。さらにその後、駐蒙軍参謀長を務めた関係で「蒙疆の治安粛正に関する記録」一冊を執筆した。

昭和十七年十二月田中作戦部長は、ガ島作戦に伴う船舶問題で、東条首相兼陸軍大臣と意見が衝突し、ビルマ作戦中の第十八師団長に転出した。第十八師団は、インパール作戦を実施する第十五軍の右側背を援護する任務を有し、フーコン河谷において困難な持久作戦を展開した。この作戦を回想したのが「ビルマ戦史」六冊である。

雑誌などに寄稿したものに、「ビルマ作戦始末記～印緬戦線敗る」（『別冊知性1　太平洋戦争の全貌』河出書房、昭和三十一年七月号）、「日華事変拡大か不拡大か～真の拡大主義者はどこにいたか」（『別冊知性5　秘められた昭和史』同、昭和三十一年十二月号）、「世界ベテラン運動について」（『偕行』昭和三十一年二月号）、「戦争に決したもの」（同、同年十月号）、「核時代の日本の国防」（同、昭和三十三年六月号）がある。

田中に関しては、作戦部長・第十八師団長時代のことが、断片的に書かれているが、まとまった伝記はない。わずかに、高山信武『昭和名将録』（芙蓉書房、昭和五十四年）に、作戦部長時代を中心とした評伝が書かれているに過ぎない。

（原　剛）

田中光顕（たなか・みつあき）

天保十四―昭和十四年（一八四三―一九三九）　宮内大臣

残された史料は、昭和初年に本人によっていくつかの機関に寄贈された。それらは、故郷の青山文庫、多摩聖蹟記念館、常陽明治記念館、早稲田大学および宮内省である。それらの史料は、自身の職歴に関わりの深い書翰、書類の他に、自ら蒐集した幕末の志士の遺墨、天皇や皇后、皇族からの拝領品、さらに古書や美術書などの書籍である。

これらのうち、青山文庫の場合は、現在、佐川町立青山文庫となり、史料の一部が「青山文庫図録　近世・近代の日本と佐川　日本史・維新・人権」(平成五年)および同第二集(同九年)に紹介されている。多摩聖蹟記念館の場合は、昭和六十一年に財団法人多摩聖蹟記念会から多摩市に移管され、旧多摩聖蹟記念館と改称された。建物は同市の有形指定文化財となっている。所蔵史料のうち幕末の志士の遺墨は、その一部が同市により『志士の筆あと』一―五(平成三―七年)として刊行、紹介された。常陽明治記念館の場合は、財団法人常陽明治記念会により運営されているが、平成九年(一九九七)に幕末と明治の博物館と改称された。早稲田大学中央図書館所蔵の史料については、『維新志士遺墨展覧会陳列目録』(昭和元・二年)に記載がある。

それらの史料のうち、多摩聖蹟記念館が所蔵していた大久保利通、木戸孝允、伊藤博文、山県有朋らの田中宛書翰(巻子本)は、昭和六十年(一九八五)法政大学に移管され、現在、同大学図書館が所蔵しているが、原史料である巻子本は貴重書として保管されており、その写真複製本が「田中光顕関係文書」という名称で閲覧に供されている。

とりわけ山県書翰は明治初年から大正後半までの時期にわたり、しかも政治に関わる内容のみならず私生活にまでわたる情報が豊富に盛り込まれており、当該期の研究には重要な手がかりを提供するものである。なお、それらは徳富蘇峰編・述『公爵山県有朋伝』全三巻(山県有朋公記念事業会、昭和八年)にも多数引用されている。また、それらの写本が憲政資料室所蔵「山県有朋関係文書」に収められている。

その他に、自筆の書翰を収める史料として、東京大学法政史料センター原資料部所蔵「中山寛六郎関係文書」がある、その中には、警視総監在任中の書翰が含まれており、国会開設直前の時期における政党勢力の内部事情を山県有朋内務大臣の秘書官であった中山寛六郎を介して同大臣に報告した探聞書と見られるものが多い。また、憲政資料室所蔵「田中光顕関係文書」には、金井之恭、周布公平、中山寛六郎らの書翰等九十七点が収められているほか、同「関屋貞三郎関係文書」には、大正十年代から昭和初年における時期の自筆書翰が含まれており、当該期の田中の宮中に対するさまざまな働きかけをうかがい知ることができる。その他、徳富蘇峰記念塩崎財団に五十五通の直筆書翰が収蔵され、酒田正敏・坂野潤治他編『徳富蘇峰関係文書』二(山川出版社、昭和六十年)に収録されている。

自伝には『維新風雲回顧録』(大日本雄弁会講談社、昭和三年)、伝記には、富田幸次郎『田中青山伯』(青山書院、大正六年)、熊沢一衛『青山余影田中光顕伯小伝』(青山書院、大正十三年)、沢本謙三『伯爵田中青山』(田中伯伝記刊行会、昭和四年)、その他、田中『維新夜話』(改造社、昭和十一年)、同『憂国遺言』(鱒書房、昭和十五年)などがある。いずれも、人物像および周辺の人物を知る手がかりにはなるものの、当該期の政局の細部を知ることはむつかしい。

田中に関する研究は少なく、安岡昭男「明治期田中光顕の周辺」(『法政史学』三十七、昭和六十年)、同「法政大学図書館蔵田中光顕文書(伊藤博文関係)解題目録」(『法政大学文学部紀要』三十一、昭和六十一年)が、法政大学が所蔵する前記史料の紹介を兼ねて、田中の政治的位置付けを概括的に示している。

(長井　純市)

田中舘愛橘(たなかだて・あいきつ)

安政三―昭和二十七年(一八五六―一九五二)　科学者・東京帝国大学名誉教授

物理学者として知られ、東京帝国大学教授、帝国学士院会員、貴族院議員などをつとめ、昭和十九年(一九四四)には文化勲章を受章した。現在、関係資料のほとんどすべては、郷里岩手県二戸市にある二戸市シビックセンター田中舘愛橘記念科学館(以下、科学館)で所蔵されている。

科学館が所蔵する資料は全部で九七九四点にのぼる。同館ではこれを図書八〇七点、書簡四〇九六点、論文七一〇点、報告書八〇四点、記録・ノート一四五三点、冊子・パンフ二〇〇点、写真三五二点、公的書類六七五点、その他書類三五八点、テープ等二十六点、遺品その他三一三点に分類、整理したうえで公開している。

書簡は点数的に最も多く、恩師のメンデンホールや、弟子の木村栄の書簡など科学者からのものが中心をなす。日記は記録・ノート中に分類されており、全七十四冊。明治四年(一八七一)から晩年の昭和二十七年までほぼ継続的に残されている。田中舘が作成した各種の学術原稿、図面、手帳メモなどは記録・ノートを中心に論文、報告書、冊子・パンフ中に数多く残されている。公的書類中には三九二点にのぼる辞令書などが残されている。遺品類も多く、このなかには肉声を収めたレコードや、生前使用したタイプライターなども存在する。

残された資料は、重力・地磁気・地震・度量衡から航空学の研究まで、科学者としての幅広い活動が反映されたものとなっている。また有名なローマ字論者であったことから、自筆資料の多くがローマ字で記されていることも大きな特徴である。

現在、科学館にはまとまった形の目録はなく、具体的な史料の検索は館内にあるカードによるほかない。閲覧希望者は、申請書を提出することとなるが、事前に連絡、相談しておくことが望ましい。

伝記類としては、①中村清二『田中舘愛橘先生』(鳳文書林、昭和二十三年)、②田中舘愛橘『TOKI wa UTURU(時は移る)』(鳳文書林、昭和二十三年)、③田中舘美稲『私の父 田中舘愛橘』(二戸市、平成十一年)などがある。①は現在、最も一般的な伝記である。②は自伝でローマ字と日本語と両方で書かれている。③は長女である著者が、肉親の視点から捉えた伝記である。①②はともに、地元の人々による顕彰会「田中舘愛橘会」により近年復刊された。

（内藤　一成）

棚橋小虎　(たなはし・ことら)

明治二十二―昭和四十八年(一八八九―一九七三)

労働運動家・社会党のち民社党議員

関係文書は遺族が所蔵していたが、日記をはじめ法政大学大原社会問題研究所に寄贈され、公開されている。同研究所のホームページで「棚橋小虎関係文書」の目録を見ることが出来る。

棚橋は日記を基にした自伝を執筆していたが、亡くなるまでに完結できなかった。そのため、遺族が整理した後、一部が『小虎が駆ける―草創期の労働運動家棚橋小虎自伝』として平成十一年(一九九九)に毎日新聞社から刊行された。筆者はその解説を執筆した関係から、自伝全体と日記のコピーを入手している。

追想録に棚橋小虎追悼集刊行会編刊『追想棚橋小虎』(昭和四十九年)がある。

（伊藤　隆）

谷　干城　(たに・たてき)

天保八―明治四十四年(一八三七―一九一一)　明治期の軍人・政治家

旧蔵の文書・記録は、その主要な部分が、没後約一年という短期間で島内登志衛により編纂され、『谷干城遺稿』上・下(靖献社、明治四十五年)として刊行された(その後、昭和五十一年に続史籍協会叢書に四冊本として復刻されている)。これには、主に回顧録・日記・意見書・書翰(来翰と発翰)が収められ、戦前から谷研究の基本文献となっている。なかでも、幕末期から明治初年にかけての回顧録である「隈山詒謀録」や、明治初年・洋行時(明治十九・二十年〈一八八六・八七〉)・条約改正反対運動期(明治二十一・二十二年)の日記は詳細であり、この時期の政治問題、とりわけ陸軍反主流派や土佐派、あるいは「保守派」の動向を検討する上での基本史料となっている。ただ、『谷干城遺稿』中の明治二十三年以降の日記は、それ以前のものより記述は簡単である。また、意見書、書翰類は、政治的に重要と認められたものを収載したもののようであり利用価値も高いが、年代推定などに不確かなものも少なくない。

　さて、『谷干城遺稿』に収載されたもの、および未収載のものも含め、関係史料は、その一部が、昭和三十七年(一九六二)に古書店より立教大学が購入し、同大学で整理・公開された。この立教大学所蔵「谷干城関係文書」は、平成七年(一九九五)北泉社から、マイクロフィルム版で刊行され、これと併せて文書の詳細な目録が作られた。同目録には、広瀬順晧の文書解説、小林和幸の人物解説、および小林による年譜が付されている。さらに、現在谷家には、書翰を中心とする関係史料約三〇〇点余が所蔵されており、その主要なところは、平成九年の高知市自由民権記念館の特別展「谷干城の見た明治」において展示され、同館の解説目録でその概要を見ることができる。なお、これらの原史料と『谷干城遺稿』を見比べると、『遺稿』の編纂にあたって、かなりの整理が施されている形跡が見受けられる(例えば、雑記的にさまざまな情報が記載された「雑記帳」から、日付の記載のある記述を抽出し「日記」としてまとめるなど)。『遺稿』利用の際、留意する必要があると思われる。また、日記・意見書などの『谷干城遺稿』に収載された史料のかなりの部分が、立教大学所蔵分および谷家所蔵史料にも見あたらない。あるいは、散逸したものとも思われるが、さらに所在の調査が必要であろう。なお、旧蔵書は、谷家から山内家に寄贈されたものがさらに高知県立図書館に寄贈されているほか、東京大学図書館や国立国会図書館にも漢籍などが収蔵されているようである。

　伝記としては、昭和十年に刊行された平尾道雄『子爵谷干城伝』(冨山房)が最も浩瀚なものである。この伝記は、『谷干城遺稿』を基礎とし、また、著者収集の史料を補足して編纂したもので、維新期・明治初年の記述は詳細である。ただ、これに比して、後年の貴族院議員時代の記述がやや薄いという点はある。しかし、今日でも利用価値は高い。また、戦前には、『隈山谷干城之伝』(石原孫一郎、明治二十年)、『国家干城谷将軍詳伝』(渡辺義方、明治二十一年)、『武人典型谷干城』(城南隠士、明治四十四年)、『子爵谷干城先生伝』(寺石正路、昭和五年)、『谷干城』(松沢卓郎、昭和十七年)などの伝記もある。

　戦後の研究は、本山幸彦「谷干城の政治思想について」(『人文学報』六、昭和三十一年)が、本格的研究の端緒となった。その後、坂野潤治「「日本主義」の外国観と日本観—谷干城の「洋行日記」を中心にして」(『知の考古学』昭和五十年三・四月号)、嶋岡晨『明治の人　反骨・谷干城』(学芸書林、昭和五十六年)、飯沼二郎「地租増否論争と田口卯吉・谷干城」(『思想としての農業問題』農山漁村文化協会、昭和五十六年)、福地惇「立憲政治と谷干城」(高知市立自由民権記念館編『谷干城の見た明治　図録』平成九年)、岩井忠熊「谷干城覚書」(『立命館大学人文科学研究所紀要』七十七、平成十三年)などあり研究が進展した。また、小林和幸は、『遺稿』のほか、立教大学所蔵史料および谷家史料を利用して、「政治家としての谷干城」(広瀬順晧・小林和幸編『谷干城関係文書』解説、北泉社、平成七年)、「長崎梅ヶ崎軍人遺骨処分事件と谷干城—政治家としての谷干城の誕生—」(『書陵部紀要』四十七、平成八年)、「谷干城における『立憲思想』とその実践」(『谷干城のみた明治　図録』)、「谷干城における『民権』と『天皇』」(『駒沢史学』五十四、平成十一年)、「谷干城の議会開設後に於ける対外観・外交論」(『駒沢史学』五十七、平成十三年)、「明治初年の谷干城—谷干城における『輔弼』のかたち」(沼田哲編『明治天皇と政治家群像』吉川弘文館、平成十四年)といった論文を発表している。

(小林　和幸)

団　琢磨（だん・たくま）　安政五―昭和七年（一八五八―一九三二）　三井合名理事長

旧蔵文書の所在は確認されていない。死の直後に、日本経済連盟と日本工業倶楽部が伝記編纂を発起し、各方面から材料を収集して故団男爵伝記編纂委員会（代表者高島誠一）『男爵 団琢磨伝』上・下（同会、昭和十三年）を刊行した。周辺の人々の回想や、関係の諸史料が利用されており、団の演説や論説、新聞・雑誌に掲載した論説なども下巻の二〇六頁を割いて多く収録されている。

しかし、団家所蔵と思われる文書は、アメリカ留学時代のノートの写真が掲載されているほかは特に見当たらない。なおこの伝記に一部が用いられている「団理事長談話速記録」は昭和二年（一九二七）に聴取されたもので、三井文庫に「特」番号史料として所蔵されている。

（鈴木　淳）

つ

次田大三郎（つぎた・だいさぶろう）　明治十六―昭和三十五年（一八八三―一九六〇）　内閣書記官長

残された史料は、昭和三十二年（一九五七）、母校の関西（かんぜい）学園関西高等学校（岡山県岡山市）に蔵書を寄贈した際に、それに混じって寄贈された幣原内閣時代の日記と、遺族（次田輝一氏）のもとに残されていた史料群（「次田関係文書」）からなる。本項は、太田健一「次田大三郎日記の解説」（太田健一・岡崎克樹・坂本昇・難波俊成編『次田大三郎日記』山陽新聞社、平成三年）により記述する。

日記は幣原内閣の内閣書記官長時代の昭和二十年十月から十二月までのもので、幣原内閣の実態がうかがえる一級史料である。原本は関西学園に所蔵されている。それ以外の時期にも日記はつけられていたと思われるが現在その所在は不明である。日記の全文と、「次田関係文書」のうち履歴書、「広田内閣法制局長官時代史料」二点、「幣原内閣書記官長時代史料」一点（いずれも書類）、「東京裁判供述書関係史料」六点（広田内閣時代についての供述書三点、同時期に関して記された未発表原稿二点、「青年将校を中心とした国家改造運動の概要」一点）、来翰三十四点（湯浅倉平、宇垣一成、幣原喜重郎、永野修身、藤沼庄平など二十三名より）が前掲『次田大三郎日記』に収録されている。同書には関連史料としてさらに幣原内閣期の『合同新聞』（『山陽新聞』の前身）の関連記事も収められている。

伝記的文献としては前掲『次田大三郎日記』所収の編者たちによる解説（前掲「次田大三郎日記の解説」を含む）がある。

（古川　隆久）

辻　新次（つじ・しんじ）　天保十三―大正四年（一八四二―一九一五）　明治期の教育行政官・文部官僚

天保十三年（一八四二）信濃国松本藩士の子として生まれる。藩校崇教館を経て蕃書調所で洋学を学ぶ。維新後は大学少助教、大助教を経て明治五年（一八七二）に南校校長。同年九月文部本省出勤、同十三年大書記官、地方学務局長。翌十四年十月、普通学務局長に着任し、第二次教育令下の地方教育の再編を主導した。内閣制度発足以後には大臣官房として文相森有礼を補佐し学制改革にあたった。明治二十五年、文部省著作教科書の出版および教科書検定の疑惑の責任を問われ辞任。以後文部行政から離れる。この事件は、当時の図書課長沢柳政太郎が、大木喬任枢密院議長(前文部大臣)に修身教科書検定の状況を語ったことが教科書関係書肆の間に流れ、世論の批判を受けた事件であった。文部行政から離れるものの、帝国教育会会長等の要職を歴任し教育界の重鎮といわれた。明治二十九年、貴族院議員に勅選。大正四年(一九一五)没。

　ところで、戦後日本の教育史研究の進展の中で明治期の教育政策史研究は豊富な蓄積がある。こうした状況にも拘わらず、文部省内部の局・部における権限・役割分担などの基礎的史実すら不明の場合が多く、同様に政策をリードした文部官僚に関する研究も大きく立ち遅れているのが実情である。それ故に、公教育制度成立過程に大きな影響を及ぼした教育関係法令が、一体誰が主導し、どのような手続を経て法令化されていったのか、というような重要な事実すら明らかとなっていない場合が多い。

　辻の場合、幕末の開成所から維新期を経て、明治二十五年まで一貫して教育行政に関わっていた文部官僚である。その一貫性において稀な存在である。彼が文部官僚として関わっていたこの時期こそ、近代日本公教育制度の成立過程の時期だけに、彼のようなサブ・リーダーに関する第一次史料の発掘と研究の深化は、これまでの研究蓄積そのものを再検証する重要な課題である。史料の発掘と研究の展開が待たれる所以である。一例をあげると、日本教育史上一つの画期と評される森文政期に関しても、文相森有礼の高い評価に比し文部次官辻の役割は過少評価されているのではないか。関係する最も体系的な史料は、憲政資料室にある「辻新次関係文書」である。史料の総数五七六点で、内訳は書翰が総数二七八人からの発信になる四八一点、書類が九十五点である。書翰の中で最も多い発信者は大木喬任で七点である。

　唯一の伝記として安倍季雄『男爵辻新次翁』(仁寿生命保険、昭和十五年)がある。また、関係するまとまった研究はほとんどない。その中で、おそらく唯一の論文といえるものが、安倍の前掲書を大空社が『伝記叢書』として復刻した際の、中野実による「解説」である(安倍季雄『伝記叢書二十　男爵辻新次翁』大空社、昭和六十二年)。中野は安倍前掲書の特徴と、辻に関する評伝関係資料十四点を紹介する。この十四点の評伝を丁寧に分析・紹介した後、中野は「共通して欠落する部分」として「辻の文部次官辞任問題」を剔出する。新聞や雑誌を活用して「文部次官辞任問題」の事実関係を丁寧に明らかにしていき、機密漏洩事件の責任は辻に帰せられる事柄ではないが、「文部省積弊の源と指弾を受け辞任を余儀なくされた」という結論に到達する。そのことのもつ意味を中野は、文部省を代表する存在である辻の辞任によって、文部省内部における官僚の世代交代・体質改善を示そうとしたのではないか、と推測する。

　中野の指摘は、中野自身が最後に示した辻研究に関する他の「今後の課題」も含めて検証される必要があろう。

（荒井　明夫）

津田梅子（つだ・うめこ）

　元治元―昭和四年(一八六四―一九二九)　女子英学塾(現津田塾大学)創始者

関連する文書および遺品は、そのほとんどが津田塾大学津田梅子資料室で保存されている。日記、書簡、梅子宛書簡、スクラップブック、スピーチの原稿、遺品および蔵書、関係者の書簡類・遺品類、関連史料等々である。

　昭和五十五年(一九八〇)に山崎孝子(当時津田塾大学教授)により『津田梅子文書』(津田塾大学、昭和五十九年改訂版)が編纂出版された。およそ次のような項目が取り上げられている。一、梅子の生物学論文 'The Orientation of the Frog's Egg'。梅子はブリンマー大学留学時は生物学を専攻した。これはノーベル賞受賞学者トマス・H・モーガンとの共著という形で英国の科学雑誌 *"The Quarterly Journal of Microscopical Science" Vol. 35, 1894*に発表された論文の梅子執筆部分。二、ブリンマー大学同窓会誌、アメリカの新聞、雑誌に寄せた梅子の日本女性・女子教育等に関する意見、アメリカ・デンバーでの万国婦人クラブ連合大会におけるスピーチ（一八九八年）、女子英学塾同窓会誌に掲載された梅子の卒業生へのことば、等々。三、滞英日記（アメリカでの育ての母アデライン・ランマン宛のイギリス旅日記）。四、書簡類、日記、子ども時代の作文、等々。五、津田梅子訳・南日恒太郎註『国文英訳花がたみ』（"*Leaves from Japanese Literature*"）。梅子は早い時期から抜粋ではあるが、日本古典文学や明治期の随筆などの英訳を試みた。ここには「那須与一」「小督の事」（『平家物語』）、「正行吉野へ参る事」（『太平記』）、「粟津原」（『源平盛衰記』）、狂言「清水」等の英訳が収録されている。日本文学の英訳者としての津田梅子研究には格好の文献である。以上は英語文献。六、開校式式辞および梅子の『女学雑誌』等、日本語雑誌への寄稿文・談話。梅子は英語・日本語の二言語をかなり自由に操ったが、母語は英語で、梅子自身が書いたものはすべて英語である。したがってこれら日本語文献は主として梅子の談話を筆記したもの。七、開拓使建議書、洋行心得書、その他津田梅子関連史料。

　昭和五十四年はじめ、津田塾大学の屋根裏物置に放置されていたアナ・ハーツホン（梅子の協力者）のトランクから偶然に四五〇通に近い津田梅子直筆書簡がみつかった。のちに判明したことだが、アナ・ハーツホンは梅子から英文伝記を書くことを依頼され書簡等を預かっていたものの、太平洋戦争勃発で急遽帰米し、トランクだけが忘れられて残されていた。そのトランクから偶然にも発見された大量の書簡は、梅子がアメリカの母アデライン・ランマンに宛てたもので、最初の留学から帰国する明治十五年（一八八二）秋より始まっている。およそ一〇〇年前の書簡がそのままの形で発見されたわけである。元津田塾大学図書館員平田康子が退職後に特別嘱託としてそれらを整理分類し、文献目録を作成した（昭和六十三年、平成二年改訂）。さらにそれらの書簡は重複を除く等の整理がなされて"*The Attic Letters: Ume Tsuda's Correspondence to Her American Mother*"（Edited by Yoshiko Furuki et al, Weatherhill, 1991）として出版された。明治女性史、社会史の上からも貴重な文献である。

　梅子は、女子英学塾設立後、英語教育にふさわしい英語教科書を自分で編纂した。"*Selected Stories in English for Japanese Students Arranged with Notes*"（'Present English' Office, 1900）、"*Old Greek Stories*" by James Baldwinの校訂書、"*The Story of Don Quixote*" retold by Calvin Dill Wilsonの校訂書（ともに英学新報社、明治三十五年）、"*The Adventures of Baron Munchausen*"（アナ・ハーツホンと共同約述、英学新報社、明治三十五年）、"*A Tale of Two Cities*" by Charles Dickensの約述書（英学新報社、明治三十七年）、"*Easy English Stories*"（丁未社、明治四十年）、"*Les Miserables*" by Victor Hugoの約述書（三省堂、大正元年）その他。梅子が関係した英語教科書や前述の梅子の英訳等が掲載された英学雑誌『英学新報』（明治三十四—三十六年）・『英学新誌』（明治三十六—四十一年）は、CD—ROM化されて津田梅子資料室で保存されている（『英学新報・英文新誌』津田塾大学、平成十二年）。英語教育者津田梅子研究には『津田英學塾四十年史』『津田塾六十年史』『津田塾大学一〇〇年史』等も役に立つであろう。

　津田梅子の伝記は四冊ありそれぞれ特色がある。吉川利一『津田梅子』（婦女新聞社刊、昭和五年初版、のち中央公論社、平成二年再版）は、著者が直接梅子に面談してまとめ、梅子の校閲を経たもので、第一次史料として価値が高い。山崎孝子『津田梅子』〈人物叢書〉（吉川弘文館、昭和三十七年初版）は、キリスト者の著者がその立場から梅子に迫り、同時に、歴史史料、同窓会誌などを利用し梅子を史的に捉えようとした。古木宜志子『津田梅子』（清水書院、平成四年）は、梅子に関する新資料の整理に携わった著者が、新資料の情報やアメリカでの記事を加味しまとめたもの。大庭みな子『津田梅子』(朝日新聞社、平成二年)は、新資料を読んで触発された小説家が描いた梅子像である。

　最近の梅子研究としては、梅子のブリンマー大学留学の源を梅子の父津田仙とアメリカのクエーカーとの関係、さらにイギリスのクエーカとの関連にまでさかのぼったもの(亀田帛子「梅子のブリンマー留学に関係した人々」『津田塾大学紀要』二十八、二十九、平成八—九年、『国際関係学研究』二十三、同年)や梅子を女性史・教育史・社会史等の視野から捉えようとしたもの(高橋裕子『津田梅子の社会史』玉川大学出版部、平成十四年)、梅子を支えた人びとを通して梅子に迫ろうとしたもの(飯野正子・亀田帛子・高橋裕子編『津田梅子を支えた人びと』有斐閣、平成十二年)等々がある。

　英文資料は、Suzanne Casey, 'Tsuda Umeko: Pioneer Modern Woman', 1978, Yuko Takahashi 'Umeko Tsuda and Educational Reform in Modern Japan: from Bicultural Child to International Feminist', 1989, Yoshiko Furuki, *"The White Plum, a Biography of Ume Tsuda: Pioneer in the Higher Education of Japanese Women"*, Weatherhill, 1991, Barbara Rose, *"Tsuda Umeko and Women's Education in Japan"*, Yale University Press, 1992, Martha・C・Tocco, *"School Bound: Women's Higher Education in Nineteenth-Century Japan"*, Stanford University, 1994, Mieko Kojima, 'Umeko Tsuda and the founder of Joshi Eigaku Juku', 1998 等がある。

　津田梅子は女性解放家のように目立つ存在ではなかったが、女性の自立を着実に一歩進めた教育者として評価の対象となるであろう。

（亀田　帛子）

津田真道（つだ・まみち）　文政十二—明治三十六年（一八二九—一九〇三）　元老院議官

　旧蔵文書は憲政資料室に所蔵されている「津田真道関係文書」にある。これは、昭和十七年(一九四二)に、大久保利謙が遺族津田道治と連名で受けた帝国学士院学術研究助成による「津田真道遺著の整理解説及出版」にあたって調査された、津田家に保存された自筆本をもとに、のちに大久保から同室に寄託保存されてきた。

　主要なものを時代順にみると、蕃書調所・洋書調所時代の哲学的論攷「性理論」「天外独語」、オランダ留学時代の師フィッセリングからの口述筆記ノート「列国(万国)公法(Volkenregt)」「民法」と翻訳「泰西法学要領」「泰西国法論」「表紀論略」の各稿本、幕末維新時代の「日本総制度・関東領制度」の草稿、明六社時代の雑誌未発表論集「民選議院論」外、紀行文「はなのしおり」、歌集「漏落之子集」「漏落子集」「行彦集」「愛桜集」「天外如来集」「花のしをり」「鉄薇集」、自伝履歴「津田真道履歴」外がある。伝記では、高畑定次郎「錦鶏間祗候従二位勲一等元老院議官法学博士津田真道伝」稿本二冊がある。翻訳刊行本『泰西国法論』『表紀提綱』は大久保旧蔵品を所蔵している。書簡は、原本では、津田なか・佐野与市・勝海舟・丸尾漸・伊達宗城・辻新次・遠藤節雄・梶村平五郎・津田豊・遠藤洞蔵・中江直樹・田中不二麿・中沢堅太郎宛が、憲政資料室をはじめ、津山洋学資料館・今治市河野美術館・早稲田大学図書館・京都大学図書館等に所蔵され、丸尾漸宛書簡十四通は巻子仕立で、平成十三年(二〇〇一)に津山洋学資料館が購入したものである。オランダ留学時代の師シモン・フィッセリングらとの往復書簡(西周書簡も含む)は、岩生成一が調査したタイプ印刷版が東京大学史料編纂所に所蔵されている。『表紀提綱』の原ノート 'Grondbeginselen Statistiek' および未訳に終わった「経済学」の 'De beginselen der Staathuishoudkunde' は、慶応義塾図書館貴重書室に所蔵されている。なお、津田がオランダから持ち帰った「将来本」

も同館に収められている。

津田の論文は、『明治文化全集　法律編・経済編・新聞編』(日本評論社、昭和四年)所収のもの、および高畑の伝記稿本をもとに主要論文や歌集などを翻刻した津田道治『津田真道』(東京閣、昭和十五年)によって知られてきたが、オランダ留学関係、とくにフィッセリング宛書簡などが大久保利謙編『幕末和蘭留学関係資料集成』正・続(雄松堂出版、昭和五十七―五十九年)で紹介された。大久保が津田真道研究に着手してからほぼ五十年目に刊行された大久保利謙・桑原伸介・川崎勝編『津田真道全集』上・下(みすず書房、平成十三年)は、万葉歌の掛軸・色紙・短冊などを除いた、ほぼすべての著作を網羅したもので、主要論文については、西洋学術用語の導入過程、翻訳用語の確定にいたる推敲過程が読みとれるように、影印版を随所に挿入しているところに特徴がある。これに先立って全集の「解説」部分を独立させて、高畑の伝記稿本を付した大久保利謙編『津田真道研究と伝記』(みすず書房、平成九年)が刊行され、現段階の研究水準が示されている。さらに、大久保健晴「明治初期知識人と統計学―『文明論之概略』と『表紀提綱』との間―」(『東京都立大学法学会雑誌』四十一―二、平成十三年)は、『表紀提綱』を明治政治思想史研究に位置づけた労作である。

憲政資料室所蔵の「津田真道文書」は、原文書をはじめ、関係文書のほか全集編纂過程で収集したもの、大久保利謙の「解題」草稿などがまとめられている。

（川崎　勝）

土屋　寛（つちや・ひろし）

明治十三―昭和二十五年（一八八〇―一九五〇）

衆議院議員

「土屋寛関係文書」は東京大学法学部の近代立法過程研究会が収集し、現在東京大学法政史料センター原資料部に所蔵されている。目録は同研究会による「近代立法過程研究会収集文書No.28　土屋寛関係文書」(昭和四十八年)がある。

同文書は書類およびパンフレット類からなり、広島県農林関係(昭和十六―十八年を中心とする)、農林省経済厚生部関係(昭和十―十四年を中心とする)、衆議院関係(戦中を中心とする)に大別される。

広島県農林関係では、「重要農産物増産計画」、「米穀供出増産に関する書類」等の戦時下における食料統制や増産計画に関する史料が、農林省経済厚生部関係では「農山漁村経済更生計画樹立方針」、「農村経済更生中央委員会諮問並答申」等の満州事変および日中戦争下の農村経済更生問題に関する史料が見られる。

衆議院関係では「自作農創設維持の沿革及現況」(昭和十三年)や戦時下の食料統制および増産に関する史料、農地国家管理法案、商工経済法案、農地調整法等の立法関係史料の他、「国民総決起運動関係書類」、「転失業対策資料」、「戦争経済体制確立要綱」等の戦時体制下の国民運動や戦時経済に関する史料がある。また翼賛政治会政務調査会関係の史料も含まれている。

（岸本　昌也）

堤康次郎（つつみ・やすじろう）

明治二十二―昭和三十六年（一八八九―一九六一）

衆議院議長・西武グループ創立者

関係する個人史料は、現在、早稲田大学大学史資料センターにそのほとんどが所蔵されている。この関係史料は、青年時代から晩年までの生涯のほとんどを網羅しているが、特に堤の業績として有名な西武グループに関係する史料よりも、むしろ現在ではあまり知られていないもう一つの側面であった政治活動に関係する史料に貴重なものが多く含まれている。

そのなかでも、戦前の民政党時代では、拓務政務次官時代の植民地行政に関する史料が特筆すべきものとして挙げられ、現在では他機関ではほとんど見ることのできない拓務省関係史料、特に「帝国議会説明資料」関係の史料群は史料的価値の高いものといえよう。

また、戦後の政治関係史料は改進党時代から自民党時代まで貴重な史料の宝庫であり、重光葵・吉田茂・岸信介・佐藤栄作らとの往復書簡などは、戦後保守政治の一面を伝えるものとして欠かすことのできない史料となっている。

この関係史料は、生前から没後二十年余までは旧堤邸内の土蔵に保管されていたが、セゾングループの厚生施設「米荘閣」建設の際に土蔵が取り壊されて以後、早大へ寄贈されるまでの約十年間は「米荘閣」内に保管されていた。また、一部の史料は「米荘閣」内の記念室に展示されていた。この「米荘閣」を含めた旧堤邸跡地は平成十四年(二〇〇二)に売却されたため、記念室に展示されていた史料は、将来、彼の墓がある鎌倉霊園内に記念堂を建設した際の展示用として、すべてを(株)コクドが管理することとなった。なお、この史料のうち勲章などの物品類を除いた書簡の複製は早大に所蔵されている。

その他、小学校時代の成績など数点が、生家である堤会館に保管されている。また、郷里の秦荘町歴史文化資料館には堤のコーナーがあるが、所蔵されているものは肖像画と写真および扁額のみである。

伝記・評伝類は、由井常彦編著『堤康次郎』(エスピーエイチ、平成八年)が関係史料を使った伝記としては代表的なものである。また、筑井正義『堤康次郎伝』(東洋書館、昭和三十年)も堤の生前に史料を借用して執筆されたものである。その他、富沢有為男『雷帝堤康次郎』(アルプス、昭和三十四年)、駒津恒治郎『五島・堤風雲録』(財界通信社、昭和三十四年)、永川幸樹『野望と狂気・「西武」の創始者—堤康次郎・波乱の生涯』(経済界、昭和六十三年)は、実業家としての側面を中心に描かれたものとなっている。また、辻井喬(堤清二)「父の肖像」(『新潮』九十七—十、平成十年十月より連載中)は小説の体裁をとっているが、小説家である息子から見た堤像として興味深いものとなっている。

なお、自身も早稲田大学在学中よりものを書くことに長けており、『日露財政比較論』(博文館、大正三年)の他、『人を生かす事業』(有紀書房、昭和三十三年)、『苦闘三十年』(三康文化研究所、昭和三十八年)、『太平洋のかけ橋』(同、昭和三十八年)、"**Bridge across the Pacific" Sanko Cultural Institute, Tokyo, 1964**(『太平洋のかけ橋』英訳版)、『叱る』(有紀書房、昭和三十九年)といった著作がある。特に『太平洋のかけ橋』は、手元にあった史料を使いつつ、日ソ国交回復問題や日米安保改定問題における自身の政治的関わりについて書き記したものであり、ここで使われている史料は重要なものを多く含んでいる(引用史料は早大寄贈分に含まれている)。

さらに、三康文化研究所編刊『池田内閣誕生まで』(昭和三十五年)、同編刊『世界を動かす人々』(昭和三十六年)も堤の著作とはなっていないが、彼が史料を提供し、実質的に作成の中心となっていたものである。また、日本経済新聞社編刊『私の履歴書』一(昭和三十二年)には自伝が掲載されている。

この他、早大が所蔵する関係史料については、加藤聖文解題による『堤清二氏寄贈「堤康次郎資料」目録』(早稲田大学大学史資料センター、平成十四年)で全容を確認することが可能である。また、同「植民地研究と拓務省文書—堤康次郎関係文書の紹介—」(『日本植民地研究』十二、平成十二年)において、関係史料のなかの拓務省関係史料を紹介している。この他、辻井喬「吉田茂と父・堤康次郎の手紙」(『新潮45』六—八、昭和六十二年)において、吉田茂が堤に宛てた書簡が紹介されている。ここで紹介された書簡の現物は現在所在不明となっているが、複製は早大が所蔵している。

(加藤　聖文)

坪田仁兵衛（つぼた・にへい）

天保九—明治二十九年(一八三八—一八九六)　衆議院議員

関係するかなり多くの文書、書翰類は福井県坂井郡春江町大牧(旧坂井郡大石村大牧)の坪田邸に所蔵され、現当主の坪田一郎氏によって保管されている。

所蔵文書類の内容は彼自身の経歴に従って(一)明治初期の本保、足羽、石川、福井の各県時代の地方行政に関する文書類、(二)地租改正関係の文書類、(三)九頭竜川をめぐる治水関係、特に春江堤防築造に関する文書類、(四)明治二十七年(一八九四)杉田定一が異母弟との間で起こした傷害事件により入檻中九月一日に挙行された第四回総選挙に出馬できず、彼の代理として出馬、当選を果たした総選挙時の関係諸文書、例えば「明治二七年選挙日誌」「坪田選挙事務所会計関係書類」「選挙ニ関スル役員名簿」「総選挙費用出納帳」「第二選挙区事務係稟議綴」等、また総選挙時の政況に関する数多くの書翰類、(五)明治二十年代の福井県における政況に関する書翰類、この中には杉田定一より発信されたおよそ一〇〇通余のものが含まれている。(六)福井県内において刊行された諸新聞(第一次福井新聞、第二次福井新聞、福井・若越自由新聞等)にほぼ分類される。これらはほとんどが福井県史編さん過程でマイクロフィルム化され、簡単な仮目録が作成されている。また福井県文書館には県史編さん過程に集められた諸文書類がおさめられ、その一部が一般に公開されているが、これらの中に「坪田関係文書」も含まれる。

次に坪田家の文書を利用した研究は、かつて坂野潤治氏が来県、坪田家の文書類の一部を検討された結果、伊藤隆氏の協力の下に発表された坂野潤治・伊藤隆「杉田定一坪田仁兵衛関係文書にみる明治二十年代の選挙と地方政治」(『社会科学研究』十七ー一、昭和四十年)がある。

(池内　啓)

鶴見祐輔　(つるみ・ゆうすけ)

明治十八ー昭和四十八年(一八八五ー一九七三)

鉄道官僚・衆議院議員・厚生大臣

筆者は平成二年(一九九〇)、ハワイ大学の**Sharon Minichiello**教授とともに、鶴見和子氏のもとに残された厖大な文書の調査を行い、同氏に憲政資料室への収蔵と公開を依頼した。翌年日記を除いたかなり厖大な関係文書が憲政資料室に寄贈され、平成八年には日記等も寄贈され、同室は目録を作成して公開した。

日記・手帳(明治三十七ー昭和三十四年〈一九〇四ー一九五九〉、大正元年〈一九一二〉以降は手帳も継続的にある。時として英文または英文まじり)は、必ずしも継続して書かれていないが、重要な情報を含んでいる。書翰は発信控を含めて二〇〇〇通を超える。岳父である後藤新平の書翰をはじめ、岩永裕吉、笠間杲雄、河合栄治郎、黒木三次、新渡戸稲造、前田多門からのものの他、外国人からのものも多い(**Woodrow Wilson**からの二通、**Charles Beard**からの十三通などを含む)。

書類は、第一に彼の政治活動に関するもので、議会関係、政党関係の諸書類がある。昭和三年の明政会・床次新党関係、戦後の日本進歩党、改進党結成関係など興味深い史料があり、また鶴見は会談記録や事柄についてのメモを作る習慣があり、それが大量に含まれている。第二は彼が主宰したり関わった団体に関するもので、太平洋協会、新自由主義協会他のものがあるが、最大のものは太平洋問題調査会関係で、日本太平洋問題調査会関係の記録、関係書翰が含まれ、第一回から第五回の太平洋会議関係の書類、書翰、メモ類である。第三に、鶴見は戦前期にアメリカを中心に講演旅行を行っているが、その関係の書類、書翰、講演メモ等、第四に鶴見は国内でも数多くの講演を行い、またラジオでの放送を行ったが、その記録、講演速記、講演草稿などである。第五に文筆活動に関するもので、著書(『英雄待望論』以下多数の著書のほとんどを収録)、新聞雑誌等に書いたものの切り抜き、および著作関係史料である。第六が諸原稿類、第七がその他さまざまな書類で、その中には後藤新平関係のかなり多くの文書、その伝記を書くつもりであった**Woodrow Wilson**関係のものが含まれている。そして第八が履歴や家族関係のもので、ここに辞令・手帳・人名録などの他に公職追放とその異議申し立て、特免申請書、そのための関係者の証言書、さらに没後に書かれた友人らの追悼の文章などが含まれている。

本格的な伝記はない。自叙伝もないが、鶴見の書いた小説のいくつかは自叙伝的なものである。鶴見から「長く温かい恩寵を受けた」という北岡寿逸が編者となった『友情の人鶴見祐輔先生』(非売品、昭和五十年)が身内を含めて五十五人の思い出を集めて編纂された。その巻末に山本梅治編の詳細な「鶴見先生年譜」が付されている。

関係文書を使った本格的な鶴見研究はいまだ世に現れていない。今後の課題であろう。

(伊藤　隆)

て

寺内寿一　(てらうち・ひさいち)

明治十二―昭和二十年(一八七九―一九四五)　元帥・陸軍大将

関係する一次史料は、憲政資料室に収蔵されている「寺内寿一関係文書」と陸上自衛隊山口駐屯地防長尚武館に所蔵されているもの以外は、すでに公表されている写真、書簡のほか見当たらない。

伝記としては寺内寿一刊行会・上法快男編『元帥寺内寿一』(芙蓉書房、昭和五十三年)がある。本書は、約八十名の寄稿または提供した資料・証言・談話などを基礎とし、書籍・雑誌も参照して編集したものである。とくに元大本営参謀今岡豊氏の寄稿の推進、資料の考証に努力した効果が大であり、また編集当時はまだ生存者が多く、したがって豊富で正確な内容の原稿が揃ったことが、本書の価値を高めたものと思われる。

このほか、右の書を補足するに過ぎないが、「南方軍総司令官寺内元帥の死」(沼田多稼蔵記・シンガポール作業隊作成、綾部橘樹中将保持資料)、また「追憶・寺内元帥」(稲田正純執筆、昭和五十三年)があり、額田坦『陸軍省人事局長の回想』(芙蓉書房、昭和五十二年)にもひとつの論稿が載っている。なお、古くは片倉藤次郎『父子・寺内元帥』(アジア青年社、昭和十九年)が刊行されていた。

(森松　俊夫)

寺内正毅　(てらうち・まさたけ)

嘉永五―大正八年(一八五二―一九一九)　陸軍元帥

寺内自身、意図的に歴史史料を残そうという気持ちが強かったこともあり、比較的豊富に残されている。第一は文書史料で、昭和三十九年(一九六四)に寺内裕紀子氏(子息寿一夫人)より憲政資料室に寄贈され公開されている。書類・書簡ともに膨大であり、日記(明治初年から死去する大正七年まで)もおおむね揃っている。目録は、書簡には内容摘記を記した上で、『憲政資料目録第八　寺内正毅関係文書(付)岡市之助文書』として昭和四十六年に国立国会図書館が発行した。概要としては、書簡は山県有朋・田中義一からのものが圧巻である。書類は朝鮮総督府関係、シベリア出兵関係などまとまっている他、各種報告や意見書など多数である。第二は、大正十一年(一九二二)に遺言により設立された寺内文庫(私設)に寄贈された書籍である。同文庫に関しては、国守進編・刊『桜圃寺内文庫の研究』(昭和五十一年)に詳しいが、それによれば明治三十六年(一九〇三)山口県徳山市に二万冊の児玉源太郎旧蔵図書が寄贈され作られた「児玉文庫」に刺激を受けて彼も思い立ち、防長の精神を後世に伝えるために、日本・中国・朝鮮の古典籍を中心に蒐集を始めたと言われ、一般図書約六〇〇〇冊、古典籍一万二〇〇〇冊で構成されていたが、のち上原勇作からの寄贈図書一二六〇冊などを加えて徐々に増加していった。したがって彼の個人的史料は少ないが、それでも朝鮮総督時代の史料十三点、意見書三点、書画・写真約五十点などがある。同文庫はのちに山口女子専門学校・山口県立女子短期大学・山口県立女子大学の付属図書館を経て、現在では山口県立大学の図書館内に桜圃寺内文庫として継承されている。第三は、陸上自衛隊山口駐屯地防長尚武館に寄贈されたもので、これは当初、「寺内文庫」に陳列されていたのを遺族が引き上げ、昭和四十年に設立された同館に寄贈したもので、寺内と寿一に関わる勲章・勅書・勲記・記録・服装類など二〇二点があり、なかには寺内の掛け軸・演説原稿・メモ、寿一関係の書簡・書類が若干ながらあるという。

　以上の内、第一の文書については山本四郎がその一部を復刻している。『寺内正毅日記』(京都女子大学、昭和五十五年)には明治三十三年から大正七年の日記が、『寺内正毅関係文書　首相以前』(同、昭和五十九年)には首相就任以前の書類のうち重要なものが、『寺内正毅内閣関係史料』上・下(同、昭和六十年)には寺内内閣期の書類のほとんどが、それぞれ掲載されている。また、書簡に関しては藤井貞文が刊行する予定で約三分の二ほどを原稿化したと聞くが、現在まで刊行されていない。ちなみに、「寺内寿一関係文書」も憲政資料室に寄贈されており、女婿の児玉秀雄(寺内内閣書記官長)の史料は児玉家に存在し、近々尚友倶楽部から刊行される予定である。

　なお、徳富蘇峰記念塩崎財団が徳富宛書簡二十五通を所蔵し、憲政資料室の諸関係文書中にも多数の寺内書簡が収められている。

　伝記には、黒田甲子郎編『元帥寺内伯爵伝』(元帥寺内伯爵伝記編纂所、大正九年、のち大空社、昭和六十三年復刻)がある。「寺内文書」を使った研究としては、朝鮮統治に関する馬淵貞利「寺内正毅と武断政治」(旗田巍編『朝鮮の近代史と日本』大和書房、昭和六十二年所収)、陸軍に関する北岡伸一『日本陸軍と大陸政策』(東京大学出版会、昭和六十三年)、小林道彦『日本の大陸政策』(南窓社、平成八年)などがある。

(季武　嘉也)

寺島宗則（てらしま・むねのり）

天保三—明治二十六年(一八三二—一八九三)　第四代外務卿

旧蔵の文書・記録は、その大半が「寺島宗則関係文書」として、憲政資料室に所蔵されている。同文書は、政治・経済・外交関係の覚書・意見書・草案などの各種手稿並に書簡からなる。昭和十五年(一九四〇)、尾佐竹猛を中心に寺島伯伝記編纂会が組織されて本格的な史料収集が始まった。同二十年の戦災で多くの史料が失われたが、その一部は憲政史編纂会収集文書中に「寺島家文書」として残った。昭和五十五年、寺島家別荘から大量の書簡類五〇〇余通と意見書三十余点等が新たに見つかったことがきっかけで、土屋喬雄・大久保利謙らにより、「寺島宗則研究会」が結成され、「寺島関係資料」の調査研究が始まった。さらに、同五十七年、寺島の女婿長崎省吾旧蔵の「寺島家文書」が発見されたことで研究は進展、両史料は一括して憲政資料室に収められることになった。これが「寺島宗則関係文書」である。

　次に鹿児島県歴史資料センター黎明館が所蔵する「寺島宗則文書」がある。これは、昭和五十年に県が古書店を通じて購入したもので、辞令類等五点を除くほかはすべて寺島宛の来簡である。総数は八十通。明治初期から中期にかけての書簡を多く含む。このほか個人の所蔵にかかる史料として、寺島家の「陶里遺墨」、「来簡帳」は、寺島自筆書簡や意見書案に見るべきものが多い。また阿久根市の松木家が所蔵する寺島の「自叙年譜」や「先考松木樹庵府君行述」、「松木家書類写」なども松木弘安時代の寺島を知る史料として貴重である。さらに深谷博治の収集した寺島関係史料写本が早稲田大学深谷博治文庫に「寺島宗則関係文書」と題して収められている。

以上の史料に散逸した書簡や記録を博捜追加し、寺島宗則研究会が、昭和六十二年に『寺島宗則関係資料集』全二巻（示人社）を刊行した。上巻を書類篇として政治法制・外交・経済・通信の各篇に分類、下巻は伝記・書簡・雑纂にあてられている。寺島関係史料は本書にほぼ網羅されているといってよいであろう。

著作は『財政弁偽』（明治十五年）、『日本国会案』（同十六年、英文）、『民富邇言』（同十九年、同二十五年、庚寅新誌社）、『寺島伯論説』（同二十五年）などがある。

伝記としては高橋善七『日本電気通信の父寺島宗則』（国書刊行会、平成元年）が通信事業に果たした寺島の役割に重点を置いて記述、犬塚孝明『寺島宗則』（人物叢書）（吉川弘文館、平成二年）は、一次史料を用いて蘭学者時代から外務卿時代まで主に外交思想史的観点から述べている。

寺島に関する近年の研究では、条約改正問題を論じたものに、細谷義秋「寺島宗則外務卿の条約改正交渉について―対米正式交渉より改正交渉挫折まで―」（『日本私学教育研究所紀要』二十二―一、昭和六十一年）、長沼秀明「寺島外交と法権回復問題」（『駿台史学』九十七、平成八年）、同「寺島宗則外務卿時代における領事裁判権撤廃問題についての研究―領事裁判と『内外交渉訴訟』―」（『明治大学人文科学研究所紀要』四十七、平成十二年）があるほか、山崎渾子「岩倉使節団と寺島宗則―キリシタン問題をめぐって―」（田中彰編『近代日本の内と外』吉川弘文館、平成十一年）が寺島の宗教観を、犬塚孝明「寺島宗則の外交思想―自主外交の論理とその展開―」（『日本歴史』五一五、平成三年）、同「明治初期外交指導者の対外認識―副島種臣と寺島宗則を中心に―」（『国際政治』一〇二、平成五年）が寺島の外交思想を中心にそれぞれ考証を加えている。

（犬塚　孝明）

と

東郷平八郎（とうごう・へいはちろう）　弘化四―昭和九年（一八四七―一九三四）　海軍元帥

数多の伝記の中で、記述内容、裏付け、精度の点で小笠原長生の『東郷元帥詳伝』（春陽堂、大正十年）の右に出るものはない。東郷と小笠原は東宮御学問所総裁と同幹事という関係にあり、七年間つねに行動を共にした。東郷御学問所は冬季になると沼津の御用邸に移り、総裁東郷らも近くの旅館を借りて出勤したため、共有の時間が一層増えた。詳伝はこうした関係の中で編纂されたもので、この間の二人の会話が詳伝の最大の資料源になった。

すでに出版界には東郷伝が出回りはじめ、その根拠の明らかでなかったことが詳伝編纂の動機だが、小笠原と軍令部の話し合いで小笠原の私撰ということになった。ただし、海軍文庫や軍令部が保管するすべての関係資料を閲覧する特権を与えられる反面、軍令部が原稿を校訂することになり、官撰的性格も加味されることになった。編纂の過程で小笠原が得た資料は、東郷本人から聞き取った話、家族・縁者の話、書簡、家系図等東郷家家財、薩摩・海軍関係者の話、手持ち資料、海軍文庫及び軍令部が保管する公文書等で、東郷の日記とかメモ書きを入手した形跡がない。東郷の英国時代は、現在東郷神社で保管しているはずの英国留学時代の日記を使わず、東郷への聞き取りで補っている。常識的には存命中の日記の公開はありえないことで、小笠原も詳伝の編纂に利用しなかった。なお死後、蔵書が東京麹町の私邸からいったん逗子の別邸に移され、昭和十五年(一九四〇)に東郷神社の所蔵庫に収められたといわれるが、その中に日記が含まれていたか確認できない。すでに焼却されていたという伝聞もある。

　詳伝の特徴は、官撰に近い上に、自身が原稿を校閲し書き直しを命じたことにより、自伝的性格も合わせ持つようになったことである。また日露戦争の部分は、海軍文庫等の公文書だけで執筆した戦史的内容で、東郷を描写する姿勢がないことも特徴であろう。編纂終了は御学問所が閉鎖された大正十年(一九二一)三月直後で、記述の範囲も御学問所閉鎖にまで及んでいるが、日露戦後から閉鎖までの記述は年表風に簡略化されている。印刷と製本の間に関東大震災に見まわれ、版本によって若干の差が生じた。詳伝に資料と模範をとる他作者の東郷伝は、いずれも日露戦争終了直後までか御学問所を少しつけ加える程度で済ます構成法を採用し、東郷の神格化を促進する役割を果した。今日に至るまで諸々の東郷伝が刊行されているが、裏付け資料の点で詳伝に太刀打ちできない上に、内容も詳伝の縮刷に等しい。御学問所閉鎖後も小笠原の東郷独占状態は続き、東郷に関する話題はほとんど小笠原を通じて出された。小笠原は彼の日記をもとに『晩年の東郷元帥』(平凡社、昭和十二年)等を発表したが、日露戦後の東郷を描いた作品は軍国化する時代の関心を惹かなかった。

　戦後も伝記はつぎつぎに出ているが、新出の一次資料を使ったものはほとんどない。ただ田中宏巳が小笠原長生の日記を発見したことにより、これまで未知の状態であった大正時代末から死去する昭和九年(一九三四)にかけての動向を辿ることができるようになった。田中は、日記に基づき、「昭和七年前後における東郷グループの活動」(一)(二)(三)(『防衛大学校紀要』五十一―五十三、昭和六十―六十一年)と『東郷平八郎』〈ちくま新書〉(筑摩書房、平成十一年)をまとめ、「元老」的存在であった東郷の動きを明らかにした。

（田中　宏巳）

東條英機　（とうじょう・ひでき）

明治十七―昭和二十三年(一八八四―一九四八)

内閣総理大臣・陸軍大将・陸軍大臣・内務大臣

関係の文書・記録としてまとまったものは少ない。①東條内閣当時の内閣総理大臣秘書官(鹿岡円平氏)らによって作成された、東條総理大臣の半分公的といってよい記録「東條内閣総理大臣機密記録」が、法務大臣官房司法法制調査部に保管されている(清瀬一郎により、他の極東国際軍事裁判記録とともに寄贈されたもの)。また、②総理大臣秘書官であった廣橋眞光氏による、東條の言行に関する記録「東條英機大将言行録」が、廣橋家に所蔵されている。この①②を活字化したものが、伊藤隆・廣橋眞光・片島紀男編集『東條内閣総理大臣機密記録』(東京大学出版会、平成二年)である。記録そのもののみならず、記録中に綴じこまれた別紙などに見るべき情報がある。伊藤隆氏による解題末尾には、「付1」として「総理大臣兼内務大臣陸軍大臣恒例日課予定表」が、さらに「付2」として「東條メモ(抜粋)」が掲載されている。後者の「東條メモ」(三男敏夫氏保管)は、昭和十八年(一九四三)二月二十三日から九月十一日までの断続的なメモであるが、丹念に職務の記録をとっていた東條にふさわしく、詳細かつ重要な情報・論点を多く含んでいる。

　首相時代の演説集に、『大東亜戦争に直面して―東條英機首相演説集』(改造社、昭和十七年）、極東国際軍事裁判（東京裁判）での宣誓供述書に、『天皇に責任なし責任は我に在り』（洋々社、昭和二十三年）がある。東京裁判において、国際検察局（International Prosecution Section）が作成した、Numerical Case Files（アメリカ国立公文書館）の中に、東條への尋問調書がある。これは、粟屋憲太郎・吉田裕編集・解説『国際検察局　尋問調書』（日本図書センター、平成五年）の第五・六巻（英文）に所収されている。これらの尋問調書を用いた研究である、ジョン・G・ルース著／山田寛訳／日暮吉延監修『スガモ尋問調書』（読売新聞社、平成七年）中の「東條英機」の章は、ジョン・フィーリーによる東條への尋問の主要部分を載せていて価値がある。

新しい東條像を提出しうる材料を含む史料としては、①伊藤隆・佐々木隆復刻「鈴木貞一日記　昭和八年」「同　昭和九年」（『史学雑誌』八十七―一・四、昭和五十三年）、②田浦雅徳・古川隆久・武部健一編『武部六蔵日記』（芙蓉書房、平成十年）、③「美濃部洋次満洲関係文書」（一橋大学経済研究所附属日本経済統計情報センター所蔵）などが挙げられる。①からは、政党内閣崩壊期から挙国一致内閣期にかけての不遇時代（反皇道派的な態度が陸軍中央から忌避される）の東條像が、②と③からは、満州国において、関東憲兵隊司令官兼関東局警務部長から、関東軍参謀長へと地位を上昇させていった時代（この時期、満州国に対する統治体制をめぐり、大使館・関東局・関東軍・対満事務局などが対立・連衡を繰り返していたが、こういった問題の処理において公正・中立的な態度で、調停者として重要な役割を果たした）の東條像が明らかとなる。

また、「昭和天皇独白録」（『文芸春秋』平成二年十二月号、のち文春文庫、平成七年）中の、昭和天皇の東條に対する発言などは、参照されるべきであろう。また、東京裁判において、天皇不訴追に動いたボナー・F・フェラーズの下に残された英文版独白録についての著作、東野真著／粟屋憲太郎・吉田裕解説『昭和天皇　二つの「独白録」』（NHK出版、平成九年）も参考になる。

伝記的研究としては、ロバート・J・C・ビュート著／木下秀夫訳『東條英機』（時事通信社、昭和三十六年）、上法快男・東條英機伝記刊行会編『東條英機』（芙蓉書房、昭和四十九年）、保坂正康『東條英機と天皇の時代』（伝統と現代社、昭和五十四―五十五年、のち文春文庫、昭和六十三年）が挙げられる。最後に挙げた保坂のものは、多くの未公刊史料を用い、足で情報を集めた労作となっているので価値が高い。研究論文としては、柴田紳一「東條英機宛松岡洋右書翰について」（『国学院大学日本文化研究所紀要』八十、平成九年）、波多野澄雄「講演録　政治指導者としての東條英機」（『明治聖徳記念学会紀要』三十五、平成十四年）がある。

東條内閣期を包含する優れた研究として、政治と外交については、波多野澄雄『太平洋戦争とアジア外交』（東京大学出版会、平成八年）、天皇と軍事指導については、山田朗『昭和天皇の軍事思想と戦略』（校倉書房、平成十四年）がある。

（加藤　陽子）

堂場　肇（どうば・はじめ）
大正十―昭和五十九年（一九二一―一九八四）　読売新聞編集委員

旧蔵の文書は、現在、（財）平和・安全保障研究所（以下、平和安保研と略）に保管されている。同文書は、渡辺昭夫を代表とする「戦後日本形成の基礎的研究」（文部省科学研究費重点領域研究）が実施された際、戦後の防衛問題を担当した阪中友久に未亡人が寄贈したものである。当初、同文書は阪中が勤務する青山学院大学に保管されていたが、同氏が平和安保研の理事長に就任するにあたり、同研究所に保管場所が移った。理事長退任後も、戦後の防衛問題をともに担当し青山学院大学の同僚でもあった渡辺が次の理事長に就任することになり、現在も同研究所に保管されている。文書の本格的整理は進んでおらず、したがって正式の目録等はまだできていない。

しかし、これまで同文書を利用した研究者や平和安保研の所員によって仮目録程度のものは作られつつあり、それによって全体像を窺うことはできる。同文書の利用に当たっては、それらの仮目録を利用しつつ、個別に各史料にあたっていくしかないのが現状である。ただし、史料によって劣化・破損の恐れがあるものもあり、研究所は今後の保存法について検討中である。したがって文書の利用についても、研究上の目的で使用することが明確な場合にのみ研究所内での閲覧が許され、また、劣化・破損を少しでも防ぐためコピーは禁止されている。

堂場は、戦後再軍備の初期段階から防衛問題を担当した日本でも著名な防衛問題記者であった。したがって同文書は、占領期から読売新聞を退社する一九八〇年代初頭までのものが含まれている。ただし、四〇年代末から六〇年代のものが大部分である。内容は、取材する過程で入手した雑多なものが広範に存在し、自身によると思われるインタビュー記録や記事原稿、米国の公文書コピーや研究書などもあるが、重要なのは防衛庁関係の史料である。特に一次防から四次防にいたる各種史料や国防会議議事録等注目すべき史料が多数存在している。

同文書を利用した研究としては、豊下楢彦『安保条約の成立—吉田外交と天皇外交—』〈岩波新書〉(岩波書店、平成八年)や、同編『安保条約の論理—その生成と展開—』(柏書房、平成十一年)のように、当初、同文書中の「平和条約の締結に関する調書」など一部の講和関係史料が着目されていたが、現在は、植村秀樹『再軍備と五五年体制』(木鐸社、平成七年)をはじめ、占領期から六〇年代の史料を中心に、金斗昇・中村起一郎・吉次公介など若い世代の研究者によって本格的に活用され始めている。特に中島信吾の以下のような一連の研究や佐道明広の研究は同文書を使用した代表的なものである。中島「戦後日本型政軍関係の形成」(『軍事史学』三十四—一、平成十年)、同「戦後保守政党政治と旧軍人」(『法学政治学論究』〈慶応義塾大学大学院法学研究科〉三十、平成八年)、同「戦後防衛力整備の枠組み—『国防の基本方針』・『第一次防衛力整備計画』への道のり—」(同四十一、平成十一年)、佐道『戦後日本の防衛と政治』(吉川弘文館、平成十五年)。防衛問題の史料がかなり限定的にしか利用できない現状において堂場文書の存在は大きな価値があり、今後も戦後の防衛問題研究にあたって積極的に利用されていくものと考えられる。

新聞記者であったことから『日本の軍事力—自衛隊の内幕—』(読売新聞社、昭和三十八年)や田村祐造・園田剛民との共著『防衛庁』(朋文社、昭和三十一年)など防衛問題に関する著作や論文も多い。しかし戦後の防衛問題に関する本格的な研究がいまだ数少ない現状において、堂場自身に焦点をあてた研究は見当たらない。なお、略歴と著書・翻訳目録は青山学院大学国際政治経済学会『国際政経論集』三〈故堂場肇教授追悼号〉(昭和六十年)に掲載されている。

(佐道　明広)

土岐　章（とき・あきら）

明治二十五—昭和五十四年(一八九二—一九七九)

子爵・貴族院議員・研究会幹部

旧沼田藩主、子爵土岐頼知の七男として誕生。大正七年(一九一八)襲爵。昭和三年(一九二八)より二十一年まで貴族院議員。この間、陸軍参与官、陸軍省政務次官等をつとめる。

憲政資料室には「土岐章関係文書」計一二五点が所蔵されている。主な史料としては大正十三年より昭和二十七年までの手帳が断続的にあり、また華族関係、貴族院有爵議員互選選挙関係等の各種書類がある。書類は時期的には章だけでなく先々代の頼知時代のものを含む。

このほか群馬県沼田市教育委員会では「土岐家寄贈資料」を所蔵している。同史料は藩政時代が中心であるが、一部に近代以降のものを含む。

(内藤　一成)

徳川義親（とくがわ・よしちか）　明治十九―昭和五十一年（一八八六―一九七六）　革新華族

日記のうち、大正十四年（一九二五）から昭和二十年（一九四五）までの時期のものは、アメリカ国立公文書館に保管されていた。この日記の主要部分は、粟屋憲太郎と小田部雄次により『中央公論』昭和五十九年七月号と八月号に掲載された。その後、日記の原本は徳川家に返還され、コピー全文は国立国会図書館現代政治資料室に寄贈された（非公開）。「徳川義親日記」がアメリカ国立公文書館に保管されていた背景には、東京裁判の国際検察局の活動があった。国際検察局は裁判の証拠資料として、敗戦直後の昭和二十一年に同日記を押収しており、それがそのまま返還されずにアメリカに持ち帰られたのであった。そして、三十年後に東京裁判関係資料が公開されることによって、同日記も一般の目に触れることとなったのであった。

徳川義親は尾張徳川家を継いだ大名華族であり、その言動の多様さと特異さで知られた。とりわけ、戦前のクーデター未遂事件である三月事件の決行資金を提供したパトロンとして有名であった。国際検察局もこうした黒幕的側面に目をつけ、日記を押収したのであった。事実、日記には、三月事件はじめ、戦前の軍部や右翼との深いつながりを持ち、さまざまな政治謀略に関わった動きが記されている。たとえば、大川周明・清水行之助・石原広一郎・藤田勇ら国家主義者や急進派の軍人らとの親密な人脈、華北分離工作、上海派遣慰問団、排英運動などの謀略などとの関わりがわかる。とりわけ、太平洋戦争開始後、南方軍政顧問としてシンガポールに赴任し、現地でサルタン統治やマレー人教育などに尽力する。そしてインド独立の特務機関とも密接な関係を持った。こうした戦時中の活動は、日記を分析した小田部雄次『徳川義親の十五年戦争』（青木書店、昭和六十三年）に詳しい。

関連する資料としては、日記のほかに、防衛研究所戦史部所蔵の「南方軍政関係資料」（通称「徳川資料」）がある。同資料は軍政顧問時代に所持していたものであり、「王侯処理に関する件」など南方軍政の具体的な方針に関する資料がふくまれる。

なお、徳川が記した著書は、『徳川義親自伝　最後の殿様』（講談社、昭和四十八年）のほか、戦前からの南方での体験を記した『じゃがたら紀行』（中央公論社、昭和五十五年）、戦時中の上海派遣慰問団当時の著述として『江南ところどころ』（モダン日本社、昭和十四年）などがある。また、マレー語の入門書やエチケットに関する徳川礼法の著書もある。評伝としては、中野雅夫『革命は芸術なり―徳川義親の生涯』（学芸書林、昭和五十二年）がある。

（小田部　雄次）

徳川義寛（とくがわ・よしひろ）　明治三十九―平成八年（一九〇六―一九九六）　侍従長

昭和十一年（一九三六）に侍従となり、同六十年から六十二年侍従長、平成八年に死去するまで侍従職参与として宮中に仕えた徳川は、昭和十九年から同二十七年までの日記を私家版として活字化し、ごく少数の身近な人や、『昭和天皇実録』を編纂している書陵部に配布していた。二冊からなり、『日記―武は文にゆずる』は同十九年一月から同二十一年一月までを収録し、『日記・続』は同二十一年二月から十一月初めまでの記録に、巡幸、進講、日本国憲法制定、退位問題、平和条約などの覚書を付している。覚書の中には、戦後の昭和天皇退位論について天皇自身が昭和四十三年に当時の稲田周一侍従長に語ったとする要旨が含まれている。これらは平成十一年（一九九九）に『徳川義寛終戦日記』（朝日新聞社）にまとめられ出版された。この日記は、原本ではなく、徳川自身の校訂を経た上記私家版によるものである。

著作などとしては、昭和十九年に『独墺の美術史家』（座右宝刊行会）が刊行されている。ドイツ・ベルリン大学に留学中の美術史の研究をまとめた。戦後は昭和四十四年に『皇居・新宮殿』(保育社カラーブックス)が刊行された。昭和四十三年に完成した新宮殿を、空襲で焼失した明治宮殿と比較し、建物や内部の装飾、調度類などを紹介。昭和二十年五月二十六日の明治宮殿火災の回想や、新宮殿造営の過程を記している。

また、昭和二十年八月十五日未明、降伏を阻止しようと一部反乱将校が近衛兵を率いて皇居に乱入、徳川がなぐられながらも「玉音盤」を守ったエピソードについて、自ら「いちばん長い日の証言」と題して『文芸春秋』昭和四十二年九月号に執筆。テレビ東京編『証言・私の昭和史4』(学芸書林、昭和四十四年、のち旺文社文庫、昭和五十九年、さらに文春文庫、平成元年)に当時の回想談が収録されている。晩年には、産経新聞記者に語った昭和二十年八月十五日の回想が平成七年八月十四日に『産経新聞』に掲載された。また昭和史を振り返って朝日新聞記者に語った回想が平成八年八月十一日から同二十日まで『朝日新聞』に連載され、平成九年に『侍従長の遺言』(朝日新聞社)として刊行された。上記日記中の、退位問題について稲田侍従長に語ったとされる要旨は平成十一年一月六日付『朝日新聞』に掲載された。

(岩井　克己)

徳大寺実則　(とくだいじ・さねつね)

天保十―大正八年(一八三九―一九一九)　宮内卿・侍従長

関係する史料としてまず挙げるべきものは、その日記であろう。実則は長らく明治天皇の側近として仕えていたため、その日記は『明治天皇紀』においても重要な史料となっている。『明治天皇紀』の編修を行なっていた宮内省臨時帝室編修局では、実則の死後、編修に必要な部分として明治十八年(一八八五)三月から大正三年(一九一四)五月までの十九冊を徳大寺家より借用、謄写本を作成して返却した。その後、書陵部では昭和三十年代の終りに徳大寺家より日記原本(嘉永四年〈一八五一〉―大正八年、四十冊)等の史料を購入した。これらのうち、日記については原本・写本とも平成十三年(二〇〇一)度より書陵部にて公開されている(目録は『書陵部紀要』五十三、平成十四年、「新収本目録」)。

その他、書陵部所蔵の史料には、「徳大寺実則建白書」や「参考史料雑纂」中の「徳大寺家所蔵文書」など、関係史料が少なからず含まれている(書陵部所蔵史料のうち、公開分は『和漢図書分類目録』上・下・索引・増加一、および『書陵部紀要』各号に掲載の「新収本目録」を参照)。

また、国立史料館所蔵の「山城国徳大寺家文書」は、近代の徳大寺家関係の史料が相当部分を占め、徳大寺実則個人に関わる史料は少ないものの、その中には明治三十年二月―四月分の実則自筆日記一冊が含まれているほか、嗣子公弘等家族の日記、徳大寺家家扶の日記などもある(『史料館所蔵史料目録』第六十八集　山城国諸家文書目録』)。

早稲田大学中央図書館特別資料室には、『徳大寺実則日記写本』八冊が所蔵されている。これは、臨時帝室編修局編修官であった渡辺幾治郎旧蔵のもので、前述の同局謄写本の抄録である。

徳大寺は、侍従長という職掌から、明治期の元勲級の政治家や宮中関係者へ多くの書翰を発信しており、これらの諸家の関係文書に、徳大寺書翰が含まれているケースが多い。憲政資料室所蔵文書を例に取ると、伊藤博文・大木喬任・桂太郎・松方正義・斎藤実・元田永孚・三条実美・山県有朋・陸奥宗光などの各文書、および「憲政史編纂会収集文書」等に、比較的まとまった点数の徳大寺書翰が見られる。

伝記的にその生涯を扱ったものとしては、梶田明宏「徳大寺実則の履歴と史料について」(沼田哲編『明治天皇と政治家群像』吉川弘文館、平成十四年)があるのみで、他には伝記・評伝としてまとまった文献は見あたらない。

徳大寺関係史料を紹介したものとしては、

日記のうち明治三十四年一ヵ年分を翻刻した、岩壁義光・福井淳・梶田明宏・植山淳・川畑恵「昭和天皇御幼少期関係資料―「徳大寺実則日記」と「木戸孝正日記」―」(『書陵部紀要』五十三)があり、その解説も徳大寺の経歴と史料について参考となろう。

その他、『明治天皇紀』編修に携わった一人である渡辺幾治郎は、「徳大寺実則」と題した小文を、『明治天皇と輔弼の人々』(千倉書房、昭和十一年)、『明治天皇の聖徳 重臣』(千倉書房、昭和十六年)、『明治天皇』(明治神宮、昭和三十五年)などのいくつかの著作の中に載せている。　(梶田　明宏)

徳富蘇峰　(とくとみ・そほう)

文久三―昭和三十二年(一八六三―一九五七)　ジャーナリスト・国民新聞社長

関係史料は、蘇峰の意志も含めた諸事情によって、いくつかに分与され、また現在においても流動的な部分があり、全体像を正確に把握することは困難である。関係史料をある程度まとまった形で所蔵または保管する公的な機関を列挙すると、東から、憲政資料室、蘇峰会(東京都中央区)、山王草堂記念館(東京都大田区)、徳富蘇峰館(神奈川県二宮町)、徳富蘇峰館(山梨県山中湖村)、同志社大学(京都市)、徳富記念館(熊本市)、新聞博物館(同)、蘇峰記念館(水俣市)などが挙げられる。

このうち、所蔵史料がもっとも多く、閲覧も含めた公開体制がもっとも整っているのは、二宮町の徳富蘇峰記念館(徳富蘇峰記念塩崎財団)であろう。これは最晩年の秘書塩崎彦市氏が、蘇峰より受け継いだ史料を、財団法人として記念館を建設し一般に公開しているものである。同館所蔵史料の中心は約四万六〇〇〇通の蘇峰宛書翰で、『徳富蘇峰宛書翰目録』(平成七年)が同財団から刊行されている。また同館所蔵書翰の一部を翻刻としたものとしては、『徳富蘇峰関係文書』三冊(『近代日本史料選書』七、山川出版社、昭和五十七―六十二年)があり、同館学芸員高野静子氏は著書『蘇峰の書翰から』(中央公論社、昭和六十三年)、『続 蘇峰の書翰から』(徳富蘇峰記念塩崎財団、平成十年)によって、館蔵書翰の紹介を行っている。また、『徳富蘇峰記念館所蔵民友社関係資料集』(『民友社思想文学叢書』別巻、三一書房、昭和六十年)は同館の史料のうち、民友社関係の史料を集成したものである。

徳富家に残された史料の多くは、山中湖村の徳富蘇峰館、大田区立山王草堂記念館に寄贈または寄託されているが、いずれも記念館として展示による一般公開であり、所蔵目録の刊行や閲覧体制の整備は行われていない。

出身地熊本に目を向けると、生家のある水俣市には蘇峰記念館がある。これは、昭和四年(一九二九)に蘇峰からの寄付をもとに、その父一敬を記念して建てられた淇水文庫が前身で、昭和五十八年に現在の名称となり、蘇峰関係資料の他、父淇水や弟蘆花関係の資料も展示されている。所蔵史料はそれほど多くないが、大江義塾時代の貴重史料や、戦後『徳富蘇峰翁と病床の美人秘書』(野ばら社、昭和二十四年)と題し刊行されて話題となった秘書八重樫東香宛の書翰などがある。その他水俣市では、蘇峰・蘆花生家が整備され公開されている。こちらは町屋造としては熊本県内最古という、建築史上の重要性が注目されるが、関係資料として額・軸物、若干の遺品、家具類が展示されているのみである。

熊本市の徳富記念館は、明治十九年(一八八六)までの住居でもあった大江義塾の敷地にあり、現存する当時の建物を公開するとともに、その脇に建てられた記念館で書や原稿、遺品などを展示するほか、若干の書翰類を所蔵する。また、熊本日日新聞社の運営する新聞博物館では、熊本出身の新聞人を中心とする史料を所蔵しており、蘇峰についても若干の書翰その他の史料を有している。

同志社大学では、蘇峰の遺志によって没後寄贈された旧蔵書を含む関係文献を徳富文庫として図書館に保管するほか(『同志社徳富文庫所蔵目録』昭和三十五年)、社史資料室には、秘書であった並木仙太郎のコレクションを蘇仙庵文庫として所蔵する。蘇仙庵文庫には公開された目録はないが、蘇峰関係の遺品・遺墨のほか、陸羯南・中江兆民・田口卯吉などの蘇峰宛書翰も含まれる。

蘇峰会は、昭和五年に蘇峰の文章報国を支援する目的で設立された団体であるが、死後も蘇峰を顕彰する目的で財団法人として活動を継続している。同会では、生前より蘇峰書簡集を刊行する計画で、全国の蘇峰書翰の所有者に呼びかけて、書翰の原稿の蓄積を行ってきた。その一部は、機関誌『民友』に紹介されているが、書簡集そのものの刊行には至っていない。

その他、憲政資料室所蔵の「深井英五関係文書」は、深井が国民新聞社員であったときから敗戦後に至るまでの蘇峰書翰の表装十一巻など一九四点(『深井英五文書目録(徳富蘇峰書翰)』)、大江義塾時代よりの盟友で国民新聞副社長・京城日報社長を勤めた「阿部充家関係文書」七七〇点も関係史料として重要である。「山県有朋関係文書」・「寺内正毅関係文書」などにも、まとまった点数の蘇峰書翰がある。また、お茶の水図書館が所蔵する成簣堂文庫は、蘇峰の収集した古典籍コレクションと蘇峰手沢の洋書コレクションからなっており、それぞれ目録として、川瀬一馬編著『お茶の水図書館蔵新修成簣堂文庫善本書目』(平成四年)、お茶の水図書館編『お茶の水図書館蔵成簣堂文庫洋書目録』(昭和六十一年)が同図書館より刊行されている。

右に紹介した各所蔵先の史料から編纂した史料集としては、花立三郎・杉井六郎・和田守編『同志社大江義塾 徳富蘇峰資料集』(三一書房、昭和五十三年)、『徳富蘇峰・民友社関係資料集』一(三一書房、昭和六十一年)がある。

伝記・研究として主なものを挙げると、自伝としては『蘇峰自伝』(中央公論社、昭和十年)がもっともまとまったものであるが、その他『我が交友録』(中央公論社、昭和十三年、のち中公文庫、平成二年『蘇翁夢物語』と改題発行)をはじめとして、自伝的な著作が多くある。

伝記・研究書として、蘇峰関係史料の参考になる主要なものを挙げると、早川喜代治『徳富蘇峰』(徳富蘇峰伝記編纂会、昭和四十三年)、藤井賢三『昔、男ありけり』(私家版、平成三年)、杉井六郎『徳富蘇峰の研究』(法政大学出版局、昭和五十二年)、花立三郎『徳富蘇峰と大江義塾』(ぺりかん社、昭和五十七年)、同『大江義塾』(同)、和田守『徳富蘇峰と近代日本』(御茶の水書房、平成二年)、有山輝雄『徳富蘇峰と国民新聞』(吉川弘文館、平成四年)、杉原志啓『蘇峰と「近世日本国民史」』(都市出版、平成七年)などがある。また、『徳富蘇峰集』(『明治文学全集』三十四、筑摩書房、昭和四十九年)、『徳富蘇峰集』(『近代日本思想大系』八、筑摩書房、昭和五十三年)の解題・参考文献一覧なども参考になろう。

(梶田 明宏)

富安保太郎(とみやす・やすたろう)

元治元—昭和六年(一八六四-一九三一) 福岡県選出衆議院議員・貴族院議員

関係する一次史料は、柳川古文書館に収蔵されている「富安家資料」である。同史料群は、平成四年(一九九二)に遺族から寄託をうけた。総点数は全点の整理が終了していないので正確には不明だが、一万点を超えると思われる。

史料は家の二階と、別棟になっている二階建の蔵から搬入した。そのうち蔵二階の上部に棚が設けられていて、その大半は冊子状のものであった。これらにAの符号を付け、以下保存場所ごとにB~Kの符号を付している。このうち整理が終了しているのはA、B、F、G、H、Iで、全体で八〇〇〇点ほどとなっている。史料の大半は、雑誌・新聞などの定期刊行物を含む刊本類である。年代的には、確認できる最も古いもので安永二年(一七七三)のものがあり、以下寛政・文化・慶応の本が数冊含まれているが、近世史料は僅かである。やはり大半は大正・昭和期のものであり、教科書・ノートなどの学校教育関連、『太陽』や『三田雑誌』などの雑誌類、『柳河新報』

をはじめとする各種新聞、婦人雑誌など種類が豊富である。伝世の過程で失われた物も多いとは推測できるが、政治家・地主としてどのような知識が必要とされ、蓄積されたのかをみていくための一つの材料となるであろう。

既整理史料のなかで特筆すべきものとしては、日記がいくつか確認できることであろう。本人のものと推定できる日記は、いまのところ明治四十三年（一九一〇）、大正三年（一九一四）、同四年、同五年、同十三年、同十四年、昭和元年（一九二六）の七点である。それぞれ記述量にばらつきがあるが、かなり詳細な記述があるものもあり、今後の分析がまたれる。

先述したように、本史料群の約半数は未整理であり、いずれすべての整理が終わってから公開する予定である。ざっと見たところでは、書簡類のような一紙物が中心で、地主経営に関わるような帳簿類は殆ど見当たらない。こうした理由は不明だが、もともと富安家の旧宅の二階および蔵に保管されていたものであり、蔵は明治四十年代に建ったものということだったので、それ以降のものがまとまって残ったと考えられるのではないだろうか。

なお、伝記はなく、一次史料も未公開であるので、こうした史料による研究は現在のところ行われていない。

（江島　香）

豊田喜一郎（とよだ・きいちろう）　明治二十七―昭和二十七年（一八九四―一九五二）

トヨタ自動車株式会社の創設者

本人が書き表した文書を調べる際に最初に参照すべきものは、和田一夫編『豊田喜一郎文書集成』（名古屋大学出版会、平成十一年）である。豊田が書き表した文書の多くが収められているだけでなく、各編に付された解題では個別文書の意義などについて触れられている。この『文書集成』が刊行された後も、文書の探査・発掘は続けられており、その成果の一部が、和田一夫・由井常彦『豊田喜一郎伝』（名古屋大学出版会、平成十四年）で使われている。具体的には、自筆文書「神戸製鋼所に於ける実習日記」、大正十一年（一九二二）にイギリスのプラット・ブラザーズ社で実習をおこなった際の自筆ノートなどである。これらは残念ながら、いまだ全文が公開されていない。また企業経営者として、企業内部で各部署に書き送った文書の一部も前述の『豊田喜一郎伝』では触れられているが、その全体像は不明のままであるし、公開もされていない。また豊田・プラット協定などで知られるように、その企業活動はプラット・ブラザーズ社とも深く関係したため、関係する文書はイギリスのランカシャー州立文書館に所蔵されているプラット社関連資料（DDPS/1）にも含まれている。関連した会社の社史にも、彼に関する記述が多数ある。

豊田のような発明家・技術者・企業経営者の場合には、文書資料に加えて繊維機械・自動車などの製品も重要な資料である。幸いにトヨタ自動車やそのグループ企業は現時点で次のような五つの博物館を保持し公開しているので、閲覧は簡単である。トヨタ自動車の本社敷地内にあるトヨタ会館、名古屋駅の近くにあるトヨタグループ十三社が共同して建設した「モノづくり」にこだわった展示を行っている産業技術記念館、愛知県長久手町にある自動車の歴史と時代背景に特色をおいたトヨタ博物館、豊田佐吉の発明した織機や特許証などを展示した静岡県湖西市の豊田佐吉記念館、それに愛知県豊田市池田町にあるトヨタ鞍ヶ池記念館である。このうち、最後のトヨタ鞍ヶ池記念館はトヨタ自動車の生産累計一〇〇〇万台を記念して作られたものであったが、平成十一年（一九九九）五月に旧豊田喜一郎邸が移築修復されるとともに、トヨタ自動車創業期に焦点を絞った形に展示室が改装された。このため、トヨタ鞍ヶ池記念館は豊田喜一郎記念館的な色彩が濃くなり、常設展示として豊田がトヨタ自動車を設立するにあたって書き記した設立趣意書など、『豊田喜一郎文書集成』に収録された文書が展示されている。また各種の規約に加え、前述した「神戸製鋼所に於ける実習日記」や喜一郎が学生時代に書き記した講義ノートが展示されている。

伝記には前述した『豊田喜一郎伝』の他に、尾崎正久『豊田喜一郎氏』(自研社、昭和三十年)、小説風の木本正次『夜明けへの挑戦』(新潮社、昭和五十四年)などがあり、楫西光速『豊田佐吉』〈人物叢書〉(吉川弘文館、昭和三十七年)にも関連した記述がある。これらの伝記で論述されている豊田・プラット協定に関する記述は、和田・由井の伝記で述べられていることと大きく異なっており、どのような解釈を採るにせよ留意が必要である。

(和田　一夫)

豊田佐吉 (とよだ・さきち)

慶応三―昭和五年(一八六七―一九三〇)　明治・大正期の織機発明家

日記類は書いていないが、発明家としての記録を自身で書き残している。「事跡書」(巻物、大正三年)および「発明私記」(大正十五年夏)がそれで、ともに彼の発明家の人生の節目において執筆されている。ともに豊田家の所蔵である。後者の一部は、豊田自動織機製作所社史編纂委員会編『四十年史』(同社、昭和四十二年)に引用されている。自身の名前のもとの公刊記録としては、豊田佐吉「豊田式自動織機の発明」(『科学知識』八―十〈日本発明成功号〉、昭和三年)がある。ほかに彼の欧米視察(明治四十三年四月―四十四年一月)の報告として、「各国ヲ視察シテ、我ガ綿業ノ将来ヲトセリ」なる文書がある(一部は前掲『四十年史』のなかに採録されている)。

オーラルヒストリーとしては、大正中期から十年以上にわたって行動をともにし、豊田自動織機製作所(大正十五年〈一九二六〉設立)の常務取締役に就任した原口晃の『豊田佐吉翁に聴く』が死去の翌年、昭和六年(一九三一)に刊行されている(私家版、トヨタ産業技術館内グループ館蔵)。さきの『四十年史』のほか、楫西光速『豊田佐吉』〈人物叢書〉(吉川弘文館、昭和三十七年)がそれぞれ引用しているが、ごく一部にとどまる。

伝記としては、正伝として田中忠治編『豊田佐吉伝』(発行人田中忠治、昭和八年、同じ内容の豊田佐吉翁正伝編纂所編『豊田佐吉伝』昭和八年、のちトヨタ自動車工業株式会社、昭和三十年再刊)がある。同書は、いわゆる伝記の部分の叙述のほかに、二〇〇頁に近い「逸話篇」(第六章)および「追懐録」(第七章)を収録しており、その生涯を研究する場合は、正伝の部分に劣らず、これら周囲の人々の談話録のもつ、史料的な価値がある。以上の「正伝」のほかに、伝記的な文献は、読物、偉人伝、小説をふくめると非常に多い。それらすべての紹介は省略するが、没後まもなく出版された與良松三郎『発明物語　豊田織機王』(興風書院、昭和六年)は、小説風であるが、当時における少なからぬ関係者からの聞き取りや、足跡をたずねた各地の調査に依存して記述されているので、研究上において有用性を持っている。その点では、邦光史郎『小説トヨタ王国―天馬無限』上・下(集英社、昭和六十二年)も、多年にわたる調査に依拠しているだけに、いちおう指摘しておくべきであろう。学界人の執筆としては前述の楫西『豊田佐吉』が繊維産業史の専攻者による古典的伝記である。

豊田の設立にかかわる会社は、その数が少なくないが、当然のことながら、社史の冒頭の章が豊田に関する伝記的な叙述にあてられている。既述の『四十年史』のほか、豊田式織機株式会社編刊『豊田式織機株式会社誌』(昭和十一年)および日新通商株式会社岡本藤次郎編『豊田紡織株式会社史』(昭和二十八年)が、若干の一次史料を転載しており、参考になる。

長男で後継者、かつトヨタ自動車工業の創立者の豊田喜一郎は、その半生が、佐吉および豊田式の自動織機の発明と完成にかかわっている。その意味において、最近刊行された和田一夫編『豊田喜一郎文書集成』(名古屋大学出版会、平成十年)、和田一夫・由井常彦共著『豊田喜一郎伝』(名古屋大学出版会、平成十三年)とその英文版Kazuo Wada &

Tsunehiko Yui, *Courage and Change,—The Life of Kiichiro Toyoda* (Toyota Motor Corporation, Nagoya, 2002)をあげておく。とくに和田は、これらの著書のなかで、豊田式の自動織機の最後的完成(G型と称される)は、世界的な意義を持つ発明であるが、それには喜一郎の創意工夫の努力の方が寄与していること、また株式会社豊田自動織機の一九三〇年代の自動車製造への進出は、自動車国産化という佐吉の理念よりも喜一郎の織機時代の終焉に対する対応という、現実的合理的な判断が優先したことを強調している。新しい知見として付記しておくべきであろう。そのほか、発明家豊田および豊田式織機に対する明治後期から一九一〇年代にわたって行われた三井物産の支援とその役割を研究した論考として、由井常彦「三井物産と豊田佐吉および豊田式織機の研究」上・中・下(『三井文庫論叢』三十四—三十六、平成十二—十四年)がある。この論文では、前掲の『豊田佐吉伝』および揖西『豊田佐吉』など古典的伝記の記述におけるいくつかの誤記を、三井文庫所蔵の諸史料(『三井商店会議々録』、『三井物産支店長会議々録』)および豊田式織機株式会社「営業報告書」(明治四十一—大正三年)などによって訂正している。

（由井　常彦）

豊田貞次郎（とよだ・ていじろう）

明治十八—昭和三十六年（一八八五—一九六一）

海軍大将・外務大臣

関係する文書・記録で残されているものは極めて少なく、また、まとまって所蔵されているところもない。

外務大臣時代の記録(公文書)については、外交史料館所蔵の日米交渉関係の文書があり、これについては外務省編『日本外交文書　日米交渉　一九四一年』上・下(平成二年)として編集・刊行されている。また、外務大臣としての動向を知る上では、参謀本部編『杉山メモ　大本営・政府連絡会議等筆記』上・下(原書房、昭和四十一年)および、それを補完するものとして軍事史学会編『大本営陸軍部戦争指導班機密戦争日誌』上・下(錦正社、平成十年)なども参考になる。

伝記・人物論としてまとまったものはない。ただし、終戦後の海軍関係者の会談記録である新名丈夫編『海軍戦争検討会議記録　太平洋戦争開戦の経緯』(毎日新聞社、昭和五十一年)に、三国同盟問題(海軍次官時代)および開戦経緯についての発言が収められている。また、『豊田貞次郎回想録』(日本ウジミナス、昭和三十七年)には、戦後の活動を含め、多くの関係者の回想が収録されている。そのほか、『大将伝海軍編』(健軍精神普及会、昭和十六年)にも軍歴を中心に豊田の紹介があるが、経歴に関しては財団法人海軍歴史保存会『日本海軍史』全十一巻(第一法規出版、平成七年)の第九巻(将官履歴上)に詳しい。

豊田に関する研究であるが、日本国際政治学会太平洋戦争原因研究部編『太平洋戦争への道　開戦外交史　7　日米開戦』(朝日新聞社、昭和三十八年)の中の角田順「第一篇　日本の対米開戦(一九四〇～一九四一)」および須藤眞志『日米開戦外交の研究　日米交渉の発端からハル・ノートまで』(慶応通信、昭和六十一年)などに、日米交渉時の豊田外交が取り上げられている。また、これに関する資料集として、外務省編纂・細谷千博解題『日米交渉資料』(原書房、昭和五十三年)も有益である。

（相澤　淳）

な

内藤湖南（ないとう・こなん）　慶応二—昭和九年（一八六六—一九三四）　東洋史学者

関係史料は、「内藤文書」などというまとまった形では残されていない。しかし、その著作・論文、さらに新聞記者時代に書かれた論説・記事、あるいは未刊であった外国旅行日記などもふくめて、高弟神田喜一郎（中国学者）と長男内藤乾吉（東洋法制史家）の編集により、『内藤湖南全集』全十四巻（筑摩書房、昭和四十四—五十一年）が刊行された。全集の最終第十四巻には、漢詩・和歌とともに湖南の書簡七四八件が収録されている。このなかには、弟子で朝鮮史・清朝史研究者である稲葉岩吉宛八十件が収められるが、稲葉は内藤と交わした書簡の出版を計画していたようで、稲葉の死後、内藤家へ提供されたと想像される。『内藤湖南全集』未収の著述は、『書論』十三—二十二（昭和五十三—五十八年）において紹介されている。

内藤は、和漢籍を中心とし、満洲語・モンゴル語文献にも及ぶ、稀代の蔵書家として知られる。その収集はかれの学問を反映していたが、死後、昭和十年（一九三五）に稀覯書は大阪府立図書館で展覧され、大阪府立図書館編『恭仁山荘善本書影』（小林製版所出版部）が出版された。ついで、これらの貴重書は、十三年に武田薬品の武田家へ譲られたが、現在は武田科学振興財団・杏雨書屋で公開され、国宝・重要文化財各三件をふくむ、杏雨書屋編『新修恭仁山荘善本書影』（武田科学振興財団、昭和六十年）が刊行されている。一方、満洲・モンゴル史関係典籍は、京都大学人文科学研究所が収得したが、自宅である恭仁山荘に残された図書は、恭仁山荘とともに、昭和五十九年に関西大学の所有するところとなり、関西大学内藤文庫調査特別委員会編『内藤文庫漢籍古刊古鈔目録』（関西大学図書館、昭和六十一年）および続編により整理されている。

また、日本そして中国の政治家・官僚との交友はよく知られているが、専門家としての影響力が現実の政治に対して、どの程度あったかは疑問である。ただし明治三十九年（一九〇六）に外務省へ提出された「間島問題」に関する調査報告書が外務省記録のなかにある。また満洲国皇帝即位に際しての建議をふくむ書簡が、「斎藤実関係文書」に残されている。

伝記、ないしは内藤に関する研究としては、弟子の三田村泰助による『内藤湖南』（中央公論社、昭和四十七年）、増淵龍夫『歴史家の同時代史的考察について』（岩波書店、昭和五十八年）、Joshua A. Fogel, *Politics and Sinology: The Case of Naito Konan* (Cambridge, Mass.: Harvard University Press, 1984)、同書日本語訳（井上裕正訳『内藤湖南　ポリティックスとシノロジー』〈平凡社、平成元年〉）などが代表的なものである。

（中見　立夫）

内藤民治（ないとう・たみじ）　明治十八—昭和四十年（一八八五—一九六五）　ジャーナリスト・外交裏面活動家

関係する一次史料は、新潟県の遺族のもとに、すでに活字化されたものを中心にわずかに残されていた。これは、立命館大学の伊藤武夫・小林幸男教授の手で部分的に複写されたものの、まだ出版はされていない。しかし、内藤が社長兼主幹として発行した代表的な雑誌『中外』は、不二出版から昭和六十三年（一九八八）に復刻されている。その他のわずかな資料は、日露相扶会の雑誌やロシアからの書類からなるが、特に、前者は貴重である。

内藤からの書簡は、わずかな例外を除き、後藤新平・ヨッフェ会談の下ごしらえや、第二次大戦中の近衛文麿の訪ソの下準備作業など、依頼されていたはずの仕事に比して、極めて乏しい。極秘を要する事項が多かった故に文書という形をとって史料が残らなかったものと考えられる。例外的に書簡が確認できるのは、「井上匡四郎文書」である。この中では、第二次大戦後に、内藤と井上が頻繁に会っていたことも手帳から確認される(冨塚一彦氏のご教示による)。

内藤の日露・日ソ関係に関する活動を特に、後藤・ヨッフェ会談の裏舞台での活動を中心に記録しているのが、外交史料館所蔵の「日露国交回復交渉一件　北京会議帝国世論」(二・五・一・一〇六・五・一)、および「日露国交回復交渉一件　東京における予備会議　ヨッフェ代表一行の動静及状況」(二・五・一・一〇六・四・四)である。それを使った論文としては、浅野豊美「ワシントン体制と日本のソ連承認」(『国際関係論研究』〈東京大学国際関係論研究会〉七、平成元年)があり、その前後の回想としては、山崎勉治「続・協同組合保険と先駆者賀川豊彦(一)～(三)」(『共済保険研究』〈共済保険研究会〉昭和三十八年三～五号)がある。

関係者の回想やインタビュー、および当時の雑誌を使って執筆された小伝としては、岡田宗司編『片山潜遺稿　革命的社会主義への道』(刀江書院、昭和四十五年)の中の岡田による解説がある。また、同書には自身の回想があるが内藤と片山の関係について公文書による基本的な事実と相違する点が散見される。

他にも、新潟県の人脈を生かし資料の発掘を行い、その体験を下に執筆された、伊藤武夫・上田博「雑誌『中外』目録〔解題〕」(『立命館大学人文科学研究所紀要四十三　第一次世界大戦前後の時代思潮』昭和六十二年)、および岩井忠熊「第一次大戦期のロシア革命論―雑誌『中外』と内藤民治の言論活動」(同)、同じく、岩井忠熊「『中外』と内藤民治」(『中外　解説・総目次・索引』不二出版、昭和六十三年)、福田清人「内藤民治氏の片影」(『本郷だより』十六、不二出版、昭和六十三年)などがある。

自身の回想としては、「内藤民治回想録」上・下(『論争』四―十一・五―一、昭和三十七年)、「老革命家の祖国日本へのアッピール」(前掲『片山潜遺稿　革命的社会主義への道』)、「愛国者セン・片山と大庭柯公の怪死―日ソ国民外交四十年」(『日本週報』三三九、昭和三十年)、「解題と私の足跡」(内藤民治編『激動する世界に立つ中国・日本の明日』カレント社、昭和二十七年)がある。内藤は、第一次大戦時のアメリカ大統領ウィルソンがプリンストン大学の教授であった時、その下で論文を執筆したと述べているが、プリンストン大学の正式な学生の名簿や、その卒業論文アーカイブに彼の名前はない。

前掲の『片山潜遺稿　革命的社会主義への道』として復刻された片山の文書は、内藤が片山自身から個人的に託されロシアから持ち帰ったものだが、それが神戸税関で没収された際のオリジナル原稿と思われるものが、憲政資料室の「内務省資料」の中に残されている。

交際のあった主な人物としては、稲村隆一、福田清人、野坂参三がいる。稲村隆一は宮崎竜介の親友で中国とも接触があり、その関連からか内藤も十二回中国を訪れている。内藤の娘、黎は荒畑寒村夫妻の媒酌により、総評全国金属労組委員長となる佐竹五三九と結婚し、文芸作者となる佐竹大心を生むが、このあたりは、佐竹黎・佐竹大心編『佐竹五三九―その人と活動』(佐竹黎発行、昭和五十三年)が参考となる。なお、佐竹五三九は、インサイダーの編集長高野孟の実父で労働運動家の高野実の私宅から、荏原製作所に通っていた熟練金属職人で、それを契機に労働組合運動に入ったことが注目される。

内藤の登場する作品としては、三国一朗『徳川無声の世界』〈青蛙選書〉(青蛙房、昭和五十四年)、杉森久英『大風呂敷』(毎日新聞社、昭和四十年)がある。鷹羽司編『素裸な自画像・伝記・伊沢蘭奢』(世界社、昭和四年)の編纂にも関与している。

(浅野　豊美)

内藤魯一（ないとう・ろいち）

弘化三—明治四十四年（一八四六—一九一一）　自由民権運動家・衆議院議員

関係文書の大部分は『内藤魯一関係文書目録』（平成八年）と『内藤魯一自由民権運動資料集』（平成十二年）の二冊にまとめられている（共に長谷川昇監修、知立市教育委員会刊）。この史料は内藤家に保存された史料に当時の新聞その他から採録した若干の史料を加えたものである。この史料はいくつかのジャンルで歴史上価値あるものと思われる。①大久保内務卿その他への献言書類（明治七—十一年）、②尾三民権運動の基本史料、③自由党結成（明治十四年）前後の時期の各地民権運動家の書簡（数少ないとされた植木枝盛のもの四通も含む）。④魯一起草の私擬憲法「大日本国憲草案」（明治十四年）。⑤加波山・飯田事件との関係を示す「信州紀行」（明治十七年）。⑥板垣退助と魯一の「加波山事件二三回忌追悼会」の講演（共に代議士在任中・明治四十一年）、⑦魯一が第五十議会で行った「憲政創設功労者行賞に関する建議案」などである。

伝記・史料は共に従来余り知られていなかった。明治十五年（一八八二）板垣自由党総理一行の東海道遊説の途次岐阜で板垣が刺客に襲われた際、刺客を投げ飛ばして板垣の生命を救った武勇譚だけが浮世絵に画かれて世に知られた嫌いがある。魯一の伝記・史料が歴史学上で注目されたのは激化事件との関連である。服部之総が『明治維新に於ける指導と同盟』の中で「此の前後の群馬・加波山・秩父・名古屋・飯田の諸事件にたいして自由党本部がどこまで決定的な指導を与えていたか、または回避していたかという問題は解きがたい謎となって残っている」と指摘した問題提起である。ちょうどこの直前旧宅の蔵の中から発見した「内藤文書」の中に『雑誌』と題し魯一の「信州紀行」を見付け出した。これはこの時期激化しようとする青年党員を多く抱えていた「有一舘」の舘長の職にあった魯一が加波山・飯田事件の主謀者と交流を重ねたことを記録した稀有な史料である。長谷川昇はこの『雑誌』を分析し問題を解こうと「明治十七年の自由党」を書いて『歴史評論』に連載（六十一—六十二、昭和二十九年）した。この論文がきっかけとなって後藤靖『自由民権運動の展開』（有斐閣、昭和四十一年）・三浦進他『加波山事件研究』（同時代社、昭和五十九年）・寺崎修『明治自由党の研究』（慶応通信、昭和六十二年）その他魯一や有一舘に論及する論文が増加した。

魯一起草の私擬憲法案は二種ある。一つは内藤家所蔵の直筆の原稿であり、もう一つは『愛岐日報』（明治十四年、八・一八～一九）に連載された成稿である（首条から十八条までを欠く）。これは家永三郎他編『明治前期の憲法構想』（福村出版、昭和四十二年、のち増補版第二版、昭和六十二年）にも収録されている。また他の私擬憲法との比較と解釈は、『東海近代史研究』三（昭和五十六年）に長谷川昇が詳しく記した。晩年代議士時代の二つの回顧録は秘密暴露的な個々のエピソードの信憑性を探るのも面白い。伝記は『資料集』『目録』の中にも『東海近代史研究』にもいくつか書いているがいずれも略伝で、長文の単行本にはなっていない。　（長谷川　昇）

永井柳太郎（ながい・りゅうたろう）

明治十四—昭和十九年（一八八一—一九四四）　逓信大臣・拓務大臣・早稲田大学教授

関係する旧蔵の文書・記録は、ほとんど残っていない。平成十四年（二〇〇二）九月坂本健蔵が遺族に問い合わせたところ、多くは散逸し、若干残存していた資料も所在不明になっているという。ただし、自筆の書翰が、憲政資料室所蔵「有馬頼寧関係文書」のなかに三通、早稲田大学図書館所蔵の「大隈文書」のなかに二通、石川県立歴史博物館に一通、徳富蘇峰記念塩崎財団に十通、永井善隣館（金沢市、現在は保育所）に一通、徳富蘇峰記念塩崎財団に十通、その他「後藤新平文書」などにも残っている。

著作は、『英人気質思ひ出の記』（実業之日本、明治四十三年）、『社会問題と植民問題』

(新興社、大正元年)、『支那大観と細観』〈共著〉(新日本社、大正六年)、『改造の理想』(精禾堂、大正九年)、『世界政策十講』(白揚社、大正十四年)、『永井柳太郎氏大演説集』一・二(大日本講談社雄弁会、大正十三・昭和五年)、『私の信念と体験』(岡倉書房、昭和十三年)、『世界に先駆する日本』(照文閣、昭和十七年)、『永井柳太郎氏興亜雄弁集』(龍吟社創立事務所、昭和十九年)他が存在する。『戯曲銭屋五兵衛』(新潮社、昭和十四年)等の文学作品、『植民原論』(巌松堂書店、大正五年)、『英国植民発展史』〈翻訳〉(早稲田大学出版部、明治四十二年)等の学術著作もある。さらに、自身が主筆兼編集長であった月刊雑誌『新日本』をはじめ、明治末から昭和戦前期にかけて発行された諸雑誌に執筆論文および関係記事がおびただしく見つかる。新聞とりわけ地元選挙区の地方紙『北国新聞』、『北陸毎日新聞』等にも談話、執筆論文、関連記事が頻出する。

伝記としては永井柳太郎伝記編纂会『永井柳太郎』(勁草書房、昭和三十四年)が唯一のものである。同書は松村謙三が編纂委員長となり、生前の親近者十数名よりなる編纂委員会により編まれたものである。関係者の談話を集め、今日存在しない原資料も多く使われ記述されており、高い資料的価値がある。

永井をあつかった既存研究は多く存在する。思想的研究の代表として、Peter Duus, "Nagai Ryutaro: The Tactical Dilemmas of Reform" in Albert M. Craig and Donald H. Shively introd. and ed., Personality in Japanese History (Berkeley, University of California Press, 1970)(同論文は後に本山幸彦・金井圓・芳賀徹監訳『日本の歴史と個性(下)近代』〈ミネルヴァ書房、昭和四十九年〉に翻訳され所収)、Sharon Minichiello, Retreat from Reform: Patterns of Political Behavior in Interwar Japan (Honolulu, University of Hawaii Press, 1984)、朴羊信「永井柳太郎論—政党政治家を通じて見た政党政治の崩壊過程—(一)・(二)」(『北大法学論集』四十三—四・五、平成四—五年)、岩本典隆『近代日本のリベラリズム—河合栄治郎と永井柳太郎の理念をめぐって』(文理閣、平成八年)等がある。外交・対外関係に焦点をあてた代表的研究として、Peter Duus, "Nagai Ryutaro and The White Peril, 1905—1944", The Journal of Asian Studies, Vol. XXXI, No. 1 (1971)、池田徳浩「大正デモクラシー期における永井柳太郎の国際主義」(『専修法研論集』二十六、平成十二年)、坂本健蔵「永井柳太郎の日中提携論—第一次大戦期を中心に—」(『法学研究』〈慶應義塾大学法学研究会〉七十三—九、平成十二年)等がある。

(坂本　健蔵)

中江兆民 (なかえ・ちょうみん)

弘化四—明治三十四年(一八四七—一九〇一)　第一回衆議院議員

第一次史料としてまとまったものはない。わずかにフランス留学(明治五—七年〈一八七二—七四〉)から持ち帰られた革装アルバムほかが松本三之介・松沢弘陽・溝口雄三・松永昌三・井田進也編『中江兆民全集』全十七巻・別巻一(岩波書店、昭和五十八—六十一年)の編纂を機に遺族から憲政資料室に寄託されて「中江兆民文書」(仮目録あり)として公開されたのを挙げうるのみである。同文書には留学中にリヨンから在京の母柳・弟虎馬宛に送ったフランス各地の絵葉書八葉(『全集』第十六巻所収、一部写真版)や、留学中交流のあった西園寺公望、飯塚納、今村和郎、リヨンの「普通学」教師「パレー氏」J. B. Paret、ガンベッタ、カヴール、ビスマルクらの当代政治家、オペラ座女優トレール嬢Gabrielle Tholer(同座図書室に問い合わせて確認)等の名刺型肖像写真が収められている。

自筆史料としては、松永昌三氏が発見された「策論」(『全集』第一巻に写真版付きで収録)が高知市立自由民権記念館の「松永文庫」に、また『理学沿革史』の訳稿(『全集』第五巻にほぼ相当する部分を除く)が天理大学附属天理図書館に所蔵されている。

他筆ながら兆民の筆が入っている主要著作

としては稲田正次氏旧蔵の「民約論巻之二」（稲田正次『明治憲法成立史の研究』〈有斐閣、昭和五十四年〉に紹介されたのち、『全集』第一巻に収録。同巻巻頭に写真一葉）があり、『続一年有半』の印刷用草稿（従来は幸徳秋水による清書と考えられてきたが、夫人師岡千代子の筆と認定される）が日本近代文学館に収められている。

その他書簡、題辞・揮毫、新聞雑誌原稿、関連史料等は『全集』編纂時に確認されたかぎりのものが第十六・十七巻に収められており、没後百年を記念して刊行された『全集』〈第二刷〉第十六巻には、その後発見された書簡類、『三酔人経綸問答』、『維氏美学』の断片、ボアソナード『憲法備考』中「元老院」条項の訳稿等、新資料が増補された。

蔵書類は晩年米塩に換えられて散逸し、仏学塾の蔵書類も保安条例によって塾主が帝都を逐われ、塾が解散に追い込まれるとともに散逸したものと考えられる。

兆民思想の源流をなすものとして第二次史料の筆頭と目すべき仏学塾刊行の『政理叢談』（のち『欧米政理叢談』と改題）は、国立国会図書館、東京大学・早稲田大学等、歴史の古い大学図書館に架蔵されるが、訳出されたフランス語原典については井田進也『中江兆民のフランス』（岩波書店、昭和六十二年）巻末『政理叢談』原典目録ならびに原著者略伝」を参照されたい。同目録では研究者の便をはかり、訳出箇所を原著のページ数まで明示するとともに、各原典ごとに内閣文庫にあるものについてはその整理番号を、ないものについてはフランス国立図書館の整理番号を付したが、国内で原典の所在を調査された宮村治雄氏によれば、まめに探せば上記の諸図書館にも案外多くの点数がみつかる由である。

新聞雑誌等同時代の証言については、主に松永昌三氏が蒐集された「中江兆民関係記事」（岩崎徂堂編『中江兆民奇行談』、幸徳秋水著『兆民先生』を含む）が『全集』別巻に収められている。同巻にはまた、現在のところもっとも詳しい「年譜」、翻訳作品を原典と逐語的に突き合わせ、兆民思想の表出として有意と思われる加筆箇所を列挙した「翻訳作品加筆箇所総覧」ならびに「中江兆民全集人名索引」（西洋篇と東洋篇）も収められていて活用が望まれる。第一次史料に乏しい兆民研究にあっては、無署名の新聞雑誌記事を編纂委員会が開発した認定基準（『全集』第十四巻に松永昌三解説）によって選び出し、翻訳作品を一語一句原典に当たって校訂した『中江兆民全集』こそが第一次史料の筆頭であるといって、おそらく過言ではない。上記松永文庫は『全集』編纂に使用された兆民作品の各種刊本、新聞雑誌記事ならびにコピー等の史料を出身地高知の自由民権記念館に一括寄贈されたもので、目下文庫目録の編集が進行中である。

伝記・研究は数多いが、これから研究を志すという方々に真っ先にお勧めしたいのは、幸徳秋水の『兆民先生』（博文館、明治三十五年。岩波文庫版では『兆民先生・兆民先生行状記』）を〝熟復玩味〟（『民約訳解』の表現）することである。兆民には日記を付ける習慣がなく、秋水の手許にあった書簡類も死後中江家に累を及ぼすことを恐れて焼却したと伝えられるから、『兆民先生』が唯一の史料である場合が少なくなく、同書の記述を周辺の史料によって検証することから研究が始まることが多い。長女竹内千美の談話筆記「父兆民の思い出」（『図書』昭和四十年五月、『全集』第十七巻、別巻月報に再録）も家庭における兆民や弟丑吉の在りし日を昨日のことのように語って、武島町旧宅の間取りが再現できるほどである（岩波文庫『一年有半・続一年有半』参照）。

伝記としては松永昌三『中江兆民』（柏書房、昭和四十二年）と全集刊行後の『中江兆民評伝』（岩波書店、平成五年）、米原謙『兆民とその時代』（昭和堂、平成元年）、飛鳥井雅道『中江兆民』〈人物叢書〉（吉川弘文館、平成十一年）等があり、研究としては宮村治雄『理学者兆民―ある開国経験の思想史』（みすず書房、平成元年）、同『開国経験の思想史―兆民と時代精神』(東京大学出版会、平成八年)、井田進也『中江兆民のフランス』(岩波書店、昭和六十二年)、同『二〇〇一年の中江兆民』(光芒社、平成十三年)等がある。論文集としては桑原武夫編『中江兆民の研究』(岩波書店、昭和四十一年)、木下順二・江藤文夫編『中江兆民の世界―「三酔人経綸問答」を読む』(筑摩書房、昭和五十二年)、井田進也編『兆民をひらく』(光芒社、平成十三年)がある。

なお没後百年を記念して出身地の高知市立自由民権記念館では平成十三年(二〇〇一)十一月二十三日「中江兆民シンポジウム―兆民の現代的意義を考える」が催され、展覧会カタログに続いて基調講演(松本三之介「『情』の思想と『理』の思想―中江兆民を考える」・猪野睦「兆民の大きさ」・井田進也「二〇〇一年の中江兆民―長崎とリヨンを結んでみると」ほか)の全文と質疑応答が同館『紀要』十(平成十四年)にテープから起こされた。平成十三年は福沢諭吉の没後百年にも当たり、松永昌三『福沢諭吉と中江兆民』〈中公新書〉(中央公論新社、平成十三年)が刊行されたゆえんだが、井田進也『歴史とテクスト』(光芒社、平成十三年)は『中江兆民全集』で開発された無署名論説認定法を精密化して『福沢諭吉全集』所収の『時事新報』論説にも応用しうることを例証したものである。

(井田　進也)

永江純一　(ながえ・じゅんいち)
嘉永六―大正六年(一八五三―一九一七)　政友会代議士

関係の史料は膨大な量にのぼり、「永江家文書」として福岡県地域史研究所に所蔵されている。同研究所は昭和五十五年(一九八〇)から福岡県史の編纂にあたっており、「永江文書」の一部は福岡県史の編纂に活用されている。目録は同研究所において作成されたカード目録が唯一の全体の目録で、後述のようにその一部が『九州石炭礦業史資料目録』の中で活字化されているが、全体の印刷目録や冊子目録は作成されていない。また文書整理自体が完了しておらず、若干の未整理分を残しているため、カード目録も完全なものではない。それだけ文書の量が膨大であるということになろう。「永江文書」の整理は長年にわたって断続的に行われてきたが、整理に参加した一部の有志によってカード目録のデータベース入力が行われており(データベースソフト桐を使用)、地域史研究所にも保存されている。ただし、前記未整理文書のほか、既整理分についても未入力があり、また未校正であるため現段階では公開されていない。このデータベース入力が完了すれば、「永江文書」閲覧のための利便性は格段に向上するであろう。

文書の内容については後にやや詳しく述べることとして、現段階では閲覧はカード目録による検索以外の手段がないため、カード目録の性格についてあらかじめ知っておく必要があるだろう。まずAからZまでの分類記号について説明する。これらは厳密な意味での分類記号ではなく、永江家に保存されていた際の大まかなまとまりごとに便宜的に付されたものである。「永江文書」の整理は県史編纂事業の開始当初から福岡県地域史研究所によって行われてきたが、初期の段階では未だ文書が研究所に収蔵されていなかったこともあり、整理作業は永江家で行われていた。その際、文書量があまりに膨大であるため、保存状態において一定の関連性が推定されるある程度のまとまりを単位に、便宜的にアルファベット記号を与え、通し番号を付してカード採録を行うという整理方法をとった。したがって、カード目録の記号と通し番号には、永江家の蔵で保存されていた際の文書の原秩序が、それなりに反映されている。以上のような事情は、たとえば書簡の年代推定などに便利な場合もあるが(近接する時点の書簡がまとめて束ねられていた可能性が高い)、あくまでも便宜的なものであることに注意が必要なのはいうまでもない。例示すれば、財界活動のうち、紡績関係の多くは「H」の項に、銀行関係の史料は「P」の項に採録されており、日記類は「C」にまとまっている。他方で、鉄道関係は「G」に多いが、「B」にも地方鉄道関係の史料が含まれる。また分類記号「Q」はほとんどが書簡(来簡)であるが「A」の多くも書簡であり、また他の分類記号の中に書類と関連する書簡が含まれることも多い。なお「Z」項は文書ではなく図書・パンフレット類にあてられているが、これらに限っては地域史研究所所蔵ではなく、現在も永江家に保存されている。このような状況から、データベースの完成・公開までは、不便ではあるがカード目録を丹念に検索する必要があるだろう。その点でやや労力を必要とするが、しかし「永江文書」から得られる情報量は膨大である。永江は筆まめであり、また書類や書簡をよく保存していたと思われる。このため、「永江文書」は公的生活のすべてに関わる史料を含んでいるといってよい。以下にその概略を述べる。

まず日記であるが、明治二十五年(一八九二)から死去する大正六年(一九一七)まで、市販の当用日記に記載されたものが明治二十九年を欠くのみで現存する。それとは別に「備忘録」や「日誌」と題された記録が明治十年代を含んで断続的に存在する。永江の日記は極めて簡潔な記述しか含まない場合が多いが、継続的に残されていることは貴重である。

次に政治的経歴に関する史料について説明する。政治的キャリアの出発点は自由民権運動期であるが、柳川地方(福岡県三池郡、山門郡)の民権結社である柳川有明会およびその成立前史に関する史料は「永江文書」のみに残されたものが多く、それらは後述の『福岡県史』に活字化されている。県史に未収録のものとしては、九州連合同志会関係史料も、まとまった形では他で見られないものである。以降の政治情報については、議会報告書や政友会関係のパンフレット類なども若干あるが、何といっても書簡史料の情報量が圧倒的である。衆議院議員に初当選するのは明治三十一年三月であるが(大正四年に病気辞職するまで計五回当選)、そのことを反映して明治三十年代以降に政治情報の密度が高い。明治四十一年から四十三年と大正二年から四年の二度にわたって政友会幹事長を務めているが、とりわけ後者の時期については選挙情報の書簡が多く含まれ、非常に興味深い。

次に財界活動に関する史料について述べる。永江は盟友の野田卯太郎と同様に、政治家であると同時に財界人であった。野田らとともに起業した会社には三池土木、三池紡績、三池銀行などがあるが、「永江文書」はそれら明治二十年代以降の地方企業に関する史料の宝庫といえる。関連して大日本紡績同業連合会や鐘紡関係史料もある。このほかにも関係した地方企業の史料は多い。また株主としての関係等から、九州鉄道、船越鉄道、西海鉄道、有明鉄道等の関係史料や、貝島や麻生などとの間の地方財界関係史料も多い。以上の他、幕末から明治初期にかけての土地貸借関係その他、永江家の家政関係ともいうべき文書や、明治十年代はじめに戸長を勤めていた時期の文書もある。

前述と一部重複するが、書簡史料の概括的な特徴について付言しておきたい。第一の特徴は量的な膨大さである。たとえば前述の「Q」分類では親番号(数点が同封されている場合などは枝番号が付される)だけで三七〇〇を超えており、これもほとんどが書簡の「A」分類でも四〇〇点を超えている。時期的には明治二十年代までのものが少なく、三十年代以降、とりわけ大正期のものがきわめて多量である。発信人について関連の深い「野田大塊(卯太郎)文書」と比較した特徴は、福岡県(とりわけ地元の三池・山門郡)における政財界のサブリーダー層が多いことであろう。

最後に、「永江文書」に関わって公刊された史料集、研究文献についてふれる。まず前述の目録の活字化については、『永江家文書』一—一四(『九州石炭礦業史資料目録』九—十二、西日本文化協会、昭和五十八—六十一年)がある。しかしこれは同書刊行時点で整理済みのものについてであり、その後活字化されたものはない。「永江文書」の一部を収録した史料集としては、『福岡県史　近代史料編　綿糸紡績業』(福岡県、昭和六十年)があり、永江や野田卯太郎らが明治二十二年に創設した三池紡績会社(後に他二社と合併して九州紡績株式会社となり、明治三十五年に鐘紡に合併される)関係の史料を、書簡等も含んで収録している。また、『福岡県史　近代史料編　自由民権運動』(福岡県、平成七年)には、「永江文書」に含まれる柳川地方の自由民権運動関係の史料が、明治十八年までについてほぼ網羅的に収録されている。このほか、有馬学「第二回総選挙における永江純一の遭難手記」(『九州文化史研究所紀要』四十四、平成十二年)が、明治二十五年の衆議院選挙をめぐる選挙運動の中で、襲撃されて足を負傷した事件に関する手記(標題なし)の全文を紹介している。

　永江に関する伝記はない。研究についても、前記の史料集における解説の他はほとんど存在しない。同文書を本格的に利用した研究としては、有馬学「明治期における地方資本家の対外活動」(九州大学国史学研究室編『近世・近代史論集』吉川弘文館、平成二年)、有馬学・季武嘉也「戦前におけるいわゆる大選挙区制と政党支部―第十二、十三回総選挙における福岡県政友会の動向を中心に―」(『福岡県史　近代研究編　各論(二)』福岡県、平成八年)、中村尚史「地方の企業勃興―福岡県三池郡を中心として―」(武田晴人編『地域の社会経済史』有斐閣、平成十五年)がある。

（有馬　学）

長岡外史（ながおか・がいし）

安政五―昭和八年(一八五八―一九三三)　陸軍軍務局長・陸軍中将

　関係する史料は、山口県下松市の長岡外史顕彰会に巻物に書簡を貼り付けた形で三十三巻保存されている。このコピーが防衛研究所図書館、憲政資料室に保管されている。書簡は、日清・日露戦争ものが圧倒的に多い。なかでも日露戦争中は参謀本部次長として大本営にいたため、満州総司令部や遠征各軍の将校連との書簡が注目される。長岡の記した意見書もいくつかが防衛研究所図書館にも残っており、「樺太行難」などは書陵部にも存在する。

　関係史料をまとめたものとしては、長岡外史文書研究会編『長岡外史関係文書　書簡・書類篇』、同編『長岡外史関係文書　回顧録篇』(吉川弘文館、平成元年)の二冊がある。同書も書簡・書類は日露戦争のころが中心となっている。なかでも、満州軍総司令部の高級参謀として赴任していた井口省吾との交流が極めて興味深い。これは井口省吾文書研究会『日露戦争と井口省吾』(原書房、平成六年)に詳しく、東京と出先という形で戦争状況を把握することができる。両者の史料(日記・書簡・書類)を使用して書かれたものが、谷寿夫『機密日露戦史』(原書房、昭和四十一年)である。関係高級将校の史料を利用した本戦史は、いまや日露戦争研究史のルーツの一冊といえる。さらに長岡と井口とのやり取りを知るには、井口泰平・波多野勝・飯森明子『井口省吾伝』(現代史料出版、平成十四年)が参考となる。軍事面では陸軍省編『明治軍事史』上・下(原書房、昭和四十一年)、大江志乃夫『日露戦争の軍事史的研究』(岩波書店、昭和五十一年)、角田順『満州問題と国防方針』(原書房、昭和四十二年)が参考となる。

　また長岡はスキーや飛行機に関心をもち、これを軍事利用することに先駆的役割を果たした。このことについては令孫の出版された長岡忠一『近代日本スキーの発祥と展開　長岡外史とレルヒの役割を中心として』(メディアKコスモ、昭和四十九年)、同『日本スキー事始めレルヒと長岡外史将軍との出会い』(ベースボール・マガジン社、平成元年)、長岡外史『我邦最初のスキー』(イデア書院、昭和四年)などがある。また後年は飛行機について関心が高まり、飛行機による空爆などで世論に注意を喚起した。これについては、戸田大八郎『人間長岡外史　航空とスキーの先駆者』(長岡外史顕彰会、昭和五十一年)、同『飛行機ト帝都復興』(帝国飛行協会、大正十二年)、同『日本を攻撃せんとする敵は必ず大阪市を空襲するであろう』(大阪都市協会、昭和三年)、他に長岡外史『新日本の鹿島立』(小林川流堂、大正九年)、池邊義象『長岡少尉』(吉川弘文館、明治三十八年)、坂部護郎『戦争秘録将軍長岡外史』(二見書房、昭和十六年)などがある。

(波多野　勝)

長岡護美（ながおか・もりよし）

天保十三—明治三十九年(一八四二—一九〇六)

外交官・元老院議官・貴族院議員

長岡家には大震災および戦災のため、関係する第一次資料は残されていない。しかし、細川家編纂所において、池辺義象が各種記録、書簡、日記等を参照して編纂した『長岡雲海公伝』第一—四巻(第一章—第十五章)と付録六巻、合わせて十巻の詳細な伝記が大正三年(一九一四)十二月に発行されている(雲海は護美の号)。

その内容は「第一章・長岡氏世系」、「第二章・幼年時代」、「第三章・喜連川時代」、「第四章—第八章・維新時代に於ける公」、「第九章・洋行時代」、「第十章・公使時代」、「第十一章・元老院議官時代」、「第十二章・錦鶏間祗候時代」、「第十三章・貴族院議員時代」、「第十四章・薨去」、「第十五章・雑」、「付録巻一・明治元年懐中日記、英文大陸紀行」、「同巻二・雲海歌集他」、「同巻三・月の瀬紀行他」、「同巻四・雲海詩抄」、「同巻五・雲海詩抄続編他」、「同巻六・清人詩草他」である。

長岡に関する研究で戦前に発表されたものがあったかどうかは分からない。戦後のものとしては次の二件がある。長岡祥三「明治八年のスイス紀行—英国留学生長岡護美の大陸旅行記」(『明治村通信』二三六—二三八、平成二年)。内容は「雲海公伝付録巻一」の「英文大陸紀行」の要約である。西忠温「熊本藩海外留学生・長岡護美」(『熊本近代史研究会会報』三二六、平成十年)は、「(1)略年譜」、「(2)ミドル・テンプル法学院関係—入学許可者原簿、当時の入学者、卒業生名簿、免許授与年月日、履修大科目」、「(3)ロンドン留学時代の星亭と長岡護美」、「(4)おわりに」、「(5)参考文献」である。

(長岡　祥三)

中澤　佑（なかざわ・たすく）

明治二十七—昭和五十二年(一八九四—一九七七)

海軍中将

旧蔵の文書・記録は、防衛研究所が所蔵する史料が中心である。これは同所が『戦史叢書』を編纂した際、中澤から提供をうけて複製したものであり、戦争末期のノートや日誌、回想録など作戦・戦況関係の史料四十点余が公開されている。これらの史料以外にも、日誌やノート、回想、書簡など軍令部関係の史料四十点余が存在し、政策研究大学院大学に寄託されているほか、その一部は複製され昭和館に保管されている。

著述には、「大東亜戦争の回顧と反省」(『海幹校評論』十—二、昭和四十七年)、「開戦時の海相、嶋田繁太郎大将は名将であった(インタビュー)」(『歴史と人物』七十二、昭和五十二年)などがある。没後、遺稿が整理され中澤佑刊行会編『海軍中将中澤佑(作戦部長・人事局長の回想)』(原書房、昭和五十四年)として刊行されている。追悼文集として『追想海軍中将中澤佑』(同書刊行会編、非売品、昭和五十三年)がある。

戦後、中澤が連座した潜水艦事件に関しては、日本側では豊田副武述・柳澤健著『最後の帝国海軍』(世界の日本社、昭和二十五年)が、米国側の史料では米国国立公文書館所蔵 *SUGAMO PRISON SECTION*(RG497)や *Reviews of the Yokohama Class B and Class C War Crimes Trials by the 8th Army Judge Advocate, 1946-1949*(M1112, RG331)が詳しい。

中澤を直接取り扱った研究はないが、防衛研修所戦史室『戦史叢書大本営海軍部・連合艦隊(六)』(朝雲新聞社、昭和四十六年)は中澤史料に基づいて書かれている。史料紹介としては、東中野多聞「海軍中将中澤佑関係史料(附)山本五十六・吉田善吾大将書簡」(『東京大学日本史学研究室紀要』六、平成十四年)

がある。

（東中野　多聞）

中島信行（なかじま・のぶゆき）

弘化三―明治三十二年（一八四六―一八九九）　自由民権家・衆議院議長

旧蔵史料はほとんど残されていない。旧蔵史料と推測されるものとしては、憲政資料室所蔵「憲政資料室収集文書」の「中島信行宛書翰　全六巻」がある。後藤象二郎・木戸孝允・伊藤博文・片岡健吉・浅野長勲・陸奥宗光・柳原前光・岩倉具視・三条実美発の書簡計三十三通が収められており、昭和五十二年（一九七七）の購入になる。

その他関係史料は、活動の場であった神奈川県をはじめ広く全国各地に点在しており、整理が待たれる。第一に文書では行政関係史料があり、神奈川県令として安場保和ら他県令と提出した地方官会議即時開催の建白書が国立公文書館所蔵「公文録」、地方官会議での公選民会開設の主張を記した「地方官会議日誌」が我部政男他編『明治前期地方官会議史料集成　第一期・第五巻』（柏書房、平成九年）に収められている。県令期の神奈川県庁文書は失われたが、中島名の県布達類は神奈川県立公文書館・横浜市立中央図書館などに所蔵されている他、町田市立自由民権資料館所蔵「野津田町　石坂博義家文書」などにもみられる。民権運動関係では、中島を発起人とする「神奈川県倶楽部規則」が「三鷹吉野泰平家文書」（三鷹市教育委員会編刊『三鷹吉野泰平家文書目録』二、平成十年）、中島を監督とする同規則改訂版が町田市立自由民権記念館所蔵「村野順三家文書」中にある。また政談演説は、平井市造編『自由主義各党政談演説神髄』（興文社、明治十五年）が町田市立自由民権資料館の所蔵になる他、東京大学法政史料センター（明治新聞雑誌文庫）・国立国会図書館などに収蔵される演説筆記本・演説筆記雑誌に掲げられている。

第二に書簡では、中島と親交が厚かった神奈川県伊勢原市の民権家山口左七郎の関係文書を収めた「雨岳文庫」に、中島発二十八通が所蔵されており、同地域の民権結社湘南社への積極的援助を伝える内容のものである（河内光治他編「山口左七郎関係書簡目録―山口家文書の紹介（その四）―」『幾徳工業大学研究報告A　人文社会科学編』七、昭和五十七年）。そのうち七通は大畑哲他編『雨岳文庫第一集　山口左七郎と湘南社　相州自由民権運動資料集』（まほろば書房、平成十年）に収められた。東京大学史料編纂所編『保古飛呂比　佐佐木高行日記』二・三・五・七巻（東京大学出版会、昭和四十七―四十八・五十年）は佐佐木宛九通を含んでいる。その他、町田市立自由民権資料館所蔵「浦安市小野太起子家寄贈文書」中「石阪昌孝書簡二十八通貼継一巻」と同館寄託「西城崇士家寄託文書」に石阪昌孝宛、神奈川県の大磯町教育委員会所蔵「中川良知氏旧蔵資料」に中川良知宛、高知市立自由民権記念館寄託「片岡信幸氏所蔵　屏風貼」に片岡健吉宛が収められているのをはじめ、憲政資料室所蔵の「河野広中文書」、「古沢滋関係文書」、「陸奥宗光関係文書」、「品川弥二郎関係文書」、「尾崎三良文書」、「栗原亮一文書」、「関屋貞三郎関係文書」、「石塚重平文書」、「上野景範関係文書」、「龍野周一郎関係文書」、「辻新次関係文書」、「伊藤博文関係文書」、「安部井磐根関係文書」、「憲政史編纂会収集文書」、「憲政資料室収集文書」や、早稲田大学図書館所蔵「大隈文書」、立教大学図書館所蔵「大久保利通関係文書」、書陵部所蔵「木戸家文書」、徳富蘇峰記念塩崎財団、フェリス女学院、大阪商工会議所所蔵「五代友厚関係文書」、高知市民図書館所蔵「平尾文庫」などにも所蔵されている。

伝記は、今までに本格的なものは編まれていない。平尾道雄『坂本龍馬 海援隊始末記』〈中公文庫〉（中央公論社、昭和五十一年）、『自由党史』中・下〈岩波文庫〉（岩波書店、昭和三十三年）などが各時期の参考になる他、宮内庁『明治天皇紀』三・九（吉川弘文館、昭和四十四・四十八年）他の巻が国政に関わる事項、前掲『保古飛呂比　佐佐木高行日記』

二・三・五・七巻が維新期の活動、同郷・同僚の元老院議官による書陵部所蔵「斎藤利行日記」が議官時代を記しており、伝記として利用できる。

研究も、いまだ中島を正面に据えた本格的なものはない。近年の成果として、家系を明らかにした内田八朗「中島信行について」(『土佐史談』一七六、昭和六十二年)、神奈川の民権運動との関係を示した大畑哲「山口左七郎と湘南社」(前掲『雨岳文庫第一集—山口左七郎と湘南社　相州自由民権運動資料集』)、同『相州自由民権運動の展開』(有隣堂、平成十四年)、維新期を通観した横澤清子「中島信行覚え書」(町田市立自由民権資料館編『自由民権』十五、町田市教育委員会、平成十四年)などがある。その他、県令期は『神奈川県史　通史編第四巻近代・現代一』(財団法人神奈川県弘済会、昭和五十五年)、大畑哲『自由民権運動と神奈川』(有隣堂、昭和六十二年)、渡辺奨・鶴巻孝雄『石阪昌孝とその時代—豪農民権家の栄光と悲惨の生涯』(町田ジャーナル社、平成九年)、立憲政党期は原田久美子「関西における民権政党の軌跡」(『歴史評論』四一五、昭和四十九年)、竹田芳則「立憲政党の展開と近畿の自由民権運動」(『ヒストリア』一〇七、昭和六十年)、また高知の民権運動との関係では土佐自由民権研究会編『土佐自由民権運動日録』(高知市文化振興事業団、平成六年)などが参考になる。（福井　淳）

長島隆二（ながしま・りゅうじ）明治十一—昭和十五年(一八七八—一九四〇)　政治家

文書は存在しない。いくつかの長島書簡が、「後藤新平文書」と後述の『秋山定輔伝』に収められている。弟の長島又男(同盟通信政治部記者)の実談によると、文筆の才に優れており、著した多数の著書が、図書館などに収められている。『政界秘話』(平凡社、昭和三年)と『政界革新の説』(長島隆二後援会、昭和二年)は、衆議院選挙に立候補するにあたってまとめられたものであり、一九一〇年代にはじまる桂太郎との関係から護憲三派内閣に至るまでの政界の裏面(同志会創設・政界革新会・後藤新平を中心とする動き)を描いたもの、『陰謀は輝く』(平凡社、昭和四年)の登場人物は仮名であるが、大正十四年(一九二五)以後の政党の離合集散の一面を描いたもので、田中義一との関係が記されている。『西伯利亜出兵并に対支政策を論じて国民精神の改造に及ぶ』(やまと新聞社、大正七年)・『外を観よ内を観よ』(関東印刷、大正九年)・『大国難に面して』(人文書院、大正十年)は、それ以前の論説をまとめたものである。また一九三〇年代の活動を記録したものに、『国策直言』(立命館出版部、昭和九年)・『支那事変と世界戦争の危機』(共盟閣、昭和十二年)・『日英戦争』(長谷川書店、昭和十二年)がある。秋山定輔らとともに、日中和平工作・近衛新党運動にかかわったことなどは、桜田倶楽部編刊『秋山定輔伝』全三巻(昭和五十二・五十四・五十七年)に詳しい。なお次女水野可寿子の遺稿「亡父を憶ふ(昭和二十一年記)」が水野家に残されている。

研究としては櫻井良樹「日中提携と『国民的新党』の創設—長島隆二の場合—」(『日本におけるアジア主義』〈『年報政治学一九九八』〉岩波書店、平成十一年)、三浦顕一郎「長島隆二論」(『埼玉県史研究』三十二、平成九年)がある。（櫻井　良樹）

永田鉄山（ながた・てつざん）明治十七—昭和十年(一八八四—一九三五)　陸軍省軍務局長

旧蔵の文書・記録に関しては、永田鉄山刊行会編『秘録永田鉄山』(芙蓉書房、昭和四十七年)によれば、遺族所蔵の資料は、戦災で大部分焼失し、二通の書類が残されただけとのことである。一通は、昭和九年(一九三四)九月十四日付進退伺であり、もう一通は、「軍ヲ健全ニ明クスル為ノ意見」である。いずれも同書に収録されている。同書の第三部「人間永田鉄山」は、陸軍士官学校第十六期生故永田中将伝記編纂委員編(志道保亮編)『鉄山永田中将』(川流堂小林又七本店、昭和十三年)を収録したものであり、そこには、地方幼年学校時代、中央幼年学校時代、陸軍大学校を卒業してドイツ国駐在を命じられた際のそれぞれの時代の「日誌」からの引用がなされているが、それらの今日における所在については不明。やはり戦災で焼失したのかもしれない。なお『秘録永田鉄山』には、永田鉄山中将胸像復旧期成同盟会編『陸軍中将永田鉄山小伝』も第三部第七章に採録されており、いずれにせよ関係者の証言を多く含む同書が、永田を研究するうえでまず参照されるべき文献である。なお、伝記としては、岡田益吉『日本陸軍英傑伝』(光人社、昭和四十七年、文庫版は平成六年)もある。

主な著作としては、臨時軍事調査委員として執筆した『参戦諸国の陸軍に就て』(大正八年十二月)の一部、『国家総動員に関する意見』(大正九年五月)のほか、「交戦国の社会的青少年教育(一)」(『後援』一九一一、大正七年)、「国防に関する欧州戦の教訓」(『第四回中等学校地理歴史科教員協議会議事及講演速記録』同協議会、大正九年、これは大正八年八月一日に東京女子高等師範学校で開催された同協議会での講演)、「国家総動員に就て」(『現代史資料二三　国家主義運動(三)』みすず書房、昭和四十九年)、「国家総動員準備施設と青少年訓練」(沢本孟虎編『国家総動員の意義』青山書院、大正十五年)、「国家総動員の概説」(『社団法人大日本国防義会々報』九十三、大正十五年九月、同会における同年七月十六日の講演)、「現代国防概論」(遠藤二雄編『公民教育概論』義済会、昭和二年)、『国家総動員』(大阪毎日新聞社、昭和三年)、『新軍事講本』(青年教育普及会、昭和七年)、「陸軍の教育」(『岩波講座　教育科学』十八、岩波書店、昭和八年)などがある。また元来教育総監部系の永田は、臨時軍事調査委員として総力戦問題と思想問題を担当しており、その意味で臨時軍事調査委員「現代思潮一部(「デモクラシー」)の研究」(『偕行社記事』五三九付録、大正八年)の執筆にも関係していた可能性が高い。

永田を対象とした研究はあまりないが、遠藤芳信『近代日本軍隊教育史研究』(青木書店、平成六年)が、永田の軍隊教育関係の事績に言及している。また『国家総動員に関する意見』を分析した研究としては、黒沢文貴『大戦間期の日本陸軍』(みすず書房、平成十二年)がある。その他、直接対象としたものではないが、永田の位置した陸軍「革新」派の動向を知るうえで逸することのできない研究として、酒井哲哉『大正デモクラシー体制の崩壊』(東京大学出版会、平成四年)、筒井清忠『昭和期日本の構造』(有斐閣、昭和五十九年)、近代日本研究会編『昭和期の軍部』(山川出版社、昭和五十四年)、高橋正衛『昭和の軍閥』(中央公論社、昭和四十四年)、秦郁彦『軍ファシズム運動史(増補版)』(河出書房新社、昭和三十七年)などがある。

(黒沢　文貴)

永野修身(ながの・おさみ)

明治十三―昭和二十二年(一八八〇―一九四七)

元帥・海軍大将・軍令部総長

関係する文書・記録は、まとまって所蔵されているところはない。ただし、遺族のもとにあった日誌の一部(巣鴨刑務所時代)、自筆のメモなどが、永野美紗子編『海よ永遠に　元帥海軍大将永野修身の記録』(南の風社、平成六年)に収められている。同書はこの他に永野および関係者の回想、巣鴨刑務所での永野の尋問記録などを幅広く集め編集されており、記録としては一番まとまったものであろう。このほか、終戦後の米国戦略爆撃調査団による調査記録として大井篤・冨永賢吾訳編『証言記録太平洋戦争史　戦争指導篇』(日本出版協同、昭和二十九年)と、やはり終戦後の海軍関係者の会談記録として新名丈夫編『海軍戦争検討会議記録　太平洋戦争開戦の経緯』(毎日新聞社、昭和五十一年)に、海軍の作戦計画、開戦経緯についての永野の証言・発言がそれぞれ収められている。

こうした限られた史料状況の中で、軍令部総長期を知る上では、参謀総長として連絡会議に同席していた杉山元が会議における永野の発言を記録させていた、参謀本部編『杉山メモ　大本営・政府連絡会議等筆記』上・下(原書房、昭和四十二年)は欠かせない。また、この『杉山メモ』を補完するものとして、軍事史学会編『大本営陸軍部戦争指導班機密戦争日誌』上・下(錦正社、平成十年)および『木戸幸一日記』上・下(東京大学出版会、昭和四十一年)なども有益である。

人物論・伝記も限られており、一冊にまとまったものもないが、秦郁彦『昭和史の軍人たち』(文芸春秋、昭和五十七年)の中に取り上げられている。また、海軍大臣時代については吉田俊雄『五人の海軍大臣』(同、昭和五十八年)が、軍令部総長時代については同じく吉田俊雄『四人の軍令部総長』(同、昭和六十三年)が、それぞれ一章をあてている。そのほか、『大将伝海軍編』(健軍精神普及会、昭和十六年)にも軍歴を中心に紹介がある。なお、経歴に関しては、財団法人海軍歴史保存会『日本海軍史』全十一巻(第一法規出版、平成七年)の第九巻(将官履歴上)に詳しい。

軍令部総長期の研究については、日本国際政治学会太平洋戦争原因研究部編『太平洋戦争への道　開戦外交史　7　日米開戦』(朝日新聞社、昭和三十八年)の中の角田順「第一篇　日本の対米開戦(一九四〇～一九四一)」および義井博『三訂版　昭和外交史』(南窓社、昭和五十九年)に、開戦経緯における動向が記されているのが中心的であろう。前者についてはその資料編、稲葉正夫・小林龍夫・島田俊彦・角田順編『太平洋戦争への道　開戦外交史　別巻　資料編』(朝日新聞社、昭和三十八年)も合わせて参考になる。その他、最近のものでは相澤淳『海軍の選択　再考真珠湾への道』(中央公論新社、平成十四年)が海軍軍縮問題、海軍の南進政策との関連で永野を取り上げている。

(相澤　淳)

長野忠次(ながの・ちゅうじ)

明治六―昭和二十九年(一八七三―一九五四)　貴族院議員

「長野忠次関係文書」は東京大学法政史料センター原資料部が所蔵している。東京大学法学部の近代立法過程研究会が収集したもので、文書類八十点、書翰二一七通からなり、同研究会による目録「近代立法過程研究会収集文書No.37　長野忠次関係文書」(昭和四十九年)がある。

文書類には、手帳(昭和五、七―九、十四年)および日記(明治四十三、大正三、昭和二十三年)があり、また実業界での活動を反映した「熊本実業団体連合会要綱」、「熊本製糸株式会社沿革」、「長野製種組事業概要」等もある。

長野宛書翰は二一二通あり、同郷の清浦奎吾・徳富猪一郎の他、荒木貞夫・岡部長景等からの来翰を含んでいる。

なお、徳富蘇峰記念塩崎財団は長野書翰・葉書三十五通を収蔵・公開している。

(岸本　昌也)

中原謹司(なかはら・きんじ)

明治二十二―昭和二十六年(一八八九―一九五一)　信州郷軍同志会幹事長・衆議院議員

「中原謹司文書」は、昭和五十年(一九七五)、中原起代子氏の協力を得て世に出た膨大な史料群である。内容的には、帝国在郷軍人会関係、信州郷軍同志会関係、右翼・ファッショ団体関係、大政翼賛会関係、衆議院議員・海軍参与官(平沼内閣)関係、中原謹司手帳などからなっている。主要な史料は、憲政資料室で、調査・閲覧に供され、地域史料は、市立飯田図書館で利用できる。帝国在郷軍人会・信州郷軍同志会のみならず、戦時期の議会・大政翼賛会などについて考える上での一級史料であるといってよい。

「中原謹司文書」を利用した、主な研究は、須崎慎一「秘められた軍ファシズム運動―全日本郷軍同志会構想と信州郷軍同志会」(『一橋論叢』八十一―六、昭和五十四年、後に同『日本ファシズムとその時代』大月書店、平成十年所収)、塩出環「帝大粛正運動と原理日本社」(『日本文化論年報』〈神戸大学国際文化学部日本文化論講座〉四、平成十三年）などがある。

（須崎　慎一）

中上川彦次郎（なかみがわ・ひこじろう）

安政元―明治三十四年（一八五四―一九〇一）　三井銀行専務理事

昭和二年（一九二七）に関係者の回想を中心とした『中上川彦次郎伝記資料』（ダイヤモンド社）が刊行されていたが、昭和四十四年（一九六九）、日本経営史研究所は主に由井常彦氏の編集・解説になる『中上川彦次郎伝記資料』を刊行した。同書は旧伝記資料所載の回想類や白柳秀湖『中上川彦次郎伝』（岩波書店、昭和十五年）が依拠した菊池武徳『中上川彦次郎君伝』（人民新聞社出版部、明治三十六年）をはじめとする関係資料、そして百数十点の書簡を中心とする中上川家提供の文書を収めている。砂川幸雄『中上川彦次郎の華麗な生涯』（草思社、平成九年）は伝記資料に依拠した一般向け伝記。最新の研究者による伝記は由井常彦「再考　中上川彦次郎の人物と思想―現代的視点に立脚して」（『福沢諭吉年鑑28』平成十三年）。

中上川についての先行研究は粕谷誠「政商から財閥への脱皮―中上川彦次郎（三井銀行）」（伊丹敬之・加護野忠男・宮本又郎・米倉誠一郎編『ケースブック　日本企業の経営行動4　企業家の群像と時代の息吹』有斐閣、平成十年）参照。

（鈴木　淳）

中村房次郎（なかむら・ふさじろう）

明治三―昭和十九年（一八七〇―一九四四）　松尾鉱業株式会社社長

横浜商人増田嘉兵衛の次男として生まれ、松尾鉱業や日本カーボンなど多数の会社を経営し、また横浜興信銀行副頭取、横浜商工会議所副会頭などを歴任し、原富太郎（三渓）と並ぶ昭和戦前期の横浜財界の重鎮である。と同時に、立憲民政党横浜支部の幹部として横浜市政に強い影響力をもった。

五四四通の書簡を主とする全六五八点の関係史料は、平成十三年（二〇〇一）、中村の長女節の長男である松崎仁氏から横浜開港資料館に寄贈された。書簡・市疑獄事件関係・横浜商工会議所関係・松尾鉱山関係・中龍鉱山関係・中村房次郎追悼関係など十一項目に分類整理され、「中村房次郎関係文書目録」（『横浜開港資料館紀要』二十、平成十四年）を手引きとして同館において複製で公開されている。文書史料中、最も古いものは中村あて関東大震災見舞い書簡であり、それ以前の史料は震災で焼失したと考えられる。震災後から昭和戦前期にかけての横浜政財界史、とりわけ横浜と中央政財界との関連を明らかにする上で重要な史料である。

書簡の多くは、横浜および中央政財界の重鎮らから中村にあてられたものである。主要発信者として、歴代横浜市長の渡辺勝三郎・有吉忠一・大西一郎・青木周三・半井清・平沼亮三、横浜財界の最有力者の原富太郎、横浜興信銀行頭取や横浜商工会議所会頭をつとめた井坂孝、衆議院議員の三宅磐（横浜貿易新報社長）・小泉又次郎・内ヶ崎作三郎・永井柳太郎・町田忠治・若槻礼次郎、日銀総裁、蔵相をつとめた井上準之助、実業家の渋沢栄一、池田成彬、そして中村とは生涯「畏敬おかざる心友」であった内務官僚、枢密顧問官の伊沢多喜男などが挙げられる。

書簡の一端を紹介すると、神奈川・兵庫県知事、朝鮮総督府政務総監などを歴任後、大正十四年（一九二五）に横浜市長に就任した有吉忠一の書簡には、震災復興事業に着手したばかりの市の行政改革案を提示したものや、市長退任後の横浜商工会議所会頭在任時、横浜市がつよく反対した東京港開港問題について主要閣僚らとおこなった交渉内容を報告するものがある。伊沢多喜男書簡には横浜からの総選挙候補者擁立や、歴代市長斡旋問題などが記されている。また昭和十一年（一九三六）の一連の内ヶ崎書簡には、島田三郎長男孝一（当時、早大教授。妻隆は中村の次女）の横浜からの総選挙出馬問題をめぐって、島田家、田中穂積早大総長、永井柳太郎、伊沢多喜男、原富太郎らの関与が具体的に記されている。後述の吉良論考に詳しい。この他、彫刻家佐藤朝山、日本画家の橋本関雪や速水御舟、洋画家中村不折、松竹社長大谷竹次郎、中村の次男正雄の岳父安部磯雄からの書簡などもあり、その幅広い交友関係をうかがい知ることができる。これらの書簡の内、中村あて伊沢多喜男書簡全二十五通は、伊沢多喜男文書研究会編『伊沢多喜男関係文書』(芙蓉書房出版、平成十二年)に翻刻・収録されている。

まとまった伝記はないが、略伝として『ある横浜商人の賦—中村房次郎考』(横浜市中区役所、昭和五十三年)中の「中村房次郎の軌跡」と、九女の中村清子と松崎仁両氏の発行による『中村房次郎を偲ぶ』(私家版、平成十一年)がある。

中村に言及した従来の著作として、『横浜市史』第四—五巻(昭和四十—五十一年)や『横浜市会史』第三—五巻(昭和五十九—六十年)、『横浜市史II』第一巻上・下(横浜市総務局市史編集室、平成五・八年)があるが、ほとんどが書簡などの存在が明らかになる以前の著作であり、とくに政治的役割に対する評価が充分とは言い難い。上記新出史料を用いた近年の論考として、中村を直接に対象としたものに吉良芳恵「中村房次郎と島田三郎家」(『開港のひろば』五十九、横浜開港資料館、平成十年)、同「横浜市政と中村房次郎」(同六十、平成十年)が、周辺人物との関連で言及したものに大西比呂志「伊沢多喜男と横浜市政」(『市史研究よこはま』八、横浜市史編集室、平成七年)、同「平島吉之助と横浜市政(下)」(同十二、平成十二年)、同「太平洋戦争期の市政と軍事」(前出『横浜市史II』第一巻下所収)がある。また松尾鉱山経営および地元との関わりに主眼をおいた論考として、信夫隆司「中村房次郎と松尾鉱山」(『総合政策』三—一、岩手県立大学総合政策学会、平成十三年)がある。

(中武　香奈美)

中村正直〈敬宇〉(なかむら・まさなお)

天保三—明治二十四年(一八三二—一八九一)　洋学者・東京大学教授

関係する史料は、公刊されている『敬宇文集』十六巻六冊(吉川弘文館、明治三十六年)、『敬宇詩集』四巻三冊(敬宇詩集発行所、昭和元年)に収録されている諸論考および漢詩等のほか、和漢書、日記および稿本類は静嘉堂文庫に所蔵されている。日記および稿本類の全貌は、荻原隆「中村敬宇著作目録(上)(下)」(『名古屋学院大学論集』二十五—四、二十六—一、平成元年)に明らかである。同目録によれば、なお中村家に蔵されている史料も若干は存在するようである。

蔵書は生前三万冊余といわれ、東西にわたる貴重な文献を網羅しており、没後、文庫の設立が計画されたが実現しなかった。それらは岩崎弥之助により静嘉堂文庫に収められたが、このうち英書は、昭和十三年(一九三八)に岩崎小弥太から成蹊学園に寄贈され、現在では成蹊大学図書館に「中村正直先生文庫」として保存されている。その経緯は、高橋俊昭「文明開化の蔵書目録」(『成蹊大学論叢』十八、昭和五十四年)に述べられ、目録も付されている。

伝記には、早くは石井民司(研堂)の手になる『自助的人物典型　中村正直伝』(成功雑誌社、明治四十年)が、その後、高橋昌郎『中村敬宇』〈人物叢書〉(吉川弘文館、昭和四十一年)がある。また、研究には、荻原隆『中村敬宇と明治啓蒙思想』(早稲田大学出版部、昭和五十九年)、大久保健晴「『明治エンライトンメントと中村敬宇』(一)(二)」(『東京都立大学法学会雑誌』三十九—一・二、平成十—十一年)ほかがある。

(中野目　徹)

中山寛六郎(なかやま・かんろくろう)

安政五—昭和九年(一八五八—一九三四)　内閣総理大臣秘書官

旧蔵の文書類については、①東京市政調査会市政専門図書館、②憲政資料室、③東京大学法政史料センター原資料部で閲覧することが可能である。以下、各々について史料の内容を簡単に紹介する。

①は東京市政調査会が昭和六年(一九三一)に中

山自身から寄贈を受けた、明治期地方制度関係の文書である。モッセ、ロエスレルら地方制度制定に尽力した人物の意見書や各種の草案など、「大森鍾一旧蔵文書」とともに地方制度の成立過程を研究する上で不可欠の史料群である。閲覧には原史料ではなく、マイクロフィルムからの紙焼きを使用する。

②は①をマイクロフィルム撮影したものであるが、①の目録と対照させたところ、文書番号のズレを勘案しても未撮影の文書が二十点余りあるので注意が必要である。

③は①のほか、東京大学法学部が機関研究として「近代立法過程研究会」を組織した際に、中山家に残されていた史料をマイクロフィルム撮影したものである。内容は写真・アルバム、書画、掛軸をはじめ、書簡、書類であるが、目録番号だけでも二〇〇〇を超えており、点数はかなり膨大な量にのぼる。①②が明治期地方制度関係を中心にしたものであったのに比べて、③は公私にわたる人生を物語る史料群といえる。そのうち公務関係の史料の特徴としては、参事院議官補時代の法令審議関係書類の存在や、中山が山県有朋(参議・内相・首相時代)の秘書官を務めていた関係で、大臣宛の報告書類が豊富に含まれていることがあげられる。ただし明治三十年(一八九七)以降の会計検査院検査官・部長時代(大正二年からは休職)の公的書類は少ない。

また中山は日記(明治二十五年―没年)を書き残している。

中山はハーバード・ロースクールに留学した経験を持ち、語学には堪能だったと見えて、リーバーの著作を翻訳した『政党』、『政党首領』(いずれも明治十六年)を出版している。これらは国立国会図書館等に所蔵されているが、山室信一編『明治期社会科学翻訳書集成』(ナダ書房、マイクロフィルム)にも所収され、比較的容易に見ることができる。

管見の限り伝記の類はなく、彼を対象にした研究もない。しかし、明治期地方制度研究では前述の①を利用した亀卦川浩の『自治五十年史』(良書普及会、昭和十五年)や『明治地方制度成立史』(巌南堂書店、昭和四十二年)をはじめ、安藤陽子「山県内相の欧州視察と府県制・郡制草案の編纂問題」(『中央史学』八、昭和六十年)、谷口裕信「郡をめぐる地方制度改革構想―明治十年代を中心に」(『史学雑誌』一一〇―六、平成十三年)などがある。③に関しては前掲安藤論文のほか、府県制郡制の制定過程や府県債条例案に関連して、長井純市の一連の論文「山県有朋と地方自治制度確立事業―明治二一年の洋行を中心として―」(『史学雑誌』一〇〇―四、平成三年)、「山県有朋と地方自治制度確立事業―地方債構想を中心に―」(『日本歴史』五三五、平成四年)、「山県有朋と地方自治制度確立事業―参事院議長就任を中心として―」(『法政史学』四十五、平成五年)がある。なお①③のうち、重要史料については山中永之佑監修『近代日本地方自治立法資料集成 明治中期編』(弘文堂、平成六年)に収められており、利用しやすくなっている。

このように従来明治期地方制度研究で注目を集めてきた「中山文書」であるが、最近では、山県首相宛の警視総監「探聞」(③目録番号六―十九、二十二、一六五、四〇八等)を用いて第一議会前後の民党各派の動向を俯瞰し、当時の政治状況を分析した伊藤之雄『立憲国家の確立と伊藤博文』(吉川弘文館、平成十一年)や、山県の有名な主権線・利益線論の発想、概念を「斯丁氏意見書(国防論)」(③目録番号六―一三七)の中に発見した加藤陽子『戦争の日本近現代史』〈講談社現代新書〉(講談社、平成十四年)のような研究が出てきた。地方制度のみならず多方面の研究を深化させる可能性を秘めた文書群でもあることを、強調しておきたい。

(谷口 裕信)

長与専斎(ながよ・せんさい)

天保九―明治三十五年(一八三八―一九〇二) 初代内務省衛生局長

事績がまとまった形で顕彰されていないという事情のために、史料もまとまった形では残存していない。そのため、彼の手になる史料は同時代に活動した官僚・政治家の関係文書を参照する必要がある。特筆すべきものとしては以下の史料を挙げることが可能である。「衛生意見」(明治十年十月、憲政資料室所蔵「大久保利通関係文書」および後藤新平記念館所蔵「後藤新平関係文書」)、後藤新平宛書簡十三通(「後藤新平関係文書」、ただし後藤新平伯伝記編纂会による写本を含む)、品川弥二郎宛書簡六通(憲政資料室所蔵「品川弥二郎関係文書」、尚友倶楽部品川弥二郎関係文書編纂委員会編『品川弥二郎文書』五、山川出版社、平成十一年に翻刻)、井上馨宛書簡四通(同室所蔵「井上馨関係文書」)、石黒忠悳宛書簡一通(慶応義塾大学北里記念医学図書館所蔵「石黒文庫」)、徳富蘇峰宛四通(徳富蘇峰記念塩崎財団)。

また自身による回顧録『松香私志』(原版明治三十五年、小川鼎三・酒井シヅ校注『松本順自伝・長与専斎自伝』平凡社、昭和五十五年)および遺族が碑文・漢詩・序文などを収集した長与又郎編刊『松香遺稿』(昭和九年)により生涯にわたる活動が基本的に判明する。

このような史料状況を補完するものとして『大日本私立衛生会雑誌』(明治十六―大正十二年)に掲載された彼の論説・演説筆記がある。主なものとして、「衛生と文明の関係」(五、明治十六年)、「衛生と自治の関係」(五十九、同二十四年)、「東京市水道論」(一〇三、同二十四年)が挙げられるほか、大日本私立衛生会の地方支会においても積極的に活動しており、一部が機関紙に収められている。例えば「遠江私立衛生会員に望む」(『遠江私立衛生会第五回報告』明治十八年)、「埼玉支会の第五次総会を祝し併せて会員諸君に告ぐ」(『埼玉衛生雑誌』四十七、明治二十一年)などである。

唯一全生涯を扱った伝記として外山幹夫『医療福祉の祖　長与専斎』(思文閣出版、平成十四年)があり、また適塾時代に焦点を当てた伴忠康『適塾と長与専斎　衛生学と松香私志』(創元社、昭和六十二年)、五男長与善郎が晩年の父を回想した「長与専斎」(犬養健ほか『父の映像』筑摩書房、昭和六十三年)、「跋」(『松香遺稿』)、「跋　父専斎との対照を中心として見たる兄又郎」(長与博士記念会編『長与又郎伝』日新書院、昭和十九年)がある。

長与に関して一次史料を用いた研究は多くはない。本田一二「長与専斎と公衆衛生学」(『専修商学論集』二十八、昭和五十四年)が主に『松香私志』から長与の公衆衛生学への接近について紹介したほか、笠原英彦「近代日本における衛生行政論の展開　長与専斎と後藤新平」(『法学研究』〈慶応義塾大学法学研究会〉六十九―一、平成八年)および同「長与専斎の医療改革とアメリカ衛生行政」(同七十四―十、平成十三年)で「衛生意見」を用いた論が展開されている。今後は先に掲げた書簡・論説・演説筆記の検討を踏まえての研究が望まれる。

(市川　智生)

長与又郎(ながよ・またろう)

明治十一―昭和十六年(一八七八―一九四一)　東京帝国大学総長

主な著作は病理学者としての学術論文である。それら以外では、自身が所属する教室の歴史を編纂した『東京帝国大学病理学教室五十年史』上・下(昭和十三―十四年)、組織の責任者として関係した学外関係のものとして「研究所及び附属病院の建設に際して癌研究会の過去を顧み将来を思ふ」(癌研究会『癌研究会七十五年史』六十四―六十七頁、平成元年)、「結核研究所の使命」(『医海時報』昭和十四年十一月二十五日号、同年十二月二日号)が注目すべき著作である。

長与は研究や大学関係だけでなく、時事問題についても記した日記を遺した。欠けているところはあるが、明治二十六年(一八九三)八月から昭和十六年(一九四一)八月の臨終のときまでのものが、四男長与健夫氏によって保存されている。このうち、総長在任中、大学の自治をめぐって困難な事件が続発した昭和十二年十月から昭和十三年十月までの全文は、照沼康孝・中野実らによって活字化された(『東京大学史紀要』四―十、昭和五十八―平成四年)。

また小高健は、内務省伝染病研究所の文部省への移管が行われた大正三年(一九一四)から臨終までの日記を抄録、分類し、解説を加えた(『長与又郎日記』上・下、学会出版センター、平成十三―十四年)。この日記に基づき照沼は、大学自治の問題に対する総長としての対応について検討した(「東京帝大経済学部問題と長与又郎」『東京大学史紀要』八、平成二年)。また小高の『長与又郎日記』解説もこの問題に触れている。

昭和十六年十二月、医学部の親睦団体である鉄門倶楽部は、長与の追悼のために『鉄門』第二十巻臨時号を出した。さらに昭和十九年には、大学時代からの親友である南大曹を委員長とする長与博士記念会が『長与又郎伝』(日新書院)を刊行した。これには弟の長与善郎が書いた「父専斎との対照を中心として見たる兄又郎」が跋として含まれている。

(小高　健)

梨本宮伊都子（なしもとのみや・いつこ）

明治十五―昭和五十一年(一八八二―一九七六)

旧皇族妃

日記は、梨本宮家を継いだ梨本徳彦家に保管されていた。時期は明治三十二年(一八九九)一月一日から、昭和五十一年(一九七六)六月三日までのおよそ七十八年におよぶ。十七歳から九十五歳までの記録である。これらは、毛筆あるいはペン、鉛筆書きのもので、その装丁も和綴であったり、市販の日記帳であったりする。佐賀藩主であり侯爵となった鍋島直大の次女として生まれ、おそらくは幼少より日記を記していたと思われるが、その存在は確認されていない。

日々の日記のほかにも、特別な事件のみ記した日記や、日記と記憶をもとに記した回想記類などがある。特別な事件のみを記した日記としては、明治二十五年七月九日から昭和十八年三月九日までの重要事項を年代順に記述した「永代日記」、結婚前の明治三十年に大磯別荘での生活記録を記した「大磯日記」、同じく明治三十年と三十一年の日光別荘での記録である「日光日記」、明治四十二年一月十三日から七月二十九日までの欧州旅行の記録である「欧州及び満韓旅行日記」、「欧州及満韓旅日記の追加」、日露戦争の記録である「日露戦役に関したる日記」二冊、関東大震災の状況を克明に記した「大震災之記」、昭和三年の昭和天皇即位を記した「御即位の礼諸儀式参列記」などがある。

また、戦争の記録として、日露戦争から太平洋戦争にいたる戦時生活をまとめた「戦役に関する記事」、太平洋戦争開始後の状況を記した「わすれられぬ一年間」、梨本宮邸焼失など昭和二十年の空襲の惨状を綴った「空襲！わすれられない戦災の事どもの記事」がある。そのほか、伊都子が記した梨本宮守正の伝記ともいえる「宮様の御生い立ちから御一生あらまし」三冊や、皇后の名代としての御差遣の記録、生活作法、短歌など多くの貴重な資料を残している。戦前からの旧皇族の資料は珍しく、しかも七十八年という長い年月におよび、価値の高いものといえる。女性の日記であり、その意味では政治や軍事に関する極秘情報などは少ないが、生活習慣や文化状況などに関する記述に目をひくものが多い。これらの資料の大部分は、梨本徳彦家に保管されており、一部は「昭和天皇実録」執筆の資料として宮内庁に移管されている。

小田部雄次『梨本宮伊都子妃の日記』(小学館、平成三年)は、これらの資料から歴史学的に価値のある部分を抜粋して、通史としてまとめたものである。なお、自伝に『三代の天皇と私』(講談社、昭和五十年)がある。また、長女は朝鮮李王家に嫁いだ方子で、その自伝に『すぎた歳月』(明暉園、昭和四十三年、改題して『流れのままに』啓佑社、昭和五十九年)がある。

(小田部　雄次)

奈良武次（なら・たけじ）

明治元―昭和三十七年(一八六八―一九六二)　侍従武官長

旧蔵の文書・記録は、現在遺族の奈良家に保管されている。明治期から昭和期にかけての日記・備忘録と、枢密顧問官としての記録、自筆履歴、芳名録などが存在する。また防衛研究所図書館は、「奈良武次回顧録草案」上・下の複写版を所蔵している。東宮武官長(大正九―十五年)と大正天皇の侍従武官長(大正十一―十五年)、それにつづく昭和天皇の侍従武官長(昭和元―八年)時代の日記および回顧録草案は、波多野澄雄・黒沢文貴・波多野勝・櫻井良樹・小林和幸編『侍従武官長奈良武次日記・回顧録』全四巻(柏書房、平成十二年)として出版されており、当該期の宮中や政治・軍事史を研究するうえで必要不可欠な史料となっている。とくに昭和天皇の動静のみならず、大正天皇の様子も記されており、興味深いものである。なお奈良家所蔵史料の全体については、同第四巻の「解説」を参照されたい。

その他の時代の日記も有益であるが、陸軍省軍務局長時代の大正六年(一九一七)の分については、黒沢文貴編「奈良武次軍務局長日記」「同 (二)」(『東京女子大学 論集』五十三―一・二、平成十四・十五年)で紹介されている。

奈良についての伝記や研究はあまりないが、児島襄『天皇』一・二(文芸春秋、昭和四十九年)が、公刊前の奈良の日記や回顧録を用いている。その他、奈良日記等を使用した主な研究としては、波多野澄雄「満州事変と『宮中』勢力」(『栃木史学』五、平成三年)、波多野勝『近代東アジアの政治変動と日本の外交』(慶応通信株式会社、平成七年)、同『裕仁皇太子ヨーロッパ外遊記』(草思社、平成十年)があり、近年では、ハーバート・ビックス／吉田裕監修『昭和天皇』(上)(講談社、平成十四年)も参照しているようである。

(黒沢　文貴)

に

新島　襄(にいじま・じょう)　天保十四―明治二十三年(一八四三―一八九〇)

育英事業家・キリスト教伝道者

関係資料は現在、同志社大学人文科学研究所内にある同志社社史資料室が管理している。原資料など主要な約六〇〇〇点は、保存用建物の新島遺品庫に保管されているが、この収集品の多くは故森中章光の手によって長年にわたり集められたものである。それ以外の関連資料、新島手択本および学校史関係資料などは社史資料室書庫にある。

かつてこの新島遺品庫資料は神聖視され、限られた者しか近づけなかったが、『新島襄全集』の編集を機に、公開が進んだ。現在は、新島遺品庫の全資料が同志社創立一二五周年の記念事業によりデジタル画像のWeb版《新島遺品庫資料》になり、その形式で一般公開されている(**http://joseph.doshisha.ac.jp/ihinko/**)。インターネットによって世界中からだれもが随時、新島の原資料を呼び出せる状態にある。画面にある「全面公開」と

「部分公開」のうち、「部分公開」の方は一般用に新島を紹介したもの、「全面公開」の方は研究用に全資料を公開したものである。後者は数量が多いので、全集編集作業用に作成された同志社社史史料編集所編『新島先生遺品庫収蔵目録』上・下(非売品、同志社社史史料編集所、昭和五十二・五十五年)の《通し番号》で検索すると使いやすい。この『目録』も、《同志社バーチャル博物館》(http://kohara.doshisha.ac.jp/virtual_museum/ 小原克博神学部教授のホームページに開設)を検索すると読み出すことができる。こうして今は、『新島襄全集』に未収録の資料も見ることができるようになった。

これまでの研究史については後述の『新島襄全集を読む』序論および第一章「新島研究の系譜と動向」(本井康博)にくわしい。活字資料としては新島襄全集編集委員会編『新島襄全集』全十巻(同朋舎、昭和五十八—平成八年)がある。厳密な原文復元主義を原則にして編集された基礎資料である。この完成はそれ以前に編集された資料類の欠陥(そこには現在流通している同志社編『新島襄書簡集』〈岩波文庫〉も含まれる)を訂正した意味をもっている。現代語で読む新島襄編集委員会編『現代語で読む新島襄』(丸善、平成十二年)はこの『全集』にもとづいた主要書簡類の現代語訳であるとともに新島研究の最前線を反映する。なお新島関係研究文献の最新リストは、この『現代語で読む新島襄』の巻末、および前出「新島遺品庫資料」ホームページから「部分公開」→「図書室」を開くと掲載されている。収蔵資料情報は『新島先生遺品庫収蔵目録』上・下にあり、漢詩については小川與四郎『新島襄の漢詩』(同志社新島研究会、昭和五十四年)がある。

次に周辺資料としては、上野直蔵編纂『同志社百年史』全四巻(「資料編二巻」、「通史編二巻」、同朋舎、昭和五十四年)、同志社社史資料室編『追悼集—同志社人物誌』一—八(昭和六十三—平成六年)、同志社社史資料室編『池袋清風日記　明治十七年』上・下(昭和六十年)、同志社社史資料室編『創設期の同志社—卒業生たちの回想録』(昭和六十一年)、同志社社史資料室編『山本覚馬・新島八重兄妹の生涯』(平成四年)、徳富猪一郎『青年と教育』(民友社、明治二十五年)、森中章光編『新島先生記念集』(同志社校友会、昭和十五年)、青山霞村『同志社五十年裏面史』(からすき社、昭和六年)などがある。

『新島襄全集』刊行とともに新研究にも弾みがつき、同志社宗教部『レゴー』十五号の「特集新島襄」(昭和六十三年初春)や、論文集として北垣宗治編『新島襄の世界—永眠百年の時点から—』(晃洋書房、平成二年)、同志社編『新島襄—近代日本の先覚者—』(晃洋書房、平成五年)、伊藤彌彦編『新島襄全集を読む』(晃洋書房、平成十四年)がある。従来の新島論のほとんどは伝記であった。その一覧表は前述の新島襄関係研究文献リストにある。その中でもA. S. Hardy ed. *Life and Letters of Joseph Hardy Neesima*, 1891, (Reprint, Doshisha, 1980) [北垣宗治訳で『新島襄全集』十に収録] とJ. D. Davis, *A Sketch of the Life of Rev. Joseph Hardy Neesima*, (Maruzen, 1890) [北垣宗治訳『新島襄の生涯』小学館、昭和五十二年] は新島周辺の同時代人の記録として史料的価値が高い。また和田洋一『新島襄』(日本基督教団出版局、昭和五十二年)は新島襄の非神話化の先駆けとなった伝記である。

近年は新しい研究も盛んになりつつあり、井上勝也『新島襄　人と思想』(晃洋書房、昭和六十三年)、北垣宗治『新島襄とアーモスト大学』(山口書店、平成五年)、伊藤彌彦『のびやかにかたる新島襄と明治の書生』(晃洋書房、平成十一年)、本井康博『新島襄と徳富蘇峰』(晃洋書房、平成十四年)などに新資料、新視点の切り口がみられる。また本井康博『京都のキリスト教』(同朋舎、平成十年)、同志社人文科学研究所編『来日アメリカ宣教師—アメリカン・ボード宣教師書簡の研究　1869~1890—』(現代史料出版、平成十一年)もキリスト教伝道事業関連の貴重な研究論集である。逐次刊行物としては、同志社社史資料室の機関誌『同志社談叢』(年刊誌、昭和五十五年創刊)には発見された新資料情報や研究論文が掲載されている。ほかに『新島研究』(洗心会昭和二十九年創刊、のち平成十年より同志社社史資料室)や『同志社時報』(同志社、昭和三十七年―)がある。

（伊藤　彌彦）

西　周（にし・あまね）

文政十二―明治三十年(一八二九―一八九七)　洋学者・元老院議官・貴族院議員

関係する史料は、昭和二十八年(一九五三)に憲政資料室に受け入れられ、現在では三四九点が所蔵・公開され、同室備付の目録によってその全貌を知ることができる。内容は、書類、稿本、日記、書簡ほかから構成される。

戦前、西男爵家で所蔵していたこれらの関係史料は、『西周哲学著作集』(岩波書店、昭和八年)の編者で、全集の刊行を計画していた麻生義輝に貸し出されていたが、麻生の没後、『帝国学士院六十年史』の編纂事業に利用するため、同院に貸与されることになった。この間の事情は、大久保利謙『日本近代史学事始め』〈岩波新書〉(岩波書店、平成八年)に詳しい。その後、大久保の手により『西周全集』全四巻(宗高書房、昭和三十五―五十六年)がまとめられ、各巻には詳細な解説も付されている。第三巻の巻末には、稿本目録(一)(二)と略年譜も掲載されている。

また、憲政資料室の「西周関係文書」(洋書分)には、一一六番に「故男爵西周君遺書目録」が、一一七番には妻升子の日記が、さらに、西周の門生であった氷見裕らの関係文書が合体していて、いずれも一見を要するところである。佐治芳雄の編になるガリ版の『西升子関係資料』(昭和三十九年)もある。なお、旧宅の残る津和野の町立郷土館には、若干の遺品等が展示されている。日記のうち、全集第三巻に未収録の明治二十―二十二年(一八八七―一八八九)分は、文京区立鷗外記念本郷図書館内のあまね会の手により翻刻されている。

西周の伝記には、森林太郎(鷗外)の『西周伝』(西紳六郎、明治三十一年)があるものの、その後は書かれていない。参照すべき先行研究には、前述の麻生・大久保によるもののほか、蓮沼啓介『西周に於ける哲学の成立』(有斐閣、昭和六十二年)がある。

（中野目　徹）

西尾末広（にしお・すえひろ）

明治二十四―昭和五十六年(一八九一―一九八一)　社会党書記長・民社党委員長

憲政資料室所蔵の「和田一仁氏旧蔵西尾末広関係文書」には、昭和二十三年(一九四八)、当時社会党書記長だった西尾が土建業者から政治献金を受け、これを届出なかったとして政令三二八号(現在の政治資金規正法)違反に問われた、いわゆる土建献金事件についての資料三十点(その大半は政令違反院内偽証罪控訴公判速記録)、ほかに社会党結党当時の断片的な資料や新聞切抜き十点が収められている。また、法政大学大原社会問題研究所が編集し法政大学出版局から刊行した『日本社会運動史料』(昭和四十八―平成七年)には、戦前の労働運動に関する西尾の執筆した論文(その多くは雑誌『労働』に掲載したもの)を中心に、三十四点ほどが収められている。なお、同研究所には西尾関係和書が左記の自伝や伝記等を含め十五点ほどあり、書簡もハガキが二点あるが、日記やメモなど一次資料類は殆どない。

また憲政記念館にも、ある程度まとまった文書類が所蔵されている。民社党結成時のメモ、声明文などを中心に、原稿の草稿、社会主義インター大会関係、尾崎行雄、西村栄一からの来簡、辞令などで構成されている。目録は、『憲政記念館所蔵資料目録：開館三〇年』(憲政記念館、平成十四年)に掲載されている。

自伝には、主として『大衆と共に―私の半生の記録―』(世界社、昭和二十六年)と『西尾末広の政治覚書』(毎日新聞社、昭和四十三年)があり、前者は戦前・戦中について、後者は戦後についての政治行動を回想したものである。また、『私の政治手帖—風雪六年の日本を顧みる—』(時局研究会、昭和二十七年)では社会党創設から昭電事件までを記している。他に本人が直接語った記録、あるいは執筆した原稿が含まれる出版物としては、西尾末広『労働組合のABC』(関西労働同盟会出版部、大正十二年)、中村菊男編『新党への道』(論争社、昭和三十五年)、『社会主義インターに出席して—西欧各国首脳と会談して—』(民主社会協会、昭和三十九年。『民主主義のための講演集』〈昭和四十二年〉に所収)、西尾末広・中村菊男『西尾末広想い出の人』(民主社会主義研究会議、昭和四十三年)、東京新聞編『私の人生劇場』(現代書房、昭和四十三年)、東京12チャンネル報道部編『証言私の昭和史』(学芸書林、昭和四十四年)、西尾安裕編『大衆政治家西尾末広』(日本ジャーナリスト協会出版部、昭和五十九年)などがある。

人物論・伝記も多く、幡谷藤吾『職工から大臣まで—西尾末広伝—』(筑波書房、昭和二十三年)、加藤日出男『風雪の人西尾末広』(根っこ文庫太陽社、昭和四十一年)、後藤清一『ど根性こそ我が人生』(読売新聞社、昭和四十九年)、遠藤欣之助『改革者西尾末広』(根っこ文庫太陽社、昭和四十七年)、江上照彦『西尾末広伝』(西尾末広伝記刊行委員会、昭和五十九年)、『日本政治の実力者たち—リーダーの条件3—』(有斐閣新書、昭和五十六年)、石井一編著『政魂の人西尾末広先生への追慕』(アドセンター、昭和五十七年)がある。これらの多くは西尾の共鳴者によって書かれたもので、客観的な研究論考としては、竹中佳彦「中道政権指導者の追放問題—芦田均・西尾末広の不追放決定の過程」(『北九州大学法政論集』二十五—二・三、平成九年)が注目されるが、西尾の全体像を究明する研究はまだない。

（楠　精一郎）

西潟為蔵（にしかた・ためぞう）

弘化二—大正十三年（一八四五—一九二四）　衆議院議員

関係する史料は、現在当主の西潟精一氏(新潟県南蒲原郡下田村)が所蔵されている。この史料は、東京大学法学部近代立法過程研究会(現法政史料センター)がマイクロ化し、「西潟為蔵関係文書目録」(昭和五十五年十二月)とともに憲政資料室で閲覧できるようになっている。また平成八年(一九九六)、新潟市で西潟が記した回顧録「雪月花」の五冊が発見された。新発見の「雪月花」は、これまで西潟家に保管されていた「雪月花」のその後の部分に当たるもので、明治四十一年(一九〇八)から大正十年(一九二一)まで記されている。新発見の「雪月花」は新潟市役所歴史文化課に閲覧申請し、許可が出れば閲覧ができることになっている。

西潟家に保管されている「雪月花」の活字化は、本間恂一氏と溝口敏麿氏によって行われ、昭和四十九年(一九七四)に『雪月花—西潟為蔵回顧録—』(野島出版)として出版されている。

西潟に関する研究としては、金原左門氏が「〝草の根〟民権主義—西潟為蔵と新潟自由民権運動—」(『明治の群像5　自由と民権』三一書房、昭和四十三年)と「民権家西潟為蔵の土着的発想と行動」(『地域をなぜ問いつづけるか—近代日本再構成の歩み—』中央大学出版部、昭和六十二年)で、その活動を明らかにしている。また、金原氏は大同団結運動期から越佐同盟会までの西潟について、「明治国家体制と自由党系政社の動向」(稲田正次編『明治国家形成過程の研究』御茶の水書房、昭和四十一年)で触れている。この他に前記『雪月花—西潟為蔵回顧録—』に、本間氏が「西潟為蔵小伝」をまとめられている。

（横山　真一）

西澤哲四郎（にしざわ・てつしろう）

明治三十六—昭和六十年（一九〇三—一九八五）

憲法調査会事務局長

昭和七年(一九三二)から昭和三十六年まで衆議院に在職し、この間速記課長、秘書課長、委員課長、事務次長、法制局長などを歴任した。その後、憲法調査会の事務局長を経て、昭和四十一年から国立国会図書館専門調査員を勤めた。昭和六十一年に憲政資料室に寄贈された旧蔵の文書は、現在、二つに大別されている。ひとつは「西澤哲四郎関係文書」、もうひとつは「西澤哲四郎旧蔵憲法調査会資料」とである。平成十三年(二〇〇一)には憲法調査会関係資料四点が追加寄贈されている。

「西澤哲四郎関係文書」は、後述する憲法調査会関係資料を除いたもので、大きく国会関係、地方議会関係にわけることができる。戦前・戦中期の議会関係資料には、議会制度改革、衆議院南米派遣議員団(昭和十五年)などの資料が含まれている。戦後の国会関係の資料では、事務次長、法制局長の要職にあったことから、占領下の議会運営、憲法改正、国会法、講和問題、安保問題などの資料が含まれている。地方議会関係には、全国都道府県議会(議長会)、全国市議会議長会、町村議会議長会など地方自治体の議会に関する会議録や研修資料などを含んでいる。「西澤哲四郎関係文書」は、執務用資料が大半を占め、書翰および日記は含まれていない。

「西澤哲四郎旧蔵憲法調査会資料」は、大きく刊行物と非刊行物にわけることができる。刊行物には、最終報告書および付属文書、議事録、年報、憲法調査会刊行資料(憲資シリーズ)、憲資シリーズ以外の刊行資料からなる。非刊行物には、各種刊行物の草案、委員からの意見書、会議の開催通知などが含まれている。このほか、憲政資料室は、総理府所蔵憲法調査会資料のマイクロフィルムを所蔵している。

著作には、『議会における発言について』(日本速記協会、昭和二十六年)、『地方議会の話』(全国市議会議長会、昭和三十一年)、『地方議会の運営1～3』(教育出版、昭和四十五年)がある。

(小島　庸亨)

西原亀三　(にしはら・かめぞう)　明治六—昭和二十九年(一八七三—一九五四)　寺内正毅私設秘書

文書は、京都府福知山市雲原の彼の生家で比較的まとまった形で整理保存されている。また文書の大部分は、憲政資料室で複製を閲覧することができる。明治三十九年(一九〇六)から昭和十九年(一九四四)までの日記(明治四十一—四十二年、昭和十五、十六年欠)、寺内内閣期の坂西利八郎をはじめ明治から昭和初期に至るまでの政財界・学界の著名人からの来信書簡、朝鮮時代に経営していた共益社関係資料、彼の肝煎りで結成された国策研究会や国政更新同盟に関する資料、その他著作原稿・パンフレットなど、マイクロフィルム十五本(一リールあたり一二〇〇コマに及ぶものもある)にのぼる膨大な量で、彼の多彩な政治活動を如実に示す内容となっている。

これらの資料群のうち明治三十九年から昭和十三年までの日記は山本四郎編『西原亀三日記』(京都女子大学、昭和五十八年)として、寺内内閣期の意見書・書簡等の一部が山本四郎編『寺内正毅内閣関係史料』上・下(同、昭和六十年)に収録されている。なお西原亀三発信の書簡・意見書は、「寺内正毅文書」、「平田東助文書」、「田中義一文書」、「宇垣一成文書」など、彼が首班に担ごうとした政治家の個人文書に多数含まれているが、多くは「西原亀三文書」中に控えが残っている。

伝記としては、北村敬直『夢の七十余年—西原亀三自伝』〈東洋文庫〉(平凡社、昭和四十年)が最もよく纏まっている(この伝記の原本は、村島渚編集、雲原村発行、昭和二十四年)。このほか『砂防と治水』十八〈故西原亀三翁追悼号〉(全国治水砂防協会、昭和二十九年)や小出孝三『西原亀三—その生涯と事業—』(日本自治建設運動本部、昭和三十九年)は、旧知の人々のエピソードなどを収めており、興味深い。なお小出『西原亀三』には、戦後の赤木正雄宛書簡が掲載されている。

西原の政治活動に関する研究を分野別に整理してみると、まず西原借款に関する研究として、「勝田家文書」を中心に収録した鈴木武雄『西原借款資料研究』(東京大学出版会、昭和四十七年)のほか、波多野善大「西原借款の基本的構想」(『名古屋大学文学部十周年記念論集』昭和三十四年)、高橋誠「西原借款の財政問題(一)」(『経済志林』三十六—二、昭和三十七年)、同「西原借款の展開過程」(同三十九—一・二、昭和四十年)、谷寿子「寺内内閣と西原借款」(『都立大学法学会雑誌』十—一、昭和四十四年)、大森とく子「西原借款について—鉄と金円を中心に—」(『歴史学研究』四一九、昭和五十年)などがある。また北村敬直「交通銀行借款の成立事情」(『社会経済史学』二十七—三、昭和三十六年)は、最初に西原文書を活用した研究として特に重要である。

次に中央政界における政治活動を取り上げたものとしては、山本四郎「大隈内閣末期の西原亀三」(『ヒストリア』八十九、昭和五十五年)、同「〝政界の惑星〟宇垣と西原亀三(上)(下)」(『ヒストリア』九十六・九十八、昭和五十七・五十八年)などがある。とくに大正期の活動については、季武嘉也『大正期の政治構造』(吉川弘文館、平成十年)が、中央政局における西原の位置をバランスよく測定している。

このほか、西原の対中国構想・活動については、西川潤「西原亀三とその時代—日本対外膨張思想の成立(ビブリオグラフィ)—」(『早稲田政治経済学雑誌』二九〇、昭和五十二年)、同「日本対外膨張思想の成立」(正田健一郎編『近代日本の東南アジア観』アジア経済研究所、昭和五十三年)、山本四郎「寺内内閣時代の日中関係の一面」(『史林』六十四—一、昭和五十六年)、斎藤聖二「西原亀三の対中国構想—寺内内閣期対中国政策の前提—」(『国際政治』七十一、昭和五十七年)、同「寺内内閣と西原亀三—対中国政策の初期段階—」(同七十五、昭和五十八年)などがある。また対中国構想と国内の政治活動の結び付きを論じた研究として、森川正則「寺内内閣期における西原亀三の対中国『援助』政策構想」(『阪大法学』五十—五、平成十三年)、同「一九二〇年代における西原亀三の対中国政策構想と政治活動—『自主的開発』論から『国際協力』論へ—」(同五十一—四、平成十三年)などが挙げられる。

(松本　洋幸)

西村茂樹(にしむら・しげき)

文政十一—明治三十五年(一八二八—一九〇二)

宮中顧問官・貴族院議員・日本弘道会会長

関係する史料は、国立国会図書館古典籍資料室で保存・公開されている。その全貌は、朝倉治彦「国立国会図書館所蔵西村茂樹先生稿本類書目」(『弘道』七八五、昭和四十二年)によってうかがうことができる。それによれば、これらの史料は伯爵松平直亮(西村の創設した日本弘道会の第三代会長)から、昭和十一年(一九三六)六月、九月、同十五年十月の三回にわけて、当時の帝国図書館に寄贈されたもので、全部で八十六点からなっている。内容は、講義録、自伝、原稿、紀行、日記、詩稿などであり、なかには、自身によって「言論叢」「建言稿」「雑綴」というように、編綴されているものもある。これらの多くは、日本弘道会によって編集・刊行された『泊翁叢書』二冊(明治四十二年、大正元年)にも収められている。この二冊の復刻に追加の一冊を加えた『西村茂樹全集』全三巻(思文閣、昭和五十一年)がある。

現在、日本弘道会にも西村の遺した若干の史料が保存されている。同会にはまた、西村の蔵書目録『求諸巳斎蔵書目録』全三冊(和漢洋書)が所蔵されている。

自伝に『往事録』、『記憶録』などがあるほか、伝記には伏見釛之助編刊『西村泊翁先生年譜』(明治四十年)、西村先生伝記編纂会編『泊翁西村茂樹伝』上・下(日本弘道会、昭和八年)、古川哲史『泊翁　西村茂樹』(文化総合出版、昭和五十九年改訂版)、高橋昌郎『西村茂樹』〈人物叢書〉(吉川弘文館、昭和六十二年)など多数ある。研究論文も多いが、最近では真辺将之「明治啓蒙期の西村茂樹」(『日本歴史』六一七、平成十一年)、中野目徹「洋学者と明治天皇」(沼田哲編『明治天皇と政治家群像』吉川弘文館、平成十四年)などがある。

（中野目　徹）

新渡戸稲造（にとべ・いなぞう）

文久二—昭和八年(一八六二—一九三三)　第一高等学校長・東京帝国大学教授・東京女子大学長・国際連盟事務次長

基本的資料は、新渡戸稲造全集編集委員会編『新渡戸稲造全集』全二十三巻(教文館、第一期十六冊〈昭和四十四—四十五年〉、第二期七冊〈昭和五十八—六十二年〉)である。これには、公刊された邦文・欧文の著書が網羅されているほか、新聞・雑誌掲載の論文や寄稿文、随筆、そして講演記録や書簡なども精選されて収録されている。第二期全集には、欧文著作の邦訳と、新発見の欧文著述や欧文書簡等も収録されている。さらに、全集別巻一(教文館、昭和六十二年)は、没後の記念事業として編まれた前田多門・高木八尺編『新渡戸博士追憶集』(故新渡戸博士記念事業実行委員、昭和十一年)の復刻であり、札幌農学校の同窓で友人の宮部金吾による小伝のほか、七十五人が思い出を寄せている。なお宮部の小伝は、全集第一巻にも転載されている。全集別巻二(教文館、平成十三年)は、全集刊行時に付されていた月報を主題別に収録したもの、および全集刊行後に発見された新資料(新渡戸の執筆したもの、講義録、講演録、書簡、英文文書類、このなかには盛岡にある新渡戸稲造基金の編纂発行している『新渡戸稲造研究』に掲載されたものを含む)を収録したものである。この月報集は別に、全集編集委員の一人である佐藤全弘の編集で『現代に生きる新渡戸稲造』(教文館、昭和六十三年)としても出版されている。

没後のもう一つの記念事業として出版されたのが、矢内原忠雄編『新渡戸博士文集』(故新渡戸博士記念事業実行委員、昭和十一年)である。これは、厖大な和欧文の著作のなかから矢内原が編集した一巻本全集ともいうべきもので、さらにそのうちの和文だけで編んだのが、『新渡戸博士読本』(実業之日本社、昭和十二年)である。矢内原の手になるものとしてはこのほかに、『余の尊敬する人物』〈岩波新書〉(岩波書店、昭和十五年、のち『矢内原忠雄全集』二十四、岩波書店、昭和四十年)、『内村鑑三と新渡戸稲造』(日産書房、昭和二十三年)がある。なお関係者の新渡戸像を伝えるものとして、前記のほかに、新渡戸こと『父新渡戸稲造の思い出』(基督友会日本年会、昭和四十一年)、同「対談—父稲造を語る」(『新渡戸稲造—新渡戸稲造先生没後五〇周年記念誌』新渡戸稲造先生没後五〇周年記念事業委員会〈会長は盛岡市長〉、昭和五十八年)等、新渡戸ことの伝えるものに加えて、『新渡戸稲造先生追悼録』(東京女子大学同窓会・東京女子大学学友会、昭和九年)、石原謙『回想・評伝・小論—石原謙著作集』十一(岩波書店、昭和五十四年)、『新渡戸博士の思い出—新渡戸稲造博士の思い出を語る集いから—昭和五八年四月二一日』(十和田市開拓二十五年及び新渡戸稲造博士没後五十周年記念事業実行委員会、昭和五十八年)、松本重治・前田陽一・田辺定義鼎談「新渡戸先生を語る」、加藤武子「対談—祖父稲造を語る」(いずれも前掲『新渡戸稲造—新渡戸稲造先生没後五〇周年記念誌』に所収)などがある。

初代学長を務めた東京女子大学の組織した、東京女子大学新渡戸稲造研究会の共同研究『新渡戸稲造研究』(春秋社、昭和四十四年)は、宗教・文学・農業・教育・系譜など多方面から新渡戸を研究した本格的新渡戸研究の嚆矢であるが、さらに札幌農学校時代の手紙など書簡多数を資料として収録しており、貴重である。また宮部金吾宛英文書簡二十四通、和文一通のうち、前記『新渡戸博士文集』所収の英文十一通について、その原文と訳文および注を付したものが鳥居清治『新渡戸稲造の手紙』(北海道大学図書刊行会、昭和五十一年)である。この宮部宛書簡二十五通の原文は全集二十三に、鳥居による訳と注が同二十二に収められている(同二十三には、前記二十五通に先立つ日付の書簡六通も収録、現在その六通は、盛岡市立先人記念館所蔵)。これらの二十五通を含む多数の宮部宛書簡は後年、宮部の遺族からゆかりの北海道大学に設けられた宮部金吾記念館に寄贈されたが、現在では同大学図書館北方資料室に移管され、公開されている。北方資料室にはそのほかに、藤田九三郎宛新渡戸書簡や新渡戸宛宮部書簡なども収蔵されている。なお北方資料室所蔵の新渡戸書簡、新渡戸夫婦等共同執筆書簡、新渡戸夫人書簡のうち、二十九通が全集別巻二に収録されている。

他方、拓殖大学創立百年史編纂室編『新渡戸稲造—国際開発とその教育の先駆者』(拓殖大学、平成十三年)は、同大学の第二代学監であった新渡戸が『台湾協会会報』『東洋時報』『東洋』『台湾時報』『拓殖文化』等の拓殖大学関係の刊行物に寄せた論稿や講演記録を収録したものである。

著作物や書簡等は、以上のほかにも数多く存在すると考えられており、新たな資料発掘を踏まえた第三期全集の刊行も期待されているようであるが、新渡戸稲造基金編纂発行の『新渡戸稲造研究』(第一号の発行は平成四年、毎年一冊、平成十四年までに十一号が出版されている)には、毎号資料が掲載されており、逸することのできない文献である。さらに著作物や関係文献は数多く出版されているが、文献目録としては、昭和女子大学近代文学研究室編『近代文学研究叢書』三十五(昭和女子大学近代文化研究所、昭和四十七年)のなかに、略伝も付して、著作約八五〇点、新渡戸関係の文献約八〇〇点があげられており、有益である。なお関係文献に関しては、佐藤全弘「新渡戸稲造関係文献について」(全集別巻二に所収)が内容に簡単に触れながら文献を紹介しており、本項目の執筆に際しても大いに参考にしている。またジョージ・オーシロ『新渡戸稲造—国際主義の開拓者』(中央大学出版部、平成四年)の巻末に「引用参考文献と注釈」があり、やはり参考になる。その他、年譜と業績に関しては、内川永一朗・小森一民『新渡戸稲造年譜』(盛岡新渡戸会、昭和六十一年)など参照。

新渡戸が関係した北海道大学、東京女子大学、東京文化学園等には、蔵書やゆかりの品々がそれぞれの資料室等に収蔵されているが、蔵書に関しては、北海道大学文学部新渡戸稲造研究プロジェクトチーム『新渡戸稲造文庫目録』CD—ROM版(北海道大学文学部、平成十一年)、東京女子大学図書館編刊『東京女子大学図書館所蔵新渡戸稲造記念文庫目録』(平成四年)を参照。厖大な蔵書のうち、農政学・農業経済学・植民地問題などをはじめとする約二〇〇〇冊が北海道帝国大学に(約半数は逝去後の昭和十五年(一九四〇)に、他は生前に贈与、圧倒的に洋書が多い)、キリスト教・歴史・伝記・文学など約三三〇〇冊が東京女子大学に寄贈されており(同じく昭和十五年頃に)、蔵書の大部分は現在、両大学図書館の新渡戸文庫に収蔵されていることになる。なお東京女子大学にも北大同様、生前に多くの図書を寄贈しており、前記『東京女子大学図書館所蔵新渡戸稲造記念文庫目録』によれば、洋書四九二五タイトル(雑誌十八を含む)、五七六七冊を、東京女子大学図書館は所蔵している。

伝記・評伝・研究も、すでに触れたもののほか枚挙にいとまがないが、伝記として最も古く、古典的位置を占めるのが、第一高等学校時代の教え子石井満の『新渡戸稲造伝』(関谷書店、昭和九年)と前記の宮部の小伝である。以下、主なものをあげると、砂川萬里『内村鑑三・新渡戸稲造』(東海大学出版会、昭和四十年)、星新一『明治の人物誌』(新潮社、昭和五十三年)、堀内正己『日米のかけ橋—新渡戸稲造物語』(彩流社、昭和五十六年)、神戸淳吉『新渡戸稲造』(あかね書房、昭和五十八年)、須知徳平『新渡戸稲造の生涯』(熊谷印刷出版部、昭和五十八年)、井口朝生『新渡戸稲造—物語と史蹟をたずねて』(成美堂出版、昭和五十九年)、諏訪内敬司「新渡戸稲造—武士道的キリスト教徒」(『日本の近代化と精神的伝統』広池学園出版部、昭和六十年)、五十嵐武士「新渡戸稲造」(内田健三編『言論は日本を動かす』四、講談社、昭和六十一年)、杉森久英『新渡戸稲造』(読売新聞社、平成三年)、赤石清悦『新渡戸稲造の世界』(渓声出版、平成七年)がある。

前半生に関するものとして、松隈俊子『新渡戸稲造』(みすず書房、昭和四十四年、増補版昭和五十九年)、札幌市教育委員会編『新渡戸稲造』〈さっぽろ文庫〉(北海道新聞社、昭和六十年)、『遠友夜学校』〈さっぽろ文庫〉(同、昭和五十六年)。留学時代に関しては、佐々木篁、岩手放送企画・編集『アメリカの新渡戸稲造—「太平洋の橋」取材記』(熊谷印刷出版部、昭和六十年)、和泉庫四郎『ジョンズ・ホプキンズ大学の日本人留学生—新渡戸稲造とその前後』(昭和五十九年度科学研究費補助金研究成果報告書その一、その二、鳥取大学農学部和泉庫四郎、昭和六十年)。晩年については、内川永一朗『共存共栄を説く—晩年の稲造』(岩手日報社、昭和五十八年)がある。なお内川には、『余聞録新渡戸稲造』(岩手日報社、昭和六十年)、『新渡戸稲造小伝』(盛岡新渡戸会、昭和六十三年、のち北東北日本アメリカ協会より平成十二年に復刻)、『デモクラシー原敬と新渡戸稲造』(新渡戸基金、平成十年)、『永遠の青年新渡戸稲造』(同、平成十四年)もある。

新渡戸の思想を綜合的に論じたものとして、佐藤全弘『新渡戸稲造—生涯と思想』(キリスト教図書出版社、昭和五十五年)がある。佐藤には、『クエーカーとしての新渡戸稲造』(キリスト友会日本年会、昭和五十七年)、『新渡戸稲造の信仰と理想』(教文館、昭和六十年)、『新渡戸稲造の世界—人と思想と働き』(同、平成十年)、『日本の心と『武士道』』(同、平成十三年)、また監修者として参画したビデオ評伝『新渡戸稲造』(紀伊国屋書店、平成十一年)もある。武士道に関しては、花巻新渡戸記念館編刊『新渡戸稲造著『武士道』に学ぶ—平成一二年度第一九回企画展』(平成十二年)、須知徳平『新渡戸稲造と武士道』(青磁社、昭和五十九年)などもある。

国際人としての側面を扱ったものとして、石上玄一郎『太平洋の橋—新渡戸稲造伝』(講談社、昭和四十三年)をはじめとして、小林善彦「新渡戸稲造」(芳賀徹・平川祐弘・亀井俊介・小堀桂一郎編『西洋の衝撃と日本』東京大学出版会、昭和四十八年)、鶴見俊輔「日本の折衷主義—新渡戸稲造論」(『鶴見俊輔著作集』三、筑摩書房、昭和五十年)、ジャン・ハウズ「新渡戸稲造—国際交流に尽力した国際人」(『国際交流の演出者』TBSブリタニカ、昭和五十八年)、太田雄三『〈太平洋の橋〉としての新渡戸稲造』(みすず書房、昭和六十一年)、松下菊人『国際人新渡戸稲造』(ニューカレントインターナショナル、昭和六十二年)、諏訪内敬司「新渡戸稲造の国際理解」(『モラロジー研究』三十二、広池学園出版部、平成三年)、前記のジョージ・オーシロ『新渡戸稲造—国際主義の開拓者』、神渡良平『太平洋の架け橋 新渡戸稲造』(ぱるす出版、平成四年)、北岡伸一「新渡戸稲造における帝国主義と国際主義」(浅田喬二編『近代日本と植民地』四、岩波書店、平成五年)、花井等『国際人新渡戸稲造—武士道とキリスト教』(広池学園出版部、平成六年)などがあり、さらに太平洋問題については、蝦名賢造『新渡戸稲造—日本の近代化と太平洋問題』(新評論、昭和六十一年)、その他として諏訪内敬司「広池千九郎と新渡戸稲造の交流関係」(『モラロジー研究』十九、広池学園出版部、昭和六十年)がある。

最後に、主な関係資料館・資料室としては、前出のもののほかに、青森県十和田市の市立新渡戸記念館もある。

(黒沢 文貴)

の

野口勝一（のぐち・かついち）

嘉永元―明治三十八年（一八四八―一九〇五）『維新史料』編さん者

一次史料は少ない。明治二年（一八六九）四月、父野口勝章を殺害した水戸藩・諸生党の吉野英臣（馬廻頭）が殺害されるとき、太刀取りとなって吉野を斬り、父の仇を討ったという。このことについて、高瀬真卿『故老実歴・水戸史談』（付録、中外図書局、明治三十八年）、『朝比奈知泉文集』（付録、同上刊行会編刊、昭和二年）、沢本孟虎『水戸幕末風雲録』（常陽明治記念会、昭和八年）に、それぞれ野口談としてわずかに掲載されているだけである。

これに引き換え、日記は、精細を極めたもので、茨城県県会議長を辞め、上京して農商務省属官となり、初出勤の明治十六年八月一日から日記をつけ始め、明治三十八年九月六日をもって筆をおいた。ただし、衆議院議員時代を含む明治二十五年から三十年までの原本は欠落している。現存する日記について、茨城県北茨城市は、市教育委員会が編者となり、平成三年（一九九一）から『北茨城市史』別巻5野口勝一日記1の刊行を始め、平成六年に別巻8をもって全四巻の刊行を終った。全漢文のため文章は歯切れがいい。森田美比「『野口勝一日記』について」（『茨城新聞』平成六年八月二十八日）は、最終刊のあらましを紹介した。いま見ることのできる書簡は、いたって少なく、憲政資料室所蔵の自由民権運動の先達河野広中あてのもの三通だけである。

これに対して著作は多い。文人とされるゆえんであろう。以下、年次順に掲げよう。処女作『福島県民会規則略解』（川又定蔵、明治十一年）、翌年水戸から『小学作文階梯』巻一（笹島書屋）の編集・刊行がある。農商務省属官以後は、歴史・伝記・戦記・地誌等が多い。『東洋大家画叢』（東洋絵画会、明治十九年）、『絵画叢誌』第一集（東洋堂、明治二十年）に次いで『洲崎弁天町細見』（野史台、明治二十一年）の刊行は、『維新史料』の出版資金にあてるためであった。『戊辰戦記』（野史台、明治二十二年）、また、その後編は、明治三十二年に函館戦争をもって完結したが、刊行については不明。また、明治二十四年、野史台から刊行された『吉田松陰伝』は、富岡政信と共著とした。「野口日記」の原本を欠く明治二十五年から三十年には、『桜田始末』（博文本社、明治二十五年）、『水戸贈位諸賢略伝』（野史台、同年）、翌二十六年には『印旛沼開疏論』（発行者不明）等がある。越えて明治三十一年には『絵画自在』（博文館）、日清戦争にちなむ『偉績戦記』（保勲会編集、特装本を宮中に献上）がある。明治三十二年『水戸烈公行実』（博文館）に続いて、三十六年に『少年読本・水戸義烈両公伝』（東京久彰館）が刊行された。これは第二・第九代の水戸藩主の伝記で、大正十五年（一九二六）には日東文化協会から復刻刊行された。明治三十八年、水戸盛文堂から『征露戦史』が刊行された。これが生前最後の著作となり、没後の『高橋多一郎伝』刊行のくわしいことはわからない。

また、さかのぼって雑誌・新聞寄稿文の主なものは年次順には次のごとくである。明治十一年十一月から十二月の新聞『茨城日報』に、幹事として「郡区改正論」を社説欄に七回連載した（文中「革函郡長」は野口の造語）。明治二十一年十一月『風俗画報』のために「食物調理論」を起草、翌年七月『常総雑誌』創刊号に「国会議員品定」を発表（以後連載するも詳細不明。筆名は珂北仙史）、同誌五号（九月二十日）に「水戸元気消長の機」を発表し、六号（九月三十日）をもって終る。同年十月、『維新史料』四十三編に「野史一班」を起草し、一〇三編まで二十一回にわたって発表。明治二十三年一月、博文館『日本之文華』創刊号に「東洋美術論」を発表。新聞『経世新報』（明治二十四年十月）に「魯人呉老仁(ゴロウニン)遭難記事」の連載。明治二十八年二月、『太陽』二号に「広島の形勢」を発表した。続いて同誌、同年五月号に「野口小蘋女史」を発表(一族ではない)。同年八月「日比谷公園内井伊掃部頭銅像建設の非を論ず」を『風俗画報』に寄稿した。越えて明治三十八年一月「日露戦争と国民教育論」を書き、『茨城学友新聞』に寄稿した。

野口には公にされた、まとまった伝記はない。自伝も書き残していない。今までのところ伊藤隆「野口勝一という人物」(『UP』昭和四十九年三月号)、安典之「野口勝一と野史台」(『ひろば』〈茨城県職員課〉昭和五十八年二月号)は、伝記として簡にして要を得ている。また、前半生については、安典之「解説―野口勝一の生涯―」一―四(前掲『野口勝一日記』全四巻)に詳しい。なお、顕彰碑的な文章はいくつかあるが、割愛した。また、森田美比の次の三編、「自由民権期の野口勝一」(『UP』昭和五十九年四月号)、「初期議会のころの野口勝一」(『日本歴史』四六九、昭和六十二年)、「茨城県会初期の野口勝一」(同四八二、昭和六十三年)は政治家としての野口の小伝に近い。

研究としては、前掲の伊藤隆論文を先駆けとし、以下森田美比の諸稿が、これに続く。衆議院議員となるまでは、いわゆる「在京の名士」として情報源は広く、「野口勝一の加波山事件論」(『常総の歴史』十八、平成九年)、「水戸鉄道の開業」(『日本歴史』五七二、平成八年)、「茨城県令と県官」(『常総の歴史』十六、平成七年)、野口の親友高畠千畝(ちうね)の著書が知事を怒らせた「一冊の農書をめぐる確執」(同十五、平成七年)は、茨城県政に対する発言である。また、生涯をかけた出版事業は、「野口勝一の『維新史料』編纂前後」(『日本歴史』五九三、平成九年)に一括した。『維新史料』は、昭和四十七年(一九七二)から五十年にかけて、東京大学出版会から日本史籍協会編『野史台維新史料叢書』全四十巻として復刻刊行された。また、『風俗画報』も同じころ明治文献と国書刊行会から全四七六冊が復刻刊行された。

さらに野口は、一業一芸に生涯をかけた人物を「奇人」と称して愛した。これらの人びとと、自らの晩年について、長い日記から挙げれば、森田美比の「野口勝一の交友録」(『耕人』創刊号、平成七年)、「野口勝一と水戸人」(同二、平成八年)、「笹島吉太郎小伝」(同三、平成九年)、「野口勝一の好奇心」(『枯れすすき』二十一、同年)、「野口勝一の恩師・恩人について」(『耕人』四、平成十年)、「野口勝一の終焉」(『枯れすすき』二十二、同年)、「雨情の父野口量平の生涯」(同二十三、平成十二年)の諸稿がある。

また、野口の得意としたガマ(ヒキガエル)の絵と自賛について論じた『東京朝日新聞』の「府下の奇癖家」(明治三十三年九月十七日―九月二十日)の連載は、筆軟らかにして珍談もあるが、研究として捨てがたいものがある。

(森田　美比)

野坂参三(のさか・さんぞう)

明治二十五―平成五年(一八九二―一九九三)　日本共産党議長・参議院議員

旧蔵の文書・記録は残されていないと推定される。自伝としては、『風雪のあゆみ』全八巻(新日本出版者、昭和四十六―平成元年)があるが、その内容の信憑性については多くの疑問が投げかけられている。出生から、中国亡命までの時期で終わっているが、刊行の際に収集されたと思われる関連史料が日本共産党本部に所蔵されているといわれている。伝記としては、野坂参三資料編纂委員会編『野坂参三の歩んだ道』(新日本出版社、昭和三十九年)がある。

著書としては、『亡命十六年』(時事通信社、昭和二十一年)、『平和のたたかい―反戦同盟実戦記』(暁書房、昭和二十二年)、『戦略と戦術の諸問題』(永美書房、昭和二十四年)、『新しい中国と日本』(真理社、昭和二十四年)、『この五十年をふりかえって』(新日本出版社、昭和四十七年)などがある。戦前・戦後の論説などを収録したものとして、『野坂参三選

集　戦時編　三三—四五』(日本共産党中央委員会出版部、昭和四十年)、『野坂参三選集　戦後編　四六—六一』(日本共産党中央委員会出版部、昭和三十九年)、『平和と民主主義のたたかい』(新日本出版社、昭和五十年)がある。

関連史料は、憲政資料室所蔵の米占領軍ファイル、アメリカ国立公文書館機密文書、旧ソ連が保持している公文書の中などに断片的に散在しており、それぞれの時期を解明する貴重な史料が発掘されてきている。

なお、野坂を語るには、彼を支え続けた、妻竜の実家、葛野家(材木商、実兄・友槌が養子)の人脈について言及する必要がある。とくに、義理の兄にあたる次田大三郎(三・一五事件当時内務省地方局長、その後、警保局長、内務次官、貴族院議員)、さらに甥の妻の父親にあたる福本義亮[燕水](元兵庫県警察部高等警察課長、兵庫県商工会議所理事、吉田松陰研究家)との関係が重要である。前者については、戦前から戦後にかけて日記を書いていたことが確認されており、終戦直後の一時期のみが発掘され、『次田大三郎日記』(山陽新聞社、平成三年)として刊行されているが、残りの日記は行方不明で、一級史料であるとみられている。後者については、旧蔵の文書・記録は残されていないようである。

野坂研究に関しては、さまざまな立場から論じられており、ここでは、荒木義修『増補版・占領期における共産主義運動』(芦書房平成六年)、和田春樹『歴史としての野坂参三』(平凡社、平成八年)のみをあげておく。

(荒木　義修)

野田卯太郎（のだ・うたろう）
嘉永六—昭和二年(一八五三—一九二七)　政友会代議士

最も重要な関係文書は、「野田大塊文書」(以下「野田文書」と略)として福岡県地域史研究所に所蔵されている。

それ以外では、野田と関係が深かった人物の関係文書の中に、量の多少はあるが野田の書簡をはじめとする史料が散見され、内容的にも興味深いものを含む。具体的には、「徳富蘇峰関係文書」(徳富蘇峰記念館所蔵)、「井上馨関係文書」(憲政資料室所蔵)、原敬文書研究会編『原敬関係文書』全十巻・別巻(日本放送出版協会、昭和五十九—平成元年)、「寺内正毅関係文書」(憲政資料室所蔵)等である。また、政治活動、経済活動の両面にわたって盟友の間柄であった永江純一の関係文書(福岡県地域史研究所所蔵)は、一面で野田の活動を反映する史料でもあり、その書簡も多い。

以下では「野田文書」について説明する。同文書は量的にも三〇〇〇点を超えると思われ、情報量も豊富である。目録については、カード目録のほかコンピュータ出力の冊子目録がある。いずれも同研究所で閲覧可能だが、これらは未校正のため誤記も含まれ、データベースとしては公開されていない。史料のほとんどは分類を行わず通し番号が付されており、その多くが書簡である。通し番号史料は親番号で二二八二点を数えるが、かなりの枝番号が付されており、総点数はさらに多量にのぼる。このほかA～Eまでのアルファベットを付して分類された史料がある。Aは日記、Bは手帳、C・Dは主として活字史料、Eは写真であり、C・Dでは大正二—五年(一九一三—一六)にかけて東洋拓殖株式会社副総裁を務めた経緯から、朝鮮関係のものが比較的多い。

日記は明治二十三年(一八九〇)から大正十五年まで当用日記に記載されたものがそろっているほか、別に明治二十一年一月から四月までのものが存在するが、日記の記述は簡略なタイプと言えよう。日記については、憲政資料室でマイクロフィルムによる閲覧が可能である。手帳は明治十九年から四十年までのものが、断続的にではあるがかなり多量に残っている。

次に、日記とともに「野田文書」の中心となる通し番号史料について述べよう。そのすべてが書簡というわけではないが、質量ともに書簡史料が圧倒的である。ただし残念なことに、日記が死去の前年まで残っているにもかかわらず、この通し番号史料は大正五年で終わっており、それ以後のものが現存していない。野田家によればそれ以後のものは空襲で失われたという。前後で保存場所が異なっていたのであろう。大正五年までが現存しているのは、同年に野田が東洋拓殖副総裁を辞任して中央政界に復帰することと関係するのかもしれない。いずれにしても原敬内閣で入閣し(逓信大臣)、護憲三派内閣で商工大臣に就任するなど、文字通り政友会の領袖としての地位を確立して行く時期の一次史料が残らなかったのはまことに残念である。とはいえそれは、現存する「野田文書」の価値をいささかも減ずるものではない。書簡についてみると、関連する「永江文書」との比較では明治二十年代の書簡が多いことが特徴的である。これは同時期に野田が大日本綿糸紡績同業聯合会委員として活動していることも、一つの要因と言える。量的には大正期の書簡が最も多いが、それは野田の政友会内における地位が高まっていたことと同時に、同時期に東洋拓殖会社副総裁であったことにもよっている。いずれにしても「野田文書」における書簡史料は、明治二十年代以降の政財界における活動について、そのあらゆる側面に関する情報を含んでいる。

発信人別に見て注目されるのは、原敬・松田正久といった政友会のリーダーもさることながら、益田孝・小林一三・団琢磨・山本条太郎ら三井系の大物財界人、徳富蘇峰およびその系列の人物(阿部充家)からの書簡が多いことである。永江の場合と同様に、地元サブリーダークラスの人物からの来簡も多い。

伝記としては、坂口二郎『野田大塊伝』(野田大塊伝刊行会、昭和四年、大空社より平成八年に復刻)が著名である。「野田文書」の一部を収録した史料集としては、永江の場合と同様に『福岡県史　近代史料編　綿糸紡績業』(福岡県、昭和六十年)がある(同書の詳細については永江純一の項を参照)。また「野田文書」を活用した野田にかかわる研究としては、有馬学・季武嘉也「戦前におけるいわゆる大選挙区制と政党支部—第一二、一三回総選挙における福岡県政友会の動向を中心に—」(『福岡県史　近代研究編　各論(二)』福岡県、平成八年)、有馬学「東拓時代の野田卯太郎」(秀村選三先生御退官記念論文集刊行委員会編『西南地域の史的展開〈近代編〉』思文閣出版、昭和六十三年)、季武嘉也「桂園時代の野田卯太郎」(『創価大学人文論集』三、平成三年)がある。

(有馬　学)

野津道貫(のづ・みちつら)

天保十二—明治四十一年(一八四一—一九〇八)

陸軍軍人

薩摩藩出身。兄は陸軍中将野津鎮雄。西南戦争では第二旅団参謀長、日清戦争では初め第五師団長、途中から第一軍司令官を務め、日露戦争には、第四軍司令官として従軍した。明治三十九年(一九〇六)に元帥、翌四十年に侯爵となった。同年貴族院議員となるが、翌四十一年十月没。六十八歳。

旧蔵文書は、憲政資料室で所蔵している。昭和五十四年(一九七九)六月に遺族より寄託を受け公開を開始し、平成八年(一九九六)寄贈された。点数二四七点。検索は同室にある仮目録「野津道貫関係文書目録」による。その内容は、書翰と書類に大別でき、書翰は、陸軍関係の山県有朋・高島鞆之助、女婿である上原勇作のほか松方正義等の書翰がある。また、日露戦争従軍中の夫人宛野津書翰や兄鎮雄からの母宛書翰も含まれている。

書類には、従軍した西南・日清・日露の各戦争の日誌および戦争関係の書類や画帳、写真帖その他伝記草稿類が収蔵されている。そのうち特に、各戦争中の日誌が貴重である。西南戦争については、「西南戦役戦闘日記」と題され、「拾参冊之内第八号」と朱書きのある明治十年五月一日から同年五月三十一日の一冊であるが、日清戦争に関しては、「明治二七、八年役　陣中日記」十五冊、「明治二七、八年役　陣中日記略」(写)十六冊、日露戦争にいたっては、「征露日誌」四十二冊、

「征露日誌」(写)九冊が残されている。

伝記は、長剣生編『武将の典型　野津元帥の面影』(皆兵舎、明治四十一年)のほかは、列伝の一人として取り扱われている。しかし、「野津道貫関係文書目録」三十五「野津鎮雄中将同道貫元帥伝記編纂期予定並ニ編纂方針概要」によれば、昭和六年五月から昭和八年五月まで伝記編纂作業を行い、上梓する予定であったことが分かる。ただし、未完に終わり、道貫については、誕生から明治四年の上京までの四級の原稿が、鎮雄については十級の原稿が同関係文書中に残されているのみである。

（村山　久江）

野村吉三郎（のむら・きちさぶろう）

明治十―昭和三十九年(一八七七―一九六四)　海兵二十六期・駐米日本大使

著書には昭和二十一年(一九四六)七月に出版された『米国に使して』(岩波書店)がある。翌二十二年にも『アメリカと明日の日本「米国に使して」の続編』(読売新聞社)が刊行された。

日記は、昭和十六年六月三日から十二月三十一日までの期間の日記の英訳が米国国立公文書館にあるが、日本語で書かれた原本は未発掘である。**R. J. Butow, The John Doe Associates Backdoor Diplomacy for Peace, 1941 (Stanford University Press, 1974, p 458)**によれば、占領軍に日記は押収されたが、野村が取り戻したと書いてあるが、根拠は記されていない。英訳(**rough translation**)したのは、日系人の**Kotaro Kurosawa**氏である。米国国立公文書館のマイクロフィルム室の請求番号は**RG331, IPS1686, Entry329—M1690—Roll.238A／RG98**である。この英訳の日記は、三輪宗弘氏が『九州共立大学経済学部紀要』六十六(平成八年)・七十七・七十八・七十九(平成十一年)の四回に分けて紹介している。「野村駐米大使日記」は『米国に使して』と大筋において内容に大差はないが、匿名である人名が判明することと、日米交渉に行き詰まり辞意を固めていく過程などが読み取れる点が目新しい。日米間が閉塞に陥り、絶望感に苛まれる日々は『米国に使して』では仔細に記述されていない。ところで「野村駐米大使日記」は、すでに奥村房夫氏が『日米交渉と太平洋戦争』(前野書店、昭和四十五年)の中で言及している。同書は、基本的な文献を網羅しており、特に米国の二次文献が紹介されており、有益である。米国の二次文献は同書を参照されたい。その他、前後十五年にわたって外務省顧問であったフレデリック・モアー(**Frederick More**)氏の『日米外交秘史日本の指導者と共に』(法政大学出版局、昭和二十六年)には、駐米大使時代の人物像が描かれている。

野村が帰国後提出した「言上書案」(昭和十七年八月二十日帰国直後に上奏された)と「駐米任務報告」(年月不詳)は外交史料館に所蔵されている。「駐米任務報告」は三〇〇ページからなる報告書であり、F・D・ローズベルト大統領、C・ハル国務長官との会談内容がそれぞれまとめられており、最初に大統領との面談内容が記述され、ついで国務長官と話し合われた内容が記載されている。「駐米任務報告」は外務省編纂『日本　外交文書　日米交渉―一九四一年下巻―』(巌南堂書店、平成二年)に所収されている。同書には「来栖大使報告」も収められている。

経歴については、木場浩介編『野村吉三郎』(非売品、昭和三十六年)の年表で克明に追え、同書は「駐米任務報告」を基にして記述され、電文はじめ関連史料が丁寧に添付されている。その他『追憶　野村吉三郎』(非売品、昭和四十年)がある。塩崎弘明他編『井川忠雄　日米交渉史料』(山川出版社、昭和五十七年)には、野村と頻繁に会ったウォーカー郵政長官に関する有益な記述・史料が収められている。また同書に収録された岩畔豪雄大佐の「アメリカに於ける日米交渉の経過」は、日米両国関係者の人物評価が有益である。

外務省編纂『日米交渉資料』(原書房、昭和二十一年、のち昭和五十三年覆刻)と外務省編纂『日本　外交文書　日米交渉―一九四一

年下巻―』には日記に番号付きで記されている電報が、同じく掲載されている。外交史料館に所蔵されている原本や請求番号を確認したいときには、『外交史料館報』三(平成二年)所収の「『日本外交文書』解題」を参照されたい。

インタビューの記録には、『内外法政研究会研究資料』一四四「日米交渉と松岡外相」がある。他に米国戦略爆撃調査団の尋問の記録が『現代史資料39　太平洋戦争5』(みすず書房、昭和五十年)、同じものが大井篤・冨永謙吾訳『証言記録太平洋戦争史I　戦争指導編』(日本出版協同、昭和二十九年)に収録されている。なお英文は日本図書センターが平成四年(一九九二)に刊行した『太平洋戦争白書』二十八に掲載されている。

「米国外交文書」Foreign Relations of the United States 1941 Volume IV THE FAR EASTやForeign Relations of the United States Japan: 1931-1941は日米交渉における野村の発言を克明に記録している。米国国立公文書館IIのRG(レコード・グループ)59の中に国務省極東局が保管していた「US-Japan Conversation, 1941」がある。米国外交文書の日本関係はScholarly Resources Inc.社からマイクロフィルムが販売されている。国立公文書館IIのマイクロフィルム室で閲覧可能である。また米国国立公文書館の各RGの所蔵内容に関しては左の文献が詳しい。ちなみにRG131は日本企業(商社・銀行)の接収文書であり、法務省のForeign Funds Controlの資料が紛れ込んでいる。日本占領期関連文書はRG407, RG338, RG38などである。米国戦略爆撃調査団報告書はRG243である。Guide to Federal Records in the National Archives of the United States, Vol. 1～3, 1995, ed by J. S. Danis, ISBN 0-16-048312-3.

米国上下院両院合同委員会編「真珠湾攻撃記録および報告」は『現代史資料34　太平洋戦争1』などに訳されて所収されているが、原本は防衛研究所図書館にPearl Harbor Attack (part 1～part39)というタイトルで所蔵されている。野村と交渉したC・ハル(Hull)国務長官とS・ウェールズ(Welles)次官はpart 2に登場する。丸善㈱が復刻合本二十巻で米国議会・両院合同調査委員会『真珠湾攻撃・公聴会記録』として販売しているので、所蔵大学を調べるにはWebcat(国立情報学研究所)で検索するのが簡便である。

野村と親しかったH・R・スターク(Stark)作戦部長の文書(Papers of Admiral Harold R. Stark)がワシントンDCのNavy YardのNHC(Naval Historical Center)に所蔵されている。米国海軍軍人に宛てた書簡の中には、開戦前の日米関係に対する洞察に満ちている。米海軍の資料はNHCから国立公文書館IIに移管がすすんでいる。

スタンフォード大学フーバー研究所には国務省顧問S・K・ホーンベック(Hornbeck)文書があり、他にも駐日米大使館勤務のE・H・ドーマン(Dooman)文書が公開されている。フーバー研究所アーカイブにインターネットでアクセスし、E-Mailで事前に質問すれば丁寧な回答が返ってくる。

ニューヨーク郊外のハイドパークにあるF. D. Roosevelt Libraryには項目別のOF(Official File)、PSF(President's Secretary File)、PPF(President's Personal File)があるほか、膨大かつ詳細なH. Morgenthauの日記が所蔵されている。ニューヨークに行かなくても、国内でマイクロフィルムを所蔵している大学もあるほか、モーゲンソー日記は抄録・抜粋が刊行されており、日米開戦前で言えば、三部作のIIに当たるJ. M. Blum, From the Morgenthau Diaries: Years of Urgency 1938-1941, Houghton Mifflin Company Boston, 1965で間に合わせることもできる。他の二冊はI: Years of Crisis, 1928-1938　III: Years of War 1941-1945である。三部作をさらに削り一冊にまとめたRoosevelt and Morgenthauも一九七〇年に刊行された。八九議会に提出する目的で、中国関係の記録を中心に編纂されたMorgenthau Diary (China)は、一九七四年にDACAPOPRESS社から出されたが、日米関係・日中関係・米中関係を知るうえで役立つ。

H. L. Stimson Diariesは憲政資料室にマイクロフィルムと目録が完備されている。ハル国務長官には有名な『ハル回想録』があるほか、憲政資料室・米国議会図書館（The Library of Congress）にマイクロ資料がある。イッキーズ（H. L. Ickes）内務長官には日記が刊行され、個人の文書は米国議会図書館で閲覧可能である。ウェールズ国務次官に関しては著書が三冊ほど出されているが、個人の文書は最近F. D. Roosevelt Libraryで公開された。グルー駐日大使の日記はハーバード大学に所蔵され、回想録も翻訳が手に入る。米国まで行かなくても、Webcatで調べれば、国内のどの大学・機関が個人の文書をマイクロフィルムで購入しているか、わかる。

少し古いが個人の文書が、どこの大学図書館・機関（米国内）に所蔵されているかを調べるには、米国議会図書館Manuscript Divisionが編集したNational Union Catalog of Manuscript Collectionsが有益であるが、日本では蔵書している図書館が少ない。手懸りがまったくない場合には、米国議会図書館のManuscript Divisionに直接手紙で問合せるとよい。

当時の国際情勢を知る上で重宝なのが、同盟通信社『同盟旬報』第五巻各号（昭和十六年）・『国際経済週報』である。

野村と自衛隊の創設に関する資料は今後の発掘に待ちたい。

（三輪　宗弘）

は

長谷川如是閑（はせがわ・にょぜかん）　明治八—昭和四十四年（一八七五—一九六九）　評論家

旧蔵の文書・記録は、戦後の自筆原稿類、講演メモ類、書簡などの文書類と書籍などである。それらは、母校であった中央大学図書館と終焉の地となった小田原市立図書館に所蔵されている。なお、戦前のものはごく一部にとどまり戦後が中心であるのは、自宅が戦災で焼失したことによる。

中央大学図書館に所蔵されている史料群は、昭和六十三年（一九八八）に遺族、知人によって寄贈されたものであり、書類、書簡類およそ六〇〇点、書籍一〇一二冊である。それらについては、寄贈者、史料の内容別に分類した冊子体の目録が四冊、①「長谷川如是閑関係資料（雑）目録」、②「長谷川如是閑関係資料受贈リスト（山本幸子氏寄贈）」、③「長谷川如是閑旧蔵書目録—嘉治真三旧蔵」、④「長谷川如是閑関係資料目録」が作成されている。①から③の文書類は、自筆原稿や講演、執筆メモ、書簡類の約四〇〇点であるが、それらの中に未発表の自筆論文も確認できる。また、そのうちの二〇〇点余りが書簡(来簡、長谷川が書き送った書簡)であり、それらは主に③の中にあるが、嘉治真三、嘉治隆一、山本幸子など親しい関係者と往復書簡の他、安藤正純、古島一雄などからの来簡も含まれている。なお、長谷川が書き送った約三〇〇通の書簡は、『長谷川如是閑集』八(岩波書店、平成二年)に所収されている。

小田原市立図書館所蔵史料は、昭和三十九年に自身が寄贈した五八三冊の書籍で、現在「長谷川如是閑文庫」として所蔵され、館内用の目録がある。それらの書籍は長谷川へ寄贈されたものが多い。

自伝としては、『日本』新聞記者時代までを回想した『ある心の自叙伝』(朝日新聞社、昭和二十五年)と昭和三十八年一月に「日本経済新聞に連載された『私の履歴書』(『長谷川如是閑選集』七、栗田出版会、昭和四十五年再録)があげられる。また、伝記に類するものとして、著作目録や年譜、そして知人親族など関係者の回想や座談会を収録した、長谷川如是閑著作目録編集委員会『長谷川如是閑—人・時代・思想と著作目録』(中央大学出版部、昭和六十年)がある。

著作は多数あるが、主なものは昭和四十五年に『長谷川如是閑選集』全八巻(栗田出版会)、平成二年(一九九〇)に『長谷川如是閑集』全八巻(岩波書店)に所収されている。

最後に長谷川についての研究である。『大阪朝日新聞』記者時代については、春原昭彦「新聞記者時代の長谷川如是閑」(『新聞研究所年報』三十、昭和六十三年)がある。次にその生涯をたどった伝記的な研究として、山領健二『長谷川如是閑』(紀伊国屋書店、昭和五十九年)、田中浩『長谷川如是閑研究序説』(未来社、平成元年)がある。また、大正期から昭和初期の言説を中心に検討したものに、山領健二「ある自由主義ジャーナリスト長谷川如是閑」(思想の科学研究会編『転向』上、思想の科学社、昭和三十四年)、飯田泰三「批判の航跡—長谷川如是閑」(日本政治学会編『年報政治学』岩波書店、昭和五十八年)がある。思想の内在的検討に限定したものとして、池田元『長谷川如是閑「国家思想」の研究』(雄山閣出版、昭和五十六年)、板垣哲夫『長谷川如是閑の研究』(吉川弘文館、平成十二年)があげられるが、以上の研究は大正期の言説の検討を中心としたものである。これらに対して、長谷川の行動面と戦時期や戦後の長谷川を検討した研究として、古川江里子「長谷川如是閑と『社会思想』グループ」(『日本歴史』六一一、平成十一年)、同「大衆社会化と知識人—長谷川如是閑」(『史学雑誌』一一〇—七、平成十三年)、同「長谷川如是閑の日本研究」(『日本歴史』六三四、平成十三年)がある。また、同時代的な知識人との比較の視点を取り入れたA・E・バーシェイ著／宮本盛太郎監訳『南原繁と長谷川如是閑』(ミネルヴァ書房、平成七年)がある。

（古川　江里子）

畑　俊六（はた・しゅんろく）

明治十二—昭和三十七年(一八七九—一九六二)

陸軍元帥・陸軍大臣

日記は防衛研究所図書館が所蔵していた。この日記(昭和四年〈一九二九〉十月から二十年三月まで)および「獄中手記」(昭和二十五年一月十五日—六月十八日)を筆者は照沼康孝氏と共編でみすず書房の『続現代史資料4 陸軍・畑俊六日記』として、昭和五十九年に刊行した。これ以前に畑の巣鴨日記が小見山登編『畑俊六巣鴨日記—米内内閣崩壊の真因—』(日本文化連合会、昭和五十二年)として公刊されていた。これは昭和二十三年二月二日—四月十日、六月十五日—十一月三日、二十六年六月一日—二十九年十月三十一日の日記を遺族から許可を得て筆写し、また「元帥が終戦直後手記した〝第二総軍終戦記〟と、獄中つれづれの回想録〝我が父と母のこと〟を追加」したものである。これらは筆者らが前記の「畑俊六日記」を公刊した時点では遺族の手許にはなかった。またこの内「第二総軍終戦記」は、それ以前に梅谷芳光『忠鑑畑元帥』(国風会本部、昭和三十九年)で活字化されている。本書は畑と親交を結んだという著者が、生前の畑を知っている人々から追悼の言葉を集め、それに「我が父母」「第二総軍終戦記」などを収めたものである。著者によると「第二総軍終戦記」は「元帥自ら、不肖に下さったもの」という。さらにその後、小見山登編『元帥畑俊六獄中獄外の日誌』前・後篇(非売品、日本人道主義協会、平成四年)が刊行されている。これは前記『巣鴨日記』に仮釈放後の日記を加えたものである。

　筆者は当時遺族五郎氏の許にあった史料を閲覧した際に、数は少なかったが、『続現代史資料』に収録した「獄中手記」の他に「在独日記」(明治四十五年〈一九一二〉六月より駐在したドイツで記したもので、ドイツ語で書かれている)、若干の来翰、書類があり、その中には兄英太郎関係のものも少数存在した。来翰中の昭和二十九年十一月二十二日付吉田茂書簡、昭和三十年五月十四日付大川周明書簡は前記『畑俊六巣鴨日記』の口絵写真に収録されている。また英太郎関係のものによって、筆者は「大正十二〜十五年の陸軍機密費史料について」(『みすず』昭和五十九年十二月号)を執筆した。

　その後、平成十二年(二〇〇〇)に至って、畑と親交があった新聞記者佐野増彦が所蔵していたという畑の日記(前記「畑俊六日記」に欠けていた昭和三年一月一日から昭和四年九月三十日のもの)および巣鴨日記(昭和二十年十二月十二日―二十三年一月三十日)、手記原本・手記筆写(前記「獄中手記」の冒頭に、収監以来自らの閲歴について時々記したと書いているものがこれである)がもたらされ、筆者もコピーしたが、現在防衛研究所に保管されている。なお、これも軍事史学会の復刻計画に含まれている。

(伊藤　隆)

八田嘉明（はった・よしあき）

明治十二―昭和三十九年(一八七九―一九六四)

鉄道大臣

「八田嘉明関係史料」は、早稲田大学現代政治経済研究所が所蔵しており、そのマイクロフィルムが雄松堂から販売されている。また、目録としては、早稲田大学現代政治経済研究所『「満洲」の問題研究』会編『早稲田大学現代政治経済研究所所蔵　八田嘉明文書目録』(雄松堂出版、平成八年)があり、史料解説として、山田豪一「八田嘉明の生涯と仕事」が収録されている。

　八田史料は、八田が鉄道官僚出身であり、満鉄副総裁、鉄道相、運輸通信相などを歴任した関係上、運輸政策に関係する史料が中心である。なかでも、満鉄および満洲国関係が中心を占め、満洲国建国初期にあたり、また満鉄にとっても大きな転換期でもあった一九三〇年代前中期の満鉄関係史料としては、慶応義塾大学法学部所蔵「村上義一文書」とあわせて欠かすことのできない重要な史料群となっている。なお、満鉄改組問題に関する満鉄側史料はこの八田史料が重要であるが、その他、関東軍側の史料に関しては、憲政資料室所蔵「片倉衷関係文書」(閲覧用仮目録あり)、および東京大学教養学部国際社会学教室所蔵「片倉衷関係文書」(片倉文書研究会編『片倉衷関係文書目録』〈平成元年〉がある)があり、拓務省側の史料に関しては、早稲田大学大学史資料センター所蔵「堤康次郎関係文書」(『堤康次郎関係文書目録』〈平成十四年〉がある)が挙げられる。

　八田史料にはこの他、国家総動員関係、「大東亜共栄圏」および国内運輸政策関係などの史料群も貴重である。また、このなかでも太平洋戦争下の海運政策関係史料は、東京大学経済学部附属日本経済国際共同センター資料室所蔵「戦時海運関係資料」(目録はホームページ〈http://e-server.e.u-tokyo.ac.jp/~takeda/kaiun/index.htm/〉で公開)とあわせて活用する必要があろう。なお、生涯にわたって深く関係していた鉄道省に関する史料は、国立公文書館と交通博物館に所蔵されている。

　著作としては、後藤佐彦との共著『最近の

鉄道政策』(工政会出版部、大正十四年)がある。また、遺稿と追悼を収録した、八田豊明編『父八田嘉明の思い出』(勁草出版サービスセンター、昭和五十一年)がある。

また、八田史料を用いた研究としては、高橋泰隆『日本植民地鉄道史論　台湾、朝鮮、満州、華北、華中鉄道の経営史的研究』(日本経済評論社、平成七年)の第四章「満州事変と満鉄改組」が挙げられる。（加藤　聖文）

服部卓四郎（はっとり・たくしろう）

明治三十四―昭和三十五年(一九〇一―一九六〇)

陸軍大佐・参謀本部作戦課長・引揚援護局資料整理部長

戦時中自分自身が記録したものとしては「服部卓四郎メモ」と「作戦手簿(丙)」を残しているだけである。しかし、終戦時、参謀本部作戦課および戦争指導班の関係者が、焼却せずに密かに保管していた重要書類は、服部の尽力により後世に残すことができた。戦後、宮崎周一元中将の後を受け第一復員局史実調査部長になった服部は、GHQの追及の中、これら重要書類を自己の責任において密かに隠匿保管し、昭和二十七年(一九五二)退官するや史実研究所を設立してその所長となり、これらの書類を一括して同研究所が保管した。服部はこれらを基礎史料にして『大東亜戦争全史』全四巻(鱒書房、昭和二十八年、のち原書房、昭和四十年復刻)を著述刊行した。昭和三十五年、服部の死亡に伴いこれら重要書類および服部メモなどは、防衛研修所戦史室に移管され、現在防衛研究所図書館史料室に所蔵されている。これら参謀本部の重要書類とは、作戦課保管の「大陸命綴」(戦時または事変に天皇の裁可を得て伝宣される統帥命令)、「大陸指綴」(大陸命に基づく参謀総長の指示)、「上奏綴」、「作戦関係電報綴」および戦争指導班保管の「機密戦争日誌」、「大本営政府連絡会議議事録」、「重要国策決定綴」、「御前会議議事録」などである。

「服部卓四郎メモ」は小さな手帳にメモされたもので、昭和七年、八年、十三年、十四年、十六年―十八年の計十七冊である。このメモは日付が記載されていないため、日付の特定が困難であるが、他の記録などと並行して読むと重要なことが判読できる。特に作戦課長時代のものは重要である。「作戦手簿(丙)」は、昭和十六年十二月―十九年三月の間で、将来の歴史の参考になる特に重要な計画や命令などを写し取ったものである。

戦後、服部の書いたものには、GHQ歴史課の要求により陳述したものがあるが、これらは『GHQ歴史課陳述録～終戦史資料(下)』(原書房、平成十四年)に収録されている。他に偕行社の機関誌『偕行』に掲載された「新軍備建設の見地に於ける憲法改正論」(昭和二十九年一月号)、「文民優位の原則」(同年三月号)、「自衛隊は如何にあるべきか」(同年四月号)、「筋を通した国防」(昭和三十三年十月号)、「現情勢と防衛問題」(昭和三十四年一月―二月号)、「戦争形態の歴史的変遷」其の一―其の四(昭和三十五年六月―十月号)、『日本週報』に掲載の「東条首相の参謀長兼任を訊す―合理主義者秩父宮のことども」(二三五、昭和二十八年)、「次期大戦と日本国防論」(二六九、昭和二十八年)、「自衛隊無用は素人の暴論」(四二四、昭和三十二年)、陸上自衛隊幹部学校の『幹部学校記事』に掲載の「戦争と人物」(昭和三十年六月号)、「訓練の基礎をどこにおくべきか」(同年七―八月号)、「大東亜戦争の発端」(同年九―十月号)および「戦闘惨烈下の兵隊」(『特集文芸春秋』昭和三十一年)、「戦術的核装備採用の提唱」(『国防』朝雲新聞社、昭和三十三年)、「保安隊は暫定的に如何に改革せらるべきか」(『防衛と経済』昭和二十九年三月号)などがある。

服部について書かれたものには、「服部卓四郎君を憶う」(『偕行』昭和三十五年六月号)、西浦進編「故服部卓四郎君追悼記」(原本遺族所蔵、写防衛研究所図書館史料室蔵、昭和三十六年)、高山信武『服部卓四郎と辻政信』(芙蓉書房、昭和五十五年、のち『二人の参謀―服部卓四郎と辻政信』と改題、平成十一年再版)、半藤一利『コンビの研究―昭和史のなかの指揮官と参謀』(文芸春秋、昭和六十三年)、荒敬「服部卓四郎―旧軍エリートの再軍備構想」(吉田裕ほか『敗戦前後―昭和天皇と五人の指導者』青木書店、平成七年)、井本熊男「所謂服部グループの回想」(防衛研究所図書館史料室蔵、平成七年)などがある。

(原　剛)

羽生三七（はにゅう・さんしち）

明治三十七―昭和六十年(一九〇四―一九八五)

社会運動家・参議院議員

現在夫人の綾子氏所蔵の関係文書は、政策研究大学院大学で整理の上、寄託されることになっている。

伝記として石川真澄『ある社会主義者　羽生三七の歩いた道』(朝日新聞社、昭和五十七年)がある。著者によると、この本は昭和五十五年(一九八〇)四月から六月に『朝日新聞』に連載した「二〇世紀の軌跡―ある政治史」を約五倍の分量に書き改めたもので、「羽生さんと私の合作」「羽生さんはこの本のために、単に私の取材に応じるだけでなく、四〇〇字の原稿用紙で二百数十枚に及ぶ自伝的文章を書かれた。さらに、補足したり問い合わせに答えたりで、封書六十余通、葉書四十数枚が私の机上に積まれた」と著者は「あとがき」に記している。また山本満「参院孤高の論客の遺志―回想の羽生三七」(『中央公論』昭和六十一年七月号)、黒田青磁「十代歌人だった孤高の論客、元参議院議員・羽生三七」(『政界ジャーナル』二十四―一、平成三年)などの追想記がある。

著書に『戦後日本の外交―野党議員の記録』(三一書房、昭和四十六年)がある。また「ある社会主義者の歩み」を『月刊社会党』二四五・二四六(昭和五十二年)に寄稿し、さらに「社会党議員三十年の歳月」(『中央公論』昭和五十一年十月号)、「野党外交三十年―戦後日本の外交に携わって」(『歴史と未来』七、昭和五十五年)を公表している。

これより前、昭和五十四年に筆者は羽生氏にインタビューを試み、さらに石川氏の本が刊行された後も、昭和五十七年飯田市に氏を訪ねて、再度のインタビューを行った。筆者は、この二回のインタビューのテープを憲政資料室に寄贈し、遺族の許可を得て公開された。

筆者はインタビューをも含めて史料を集め、「旧左翼人の『新体制』運動―日本建設協会と国民運動研究会―」(『年報・日本近代研究 5　昭和期の社会運動』山川出版社、昭和五十九年、後『昭和期の政治［続］』山川出版社、平成四年)を公表し、石川の書いた伝記とやや異なった羽生像を画いた。

(伊藤　隆)

馬場辰猪（ばば・たつい）

嘉永三―明治二十一年(一八五〇―一八八八)　自由民権運動者

旧蔵文書はほとんど散逸し、一部個人蔵の写真版が伝えられている程度で、現存を確認するのは難しい。

馬場は演説の名手であったことから、自筆による著述、翻訳は少なく、講演、演説筆記が雑誌等に掲載されて伝えられている。単行本は、'An Elementary Grammar of the Japanese Language, with Easy Progressive Exercises'、『法律一班』『商法律概論　初編』『天賦人権論』『雄弁法』『条約改正論』だけで、このほか未刊行の法務省図書館所蔵の「英国証拠法述義」の草稿本(自筆と思われる修正がみられる)と浄書本がある。このほかは、「羅瑪律略」などの法律講義、「平均力ノ説」「議院ハ必ズシモ二局ヲ要セズ」などの政談演説討論の筆記が『共存雑誌』(東京大学明治新聞雑誌文庫)『東海経済新報』『嚶鳴雑誌』『郵便報知新聞』『民間雑誌』『国友雑誌』『自由新聞』『朝野新聞』『演説撰誌』『国友叢談』などに掲載されている。以上注記したもの以外の新聞・雑誌は、国立国会図書館に所蔵されている。また多くの新聞・雑誌は復刻版が刊行され、マイクロフィルムによる集成も発行されており(ナダ書房、昭和六十二年)、資料の入手は容易である。「メイン氏法律史」

を掲載した明治義塾法律学校発行『法律講義筆記』は、東京大学法政史料センター（明治新聞雑誌文庫）と中央大学図書館に所蔵されている。

著作、未発表稿本、講義録、演説筆記、討論発言、自伝、日記、書簡のすべては、西田長壽・萩原延壽・川崎勝・杉山伸也編『馬場辰猪全集』全四巻（岩波書店、昭和六十二―六十三年）に網羅されている。著作は英文が大半で、自伝、日記も英文で書かれている。日記は、明治八年（一八七五）、十年、十三年、十九から二十一年までの六年分が収録されている。空白の明治九年、十一年を補うものとして、一部が訳出されている弟馬場孤蝶の「日記を通して見たる馬場辰猪」（『雄弁』大正九年二月）も収録されている。第四巻は「資料編」として、英国留学前後、自由民権運動、爆裂薬事件裁判、在米時代、馬場辰猪を想う、馬場辰猪宛書簡、家系書、年譜に分けて、著作には表れてこない馬場の活動を明らかにする関係資料が収録されている。とくに、詳細な演説活動日程、明治義塾関係資料や、板垣洋行問題に関する山口半七宛中上川彦次郎書簡、さらに在米中に行なった日本批判「日本監獄論」が日本公使館の忌避に触れ、馬場との論争が展開された件に関する「米国ニ於テ馬場辰猪帝国誹謗一件」（外交史料館所蔵）や、陸奥宗光との会談の様子を伝える大隈重信宛陸奥宗光書簡（憲政資料室「陸奥宗光関係文書」所収）は必見史料である。

伝記は、最初の本格的伝記である安永梧郎『馬場辰猪』（東京堂、明治三十年、のちみすず書房、昭和六十二年復刊）以降、戦前までは孤蝶の前掲「日記を通して見たる馬場辰猪」と「懸河雄弁罵群侯―亡兄辰猪の事ども」（『雄弁』昭和五年一月）のみであった。戦後になって、西田長壽「馬場辰猪」（明治史料研究連絡会編『民権論からナショナリズムへ』御茶の水書房、昭和三十二年）によって先鞭がつけられ、次いで萩原延壽『馬場辰猪』（中央公論社、昭和四十二年）によって全面的な人物論が展開された。その後、全集の成果をふまえた研究として、杉山伸也「アメリカにおける馬場辰猪」（『福沢諭吉年鑑』十五、昭和六十三年）、**Ballhatchet, Helen 'Baba Tatsui and Victorian Britain: A Case Study of an Early Meiji Intellectual'**（『近代日本研究』十一、平成六年）、川崎勝「馬場辰猪と自由党」（『福沢諭吉年鑑』二十二、平成七年）、さらに法律家の側面を綿密に論証した小沢隆司「馬場辰猪の法学啓蒙―『商法律概論初編』を手がかりにして―」（『早稲田大学大学院法研論集』六十六―六十七、平成五年）、「馬場辰猪の「最終」法学講義―「メイン氏法律史」と明治義塾―」（同七十―七十一、平成六年）、「馬場辰猪と証拠法―『英国証拠法述義』の論理と倫理―」（同七十三―七十四、平成七年）、「法学教科書の近代と馬場辰猪」（同七十八、平成八年）などがあげられる。　（川崎　勝）

浜面又助（はまおもて・またすけ）

明治六―昭和十九年（一八七三―一九四四）　陸軍中将・第三師団長

「浜面又助関係文書」は東京大学法政史料センター原資料部が所蔵し、同センターによる「浜面又助関係文書目録」がある。本文書は浜面の姪にあたる佐伯ゆき氏から寄託されたものである。

本文書は、日本陸軍の対中国政策の窓口たる参謀本部第二部支那課長時代（大正四年一月―同六年八月）の浜面の手許に職務上集積された史料であり、袁世凱による所謂第三革命への日本陸軍の対応を示すものが中心である。浜面宛の外、上原勇作（参謀総長）、田中義一（参謀次長）、福田雅太郎（参謀本部第二部長）宛の中国現地からの報告書や、現地向けの訓令草稿および電報案を数多く含んでおり、当該時期の陸軍の対中国政策立案過程を知る上での好史料である。

なお、本文書は『年報・近代日本研究2 近代日本と東アジア』（山川出版社、昭和五十五年）において山口利明氏により全文が翻刻され、同氏による有益なる解題が付されている。　（岸本　昌也）

浜口雄幸（はまぐち・おさち）

明治三―昭和六年（一八七〇―一九三一）　内閣総理大臣

旧蔵の文書・記録は、四女大橋富士子氏宅に所蔵されていたものと、長男雄彦氏宅に所蔵されていたものとに大別することができる。前者には、昭和三年（一九二八）から六年までの日記と「軍縮問題重要日誌（昭和五年）」、演説草稿などが記されたノート三冊などがあり、そのうちのノートを除く日記の部分が、池井優・波多野勝・黒沢文貴編『浜口雄幸　日記・随感録』（みすず書房、平成三年）として出版されている。なおこれらは現在、憲政資料室に委託保管され、閲覧に供されている。他方、後者は、平成五年秋に浜口家で所在が確認され、翌年三月十二日から二十一日にかけて高知市立自由民権記念館で開催された「浜口雄幸生家補修復元完成記念　ライオン宰相浜口雄幸展」に展示されたものである。昭和五年に締結・批准されたロンドン海軍軍縮条約をめぐる史料が五十七点あるが、詳細については、浜口雄幸生家を補修復元する会編刊『ライオン宰相浜口雄幸―浜口雄幸展解説書』（平成六年）と波多野勝「浜口家所蔵の『浜口雄幸文書』」（『法学研究』〈慶応義塾大学法学研究会〉六十七―七、平成六年）を参照されたい。なお生家水口家（高知市五台山）と安芸郡田野町にある浜口家はともに復元されており、往時をしのぶことができる。

肉声を伝えるものとしては、浜口が組閣の秋から逝去する直前まで随筆を書き残しており、それらをまとめた浜口富士子編『随感録』（三省堂、昭和六年）があるが、これは現在、前掲の『浜口雄幸　日記・随感録』に自筆の「自序」を付して収録されている。なお『随感録』に関しては、蓑田胸喜『『随感録』に現はれたる浜口前首相の精神分析』（原理日本社、昭和六年）、内ヶ崎作三郎「随感録に現れたる浜口前総裁の人格と理想」、菊地茂「『随感録』を読む」（いずれも後掲『民政』五―十付録に所収）などの著作があり、戦後においては、武田泰淳「思いがけぬユウモア」（『政治家の文章』岩波書店、昭和三十五年）が、『随感録』をとりあげたものとしてよく知られている。

さらに多くの演説集が戦前に公刊されており、内容的には重複もあるが、沢本孟虎編『浜口蔵相演説集・雄幸雄弁』（青山書院、大正十四年）、大蔵大臣官房編『浜口大蔵大臣財政経済演説集』（大鐙閣、大正十五年）、大日本雄弁会編『浜口雄幸氏大演説集』（大日本雄弁会、大正十五年）、青年雄弁会編『浜口雄幸氏大演説集』（春江堂、昭和四年）、青年雄弁会編『現代名士浜口雄幸氏名演説集』（春江堂、昭和五年）、浜口雄幸『強く正しく明るき政治』（春秋社、昭和五年）、鍵山誠之祐編『浜口雄幸氏大論弁集』（実業之日本社、昭和六年）、浜口雄幸伝刊行会（小柳津）後掲書所収の「浜口雄幸氏演説選集」などがある。最近では、以上の演説集、浜口の所属した政党の機関誌『同志』、『憲政』、『憲政公論』、『民政』所載の論説、『東京朝日新聞』などを主な出典とする川田稔編『浜口雄幸集―論述・講演篇』（未来社、平成十二年）があり、有益である。

伝記・評伝としては、城巽隠士『首相となる迄の浜口雄幸』（大衆新報社、昭和四年）、加藤鯛一『大宰相浜口雄幸』（文武書院、昭和四年）、藤村健次『浜口雄幸』（日吉堂本店、昭和五年）、尼子止『平民宰相浜口雄幸』（宝文館、昭和五年）、浜口雄幸伝刊行会（小柳津五郎編集兼発行人）編『浜口雄幸伝』（浜口雄幸伝刊行会、昭和六年、小柳津五郎編として平成七年に大空社から復刻）、関根実『浜口雄幸伝』（浜口雄幸伝刊行会、昭和六年、ただし本書は、小柳津前掲編書と著者名のみ違うもの、内容・発行年月日等すべて同書と同じ）、北条為之助『更正―内閣総理大臣浜口雄幸』（大成通信社、昭和六年）、田中貢太郎『少年浜口雄幸』（厚生閣書店、昭和七年）などが戦前に出版されているが、戦後にも、青木得三『若槻礼次郎・浜口雄幸』（時事通信社、昭和三十三年、昭和六十一年新装版）、城山三郎『男子の本懐』（新潮社、昭和五十五年、昭和五十八年文庫版)があり、近年では、黒沢文貴「解題」中の略伝(前掲『浜口雄幸 日記・随感録』所収)、波多野勝『浜口雄幸』〈中公新書〉(中央公論社、平成五年)、吉良川文張『ライオン宰相』(かたりべ舎、平成五年)などがある。また北田悌子『父浜口雄幸』(日比谷書房、昭和七年)、立憲民政党の機関誌『民政』五—十付録(昭和六年)も「浜口前総裁追悼号」として、浜口の人物像をよく伝えている。

さらに外交史料館には、右翼による浜口首相暗殺未遂事件やその逝去を伝える史料が、「浜口首相遭難関係」「浜口前首相逝去ニ対シ弔意表彰ノ件」として所蔵されている。また浜口内閣の施政に関しては、浜口内閣編纂所編刊『浜口内閣』(昭和四年)が参考になる。その浜口内閣最大の争点であったロンドン海軍条約をめぐる問題に関する研究としては、伊藤隆『昭和初期政治史研究』(東京大学出版会、昭和四十四年)、小林龍夫「海軍軍縮条約」(日本国際政治学会太平洋戦争原因研究部編『太平洋戦争への道』一、朝日新聞社、昭和三十八年)が、依然としてまず参照されるべき文献である。なお黒沢文貴「加藤高明、浜口雄幸と土佐」(『日本歴史』五八三、平成八年)、同「浜口雄幸の虚像と実像」(『日本歴史』六〇〇、平成十年)は、高知市立自由民権記念館所蔵史料をはじめとする、高知県に現存しながらも、これまで知られてこなかった浜口関係の史料を紹介したものである。

（黒沢 文貴）

林 譲治（はやし・じょうじ） 明治二十二—昭和三十五年(一八八九—一九六〇) 副総理大臣・衆議院議長

旧蔵の一次史料は、憲政資料室に「林譲治関係文書」として所蔵されている。その内容は、書簡約九十点、書類七点、「林有造関係資料」十一点である。林宛書簡の中で、最も多いのが吉田茂からの書簡であり三十四点存在する。ついで多いのが鳩山一郎からの書簡十八点である。

伝記はないが、追悼録として宮尾菊吾編『林譲治君の追憶』(林譲治君銅像建設委員会、昭和三十八年)がある。著作としては、没後に出版された林譲治『句集古袷』(雪華社、昭和三十八年)があり、林の俳句の他に、吉田茂、池田勇人ら七名の人物による追悼文が収録されている。まとまった回想録はないが、座談会「人生は長い目で 落第もまた愉し」(『文芸春秋』昭和二十八年三月号)の中に、林の学生時代の回想が見られる。また、「閣議は円テーブルで—副総理打ち明けばなし—」(同昭和二十六年三月号)の中にも、若干の回想と人物評を見ることができる。なお近親者の回想として、長男林迪による「日本の桜を見ずに」(同昭和三十五年六月号)もある。

評伝・人物論の類としては、森下茂和他編『土佐人物山脈』(高知新聞社、昭和三十八年)、宿毛明治百年史(人物編)編集部『宿毛人物史』(宿毛明治百年祭施行協賛会、昭和四十三年)、宮崎吉政『No.2の人—自民党幹事長』(講談社、昭和五十六年)、西村秀治『総理官邸裏話』(行政問題研究所、昭和五十九年)、楓元夫「党人政治家林譲治」(『政治記者の目と耳・第四集』、政治記者OB会、平成十一年)がある。

（奥 健太郎）

林 董（はやし・ただす） 嘉永三—大正二年(一八五〇—一九一三) 外務大臣

残された史料としては、遺族より平成十年(一九九八)六月に外交史料館へ寄贈された「林董関係文書」があり、同館による整理と目録作成作業が行われたあと、公開された。この史料群は自筆草稿・原稿類、書簡、公文書類の写、委任状、刊行物、写真、新聞切抜などからなる。自筆草稿・原稿類では、後述の『後は昔の記』にも採録されなかった記事ないし続編(「後は昔続記」)や、漢詩の草稿類が見られる。また、書簡では伊藤博文からの書簡が目立つほか、「学者風人物」(福沢諭吉)や「一老書生」(林権助)と称された人物だけに、各界の著名人や歌詠み仲間から寄せられた書簡、ないし自作の和歌や漢詩が多数含まれている。「林董関係文書」について詳しくは、熊本史雄「外交史料館所蔵『林董関係文書』について」(『外交史料館報』十五、平成十三年)を参照のこと。

駐英公使として第一次日英同盟条約締結に尽力した林は、明治三十五年(一九〇二)一月三十一日付で「顛末書追記」(『日本外交文書』第三十五巻に収録)をまとめているが、その自筆稿本(ただし字句の差異や追加書きが見られる)が国学院大学図書館に所蔵されている(詳しくは村島滋「国学院大学図書館所蔵「林董『日英同盟秘録』稿本」をめぐって」『国学院雑誌』一〇〇―七、平成十一年を参照のこと)。

次に林には、『時事新報』明治四十三年八月一日から十月一日にかけて連載(「後昔記」)され、連載終了一ヵ月後に改題の上、時事新報社から公刊された自伝『後は昔の記』がある。その後、昭和四十五年(一九七〇)、由井正臣氏による校注・解説のもと、『後は昔の記』の他に「林董伯自叙伝　回顧録」(自筆回顧録、昭和八年に『同方会誌』に掲載)や「日英同盟の真相」を加えて、復刻がなされた(『後は昔の記　他―林董回顧録』〈東洋文庫〉平凡社、昭和四十五年)。

さらに、回顧録として**The Secret Memoirs**がある(**A. M. Pooley ed.**, *The Secret Memoirs of Count Tadasu Hayashi*, **London: Eveleigh Nash, 1915**)。同書は半分以上が第一次日英同盟に当てられているが、外相辞任後に自己の外交政策への非難を反駁・弁解するため執筆された経緯もあって、『後は昔の記』や「日英同盟の真相」以後の時期の日本外交に関する記述(第二次日英同盟、日仏協商、日露協商、高平・ルート協定への批判、対清政策意見など)が含まれており有益である。

林は、その卓越した語学力によって多くの翻訳も行なっており、それは『弥児(ミル)経済論』(英蘭堂、明治八年)、ホンフレー・プリドゥ『馬哈默(マホメット)伝』全二冊(干河岸貫一、明治九年)、ベンサム『刑法論綱』(干河岸貫一、明治十年)、李秡(リーバー)『自治論』上・下(島村利助、明治十三年)、ニコロ・マキアヴエリ『羅馬史論』(博文館、明治三十九年)に及ぶ。また、佐倉惣五郎を英文で紹介したものもある(*For his people, being the true story of Sogoro's sacrifice entitled in the original Japanese version the Cherry blossoms of a spring morn*, **London: Harper&Bros., 1903**)。

駐英公使ないし外相在任時に携わった外交交渉に関する個々の研究は別として、伝記的研究ないし林に焦点をすえた研究はほとんど存在しない。近年の研究として、寺本康俊『日露戦争以後の日本外交―パワー・ポリティクスの中の満韓問題―』(信山社、平成十一年)は、**The Secret Memoirs**をも駆使しつつ林外交の性格づけを行った。また、佐倉市教育委員会編『林董』(佐倉市教育委員会、平成九年)が存在する。

（千葉　功）

早速整爾（はやみ・せいじ）

明治元―大正十五年（一八六八―一九二六）　大蔵大臣

旧蔵の文書・記録は、まったく残されていない。憲政資料室や早稲田大学大学史資料センター所蔵の「小山松寿文書」に、若干の書簡が存在するのみである。

明治二十二年(一八八九)、『芸備日日新聞』社主早速勝三の女婿となり、同紙の主筆として、多数の論説・記事を執筆したとされるが、一部を除いて、執筆記事を確定することは困難である。なお、『芸備日日新聞』は、大正七年(一九一八)五月までは、国立国会図書館も所蔵(マイクロ)するが、以後、昭和十四年(一九三九)十二月までについては、広島県呉市史編纂室にのみ所蔵されている。

また、早速は、衆議院議員として議場にて多数の発言をおこなっている。それら質問・演説は、『帝国議会衆議院議事速記録』等で確認できる。例えば、明治末から大正初期にかけて、都市的実業家的立場からしばしば発言し、第二十六議会には、いわゆる廃税運動の立場から地租引下に反対し、また米穀関税導入に反対する演説もある。また、憲政会代議士としては、第四十二議会において、高橋是清蔵相への財政質問を行い、第四十四議会においては、満鉄による塔連炭坑および汽船の買収問題を追及する演説を行った。憲政会幹部としての早速については、『憲政』第四・五巻、『憲政公論』第五・六巻に、若干の著述・演説・記事の掲載がある。また、それら雑誌の「会報」欄、「党報」欄には、早速の動静が散見される。

伝記には、湊邦三『早速整爾伝』(非売品、昭和七年)がある。同書は、政治家・官僚など関係者の追想三十四件、大臣日記(大正十四年八月―大正十五年八月)抜粋を掲載するほか、伝記本文の編集では、関係者の発言を中心に典拠を示すなど、信頼できるものとなっている。

早速に関する研究という点では、『芸備日日新聞』の論調と早速の政治的立場の異同を指摘した、安藤福平「大正デモクラシー期の『芸備日日新聞』」(『広島県史研究』二、昭和五十二年)を挙げることができる。また、広島県政財界における活動については、広島県編『広島県史』近代1(昭和五十五年)、『同』近代2(昭和五十六年)に記述がある。

(森邊　成一)

原　敬(はら・たかし)

安政三―大正十年(一八五六―一九二一)　第十九代内閣総理大臣

関係文書の核は「原敬日記」である。罫紙に自筆墨書、和綴にした八十二冊の日記は、明治八年(一八七五)の帰省日記に始まり、大正十年(一九二一)十一月暗殺される直前まで記されている。記述は日常の記事もあるが、多くは政界諸事件の表裏を、政治情勢、当事者の言動に自身の論評を加えて精細に記したもので、明治・大正政治史の第一級史料として高い評価を得ている。しかし、「日記は数十年後は兎に角、当分世間に出すべからず」と言い残し、嗣子貢(奎一郎)が遵守したので、日記の存在は早くから知られていたが世に出ることがなかった。昭和十年(一九三五)十月、『中央公論』五十年記念号は、日記の一部分を紹介したが、詳細はなお不明だった。戦前数多く刊行された伝記には、日記を引用したものはなく、原と親しかった前田蓮山(政友会機関紙中央新聞主筆)の『原敬伝』全二巻(高山書店、昭和十八年)にも引用を思わせる記述はない。原貢は、戦後に至って日記の公開を決意し、はじめ朝日新聞紙上に発表、次いで昭和二十五年、乾元社から『原敬日記』九巻を公刊した。そののち、福村出版が昭和四十―四十二年、原奎一郎・林茂編で『原敬日記』六巻を刊行した。一から五巻が日記部分で、六巻には総索引のほか、紀行文と書翰九名分一三六通が収められた。大半は西園寺公望書状で一一〇通に達している(福村本は昭和五十六年複製版が発行された)。

文書としては、福村本に掲げられたもののほかは、没後、浅子未亡人と高橋光威(原内閣書記官長)が整理し、その大部分を焼却したと伝えられていたので、新たな発見は期待されなかった。昭和五十四年八月、盛岡市古川端の原別邸(介寿荘)の取り壊しが決まり、邸内の倉庫を点検したとき、古い洋行鞄の中から大量の文書(書翰・書類)が発見された。原家は山本四郎・松尾尊兊に整理・解読を委嘱し、両氏は原敬文書研究会を設けて整理に当った。この文書群は、日本放送出版協会から『原敬関係文書』の名で、昭和五十九年四月から平成元年(一九八九)にかけて、全十一巻本として順次上梓された。出版に先立って山本は、昭和五十六年に『原敬をめぐる人びと』(NHKブックス)を著し、文書発見の経緯と主な書翰の内容・背景を紹介し、翌年には書翰の発信者および通数、書類の概観を『憲政記念館の十年』(憲政記念館、昭和五十七年)に「原敬関係文書について」の表題で寄稿した。『原敬関係文書』は、第一巻から三巻が書翰、第四巻から十巻が書類で、別巻は雑纂として、旧南部藩関係、中井弘(前妻の父)関係、古河鉱業関係、大阪毎日新聞・中央新聞関係、大慈寺(菩提寺)関係、大磯・盛岡別邸関係、辞令、親族関係書類のほか、迪宮(昭和天皇)淳宮(秩父宮)御養育関係書類が収められ、関係参考文献、著作目録、人名索引が付されている。書翰は、盛岡で発見されたもののほか、腰越の原邸から新たに発見された六十九通が含まれ、七〇〇名余二七〇〇通にのぼっている。厖大な書翰は、五十音順に整理された。書翰中、最も差出数の多いのは、兄恭の七十一通で、中井弘の六十六通がこれに次ぐ。政界では西園寺の四十四通が内容豊富で、福村本の西園寺書状の欠落時期を補っている。政官界、特に外務官僚の書状は内容もよく、日清戦争、甲申事件などの内幕が露わにされている。内田康哉(十五通)・加藤恒忠(二十通)などは親交があり個人的なものもある。内田定槌(十二通)・堀口九萬一(七通)は閔妃殺害一件の詳細な報告を寄せ、加藤高明(十二通)の書信からは、後年の対立など感じられない親しさが読みとれる。政友会関係では、岡崎邦輔(三十二通)・野田卯太郎(十四通)・松田正久(七通)・横田千之助(十通)があり、政友会入党時の動静、総裁就任に至る過程を知るに欠かせぬ書信である。ほかにも、小泉策太郎・高橋光威・中村啓次郎・星亨等々有力政治家の名があり、実業家、新聞・言論関係者など多士済々で、交遊の多彩さが示されている。ただし、元老からの書状は、伊藤博文(二通)・井上馨(九通)・山県有朋(一通)があるくらいで極めて少ない。書翰の部第三巻には、孫文ら外国人書状十一通と、伊藤博文ら十九名に差出した書状稿が掲載されている。

書類一〇〇〇余点は、第四巻から十巻までに収められている。構成は経歴を追ってほぼ編年体である。各巻の内容は、修業時代、記者時代、外務書記官・天津領事時代(四巻)、以下、パリ公使館・農商務省・外務省時代(五巻)、外務省、大阪毎日新聞・中央新聞時代(六巻)、政友会創立、逓相、第一次桂内閣時代(七巻)、第一次西園寺内閣内相時代(八巻)、第二次西園寺内閣内相時代(九巻)、山本権兵衛内閣内相、政友会総裁、首相時代(十巻)で、それぞれの項で未見の書類がある。量は少ないが日記の基となった素稿、メモもあり日記の成立過程が垣間みえる。ただし、書翰、書類ともに首相時代のものは極端に少なく、夫人によって焼かれたのは、この時期のものかも知れない。史料原本は、原家から日記全巻を保管する原敬記念館と京都大学文学部に寄贈され、整理保管されているが、個人的文書(原浅子関係、原貢関係、小切手帳控など)は非公開のまま、一応の整理をして原家(大慈会)に残された。

遭難のあと、大正十一年十一月、高橋光威によって、菩提寺である大慈寺の護持を目的にする「財団法人　大慈会」が設立され、昭和六十年、外郭団体となる「原敬遺徳顕彰会」が発足した。会は機関誌『一山』『一山通信』を発刊、原敬記念館と提携して、関係記事を中心に、新資料紹介に努めている。

関係文書を補完する周辺領域の資料は、外交史料館(日本外交文書)の原史料、憲政資料室の諸家文書(「憲政史編纂会収集文書」六二四、「伊藤家文書」六十一巻原敬書状十四通など)の中にも、多くの原書翰があるが、目録が仮整理のものが多く、通数は記されているが、大半は内容不明である。原から西園寺に宛てた書翰は、立命館大学の「西園寺文書」に六通あることが知られているが、平成十三年、京都府宮津市立前尾記念文庫で、新たに十三通が発見された。加藤高明との三党首会談の内幕を報じたものなど、内容がある。発信の書信は、今後なお新出の余地があり、調査の要がある。

関係する文献は多数あり、既述のものを除き代表的なものを列挙すると、佐藤亮太郎『平民大宰相原敬』(現代公論社、大正十一年)、菊池悟郎『原敬全伝』二巻(日本評論社、大正十一年)、矢野滄浪『原敬』(滄浪書屋、昭和十三年)、前田蓮山『原敬』(時事通信社、昭和三十三年)、服部之総『明治の政治家たち―原敬につらなる人々―』二巻〈岩波新書〉(岩波書店、昭和二十九年)、岡義武『近代日本の政治家』(文芸春秋新社、昭和三十五年)、三谷太一郎『日本政党政治の形成—原敬の政治指導の展開—』(東京大学出版会、昭和四十二年)、テツオ・ナジタ『原敬』(読売新聞社、昭和四十九年)、川田稔『原敬—転換期の構想』(未来社、平成七年)等々である。

暗殺周辺の事情については、長文連『原首相暗殺』(図書出版社、昭和五十五年)が詳しく、葬儀関係は『原敬全伝　天の巻』(前述)が緻密である。没後の岩手県下の選挙事情は、千原文英『盛岡政戦記』(旭通信社、大正十三年)、宮崎隆次「政党領袖と地方名望家」(『年報政治学』岩波書店、昭和五十九年)が詳細である。

主要著作、議会演説等を集めた『原敬全集』上・下(原敬全集刊行会、昭和四年)は、昭和四十四年に原書房が複製版を刊行し、嗣子貢は、内側から見た様を『ふだん着の原敬』(毎日新聞社、昭和四十六年)にまとめ世に送った。

（伊藤　光一）

原　彪〈彪之助〉(はら・ひょう)

明治二十七—昭和五十年(一八九四—一九七五)

第三十六代衆議院副議長・衆議院議員当選八回

主な政治的活動の軌跡は、大別して次の五つの時期に分かれる。①太平洋戦争前、吉野作造、安部磯雄を師として日本フェビアン協会(大正十三—十四年〈一九二四—二五〉)、社会民衆党(昭和元—七年〈一九二六—三二〉)、社会大衆党(昭和七—十五年)への参画を通して活躍した無産運動時代。この間、法政大学教授、明治大学講師として「政治学」「政治史」を講義。②太平洋戦争敗戦直後、片山哲、西尾末広、水谷長三郎らとともに日本社会党結党に奔走した時代。③新憲法制定議会で日本社会党を代表して平和憲法の制定に尽力した時代。④衆議院副議長(昭和二十八年五月—二十九年十二月)として、教育二法、警察法の審議をめぐる乱闘国会の収拾に当たった時代。⑤昭和三十五年の日米安保条約改訂の国会審議で、民主主義擁護を掲げ、岡山中学、第一高等学校、東京帝国大学でともに学んだ岸信介首相と対決した時代。

以上、五つの時期のうち①の無産運動時代の史料は少ない。昭和二十年三月、和平問題をめぐって吉田茂(のちの首相)との関係を疑われ憲兵隊に拘引され二日間留置された。そのころ、常時、特高から監視されていたこともあって幼児期から丹念に付けていた日記やメモはすべて焼却したという(本人談)。それでも国立国会図書館に次の論文三点、「選挙粛正と公民教育に関する各方面の意見」(『公民教育』〈帝国公民教育協会〉昭和十年八月号)、「教育と愛」(『女性教育』〈全国連合女教員会〉昭和十三年八月号)、「総意の場としての機構・組織」(『中央公論』昭和十七年十月号)がマイクロ資料や復刻版で読める。また、憲政資料室にある「有馬頼寧関係文書」(『有馬頼寧日記』四、山川出版社、平成十三年に翻刻)には、大衆に近い政治家として敬意を払っていた有馬(元伯爵)が大政翼賛会を退陣したのは遺憾だとする原の書簡が残っている。

このほか、法政大学大原社会問題研究所に社会大衆党中央執行委員として応援弁士を依頼され党本部宛に遊説日程を回答した返信はがき(昭和八年十一月十一日)が保管されている。

②日本社会党結党当時の動きについては、「原彪日記～社会党結党前夜～解説　秋山久」(四回連載、『エコノミスト』毎日新聞社、平成五年)に詳しい。第一回「敗戦の日から新党結成の動き」と秋山久「原彪という人　社会党の『孤高派』代議士」(十月十二日号)、第二回「党首に旧華族ら擁立の声」(十月十九日号)、第三回「もめた結党準備会」(十月二十六日号)、第四回「分裂含みで『大同団結』」(十一月二日号)。この「原彪日記」は没後遺品のなかから見つかった手帳にエンピツで書きつけられていた。「結党宣言」の執筆者については、『日本社会党の三〇年』(日本社会党中央本部機関紙局、昭和五十一年)に「『結党宣言』(原文は原彪)」と記録されている。

また、『片山内閣』(片山内閣記録刊行会、昭和五十五年)には、原が新党準備会招請状の名義人の一人として安部磯雄を担ぎ出した経緯が書かれている。社会主義に対する考え方を知る著作としては、原彪「政党と政治活動」(『社会主義講座六　政治II　国家・憲法・議会・政党』三元社、昭和二十三年)、「政治家と道徳」(『新倫理講座四　社会と人倫』創文社、昭和二十七年)が東京大学総合図書館で閲覧できる。

③新憲法制定議会の審議で、持論の平和憲法論と高等教育の無料化実施を主張。官報号外(昭和二十一年八月二十五日)第九十回帝国議会衆議院議事速記録第三十五号には、彪之助の旧名で行った憲法改正案に対する修正案の趣旨説明が掲載されている。これに関連して「佐藤達夫関係文書補遺」(修正案の条文)が憲政資料室にある。衆議院本会議の議事録には、ほかに「原水爆実験禁止要望決議案」(自民・社会共同提案)に賛成討論(昭和三十一年二月九日)、選挙区が同じ東京一区選出の安藤正純議員(元朝日新聞編集局長・取締役)への追悼演説(昭和三十年七月二十二日)が記録されている。水谷長三郎・原彪『日本社会党綱領　憲法と天皇制』(山水社、昭和二十一年)は、東京大学経済学部図書館、学習院大学図書館、同志社大学総合情報センターに保管されている。また、法政大学大原社会問題研究所には原彪「新憲法の発足」(『社会思潮』昭和二十二年五月号)、「言葉の魔術～日本共産党の選挙戦術～」(『社会思潮』昭和二十三年十二月号)がある。

④大宅壮一文庫にある朝日新聞政治部編『日本の九九人』(蒼樹社、昭和二十九年)には、昭和二十八年五月、議席数第三党だった左派社会党所属の原(当選四回)が衆議院副議長に選出された経緯や任期中に起こった乱闘国会と堤康次郎議長によって初めて警察隊が国会に導入された事態の収拾に野党出身の副議長として苦慮した様子が描かれている。ほかに同文庫には原の人物評を載せた雑誌が数点あり、いずれも「戦前は右派系、戦後は左派系」と揺らぎがみえるが、実際は「無派閥」でむしろ「孤高派」だとしている。そのせいか『資料日本現代史』3②(粟屋憲太郎編集・解説、大月書店、昭和五十六年)は原の政治的な立場についてアメリカ国務省の「彼がどのグループに属するのか知る有効な資料はない」という見方を紹介している。

⑤昭和三十四年十二月二十一日の衆議院本会議の議事録には、日本社会党を代表して「日米安保条約改訂交渉の即時打ち切りを要求する決議案」の趣旨説明を行い、このなかで、中学以来ともに学んだ岸信介首相に対して、「君が、潔く、安保改訂交渉を即時打ち切って、速やかに日中国交回復への積極的態度に踏み切ってくださるならば、それこそ、君が戦犯の汚名を雪ぎ、平和に貢献した偉大な政治家として、青史にその芳名を遺すでありましょう」と訴えた記録が載っている。岸首相の誕生直後、『朝日新聞』(昭和三十二年二月二十六日)に原の「岸首相論」が載っているほか、『文芸春秋』(昭和三十三年四月号)の「同級生交歓」欄には岸首相と並んだ口絵写真の下に原の書いた思い出が載っている。

このほか、憲政記念館には揮毫資料、アルバム、写真、政見放送・その他を収録したレコードがある。没後刊行された『原彪』(原彪遺稿刊行会、昭和五十三年)には二歳のとき右目を失明した幼少時からの写真、遺稿、国会での発言、対談の記録、人物評、追想、追悼の言葉が収められている。原をゲストに迎えた徳川夢声連載対談「問答有用」(『週刊朝日』昭和三十年二月二十日号)と小尾乕雄対談集『私の先生』(日本教図、昭和四十一年)は新渡戸稲造を慕って一高―東大を目指し、その後政治活動に身を投じた原の生き方を活写している。

(秋山　久)

原田熊雄(はらだ・くまお)

明治二十一―昭和二十一年(一八八八―一九四六)

元老西園寺公望の秘書

旧蔵の文書、記録、書簡など八四一点は、憲政資料室に所蔵されている。マイクロフィルムはまだできていないが、仮目録があり閲覧可能。西園寺公望や時局についての数十点の手記、防共協定強化や三国軍事同盟に関する政府文書と大島浩駐独大使の電報、近衛文麿や米内光政、吉田茂など要人からの来信などが入っている。

なお、これとは別に昭和五年（一九三〇）から十年にかけて撮影した十六ミリ・シネフィルム二十巻が残されている。長い年月の間にかびたり退色したものもあるが、「西園寺公　於興津」、「近衛公夫妻　於永田町」、「東久邇宮乗馬」、「斎藤博駐米大使　於興津」、「英国大使　坐魚荘にて」と題した五巻は比較的保存状態もよく、貴重なものである。フィルムが縮んでしまって普通の映写機では写せなかったが、NHKが複写に成功して保存されている。

編著は、昭和十八年に『陶庵公清話』（岩波書店、昭和五十九年復刊）が刊行されている。元老西園寺が折にふれて原田に話したことをまとめたもので、編集と「跋」の執筆には里見弴が助力し、恩師西田幾多郎と西園寺公三羽烏の近衛文麿と木戸幸一が序文を寄せている。昭和二十五年から二十七年にかけて『西園寺公と政局』全八巻（岩波書店）が刊行され、三十一年には別巻一冊が追加された。「原田日記」とも呼ぶこの『西園寺公と政局』は、昭和五年三月六日から同十五年十一月二十一日に至る間に延べ四百数十回に亙って政局や軍部の動きなどを原田が口述したものである。原田が亡くなった数日後にGHQから提出を求められ、東京裁判では親友木戸幸一の日記とともに検察側証拠として登場して注目を浴びた。「原田日記」が世に出るまでの舞台裏は、『西園寺公と政局』第一巻の里見弴の緒言および丸山真男・林茂連名の「あとがき」、また里見弴「原田文書に関する記録」（『オール読物』昭和三十三年二月号、同『彼岸花』角川書店、昭和三十三年に所収）、吉野源三郎対談「原田日記が世に出るまで」（里見弴対談集『唇さむし』かまくら春秋社、昭和五十八年に所収）に詳しい。ほかに原田が発表した手記には、「西園寺公を語る」（『中央公論』昭和十年十月号）、「西園寺公随談」（『中央公論』昭和十四年一月号）がある。

伝記・評伝としては、勝田龍夫『重臣たちの昭和史』上・下（文芸春秋、昭和五十六年）がある。ほかには、西園寺公一「原田の熊さん」（『文芸春秋』昭和二十五年十二月号）があり、また有馬頼寧『政界道中記』（日本出版協同、昭和二十六年）や池田成彬『故人今人』（世界の日本社、昭和二十四年）などに人物評が載っている。

（多田井　喜生）

ひ

東久世通禧（ひがしくぜ・みちとみ）

天保四―大正元年（一八三三―一九一二）　外国官副知事・侍従長・枢密院副議長

関係文書は憲政資料室にあるが、「議奏歴」四冊を除きすべて日記である。日記については、憲政資料室の他の文書に含まれる写本しか存在しない部分を含めて、嘉永七年（一八五四）から明治十五年（一八八二）まで、霞会館華族資料調査委員会編『東久世通禧日記』上・下（霞会館、平成四年）・別巻（霞会館、平成七年、上野秀治解説）として刊行されている。日記の伝存状況を含め東久世の文書については、上野秀治の解説に詳しい。文久三年（一八六三）から慶応二年（一八六六）までは、写本を基にした上巻刊行後原本を憲政資料室が購入したため、あらためて別巻として刊行となっている。慶応三年も写本を底本としており、『野史台維新史料叢書　八　日記一』（東京大学出版会、昭和四十七年復刻、吉田常吉解題）所収の「東久世伯西航海日記」と異同があり、比較しての利用が望まれるとのことである。

書陵部には、臨時帝室編修局作成の写本「東久世通禧日記」がある。原本のない、また刊行部分に含まれない、明治十六―二十五年(二十二、二十四年欠)の写本がある。ほかに数点の自筆書翰がある。

東京大学史料編纂所には「東久世通禧家記」をはじめとして、幕末維新期の文書が写本を中心に十点存在する。その他点数の少ない文書に関しては、『旧華族家史料所在調査報告書　本編4』(学習院大学史料館、平成五年)を参照されたい。

幕末期の回想として、高瀬真卿編『竹亭回顧録—維新前後』(博文館、明治四十四年)があり、のち新人物往来社より昭和四十四年(一九六九)改版して(解説朝倉治彦)、東京大学出版会より昭和五十七年に続日本史籍協会叢書の一冊として(解題吉田常吉)、復刻されている。ほかに『史談会速記録』一・六・十九・四十一(原書房、昭和四十六―四十七年復刻)と、山田北洲『老雄懐旧談』(厚生堂、明治四十三年)に、回想が収められている。また自身が編纂した歌集『竹酒舎歌集』(明治四十二年)がある。

なお東久世家の史料が東北大学附属図書館にあるが、通禧の史料はなく、通禧時代では、金銀出納帳と東久世家事務所の日記がある(前掲上野解説参照)。

(西川　誠)

土方久元（ひじかた・ひさもと）

天保四―大正七年(一八三三―一九一八)　宮内大臣

関係文書は東京都立大学図書館が「土方久元文書」として約五〇〇点所蔵しており、仮目録がある。辞令と日記が中心である。書陵部は、同文書所収の日記の一部の写本である、明治十四年(一八八一)から十九年までの「土方久元日記」を所蔵する。他に明治二十年代の書簡六十通を収める写本「土方久元関係文書」を所蔵しているが、都立大学の原本には存在しない文書である。その他点数の少ない文書に関しては、『旧華族家史料所在調査報告書　本編4』(学習院大学史料館、平成五年)を参照されたい。

幕末期の回想録に『回天実記』(和装本、東京通信社、明治三十三年)があり、新人物往来社から改版のうえ、解題(朝倉治彦執筆)を付して昭和四十四年(一九六九)に刊行されている。他にも幕末期の回想が、以下に掲載されている。『史談会速記録』五、一五二―一五六(原書房、昭和四十六、四十八年復刻)、「維新前後実歴談」(『国家学会雑誌』二十二―二、明治四十一年)、「七卿の下向に就いて」(『史学雑誌』二十―八・九、明治四十二年)。

伝記には、木村知治『土方伯』(菴原鉚次郎、大正二年)がある。

(西川　誠)

日高第四郎（ひだか・だいしろう）

明治二十九―昭和五十二年(一八九六―一九七七)　文部事務次官

旧蔵の文書・記録は、国立教育政策研究所教育研究情報センター教育図書館(以下、国立教育政策研究所と略)所蔵の文教関係資料が中心である。この資料群は、大きく二つに分けられる。

一つは、「戦後教育資料」コレクションに含まれているものである。このコレクションは、国立教育研究所(現在は国立教育政策研究所)が、昭和三十五年(一九六〇)度から三十八年度までの四年間にわたって科学研究費補助金の交付を受けて行った「戦後教育資料の収集に関する研究」によって収集されたものである。研究代表者は、国立教育研究所の初代所長でもあった日高(当時は、国際基督教大学教授)が務めた。この研究では、文部省関係者を中心に約四〇〇〇点の資料を収集したもので、資料目録が昭和四十年に戦後教育資料収集委員会編『戦後教育資料総合目録』として公刊される一方、全資料が五十五巻のマイクロフィルムに収められて一般に公開されている。日高は、この研究による資料収集の過程で、自らが所蔵していた戦後教育改革期の資料・記録を寄贈している。なかでも、「日高ノート」は、学校教育局長在任期に相当する昭和二十一年六月から昭和二十四年二月までの六冊からなる「日誌」であり、この間の文部行政の動向が克明に記されている第一級資料である。

もう一つの資料群は、最近まで国立教育政策研究所庶務部によって保管されていたものであり、『国立教育研究所の五十年』(平成十一年)編纂の際に発見されたものである。「日高第四郎旧蔵資料拾遺」資料としてまとめられた資料群は、昭和二十四年六月に文部省学校教育局長から国立教育研究所の初代所長に着任した際に移管したものと思われる。そのため本来は、先述の「戦後教育資料」コレクションに含まれるべきものであったが、現在は別置されて公開されている。内容は、学校教育局長在任中の行政資料が中心である。資料点数は、一二四点と多くはないが、この中には、新制大学の設置申請・許可に関わる「大学設置委員会関係」関係資料や、新制大学設置に関する「昭和二四年度概算要求関係」の資料などが含まれており貴重なものである。「日高第四郎旧蔵資料拾遺」資料の解説・資料目録としては、渡部宗助「日高第四郎旧蔵資料拾遺—解説と資料目録」(『国立教育政策研究所紀要』一三一、平成十四年)がある。この他、約七〇〇〇点に及ぶ旧蔵の蔵書や書簡類、写真類、掛け軸などの美術品が、次女である小宮山そよ子氏によって所蔵・保管されている。

評伝はないが、文部省時代までの自伝的な回顧を綴った『私の生きた二十世紀』(日本基督教団出版部、昭和五十五年)がある。また、日高が代表著作権者としてまとめた『新教育基本資料とその解説』(学芸教育社、昭和二十四年、のち日本図書センター、平成十四年復刻)、『教育改革への道』(洋々社、昭和二十九年、のち日本図書センター、平成十三年復刻)、『民主教育の回顧と展望』(学習研究社、昭和四十一年)などは、戦後教育改革期の当事者の証言として貴重なものである。

（貝塚　茂樹）

平泉　澄（ひらいずみ・きよし）

明治二十八—昭和五十九年(一八九五—一九八四)

東京帝国大学教授

旧蔵の文書記録の原本は、福井県勝山市の生家に保存されている。内容は、日記、書簡、記録、講義録など膨大なもので、現在整理中である。早くから歴史学者を志した平泉は、いつ、どこで、何をしたかという綿密な記録を記しているが、昭和天皇や満洲国皇帝溥儀への御進講、あるいは近衛文麿首相との会談や二・二六事件などの歴史上重要な問題については、日記とは別に自ら直接関わった内容についての記録を残している。それらの大部分は、本人の遺命で非公開とされているが、その歴史観に大きな影響を与えたヨーロッパ留学中の研究に関する記録(研究ノート)は、嗣子平泉洸が『Diary』(私家版、平成三年)と名付けて印刷するなど、一部ではあるが公開が進められている。

東京帝国大学の講義については、昭和十三年(一九三八)から昭和二十年にわたる「日本思想史」の講義録が、芸林会発行の雑誌『芸林』五十一—一(平成十四年)から連載されている。門下生等に講義した先哲遺文の講義については、その中の二篇、真木和泉守「楠子論」と吉田松陰「士規七則」が、市村真一編集の『先哲を仰ぐ』(錦正社、平成十年)に収められている。

書簡類については、東京大空襲で焼失したものを除く来信が生家に保存されており、平泉発信のものについても、重要なものは控えが残されている。なお最近、遺族の意向で書簡の収集と複写が行われている。

なお徳富蘇峰宛書簡・葉書四十五通を徳富蘇峰記念塩崎財団が所蔵している。戦前期は景岳会関係で少ないが、戦後はかなり密な交流があったと思われる書簡が多い。

著作は、大正十五年(一九二六)三十二歳で刊行した『中世に於ける精神生活』『我が歴史観』『中世に於ける社寺と社会との関係』(以上、至文堂)をはじめ、絶筆となった『首丘の人大西郷』(原書房、昭和六十一年)まであまりにも数が多い。代表的なものには『伝統』(至文堂、昭和十五年)、『万物流転』(同、昭和十一年)、『国史学の骨髄』(同、昭和七年)、『武士道の復活』(同、昭和八年)、『建武中興の本義』(同、昭和九年)、『山河あり』正・続・続々(立花書房、昭和三十二・三十三・三十六年)、『父祖の足跡』正・続・続々・再続・三続(時事通信社、昭和三十八—四十二年)、『日本の悲劇と理想』(原書房、昭和五十二年)、『少年日本史』(時事通信社、昭和四十五年)とその英訳本『THE STORY OF JAPAN』(Seisei-kikaku Publishers Ltd. 1997-2002)、また、平泉の和歌を集めた『寒林子詠草』(日本学協会、平成十六年)等がある。これらを含む著述、論文、講義・講演などの活動については、『田中卓評論集2平泉史学と皇国史観』(青々企画、平成十二年)の第三部「I 平泉澄博士著述・講演目録(稿)」に、その詳細が一〇五頁にわたって記載されている。なお、前述の東京帝国大学の講義や門下生への先哲遺文の講義の題目についても、同書第三部「II 東京帝国大学における講義題目の一覧」および「III 先哲遺文講義の一覧」に詳述されている。

自伝は、日本学協会発行の雑誌『日本』に昭和五十二年一月から昭和五十五年七月まで連載され、のちに『悲劇縦走』の題名で、昭和五十五年に皇学館大学出版部から公刊された。年譜としては、生前に自ら記述した『寒林年譜』(私家版、昭和三十九年)と昭和四十年以降を編集した『寒林年譜 続録』(私家版、昭和六十二年)がある。回顧録としては、『東京大学百年史』編纂時に、同大学文学部国史学科の伊藤隆などがインタビューした記録が、『この道を行く—寒林子回顧録—』(私家版、平成七年)として刊行された。このインタビューは、『東京大学史紀要』においても「東京大学旧職員インタビュー(三) 平泉澄氏インタビュー」として、第十三号(平成七年)から第十八号(平成十二年)まで、六回にわたり連載されている。

平泉に関する研究や評論は、歿後の昭和五十九年以降が大部分であるが、評価が極端に分れている。早い時期のものとしては、大隅和雄「日本の歴史学における「学」—平泉澄について—」(『中世思想史の構想』名著刊行会、昭和五十九年)や、松尾章一・海津一朗・斎藤孝らの論考がある。昭和六十年には『神道史研究』三十三—一に、村尾次郎「先師平泉博士における神道」のほか、谷省吾・森田康之助・近藤啓吾・名越時正・西山徳・佐々木望・平泉洸らが、神道を中心とする宗教観や人物像についての論文を発表している。その後も平泉に対する関心は高く、荒川久壽男「平泉澄博士の史学の初期形成—『我が歴史観』研究序説—」(『芸林』三十五—四、昭和六十一年)、苅部直「歴史家の夢—平泉澄をめぐって—」(『年報・近代日本研究18 比較の中の近代日本思想』山川出版社、平成八年)、若井敏明「平泉澄における人間形成」(『政治経済史学』三九七、平成十一年)、植村和秀「平泉澄とフリードリヒ・マイネッケ」(一)—(四)(『産大法学』〈京都産業大学〉三十三—三・四合併号〜三十五—三・四合併号、平成十二—十四年)、同『丸山真男と平泉澄』(柏書房、平成十六年)、昆野伸幸「昭和期における平泉澄の「日本人」観」(『日本思想史研究』〈東北大学〉三十四、平成十四年)などのほか、時野谷滋・山口宗之・今谷明・廣瀬重見・田中卓・福田和也・多田真鋤・ジョン=S=ブラウンリー・阿部猛らが、それぞれ論文・評論を発表している。

このほかに、平泉研究の手引書ともいうべき『平泉博士史論抄』(青々企画、平成十年)がある。同書は田中卓が、歴史家としての平泉の学問を正しく理解するためにという視点で、論文三十四篇を選んで刊行したものである。また、平泉の全著作についての解説『平泉澄博士全著作紹介』(勉誠出版、平成十六年)があり、末尾に研究文献目録(野木邦夫稿)が付載されている。

(野木 邦夫)

平生釟三郎 (ひらお・はちさぶろう)

慶応二—昭和二十年(一八六六—一九四五) 大日本産業報国会会長

旧蔵の文書・記録は、甲南学園に所蔵されている。大正はじめから昭和の戦時期にかけての日記を残しているが、現時点では、日記を解読し転記したノートを閲覧することができる。そのほか、講演原稿、自叙伝原稿、書簡発信控え、書簡(受信)、妻すずの日記が所蔵されている。

なお日記の一部は、甲南学園監修・三島康雄編集『平生釟三郎日記抄―大正期損害保険経営者の足跡―』上・下(思文閣出版、平成二年)として出版されており、他の部分についても刊行が計画されている。また、自叙伝は安西敏三校訂『平生釟三郎自伝』(名古屋大学出版会、平成八年)として出版されている。さらに、談話、講演を集めたものとして岩井尊人編『私は斯う思う』(千倉書房、昭和十一年)、講演原稿を編集した『平生釟三郎講演集―教育・社会・経済―』(甲南学園、昭和六十二年)がある。

回想、伝記としては、津島純平編『平生釟三郎追憶記』(拾芳会、昭和二十五年)、河合哲雄『平生釟三郎』(羽田書店、昭和二十七年)、小川守正・上村多恵子『平生釟三郎―暗雲に蒼空を見る』(PHP研究所、平成十一年)などがある。特に河合による伝記は、書簡、日記を数多く引用し有益である。また、『平生釟三郎―人と思想―』(甲南学園、平成十一年)、安西敏三「解説」(前掲『平生釟三郎自伝』)も伝記的側面に触れている。

平生に関する研究としては、以下のものがある。企業経営、財界活動、経済思想と関連する側面においては、杉原四郎「平生釟三郎の経済思想」(『関西大学経済論集』三十五―六、昭和六十一年)、三島康雄「平生釟三郎と大正海上火災の設立」(『現代経営管理の研究』千倉書房、昭和六十一年)、柴孝夫「川崎造船所和議事件と平生釟三郎」(『経済経営論叢』〈京都産業大学〉二十一―四、昭和六十一年)、三島康雄「関東大震災と平生釟三郎」(『甲南経営研究』二十九―一、昭和六十三年)、柴孝夫「川崎造船所と平生釟三郎(一)(二)」(『経済経営論叢』二十二―四・二十三―二、昭和六十三年)、三島康雄「大正期における専門経営者の人脈形成」(『彦根論叢』二六二・二六三合併号、平成元年)、岡崎哲二「日中戦争前半期の日本における経済の計画化と鉄鋼部門」(『社会科学研究』四十一―三、平成元年)、柴孝夫「昭和鋼管の経営と内的葛藤」(『京都産業大学論集　社会科学系列』二十―一、平成三年)、小林惟司「平生釟三郎の保険思想」(『千葉商大論叢』三十―二、平成四年)、三島康雄「平生釟三郎の各財閥論」(『甲南経営研究』三十二―三・四、平成四年)、柴孝夫「川崎造船所における航空機部門独立問題と平生釟三郎」(『経営史学の課題』千倉書房、平成五年)、及川英二郎「産業報国運動の展開」(『史林』八十二―一、平成十一年)、柴孝夫「戦前期の企業合併の一時例―昭和鋼管と日本鋼管の合併をめぐって―」(『京都産業大学日本文化研究所紀要』四、平成十年)が主なものである。教育、文化の面では、高阪薫「平生釟三郎と二葉亭四迷(一)(二)」(『甲南大学紀要』文学編六十八・七十二、昭和六十二・六十三年)、有村兼彬「平生釟三郎と漢字廃止論」(『甲南大学紀要』文学編六十八、昭和六十二年)、安西敏三「平生釟三郎、その教育理念に関する一考察」(『甲南法学』二十六―四、昭和六十一年)などがある。また政治との関係においては、安西敏三「政治家としての平生釟三郎(一)(二)」(『甲南法学』二十八―三・二十九―二、昭和六十三・平成元年)、滝口剛「平生釟三郎と『新体制』(一)(二)」(『阪大法学』四十七―六・四十八―一、平成十年)、同「床次竹二郎と平生釟三郎(一)(二)」(『阪大法学』五十二―二・六、平成十四・十五年)などがある。そのほか移民問題と関連して、長谷川雄一「一九二〇年代・日本の移民論(一)(二)」(『外交時報』平成二年二・十月号)、小川守正・上村多恵子『大地に夢求めて』(神戸新聞総合出版センター、平成十三年)などがある。

(瀧口　剛)

平岡浩太郎　(ひらおか・こうたろう)

嘉永四―明治三十九年(一八五一―一九〇六)　衆

議院議員・対外硬派

平岡は、玄洋社の一員で、日清戦後の対外硬運動に積極的に関った政治家である。旧蔵史料は、昭和六十一年(一九八六)、平岡家より憲政資料室に寄贈された。その後、憲政資料室による史料整理を経て、「平岡浩太郎関係文書」として公開された。

「平岡文書」は、書翰と書類に大別される。両者ともに、時期的には日清戦後のものが多い。書類の大半は、伝記資料として、元の史料から筆耕した謄写物である。国民同盟会や憲政本党に関するものや満韓問題での対露交渉案などがある。平岡宛書翰および差出書翰も、伝記資料として写しが作成された。これらの中には、現物が確認できないものも多く、写し自体も貴重なものといえる。なお、伝記は、結局公刊されずに終わった。しかし、途中まで作成された草稿が「平岡文書」に残されている。また、外交史料館には、「衆議院議員平岡浩太郎氏清国高官ト会見一見」というファイルがある。これは、明治三十八年(一九〇五)三月、平岡が清国に渡り、慶親王や袁世凱らと会談した際に同席した通訳や書記官によって作成されたものである。

平岡の人物論は、鳥谷部春汀『春汀全集』一(博文館、明治四十二年)、鵜崎鷺城『当世策士伝』(東亜堂、大正三年)などに収められている。また、『玄洋社社史』(玄洋社々史編纂委員会、大正六年、のち近代史料研究会、昭和五十二年復刻)にも、「平岡浩太郎」の一節がある。

管見では、「平岡文書」を初めて用いた研究は、村瀬信一「明治期の総選挙」(『日本歴史』五四四、平成五年)である。同氏は、宗像政が第四回総選挙における自由党の選挙資金に言及した明治三十一年三月二十三日付平岡宛書翰(写)を用いた。そして、千葉功氏は、「満韓不可分＝満韓交換論の形成と多角的同盟・協商網の模索」(『史学雑誌』一〇五―七、平成八年)で、明治三十三年九月二十九日付平岡宛山座円次郎書翰(写)を用いた。これは、山座が伊藤博文らの日露による韓国分割論を批判したものである。また、山下大輔氏は、「憲政党の党内対立について―旧進歩派の単独政権構想を中心に―」(『法政史論』二十九、平成十四年)で、明治三十一年六月の古島一雄宛書翰(写)を用いている(なお、山下氏が利用した平岡書翰は、憲政資料室所蔵「古島一雄関係文書」には含まれていない)。これは、憲政党結成の仲介者となった平岡が、隈板内閣が誕生する時期の政治・党内情勢を伝えたものである。

(小宮　一夫)

平賀　譲(ひらが・ゆずる)

明治十一―昭和十八年(一八七八―一九四三)　海軍技術中将・東京帝国大学第十三代総長

関係文書は海軍関係と東京帝国大学関係とに大別されるが、いずれの一次史料もほとんど東京大学史史料室に集められ、「平賀文書」と呼ばれている。海軍関係のごく一部のものが諸般の事情で、横浜国立大学、国立科学博物館、昭和館などに分散の状況となっているが、いずれは回収されて「平賀文書」に加えられるものと思われる。

「平賀文書」のなかでも海軍関係は、平賀が計画した「八八艦隊」を中心とする艦船計画資料(計画書、報告書、意見具申書、計算書、図面、データブック)のほか海外視察報告、雑誌記事スクラップ、参考図書、日記、書簡など膨大な量にのぼり、目下、データベース化した目録をもとに逐次マイクロフィルム化がすすめられつつある。いずれ一般にも公開されるはずだが、とくに重要と思われるものは、牧野茂監修・内藤初穂編『平賀譲遺稿集』(出版協同社、昭和六十年)として上梓されている。なお、平賀が関係した諸艦船の建造訓令、建造過程や「友鶴事件」、「第四艦隊事件」については、「平賀文書」を補完するものとして、防衛研究所戦史部が所蔵する『公文備考』がある。その一部には、平賀の朱書が認められるものもある。

海軍関係にくらべると、東京帝国大学関係の一次史料はきわめて少なく、めぼしいものは総長式辞・告辞や平賀メモ日記くらいしか見当たらない。賛否あい半ばする「平賀粛学」や「大学新体制」についても、史料がいくらかあるものの、全容を知るには、当事者の回想録や日記、あるいは当時の諸紙によって事実の再構築を試みるほかない。新聞といえば、平賀自身が総長時代の各紙を驚くほど広範にスクラップ・ブックに整理したものがある。ほとんど一次史料に匹敵する情報源といってよいほどのもので、「平賀文書」の一つにされている。

　平賀に関する研究のうち艦船計画の分野では、山本善之「平賀先生を考える」(『らん』〈関西造船協会〉三十七―四十、平成九―十年)が平賀計画を客観的に論評している点で注目に値する。また、総長関係については、『東京大学百年史』(東京大学出版会、昭和五十九―六十二年)の該当部分(通史二、部局史三)をはじめ『東京大学経済学部五十年史』(東京大学出版会、昭和五十一年)、宮崎ふみ子「東京帝国大学新体制に関する一考察」(『東京大学史紀要』一、昭和五十七年)などがある。海軍、大学関係を通して総括したものとしては、内藤初穂『軍艦総長平賀譲』(文芸春秋、昭和六十二年、中公文庫、平成十一年改訂増補版)があるが、いわゆるファクショナル・ノベルなので、研究書とはいえないかもしれない。

(内藤　初穂)

平田東助 (ひらた・とうすけ)

嘉永二―大正十四年(一八四九―一九二五)　貴族院議員・内大臣

遺族の話によれば、大正十二年(一九二三)の関東大震災によって自宅の蔵が焼失し、多くの史料が失われたという。それでも遺族の手元に残された史料は、昭和四十六年(一九七一)平田克巳氏より憲政資料室に寄贈された。概要は山県有朋・桂太郎らを含めかなりの通数の書簡、産業組合・臨時教育会議・外交調査会・議会・宮中関係・諸意見書・パンフレットなどを中心とした書類と、内容豊富である。また、「憲政史編纂会収集文書」(憲政資料室所蔵)には昭和初期に遺族が日本学術振興会に寄贈した史料の筆写(四〇〇字詰原稿用紙にして約二五〇枚)が残されている。内容は明治三十年代前半の政治史に関わる貴重なものや、内大臣として摂政時代の昭和天皇に御進講した記録などである。日本学術振興会に問い合わせたところ、現在では該史料は見当たらないという。なお、「憲政史編纂会収集文書」は書肆澤井よりマイクロフィルム版にて刊行されている。

　正伝として加藤房蔵編『伯爵平田東助伝』(平田伯伝記編纂事務所、昭和二年)がある。最近では、佐賀郁朗『君臣平田東助論』(日本経済評論社、昭和六十二年)が産業組合との関係から分析している。また、佐賀郁郎「平田東助研究補遺」(『農協基礎研究』十四、平成四年)、全国農業協同組合中央会・財団法人協同組合経営研究所編『平田東助像と産業組合章碑』(平成九年)は慶応義塾時代、ドイツ留学時代を中心に新たな史料で追跡している。

(季武　嘉也)

平塚らいてう (ひらつか・らいちょう)

明治十九―昭和四十六年(一八八六―一九七一)　女性運動家・思想家・日本婦人団体連合会名誉会長

旧蔵の文書・記録は、もともときわめて少なかった。現存する遺品関係の資料は、特定非営利活動法人「平塚らいてうの会」管掌のもとに、出身校日本女子大学西生田キャンパスに収められている。そのほか長男奥村敦史氏宅に書籍、遺品、遺墨、小林登美枝宅に色紙、生原稿、書簡、書籍、手帳、その他断簡の若干が所蔵されている。これらの遺品類は、まだ目録が整備されていない。

　著書は『円窓より』(東雲堂書店、大正二年)、『現代と婦人の生活』(日月社、大正三年)、『現代の男女へ』(大正六年、南北社)、『婦人と子供の権利』(天佑社、大正八年)、エレン・ケイ著『母性の復興』(翻訳、新潮社、大正八年)、『女性の言葉』(教文社、大正十五年)、ミル著『婦人の隷属』(翻訳、『社会思想全集』三十六所収、平凡社、昭和四年)、『雲・草・

人』(小山書店、昭和八年)、『母の言葉』(刀江書院、昭和十二年)、『母子随筆』(桃李書院、昭和二十三年)、『わたくしの歩いた道』(新評論社、昭和三十年)、自伝『元始、女性は太陽であった』一―四(大月書店、昭和四十六―四十八年)、『むしろ女人の性を礼拝せよ』(人文書院、昭和五十二年)、『平塚らいてう著作集』全八巻(大月書店、昭和五十八―五十九年)、小林登美枝・米田佐代子編『平塚らいてう評論集』〈岩波文庫〉(岩波書店、昭和六十二年)。

らいてうに関する著作としては、小林登美枝『愛と反逆の青春―平塚らいてう』(大月書店、昭和五十二年)、小林登美枝『平塚らいてう』(清水書院、昭和五十八年)、古在由重・小林登美枝対談集『愛と自立』(大月書店、昭和五十八年)、小林登美枝編『「青鞜」セレクション』(人文書院、昭和六十二年)、小林登美枝『陽のかがやき』(新日本出版社、平成六年)、米田佐代子『平塚らいてう』(吉川弘文館、平成十四年)、井出文子『平塚らいてう―近代と神秘』(新潮社、昭和六十二年)がある。関連書として、堀場清子『青鞜の時代―平塚らいてうと新しい女たち』〈岩波新書〉(岩波書店、昭和六十三年)、同『習俗打破の女たち』(ドメス出版、平成十年)、青木生子『目白の丘　生田の森』(講談社、平成五年)、佐々木英昭『新しい女の到来』(名古屋大学出版会、平成六年)、らいてう研究会編著『「青鞜」人物事典』(大修館書店、平成十三年)その他がある。

（小林　登美枝）

広沢真臣　(ひろさわ・さねおみ)

天保四―明治四年(一八三三―一八七一)　幕末・維新期の志士・参議

明治新政府において木戸孝允と長州派の双璧をなした広沢は、参議の要職にあった明治四年(一八七一)一月八日夜半、自宅に侵入した刺客に暗殺された。享年三十九歳であった。幕末動乱そして討幕運動において長州藩の要路にあり、幕末の政局では重要な役割を演じ、維新政権では当初から参与、徴士、民部官副知事、民部大輔、参議と枢要の位置につき薩摩の有力者との関係も深かった。しかし、参議広沢の突然の遭難は、様々な謎に包まれていて、木戸との微妙な関係もあり、当時から今に至るまで、彼の政治家としての評価は定まらない。

また、残された関係史料も多いとは言えない。基礎史料としては、憲政資料室に「広沢真臣関係文書」が収蔵される。八二一点の史料群であり、内容は日記(嘉永六年〈一八五三〉六月から明治四年正月まで)、維新関係資料、死去関係史料、書簡である。日本史籍協会は『広沢真臣日記』(昭和六年。昭和四十六年、東京大学出版会再刊)を刊行した。しかし、ここに載録されたものは文久三年(一八六三)四月より明治四年正月五日、即ち暗殺の厄難に遭う三日前まで、正に維新動乱の極盛期の部分である。

なお、伝記は、村田峯二郎『参議広沢真臣卿略伝』(私家版、大正十年)、論文で尾佐竹猛「広沢参議暗殺事件」(『歴史地理』四十六―一、大正十一年)、渡辺修二郎「明治初期の大官暗殺、特に広沢事件等に関する当時の外交官の記事に就いて」(『明治文化研究』五―一、昭和四年)などがあるに過ぎない。

（福地　惇）

広瀬宰平　(ひろせ・さいへい)

文政十一―大正三年(一八二八―一九一四)　実業家・初代住友家総理人(総理事)

旧蔵文書は、現在住友史料館と、新居浜市広瀬歴史記念館に所蔵されている。前者は住友家勤務時代のものを、後者は住友家引退後の家業に関する書類・書簡を所蔵している。現在、両館とも史料整理中なので、概略について述べておきたい。

住友史料館所蔵分は、住友家の事業とその他の事業史料に分けられる。前者は、別子銅山の近代化に関するものがほとんどであり、「住友家文書」と密接に関連する。なかでも、幕末維新期の日記と、明治二十二年(一八八九)の欧米巡遊日記は重要であり、後者は『住友修史室報』一・二(昭和五十二・五十三年)で翻刻されている。書簡では、伊庭貞剛など住友関係者や、一族関係のものが多く、政財界関係は少ない。岩倉具視、品川弥二郎、五代友厚、渋沢栄一など、一部は広瀬歴史記念館で展示している。そのほか大阪の財界人として、大阪商工会議所、大阪株式取引所、大阪商船、大阪製銅会社、硫酸製造会社、八弘社などの関係史料が若干ある。

広瀬歴史記念館所蔵分は、新居浜周辺での製茶や土地経営史料がほとんどであり、養蚕や多喜浜塩田の史料なども若干ある。愛媛県東予地域の研究に欠かせない史料群である。

「広瀬家文書」以外では、「住友家文書」が最もよく残っている。明治維新の「住友家政改革意見書」、「別子銅山近代化起業方針書」、「住友家法」など、近代住友の発展に関する基本史料がある。そのほか、大阪商工会議所商工図書館所蔵の「五代友厚関係文書」と、憲政資料室所蔵の「品川弥二郎関係文書」に広瀬に関する史料があり、前者の一部は、『五代友厚関係文書』全五巻(日本経済研究所、昭和四十六―四十九年)として刊行済み、後者は現在尚友倶楽部品川弥二郎関係文書編纂委員会『品川弥二郎関係文書』(山川出版社、平成四年―)として刊行中である。また、国立公文書館の「太政類典」には、明治元年鉱山司の役人として、伊豆金山を視察したときの記録が載っている。

著書には、私家版の漢詩集「簿領余事」(安政六年)、『鍊石余響』(明治五年)、『偸間楽事乾坤』(明治二十九年)がある。別子銅山勤務の合間に日々の感慨をつづったもので、伝記史料として使える。明治十四年の「東北紀行」は、五代友厚と設立した関西貿易社の関係で、東北・北海道を視察したときの記録であり、川崎英太郎「東北紀行について」(『住友修史室報』九、昭和五十八年)で史料紹介されている。

伝記は、自伝『半世物語』(明治二十八年)が基本となる。戦後、数度謄写版刷りが出たが、昭和五十七年(一九八二)、広瀬家と住友修史室で復刻されたものが流布している。これは原典に忠実な影印本であり、巻末には詳細な年譜を掲載して利用に便利である。『現代日本記録全集8　財界百年』(筑摩書房、昭和四十四年)収載の『半世物語』は見るのに便利であるが、西園寺公望・住友友純の序文が省略されている。『宰平遺績』(大正十五年)は、長男満正が執筆した伝記であるが、幼少期や晩年を除いて『半世物語』と重複する部分が少なくない。巻末には、先の漢詩集『鍊石余響』、『偸間楽事　乾坤』、それ以後のものが収録されている。平成十二年(二〇〇〇)には、『伝記叢書』三三九巻として大空社出版から復刻され、利用に便利になった。そのほか明治二十四年五月、菊池三渓(純)が漢文で記した『保水広瀬翁伝』(私家版)があるが、生前の最も早い伝記であり、自伝執筆の史料となった。

広瀬の文献は、評伝・辞典・小説類を含めるとかなりの数に上り、安政四年(一八五七)から昭和六十二年までの文献約一〇〇点が、『面影　広瀬宰平関係書目』(広瀬産業発行、昭和六十二年)に納められているが、『半世物語』、『宰平遺績』の水準を越えるものはない。住友十五代当主の伝記『住友春翠』(昭和三十年)、伊庭貞剛の伝記『幽翁』には、広瀬の事績が一次史料で紹介され、その補完となる。伝記ではないが、『住友別子鉱山史』上(住友金属鉱山株式会社　平成三年)、『住友林業社史』上(住友林業株式会社、平成十一年)は、一次史料を用い、広瀬の別子銅山近代化に果たした役割を活写している。

近年の広瀬研究は、平成九年の広瀬歴史記念館の設立を前後して進展し、末岡照啓の次のような一連の研究が出ている。広瀬家の出自は、「江戸浅草米店支配人広瀬義右衛門義泰について」(『住友修史室報』八、昭和五十七年)、幕末・維新期の危機克服とフランス人技師の雇用は、「幕末期の住友」(同十六、昭和六十一年)、「明治維新期の住友(1)(2)」(『住友史料館報』二十・二十一、平成元・二年)、経営理念と引退の経緯は、「明治二十年別子山上における広瀬宰平演説」(同二十二、平成三年)、広瀬家の製茶事業の発端は、「幕末維新期、新居浜上原の新田開発と広瀬宰平」(同二十七、平成八年)、近代実業家としての位置づけは、「明治勲章を受賞した東の渋沢栄一、西の広瀬宰平」(『青淵』五八八、平成十年)、「近代蚕糸事業における渋沢栄一と広瀬宰平」(同六一一、平成十二年)などである。そのほか、瀬岡誠は近年、「マージナルマン(境界者)」という社会学的概念を用いて広瀬像に迫っている(『近代住友の経営理念』有斐閣、平成十年)。なお、広瀬邸の建築経緯から施主広瀬の考えを分析した、旧広瀬邸文化財調査委員会編『別子銅山の近代化を見守った広瀬邸』(新居浜市、平成十四年)も注目される。同書には、書簡・図面など関係史料が多数収録されている。

(末岡　照啓)

広田弘毅(ひろた・こうき)

明治十一―昭和二十三年(一八七八―一九四八)

内閣総理大臣・外務大臣

知名度に比して史料が少ない。彼個人に関するまとまった文書・記録は、東京裁判関係の文書を除けばほとんど知られていない。書簡も極めて少なく、管見の限りでは、「上田仙太郎関係文書」(憲政資料室)中の一通と、福岡市の玄洋社記念館が所蔵するものが若干確認できるだけである。なお、同館には、広田の書や写真なども残されている。

こうした状況では、伝記が重要な史料となる。まず、首相在任中に刊行された評伝として、東京日新聞記者の岩崎栄による『広田弘毅伝』(新潮社、昭和十一年)と、澤田謙『広田弘毅伝』(歴代総理大臣伝記刊行会、昭和十一年)がある。両者の記述内容には重複するものが多いが、情報の出所・典拠等は記されていない。戦後に著されたものでは、昭和四十一年(一九六六)に刊行された広田弘毅伝記刊行会編『広田弘毅』が情報量で抜きん出ている。編纂は有田八郎や守島伍郎らが中心となり、外務省関係者および遺族の協力を得て行われた。なお、同書は平成四年(一九九二)に葦書房から復刊されている。このほか、城山三郎『落日燃ゆ』(新潮社、昭和四十九年)がよく知られており、現代における広田像のスタンダードとなっている。近年のものでは、渡邊行男『秋霜の人広田弘毅』(葦書房、平成十年)がある。

外交官としての側面については、外交史料館所蔵の外務省記録をはじめとする公文書類が重要である。『日本外交文書』の編纂・刊行も進んでおり、彼の外相時代に関するものとしては、『一九三五年ロンドン海軍会議』(昭和六十一年)や昭和期II第一部第二巻『昭和八年対中国関係』(平成十年)、同第三巻『昭和九年対中国関係』(平成十二年)、同第二部第二巻『昭和八年対欧米・国際関係』(平成九年)、同第三巻『昭和九年対欧米、国際関係』(平成十一年)がある。広田にかかわる政策文書は、「斎藤実関係文書」(国立国会図書館)中にも見出すことができる。みすず書房より刊行されている『現代史資料』の『日中戦争』シリーズ(昭和二十九―三十年)にも、中国問題や軍縮問題、「国策の基準」などに関する文書が収録されている。このほか、広田は外相就任後間もない昭和九年一月、『中央公論』誌上に「日本外交の基礎」と題する論文を発表している。

首相としての広田に関するものでは、「庶政一新」が世間の耳目を集めたのか、広田内閣を論じたパンフレット類が大量に刊行されており、国会図書館に所蔵されている。また、加藤政之助監修、斯波貞吉らの編になる『広田内閣』が昭和十一年十一月に刊行されているが、同書には広田内閣および閣僚の声明や談話、議会演説等のほか、重要法案などの解説が載せられている。このほか、内閣書記官長であった藤沼庄平の日記が国会図書館に残されているが、書記官長時代の大半が欠落している。藤沼の自伝『私の一生』(非売品)には広田に関する若干の記事がある。

東京裁判関係では、粟屋憲太郎・吉田裕編『国際検察局(IPS)尋問調書』二十八(日本図書センター、平成五年)に広田の尋問調書と関連文書(Case ＃212)が収録されている。広田が被告に選定される経緯については、粟屋憲太郎・永井均・豊田雅幸編『東京裁判への道　国際検察局政策決定関係文書』(現代史料出版、平成十一年)に関連文書が収録されている。これらの史料の紹介として、粟屋憲太郎「東京裁判の被告はこうして選ばれた」(『中央公論』昭和五十九年二月号)、同「東京裁判への道22　広田弘毅の被告選定は消極的」(『朝日ジャーナル』昭和六十年三月十五日号)がある。

次に、乏しい史料を補う意味で、周辺の人物の史料や記録を見ておこう。外務省でかかわった有田八郎・重光葵・天羽英二・石射猪太郎や広田外相を用いた首相近衛文麿は史料が豊富である。このほか、第一次の外相時代に東亜局第一課長を務めた守島伍郎は、東京裁判では広田の弁護人となり、前掲の伝記編纂にも携わるなど浅からぬ因縁があるが、その守島の伝記として守島康彦編『昭和の動乱と守島伍郎の生涯』(葦書房、昭和四十年)がある。守島本人の回想と関係者の寄稿で構成され、広田の情報も多い。第二次の外相時代については、外務次官を務めた堀内謙介が『堀内謙介回顧録』(サンケイ出版、昭和五十四年)を残している。また、東亜局一課長だった上村伸一は『破滅への道―私の昭和史』(鹿島研究所出版会、昭和四十一年)を著しているが、日中戦争初期の広田に対する厳しい評価は東亜局長の石射猪太郎と共通するものがある。

最後に広田に関する研究について述べる。古くは臼井勝美「広田弘毅論」(『国際政治』三十三、昭和四十一年、のち同『日中外交史研究』吉川弘文館、平成十年再録)や宇野重昭「広田弘毅の対華政策と蒋介石―自護体外交の限界性―」(『国際政治』五十六、昭和五十二年)がある。広田外交に関する近年の研究では、酒井哲哉『大正デモクラシー体制の崩壊』(東京大学出版会、平成四年)、井上寿一『危機のなかの協調外交』(山川出版社、平成六年)が代表的である。また、石井修『世界恐慌と日本の「経済外交」―一九三〇～一九三六年』(勁草書房、平成七年)が「経済外交」を論じている。広田内閣に関しては、加藤陽子『模索する一九三〇年代―日米関係と陸軍中堅層』(山川出版社、平成五年)が軍部大臣現役武官制復活問題を扱い、大前信也「広田弘毅内閣期の大蔵省」(Ⅰ)(Ⅱ)(『政治経済史学』三八四・三八五、平成十年)は広田内閣のいわゆる馬場財政を論じている。

(森　茂樹)

ふ

福岡孝弟　(ふくおか・たかちか)

天保六―大正八年(一八三五―一九一九)　元老院議官・文部卿・参事院議長・枢密顧問官

残された史料は少ない。回想録としては「五箇條御誓文と政體書の由来に就いて」(国家学会編刊『明治憲政経済史論』大正八年。昭和四十九年、宗高書房復刻)があり、古くより憲政史研究の基礎的史料として有名である。また、維新史料編纂会編刊『伯爵福岡孝弟談話筆記』(大正元年)で維新から明治初年に関する回顧談を残しており、小伝に大島更造『故福岡子の偉業』(『土佐史談』四、大正八年)がある。

(福地　惇)

福沢諭吉　(ふくざわ・ゆきち)

天保六―明治三十四年(一八三五―一九〇一)　啓蒙思想家

原稿・書簡類や旧蔵の文書・記録類の主たるものは、慶應義塾および大分県中津市の福沢記念館(財団法人福沢旧邸保存会)に所蔵されている。慶應義塾所蔵分は、福沢家寄贈資料を中心に約七割程度を慶應義塾福沢研究センターが、残りを慶應義塾図書館・慶應義塾幼稚舎などが保管している。

慶應義塾分・福沢記念館分いずれも所蔵目録は刊行されていないが、双方ともほとんどの資料はマイクロフィルムに撮影され、『福沢関係文書』のタイトルで、雄松堂フィルム出版から平成元年(一九八九)から十年にかけて頒布された。全二四〇リールで、福沢関係と慶應義塾関係に大別され、前者は原稿・書簡のほか覚書類や金銭出納帳、さらには還暦祝賀や病気などの記録類が収められ(六十六リール)、後者は慶應義塾の学則や入学者名簿、文部省への提出書類などが収められている(一七四リール)。また解説が加えられた目録八冊が付されている。この『福沢関係文書』には、公的機関の所蔵する資料や個人蔵であっても主だった資料は収録されており、このマイクロフィルムを閲覧すれば、ほぼ網羅的に現在知られている福沢関係の資料にあたることができる。

全集は、生前をふくめ五回編集された。最初は明治三十一年(一八九八)に時事新報社から、著訳書を収録し『福沢全集』の名称で、五巻本で刊行された。二回目は長年『時事新報』の主幹を務めた石河幹明の編集(奥付の編纂者名は時事新報社)で、大正十四年(一九二五)から十五年にかけて国民図書株式会社から、『福沢全集』として十巻本(第七巻まで著訳書を収録、八―十巻は時事論集)が、三回目は同じく石河の編集(編者名慶応義塾)で、昭和八年(一九三三)から九年にかけて岩波書店から、『続福沢全集』の名称で七巻本(第一巻から五巻までが時事論集、第六巻が書翰集、第七巻が諸文集)が刊行された。最も充実した全集は四回目で、昭和三十三年から三十九年にかけて、『福沢諭吉全集』として出版された。慶應義塾の編集(編集委員富田正文・土橋俊一、監修小泉信三)で、全二十一巻中第七巻までが著訳書、十六巻までが時事新報論集、十七・十八巻が書翰集、二十一巻までが諸文集(第二十一巻には系図、年譜、索引も収録)であった。その後、昭和四十四年から四十九年にかけて再版され、初版以降の新出資料が別巻として追加された。再版は別巻のみの分売も行ったため、初版に別巻のみを加えて架蔵している図書館が圧倒的に多いが、十七・十八巻を中心にかなりの補訂がなされており、引用などの際定本にすべきは、この五回目の『福沢諭吉全集』再版になる。

選集はいずれもテーマ別の構成で、三回編集されている。一回目は昭和二十六年から二十七年にかけて、岩波書店から八巻本(編者名福沢諭吉著作編纂会)で、二回目は昭和五十五年から五十六年にかけて、同書店より十四巻本(書簡集二巻を含む、編者代表富田正文)で刊行された。三回目は平成十四年から十五年にかけてで、慶應義塾大学出版会から全十二巻本(編者各巻別)である。また平成十三年から十四年にかけて、岩波書店より『福沢諭吉書簡集』全九巻(編者名慶應義塾)が刊行された。同書の収録通数は、『福沢諭吉全集』を四〇〇余上回り、二五六五通になっている。

このように関係資料は、ほとんど公になっており、容易に利用することができる。とはいえ、原稿・書簡・遺墨類は好事家に収集されているものも多く、例年明治古典会などの古書市には数点ずつ出品され、それらが未発表資料であることも稀ではない。そうした新資料の情報は、解説とともに逐次『近代日本研究』(慶應義塾福沢研究センター紀要、年一回)、『福沢手帖』(社団法人福沢諭吉協会発行、年四回)、『福沢諭吉年鑑』(同前、年一回)に紹介されるので、三誌を参照するとよい。

(西澤　直子)

福島安正(ふくしま・やすまさ)

嘉永五―大正八年(一八五二―一九一九)　陸軍大将・関東都督

明治二十五―二十六年(一八九二―一八九三)シベリア横断の正式報告書は軍事極秘で参謀本部に所蔵、昭和二十年(一九四五)敗戦時の焼却処分に遭ったとされるが、福島個人の原稿が福島家に所蔵されていた。

太田阿山編『福島将軍遺績』(東亜協会、昭和十六年)は「単騎遠征報告」(陸軍歩兵中佐福島安正)を平仮名に直し収録している。福島の軍事意見六点(明治十八年—第一次世界大戦)、修学記、日誌(明治九、十年)、巴爾干半島巡回日誌(明治二十一—二十二年)、および大正四年(一九一五)日誌摘要(藤岡芳蔵所蔵)、福島少佐宛西園寺公望書簡一通(同)写真などを収める。太田阿山編『中央亜細亜より亜拉比亜へ　福島将軍遺績(続)』(東亜協会、昭和十八年)は福島宛川上操六書簡二通写真を載せる。

島貫重節(元陸軍中佐・大本営参謀)は『福島安正と単騎シベリア横断』上・下(原書房、昭和五十四年)を「参謀本部日記」(防衛研究所図書館所蔵)のほか嗣子福島四郎(元陸軍中佐)の協力を得て家蔵資料を借用して著作刊行し、なお日露戦争中、情報部長時の活躍の記録を期したが、実現を見なかったようである(ともに故人)。

京都大学文学部古文書室に「福島文書」六点、東京都立中央図書館の「渡辺刀水旧蔵諸家書簡文庫」に福島書簡三通、天理大学附属天理図書館には「隣邦兵備略」(稿本)が所蔵されている。

「隣邦兵備略」は陸軍歩兵中尉福島が大陸を実地調査し、明治十三年参謀本部長山県有朋から天皇に上表奉呈、翌十四年陸軍文庫から出版、第二版が十五年、第三版は二十二年出版された。前記島貫著『福島安正と単騎シベリア横断』上によれば、同館に「隣邦兵備略」(第二版原稿七冊、第三版原稿五冊)、「清国兵制類聚」六十五巻が現存とあるが、筆者の調査(平成八年)では、第二版原稿四冊、第三版原稿一冊(計五冊帙入)、「清国兵制類聚」六十冊であった(同館の受入れは昭和三十四年五月)。

東京地学協会の例会での演説「多倫理諾爾紀行」(明治十四年)は『東京地学協会報告』に掲載、「印度紀行」四回(同十九—二十年)は不掲載。参謀本部による福島ら陸軍将校の海外派遣などに関しては、防衛研究所図書館所蔵の『参謀本部歴史草案』と同資料(編輯材料)があり、明治四年から同二十一年分までの七巻が刊行されている(広瀬順晧編集、ゆまに書房、平成十三年)。

シベリア単騎横断記は前記『福島将軍遺績』以外、帰国の翌二十七年に西村天囚編の『単騎遠征録』(福島安正閲、金川書店)、ほか前年の『福島安正遠征紀要』(岡島書店)など伝記・軍歌を含め相次ぎ出た。福島述『伯林より東京へ　単騎遠征』(小西書店、大正七年)は『世界ノンフィクション全集』三(筑摩書房、昭和三十五年)に収載。

なお田辺義悱「福島安正氏に関する談話」(『史談会速記録』三三〇)はごく短い。

(安岡　昭男)

福田徳三　(ふくだ・とくぞう)

明治七—昭和五年(一八七四—一九三〇)　東京商科大学教授

「福田徳三関係資史料」の主なものは、一橋大学附属図書館、同大学学園史編纂室、ドイツ連邦公文書館(コブレンツ)に、旧蔵書は大阪市立大学学術情報総合センターに所蔵されている。

一橋大学附属図書館には、福田が学生時代に提出した修学旅行報告、卒業論文はじめ、ドイツ留学中の受講ノートや学位論文、帰国後の講義ノート、著作の原稿および校正刷、講演記録等が遺されている。これら手稿の主要リストは、金沢幾子・古本正子「福田徳三の手稿類について」(『一橋論叢』一〇五—六、平成三年)に掲載されたが、同図書館において手稿類の保存事業が進められており、それらの手稿が電子化された折には全貌が明らかになろう。その他関連資料として、上田貞次郎・山田雄三・勝屋利秋等による福田の講義記録(受講ノート)も挙げられる。一橋大学学園史編纂室には、「フックス国民経済学に序す」(フックス『経済原論』序文原稿、昭和三年三月)、「明治四十四年度卒業生紀念寄附書籍に就て」の原稿、上田貞次郎宛書簡、写真などが保管されている。ドイツ連邦公文書館の「ブレンターノ文書」には、相当量のブレンターノと福田との往復書簡が保存されている。「ブレンターノ文庫」を含む福田の旧蔵書(洋書約二万八〇〇〇冊、和書約二万冊)については、没後山田雄三助手の指導によって『福田徳三目録［仮目録］』(洋書の部三冊、和書の部一冊、昭和六年)が作成された。同年大阪商科大学が購入し「福田文庫」として現大阪市立大学学術情報総合センターに引き継がれているが、同大学による冊子体目録は編纂されていない。

著作については、恩師ブレンターノ八十歳記念祝賀として、また「ブレンターノ文庫」の購入資金を確保するために刊行した『福田徳三全集』全六集八冊(同文館、大正十四―十五年)があり、各巻のタイトルは以下の通りである。第一集「経済学講義」(『経済学講義』〈『改定経済学講義』『続経済学講義』合纂〉、『国民経済原論』、『経済学教科書』を含む)、第二集「国民経済講話」(大鐙閣版『改訂増補国民経済講話』を所々訂正)、第三集「経済史経済学史研究」(自訳『日本経済史論』、『改版経済学考証』の一部、『改定経済学研究』の一部、『続経済学研究』の一部を含む)、第四集「経済学研究」(『改定経済学研究』『続経済学研究』『経済学論攷』の一部、『現代の商業及商人』、附録『高等商業教育論』など)、第五集「社会政策研究」(『社会政策と階級闘争』『社会運動と労銀制度』『ボルシェヴィズム研究』、ブレンターノとの共著『労働経済論』ほか)、第六集「社会政策及時事問題」(『黎明録』『暗雲録』『経済危機と経済恢復』『復興経済の原理及若干問題』、関一との共訳『最近商政経済論』の一部など)。さらに、全集刊行中に『流通経済講話』(大鐙閣、大正十四年)、刊行後には『唯物史観経済史出立点の再吟味』(改造社、昭和三年)、『経済学原理総論及生産篇・流通篇上下(「経済学全集」二一・三・四、改造社、昭和三―五年)、『厚生経済研究』(刀江書院、昭和五年)がある。なお昭和五十五年に講談社学術文庫として『厚生経済』(山田雄三解説)、『生存権の社会政策』(板垣與一［まえがき］)が発行された。

このほか、編纂に携わったものに『経済学経済史論叢』二冊(同文館、明治三十八―三十九年)、『経済学大辞書』九冊(同文館、明治四十三年)、瀧本誠一編『日本経済叢書』三十六巻・続編三巻(日本経済叢書刊行会、大正三―十二年)、杉本栄一・宮田喜代蔵等若手研究者を訳者に登用した坂西由蔵との共編『内外経済学名著』六冊(同文館、大正二―昭和四年)などがある。

寄稿した主な紙誌は『国家学会雑誌』、『読売新聞』、『慶応義塾学報』『三田学会雑誌』、『統計集誌』、『中外』『中央公論』『太陽』『時事新報』『新社会』『極東時報』『日本評論』『理財評論』『我等』『解放』『改造』『実業之世界』『東京朝日新聞』『九州日日新聞』等多岐に渡り、河上肇・堺利彦・室伏高信・大庭柯公などが言論に絡む。なお、一橋関係紙誌への発表分については金沢幾子「福田徳三書誌　一橋関係を中心として」(『一橋論叢』一〇二―六、平成元年。福田の簡略年譜と参考文献も含む)がある。

福田には特にまとまった伝記はなく、没後に編纂された「福田徳三君追悼録」(『如水会会報』七十九・八十・一〇一、昭和五・七年)、赤松要編『生存権の社会政策』(黎明書房、昭和二十三年)の編者序、『福田徳三博士追憶論文集　経済学研究』(同刊行委員会編集、森山書店、昭和六年)の坂西由蔵序による経歴および著作の概要、『福田徳三先生の追憶』(福田徳三先生記念会、昭和三十五年、「年譜」と「著作目録」は改造社版『経済学全集　二』巻末にある福田自作のものに昭和五年までを追加)、および福田博士記念学術講演会の記録などを通して、その学問的業績と人となりを知ることができる。さらに、係わりのあった同時代人、例えば関一・上田貞次郎・左右田喜一郎・上田辰之助・高野岩三郎・堺利彦・吉野作造・麻生久・武藤山治などの著作集、日記、書簡、伝記など、および東京商科大学や慶応義塾の門下生(中山伊知郎・小泉信三ほか)の資史料、また菊池城司著『近代日本におけるフンボルトの理念　福田徳三とその時代』(広島大学教育研究センター、平成十一年)によっても、広範な活動と思想・学問形成に触れることができよう。

福田の学問上の位置づけについては『一橋大学学問史』(一橋大学学問史刊行委員会、昭和六十一年)の中の「経済学」(美濃口武雄「経済学説・思想史」、荒憲治郎「近代経済学」、種瀬茂「マルクス経済学」、関恒義「数理経済学」、板垣與一「経済政策学」)、「社会・歴史学」(大陽寺順一「社会政策」、中川学「東洋史」)や、福澤先生没後百年記念展示図録の池田幸弘・三島憲之編集・執筆『慶応義塾の経済学』(慶応義塾図書館、平成十三年)がある。

福田研究には未だ包括的なものはないが、昭和五十五年以降の雑誌論文を中心とする個別研究の主なものには、山田雄三「福田経済学と福祉国家」(『日本学士院紀要』三十七―三、昭和五十七年、『価値多元時代と経済学』岩波書店、平成六年所収)、宮島英昭「初期福田徳三の経済的自由主義」「一九二〇年代初頭の社会政策的自由主義」(『社会経済史学』四十八―一・五十一―一、昭和五十七・五十九年)、「近代日本における社会政策的自由主義の展開」(『史学雑誌』九十二―十二、昭和五十八年)、加茂利男「「大正デモクラシー」と社会政策」(平井友義等編『統合と抵抗の政治学』有斐閣、昭和六十年)、中村勝範「大正デモクラシーの一断面」(『慶応義塾創立一二五周年記念論文集　法学部政治学関係』慶応義塾大学法学部、昭和五十八年年)、「黎明会創立における大正デモクラシーの一齣」「黎明会とその斬新主義」「黎明会と福田徳三」「社会変動と大正デモクラシー」(『法学研究』五十八―二、五十九―十二、六十一―一・二、昭和六十―六十二年)、二階堂達郎「貨幣生成論の二つの型」(『思想』七四八、昭和六十一年)、姜尚中「朝鮮停滞論」(『季刊三千里』四十九、昭和六十二年)、清野幾久子「福田徳三における『生存権』の受容とその展開」(『明治大学大学院紀要』二十一、昭和五十八年)、「福田徳三の「国体」・「国本」論」(『札幌法学』二―二、平成三年)、「福田徳三における国家論としての国体論」(『法律時報』六十八―十一、平成八年)、「福田徳三の生存権論と「社会王制論」」(『法律論叢』六十九―三・四・五合併号、平成九年)、大陽寺順一「福田徳三の社会政策思想」(『国際研究論集』六―三、平成五年)、西岡幹雄「近代日本の経済学と新古典派経済学の導入」(『経済論叢』四十五―三、平成六年)、早島瑛「商人とカォフマン」(『近代日本研究』十三、平成八年)、西沢保「歴史学派の受容と変容」(『商学論纂』三十八―五、平成九年)、「歴史学の波及と変容」(『経済研究』四十九―一、平成十年)、「大正デモクラシーと産業民主主義」(南亮進等編『デモクラシーの崩壊と再生』日本経済評論社、平成十年)、木嶋久美「福田徳三における厚生経済思想の形成」(『経済論究』一〇〇―一〇一、平成十年)、井上琢智「福田徳三と厚生経済学の形成」(『経済学論究』五十二―一、平成十年)、「福田徳三の企業論」(小西唯雄編著『産業と企業の経済学』御茶の水書房、平成十年)、田中秀臣「福田徳三の商業教育論」「福田徳三　テーラーシステム批判と産業合理化」(『産業経営』二十六・二十九、平成十一・十二年)、「福田徳三―価値の経済学と厚生の経済学」「福田徳三と河上肇」「福田徳三のマーシャル受容」「福田徳三の朝鮮観」(『上武大学商学部紀要』十一―二、十二―一・二、平成十二―十三年)、「ボアギュベールの貨幣論と三浦梅園の貨幣論―福田徳三」(『環』三、平成十二年)、「福田徳三と河上肇のジャーナリズム」(『東京河上会会報』七十二、平成十二年)、三田剛史・田中秀臣「福田徳三の中国への紹介」(『メディアと経済思想史』二、平成十三年)、杉原四郎「福田徳三と河上肇」(『環』三、平成十二年、『日本の経済思想史』関西大学出版部、平成十三年所収)が挙げられよう。

(金沢　幾子)

福田英子（ふくだ・ひでこ）

慶応元―昭和二年（一八六五―一九二七）　自由民権家・社会運動家

旧蔵史料は、大阪事件の「警察調書」、「予審調書」、「言渡書」、「公訴状」の写、福田宛書簡、主宰した雑誌『世界婦人』などが福田家に伝えられた。これらは、平成十年（一九九八）に刊行された村田静子・大木基子編の個人史料集である『福田英子集』（不二出版）に、他の史料と併せて集成された。同書の村田・大木による「はしがき」と大木による「解題」が史料状況を記している。

そもそもこれらの史料は、第一に文書では大阪事件関係史料があり、冨井於菟とともに首唱者となった「不恤緯会社設立趣意書」が「神奈川県厚木市　難波春美所蔵文書」（神奈川県県史編集室編刊『神奈川県史編集資料集第六集　難波家・自由民権関係文書』昭和四十九年）所蔵になる。その他、前掲の大阪事件「警察調書」、「予審調書」、「言渡書」、「公訴状」の写などが挙げられる。ただし『大阪日報附録』の「大阪事件公判傍聴筆記」中「弁護人弁論」、「検察官論告」、「弁護人法律弁論」の福田関係箇所は『福田英子集』には未収録であり、松尾章一・松尾貞子編『大阪事件関係史料集』上（日本経済評論社、昭和六十年）にすべて収録されている。社会主義運動・谷中村支援運動関係史料も数は多くないものの、『福田英子集』に集められた。

第二に書簡では、旧蔵史料の他、佐野市郷土博物館、早稲田大学図書館所蔵「大隈文書」、都立蘆花恒春園、「神奈川県厚木市　難波春美所蔵文書」、岡山県総務部学事課、財団法人竜玉会館所蔵「野崎家文書」などに福田発のものが所蔵されており、それらのうち一二三通と、さらに福田宛の一三二通が『福田英子集』に収録された。

第三に著書、新聞・雑誌論説では、まず幼少期から明治三十四年（一九〇一）までの半生の自叙伝として『妾の半生涯』があり、名著の誉れが高い。岩波文庫版（昭和三十三年初版・五十八年改版）が普及しており、絲屋寿雄によるとくに改版の解説が概観に適している。ただし改版は新字体・現代かなづかいに改まっており、史料としては原本に拠る旧版に価値がある。『福田英子集』にも原本を底本とするものが収められた。同集には、その他自伝的小説『わらはの思ひ出』、『世界婦人』の論説・随想・社告・編集後記や『婦女新聞』『青踏』などの論説、回想・談話も集められている。

史料集としては、『福田英子集』が各種史料の他、「評伝」・「解題」・「年譜」・「福田英子研究文献目録」・口絵写真を備え、ほぼ完璧に近いものとなっているが、それ以外にも、「自由民権百年」運動の中で「景山英子関係史料」（青木充子・光田京子編『岡山民権運動史関係史料集第四集　民権期岡山女性史関係史料』岡山民権運動百年記念行事実行委員会、昭和五十七年）が編まれている。収録史料は『福田英子集』にすべて含まれてはいるが、巻末の「景山英子参考文献」には、『福田英子集』中の「研究文献目録」では省かれた文献も拾われており、参考になる。

伝記では、自伝として前掲『妾の半生涯』があるが、村田静子『福田英子―婦人解放運動の先駆者―』〈岩波新書〉（岩波書店、昭和三十四年）、同じく村田による『福田英子集』中の「評伝」が実証的な記述により信頼性が高い。研究では、岡山時代は岡山女性史研究会「岡山女子懇親会について」（『歴史評論』四〇二、昭和五十八年）、光田京子「自由の歌―福田英子とその母―」（岡山女性史研究会編『近代岡山の女たち』三省堂、昭和六十二年）、大阪事件では村田静子「景山英子の警察調書と予審調書について」（『歴史評論』一九五、昭和四十一年）、江刺昭子「景山英子と大阪事件」（大阪事件研究会編『大阪事件の研究』日本経済評論社、昭和五十七年）、同「景山英と大阪事件―役割と反響、あるいは評価―」（町田市立自由民権資料館編『民権ブックス一三　大阪事件―民権と国権のはざまで―』町田市教育委員会、平成十二年）、前掲『大阪事件関係史料集』下の松尾章一による「解題」、大畑哲『相州自由民権運動の展開』(有隣堂、平成十四年)などが詳しい。思想面からは、山崎朋子『アジア女性交流史—明治・大正期篇—』(筑摩書房、平成七年)、大木基子『自由民権運動と女性』(ドメス出版、平成十五年)などがある。また『福田英子集』中の「解題」が史料の性格を詳しく分析している。図録では、高知市立自由民権記念館編・刊『明治の女性展　図録　—一九九六年特別展—』(平成八年)が扱っている。

（福井　淳）

藤井　茂（ふじい・しげる）

明治三十三—昭和三十一年(一九〇〇—一九五六)
海軍大佐・海兵四十九期

日米開戦直前の時期に海軍省軍務局二課局員をつとめていた海軍軍人である。注目を浴びるようになったのは、開戦後五十年を経て発見された彼の備忘録の存在によるところが大きい。麻田貞雄氏の先駆的研究(「石川信吾」の項目を参照)で海軍内の「枢軸派」として名前は知られていたものの、評伝はもとより本格的な研究はこの備忘録が明らかとなるまで存在しなかった。防衛研究所戦史室は備忘録を遺族から借用して複写していたものの、『戦史叢書』刊行の際には利用されなかったようである。その後、備忘録は戦史研究家大井篤氏(海兵五十一期)の手にわたった。大井氏が亡くなった後、原本は同氏の史料と共に防衛研究所戦史部に移管されたはずである。

備忘録は手帳大のルースリーフ形式の用紙にペン、鉛筆等で書かれた五〇〇頁弱の記録である。時期的には昭和十四年(一九三九)末から昭和十六年十月まで残存しており、その主務の関係上、対中国問題や対米関係など内容はきわめて豊富である。また、大久保達正他編『昭和社会経済史料集成』(大東文化大学東洋研究所、昭和五十三年)にも藤井の手になる若干の一次史料が残されている。備忘録の魅力は、局面局面で対米強硬論者としての心情を吐露している側面と、あくまでも官僚組織の一員として具体的な政策を考えて行く内容とが交錯して記述されていることであろう。一見相矛盾する備忘録の記述すべてが藤井の認識であり、安易な単純化により明快な人物像・歴史像を描くことは評価を誤るおそれがある。

本史料を使った最初の研究は、波多野澄雄『大東亜戦争の時代』(朝日出版社、昭和六十三年)、麻田貞雄・波多野澄雄 *The Japanese Decision to Move South* (1939–1941)(「石川信吾」の項目参照)である。そして備忘録の多義的な記述を藤井が置かれた官僚組織内の状況から位置づけ直して解釈を試みたのが、森山優の「海軍中堅層と日米交渉—軍務二課の構想を中心に—」(『九州史学』九十九、平成三年)に端を発する一連の著作であった(いずれも同『日米開戦の政治過程』吉川弘文館、平成十年所収)。ついでFerretti, Vardo, *Captain Fujii Shigeru and the Decision for War in 1941*, Japan Forum, Vol3, No. 2, October, 1991が史料に即して藤井の立場を考察したが、史料解釈の点で若干の疑問が残る。また波多野澄雄「開戦過程における陸軍」(細谷千博他編『太平洋戦争』東京大学出版会、平成五年)は、陸軍に重点を置きながらも本史料を使用することで、開戦過程の研究に深みを加えた。

（森山　優）

藤波言忠（ふじなみ・ことただ）

嘉永六—大正十五年(一八五三—一九二六)　侍従・主馬頭・宮中顧問官・子爵

関係史(資)料の第一は、国学院大学所蔵「神宮祭主藤波家文書」中のものである。本文書は、藤波道忠氏から同大学に二度にわたり寄贈された鎌倉時代から近代に至る文書(総点数八七三点)を中心とするもので、目録として同研究所編『神宮祭主藤波家文書目録』がある。この中に言忠関係の史(資)料がかなりあり、徳大寺実則・土方久元・田中光顕・吉井友実・牧野伸顕・山県有朋・松方正義・桂太郎・寺内正毅・清浦奎吾・岩倉具視・近衛篤麿・後藤新平・金子堅太郎・品川弥二郎等の宮内省や政府の要人からの書簡集、「宮内大臣ニ内申意見書」、「秘密ニ宮内大臣ニ提出セシ書類」、「帝室の尊栄を保全するは日本の独立を鞏固ならしむるの一大要務なる事」、「明治天皇の事を思ひ奉りて」等の宮中関係、「澳国スタイン博士講話録」、「国家学要義」「スタイン博士国家学教育及農業教育論」、「ドクトル斯太因氏鉄道筆記」、「澳国スタイン教授書簡集」等のローレンツ・フォン・シュタインの各種講義録・書簡集等、明治の宮中や政治を独特の立場から窺い知ることができる貴重な史(資)料が多く含まれている。また平成九年(一九九七)十一月二十七日—十二月三日にかけて神宮祭主藤波家文書展が開催され、右に触れた史(資)料の一部が展示され裨益するところ大であった(この時、国学院大学日本文化研究所編刊『神宮祭主藤波家文書展解題目録』が刊行されている)。なお『明治天皇紀』等の編修事業に参画した深谷博治氏は、昭和四十二年(一九六七)頃、一誠堂から藤波の関連資料(全体の内容は不明であるが、臨時帝室編修局の原稿を話題にしている)と思われるものが出回ったと発言しているので(座談会「維新史研究の歩み〈第六回〉—明治憲政史を中心として—」『日本歴史』二五一、昭和四十四年)、その後かなり時間が経過しているとは言え、どこかにそれらの資料が存在している可能性がある。

第二は書陵部所蔵の諸資料で、「澳国スタイン博士講話録」、「英国王室費一班」、「独逸帝室家系之一班」、「独逸帝室財産一班」、「京都御所取調書」、「藤波言忠演説草稿」、「明治天皇御聖徳講演筆記」、「聖徳記念絵画館畫題説明」、「明治十八年欧米出張中米国産馬ニ就テノ報告」、「新山荘輔談話筆記」等がある。この他、臨時帝室編修局御用掛・同副総裁に就いていたので、『明治天皇紀』編修のために関係史(資)料の蒐集にも従事し、臨時帝室編修局本とされる厖大な量にのぼる資料の中に蒐集責任者として名を残している。

第三は憲政資料室の三条実美・井上馨・山県有朋・牧野伸顕・榎本武揚・品川弥二郎・野村靖・吉井友実・元田永孚・斎藤実・都筑馨六・憲政資料室収集文書(以上、所蔵)、関屋貞三郎(以上、寄託)、飯田巖(マイクロフィルム)等の各関係文書、書陵部所蔵「末松子爵家所蔵文書」、伊藤博文関係文書研究会編『伊藤博文関係文書』七(塙書房、昭和五十四年)、早稲田大学図書館所蔵「大隈文書」、沖縄県教育委員会所蔵「鍋島直彬沖縄関係文書」(閲覧は沖縄県立公文書館)、大久保達正監修/松方峰雄他編『松方正義関係文書』六(大東文化大学東洋研究所、昭和六十年)等に収蔵されている宮内省や政府内外の要人宛書翰等である。侍従等の天皇側近という立場に身を置いていたので、これらの中には宮中の微妙な問題や政治との関係に触れる興味深いものがある。

第四は政府公文書で、国立公文書館に所蔵されている「公文録」、「公文雑纂」、「叙勲裁可書」、「任免裁可書」、「各種裁可書(明治三七、八年戦役賞功裁可書)」、「大喪儀(昭憲皇太后)関係文書」、「大礼(大正天皇)書類」等である。これらの公文書は、彼の官吏としての業績等を知る上で正確、かつ貴重な書類である。

第五は著作物であるが、これには『英独両国皇室例規概要』(宮内省、明治三十一年)があり、「英国皇室例規」、「英国皇室費一斑」、「独国皇室家系一斑」からなる。

以上の史(資)料から彼が近代皇室制度の確立に独特の役割を担ったことが理解される。なお各史料館・博物館等に所蔵されている関係文書の情報としては、学習院大学史料館編刊『旧華族家史料所在調査報告書　本編4』(平成五年)所収の「藤波言忠」の項目が基礎的情報を記しているので役に立つ。

昭和戦前期における伝記・評伝類はあまり多くないが、帝国馬匹協会編刊『明治大正馬政功労十一氏事蹟』(昭和十二年)が経歴と業績を知る数少ない文献である。また近年のものでは柴田紳一「藤波言忠伝」(藤波家文書研究会編『大中臣祭主藤波家の歴史』続群書類従完成会、平成五年)が先の「神宮祭主藤波家文書」中の関連史(資)料を縦横に用いて従来のものに比してその経歴と業績を明らかにしたことにより、伝記として信頼にたる文献を得ることができた。

関連資料としては渡辺幾治郎『明治天皇と輔弼の人々』(千倉書房、昭和十一年)、帝国競馬協会編『日本馬政史』一―五(帝国競馬協会、昭和三年)、『下総御料牧場沿革史』(下総御料牧場、明治二十七年)、『新冠御料牧場沿革史』(新冠御料牧場、明治二十九年)、『下総御料牧場史』(宮内庁、昭和四十九年)、芳賀登他編『日本人物情報大系』三十(皓星社、平成十二年)収載の資料等がある。

研究論文としては柴田紳一「藤波言忠と牧野伸顕―『人物払底』下の天皇側近―」(『国学院大学日本文化研究所報』八十一、平成十年)、堀口修「侍従藤波言忠とシュタイン講義―明治天皇への進講に関連して―」(『書陵部紀要』四十六、平成六年)、同「侍従藤波言忠と欧州帝(王)室制度調査」(国学院大学日本文化研究所編『大中臣祭主藤波家の研究』続群書類従完成会、平成十二年)、中野目徹「藤波言忠と元田永孚」(『日本歴史』五一八、平成三年)、川田敬一「皇室制度形成と藤波言忠」(『産大法学』三十二―四、平成十一年)等が上げられる。

(堀口　修)

藤沼庄平（ふじぬま・しょうへい）

明治十六―昭和三十七年(一八八三―一九六二)　警視総監・内閣書記官長

旧蔵文書は、憲政資料室に寄託され、「藤沼庄平関係文書」として公開されている。その内容は一二三冊の日記(断片も含む)と演説草稿三点である。日記は明治四十三年(一九一〇)から昭和三十二年(一九五七)までのものが存在し(ただし、大正二年〈一九一三〉から大正六年の部分は欠けている)、時期によって多少違いはあるが、詳細な記述が残されている。なお、平成十四年(二〇〇二)に筆者が遺族に問い合わせたところ、遺族の下には関係する史料は残されていないという。

「藤沼庄平関係文書」以外の重要な史料は、自伝『私の一生』(藤沼庄平著「私の一生」刊行会、昭和三十二年)である。藤沼はこの自伝の中で、幼少時代から戦後までを回想している。このほかの本人の回想としては、佐原勇吉『栃木の輝』(在京栃木県学生協会、昭和三年)の中に、「自分を省みて県下の若き人々に」と題する短い文章がある。なお伝記は発行されておらず、評伝の類も今日まで発行されていないようである。この他関連する文献としては、『栃木県歴史人物事典』(下野新聞社、平成七年)、歴代知事編纂会編『日本の歴代知事』(歴代知事編纂会、昭和五十五年)の藤沼の項がある程度参考になる。

学術論文では、政党政治家時代について、奥健太郎「昭和初期総選挙における候補者と政党の関係」(『法学政治学論究』五十、平成十三年)、同「昭和初期政友会における代議士と地方組織」(『法学政治学論究』五十二、平成十四年)が日記を利用して、藤沼の選挙運動を明らかにしている。しかし、内務官僚時代に関する研究は管見の限り存在せず、今後の研究が待たれる。

(奥　健太郎)

二上兵治（ふたがみ・ひょうじ）

明治十一―昭和二十年(一八七八―一九四五)　枢密院書記官長

憲政資料室に「二上兵治関係文書」が所蔵されている。筆者が昭和四十年(一九六五)に遺族の兵一氏にアプローチしたところ、主要なものは震災・戦災で焼失していたが、軽井沢の別荘に残されていたものを確認することができた。その後、昭和五十八年に兵一氏が亡くなられたので、遺族の江川卓男氏を通じて依頼し、憲政資料室に寄贈されたものである。

分量は少なく、一番主要なものが山県有朋の大正元年(一九一二)から大正五年に至る時期についての談話筆記である。これは山県が事柄からあまり遠くない時期に入江貫一に口述してまとめ、さらに自身が手を入れたものである。筆者はこれを翻刻した(「入江貫一」の項参照)。その他は二上・山県宛書簡や枢密院関係の書類等である。

枢密院書記官長時代の動静については「倉

富勇三郎日記」（憲政資料室所蔵）に詳しい。
管見の限り伝記等は存在しない。

（伊藤　隆）

古井喜實（ふるい・よしみ）

明治三十六―平成七年（一九〇三―一九九五）　日中友好議員連盟会長

手許にあった政治資料は、京都大学文学部に寄贈された。ただし内務官僚時代のものは存在しない。書簡もほとんどふくまれていない。目下整理中である。

官僚時代（大正十四―昭和二十年〈一九二五―一九四五〉）、地方制度や選挙法に関する論文をしばしば『自治研究』、『地方行政』、『斯民』あるいは『国家学会雑誌』に寄稿している。また『昭和九年選挙法令改正解説』、『選挙法規』、『選挙制度』（以上、昭和十一年）、『逐条市制町村制提義』（入江俊郎との共著、昭和十二年）、『欧米一見随感』（昭和十三年）の著書がある。昭和二十八年の総選挙で第二回目の当選を果たしたあと、『国会生活（第一年）のあらまし』を刊行して以来、昭和四十八年『政界第二十一年』にいたるまで、毎年政治活動報告書を出しつづけた。昭和四十六年、新しい政治報告として『東京通信』を創刊。昭和四十九年から葉書による通信とし、昭和五十五年第三十号まで継続した。

自伝として『山陰生れ一政治家の人生』（牧野出版、昭和五十四年）および『日中十八年』（牧野出版、昭和五十三年）がある。また内政史研究会が昭和四十一年五・六月に行った官僚時代の聞き取り記録『古井喜実氏談話速記録』（『内政史研究資料』三十七―三十九）もある。評伝として居安正『ある保守政治家―古井喜實の軌跡』（御茶の水書房、昭和六十二年）がある。なお、没後に松尾尊兊編『古井喜實遺文集　一政治家の直言』（日中友好会館、平成九年）が刊行された。

（松尾　尊兊）

古沢磯次郎（ふるさわ・いそじろう）

明治三十六―平成二年（一九〇三―一九九〇）　東京新聞編集局長

旧蔵の文書・記録は、現在「古沢磯次郎関係文書」として整理され、憲政資料室に所蔵されている。その内容は、高野清八郎主宰の『新使命』をはじめとする各種雑誌・新聞に寄せた記事原稿、それに日本協同組合協会、協同主義協会、協同主義研究会、協同社会主義連盟等々の協同主義関係団体に関わる資料（『協同主義』等の関係機関誌を含む）、さらに日本民党の結党や活動に関する資料、加えて「日記」や書簡、メモ、その他雑書類と多岐にわたる史・資料からなっている。

著作については、雑誌等に寄稿した論文が大半で、戦後最も熱心に取り組んだ協同主義理論の普及を念頭においた啓蒙書に『協同主義の志向』（協同組合懇話会、昭和三十一年）がある。また伝記・人物論については、いまだ本格的に取りまとめられたものはなく、あえて挙げるとすれば、古沢磯次郎「わたしの思い出」（『早大十四会』、昭和三十九年）、または土方正巳『都新聞史』（日本図書センター、平成三年）等に尽きると言わざるをえない。

さらに古沢に関する研究もいまだ本格的に取りまとめられたものはなく、協同主義理論家として深く関わった日本民党の結党経緯および、協同主義運動との関係を明らかにした塩崎弘明『国内新体制を求めて』第七章（九州大学出版会、平成十年）以外に関係の研究がないのが現状である。

（塩崎　弘明）

古沢　滋（ふるさわ・うろう）

弘化四―明治四十四年（一八四七―一九一一）　自由民権家・政治家

旧蔵史料として、「古沢滋関係文書」が憲政資料室に収められている。同文書は、とくに自由民権運動の誕生と初期の発展とに貢献した枢要な政治文書の自筆草稿を多数含んでいる点に特色がある。手書きの仮目録があり、史料数は番外二点を入れて総数六十九点である。内訳は、第一に「書翰」として、古沢の土方久元宛書簡や伊藤博文・陸奥宗光・中島信行・大隈重信などの古沢宛書翰・書翰案十二通、第二に「民撰議院論争関係」として、

「民撰議院設立建白書」草稿や「加藤弘之ニ答フル書」・「民選議院弁」草稿など六点、第三に「愛国公党関係」として、「愛国公党本誓」草案・「同副誓」草案や同党書類綴など六点、第四に「大阪会議等明治八年政治関係」として、「大阪会議申合セ草案」・「板垣退助上書」案など十一点、第五に「諸原稿」として、「立志社寸志兵編制ノ奏聞」草案、「阿波自助社設立宣言」草案など二十七点、その他五点、番外として履歴など二点となっている。なお、「民撰議院設立建白書」成文は国立公文書館所蔵であり、連名の「民選議院弁」は『日新真事誌』に掲載された。板垣らの名で出された「加藤弘之ニ答フル書」は、「民選議院弁」とともに『明治文化全集　第四巻　憲政篇』(日本評論社、昭和三年)に収められている。

書簡では、徳富蘇峰記念塩崎財団が蘇峰宛二十二通を所蔵するのをはじめ、郷里である高知県高岡郡佐川町の町立青山文庫(『青山文庫目録(遺墨類及び美術図書の部)』佐川町立青山文庫、平成三年)や、憲政資料室所蔵の「井上馨関係文書」「伊藤博文関係文書」「陸奥宗光関係文書」「都筑馨六関係文書」「大江卓関係文書」「尾崎三良文書」「原保太郎文書」「憲政史編纂会収集文書」「野村靖関係文書」「山県有朋文書」「江藤新平関係文書」「田中光顕関係文書」の他、早稲田大学図書館所蔵「大隈文書」、東京大学法政史料センター(明治新聞雑誌文庫)、東京都立中央図書館所蔵「渡辺刀水旧蔵諸家書簡文庫」、知立市歴史民俗資料館寄託「内藤魯一関係文書」(同館編『内藤魯一関係文書目録』知立市教育委員会、平成八年)、山口県文書館所蔵「吉富簡一文書」などに所蔵がある。

翻訳書では、経済理論書の共訳としてヘンリー・ジョフラ『経済要録』全二巻(大蔵省、明治十年)があり、国立国会図書館の所蔵になる。新聞論説では、在官期に「立花光臣」名義で著した政論などが『日新真事誌』『郵便報知新聞』に掲載されている。

伝記は、今までに本格的なものは編まれていない。民権家としては、田中惣五郎『自由民権家とその系譜』(国土社、昭和二十四年)、出身地の高知県『佐川町史』下(佐川町役場、昭和五十六年)、明神健太郎『わが町の人びと』(佐川町、昭和五十五年)、宮武外骨・西田長寿『明治大正言論資料二〇　明治新聞雑誌関係者略伝』(みすず書房、昭和六十年)や『自由党史』上・中〈岩波文庫〉(岩波書店、昭和三十二・三十三年)、土佐自由民権研究会編『土佐自由民権運動日録』(高知市文化振興事業団、平成六年)など、県知事期は、石川県時代は『石川県史』四(石川県、昭和六年)、山口県時代は山口県文書館編『山口県政史』上(山口県、昭和四十六年)などが参考になる。

研究も、古沢を正面に据えた本格的なものは蓄積に乏しい。史料論では、広瀬順晧・星健一「『加藤弘之へ答フル書』英文草稿―自由民権運動研究の新史料―」(『参考書誌研究』〈国会図書館参考書誌部〉七、昭和四十八年)が参考になる。運動全般では、高橋信司「民権運動史上の古沢滋」(『土佐史談』一〇四、昭和三十八年)、初期民権運動では、山下重一「『古沢滋と初期自由民権運動』上・下」(『国学院法学』十三―三・四、昭和五十・五十一年)、立憲政党関係では、北崎豊二『近代大阪の社会史的研究』(法律文化社、平成六年)、原田久美子「関西における民権政党の軌跡―立憲政党小論―」(『歴史評論』四一五、昭和五十九年)、竹田芳則「立憲政党の展開と近畿の自由民権運動」(『ヒストリア』一〇七、昭和六十年)、同「大阪における自由民権運動の宣伝活動―大坂政談演説会について―」(『歴史科学』一一五、昭和六十四年)、自由党の偽党撲滅運動関係では、大日方純夫『自由民権運動と立憲改進党』(早稲田大学出版部、平成三年)、自治党関係では、坂野潤治『明治憲法体制の確立―富国強兵と民力休養―』(東京大学出版会、昭和四十六年)が詳しい。

図録としては、古沢書簡を紹介した佐川町立青山文庫編刊『青山文庫図録―近世・近代の日本と佐川―』二(平成九年)や、高知市立自由民権記念館編刊『平成十年特別展　立志社―その活動と憲法草案―図録』(平成十年)が参考になる。

（福井　淳）

古野伊之助（ふるの・いのすけ）

明治二十四―昭和四十一年(一八九一―一九六六)

同盟通信社二代目社長

公的活動は、国際通信社、新聞連合社、同盟通信社にあったが、それらに関する主要な文書が、同盟通信社の後身の一つである財団法人新聞通信調査会に所蔵されてきた。これら文書は、岩永裕吉の後をうけて同盟通信社社長を務めた古野が引き継ぎ、所蔵していたものと推定される。

これらのほとんどは、情報局新聞課長等を歴任した宮本吉男旧蔵の文書と併せて『国際通信社新聞連合社関係資料』『同盟通信社関係資料』『情報局関係資料』として刊行された(柏書房、平成十一―十二年)。原文書は、刊行後、財団法人日本新聞文化財団(日本新聞博物館)に寄託された。

伝記としては、古野伊之助伝記編集委員会編『古野伊之助』(昭和四十五年)がある。また、明治期からの通信業界の歴史をまとめたものとして財団法人通信社史刊行会編刊『通信社史』(昭和三十三年)があり、古野の活動を広い視野から知ることができる。なお、『通信社史』に引用されている資料のほとんどは、前記の『国際通信社新聞連合社関係資料』『同盟通信社関係資料』に収録されている。

同盟通信社に関する本格的研究はこれからであるが、里見脩『ニュース・エージェンシー』〈中公新書〉(中央公論新社、平成十二年)は、新書版ながら、ポイントを押さえた好著である。

（有山　輝雄）

古谷久綱（ふるや・ひさつな）

明治七―大正七年(一八七四―一九一八)　衆議院議員

「古谷久綱関係文書」は東京大学法政史料センター原資料部が所蔵している。法学部の近代立法過程研究会が収集したもので、同研究会による目録「近代立法過程研究会収集文書No.32　古谷久綱関係文書」(昭和四十九年)がある。

この文書の大半は一八〇〇通近くにのぼる書翰であり(目録によれば、日露戦後特に韓国統監秘書官当時のものが中心である)、西洋人および朝鮮人からの書翰や伊藤博文宛の書翰(加藤高明・桂太郎・松田正久等)が散見される。

なお、著書に『藤公余影』(民友社出版部、明治四十三年)があり、これは主に首相秘書官、韓国統監秘書官として接した晩年の伊藤博文について綴ったものである。

（岸本　昌也）

ほ

坊城俊章（ぼうじょう・としあや）　弘化四―明治三十九年（一八四七―一九〇六）　奥羽按察使・貴族院議員

残された記録は明治二年（一八六九）以降、三十九年死の直前まで、ほとんど全部が自筆の大量な日誌・記録であるが、その文書は、関東大震災でも東京大空襲でも、奇跡的に焼失を免れ、二十年ほど前、現当主の坊城俊周（孫）がこの文書を再確認し、その復刻と解題の作業が続けられた。その大部分が尚友倶楽部・西岡香織編・解題『坊城俊章日記・記録集成』（芙蓉書房出版、平成十年）に収録、刊行されている。

坊城家は堂上公家の「名家」。坊城は十七歳で正五位の侍従となり、二十一歳で明治維新を迎え、太政官制の三等陸軍将から陸軍少将、三陸磐城両羽按察使、初代山形県知事と、若くして重責を歴任した。二十四歳で海外留学を命ぜられ、欧州で皇族との親交も深める。

生涯を通じての記録としては、「俊章来歴書」「俊章叙任辞令類纂」（弘化四年（一八四七）一月―明治四十年九月）が詳しいが、留学までの主な事項については「坊城俊章履歴日誌」（明治二年六月―三年十月、両羽三陸磐城按察使。なお、山形松山城の大手門には、政府の取壊し命令を坊城按察使が不問に付したため、城門が現存している、という感謝状が飾られている）、「坊城俊章履歴日誌」（三年十月―四年九月、山形県知事）、「魯行備忘・全」（四年十一月―七年七月、岩倉具視全権大使に随行、海外留学記。留学先はロシアからドイツに変更、二十七歳で帰国する）のような記録がある。

帰国後、新制度陸軍では元少将が中尉とされるが、不満気もなく戸山学校教官を勤め、西南戦争では中隊長として戦う。戦後は主に皇族近衛師団長の副官や参謀役を務め、明治十七年の華族令で伯爵となっても態度は変わらなかった。その関係文書は「明治十年西南役・戦地携帯セシ備忘案・第一・第二号」（十年四―八月）、「出征別動第二旅団第十八中隊戦闘記・明治十年・全」、「明治十年西南役に関する書状」、「華族の侍中武官に関する建議」（十一年十二月、坊城より岩倉右大臣宛、内閣文庫所蔵『岩倉具視関係文書』一〇五―三）、「欧米巡回日程表」「御欧行諸費草案」「廿五年決算報告書」（十九年十月―二十年十二月、小松宮彰仁親王欧州巡回に随行の記録）、「明治二一―二八年の記録」（近衛演習や図上参謀演習等五件の詳細な記録、坊城家先代以前の文書一〇四件を内閣に献納する文書を含む）である。

日清戦争後の台湾領有戦では、伯爵大隊長として奮戦、陸軍中佐で凱旋するが、四十九歳で現役を退き、貴族院議員に当選。以後、貴族院の纏め役、傷病兵慰問等で活躍するが、明治三十九年、五十九歳で病没、従二位・勲二等を贈られた。公家華族でありながら軍人として、皇室の藩屏として明治時代を生きた一生であった。この間の文書として、「明治二十八年備忘録日誌・甲」（二十八年三―九月、台湾領有戦）、「枕戈日誌」（二十八年七月、台湾三角涌の激戦）、「二十八年備忘日誌・乙」（二十八年九―十二月、台湾兵站司令官）、「貴族院時代の日記」（二十九―三十八年。「軍隊傷病者慰問日誌」（三十七年七―八月）、坊城伯爵随行員・花房崎太郎編を含む）がある。

以上の坊城文書に関連する研究として、第一次史料を駆使した「明治新政府の東北経営―廃藩置県の基礎的考察」（『東海大学紀要』文学部四十二、昭和六十年）等、松尾正人氏の一連の論文がある。また坊城が登場する史料としては宮内庁編『明治天皇紀』一・二（按察使関係）、参謀本部陸軍部編「征西戦記稿」（西南戦争関係）、参謀本部編『日清戦史』七・八（台湾領有戦関係等）がある。

（西岡　香織）

穂積重遠（ほづみ・しげとお）

明治十六―昭和二十六年（一八八三―一九五一）

民法（家族法）学者

明治四十一年（一九〇八）東大法学部卒。同年同講師、四十三年助教授、大正五年（一九一六）教授。その間、大正元―五年欧州留学。家族法に特化した最初の民法学者。家制度を根本的に否定した訳ではないが、長男が全財産を相続する家督相続制度の修正、妻の相続順位の引き上げ、夫が認知した男子が正妻との間で当然に親子関係を生じさせる嫡母庶子関係の廃止などを主張し、臨時法制審議会委員として重要な役割を果した。昭和十八年（一九四三）東大定年退職。心血を注いだ『相続法』は、脱稿が遅れるうちに敗戦を迎え、昭和二十二年新家族法制定作業が進行する中で刊行された。昭和十九―二十年貴族院勅選議員。終戦直前に東宮大夫兼東宮侍従長として、日光で皇太子とともに終戦を迎えた。昭和二十四年より最高裁判所判事となり、尊属殺違憲訴訟において、刑法二〇〇条違憲の少数意見を述べた。

著書として、『法理学大綱』（岩波書店、大正六年）、『親族法大意』（岩波書店、大正六年）、『相続法大意』（岩波書店、昭和元年）、『親族法』（岩波書店、昭和八年）、『有閑法学』（日本評論社、昭和九年）、『日本の過去現在及び将来』（岩波書店、昭和十二年）、『離婚制度の研究』（改造社、大正十三年）、『離縁状と縁切寺』（日本評論社、昭和十七年）、『独英観劇日記』（東方書店、昭和十七年）、『法学通論』（日本評論社、昭和十三年）、『新訳論語』（社会教育協会、昭和二十二年）、『新訳孟子』（社会教育協会、昭和二十三年）、『百万人の法律学』（思索社、昭和二十五年）がある。

また、伝記史料には、穂積重行編『欧米留学日記』（岩波書店、平成九年）がある。

（長尾　龍一）

穂積陳重（ほづみ・のぶしげ）

安政三―大正十五年（一八五六―一九二六）　法学者

明治四年（一八七一）大学南校入学。九年英国留学。十二年ミドル・テンプル法学校卒、バリスター・アト・ローの学位を受ける。十二―十四年ベルリン大学に留学。十四年帰国し、十五年東大法学部教授として法理学を担当。同年法学部長。二十一年法学博士。二十三―二十五年貴族院勅選議員。二十七年より法典調査会委員として、民法等の起草に従事。大正元年（一九一二）東京帝国大学退職。大正四年男爵。五年より枢密顧問官。大正十四―昭和元年枢密院議長。多様な学問的関心をもち、多くの法分野で草分け的役割を果たした。大逆事件の発端となった高橋作衛の米国情報を山県有朋に取り次いだ経緯を示す書簡が憲政資料室にある。

著書として、『法典論』（哲学書院、明治二十三年）、『隠居論』（哲学書院、明治二十四年）、『五人組制度論』（法理研究会、明治三十五年）、*Ancestor-Worship and Japanese Law* (Z. P. Maruya, 1901)、『祖先祭祀と日本法律』（有斐閣、大正六年）、『法窓夜話』（有斐閣、大正五年）、『法律進化論』（岩波書店、大正十三年）、『穂積陳重遺文集』（岩波書店、昭和七年）などがある。

また、穂積を扱った研究書には、福島正夫編『明治民法の制定と穂積文書』（民法成立過程研究会、昭和三十一年）、『穂積陳重博士と明治・大正期の立法事業』（民法成立過程研究会、昭和四十二年）、『穂積陳重立法関係文書の研究』（信山社出版、平成元年）、菊池勇夫『穂積陳重と社会権』（日本学士院、昭和四十七年）、白羽祐三『民法起草者穂積陳重論』（中央大学出版部、平成七年）がある。

伝記資料として、穂積重遠『著者としての穂積陳重』（昭和元年）、同『父を語る』（昭和四年）、学士会『故穂積男爵追悼録』（昭和元年）、穂積重行『明治一法学者の出発』（岩波書店、昭和六十三年）、穂積重行編『穂積歌子日記』（みすず書房、平成元年）が挙げられる。

なお、蔵書『穂積文庫』は、東京大学・筑波大学・東京都立大学に保管されている。

（長尾　龍一）

穂積八束（ほづみ・やつか）

万延元—大正元年（一八六〇—一九一二）　憲法学者

明治十六年（一八八三）東大文学部卒、井上毅に嘱望され、十七—二十二年ドイツ留学、ラーバント(Paul Laband, 1838-1919)などに師事。二十二年最初の憲法担当東大教授となる。「国体」「政体」二元論に立脚し、君主国体の不可侵を主張し、天皇機関説を国体に反するとして攻撃した。二十四年「民法出テテ忠孝亡フ」を著して旧民法施行に反対。政党内閣違憲論を唱えて山県有朋に接近。高橋作衛が探知した米国西海岸での幸徳秋水らの活動を、兄陳重と協力して山県有朋に取り次いだ。三十—四十四年法科大学長。三十二年より貴族院勅選議員。第二次桂内閣において、国定教科書編纂に関与、北朝否認論を公定させる。美濃部＝上杉論争（大正元年（一九一二））には愛弟子上杉を支援し、文部省の権力的介入を求めるが不成功。明治天皇大葬に参列した際の風邪が悪化して死去。

著書として、『国民教育憲法大意』（八尾書店、明治二十九年）、『国民教育愛国心』（八尾書店、明治三十年）、『憲法提要』（有斐閣、明治四十三年）、『穂積八束博士論文集』（有斐閣、大正二年）等がある。また、著作選に長尾龍一編『穂積八束集』（信山社、平成十三年）。また上杉慎吉編遺稿集『憲政大意』（憲政大意発行所、大正六年）に上杉の回想がある。

穂積を扱った研究書として、憲法学に関しては鈴木安蔵の一連の著作の他、長尾龍一『日本憲法思想史』〈講談社学術文庫〉（講談社、平成八年）、国定教科書に関する活動に関しては、三井須美子の一連の業績が『都留文科大学研究紀要』に掲載されている。

（長尾　龍一）

堀　悌吉（ほり・ていきち）

明治十六—昭和三十四年（一八八三—一九五九）

海軍軍人

旧蔵史料・記録は、没後遺族から扱いを託された山梨勝之進によって一括して海上自衛隊幹部学校に保管されている。しかし公開されているのはその一部で、防衛研究所図書館が複製史料を作成し閲覧に供している部分のみであり、旧蔵史料の全貌は不明である。公開されているのは堀が関わったワシントン軍縮会議・ロンドン海軍軍縮会議の記録や、心友山本五十六との親交がわかる「五峯録」などが中心である。遺品については、母校杵築中学の後身杵築高校に軍帽などが寄贈され、杵築城にも大礼服などが寄託されている。海軍を予備役になった後、昭和十六年（一九四一）から二十年にかけて浦賀船渠株式会社（現住友重機）の九代目社長となっており、資料が保存されている可能性がある。公文書としては、防衛研究所図書館所蔵文書以外に軍縮関係で外交史料館蔵外交文書があげられる。これらの記録類は、榎本重治の文書と併せて検討する必要がある。

伝記は、広瀬彦太編『堀悌吉君追悼録』（堀悌吉君追悼録刊行会、昭和三十四年）、宮野澄『不遇の提督堀悌吉』（光人社、平成二年）などがある。前者は遺稿および近親者・関係者の追想などからなっているが、堀自身が作成した年譜は詳細で有用なものである。軍縮会議関係史料は『太平洋戦争への道　別巻資料編』（朝日新聞社、昭和三十八年）、『現代史資料　満州事変』（みすず書房、昭和三十九年）、外交史料館編『日本外交文書』のうちワシントン会議（昭和五十二・五十三年）、ジュネーブ海軍軍備制限会議（昭和五十七年）、ロンドン海軍会議（昭和五十八・五十九・六十一年）関係がある。

堀自身についての研究はほとんどない。両大戦間の軍縮会議のほとんどに関わり、ワシントン軍縮会議およびジュネーブ海軍軍縮会議の全権随員、またロンドン軍縮会議交渉の際には海軍軍務局長として締結へ向けて尽力した人物であるため、海軍と軍縮との関わりで扱われることが多い。伊藤隆『昭和初期政治史研究』（東京大学出版会、昭和四十四年）、麻田貞雄『両大戦間の日米関係』（東京大学出版会、平成五年）などがその主なものであろ

う。なお、大分県教育委員会が『大分県先哲叢書』シリーズにとりあげ、資料集や伝記を刊行の予定である。　（安田　晃子）

堀切善次郎（ほりきり・ぜんじろう）

明治十七―昭和五十四年（一八八四―一九七九）　内務大臣

旧蔵の史料を考える際、まずは堀切家および兄堀切善兵衛の資料にも言及しておきたい。堀切家は、戦国時代末期に福島市飯坂町に土着し、土地開発や水利事業を行うほか、酒造業、質屋、塩・漆・米の仲買などを営む大庄屋の家で、父良平は、戸長・町会議員・郡会議員・県会議員を歴任、民権運動に加わり、河野広中などと活動を共にした。良平の長男が善兵衛である。善兵衛は慶応義塾を卒業後、ハーバード、ケンブリッジ両大学などで財政学を学び、大正元年（一九一二）に衆議院議員に初当選、立憲政友会に所属して当選十回を重ねた。昭和四年（一九二九）には衆議院議長、昭和十五年には駐伊大使、終戦時には貴族院議員に勅選されている。また、善兵衛の長男真一郎は長く弁護士を勤め、福島県弁護士会会長などを歴任、昭和六十二年亡くなっている。

堀切家および善兵衛の史料であるが、福島県立図書館、福島県歴史資料館、福島県立博物館、福島市に分散して寄贈・寄託されている。まず福島県立図書館には堀切家より寄贈された真一郎の法律関係を中心とする蔵書があり、「堀切文庫」として公開されている。その目録は『堀切文庫目録』（平成二年）がある。福島県歴史資料館には、「堀切真一郎家文書」の名称で近世を中心とした古文書二九〇〇点余が寄託・収蔵されている。同文書の目録は『歴史資料館収蔵資料目録』二（昭和四十八年）に掲載されている。

堀切真一郎の没後、堀切家に遺されていた多くの古文書は福島県立博物館に寄託された。立体物資料が一三六四件、古文書類は七二〇〇点余に及ぶ。ここには棚倉藩主や相馬藩主からの拝領品とされる貴重な美術品や、貴重な近世文書も少なくないが、ここでは近代文書に限って言及すれば、なんと言っても善兵衛の政治関係文書が多数遺されていることが注目される。辞令類の他、原敬・高橋是清・斎藤実・犬養毅・吉田茂といった総理大臣経験者や重光葵・岡崎邦輔などからの書状が遺されている。その他第百七国立銀行や第六国立銀行関係の資料もある。これらは『福島県立博物館調査報告第三五集　堀切家寄託資料目録』（平成十一年）で整理されている。その他、平成三年（一九九一）、堀切家の土地と建物は福島地方土地開発公社に移管され、邸内にあった民具などの民俗史料は福島市に寄贈された。現在、福島市民家園に保管されている。

善次郎自身の史料についてであるが、これは戦災で世田谷の自宅が焼失したということで、残念ながら史料の大半は失われている。現在遺されているものは、福島県歴史資料館に昭和五十五年に寄託された二八九点の資料が確認されているが、これらは勲章並びに勲記類、位記類、卒業証書類、辞令各種が中心である。なかでも辞令類はそのほとんどを占め、堀切の長い官歴をほぼ復元することが可能である。その他、胸像や東京帝国大学優秀卒業の恩賜銀時計なども遺されている。ただし残念ながら日記・書簡・書類のたぐいはまったく遺されていない。

なお、内政史研究会が昭和三十八・三十九年に行った談話聴取が『堀切善次郎氏談話速記録』（「内政史研究資料」第七・八・十一集）として刊行されている。　（植山　淳）

本庄　繁（ほんじょう・しげる）

明治九―昭和二十年（一八七六―一九四五）　陸軍大将

遺品（主として御下賜品、写真等）、遺書、日記等は、郷里の兵庫県丹南町真南条中の菩提寺願勝寺内に設けられた記念室に収蔵され、本庄会（本庄大将の遺徳を偲ぶ会）が保管していたが、平成六年（一九九四）八月、これらは全て靖国神社遊就館に奉納され、保管は良いが閲覧は困難になった。

これに先立ち、当時の本庄家の嗣子本庄一

雄氏(元陸軍主計中佐)が、これら遺書類を広く公表することを企図され、まず『本庄日記』(島田俊彦解説、原書房、昭和四十二年)を刊行された。遺っていた日記(ポケット型当用日記)は、大正十四年(一九二五)から昭和二十年(一九四五)まであった。本書には、このうちの「満州事変日記」として主として関東軍司令官在職間(昭和六年七月から昭和七年九月までの分)が載録され、さらに「上奏・軍状報告」「満州事変の本質」(本庄繁絶筆)を併せ掲記している。昭和八年四月侍従武官長となり側近に奉仕してからの「奉仕日記」の分は、別に抜萃清書した上「至秘鈔」、「爀日余光」および「帝都大不祥事件」の三部に整理してあったものである。なお巻末「附録・満州事変関係資料」として「本庄日記・満州事変」の史実の理解に資するため、稲葉正夫執筆の「満州事変・史録」を収録している。その後「本庄日記」原本を底本とした伊藤隆他編『本庄繁日記』一―二(山川出版社、昭和五十七―五十八年)が刊行された。

「本庄日記」より早く公表された遺書類が、甲賀春一編『本庄総裁と軍事保護院』(青州会、昭和三十六年)に掲載されている。本書は主として軍事保護院時代の関係者の追悼・回想記が主体であるが、最初の第一部に、公私遺言、自刃前夜の揮毫、書翰、遺稿「満州事変」、本庄一雄執筆の「先君辞世録」、浜野規矩雄執筆「本庄大将自刃」等が記されている。

伝記としては林政春『満州事変の関東軍司令官本庄繁』(大湊書房、昭和五十二年)があり、従来見なかった写真、書簡類が増補されている。

最後に未刊の資料綴りを紹介する。「武人青州」(青州は本庄繁の書の雅号)と題し、昭和五十五年十二月本庄一雄氏が作成中であったもので、本庄関係の遺書、回想記等の大部はすでに世に出されたが、未発表のものもあり併せて散逸を防ぐため一冊にまとめようとした。断片的ではあるが、本庄のシベリアからの通信、片倉衷回想記、七人の将軍からの親書、本庄一雄執筆の先君辞世録(本庄繁自決の状況)、顕考録(繁の一代記)、絶筆の碑文等が綴られている(靖国偕行文庫所蔵)。

(森松　俊夫)

ま

米田　実(まいだ・みのる)

明治十一―昭和二十三年(一八七八―一九四八)

東京朝日新聞初代外報部長

最もまとまったかたちで一次史料を保存しているのは、朝日新聞社の社史編修室である。同室は非公開で外部からの問い合せにも応じていないが、米田に関する史料については、すでにその一部が複製され、米田家に保管されている。一方、教授として二十八年間勤務した明治大学には、関係史料はほとんど残されていない。また、米田はアメリカ西海岸における日系新聞の最初期の関係者としても知られるが、現地にも、関係する史料はほとんど残っていないようで、アイオワ大学(The University of Iowa)の図書館に、彼の修士論文が所蔵されている程度である。

伝記は存在しない。しかし、その回顧談が『東京朝日新聞編年史(明治四十一年・巻二〇)』(未公刊・東京大学社会情報研究所に所蔵)に収録されている。また伊藤信哉「国際問題評論家の先駆・米田實―その経歴・人物・言説一」(『政治経済史学』三九三、平成十一年)でも、その経歴の概要が明らかにされている。

著作は、博士論文の『最近世界の外交』(外交時報社、大正九年)をはじめ数冊があり、雑誌論文も数百編にのぼるものの、これらを網羅した著作目録は、今のところ存在しない。また米田に関する研究は、これまでほとんどなされておらず、右に挙げた伊藤論文のほか、杉山肇・伊藤信哉「米田實の対米認識」(長谷川雄一編『大正期日本のアメリカ認識』慶応義塾大学出版会、平成十三年)がある程度である。

(伊藤　信哉)

前島　密(まえじま・ひそか)

天保六―大正八年(一八三五―一九一九)　初代駅逓総官

関係する一次資料の大半は、新潟県上越市下池部の生家跡に建てられた前島記念館に展示されている。この記念館は東京都千代田区大手町にある逓信総合博物館の分館であり、前島資料の収集、展示、保存等の学芸業務は逓信総合博物館が行っている。同館の所蔵品の内容は、資料図録、図書目録、一般資料目録等によって公開されており、『図書目録(下)』に前島密遺品・遺墨(整理番号WA)二七二点、一般資料目録に前島氏遺品(整理番号八一〇一)五〇二点が掲載されている。また、同資料だけでなく写真類を含む関連資料についても同館のデータベースで検索することが可能である。

主な文書資料としては、「行き路のしるし」と題した初期の自叙伝草稿、「鴻爪痕」と題した晩年の自叙伝草稿などの自筆草稿がある。内容は上野房五郎、巻退蔵と称していた時代(軍艦教授所・函館諸術調所、長崎の培社、薩摩藩の開成学校等)に関するもの、幕臣時代(漢字廃止の建言、領地削減の議、江戸遷都の建言等)に関するもの、駿河(静岡)藩士時代(公用人、留守居役、遠州中泉奉行等)に関するもの、大蔵、内務、逓信の官僚時代に行った仕事(郵便・為替・貯金の創業、駅制廃止、鉄道構想、陸運・海運政策、電話の創業等)に関するもの、個人の活動(新聞事業の育成、海員掖済会、訓盲院、国語・国字改良等)に関するもの、知人(大久保利通や伊藤博文等)に関するものなどである。書簡類では、大久保利通、伊藤博文から前島に宛てた書簡集、娘の不二(高田早苗夫人)に宛てた書簡をまとめた「忍草」という書簡集、鮫島誠造宛の書簡などが所蔵されている。

また、早稲田大学図書館には、大隈重信から依頼されて、鉄道建設のための費用と営業収支の見積りをまとめた「鉄道臆測」や前島の書簡、写真類が所蔵されている。その他各地に点在する関連の一次資料については、郵政省逓信博物館資料図録『前島密生誕一五〇年記念特集号』(昭和六十年)に写真入で紹介されている。

前島が行った郵便、為替、貯金の創業、駅逓改正などに関する公文書類に関する資料としては、明治三年(一八七〇)から明治四年の起案文書集である駅逓寮郵便課編「正院本省郵便決議簿第壱号　第弐号」(逓信総合博物館所蔵)、明治元年から明治五年までの公文書を収録した農商務省駅逓局編「駅逓明鑑」第一巻―第十一巻(逓信総合博物館、国立公文書館所蔵)、明治五年から明治十六年までを収録した農商務省駅逓局編「駅逓局類集聚摘要録」(国立公文書館所蔵)がある。また、逓信省編『逓信事業史』一―七(逓信協会、昭和十五年)、郵政省編『郵政百年史資料』一―三十(吉川弘文館、昭和四十三―四十七年)には多くの一次資料が採録されているほか、前島が創設した事業が発展していく過程の資料が収録されており、郵政省編『郵政百年史』(同、昭和四十六年)は、そのダイジェスト版的な役割を果たしている。郵便史に関する研究図書としては、高橋善七『近代交通の成立過程』上・下(吉川弘文館、昭和四十五―四十六年)、藪内吉彦『日本郵便創業史』(雄山閣出版、昭和五十年)、郵便史研究会(会長　藪内吉彦)の研究会紀要『郵便史研究』(一―十六)などがある。

前島の業績や人生を知る上で忘れてならな

いのが、市島謙吉が編纂した伝記『鴻爪痕』である。同書は、大正九年（一九二〇）に前島家から発行され、一周忌の記念として関係者に配布されたもので、内容は自筆草稿による「自叙伝」、市島が自叙伝以降を記した「後半生録」、同じく前島の逸話を記した「逸事録」、本人が大久保利通との関係を語った内容を吉田東吾が筆記した「夢平閑話」、雑誌『太陽』に掲載された談話（現代人物実歴史伝前島密君　前島密君直話）をまとめた「郵便創業談」、大隈重信、渋沢栄一、高田早苗など十二名（昭和三十年版には新たに三名が追加されている）による「追懐録」となっている。『鴻爪痕』の全文もしくは部分を掲載し出版された図書として、『郵便創業談』（逓信協会、昭和十一年）、『鴻爪痕　前島伝』（逓信協会、昭和三十年）、『前島密自叙伝』（前島密伝記刊行会、昭和三十一年）、『前島密郵便創業談』（前島密伝記刊行会、昭和三十一年）、『前島密　前島密自叙伝』（日本図書センター、平成九年）などがある。

研究書としては、第一人者である橋本輝夫の『行き路のしるし』（日本郵趣出版、昭和六十一年）、中村日出男の『資料図録別冊一、二「前島密にあてた大久保利通書簡集」』、『日本郵便の父前島密遺墨集』（郵政省逓信博物館、昭和六十一年）があり、長崎時代の前島に関する研究として大久保利謙『大久保利謙歴史著作集五　幕末維新の洋学』（吉川弘文館、昭和六十一年）がある。また、海外の研究としては、ジャネット・ハンター（ロンドン大学政治経済学院主任講師）による『A STUDY OF MAEJIMA HISOKA 1835-1919』（JANET HUNTER, OXFORD UNIVERSITY 1976）がある。一般向けの図書としては、小田嶽夫『前島密』（通信事業教育振興会、昭和六十一年）、山口修『前島密』〈人物叢書〉（吉川弘文館、平成二年）、橋本輝夫『時代の先駆者　前島密』（逓信PRセンター、平成十一年）、井上卓朗『郵政事業の創始者前島密の人生と業績　前島密一代記』（郵政研究所附属資料館、平成十三年）などがある。

（井上　卓朗）

前田多門（まえだ・たもん）　明治十七—昭和三十七年（一八八四—一九六二）

文部大臣

旧蔵文書・記録は、ほとんど残されていないが、教育関係のものがわずかに国立教育政策研究所教育研究情報センター教育図書館に所蔵されている。なかでも同教育図書館の所蔵している「戦後教育資料」（これは、同研究所の前身である国立教育研究所が、昭和三十五年〈一九六〇〉度から三十八年度までの四年間にわたって行った「戦後教育資料の収集に関する研究」によって収集されたものであり、文部省関係者を中心に約四〇〇〇点の資料からなる。これらには、昭和四十年に戦後教育資料収集委員会編『戦後教育資料総合目録』として公刊される一方、全資料が五十五巻のマイクロフィルムとして公開されている）に収められている「戦後教育改革を主管せる文部大臣の回顧（一）」（『戦後教育資料総合目録』Ｉ—49）は、昭和三十七年二月二日に行われたインタビュー記録であり、戦後初期の文教政策・行政を検討する上で極めて貴重な史料である。また、長女である神谷美恵子は、文部大臣在任中に前田の通訳を務め、その記録を「文部省日記一九四五年—四六年」（神谷美恵子『エッセイ集Ｉ—教育・人物篇』ムガール社、昭和五十二年、のち『神谷美恵子著作集九　遍歴』みすず書房、昭和五十五年収載）として残している。その他の資料としては、黒澤英典『戦後教育の源流を求めて』（内外出版、昭和五十七年）の資料編の中に六点の関係資料が掲載されている。これは、平成六年（一九九四）にいくつかの章を加えた上で『戦後教育の源流』（学文社）として刊行されているが、ここでは前著と同じ資料が「前田多門関係資料」として掲載されている。ただし、この資料は、前述のインタビュー記録の抄録を収載しているほかは、「敗戦直後五箇月在任の記録」（『文部時報』八二四、昭和二十一年）や『前田多門—その人・その文』（非売品、昭和三十八年)から転載されたものである。

自伝としてまとめた著作はないが、『山荘静思』(羽田書店、昭和二十二年)の「道草の跡」は簡略ではあるが自伝的性格を持つ。また、前田多門・高木八尺共編『新渡戸博士追憶集』(故新渡戸博士記念事業実行委員会、昭和十一年)の記述は、前田の宗教的、思想的背景を考察する上で有益である。さらに、堀切善次郎を刊行世話人とする前掲の『前田多門―その人・その文』は、「道草の跡」を転載する一方、公明選挙に関する講演および知友・遺族の追想文、さらには略年譜、主要著作目録等から構成された浩瀚な資料集となっている。その他、日本ＩＬＯ協会編『前田先生を偲ぶ―追悼会より』(昭和三十七年)、東京市政調査会編『前田多門追悼会』(昭和三十八年)、嘉治隆一「社会教育家の足跡―前田多門氏の一生」(『文芸春秋』昭和三十七年十二月号)、前掲の『神谷美恵子著作集九　遍歴』、江尻美穂子『神谷美恵子』(清水書院、平成七年)なども前田に関する貴重な資料といえる。

前田を対象とした研究は、公民教育論を中心に検討した黒澤英典の前掲書『戦後教育の源流』以外に目立った研究はない。間接的に文部大臣としての前田の教育論に言及したものとしては、山住正巳・堀尾輝久『教育理念(戦後日本の教育改革２)』(東京大学出版会、昭和五十一年)、貝塚茂樹『戦後教育改革と道徳教育問題』(日本図書センター、平成十三年)がある。

(貝塚　茂樹)

前田正名(まえだ・まさな)　嘉永三―大正十年(一八五〇―一九二一)　全国実業各団体連合会頭

著作には『所見』(私家版、明治二十五年、上坂氏顕彰会史料出版部より理想日本リプリント第七十五巻として平成十四年に復刻)などがあるが、なんといっても、前田の編纂した日本の「経済白書」第一号ともいうべき『興業意見』をはじめ、「農工商調査」、雑誌『産業』、およびそれに関連する全国各地域の経済、各種産業団体の実情を伝える諸資料、書簡等が注目される。それらは膨大な量に上るが、多くは前田家の国立国会図書館への寄贈により、憲政資料室にまとまって保管され、資料三五七冊の内容が『前田正名関係文書目録』として刊行されている。またその内、後半生を彩る地方産業振興運動を中心にして、長幸男・正田健一郎監修『明治中期産業運動資料』全二十七巻(日本経済評論社、昭和五十四―五十五年)が刊行されている。また日本の経済近代化政策をめぐる、明治十七年(一八八四)の農商務省と大蔵省の対立、すなわち財閥育成型の移植大工業中心策か地方産業の優先的近代化かの対立を内包する、もっとも著名な『興業意見』は、安藤良雄・山本弘文編『興業意見ほか前田正名関係資料』(『生活古典叢書』一、光生館、昭和四十六年)、近藤康男総編集「前田正名著『興業意見・所見』」(祖田修編集・解題『明治大正農政経済名著集』一、農山漁村文化協会、昭和五十一年)として出版され、解題が付されている。

こうした資料を素材とする研究書としては、長幸男・住谷一彦編『近代日本経済思想史Ｉ』(有斐閣、昭和四十四年)、祖田修『前田正名』〈人物叢書〉(吉川弘文館、昭和四十八年)、祖田修『地方産業の思想と運動―前田正名を中心として』(ミネルヴァ書房、昭和五十五年)、等がある。その後前田は、『興業意見』、地方産業振興運動、町村是運動などの関連で、広く研究の対象となり、取り上げられることが多くなった。例えば太田一郎『地方産業の振興と地域形成』(法政大学出版局、平成三年)ほか多数に上る。近代日本経済史上、農業・農村史上もはや前田やその関連事蹟の存在を避けて通ることはできなくなっているが、今後地域重視の中でますます注目されることになるだろう。

伝記については、前記祖田のものが最も新しいが、未完成の自叙伝である前田三介編『前田正名自叙伝』(昭和十二年)のほか、金井捨三郎『前田正名君性行一斑』(明治二十六年)、西川大治郎『全国周遊日記』(明治三十年)、実業団体中央本部『米国ニ於ケル前田正名君』（明治三十年）、岡崎儀八郎『鉄鞋之響前田正名君』（団々社書店、明治三十一年）など多数がある。小説の形式を取ったものに、今野賢三『前田正名』（新潮社、昭和十八年）がある。これらの詳細については、祖田の『前田正名』巻末の参考文献一覧を参照されたい。また前田は地域産業振興のために全国行脚を繰り返し、各地域の産業家、たとえば京都府の波多野鶴吉（グンゼ株式会社創設者）、群馬県星野長太郎ら三兄弟（養蚕―製糸―販売事業）、秋田県の石川理紀之助（農会組織者、町村是推進者）、愛媛県の森恒太郎（町村是推進者）等、多くの各地名望家に影響を与えているので、地域研究の中でこれから発掘される資料も多いと思われる。

（祖田　修）

牧野英一（まきの・えいいち）

明治十一―昭和四十五年（一八七八―一九七〇）

東京大学名誉教授

旧蔵史料としては、昭和五十年（一九七五）に遺族から法務図書館（法務省大臣官房司法法制部所轄）に移管され、「故牧野英一博士寄贈図書」として整理・保管されているものがまとまったものとして挙げられる。旧蔵の図書・雑誌については、二万五〇〇〇冊を数えると言われた蔵書が残念ながら戦災で焼失したため、「故牧野英一博士寄贈図書」に収められているのは、大学の研究室にあって戦災を免れた蔵書、および第二次大戦後に新たに蒐集された蔵書からなる、図書一一四七冊（うち洋書九〇七冊）および雑誌五十九種である。これらは洋書の一部を除いて、法務図書館の分類基準に従って一般書架に排架されている。また「故牧野英一博士寄贈図書」には、上記蔵書の他にも内外の研究者からの抜刷、出版社から取り戻して保管していた自筆原稿、憲法改正関係資料および各種立法資料が含まれている。法務図書館では昭和五十一年に『故牧野英一博士寄贈図書目録』を刊行しているが、さらに、その後発見された史料の整理作業を進め、この目録を補完し、かつ史料に関する詳細な情報を付け加えた『故牧野英一博士寄贈図書目録新版』を平成十五年に刊行した（土本武司「牧野英一先生の書斎・その後」〈『書斎の窓』二四三、昭和五十年〉、小澤隆司「『故牧野英一博士寄贈図書目録』新版編纂始末」〈同五〇四、平成十三年〉）。この他には、慶応義塾図書館が所蔵する「花井卓蔵文書」の中に、旧蔵していた刑法改正関係の史料が一部含まれている（森征一他編『花井卓蔵文書目録』慶応義塾大学三田メディアセンター、平成九年）。

自伝的文章としては、『学究生活の思い出』（共著、宝文館、昭和二十八年）、『法律との五十年』（有斐閣、昭和三十年）の他に、「研究室との三五年」（『理屈物語』日本評論社、昭和十五年）、「学生時代の憶い出」「留学時代の憶い出」（『法律学を志す人々へ』有斐閣、昭和二十八年）などの折に触れて越し方を振り返ったものが挙げられる。また、自らの執筆活動を振り返った「わたしの著述」（小林高記編『法律における思想と論理』有斐閣、昭和十三年）も興味深い。評伝としては、所一彦「牧野英一」（潮見俊隆・利谷信義編『日本の法学者』日本評論社、昭和五十年）、小川太郎「牧野英一」（日本刑事政策研究会編『日本刑事政策史上の人々』日本加除出版、平成元年）、土本武司「牧野英一―新派刑法理論の巨星―」（『法学教室』一五四、平成五年）などがある。また、土本武司「書斎の牧野英一先生」（『書斎の窓』二二二、昭和四十八年）をはじめ、遺文集も兼ねた『人たちの言葉その折々』（財団法人社会教育協会、昭和五十五年）、「牧野英一先生を偲ぶ」（『書斎の窓』一八九、昭和四十五年）などには牧野を偲ぶ多くの回想が寄せられている。

研究活動を跡付ける膨大な著作については前掲『人たちの言葉その折々』に付された労作「牧野英一博士著作目録」が網羅的に掲載しているが、牧野に関する研究もまた、その学問上の業績を対象としたものが主となる。牧野法学全般を対象とした研究には、風早八十二「牧野法学への総批判（試論）一～二十一」

(『法律時報』四十九—八〜五十二—五、昭和五十二—五十五年)、堅田剛「牧野英一の法理学—法律進化論から自由法論へ—」(『独協法学』三十八、平成六年)および「牧野英一のネクロロジー—自由法論を偲んで—」(同三十九、平成六年)、芹沢一也『〈法〉から解放される権力』(新曜社、平成十三年)、刑事法を対象としたものには佐藤昌彦『牧野刑法学説の研究』(良書普及会、昭和五十六年)、中山研一「牧野英一の刑法理論」および三井誠「牧野英一の刑事訴訟法理論」(吉川経夫他編『刑法理論史の総合的研究』日本評論社、平成六年)、民事法の立場からは白羽祐三「牧野英一と民法論」(『法学新報』一〇三—四・五、平成九年)などがある。また、高橋彦博「憲法議会における牧野英一—「生存権」原理の再確認—」(『社会労働研究』〈法政大学社会学部学会〉三十六—三、平成元年)は、戦後の日本国憲法制定過程における貴族院議員としての牧野の議論を分析している。若干変わった視点としては、増田弘『政治家追放』(中央公論新社、平成十三年)が、中央公職適格審査委員会審査委員長時代の牧野を扱っていて興味深い。　　(小澤　隆司・出口　雄一)

真崎甚三郎(まさき・じんざぶろう)

明治九—昭和三十一年(一八七六—一九五六)　陸軍大将

筆者は昭和四十年代から遺族にアプローチし、昭和五十二年(一九七七)に『年報・近代日本研究1　昭和期の軍部』に日記を利用することとの了解、ならびに関係文書を整理することの許可を得た。早速友人たちとチームを作って日記の清書、関係文書の整理を進めた。昭和五十四年に発刊した『年報・近代日本研究1』には日記の一部を掲載した。その後、昭和七年から昭和二十年までの日記(『真崎甚三郎日記』)を山川出版社の「近代日本史料選書1」として、昭和七年・八年・九年一月から昭和十年二月を第一巻(昭和五十六年、解題は伊藤・佐々木隆・季武嘉也・照沼康孝)、昭和十年三月から昭和十一年三月を第二巻(昭和五十六年、解題伊藤)、昭和十一年七月から昭和十三年十二月を第三巻(昭和五十七年、解題佐々木)、昭和十四年一月から昭和十五年十二月を第四巻(昭和五十八年、解題季武)、昭和十六年から昭和十八年四月を第五巻(昭和六十二年、解題伊藤)、昭和十八年五月から昭和二十年十二月を第六巻(昭和六十二年、解題照沼)として刊行した。平成二年(一九九〇)には、筆者の依頼により日記を含む関係文書全体が憲政資料室に寄贈され、翌年公開された。

関係文書には、日露戦争時から亡くなる昭和三十一年に至る断続的な日記、多くの人々からの書簡、多数の書類が含まれている。尤も重要人物からの書簡は少ない。おそらく処分されたのであろう。

なおその後、長男の真崎秀樹氏の許に残された「現世相に関する特別備忘録」(二・二六事件のあと、収監される直前の昭和十一年六月十八日に書かれたもの)および「在監日誌」三冊(巣鴨在監時の昭和二十年十二月十日から二十一年六月三十日までの日記)、在監中に書かれた「秀樹への遺言書」、また「遺言」(二・二六事件で収監中に秀樹氏宛に書かれたもの)を閲覧し、その解説を筆者が担当し、広瀬順晧氏の校訂により「現世相に関する特別備忘録」全文と「在監日誌」の抄録を『THIS IS 読売』平成四年三月号に紹介した。

評伝としては、田崎末松『評伝真崎甚三郎』(芙蓉書房、昭和五十二年、のち同社から平成十一年新装版刊行)、山口富永『昭和史の証言—真崎甚三郎・人とその思想』(政界公論社、昭和四十五年)があり、また小冊子菅原節雄『傑将・真崎甚三郎』(今日の問題社、昭和十一年)がある。秀樹氏による追想「父・甚三郎のこと」(『THIS IS 読売』平成三年八月号)もある。また西村虎一編の講演集『時局と青年』(高山書房、昭和十七年)がある。

真崎に関する史料としては、二・二六事件関係のものが多い。例えば林茂他編『二・二六事件秘録』二(小学館、昭和四十七年)には東京憲兵隊における聴取書第一回から八回が収録されており、また林銑十郎等の関係者からの聴取書が収録されており、同書一（昭和四十六年）にも相沢事件関係の真崎の「意見」等が収録され、同書三（昭和四十六年）にも在監時の「被告人真崎甚三郎の情況報告」が収録されている。原秀男・沢地久枝・匂坂哲郎編『検察秘録二・二六事件』一・二（角川書店、平成元年）には匂坂春平が残した真崎関係の裁判記録が、高橋正衛解説『現代史資料23　国家主義運動3』（みすず書房、昭和四十九年）にはみすず書房所蔵のものとして二・二六事件裁判関係の「真崎甚三郎関係文書」「真崎甚三郎獄中接見録」「真崎甚三郎判決文原稿」が収録されている。また伊藤隆・北博昭編『新訂二・二六事件　判決と証拠』（朝日新聞社、平成七年）には東京陸軍軍法会議における真崎に対する判決が収録されている。

関係研究論文として、白石仁章「満州事変期陸軍の対ソ認識の一面―真崎甚三郎を中心に」（『再考・満州事変』錦正社、平成十三年）、堀真清「真崎甚三郎と二・二六事件」（『早稲田政治経済学雑誌』三四七・三四八、平成十二年）、桂川光正「二・二六『真崎判決』はこう作られた―新資料『松本文書』からみた真崎甚三郎裁判」（『世界』平成六年三月号）、伊藤隆・北博昭「真崎大将は黒幕ではない―二・二六事件裁判記録を読む」（『月刊Asahi』平成五年七月号）、粟屋憲太郎「東京裁判極限の人間ドラマ―国際検察局尋問調書・資料10万ページ全文入手」（『THIS IS 読売』平成五年八月号、なお真崎に対する尋問調書は、粟屋憲太郎・吉田裕編・解説『国際検察局（IPS）尋問調書』第十二巻〈日本図書センター、平成五年〉一―二五八に収録されている）、伊藤隆「彼は果たして黒幕だったか―二・二六事件に新資料『真崎大将遺書』」（『THIS IS 読売』平成四年三月号）、刈田徹「昭和初期における大川周明と真崎甚三郎との関係についての基礎的史料の研究―『真崎甚三郎関係文書』（国会図書館所蔵）』中の新史料の紹介と若干の考察」（『拓殖大学論集』一九五、平成四年）、粟屋憲太郎「『勇将』真崎甚三郎の実と虚（東京裁判への道［一三］）」（『朝日ジャーナル』昭和六十年三月二十二日号）などがある。

（伊藤　隆）

正木千冬（まさき・ちふゆ）

明治三十六―昭和五十七年（一九〇三―一九八二）

企画院調査官・鎌倉市長

関係する文書・資料は従来ほとんど残されていなかった。このたび遺族から「正木千冬日記」や関係資料を得ることができたため、現在整理中の資料からその一端を紹介したい。正木は戦前の企画院事件に連座、戦後GHQによる戦略爆撃調査団報告書を翻訳、大佛次郎や大内兵衛が支援した革新自治体の一つである昭和四十年代の鎌倉市長に当選などと時折歴史の表舞台に立つことがあった。しかし、むしろ目立たない中堅官僚、学者、地方政治家としてその激動の一生を終えた感の強い実務家であったと言えよう。

一次資料は、戦前資料については現在調査中であり、戦後資料については、私立学校振興・共済事業団大学院重点研究（研究代表：宮崎正康〈東洋英和女学院大学国際社会学部教授〉）報告書として近刊予定、また同報告書を基に書籍を刊行予定である。日記については「三年町日誌」（昭和二十四年〈一九四九〉五月―九月、一冊。部分的に昭和二十七年三月記入あり）、「白堊館日録」（昭和二十七年一月―三月、一冊。昭和二十七年四月以降、一冊。昭和二十八年三月以降、一冊）、「閑日録」（昭和五十六年十月以降、一冊）を現在整理中である。また他に戦前からの官位任命書原本および夫人春江氏ヒアリング資料がある。

二次資料としては、主な著作として『ずいひつ鎌倉市長』（ずいひつ鎌倉市長刊行会、昭和四十八年、鎌倉市図書館所蔵）、訳書に「アメリカ合衆国戦略爆撃調査団　日本戦争経済の崩壊」（アメリカ合衆国戦略爆撃調査団編、日本評論社、昭和二十五年）、またヒアリング記録としては戦前から戦後を網羅している『日本における統計学の発展』二十五（話し手　正木千冬、聞き手　三潴信邦・奥野定通、昭和五十六年八月二十四日、昭和五十五—五十七年度文部省科学研究費総合(A)速記録)がある。絵画、俳句にも造詣が深くいくつかの句や自画像が残されている。妻春江氏の回想記として「さざん花の咲くころ　正木春江さんに聞く　千冬との青春」(正木春江発行、富矢信男編、自費出版、平成十年)があり交流録としても貴重である。（田辺　宏太郎）

益田　孝（ますだ・たかし）

嘉永元—昭和十三年(一八四八—一九三八)　三井物産初代社長

関係する記録としては、第一に書簡があげられる。政界の主要人物の書簡集には、益田書簡が含まれているが、とくに憲政資料室が収集した「井上馨関係文書」には、三井の事業の動向がうかがわれるものも含まれている。また財団法人三井文庫にも、益田書簡が数多く所蔵されている。その中心をなすのは、井上馨宛の書簡であり、「井上侯爵家より交付書類の中の書簡」のなかには、一〇四通もの書簡が含まれている。これらは『三井文庫論叢』十六(昭和五十七年)に復刻されている。このほかにも三井文庫の史料には書簡が散在している。

益田は、創業から明治三十年代半ばまで、三井物産の経営を担っていたが、三井物産の経営史料は三井文庫に数多く残されており、「物産」の請求記号のもとにまとめられているが、それ以外にも三井物産の経営動向を示す史料は数多い。益田の経営上の意見や調査も含まれており、そのうちのいくつかは、三井文庫編『三井事業史　史料篇三』に収録されている。また、三井家の事業全般についても関与する立場にあり、いろいろな意見を述べているが、それらは、「三井商店理事会議事録」、「三井営業店重役会議事録」、「三井家同族会管理部会議録」、「三井銀行支店長会記録」に収められている。それぞれ三井文庫編『三井事業史史料篇』四〈上・下〉(昭和四十六・四十七年)、『三井文庫論叢』七—十(昭和四十八—五十一年)、日本経営史研究所編『三井銀行史料』一—四(昭和五十二—五十三年)に復刻されている。

明治四十二年(一九〇九)の三井合名会社設立の前後から以降の史料は、関東大震災での焼失や史料の公開が進んでいないこともあり、現在利用できる史料は、明治期と比べて多いとはいえないが、大正三年(一九一四)に三井合名の相談役に退いたことも影響している。

自ら語ったものを筆記したものは、長井実編『自叙益田孝翁伝』(長井実、昭和十四年、のち中公文庫、平成元年)、益田孝『益田孝雑話』(糧友会、昭和十三年)が刊行されている。前者のもとになったと考えられる談話筆記録が三井文庫において「特」の請求記号のもとに、公開されている。戦前期に三井文庫が伝記を編纂したが、刊行にいたっていない。伝記としては、白崎秀雄『鈍翁・益田孝』上・下〈中公文庫〉(中央公論社、平成十年)、小島直記『三井物産初代社長』(中央公論社、昭和五十六年)が刊行されている。茶人としても名高く、その収集品の展示会の目録も数冊でているが、五島美術館で開催された展覧会の目録である『鈍翁の眼—益田鈍翁の美の世界—』(平成十年)に付せられた鈴木邦夫作成の年表は信頼のおけるものである。茶人としての事績を記した書籍は多いが、C. M. E. Guth, *Art, Tea, and Industry: Masuda Takashi and the Mitsui Circle*として、外国でも刊行されていることを付け加えておく。（粕谷　誠）

町田忠治（まちだ・ちゅうじ）

文久三—昭和二十一年(一八六三—一九四六)　政党政治家・立憲民政党総裁

遺族の元に残ったまとまった史料は、発見されていない。明治四十三年(一九一〇)以来住んでいた東京の住居が、昭和二十年(一九四五)五月に戦災に遭って焼失しているので、あるいはその際にかなりの部分が失われた可能性もあろう。しかし、昭和二十五年に刊行された松村謙三『町田忠治翁伝』(町田忠治翁伝記刊行会)には、町田宛の戦前のいくつかの重要な書簡が引用されているので、戦後も存在しなかったわけではないが、現在のところ発見されていない。しかし、同書編纂の過程で多くの関係者にインタビューをしており、その記録は松村記念会館に残されている。主要なものは遺族・石橋湛山・大阪財界人・箕浦多一・小泉又次郎・秋田県関係・吉野信次・宇垣一成・池田成彬・岡田啓介などであり、その他にいくつかの書類がある。

　これらの史料を踏まえ、さらに秋田県関係者からの新たな資料収集を行って出版したのが伊藤隆編『町田忠治』(櫻田会、平成八年)で、同書は「伝記編」「史料編」の二冊で構成され、「史料編」には現在判明している町田執筆の論文や、土田文書(東京大学法政史料センター)・小玉得太郎氏所蔵文書・小玉順一郎氏所蔵文書・荒井泰二氏所蔵文書などの中の町田宛および町田差出書簡のすべてが収められている。また、「伝記編」は町田忠治研究として網羅的でまとまったものとなっている。

(季武　嘉也)

松井慶四郎（まつい・けいしろう）

慶応四―昭和二十一年(一八六八―一九四六)　外交官・駐英大使・枢密顧問官

一次史料は、昭和二十年(一九四五)四月・五月の空襲で自宅が焼失し、妻が肌身離さず持っていた自叙伝『松井慶四郎自叙伝』(刊行社、昭和五十八年)が唯一残っているものである。憲政資料室の各家文書をみても、まとまって松井の書簡が残っている文書は少ない。

　松井は海外赴任の経験から、珍しく当時の外交官としては執筆論文も多い。自身のイギリス駐在が長かったこともあり、「日英関係に就て」(『国際知識』十六―一、昭和十一年)、同じく「日英関係に就て」(『経済研究』三―十二、昭和十年)、「最近の日英関係」(『国際パンフレット通信』八六一、昭和十年)、「最近の英国事情」(『東洋』三十一―九、昭和三年)、「現下の欧州国際関係と日本の任務」(『銀行通信録』五一〇、大正十五年)、「日英関係と支那」(『天津経済新報』昭和十年十月)、「日英関係に就て」(『愛国』昭和十一年一月)、「日本の世界に於ける新使命」(『邦文パンフレット通信』大正十五年七月)、「世界の平和と国際聯盟の活動」(『国際聯盟』大正十年)、「国際聯盟に就て」(『国際聯盟』大正十年)などイギリスや国際聯盟について大正十年代から昭和十一年頃までの論文が多い。

　松井が本省で手腕をふるったのは、外務次官のころ、つまり第一次大戦により日本がドイツに対し開戦したときである。加藤高明の覚えもいいようで、加藤の辞任後フランス大使を、さらに大正十三年(一九二四)外相辞任後にイギリス大使に就任している。駐仏大使のとき、パリ講和会議に遭遇し、このとき雑誌『中央公論』(大正七年二月号)が、三宅雪嶺「珍田、松井両大使と小幡公使」、鵜崎鷺城「当面の三外交家」、川尻東馬「地味な手堅い外交家」、鉄拳禅が「時局当面の三大外交家」と四人の評論家が取り上げている。華やかなパリでの講和会議だけに、この三名が脚光を浴びたのである。またパリ講和会議での動向については、海野芳郎『国際連盟と日本』(原書房、昭和四十七年)が、会議の推移を追いながら全権団の対応を分析している。

　なお、『松井慶四郎自叙伝』を「紹介」するものとして、瀬川善信「松井慶四郎著『松井慶四郎自叙伝』」(『国際法外交雑誌』八十五―六、昭和六十二年)がある。また長男の松井明が『駐仏大使の思い出』(仏語タイトル"Memories")を残しているが、父と赴任先が同じだったこともあり、フランスでの経験は感慨深く記されている。

(波多野　勝)

松尾臣善（まつお・しげよし）

天保十四―大正五年(一八四三―一九一六)　財務官僚・日本銀行総裁

関係資料は、関東大震災で所蔵資料の大半を焼失した大蔵省が、大正末年に先輩個人の所蔵資料の寄贈を仰ぎ、諸家文書として整理保管したが、そのうちの一つとして松尾家文書八十三冊が遺され、現在、財務省(財務総合政策研究所財政史室)で保管している。なお、諸家文書は複写され、憲政資料室で閲覧できる。

明治初年、大阪府から大蔵省に転属し、明治十九年(一八八六)出納局長、二十四年主計局長、三十年からは理財局長を歴任した。明治三十六年十月、理財局長を辞して日本銀行総裁に就任し、四十四年六月まで総裁の職にあった。「松尾文書」は、主に明治十年代後半から三十年代までの大蔵省関係資料で占められている。内容は財務全般にわたっているが、明治十年代から二十年代にかけての国庫出納・会計制度整備、当時の準備金・預金部制度に関連する資料や議会開設に際し予算の解釈問題などの資料が含まれている。また明治十年代から三十年代にかけての地価修正問題、所得税制・営業税制その他の租税および関税改正関係等の税務資料、日清戦争の臨時軍事費や戦費調達、清国事件(義和団)費に関する資料があり、とくに日清戦争の賠償金とその運用に関する資料が多く残されている。明治三十年の金本位制移行に関連してその前後の貨幣金融事項の調査・立案関係資料、明治十年代から二十年代の日本銀行および正金銀行関連資料、二十から三十年代の勧業銀行その他特別銀行創設関連資料および国立銀行の普通銀行転化に関連する資料等もある。なお、日銀総裁時代の資料で、大蔵省の日露戦争戦費調達関連資料、非常特別税関係資料等が松尾に渡され、残されている。

なお、日銀総裁就任事情および総裁としての松尾については、吉野俊彦『歴代日本銀行総裁論』(毎日新聞社、昭和五十一年)で紹介されている。

（大森　とく子）

松岡康毅（まつおか・やすこわ）　弘化三―大正十二年(一八四六―一九二三)　行政裁判所長官

従来、関係史料は、唯一の伝記である大山卯次郎編『松岡康毅先生伝』(編纂委員会、昭和九年、以下『伝記』)とその引用史料による他なかった。『伝記』は、多くの建議書や日記の記述を引用しており、松岡研究のほとんどが、従来、これに拠っていた。松岡は、大正十二年(一九二三)の関東大震災によって圧死しているが、自宅を消失したという記録はない。長男均平は、東京大学教授として、松岡の漢籍等蔵書数千冊を含めて、東京大学に寄贈しているから、その他の資料の存在の可能性は高い。現に、松岡の「日記」(明治十九―四十年)が、古書店を通じて沼正也氏によって入手され、日本大学精神文化研究所によって翻刻された(高瀬暢彦編『松岡康毅日記』(日本大学精神文化研究所研究叢書六)、平成十年)。しかし、『伝記』凡例には、「明治八年乃至大正十年間の先生の日記、その他の文献を骨子とした」と記載されているが、これに引用された日記の記載は、翻刻した日記とは別の日記の存在を示しており、なお第一次資料の発掘の余地はある。なお、東京大学近代立法過程研究会の収集資料に、松岡日記のマイクロ二リールがあるが(同研究会編「収集文書名一覧」『国家学会雑誌』八十六―七・八、昭和四十八年)、さきの沼氏収集の日記のマイクロ化である。なお、同収集文書には、松岡均平の日記のマイクロもあり、沼氏収集の資料の一部である。

松岡史料は、出身地の徳島県上板町には、記念碑のほか見るべきものは確認されていないが、憲政資料室「松岡康毅関係文書」には、かなりのものの収集がある。同目録の分類に拠れば、三十種目、六十点余があるが、この目録に付記された昭和二十七年(一九五二)六月時点での収集と見られ、伝記稿本を含んでおり、刊本の『伝記』と内容を異にしている部分もあることから、『伝記』編者の収集物かと推測させる。また、『伝記』に収載のない史料数点があり、『伝記』に収載した建議等の写しも含んでいる。法令案、外国法令資料等もあるが、新聞記事の切抜きなども含んでいて、松岡独自の第一次史料には乏しい。この収集物には、「日記」や書簡は含んでいない。ただ、注目できることは、均平が作成したと思われる「資料分類基準表案」があって、松岡史料を含めた二十一科目の分類を試みた形跡が窺われるが、管理が十分でなく、史料が散逸した経過が確認されている（松岡康光・美代子談「松岡初代総長と学祖」『学祖・山田顕義研究』〈日本大学〉二、昭和六十一年）。

学長・総長を勤めた日本大学で、松岡史料の探索に当たったのは昭和三十年代に入ってからであり、これによって松岡家から寄贈された史料二九〇点余（学術情報センター・松岡文庫所蔵）や、松岡が帰国するボアソナードから譲り受けた安楽椅子など（法学部八十年記念館所蔵）が、寄贈されている。「松岡文庫」は、この寄贈された史料を中心にしたコレクションで、現在、精神文化研究所で翻刻を進めている。先の『松岡康毅日記』は、村井益男の解読・校訂と新井勉の脚注と校訂で公刊され、同「日記」の入手経過を含めた沼正也の研究と高瀬暢彦による「関係資料」を添付している。松岡文庫収集の史料は、多くは、立法関係、司法実務、台湾事件関係、外国法および松岡家関係の資料を含んでいる。この史料には、日記や書簡等は含まれていない。松岡は、裁判官の業務の傍ら、法律調査委員として、民法、商法、裁判所構成法などの立法に参画するとともに、司法大臣山田顕義の指示を受けて、裁判実務に関する諸規則の制定に尽力しているから、立法関係資料を多く含んでおり、高瀬暢彦の解読によって、現在翻刻が進んでいる。第一、民法起草関係五点（「松岡康毅資料」『日本大学精神文化研究所紀要』三十、平成十一年）、第二、行政裁判法意見二点（同三十一、平成十二年）、第三、行政裁判法立法資料八点（同三十二、平成十三年）、第四、須多因氏法律概論（同三十三、平成十四年）である。

松岡名の刊本は、ヨーロッパ留学で得た講義内容を出版にしたもの二点（『スタイン氏訴訟手続大意講義』『ウィルモースキー独逸訴訟法講義総説』司法省、明治二十一年）であるが、いずれも通訳の翻訳になる講義記録で、自身の著作ではない。最高裁判所図書館の明治文庫に収集された「明治初期法律関係図書目録」の稿本（最高裁判所、昭和三十六年）では、松岡編・手記・訳の記載があるが、松岡の語学力からみて疑わしい。『伝記』に添付された詩集「退堂詩稿」は、私家本で『退堂遺稿』として少冊が流布している。

業績については、従来、内務次官や農商務大臣としての業績よりは、検事総長として、児島惟謙ら大審院判事の弄花事件との関わりや、行政裁判所長官としての行政事件の処理に注目されてきたが、司法官としての裁判制度の改革意見や法律取調委員としての立法意見に優れている。民法、とりわけ相続制度や家父長制に対する意見に見るべき進歩性を読み取る研究が、星野通・手塚豊・山主政幸らによって進められたが、いずれも『伝記』収載の資料の利用に止まっていた。唯一、沼正也の研究だけが、その入手に関わる松岡資料を利用した研究として、注目されてきた。また、新井勉が、翻刻した『日記』を素材にした研究を発表し始めた。松岡業績の骨頂は、詳細な裁判実務に関する諸規定の制定にあって、裁判所構成法や行政裁判法制定に連動しながら、判検事・書記官の登用試験規則、懲戒規則、俸給進級令等々、裁判事務の詳細にいたるまでの規則制定に努力した点に現れているが、これまで史料不足もあってほとんど関心をもたれなかった。また、貴族院や枢密院の審議においてした発言や見解にも、注目すべきものがあるかに思われて、今後の史料発掘に期待がある。

（高瀬　暢彦）

松岡洋右（まつおか・ようすけ）

明治十三―昭和二十一年（一八八〇―一九四六）

南満州鉄道総裁・外務大臣

関係するまとまった史料としては、松岡家に残されていた旧満鉄関係の文書がある。これは、満鉄理事を務めた時代の業務に関する書類や会議議事録、諸情報および報告書からなるもので、大正十二年（一九二三）四月から十五年三月の間にわたっている。伝記編纂作業の過程で発掘され、満鉄会にマイクロフィルムとして保存されるとともに、昭和四十一年

(一九六六)にみすず書房から『現代史資料』満鉄シリーズ三巻として編纂・刊行された。その後、昭和四十九年に、この満鉄関係文書をはじめとする資料や関係者へのインタビュー等を利用して、松岡洋右伝記刊行会編『松岡洋右　その人と生涯』(講談社)が刊行されている。

　また、膨大な書簡や著作を残している。松岡の書簡が含まれる史料としては「伊東巳代治関係文書」、「関屋貞三郎関係文書」、「宇垣一成関係文書」、「斎藤実関係文書」、「寺内寿一関係文書」、「牧野伸顕関係文書」、「宗方小太郎関係文書」、「真崎甚三郎関係文書」、「下村宏関係文書」、「片倉衷関係文書」、「鮎川義介関係文書」、「鶴見祐輔関係文書」、「安達峰一郎関係文書」、「安斎正助関係文書」(以上、国立国会図書館)、「田中義一関係文書」(山口県文書館)、「朝倉毎人関係文書」(東京大学法政史料センター)、「大隈重信関係文書」(早稲田大学)、「木戸家文書」(国立歴史民俗博物館)、「後藤新平関係文書」(後藤新平記念館)、「徳富蘇峰関係文書」(徳富蘇峰記念塩崎財団)などがある。このほか、柴田紳一「東条英機宛松岡洋右書翰について」(『国学院大学日本文化研究所紀要』八十、平成九年)が、外相辞任直前の書簡を紹介している。著作については、『松岡洋右　その人と生涯』の巻末にその目録がある。

　外交官としての松岡については、外交史料館所蔵の外務省記録が主要なものとなる。なお、このうち国際連盟脱退問題に関しては『日本外交文書　満州事変』(外務省、昭和五十二―五十六年)が、また昭和十六年の日米交渉に関しては『日本外交文書　日米交渉―一九四一年―』(同、平成二年)が刊行されている。また、陽明文庫所蔵の「近衛文麿公関係資料」にも松岡関係の文書類を多く見出すことができる。外相時代に関しては、関係者が残した回想や調書類がある。外務省外交顧問として松岡を補佐した斎藤良衛は、三国同盟および日ソ中立条約に関する記録を二部残している。第一は外務省に提出された調書「日独伊同盟条約締結要録」で、案文の立案やドイツとの交渉過程の詳細な記録である。外務省記録B. 1. 0. 0. J/X 3「日独伊同盟条約関係一件」および米国議会図書館・国務省が作成した外務省文書マイクロフィルムのIMT630に収められているほか、三宅正樹『日独伊三国同盟の研究』(南窓社、昭和五十年)にも解説をつけて収録されている。ただし、こちらは一部が省略されている。第二は、戦後昭和二十六年に外務省に提出された調書「日独伊三国同盟回顧」および、これを加筆改訂して昭和三十年に読売新聞社から刊行した『欺かれた歴史　松岡と三国同盟の裏面』である。前者は外務省記録「日独伊同盟条約関係一件」に収められている。外務次官の大橋忠一は『太平洋戦争由来記』(要書房、昭和二十七年)を残している。外務大臣秘書官の加瀬俊一も松岡に関する回想をいくつか著している。

　雄弁をもって鳴らした松岡については、その発言を聞いた側の記録も見落とせない。例えば参謀本部の記録である『杉山メモ』(原書房、昭和四十二年)や『機密戦争日誌』(錦正社、平成十年)には彼の発言が多く記録されている。また、交渉相手国側の史料にも松岡の情報は多い。米国のものとしては、Foreign Relations of the United Statesが刊行されているが、この原資料であるThe General Records of the Department of State, RG59, Decimal File 711. 94およびDecimal File 894にはさらに豊富な情報が見出せる。これらはマイクロフィルム化されており、日本国内で容易に利用できる。以上のような米国の史料を駆使した研究として、D・J・ルー(長谷川進一訳)『松岡洋右とその時代』(TBSブリタニカ、昭和五十六年)がある。ドイツの史料では、刊行されて国内で利用できるものとして、Akten zur Deutschen Auswärtigen Politikおよび英語版であるDocuments on German Foreign Policyに松岡の情報がある。ロシアの史料は公開状況に不明な部分が多いが、とりあえず、近年明らかになった文書を利用した研究としてボリス・スラヴィンスキー『考証日ソ中立条約　公開されたロシア外務省機密文書』(高橋実・江沢和弘訳、岩波書店、平成八年)をあげておく。また、日本語に訳された史料として、三輪公忠(史料部分は松島芳彦訳)「日ソ中立条約に関するスターリン・松岡会談ソ連側記録(一九四一年三月―四月)」(『国際学論集』三十八、平成八年)がある。

東京裁判関係では、松岡の尋問調書(Case #118)が粟屋憲太郎・吉田裕編『国際検察局(IPS)尋問調書』十九(日本図書センター、平成五年)に収録されている。また、検察に提出した手記の一部が、前述の外務省文書マイクロフィルムIMT28及びIMT33に収められている。このほか「近衛手記に関する説明」と題する手記が法務省戦犯関係資料の中にあるが、平成十三年(二〇〇一)四月の情報公開法施行に伴って法務省から国立公文書館に移管された。平成十四年九月現在で、なお整理中、非公開である。これら東京裁判関係の史料を紹介したのが、粟屋憲太郎「東京裁判への道21　怨念こもる松岡洋右の手記」(『朝日ジャーナル』昭和六十年三月八日号)、小菅信子「東京裁判資料『松岡洋右文書』について」(『現代史研究』三十四、平成二年)である。

伝記は数多い。情報量では伝記刊行会による前掲書が他の追随を許さず、ルーの前掲書もユニークな評価でよく知られているが、もっともポピュラーなものは三輪公忠『松岡洋右　その人間と外交』〈中公新書〉(中央公論社、昭和四十六年)であろう。また、生存中に刊行されたものでは、森清人『人間松岡の全貌』(実業之日本社、昭和八年)や、大川三郎『巨豪松岡洋右』(東洋堂、昭和十六年)がある。

最後に松岡に関する研究について述べる。まず、主に彼の著作を用いてその思想や国際情勢認識を論じたものとして、佐古丞「松岡洋右の中国認識と対応―満州事変まで―」(『法学論叢』一二一―六、昭和六十二年)、林敏夫「現実主義と個別主義の交錯―松岡洋右の世界観をめぐって―」(『国際基督教大学学報Ⅲ―A　アジア文化研究別冊3』平成四年)がある。三宅前掲書も松岡の人物論を含んでいる。また、阿野政晴『移民史から見た松岡洋右の少年時代』(非売品、国会図書館所蔵、平成六年)は、少年時代や滞米中の記録を丹念に調査している。満鉄時代については加藤聖文「松岡洋右と満鉄―ワシントン体制への挑戦―」(小林英夫編『近代日本と満鉄』吉川弘文館、平成十二年)がある。松岡外交に関しては、前掲のもの以外では、細谷千博「三国同盟と日ソ中立条約(一九三九年～一九四一年)」(日本国際政治学会『太平洋戦争への道5　三国同盟・日ソ中立条約』朝日新聞社、昭和三十八年)が代表的である。本論文は若干改訂の上、細谷千博『両大戦間の日本外交』(岩波書店、昭和六十三年)に再録されている。また、角田順「日本の対米開戦(一九四〇年～一九四一年)」(『太平洋戦争への道7　日米開戦』朝日新聞社、昭和三十八年)も、松岡外相の言動の分析に力を入れている。外交・国際関係に加え、内政上の論点も含めて多角的な分析を試みたものとして、三輪公忠・戸部良一編『日本の岐路と松岡外交』(南窓社、平成五年)がある。

(森　茂樹)

松方正義(まつかた・まさよし)

天保六―大正十三年(一八三五―一九二四)　内閣総理大臣・大蔵大臣

旧蔵の文書・記録は、松方自身が生前から伝記作成に着手していたこともあって、かなりの分量が残されているが、現在は三ヵ所に分散している。①旧大蔵省(現在は財務省)所蔵の「松方家文書」、②憲政資料室寄託の「松方正義関係文書」、③大東文化大学東洋研究所所蔵の「松方家萬歳閣資料」である。なお藤村通・大久保達正監修『松方正義関係文書』全二十巻〈一―十八巻、別巻、補巻〉(大東文化大学東洋研究所発行、巌南堂書店、昭和五十四―平成十三年)は、①の一部と②・③の大部分を収録しており、別巻には一巻から十八巻の人名・事項索引が付されている。また

①については、日本銀行調査局編『日本金融史資料　明治大正編』四(大蔵省印刷局、昭和三十三年)に明治二十三年(一八九〇)までの金融関係の重要史料を収録する一方、昭和六十二年(一九八七)にはゆまに書房が現存するものすべてのマイクロフィルム版を発売した(現在はクレス出版が販売)。

①は大蔵省の要請により、昭和二年に松方家が寄贈したものである。実は大蔵省は関東大震災で所蔵文書・記録を失ったため、『明治大正財政史』全二十巻(財政経済学会、昭和十一―十五年)を編纂するために史料を収集していたのである。その内容は政策文書・報告書・調書・意見書・翻訳など書類のみであるが、財政・金融を中心に経済・政治・外交の広範囲な史料が含まれている。ただ昭和二十九年に刊行された近代史懇談会編刊『松方家文書目録』には六十七冊の目次が記載されているが、その後一部紛失しており、マイクロフィルム版では第一・二十四・三十三・三十七・四十八冊が欠落している。

①を大蔵省に寄贈した後も松方家に残されていた史料のうち、本邸内別館に置かれていたものが②、那須の別荘である萬歳閣に置かれていたものが③である。②は伊藤博文・井上馨・山県有朋・黒田清隆・渡辺国武などからの多数の書簡、文久・元治年間の日記七冊をはじめとする松方正義伝記資料、意見書・大津事件関係・皇室関係・島津家関係などの書類からなるが、死後の十五銀行整理案(長男巌が頭取を勤めていたが、昭和二年金融恐慌で休業)も含まれている。③は後述の『侯爵松方正義卿実記』五十一巻・『松方伯財政論策集』十二冊以外に、主として明治末期から大正期の書簡・書類が残されている。まとまっているのは十五銀行関係や松方家が那須で経営していた千本松農場関係などであるが、大正初期の「正貨吸収二十五策」のような重要な政策文書も含まれている。

財政・金融政策に関連する松方の意見書をまとめたものとしては、明治二十六年に阪谷芳郎らが編纂した『松方伯財政論策集』がある。これは、明治元年の日田県知事就任から二十五年の第一次松方内閣総辞職までの上書・建言・意見書・演説など三四五篇を収録したものであるが、大蔵省で保存していた正本は関東大震災で焼失した。そのため、大内兵衛・土屋喬雄編『明治前期財政経済史料集成』一(改造社、昭和六年、のち明治文献資料刊行会、昭和三十七年、原書房、昭和五十三年にそれぞれ覆刻)は、大蔵省が松方家から譲り受けた写本に基づいて、また『松方正義関係文書』補巻は、③の中に含まれていた別の写本に基づいて覆刻している。

伝記として最も有名なものは、徳富猪一郎(蘇峰)編述『公爵松方正義伝』乾・坤(公爵松方正義伝記発行所、昭和十年、のち明治文献、昭和五十一年、鳳文書館、平成二年にそれぞれ覆刻)である。同書の例言によると、松方巌から伝記編纂の依頼を受けた徳富は、民友社内に公爵松方正義伝記発行所を設置し自らがその総裁に就任した。そして「先づ公が一生の本領、一代の事功、即ち公の等身像とも云ふべき輪郭に就て、予(徳富…引用者注)の所見を提示し、而して其の編纂の執筆は、専ら紫山川崎三郎君」が担当したのである。同書編纂の際には、松方家はもちろん伊藤博文・山県有朋など他家の原史料も利用するなど史料的価値が高いが、その根本史料は西村天囚(時彦)草稿「海東侯伝記資料　談話速記第一」(②所収、『松方正義関係文書』十に覆刻)と中村徳五郎編「侯爵松方正義卿実記」(③所収、『松方正義関係文書』一―五に覆刻)である。この二つの史料は、松方が大正八年(一九一九)から中村らに依頼していた伝記作成の成果である。前者は西村が松方の口述に基づき、幼年期から日本赤十字社長を辞任した大正元年までの事歴を編年体でまとめたものである。また後者は、中村が前者に『松方伯財政論策集』所収の意見書など多くの書類を加えて編纂したものである。なお戦後に研究者が執筆した伝記としては、藤村通『松方正義　日本財政のパイオニア』(日本経済新聞社、昭和四十一年)がある。

こうした松方関連の史料を利用した研究には様々なものがあるが、最近の研究の中から、松方財政・日清戦後経営など松方が推進した経済政策を検討したものとして、神山恒雄『明治経済政策史の研究』(塙書房、平成七年)、兵頭徹「日清戦後財政と松方正義」(『東洋研究』〈大東文化大学東洋文化研究所〉一二一・一三〇・一三三、平成八―十一年)、松方内閣を取り上げたものとして、佐々木隆『藩閥政府と立憲政治』(吉川弘文館、平成四年)、同「第二次松方内閣の瓦解」(『聖心女子大学論叢』八十七―八十八、平成八―九年)を挙げておく。

(神山　恒雄)

松沢求策 (まつざわ・きゅうさく)

安政二―明治二十年(一八五五―一八八七)　民権家・長野県会議員

松沢家旧蔵の関係文書は、長野県南安曇郡穂高町において「松沢求策関係資料」として所蔵されており、穂高町立図書館に整理保存されている。同資料については、松沢求策顕彰会作成による『松沢求策関係資料目録』がある。

右の関係資料は、ほぼ全生涯にわたる資料である。『松沢求策関係資料目録』にしたがえば、穂高での修学期の資料が約十点、穂高商会関係の資料が約五十点、講法学社就学期の資料が六点、国会開設請願運動関係の資料が約二十点、東洋自由新聞関係の資料が約二十点、八丈島関係の資料が二十三点、代言人試験関係の資料が二十一点、書簡が一五三点、松沢執筆歌舞伎台本が十点、その他約四十点が所蔵されている。同資料には、没後の顕彰関係の資料も含まれており、大正三年(一九一四)追悼会関係の資料が二十六点、大正三年出版の伝記一点が所蔵されている。

穂高町所蔵以外の関係資料の主なものについては、松沢の国会開設請願運動関係の資料が、憲政資料室所蔵「河野広中文書」、知立市歴史民俗資料館寄託「内藤魯一関係文書」のなかにも、数点存在する。松沢執筆の歌舞伎「民権鑑加助の面影」は、松沢が『東洋自由新聞』の記者であったこともあり、同新聞に連載されている(未完。穂高町所蔵のものとは、字句などで多少の相違がある)。松沢が記者・編集長を勤めた『松本新聞』には、松沢執筆の投書、社説、記事がある。

関係資料のうち、穂高町所蔵資料の一部と『松本新聞』掲載の投書、社説の一部は、中島博昭・松沢求策顕彰会編『自由民権家 松沢求策〜その論述・作品と解説〜』(東京法令出版株式会社、昭和五十一年)として活字化され、公刊されている。また、国会開設請願運動関係の資料について、運動の基盤となった奨匡社関係の資料および『松本新聞』の社説・記事などが、有賀義人・千原勝美編『長野県自由民権運動奨匡社資料集』(信州大学教育学部松本分校奨匡社研究会、昭和三十八年)に、国会開設請願書と関係文書の一部が、鶴巻孝雄編『明治建白書集成』六(筑摩書房、昭和六十二年)に収録されている。

伝記としては、穂高町所蔵の資料にもある森本省一郎『松沢求策君伝』(深志時報社、大正三年)が最初期のものである。同書中には、松沢の書簡が収録されている。最も基本的な伝記としては、中島博昭『鋤鍬の民権―松沢求策の生涯―』(銀河書房、昭和四十九年)がある。松沢求策顕彰会『松沢求策ものがたり』(信濃毎日新聞社、平成十三年)は、子供を読者対象としたものであるが、詳細な脚注、資料の所在の紹介があり、生涯の概要を知るのに役に立つ。

松沢については、自由民権運動との関係を中心に、多くの研究がある。前述の『自由民権家 松沢求策〜その論述・作品と解説〜』、上條宏之『民衆的近代の軌跡』(銀河書房、昭和五十六年)、有賀義人『信州の国会開設請願者 上條螘司の自由民権運動とその背景』(信州大学教養部、昭和四十二年)、信州の民権百年実行委員会編『信州民権運動史』(銀河書房、昭和五十六年)、および、中島博昭氏・上條宏之氏らの『信濃』掲載の諸論文が、基礎的研究として挙げられよう。

近年では、国会開設請願運動に焦点をあて

た研究として、森山誠一「国会期成同盟の研究(1)・(2) 国会期成同盟結成大会の事実経過とその史的意義の再検討(上)・(中)」(『金沢経済大学経済研究所年報』六・十、昭和六十一年・平成二年)が、松沢執筆の歌舞伎台本を中心に分析した研究として、金井隆典『「民権鑑加助の面影」の世界―近代移行期の「空間」・「時間」・「人間」』(『民衆史研究』五十二、平成八年)がある。また、小川直人「松沢求策のアナトミー―自由民権運動の背後仮説―」(『信濃』五十一―八、平成十一年)は、松沢の自由民権思想を支える日常的な価値観や意識形態、心性を分析している。

(金井　隆典)

松平慶永〈春嶽〉(まつだいら・よしなが) 文政十一―明治二十三年(一八二八―一八九〇) 幕末期の越前福井藩主・政治総裁職・新政府議定・民部卿・大蔵卿・侍読

残された史料は多く、幕末維新史、明治初年史研究の基礎史料としての比重は重い。そのおよそは福井市立郷土歴史博物館と福井県立図書館に収蔵されている。刊行史料集としては、松平康荘編『春嶽遺稿』(私家版、明治三十四年)、慶永述・岩崎英重編『戊辰日記』(日本史籍協会、大正十四年)、『松平春嶽全集』全四巻(松平春嶽全集編纂刊行会、昭和十四―十七年。復刻原書房、昭和四十八年)、『松平春嶽公未公刊書簡集』全三巻(福井市立郷土歴史博物館、昭和五十八―六十一年)、伴五十嗣郎編『松平春嶽未公刊書簡集』(平成三年、福井郷土歴史博物館刊、同年に思文閣出版刊)などがあり、建白書・建言書・回顧録・日記・日録・備忘録・書簡等々が収録される。『松平春嶽全集』全四巻は、慶永没後五十周年を記念して編纂された。その編成は、「逸事史補」「真雪草紙」「閑窓秉筆」(以上第一巻)、「慶永公建白書類」「建言集記」「建言拾遺」「合同船入相秘記」(以上第二巻)、「政事日録」「政暇日記」(以上第三巻)、「政事総裁録」「都の日記」「登坂心覚」(以上第四巻)である。

なお、「逸事史補」は、幕末維新史に関する官選の修史事業では落としがちな歴史事実(つまり「逸事」)を「補」うという趣旨から記述され、明治三年(一八七〇)に起筆し十二年九月に脱稿した実歴を踏まえて、彼の立場・観点から率直な人物評価などを加えた歴史叙述であり、政策論・人物論・裏情報など興味深い情報が豊富で史料としての価値は高い。そのためもあって、公表されたのは明治三十年に雑誌『旧幕府』に掲載された時であった。さらに親藩家筆頭の越前福井松平の藩主としてまた、幕末期賢君の一人と称される慶永の政治行動を中心にした記録は補佐役にして筆の立った中根雪江や村田氏寿によって記録された。中根の『昨夢紀事』全四巻(日本史籍協会、大正九―十一年)は、嘉永六年(一八五三)のペリー来襲から安政大獄の厄難に罹るまでの慶永を中心とした政局の変転を記録する。『再夢紀事』(日本史籍協会、大正十一年)は、安政五年(一八五八)から文久二年(一八六二)、政事総裁職に就任するまでの記録である。『再夢紀事・丁卯日記』(東京大学出版会、昭和六十三年)もある。村田氏寿の『続再夢紀事』(東京大学出版会、昭和四十九年)は文久・元治・慶応年間の政治行動の記録である。これら一連の腹心らの記録は、主君慶永の政治活動の事跡を中心に記述されており、その史料的価値は高い。

年譜・伝記を古いものから掲げれば、村田氏寿『松平春嶽公履歴略』(『旧幕府』二―一―三、明治三十一年)、浅井政綱『春嶽公略伝』(岡崎左喜介、明治二十三年)、徳山国三郎『松平春嶽公』(貴信房、昭和十三年)、松平春嶽公五十周年大祭奉賛会編刊『松平春嶽公伝』全二巻(昭和十五年)、があり、戦後のものでは、川端太平『松平春嶽』(人物叢書)(吉川弘文館、昭和四十二年)、三上一夫・舟澤茂樹編著『松平春嶽のすべて』(新人物往来社、平成十一年)、白崎昭一郎『正伝・松平春嶽』(東京新聞出版局、平成十四年)がある。

(福地　惇)

松村謙三（まつむら・けんぞう）

明治十六―昭和四十六年（一八八三―一九七一）

元農林大臣

　松村には遺族がまとめた『花好月円―松村謙三遺文抄』（非売品、青林書院新社、昭和五十八年）と木村時夫・島善高・高橋勇市編『松村謙三―資料編』（櫻田会、平成十一年）の二つの史料集がある。前者は、七回忌を機に計画されたもので、座談記事や雑誌論文の他、家族宛書簡や日記なども一部復刻されている。また、巻末に日記や書簡を除いた「遺文目録稿」が附されており便利である。後者は、木村時夫氏執筆になる広汎な『松村謙三―伝記編』上・下（同上）編纂の際に収集された史料集であり、前者に掲載されなかった座談会記録や執筆記事を中心としたものである。

　これらの史料集の原本は遺族の所蔵になるが、松村記念館および隣接する福光町立図書館の二ヵ所には、日記、書簡類や自筆の原稿草稿などが保管されており、一部が公開されている。

　松村記念館の展示品の中には、松村執筆の『町田忠治翁伝』の編纂史料や『三代回顧録』の原稿などの他、重光葵発松村宛書簡などの貴重な史料が展示してある。日記については、それぞれ数か月分しか記述がないものの、伊藤隆・季武嘉也氏により、大正二―五年（一九一三―一九一六）、大正九―十一年、大正十三年、昭和四―六年（一九二九―一九三一）、昭和十三年、昭和十九年、昭和二十六年、昭和四十三―四十四年の分が確認されており、他の年代の日記の所在を含め、筆者が調査中である。なお、明治末年の中国旅行の印象をつづった文章が木村時夫「明治三七、八年中国旅行記」上・下（『早稲田人文自然科学研究』三十五、三十六、平成元年）に復刻されている。

　福光町立図書館には、松村関連の新聞記事や福光町史編纂時の聞書、写真集『松村謙三先生を偲んで』（松村謙三生誕百年記念祭実行委員会、昭和五十八年）に収録された紀行文の原稿などが保管されている。

　松村には「私の履歴書」（『私の履歴書』第二集〈日本経済新聞社、昭和三十二年〉）、『三代回顧録』（東洋経済新報社、昭和三十九年）の二つの自伝的回想がある。また、自由民主党広報委員会出版局編『秘録・戦後政治の実像』（自由民主党広報委員会出版局、昭和五十一年）に松村の回想がある。

　松村の研究については、何より前述の『松村謙三―伝記編―』を挙げるべきだろう。また、遠藤和子『松村謙三』（KNB興産株式会社出版部、昭和五十年）も、刀利ダム建設関係者のインタビューや関係する政治家の手記などを用いた評伝として重要である。また、『月刊自由民主』、『月刊新自由クラブ』、『北日本新聞』や『富山新聞』で、幾度か松村の特集が組まれており（福光町立図書館に一部収集されている）、参考になる。その他、川崎秀二・笹山茂太郎・田川誠一の著作など、松村と親しい政治家の回想文なども参考になる。また、遺族が松村の母・多みの思い出を綴った『おばあちゃんの話』（非売品、松村寿、平成十四年）があり、松村の幼少期を彷彿とさせるエピソードを知ることができる。

（武田　知己）

松本　学（まつもと・がく）

明治十九―昭和四十九年（一八八六―一九七四）

内務省警保局長

　残された史料（「松本学関係文書」）は、憲政資料室所蔵の七〇四点と、母校関西（かんぜい）学園関西高等学校（岡山市）所蔵の六〇六点（いずれも枝番を数えず）があり、後者は憲政資料室でマイクロフィルム版を利用できる。前者は日記や履歴関係の諸史料、松本が中心となって発行した雑誌（『邦人一如』『厚生時代』）、著述類が中心であるが、その他警察情報や生涯の全時代にわたるさまざまな活動に関する史料が含まれている。後者は職務上の書類が中心で、内務省警保局長時代の史料（警察関係の情報類）と、内務省退官後に創設した日本文化中央聯盟の関係書類が大半を占めている。これらのうち、日記は明治三十七年（一九〇四）から昭和三十五年（一九六〇）まで断続的にあり、特に昭和八年八月から二十二年十二月までは継続的に書かれており、政治史、社会史研究に有用な情報が豊富に含まれている。このうち昭和四年から十三年までの分は伊藤隆・広瀬順晧編『松本学日記』(山川出版社、平成七年)として活字化されている。本人の著作は小冊子体のものが多数ある。

伝記的な文献としては、昭和四十一年に行われた聞き取り調査をまとめた、内政史研究会編刊『松本学氏談話速記録』上・下、前掲『松本学日記』の「解題」(執筆伊藤隆)があり、同書や「松本学関係文書」を主に用いた研究としては、小田部雄次「日本ファシズムの形成と『新官僚』」(日本現代史研究会編『日本ファシズム(1) 国家と社会』大月書店、昭和五十六年)、古川隆久『皇紀・万博・オリンピック』〈中公新書〉(中央公論社、平成十年)、藤野豊『強制された健康』(吉川弘文館、平成十二年)がある。 (古川 隆久)

松本蔵次(まつもと・くらじ)

明治十六―昭和三十七年(一八八三―一九六二) 対中国運動家

筆者は『小川平吉関係文書』(みすず書房、昭和四十八年)編纂の過程で子息徳次郎氏から「松本蔵次関係文書」の閲覧を許され、マイクロフィルム化した。鳥海靖氏と一緒に、その内の日中戦争期の小川・萱野長知・緒方竹虎・頭山秀三らと連携して行った日中和平工作関係の書簡・電報類(小川・萱野書簡が多く、また萱野長知宛のものも多い)を「〈史料紹介〉日中和平工作に関する一史料―松本蔵次関係文書から―」(一)(二)(『東京大学教養学部人文科学科紀要六十六・七十 歴史と文化XII・XIII』昭和五十三・五十五年)に紹介した。そのマイクロフィルムは憲政資料室に寄贈したが、徳次郎氏との連絡が取れず、諒解を得ることができないので、公開はされていない。

上述の紹介した分以外に大正期の宮崎滔天、大正昭和期の宮崎民蔵等からの書簡も含まれている(宮崎滔天からの書簡は『宮崎滔天全集』五〈平凡社、昭和五十一年〉に収録されている)。また『小川平吉関係文書』には、昭和十三年(一九三八)以降の松本の書簡・電報が萱野の書簡・電報とともに収録されている。

伝記類は存在しないし、また松本についての研究も管見の限り存在しない。 (伊藤 隆)

松本剛吉(まつもと・ごうきち)

文久二―昭和四年(一八六二―一九二九) 政界情報通・貴族院議員

残された史料はかなり散逸したようであるが、長男の剛一氏が所蔵していたものを最近憲政資料室が購入した。その中心は明治末年から昭和初期にかけての政治日誌であり、岡義武・林茂編『大正デモクラシー期の政治―松本剛吉政治日誌』(岩波書店、昭和三十四年)として翻刻されている。冒頭に岡義武氏の懇切な「解題」がある。なお、季武嘉也氏が『原敬日記』と併せて、本日記の性格について解説をしている(『月刊Asahi』平成五年一・二月号)。

筆者は右書の重版の際に再校訂に係わった関係から、遺族に接触して残された史料の全体を見せていただき、季武嘉也氏とこれを電子化したが、未だ発表の機会を得ていない。松本の亡くなった昭和四年(一九二九)の日誌(刊本には収録されていない)、諸方面、特に田健治郎からの書簡・電報などがあり、また自伝『夢の跡・黄樹庵主閑談』(大正十四年、印刷はされているが非売品としてごく限られた範囲に配布されたもので、ほとんど他に見ることができない)などがある。

伝記的研究については前記『松本剛吉政治日誌』の岡義武氏の「解説」および前記自伝以外にはほとんどない。松本の日記は大正期の政治史研究に頻繁に用いられているが、その中に土川信男「政党内閣と元老西園寺―『松本剛吉政治日誌』を中心に」(『年報・近代日本研究20 宮中・皇室と政治』山川出版社、平成十年)などもある。 (伊藤 隆)

松本重治（まつもと・しげはる）
明治三十二―平成元年（一八九九―一九八九）　ジャーナリスト・国際文化会館創立者

長男の洋氏によると、戦前の関係文書は存在しないという。戦後のものは洋氏のもとにあり、現在政策研究大学院大学で目録作成を行っている。そのダンボール五箱中には、松本が創刊した『民報』、追放解除訴願関係の書類、原稿類、来翰などが含まれている。

回想録として『上海時代―ジャーナリストの回想』上・中・下（中央公論社、昭和五十年）、『近衛時代―ジャーナリストの回想』上・下（中央公論社、昭和六十一―六十二年）がある。その他に国弘正雄氏が聞き手となった回想録『昭和史への一証言』（毎日新聞社、昭和六十一年）、加固寛子氏が聞き手となった『〈聞書〉わが心の自叙伝』（講談社、平成四年、巻末に略年譜が付されている）、朝日カルチャーセンターでの講演「日中戦争と和平の動き」（『語りつぐ昭和史―激動の半世紀（1）―』朝日新聞社、昭和五十年）、斎藤真・本間長世両氏を聞き手とするオーラルヒストリーの記録『松本重治先生に聞く』（東京大学アメリカ研究資料センター、昭和五十五年）がある。

共編として『原典アメリカ史』一―五（岩波書店、昭和二十五―三十二年）、翻訳としてチャールズ・A・ビーアド著『共和国』上・下（社会思想研究会、昭和二十四―二十五年、のち『アメリカ共和国』みすず書房、昭和六十三年改訳出版）、共著『近代日本の外交』（朝日新聞社、昭和三十七年）、伊藤武雄・岡崎嘉平太との鼎談『われらの生涯のなかの中国』（みすず書房、昭和五十八年）、論文集として『国際関係の中の日米関係―松本重治時論集―』（中央公論社、平成四年、巻末に永井道雄・斎藤真・松山幸雄三氏の鼎談「松本重治を語る」を収録）、著書『国際日本の将来を考えて』（朝日新聞社、昭和六十三年）がある。また『松方三郎』（共同通信社、昭和四十九年）の編集世話人代表となっている（この中で、松本も松方についての追想を書いており、また座談会「三郎の人間像」に参加して発言している）。

追想録として、財団法人国際文化会館『追想松本重治』刊行委員会（代表永井道雄）編刊の『追想松本重治』（平成二年）がある。海外を含めて多くの人々の追想の他、座談会「松本重治さんを語る」（出席者、オーテス・ケーリ、松尾文夫・粕谷一希・松本洋・加固寛子・蠟山芳郎・斎藤真）、小伝として松尾文夫氏の「松本重治さん―その軌跡」に詳細な年譜が付されている。

（伊藤　隆）

松本忠雄（まつもと・ただお）
明治二十―昭和二十二年（一八八七―一九四七）
外務政務次官・民政党代議士

松本は、政治家としてよりも、「松本記録」と呼ばれる外交公電の写しを残した人物として、昭和期の外交史研究者の間では周知の人物である。戦前に、加藤高明首相の秘書・外務省参与・外務政務次官などを歴任、主として外交畑で活躍し、また東亜同文書院出身者として、主としてアジア政策関係者との知己を得ていた関係もあったようだが、かなりの程度、日々の外交公電に接し得た人物であり、その間に、本人あるいは秘書が膨大な外交公電を文字通り「筆写」した。松本記録は、その筆写された記録の通称である。また、松本記録は、外務政務次官であった昭和十二年（一九三七）から十四年までの外交記録の写しと誤解されている向きもあるが、松本記録には、昭和十二年以前の外交記録も存在するので、注意が必要である。

ところで、単なる外交公電の写しが、なぜ著名となったのかといえば、偶然ではあるものの、敗戦前後に焼失したおびただしい昭和期の外交公電の一部を、この松本記録が補完する役目を果たしたからである。この記録の概要については、『日本外交文書』の「例言」、『外務省の百年』下（原書房、昭和四十四年）の「戦後の外務省記録事務」の中で簡単に触れられているが、昭和二十二年頃から、松本記録の外務省への移管に関わられた栗原健氏の証言が「座談録　松本記録について―寄贈の経緯と史料的価値―」としてまとめられており(『外交史料館報』五、平成四年)、松本記録の性格や松本個人の文書の経緯について、最も詳しい記録となっている。

その栗原氏の証言から、松本記録が外務省に寄贈された経緯についてまとめて見ると以下のようになる。敗戦後、記録室勤務となった栗原氏は、戦争による外交記録の焼失と現存の状態を調査する仕事に従事していた。そして、昭和二十二年秋、その年の七月に亡くなられた松本氏の自宅(鎌倉市材木座)に多数の史料が残されているという情報を外務省関係者から入手し、同年十二月、当時の外務省図書館勤務であった松田信隆氏とともに、松本家に赴き「松本記録」の存在を確認した。

ところで、その後、間もなく極東軍事裁判が開始されるが、松本記録の外務省への移管の作業が終了していなかったので、この裁判では松本記録が利用されなかった。「松本記録」が外務省に正式に寄贈されたのは、昭和二十五年十月のことである。もっとも、これと前後して、占領軍特にアメリカが、日本の陸海軍記録の接収を開始している。外交記録は接収を免れたが、米国議会図書館の計画に基づき、マイクロ化とリストの作製が、昭和二十四年夏頃から二十六年夏頃まで行われた(この過程については、外務省官房文書課『占領下における日本外務省記録のマイクロフィルム撮影について』昭和二十九年が詳しい)。アメリカ側は、グレーン・ショー氏(元大阪外国語専門学校教員)が中心となり、日本側では、外務省記録室のOBである大野邦憲氏や昭和二十八年に在米大使館員となる鈴木辰郎氏等が対応した。その頃には、松本記録の外務省への移管がかなり進んでいたと見え、この時作製されたマイクロフィルムとリストの中で、松本記録は「P・V・M」(政務次官の意味)として収録、分類されることとなった(これは、通称『外務省文書』などと呼ばれている。英語名は「Check list of Archives in the Japanese Ministry of Foreign Affairs, Tokyo, Japan, 1868-1945」。憲政資料室などで公開されている。また、英文のリストの内、明治・大正期を除く部分を、藤原彰氏を中心とする太平洋戦争史研究会が、明治・大正期の部分を古屋哲夫氏を中心とする現代史研究会が、昭和四十九年、五十四年に相次いで翻訳している)。また、現在では、外交史料館の史料を収録した「アジア歴史資料センター」(東京・半蔵門)作製のデータベースにも松本記録が収録されている。

なお、前述の栗原氏の証言では、昭和二十二年の調査で、松本氏の蔵書の存在も確認されている。その蔵書資料は、その後、昭和二十四年に東京大学東洋文化研究所が、昭和二十五年に東京都立大学付属図書館が購入している。また、外務省図書館でも松本氏の蔵書をいくらか購入したとのことである。東京大学東洋文化研究所が購入した約三〇〇〇冊の蔵書は目録もなく原型を復元することが不可能だが、東京都立大学付属図書館が購入した蔵書資料、四〇八四冊は、『松本文庫目録　図書の部』(同図書館、昭和五十六年)として目録化され、公開されている。この蔵書は、大正、昭和を中心とした、日・中・英の各国語による公刊本と冊子類から構成されており、戦前の外交史研究にとって極めて貴重な材料となっている。

また、同文庫には、仮整理の段階で一五〇〇点余り数えられる文書類も収められているが、これは、前述の栗原氏等の調査時に、何らかの理由で取りこぼされたものだと推測される。この整理や調査には、奥村哲氏、松重充浩氏や、筆者を含めた幾人かが断続的に当っているが、明治期から昭和の戦時期までの意見書の類、外交公電類などがあり、その史料的価値は高い。また、中には昭和十年前後の「松本記録」も含まれている。これらの史料の整理によって、松本記録の全貌が明らかになるだろうし、戦前の外交記録の補完も進むと思われる。

また、松本個人の記録についても今後の検討課題である。松本は、明治二十年(一八八七)七月二日長野県生、明治四十二年七月東亜同文書院卒業、大正十三年(一九二四)五月衆議院初当選、加藤高明の秘書となり、東京市助役を経て、昭和三年衆議院再選、昭和八年外務省参与、昭和十二年から十四年まで第一次近衛内閣外務政務次官、戦後にはジャパンタイムズ社長を務め、二十二年死去。学識豊かな松本には、著書や論文も多い。代表的なものには『日支新交渉に依る帝国の利権』(清水書店、大正四年)、『近世日本外交史』(博報堂出版部、昭和十七年)などがある。特に後者は、明治大正期の外交記録を多用した研究書であり、今でも一読の価値がある。また、前述の東京都立大学の松本文庫中には、若干の私信や演説草稿などが残されているものの、彼の人となりを明らかにするには不十分である。また、東亜同文出身者である彼は、大陸関係者や、外務省では、石射猪太郎や田尻愛義ら、昭和戦前期の対アジア政策関係者との関係が深く、東亜同文書院関係者や外交官の回想録等に松本の名が散見されるものの、充分なものではない。

(武田　知己)

馬淵逸雄(まぶち・いつお)

明治二十九―昭和四十八年(一八九六―一九七三)

大本営陸軍報道部長

佐官参謀の時代、昭和十二年(一九三七)八月から十六年十月の間、上海・中支那各派遣軍、支那派遣総軍・大本営の各報道部長であり、日中戦争中の軍報道宣伝の責任者であった。そして、記事検閲中心の軍報道を、新聞通信・映画・放送・文壇・画壇・芸能等各文化界からの従軍を奨励する方針に切り換え、「宣伝報道は思想戦で、近代戦での重要な手段である」という考えを貫き、戦争遂行への国民的理解を深める努力をした。同時に、中国の現地民衆との親和を図り、汪兆銘(精衛)の和平・親日政府樹立も支援した。

これに関する史料は、著書と多数の手書き文書が馬淵(長男逸明)家に保存されているが、そのほとんどは西岡香織『報道戦線から見た「日中戦争」―陸軍報道部長馬淵逸雄の足跡』(芙蓉書房出版、平成十一年)に収録されている。

その中には、大本営報道部長で帰国後出した単行本、『東亜の開放』(揚子江社、昭和十六年、上海の新聞・雑誌に寄稿した九十二の論文・随筆を収録)、『報道戦線』(改造社、昭和十六年、戦地報道部・従軍文化人進展の詳細な記録)、『日本の方向』(六芸社、昭和十六年、「支那事変の本質論」等、三十四の論説・講演録)がある。

また当時の著書である山浦貫一『近衛時代の人物』(高山書院、昭和十五年)は、馬淵を菊池寛以下の従軍文士壇を支援した「インテリ軍人・文化人」と讃えている。戦後では、雑誌『東海人』昭和二十八年六月号に「名作「麦と兵隊」の出来るまで」として、作家・火野葦平(召集兵の報道部員)との対談がある。さらに戦時中、戦地を舞台にした映画の名作が多数作られたが、前出『報道戦線』に軍の支援が詳しく記されている。

また汪兆銘の新国民政府樹立(昭和十五年四月)までの、報道部の思想的組織的支援についても『報道戦線』に詳しい。その後、陸軍省報道部長兼大本営陸軍報道部長に昇任、帰朝すると直ぐ『報道部員の心構へ』という小冊子を部員に配った。これは陸軍最初の報道論・マスコミ論として貴重な文書とされる。さらに馬淵は、出征して帰還した文化人兵士等で「文化奉公会」を組織したが、結成式での挨拶「文化奉公会の使命」が、前出『日本の方向』に載っている。また十六年九月一日「国民防空大講演会」(東京・共立講堂)で「戦時下国民の心構へ」の講演をし、「英米・狙う日本のジリ貧」等の言葉を使った。これを『毎日新聞』をはじめ翌日の各新聞が大きく取り上げ、欧米の新聞にも転載、『国民に愬(うった)ふ』(大新社、昭和十六年)という小冊子にもなり、馬淵の人気は高まった。

しかし軍部内では、政治・外交に関する発言は報道部長の越権行為だとの批判が強く、翌月、朝鮮の歩兵聯隊に左遷された。これについては馬淵手書き文書に「東条さんの肚」「転落」(戦後、年月不詳)がある(馬淵家文書)。

料金受取人払

本郷支店承認

3843

差出有効期間
平成25年1月
31日まで

郵便はがき

1 1 3-8 7 9 0

2 5 1

東京都文京区本郷7丁目2番8号

吉川弘文館 行

愛読者カード

本書をお買い上げいただきまして、まことにありがとうございました。このハガキを、小社へのご意見またはご注文にご利用下さい。

お買上 **書名**

＊本書に関するご感想、ご批判をお聞かせ下さい。

＊出版を希望するテーマ・執筆者名をお聞かせ下さい。

お買上書店名　区市町　書店

◆新刊情報はホームページで　http://www.yoshikawa-k.co.jp/

◆ご注文、ご意見については　E-mail:sales@yoshikawa-k.co.jp

ご氏名《ふりがな》	年齢　　歳　男・女
〒 □□□-□□□□ ご住所	電話
ご職業	所属学会等
ご購読新聞名	ご購読雑誌名

今後、吉川弘文館の「新刊案内」等をお送りいたします(年に数回を予定)。
ご承諾いただける方は右の□の中に✓をご記入ください。 □

注 文 書

月　　日

書　　名	定　価	部　数
	円	部
	円	部
	円	部
	円	部
	円	部

配本は、○印を付けた方法にして下さい。

イ. 下記書店へ配本して下さい。

(直接書店にお渡し下さい)

(書店・取次帖合印)

書店様へ＝書店帖合印を捺印下さい。

ロ. 直接送本して下さい。

代金(書籍代＋送料・手数料)は、お届けの際に現品と引換えにお支払下さい。送料・手数料は、書籍代計1,500円未満500円、1,500円以上200円です(いずれも税込)。

＊お急ぎのご注文には電話、FAXもご利用ください。
電話 03―3813―9151(代)
FAX 03―3812―3544

太平洋戦争勃発後は、昭和十七年十二月第五師団参謀長、十八年八月陸軍少将となり、西部ニューギニア方面で飢餓と闘ったが、この頃の手書き文書に「大東亜戦争の体験」「終戦前・甲（ニューギニア方面）」があり、また大岩泰・馬淵逸明編『天に向かって撃て　馬淵少将の手記から』（昭和二十四年、非売品）には、当時の部下の手記数編も収められている。

ついで昭和二十年二月、第二十七独立混成旅団長（ジャワ島西部防衛司令官）に転じ、八月十五日に敗戦となるが、終戦前後の手書き文書には「築城―民心工作の一つ」「バンドン華僑総会での話―日華両民族の宿命」「終戦直後のバンドン旅団司令部」「義勇軍大団長の招宴」「華僑招待」がある。とくに終戦後決起したインドネシア独立軍は、日本軍の武器を奪い、進駐した英軍を苦しめたので、日本軍の責任が問われ、軍司令官以下四人の将軍が逮捕された。しかし馬淵だけは西部地区の治安を保ち、武器引渡しも指示通りとして除外された上、第十六軍司令官代理を命ぜられた。そこで密かに独立運動を支持しつつ、治安維持と連合軍捕虜の解放、日本兵の復員に成功した。このため連合軍は馬淵の指揮権を尊重して軍刀の所持を許し、担任区域も広大な蘭印地域全体となった。

これについては「解除申請書」（昭和二十六年）の他、「西部地区隊概況（二十一年二月、ジャワ）」「解散―宇品に滞留四日（二十二年五月）」の馬淵文書に詳しい。なお、敗戦日本軍唯一人の佩刀将軍馬淵は、復員時にその名刀「平長盛」を英軍に代った蘭軍司令官に寄贈したが、それは今もオランダの陸軍博物館に保存されている。

（西岡　香織）

み

三浦梧楼（みうら・ごろう）　弘化三―大正十五年（一八四六―一九二六）　陸軍中将

三浦家に残された史料は昭和四十九年（一九七四）に三浦矢一氏より憲政資料室に寄託された。書簡は約三五〇通、書類は政治関係・仏教関係を中心に約七〇点ある。このうち、政治的に重要と思われる史料一二二点は、山本四郎編『明治史料八　三浦梧楼関係文書』（明治史料研究連絡会、昭和三十五年、ただし会員にのみ配布）としてガリ版刷りで復刻された。

彼に関する正伝はないが、『三浦将軍縦横録』（実業之世界、明治四十四年）、三戸十三編『観樹将軍豪快録』（日本書院、大正七年）、『観樹将軍回顧録』（政教社、大正十四年）など、政界の裏面を描いた興味深い回顧録がある。このうち、『観樹将軍回顧録』の全部と、『三浦将軍縦横禄』の一部は現代語に直され『明治反骨中将一代記』（芙蓉書房、昭和五十六年）として復刻されている。彼に関する研究としては、山本四郎「三浦梧楼小論」（『ヒストリア』二十六、昭和三十七年)がある。

(季武　嘉也)

三島弥太郎（みしま・やたろう）

慶応三—大正八年(一八六七—一九一九)　貴族院議員・日本銀行総裁

文書の所在を大別すれば、四ヵ所に分かれる。第一は父通庸の文書とともに、遺族から昭和二十七年(一九五二)に憲政資料室に寄贈された後、それぞれ整理されて「三島通庸関係文書」、「三島弥太郎関係文書」として公開されたものである。この「三島弥太郎関係文書」には、金融界・貴族院・薩派やプライベートな関係者からの書簡や、各種の書類が含まれる。ただし、通庸以外の家族からの弥太郎宛書簡など約四〇〇通余りは非公開となって、目録には含まれていない。第二は、日本銀行金融研究所研究第三課編『第八代総裁三島弥太郎書簡目録』として編纂されているものである。これは、憲政資料室に寄贈されず遺族の手元に残された史料のうち、弥太郎が日銀総裁として深井英五ら日銀幹部から受け取った書簡一二四通だけを選別し、手書きで筆耕して綴じ込んだもので、日本銀行金融研究所に所蔵されている。もっとも、この書簡原本は日銀から遺族の手に返却されたはずであるが、現在のところ見当たらない。第三は、現在でも遺族の三島義温氏の手元に残っている史料で、表装された四本の巻物を含めた約二五〇通の書簡と、明治二十一年(一八八八)から明治三十四年にかけて断続的に書かれた日記八冊である。ちなみに、坂本辰之助『子爵三島弥太郎伝』(昭文堂、昭和五年)には日銀総裁時代には常に手帳を携行し、何かと鉛筆でメモをしていたと述べられており、実際に同書には大蔵大臣との会談メモなどの重要な部分が引用されているのだが、残念ながらこの手帳は現在見当たらない。第四は西那須町立郷土資料館(平成十六年〈二〇〇四〉には那須野が原博物館として新たに開館予定)に保管されているもので、写真・学生時代の教科書・ノート・書画・スクラップブックや、三島通庸葬儀関係書類などがある。

これらのうち、第一から第三の史料については、歴史研究上比較的重要と思われる史料を選択して尚友倶楽部・季武嘉也編『三島弥太郎関係文書』(芙蓉書房、平成十四年)として公刊した。同書には書簡、書類のほか、明治三十二年七—十二月、三十三年八月—三十四年八月の日記、収載書簡以外の書簡の一行摘記、簡単な解説などを掲載した。

研究としては前述の坂本『子爵三島弥太郎伝』という正伝があり、現在見られない史料も数多く掲載されている。三島義温『三島弥太郎の手紙』(学生社、平成六年)は、憲政資料室所蔵「三島通庸関係文書」中の通庸宛弥太郎書簡を詳細に引用しながら、若き留学時代(明治十七—二十一年)を綴っている。また、吉野俊彦「三島弥太郎論」(『歴代日本銀行総裁論』毎日新聞社、昭和五十一年所収)が銀行家としての側面を論じており、内藤一成は「大正政変期における桂新党と貴族院」(『史学雑誌』一一一—四、平成十四年)をはじめ、一連の業績において「三島弥太郎関係文書」をも十分に利用し、三島指導下の貴族院研究会の実態を解明しつつある。

(季武　嘉也)

水野　直（みずの・なおし）

明治十二—昭和四年(一八七九—一九二九)　貴族院議員

旧蔵の文書・記録の大半は、憲政資料室に現在寄託されている「水野直関係文書」に収められている。同文書所収の諸資料は嗣子勝邦(明治三十七—昭和六十三年〈一九〇四—一九八八〉)が整理したもので、同文書仮目録によればそれは以下の三つに大別される。

①「書翰の部」、②「書類の部」、③「教育調査会関係」。①は伊藤博文の四通の書簡をはじめ十三通の書簡からなる。②は日記・懐中手帳を中心に趣意書、願ほか四十四点の資料が含まれる。そのうち日記(日誌)は明治三十四年から大正十二年(一九二三)にかけてのものが八冊ある。また、懐中手帳は明治三十、三十一、三十二年分を一冊としたものから大正

十五年のものまで年次が特定できるものが十七冊、年次不祥のものが六冊ある。日記(日誌)のうち、「尚友会幹事日誌　明治四十二、四十三年」は勝邦氏によって翻刻され、尚友倶楽部より『貴族院子爵議員選挙の内争　付尚友会幹事日記』として昭和六十一年に刊行された。また懐中手帳に関しては、大正十一・十二年の一冊が伊藤隆・西尾林太郎によって「水野直日記―大正十一・十二年―」(『社会科学研究』三十四―六、昭和五十八年)として翻刻された。これら日記や手帳の情報量はそれぞれ大きく異なり、手帳であっても単なるメモ帳、覚の範囲を超えて、日記といったほうがよいようなものもある。こうした日記や手帳のほかに、願、辞令、案内などの文書等が十八点ある。

③は貴族院議員として参加した教育調査会および臨時教育会議関係資料と学習院関係資料とからなる。特に教育調査会関係については、その会議等で配布された諸資料や浄書された会議録が九冊に整理され綴られている。さらにそれには目次が別冊になっている。この十冊の冊子は水野自身か水野の指示で秘書等の手で作成されたものと思われる。ともあれ③は大正期の教育改革を考えるうえで近代日本教育史の資料として貴重である。なお、この資料の一部は、中野実「水野直教育関係文書・教育調査会関係史料(一)」(『東京大学史紀要』三、昭和六十年)として翻刻された。また、「水野文書」には、橋本実斐関係史料が含まれている。橋本は貴族院議員であり、戦後の貴族院における憲法改正委員会橋本メモをはじめとする六点の史料が含まれる。これらは勝邦が橋本より譲り受けたものである。

ところで、水野の伝記としては、川辺眞蔵『大乗の政治家水野直』(非売品、昭和十六年)があり、懐中手帳に記載されたメモ等が豊富に引用されている。そのほか、水野の関係の資料として、『水野直追憶座談会録』(非売品、ガリ版刷、昭和十七年)がある。これは十三回忌に際し、昭和十六年四月から五月にかけて六回にわたり縁の人々が集まって開かれた追悼座談会の速記録である。青木信光や前田利定などの貴族院議員、正力松太郎や河原田稼吉ら元官僚など三十六名が来賓として招かれている。また、亡くなって一年後に、結城温故会編『水野直を語る』(非売品、昭和五年)が結城温故会から刊行されている。右の「追憶座談会」出席者と重複する人々も少なくないが、こちらは寄稿者三十名がそれぞれ個別に思い出を語っており、この両方が併せ読まれるべきであろう。

(西尾　林太郎)

水野錬太郎(みずの・れんたろう)

明治元―昭和二十四年(一八六八―一九四九)　内務大臣

遺された史料は、手記、来簡、講義ノート類等かなりの量にのぼるが、生前からこうした史料の整理、保存に留意し、自ら関わった事件に関して綴った手記の類を和綴本としたり、来簡の多くを差出人別にまとめてそれぞれ巻子本にしている。ちなみに次男政直の妻美枝子(故人)は、書生に指示してこうした作業にあたらせていた水野の姿を何度か見ている。また帝大生時代の多くの講義ノートが今日に伝えられている。戦時中これらの史料は大磯の別邸に移され、戦災を免れた。昭和二十四年(一九四九)に水野は亡くなるが、遺された史料は政直(明治三十九―昭和五十一年、満鉄東亜経済調査局を経て新聞連合―同盟通信入社、戦後共同通信外信局長)および令孫の政一に受け継がれ、政一氏によって憲政資料室に寄託され、今日「水野錬太郎関係文書」として公開されている。

この「関係文書」の特色は、まとまった回顧録と多数の手記を含むことである。前者は、戦後、戦犯に指名されたことが執筆の動機であったようであるが、その前半部分すなわち生い立ちから大正末期の分はすでに別の形で執筆され、公刊されている(後述『論策と随筆』所収)。後者であるが、「内務次官就任の内情顛末」をはじめ十四編あるが、いずれも公職にあった水野が、内務次官就任以来、進退を含めた人生の節目に、懐中日記など参照しながら自ら綴ったものである。なお、懐中日記を毎日つけていたようであるが、戦前・戦中のものは戦災のため焼失している。戦後のものについては何冊かが現存し、政一氏によって保存されているが、そのほとんどがその日の体調や来客者を記する程度で終っており、空白が目立つ。

ところで、著作等を一冊にまとめたものが、昭和十二年に刊行された。松波仁一郎編『水野博士古稀記念・論策と随筆』(非売品)がそれで、詩歌の類も含めて九〇〇ページ余りの大冊である。「論策」は公人としての講演や訓示等を中心に構成されている。「随筆」は文字通り随筆的な短編物が大半であるが、その内「一六　書簡より見た故人の面影」では板垣退助ら交流があった政治家や学者等の来簡が収録され、それぞれの来簡について自らその背景や思い出を語った、ユニークな人物論になっている。先にふれた、巻子本という形で保存された来簡のかなりの部分が、このような形で自身によって選択・翻刻されており、その数は四十五にのぼっている。また、この関係文書中に含まれる二十数点におよぶ、帝大時代の講義ノートや、一高や帝大等の講義案は、法学教育を中心とした明治期の高等教育に関する資料として貴重である。

なお、講義ノートを除いて、この文書の主要なものを翻刻したのが、西尾林太郎・尚友倶楽部編『水野錬太郎回想録・関係文書』(山川出版社、平成七年)である。回顧録である「懐旧録」が前編・後編・補遺を一本にまとめ、手記および巻子本にまとめられたものを中心に水野宛の書簡が翻刻されている。

水野に関する伝記や研究は多くないが、伝記としては先の『水野錬太郎回想録・関係文書』所収の西尾林太郎「官僚政治家・水野錬太郎」があり、研究としては大家重夫「水野錬太郎と旧著作権法」・「水野錬太郎と『著作権』という言葉」(『著作権を確立した人々』成文堂、平成十五年、九十六―一三三ページ所収)、稲葉継雄「水野錬太郎と朝鮮教育」(『九州大学教育学部付属比較教育文化研究施設紀要』四十六、平成七年)がある。

なお最近水野家に残されていた蔵書が政策研究大学院大学に寄贈され、整理中である。

(西尾　林太郎)

水町袈裟六（みずまち・けさろく）

元治元―昭和九年（一八六四―一九三四）　財務官僚

関係資料は、関東大震災で所蔵資料の大半を焼失した大蔵省が、大正末年に先輩個人が所蔵していた資料の寄贈を仰ぎ、諸家文書として整理保管したが、そのうちの一つとして「水町家文書」八冊が遺され、財務省(財務総合政策研究所財政史室)で保管している。諸家文書は複写され、憲政資料室で閲覧できる。

明治二十四年（一八九一）大蔵省入省後、参事官を経て三十六年理財局長、次いで四十年大蔵次官、四十一年英仏駐在となり財務官として海外勤務、四十四年大蔵省を辞し、その直後から大正八年（一九一九）まで日本銀行副総裁を勤めた。「水町家文書」は、主に理財局長から次官時代の大蔵省資料で占められ、日露戦時財政および戦後財政整理に関連する予算、税制、専売、公債、軍資金調達、金融、正貨収支など多方面にわたる調査資料、立案案件、書簡などが含まれている。また、日銀副総裁時代のものと考えられる大正年代の日銀調査資料若干と、昭和四年（一九二九）末の枢密顧問官就任時の金解禁対策資料が一点残されている。

(大森　とく子)

満川亀太郎（みつかわ・かめたろう）

明治二十一―昭和十一年（一八八八―一九三六）

拓殖大学教授

旧蔵の文書・記録は現在ほぼまとまった形で遺族の元に保管されている（ただし国立国会図書館に移される予定である）。これらの史料は体系的に整理されているわけではないが、遺族の手により仮の目録が作成されている。史料の内容であるが、三〇〇通以上の満川宛書簡（この中には、大川周明からの二十通の書簡、北一輝からの十九通の書簡などが含まれる)、明治三十五年(一九〇二)以降の日記や手帳、住所録、原稿、書類、パンフレット、新聞・雑誌の切り抜き等、全生涯に関わるものによって構成されている。この内、拓殖大学教職員住所名簿や同大学国防研究会創立趣意書、講義録など拓殖大学関係の史料は、すでに同大学に寄贈されている。

他方、東洋協会と拓殖大学関係の定期刊行物に発表した論文や評論については平成十三年(二〇〇一)九月に拓殖大学創立一〇〇年記念出版として同大学より刊行された『満川亀太郎―地域・地球事情の啓蒙者』上・下にすべて収められている。さらに行地社を脱退した後、一新社を設立して自ら機関誌として発行した『鴻雁録』一―三については、全文が『拓殖大学百年史研究』十一(平成十四年)に収録されている。また自身で作成したパンフレット「何故に『過激派』を敵とする乎」や「革命トハ何ゾヤ」および『鴻雁録』第一の巻頭言を新たに加えた『三国干渉以後』の復刻版が平成十六年中に論創社より刊行される運びとなっている。

満川に関する研究はまだ緒に就いたばかりである。したがって研究論文はきわめて少ない。現在のところ長谷川雄一「満川亀太郎の対米認識」(長谷川編『大正期日本のアメリカ認識』慶応義塾大学出版会、平成十三年)、クリストファー・W・A・スピルマン「満川亀太郎―地域・地球事情の啓蒙者・解題」(前掲『満川亀太郎』上)、同「一新社の機関誌『鴻雁録』について」(『拓殖大学百年史研究』十一、平成十四年)等が挙げられる。

(長谷川雄一)

箕作麟祥(みつくり・りんしょう) 弘化三―明治三十年(一八四六―一八九七) 洋学者・司法次官・行政裁判所長官

関係史料は、祖父箕作阮甫の史料とともに、昭和六十一年(一九八六)に憲政資料室に寄託・公開されている。その全貌は、同室備付の目録によって知ることができる。全体では二五一点で、半数近くは阮甫の訳した蘭書や漢書が占めるが、司法省に長く奉職し、多くの法令の翻訳・立案に従事した麟祥の手になる「民法関係書類」「裁判所構成法関係書類」なども見られる。英書・仏書のほか、箕作家関係の書類も含まれる。しかし、日記・書簡は見当らない。

阮甫の出身地岡山県津山市には旧宅が遺されているが、津山洋学資料館には関係の史料はない。むしろ、東京大学法学部図書室に、「箕作文庫」と称して麟祥旧蔵の和書一八〇〇件四三九一冊(ただし、冊数を多くしているのは『統計集誌』と『東京経済雑誌』)、洋書九一〇件七一七冊(英書・仏書)が保存されているのが注目されよう。箕作祥一の寄贈にかかるこの文庫の内容は、和洋書各々の目録によって見ると、法律書がほとんどを占めている。

自伝を残していないが、伝記には大槻文彦『箕作麟祥君伝』(丸善、明治四十年)があり、家系、伝記に加え、多くの知己による回想を収録している。司法次官、行政裁判所長官などの枢要な地位を占めた割合に、麟祥を主題とした研究には乏しい。

(中野目 徹)

三土忠造(みつち・ちゅうぞう) 明治四―昭和二十三年(一八七一―一九四八) 大蔵大臣・鉄道大臣・枢密顧問官

私文書・記録類はまとまった形では遺されていないようである。ただ、憲政資料室が所蔵している諸家文書類(「小川平吉関係文書」、「斎藤実関係文書」など)のなかには、三土から発信された書翰がわずかに含まれている。諸家文書中に含まれている三土発信の書翰は、同資料室にあるカード目録(憲政資料書翰発信者別索引(仮))で検索できる。ただし、旧蔵のまとまった文書類は所蔵していない。

一方、公刊されている彼自身の著作は、政界に入る以前からのものを含め幅広い分野にまたがって数多く存在している。まず、教職時代および東京日々新聞社時代の主な著作を列挙すると、『教育学』(出版者、出版年不詳、明治三十年代前半か)、『日本文法講義』(出版者、出版年不詳、明治三十年代前半か)、ベストセラーとなり数多くの版が重ねられた『中等国文典』(冨山房、明治三十一年)、『女子国文典』(明治図書、明治三十九年)、『親の罪』(金港堂、明治四十年)、『西史美談』(三省堂、明治四十一年)、『教育百言』(冨山房、明治四十三年)、『社会百言』(冨山房、明治四十三年)、渡邊源次郎(訳)『Social Questions in Japan』(内外出版社、明治四十三年)がある。なお、『親の罪』は『家庭教育文献叢書 3』(クレス出版、平成二年)に再録されている。

次に、衆議院議員として政界に入った後の著作、特に精通分野である経済問題に関する主なものを紹介する。「財政経済及税制」(立憲政友会(編)『政治講座』日本政治学会、大正十五年)、『金解禁と緊縮政策の批判』(宝文館、昭和四年)、『経済非常時の正視』(日本評論社、昭和五年)、「経済非常時に処する国民の覚悟」(『非常時国民全集 第三 経済篇』中央公論社、昭和九年)、『金の話』(拓文堂、昭和十一年)、「今日の金と物」(『教育パンフレット』〈社会教育協会〉二七八、昭和十二年)、『英国を正視せよ』(共盟閣、昭和十四年)、『戦争と財政』(大政翼賛会宣伝部、昭和十八年)がある。また、帝人事件での起訴・収監、無罪判決という一連の過程において心境を綴ったものとして、『幽囚徒然草』(千倉書房、昭和十年)、『湘南方丈記』(千倉書房、昭和十一年)、『帝人事件と私の心境』(小笠原喜太郎、昭和十二年)がある。帝人事件に関しては、前述の「斎藤実関係文書」にも三土に関する関係書類が若干含まれている。このほかには、彼の父の遺稿集である三土幸太郎著・三土忠造編『梅堂遺稾』(三土忠造、大正九年)や、彼自身の遺作集である『自楽集』(三土ナツ、昭和二十九年)がある。

次に、公刊資料としては、彼の伝記である広瀬英太郎編『三土忠造』(三土先生彰徳会、昭和三十七年)が第一に挙げられる。年譜のごく一部に誤りがあるが、生涯を知る上で基本となる資料である。このほかに、三土をとりあげた人物列伝の類もいくつか存在するが、主なものは、馬場恒吾「三土忠造論」(『政界人物風景』中央公論社、昭和六年)、大内町編『おおちの三賢人』(大内町、昭和六十一年)がある。

三土に関する既存研究のうち、教育者としての側面に関しては、稲葉継雄「東京高等師範学校と韓国・朝鮮の教育 その2―三土忠造と韓国教育」(筑波大学「日韓精神文化の交流」研究プロジェクト編刊『日韓両国における精神文化の交流』昭和五十九年)がある。経済政策に関しては、長幸男「政友会の積極政策―三土忠造の考え方を中心に―」(『昭和恐慌 日本ファシズム前夜』岩波書店、昭和四十八年、のち平成六年、同時代ライブラリー、平成十三年岩波現代文庫として再版)、田中一盛「三土忠造の理論と政策―「経済非常時の正視」出版六〇周年を記念して」(『社会科学論集』七十二、平成三年)がある。また、長男興三との関係に焦点を当てた記事として、坂口博「スカラベ　サクレ/三土忠造著『幽囚徒然草』千倉書房　一九三五年八月―父の幸運・子の不幸」(『叙説』十八、平成十一年)もある。しかし、政治家としての三土の役割や、彼の生涯全体ついての本格的研究はいまだになされていないようである。

(冨田　圭一郎)

南　次郎(みなみ・じろう)　明治七―昭和三十年(一八七四―一九五五)　陸軍大臣・関東軍司令官・朝鮮総督・枢密顧問官

関係する史料のうち、外交史料館、防衛研究所、国立公文書館が所蔵するものの一部については、アジア歴史資料センターのホームページ(http://www.jacar.go.jp/)から、キーワードによる目録検索と史料の画像の閲覧が可能である。年代や肩書き、関連する事件を検索語に加え、さらに絞り込んだ検索をすることも可能である。

国立公文書館目録データベースシステム(http://www2.archives.go.jp/)では、枢密院会議筆記の件名と請求番号の検索が可能である。南が顧問官をつとめた昭和十七年(一九四二)六月以降の会議筆記は六十二件あるが、出席者が姓名とも記されていても、発言の冒頭には姓のみしか記されていないため、同じく顧問官であった南弘との区別は慎重に行なう必要がある。

外交史料館所蔵の「林出賢次郎関係文書」には、満州国駐劄特命全権大使と満州国皇帝との会談録である「厳秘会見録」が含まれる。このうち、南が一方の話者となっている会談録は三十九件ある。目録は外交史料館で閲覧できるほか、目録を含む「関係文書」全体のマイクロフィルムが雄松堂より販売されている。

死後、同郷(大分)の御手洗辰雄を中心にまとめられた伝記『南次郎』(南次郎伝記刊行会、昭和三十二年)には、南が少年期より日記をつける習慣を持ち、巣鴨拘置所でも欠かさず日記をつけていたこと、巣鴨では獄中記のほか、幼年時代からの回想記を執筆していたことが記されている。それらは、嗣子で鎌倉市在住の南重義氏(陸士五十五期)のもとに保管されているが、現在のところ非公開である。『南次郎』に記された規模がそのまま残されているかどうかは不明であるが、自宅が罹災を免れていることもあり、散逸は少ないものと思われる。

日記のうち、陸軍大臣就任前後にあたる昭和六年から八年にかけての一部は、佐々木隆「陸軍『革新派』の展開」、北岡伸一「陸軍派閥対立(一九三一―三五)の再検討　対外・国防政策を中心として」(いずれも『年報・近代日本研究1　昭和期の軍部』山川出版社、昭和五十四年)に許可を得て引用されている。最近では古川隆久『戦時議会』〈日本歴史叢書〉(吉川弘文館、平成十三年)が、日政会時代の日記を許可を得て用いており、獄中記や回想録を多く引用している前述の『南次郎』とあわせ、目にすることのできる年代幅は広がっている。

朝鮮総督期の史料としては、憲政資料室所蔵の「大野緑一郎関係文書」「関屋貞三郎関係文書」がある。大野は政務総監であり、関屋は貴族院議員であると同時に中央朝鮮協会理事であった。前者は六十三通、後者は二十七通の南発書簡を含んでおり、差出地はほとんどが京城(現ソウル)の総督官邸となっている。

学習院大学東洋文化研究所が刊行する『東洋文化研究』に平成十二年(二〇〇〇)より掲載されている「未公開資料　朝鮮総督府関係者録音記録」には、平成十四年現在十一名の聴き取りが収められているが、そのうち「南総督時代の行政　大野緑一郎政務総監に聞く」(同氏談)、「歴代朝鮮総督と政務総監　側近者の秘話第一講」(松岡俊太郎氏談)も、朝鮮総督期の南に関する記録として興味深い。

一次史料を用いた伝記、研究は既述の通りであるが、このほか、宮本正明・岡本真希子・田中隆一・河かおるによって「未公開資料　朝鮮総督府関係者録音記録」に附された詳細な註も、関連史料を網羅した成果として挙げられる。

（鹿島　晶子）

嶺　八郎（みね・はちろう）

明治元年―?(一八六八―?)　弁護士・東洋拓殖株式会社理事

「嶺八郎関係文書」は東京大学法政史料センター原資料部に所蔵されている。東京大学法学部の近代立法過程研究会が収集したもので、同研究会による目録「近代立法過程研究会収集文書No.40　嶺八郎関係文書」(昭和四十九年)がある。関係文書の内訳は、日記二点、書翰巻物五点(約一五〇通)、書類十四点および寄贈書二十二点である。

日記は「懐中日記」が二点(明治四十・四十一年)あり、これは東洋拓殖株式会社(東拓)設立に携わった時期のものである。

書翰は桂太郎・小松原英太郎・平田東助等の所謂山県系や、ともに国民同盟会に参加した小川平吉の他、美濃部達吉や戸水寛人・梅謙次郎の法学関係者のものが見られる。また東拓設立に関係する書翰を含んでおり、日記と併せて、東拓研究に欠かせない史料である。

（岸本　昌也）

美濃部達吉（みのべ・たつきち）　明治六―昭和二十三年（一八七三―一九四八）　憲法・行政法学者

明治三十年（一八九七）東京帝国大学法科大学政治学科卒。内務省県治局に勤めた後、三十二―三十五年独仏英三箇国に留学。三十三年東京帝国大学助教授、三十五年教授として比較法制史を担当。四十一―四十四年行政法講座と兼担、明治四十四年―大正九年（一九二〇）行政法専任となり、大正九年―昭和九年（一九三四）憲法第二講座を兼担。大正十三年―昭和二年法学部長。昭和七年より貴族院勅選議員。九年東大定年退職。立憲派の代表的公法学者で、師の一木喜徳郎の学風に一端を承継し、国家論はイェリネック、行政法はオット・マイヤーの影響下で、公法理論を体系化した。主権は法人としての国家にあるとして、主権の所在による国体を分類する穂積八束の理論を批判。国家機関の相違により政体を分類し、日本は天皇を最高機関とする君主政体であるとした。明治三十六年以後高等文官試験委員を務め、大正期には憲法・行政法学の通説を形成した。

ロンドン条約問題（昭和五年）において、内閣を支持する立場を示したことなどから敵意を招き、昭和十年議会で天皇機関説を批判されて貴族院議員を辞任。二十一年枢密顧問官に任ぜられ、また公職適否審査委員会委員長を務めた。戦後は改憲不要論を唱え、枢密院において改憲案に反対するなど、保守化したという指摘もある。

著書に『憲法及憲法史研究』（有斐閣、明治四十一年）、『日本行政法』（有斐閣、明治四十一年）、『憲法講話』（有斐閣、大正元年）、『米国憲法ノ由来及特質』（有斐閣、大正七年）、『日本憲法』（有斐閣、大正十年）、『時事憲法問題批判』（法制時報社、大正十年）、『欧洲諸国戦後ノ新憲法』（有斐閣、大正十一年）、『憲法撮要』（有斐閣、大正十二年）、『行政法撮要』（有斐閣、大正十三年）、『逐条憲法精義』（有斐閣、昭和二年）、『議会制度論』（日本評論社、昭和五年）、『現代憲政評論』（岩波書店、昭和五年）、『評釈公法判例大系』（有斐閣、昭和八年）、『議会政治の検討』（日本評論社、昭和九年）、『新憲法概論』（有斐閣、昭和二十二年）、『新憲法逐条解説』（日本評論社、昭和二十二年）、『日本国憲法原論』（有斐閣、昭和二十三年）など多数ある。また、上杉慎吉との論争に関する諸論文を収集した星島二郎編『上杉博士対美濃部博士最近憲法論』（実業之日本社、大正二年）がある。

美濃部に関する研究書として、家永三郎『美濃部達吉の思想史的研究』（岩波書店、昭和三十九年）、宮沢俊義『天皇機関説事件・史料は語る』（有斐閣、昭和四十五年）、子息による回想として、美濃部亮吉『苦悶するデモクラシー』（文芸春秋新社、昭和三十四年）などがある。

（長尾　龍一）

美濃部洋次（みのべ・ようじ）　明治三十三―昭和二十八年（一九〇〇―一九五三）　軍需省綜合計画局部長

関係する文書類の内、美濃部個人に係わるものはほとんど世に出ていない。没後に関係者による追悼録として刊行された『洋々乎』（日本評論新社、昭和二十九年、公私の想い出話と年譜が載せられている）がある程度であろう。

一方、公的部分―活動に係わる文書資料はかなりのものが残されている。時期・内容により三種あり、それぞれ別の機関に所蔵され、目録も各機関から刊行されている。①「国策研究会文書（旧称「美濃部洋次文書」）」として東京大学付属図書館に架蔵されている文書群。総点数八一〇三点。冊子目録は同図書館より昭和六十三年（一九八八）刊行（市販版、平成三年）。②（通商産業省）商工政策史編纂室所蔵の美濃部よりの寄贈資料群。点数は二〇六点。目録は『商工政策史編さん室所蔵図書及資料目録』（非売品、昭和四十九年）に吉野信次等のものと一括編纂されて寄贈者別で記載。③関係文書としては一番遅く世に出た、満洲在任中収集のものを中心とした「満洲関係文書」。これは一橋大学経済研究所日本経済統計情報センター（現社会科学統計情報研究センター）所蔵。目録は『美濃部洋次　満洲関係文書目録』（平成三年および平成十二年刊行）文書類三五六綴と満洲特産中央会資料二五三点。これらの中で質量ともに第一のものは①の「国策研究会文書」でマイクロフィルム化もされて雄松堂書店から市販され、多くの研究者に利用されている。内容は美濃部が太平洋戦争期革新官僚三羽烏の一羽として活躍した商工省から企画院・軍需省時代に収集し、戦後矢次一夫氏（国策研究会主宰）に依託したもの。この文書群を中核として行われた研究に『年報・近代日本研究9　戦時経済』（山川出版社、昭和六十二年）がある。また革新官僚としての美濃部に言及している研究文献に古川隆久『昭和戦中期の総合国策機関』（吉川弘文館、平成四年）がある。なお、商工政策史室所蔵文書も昭和十一・十二年から二十一年（一部二十二年初めもあり）戦時経済政策関係資料を中心としている。これに対し③は中堅官僚時代満洲在任期に収集した満洲国創成期の経済政策資料で、文書は自らが綴っていて、内容的に一連の資料は、草稿から会議資料・定稿・決議文書等を含んでいるところに一つの特徴がある。特に美濃部が一番力を注いだ治外法権撤廃関係の文書はこの資料群の中心をなしている。この問題は満洲国自体に対してのみならず満鉄附属地の処置をめぐって満鉄とは勿論、対朝鮮総督府と、また在満朝鮮人問題等波及するところ多い課題であった。しかしこれまでこの案件に関しては満鉄側の資料に比べて満洲国側の文書が乏しかった恨みがあった。副島昭一氏が満洲国治外法権撤廃問題について論及した当時（山本有造編『「満洲国」の研究』緑蔭書房、平成七年）この文書群は非公開状態にあったし、八田文庫（早稲田大学所蔵）にもこの関係の文書は所蔵されてはいるが、美濃部文書の方が原資料を多く含んでいる。近年になって美濃部文書の内の二、三の文書を利用した論文が発表されるようになった（田中隆一「「満洲国」初期の領事館警察と治外法権撤廃」『日本植民地研究』十二、平成十二年所収）。今後双方の文書の対照等により満洲国における治外法権撤廃問題の諸相がより明らかになるかも知れない。また、美濃部文書のもう一つの特色として度量衡の文書がある。この分野は地味な分野でどこからも注目されていないもののようであるが、計量は産業の近代化にとって縁の下の力持ち的存在といえる。計量の統一・確立は産業の近代化にとって不可欠の要素であって、美濃部が満洲国に赴任して第一に手をつけた分野が度量衡であった。

戦中期の美濃部には市販の著作物もあり（例えば、繊維局時代には『綿業輸出入リンク制度論』『綿統制』など）雑誌への掲載論文・座談会記事等も多い。なお、戦後公職追放後は民間会社等に関与、公職に復帰することなく没した。

美濃部の私的側面のもの、日記・書簡などについてはほとんど分からない。前記『洋々乎』によれば、遺族の手元に残されているものもあるようであるが、現在どうなっているかは不明である。

（高橋　益代）

宮崎周一（みやざき・しゅういち）

明治二十八―昭和四十四年（一八九五―一九六九）

最後の参謀本部第一部長

旧蔵の文書・記録の内、日記は防衛研究所図書館が所蔵し、著述についても戦前・戦後に執筆した史料等で重要なものは、長子忠夫氏（元陸将）が自ら整理・印刷した「宮崎周一資料」にまとめられ、防衛研究所図書館に寄贈されている。なお、戦後の著述は、陸上自衛隊幹部学校の要請で執筆したものが大部分であり、これらは幹部学校の機関誌『幹部学校記事』に、後述のとおり掲載されている。

従軍日記には、支那事変では武漢攻略戦の第十一軍作戦課長時代、大東亜戦争ではガダルカナルの第十七軍と第二次湘桂作戦担当の第六方面軍の参謀長時代、および作戦指導の中枢である大本営の陸軍作戦部長時代がある。

参謀本部の戦史課に勤務して戦史の研究や陸軍大学校の教育に従事した宮崎は、正確な記録が戦史の研究に不可欠なことを深く認識していたので、激務の中で毎日克明に日記を記録した。そのため、これらの作戦正面の研究に不可欠な第一級史料となっている。

支那事変期間中の日記は、武漢攻略戦のために新設された第十一軍の作戦課長として勤務した昭和十三年(一九三八)六月から翌十四年十月一日までの日記「征旅日誌　原本四冊」および別冊として「武漢攻略戦の回想　原本一冊」およびノモンハン事件に参加した歩兵第二十六聯隊再建の聯隊長として勤務した十四年十月三日から翌十五年九月までの日記「征旅日誌　続其五　原本一冊」がある。

大東亜戦争期間中の日記には三種類ある。第一は「残骸録」であり、ガダルカナル作戦の第十七軍参謀長となった十七年九月二十九日から撤退業務完了の十八年二月二十八日までの日誌(筆写一冊)、巻末には第十七軍に関する重要な命令や意見具申等の電報並びにガダルカナル作戦の総括的所見「南太平洋方面作戦の特性並教訓」が編綴されている。第二は「陣中秘録」であり、陸軍大学校幹事時代の昭和十九年五月八日から同年八月新設の第六方面軍参謀長に就任し、第二次湘桂作戦を遂行して転出した十二月十日までの日記(原本一冊)である。第三は「作戦秘録」であり、昭和十九年十二月十四日に参謀本部第一部長に任命されてから、終戦後の九月十八日までの日記(原本二冊)である。第十七軍参謀長時代の日記は、形式は日記ではあるが、実際はガダルカナル撤収後にブーゲンビル島エレベンタで執筆された回想である。しかし、軍司令部の作戦日誌や電報等が、日付を明記して克明に記録されており、これらの公文書が現存しない今日では貴重な史料である。これら大東亜戦争中の日記は、軍事史学会編『宮崎周一中将日誌』(錦正社、平成十五年)として公刊されている。

上記以外の日記としては、昭和十二年八月から翌十三年一月までの欧州出張(欧州戦史の現地研究)中の日記(原本二冊)と終戦後の復員省史実部長時代の昭和二十年九月二十五日から翌二十一年十二月二十日までの日記(原本二冊)がある。

防衛研究所図書館所蔵の「宮崎周一関係史料」には、前記の日記のほかに戦史室が戦史叢書執筆の過程で収集した「宮崎周一中将口述録」(捷一号、レイテ決戦の結末)および「大本営作戦指導に関する問題点」があり、いずれも一般公開されている。

戦後に執筆し陸上自衛隊幹部学校の機関誌『幹部学校記事』に掲載されたものは、戦史や戦理戦術に関するものが主体で、昭和三十三年八月号(通巻五十九号)の「談話室(5)戦史についての思い出(1)戦史研究の心構え」、翌九月号(通巻六十号)の「談話室(6)戦史についての思い出(2)本土決戦準備を決意するに至った経緯」を皮切りに、「戦史研究シリーズ」として、同年十月号(通巻六十一号)の「比島決戦はかくして幕を切られた」、十一月号(通巻六十二号)から三回連載の「本土決戦準備の思い出」と続いている。昭和三十四年二月号(通巻六十五号)からは、十一回連載の「戦史よもやま話」と昭和三十五年六月号(通巻八十一号)から七回連載の「兵術覚え書き」があり、最後が昭和三十九年四月号(通巻一二七号)の「戦史に学ぶ」である。この他に『軍事史学』二―四・三―一(通号八・九、昭和四十二年)に連載した「戦略戦術の史的考察(上・下)」があり、宮崎の軍人としての人生観・死生観並びに戦略・戦術の理念について理解することができる。

図書としては、「明治百年史叢書」(九十九)の稲葉正夫編『岡村寧次大将資料　戦場回想篇』(原書房、昭和四十年)の一部ではあるが、「第二編に関する補修」として、第六方面軍司令官時代の岡村大将について、統帥の理念、統率方針、作戦指導などにみられる将帥たるの資質を、参謀長としての立場から当時の日記を摘録して執筆している。また、文芸春秋社編『完本太平洋戦争』上(平成三年)には「地獄戦線からの脱出―ガ島撤退作戦―」の一編が掲載されている。この他に「明治百年史叢書」(四五四)の佐藤元英・黒沢文貴編『GHQ歴史課陳述録』(原書房、平成十四年)に、宮崎の陳述が掲載されている。

支那事変および大東亜戦争期の日記の背景となる作戦および作戦従事中の活動については、防衛研修所戦史室著の「戦史叢書」の各巻の文中に詳細に記述されている。主なものには、武漢攻略作戦を担当した第十一軍作戦課長時代の『支那事変陸軍作戦〈2〉』、ガダルカナル作戦を担当した第十七軍参謀長時代の『南太平洋陸軍作戦〈2〉』、大陸打通作戦における第二次湘桂作戦を担当した第六方面軍参謀長時代の『一号作戦〈3〉廣西の会戦』と『昭和二十年の支那派遣軍〈1〉』及び大本営陸軍作戦部長時代の『大本営陸軍部〈9〉〈10〉』がある。

宮崎個人に関する研究・人物評には、『日本軍の研究　指揮官〈上〉』(原書房、昭和五十五年)に吉橋戒三「宮崎周一中将」、『プレジデント』昭和六十年十二月号「特集　日本陸軍の名リーダー」に松浦行真「宮崎周一『本土決戦』に賭けた最後の作戦部長」(後に『参謀の条件』プレジデント社、平成七年に掲載)、『軍事研究』昭和六十二年二月号に永江太郎「日本の将帥⑤　宮崎周一中将」などがある。伝記は刊行されていないが、その生涯について、逸話などを含めた詳細な記録が、長子忠夫氏が作成した前述の「宮崎周一資料」に編綴されている。

(永江　太郎)

宮崎滔天〈虎蔵〉(みやざき・とうてん)

明治三―大正十一年(一八七〇―一九二二)　中国革命支援者

旧蔵の原稿・記録類は、東京都豊島区西池袋の令孫宮崎蕗苳(ふき)家に保管されている。その刊本化に昭和四十六年(一九七一)、平凡社が着手し、嫡男龍介と小野川秀美(いずれも故人)共編の形で同五十一年全五巻の刊行が終った。従来その半生の自伝『三十三年之夢』(国光書房、明治三十五年初版、のち吉野作造が明治文化協会より復刻、大正十五年、また文芸春秋社版、昭和十八年)だけで一部の高い評価を受けて来た〃大陸浪人〃の軌跡は、この『宮崎滔天全集』の出現で初めてその全容を明らかにしたといえよう。なお『三十三年之夢』はそのあと、近藤秀樹編『日本の名著』四十五(中央公論社、昭和五十九年)に北一輝「支那革命外史」と併載され、また平成五年(一九九三)には島田虔次の詳細な校注を附して、岩波文庫に収録されている。

さて旧蔵資料は、その全部が『全集』に収められたわけではない。当初は東大法学部所属近代立法過程研究会の手でマイクロ化がきまっていたようだが、昭和五十二年宮崎家の事情によりその作業は中断されたと聞く。撮りおえた資料は現在東京大学法政史料センター原資料部に移管され、「宮崎滔天関係文書」として未整理のまま一般に公開されている。そのうち『全集』未収録のものとしては、自作自演浪曲原稿十九篇(多くは梗概のみ)をはじめ、露国革命『血髑髏』(ステプニアク著、龍介訳ヵ)、『革命評論』会計簿、悉陀羅著『観音経真義』の手写本等があり、その他写真、滔天宛手紙、滔天の手帖五冊、住所録、龍介の日記等がある。特に手紙は貴重であって、『全集』五には「書簡集」として滔天の手紙二二九通が収録されているが、それには孫文・黄興はじめ中国人同志あてのものは加えられていない。また当然のことながら、これらの手紙に対する相手の返書は皆無であり、法政史料センターで探す以外方法がない。たとえば宮崎家に残された黄興の書簡は十七通あるが、そのうち湖南省社会科学院編『黄興集』(中華書局、一九八一年)に収められたものはただ二通である(狭間直樹「孫文思想における民主と独裁」『東方学報』五十八、昭和六十一年)。この論文は宮崎家所蔵文書の利用を許されて書かれたほとんど唯一のものだが、日中近代関係史の解明、滔天の思想の位置づけの上からも、これらの書簡の公刊化が待たれている。

なお宮崎家には中国人だけでなく、日本の名士の書幅(たとえば犬養毅・尾崎行雄・頭山満・田中正造等)も数多く蔵されており、平成十四年六月には、東京・飯田橋の日中友好会館美術館で宮崎滔天家蔵「日中友好墨跡展」(滔天会主催)が開催された。田所竹彦「浪人と革命家—宮崎滔天・孫文たちの日々」(里文出版、平成十四年)は、その図譜を兼ねるものだが、日中を代表する真筆約五十点を収めたほか、滔天・孫文初対面時の「筆談残稿」(『全集』五所収)を、全集版と順序を変えて並べ直した点が注目される。

生家は昭和四十八年、熊本県重要文化財指定史跡となり、明治三十年(一八九七)に孫文が来訪した当時の姿そのままを保って来たが、平成五年熊本県荒尾市がその生家を買取り、敷地の一角に宮崎兄弟資料館を建設するに及んで面目を一新した。同館には、滔天および他の三兄弟(自由民権の先駆者八郎、土地復権運動の主唱者民蔵、革命的アジア主義を主張・早世した弥蔵)の事蹟を顕彰する資料約四〇〇点が蒐集・展観されている。その「展示資料目録」は、同館発行の図録『夢翔ける—宮崎兄弟の世界へ』(平成七年)に尽くされているが、滔天関係では『革命評論』全冊(明治三十九—四十年)をはじめ、「支那の革命」(白浪庵滔天、『九州実業新聞』明治四十二年十月十二・十四日)、孫文宛書簡(一通、年月不詳)、徳富蘇峰宛書簡(四通、大正八年)など、『全集』未収のものも少なくない。滔天らの活動は、時代の水面下にかくれ、時に当局の忌憚に触れるものが多かっただけに、当時の新聞や外交文書等を求めて、東京大学法政史料センター(明治新聞雑誌文庫)や憲政資料室、外交史料館等の官庁記録まで博捜・採収した同館の努力を多としたい。なお、同館には宮崎民蔵(慶応元—大正十年〈一八六五—一九二一〉)の資料も数多く集められており、その主著『土地均享、人類の大権』(明治三十八年初版、のち吉野作造編『明治文化全集二十一　社会篇』日本評論社、昭和四年、岸本英太郎編『明治農民問題論集』青木文庫、昭和四十年等に復刻)をはじめ、民蔵が外遊中に集めた『マザー・アース』等の外字誌も保管されていることを付記する。

人物論や回想・伝記類は数多く、彼を主人公とする小説が二冊、戯曲も三篇上演されている。この中で最も早いのは昭和十九年新築地劇場最後の舞台となった苦楽座の『永遠の天』だが、昭和五十一年宮本研による文学座の『夢　桃中軒牛右衛門の』も、学生毛沢東まで登場せしめて話題となった。いま前記『夢翔ける』付載の「宮崎兄弟関係著書、主要研究文献・資料一覧」から主に滔天を対象としたもの(八十数点ある)を挙げると、昭和二十九年に雑誌『祖国』六—四(京都・祖国社)が「宮崎兄弟特輯号」を組んでいるのが眼を惹く。これには生前の知己や革命同志の回想を何篇か集めていて、今となっては資料性が高いものである。単行書としては渡辺京二『評伝　宮崎滔天』(大和書房、昭和五十一年)が思想家としての再評価の先鞭をつけ、続いて上村希美雄『宮崎兄弟伝』全五冊〈日本篇上・下、アジア篇上・中・下〉(葦書房、昭和五十九—平成十一年、未完)が書き継がれた。上村にはまた、これまでの研究の成果をまとめたコンパクトな滔天伝『龍のごとく』(葦書房、平成十三年)もある。管見に入る限りの研究論文では、飛鳥井雅道「宮崎滔天と吉野作造」(竹内好・橋川文三編『近代日本と中国』上、朝日新聞社所収、昭和四十七年)、武田清子「アジア主義における孫文と滔天」(『正統と異端の〝あいだ〟』東京大学出版会、昭和五十一年)、久保田文次「辛亥革命と帝国主義—孫文・宮崎滔天の反帝国主義思想について」(野沢豊等編『講座中国近現代史』同、昭和五十三年)、初瀬龍平「アジア主義と国際システム—宮崎滔天の場合」(安部博純編『日本の近代化を問う』勁草書房、昭和五十七年)、上村希美雄「黄興と宮崎滔天」(『海外事情研究』〈熊本商大〉三十二、林増平・楊慎之主編『黄興研究』に収録、湖南師範大学出版社、平成元年)等が、それぞれの角度から論じている。また、藪田謙一郎「宮崎滔天の〈アジア主義〉と第一次世界大戦後の世界思潮」(『同志社法学』四十八—一、平成八年)

は、大正期の滔天を主題とした数少ない研究の一つである。　（上村　希美雄）

宮島誠一郎（みやじま・せいいちろう）　天保十―明治四十四年（一八三九―一九一一）　左院議官・貴族院議員

官歴としてはさして出世しなかった人物であるが、日記が留守政府時代の貴重な情報を提供することから、注目されてきた人物である。

文書は長く子孫が保管していたが、まず二一一一点が憲政資料室所蔵となった。日記類は同室でマイクロフィルムで公開されていたが(一冊家扶日記が混入)、近年、日記原本が他の子孫所蔵分とともに早稲田大学図書館の所蔵となった。勝海舟等の書簡が多数含まれている。目録に、早稲田大学図書館編刊『宮島誠一郎文書目録』(平成九年)があり、解題に伝記的情報が記されている。なお子孫所蔵時に整理した目録である宮島誠一郎関係文書研究会編刊『宮島誠一郎関係文書目録』(昭和六十年、解題には日記の内容紹介がある)とは、整理方法が改編されているので注意を要する。なお早稲田の目録によれば、まだ若干の史料が子孫宅に残っているとのことである。

自らが日記を素材に編纂した「国権編纂起源」と「朝鮮国遣使ニ付閣議分裂事件」は、それぞれ『明治文化全集四　憲政編』(日本評論社、昭和三年)、『同二十二　雑史編』(同、昭和四年)に収められている。

宮島の日記を広く紹介したのは大久保利謙で(『日本歴史』三〇〇、昭和四十八年)、日記を一部活字化して「内務省機構決定の経緯」(大霞会編刊『内務省史』三、昭和四十六年、のち大久保『大久保利謙歴史著作集2　明治国家の形成』吉川弘文館、昭和六十一年)を執筆している。ところで宮島は、日記を後年整理している場合がある。この問題については、栗原伸一郎「米沢藩士宮島誠一郎『戊辰日記』に関する一考察」(『歴史』九十八、平成十四年)がある。

ほかに研究としては、維新後の米沢藩時代を扱った松尾正人『廃藩置県の研究』第三章第五節(吉川弘文館、平成十三年)、判沢弘「宮島誠一郎と雲井竜雄」(思想の科学研究会編『明治維新』徳間書店、昭和四十二年)、明治二十年代の勝海舟との交流を描いた松浦玲『明治の海舟とアジア』(岩波書店、昭和六十二年)があげられる。近年宮島と駐日清国外交官との交流が着目されており、筆談を影印・翻刻した信廣友江「宮島家文書・駐日公使等筆談　一―四」(『中国学論集』二十一―二十四、平成十―十一年)などの成果がある。　（西川　誠）

三輪寿壮（みわ・じゅそう）　明治二十七―昭和三十一年（一八九四―一九五六）　社会大衆党書記長

旧蔵の史料は、書類、論文原稿、新聞切抜きなど文書類と書籍であるが、それぞれ「三輪寿壮関係文書」「三輪寿壮文庫」として、一括して軽井沢町立図書館に所蔵されている。

関係文書は、全二四四点で、冊子体ではない仮目録が作成されている。文書類は党大会議事録、選挙メモ類など戦前戦後の無産政党関係資料や三輪執筆の論文の原稿が主なものであるが、公職追放中の昭和二十三年(一九四八)一年限りの日記もある。書籍は、「三輪寿壮文庫」として、八九九冊が所蔵され、仮目録がある。

伝記としては、三輪寿壮伝記刊行会『三輪寿壮の生涯』(昭和四十一年)がある。同書は、蠟山政道を代表とし、平貞蔵・岸信介・中村研一など旧制中学、一高、大学時代の親しい友人を中心に、九年もの歳月をかけて編纂されたものである。したがって、同書では生い立ちから思想形成、学生運動から政治活動、家庭生活に至るまで、多くの史料と関係者ならではの同時代的な回顧を踏まえて三輪像が描かれており、三輪および学生運動、無産政党の研究上、価値のあるものである。

三輪に関する研究については、その思想を踏まえ、生涯の政治的行動の解明を行った、坂本健蔵「三輪寿壮における社会主義の精神構造」（中村勝範編『帝大新人会研究』慶応義塾大学出版会、平成九年）がある。

（古川　江里子）

む

武藤山治（むとう・さんじ）

慶応三―昭和九年（一八六七―一九三四）　鐘紡社長・実業同志会会長

著作・資料は『武藤山治全集』全八巻・増補（新樹社、昭和三十八―四十一年）にほとんどが収められている。元々は遺族の意向を受けて昭和九年（一九三四）の死去直後から三年の時間をかけて蒐集・編纂されたものの、時局その他の都合により発行されずに保管されていた全集用の原稿があった。没後三十周年を前に再び刊行の話が持ち上がり、昭和三十八年発足の全集刊行会がこの原稿を土台にまとめ直して刊行したのが本全集である。代表的著作は当然のことながら二十一歳の時に著した処女公刊書および同年に自ら発刊した雑誌の掲載記事や、政治家時代に宣伝・啓蒙用に用いた武藤原作の戯曲台本、パンフレット類、書簡類なども収められている。各巻末に付された「後記」には文書解題を超えて武藤を伝える部分もあり参考になる。

自伝としては、彼が主宰した政治教育雑誌『公民講座』および姉妹誌『婦人と生活』に連載されたものをまとめた『私の身の上話』（武藤金太発行、昭和九年、全集収録）がある。これには同内容ながら紙質装丁で劣り、題名も『武藤山治身の上話』とした異本もある（発行者・発行年等の記載はなく、冒頭に昭和九年三月付の編者識がある。右書の土台になった書と思われる）。連載途中で武藤が凶弾に倒れたため未完のまま終わり、大正末期からの政治活動に筆が及んでいない点は残念である。

伝記としては、筒井芳太郎『武藤山治伝・武藤絲治伝』（東洋書館、昭和三十二年）、有竹修二『武藤山治』（時事通信社、昭和三十七年）、入交好脩『武藤山治』〈人物叢書〉（吉川弘文館、昭和三十九年初版、昭和六十二年新装版）が有名である。最近、澤野廣史『恐慌を生き抜いた男―評伝・武藤山治』（新潮社、平成十年）が出た。また、しばしば引用される回想録として、死去直後にまとめられた『公民講座』一一四（昭和九年、誌面全部の特集）収録の「武藤山治氏追悼号」、および『婦人と生活』九―五（昭和九年、誌面半分強の特集）収録の「武藤山治氏追悼録」（当該部分を別製本した同題名の冊子も在る）がある。

また特に、武藤が民間人として提唱・推進し実現を見た軍事救護法との関係のみを扱った記録として金太仁作『軍事救護法ト武藤山治』

(国民会館公民講座部発行、昭和十年)があり、同書は『戦前期社会事業基本文献集』四十(日本図書センター、平成八年)にも復刻収録された。

武藤に関する研究論文は、経営・経済論の側面から考察するものが多い。市原亮平「日本型ブルジョア・リベラリストの社会経済的地盤」(『経済学雑誌』〈大阪市立大学〉二十六―六、昭和二十七年)、同「一日本リベラリストの経済(=社会)的『背骨』(Ⅰ―Ⅲ)」(『経済論集』〈関西大学〉三―一~三、昭和二十八―二十九年)、笹原昭五「武藤山治の景気政策論」(『中央大学経済研究所年報』四、昭和四十八年)、山本長次「武藤山治の経営理念の形成と確立」(『国学院大学大学院経済論集』十九、平成二年)、同「『温情主義』と労働者の権利」(『国学院大学経済学研究』二十二、平成三年)、桑原哲也「日本における近代的工場管理の形成(上・下)」(『経済経営論叢』〈京都産業大学〉二十七―四~二十八―一、平成五年)等がある。

政治活動を扱った研究論文としては、市原亮平「実業同志会の結党(一・二)」(『経済論集』〈京都大学〉七十一―二・七十二―一、昭和二十八年)、山本長次「財界人・武藤山治の政治革新運動」(『国学院大学経済学研究』二十三・二十四、平成五年)等がある。武藤と軍事救護法に関しては、小栗勝也「軍事救護法の成立と議会」(『法政論叢』〈日本法政学会〉三十五―二、平成十一年)および、同「大正前期軍事救護関連法案について」(『静岡理工科大学紀要』七、同年)も参照されたい。

なお、武藤が設立し今日も存続する国民会館が発行する冊子叢書中に、植松忠博『武藤山治の思想と実践』〈国民会館叢書八〉(平成六年)、桑原哲也『武藤山治の経営革新』〈同九〉(平成六年)、武藤治太・谷沢永一・植松忠博『武藤山治の実像と業績』〈同三十八〉(平成十三年)がある。

(小栗　勝也)

宗方小太郎 (むなかた・こたろう)

元治元―大正十二年(一八六四―一九二三)　東方通信社社長

旧蔵の文書・記録の概要は次の通りである。第一に神谷正男氏(成蹊大学教授)の編集による『宗方小太郎文書』(原書房、昭和五十・五十二年)という二冊の大部の書がある。書中には、大量の報告書、日記、書簡、詩稿、中国各地の視察紀行などの文書資料がまとめられ、さらに宗方が作製した中国の軍施設、海軍要塞、鉱山の分析、兵器工場の配置などに関するスケッチも付されている。

二番目に、東京大学法学部所蔵の「宗方小太郎関係文書」と憲政資料室が所蔵する「宗方小太郎関係文書資料」がある。前者は元東京大学法学部近代立法過程研究会(現東京大学法政史料センター)がマイクロフィルムに収め、目録も作成されている。内容は主として宗方関係の書簡、詩および詩稿などである。後者は昭和五十一年(一九七六)六月に遺族より国立国会図書館に寄贈された文書で、神谷氏が編集した『宗方小太郎文書』に未収録のものも含まれている。これらのすべてを憲政資料室が整理し、現在一般の閲覧に供している。所蔵される量は、書簡四〇三通、書類一三六点、合計五三九点に上る。詳細は、筆者が編集した「中国残留の宗方小太郎文書について―付、東京大学法学部および国会図書館憲政資料室所蔵の宗方文書目録」(『法学志林』〈法政大学〉八十九―三・四合併号、平成四年)にある。

三番目は、中国に残留している宗方文書である。現存する宗方文書資料のうち、最も貴重な一次資料はなんといっても上海社会科学院歴史研究所の図書館に所蔵されている「宗方小太郎原文書」といえる(現在なお未公開である)。これらの宗方文書は非常に膨大な量であり、海軍軍令部への報告書(定期報告書および臨時に送った号外報告書)、メモ、地誌、新聞の切り抜き、自ら精密に描いた地図、写真および漢詩、書簡、日記など多岐にわたっている。中でも特に分量を占めているのが肉筆で書かれた日記である。宗方は中国大陸に渡ってから丹念に日記をつけており、死後に大量の日記が残された。明治二十年(一八八七)から大正十二年(一九二三)まで、三十七年間日記をつけ続けたが、その中の明治二十年から二十四年までの五年間と明治二十七年の一年間(日記がいまだ揃わない)を除く、三十二年間の日記は全部揃っていて上海社会科学院歴史研究所に所蔵されている。日記の内容は、中国の政治、軍事、文化、経済、思想、風俗など中国に関するほとんどすべての分野にわたっている。特に中国において重大な政治事件が起きた時期には、状況が非常に詳しく記述されている。したがって彼の日記は当時の中国の政治的、軍事的、文化的、経済的な状況についての研究に大いに役立つと思われる。また、日記を通じて宗方の交友関係や大陸浪人たちの当時の活動などを詳しく知ることができ、さらに孫文、黄興、袁世凱、唐才常、康有為など中国近代史上の重要な人物に関する研究にも役立つはずである。

これらの宗方文書は死後夫人がすべて一旦東京に持ち帰ったのであるが、その後大戦中に弟子の波多博が伝記を書くつもりで上海に持ってきたのであった。ところが、日本の敗戦によって波多が中国から引き揚げた際に、文書だけが中国に残留することになったという。その後中国科学院歴史研究所(上海社会科学院歴史研究所の前身)の研究員であった年子敏が昭和三十二年に蘇州のある古本屋で、これらの文書を発見して買い求めたのである。その時は宗方文書はまったく雑然と束ねられているだけであったが、現在は簡略に整理され、分類、装丁されて全部で十八冊にまとめられている。また、筆者が編集した「中国残留の宗方小太郎資料目録」および「日本で既に刊行されている宗方小太郎報告書と当研究所に所蔵されている原文書の対照目録」(前掲『法学志林』八十九―三・四合併号)には現在上海社会科学院歴史研究所の図書館に所蔵されている宗方文書の詳細を示している。

なお、伝記・評伝としては、現在のところ、稀少だが、筆者の『評伝　宗方小太郎―大陸浪人の歴史的役割』(熊本出版文化会館刊、亜紀書房、平成九年)が実質的には唯一のものと考えられる。これは筆者が中国人の立場から宗方を分析、研究したものである。宗方は日中両国の近代史に大きな役割を果した人物である。彼を通じて「大陸浪人の歴史的役割」を解明し、そして日本の歴史研究者に役立ててほしいと考える。特にこの本に史料として引用され、付載された大量の日記、報告、書簡は、中国では、いまもまだ公開禁止とされている資料ばかりである。

そのほか、また筆者が中国残留の宗方文書の中から翻訳したもの、「辛任日記」「一九一二年中国之政党結社」(中国語、『近代稗海』十二、中国四川人民出版社、一九八八年)、「宗方小太郎日記」(『中国近代史資料刊続編　中日戦争』六、一九九三年)がある。

(馮正宝)

村川一郎(むらかわ・いちろう)　昭和十四年―平成十年(一九三九―一九九八)　自由民主党国際局事務部長・北陸大学教授

自由民主党の専門調査員、国際局事務部長、北陸大学教授などを務めた村川が収集した戦後政党関係の史料が、憲政記念館に所蔵されている。この史料は、村川の個人史料ではなく、同氏の戦後政党研究の過程で収集されたもので、敗戦直後から一九九〇年代に至る機関紙、政党綱領などで構成されるものである。史料の提供者は、宮本吉夫氏・早川崇氏などである。この種の戦後政党関係史料は大変珍しく、特に憲政資料室が収集した「戦後政党大会関係資料」(憲政資料室収集文書一三三二―一三三九)に見られない自民党結成以前の政党関係史料は大変貴重である。

旧蔵書関係の内、憲法関係の図書は、衆議院憲法調査会事務局へ移管されたが、政党結成資料、自由民主党関係資料については『開館三〇年　憲政記念館所蔵資料目録』(同館、平成十四年、非売品)に目録が掲載されている。これと「芦田均関係文書」、「石橋湛山関係文書」、「鶴見祐輔関係文書」(以上、憲政資料室)、「重光葵関係文書」(憲政記念館)、「苫米地義三関係文書」(東京大学法政史料センター原資料部)などの書類と付き合わせれば、現段階でも保守合同についてかなりの情報を得ることができる。

なお、村川文書を用いた研究に中北浩爾『一九五五年体制の成立』(東京大学出版会、平成十四年)、武田知己『重光葵と戦後政治』(吉川弘文館、平成十四年)がある。

(武田　知己)

村田省蔵(むらた・しょうぞう)

明治十一―昭和三十二年(一八七八―一九五七)

逓信大臣兼鉄道大臣

現在のところ、旧蔵の文書・記録の原史料は、体系的に整理されたり、一般の公開に供されてはいないようである。しかし、その一方で、決して豊富であるとはいえないまでも、自身の著書などその足跡をたどるうえで参考となる史料は少なくないように思われる。

まず、著作の紹介から始めよう。昭和戦前期に書かれた著書は、いずれも海運に関するものである。単著として大阪商船の社長時代(昭和九年六月―十五年七月)に執筆した『鉄道交通全書十二　国際海上運輸』(春秋社、昭和十二年)と、講演の口述録である二冊、『海運及び海運金融〔講演集第拾九編〕』(金融研究会、昭和十三年)および脇坂健次編『産業報国講演集　其の三　職場も戦場』(産業報国聯盟、昭和十五年)を挙げることができる。第二次近衛内閣の逓信大臣兼鉄道大臣在任当時に書いた「逓信・鉄道の新体制」は内閣情報部の『週報』二〇五(内閣印刷局、昭和十五年)に掲載されている。また共著に、「海運」を寄稿した『現代産業叢書』三〔商業交通編〕(日本評論社、昭和四年)がある。

戦後の著作には、自らの人生を振り返った(村田への聞き取りを編集したものと思われる)山田勝人編『私の生活信條』(実業之日本社、昭和二十八年)をはじめ、自叙伝と関係者の回想などで構成される大阪商船編『村田省蔵追想録』(大阪商船、昭和三十四年)、そして駐比特命全権大使の日々をつづった福島慎太郎編『村田省蔵遺稿　比島日記』(原書房、昭和四十四年)がある。特に『村田省蔵追想録』は自叙伝や人生の各局面における関係者の追想ばかりか、自身の手になる書簡、日記、年譜までを収めており、研究史料としては現在のところ最も浩瀚といえる。なお、没後十五年に翻刻された文章・記録として『日中かけ橋の一記録―村田省蔵先生の偉業』(大阪商船三井船舶、昭和四十七年)もある。これは、日本国際貿易促進協会会長だった村田が、昭和三十年(一九五五)一月に北京を訪問、周恩来総理と会談するなど、戦後の日中経済交流の促進に尽力した時期に書かれたもので、「中国訪問記」や周総理との懇談記録などを収録している(当時の中国側通訳の回想として、劉徳有『時は流れて―日中関係秘史五十年』上、藤原書店、平成十四年を参照)。

著書以外の研究史料としては、以下のようなものを指摘することができる。まず戦前に刊行された村田の人物論がある。池田辰二『財界中心人物を語る』(金星堂、昭和十四年)や伊藤金次郎『時代を見人を見る』(昭和書房、昭和十六年)、あるいは田中弥十郎『興亜人物論』(遠藤書店、昭和十七年)などは、貴族院議員に勅選され(昭和十四年一月)、第二次・第三次近衛内閣の逓信大臣兼鉄道大臣までのぼりつめた時期(昭和十五年七月―十六年十月)に相次いで出版されたもので、同時代人による村田評として興味深い。また、大臣時代の秘書官を務めた人物による戦後の回想、斎藤明『秘書官の頃』(私家版、昭和三十年)も当時の舞台裏を知るうえで逸することができない。

第三次近衛内閣の総辞職(昭和十六年十月十八日)で逓信・鉄道両大臣を免官となってのち、昭和十七年一月に比島派遣軍の軍政最高顧問に就任、翌二月にフィリピンへ渡った。昭和十八年十月には駐比特命全権大使に親任されている。この時期にまつわる史料には前掲の『比島日記』(昭和十九年一月一日から戦犯容疑者として横浜拘置所に入所する前日の二十年九月十四日までを記述)と『村田省蔵追想録』(マニラから子供たちに送った手紙などを収録)のほかに、次のようなものがある。「陸軍顧問就任ノ事情、比島独立当時ノ政情」(東京裁判資料刊行会編『東京裁判却下未提出弁護側資料』一、国書刊行会、平成七年)は、村田が東京裁判のために準備した宣誓供述書である。法廷には未提出ながら、この供述書には、軍政最高顧問への着任経緯や日本占領下でフィリピン共和国が独立を許容された当時の政治情勢などがつづられている。また、憲政資料室の「下村宏関係文書」にはフィリピンから下村に送った手紙が収められている(同じく憲政資料室所蔵の高橋亀吉と芦田均の関係文書にも、時期は異なるが村田書簡が含まれる)。秋山龍「軍政最高顧問・村田省蔵をめぐって」(日本のフィリピン占領期に関する史料調査フォーラム編『インタビュー記録　日本のフィリピン占領』龍溪書舍、平成六年)は軍政最高顧問時代の公務秘書による証言として、『福島慎太郎氏談話速記録』(内政史研究会、昭和五十九年)は駐比大使だった時期の大使館員の証言として、ともに貴重な情報を提供する(秋山・福島両氏は前掲『村田省蔵追想録』にも寄稿している)。さらに、伊藤隆・廣橋眞光・片島紀男編『東條内閣総理大臣機密記録』(東京大学出版会、平成二年)にも断片的ながら村田への言及がある。なお、アジア歴史資料センターのデータベース(http://www.jacar.go.jp/)で「村田省蔵」のキーワードで検索すれば、フィリピン赴任時代の文書十一件を確認することができる(原史料はいずれも外交史料館所蔵)。

　ところで、戦後、戦犯容疑者として巣鴨プリズンなどに収監されたが、この時期(昭和二十年九月―二十二年八月)の動静に関する基礎史料としては、巣鴨での日記抄を収めた前掲『村田省蔵追想録』と粟屋憲太郎・吉田裕編『国際検察局(IPS)尋問調書』十八(日本図書センター、平成五年)が挙げられる。後者には、東京裁判のアメリカ人法務官の尋問に応じた際の調書をはじめ、ホセ・ラウレル、蠟山政道らによる村田評、釈放関係文書などが収録されている。村田は東京裁判に弁護側証人として出廷しているが(昭和二十二年九月五日)、この時の発言内容と法廷で朗読された宣誓供述書の一部(前出の供述書とは別のもので、原史料は憲政資料室所蔵の朝日新聞社旧蔵・極東国際軍事裁判記録で確認できる)は、新田満夫編『極東国際軍事裁判速記録』六(雄松堂書店、昭和四十三年)に復刻されている。さらに連合国軍最高司令官総司令部(GHQ)の法務局文書にも関連記録がある(憲政資料室所蔵マイクロフィッシュLS 08169, 09165など)。なお、赤澤史朗・粟屋憲太郎・立命館百年史編纂室編『石原廣一郎関係文書』上(柏書房、平成六年)の「雑房二階生活の二百五十日」の項では、同じ戦犯容疑者として収監されていた実業家の石原が、巣鴨プリズンで村田と交わした会話の断片を書き留めている。

　さて、昭和二十二年八月に釈放され、さらに公職追放(昭和二十一年八月―二十六年八月)を解かれると、ほどなく外務省顧問に就任する(二十六年十二月)。この頃の村田の政治的関与として翌年一月の「モスクワ世界経済会議」への日本代表派遣問題(結局、実現しない)があるが、石橋湛一・伊藤隆編『石橋湛山日記』下(みすず書房、平成十三年)は水面下での村田の動きを点描している。

　このほか、伝記・評伝的叙述を含む戦後の文献として以下のものを掲げておこう。財界人としての村田の評伝を収めたものに、青潮出版編刊/三宅晴輝・斎藤栄三郎監修『日本財界人物列伝』一(昭和三十八年)と高橋彌次郎編『斯の人を―続　日本経済を育てた人々』(関西経済連合会、昭和四十三年)があり、第二次・第三次近衛内閣の逓信大臣時代の評価については通信史研究所編『逓信大臣列伝』下(逓信研究会、昭和五十八年)が記述する。人物論ではないが、『日本国有鉄道百年史』十(日本国有鉄道、昭和四十八年)にも第二次近衛内閣の鉄道大臣時代の交通行政に関する若干の言及がある。さらに、社長・会長まで務めた大阪商船(現・商船三井)の社史である岡田俊雄編『大阪商船株式会社八〇年史』(大阪商船三井船舶、昭和四十一年)と日本経営史研究所編『創業百年史』(大阪商船三井船舶、昭和六十年)では、当然のことながら村田についても触れられている。

最後に、村田に関する研究状況について述べておきたい。本格的な研究はいまだ試みられておらず、いくつかの論考に若干の言及がみられるに過ぎない。例えば、フィリピン赴任時代の村田に触れた研究として、鈴木静夫・横山真佳編『神聖国家日本とアジア―占領下の反日の原像』(勁草書房、昭和五十九年)と池端雪浦編『日本占領下のフィリピン』(岩波書店、平成八年)がある。また、吉川洋子『日比賠償外交交渉の研究　1949―1956』(勁草書房、平成三年)では、戦後の日本・フィリピン間の賠償交渉時に首席全権を務めた村田の行動と役割にも光が当てられている(賠償問題に関する村田の雑誌寄稿文については、巻末の文献目録を参照)。さらに、第三次日中民間貿易協定の締結期(昭和三十年五月)における村田の動向については、古川万太郎『日中戦後関係史』(原書房、昭和六十三年)と添谷芳秀『日本外交と中国　一九四五～一九七二』(慶応通信、平成七年)、陳肇斌『戦後日本の中国政策―一九五〇年代東アジア国際政治の文脈』(東京大学出版会、平成十二年)が論及している。なお、研究論説ではないが、戦後日中間の交流の一端に触れた小論に林連徳「虹の懸け橋・中日交友録⑦　村田省蔵氏と「商品展覧会」」(『人民中国』五七七、人民中国雑誌社、平成十三年)があり、また現在の祝日の一つである「海の日」の源流を村田と結びつけて紹介したエッセーに野間恒「「海の日」と村田省蔵とロイヤルヨット」(『旅客船』〈日本旅客船協会〉一九六、平成八年)がある。

（永井　均）

村野常右衛門　(むらの・つねえもん)

安政六―昭和二年(一八五九―一九二七)　衆議院議員

文書・記録は、町田市立自由民権資料館に寄託されている「村野順三家文書」(そのほかに借用の書籍類がある)が中心である。その一部は同館編集『豪農民権家の生涯』〈民権ブックス4〉(町田市教育委員会、平成三年)で目録化されているが、ほとんどは仮目録である。この文書群の中で村野に関するものは、自由民権運動期と政友会期に大別できる。自由民権運動期では大阪事件関係の史料が多く、裁判史料のほか八十四点の獄中書簡がある。これらの史料は、色川大吉編『三多摩自由民権史料集』(大和書房、昭和五十四年)、松尾章一・松尾貞子共編『大阪事件関係史料集』(日本経済評論社、昭和六十年)、町田市立自由民権資料館『大阪事件』〈民権ブックス13〉(町田市教育委員会、平成十二年)にある程度は紹介されているが、未紹介のものも多くある。政友会期では、「村野日誌」二十五点と書簡約二五〇点、殖産興業関係八十五点、国粋会関係二十三点の文書がある。このうち「村野日誌」は後述の『村野常右衛門伝』に全文紹介されている。その他、東大和市「鎌田康太郎氏所蔵文書」、多摩市「伊野弘世家伝来文書群」などに書簡が残されている。

伝記・評伝としては、村野廉一・色川大吉共著『村野常右衛門伝』(民権家時代・政友会時代の二冊、昭和四十四年)があげられる。また、「村野日誌」を省いてほぼ同内容の、色川大吉『流転の民権家―村野常右衛門伝―』(大和書房、昭和五十五年)が刊行されている。そのほか渡邉欽城『三多摩政戦史料』(日本産業新報社、大正十三年、のち有峰書店、昭和五十二年復刻)には、村野の民権期から政友会期にいたるまでのいくつかのエピソードが紹介されている。村野を扱った研究としては、色川大吉『新編明治精神史』(中央公論社、昭和四十八年)に「栄光のナショナリズム―村野常右衛門―」が収められている。

（松崎　稔）

村山龍平　(むらやま・りょうへい)

嘉永三―昭和八年(一八五〇―一九三三)　朝日新聞社社長

　朝日新聞社および同社社主家の村山家ともに、原則として所蔵文書は公開していない。朝日新聞社では、昭和九年(一九三四)二月に臨時史伝編纂委員会を設けて『村山龍平伝』の編纂に着手し、没後二十年の昭和二十八年に朝日新聞大阪本社社史編修室編として刊行したが、これは実質的に岡野養之助(元大阪朝日新聞編集局主幹、朝日新聞社取締役)が一人で史料収集や聞き取りを行い、執筆したものである。また朝日新聞社では、もう一つの社主家、上野家の初代である上野理一(嘉永元—大正八年〈一八四八—一九一九〉)について没後四十年の昭和三十四年に社史編修室編で『上野理一伝』を刊行しており、同社社史編修センター(社史編修室の後身)によれば、両伝記編纂の基礎となった史料類は、大阪本社の社史編修センターに残されている。尚美学園大学の村山恭平(龍平の曾孫)によると、村山家に残されている朝日新聞社関係の文書類は昭和三十年代以降のもので、龍平関係の文書は基本的に、村山家には残っていないとのことである。東京朝日新聞社(現朝日新聞東京本社)も社屋が関東大震災で全焼したため、それ以前の記録は残っていないことから、大阪本社にある両伝記編纂の基礎となった非公開史料が、関係する一次史料の基幹となる。大正十三年から出されている社内報も非公開である。

　このほか龍平存命中の朝日新聞社の経営に関しては、同社が創刊期に内閣機密金から政府の援助を受けていたことを示す文書が伊藤博文編『秘書類纂　財政資料・中巻』(秘書類纂刊行会、昭和十年)に収録されており、この朝日に対する政府の資金援助に伴う秘密協定の内容や三井銀行の関与を示す文書を有山輝雄が三井文庫から発掘し、『「中立」新聞の形成—明治中期における政府と朝日新聞—」(『成城文芸』一一七、昭和六十一年)を発表している。また前記の通り、朝日新聞社では原則として一次史料を研究者に公開していないが、唯一の例外として、創刊百周年記念事業の一環として大阪本社広告局所蔵史料を用いて書かれた津金沢聡広・山本武利・有山輝雄・吉田曠二『近代日本の新聞広告と経営—朝日新聞を中心に—』(朝日新聞社、昭和五十四年)がある。

　一次史料ではないが、『朝日新聞社史』全四巻(朝日新聞社、平成二—七年)などの社史類や伝記類より情報量が豊富で研究者が利用可能なものとしては、社史編修室が昭和二十五年から社内用資料として刊行を開始した「朝日新聞編年史」の一部、約一三〇冊が東京大学社会情報研究所にあり(明治十二年〈一八七九〉の創刊期から昭和四十年まで)、存命中の巻はほぼ揃っている。社史編修センターでは「編年史」を一般公開はしていないが、社会情報研究所をはじめ、大学図書館等で欠本になっている巻について研究者が研究目的を明記して閲覧を申請すれば、個別に対応するとのことである。また生前の活動に言及した聞き取りに、緒方竹虎氏述「明治末期から太平洋戦争まで」(朝日新聞社社史編修室、昭和二十六年。成城大学柳田文庫所蔵)、『別冊新聞研究　聴きとりでつづる新聞史』シリーズの長谷川如是閑(第一号)、花田大五郎(第二号)、上野精一(同)、山田大介(第三号)、美土路昌一(第四号)、大西利夫(第五号)、石井光次郎(同)、千葉雄次郎(第十八号)などがある。

　村山個人を対象とした研究者による論考は少なく、荒瀬豊「村山竜平」(日高六郎編『二〇世紀を動かした人々十五　マスメディアの先駆者』講談社、昭和三十八年)、岩井肇「村山龍平と朝日新聞」(『政経研究』十—二、昭和四十八年)、有山輝雄「村山龍平と本山彦一」(田中浩編『近代日本のジャーナリスト』御茶の水書房、昭和六十二年)がある程度である。

(駄場　裕司)

め

明治天皇（めいじてんのう）

嘉永五—明治四十五年（一八五二—一九一二）

大日本帝国憲法下では天皇は元首であり統治権の総覧者であり、その意味で明治天皇に関わる史料といった場合、国家の政治・外交・軍事に関わる重要史料全般に目を配る必要がある。また個人史料についても、元老・元帥・国務大臣以下国家の要職を占めた人物、宮内大臣や侍従長など側近に奉仕した人物の史料など、膨大な史料が関わってくるといえよう。むろん、それらをすべて網羅的に挙げることはほとんど物理的に不可能であるし、また一部を紹介しても偏ったものにならざるをえない。よってここでは、公的な記録である『明治天皇紀』に関する史料を中心に述べる。

『明治天皇紀』は大正三年（一九一四）に宮内省に設置された臨時編修局（大正五年、臨時帝室編修局と改称）において編修に着手し、昭和八年（一九三三）完成した。戦後、明治百年記念事業の一つとして、昭和四十三年から五十二年にかけて吉川弘文館より刊行された（全十二巻・索引一巻）。臨時帝室編修局では『明治天皇紀』編修にあたり、諸家・諸機関より膨大な史料を借用・閲覧し、必要なものについては写本を作成した。現在、その写本の大部分が書陵部にて臨時帝室編修局本（臨帝本）として公開されている（約一四〇〇件）。ただし、臨帝本として独立した目録は公開されておらず、書陵部発行の『和漢分類図書目録』上・下・索引・増加一および『書陵部紀要』彙報欄の新収本分類目録の中で、「（臨帝）」と記された史料がそれに該当する。またこれらの目録の中には、臨帝本以外にも木戸本（「木戸家文書」）、「三条実美公行実編輯掛本」、「徳大寺実則日記」、「秘書類纂」などの明治天皇関係史料が含まれている。

『明治天皇紀』に典拠史料として挙げられている史料には、公文書など宮内省内の文書も多くあり、それらの大部分は右の目録では確認できない。これらの史料のうち現存する公文書類は、歴史史料として書陵部が管理するものと、行政文書として関係部局管轄のものに分かれている。前者については書陵部の閲覧室に目録が備え付けてある。後者は情報公開法の対象となるので、宮内庁に対し開示請求が必要で、窓口は秘書課情報公開室である。また、両者とも『明治天皇紀』に記された典拠史料名と現在の名称とが一致しないことがあるので注意が必要である。

書陵部で管理する公文書の中に「明治天皇紀編修録」がある。これは、臨時帝室編修局における史料の借用・返却の記録が中心で、借用書には通常目録が附されており、当時明治天皇関係資料としてどのような史料が存在し、それを誰が所蔵していたかを知る上で貴重な情報である。

書陵部が所蔵するその他の関係史料として、『収書目録』第一号（国会図書館宮内庁図書館、昭和二十六年）にその一部の目録が掲載された、明治憲政関係史料がある。その後残りの史料の目録は掲載されず、現在のところ全体像は明らかにされていないが、目録の中で明らかになったものは明治天皇に差し出された上奏書などを含み、明治天皇の政務にかかわる一次史料が中心であるといえよう。

書陵部所蔵の史料について解説した文献としては、石塚一雄「内大臣・宮中顧問官・内大臣府・宮内省文書」（『日本古文書学講座九　近代編Ⅰ』雄山閣、昭和五十四年）、橋本不美男「宮内省公文書類の編纂保管史」（『びぶろす』〈国会図書館〉昭和二十五年十一月号）、川西忠材「宮廷関係資料センター」（同昭和二十七年三月号）などがあるが、現在の保管管理状況と異なるところがあるので注意が必要である。

その他、宮内庁侍従職が管理する東山御文庫（京都御所内）の中に、明治天皇の誕生より明治初年にいたる時期の史料、例えば明治改元詔書、五箇条誓文などが収められている。閲覧するには特別な許可が必要であるが、書陵部でマイクロ撮影を漸次行っており、撮影されたものは書陵部で閲覧可能である。マイクロフィルム目録は『書陵部紀要』に掲載され、また平成十一年(一九九九)までに撮影された目録として、小倉慈司「東山御文庫本マイクロフィルム目録(稿)」(禁裏・公家文庫研究会〈東京大学史料編纂所内〉発行『禁裏・公家文庫研究1』平成十三年)がある(増補修正版が田島公編『禁裏・公家文庫研究』〈思文閣出版〉に収録予定。また、毎日新聞社より刊行された『皇室の至宝　東山御文庫』五(平成十二年)に、同文庫の明治改元詔書、五箇条誓文などの写真が収録されている。

宮内庁以外で触れておかなければならないのが、臨時帝室編修局編修官であった渡辺幾治郎、同編修官補深谷博治の旧蔵資料である。前者は早稲田大学中央図書館特別資料室で公開されている。冊子の目録はないが、「渡辺幾治郎収集謄写明治史資料」と題してカードが作成されている。『明治天皇紀』関係資料の写本一二三冊。佐佐木高行日記・山口正定日記など、書陵部ではまだ公開されていない貴重な史料が含まれる。深谷博治旧蔵資料もやはり『明治天皇紀』関係資料の写本、および深谷個人が収集した史料・原稿などで、約五〇〇点。現在早稲田大学文学部にて保管されている。

その他明治天皇関係資料の資料目録としては、朝日新聞社学芸部別室編『明治天皇関係資料所在目録』(朝日新聞社、昭和四十年)があり、前述の渡辺・深谷の旧蔵資料の一部も載せられている。また明治天皇関係文献目録としては『国立国会図書館所蔵　近代日本政治関係人物文献目録』の明治天皇の項のほか、村上浜吉監修『明治文学書目』(村上文庫蔵版、昭和十二年)中に「明治天皇に関する書」の項(村上文庫は村上浜吉氏旧蔵の明治文学書で、現在はカリフォルニア大学バークレー校の東アジア図書館に所蔵。同図書館では旧三井文庫蔵の明治期刊行物も所蔵し、あわせて海外における最大規模の明治期日本刊行物コレクションとなっている)、高梨光司『維新史籍解題　伝記編』(明治書院、昭和十年)の明治天皇の項などがある。

（梶田　明宏）

目賀田種太郎（めがた・たねたろう）

嘉永六―昭和元年(一八五三―一九二六)　財務官僚・韓国政府財政顧問

関係資料は、関東大震災で所蔵資料の大半を焼失した大蔵省が、大正末年先輩個人が所蔵していた資料の寄贈を仰ぎ、諸家文書として整理保管したが、そのうちの一つとして『目賀田家文書』十四冊が遺され、財務省(財務総合政策研究所財政史室)で保管している。諸家文書は複写され、憲政資料室で閲覧できる。

目賀田は、明治初年米国へ留学してハーバード大学を卒業、帰国して文部省、司法省官選代言人、判事等を経て、明治十六年(一八八三)に大蔵省入省、十七年主税官に就任後税畑を歩き、二十七年から十年間主税局長であった。日露戦時政府に請われて韓国派遣が決まり、貴族院勅撰議員に推挙され、明治三十七年十月韓国政府財政顧問に就任、韓国の財政金融を牛耳った。韓国に統監府が設置されると、四十年三月韓国統監府財政監査長官に就任、同年九月同官廃官で帰朝した。なお、第一次大戦中大正六年(一九一七)九月から翌年四月まで、政府の特派財政経済委員長として米国に出張、十二年には枢密顧問官となった。

「目賀田家文書」には、明治十年代から三十年代までの大蔵省財務関係資料、三十年代後半から四十年代初頭までの韓国財政顧問の関係資料、欧州大戦時の特派委員関係資料などが混在している。明治三十年代までの大蔵省の調査・立案関係資料のうち、税務資料、とくに地租条例の改正に関わる資料がきわめて多く、営業税の調査立案など内国税関係、葉煙草専売の調査、条約改正と関税・税関に関する資料なども含まれている。その他の財務資料には、歳計関係、日清講和条約実施に伴なう諸問題・貨幣問題調査資料などが含まれている。韓国財政顧問関係資料としては、財政顧問就任事情、韓国財政施策関連資料等のほか、就任以前の韓国鉄道問題など就任に当たり重要と考えられる資料も含まれている。欧州大戦時の特派財政経済委員関係資料は、委員の用務および政府との往復電報要旨がまとめられているほか、日米銀行設立案等が残されている。また、大戦後の日米関係資料やシベリア撤兵問題などの資料もある。

　このほか、自身が韓国財政顧問としての事跡について日本政府に提出した『韓国復命書』（明治四十年）が印刷に付されており、伝記として、故目賀田種太郎伝記編纂会『男爵目賀田種太郎』（昭和十三年）がある。

（大森　とく子）

も

毛里英於菟（もうり・ひでおと）

明治三十五―昭和二十二年（一九〇二―一九四七）　企画院総裁官房総務室第一課長

関係史料（「毛里英於菟関係文書」）五四九点は憲政資料室に所蔵されている。その内容は職務上の書類、昭和十三年（一九三八）以後の雑誌論文や講演の草稿類が主である。書類関係では、旧満州国国務院勤務時代の各種の政策立案関係書類、支那駐屯軍司令部付時代の冀東政権関係や中国連合準備銀行設立関係の書類、興亜院時代の蒙疆政権関係の書類、企画院、総合計画局時代の戦時経済関係書類、敗戦前後の戦後対策案関係書類などがある。諸論文や講演草稿は、毛里の革新官僚イデオローグとしての側面を明らかにする史料として貴重である。

　毛里を論じた比較的早い研究として秦郁彦『官僚の研究』（講談社、昭和五十八年）があり、「毛里英於菟関係文書」を主に用いた研究として、伊藤隆「毛里英於菟論覚書」（『年報・近代日本研究9　戦時経済』山川出版社、昭和六十二年）、古川隆久『昭和戦中期の総合国策機関』（吉川弘文館、平成四年）がある。

（古川　隆久）

望月小太郎（もちづき・こたろう）

慶応元―昭和二年（一八六五―一九二七）　衆議院議員（立憲政友会、立憲同志会、憲政会）

旧蔵の資料として、まず昭和四十六年（一九七一）に憲政資料室へ寄託された「望月小太郎関係文書」が挙げられる。平成六年（一九九四）に二十五点が追加されて計二六〇点となり、平成十五年同室へ寄贈された。同室に仮目録がある。四十一通ある書翰は尾崎行雄（五通）、大石正巳（三通）、秋山真之（三通）ら中央政界の関係者発信が中心で、他に望月の書翰控が山県有朋宛（三十通）、井上馨宛（二十八通）など九十四通ある。書類は明治三十四年（一九〇一）から昭和二年の手帳二十八冊など一二五点あるが、中でも第二次大隈内閣期政治関係書類が六十九点と比較的まとまって残されている。大隈内閣成立に尽力した井上馨の私設秘書のような立場にあって、井上が元老や閣僚と会見した際の談話を記録したメモが中心である。この部分はほとんどが山本四郎編『第二次大隈内閣関係史料』（京都女子大学、昭和五十四年）に翻刻されている。これは、憲政資料室所蔵「憲政史編纂会収集文書」に収録されている、大隈内閣期のメモ類および井上宛書翰控えの写本である「望月小太郎文書」(四冊)や、同室所蔵「井上馨関係文書」中の井上宛望月書翰などと併せて翻刻したもので、各資料ごとに簡単な解説が付いている。発信書翰は、井上宛以外にも同室に約五十通ある。他に、山梨県立図書館所蔵「甲州文庫」に発信書翰が七通あり、望月宛も依田孝(一通)、青柳直道(一通)など地元である山梨県関係の書翰が散見される。

　望月は、明治三十九年に英文通信社(The Liberal News Agency)を設立して*Jiyu-tsushin, Japan Financial and Economic Monthly*を発刊した。著書・訳書に『鴬渓演説集』(大日本社、明治三十一年)、『世界に於ける明治天皇』(英文通信社、大正二年)、『華府会議の真相』(慶文堂、大正十一年)、『日米必戦論』(英文通信社、明治四十四年)などがあり、伝記として詩稿と小伝の『鴬渓遺稿』(春光社、昭和十七年)がある。「望月小太郎関係文書」を使った研究として、山本四郎「第二次大隈内閣の成立」(『神戸女子大学紀要』二十一、昭和六十二年)、同「大隈内閣の初政—参戦まで」(『史窓』四十六、平成元年)がある。

（竹林　晶子）

元田永孚（もとだ・ながざね）

　文政元—明治二十四年(一八一八—一八九一)　侍講・枢密顧問官

関係する文書は現在憲政資料室に収蔵されている。同文書は後嗣となった嫡孫元田亨吉男爵に継承され、さらにその後嗣となった元田竹彦氏(外孫落合為誠〈東郭〉の息子)により所蔵されていた。同氏は早くから同文書の重要性を認識され、文書の整理や書翰の採録などを行っていた。その後海後宗臣氏と共編で『元田永孚文書』全三巻(元田文書研究会、昭和四十四—四十五年)を刊行されたが、これには同文書中から自伝「還暦之記」「古稀之記」諸日記・記録類(第一巻)、明治天皇への「新年講書始進講録」「経筵論語進講録」等(第二巻)、また同僚等への講義録である「論語講義」「書経講義」(第三巻)が収められた。また沼田哲は元田竹彦氏と共同で、同文書中の元田永孚宛諸家来翰を中心に、憲政資料室蔵の諸家文書等から元田差出書翰を収集採録して、六十名、六四五通を収めた『元田永孚関係文書』(山川出版社、昭和六十年)を編集刊行した(その後「補遺」として七十九通を収録して『青山史学』十〈昭和六十三年〉に紹介した)。さらに沼田は元田竹彦氏の依頼により元田家所蔵の同文書の調査・整理を行い、昭和六十二年(一九八七)九月目録を作成した(それは「元田永孚文書目録」として同じく前掲『青山史学』十に収録、その後二度の補充調査により元田家から見出された文書の追加目録も「補遺Ⅰ・Ⅱ」として作成した)。竹彦氏の没後、生前の意向と遺族の依頼により同文書が憲政資料室に収蔵され、現在は前掲目録等を利用して公開されている。

　同文書は大別して書翰と書類よりなっているが、まず書翰については前述のごとくそのほとんどを前掲『元田永孚関係文書』および「同補遺」に収録し得た(ただし「目録補遺Ⅱ」に掲げた書翰中、息子で熊本在住の元田永貞宛の四十四通ほか数通については未収録である)。なお明治十一年(一八七八)から十六年の間の佐佐木高行宛書翰は東京大学史料編纂所編『保古飛呂比　佐佐木高行日記』八—十二(東京大学出版会、昭和五十一—五十四年)に約一三五通が収められていることを付言しておきたい。

　これらの書翰はまず年代別に見ると、幕末—維新期のものはきわめて少ない。これは書翰の残存状況の問題であるが、要するに明治期の書翰に中心があり、明治初年のものは少なく、さらに十年代よりも二十年代の書翰が多いという点に特色があるとも言える。人物別に見ると、井上毅・伊藤博文・吉井友実・徳大寺実則・土方久元・岩倉具視・三条実美・勝海舟・佐々友房・横井小楠・佐佐木高行等の人々からの書翰が特に多い。

　次に書類については、数量も多く内容も比較的多岐にわたっている。それらは宮中・皇室関係(皇室典範に関する意見・皇室財産皇有地に関する意見書・君徳輔導に関する意見書・侍補に関する意見書等)、憲法・立憲制・政治関係(諸参議の立憲制についての意見書に対する奉答意見書、立憲制に関する意見書、「国憲大綱」草案他、また明治十八年十二月内閣官制改革についての経過や天皇の意見などを書き留めた「稟旨剳記・改正稟旨概言」は重要な記録である)、教育関係(「教学大旨」、伊藤博文「教育議」写し、「教育議附議」、「国教論」草稿、「幼学綱要」関係諸書類等、また教育勅語草案の元田控が多数存在する。これについては「原本ハ大正十一年宮内省ニ献納」と記されている)、外交関係(明治二十年井上外相の条約改正に関わる反対意見書等、また二十二年大隈外相の条約改正反対運動に関する意見書、記録等が中心となる)、熊本藩を中心とした幕末維新政治関係(「癸庚存稿」〈嘉永六—万延元年(一八五三—一八六〇)の間の草稿等を一冊にまとめたもの〉と「出京手記」〈文久二年(一八六二)冬京都留守居上京以後元治元年(一八六四)冬迄の記録〉の二冊他元田の建白書草稿等)、多数の漢詩文稿(改削の跡を多く残すものから漢書本など種々である。現在までのところ元田の詩・文について内容を検討することはほとんど試みられていない)、講義録・進講草案(前述『元田永孚文書』二・三に収められたものを中心とする)、自伝および個人関係史料(『同文書』一所収のものを中心に、他に例えば辞令書なども多数残っている)、等々となり、その史料的価値は大きいと評することができる。

ところで「元田永孚文書」は既述紹介してきた元田竹彦氏旧蔵・憲政資料室所蔵のものが原本であるが、その他に「元田永孚文書」としてまとまったものが、写しながら二、三存在する。①「元田男爵家文書」は、『明治天皇紀』編纂に際して、臨時帝室編修局によって採録されたもので、当時の編修官補深谷博治氏らの採録による。現在は書陵部所蔵であり、同蔵書目録によれば「参考史料雑纂／臨帝／一四九冊／明　四二六」中の「五／元田享吉所蔵文書」とある。閲覧可。②「元田永孚文書」(マイクロフィルム)、これは二種類存在する。いずれも憲政資料室所蔵である。すなわち、a渡辺幾治郎氏採録によるもの、b「東野翁書翰集」と題され、大正十四年(一九二五)元田竹彦氏筆録のノート、の二種であり、内容は異なる。以上の①②は、元田家において文書の一部が、昭和二十年の空襲において熊本で被災したものがあり、また戦前に他人に譲渡されたものもあり、それら現存が確認できないものの筆写を含んでいる点で重要な史料的価値がある。

最後に元田を対象とした研究について触れておく。伝記としては海後宗臣『元田永孚』(文京書院、昭和十六年)がほとんど唯一のものである。花立三郎「元田永孚自叙伝解題」(『近代熊本』十六、昭和四十九年)は、自伝「還暦之記」の明治四年政府出仕前までの事項に注を作成、藩政時代の伝記研究に貢献した。海後宗臣『教育勅語成立史の研究』(著作集第十巻、東京書籍、昭和五十六年)、稲田正次『教育勅語成立過程の研究』(講談社、昭和四十六年)は、ともに元田の事蹟にふれるところが大きい研究である。個別研究としては、**Shively, D. H.**, *Motoda Eifu; Confucian Lecturer to the Meiji Emperor*. **Confucianism in Actions** (**Stanford Univ. Press**)、渡辺昭夫「侍補制度と「天皇親政」運動」(『歴史学研究』二五二、昭和三十六年)と「天皇制国家形成途上の「天皇親政」の思想と運動」(同二五四、同年)、山室信一「天皇の聖別化と国『教』論」(『近代熊本』二十一、昭和五十六年)などを先駆として、以後沼田哲の一連の論稿がある。すなわち「元田永孚の思想形成」(『文経論叢』〈弘前大学〉十二—四、昭和五十二年)、「元田永孚と「君徳輔導」論」(同十三—四、昭和五十三年)、「壬午事変後における元田永孚の朝鮮政策案」(『青山史学』六、昭和五十五年)、「元田永孚と明治二二年条約改正反対運動」(『日本歴史』四四四、昭和六十年)、「元田永孚と明治二三年神祇院設置問題」(『国史研究』〈弘前大学〉八十、昭和六十一年)、「皇室典範の制定と元田永孚」(『私

学研修』一一四、平成元年)、「『聖旨』の伝達者・記録者」(福地惇・佐々木隆編『明治日本の政治家群像』吉川弘文館、平成四年)、「元田永孚と天皇」(沼田編『明治天皇と政治家群像』吉川弘文館、平成十四年)等である。

（沼田　哲）

森　有礼（もり・ありのり）

弘化四―明治二十二年(一八四七―一八八九)　駐米弁務使・明六社社長・外務大輔・駐清公使・駐英公使・参事院議官(文部省御用係)・初代文部大臣

まず冒頭にあげるとすれば、大久保利謙編『森有礼全集』全三巻(宣文堂、昭和四十七年)。憲政資料室に寄託された森家旧蔵の文書を中心に広く関連資料を蒐集し、これを政治・法制・外交・学問宗教文化・教育(第一巻)、紀行日記・書翰・伝記資料・雑纂(第二巻)、英文資料(第三巻)など約三五〇点を収録、それぞれに補遺と解題を含めた決定版であった。さらに生誕一五〇年を機に、その後発見された欠漏の新資料を含めて四〇〇点以上、大久保利謙監修／上沼八郎・犬塚孝明共編『新修森有礼全集』全五巻・別巻三(文泉堂、平成四―十五年)として新たに企画された。目下五巻と別巻一までは完成したが別巻二(解題)と別巻三(索引)は編集中である。

森研究は大体これらの全集を手がかりに進められていくものとみられるが、近代日本の政治外交、教育文化に広く関わった人物であるだけに多くの先行研究がある。古くは日下部三之介編『森子爵之教育意見』(教育社、明治二十一年)や海門山人『森有礼』(民友社、明治三十年)、木村匡編『森先生伝』(金港堂、明治三十二年)、高橋淡水『森有礼と星亨』(良書普及会、大正七年)などがあるが、第二次大戦の終わる直前に大久保利謙『森有礼』(文教書院、昭和十九年)が出版された。ここで新資料の一部が紹介され、これが契機となって戦後の研究は飛躍的に展開していく。一つには、それは近代史における思想と人物像の点検であり、特に毀誉褒貶と評価の定まらぬこの特異な個性(悲劇的な最期を含めて)に対する注目であった。

先鞭を切ったのは東京大学教育学部の海後宗臣研究室で、十二人の研究室員を動員、「森有礼の思想と教育政策」(『東京大学教育学部紀要』八、昭和四十年)で、森の人物思想と政策理念などについて網羅的に検証を試みた。この前後から前述の大久保編集の全集の企画が進み、昭和四十七年(一九七二)に上梓されたが、翌年協力者の一人ホール(**Ivan P. Hall**)による学位論文もハーバード大学から刊行された(**Mori Arinori, Harvard University Press, 1973**)。日本語の堪能なホールは前記文献をほぼ消化していたが、ここでは、森の個性を欧化主義者と国家主義者の両面に分け、そこに賞賛肯定(**commendable**)と非難否定(**reprehensible**)の両面を絡めて深層心理学的に分析する方法を展開した。またこれより先に出た単著に、原田実『森有礼』(牧書店、昭和四十一年)と坂元盛秋『森有礼の思想』(時事通信社、昭和四十四年)の二冊があるが、一九八〇年代に入ると比較的鮮度の高い単著が公刊されている。犬塚孝明『若き森有礼』(KTS鹿児島テレビ、昭和五十八年)や林竹二『森有礼―悲劇への序章』(筑摩書房、昭和六十一年)、犬塚孝明『森有礼』〈人物叢書〉(吉川弘文館、昭和六十一年)および木村力雄『異文化遍歴者森有礼』(福村出版、昭和六十一年)などである。まず犬塚の二著は森研究に標準的な視野を示したもので、前者は人間形成期に力点を打ち、憲政資料室や鹿児島県維新史料編纂所の豊富な諸資料を駆使、既刊の著書や先行論文および英文の史料をほぼ網羅してその生涯をまとめており、後者では国際人としての視点から改めてその人間像を展望しており、一応標準的な伝記を完成している。林のものはキリスト教、特にトーマス・レイク・ハリス(**T. L. Harris**, 一八五四―一九四二)の「新生社」による森への思想的影響を強調したもので、留米当時の新資料を紹介、新井奥邃研究などへの道を示唆している。木村はこれを一歩推し進めてスウェーデンボルグ派の思想分析を試みている。

一方森に関する論文や論考はきわめて多く、これらは教育や啓蒙思想研究と暗殺関係の記録などに大別されるが、前記全集から漏れたところで紹介しておきたい。まず前者では、武田清子「森有礼における教育人間像」(『人間観の相剋』弘文堂、昭和三十四年)、中内敏夫「森有礼」(東洋館出版社編集部編『近代日本の教育を育てた人びと』上、東洋館出版社、昭和四十年)、本山幸彦「国家主義教育政策の成立」(『近代日本の政治と教育』ミネルヴァ書房、昭和四十七年)、上沼八郎「森有礼の学事巡視と教育思想」(『学校教育の基本問題』評論社、昭和四十八年)、同「森有礼の教育思想とその背景」(小西四郎・遠山茂樹編『明治国家の権力と思想』吉川弘文館、昭和五十四年)、永井道雄「森有礼」(朝日ジャーナル編集部編『日本の思想家』上、朝日新聞社、昭和五十年)、大久保利謙「明六社考』(立体社、昭和五十一年)、関屋綾子「祖父森有礼」(『一本の樫の木』日本基督教団出版局、昭和五十六年)、久木幸男「森有礼」(下程勇吉編『日本の近代化と人間形成』法律文化社、昭和五十九年)などが散見され、それぞれ個性的に森の思想や教育政策を捉えようとしている。後者としては、古くは伊藤痴遊『森有礼の死』(平凡社、昭和四年)や坂井邦夫「森有礼」(『明治暗殺史』啓松堂、昭和八年)があるが、戦後では大川三郎「森有礼」(『自由を護った人々』新文社、昭和二十二年)をはじめ、村雨退二郎「森有礼」(『近世暗殺史』鱒書房、昭和三十一年)、戸川幸夫『暗殺者』(六興出版、昭和三十三年)、同『暗殺』(冬樹社、昭和四十三年)、鈴木正「森有礼」(『暗殺秘録』原書房、昭和四十三年)などひきも切らず、中には米人のジャーナリストのローウェル(P. Lowell, 一八五〇―一九〇四)のリポートである伊吹浄編『日本と朝鮮の暗殺』(公論社、昭和五十四年)までが発表されている。

以上のように、その個性に対して多くの関心と興味が寄せられており、各大学や研究機関の紀要類にもこの人物に注目する研究動向は跡を絶たない。おそらくそれは、日本の近代化に寄せる関心に他なるまい。新旧複合の「維新」の時代と人間像の分析は、今なお続いている。これに伴って森の関連資料の欠漏を補う作業も続行していかなくてはなるまい。

前記『新修森有礼全集』でも、「全集」というかぎり今後も補遺を加えていかなくてはならない。別巻二の冒頭では、まず書翰や記録類の補遺を掲げつつあるが、それらは主として憲政資料室の三島通庸・三条実美・井上馨・牧野伸顕などの諸文書をはじめ、東京都立大学付属図書館の「花房義質関係文書」や、都立中央図書館、神奈川県立公文書館、早稲田大学所蔵文書などから博捜している。中には駐英公使時代におけるオックスフォード大学の東洋学者ミュラー教授(F. Max Muller, 一八二三―一九〇〇)宛の書翰も含まれている。

（上沼　八郎）

森　恪（もり・つとむ）

明治十五―昭和七年(一八八二―一九三二)　政友会幹事長・内閣書記官長

旧蔵の文書・記録はほとんど残されていない。伝記として『森恪』(編集兼発行人山浦貫一、発行所森恪伝記編纂会、発売所高山書院)がある。これには昭和十五年版、十六年版、十八年版の三種がある。

昭和十五年版は河上哲太・十河信二・山浦貫一の三名が代表となって出版業務を分担し、山浦が編集に当たった。昭和十二年六月から編纂を開始し、三年余を費やして十五年十二月に完成した。本文一二一四頁、他に序文(近衛文麿)、跋文(河上)、編者の言葉(山浦)、写真、巻末に年譜、人名索引などを収めている。

昭和十六版は、十五年版が新聞・雑誌その他各方面で大きな反響をよんだので、「普及版」として再版されたものである。内容は十五年版と大部分同じであるが、若干の増減がある。森の書簡(約五十頁)と長男新に関する「森新小伝」(約六十頁)などが削除され、各方面の批評や声を収録した「反響篇」(約五十頁)

が増補され、本文は一〇六五頁となった。巻頭に山浦の「普及版刊行に際して」と題する小文がある。本書は友人たちが発起した森恪伝記編纂会の事業であり、遺族・親戚・先輩・友人その他、関係各方面に寄贈したところ意外な好評を博し、関係者以外で頒布を希望する人が多いので、普及版を刊行することとした旨を記している。

昭和十八年版は、十五年版から「詞藻」(短歌と俳句)と論稿を削除し、本文は八五八頁に縮小され、上下二巻の分冊として刊行された。巻頭に山浦による「追記」が付加され、この伝記刊行の当初の目的が述べられている。また奥付は、「著者　山浦貫一、発行所　高山書院」と変った。

以上の三種の版本とは別に、昭和五十七年に原書房から昭和十五年版の復刊版が刊行された。ただし巻末の「森新小伝」は削除されている。

わずかに残存する文書として、益田孝宛の書簡二通が三井文庫所蔵の「井上侯爵家より交附書類」の中にある。日付は明治四十五年(一九一二)二月五日と八日。当時三井物産上海支店社員であった森が、辛亥革命後樹立された中華民国の南京臨時政府との間の借款交渉の報告として三井物産顧問益田孝に宛てた書簡である。二月五日付書簡は「上海　三井物産株式会社支店」の社名入り便箋十四枚に書かれており、内容は、漢冶萍公司日中合弁契約調印の件、「井上侯御申附」の件、招商局借款の件の三つが中心である。二月八日付書簡は、便箋三十六枚。中華民国初代臨時大総統孫文と二月三日に南京の総統府で会談した際、元老桂太郎の内意を受けた益田孝の内命により森が提議した「満州」租借借款(一〇〇〇万円)案をめぐる森と孫文の協議の内容を詳細に記した益田宛報告である。この二月八日付書簡に関する研究論文として、藤井昇三「孫文の対日態度—辛亥革命期の「満州」租借問題を中心に—」(『石川忠雄教授還暦記念論文集　現代中国と世界—その政治的展開—』同編集委員会編刊、慶応通信発売、昭和五十七年)、同「孫文と日本・東アジア」(中村義編『新しい東アジア像の研究』三省堂、平成七年)がある。前者の論文は、書簡の信憑性をめぐって中国大陸および台湾の一部の孫文研究者たちと藤井の間で論議を生み、後者の論文はその論議の経過を、国際学会などでの議論とともに、記述している。（藤井　昇三）

森戸辰男（もりと・たつお）

明治二十一—昭和五十九年（一八八八—一九八四）

教育者、片山・芦田内閣文部大臣

戦前・戦後を通じて教育機会の拡大に尽くした教育家である。文書・記録は、広島大学、横浜市史編集室、法政大学大原社会問題研究所、ふくやま美術館に分散して所蔵されている。中心となるのは、広島大学所蔵「森戸辰男関係文書」である(旧蔵書籍の中心も広島大学である)。本文書群は、約二万二〇〇〇点にのぼり、書簡、日記等の私文書および公文書写等で構成されている。横浜市史編集室所蔵「森戸文書」(約七〇〇〇点、一部未整理。所蔵の書簡および戦後日本社会党関係文書については、横浜市史編集室編『横浜市史資料所在目録—近・現代—』昭和六十三—平成十四年で目録化)は、広島大学に寄贈された資料群から分かれて所蔵されたものである。その他、大原社会問題研究所には森戸宛の櫛田民蔵書簡(櫛田民蔵著・大内兵衛・向坂逸郎監修『櫛田民蔵日記と書簡』社会主義協会出版局、昭和五十九年)・久留間鮫造書簡が、ふくやま美術館には学生期の日記等が所蔵されている。

広島大学所蔵の「森戸辰男関係文書」中、片山・芦田内閣期の閣議配布史料については、すでにマイクロフィルムで公開している(森戸文書研究会編『森戸辰男関係文書　片山・芦田政権下「閣議」関係文書』丸善株式会社、平成十二年)。また、すべての文書等についても、上下二巻の森戸文書研究会編『森戸辰男関係文書目録』(広島大学、平成十四年)を刊行しており、一般公開している。本文書群には、戦前期の書簡等も含まれているが、中心は、文部大臣期と中央教育審議会等に代表される文教政策に関する文書である。また、私文書としては、戦前戦後の講演原稿、ノート等を所蔵している（森戸文書の全体像・来歴については、小池聖一「解題」〈『森戸辰男関係文書目録』上〉を参照）。

　代表的な著書は、戦前の森戸事件の原因となった「クロポトキンの社会思想の研究」（『経済学研究』東京帝国大学経済学部経済学研究会、大正九年）の他、『最近ドイツ社会党史の一齣』（同人社、大正十四年）、『日本に於ける女子の職業的活動』（大原社会問題研究所、昭和五年）等が、戦後のものとしては、『救国民主聯盟の提唱』（鱒書房、昭和二十一年）、『第三の教育改革』（第一法規、昭和四十八年）等がある。また、自伝として『思想の遍歴』上・下（春秋社、昭和四十七・五十二年）、『遍歴八十年』（日本経済新聞社、昭和五十一年）がある。

　森戸に関する研究は、森戸事件等個別の問題に限られ、史料の公開をへた今後の課題である（概説としては、小池聖一「森戸辰男、人と思想」〈『広島大学史紀要』一、平成十一年〉がある）。

（小池　聖一）

森本州平（もりもと・しゅうへい）

明治十八—昭和四十六年（一八八五—一九七一）
下伊那郡国民精神作興会創立者

　「森本州平文書」は、昭和五十年（一九七五）、故森本信也氏の協力を得て世に出た史料群である。内容的には、下伊那青年運動関係、下伊那郡国民精神作興会関係、帝国在郷軍人会関係、猶興社・愛国勤労党・信州郷軍同志会関係、新日本同盟など中央団体のパンフレット・新聞類などからなっている。地域右翼・ファッショ運動を考えていく上で、極めて重要な史料といえよう。これらは、市立飯田図書館に寄贈され、調査・閲覧に供されている（市立飯田図書館「大正～昭和初期　社会思想活動関係資料目録」参照）。もう一つ、森本文書で重要なのは、大正十三年（一九二四）から一九六〇年代までの「森本州平日記」の存在である（森本信正氏所蔵）。詳細に記された史料価値が高いこの日記の一端は、筆者の「史料紹介　森本州平日記（抄）」（『論集』〈神戸大学教養部紀要〉三十五—五十、昭和六十一—平成四年、神戸大学教養部の国際文化学部への改組に伴い連載不可能）を見ていただくしかないが、地域ではその後、「読む会」が行なわれていると聞く。

　「森本州平文書」を利用した主な研究としては、須崎慎一「地域右翼・ファッショ運動の研究」（『歴史学研究』四八〇、昭和五十五年。のちに同『日本ファシズムとその時代』大月書店、平成十年所収）、同「試論・戦後日本の保守思想—『森本州平日記』に見る」（『日本文化論年報』〈神戸大学国際文化学部日本文化論講座〉二、平成十一年）などがある。

（須崎　慎一）

や

矢嶋楫子（やじま・かじこ）
天保四―大正十四年（一八三三―一九二五）　日本キリスト教婦人矯風会会頭・女子学院院長

文書・記録のうち、昭和二十年（一九四五）に矯風会構内にあった矢嶋記念館（昭和十三年落成）が焼失したため、館内記念室に集められたものは焼失してしまっている。現存するのは、日本キリスト教婦人矯風会の機関誌をはじめ雑誌の掲載文だが、著書として一冊にまとまったものはないと思われる。矢嶋の著書と記載された『バットラー夫人』（廓清会、大正二年）があるが、他者の翻訳で著書ではない。主な掲載雑誌は『婦人新報』（『東京婦人矯風雑誌』『婦人矯風雑誌』を含む）の他『婦人週報』『婦女新聞』『ムラサキ』『婦人世界』『女学世界』『女鑑』等である。

自伝としては生前、口述としてまとめられたのが守屋東記・基督教婦人矯風会編『矢嶋楫子』（婦人新報社、大正十二年）だが、年代に多少の記憶違いがある。徳富蘇峰の序あり。代表的な伝記としては徳富蘇峰監修・久布白落実編集『矢嶋楫子傳』（不二屋出版、昭和十年、のち大空社、昭和六十三年復刊）があり、その生涯の他、第三編には「人々の見たる先生」と題し、血族や弟子・同時代の人々の追悼文がある。以上二冊の抜粋と継ぎ合わせによる伝記が久布白オチミ編『矢嶋楫子傳』（日本基督教婦人矯風会、昭和三十一年）。久布白オチミ「矢島楫子」（『五人の先生たち』日本基督教団出版部、昭和三十五年）は著者が四度目に書いたもの。島本久恵「婦人矯風会の人々」（『明治の女性たち』みすず書房、昭和四十一年）は、ガントレット恒子からの聞き書きを元に、同時代人である著者による独特な評伝。この他に列伝に収録されているものは、上記の資料を基にまとめられたものが多く、高見澤潤子「矢島楫子」（『二〇人の婦人たち』教文館、昭和四十四年）、渋川久子「矢嶋楫子」（『近代日本女性史一　教育』鹿島研究所出版会、昭和四十五年）、吉見周子「矢嶋楫子」（『同二　婦人参政権』同、昭和四十六年）、田端光美「矢嶋楫子」（五味百合子編著『社会事業に生きた女性たち』ドメス出版、昭和四十八年）、吉見周子「矢嶋楫子」（『人物日本の女性史』十一、集英社、昭和五十二年）、阿部光子「矢島楫子」（瀬戸内晴美編『人物近代女性史　女の一生』五、講談社、昭和五十五年）が挙げられる。

近年、矢嶋と婦人矯風会の歴史からまとめられたのが間野絢子『白いリボン』（日本基督教団出版局、平成十年）で、参考文献・資料がある。小説風の伝記としては三浦綾子『われ弱ければ　矢嶋楫子伝』（小学館、平成元年）がある他、異なった資料を元に書かれたのが小檜山ルイ「終章　果実」（『アメリカ婦人宣教師　来日の背景とその影響』東京大学出版会、平成四年）である。

関連団体の社史には、守屋東編著『日本基督教婦人矯風会五十年史』（日本基督教婦人矯風会、昭和十一年）、日本キリスト教婦人矯風会編『日本キリスト教婦人矯風会百年史』（ドメス出版、昭和六十一年）、田村直臣編『女子学院五十年史及学窓回想録』（女子学院、昭和三年）、田村光編『女子学院八十年史』（同、昭和二十六年）、大濱徹也『女子学院の歴史』（同、昭和六十年）があり、後者の資料編には、十一編の雑誌掲載文がまとめられている。

なお、徳富蘇峰記念塩崎財団に徳富宛の十五通の書簡・葉書が所蔵されている。

（梶原　恵理子）

安井英二（やすい・えいじ）
明治二十三―昭和五十七年（一八九〇―一九八二）　文部大臣・内務大臣

関係文書は東京都立大学法学部法政研究室

に所蔵され、手書きの目録が作成されている。目録は「戦前の部」と「戦後の部」にわかれているが、安井が内務大臣に就任した昭和十五年（一九四〇）七月から、近畿地方総監であった昭和二十年十月までの時期の文書が中心であり、近畿地方行政協議会や近畿地方総監府関係の書類、思想調査委員会の速記録が含まれている。

まとまった伝記や回顧録は作成されていないが、内政史研究会が五回にわたって行なった『安井英二氏談話速記録』（昭和十九年二月—三月）がある。なお、同速記録は、若干の編集が加えられたうえで、基督心宗教団祖師谷支部教会の機関誌『信学行』に転載され、のちに『安井英二先生談話　一学徒としての行政政治家の経験』（信学行社、昭和四十五年）にまとめられている。なお、安井は自らが帰依した基督心宗教団に関連して数冊の書籍を編集している。川合信水講述『完全訓講話』（兄弟文庫、昭和四十三年）、『山月川合信水先生御教話覚書』（基督心宗教団出版部、昭和四十四年）、『山月川合信水先生論語教話』（続巻二冊あり、同出版部、昭和四十五年）などがある。このほか、『昭和岡山　政治と人と』上（山陽新聞社、昭和五十四年）、『警察時事年鑑一九七五年版（歴代内務大臣）』（警察文化協会、昭和五十年）に小伝が掲載されている。

著作としては、『労働協約法論』（日本大学、大正十二年）、『労働運動の研究』（同、大正十三年）、『公営事業論』（良書普及会、昭和二年）、『地方制度講話』（同、昭和五年）、『地方自治の研究』（同、昭和六年）がある。また、文部省実業学務局編『公民教育講演集第二輯』（実業補習教育研究会、大正十四年）には安井による「社会政策」が収められている。こうした安井の労働政策論は、安田浩『大正デモクラシー史論』（校倉書房、平成六年）の中で検討されている（「社会労働政策の原型—安井英二の労働政策論」）。

（黒澤　良）

安岡正篤（やすおか・まさひろ）

明治三十一—昭和五十八年（一八九八—一九八三）

全国師友協会会長

旧蔵の文書・記録・著書は、安岡正篤記念館並びに併設されている恩賜文庫に所蔵されている。他に国立国会図書館には著書二一一点、憲政資料室には牧野伸顕・重光葵ら宛の書翰、また結城豊太郎記念館には安岡発信の書翰・著書八十点が収納公開されている。

安岡正篤記念館には旧宅の書斎がそのまま再現されており、史料としては写真も含めて生い立ちから大学卒業まで九十一点、（財）金鶏学院関係四十六点、日本農士学校関係一一六点、国維会と終戦前後一四六点、全国師友協会一四八点、書翰（来翰）六十九点、講演録（カセットテープ）などが所蔵されており、すべて公開されている。併設されている、昭和九年（一九三四）十一月二十五日完成の恩賜文庫には、中央公論社発行（平成六年）の『吉田茂書翰』（吉田茂発信安岡宛書翰七点）ほか、著書三五六点および機関紙『師と友』、『東洋思想研究』、（旧・新）『金鶏会報』、その他に安岡が研究用に蒐集した一般図書五九五六点、洋書二六四点、漢籍五五〇〇点などがある。

昭和五十九年、安岡を敬慕する人々一五六名によって『流芳録』が刊行された。これは弟子から見た安岡を偲ぶ唯一の刊行物である。また林繁之『安岡正篤先生随行録』（昭和六十二年）、『安岡正篤先生動情記』（昭和六十三年）は平生の言動を知るための好著である。平成九年二月十三日、生誕百年を記念して『安岡正篤先生年譜』が刊行された。安岡教学を学ぶ者、また大正・昭和史を研究する者にとって、この年譜は逸することのできない史料である。生涯に亙っての思想研究の参考資料としては、師友会会員用の月刊誌『師と友』『東洋思想研究』『金鶏叢書』、単行本としては『日本精神の研究』『東洋倫理概論』『東洋政治哲学』『為政三部書』『日本精神通義』などがある。

なお、昭和二十年におけるアメリカOSS（現CIA）の安岡に対する評価については、春名幹男『秘密のファイル』（共同通信社、平成十二年。アメリカ公文書館の公開資料）の

Warner Unconditional Plan for Japanに述べられている。

また、伊藤隆監修『佐藤栄作日記』一―六(朝日新聞社、平成九―十一年)など関係者の日記等に安岡の来訪等の記事が少なくない。

(吉田　宏成)

安川敬一郎 (やすかわ・けいいちろう)

嘉永二―昭和九年(一八四九―一九三四)　実業家・衆議院議員

麻生・貝島と並んで「筑豊御三家」と称された安川・松本財閥の総帥安川敬一郎の関係文書は、北九州市立自然史・歴史博物館が収蔵する安川家資料のなかに多数残されている。現在整理中であり、目録は公刊されていない。内容は、①明治三十一年(一八九八)十月―昭和九年(一九三四)十一月の日記(十三冊)、②大正三年(一九一四)第十一回総選挙で補欠当選(福岡市)して衆議院議員となった関係で残された政見パンフレットとその原稿類(多数)、③安川宛に届いた書簡(約三十点)、④安川が著した「論語漫筆」の原稿類(多数)などである。①はその抄録が松本健次郎編刊『撫松余韻』(昭和十年、「撫松」は安川の号)に収録されているが、内容豊富な日記で、北九州だけでなく近代日本の産業・経済・政治を考えるうえで好個の史料である。公刊が望まれよう。②は安川の政治観・時代観を窺い知ることのできる史料である。数が多く、「余暇あれば則ち筆を執って独り自ら所懐を展ぶを楽みとし」た(松本健次郎「序に代へて」『撫松余韻』)安川の個性が現れている。③は数はそう多くないが、差出人として、犬養毅・井上準之助・緒方竹虎・加藤高明・金子堅太郎・後藤新平・都筑馨六・中野正剛・野田卯太郎・広田弘毅・山川健次郎といった名前が見え、内容も興味深いものが多い。④は筑紫史談会の機関誌『筑紫史談』(大正三―昭和二十年)に連載したものである。実家である徳永家は亀井南冥(寛保三―文化十一年〈一七四三―一八一四〉)の系統に位置する福岡藩の儒者であり、安川自身学問に熱心であった。なお、「論語漫筆」は前掲『撫松余韻』に収録されている。

自伝・伝記としてまとまったものはないが、『撫松余韻』には「日記抄」や「子孫に遺す」(回顧録としての内容を持つ)および「年譜」が収録されている。また、『北九州市史　近代・現代産業経済I』では「官営製鉄所の創立」、「安川家の発展とその蓄積構造」(ともに清水憲一氏執筆)などの項で日記を使用した記述が行われている。ほかにも、日記を使用した研究に、清水憲一「『安川敬一郎日記』と地域経済の興業化について」(1)(『九州国際大学社会文化研究所紀要』三十八、平成八年)、「同」(2)(『九州国際大学経営経済論集』三―二、平成八年)がある。衆議院議員選挙における安川の動向については、有馬学・季武嘉也「戦前におけるいわゆる大選挙区制と政党支部」(『福岡県史　近代研究編各論(二)』福岡県、平成八年)に言及がある。安川・松本系企業の動向については、さしあたり各会社の社史を見るべきである。

なお、次男である松本健次郎(明治三―昭和三十八年〈一八七〇―一九六三〉)の関係文書も北九州市立自然史・歴史博物館が収蔵する松本家資料のなかに多数残されている。炭鉱や企業関係資料も多く、松本に宛てた安川の書簡もあって、併せて見るべきである。

(日比野　利信)

安田善次郎 (やすだ・ぜんじろう)

天保九―大正十年(一八三八―一九二一)　実業家

明治二年(一八六九)安田商店を創業して以来、毎期の「勘定〆上帳」のような初期の決算帳簿などを自分自身で書き記し、これを保存した。そればかりでなく、安田銀行の設立(明治十三年)頃からは、同銀行の公的文書のほかに、ほとんど毎日欠かさずに自身で「日記」を書き、それに加えて数多くの「手控」などの文書を残している。とくに明治十年代中頃から明治末年までの壮年期のものは、筆書きで克明である。内容は事務的な記事が多いが、数頁(数枚)にわたり細々と記載されているものも少なくない。若干の明治期の書簡も残されているが、その数は多くない。書簡類は関東大震災で自宅が全焼した際に多くが失われたと考えられる(上述の安田商店および初期の安田銀行の経営文書、日記・手控類、政府関係文書の一部などは、自邸とは別の蔵に収納され被災を免れている)。これら明治時代の一次史料にみられる人物は、多種多様であるが、政治家、政府関係者には、明治初年では大木喬任・松方正義・武井守正ら、中期以降そのほかに山県有朋らの名がみえる。もっとも多いのは武井守正(男爵、農商務省山林局長、貴族院議員)であり、武井が安田にとって、明治初年における政府高官のなかで、最大の相談相手であったことと、その助言の内容も知られる。松方正義、大木喬任および司法省御用関係の記録も、いわゆる政商的活動を知るうえで貴重である。ほかに「日記」「手控」「書簡」「茶会記」にみえる人物は、渋沢栄一・大倉喜八郎・浅野総一郎・益田孝・岩崎弥太郎・岩崎久弥・中島彦吉ら明治の実業家がもっとも多く、ついで日本橋の近隣の商工業者、両替店、金融業者、職人についての記事が多いことは、当然のことといえよう。親戚となる鍋島家と同家の人々に関するものもある。

　なお、憲政資料室に松方正義宛二通、三島通庸宛二通を含む八通、徳富蘇峰記念塩崎財団に徳富宛四通の書簡が収蔵されている。

これら初期の自筆の経営に関する文書はじめ「日記」「手控」などは、単に安田個人の伝記史料として貴重な存在たるにとどまらず、明治時代を通ずる経済・経営、さらには政治・社会にかかわる重要な一次史料に属するといってよい。全体としては厖大ともいえる量であり、安田家(四代当主安田弘氏)の所蔵で、現在は安田不動産株式会社総務部が、その保存と管理を担当している。ただし収納の状態から(某社の倉庫内)、原本の閲覧は非常に手数がかかり、事実上利用は不可能に近いであろう。かつて昭和六十三年(一九八八)頃、先代当主(三代安田一氏、故人)の好意で、筆者はその大半を安田不動産の社内で閲覧し、コピーしたことがある(現在、そのコピーは財団法人日本経営史研究所が保管している。未整理、非公開)。ちなみに、安田商店「毎期勘定〆上帳」(明治二―十三年)の原本以下、安田銀行の設立期・創業期の「実際考課状」などの記録や史料は、同銀行の後身の富士銀行(現在のみずほ銀行)の調査部において保管されている。こちらは、非公開であるが、利用がまったく不可能であるわけではない。

　これらの安田個人および安田商店はじめ安田銀行関係の広い範囲の史料を用いて、没後まもなく安田家(安田保善社)において、『安田善次郎全伝』全十巻の編纂が行われ、昭和二年になって若干部が印刷に付され、函入、和綴の上装本(首巻、伝記、巻之一―巻之七、ほか茶会記二冊)が製作されて、私家版として当時の安田家同族の各家に配布された。この『安田善次郎全伝』は、これより先、三井家において、三井家修史室(現在の財団法人三井文庫の前身)において、『稿本三井家史料』(第一次、全八十四冊)が編纂され、明治四十二年(一九〇九)に印刷されて一族各家に配布された前例に範をとったもので、浩瀚な文献である。記述の内容は、先の安田家に保存の一次史料などにも依拠しているが、編者によってもとより取捨選択がなされており、決算帳簿などが必ずしも十二分に吟味されてはおらず、政府との関係記録などオリジナルな文書はそれほど引用されていない。いずれにせよ、『安田善次郎全伝』は、ともかく現存する重要な伝記史料といってよいものであるが、稀覯本で、入手はほとんど不能である。今のところ、安田家(安田弘氏)所蔵(非公開)のほか、財団法人日本経営史研究所に全巻揃(非公開)が保有されているのみで、ほかの存在は知られていない。

　いわゆる正伝としては、生前の知己で、政治家出身の大正時代のジャーナリスト矢野文雄(竜渓)執筆『安田善次郎伝』(安田保善社、大正十四年、のち中央公論社、昭和五十四年復刻、ゆまに書房、平成十年)がある。さきの『安田善次郎全伝』の編纂とほぼ並行して編纂された伝記で、『全伝』の要約本、普及版として刊行された。当時の実業家の伝記の水準としては、低いとはいえず、内容も通俗ではなく、有意義といえる伝記であるが、明治初年の安田の資本蓄積、すなわち致富の実態と具体的経緯、政治家ことに松方正義あるいは大木喬任ら土佐派との関係、さらには後継者安田善三郎との葛藤など、彼の生涯について重要な諸側面については、ほとんど記述されていない。安田は、明治維新の社会経済の混乱と変動に際し、太政官札や公債の投機によって「巨富を築いた」といわれてきており(例えば東洋経済新報社版『日本近代史辞典』昭和四十五年、六〇〇頁の記述など)、この点の事実は研究者にとっても一般的にも、興味があるが、晩年の回顧談によってひと通り記述されるにとどまっている。

これらの文献のほか、戦前において刊行されている伝記ないし人物論は、その数が少なくない。発行の時代順に、自伝類を含めて掲げてみると、金森通倫『安田善次郎翁―勤倹立志譚』(勤倹堂、明治四十二年)、自著の『富之礎』(昭文堂、明治四十四年)とその続編として『克己実話』(二松堂書店、明治四十五年)があり、その後も自伝として『意志の力』(実業之日本社、大正五年)、『出世の礎』(同、大正六年)、『金の世界』(大正八年)が次々に刊行されている。いずれも粒々辛苦の倹約と努力による成功談話であるが、初期に刊行されている自伝は、幕末から明治初年という時代の東京と当時の商工業や両替業の実情を知るうえで興味がないわけではない。没後でも坂井磊川『銀行王　安田善次郎』(文明書院、大正十四年)、寺島柾史『近世商傑伝―初代安田善次郎伝』(帝国興信所、昭和十三年)などがある。

戦後公刊の伝記文献としては、安田保善社と関係事業史編修委員会編『安田保善社とその関係事業史』(非売品、安田不動産株式会社、昭和四十九年)がある。同書は、三代総長を中心とする委員会(実質的には遠藤常久が大半を執筆)において、昭和三十年代末から十年以上の年月をかけて編纂されたものである。同書はB5上装本、約一〇〇〇頁の大冊で、第一部においては安田家の祖先・出生から説きおこし、幕末の両替屋の奉公生活から明治時代を通ずる事業、経営活動から、三井家を範とした家制度の組織まで多大の頁数を割いている。したがって事実上の『安田善次郎伝』の戦後版といえる内容となっている。さきにあげた『安田善次郎全伝』はもとより、「日記」や「手控」も一応検討し、整理も試みており、良心的な文献で有用である。しかし、安田商店の毎期「勘定〆上帳」はじめ、幕末から明治初年の一次的な経営記録や文書類を読みこなしているとはいえず、必ずしも戦前に刊行の『安田善次郎伝』の不十分な諸側面を補っていない。

幕末から明治初年における安田の金融はじめ事業活動と資本蓄積の側面にかぎっていえば、由井常彦「幕末・明治初期における安田善次郎の企業者活動と資本蓄積」(由井常彦編著『安田財閥』第一章、日本経済新聞社、昭和六十三年)が、安田商店以来の帳簿など一次史料を用いて、その解明を試みている。その結果、「維新後の投機で巨富をなした」という従来の理解が正しくないことが論証されており、司法省や各県など官庁との御用取引の事実も一応論述されている。なお右の『安田財閥』所収の浅井良夫「保善社と安田関係金融機関の発展」(第二章)は、安田銀行の経営を現存の記録を用いて考究しており、おなじく由井常彦「非金融事業への多角化と限界」(第三章)は、先の『安田善次郎全伝』および「日記」「手控」の一部を使って、明治十年代末から二十年代の安田の銀行以外の諸事業の活動を記述したものである。

戦後刊行の伝記として、以上のほかに織田誠夫『人間安田善次郎』(経済展望社、昭和二十八年)があり、安田学園松翁研究会編『松翁安田善次郎伝』(同学園、昭和三十五年)はじめ、安田関係の諸会社からしばしば関係する書物が発行されているが(例えば安田生命相互会社編刊『安田善次郎物語』昭和五十七年)、ここでは紹介を割愛したい。伊東東作『ある先駆者の軌跡―安田善次郎の鉄道事業―』(鉄道資料刊行会、昭和五十八年)は、明治時代を通じて鉄道の建設と経営に関する業績を調査、記述したユニークな文献として指摘しておきたい。

安田は、明治大正期における、銀行はじめ金融業における企業家そして財閥形成者の代表的な人物の一人として、経済史、経営史、金融史あるいは財閥史の研究の学問的対象としてしばしば取り上げられてきた。戦前には小汀利得『安田コンツェルン読本』(春秋社、昭和十三年)は、コンツェルンのタイトルであるが、内容的には安田伝ないし人物論を含む、古典的な研究文献である。戦後において直接、間接に安田にかかわる学術論文を参考までに一括して列挙すれば、浅井良夫「戦前期日本における都市銀行と地方金融―安田銀行支店網とその系列銀行に関する分析―」(『金融経済』一五四、昭和五十年)、同「地方金融市場の展開と都市銀行―岐阜県下大垣共立・十六両行を中心として―」(『地方金融史研究』七、昭和五十一年)、同「安田財閥と地方銀行―群馬商業銀行、明治商業銀行を中心に―」(朝倉孝吉編『両大戦間における金融構造』御茶の水書房、昭和五十五年)、同「安田貯蓄銀行と安田財閥」(『経済研究』〈成城大学〉七十七、昭和五十七年)、同「安田金融財閥の形成―保善社を中心とする株式所有構造について―」(『経済研究』八十四、昭和五十九年)、浅野俊光「安田善次郎―異色の金融財閥形成者―」(由井常彦ほか編『日本の企業家(1)明治編』有斐閣、昭和五十三年)、加藤俊彦「安田銀行と安田善次郎」(『社会科学研究』〈東京大学〉二―三、昭和二十五年)、高嶋雅明「正隆銀行の分析―満州における日支合弁銀行の設立をめぐって―」(『経済理論』〈和歌山大学〉一九八、昭和五十九年)、由井常彦「安田善次郎の人物と思想―明治期の企業者活動との関連において―」(竹中靖一・宮本又次監修『経済理念の系譜―その国際比較―』東洋文化社、昭和五十四年)、同「明治期における安田財閥の多角化」(土屋守章・森川英正編『企業者活動の史的研究』日本経済新聞社、昭和五十六年)が挙げられる。

(由井　常彦)

安田銕之助　(やすだ・てつのすけ)

明治二十二―昭和二十四年(一八八九―一九四九)

皇族付武官・政治運動家

関係史料としては、学習院大学史料館所蔵の「安田銕之助関係文書」を挙げることができる。ここには東久邇宮帰朝問題関係文書、神兵隊事件関係史料、石原莞爾・上原勇作などの書簡が収められている。同文書は長男の故安田元久氏(学習院大学名誉教授)によって整理・保管されていたが、竹山護夫・伊藤隆氏による調査・分類を経て、平成元年(一九八九)と平成二年の二度にわたって同史料館に寄託された。元久氏の死後、平成八年には息女木村頼子氏から寄贈された。目録は安田銕之助手記「断腸秘録」の翻刻を付して刊行されており(『学習院大学史料館所蔵史料目録十　安田銕之助関係文書』学習院大学史料館、平成二年)、また、マイクロフィルム版『安田銕之助関係文書』全十四リールが雄松堂フィルム出版によって制作販売されている。安田の書簡は、上原勇作関係文書研究会編『上原勇作関係文書』(東京大学出版会、昭和五十一年)、「真崎甚三郎関係文書」(憲政資料室)、「徳富蘇峰宛書簡」(徳富蘇峰記念館)等にも収められている。

主な研究論文として、大島美津子「神兵隊事件―有罪=刑の免除という政治的判決―」(我妻栄編『日本政治裁判史録　昭和・後』第一法規出版、昭和四十五年)、堀真清「神兵隊事件と『北・西田派』の本質的一面(一)・(二)」(『西南学院大学法学論集』十五―三・四、昭和五十八年)、大谷正「神兵隊事件の経緯とその周辺」(専修大学今村法律研究室編刊『今村訴訟記録九　神兵隊事件(二)』昭和六十年)、伊藤隆「神兵隊事件と安田銕之助」(『日本歴史』五〇〇、平成二年)、吉野領剛「昭和初期右翼運動とその思想―神兵隊事件

における安田銕之助の役割—」(『法政史学』五十七、平成十四年)が挙げられる。

なお、安田元久氏の『駘馬の道草—大正末期・昭和初期の激動と前半生の自伝』(吉川弘文館、平成元年)には父銕之助についての記述があり、参考になる。　(濵田　英毅)

安場保和（やすば・やすかず）

天保六—明治三十二年(一八三五—一八九九)　貴族院議員・北海道長官

関係文書は、東京大学法政史料センターにマイクロフィルムがあり、閲覧が可能である。点数は少なく、仮目録がある。ほかに北海道立文書館に二十一点の文書がある。その他点数の少ない文書については、『旧華族家史料所在調査報告書　本編4』(学習院大学史料館、平成五年)を参照されたい。

伝記としては、村田保定編『安場咬菜・父母の追憶』(安場保健、昭和十三年)がある。史料状況から伝記的研究は少なく、前半生を中心とする花立三郎「安場保和—熊本実学派の研究」(熊本近代史研究会編刊『近代の黎明と展開』平成十二年)が存在するに過ぎない。なお現在遺族を中心に伝記編纂中と聞いている。　(西川　誠)

柳原前光（やなぎわら・さきみつ）

嘉永三—明治二十七年(一八五〇—一八九四)　賞勲局総裁

柳原のもとに残されたと思われる史料に、憲政資料室所蔵「柳原前光関係文書」があるが、同文書は同室が京都市の古書店である思文閣から購入したものである。明治前期の諸家来翰および覚書などの書類が含まれているが、分量豊富とはいえない。自筆書翰を多数収めたものとして、同室所蔵「尾崎三良関係文書」がある。主に明治十年代から明治二十二年(一八八九)頃までの時期のものであり、駐露公使在任中のものが多い。一方、「柳原前光関係文書」には柳原宛尾崎書翰は少ない。この他に、伊達文化保存会(愛媛県宇和島市)所蔵の伊達宗城関係の史料中に「御重書之内御書翰類」があり、そこに明治四年から同二十三年までの伊達宛柳原書翰が多数収められている。伊達は、柳原の岳父にあたる。主な内容は、明治前半期の内政、外交に関する柳原の批判や意見などである。さらに、同時期の自筆書翰を収めるものに、東京大学史料編纂所編『保古飛呂比—佐佐木高行日記』全十二巻(東京大学出版会、昭和四十五—五十四年)がある。それらは、主に駐露公使在任中の書翰であり、前記史料に記述された内容と重複するものも多い。他に、柳原の自筆の書翰・書類などを収めるものとして、憲政資料室が所蔵する「三条家文書」書翰・書類および国学院大学図書館所蔵の梧陰文庫がある。いずれも主に皇室典範の起草作業に関わる史料であり、梧陰文庫研究会編著『梧陰文庫影印—明治皇室典範制定前史』(国学院大学、昭和五十七年)、同『梧陰文庫影印—明治皇室典範制定本史』(同、昭和六十一年)に収められている。

日記については、書陵部所蔵「輒志」として明治元年から同十一年までの日記の写本が閲覧に供されている。同史料には、もっぱら簡潔な漢文体の記述が残されている。妹愛子が権典侍として宮中に出仕し大正天皇の実母となったこともあり、当該期の天皇や皇族、公家、宮中に関する記述も見られる。

なお、西尾市立図書館が所蔵する「柳原文庫」は、もっぱら江戸時代後半期(十八世紀後半)の当主・紀光が蒐集した書籍や筆写本である。

柳原の自伝、伝記類はないが、『尾崎三良自叙略伝』全三巻(中央公論社、昭和五十一—五十二年)には、柳原に関する回想的な記述が散見される。

柳原に関する研究も少なく、長井純市「柳原前光と日清修好条規締結交渉」(『日本歴史』四七五、昭和六十二年)、同「明治国家形成と柳原前光」(福地惇・佐々木隆編著『明治日本の政治家群像』吉川弘文館、平成四年)がある。　(長井　純市)

矢野竜渓〈文雄〉（やの・りゅうけい）
嘉永三―昭和六年（一八五〇―一九三一）　百科全書派的啓蒙主義の著述家

政治小説『経国美談』の作者として名高いが、しかしそれにとどまらない極めて多彩な履歴（高級官僚・新聞社主・政党幹部・宮内官・駐清公使・学校長・「社会主義」者・毎日新聞社副社長など）を持つ。その間に多くの著書や論文・談話筆記等を残しており、ほとんど活字化されている。それに対して、活字化されていない生の資料は、今はごくわずかしか知られていない。

それらの資料は現在、『大分県先哲叢書・矢野竜渓（資料編）』全八巻（大分県先哲史料館、平成八―十一年）におおかたはまとめられている。ただし、その後に発見され未収録になっているものがあり、今後もなお発見されることは少なくないであろう。資料集各巻に収録されている資料の所在および出典は、各巻の「解題」にあるのでそれに譲る。また、以下に未収録資料についてもごく一部を紹介するが、いずれも活字化されたものなので、所在は必要ないと思われるので省略する。

資料集全八巻はほぼ主題別に編集されている。第一・二巻は「文芸篇」として小説四編のほか、文体論などの著作・論文等を収める。第三巻は「西洋見聞記篇」として、啓蒙家としての戦略を示す『訳書読法』や西洋文明論『周遊雑記』上、および日本初のユニテリアン紹介や、刊本にはならなかった外遊の往復路と英社会の観察報告、紀行文を収めている。第四巻は「政治・社会篇」として、在官時代の政策案文、『人権新説駁論』等の自由民権期の著作、後の「社会主義者」自称時代の『新社会』等の主要な著作・演説筆記、および『世界に於ける日本之将来』以下、第一次大戦後の「講和と世界の趨勢」など国際関係をめぐる発言を収める。なお資料集未収録だが、この他に大戦期の雑誌『大観』や、『東京日日新聞』などに注目すべき論文がある。第五・六巻は「郵便報知新聞論説篇」である。矢野は明治九年（一八七六）から明治二十三年の間、一時の退社・不在・休養を除いて多くの社説を執筆した。資料集には、署名のあるもの、無署名だが他日の記事または他の文献で矢野筆と確定できるもの、無署名だが修辞用語等の特徴から矢野筆と推定されるものの三ランク（「解題」参照）に分けて収録しているが、もちろん大事をとって収録しなかった中にも彼の筆（特に明治十九年から二十三年の時期にはほとんど彼が一人で書いたと言われる）になるものは多いと思われる。第七巻は「随筆・随想篇」である。公刊された随筆集五冊を中心に編集しているが、『郵便報知新聞』の明治十五年前半に禍門狂（居）士名で断続的に発表されたものや、『大日本教育会雑誌』（明治二十二年）、『教育研究』（昭和三年）所載の教育論などが未収録になっている。第八巻は「書簡・諸文書・雑纂篇」。書簡は大隈重信・伊藤博文・徳富蘇峰家文書中のもの以外は少ない。文書としては、宮内省関係・駐清公使時代関係のものを収める。初めて活字化されたもの（出所は「解題」）もかなりある。

さて、矢野研究は多くはない。文学史研究に関しては早く柳田泉「『経国美談』とその政治思想」（『政治小説研究』上、春秋社、昭和十年）に始まり、猪野謙二「政治社会小説の流れ」（『近代日本文学研究』未来社、昭和二十九年）などがあるが、近年では越智治雄「『経国美談』の周辺」（『日本近代文学大系』二、角川書店、昭和二十九年）、同「『浮城物語』の周辺」（『明治文学全集』十五、筑摩書房、昭和四十五年）が一つの達成点を示す。思想史では早く、石田雄「経国美談」（『国民の文学　近代篇』御茶の水書房、昭和三十年）があって、その後永く政治・社会思想にわたる矢野評価の範型となった観があったが、蔦木能雄「明治社会主義の一考察」（『三田学会雑誌』八十六―二、平成五年）は、ややステロタイプ化していた矢野社会主義論の評価に、『万朝報』記事等から復元した意外に活発なその活動を織り込んで新しい視角を開いている。政治史では福地惇「矢野文雄と明治二〇～二三年政界再編成」（『日本歴史』三三三、昭和五十一年)、外交官矢野について河村一夫「駐清公使時代の矢野竜渓氏」(『成城文芸』四十六、昭和三十二年)の他に目ぼしいものは見当たらないようである。

伝記としては長く、小栗又一『竜渓矢野文雄君伝』(春陽堂、昭和五年)しかなかったが、これは毎日新聞社副社長のときの出版で、しかも身内が書いたものとしての制約や限界もあり、史料的にも問題があった。松尾尊兊監修・野田秋生著『矢野竜渓』〈大分県先哲叢書評伝編〉(大分県先哲史料館、平成十一年)はその点に特に留意したものである。

(野田　秋生)

矢部貞治（やべ・さだじ）

明治三十五—昭和四十二年(一九〇二—一九六七)

東京帝国大学教授・拓殖大学総長

関係文書は二ヵ所に分かれて所蔵されている。第一は、憲政記念館である。昭和六十二年(一九八七)に遺族から日記を含む関係文書が預託され、「矢部貞治文書仮目録」が作成された。同館では昭和六十三年十月に「矢部貞治関係史料特別展」が開催されている。その後、平成十年(一九九八)に日記をのぞく関係文書が政策研究大学院大学に寄贈された。約一万三〇〇〇点にのぼる個人文書は、同大学政策情報研究センターにおいて整理され、『矢部貞治関係文書目録』全四冊(1書簡編、2雑誌編・書籍編・新聞編・自筆編・その他編、3冊子編、4書類編)として平成十三年から十四年にかけて刊行された。書簡(来翰・発翰)二三〇二点に加え、自筆の原稿・メモ類、書籍、私文書、公文書など内容は多岐にわたる。関係書類(書簡や冊子を含む)には、矢部が関わった審議会(行政制度審議会・公安審査委員会・憲法調査会・中央教育審議会・選挙制度審議会・明治百年記念準備会議など)や、民主社会主義連盟、新政治経済研究会などの資料が残されている。新聞や雑誌、冊子には、数は少ないながらも改進党や、自民党の宏池会(池田派)や箕山会(岸派)、周山会(佐藤派)といった政党や派閥関係の機関紙(誌)も含まれている。

蔵書については、一部(二〇八冊)が政策研究大学院大学に寄贈された資料に含まれているが、その大部分は総長をつとめていた拓殖大学図書館へ没後に寄贈された。その数は和書一六三五冊と洋書八五一冊の計二四八六冊にのぼり、昭和五十三年三月に同図書館から『拓殖大学図書館蔵書目録』第十一輯として「矢部文庫分類目録」が刊行されている。また、昭和四十一年度に郷里の鳥取大学の移転記念として、自らが洋書二十三冊を含む計一三五冊の蔵書を選定し図書館に寄贈している。これらは「矢部文庫」として一括はされていないものの、現在も鳥取大学図書館で閲覧に供されている。

著作のうち、日記については、昭和十二年五月から昭和四十二年五月の逝去直前までの時期のものが、『矢部貞治日記』として、「銀杏の巻」・「欅の巻」(昭和四十九年)、「紅葉の巻」・「躑躅の巻」(昭和五十年)の全四巻で読売新聞社から出版されている。また、遺族である矢部堯男氏によって、昭和十年四月から昭和十二年五月までの日記が、『矢部貞治日記・欧米留学時代』(私家版)として平成元年に刊行された。その他の著作については『矢部貞治関係文書目録』二所収の「矢部貞治著作一覧」を参照されたい。このリストには、雑誌や冊子類に掲載されたエッセイ類の記載はないが、矢部の文章や関係記事が掲載されている場合には、目録各編に収録した項目の備考欄に、評論や記事、出席した座談会のタイトルを採録している。

まとまった伝記や回顧録類は存在しないが、世界民主研究所『主張と解説』二一—一(昭和二十七年)に「浪人生活六年」、同誌九—一(昭和三十四年)および拓殖大学海外事情研究所の『海外事情』七—二(昭和三十四年)に同じく「自伝的随想」と題する短文が掲載されている。略歴は、『矢部貞治日記』や『矢部貞治関係文書目録』の各巻にあり、略歴と著作表とが、『矢部貞治関係文書目録』二に加え、ともに矢部の還暦記念号である『海外事情』十―十（昭和三十七年）、『拓殖大学論集』三十二・三十三合併号（昭和三十八年）にある。このほか、矢部が伝記を執筆した近衛文麿（『近衛文麿』上・下、弘文堂、昭和二十六―二十七年）に関連して、今井清一・伊藤隆編『現代史資料44　国家総動員2』（みすず書房、昭和四十九年）に「近衛新体制についての手記」（「内外法政研究会研究資料」一〇四、昭和二十一年）が収められている。また、GHQ参謀第二部歴史課が矢部におこなったインタビュー記録「近衛公と終戦」があり、佐藤元英・黒沢文貴編『GHQ歴史課陳述録　終戦史資料』上（原書房、平成十四年）に収録されている。

研究としては、伊藤隆『昭和十年代史断章』（東京大学出版会、昭和五十六年）がある。論文には、波田永実「矢部貞治の新憲法・戦後天皇制構想　日本国憲法成立期の国民主権論の一断面」（『行動科学研究』〈東海大学社会科学研究所〉四十九、平成九年）、源川真希「戦前日本のデモクラシー　政治学者矢部貞治の内政・外交論」（『人文学報』〈東京都立大学人文学部〉二八七、平成十年）、同「『大東亜共栄圏』思想の論理とその帰結　政治学者矢部貞治を中心に」（同三〇六、平成十二年）がある。

（黒澤　良）

山岡萬之助（やまおか・まんのすけ）

明治九―昭和四十三年（一八七六―一九六八）　司法官僚・内務省警保局長・貴族院議員

司法省監獄・行刑局長および刑事局長時代の治安維持法制定で名高い山岡の史料約四〇〇〇点は基本的に二つの機関に分かれた形で保存されている。

①学習院大学法経図書室所蔵（公開）は、昭和六十一年（一九八六）十月に遺族の飯塚高宏氏から寄贈を受けた約三〇〇〇点の史料からなる。『山岡萬之助関係文書目録』（山岡文書研究会、昭和六十三年）と題する印刷目録が完備されている。さらにマイクロフィルム化され憲政資料室でも閲覧できる。目録から得られる主要史料の概要は以下の通りである。Ⅰ司法省参事官時代（大正三―十年）。民事訴訟法関係五十八点・法案類五十三点・議案類三五〇点・判検事試験史料三十二点からなる。Ⅱ司法省監獄局長時代（大正十―十三年、十一年より行刑局長）。階級処遇制度十九点・通牒四十四点・議案四十点・職員官制史料十九点からなる。様々な刑務所制度改革がうかがえる。Ⅲ司法省刑事局長時代（大正十三―十四年）。治安維持法史料十五点・その他三十二点からなる。治安維持法史料は同法の立法過程研究に欠かせない史料として、多くの研究に利用されている。Ⅳ内務省警保局長時代（昭和二―三年）。選挙取締史料五十六点・地方官更迭等人事史料九点・共産党事件等治安関係史料五十一点・新聞紙法出版法史料五十二点からなる。政党による地方官・警察幹部の猟官人事が熾烈に行なわれていた時期の実態を知る上で貴重な史料である。基本的に山岡の華やかな政治活動はここに終る。その他の活動を知る史料として、昭和七年に短期間勤めた関東長官史料五十四点・昭和四年に勅選された貴族院議員史料三八三点・その他の政治活動史料一一〇点がある。書簡も三五〇点あるが、儀礼的な内容が多い。

②法務省法務図書館所蔵（未公開）は、昭和六十一年に法務省に寄贈され、長らく未整理の状態にあったが、平成十一年（一九九九）から整理作業が進められ、近頃約八七〇点にのぼる史料の目録の完成をみた。史料は大正期の刑事訴訟法・刑法・陪審法・少年法関係史料からなる。基本的に大正期の山岡が参事官・局長として関与した法案の立法過程を知る上で貴重な史料が多い。①の史料を補完するものである。山岡の伝記は学術的なものはまだない。わずかに細島喜美『人間山岡萬之助傳』（講談社、昭和三十九年）が生前に出版されたのみである。

（前山　亮吉）

山県有朋（やまがた・ありとも）

天保九―大正十一年（一八三八―一九二二）　元帥・内閣総理大臣

ここで言う「山県有朋文書」とは、広義の意味、すなわち山県に関する史料群、「山県宛諸家書簡」、「山県有朋関係原文書」、「山県有朋旧蔵書」などを指す。

①「山県有朋関係文書」(山県家所蔵)の複製が憲政資料室に所蔵されている。原文書は一七五巻よりなり、大部分が山県宛書簡である。なお山県伊三郎宛山県有朋書簡五十三通が含まれている。これらの書簡は基本的には年代順に編集されており、まれに「木戸孝允書簡」「伊藤博文書簡」など人物別、あるいは日清戦争などの主題別になっている。書簡の総数はおよそ二〇〇〇通、内容も情報量が多く、「山県有朋文書」として基本的なものである。しかしすでに明らかなように、この文書は山県が残した文書のすべてではなく、生存中、もしくは死後のある時点で整理されたものであると思われる。しかし、それがいつ、どのような方針でなされたのかという点については、不明である。

この文書の特徴を考えるために、一七五巻の構成を見てみよう。安政六年(一八五九)から明治元年(一八六八)にいたる書簡はおよそ九巻であり、明治十年までは十巻、明治十年より二十年まではおよそ六巻である。これを合計しても二十五巻であり、文書全体の五分の一にすぎない。また、これ以後日清戦争までの書簡は八巻のみである。この時期は首相や法相や枢密院議長を勤めているが、その経歴に比べてこの数は少ないといえよう。特に首相の地位にあった時期、伊藤博文書簡は五通しか残っていない。「伊藤博文関係文書」ではこの時期の山県書簡は十八通残っているのである。

「山県有朋関係文書」の中核をなすのは、明治三十年代から大正十年(一九二一)までの史料である。一四二巻がこの時期の史料なのである。例えば明治三十年代の書簡を年ごとに列挙してみると次のようになる。明治三十年「三巻」、三十一年「七巻」、三十二年「六巻」、三十三年「五巻」、三十四年「〇巻」、三十五年「〇巻」、三十六年「七巻」、三十七年「三巻」、三十八年「六巻」、三十九年「五巻」、四十年「〇巻」。という具合である。これを見てわかるように、第一に明治三十年になって急激に史料が残されていること、第二に、明治三十五年や四十年のように、史料がまったく残されていない年もあることがわかる。なぜこのような事態が起こったのか、この史料の成立事情が不明である以上、その意図はわからないが、これはこの文書を使用する際、注目すべき点であろう。

②「山県有朋関係文書」(憲政資料室所蔵)写本。五十二冊。この文書は徳富猪一郎が『公爵山県有朋伝』(山県有朋記念事業会、昭和八年)を編纂執筆した際に収集されたものである。大部分は「公爵山県有朋伝記編纂会」の原稿用紙にペン書のもので、その内容は山県宛田中光顕書簡、山県有朋意見書、「越の山風」「葉桜日記」等。

以上の文書のうち、①については現在解読が終了し、尚友倶楽部編により山川出版社から三巻本として刊行される。第一巻は平成十六年(二〇〇四)末の予定である。そのうち史料的価値の高いものは、伊藤隆・酒田正敏・広瀬順晧等と英訳した。

③「憲政資料室所蔵文書」には、『伊藤博文関係文書』全九巻(塙書房、昭和四十八—五十六年)のように刊行されているものもあるが、多くは未刊行史料である。それらの私文書から山県書簡を収集した。先の「山県有朋関係文書」が捜索の手引きとなったことはもちろんであるが、同世代の人々の文書を広く探し、その結果は同室所蔵文書の多くに山県書簡が見られたが、比較的多い文書とその数を次に示しておく。「平田東助関係文書」(十五通)、「大木喬任関係文書」(十七通)、「井上馨関係文書」(一八四通)、「品川弥二郎関係文書」(一六八通)、「桂太郎関係文書」(一六五通)、「寺内正毅関係文書」(一二〇通)、「松方正義関係文書」(一八四通)、「野村靖関係文書」(五十六通)である。これを見ると大木と松方以外は長州人であり、また長州人ではないが平田とも密接な関係にあるとされており、山県の人的結合の強さを示しているよ

うである。

④憲政資料室には「憲政史編纂会収集文書」がある。憲政史編纂会は昭和十五年(一九四〇)の議会開設五十年を記念して衆議院に設立されたもので、委員長に尾佐竹猛が就任した。この編纂会は、精力的に私文書の収集を行い、多くの写本を残した。この写本の基となった史料には、太平洋戦争で失われたものもあり、ここからも山県書簡を選びだしたのである。このような写本しか残っていない史料群として書陵部に所蔵されている『明治天皇紀』編纂史料がある。この一連の史料は『宮内庁書陵部所蔵 和漢図書分類目録』に「(臨帝)」と注記されているから比較的さがしやすい。また、書陵部は数年前より目録の内容の整理が終ったものから順次『書陵部紀要』に掲載している。

⑤山県書簡を収集するに当って用いた方法の一つは、個人所蔵史料の調査発掘であった。これは山県と関係の深い人々を取り上げ、その遺族を調査して山県書簡の有無を照合するものであった。この時、霞会館編『昭和新修華族家系大成』全二巻(吉川弘文館、昭和五十七―六十年)が有益であった。これによって遺族を探しだし問い合わせる訳であるが、結果の大部分は「書簡なし」とか「空襲で焼失」とかいうものであった。しかし渡辺千秋宛山県書簡や石黒忠悳宛山県書簡、明石元二郎宛山県書簡はこうして入手することができた。また新聞記事も史料収集の有効な手段であった。長州毛利家の医者「李家文厚関係文書」は、昭和五十二年五月十六日の新聞記事によって知ったが、所蔵者と連絡を取ることができ、そこに含まれている山県書簡を入手することができた。また平成二年十月には筆者の山県研究が新聞で紹介され、「藤井一虎関係文書」を見ることができ、山県書簡をコピーすることができた。藤井は奇兵隊員で後年は豊多摩郡長となった人物であり、山県の交遊範囲の広さをこの文書で知ることができた。

⑥大学図書館や研究機関に収蔵されている私文書を探すとその結果の例として次のようなものが浮び上った。「田中光顕関係文書」(法政大学図書館)、「中井弘関係文書」(早稲田大学社会科学研究所)、「渋沢栄一関係文書」(渋沢栄一記念館)、「西郷従道関係文書」(「島津家文書」のうち、東京大学史料編纂所)、「中山寛六郎関係文書」(東京大学法政史料センター)である。

以上の③—⑥から選り抜いて解読した書簡の数は、平成十四年の段階で二四〇〇通であるが、探し続ければ、ほかの山県書簡を発見できるであろう。

⑦書簡収集の最後に刊行書によるものを指摘しておく。刊行書は大きく二つに分れる。第一は『伊藤博文関係文書』や『徳富蘇峰関係文書』(山川出版社、昭和五十七―六十二年)といった史料集によるものであり、第二は『公爵桂太郎伝』(故桂公爵記念事業会、大正六年)や『原敬日記』(福村出版、昭和四十―四十二年)といったものである。これらは原文で確かめられるものとそうでないものとがあるのはいうまでもない。

⑧以上、書簡を中心に述べてきたが、彼の思想と行動を分析し明らかにするに欠かせない史料として「山県有朋意見書」がある。明治のトップリーダーの中で、彼ほど多くの意見書を残したものはいない。しかもその内容は精緻で分析的であり、彼が「一介の武弁」であることを否定しているように思える。大山梓編『山県有朋意見書』(原書房、昭和四十一年)が唯一の刊行された史料集であるが、山県の意見書はこの他にもあるはずである。現に秘書を十四年間勤めた入江貫一は、山県が「軍事、外交、内治、産業、教育、財政等」について「当路者に送られた建白書の原稿で私が整理したものだけでも五十通以上になってゐる」と書いているのである。もちろんこの多くは『山県有朋意見書』に収録されているのかもしれないが、「原内閣以来でも、対支対西伯利亜対米等の外交関係を初め、食料問題、物価問題、風教問題などに関し意見書を送って参考に供し、又は忠告を試みたる事

十回に及んでゐる」と入江が述べていることからしても、大山梓の『山県有朋意見書』に含められていない意見書の存在を示唆する記述がいくつか出てくる。その存在の例を挙げよう。尾佐竹猛は『明治大正政治史講話』(一元社、昭和十八年)に山県の「国務大臣及び枢密顧問官をして議員を兼ねしむる利害如何」に触れたが、これは国立公文書館所蔵の「諸雑公文書」に発見した。「手紙を通じて―2」(『時事新報』昭和三年八月一日)に「三分鼎立に関する書簡」が掲載されたが、この意見書の原本は「田建治郎関係文書」に存在する。また、尚友倶楽部品川弥二郎関係文書編纂委員会編『品川弥二郎関係文書』全九巻(山川出版社、平成五―、現在六巻まで刊行)に「復命書」(このタイトル自体は秘書が書いたもの)と題する山県の沖縄、五島、対馬対策を述べた文書(明治十九年五月二十五日)が含まれることになっているが、その文書に山県は「一己の意見」であると書いている。そして先に取り挙げた公文書館所蔵の「諸雑公文」に十数点の意見書を発見した。

広く史料を探し続ければ、さらに山県有朋意見書を発見できるであろう。たとえば『公爵松方正義伝』(明治文献、昭和五十一年)には「教育編」が含まれているし、山県が外務大臣陸奥宗光に差出した外交問題についての長い書簡(明治二十八年四月五日)はまさに意見書であるが、それらは「山県有朋関係文書」と「陸奥宗光関係文書」に存在する。

⑨山県の旧蔵書について触れておく。山県の書簡を読んでいると時折彼の読後感が出てくる場合があるが、その蔵書を知ることは彼の思想を知るための一手段である。入江貫一は「公の手許の乱籠には常に赤と青との色鉛筆が収めてゐる(三色ボールペンがあったらどんなに便利であったであろう―筆者注)。書類といはず書籍といはず(例えば大正三年一月二十七日徳富宛書簡―筆者注)、会心のところには○を附し、訂正を為すも皆此の色鉛筆を以つてせらる」と書いているが、小田原市立図書館に収蔵されている彼の蔵書にはその痕跡が残っている。同図書館の『山県公文庫目録』(昭和四十四年)によると、六十六点一〇一七冊の旧蔵書が認められるが、こうした書入があるのは五十七冊である。元図書館長、故石井富之輔が手書で山県の書入、傍線と符号を複写し、「山県公文庫書入れ傍線本索引」を作成した。筆者はこの索引を複写したが、このコピーによって小田原図書館以外の図書館でその「五十七冊」を読めば、山県の「読後感」を知ることができるであろう。

⑩最後に山県と密接な関係があった人物の刊行史料を読めば、山県の思想、性質、行為をよりよく理解でき、新しい、もっと精確な人物像形成に役立つであろう。その例として『原敬日記』(前掲、広瀬順晧、岩壁義光編『影印原敬日記』北泉社、平成十一年を参照)、岡義武・林茂編『大正デモクラシー期の政治―松本剛吉政治日誌』(岩波書店、昭和三十四年)、入江貫一『山県公のおもかげ』(博文館、大正十一年)と『山県元帥追憶百話』(皆行社、昭和五年)を挙げる。さらに重要史料として伊藤隆編『大正初期山県有朋談話筆記　政変思出草』(山川出版社、昭和五十六年)がある。

(ジョージ・アキタ)

山川端夫(やまかわ・ただお)

明治六―昭和三十七年(一八七三―一九六二)　国際法学者・法制局長官

筆者は昭和四十年(一九六五)前後に遺族の山川美佐子氏から関係文書を拝借し、マイクロフィルム化した。そのマイクロフィルムは東京大学社会科学研究所が所蔵し、その複写が憲政資料室に所蔵されている。しかし原所蔵者が現在不明なので、閲覧は可能であるが、コピーはできない。内容は国際聯盟および国際聯盟協会関係のもの、手帳、日記、メモ、来翰など一七〇点前後である。その中に「私の足跡」と題する自伝草稿がある。また、東京都立大学法政研究室には「大東亜省に関する機構問題　貴族院予算総会に於ける質疑原稿　昭和十八年二月十七日」がある。

著書に、『軍縮の為に新国防会議を興せ』

(国際聯盟協会、昭和四年)、『倫敦海軍軍縮会議の成果』(国際聯盟協会、昭和五年)、『国際聯盟と満州事変』(社会教育協会、昭和六年)、『日支時局と国際聯盟』(国際聯盟協会、昭和七年)、『太平洋会議に就いて』(霞山会館、昭和十一年)、『支那を中心として列国の啓発へ』(日本文化中央聯盟、昭和十三年)他がある。

(伊藤　隆)

山川　均（やまかわ・ひとし）

明治十三―昭和三十三年(一八八〇―一九五八)

社会主義思想家

旧蔵の書籍・資料が大きくまとめて図書館・研究機関等に寄贈・寄託されたことはない模様で、だいたいは旧宅に現在も保存されている(ただし法政大学大原社会問題研究所所蔵向坂逸郎文庫の中に旧蔵資料の一部が含まれている)。これらは整理されておらず、目録もない。

著作は、本人が加筆訂正して保存する習慣があったようで、新聞・雑誌などの掲載物、単行本が未公刊のものの原稿とあわせてやはり旧宅に多く保存されている。勁草書房から昭和四十一年(一九六六)に刊行が開始され、近年完了を見た『山川均全集』全二十巻(編者ははじめ山川菊栄・山川振作、その死後は川口武彦・伊藤晃・田中勝之・山崎耕一郎ら)はそれらを基本資料として作られた。この全集は網羅的であるが、大部分の翻訳や日記、座談会記録、官憲作成調書などが収められていない。書簡の収集も不完全である。また、現代読者の便宜を考慮するあまり、用字等の厳密さを犠牲にしたところがあり、研究者はもとのテキストと対照するのが安全であろう。

伝記には『山川均自伝』(岩波書店、昭和三十六年)がある。これは前半生については詳細だが、一九二〇年代以降はある座談会から山川の発言を抜粋したもので、簡略である。また社会主義運動内の党派的対立に生涯深く関与したため、ある種の主観性が働いたところがあり、意識的に語らなかったことも多いと思われる。そうした主観性や党派的な主張は、同時代人が山川について伝える文章にも見られ注意を要するが(荒畑寒村『寒村自伝』〈板垣書店、昭和二十二年〉など客観的に伝える努力をしたものもあるが)、これらも、山川が運動のなかで何であったかを知るための重要資料ではある。

そこで警戒すべきは、右の傾向が山川についての学術的研究にも多少反映していることである。山川が自分自身について言ったこと、あるいはあれこれの党派が山川について言ったことが、党派ごとにいくつもの常識となって研究者の思考を規定しているのである。山川研究で代表的な研究者として川口武彦をあげることができるが(『日本マルクス主義の源流』ありえす書房、昭和五十八年、『山川均の生涯』社会主義協会出版局、昭和六十一―六十二年)、彼の研究も右の点で批判されるべきところがある。小山弘健・岸本英太郎『日本の非共産党マルクス主義者―山川均の生涯と思想』三一書房、昭和三十七年)は党派的見地をのがれた研究を意図したものであったが、なお完全に成功したとはいえなかった。

今後山川を研究するさいには、その生涯において関係してきた諸運動のそれぞれの厳密な研究のなかに、彼の運動のなかでの発言と行動を位置づけて再検討する必要がある(伊藤晃『天皇制と社会主義』新版、インパクト出版会、平成十四年所収の山川論は、日本共産党の運動についてこれを試みたもの)。彼がどんな運動に関係したかは、全集でだいたい追っていくことができよう。全集でつかめないのはコミンテルンとの関係であるが、最近公開されたコミンテルン文書のなかに山川が昭和二年に送った書簡などがあることが判明しており、これを含めた邦訳資料集の刊行が予定されている。

(伊藤　晃)

山際七司（やまぎわ・しちし）

嘉永二―明治二十四年(一八四九―一八九一)　衆議院議員

関係する史料としてまとまったものは、昭

和三十二年(一九五七)に新潟大学学友会日本史研究部編『山際七司関係史料』として公刊されたのが最初であった。それは新潟県西蒲原郡黒崎村木場の佐藤家が所蔵していたもので、「大部分紛失して現存しているものはごく僅かである」と記し、現存している十一点の史料の概要と、そのなかから「明治十一年他出日記」など七点を紹介したに過ぎないものであった。

だが、平成十二年(二〇〇〇)に完結した『黒崎町史』編纂の過程で、後裔である山際精爾から、秘蔵していた関係史料(ダンボール箱三十九箱、確認された文書数は三九〇三点)が提供され、その重要なものが『黒崎町史　資料編3　近代』(平成六年)と『黒崎町史　別巻　自由民権編』(平成十二年)に収録、公刊されるに至った。うち一八五点の史料を収録した後者は、山際精爾所蔵の関係史料から一八一点を掲載しており、「山際七司関係史料集」といって過言ではない。その解題によれば、同史料は次のような特徴をもっているという。(1)書簡は明治十三年(一八八〇)からまとまって残っているが、それ以前のものが極端に少ない、(2)残っている書簡も自由民権運動関係がほとんどで、私信が少ない、(3)書籍・雑誌・新聞が残っていない、(4)明治初年から十年代にかけての行政史料(戸長関係の史料)が少ない。

また日記は明治八年から二十三年の四十五冊が残されていて、『黒崎町史　別巻　自由民権編』には明治八、十一—十二年の日記が掲載されている。しかし、田中惣五郎『自由民権家とその系譜』(国土社、昭和二年)が紹介した明治十三年十一月から十四年九月までの日記は不明という。この期は東京での活動が中心で、民権家山際が最も精彩に富んでいる時のものだけに残念である。このように、これまで秘蔵されてきたとはいえ、その残存状況から推して、誰かが史料を整理した形跡があるが、その経緯等は現在のところ不明である。

ところで、黒埼町は町史刊行直後、隣接する新潟市に合併となり、山際精爾所蔵の山際七司関係史料を含む文書史料は新潟県立文書館に寄託された。なお、山際自身が発した書簡のうち近隣の小柳卯三郎に宛てた書簡は、立教大学図書館蔵「小柳文書」にかなりまとまって所蔵されている。

研究としては、『黒崎町史　別巻　自由民権編』の「解題」のほか、同書に「研究編」として掲載された、伊東祐之「文明開化と地域社会—山際七司の対応」、滝沢繁「国会開設運動と政党結成」、本間恂一「地方政党の運動と展開」、横山真一「大同団結運動と地域」、河西英通「初期議会と民党運動」が最近の研究としてある。

(阿部　恒久)

山口左七郎（やまぐち・さしちろう）

嘉永二—大正元年(一八四九—一九一二)　湘南社社長・衆議院議員

相模国初の自由民権結社湘南社の社長になり、また第一回衆議院議員選挙で当選して一期つとめたほか、神奈川県会議員としても活動した。

関係の史料を含む「山口家文書」は、現在神奈川県伊勢原市上粕屋の同家(雨岳文庫)と、農林水産省農林水産政策研究所に所蔵されている。山口家所蔵分については、『神奈川県史資料所在目録　第三十七集』(神奈川県企画調査部県史編集室、昭和四十七年)、福田以久生「山口家文書と同目録」(『幾徳工業大学研究報告A　人文社会科学編』三、昭和五十三年)、河内光治・滝本可紀・福田以久生・野崎昭雄「山口左七郎関係書簡目録—山口家文書の紹介(その四)—」(同七、昭和五十七年)において一部が目録化されている。残りの大部分も伊勢原市史編さん室によって目録化されているが、未刊行であり、さらに目録化されていない文書も残されている。農林水産政策研究所所蔵分については、目録はあるが刊行されていない。

「山口家文書」を翻刻・紹介したものに、大畑哲・佐々木徹・石倉光男・山口匡一『雨岳文庫第一集　山口左七郎と湘南社　相州自由民権運動資料集』(まほろば書房、平成十年)、河内光治・滝本可紀・福田以久生・野崎昭雄「山口左七郎の日記—山口家文書の紹介(その三)—」(『幾徳工業大学研究報告A 人文社会科学編』六、昭和五十六年)などがある。

「山口家文書」を用いた研究成果としては、野崎昭雄「初代大住淘綾両郡長山口左七郎について」(『神奈川県史研究』三十八、昭和五十四年)、田嶋悟「明治初年相模国の豪農の実態」(『伊勢原の歴史』十、平成七年)、大畑哲「山口左七郎と湘南社」(前掲『山口左七郎と湘南社 相州自由民権運動資料集』所収)、渡辺尚志編『地方名望家・山口左七郎の明治維新』(大学教育出版、平成十五年)などがあり、金原左門『福沢諭吉と福住正兄』(吉川弘文館、平成九年)もかなりの頁をさいて山口について論じている。また、大畑哲『神奈川の自由民権運動』(新かながわ社、昭和五十六年)、同『自由民権運動と神奈川』(有隣堂、昭和六十二年)、同『相州自由民権運動の展開』(有隣堂、平成十四年)も、山口についてふれている。

(渡辺 尚志)

山崎 巌(やまざき・いわお)

明治二十七—昭和四十三年(一八九四—一九六八)

警視総監・内務大臣・自治大臣

関係文書は、東京大学法政史料センター原資料部に所蔵され、「近代立法過程研究会収集文書No.29 山崎巌関係文書目録」が作成されている。内容の一例を示すと、「欧米各国視察日誌」(昭和三年(一九二八))や昭和四年の日記といった戦前の日記が若干残されているほか、昭和二十七年以降の日記や数冊の手帖が残されている。書類関係では、戦前の救護法や内務省関係に加え、戦後の「自民党各調査会等発行パンフレット」や「自治省関係書類」、「憲法改正関係書類」が含まれている。

伝記や回顧録はないが、福岡県人会会報『東京と福岡』(十八—十二、東京と福岡社、昭和四十三年)は「山崎巌先生追悼集」にあてられている。同号の記事には略歴が付され、石井光次郎の弔辞のほか追悼文が寄せられている。特に尋常小学校以来の幼なじみである龍断(龍電社社長)の「六十八年の交わり」は、山崎の生い立ちや家庭環境を知ることができる数少ない資料の一つである。また、『警察時事年鑑一九七五年版(歴代内務大臣)』(警察文化協会、昭和五十年)に小伝が掲載されている。

このほか、山崎は『追想の大達茂雄』(『大達茂雄』別巻、大達茂雄伝記刊行会、昭和三十一年)に「大達さんと私」という題名の追悼文を寄せている。また、東京裁判での木戸幸一関係の証人として準備した宣誓供述書の草稿が木戸家に残されており(現在は国立歴史民俗博物館)、木戸日記研究会『木戸幸一日記 東京裁判期』(東京大学出版会、昭和五十五年)に収録されている。

山崎は、『斯民』や『社会事業』といった雑誌に救貧制度や社会事業に関する文章を寄せている。その集大成と言えるのが『救貧法制要義』(良書普及会、昭和六年)である。この『救貧法制要義』は、『社会福祉古典叢書五 田子一民・山崎巌集』(鳳書店、昭和五十七年)、また、『戦前期社会事業基本文献集』三十二(日本図書センター、平成八年)に復刻され収録されている。前者には「年譜」、「山崎巌主要著作目録」が付され、佐藤進による解説「田子一民と山崎巌」は、山崎の生涯と事績にも言及している。他方、後者には「山崎巌主要著書」があり、桑原洋子による解説も『救貧法制要義』の評釈に加え、その生涯を概観しており参考になる。山崎と救護法との関わりについては、大日方純夫「内務省社会局官僚と社会事業行政」(波形昭一・堀越芳昭編著『近代日本の経済官僚』日本経済評論社、平成十二年)でも検討されている。

(黒澤 良)

山崎元幹(やまざき・もとき)

明治二十二—昭和四十六年(一八八九—一九七一)

南満洲鉄道株式会社総裁

満鉄(南満洲鉄道株式会社)が作成した史料の多くは現在、中国の遼寧省檔案館と吉林省社会科学院満鉄資料館に所蔵されている。しかし、敗戦後に接収された満鉄の史料群を引き継いでいる遼寧省檔案館所蔵分は現在非公開であり、満鉄資料館所蔵分は一点一点が貴重な史料ではあるものの、様々な箇所に散逸していた史料を収集したものであるため、史料群としてのまとまりに乏しく、史料的性格を明らかにすることは困難である。このような中国における満鉄史料をめぐる環境はまだ十分なものとはいえない。よって、満鉄研究を行うためには、国内の史料に多くを依存せざるを得ないのが現状である。こうした意味において、山崎関係史料の持つ史料的価値は大きい。

関係史料は現在、小田原市立図書館、憲政資料室、早稲田大学中央図書館の三機関で所蔵されている。このうち、小田原市立図書館所蔵分は、小田原市立図書館編刊『特別集書山崎元幹文庫目録』(昭和四十六年)によって確認ができる。内容は、蔵書類約二〇〇〇冊が中心であるが、満鉄関係の刊行物も多く、さらに満鉄の意志決定に関する史料として重要な重役会議関係書類(昭和七―十一年)と処務週報(昭和六―十一年)などの文書類も含まれている。また、憲政資料室所蔵分は分量的に多くはないが重役会議関係書類(昭和七年)と、一時期勤めていた満電(満洲電業株式会社)関係の史料がある(閲覧用仮目録あり)。また、早大所蔵分は予決算・重役会議関係書類や処務週報、満洲事変期の書簡類などからなるが、特に大戦末期の文書は他の機関では見られないものであり、満鉄の最末期を知るうえで重要な史料となっている。

この他、敗戦前後期の日記と戦後に書かれたノートがあった。これらは、満鉄会編刊『満鉄最後の総裁山崎元幹』(昭和四十八年)において一部紹介されているが、日記は遺言に基づき非公開とされ、現在は他のノート・手紙・写真などとともに福岡県糸島郡二丈町の墓所に納められている。

また、これ以外にも生前に松岡洋右伝記編纂会に寄贈した八〇五点の文書史料がある。この史料の一部は、松岡洋右伝記刊行会編『松岡洋右―その人と生涯』(講談社、昭和四十九年)において松岡の満鉄時代を窺える史料として引用されているが、現在所在不明である。ただし、アジア経済研究所の未整理史料群のなかに同書で引用された史料と同一のものが複数あり、山崎が松岡洋右伝記編纂会に寄贈したものとも考えられる。なお、生前に蔵書を小田原市立図書館の他、福岡県立文化会館図書部と足柄史談会にも寄贈しているが、これらは趣味関係の図書である。

このように、山崎関係史料は満洲事変前後から大戦末期までの満鉄の活動を窺うことのできる貴重なものであり、特に、「村上義一文書」(慶応義塾大学法学部所蔵)と「八田嘉明文書」(早稲田大学現代政治経済研究所所蔵)とあわせることで満洲事変前後から満鉄改組に至る一九三〇年代前中期の満鉄の活動はかなりの程度明らかにできるであろう。

伝記としては、前述した『満鉄最後の総裁山崎元幹』が唯一のまとまった伝記である。この他、戦後になって『満鉄会報』に時折執筆していた回顧類は、満鉄会編『山崎元幹・田村羊三　思い出の満鉄』(龍溪書舎、昭和六十一年)にまとめられている。また、山崎自身は、東京帝大時代から満鉄時代を経て戦後に至るまで多くの論文や回想を執筆しているが、これらの執筆目録は『満鉄最後の総裁山崎元幹』(六〇五―六一二頁)に掲載されている。

なお、関係史料の全容と戦後における散逸の経緯および早大所蔵分の目録に関しては、加藤聖文「満鉄史研究と山崎元幹文書―戦後における散逸の経緯と復元への試論―」(『近代中国研究彙報』二十四、平成十四年)が参考になる。

(加藤　聖文)

山下義信（やました・ぎしん）

明治二十七―平成元年(一八九四―一九八九)　参議院議員

「山下義信関係文書」は東京大学法政史料センター原資料部が所蔵している。これは同センターが山下家所蔵の原史料から原爆被害者援護に関するものを中心に抜粋してマイクロ化したものであり、『山下義信関係文書目録』がある。同文書は「原子爆弾被害者の医療等に関する法律」(原爆医療法)制定に関する史料と、広島市原爆障害者治療対策協議会(広島原爆障害対策協議会の前身)の活動に関する史料に大別される。

前者には、原爆医療法制定への道を拓いた、広島・長崎両市長等による「原爆障害者治療費の国庫支出に関する陳情書」、「原爆障害者援護法制定に関する陳情書」や、山下の手になる「原爆障害者援護法案」(社会党案)の立案過程に関するもの、参議院での質疑に関する史料がある。

後者には広島市原爆障害者治療対策協議会の規約や役員名簿、事業計画の他、同協議会による原爆障害者への診療活動や被爆者実態調査の報告書などが見られる。また、お年玉付年賀はがきの寄付金の配分を受けるための活動(これにより広島原爆被爆者福祉センターを建設した)に関する史料もある。

(岸本　昌也)

山田顕義(やまだ・あきよし)

弘化元―明治二十五年(一八四四―一八九二)　兵部大丞・陸軍中将・参議・司法卿・司法大臣

関係史料としてまとまったものは、書陵部に所蔵されている「山田伯爵家文書」三十一冊がある。これは『明治天皇紀』編修史料として、臨時帝室編修局が大正十四年(一九二五)から昭和二年(一九二七)にかけて山田伯爵家より借用、謄写したものである。内容は諸家書翰、広沢真臣暗殺事件関係、神道・神祇官設置関係、皇典講究所関係、世伝御料関係、諸家意見書、条約改正関係、大津事件関係、民法・商法実施延期関係などとなっている。本史料は日本大学大学史編纂室編『山田伯爵家文書』全八巻(日本大学/新人物往来社、平成三―四年)として刊行されており、詳細は第八巻の総目録、解題を参照されたい。

同文書の原史料は現在山田家には伝わらず、所在が不明となっている。あるいは、昭和二十年の空襲で同家の邸宅が焼亡し、そのときに焼失したともいわれるが、正確な事実は不明である。また、早稲田大学中央図書館特別資料室の「渡辺幾治郎収集謄写明治史資料」の中に、「山田家文書」五冊がある。これは、右の書陵部本のうち第一から第九冊の諸家書翰とほぼ一致する内容である。渡辺はその著『明治史研究』(楽浪書院、昭和九年)に「伯爵山田顕義関係文書を編次して」(昭和三年二月稿)と題する一文を収録している。

日本大学は、山田を学祖として位置づけ、伝記として『山田顕義伝』(昭和三十八年)を刊行したほか、さまざまな関係史料の刊行事業を行っている。『山田顕義関係史料集成第一』(日本大学精神文化研究所、昭和六十二年)は『日本大学精神文化研究所・教育制度研究所紀要』に掲載された関係史料を集成したもの。日本大学精神文化研究所・日本大学教育制度研究所編刊『山田顕義関係資料』一―三(昭和六十―六十二年)の第一集は山田が旅団長をつとめた別働第二旅団の西南戦争出征中の日記(防衛研究所所蔵の陸軍省大日記に含まれるもの)を翻刻したものである。その他『シリーズ学祖・山田顕義研究』(日本大学広報部編)を昭和五十七年より継続的に刊行している。

その他、山口県文書館には、西南戦争時の日記である「山田中将日記」および、山田に関する軸物数点を所蔵している。

(梶田　明宏)

山梨勝之進(やまなし・かつのしん)

明治十―昭和四十二年(一八七七―一九六七)　海軍次官

関係する文書・記録類は、まとまったかたちでは残されていない。ただし、憲政資料室蔵「斎藤実関係文書」には、明治四十四年(一九一一)八月二十八日から昭和十年(一九三五)一月十七日までの斎藤宛山梨書翰計三十一通が残されている(さらに同文書の「書類の部」の中にも、昭和二年三月二十五日付斎藤宛山梨書翰一通がある〈文書番号一六一八―二〉。これらのうち、とくに斎藤が全権として参加した昭和二年のジュネーブ海軍会議前後の時期の書翰は、軍縮問題に対する山梨の考えを知るうえで興味深いものが多い。そのほか、同室所蔵の文書のなかでは、「下村宏関係文書」に一通、「竹下勇関係文書」に三通、「渡辺千冬関係文書」に一通の山梨書翰が残存している。

　伝記としては、山梨勝之進先生記念出版委員会(委員長＝寺岡謹平)編『山梨勝之進先生遺芳録』(水交会、昭和四十三年)がある。本書は、「自伝」「遺稿」「講話」の三部から構成されている。さらに、戦後、海上自衛隊幹部学校で行なった講話を編集したものに、山梨勝之進『歴史と名将―戦史に見るリーダーシップの条件』(海上自衛隊幹部学校編『山梨大将講話集』が原本、毎日新聞社、昭和五十六年)がある。古今東西の名将の統率、各国の歴史や国民性、日本海軍の事跡などの内容を含む本書では、山梨の人物観や歴史観などが窺える。このほか、中村悌次(元海上幕僚長)「山梨勝之進先生を偲んで」(『波濤』平成十二年一月号)は、海自幹部学校の一学生として聴取した山梨の講話の内容を下敷きに、山梨の人物像を綴ったものである。

　一方、管見のかぎり、山梨個人を正面から検討した研究はない。だが、海軍「条約派」の領袖の一人として山梨にも大きな関係のあった両大戦間期の海軍軍縮問題については、麻田貞雄『両大戦間の日米関係―海軍と政策決定過程』(東京大学出版会、平成五年)と伊藤隆『昭和初期政治史研究』(東京大学出版会、昭和四十四年)の両大著がある。また、昭和五年のロンドン海軍軍縮条約の成立過程については、小林龍夫「海軍軍縮条約」(日本国際政治学会太平洋戦争原因研究部編『太平洋戦争への道』朝日新聞社、昭和三十八年)も参照されたい。さらに軍縮問題をめぐる海軍部内の動向については、小池聖一氏の諸研究に詳しい。たとえば、「ワシントン海軍軍縮会議前後の海軍部内状況」(『日本歴史』四八〇、昭和六十三年)、「大正後期の海軍についての一考察」(『軍事史学』二十五―一、平成元年)、「ジュネーブ海軍軍縮会議について」(『海軍史研究』一、平成二年)、「海軍軍縮をめぐる二つの国際関係観の相剋―ジュネーブからロンドンへの間で」(伊藤隆編『日本近代史の再構築』山川出版社、平成五年)がある。このほか、秦郁彦「艦隊派と条約派―海軍の派閥系譜」(三宅正樹他編『昭和史の軍部と政治』一、第一法規出版、昭和五十八年)は、海軍の派閥対立に関する代表的研究である。なお、中国問題をはじめとする、軍縮問題以外の重要政治課題をめぐっての「条約派」と「艦隊派」との政策対立に言及したものとして、樋口秀実『日本海軍から見た日中関係史研究』(芙蓉書房、平成十四年)もある。　（樋口　秀実）

山枡儀重（やまます・のりしげ）

　明治二十二―昭和十二年(一八八九―一九三七)

　衆議院議員

　旧蔵の文書・記録は散逸してしまっている。したがって調査を試みる人は、左記の著書のほか、衆議院本会議および委員会の議事録、『民政』、選挙区鳥取の二新聞『鳥取新報』(民政系)、『因伯時報』(政友系)などにあたるほかはない。

　著書として今日判明するのは『KKKに就て』(東京市役所、大正十三年)、『欧米革新教育の実際』(内外出版、大正十四年)、『大人の教育』(モナス、昭和元年)、『欧米政治行脚』(平凡社、昭和四年)、『比例代表』(平凡社、昭和四年)、『教育を直視して』(宝文館、昭和五年)、『私有財産制度と国家社会主義』(宝文館、昭和七年)、『人間生活の教育』(南光社、昭和八年)、『憲政よ、何処へ』(宝文館、昭和九年)、『人間の権威』(同文書院、昭和十一年)の十冊である。ほかに兄山枡儀寛が執筆した『山枡儀重臨終手記』(私家版、昭和十三年)がある。

　山枡についての研究はないが、生涯の大要を記したものとして、松尾尊兊「由谷義治と山枡儀重」(『鳥取市史研究』二十一、平成十三年)がある。

(松尾　尊兊)

山本五十六（やまもと・いそろく）

明治十七—昭和十八年（一八八四—一九四三）　連合艦隊司令長官

郷里の長岡市にある山本五十六記念館に書簡・手帳類が数十点寄託されている(整理中につき非公開)。この史料は疎開していたため空襲による焼失をまぬがれたものであり、同郷の反町栄一による伝記『人間山本五十六』(光和堂、昭和三十一年)に引用されている。戦死の直後、海兵同期の広瀬彦太によって『山本元帥前線よりの書簡集』(東兆学院、昭和十八年)が刊行されたほか、追悼文集として『水交社記事(故山本五十六追悼号)』(水交社、昭和十八年)が編纂されている。

多数の伝記・評伝が出版されている。伊藤金次郎『山本五十六言行録』(春陽堂書店、昭和十八年)、山本義正『父・山本五十六』(光文社、昭和四十四年)、半藤一利『山本五十六の無念』(恒文社、昭和六十一年)、ジョン・D・ポッター著／三戸栄訳『太平洋の提督、山本五十六の生涯』(恒文社、昭和四十一年)などがある。

山本を直接取り扱った研究はないが、開戦に関する研究については、軍事史学会編『第二次世界大戦(二)—真珠湾前後—』(錦正社、平成三年)所収の「日米開戦関連文献目録」が、膨大な研究史を把握する上で参考になる。防衛研修所戦史室『大本営海軍部大東亜戦争開戦経緯』一・二(朝雲新聞社、昭和五十四年)や、ゴードン・W・プランゲ著／千早正隆訳『トラトラトラ』(日本リーダーズダイジェスト社、昭和四十一年)は、多数の聞き取り調査に基づいて書かれている。最近の研究としては、森山優『日米開戦の政治過程』(吉川弘文館、平成十年)が挙げられる。

(東中野　多聞)

山本勝市（やまもと・かついち）

明治二十九—昭和六十一年（一八九六—一九八六）　衆議院議員

旧蔵の文書・記録は憲政資料室に寄贈されている。それは概数一千数百点に上るものだが、戦災の影響により戦前のものは少なく、戦後の回想や印刷物、著作ノートの類が大半で、一次史料としては遺族所蔵の日記の方がはるかに分量が多く充実している(現在これも憲政資料室に寄贈されている)。その昭和十七年(一九四二)末から十九年末の日記に関しては、伊藤隆氏による紹介が継続中で(「山本勝市についての覚書(一—三)・附山本勝市日記(一—三)」『日本文化研究所紀要』〈亜細亜大学〉一—三、平成七—九年)、とくに「新体制」や統制(計画)経済に批判的な「精神右翼」、反「革新」的な人脈や団体との交流関係に詳細な解説を施す。だが日記には、他にも昭和十三・四年のように断続的に書かれた部分もあり、戦後の未紹介分も相当の量に上る。戦前山本は和歌山高商教授から文部省国民精神文化研究所所員(十八年退任に追い込まれる)、戦後は二十一年、戦前から交流のあった鳩山一郎の下に参じて埼玉全区から衆議院議員当選、自由党政務調査副会長など同党綱領の作成にも携るが翌年公職追放、二十八年復帰、通産政務次官など経て引退後は自民党中央政治大学院学監など務める。戦後の日記には議員時代(四十二年落選まで)や以降のものも残されている。

回顧録には『思い出の記—大正六年三高入学まで—』『思い出の記—高商教授時代—』『わが文章の思い出—昭和二十年八月終戦まで—』(東京山本会、昭和三十八年)があり、生い立ちから旧制三高、京都帝大経済学部で河上肇に師事し、後に訣別に至る社会主義イデオロギーへの心酔と幻滅、そして自由主義経済の論理から統制批判運動を喚起する経緯が追想され、「おもい出—岩田内閣の構想と行政査察使—」(『明朗会十二烈士を偲ぶ』非売品、昭和三十六年)も、終戦期に政策転換を目指して行政査察使随員などで奔走した逸話を残す。

経済新体制や笠信太郎の批判者としてもよく知られ、中村隆英・原朗「経済新体制」(『年報政治学一九七二「近衛新体制」の研究』岩波書店、昭和四十八年)以降、右派からの統制批判の代表者として論及され、長尾龍一「帝国憲法と国家総動員法」(『大道廃れて』木鐸社、昭和六十年。初出五十七年)は、山本の市場経済論的な「国体」論は統制経済の欠陥を理論的に突いた異彩を放つ存在と見る。近年では「社会主義経済計算論争」というL・v・ミーゼス、F・A・ハイエクらオーストリア学派の提起した計画経済不可能論を導入した先覚者として、尾近裕幸「山本勝市―自由主義の闘士(一)―」(『研究年報』〈和歌山大学経済学部〉一、平成九年)や、土井郁磨「自由主義経済論者山本勝市の思想的出発」(『日本歴史』六三六、平成十三年)など、ミーゼス、ハイエクに連なる新自由主義思想の戦前期における展開、市場の再発見による社会主義批判の論理形成の観点から説かれる。

（土井　郁磨）

山本権兵衛（やまもと・ごんべえ）　嘉永五―昭和八年(一八五二―一九三三)　海軍大将

残された史料は、憲政資料室に寄贈された。内容的には重要なものが多いが、その数は三十二点である。ところで海軍大臣官房編『山本権兵衛と海軍』(のち原書房、昭和四十一年復刻)には、「山本伯実歴談」が収載されている。これは明治十一年(一八七八)から日露戦争期までを対象として大正十五年(一九二六)に本人から聞き取りをし、それをまとめたものである。同書にはかなりの史料が参考として掲載されており、この時期に関して言えば憲政資料室の史料と重複するものもあるが、むしろ同書に掲載されている史料の方が多い。ただし、同室の文書には日露戦後期の史料も含まれているのに対し、同書にはない。

したがって、日露戦後期に関してはあまり史料がないのであるが、周辺の史料としては、女婿である財部彪の『財部彪日記』(憲政資料室所蔵、そのうち明治四十二―大正四年までは坂野潤治他編『財部彪日記』上・下、山川出版社、昭和五十八年として刊行)、村上貞一『政界縦横録』(大正十三年)、『牧野伸顕日記』(中央公論社、平成二年)などがある。

正伝には『伯爵山本権兵衛伝』上・下(故伯爵山本海軍大将伝記編纂会、昭和十三年、のち原書房、昭和四十三年復刻)があり、その他鷲尾義直『英傑山本権兵衛』(牧書房、昭和十六年)、中村嘉寿『海軍の父山本権兵衛』(水産社、昭和十七年)、山本英輔『山本権兵衛』(時事通信社、昭和三十三年)など、彼をよく知る人物たちによる伝記がある。最近では、小説であるが江藤淳『海は甦える』(文芸春秋、昭和六十一年)がベストセラーとなり、高野澄『山本権兵衛』(PHP研究所、平成十三年)などもある。

最近の学術研究としては、小宮一夫「山本権兵衛(準)元老擁立運動と薩派」(『年報近代日本研究20　宮中・皇室と政治』山川出版社、平成十年)などがある。

（季武　嘉也）

山本条太郎（やまもと・じょうたろう）　慶応三―昭和十一年(一八六七―一九三六)　南満洲鉄道株式会社総裁

平素から日記をつけず、書類・書簡類も用済み次第廃棄していたため、個人史料はほとんど残されていない。唯一、福井市立郷土歴史博物館に生前に使っていた遺品類とともに書簡控が二点あるのみである。

したがって、山本自身またはその果たした役割を明らかにする場合、関係者などから広範囲にわたって収集した関係史料を基に編纂された、山本条太郎翁伝記編纂会編刊『山本条太郎　伝記』(昭和十七年、のち原書房、昭和五十七年復刻)、同『山本条太郎　論策一』(昭和十四年、のち原書房、昭和五十七年復刻)、『山本条太郎　論策二』(昭和十四年、のち原書房、昭和五十七年復刻)が基礎文献となる。また、関係者による回想をまとめた、原安三郎編『山本条太郎翁追悼録』(山本条太郎翁追悼録編纂所、昭和十一年)や、戦後刊行された原安三郎『山本条太郎』(時事通信社、昭和四十年)も参考になる。

この他、三井物産時代に関しては、三井文庫所蔵「三井物産会社資料」が重要な一次史料である。この史料群には「重役会議録」および「支店長会議事録」などの会議録類や、中国など海外の調査書類などが含まれており、上海支店時代から重役時代を経て、シーメンス事件で三井を去るまでの山本に関係する史料も多く残されている。なお、財団法人三井文庫編刊『三井事業史』全十巻(昭和四十六―平成十三年)が資料篇も含めて三井物産時代の背景を知るうえで参考になる。

また、満鉄総裁時代に関しては、松岡洋右伝記刊行会編『松岡洋右―その人と生涯』(講談社、昭和四十九年)が基礎文献となる。さらに、南満洲鉄道株式会社『帝国議会説明資料』全十七冊(龍溪書舎、昭和六十一年復刻)、南満洲鉄道株式会社『統計年報』全三十九冊(龍溪書舎、平成三年復刻)、南満洲鉄道株式会社『営業報告書』全四冊(龍溪書舎、昭和五十二年復刻)、南満洲鉄道株式会社編刊『南満洲鉄道株式会社第三次十年史』全四巻(昭和十三年、のち龍溪書舎、昭和五十一年復刻)および南満洲鉄道株式会社編刊『南満洲鉄道株式会社三十年略史』(昭和十二年、のち原書房、昭和五十年復刻)も当時の満鉄を理解するうえで参考になる。一次史料に関しては、日本側では外交史料館所蔵「外務省記録」のなかに山本総裁時代の満鉄関係史料が多く含まれているが、満鉄自体が作成し保管していた史料は中国の遼寧省檔案館および吉林省社会科学院満鉄資料館に所蔵されている。そのうち最も重要な遼寧省檔案館所蔵分は刊行物を除いて原則非公開となっているが、満鉄資料館所蔵分は公開されており、そのなかに山本時代の満鉄史料がいくつか存在する。未登録史料も多いが、吉林省社会科学院満鉄資料館編『吉林省社会科学院満鉄資料館館蔵資料目録』全三冊(吉林文史出版社、一九九五年)もある。その他、中国で出版された山本時代を含めた満鉄関係の史料集としては、吉林省社会科学院〈満鉄史資料〉編輯組編『満鉄史資料　第二巻　路権篇』(全四冊、中華書局、一九七九年)、解学詩主編『満鉄史資料　第四巻　煤鉄篇』全四冊(同、一九八七年)、遼寧省檔案館編『「九・一八」事変檔案史料精編』(遼寧人民出版社、一九九一年)、遼寧省檔案館・遼寧社会科学院編『「九・一八」事変前后的日本与中国東北―満鉄秘檔選編』(同、一九九一年)があるが、これらは中国語に翻訳されたものである。影印版としては、遼寧省檔案館編『満鉄密檔　満鉄与侵華日軍』全二十一冊(広西師範大学出版社、一九九九年)、同編『満鉄秘檔　満鉄与移民』(同、二〇〇三年)、同編『満鉄密檔　満鉄与労工』(同、二〇〇三年)があり、収録されているのは遼寧省檔案館所蔵の満鉄史料である。

著作は、『支那の動き　動乱の重要性とその現状』(外交時報社、昭和二年)、『経済国策の提唱　国民繁栄への道』(日本評論社、昭和五年)がある。また講述を記録したものとしては、『山本・松岡正副総裁の満蒙に関する所見』(満鉄社員会、昭和四年)がある。

山本に関係する研究については、三井物産時代に触れているものとして、栂井義雄『三井物産会社の経営史的研究』(東洋経済新報社、昭和四十九年)があり、山本の産業立国策を満鉄総裁時代を軸に扱ったものとして、佐藤元英「田中内閣の対中国経済発展策と満鉄」(小林英夫編『近代日本と満鉄』吉川弘文館、平成十二年)、小林道彦「政党政治と満州経営―昭和製鋼所問題の政治過程―」(黒沢文貴・斎藤聖二・櫻井良樹編『国際環境のなかの近代日本』芙蓉書房出版、平成十三年)などが挙げられる。

(加藤　聖文)

山本悌二郎(やまもと・ていじろう)

明治三―昭和十二年(一八七〇―一九三七)　立憲政友会代議士・農林大臣

旧蔵の文書は、「山本悌二郎関係文書」として憲政資料室に所蔵されている。しかし、その分量は三十三点の史料にとどまり、しかもほとんどは昭和十二年(一九三七)に作成されたと思われる書類に限定されている。

差出書翰も、憲政資料室に品川弥二郎宛十

三通を含め二十五通、徳富蘇峰記念塩崎財団に三通、『原敬関係文書』三（日本放送出版協会、昭和六十年）に一通が収められている程度である。

伝記には、二峰先生小伝編纂会編刊『山本二峰先生小伝』（昭和十六年）があり、最も充実したものである。戦後に発行されたものとしては、山本修之助『山本悌二郎先生』（山本悌二郎先生顕彰会、昭和四十年）がある。同書には『山本二峰先生小伝』には収録されていない、著者が独自に収集した史料が追加されている。また、伝記に準じるものとして、伊坂誠之進著刊『僕の見たる山本悌二郎先生』（伊坂誠之進、昭和十四年）があり、山本の実弟有田八郎による「兄山本悌（ママ）次郎のことども」（『日本及日本人』昭和十七年一月）も、山本の生涯を短くまとめている。この他重要な文献としては、田村満治編刊『山本悌二郎先生追悼録』（昭和十四年）がある。

山本にはまとまった回想録はないが、『その頃を語る』（東京朝日新聞、昭和三年）の中で、台湾製糖時代の苦労とその後政界入りするまでの経緯を述べている。また森田英亮『父母を語る』（金星堂、昭和十四年）の中では、両親の思い出を綴っている。この他、山本が精通していた書画に関する著作として、『宗元明清書畫名賢詳伝』（丙午出版社、昭和二年）、『澄懐堂書畫目録』（文求堂書店、昭和七年）などがある。

（奥　健太郎）

ゆ

湯浅倉平（ゆあさ・くらへい）

明治七年―昭和十五年（一八七四―一九四〇）　内大臣・宮内大臣・警視総監

遺された蔵書ならびに史料は、一括して山口県立山口図書館ならびに山口県文書館に収蔵されている。大正十年（一九二一）、山口県立山口図書館を訪問した湯浅は、蔵書の寄贈を申し出、以後、没年の昭和十五年（一九四〇）まで毎年のように蔵書を寄贈した。昭和十一年、同館ではこれらの図書二五〇〇余冊を「湯浅文庫」として一括し『湯浅文庫図書目録』を刊行、以後追加目録も出された。ただし現在は、図書館の方針により「湯浅文庫」としてのまとまりは失われている。この中には朝鮮総督府政務総監時代に蒐集したと見られる朝鮮関係図書も多く含まれる。

一方、文書に関しては、湯浅の伝記史料編纂に携わった林茂の計らいもあり、編纂終了後の昭和四十五年、未亡人サキエ氏により関係史料は山口県文書館へ収蔵された。この「湯浅倉平伝記史料」には、伝記『湯浅倉平』

（昭和四十四年）の原稿なども含まれるが、貴重なものは西園寺公望・若槻礼次郎・斎藤実・宇垣一成・野村吉三郎ら、明治から昭和初年にかけて政界に活躍した約二十五名からの湯浅宛書簡一四五通であろう。その他、湯浅倉平伝刊行会の世話をしていた宗岡哲郎の所蔵にかかる関係史料なども含まれる。なお史料中には、山口県文書館が同史料受け入れに関して作成した書類も含まれており、史料の性格を考える上では貴重なものといえよう。

（植山　淳）

由谷義治（ゆたに・よしはる）

明治二十一―昭和三十三年（一八八八―一九五八）　衆議院議員

「由谷家文書」は散逸して存在しない。ただ義兄にあたる貴族院議員米原章三の関係文書（マイクロ化され東京大学法政史料センター蔵）に関連の文書を見出すことができる。したがって由谷について知るためには、議員をつとめた鳥取市会、鳥取県会、衆議院の議事録、鳥取地方の二新聞『鳥取新報』（民政系）、『因伯時報』（政友系）、由谷を盟主とする鳥取県青年同盟機関紙『中外新報』（以上県立鳥取図書館蔵）などに当たるほかはない。

没後『県政新聞』に連載した昭和八年（一九三三）までの自伝と若干の演説や新聞論稿をまとめた竹本節編『由谷義治自伝』上・下（同刊行会、昭和三十四年）が刊行された。ほかにその生涯を略述したものとして松尾尊兊「由谷義治と山枡儀重」（『鳥取市研究』二十一、平成十三年）がある。また米原章三伝刊行会編刊『米原章三伝』（昭和五十三年）も参考になる。

（松尾　尊兊）

よ

横田千之助（よこた・せんのすけ）

明治三―大正十四年（一八七〇―一九二五）　司法大臣

残された私文書・記録類は、少なくとも現在閲覧可能なものについてはごくわずかである。一つは、憲政資料室が所蔵している文書類（「関屋貞三郎関係文書」など）であり、これら諸家文書のなかに横田から発信された書翰がわずかに含まれている。諸家文書中に含まれている横田発信の書翰は、同室にあるカード目録（「憲政資料書翰発信者別索引」（仮））で検索できる。ただし、旧蔵のまとまった文書類は所蔵していない。

もう一つは、栃木県足利市の松村記念館が所蔵している文書類である。ここには、原敬から横田に宛てた直筆の書翰一通（大正六年〈一九一七〉九月）と、出身地足利の名家で物心両面での後援者であった松村半兵衛に宛てた挨拶状・礼状等が十数通保管されている（同館所蔵の書翰を閲覧する際には、事前連絡が必要である）。

またこのほかに、遺族が保管している書類も存在するが、ほとんどの書類は書生たちに分け与えられたため現在残されているものは多くはない。主なものは、仏道に帰依していた彼の瞑想記録(大正四―十四年)や出納記録である。瞑想記録は通常の日記ではないが、政局や政治課題等に関する記述もあり彼の内面を知る上で貴重と思われる。このほかには、原敬に宛てた書翰のコピー(大正六―七年、原本は盛岡市の原敬記念館所蔵、翻字は原敬文書研究会『原敬関係文書』三、日本放送出版協会、昭和六十年に所収)、馬場鍈一からの書翰一通、横田の死を悼む新聞記事のスクラップ等がある。ただしこれらは個人蔵であるので、原則として一般の利用は不可である。

横田に関する公刊資料のうち、代表的なものとしては、石田秀人『快男児　横田千之助』(新気運社、昭和五年)が挙げられる。これは評伝的な資料で、生前の軌跡を比較的詳しく辿っている。また彼の主な著作も数点収録・再録されている。同様の評伝的資料としては、荒木武行『横田千之助論』(大観社、大正十四年)がある。このほかに人物伝の類でもしばしば横田が扱われているが、主なものとしては、馬場恒吾「横田千之助論」(『政界人物風景』中央公論社、昭和六年)、粉川保「大志に生きる―政治家・横田千之助」(『下野人物風土記』三、栃木県連合教育会、昭和四十五年)、関根文夫「本県初の大臣　横田千之助」(下野新聞「とちぎ二〇世紀」取材班編『とちぎ二〇世紀』下、下野新聞社、平成十三年)がある。

公刊された自身の著作は少なく、被差別部落問題の解消を唱えた『因襲打破論』(民衆仏教団、大正十二年)、「産業組合中央金庫法案に就て」(『政友』二七三、大正十二年)、清浦内閣への反対姿勢を表明した「此の昏盲の闇を滅せよ」(『改造』六―三、大正十三年)が挙げられる程度である。なお『因襲打破論』の改訂版が、大正十三年と十四年にそれぞれ同和事業研究会出版部、讃友社から出されている。また、哲南荘同人『快傑横田の論策』上(人事通信社、昭和二年)には、前述の『因襲打破論』、「此の昏盲の闇を滅せよ」や、未発表未定稿のものを含めた論策が収録されている。

横田に関する研究に関しては、彼の生涯を正面からとりあげた研究ではないが、原敬内閣から田中義一内閣までの時期における政友会の政策改革の試みを分析したものとして、伊藤之雄『大正デモクラシーと政党政治』(山川出版社、昭和六十二年)がある。この時期に中心的役割を担った横田について理解する上で有益である。このほかに学術研究ではないが、明治期からの活動を描いた評伝的小説として、小島直記「横田千之助と花井卓蔵」(『二一世紀』一―一～三―九、昭和四十七―四十九年)もある。

(冨田　圭一郎)

吉井友実(よしい・ともざね)

文政十一―明治二十四年(一八二八―一八九一)

幕末・維新期の志士・明治時代の政治家

薩摩藩出身で幕末期には西郷隆盛、大久保利通らと近い関係にあり重要な活動をした吉井は、明治政府においても民部少輔、宮内大丞、同少輔、元老院議官、一等侍補、工部少輔、同大輔等の要職を勤め、明治十五年(一八八二)には設立された日本鉄道株式会社社長、ついで十七年から二十四年まで宮内大輔から宮内次官を、そして二十一年から死没する二十四年まで枢密顧問官を歴任した。

関係史料は、憲政資料室に収蔵されており、原資料六八六点、書簡史料および経歴から宮中関係史料、日本鉄道関係史料が意義あるものである。「三条家文書」他に出簡が収められている。『史談会速記録』一七四―一七六、一八三(明治四十、四十一年)に「島津家訪問録・故伯爵吉井友実君の談話」が載録されている。他に目ぼしい伝記等はない。

(福地　惇)

吉岡彌生(よしおか・やよい)

明治四―昭和三十四年(一八七一―一九五九)　東京女子医科大学創設者

関係する一次資料のほとんどは、東京女子医科大学史料室に保管されている。同室に収集された資料の内訳は、愛用品、手紙類、辞令類、書幅、原稿・日記類、写真類、その他東京女子医科大学に関わる文書類などとなっており、昭和五十八年(一九八三)に『大学史料室資料所蔵目録』が刊行されている。これらの資料は常に公開されているわけではなく、利用者の目的を聞き、随時その求めに応じる形をとっている。この内、手紙類の多くは卒業生や学校関係者からの個人的なものである。日記は継続的に記されたものではない。手紙や日記は関係者のプライバシーに関わる情報も記載されているために基本的には閲覧に供していないが、後掲する伝記『吉岡弥生』の中には日記の一部が引用されており、その内容を知ることができる。

　吉岡の行動や見解をたどるには、『女医界』や『日本女医会雑誌』が最適である。前者は東京女医学校時代の明治三十八年(一九〇五)から今日に至る学校および同窓会の機関誌で、東京女子医科大学史料室には一部欠号があるものの、第八十五号(大正三年二月)以降が、国立国会図書館には第二六二号(昭和十年一月)から第三三三号(昭和十五年十二月)が所蔵されている。『女医界』には日々の行動を記録した「近況随筆」の連載があり、連載の始まった大正十三年(一九二四)以降、約三十年間にわたる行動を追うことができる他、講演録や式辞、巻頭言などには女医や女性のあり方、時局に対する所信などが記されており、この『女医界』が吉岡研究の基礎資料であると言える。この内、「近況随筆」は『吉岡彌生選集』全六巻(杢杢舎、平成十二年)に一括所収されている。『選集』には、この他に『女医界』をはじめとする各女性雑誌、書籍などに掲載された論説の一部も各テーマごとに掲載され、完全版ではないながら、書誌目録も提示されている。また、後者の『日本女医会雑誌』は日本女医会の戦前の機関誌で、東京女子医科大学史料室には、一部欠号があるが、第一号(大正二年六月)から第一一八号(昭和十九年九月)が、国会図書館には第六十八号(昭和十年八月)から第一一八号(昭和十九年九月)が所蔵されている。日本女医会の会長を務めていた関係から、時局を踏まえた巻頭言の執筆も多く、他にも座談会などにその見解を見ることができる。

　著作は数多くあるが、『結婚より育児まで』(東盛堂、大正八年)や『若き女子の為に』(日比書院、大正十五年)など、産婦人科の医師としての経験を踏まえつつ、一般女性に向けて書かれた著作が多い。また、一般向けの講演なども数多くこなしているが、その抄録は前掲した『女医界』などに掲載されている。その他、竹内茂代『吉岡弥生先生と私』(金剛出版、昭和四十一年)のように、卒業生らの回想録からも行動を追うことができる。伝記は、生前に聞き書きの形でまとめられた自伝『吉岡弥生伝』(東京聯合婦人会出版部、昭和十六年、改訂版昭和四十一年)が代表的で、大空社(伝記叢書、平成元年)や日本図書センター(人間の記録、平成十年)からも復刊本が出されている。同書出版後、続編として『この十年間　続吉岡弥生伝』(学風書院、昭和二十七年)が出版されており、戦中戦後のエピソード、公職・教職追放によって第一線を退かねばならなかったこと、社会的活動などが綴られている。一生涯を扱っているのは、没後に編まれた『吉岡弥生』(中央公論事業出版、昭和三十五年)で、これは日記の一部や関係者による追悼文を盛り込んだものとなっている。また、吉岡の歩みが東京女子医科大学や同窓会(至誠会)の歴史、日本女医史などとも密接に関係しているため、『東京女子医科大学小史』(昭和四十一年)、『東京女子医科大学八十年史』(昭和五十五年)、『東京女子医科大学百年史』(平成十二年)、『社団法人至誠会七十年史』(平成十年)、『日本女医史』(日本女医会本部、昭和三十七年)などにも吉岡についての記述に多くの紙面が割かれている。

　研究論文の数は多くはないが、教育者としての側面を扱ったものに渡邊洋子「戦前・戦中女子教育における職業(労働)と参加の問題」

(『お茶の水女子大学人間文化研究年報』十五、平成三年)や「総力戦体制下の女子教育と吉岡弥生」(久保義三編『天皇制と教育』三一書房、平成三年)、社会的な活動にスポットを当てたものに西川祐子「戦争への傾斜と翼賛の婦人」(女性史総合研究会『日本女性史　現代』東京大学出版会、昭和五十七年)がある。また、概略的に記したものには、若林美佐知「東京女子医科大学―女医育成の先覚者吉岡彌生」(『日本の「想像力」近代・現代を開花させた四七〇人』九、日本放送協会、平成五年)があり、時代背景や彌生の志向性にも触れながらコンパクトにまとめられている。

なお、東京女子医科大学史料室では隣接して吉岡彌生記念室をオープンしており、所蔵資料や写真の一部を無料で公開展示している。また、平成十年(一九九八)には出身地である静岡県小笠郡大東町が吉岡彌生記念館を設立した。新規に設立された施設だけに体系だった資料は少なく、現在徐々に資料を収集している段階ではあるが、敷地内には生家と長家門が移築・復元されている。　(宮嵜　順子)

芳川顕正　(よしかわ・あきまさ)

天保十二―大正九年(一八四一―一九二〇)　内務大臣・枢密院副議長

憲政資料室に「芳川顕正関係文書」があり、教育勅語関係の史料を中心とする。ところで、芳川は当初は井上馨の庇護下にあった。そうした関係からか憲政資料室所蔵「井上馨関係文書」中に、井上馨・伊藤博文・山県有朋の芳川宛書簡の写本が存在する(目録三二三頁以下参照)。

このほか書陵部に、写本の「芳川顕正関係文書」が存在する。すべて書簡で、井上馨宛十二通、山県有朋宛十八通、伊藤博文宛八通からなる。憲政資料室所蔵の「関係文書」とまったく一致しないが、「井上馨関係文書」中の写本とはほぼ重複しそうである。

伝記には、水野秀雄編『伯爵芳川顕正小伝』(非売品、昭和十五年)がある。他に前半生の伝記に、本人が「識」を寄せている岡本監輔「越山先生伝」(明治二十七年、憲政資料室所蔵「芳川顕正関係文書」所収)がある。

芳川は、山県閥の形成と関連して言及されることが多く、升味準之輔『日本政党史論』二(東京大学出版会、昭和四十一年)でも触れられている。東京府知事時代の研究としては御厨貴『首都計画の政治』(山川出版社、昭和五十九年)がある。教育勅語に関しては、海後宗臣『教育勅語成立史の研究』(厚徳社、昭和四十年)が、芳川についても記述している。影山昇「教育勅語の渙発と芳川顕正」(『愛媛大学教育学部紀要　第一部　教育科学』三十、昭和五十九年)は、憲政資料室史料の概要紹介である。　(西川　誠)

吉田清成　(よしだ・きよなり)

弘化二―明治二十四年(一八四五―一八九一)　駐米公使

関係文書は昭和初期に京都帝国大学文学部国史研究室へ遺族より寄贈され、今日にいたる。山本四郎を代表者とする、昭和五十八年(一九八三)度科学研究費補助金の研究成果報告書として『吉田清成関係文書目録』が作成され、概要を知ることができる。内容は、井上馨・松方正義・伊藤博文・大久保利通など政府首脳のものを含む多数の書簡のほか、グラント訪日や壬午・甲申事変、条約改正交渉など外交関係を中心とする書類からなっている。また、山本氏を代表とする吉田清成関係文書研究会によって解読と整理が進められ、『吉田清成関係文書一　書翰篇1』(思文閣出版、平成五年)が刊行された。平成十五年(二〇〇三)現在、『吉田清成関係文書三　書翰篇3』まで刊行され、さらに第三者書翰および駐米公使時代のコピーブック、さらに書類篇まで、全七巻が刊行される予定である。

これとは別に、鹿児島県歴史資料センター黎明館が七十四通の吉田宛書翰を収めた画帖を所蔵している。京都大学文学部所蔵の文書にはみられない西郷隆盛の書翰が二通含まれており、著名な人物の書翰を抽出して作成したものと思われる。堂満幸子「吉田清成関係文書の紹介」(『黎明館調査研究報告』七、平成五年)で、全書翰の解読文が掲載されている。なお、大蔵省時代の活動として知られる、秩禄処分の財源確保などを目的とする七分利子付外債募集に関する記録は、「七分利付外国公債発行日記」と「在欧吉田少輔往復書類」が『明治前期財政経済史料集成』十(改造社、昭和十年)に集録されている。

吉田に関する研究は、文書の刊行が完結していないこともあって数少ない。吉田もメンバーだった幕末期の薩摩藩留学生については、犬塚孝明『明治維新対外交渉史研究』(吉川弘文館、昭和六十二年)が全般的に述べているが、吉田を直接題材とした研究は、田中智子「幕末維新期のアメリカ留学」(山本四郎編『日本近代国家の形成と展開』吉川弘文館、平成八年)があげられる。七分利付外国公債募集に関しては、千田稔「明治六年七分利付外債の募集過程」(『社会経済史学』四十九ー五、昭和五十九年)、関口栄一「七分利付外国公債募集計画をめぐって」(『法学』〈東北大学法学会〉五十九ー三、平成七年)、落合弘樹『明治国家と士族』(吉川弘文館、平成十三年)で検討されている。また、吉田理事官派遣と岩倉使節団との連関について、鈴木栄樹「岩倉使節団編成過程への新たな視点」(『人文学報』七十八、平成八年)が指摘している。なお、山本四郎「明治八年の政治情勢ー吉田駐米公使を通じてー」(山本四郎編『近代日本の政党と官僚』東京創元社、平成三年)は、国内との往復書簡の分析を通じて政治情勢の推移や吉田の判断を紹介している。　(落合　弘樹)

吉田善吾　(よしだ・ぜんご)

明治十八ー昭和四十一年(一八八五ー一九六六)

海軍大将・海兵三十二期

第二次世界大戦が始まった時の海軍大臣である。伝記は吉田家所蔵の史料を利用して執筆された実松譲『最後の砦　提督吉田善吾の生涯』(光人社、昭和四十九年、のち『提督吉田善吾　日米の激流に逆らう最後の砦』昭和五十四年改題再版)がある。吉田家の史料は現在も遺族が保管しており、回想、吉田宛の書簡、新聞等の切り抜き、写真等が残されている。主なものを挙げると昭和二十一年(一九四六)に執筆された「清閑随記」(ノート二冊)、子供の頃を回想した「思出能履歴書」(便箋十四枚)、『自由日記』(記述は昭和十七年から約一年間、昭和十九年五月から若干、昭和二十二年から二十四年三月までの間に若干の中断をはさむ)、練習艦隊参謀時代(大正九年〈一九二〇〉)の「所見雑録」(艦隊教育などに関するもの)、海軍軍人を中心とした書簡類等である。書簡のなかで最も多いのは親交が深かった嶋田繁太郎(十一通、昭和十五年から十八年)と山本五十六(八通、うち一通は封筒のみ、昭和十一年から十七年十月)が最も多くかつ内容が豊富であり、古賀峯一(三通、昭和十七・八年)がこれに次ぐ。他には一通ずつ堀悌吉(昭和十八年六月)、永野修身(同)、及川古志郎(昭和十八年二月)、豊田貞次郎(昭和十二年十二月)、寺岡謹平(昭和十九年ヵ)がある。陸軍では杉山元、東条英機のものがあるが、儀礼的なもので内容はない。他には近衛文麿・渋沢敬三・山下亀三郎・高田保馬・芦田均らの書簡も残されている。また、吉田が戦時中に中澤佑に出した書簡が近年になって一通復刻された(東中野多聞「海軍中将中澤佑関係史料(附)山本五十六・吉田善吾両大将書簡」『東京大学日本史学研究室紀要』六、平成十四年)。

証言としては、敗戦直後に吉田が執筆した手記(「清閑随記」と推定される)を実松氏が昭和四十六年に筆写したものがあり、防衛研究所戦史部に保存されている。また、水交会による談話収録もあり、これも戦史部にコピーが納められている。両者ともに現在は非公開となっているが、戦史部では公開に向けて準備中という。吉田の手記はこの他に、義井博「日独伊三国同盟問題と吉田善吾海相」(『名古屋市立大学教養部紀要　人文社会研究』三十四、平成二年)にも、かなりの部分が引用されている。

研究史は海相時代の日独伊三国同盟問題に集中している。吉田は自身の辞職と三国同盟問題について上記の手記や戦後の座談会でも「在任中同盟の話は出なかった」(新名丈夫『海軍戦争検討会議記録』毎日新聞社、昭和五十一年)と、関係を否定する立場で一貫している。三国同盟問題で省の首脳部と下僚の考えに齟齬があったことは『戦史叢書』九十一巻(朝雲新聞社、昭和五十年)でも言及されているが、軍事同盟に限定すれば吉田の証言は正鵠を得ており(前掲義井論文)、三国同盟が具体化したのは及川海相期ということで先行研究はほぼ一致している(『戦史叢書』九十一巻、『日本歴史体系　普及版　十七』山川出版社、平成九年等)。これに対して上記伝記は、その副題が示すように「最後の砦」として吉田が三国同盟に抵抗して煩悶し、遂には自殺未遂まで企てて辞職に追い込まれる吉田の姿を関係者の取材を通して描いている。また、木下道雄『側近日誌』(文芸春秋、平成二年)、寺崎英成『昭和天皇独白録』(同、平成三年)では、吉田が三国同盟に同意した後に煩悶して自殺未遂を企てたとする敗戦直後の昭和天皇の見解を伝えている。しかし、これは興味を引くものの伝聞証言であり、信憑性に乏しい(前掲義井論文参照)。近年発見された「阿部勝雄日記」(当時の軍務局長。遺族蔵)には、吉田が執務困難となって行く様子が記録されている。吉田の病気の原因が本人の証言の通り艦隊勤務に続く海軍軍政の激務に起因していたことは疑い得ないが、これに三国同盟問題がどの程度関係していたのかは、現在の段階では推定の域を出ない。

なお本稿執筆に当たり、遺族の吉田ちえ様から史料の閲覧を快くお許しいただいた。末尾ながら記して謝意を表したい。

(森山　優)

吉野作造　(よしの・さくぞう)　明治十一―昭和八年(一八七八―一九三三)　政治学者

宮城県志田郡大柿村(現古川市)で生まれ、古川小学校、宮城県尋常中学校、第二高等学校を経て東京帝国大学に入学、同大学教授となった。大正十三年(一九二四)二月に東大を辞し朝日新聞社に入社するもわずか五ヵ月で退社した。その後は東大講師のかたわら明治文化研究に没頭した。主に東大講師時代を通じて収集した史料は、六五〇〇円で東京大学法学部が購入、同大学法政史料センター(明治新聞雑誌文庫)内に「吉野文庫」として保存されている。その経緯は、「博士の没後東大法学部と遺族との間でコレクションの帰属について話し合いが行なわれたが、南原繁、岡義武両教授の奔走及び博士の令弟吉野信次氏の斡旋によって、結局東大法学部がこれを購入することとなり、昭和九年(一九三四)六月東大法学部の所属に帰した」(三谷太一郎「東京大学法学部吉野文庫について」『日本古書通信』三十三―三、昭和四十三年)。その内訳は、和書五二二三部(八〇三二冊)、洋書五五四部で、和書は幕末維新期から帝国憲法制定期に特色がある。なお、吉野宛書簡、自筆史料を含む第一次史料は「吉野作造関係文書」として原資料部に保管されⅠ著作・草稿、Ⅱ研究資料、Ⅲ雑誌・新聞他、Ⅳ書簡、Ⅴその他に分類されている。

また、故郷である宮城県古川市には平成七年(一九九五)一月吉野作造記念館が開館し、関係する史料収集事業を行っている。戦災で遺品の大半は失われ、自筆史料は少ない。著作二六五点、関係書籍四五〇一点、写真資料七二八点、吉野書簡(複写含む)三十八点、その他書簡十三点、原稿十点、遺品類二十点、掛け軸・色紙等六点がある。その他まとまったものとして吉野博士記念会記録十八点、古川吉野家旧蔵資料一三〇点、三浦吉兵衛関係資料一一二点がある。

著作集としては、戦後赤松克麿が編集した『吉野博士民主主義論集』全八巻(新紀元社、昭和二十一―二十二年)が刊行された。そして平成七年より八年に松尾尊兊・三谷太一郎・飯田泰三編集による『吉野作造選集』全十五巻・別巻一(岩波書店)が刊行、新史料として吉野作造日記(明治四十一―昭和七年中、二十一年分)が第十三―十五巻に収録されている。

また別巻には詳細な著作年表を付している。単刊本としては岡義武編『吉野作造評論集』〈岩波文庫〉(岩波書店、昭和五十年)、三谷太一郎編『日本の名著48 吉野作造』(中央公論社、昭和四十七年)、松尾尊兊編『中国・朝鮮論』〈東洋文庫161〉(平凡社、昭和四十五年)、同編『近代日本思想大系17 吉野作造集』(筑摩書房、昭和五十一年)等があり、それぞれ詳細な解説がある。著書の復刻版については、大正末—昭和初期の著作『現代政治講話』、『古い政治の新しい観方』、『日本無産政党論』、『現代憲政の運用』がみすず書房より刊行された(昭和六十三年)。その他復刻本は、太田雅夫編『吉野作造「試験成功法」』(平成十二年)、『古川余影』(吉野作造記念館、平成八年)がある。生前の吉野に関する関係者の回想録は赤松克麿編『故吉野博士を語る』(中央公論社、昭和九年)がまとまっている。伝記は、田中惣五郎『吉野作造』(未来社、昭和三十三年)がある。

吉野に言及した研究書としては太田雅夫『大正デモクラシー研究』(新泉社、昭和五十年)、三谷太一郎『新版大正デモクラシー論』(東京大学出版会、平成七年)、松尾尊兊『民本主義と帝国主義』(みすず書房、平成十年)、飯田泰三『批判精神の航跡』(筑摩書房、平成九年)等、海外の研究としてはB・S・シルバーマンほか著・宮本盛太郎ほか編訳『アメリカ人の吉野作造論』(風行社、平成四年)がある。

(田澤　晴子)

吉野信次 (よしの・しんじ)　明治二十一—昭和四十六年(一八八八—一九七一)　商工大臣

旧蔵の文書・記録は、現在のところ公開されていない。ただし、商工行政に関するものを中心に、史料そのものは存在している。吉野は、昭和二十九(一九五四)・三十年に刊行された商工行政史刊行会編刊『商工行政史』上・中・下において同会会長を、昭和三十六—六十年にわたって刊行された通商産業省編『商工政策史』全二十四巻(商工政策史刊行会)において同編纂顧問を務めることとなった。これらの編纂に供するため、同氏所蔵の資料・書籍が数多く寄贈され、それらは、一括して旧通商産業省内の商工政策史編纂室に所蔵されていた。一方、昭和四十七年には吉野所蔵の書籍一三六点が寄贈され、経済産業省の図書館に「吉野文庫」として所蔵されている。

伝記としては、没後に商工官僚出身者を中心に刊行された吉野信次追悼録刊行会編刊『吉野信次』(昭和四十九年)が最も浩瀚なものとなる。また回想録として、主に商工行政時代を綴った『商工行政の思い出』(商工政策史刊行会、昭和三十七年、同年に通商産業研究社より刊行された『おもかじとりかじ』とは同一内容である)、生い立ちから記述がなされているものとしては、『青葉集』(相模書房、昭和十二年)、『さざなみの記』(市ヶ谷出版社、昭和四十年)がある。

著書としては、商工省工務局長時代に推進した産業合理化について解説した『我国工業の合理化』(日本評論社、昭和五年)、産業統制など工業政策をさらに詳しく述べた次官時代の『現代日本工業全集三　日本工業政策』(日本評論社、昭和十年)が重要である。また、工業経済研究会編『工業経済研究』一—七(森山書店、昭和七—十年)では、岸信介はじめ吉野周辺に集まった商工官僚が多く寄稿している。この時期に商工省において吉野が主導した産業合理化・工業政策の内実を知ることができる、貴重なものである。

吉野個人に焦点をあてた研究は少ないが、寺岡寛「研究ノート　日本の政策構想をめぐって(1)(2)(3)—吉野信次とその時代を中心に—」『中京経営研究』九—二、十—一・二(中京大学経営学会、平成十二・十三年)がある。産業合理化時代については、宮島英昭「産業合理化と重要産業統制法」『年報・近代日本研究6　政党内閣の成立と崩壊』(山川出版社、昭和五十九年)、商工大臣時代に推進した財政経済三原則については、原朗「日中戦争期の外貨決済(1)～(3)」『経済学論集』三十八—一～三(東京大学経済学会、昭和四十七年)がある。

(村井　哲也)

吉原正隆（よしはら・まさたか）

明治十四—昭和元年(一八八一—一九二六)　福岡県選出衆議院議員・貴族院議員

関係する一次史料は、平成六年(一九九四)に柳川古文書館に寄託された「吉原家文書」である。同史料群は内容は近世—近代にわたり、総点数は二〇〇〇点ほどである。目録としては『吉原家文書目録』(『柳川古文書館史料目録』第八集、平成七年)が刊行されている。

同家は近世柳川藩小保町の別当を勤めたことから、藩境や漁場争いなどに関する史料のほか、地図類などの有用な近世史料が豊富である。一方、近代史料は総数の約半分を占めるが、その大半が地主経営や生活関係の史料であり、自身に関わるものはそれほど多くはない。そうした史料状況の中で、いくらかまとまっているのは大正十四年(一九二五)選挙関係のものであろう。

大正十四年九月の選挙は、同十三年衆議院議員選挙に落選した吉原が、貴族院多額納税議員として当選した選挙である。貴族院議員に席を移した理由は現在のところ判然としない。当時の新聞記事によると、同院選挙制度変更の結果、政党の地盤に対し利害消長に関わる部分が少なくないとの認識があったようである。福岡県政友会としては当初から優勢がつたえられ、太田清蔵と吉原の両名が当選した。当文書群には、この選挙に関する往復文書綴・電報複写簿・日誌・投票予想表などが数点残っていて、選挙活動の詳細をたどることができる。これらの文書以外の関係する史料としては、大正十三年選挙のものや野田卯太郎からの書簡などが数点確認できるのみである。

なお、同家から寄託された文書群には、かなりの量に及ぶ襖下張り文書が含まれている。未整理であるので内容は確認できないが、こうしたものから関連のものが発見できる可能性も否定できない。

伝記はなく、こうした一次史料を利用した研究もほとんどない。唯一、新藤東洋男「筑後地方での貴族院議員選挙の事情—多額納税者の場合—」(『久留米郷土研究会誌』二十五、平成九年)があるのみである。なお、関連論文として有馬学・季武嘉也「戦前におけるいわゆる大選挙区制と政党支部」(『福岡県史』近代研究編各論(二)、福岡県、平成八年)がある。

(江島　香)

米内光政（よない・みつまさ）

明治十三—昭和二十三年(一八八〇—一九四八)　第三十七代内閣総理大臣・海軍大臣(二期七回)

米内は公務に関してかなりメモや記録をとっていた様子が窺えるが、戦災にもあい、終戦期の日記も人に迷惑をかけると戦後自ら焼いたので、残るものはあまり多くない。おのずから他人の記録や収蔵が重要となるが、防衛研究所図書館の「高木資料」と憲政資料室の「高木惣吉関係文書」に、第一次海相時代からの米内関連事項が多数存在する。両資料の多くの部分は伊藤隆編『高木惣吉　日記と情報』上・下(みすず書房、平成十二年)に収録され(これ以前の高木著書にもかなり収録)、原本の体裁も分かる。終戦関係も豊富で米内の高木への終戦前後の口述もあるが終戦の研究にはさらに公私の一次史料(戦後の陳述、回想を含む)を広く集めた波多野澄雄編『終戦工作の記録』上・下〈講談社文庫〉(講談社、昭和六十一年)や外務省編『終戦史録』全五巻(北洋社、昭和五十二—五十三年)が必須となる。なお「高木資料」は「日独伊防共協定強化問題経緯」と題して膨大な公文書類を一綴にし、海相意見、海相手記(写か)も多く残すが、これら文書群は日次順に編纂されて『現代史資料』十(みすず書房、昭和三十八年)に入る。ただ原本にある書込や修正はなく、確認したところで三月十四日項に原本との違いが一ヵ所ある。

本人の口述、手記、記録などを一応まとめたものに高木惣吉写・實松譲編『海軍大将米内光政覚書』(光人社、昭和五十三年)がある。

口語化し、字句も戦後の刊行のため一部なおしているのが難だが、前掲高木の二資料にも現在は欠けている第一次海相時代の重要手記数編と、海軍や日本の対中国政策を強く批判した昭和八年(一九三三)の手記二編が入る。

関係書簡では盛岡市先人記念館の収蔵が群を抜く。特に親友荒城二郎宛一〇一通(昭和六―二十二年)は、昭和館蔵の旧部下保科善四郎へあてた昭和八年から十年の十余通(平成十四年現在、保科文書は未整理で閲覧不能)とならぶ貴重書簡で(高田万亀子『米内光政の手紙』原書房、平成五年に両者の多くを収録)、他にも多くの書簡(米内宛を含む)や戦後の日記、遺墨、遺品、関係著作、資料など、蒐集は極めて充実する。

さらに論文「露国革命の論理観」(『外交時報』昭和二年六月一日号)があり、「大正四年外国駐在員報告　巻五」(防衛研究所蔵)もロシア駐在米内少佐の報告書が主体だが、米内の軌跡や考え方をたどりうる公的記録はこのほかに防衛研究所(「支那事変処理」、特にその中の「支那事変機密記録」ほか)、外交史料館(「支那事変関係一件」等。古い所では「長沙事件」)、東京大学社会科学研究所(「島田文書」)に多く残る。『現代史資料』十二(昭和四十年)の「中支出兵の決定」はその一端で、一次史料が入る公刊本の一々を挙げることはできないが、原田熊雄述『西園寺公と政局』四―八巻と別巻(岩波書店、昭和二十六―三十二年)は逸し難い。原本所蔵の機関にはおおむね目録があり、原本またはコピーの閲覧ができるが、免許証など簡単な身分呈示がいる。

米内研究は進んでいるとは言えず、伝記類は多数あるが刊行会のようなものはなく、緒方竹虎『一軍人の生涯』(昭和三十年初版。光和堂が昭和五十九年復刻)、實松譲『新版米内光政』(光人社、昭和四十六年。前掲實松編著にある手記が原文のまま入る)、文学だが人間的側面をよく伝える阿川弘之『米内光政』(新潮社、昭和五十三年)が代表的か。旧海軍軍人による著作も多いが、非売品『米内光政追想録』ほか地方出版・新聞(いずれも盛岡市先人記念館蔵)に特殊な情報がある。高田万亀子『静かなる楯米内光政』上・下(原書房、平成二年)は一般書の形をとるが一次史料を広く利用し、すべて出典を明記しているので研究の基礎としての利便があろう。野村実に多くの実証研究があり、近年では鮫島博一「米内光政大将と海外武官勤務」(盛岡の米内光政会での講演。『米内光政会会報』十一に全文掲載、会報は記念館蔵)が、前掲「駐在員報告」から米内に特別任務ありと特異な推定をし、相沢淳は軍事史学会編『日中戦争の諸相』(錦正社、平成九年)で、事変初期に米内が一転、突如強硬論を唱えたことに一つの視点を提供した。なお早くから海軍の対中国姿勢、南進姿勢を強く批判してやまなかった米内が、事変後ますます尖鋭化したそれに海相としてどんな対処をしたかは、部内統制力や日米開戦にもつながる問題として今後の史料開発に期待したい。

(高田　万亀子)

わ

若槻礼次郎（わかつき・れいじろう）　慶応二—昭和二十四年（一八六六—一九四九）　内閣総理大臣・立憲民政党総裁

関係する史料としては、自身の回顧録である『明治・大正・昭和政界秘史—古風庵回顧録—』〈講談社学術文庫〉（講談社、昭和五十八年）をまずあげることができる。これは、『古風庵回顧録—明治・大正・昭和政界秘史—』（読売新聞社、昭和五十年）を底本としたものであるが、その初版は昭和二十五年（一九五〇）である。本回顧録成立の経緯については、必ずしも判然としないが、序文を寄せている馬場恒吾読売新聞社長の求めに応じて往時を回顧したものと思われ、もとは『月刊読売』昭和二十四年二月号以降十五回にわたって連載されたものである。ただし連載途中で若槻が死去したため、未掲載分を含めて一冊の本として出版されたわけである（第三回以降は、本とまったく同じ文章）。内容は、学生時代から東京裁判期までで、長期にわたっている。回顧談としてはこのほかに、「男爵若槻礼次郎談話速記」（憲政資料室所蔵「憲政史編纂会収集文書」、タイプ印書、和綴じ、一二四丁）がある。これは、戦前の談話記録であり、渡辺幾治郎が聞き手であった。内容は、幼児期から第二次若槻内閣期までであり、『古風庵回顧録』と重なるが、『回顧録』では語られていない部分もある。なお、これは広瀬順晧監修・編集『憲政史編纂会旧蔵政治談話速記録』八（ゆまに書房、平成十一年）として復刻されている。

また外交史料館所蔵「諸修史関係雑件第三巻・第四巻　外交資料蒐集関係　史話集（一）（二）」を底本とする、広瀬順晧監修・編集・解題『近代外交回顧録』三（ゆまに書房、平成十二年）にも、若槻の回顧録が収められている。

つぎに憲政資料室所蔵の各文書には、若槻関係の史料が存在するが、主なものとしてはまず、「阪谷芳郎関係文書」中の書簡がある。これは、帝国政府財政委員（定員外の大蔵次官）としてロンドンに駐在していた若槻が、阪谷大蔵大臣に宛てた報告書的なものである。大蔵次官時代のものとしてはほかに、「桂太郎関係文書」にも書簡がある。また後藤新平の立憲同志会からの脱党に関する若槻関連の史料が、「後藤新平関係文書」（後藤新平記念館所蔵、憲政資料室がマイクロ所蔵）にある。さらに大隈重信内閣の大蔵大臣時代のものとしては、元老井上馨との会談の記録が、「望月小太郎関係文書」にあるほか、大正四年（一九一五）度予算を立憲同志会政調会で説明した史料が、「河野広中関係文書」にある。早稲田大学図書館所蔵「大隈文書」中に書簡が二通ある。なお「井上馨関係文書」「松方正義関係文書」には、若槻の史料は見あたらない。

さらに、若槻と同時代の政治家や政界関係者の刊本史料にも、若槻の動静を伝えるものが多くある。たとえば原奎一郎編『原敬日記』全六巻（福村出版、平成十二年）、岡義武校訂『大正デモクラシー期の政治—松本剛吉政治日誌』（岩波書店、昭和三十四年）、小川平吉文書研究会編『小川平吉関係文書』（みすず書房、昭和四十八年）、矢次一夫『昭和人物秘録』（新紀元社、昭和二十九年）、原田熊雄述『西園寺公と政局』（岩波書店、昭和二十五—三十一年）、木戸幸一日記研究会校訂『木戸幸一日記』上・下（東京大学出版会、昭和四十一年）、同編『木戸幸一関係文書』（東京大学出版会、昭和四十一年）等である。いずれにせよ、それらを含む若槻関係の史料情報に関しては、伊藤隆「『古風庵回顧録』解説」（前掲『明治・大正・昭和政界秘史』所収）が詳しいので、参照願いたい。

伝記としては、尼子止『平民宰相若槻礼次郎』（モナス、大正十五年）があるが、この書について自身は、あずかり知らないとしている。ほかに島根県教育会『若槻大宰相』(六盟館、大正十五年。昭和五年に『若槻克堂』と改題して再刊)、青木得三『若槻礼次郎・浜口雄幸』(時事通信社、昭和三十三年、新装版は昭和六十一年)などがある。

最後に、若槻を研究対象とした学術書はそれほど多くないが、伊藤隆『昭和初期政治史研究』(東京大学出版会、昭和四十四年)、季武嘉也『大正期の政治構造』(吉川弘文館、平成十年)などが言及している。

（黒沢　文貴）

脇村義太郎（わきむら・よしたろう）

明治三十三―平成九年（一九〇〇―一九九七）　日本学士院院長

脇村が留学時代を含めて戦前に収集した書籍・資料は、戦災によりすべて焼失した。敗戦後に蔵書復興宣言をした脇村は、精力的に書籍・資料の収集を再開し、膨大な蔵書を集めたが、それらの大部分は没後遺族により東京大学経済学部図書館に寄贈された。同図書館により寄贈図書目録が作成され、この目録によって同氏が所蔵していた経済学・経営史学関連文献はすべて検索できるようになっている。その上で同図書館の蔵書と重複しないものについては「脇村本」の印がおされて同図書館独自の分類に従って分散して配架され、さらに重複本の一部は和歌山大学経済学部に寄贈された。脇村は美術や文学にも造詣が深く、美術品・美術本の多くは郷里の和歌山県田辺市立美術館に寄贈されている。

氏の著作は『脇村義太郎著作集』全五巻(日本経営史研究所、昭和五十一―五十六年、第一巻「経営発達史」、第二巻「経営者論」、第三巻「石油・海運・造船」、第四巻「大学・本・絵」、第五巻「綿業・国際通商・油槽船」)に収録されており、自伝として『回想九十年―師・友・書―』(岩波書店、平成三年)、『二十一世紀を望んで―続回想九十年―』(同、平成五年)、『わが故郷田辺と学問』(同、平成十年)および『脇村義太郎対談集―産業と美術と―』(日本経営史研究所、平成二年)などがあり、また、杉本俊朗・細谷新治・菊川秀男三氏が編集した『年譜・著作目録』(岩波ブックサービスセンター、平成六年)がある。さらに、近親者の記録として矢倉貞『避暑の宿―兄脇村義太郎―』(平成四年)、脇村友雄『脇村義太郎欧米留学だより―一九三五～一九三七』(平成十二年)があり、関連文献として楠本定一『碧き牟婁の江―脇村義太郎物語―』(紀伊民報、平成九年)、田辺市立美術館編『美への好奇心―生誕百周年記念―』(平成十二年)などがある。なお東京大学経友会『経友』一三九号(平成九年)が脇村教授追悼号にあてられている。

（原　朗）

和田豊治（わだ・とよじ）

文久元―大正十三年（一八六一―一九二四）　富士瓦斯紡績株式会社社長

大正期の財界世話役・財界の重鎮といわれた経済人であったため、関係史料の多くは関係企業・団体などのものであって、個人史料はあまり残されていない。もっともよくまとまったものは「日誌」であり、現在大正七年(一九一八)十月一日―十二月十七日、大正十年一月一日―十一年二月二十四日、大正十一年四月三日―四月二十九日までの六冊が残されている。このすべてが小風秀雅・阿部武司・松村敏・大豆生田稔編『和田豊治日記』(日本経済評論社、平成五年)に収録されている。また、没後直ぐに編纂された喜多貞吉編『和田豊治伝』(和田豊治伝編纂所、大正十五年)には、日誌が散逸部分も含めて基本史料として用いられている。和田家にはこの他、大正元年の万国紡績連合会に出席した際の関係史料なども残されているが、その量は多くない。この他、和田に関する情報が多いものとしては沢田謙・荻本清蔵著『富士紡績株式会社五十年史』(同社、昭和二十二年)、『朝倉毎人日記』全六巻(山川出版社、昭和五十八―平成三年)などがある。

現存する最初の日誌は第一号下(大正七年十月一日より)であり、日誌が書きはじめられたのは、その数ヵ月前であったと推定される。この時期は、富士瓦斯紡績社長（大正五年就任）の他、諸企業の役員、政府各種調査会委員を勤め、日本工業倶楽部の設立にも尽力するなど、活発な財界活動を展開しており、その後も大正十一年には日本経済連盟会常務理事、貴族院議員に就任した。日誌の執筆時期は、財界活動のピークにあたっていた時期であり、日誌はそうした活動の備忘録としての役割を果していたと思われる。とくに、大正十年以降の財界整理・再編に関する活動については詳細で、大正期の財界活動に関する基本史料となっている。

日誌を利用した研究としては、阿部武司・松村敏「和田豊治と富士瓦斯紡績会社」（慶応義塾福沢研究センター『近代日本研究』十、平成六年）がある。

（小風　秀雅）

和田博雄（わだ・ひろお）

明治三十六―昭和四十二年（一九〇三―一九六七）

農林大臣・経済安定本部長官

基本史料は、大竹啓介『幻の花―和田博雄の生涯―』上・下（楽游書房、昭和五十六年）と和田博雄遺稿集刊行会（会長東畑精一・事務局長稲葉秀三）編『和田博雄遺稿集』（農林統計協会、昭和五十六年）の二つである。『幻の花』下巻末尾には十九頁にわたる詳細な「和田博雄著述・参考文献リスト」が入っているが、その中心は「和田博雄の著述等（座談会、対談、国会質問・答弁等を含む）」と「和田博雄を対象とした論稿（プロフィル的な新聞記事を含む）」のリストである。『和田博雄遺稿集』には、前者の主要部分が収録されている。収録の遺稿類は、おおむね次の三つのグループからなる。①編者（大竹）が関係者の協力を得ながら多年すすめて来た資料収集過程で入手したもの。②没後津馬子夫人が「和田博雄蔵書」とともに、農政調査委員会に寄贈した「和田博雄関係資料」を編者が整理して発見したもの。③津馬子夫人の没後稲葉秀三らの肝煎りで遺族が吉井晃法律事務所に寄託した遺品（「日記」「手帳」「来翰」など）から編者が整理したもの。『遺稿集』は、晩年総括的な著述集をまとめる企図があった和田自身が書き残していた「構想メモ」を継承・発展させるかたちで編集して四部構成とする予定であったが、収録すべき遺稿類のボリュームが予定頁を大幅に上回る見込みとなったため、第四部（日記抄）は全面割愛して三部構成とした。第一部（行政・政治の軌跡〈農政論・外交論・政治経済論〉）、第二部（随想録〈外遊記を含む〉）、第三部（詩歌・俳句集）である。

『幻の花』・『和田博雄遺稿集』の原史料となった右の旧蔵文書・記録のうち重要史料としてピックアップしたものと関係者からの来翰が、憲政資料室所蔵の「和田博雄文書」（一四八六点）となっている。そのなかでとくに注目すべきものを若干例示しておく。

（1）「和田日記」。『和田博雄遺稿集』で割愛したのは、『幻の花』の要所要所に重要一次史料として相当部分が織り込まれているゆえでもある。「日記」の期間は昭和十一年（一九三六）から四十二年まで三十年にまたがるが、昭和十九・二十年（「企画院事件」連座後の保釈期間）と晩年の昭和四十一―四十二年の二つの期間を除き、その記述は著しく断続的である。『原敬日記』や『佐藤栄作日記』のような継続的政治記録とはいえないが、その時々の和田の想念や感懐が記されており、内面記録としての価値は高い。

（2）自筆遺稿。「自選草稿」（著述集をまとめる企図で昭和三十九年頃「日記」その他から自らノートに転記・収録したもの。『幻の花』・『遺稿集』に収録）、「埋れ草」（六高―東大時代の作品を自らまとめた詩作ノート。『遺稿集』にその一部を収録）、「鬼蓼」草稿ノート（「和田博雄の遺書」ともいわれる句文集スタイルの第二句集「白雨」の草稿ノート。最終的に原題『鬼蓼』が政治的ライバルだった池田勇人への追悼句に因む『白雨』に改題されるとともに、草稿の一部がカットされた）、「絶筆」（「楸邨俳句に対する関心」。『遺稿集』に収録）。

（3）「吉田茂書翰」（七通、うち和田家旧蔵の六通は表装。いずれも第一次吉田内閣時代。二つのグループに分かれ、昭和二十一年六月―八月時点の三通は東大教授有沢広巳の経済安定本部長官起用をめぐるもの。昭和二十二年一月時点の四通は社会党との連立工作をめぐるもの。吉田茂得意の「書翰外交」の貴重な遺墨〈大竹啓介「和田博雄宛吉田茂書翰について―第一次吉田内閣の頃―」『日本歴史』四一六、昭和五十八年〉、吉田茂記念事業財団編『吉田茂書翰』〈中央公論社、平成六年〉に七通全部収録）。「石黒忠篤書翰」（三通。昭和九年九月時点のものは、滞欧中の和田事務官に農林次官退任直後の心境を吐露した長文。昭和二十一年五月時点の「和田君に注意の事」は、和田新任農相の大臣心得書。昭和二十二年三月時点のものは、第一次吉田内閣末期における和田前農相を安本長官として再入閣させる動きの消息を伝える。いずれも大竹啓介編著『石黒忠篤の農政思想』〈農山漁村文化協会、昭和五十九年〉に収録）。「大槻正男書翰」（十八通。京大教授大槻正男との昭和十二年から昭和四十二年に至る三十年の心の交流を物語る稀有な人間記録〈大竹啓介「書簡にみる交友三〇年―和田博雄と大槻正男―」『農林統計調査』昭和五十二年十月号―十二月号〉）。ほかに南原繁（東大総長）、瀬越憲作（棋士・八段）、加藤楸邨（俳人）などからの来翰。（4）「偲び草」（昭和十三年五月の「和田前企画院調査官送別会」での出席者有志〈のちの「企画院事件」関係者を含む〉の寄せ書きで、表装されている。『幻の花』に収録）、「和田農相退陣の弁（篠山メモ）」（朝日新聞農政記者篠山豊が書き残した取材メモ〈昭和二十二年一月十八日記〉で、和田農相がかかわった吉田首相の社会党との極秘裡の連立工作の動静と和田の肉声を生々しく伝える異色ドキュメント。『幻の花』・『遺稿集』に収録）、「〝和田博雄氏を囲む会〟談話録」（昭和二十三年六月二十二日。安本長官を辞任したあとの和田が芦田内閣の経済財政政策を批判しているオフレコ草稿。一部を『幻の花』に収録）。（5）和田博雄「〝実際農業講義録〟農政一般」（富民協会、昭和十年前後）（『遺稿集』未収録）。

　前記の農政調査委員会に寄贈された「和田博雄蔵書」と憲政資料室入りしたもの以外の「和田博雄関係資料」の大部分は、のち一括して和田農相が創設した農林水産省農業総合研究所（現農林水産政策研究所）の図書館へ移管され、「和田文庫」（同図書館の五つの特別コレクションの一つで、昭和六十一年設置）となっている。うち英文・独文・仏文の原書を含む社会科学関係の書籍約五六〇〇冊が、番号付けして整理され、配架・公開されているが、ほかに西田幾多郎、三木清、森鷗外、夏目漱石、幸田露伴などの全集を含む哲学、文学関係書や和田が時事的情報ソースを得ていた各種雑誌・月報類（英文・仏文を含む）が同文庫にまとめて所蔵されている。

　右の「和田蔵書」・「和田関係資料」のうちの一部（国会・社会党関係などが中心）を農山漁村文化協会図書館が受け入れ、同じく「和田文庫」（同図書館十七人の個人文庫の一つ）として整理・公開している（三六九点。インターネットで検索可能）。

　生前の著作としては、第一句集『冬夜の駅』（広川書店、昭和三十四年）、第二句集『白雨』（初音書房、昭和四十二年）の二冊があるのみである（その他の遺句とともに、『遺稿集』に収録）。

　『幻の花』は、現在までのところ唯一の本格的な伝記であり、「若き日」（六高）から、新進の農林官僚、「革新官僚左派」、「企画院事件」、農地改革や戦後の経済復興を手がけた国務大臣（第一次吉田内閣の農相、片山内閣「和田安本」の長官）、社会党時代（左派社会党書記長、統一社会党の政審会長・国際局長・初代副委員長）までの全生涯を克明に詳述して、「和田博雄とその時代」を描いているが、オーラル・ヒストリー（関係者一〇四人からの聞書〈ヒアリング〉）、右の「和田日記」、関係者からの来翰などの一次史料と境涯俳句を豊富に活用している。これらの原史料が句集以外は公刊されていないので、『幻の花』

がそれらの内容を間接的に伝える役割をもはたしている。ほかにまとまった和田博雄を対象とした論稿としては、阿部真之助「和田博雄論」(『現代政治家論』文芸春秋新社、昭和二十九年)、寺山義雄「和田博雄」(『戦後歴代農相論』富民協会、昭和四十五年)、稲葉秀三「〝昭和官僚列伝〟官僚としての和田博雄」(『官界』昭和五十二年二月号)、田中遊走子「和田博雄と俳句」(一)〜(四)(俳誌『早蕨』昭和四十三年二—五月号)、『早蕨』昭和四十二年四月号〈和田博雄追悼号〉などがある。

(大竹　啓介)

渡邊国武（わたなべ・くにたけ）

弘化三—大正八年(一八四六—一九一九)　大蔵官僚・大蔵大臣

筆者は別項「渡辺千冬関係文書」を閲覧した際に、その養父である国武の関係文書も残されていることを知り、渡辺武氏より拝借しマイクロフィルム化させていただいた。それを宇野俊一・坂井雄吉・坂野潤治の諸氏と渡辺国武関係文書研究会を組織して整理・解読を行い、全目録と主要文書を「解題」を付して『社会科学研究』十八—四・五(昭和四十二年)に紹介した。内容は四五八通の来翰と五点の書類で、書翰の差出人の主たるものは伊藤博文・井上馨・井上毅・黒田清隆・品川弥二郎・土方久元・松方正義・陸奥宗光である。なお、返却後この原本は現在見つかっていない。

また数年前に同氏が関係文書を社団法人尚友倶楽部に持参され、大蔵省関係の分は大蔵省(現財務省)に寄贈され、それ以外のものは現在尚友倶楽部が預かっている。点数はかなりの数に上るが、日清戦争前後の時期の電報・書翰類である。

きちんとした伝記は存在しない。松下軍次『信濃名士伝』(東京国文社、明治二十七年)、日本力行会編刊『現今名家列伝』(明治三十六年)、信濃毎日新聞社編刊『信州の人脈』下(昭和四十二年)、通信史研究所編『通信大臣列伝』(通信研究所、昭和五十八年)などに簡単な評伝がある。

(伊藤　隆)

渡邊洪基（わたなべ・こうき）

弘化四—明治三十四年(一八四七—一九〇一)　帝国大学初代総長

帝国大学初代総長として著名であるが、その知名度に比して、個人研究は進んでいない。後に詳述するように、帝国大学形成過程の研究・初期帝国大学史研究とも重なるため、今後の研究の展開が待たれる。

まず、彼の略歴をやや詳しくみておきたい。弘化四年(一八四七)越前府中善光寺町(現福井県武生市相生町)に蘭方医の子として生まれる。藩校立教館、福井済生館に医学・蘭学を学び、江戸に出て、開成所や慶応義塾で学んだ後、医学所教授となる。明治二年(一八六九)には大学南校の少助教、同三年に外務大録、翌同四年特命全権大使(岩倉使節団)の随行員として出港し翌年帰朝。その後初期明治政府の外交員としてヨーロッパ各国を訪問する。明治九年九月の帰朝後は法制局専務(明治十一年)、十五年元老院議官を経て、十八年六月東京府知事となる。翌十九年三月、初代文相森有礼の文政下に発令された「帝国大学令」により創設された帝国大学の初代総長として、明治二十三年に退任するまでの五年間、初期帝国大学の管理・運営の中軸として大きな役割を発揮した。

以上のように、多彩な経歴を一瞥するだけで、彼が極めて有能な行政官であったことが窺えるのであるが、そのこと自体、すでに帝国大学史研究の重要な視点を提供する。やや具体的に述べると、帝国大学の登場は、それ以前に存在した東京大学(明治十年)の、単なる改組ではなく、エリート養成機能の抜本的改革を意味した。すなわち、それまで各行政機関別に分立されていたエリート養成機能を帝国大学が一手に引き受け学問・教育、研究と教育を国家目的に従う形で機能分化させた。そうした帝国大学の初代総長に、それ以前の東京大学関係者や文部関係者ではなく、あえて東京府知事の渡辺が起用されたのはなぜか。

この課題は帝国大学形成過程における発案者(伊藤博文や森有礼をはじめとする政府・文部省関係者)の大学観、さらに帝国大学の初期機能を考察するための重要な課題なのである。

これまでの研究は、こうした課題に対し次のような仮説を提示するのにとどまる。第一、東京大学の総理であった加藤弘之を元老院議官に転出させたのは森と加藤の関係が不和だからである、第二、「帝国大学総長職が学者の職であるより、行政官にふさわしいもの」(『東京大学百年史　通史一』東京大学出版会、昭和五十九年)だからである、第三、帝国大学以前のエリート養成の一機関であった工部大学校の合併に対する配慮があり、その配慮が人的には伊藤博文と渡辺との関係配慮したものとなって実現していること、と説明されてきた。これらの説明では、さらに次のような疑問・課題が出てくる。第一に、「行政官」として期待された帝国大学総長職とは一体どのような職務機能・役割なのか、さらにそれはいかなる帝国大学観に基づいているのか、第二に、実現した帝国大学および帝国大学総長職は、構想したものと重なるのか重ならないのか、第三に、初代総長への渡辺の起用は、当初から予定されたものなのか、それとも結果としてそうなったのか、さらに総長退任(明治二十三年)後に加藤弘之総長が実現した意味は何か、など。これらの課題は、いうまでもなく帝国大学史研究の本質に関する問題だけに今後の研究の進展が待たれるのである。

関係する史料の、最も体系的な収集と整理は、東京大学史史料室によってなされている。東京大学百年史編集室(現東京大学史史料室)は、同大学百年史編纂過程において、東京大学史料編纂所所蔵の「渡辺洪基関係文書」を整理し史料目録を作成した。東京大学百年史編集室編『東京大学史史料目録1渡辺洪基史料目録』(昭和五十二年)である。同目録によれば、渡辺の多彩な経歴を反映して六九〇点もの史料がある。それらは現在、同大学史史料室に所蔵されている。

伝記は甥の渡辺進が著した『夢―渡辺洪基伝―』(昭和四十八年、非売品)がある。また帝国大学総長時代の演説類は、『文明実地演説』前編(松成堂、明治二十年)、『日本大家論集』(武田書店、明治二十一年)、『大家演説』(東雲堂、明治二十三年)などでみることが可能である。これらと一部重複するが、総長としての式辞・告示は東京大学創立一二〇周年記念刊行会編『東京大学歴代総長式辞告示集』(東京大学出版会、平成九年)にも含まれている。

次に研究の到達状況について整理しておきたい。先にも述べた帝国大学成立史研究として、寺崎昌男による『日本における大学自治制度の成立』(評論社、昭和五十四年、のち増補版、平成十二年)がある。これは「渡辺文書」を用いたものではないが、当時の限られた史料残存状況の中で、東京大学所蔵文書を縦横に駆使した画期的研究である。関係文書を使用した帝国大学成立史研究では、故中野実による「帝国大学体制形成に関する史的研究―初代総長渡辺洪基時代を中心にして―」(『東京大学史紀要』十五、平成九年)がある。また、中野は平易な文体で一般向けに書き下ろした『東京大学物語』(吉川弘文館、平成十一年)の中でも初代総長渡辺とその時代の帝国大学に関して多くのスペースを費やしている。

(荒井　明夫)

渡邊錠太郎（わたなべ・じょうたろう）

明治七―昭和十一年(一八七四―一九三六)　陸軍大将・教育総監

半身像が愛知県小牧市の西林寺境内にあり、松井石根が撰並書を刻しており、東京都多磨墓地内に建立された碑には林銑十郎の篆額が掲げられている。

生地である小牧と、渡邊家に養子として入籍し少年時代の多くを過した岩倉は共に彼の故郷である。昭和三十年(一九五五)『岩倉町史』(のち市史に改訂)が発刊され、昭和四十八年から『小牧市史』の編纂が始まると、市史の人物編に取り上げるため、また岩倉渡邊大将顕彰会が事蹟顕彰のため、史料の収集調査を行ない、遺品、書簡や講演会記録等を集めた。昭和六十二年九月、岩倉市立図書館において「渡邊錠太郎遺品展」が行われ、形見の帽子や手袋、書簡、写真、扁額、掛軸など約一六〇点が展示された。その後、在東京の遺族からの諸資料、古書籍展で見つけたパンフレット等を集め、岩倉市立図書館に充足された。平成八年(一九九六)、「渡邊錠太郎と昭和史研究会」が発足し、岩倉・小牧・名古屋付近の有志が研究を続けた。

伝記としては、前記の『岩倉市史』、『小牧市史』にわずかながら記載されており、また文芸誌『駒来』に岩村貴文が「渡邊錠太郎伝」を連載している。昭和五十二年二月『郷土の偉人渡邊錠太郎』(岩倉渡邊大将顕彰会が著作、編集発行の事務所は愛北信用金庫内)が発刊された。ついで平成十年二月、これが再版されたが、第一部は前書の復刻であり、第二部は増補版として「信念と気骨の人　渡邊錠太郎」(石井英昭執筆)が書かれた。この第二部は、渡邊の手記(小量であるが)、書簡、寄稿記事、講演録、パンフレットの抜粋等が、できる限り使用されている。

なお、二・二六事件研究者の安田善三郎が、岩倉市立図書館の関係資料の中から特に利用価値のあるものをコピーし、「渡邊錠太郎ご遺稿並びに資料」と題した資料綴を靖国偕行文庫(靖国神社境内に所在)に寄贈されたので、同館で保管している。その内容は、士官候補生時代の日記、書簡(約一三〇通)、ドイツから帰国した大正九年(一九二〇)から同十三年ごろの諸論文(「陣地戦ニ於ケル歩兵攻撃ノ要領」、「近代戦争ニ於ケル軍事政策」、「戦争指導機関」第一稿など)、台湾軍司令官であった昭和六年頃の講話(「文化と健康」、「現今の情勢に処する吾人の覚悟と準備」、「防空演習とは?」など)、宮沢副官日誌などである。

(森松　俊夫)

渡邊　武(わたなべ・たけし)

明治三十九年―(一九〇六―)　大蔵官僚・大蔵省終戦連絡部長・アジア開発銀行総裁

関係史料として著名なものに大蔵省財政史室編『対占領軍交渉秘録・渡辺武日記』(東洋経済新報社、昭和五十八年)がある。これは大蔵省終戦連絡部長であった昭和二十一年(一九四六)五月二十八日から財務官兼日本政府在外事務所員としてワシントンに赴任する直前の昭和二十六年五月二十二日までの詳細な日記である。原本は大蔵省財政史室(現財務省財務総合政策研究所財政史室)が所蔵しているらしい。なお本書には「著者の回想」(後述の『地球と日本人』に収録)と中村隆英氏による極めて懇切な解説「日本占領史研究と『渡辺武日記』」が付されている。これ以外の史料について本辞典の編集と関連して問い合わせた結果、少しずつ政策研究大学院大学に寄託されることになり、現在までに預かった分の目録を作成中である。

戦後の最初の著書が『占領下の日本財政覚え書』(日本経済新聞社、昭和四十一年。のち中央公論新社、平成十一年文庫刊行、「解説」筆者執筆)で、これは上述の日記を基にした回想録である。以後、アジア開発銀行総裁を辞任されたところで、『私の履歴書』四十九(日本経済新聞社、昭和四十八年)にそれまでの時期の回想を書かれ、また『アジア開発銀行総裁日記』(同、同年)を刊行されている。著書としては他に、『地球と日本人』(渡辺武、昭和五十八年)がある。前述の回想の再録の他に『産経新聞』「正論」欄に書き続けた文章やその他の雑誌に書いたものを収録しており、その中に祖父渡辺国武のことを書いたもの、著者の最初の著書『霧たより』(渡辺武、昭和九年)からの抜粋(大蔵省を一年休職して渡英した際の思い出)などが含まれている。さらに『無辺洞随想』(渡辺武、平成元年)には「私の履歴書　続編」(日米欧委員会やシルバー・ボランティアズなどのこと)や「正論」の続きなどが収録されている。『天空海濶』(渡辺武、平成八年)には随想や「正論」の続き、筆者も参加した科学研究費重点領域研究「戦後日本形成の基礎的研究」の平成六年(一九九四)

のシンポジウムで、筆者の司会によりお話しいただいた「私の戦後史を語る」などが収録されている。

この他に、昭和五十六年の尾崎行雄記念財団での講演録『世界における日本の責任』(新生社)、ジャック・ルーソン、ロバート・マクナマラとの共著『転換期の第三世界における開発協力―通商・金融・援助―開発途上国に対する援助戦略』(日米欧委員会、昭和五十八年)、雑誌に発表したものでは『ファイナンス』に掲載された「明治を見つけて―昔の大蔵省」(昭和六十三年三月号、祖父国武の文書類を紹介したもの)、「世銀・IMFと私」(平成六年十月号)、「座談会・アジア開発銀行二十年の歩みと大阪総会」上・下(昭和六十二年三―四月号)などが注目される。

(伊藤　隆)

渡邊千秋（わたなべ・ちあき）

天保十四―大正十年(一八四三―一九二一)　宮内大臣

残された関係史料は、平成二年(一九九〇)から五年にかけて、渡辺家より憲政資料室に寄託された。それらの史料の中身は、渡辺宛の諸家来翰と自筆の和歌などである。同史料は、尚友倶楽部・長井純市編『渡辺千秋関係文書』(尚友倶楽部、平成六年)として刊行されている。来翰の中では、品川弥二郎・土方久元・松方正義・山県有朋のものが多い。渡辺は、官界において地方官から宮内大臣へと上り詰めたが、来翰の内容はその時々の職務に関わるものの他に、それぞれの時期に彼の後援者と見られたより上位の政治指導者との関わりを示すものもある。実弟である国武からの来翰は少ない。一方、憲政資料室所蔵「渡辺国武関係文書」にも千秋からの来翰は少ない。

その他に、自筆書翰を収める史料として、憲政資料室所蔵の「松方正義関係文書」(松方峰雄他編『松方正義関係文書』全十八巻・補巻・別巻、大東文化大学東洋研究所、昭和五十四―平成十三年)、および同「品川弥二郎関係文書」(尚友倶楽部品川弥二郎関係文書編纂会編『品川弥二郎関係文書』一―三、山川出版社、平成五―十一年)がある。それらの史料は、主に初期議会期の北海道庁関係の内容を含むものである。また、同「桂太郎関係文書」にも自筆書翰が収められており、主に明治末年における宮内大臣在任中の職務に関係する内容を含んでいる。なお、徳富蘇峰記念塩崎財団にも印刷も含め、九通の書簡・葉書が収蔵されている。

自伝・伝記はないが、経歴や評伝風の記述を含むものとして、『国之礎』後篇下編(明治二十七年)、松下軍次編刊『信濃名士伝』初編(明治二十七年)、鵜崎鷺城『人物評論朝野の五代閥』(東亜堂、明治四十五年)、旧渡辺家住宅保存協力会研究委員会編刊『渡辺家三大臣と旧渡辺家住宅』(平成四年)がある。

渡辺に関する研究は少なく、上記『渡辺千秋関係文書』の解題(長井純市稿)が史料の紹介を兼ねて、彼を取り巻く政治状況のスケッチを試みている。

(長井　純市)

渡邊千冬（わたなべ・ちふゆ）

明治九―昭和十五年(一八七六―一九四〇)　貴族院議員・司法大臣

筆者は昭和四十年(一九六五)前後に長男の渡辺武氏より閲覧を許されコピーをし、目録を作成した。その後、昭和四十九年に筆者の依頼により憲政資料室に寄贈された。分量は多くはないが、明治から昭和にかけての来翰、昭和八年の学習院関係者の「赤化」事件に関する書類などである。

まとまった伝記はなく、中外商業新報編輯局編『政治家群像』(千倉書房、昭和七年)などに短い評伝が書かれている程度である。

(伊藤　隆)

渡邊廉吉（わたなべ・れんきち）

安政元―大正十四年(一八五四―一九二五)　行政裁判所評定官

関係する資料は、令孫廉太郎氏によってすべて平塚市博物館に寄贈されている。まず日記は①窮迫志(明治四年〈一八七一〉)、②墺国在留日記(明治十三年五月―同十六年九月)、③国内視察日記(明治十七年七月―同年九月)、④秘事覚書(明治二十一年五月―同二十二年十二月)、⑤静岡県赴任日記(明治二十三年一月―同年十一月)、⑥宮城県赴任日記(明治二十四年九月―同二十五年一月)、⑦明治二十九年日記(二月―十月)、⑧長崎県臨検途上日記(明治二十九年三月)、⑨欧州出張日記(明治四十一年五月―同四十二年一月)、⑩大正日誌(大正十一年二月―同十四年二月)からなるが、すべて後人が筆写したものであって原本ではない。おそらくは『渡邊廉吉伝』(渡辺廉吉伝記刊行会、昭和九年)作成時に筆写されたものであろう。

次に私信は①明治十三年より同十六年までオーストリア在留時に家族に宛てたもの、②明治四十一年より同四十二年まで欧州出張時に家族に宛てたものとからなり、海外赴任時の生活ぶりがよく窺われる。そして渡辺宛来簡は、重要なものは巻子本(「思旧巻・仁」「思旧巻・義」「思旧巻・礼」「思旧巻・智」「思旧巻・信」)に仕立てられ、またその他の書簡や外国人からの来簡は木箱に納められている。以上のほか、自筆の掛軸一幅、写真帖、大礼服(冬上着、夏冬ズボン)、帽子、剣、剣吊りベルト、ズボン吊り紐、蝶ネクタイ、皮手袋、帝都復興記念章、各種勲章、勲一等瑞宝章、それに渡辺廉吉碑模型、それに渡辺廉吉『独逸訴訟法要論』(博聞社、明治十九年)、訳本「衛生制度論」(四冊、墺国大学博士スタイン著、朱筆の訂正あり)、訳本「処罰手続」(ロエール氏著)、「警察ノ制」(二冊、朱筆の訂正あり。第二冊は第一冊の浄書)、「公衆衛生ノ制」(二冊、朱筆の訂正あり、第二冊は第一冊の浄書)、自筆の漢詩集『静堂詩抄』(大正六年)、「詩稿」(大正七年起)なども残されている。これらの遺品のうち、現在、平塚市博物館にあるのは渡辺宛来簡のみで、その他はすべて故郷新潟県長岡の長岡市郷土史料館に展示されている。

ところで右『渡邊廉吉伝』によれば、同書作成に当たっては薄井福治氏(維新史料編纂官)が日記その他の資料を整理、また吉野作造が「著述と遺著」を整理し、旧蔵の洋書は東京大学附属図書館に寄贈され、「著述と遺著」も同図書館に寄贈される運びになっていたという。そこで同図書館に問い合わせてみたが、残念ながら所在は不明とのことであった。「著述と遺著」には明治憲法・皇室典範・皇族令・行政訴訟法・行政裁判法など重要法案の草案や外国人顧問官の答申も多数含まれており、その所在確認が待たれる。

なお、日記および私信は小林宏・島善高・原田一明編『渡邊廉吉日記』(行人社、平成十六年)に収録され、『渡邊廉吉伝』の覆刻を付して刊行された。

(島　善高)

執筆者一覧（五十音順）

相澤淳（防衛庁防衛研究所主任研究官）　アキタ・ジョージ（ハワイ大学名誉教授）　秋山久（東京経済大学非常勤講師）　浅野豊美（中京大学教養部助教授）　阿部恒久（共立女子大学国際文化学部教授）　荒井明夫（大東文化大学文学部教授）　荒木義修（武蔵野大学現代社会学部教授）　有馬学（九州大学大学院比較社会文化研究院教授）　有山輝雄（東京経済大学コミュニケーション学部教授）　五十嵐憲（中央大学大学院博士課程）　五十嵐卓（財団法人渋沢栄一記念財団職員・学習院大学非常勤講師）　伊木誠（㈶国民経済研究協会会長）　井口治夫（名古屋大学大学院環境学研究科助教授）　池井優（慶應義塾大学名誉教授）　池内啓（福井大学名誉教授）　石川泰志（㈱長谷工ライフ職員・軍事史学会会員）　井田進也（大妻女子大学比較文化学部教授）　市川智生（横浜国立大学大学院国際社会科学研究科博士課程）　市川浩史（群馬県立女子大学文学部教授）　一坂太郎（萩博物館高杉晋作資料室長）　伊藤晃（千葉工業大学教授）　伊藤光一（元憲政記念館資料管理課長）　伊藤信哉（松山大学法学部助教授）　伊藤隆（別掲）　伊藤彌彦（同志社大学法学部教授）　犬塚孝明（鹿児島純心女子大学国際人間学部教授）　井上卓朗（逓信総合博物館学芸員）　岩井克己（朝日新聞社編集委員）　岩谷十郎（慶應義塾大学法学部教授）　岩村正史（洗足学園短期大学非常勤講師）　上野隆生（和光大学人間関係学部助教授）　上村希美雄（元熊本学園大学教授）　植山淳（宮内庁書陵部編修課主任研究官）　潮匡人（聖学院大学政治経済学部専任講師）　丑木幸男（人間文化研究機構国文学研究資料館アーカイブズ研究系教授・研究主幹）　氏原和彦（高知市立自由民権記念館学芸員）　内海愛子（恵泉女学園大学人文学部国際社会文化学科教授）　江上寿美雄（労働政策研究・研修機構調査部長）　江島香（柳川古文書館学芸員）　遠藤正治（愛知大学大学院非常勤講師）　老川慶喜（立教大学経済学部教授）　大内雅人（学習院大学大学院人文科学研究科博士課程）　大木基子（高知短期大学名誉教授）　大久保文彦（政策研究大学院大学政策情報研究センター教務補佐員・明治学院大学非常勤講師）　大久保洋子　大澤博明（熊本大学法学部教授）　大島宏（立教大学

立教学院史資料センター学術調査員）　大島英介（修紅短期大学名誉教授）　大竹啓介（元農林水産省農業総合研究所農史研究室長）　大西比呂志（早稲田大学社会科学部講師）　大森とく子　岡部直晃（修徳学園非常勤講師）　奥健太郎（武蔵野大学・平成国際大学非常勤講師）　小栗勝也（静岡理工科大学理工学部情報システム学科専任講師）　小澤隆司（札幌学院大学法学部教授）　小高健（東京大学名誉教授）　小田部雄次（静岡福祉大学福祉情報学科教授）　落合弘樹（明治大学文学部助教授）　貝塚茂樹（武蔵野大学文学部助教授）　影山好一郎（防衛大学校防衛学教育学群統率・戦史教育室教授）　鹿島晶子　梶田明宏（宮内庁書陵部編修課主任研究官）　梶原恵理子（女子学院中学校・高等学校司書教諭）　加地直紀（平成国際大学法学部助教授）　粕谷誠（東京大学助教授）　片桐庸夫（群馬県立女子大学文学部教授）　加藤聖文（人間文化研究機構国文学研究資料館助手）　加藤恭子（㈶地域社会研究所理事）　加藤陽子（東京大学大学院人文社会系研究科助教授）　金井隆典（日本女子大学非常勤講師）　金沢幾子（実践女子短期大学非常勤講師）　上沼八郎（元実践女子大学教授・元奈良教育大学大学院教授）　上村泰裕（法政大学社会学部専任講師）　神山恒雄（明治学院大学経済学部教授）　亀田帛子（津田塾大学教授）　茅原健（㈶日本私学教育研究所客員研究員）　刈田徹（拓殖大学政経学部教授）　河上民雄（聖学院大学大学院客員教授・東海大学名誉教授）　川崎勝（南山大学経済学部教授）　河原円（宮内庁書陵部編修課非常勤職員）　菅野直樹（防衛庁防衛研究所図書館史料室研究官）　岸本昌也（白百合女子大学非常勤講師）　北野剛（國學院大学大学院文学研究科日本史専攻博士課程）　木野主計（國學院大学栃木短期大学文学部講師）　楠精一郎（東洋英和女学院大学国際社会学部教授）　栗田直樹（愛知学院大学法学部教授）　車田忠継（二松学舎大学付属高等学校教諭）　黒沢文貴（東京女子大学現代文化学部教授）　黒澤良（政策研究大学院大学政策情報研究センター教務補佐員・立教大学非常勤講師）　小池聖一（広島大学総合科学部助教授）　神崎勝一郎（清和大学法学部講師）　小風秀雅（お茶の水女子大学大学院人間文化研究科教授）　小島庸亨（国立国会図書館収集部国内資料課官庁納本係長）　小林和幸（駒澤大学文学部助教授）　小林登美枝（故人・女性史研究家・元「平塚らいてうの会」会長）　小林正彬（関東学院大学名誉教授・法政大学大学院兼任講師）　小宮一夫（中央大学文学部兼任講師）　酒井正文（平成国際大学教授）　坂口筑母（㈶無窮会評議員）　坂

本一登（國學院大学法学部教授）　坂本健蔵（平成国際大学法学部助教授）　櫻井良樹（麗澤大学教授）　佐々博雄（国士舘大学文学部教授）　佐藤純子（日本学術振興会特別研究員）　佐藤晋（二松学舎大学助教授）　佐藤能丸（早稲田大学非常勤講師）　佐道明広（中京大学助教授）　塩崎弘明（長崎純心大学人文学部教授）　塩出浩之（東京大学大学院総合文化研究科博士課程）　篠田充男（前高知市自由民権記念館副館長）　島善高（早稲田大学社会科学部教授）　島津千登世（総合研究開発機構政策研究情報センター）　清水唯一朗（東京大学特任助手）　庄司潤一郎（防衛庁防衛研究所戦史部第一戦史研究室長）　所澤潤（群馬大学教育学部教授）　末岡照啓（住友史料館主席研究員）　季武嘉也（別掲）　須崎愼一（神戸大学国際文化学部教授）　鈴木淳（東京大学大学院人文社会系研究科助教授）　祖田修（福井県立大学学長）　平良好利（法政大学大学院社会科学研究科博士課程）　髙瀬暢彦（元日本大学法学部教授）　高田万亀子（政治経済史学会・軍事史学会会員）　高橋喜久江（前日本キリスト教婦人矯風会会長）　高橋益代（一橋大学経済研究所COE嘱託）　高山京子（元法務大臣官房司法法制調査部統計課法務専門官〈国立国会図書館支部法務図書館〉）　瀧口剛（大阪大学大学院法学研究科教授）　滝沢誠　武田知己（大東文化大学法学部専任講師）　武田晴人（東京大学教授）　竹林晶子（国立国会図書館主題情報部政治史料課）　田澤晴子（吉野作造記念館主任研究員）　多田井喜生（㈶日本総合研究所参与）　龍井葉二（日本労働組合総連合会総合政策局長）　田中悦子　田中宏巳（防衛大学校人間文化学科教授）　田中隆一（学習院大学東洋文化研究所客員研究員）　田辺宏太郎（近畿大学講師）　谷口裕信（東京大学大学院人文社会系研究科博士課程）　駄場裕司（広島大学大学院社会科学研究科博士課程）　千葉功（昭和女子大学人間文化学部歴史文化学科講師）　土田宏成（神田外語大学外国語学部専任講師）　出口雄一（桐蔭横浜大学法学部専任講師）　土井郁磨（東北女子短期大学講師）　東郷尚武（㈶東京市政調査会理事・学校法人成城学校理事長）　東定宣昌（元九州大学教授）　時任英人（倉敷芸術科学大学芸術学部教授）　戸高一成（呉市企画部参事補海事歴史科学館担当）　冨田圭一郎（国立国会図書館調査及び立法考査局調査企画課庶務係長）　内藤一成（宮内庁書陵部編修課研究員）　内藤初穂（作家）　中島信吾（防衛庁防衛研究所戦史部教官）　中瀬安清（社団法人北里研究所名誉部長・北里大学名誉教授）　中武香奈美（横浜開港資料館調査研究員）　中野目徹（筑波

大学助教授）　中見立夫（東京外国語大学アジア・アフリカ言語文化研究所教授）　中村青志（東京経済大学経営学部助教授）　中村義（東京学芸大学名誉教授）　長井純市（法政大学助教授）　永井均（広島市立大学広島平和研究所助手）　永江太郎（軍事史学会理事）　長尾龍一（日本大学法学部教授）　長岡祥三（日本英学史学会評議員）　西尾林太郎（愛知淑徳大学教授）　西岡香織（近現代史研究家〈西岡史学研究室〉）　西川誠（川村学園女子大学助教授）　西澤直子（慶應義塾福澤研究センター研究員）　西住徹（兵庫県立神戸工業高等学校教諭）　新田均（皇學館大学文学部教授）　二村一夫（法政大学名誉教授）　沼田哲（青山学院大学文学部教授）　野木邦夫（金沢工業高等専門学校専任講師）　野田秋生（大分県地方史研究会）　延塚知道（大谷大学教授）　長谷川昇（故人・元東海学園女子短期大学名誉教授）　長谷川雄一（駒澤女子大学人文学部国際文化学科教授）　波多野勝（常盤大学国際学部教授）　服部龍二（中央大学総合政策学部助教授）　濱田英毅（学習院大学大学院人文科学研究科史学専攻博士課程）　原朗（東京国際大学経済学部教授）　原剛（防衛庁防衛研究所図書館史料室調査員）　春山明哲（国立国会図書館国会分館長）　東中野多聞（東京大学大学院人文社会系研究科博士課程）　樋口秀実（國學院大学文学部史学科専任講師）　日比野利信（北九州市立自然史・歴史博物館学芸員）　馮正宝（社団法人中国研究所所員・上海社会科学院歴史研究所特約研究員）　布川了（渡良瀬川研究会代表幹事）　福井淳（宮内庁書陵部編修課主任研究官・早稲田大学第一文学部非常勤講師）　福地惇（高知大学名誉教授・大正大学教授）　藤井昇三（電気通信大学名誉教授）　藤田祐介（日本学術振興会特別研究員）　古川江里子（青山学院大学兼任講師）　古川隆久（横浜市立大学国際文化学部助教授）　堀内寛雄（国立国会図書館政治史料課課長補佐）　堀口修（宮内庁書陵部編修課首席研究官）　前山亮吉（静岡県立大学国際関係学部助教授）　松尾尊兊（京都大学名誉教授）　松崎稔（町田市立自由民権資料館学芸員）　松本洋幸（横浜開港資料館調査研究員）　宮嵜順子（東京女子医科大学史料室学芸員）　宮崎ふみ子（恵泉女学園大学人文学部日本文化学科教授）　三輪宗弘（九州共立大学助教授）　村井哲也（東京都立大学大学院社会科学研究科博士課程単位取得退学）　村山久江（国立国会図書館）　毛利敏彦（大阪市立大学名誉教授）　森茂樹（久留米大学法学部助教授）　森田美比　森邊成一（広島大学法学部教授）　森松俊夫（㈶偕行社図書室長）　森山優（静岡県立大学国際関係学部

専任講師） 安岡昭男（法政大学名誉教授） 安田晃子（大分県立先哲史料館主任研究員） 矢野信幸（政策研究大学院大学政策情報研究センター教務補佐員・中央大学兼任講師） 山口美代子（市川房枝記念会評議員） 山崎渾子（聖心女子大学教授） 山室建徳（帝京大学理工学部講師） 山本一雄（住友史料館参与） 山本真生子（国立国会図書館調査及び立法考査局政治議会課） 由井常彦（文京学院大学教授） 熊達雲（山梨学院大学法学部教授） 横山真一（新潟県立長岡明徳高校教諭） 吉川龍子（元日本赤十字看護大学・日本赤十字中央女子短期大学図書館司書） 吉田健二（法政大学大原社会問題研究所研究員） 吉田宏成（安岡正篤記念館館長・理事） 渡辺昭夫（財団法人平和・安全保障研究所理事長） 渡辺尚志（一橋大学大学院社会学研究科教授） 和田一夫（東京大学経済学部教授）

＊肩書きは本人の申告による平成十六年四月現在のものである。

編者略歴

伊藤　隆
一九三二年　東京都に生まれる
一九六一年　東京大学大学院修士課程修了
現在、東京大学名誉教授
〔主要著書〕
昭和初期政治史研究　大正期「革新」派の成立
昭和期の政治（正・続）

季武嘉也
一九五四年　東京都に生まれる
一九八五年　東京大学大学院博士課程単位取得
現在、創価大学文学部教授
〔主要著書〕
大正期の政治構造　選挙違反の歴史　大正社会と改造の潮流〈日本の時代史〉（編）

近現代日本人物史料情報辞典

二〇〇四年（平成十六）七月二十日　第一刷発行
二〇一一年（平成二十三）四月　一日　第三刷発行

編　者　伊《い》藤《とう》隆《たかし》
　　　　季《すえ》武《たけ》嘉《よし》也《や》

発行者　前田求恭

発行所　株式会社　吉川弘文館
郵便番号一一三—〇〇三三
東京都文京区本郷七丁目二番八号
電話〇三—三八一三—九一五一〈代〉
振替口座〇〇一〇〇—五—二四四番
http://www.yoshikawa-k.co.jp/

印刷＝株式会社 東京印書館
製本＝誠製本株式会社
装幀＝山崎　登

ISBN978-4-642-01341-3

近現代日本人物史料情報辞典

伊藤　隆・季武嘉也編

菊判・上製・函入

〈2〉　二六二人を収録する。　三一六頁／六八二五円

〈主な収載人物〉浅沼稲次郎・榎本武揚・大杉栄・加藤高明・河上肇・北一輝・黒田清隆・河野広中・西園寺公望・重光葵・島津久光・昭和天皇・大正天皇・高群逸枝・瀧川幸辰・東郷茂徳・徳田球一・乃木希典・鳩山一郎・星亨・松下幸之助・丸山眞男・陸奥宗光ほか。

〈3〉　二六三人を収録する。　三八四頁／七八七五円

〈主な収載人物〉秋山真之・今村均・岩波茂雄・大島浩・大山巖・加藤シヅエ・陸羯南・来栖三郎・幸徳秋水・高村坂彦・笹川良一・佐藤賢了・下山定則・辰野金吾・田中隆吉・藤波孝生・南方熊楠・宮澤喜一・柳田国男・山岡鉄太郎・山下奉文・山室軍平・吉田茂ほか。

〈4〉　二一八人を収録する。　四七二頁／八九二五円

〈主な収載人物〉秋山好古・井上敏夫・入江相政・梅津美治郎・大野伴睦・小沢治三郎・加瀬俊一・片山潜・菊池寛・木村兵太郎・嶋中鵬二・鈴木俊一・中井正一・鍋島直正・二木謙三・堀田正睦・前原一誠・三上参次・三木武夫・武藤章・村尾次郎・横溝光暉ほか。

吉川弘文館

（価格は５％税込）